中华人民共和国地方志丛书

临沂市

罗庄区志

1995—2013

临沂市罗庄区地方史志编纂委员会　编

方志出版社
Publishing House of Local Records

图书在版编目（C I P）数据

临沂市罗庄区志 ：1995—2013 / 临沂市罗庄区地方史志编纂委员会编. -- 北京 ：方志出版社，2019.1
ISBN 978-7-5144-3633-4

Ⅰ. ①临… Ⅱ. ①临… Ⅲ. ①区（城市）—地方志—临沂—1995-2013 Ⅳ. ①K295.24

中国版本图书馆 CIP 数据核字（2019）第 022811 号

临沂市罗庄区志（1995—2013）

编　　者：临沂市罗庄区地方史志编纂委员会　编
责任编辑：章　瑾
出 版 者：方志出版社
地址　北京市朝阳区潘家园东里9号（国家方志馆4层）
邮编　100021
网址　http://www.fzph.org
发　　行：方志出版社图书经销中心
电话（010）67110500
经　　销：各地新华书店
印　　刷：山东黄氏印务有限公司
开　　本：889×1194　　1/16
印　　张：74.75
字　　数：1640千字
版　　次：2019年1月第1版　2019年1月第1次印刷
印　　数：0001～3000册
ISBN 978-7-5144-3633-4　　定价：860.00元

罗庄名片

Luozhuang honor

1 全国科技进步先进区

2 全国群众体育先进单位

3 全国营造林工作先进单位

4 全国农村社区建设实验区

5 国家知识产权强县工程试点区

6 全省发展民营经济先进区

7 平安山东建设先进区

8 山东省教育工作示范区

9 山东省社会治安综合治理模范区

10 山东省双拥模范区

11 山东省知识产权示范区

临沂市罗庄区地方史志编纂委员会

（2015.11—2016.08）

名誉主任　段卫东

主　　任　王丽云

副 主 任　杨跃峰

成　　员　王文民　姚振远　徐建国　张　珂　何福华　陈思贤　李　平　宋传增　朱洪厂　朱孔田　徐秀兰　张雪莲　沈庆荣　李学红　孟宪伟　解文波　王传宝　王铁骊　王连斌　张兰昕　刘福国　李子祥　刘克区　王生美　许传伟　刘存银　刘洪彬　武继银　刘玉启　姚建平　李先锋　徐光彩　吕晓辰　刘守芹　冯　焱　王宏伟　王　超　李军祥　李晓燕　徐启辉　赵汝江　刘文峰　黄学军

临沂市罗庄区地方史志编纂委员会

（2016.09—2016.12）

名誉主任　高永胜

主　　任　王丽云

副 主 任　王　平

成　　员　徐德泰　王文民　姚振远　徐建国　孟　京　张　珂　何福华　陈思贤　李　平　宋传增　朱洪厂　刘克区　徐秀兰　张雪莲　沈庆荣　李学红　孟宪伟　解文波　宋连瑞　王传宝　王铁骊　王连斌　张兰昕　李军祥　李子祥　孙运玺　王生美　张　琳　许传伟　刘存银　刘洪彬　武继银　徐　光　姚建平　李先锋　徐光彩　吕晓辰　刘守芹　王开立　王宏伟　王　超　李晓燕　徐启辉　赵汝江　刘文峰　黄学军

临沂市罗庄区地方史志编纂委员会

（2016.12—2018.01）

名誉主任　高永胜

主　　任　刘　凯

副 主 任　王　平

成　　员　徐德泰　王文民　姚振远　徐建国　孟　京　孙国梁　解文波　陈思贤　李　平　宋传增　朱洪厂　张志强　李胜军　刘克区　刘夫庆　石士连　张雪莲　沈庆荣　何福华　张其伟　孟宪伟　李军祥　王庆广　齐连秀　王铁骊　苗士青　王连斌　张兰昕　陈艳磊　孙运玺　郑建利　顾　伟　许传伟　刘　春　刘洪彬　杨凤强　张雪原　朱　晓　张闽生　徐光彩　吕晓辰　刘守芹　张　磊　董宇亮　李剑宁　徐桂银　石晓峰　仲启明　赵汝江　刘文峰　刘　鹏

临沂市罗庄区地方史志编纂委员会

（2018.02—2019.01）

名誉主任　高永胜

主　　任　彭　波

副 主 任　王　平

成　　员　徐德泰　王文民　姚振远　徐建国　孟　京　孙国梁　解文波　陈思贤　李　平　宋传增　张志强　李胜军　刘克区　刘夫庆　石士连　张雪莲　沈庆荣　何福华　张其伟　孟宪伟　李军祥　王庆广　齐连秀　王铁骊　苗士青　王连斌　张兰昕　陈艳磊　孙运玺　郑建利　顾　伟　许传伟　刘　春　刘洪彬　朱洪厂　杨凤强　缪　文　朱　晓　张闽生　徐光彩　吕晓辰　刘守芹　张　磊　董宇亮　李剑宁　徐桂银　石晓峰　仲启明　赵汝江　刘文峰　刘　鹏　李树峰

《临沂市罗庄区志（1995—2013）》编审人员

主　　审　彭　波

副 主 审　王建成　王　平　杨凤强

主　　编　彭长强

执行主编　郑福建

副 主 编　李胜军　吴丽娜

编　　纂　郑福建　李胜军　岳效舜　石宝同

特邀编纂　曹传韵　张文强

编　　辑　郑福建　岳效舜　石宝同　杜洪星　徐秀云　吴卫华　王殿臣　崔向玉
　　　　　全新安　宋西君

编　　务　刘　玮　马　玲　赵明华　孙　永

序

区之有志，犹国之有史。在改革开放四十周年之际，由中共罗庄区委、罗庄区人民政府主持，临沂市罗庄区地方史志编纂委员会组织编纂的《罗庄区志（1995—2013）》即将付梓，堪谓罗庄一大盛事，令人欣慰，可喜可贺！

罗庄区于1994年12月临沂撤地设市时析置，因区政府驻地罗庄镇而得名。建区19年来，历届区委、区政府团结带领全区人民，坚持以经济建设为中心，以改善民生为己任，立足实际，解放思想，抢抓机遇，干事创业，打造了医药、化工、机械、陶瓷、钢铁、纺织、铝材为主导产业的“南工重地”，推动了建材、花卉、粮油、金融、物流等服务业转型升级，完成工商复合型经济转型，全区经济和社会事业取得巨大成就。今日之罗庄，全区上下聚焦工业、服务业、城乡建设升级，深入实施“1366”总体思路，着力推进“5656”行动计划，广大干部群众“亮剑承诺马上干”，戮力同心建设“富强和美新罗庄”。

盛世修志，志载盛事，古今皆然。2015年6月，《罗庄区志（1995—2013）》征编工作正式启动，历时三年，数易其稿，今日始成。今读《罗庄区志（1995—2013）》这一历史长卷，该书定位高远、视野开阔、内容丰富、数据翔实，融自然与社会为一体，集发展与现状于一书，具体描绘了罗庄建区以来繁荣崛起的历程，真实反映经济和社会发展取得的成就，生动展示产业生态和风俗民情的变迁，具有鲜明的时代特征和地方特色，是一部服务当代、惠及后世的重要历史文献，具有“存史、资政、教化”的重要价值。该志的出版发行，可为各级领导掌握区情、科学谋划罗庄未来发展提供重要参考依据，可为社会各界人士了解和研究罗庄提供基本资料，实乃资政辅治之参考，堪存堪鉴之记述。

编修方志是一项系统的社会文化工程，也是艰苦的创造性劳动。三年来，省、市史志部门悉心指导，全区各级各部门密切配合，编辑人员兢兢业业，辛勤笔耕，精心编纂，终成百万之巨著。值此出版之际，我们代表中共罗庄区委、罗庄区人民政府，向全体编纂人员，以及指导、帮助编辑出版的各位专家、各级领导和社会各界人士表示诚挚的谢意！

“修志问道，以启未来”。我们坚信随着首部区志的问世，必将进一步激发全区人民热爱罗庄、建设罗庄的豪情壮志，继续发扬“创新、担当、笃实、争先”的罗庄精神，锲而不舍，不懈奋斗，开拓创新，在新时代的历史征途中续写新篇章，开创新局面，铸就新辉煌。

是为序。

中共临沂市罗庄区委书记

临沂市罗庄区人民政府区长

2018 年 10 月

凡　例

一、本志以马克思列宁主义、毛泽东思想、邓小平理论、“三个代表”重要思想、科学发展观、习近平新时代中国特色社会主义思想为指导，坚持辩证唯物主义和历史唯物主义的立场、观点和方法，实事求是地记述断限内罗庄区自然、经济、政治、文化、社会诸方面的发展变化，融思想性、科学性、资料性于一体。

二、本志系罗庄区首部社会主义新方志。上限为1995年，下限至2013年。为保持事物的连续性和完整性，部分内容适当上溯或下延。

三、本志采用述、记、志、传、图、表、录等体裁，以志为主，诸体并用。采用中编结构，彩页前置，卷首设概述、大事记，卷末设附录、索引、编后记，中设专业志27编，为突出地方特色，特设陶瓷煤炭编，编下设章、节、目、子目共五个层次，横排门类，纵述史实；图、表随文插入，按编统一编号。

四、本志采用规范的现代语体文，记述体。大事记以编年体为主，兼用纪事本末体。

五、本志采用公元纪年，使用历史朝代纪年时，括注公元纪年。人物直书其名，必要时名前冠以职务。各类名称使用全称或规范简称。地名，以事件发生时为准，后有更易，括注今地名。

六、本志人物传略收录范围为对罗庄历史、文化、经济和社会有较大影响的本籍人物、外籍在本地人物（领导干部任实职副县级以上）和本籍在外地人物（领导干部任实职正县级以上）。以近代、当代人物为主，复录补充《临沂县志》《临沂市志》等境内历史重要人物。遵循“生不立传”原则，排列以卒年为顺序，人物名录列表记述，所录人物以设定主题为据。

七、本志数据以统计部门资料为准，部分数据由相关部门核实后采用。计量单位执行《中华人民共和国法定计量单位》标准，为便于表述，个别地方沿用习惯用法。表格中“—”表示此数据缺失或未作统计，“\”表示没有。

八、入志资料来源于档案、报刊、文献、各承编单位提供的基础文稿及社会访问调查等方面取得的资料，所用资料概不注明出处。

罗庄区行政办公中心（2013年 区摄协供稿）

华盛江泉城大酒店（2012 年 11 月　王琪琳摄）

武河湿地（2013 年 7 月　秦晓军摄）

鲁南新国际
3056666

罗庄通衢（2013 年　王琪琳摄）

双月湖风光（2013 年 7 月　岳效舜摄）

武河野鸭（2013 年　区摄协供稿）

双月湖冬景（2012年　孙遨天摄）

武河风光（2013年11月　肖广珍摄）

临沂滨河西路罗庄段（2013年4月　区摄协供稿）

罗庄展览馆（2011 年 11 月　区展览馆供稿）

宝泉寺公园（2013 年 9 月　区摄协供稿）

沂河风光（2010 年 6 月　区摄协供稿）

双月门（2013 年　王琪琳摄）

临工大桥（2014 年　罗庄长城图片社供稿）

罗庄迎宾大道（2013 年　王琪琳摄）

临沂客运南站（2013 年　罗庄长城图片社供稿）

双月湖之春（2013 年 3 月　摄）

双月湖之夏（2013 年 6 月　摄）

双月湖之秋（2013 年 9 月　岳效舜摄）

双月湖之冬（2013 年 12 月　王庆龙摄）

中玻蓝星（临沂）玻璃有限公司生产车间（2006年　吕伟光摄）

新光实业集团有限公司生产车间（2009 年　高江云摄）

华盛中天机械集团有限公司（2012 年　区摄协供稿）

罗欣药业集团有限公司展厅（2013 年　孙世伟摄）

豪门铝业有限公司生产车间（2013 年　王伟摄）

沂州集团有限公司（2010 年 6 月　区摄协供稿）

恒昌焦化有限公司（2012 年 1 月　秦晓军摄）

华能临沂发电有限公司（2013 年 11 月　孙世伟摄）

华盛江泉集团有限公司（2013 年　卜文凤摄）

华盛中天机械集团有限公司生产车间（2010 年　区摄协供稿）

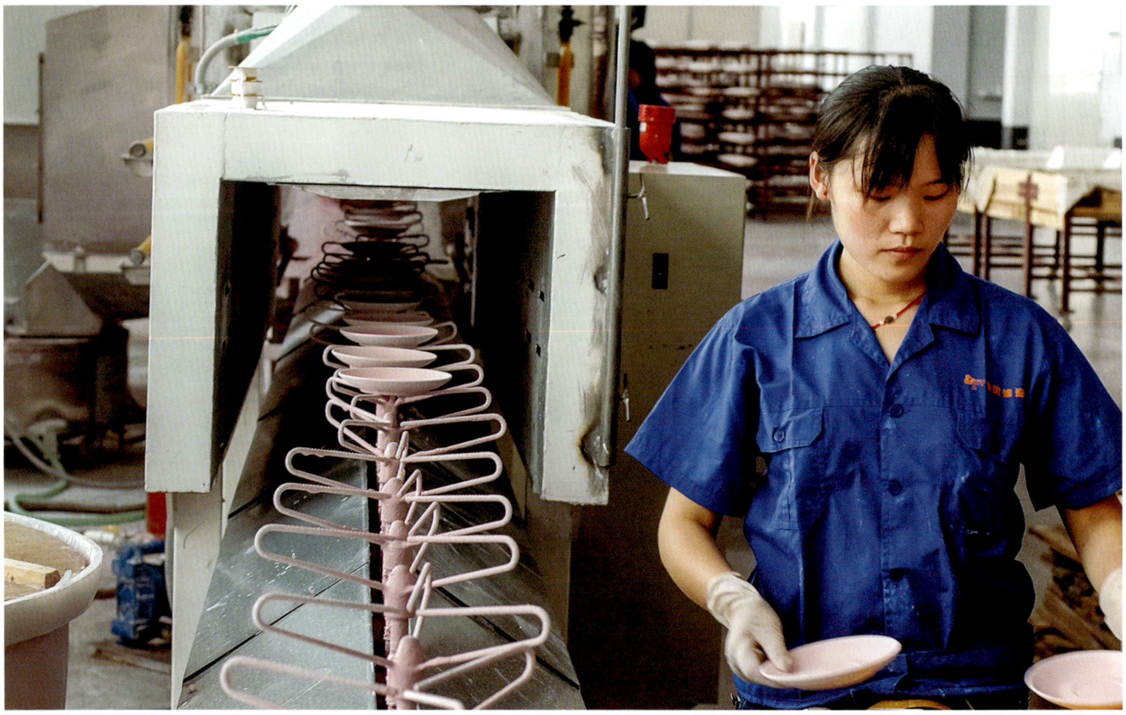

银凤陶瓷集团有限公司生产车间（2007 年 7 月　区展览馆供稿）

华宇铝电有限公司（2013年　孙世伟摄）

盛阳金属科技股份有限公司生产车间（2013年　卜文风摄）

宏旺实业有限公司生产车间（2014 年　区摄协供稿）

天地瓷砖生产线（2011 年 4 月　区陶协供稿）

新光实业集团有限公司生产线（2010 年 9 月　新光集团供稿）

临矿集团综采工作面（2011 年 8 月　临矿集团供稿）

沂堂镇冷水沟村葡萄（2013年　韩玉伟摄）

傅庄街道秋收（2013年　张春林摄）

傅庄街道收割谷子（2013 年　孙富梅摄）

茂源养殖专业合作社（2013 年　区摄协供稿）

山东效峰生物科技股份有限公司（2013 年　区摄协供稿）

黄山镇柳编（2013 年　孙富梅摄）

2001 年 6 月，中央电视台“心连心”艺术团到罗庄慰问演出（2001 年 6 月　区展览馆供稿）

2013 年 10 月，罗庄区首届全民运动会（2013 年 10 月　区教体局供稿）

傅庄街道西三重村健身广场（2013 年　钟卫国摄）

罗庄区人民医院门诊楼（2013 年　区卫生局供稿）

中国农业银行股份有限公司临沂罗庄支行（2013 年　区摄协供稿）

临沂青河实验学校（2013 年　区教体局供稿）

罗庄区企业职工拔河比赛（2012 年 10 月　区教体局供稿）

2007 年 9 月罗庄区第十一届中小学生艺术节（2007 年 9 月　区教体局供稿）

2006 年 2 月罗庄区第七届民间秧歌会（2006 年 2 月　区教体局供稿）

黄山镇武村文化建设（2013 年　翟小峰摄）

左：晶兽（1972 年吴白庄出土）
右：铜匜（五寺庄出土）

蛋壳陶高柄杯（1980 年湖台遗址出土）

五铢钱

石扁琮（1980 年湖台遗址出土）

左：玉石铲两款（1980 年湖台遗址出土）
右：石镐（1998 年中坦村出土）

神兽规矩镜

汉代陶尊

汉代原始青瓷盖罐

宋代炫纹仓

明代龙凤罐

明代青花壶

明清四系罐

20 世纪 60 年代产品

20 世纪 60 年代产品

20 世纪 60 年代产品

仓颉造字图 白庄画像石（汉代　1972 年吴白庄出土）

车骑过桥图（汉代　1972 年吴白庄出土）

宝泉寺（2005 年 5 月　区摄协供稿）

沂堂牌坊（2014 年 6 月　区摄协供稿）

《临沂市罗庄区志（1995-2013）》志稿评审会人员合影 2018.9.10

《临沂市罗庄区志（1995-2013）》编审人员合影 2018.9.10

左起：刘　玮　全新安　石宝同　张文强　郑福建　曹传韵　王　平　彭　波　高永胜
崔向玉　杜洪星　吴卫华　岳效舜　徐秀云　彭长强　李胜军　王殿臣

目 录

第四编　国土资源管理　环境保护

第五编　交通　邮电　电业

第六编 农 业

第七编 工 业

第八编　陶瓷　煤炭

第九编　商业　服务业

第十编　开放开发

第十一编 财政 税务 金融

第十二编 经济综合管理

第十三编　中共地方组织

第十四编 地方国家权力机关

第十五编 地方国家行政机关

第十六编 政协地方组织

第十七编 民主党派 人民团体

第十八编　法治　军事

第十九编 民 政

第二十编 人力资源和社会保障

第二十一编　科学技术

第二十二编　教育　体育

第二十三编 医疗 卫生

第二十四编 文化 旅游

第二十五编　社会生活

第二十六编　街道　镇

第二十七编　人　物

附　录

索　引

编后记

概 述

Overview

武河风光（2013年7月　翟小峰摄）

武河湿地白鹭飞（2013 年 7 月　肖广珍摄）

一

1994 年 12 月，罗庄区成立，因区政府驻罗庄镇而得名。

罗庄区位于山东省东南部、临沂市区南部偏西。东临沂河与河东区、郯城县相望，南、西与苍山县接壤，北与兰山区毗连，地理坐标北纬 34° 50′ 42″ ～ 35° 03′ 12″ 、东经 118° 07′ 12″ ～ 118° 25′ 37″ ，南北最大纵距 31.3 千米，东西最大横距 29.5 千米。2013 年年底，全区总面积 568.55 平方千米，辖 6 个街道、3 个镇、137 个社区、9 个行政村，总人口 58.58 万人，有汉、回、蒙等 12 个民族。

罗庄地域历史悠久，文化底蕴深厚。境内王三岗、晏驾墩等新石器时期遗址揭示，距今 7000 年前，即有先民在此聚居生息繁衍。境域西周至春秋（前 524），属鄅国地。公元前 524—前 493 年，属邾国地，后属鲁国地。战国末期，属楚国。秦初属东海郡，秦末属郯郡。西汉初期属启阳县，汉景帝元年（前 156）至东晋，属开阳县。南朝宋至隋朝初期，属即邱县。隋开皇十六年（596）至武德三年（620），属临沂县。武德四年（621），析临沂县置兰山（治所今褚墩镇兰山屯）、临沭（治所今临沭县）、昌乐（治所今高都街道萧庄）3 县，兰山县、昌乐县为境内历史上首设县级行政建制。武德六年（623）3 县并入临沂县。至元时，属临沂县。明至清雍正十二年（1734），属沂州。清雍正十二年（1734）至 1913 年，属兰山县。1913 年至 1947 年 10 月，属临沂县。1947 年 10 月至 1948 年 10 月，大部属临西县。1948 年 10 月至 1958 年 12 月，大部属临沂县。1958 年 12 月至 1963 年 3 月，大部属临沂市。1963 年 3 月至 1983 年 8 月，大部属临沂县。1983 年 8 月至 1994 年 12 月，大部属临沂市。1994 年 12 月 17 日，国务院批准撤销临沂地区和县级临沂市，设立地级临沂市，县级临沂市析为兰山区、罗庄区、河东区 3 个县级行政区。罗庄区由县级临沂市西南部的 6 个乡镇组建而成。2010 年 1 月，苍山县沂堂镇划归罗庄区。2011 年 1 月，郯城县褚墩镇、黄山镇划归罗庄区，遂成现境。

罗庄是沂蒙革命老区，有着光荣的革命传统。20 世纪 30 年代，中共党员李仲林、韩去非、董少白、丁梦孙、郑仃云、刘剑、司贺峰、刘建华等到临沂罗庄一带发动和领导临郯人民开展抗日救国斗争。1937 年 12 月，中共临沂特别支部在东三重村（今属傅庄街道）成立。1938 年 5 月，临郯青年救国团县团部在丁庄（今属傅庄街道）小学成立。1938 年 6 月，中共苏鲁豫皖边区省委决定建立中共临沂县委。同年 7 月，县委在中石埠村（今属罗西街道）成立。解放战争期间，区境东部的常旺、老沂庄、后村一带，曾为华东局、山东省政府、新四军兼山东军区等领导机关驻地；南部碑住村（今属褚墩镇）曾设立鲁南战役指挥部，陈毅、粟裕、黎玉、张云逸、陈士榘、舒同等党政军领导人在这里指挥过山东和鲁南地区的革命斗争。抗日战争和解放战期间，吕宝兰等 599 名罗庄优秀儿女献出宝贵生命，用生命和鲜血谱写了壮丽的英雄诗篇。在社会主义建设和现代化建设事业中，造就和涌现出众多优秀人物。从罗庄这块热土上，走出数以百计的专家学者、数以千计的企业家和管理人才、数以万计的各行各业创业人物。全国人大代表、全国劳动模范王廷江等，在不同的岗位艰苦创业、开拓进取，成为罗庄人民的优秀代表。

二

罗庄区地势西北高东南低，东部和南部系沂河冲积平原，西部多为丘陵，海拔高度55～272.4米。共有大小山岭87座，其中海拔200米以上的山峰12座。寨山最高，海拔272.4米。主要河流有沂河、武河、邳苍分洪道、南涑河、陷泥河、燕子河、五里河等，河流总长194.39千米，分属沂河河系和中运河河系。属暖温带季风区半湿润大陆性气候，四季分明，光照充足，春秋多旱，雨热同季。年均气温14.1℃，年均降水量848.98毫米，年均无霜期214天，年均日照时数2240.2小时。

境域土地肥沃，资源丰富。2013年，全区土地面积56855.45公顷。其中，耕地面积24262.98公顷，园地面积671.87公顷，林地面积3527.14公顷，草地面积711.53公顷，城镇村及工矿用地面积19768.51公顷，交通运输用地面积2771.48公顷，水域及水利设施用地面积4177.86公顷，其他土地面积964.08公顷。土壤有棕壤土、褐土、潮土、水稻土和砂姜黑土5种土类，以潮土和褐土面积最大。沂河冲积平原土层深厚，土质肥沃，宜于小麦、水稻、玉米、大豆等农作物和蔬菜、杞柳等经济作物种植。全区多年平均水资源总量15877万立方米，可供水量10573万立方米。矿产资源丰富，已发现的矿产资源主要有煤炭、铝矾土、石灰石、耐火黏土、铁矿石、瓷石、花岗石、白云岩等40余种。其中，煤炭、铝矾土、瓷石等资源经多年开发利用，已近枯竭。主要动物资源有100余种，植物资源有木本植物135种，全区林木覆盖率31.2%。

名胜古迹众多，旅游资源丰富。有古文化遗址133处。千年古刹——宝泉寺为琅邪名胜；双月湖“泥沱月色”为“琅邪八景”之一。处处文化古迹尽显罗庄厚重的人文历史。有人文景观、自然风景旅游景区（点）30处，其中国家AAA级旅游景区2处，国家AA级旅游景区2处。武河国家湿地公园、双月湖国家城市湿地公园、沂蒙乐园、麒麟山、黄山等景区景点相继建成开放，为罗庄增添更多文化底蕴，令人叹为观止、流连忘返。

三

1995年后，锐意进取的罗庄人民在历届区委、区政府的坚强领导下，高举改革开放的大旗，以经济建设为中心，解放思想，大胆探索、敢闯敢试，攻坚克难，砥砺奋进，区域经济快速发展，综合实力不断增强。2013年，全区实现生产总值330.5亿元，比1995年增加307.65亿元，是1995年的14.46倍，年均递增16%；完成地方财政收入18.28亿元，比1995年增加17.97亿元，是1995年的58.97倍，年均递增25.65%；全社会固定资产投资166.05亿元，比1995年增加159.45亿元，是1995年的25.16倍，年均递增19.62%。产业结构不断优化升级，三次产业比例关系由1995年的14.98∶67.29∶17.73发展到2013年的1.99∶61.75∶36.26。

农村经济稳步发展。1995年后，罗庄区深化农村经济体制改革，完善土地承包责任制，认真落实各项支农、惠农政策，减轻农民负担，增加农业投入，大规模改造中低产田，大力调整农业产业结构，促进农业增效、农民增收、农村稳定。2002年后，实施农村税费改革、种植补贴、取消农业税等一系列政策，引进推广农业新技术、新品种，积极推进农业产业化发展，农业产业从传统农业向现代化农业转变。2013 年，全区农林牧渔总产值比例由 1995 年的 66.4：0.94：31.4：1.26 发展到 2013 年的 45.56：2.99：48.46：2.99，粮经作物种植比例由 1995 年的 96.32：3.68 发展到 2013 年的 82.35：17.65。实现农林牧渔业及服务业总产值 10.9 亿元，比 1995 年增加 4.53 亿元。其中，农业总产值 4.88 亿元，比 1995 年增加 0.65 亿元；林业总产值 0.32 亿元，比 1995 年增加 0.26 亿元；牧业总产值 5.19 亿元，比 1995 年增加 3.19 亿元；渔业总产值 0.32 亿元，比 1995 年增加 0.24 亿元；农林牧渔服务业总产值 0.19 亿元。全年粮食作物播种面积 2.74 万公顷，总产量 16.04 万吨；油料作物种植面积 2217.8 公顷，总产量 1.06 万吨；蔬菜和瓜果总种植面积 2682 公顷，总产量 8.46 万吨。肉类总产量 1.48 万吨，禽蛋产量 1.24 万吨，奶类产量 2.63 万吨，淡水产品总产量 4642 吨。1995—2013 年，农田水利基本建设总投资 2.31 亿元，改造中低产田 2200 公顷，新增农田灌溉面积 1193.33 公顷，治理水土流失 235 公顷。2013 年，全区农业机械总动力 36.9 万千瓦，农机化综合水平 85%。建成优质农产品基地 9 个、国家级农业标准化示范园区 4 家、市级以上农业龙头企业 23 家、规范化养殖基地 27 家，其中国家级、省级标准化养殖场分别为 1 家、3 家，农村专业合作社 258 个。注册各类农产品商标 26 个。其中“沙沟芋头”“塘崖贡米”注册为国家地理标志著名商标。

工业经济快速增长。罗庄由临沂地区工业重镇，逐步发展为临沂“南工重地”，有“鲁南瓷都”美誉。1995 年起，区委、区政府把工业发展作为经济工作的重中之重，确立“工业强区、科教兴区”的发展战略，出台招商引资优惠政策，优化发展环境，扶持激励个体民营经济发展，工业经济规模日益扩大，质量效益不断提升。1997 年，以产权制度改革为重点，以出售、拍卖和股份制为主要形式，以建立现代企业制度为目标，对区属企业、乡镇办企业和村办企业进行改制，转型为民营企业，改制面 96.93%。2000 年后，大力推进高新技术产业和民营科技企业发展，加快工业调整和科技创新，先后建成罗庄工业园、江泉工业园和南部循环经济示范区，带动企业规模逐渐增大、产业结构优化和经济效益提高。2009 年后，以“科学发展、跨越发展”为工作总基调，先后开展“项目推进年”“工业经济提升年”和“重点项目突破年”活动，加大科技投入，加强自主创新，大力发展高新技术产业，促进新兴工业发展，推进工业经济转型和产品结构升级，镍基新材料、高端铝质新材料、现代医药和机械装备产业快速发展，成为全区新的支柱产业。2013 年，全区有规模以上工业企业 298 家，形成冶金、化工、陶瓷、食品、电力、纺织、机械制造、木业加工等为主导、门类齐全的工业体系。工业产品上千种，建筑陶瓷、螺纹钢、二甲醚、毛毯、小口经无缝钢管、园林植保机械等 10 余种产品产量居全国前列。实现规模以上工业企业总产值 1019.24 亿元、利税 90.89 亿元，分别是 1995 年的 60.81 倍、48.6 倍、年均递增分别 25.64%、24.08%。产值过亿元企业 60 家，过 10 亿元企业 13 家；利税过千万元企业 43 家。华盛江泉集团连续 12 年、沂州水泥集团连续 4 年入选全国工业企业 500 强，罗欣药业连续 8 年入选中国制药工业企业百强。拥有国家级企业技术中心 1 家、省级企业技术中心 5 家、市级企业技术中心 6 家；有省级院士工作站 2 家、博士后工作站 3 家。拥有山东省名牌产品 1 个，中国驰名商标 11 个、山东省著名商标 14 个。

商贸服务业日益繁荣。1995 年起，以膨胀商贸服务业为目标，大力支持个体私营商贸服务业发展，个体私营商业批发市场、网点急剧增加。2000 年后，加大大型批发市场、超市建设力度，建设规范沂河路、通达南路沿线商贸区，各类市场建设向专业化、规模化方向发展，建成以鲁南花卉市场、鲁南国际粮油市场、罗庄陶瓷商场和万泉农贸市场为代表的 19 家大型专业市场，形成沂河路和通达南路沿线汽车贸易、仓储物流及商贸长廊。大力发展以现代物流、电子商务、邮电通信、金融保险、房屋中介、信息、家政服务等为主的现代服务业。2013 年，全区各类商业服务单位 2021 家，个体工商户 1.84 万户，注册资本总量 13.66 亿元，从业人员 6.42 万人。第三产业增加值完成 119.86 亿元，是 1995 年的 29.6 倍，年均递增 20.71%。社会消费品零售总额完成 102.2 亿元，是 1995 年的 25.49 倍，年均递增 19.17%。全区共有银行业金融机构 10 家，地方金融组织 8 家，保险公司 6 家，年末金融机构人民币各项存款余额 259.03 亿元，是 1995 年的 31.02 倍，年均递增 21.02%，其中城乡居民储蓄存款余额 156.64 亿元，是 1995 年的 26.02 倍，年均递增 19.85%。

对外开放逐步扩大。1995 年起，罗庄区实施“外向带动”战略，坚持外资、外贸、外经并举，积极拓展合作领域，不断提高外向型经济在全区经济发展中的比例。2013 年，全区有外资及中国港澳台投资企业 35 家，在境外投资企业 35 家，累计投资额 4.73 亿美元。全年实现进出口总额 25.68 亿美元。其中，进口额 21.91 亿美元，出口额 3.77 亿美元。有出口获权企业 343 家。1995—2013 年，实际到位外商直接投资（FDI）7.68 亿美元。有 6 家企业上市，其中在境外上市企业 4 家，境外上市公司数量居全省县、区前列。

四

随着经济建设的快速发展，全区科教文卫等社会事业全面进步，交通、通信、电力、城乡基础设施建设等统筹发展，社会公共服务体系逐步建立，人民生活水平显著提高。

科技事业蓬勃发展，创新成果大量涌现。“科教兴区”“人才立区”成为历届区委、区政府的战略思想。至 2013 年，组织实施国家、省、市科技计划项目 171 项，拥有市级以上各类研发平台 47 家，其中省级科技研发平台 15 家。获得市级以上科学技术奖 115 项，其中省级科技奖励 19 项。申请专利 3056 件，授权专利 1880 件。科技进步对经济增长的贡献率 60% 以上。先后 6 次获“全国科技进步先进县区”称号。

教育事业全面发展，教学质量持续提高。1995 年 10 月，通过省政府“基本普及九年义务教育和基本扫除青壮年文盲”工作达标验收。1998 年，被命名为山东省素质教育先进区。2002 年 2 月，罗庄区“实验教学普及县”工作达到教育部规定的中小学实验教学普及县标准。2004 年，基本完成中小学布局调整、危房改造任务。2007 年春季始，免除城乡义务教育阶段学生杂费；秋季始免除教科书费。同年 9 月，罗庄区被省政府命名为山东省教育工作示范县（市、区）。1995—2013 年，新增校舍面积 70.91 万平方米，实现中小学校舍全部楼房化，普通教室均实现多媒体教学。2013 年，全区幼儿园 176 所，在园幼儿 2.75 万人；公办小学 59 所，在校生 4.75 万人；公办初中 18 所，在校学生 1.57 万人；公办高中 2 所，在校学生 8260 人；民办职业中专（高中）学校 4 所，在校学生 2319 人。共有公办中小学教职工 4974 人。有省级规范化学校 18 所，省级示范幼儿园13所，省级“十佳”幼儿园1所。临沂职业学院、鲁南技师学院、山东煤炭技师学院坐落于辖区。2013年，参加普通高考3054人，2674人被录取，其中本科录取率52%。十九年累计为国家输送本、专科生3.36万人。

体育事业发展迅速，全民健身活动广泛开展。1995年起，大力加强群众体育活动场所建设，群众性健身活动日趋活跃。2013年，全区有武术、乒乓球、钓鱼3个协会，共有社会体育指导员1167人。有体育活动场所503处、健康站点451个。2012年，罗庄区被国家体育总局授予“全国群众体育工作先进单位”称号。2013年，被国家体育总局命名为农民体育健身工程建设先进县。

文化事业健康发展，群众性文化活动丰富多彩。至2013年，先后注册成立文学、书法、美术、摄影、音乐、影视、民间文艺、诗联书画8个协会，出版各类文学作品21部，出版《罗庄文史》8辑，编辑《罗庄区美术作品集》等各类资料37册，编发《罗庄区报》《罗庄通讯》1779期。各街道、镇均建有文化站，村村建有文化书屋；城区建成罗庄区文化中心，设有档案馆、图书馆、文化艺术馆、科技馆。其中，档案馆被评定为国家一级综合档案馆，文化艺术馆被评定为国家一级文化馆，图书馆被评定为国家二级图书馆。有文化类民办非企业单位16家，其中庄户剧团9家。全区有文物保护单位133处，其中省级5处、市级6处。已普查公布非物质文化遗产20项，其中2项入选临沂市第一批市级非物质文化遗产名录。

卫生事业发展迅速，社区卫生实现全覆盖。1995年，对乡镇、村医疗机构实行一体化管理。2000年1月，城镇职工基本医疗保险制度开始试行。2006年，全面实行新型农村合作医疗，农民医疗得到保障。2007年后，公共卫生疾病控制和医疗救治“两个体系”不断完善，城乡预防、保健、医疗网络进一步健全。至2013年，全区共有区级医疗机构1家，区级预防保健机构3家，镇（街道）卫生院10家，社区卫生服务中心3家，民营医院4家，村卫生室248个，市驻罗庄区医疗机构2家，全区共有卫生技术人员2365人，其中执业医师及助理医师687人，医疗床位2897张，万元以上医疗设备2000余台（套）。形成以区级医疗卫生机构为龙头，镇、街道卫生院为骨干，村卫生室为基础的三级卫生服务体系。

城乡建设整体推进，环境保护持续加强。大力推进城乡一体化建设，坚持规划与开发并举，建设与管理并重，加大道路、交通、通信、供电等城乡基础设施建设投入。2003年起，实施乡村道路、街巷道路硬化和自来水村村通、户户通工程。2004年后，实施旧村改造和农村新居建设，积极推进整村迁建和合村并点，推进新型社区建设，逐步实现村庄规模化、土地集约化、建筑楼群化、管理社区化。2006年，实施“西扩、东进、北接、南展”城市发展战略，相继开展“城市建设年”和“生态建设年”活动，不断扩大城区规模和功能。一座宜居、宜业、宜游的现代化园林城市初具规模。至2013年，全区城镇化水平59.9%，城区面积由1995年的10平方千米扩大到45平方千米。城区道路由1995年的20条扩建为39条，总长度188.7千米，初步形成“六纵六横”的道路网络，构建成外围成环，内部成网的城区路网体系。京沪高速、206国道及232省道3条干线公路穿境而过，总长49.8千米。县乡公路33条269.9千米，硬化村道496千米，村村通硬化路。供水、排水、燃气、供热、公共活动场所等基础设施配套齐全。建设规模300户以上商品住宅小区76个6.37万户。临沂汽车客运南站经营线路79条，覆盖19个省、3个直辖市，年旅客发送量40万人次。注册运输公司134家，营运车辆7773辆，完成货物周转量5.73亿吨/千米。全区固定电话5.4万户，移动电话65.34万户，宽带互联网7.36万户。境内共有输电线路148条，967.36千米；有220千伏、110千伏、35千伏变电站4座、14座、4座。全社会用电量由1999年的4.17亿千瓦时增长到2013年的78.82亿千瓦时，是1999年的18.9倍。1995年后，环境保护工作经历从治理污染源到总量控制，从点源控制到全过程监督的过程。至2013年底，全区拆除、取缔“土小”企业6017家，拆除大烟囱688根。建成临沂市第二污水处理厂、罗庄区第一污水处理厂和罗庄区第二污水处理厂3座污水处理厂，铺设污水管网91千米，污水集中处理率95%以上，出水水质达到国家一级A排放标准。是年，全区地下水水质全部达Ⅳ类标准，空气优良天数137天，全区水资源和大气环境明显改善。全面推行“统一保洁、统一收集、统一清运、集中处理”的城乡环卫一体化管理模式。至2013年，有7个镇、街道实现环卫保洁物业化，6个镇、街道实施生活垃圾清运公司化运作，处理率56.65%。全区建成绿地率42.71%，绿化覆盖率44.73%，人均公共绿地12.1平方米，城乡环境日趋优美。

人民生活水平显著提高，民生保障持续完善。农民人均纯收入由1995年的1644元增长到2013年的1.04万元，年均增长10.78%；城镇居民人均可支配收入由1995年的3991元增长到2013年的3.03万元，年均增长11.93%；单位职工年均工资由1995年的3768元增长到2013年的4.98万元，年均增长15.34%。经济收入不断增加，消费水平逐年提升。2013年，农村居民人均生活消费支出6196元，城镇居民人均消费性支出1.50万元。居民居住条件不断改善，农村居民人均住房面积38.06平方米。家用汽车、电脑等高档消费品进入寻常百姓家。少数民族各项事业得到支持，宗教政策得到充分落实。民主法制建设不断进步，社会治安防控体系高效运转，社会秩序和平稳定。罗庄区连续8年被省委、省政府表彰为平安山东建设模范县区。组织开展文明城市、文明村镇、文明行业、文明家庭等文明创建活动和思想道德建设活动。至2013年，建成省级文明单位23家，文明镇（街道）4个，文明社区6个；市级文明单位31家，文明村镇12个，文明社区6个。1998年，实施农村居民最低生活保障制度。2013年，全区城镇新增就业4386人，农村劳动力转移就业4699人，城镇登记失业率控制在1.5%。全区城镇职工基本养老、医疗、失业、工伤、生育保险参保人数分别为6.02万人、5.36万人、2.66万人、5.79万人、4.09万人，共征缴保险费4.05亿元；新型农村社会养老保险参保人数12.05万人，征缴保险费1837万元；新农合参保人数43.02万人；全区共有1.18万户、1.87万人享受农村最低生活保障，发放标准由每人每年600元提高到2000元；有659户、1158人享受城市居民最低生活保障，发放标准由每人每月120元提高到370元；全区农村五保对象1069人，集中供养和分散供养标准分别由每人每年2400元、1200元提高到3600元、2400元；孤儿生活费标准从每人每月700元提高到720元。

展望未来，罗庄区已站在新的历史起点，进入发展方式转型、新旧动能转换、社会和谐全面推进的新时代。勤劳智慧的罗庄人民正在习近平新时代中国特色社会主义思想的指引下，发扬创新、担当、笃实、争先的罗庄精神，为实现全面建成小康社会、加快富强和美新罗庄建设而不懈奋斗，罗庄的明天一定更加辉煌灿烂。

大事记

Chronicles of Events

人民广场（2013 年 7 月　区摄协供稿）

武河湿地（2013 年 7 月　秦晓军摄）

1994 年

12 月 17 日 国务院下发《国务院关于同意山东省撤销临沂地区设立地级临沂市的批复》，同意撤销临沂地区和县级临沂市，设立地级临沂市。原县级临沂市区域设立兰山区、罗庄区和河东区。罗庄区辖罗庄镇、傅庄镇、盛庄镇、册山镇、程庄乡、岑石乡，区人民政府驻罗庄镇。

1995 年

2 月 12 日 中共临沂市委发出通知，成立罗庄区筹建工作领导小组，李桂祥任组长，李先建任副组长，李俊修、山常青、李登仕、娄元臣、刘方均为成员。李桂祥、李先建、李俊修、山常青、李登仕、黄桂兰、高文堂、姜新利、张殿昌、姚明负责党委、纪委的筹建工作；李桂祥、娄元臣、刘茂辰、朱宝义、訾元强负责人大的筹建工作；李先建、李登仕、李玉洪、杨以考、张灿建、刘剑利负责政府的筹建工作；李俊修、刘方均、姜自慎、李安祁、武玉芹负责政协的筹建工作；高化传负责区人民法院的筹建工作；苗会田负责区人民检察院的筹建工作。

2 月 13 日 区筹建工作领导小组全体成员正式开展工作，办公地点暂设于罗庄镇经委办公楼，即日起，罗庄区人民政府开始施政。

同日 《大众日报》刊登通讯《山东有个王廷江》，报道罗庄区沈泉庄党支部书记王廷江艰苦奋斗、无私奉献，带领全村群众发展经济、共同富裕的先进事迹。

2 月 14 日 区筹建工作领导小组召开各乡镇、区直部门主要负责人（牵头人）会议。会议传达国务院、省政府关于临沂地改市文件精神，要求各乡镇、各部门迅速做到人员、思想、工作“三到位”，突出抓筹建、抓经济、抓稳定、抓运转。

2 月 16 日 全区机关干部大会召开。区筹建工作领导小组副组长李先建主持会议，组长李桂祥出席会议并讲话，要求全体机关干部要身在罗庄，热爱罗庄，建设罗庄，努力开创两个文明建设新局面。

2 月 16—18 日 全国党员电化教育制片规划协调会在罗庄镇召开。

2 月 23 日 从原县级临沂市市直机关分流到罗庄区的 530 名区直部门工作人员全部到岗，区直机关工作投入正常运转。

3 月 4 日 区筹建领导小组召开各乡镇负责人会议。主要听取各乡镇 1994 年工作情况和 1995 年工作计划安排的汇报，会议要求各乡镇抓紧修订工作计划、完善落实措施，确保各项工作顺利开展。

3 月 12—18 日 在'95 中国青岛对外经济贸易洽谈会上，罗庄区代表团签订合作协议 5 个，协议外资及港澳台资共计 3682 万美元，签订贸易合同 6 项，合同出口成交额 4795 万元。

3 月 14 日 中共临沂市委发出通知，成立中国共产党临沂市罗庄区委员会。李桂祥、李先建、李俊修、山常青、李登仕、黄桂兰、高文堂、姜新利、张殿昌、姚明任区委常委，李桂祥任书记，李先建、李俊修、山常青任副书记。

3 月 28 日 全区春季“严打”动员大会召开。会议要求坚决遏制刑事犯罪上升势头，保持全区社会稳定。

4 月 9—10 日 区政协十届一次会议在双月湖宾馆召开。会议选举李俊修为区政协主席，刘方均、姜自慎、李安祁、武玉芹为副主席。

4月11—14日 区十四届人大一次会议在双月湖宾馆召开。会议选举李桂祥为区人大常委会主任，娄元臣、刘茂辰、朱宝义、訾元强为副主任；选举李先建为区人民政府区长，李登仕、李玉洪、杨以考、张灿建、刘剑利为副区长；选举高化传为区人民法院院长，苗会田为区人民检察院检察长。

4月14日 罗庄区被国家科委命名为全国科学技术工作先进区。

同日 省委副书记李文全到罗庄区考察指导经济建设工作。

5月4日 全市药政管理工作会议在罗庄区召开。会议推广罗庄区乡村卫生一体化管理的做法和经验，部署全市药政管理工作。

5月6—7日 中国共产党临沂市罗庄区第九次代表大会召开。大会选举产生中共罗庄区第九届委员会、中共罗庄区纪律检查委员会。区委九届一次全体会议选举李桂祥为区委书记，李先建、李俊修、山常青为副书记；区纪委第一次全体委员会议选举李俊修为区纪委书记。

5月10日 罗庄镇被民政部授予“全国明星乡镇”称号。

5月12—13日 区长李先建带领各乡镇分管农业和区直有关部门负责人35人，赴苍山县、沂南县考察学习“三高”（高产、高质、高效）农业。

5月19日 全区经济工作会议召开，会议主要研究部署全区经济工作任务和措施，提出全面实施“工业强区、科教兴区、依法治区”战略，以及坚持“重点发展工业，优化提高农业，繁荣第三产业，加快新区建设”的指导思想。要求加大企业新上、技改力度，膨胀第三产业，大力发展个体私营经济，调整优化农业内部结构，加快对外开放步伐。会上，印发《中共罗庄区委、罗庄区人民政府关于激励全区经济发展的若干规定》。

5月23日 省人大常委会主任李振到罗庄区考察企业发展情况。

5月28日 《罗庄通讯》创刊，由罗庄区委宣传部主办，区内发行。

6月下旬 病毒性脑炎从枣庄市、苍山县传入傅庄、罗庄两镇的部分村庄，发病集中在5岁以下儿童，主要症状为发热、呕吐、嗜睡，个别伴有意识障碍，经市卫生防疫站认定，造成此次病脑流行的原因是肠道病毒传染，在市、区两级卫生部门共同医治下，疫情得到有效控制。

6月底 全区检查清理行政性事业性收费工作结束，区政府编制印发《罗庄区行政性事业性收费目录》，全区43个部门的606项收费项目压缩到153项。

7月5日 区委、区政府发出《关于开展向李勇同志学习的决定》，授予李勇“优秀共产党员”“人民卫士”称号，颁发奖金1万元。李勇，傅庄派出所治安联防员，6月13日晚，傅庄镇汤庄发生一起犯罪嫌疑人身绑炸药、意欲行凶杀人的突发案件。在阻止犯罪嫌疑人作案过程中，犯罪嫌疑人引爆炸药当场自毙，李勇身负重伤。

7月11日 参加在临沂市召开的全省农村精神文明建设研讨会的各市文明办主任及先进典型代表70人，到罗庄区考察农村精神文明建设工作。

7月18日 区政府转发《临沂市人民政府关于公布最低工资标准的通知》，规定罗庄区企业职工最低工资标准每人每月160元。

7月28—29日 全市教育“两基”工作现场会在罗庄区召开。各县区交流“两基”工作进展情况，部署迎接省政府“两基”评估验收工作，听取罗庄区“两基”工作经验介绍，与会人员参观罗庄区部分学校建设现场。

8月10日 《山东有个王廷江》作品讨论会在罗庄区召开。会议由省委宣传部、省出版总社、省作家协会和中共临沂市委联合举办，省、市有关领导和作者刘玉堂、王光明及新闻界的编辑、作家、教授40余人参加。

8月18日 全区创建全省精神文明建设工作先进区、创建全国卫生城暨城建、信访、廉政、全民健身工作会议召开。

8月22日 省政协副主席李功九率省政协考察团一行16人到罗庄区考察市场建设。

8月25—27日 区委理论学习中心组读书会在沂罗园宾馆召开。区委书记、区人大常委会主任李桂祥作总结讲话，要求各级采取切实措施，把邓小平建设中国特色社会主义理论学习、研究和宣传引向深入，进一步解放思想，实事求是，努力开创罗庄区现代化建设新局面。

8月28日 罗庄陶瓷商城一期工程竣工并开业。该商城占地面积20公顷，分三期建设。一期工程投资1500万元，占地面积6.7公顷，建营业楼房230套、钢塑大棚2个，可容纳440个经营户，主要经销日用陶瓷、建筑陶瓷、卫生陶瓷等系列产品。

9月7日 全区庆祝教师节暨表彰大会召开。会议对124名区级优秀教师、优秀班主任、优秀教育工作者和15家教书育人先进单位进行表彰。

9月11日 省长李春亭到罗庄高新技术产业开发区考察指导社会治安综合治理。

9月18日 程庄派出所抓获1个特大暴力抢劫团伙。该团伙由6人组成，先后在沂河岸边抢劫作案63起，抢劫摩托车等物品折合现金12.7万元。程庄派出所被省公安厅记集体二等功。

9月20日11时14分 苍山、费县交界处（北纬34°57′，东经118°06′）发生5.2级地震。罗庄区震感强烈，无房屋倒塌、人员伤亡。

9月21日 中国国际广播电台外国专家采访团到罗庄采访。

9月25日 中央电视台《中国魂》摄制组到罗庄区采访。

同月 为期3个月的罗庄区边界勘定工作结束，对毗邻3个县区全长136.31千米的边界进行初步勘定。

10月10日 全区第三次工业普查开始。

10月17日 省政协副主席田健、王祖农带领驻鲁全国政协委员考察团一行33人到罗庄区调研农业和农村工作。

10月25—27日 经省政府教育“两基”验收团评估验收，罗庄区普及九年义务教育和基本扫除青壮年文盲达到省定标准。

11月2日 罗庄镇被省委、省政府、省军区命名为拥军优属先进单位。

11月5—15日 区委书记李桂祥带领区委、区人大、区政府、区政协、区纪委、区人武部成员、各乡镇党委书记和区直有关部门负责人赴江苏省张家港、昆山、锡山3个县市和苏州新区、苏州工业园区考察学习两个文明建设情况。其间，罗庄区与江苏省淮阴市清河区缔结为友好区，区长李先建和清河区区长周明成代表双方在协议书上签字。

11月9日 内蒙古自治区锡林浩特市副市长巴泽尔、市政协副主席丹比瓦一行到罗庄参观考察。

11月20日 内蒙古自治区额尔古纳市政协副主席朱云海一行12人到罗庄区参观考察。

11月20—22日 全国村民自治工作经验交流会暨城乡基层先进集体和先进个人表彰会在北京召开。罗庄镇、沈泉庄村委会分别被命名为中国乡镇之星、全国模范村

（居）委会。

同月 国家教委授予罗庄区“普及九年义务教育和扫除青壮年文盲”匾牌。

12月4日 化武路、湖北路通车剪彩仪式举行。两路于6月20日同时动工兴建，11月20日竣工。化武路横穿盛庄镇、岑石乡，全长18.4千米，投资600万元；湖北路全长6.9千米，投资1200万元。

12月11日 丹麦欧登赛市考察团在市长达尔斯科夫、丹麦驻华商务和经济参赞富斯文率领下到罗庄考察访问。

12月27日 罗庄区举办为期5天的经济管理干部培训班，邀请人事部专家服务中心处长陈进军、教授蔡迪及中国企业管理协会咨询服务中心主任赵天乐授课。

1996年

1月3日 区委、区政府印发《1996年工作要点》，确定全区工作总的指导思想是：工业强区增效益，第三产业促繁荣，农业“三高”求突破，计划生育上水平，依法治区保稳定，两个文明双丰收，齐心协力奔小康，实现“九五”开门红。

1月8日 《罗庄通讯》更名为《罗庄区报》。为中共罗庄区委机关报，初为旬报，1997年1月1日改为周报。

1月13—20日 经卫生部计划免疫检查验收团检查评估，罗庄区通过卫生部计划免疫“第三个85%”达标验收。

1月17日 在全省政法工作会议上，中共罗庄区委副书记山常青被中共山东省委、省人民政府记二等功一次。

1月19日 第34次区委常委（扩大）会议将罗庄精神提炼、表述为：“创新、奉献、唯实、争先”8个字。

1月22日 国家科委授予区委书记李桂祥、区长李先建“全国科教兴市（县）先进个人”称号。

1月26日 全区乡镇人大换届选举工作会议召开。

同日 中央电视台、山东电视台、临沂电视台到罗庄区采访“美在农家”活动开展情况。

2月12日 庆祝建区一周年暨1995年度总结表彰大会在罗庄镇体育馆召开。大会举行盛大的入场仪式和团体操、跳伞、民间艺术和威风锣鼓等表演，中央电视台著名节目主持人陈铎、王红蕾作现场解说。大会对216家先进单位和417名先进个人进行表彰。市长乔延春出席会议并讲话，友好单位代表江苏淮阴市清河区委书记王庆元、外宾代表意大利唯高公司弗里希分别讲话致贺。

3月12—18日 在'96中国青岛对外经济贸易洽谈会上，罗庄区代表团共推出29个招商引资项目和22个主要出口产品，参展单位12家、产品30个，签订利用外资合同、协议3项，合同、协议外资额860万美元。

3月15日 区十四届人大常委会第七次会议召开。会议审议《罗庄区国民经济和社会发展第九个五年计划和2010年远景目标纲要》，审议通过《罗庄区科学技术进步实施办法》。

3月17日 罗庄区人民武装部收归军队编制仪式在区机关会议室举行。区委常委、常务副区长李登仕，区人武部部长王宪林，临沂军分区参谋长郭飞虎分别代表交、接、监三方在交接手续上签字。收编后区人民武装部为正团级单位，接受临沂军分区和中共罗庄区委的双重领导。

3月18日 罗庄区掀起抗旱高潮。1995年冬至1996年春，雨雪少，干旱严重，全区农作物受害面积6400公顷，干涸塘坝10处，

74眼机井出水量不足，6000人、1.3万头牲畜严重缺水。至4月中旬，全区投资110万元，动用提水设备290台（套），灌溉小麦5000公顷，果树90万株。

3月22日 全区科学技术大会召开。主要传达全国、省、市科技大会精神和区委、区政府《关于进一步加强科技工作的决定》；会议要求，各级领导干部要牢固树立科技首位意识，深化科技体制改革，推进科技与经济结合，加大科技投入，促进全区科技、经济和社会事业协调发展。

3月25—27日 区十四届人大二次会议召开。会议选举宋光为区人民政府副区长。

3月29日 省委副书记李文全到罗庄区考察指导城市建设工作。

4月9日 罗程路、罗岑路破土动工，于6月30日竣工通车。

5月5日 陷泥河罗庄段拓宽治理工程开工。施工段从临西五路（通达南路）铁路桥至老册山路桥西，全长2822米，投资227万元。

5月11—12日 山东省农村基层组织建设检查团到罗庄区检查指导工作。

5月11—12日 副区长李玉洪带领罗庄区个体民营经济和市场考察团赴张家港、义乌、景德镇、武汉等地考察学习。借鉴外地经验，结合罗庄实际，提出“依靠民力、借助外力、增强实力、加速发展”个体民营经济和市场建设新思路。

5月13日 罗庄区与内蒙古自治区太仆寺旗缔结为友好旗区。区长李先建与内蒙古自治区太仆寺旗旗长田学臣分别代表双方在协议书上签字。

5月17日 新加坡——山东省经贸理事会联合会主席、新加坡总理政治秘书陈原生在省、市领导陪同下，到罗庄区参观考察。

5月23日 中共内蒙古自治区党委书记刘明祖及区政府主席乌力吉率内蒙古自治区党政代表团一行50人到罗庄区参观考察。

5月28日 全国政协常委谢华、马义和省政协副主席丁方明一行15人，在市政协主席高广田陪同下到罗庄区参观考察。

6月2日 全区首批国家公务人员过渡考试举行。经资格审查被列入过渡范围的436名乡镇、机关干部，分别在15个考场参加过渡考试。

7月7日 全国人大常委会副委员长吴阶平为临沂沂蒙银杏制药有限公司题词：“发展银杏制药事业，满足人民健康需要”。

7月10日 王廷江事迹报告会在临沂人民会堂举行，市直1000余名党员干部听取事迹报告。报告会由市长乔延春主持，市委书记张守业出席会议并讲话。

7月20日 全市社会治安综合治理基层基础工作规范化建设观摩现场会在罗庄召开。

7月26日 区委、区政府印发《中共罗庄区委、罗庄区人民政府关于进一步减轻农民负担的意见》，要求各级各部门坚决贯彻中共中央、国务院《关于切实做好减轻农民负担工作的决定》，彻底清理涉及农民负担的文件和项目，落实党政领导负责制和部门责任制，从根本上解决农民负担问题。

8月12日 区委、区政府印发《中共罗庄区委、罗庄区人民政府关于增加教育投入的若干规定》。

同日 罗庄区召开销枪大会，公开销毁非法枪支3164支。

8月14日 王廷江事迹报告会在北京中央警卫局礼堂举行，报告会由中共中央宣传部、农业部、北京市委和山东省委联合举办，介绍罗庄区沈泉庄党支部书记王廷江艰苦奋斗，无私奉献，带领全村群众共同致富的先进事迹。中共中央政治局委员、书记处书记、中宣部部长丁关根和中央直属机关、国家机关、北京市党员干部2000余人参加报告会。

8月16日 罗庄区职教中心举行奠基仪式，工程投资3000万元，一期工程投资1400万元。1997年9月建成使用。

8月19日 新华社、人民日报社、中央电视台、中央人民广播电台、经济日报社、光明日报社、农民日报社、中国青年报8家中央级新闻单位14位记者组成的中央新闻采访团，到罗庄区采访王廷江艰苦创业的事迹，并作连续报道。

8月21日 王廷江事迹报告会在济南南郊宾馆举行。

8月22日 市领导张守业、乔延春、张杰文、孙培群、高广田、冯登善等在沂河宾馆接见王廷江事迹报告团成员并与之座谈。

8月23日 王廷江事迹报告会在罗庄影剧院举行。全区各乡镇、区直机关党员干部和村支部书记听取报告。区长李先建主持会议并讲话，号召全区党员干部群众，以王廷江为榜样，开拓进取、艰苦创业，努力开创罗庄区现代化建设新局面。

8月28日 电视剧《鲁氏兄弟》在罗庄开拍。该剧由山东电影电视剧制作中心拍摄，共26集。

9月1日 全国总工会副主席薛兆鋆到罗庄区检查指导工作。

9月2日 区委、区政府印发《中共罗庄区委、罗庄区人民政府关于深入开展向王廷江同志学习活动的意见》。

9月13日 全区个体私营经济工作会议召开。会议印发区委、区政府《关于进一步放手发展个体私营经济的决定》。

10月9日 经省政府批准，程庄乡、岑石乡分别改称西高都乡、罗西乡。

10月12日 全国政协副主席、中国社会科学院院长胡绳到罗庄考察指导工作，并题词："工农并举，城乡一体，共同富裕，前途无量"。

10月12—15日 在首届临沂市运动会上，罗庄区运动员夺得金牌13枚、银牌10枚、铜牌7枚，获体育道德风尚奖。

10月15日 全国供销合作社监事会主任贺光辉到罗庄区调研基层供销合作社工作。

同日 罗庄区长途汽车站在临沂汽车运输公司罗庄分公司院内破土动工，项目投资500万元，建筑面积3100平方米。1997年6月，竣工投入使用。

10月23日 罗庄区第一次农业普查开始。

10月24日 山东电视台《放歌沂蒙》专场文艺演出在沈泉庄举行。

10月25日 罗庄区小埠东灌区第五干渠治理工程开工，1997年6月，竣工。工程北起沈泉庄养猪场，南至大柱山以北，全长9231米，投资90万元，扩大灌溉面积1334公顷。

10月30日 全区冬季农田水利建设全面铺开。开工项目84个，投资2490万元。

11月8日 罗庄区被省政府命名为水污染防治先进单位。

11月13日 经市人民政府批准，小埠东灌区由临沂市水利局管理划归罗庄区管理。灌区（拦河闸）兴建于1958年，位于临沂城南、沂河西岸，跨越兰山、罗庄2个区，有效灌溉面积8333.34公顷。

11月16—18日 驻临沂市全国、省人大代表和部分市人大代表到罗庄区考察经济工作。

12月3日 罗庄区企业职工离退休费实行社会化发放。即日起，国有企业和区以上集体企业离退休人员的养老金不再由企业自行发放，改由银行代发，每月15日后凭有关证件到指定银行领取养老金。

12月6日 罗庄区发生一起特大绑架爆炸案。上午10时30分左右，犯罪嫌疑人2人将东亚建材有限公司台湾籍总经理庄寿长的夫人高千惠劫持。市、区公安部门接警后迅速组织警力进行追击堵截，上午11时，东亚公司一辆面包车将犯罪嫌疑人乘坐的桑塔纳轿车堵截在临西一路与金雀山五路交会处，公安人员上前处置时，歹徒引爆炸药包，桑塔纳轿车车内4人及东亚公司保安队员1人当场被炸死，民警1人和在场的群众1人被炸成重伤，17人受轻伤。此案被市公安机关侦破，查明犯罪嫌疑人2人系兰山区人，作案动机是要挟钱财。

12月30日 全市乡镇敬老院工作总结表彰会议在罗庄区召开，罗庄镇在会上作典型经验介绍。

1997年

1月7日 全区领导骨干会议召开。主要传达《中共罗庄区委、罗庄区人民政府1997年工作要点》《中共罗庄区委、罗庄区人民政府关于深化企业改革的实施意见》和《中共罗庄区委、罗庄区人民政府关于进一步加快个体私营经济发展的决定》，总结1996年全区经济社会发展情况，部署1997年工作任务。

同日 区委、区政府研究决定：罗庄镇、傅庄镇、盛庄镇、册山镇4个镇设立经贸发展局，为正科级事业单位。

1月9日 应青岛市委、市政府邀请，王廷江事迹报告团在青岛市机关会议中心作专场报告。青岛市委书记俞正声、副书记徐长聚、市人大常委会主任孙炳岳、政协主席杨在茂等参加报告会。青岛电视台现场转播，近百万名干部群众收听收看报告会。

1月14日 经省政府批准，撤销西高都乡，设立西高都镇。

1月17日 中共罗庄区委九届二次全委会召开。会议学习《中国共产党地方委员会工作条例（试行）》，讨论并原则通过《全区“九五”期间精神文明建设规划》。

1月20日 临沂高新技术开发区商场移交罗庄区供销社管理。

1月21日 省委副书记李文全率领春节慰问团到罗庄区走访慰问。

2月18日 罗庄区行政办公大楼落成典礼举行。大楼于1995年10月奠基开工。大楼长97.24米，宽92.82米，高17层68.75米，占地面积9.03平方千米，建筑面积2.32万平方米，投资4500万元，为全现浇框架剪力墙结构。典礼后，区委、区人大、区政府、区政协机关和40个区直部门相继搬入大楼办公。

2月27日 罗庄区召开深化企业改革动员大会。会议主要传达区委、区政府《关于深化企业改革若干问题的试行规定》，会议要求，区、乡镇两级企业在搞好资产评估、产权界定的基础上，采取出售、拍卖、租赁结合、股份合作制、股份制、无偿划转、兼并结合、破产及组建企业集团等形式，于7月31日前完成区属企业、乡镇企业改制。

2月28日 全区农村基层组织建设，村“两委”（党支部委员会、村民委员会）换届选举暨城乡社会主义思想教育工作会议召开。全区第五届村民委员会换届选举开始。

3月9日 区人民广场开工兴建。广场占地面积67.2万平方米，投资300万元。

同月 罗庄区特钢厂高级工程师王景安获“全国青年专家”称号。

4月8日 罗庄区制定护台植物园建设计

划，植物园占地面积14.7万平方米，计划投资205万元，栽植各种树苗1.3万株。

4月9日 罗庄区农村工作会议召开。会上，命名表彰首批63个小康村。

4月25日 罗庄区春季“严打”暨政法干警“形象建设年”活动动员会议召开。会议部署全区春季严打整治行动和开展政法干警“形象建设年”活动。

4月29日 省委书记吴官正在市委书记张守业，市长乔延春，市委秘书长孙培群，区委书记李桂祥，区长李先建陪同下，到罗庄区考察华唯公司、沈泉庄养猪场、新光棉纺公司、沈泉庄幼儿园等单位后，勉励罗庄区继续加大改革开放力度，加快发展步伐，为沂蒙老区人民争光。

4月30日 沈泉庄被省文明委命名为省级“文明村（居）示范点”。

5月3日 临西五路南段（通达南路）拓宽、硬化工程开工，1997年10月1日建成通车，工程投资2600万元，

5月6日 省委常委、政法委书记张惠来到罗庄区检查指导政法工作。

5月13日 山东省人民政府批准张玉全为革命烈士。张玉全生前系东亚建材工业有限公司保卫人员，1996年12月6日，在一起绑架人质案追捕过程中，为保护被劫人质，抢夺歹徒已点燃的炸药包，因炸药包爆炸而牺牲。

5月17日 中央军委副主席、国务委员兼国防部部长迟浩田在省委副书记李文全，市委书记张守业、副书记张怀三，区委书记李桂祥陪同下，参观沈泉庄，观看村幼儿园儿童文艺表演，并和小朋友们合影留念。

5月19日 全国人大常委会副委员长叶飞在区委书记李桂祥陪同下考察罗庄区经济发展情况。

5月24日 国家教委机关干部一行33人到罗庄区考察指导教育工作。

5月底 罗庄区完成边界勘定，历时3个月，勘定边界136.31千米，设置界桩15个，三角点4个。

6月3日 区委、区政府发布《关于“科教兴区”战略的实施方案》《关于进一步加强科学技术工作的决定》和《罗庄区科学技术进步奖励办法》。

6月13日 罗庄镇党委副书记、沈泉庄党委书记王廷江当选为中国共产党第十五次全国代表大会代表。

6月21日 副省长张瑞凤到罗庄区检查指导基层民主法治建设。

6月23日 罗庄区庆祝中国香港回归书画展在行政办公大楼开展。展出作品97幅，评出书法绘画一等奖10名、二等奖11名、三等奖13名。

7月8—15日 在’97中国青岛对外经贸洽谈会上，罗庄区代表团共签订合作协议2个，协议利用外资额250万美元；签订贸易合同3项，合同贸易额580万美元；签订自营出口合同3个，合同成交额250万美元。

7月24—29日 由人民日报社、新华社、经济日报社等13家新闻单位14名记者组成的中央新闻单位赴沂蒙采访团到罗庄区采访。

7月30日 省委常委、宣传部部长董凤基到罗庄区考察指导工作，并为王廷江题词：“与父老乡亲同福，其乐无穷”。

8月19—20日 受11号台风影响，自8月19日8时至20日8时，罗庄区普降大到暴雨，平均降雨量212.8毫米，最大降雨量316.1毫米。部分农作物受灾，无房屋倒塌。

8月26日 区委、区政府印发《中共罗庄区委、罗庄区人民政府关于贯彻执行〈中共中央、国务院关于党政机关厉行节约制止

奢侈浪费行为的若干规定〉的意见》。

8月28日 罗庄区代表队在全市国际式摔跤比赛中夺取9块金牌、1块银牌，分别获古典式、自由式摔跤团体总分第一名。

9月1日 山东临沂双月园学校举行开学仪式。学校位于罗庄区湖东路63号，由临沂双月园物业发展有限公司创办，是一所从幼儿园到高中15年一贯制民办寄宿制学校。占地面积37.4万平方米，建筑面积6.8万平方米，可容纳120个教学班、4000余名学生。2006年7月，学校停办。

9月6日 全区房屋确权发证暨房改工作会议召开。会议决定全面推行和完善住房公积金制度，自1997年1月1日起，全区机关、事业单位全部建立住房公积金制度。

9月27日 省人大常委会主任赵志浩一行16人在市委书记张守业，市人大常委会主任、市委副书记李祥栋，区委书记李桂祥陪同下到罗庄区考察指导。

同月 《人民日报》《市场报》《工人日报》《新华每日电讯报》《中国乡镇企业报》在重要版面分别介绍罗庄区企业改制经验与做法。

10月18日 中国香港《文汇报》记者考察团到罗庄区采访考察。

10月30日 省委副书记、副省长宋法棠到沈泉庄、华唯公司和双月园学校考察。

11月18日 罗庄区1997年度地籍变更调查工作结束。此次调查变更图斑605个，线状地物76条，变更面积781.9万平方米。

11月25日 罗庄区改制企业管理工作会议召开。会议主要传达区委、区政府《关于加强区乡改制企业管理的意见》《关于乡镇企业集体资产管理暂行办法》《关于加强改制企业党的建设的意见》等文件，提出要巩固企业产权制度改革成果、依法规范管理改制企业、加强改制企业党组织建设。

11月26日 中国科学院、中国工程院两院院士46人到罗庄区考察指导。

12月2—7日 全国政协常委、首都师范大学教授、著名书法家欧阳中石及首都师范大学教授、书法研究所常务副所长王世征一行8人到罗西乡讲学，并考察罗庄一中、罗庄镇实验小学、罗庄武校、沈泉庄幼儿园。

1998年

1月5日 区委邀请中共中央党校教授王瑞璞到罗庄区作学习中共十五大精神专题报告。就邓小平理论的时代观、社会主义观、发展观、改革观和共产党执政观等理论进行辅导。全区副科级以上干部300余人听取报告。

1月12日 罗庄区“315”热线电话8247315开通。此是区工商分局、区消费者协会为保护消费者合法权益、方便消费者投诉采取的一项措施。

2月5—6日 中国共产党临沂市罗庄区第十次代表大会召开。大会选举产生中共罗庄区第十届委员会、中共罗庄区纪律检查委员会。区委十届一次全体会议选举李桂祥为区委书记，李先建、李俊修、山常青为副书记；区纪委第一次全体委员会议选举张殿昌为区纪委书记。

2月8—10日 区政协十一届一次会议召开。会议接受武玉芹辞去区政协副主席职务的请求；选举李俊修为区政协主席，刘方均、姜自慎、李安祁、管桂林为副主席。

2月9—11日 区十五届人大一次会议召开。会议选举山常青为区人大常委会主任，朱宝义、訾元强、武玉芹、郑林、王玉琳、张乃营为副主任；选举李先建为区人民政府区长，李玉洪、杨以考、张灿建、刘剑利、宋光、颜廷湘、刘继双为副区长；选举高化传为区人民法院院长，苗会田为区人民检察院检察长。

2月26日 临沂市素质教育现场会在罗庄区召开。会议推广罗庄区实施素质教育经验，部署进一步推进素质教育工作。

3月7日 罗庄区初级卫生保健工作通过省政府达标验收。

3月8日 华盛集团总公司获批准在省计划中实行单列。

3月10日 罗庄区村庄规划和村界划定工作全面完成。此项工作历时2年，绘制村庄现状图198幅、制作规划图198幅、喷绘彩图100余幅、埋设界桩1188个。

5月7日 全区经济工作会议召开。会议要求，各级各部门要牢固树立“工贸强区”的指导思想，工业突出抓好6个重点：即抓调整，提档次；抓规范，促管理；抓投入，增后劲；抓销售，扩市场；抓骨干，保重点；抓超产，补欠产，确保全年完成工业总产值90亿元。进一步强化农业基础地位，大力推进农业产业化，努力形成“东部开发上林果，西部治理兴林牧，中部配套种粮菜”的农村经济新格局。大力发展个体私营经济，保证年底注册个体私营经济从业人员达到3.8万人，个体经营经济税收达到1500万元。扩大对外开放，做好对外贸易工作，全年力争实现合同利用外资1000万美元，自营出口创汇2600万美元。城市建设工作以土地开发、房地产开发为龙头，实施投资多元化战略。

5月10日 全市延长土地承包期试点现场会在罗庄区册山镇召开。会议推广罗庄区延长土地承包期试点经验，并对全市土地承包延期工作作部署。

5月27—29日 在全市全民健身“春天杯”武术比赛中，罗庄区代表队夺得金牌9枚、银牌8枚、铜牌5枚，儿童组获团体总分第一名，少年组获团体总分第二名，集体获基本功第二名。

6月23日 重庆市委书记张德邻带领党政考察团到罗庄区参观考察。

6月30日 罗庄区黄淮海平原农业开发项目通过省、市验收。

7月8—12日 在“青交会”上，罗庄区代表团共签约利用外资项目5个，合同利用外资285万美元；共签订加工贸易合同2个，金额30万美元，外贸交货额650万元人民币，进出口贸易总额218万美元。

7月20日 凌晨3点左右，全区遭受大风暴雨袭击，最大风力10级，并伴有冰雹，尤其是罗庄镇和罗西乡降冰雹历时持续20分钟，最大冰雹40毫米×40毫米，地面冰雹平均积厚50毫米。受重灾村庄26个，农作物受灾面积4800公顷，其中绝产2333.35公顷，减产2466.65公顷，刮倒房屋250间，树木1.3万棵，损毁电线杆800根，大棚倒塌240个，直接经济损失5280万元。

7月30日 湖北路东段竣工剪彩典礼举行。工程由区政府和红日化工集团共同投资建设，西起206国道，东至临册路，全长5350米，硬化面积9.2万平方米，投资1200万元。

7月31日 罗庄区19.8万平方米护台安居小区，经省计委、省建委批准立项。

8月5—11日 区委理论学习中心组读书会召开。会议分两个阶段，第一阶段（5—9日）在市委常委、区委书记李桂祥带领下赴即墨、龙口、莱州、寿光四市参观学习工业经济、个体私营经济、农业产业化发展和城市建设经验。第二阶段（10—11日）联系实际学理论，对今后一个时期的工作作出部署。

8月10日 罗庄镇沈泉庄村民和企业职工向长江洪涝灾区捐款10万元，其中村党委书记王廷江捐款 1 万元。

8 月 21 日 由沈泉庄 33 名青年农民组成的山东省第一支农民抗洪救灾抢险突击队赴武汉参加长江抗洪抢险。

9 月 4 日 支援长江、嫩江流域抗洪救灾，全区人民累计捐款 61.39 万元，捐物折款 62.18 万元。

9 月 6 日 全区村办企业改制动员会召开。部署村办企业改制。

9 月 8 日 在'98 中国厦门投资贸易洽谈会上，罗庄区代表团达成合资协议 1 项，签约合资合作意向 3 项，协议外资额 246 万美元。

9 月 15 日 京沪高速公路临沂至红花埠段建设工程开工，路段全长 83.78 千米，工程造价 20.5 亿元，建设工期 3 年；主线工程于 2000 年 11 月 9 日竣工通车。

10 月 12 日 驻鲁全国政协委员考察团到沈泉庄、双月园学校等单位考察。

11 月 4 日 省政法系统检查组到罗庄区检查政法队伍集中教育整顿情况。

11 月 16 日 罗庄区 1998 年度黄淮海平原农业综合开发项目在汤庄街道动工，项目区南北长 4.2 千米，东西宽 5.6 千米，投资 230 万元。

11 月 23 日 全省素质教育工作经验交流会在烟台莱州市召开。会上，罗庄区被命名为山东省素质教育先进区。

11 月 25—27 日 全市精神文明建设暨城乡社会主义思想教育工作会议在罗庄区召开。会上，罗庄区作题为《强化措施，真抓实干，建设文明新区》的经验介绍。

同月 区委组织部编纂的《中国共产党山东省临沂市罗庄区组织史资料（1995.2—1998.3）》一书出版发行。

12 月 1 日 全区土地变更调查工作结束。共完成土地变更调查汇总表 390 份，建立健全村、乡镇、集体、国有及外单位土地四种统一台账及土地统计簿，重新绘制一套 1∶10000 土地变更分幅现状图。

12 月 4 日 区委十届二次全委（扩大）会议召开。市委常委、区委书记李桂祥就进一步加强全区农业和农村工作作讲话，要求继续实施“科教兴区”战略，进一步调整优化农村经济结构，加速农业产业化进程，加快农村经济增长方式转变，大搞农田水利基本建设和专业市场建设，确保农村经济工作再上一个新台阶。

12 月 20 日 由中华全国新闻工作者协会等三家新闻部门联合举办的“中华大地之光”新闻人物评选颁奖仪式在北京人民大会堂举行。罗庄区临沂陶瓷三厂厂长庄步璇获中华“大地之光”新闻人物奖。

1999 年

1 月 8 日 中共中央政治局常委、中央书记处书记、国家副主席胡锦涛到沈泉庄视察，考察村办企业，听取村党委书记王廷江工作汇报。胡锦涛对沈泉庄取得的成绩给予充分肯定，并就村办企业如何进一步适应市场、开拓市场、加快发展及农村精神文明建设工作作指示。

1 月 9 日 全区经济工作会议召开。会议传达区委、区政府 1999 年工作要点和关于实施“振兴罗庄贡献奖”“振兴罗庄发展奖”“科学技术进步奖”办法。会议要求，各级各部门把抓调整、抓投入、抓科技作为全年经济工作的重中之重，使全区经济工作再上一个新台阶，以优异的成绩向新中国成立 50 周年献礼。

2 月 21—26 日 第 25 届“新星杯”暨“临沂乒协杯”全国少儿乒乓球公开赛在双月园

学校乒乓球训练基地举行，京津沪等11个省、市的57支代表队718名运动员参赛。

3月11日 省政协副主席刘洪仁一行8人在市政协主席高广田陪同下到罗庄区调研民营企业发展。

3月26日 罗庄区“148”法律服务专线开通。

4月5日 中外合资企业——山东联建华星精瓷有限公司成立。公司由临沂华星集团有限公司与新加坡联建（中国投资）私人有限公司合资创办，注册资本1250万元。

4月10日 市教委批复美澳国际学校筹建申请，校址位于盛庄镇大埠东村，占地面积10万平方米，建筑面积12万平方米，设幼儿部、小学部、中学部，筹建期1年。2006年7月，学校停办。

4月17日 省政协副主席田健到双月园学校、沈泉庄、华唯建陶公司调研。

4月20日 《罗庄区地下水资源开发利用规划》通过水利部、省水利厅、山东师范大学、市有关部门专家组成的评审委员会鉴定。

4月30日 经省人民政府批准，设立双月湖街道。

同月 区政府办公室编纂的《罗庄区年鉴（1995—1997）》出版发行。

5月4日 全省“沂州杯”青年歌手大赛在罗庄区落幕。大赛评出特等奖4名、一等奖8名、二等奖12名、三等奖30名，罗庄区文体委获“特别贡献奖”。

6月2日 市委书记乔延春到罗庄区检查指导三夏生产和企业生产经营工作。

7月1日 罗庄区庆祝中国共产党成立78周年暨表彰大会在盛庄电厂礼堂召开。会上，表彰“沈泉庄式基层党组织”“优秀党支部书记”和“优秀共产党员”；市委常委、区委书记李桂祥就农村基层干部，特别是村党支部书记工作作讲话，号召农村党支部书记在新形势下要加强学习，提高素质，关心群众生活，转变工作作风，公正廉洁，勤政为民，争做一名让群众满意、组织放心的合格带头人。

7月8日 山东江泉实业股份有限公司（简称江泉实业公司）社会公众股5500万股股票在上海证券交易所上网发行。

7月12—20日 在青交洽谈会上，罗庄区代表团签订利用外资项目2个，合同利用外资20万美元；协议利用外资90万美元；签订出口合同3个，进出口贸易额282万元；签订自营出口合同6个，贸易总额290万美元。

7月24日 审计署副署长崔建民到罗庄区检查指导审计工作。省审计厅厅长张玉忠陪同。

8月3日 新疆维吾尔自治区政府副主席熊辉银带领自治区政府代表团一行13人到罗庄区参观考察。市、区领导乔延春、牛泉然、李桂祥、李先建陪同。

9月9—10日 山东省中小学创新性教育实验与研究工作会议在罗庄区召开。

9月10日 副省长陈抗甫到罗庄考察土地管理工作，先后察看西高都镇车辋村旧村搬迁复垦、区安居工程和沈泉庄村容村貌。

9月22日 省人大常委会副主任王渭田到罗庄区考察。

9月28日 区政协组织编纂的首部《罗庄区文史》出版发行。

9月29日 临册路改造工程竣工通车。改建后的临册路属二级水泥路，北起沂河路，南到册山镇南头村，全长13.5千米，宽10米，硬化面积14.75万平方米，投资1130万元。

同月 汤庄街道万亩节水喷灌示范工程

通过省、市、区三级验收。

10月3日 省委副书记、常务副省长宋法棠到罗庄区考察工业生产和城市建设。对沈泉庄、银杏制药有限公司、双月园学校进行实地考察。

10月30日 中西部山区开发建设研讨会与会人员到罗庄区参观考察。中央文献研究室原主任李琦，总后勤部原常务副部长胥光义，中共中央组织部原部务委员、秘书长何载及陕西、甘肃、宁夏、辽宁等14个省、自治区的省（区）、市、县有关负责人80人先后参观考察沈泉庄、双月园学校及城区开发建设。

11月4日 中共罗庄区委、区人民政府印发《关于实行区直部门、市属单位联系农村工作责任制的通知》。

同日 苏、鲁、豫、皖四省电化教育工作第五届年会在罗庄区召开，副区长刘剑利出席开幕式并致辞。

11月12日 罗庄区公交公司及客运公司挂牌营运。公司80台车投入运营，开通两纵一横公交线路，运营单程100千米。

12月3日 中央党校考察团一行30人在市委书记乔延春，副书记孙培群、吕明辰陪同下，到沈泉庄、双月园学校参观考察，市委常委、区委书记李桂祥向考察团汇报罗庄区两个文明建设情况。

同日 全区农电体制改革动员会召开。主要传达区政府批转罗庄区供电局《关于推行供电体制改革和对农村电工统管的报告》，推行农村用电销售到户、抄表到户、收费到户、服务到户“四到位”管理。

12月22日 省人大常委会副主任张瑞凤一行6人在市委书记乔延春，市人大常委会主任李祥栋陪同下，到罗庄区考察农业和农村工作。

12月28日 京沪高速公路临沂罗庄连接线竣工通车仪式在盛庄镇前盛庄举行。罗庄连接线全长8.2千米，路基宽28.5米，投资3618万元。

同日 沈泉庄被中央文明委命名为首批创建文明村镇工作先进单位。

12月30日 全区农村社教、依法管理农民负担工作会议召开。会议传达区委《关于今冬明春在全区农村集中开展社会主义思想教育活动的意见》，要求农村社教要坚持注重实效，一抓多促，与推行村务、财务公开和民主制度建设，与整顿后进村班子、集中整治城乡环境面貌、加强农村社会治安综合治理以及农村实用技术推广应用结合起来，切实收到成效。

2000年

1月6日 区卫生局、区人事局、区劳动和社会保障局联合印发《关于对乡镇卫生院实行全员劳动合同聘任制的实施方案》，在全区6个乡镇卫生院实施以院长负责制、全员劳动合同聘任制、岗位目标责任制和绩效工资制为主要内容的“四制”改革。

1月15日 在全市政法工作会议上，区人民检察院被市委、市政府表彰为人民满意的政法单位。

1月26日 市政协主席高广田，副市长李延华到罗庄区走访慰问部分困难群众。

同月 罗庄区被列为“临沂市高标准平原绿化试点区”，市林业局拨款50万元给予扶持。

2月24日 韩国庆尚南道镇海市市长金炳鲁一行6人到罗庄区参观访问。

2月25日 山东省高校工作委员会常务副书记、省教委副主任刘凤龙到罗庄区考察民办教育。

同月 罗庄区贯彻落实省政府《关于乡镇煤矿停产整顿的通知》精神，乡镇煤矿全部停产整顿。至8月底，经省政府检查验收，16处矿井合格，9处矿井批准报废。

3月16日 区级领导班子和领导干部“三讲”（讲学习、讲政治、讲正气）教育动员大会召开。活动历时3个月，6月20日结束。区委、区人大、区政府、区政协、区纪委、区人武部成员、区直部分单位党组成员共67人参加“三讲”教育学习活动。

3月22日 临沂市春季植树造林现场会在罗庄区召开。会议推广罗庄区平原绿化工作经验，部署春季造林工作；与会人员参观罗庄区高标准平原绿化现场。

3月29日 中国科学院院士、北京林业大学教授陈俊愉一行3人到罗庄区考察林业生产，举办林业科技知识讲座。

3月31日 省林业厅厅长蔡秋芳到罗庄区检查指导植树造林。先后察看沂河路沿线绿化、罗庄镇黄淮海高标准平原农田林网情况。

4月21日 省人大常委会副主任王玉玺到罗庄区考察工业企业生产经营，同沈泉庄党委书记王廷江及部分企业负责人座谈。

4月27日 中国农业大学教授王化琪在罗庄区举行旱稻栽培技术讲座。

5月11日 经省政府批准，撤销罗庄镇、傅庄镇、盛庄镇，设立罗庄街道、傅庄街道、盛庄街道，新设立汤庄街道。

5月13日 临沂市农村财务管理现场会在罗庄区行政办公大楼迎宾厅召开。会议推广罗庄区加强农村财务管理工作的经验。

5月16日 副省长林书香一行16人在市、区领导乔延春、牛泉然、李桂祥、李先建陪同下，考察华盛集团、华唯建陶公司、欧洲商业街、双月园学校、沂光电子公司等企业和罗庄区城市建设。

同日 中央“三讲”教育巡视组到罗庄区检查“三讲”教育“回头看”活动。

5月23日 副省长陈抗甫和省环保局有关领导一行9人到罗庄区检查临沂造纸厂水污染治理和空气环境质量。

5月31日 中共罗庄区委组织部选派37名优秀青年干部到山东大学进行为期3个月的《经济管理》专业学习培训。

同月 罗庄区被命名为全省广播电视工作先进县区。

6月8日 国家轻工业局局长陈士能一行10人到江泉木业公司、华唯建陶公司考察。

6月11日 国家环保总局局长解振华到罗庄区检查指导环保工作。

6月12日 审计署审计长李金华到罗庄区检查指导审计工作。

6月27日 中央电视台“心连心”艺术团在罗庄区行政中心广场举行“情系沂蒙”慰问演出，3.5万人观看。

7月17日 省长李春亭到罗庄考察双月园学校、城区建设、沈泉庄及部分企业。

8月8日 罗庄区制定实施《罗庄区城镇职工基本医疗保险暂行办法》。

9月5—7日 宫内英二带领日本川崎电装品事业部一行3人到罗庄区参观访问。

9月8日 省人大常委会副主任李文全到罗庄区考察。

9月12日 省人大常委会副主任张瑞凤一行4人，在市人大常委会主任李祥栋、副主任奚霞、副市长包祖善等陪同下，到罗庄区就实施《中华人民共和国义务教育法》和推进素质教育工作进行考察。

9月19日 国际水稻所HILL博士一行4人到罗庄区参观考察旱稻引进和栽培技术。

9月20日 中共中央政治局委员、全国人大常委会副委员长姜春云到双月园学校和沈泉庄村办企业考察。

9月20—24日 首届全国农村适用型工业品博展会在临沂举行。博览会上罗庄区设12个展区，20家企业、680种产品参展。与青岛海尔集团、日本富绅电机株式会社、临沂钢球厂达成协议，合同协议投资额1.2亿元，企业间意向合同销售额2.9亿元。

10月2日 全国政协副主席钱正英到罗庄区调研。

同月 由罗庄区人事局、劳动社会保障局和罗庄街道联合创办的罗庄区人才劳务市场成立。

11月1日 全国第五次人口普查显示：罗庄区共有412454人。其中，男性210897人，女性201557人。

11月9日 京沪高速公路临沂至红花埠段竣工通车仪式在京沪高速公路罗庄站举行。临红段京沪高速公路是国家和山东省“九五”期间重点工程建设项目，全长83.74千米，造价20.5亿元。

11月12日 中共中央政治局常委、国务院总理朱镕基到罗庄区视察。先后视察双月园学校和沈泉庄。在双月园学校观看电化教学演示，并同教师代表交谈，要求学校一定要坚持正确的办学方向和公开、公平、公正的考试制度，不能把学校办成贵族学校；在沈泉庄，他同沈泉庄党委书记王廷江及部分村民进行座谈，对沈泉庄近几年企业发展、村民生活改善取得的成绩给予肯定和鼓励。中国人民银行行长戴相龙、国务院财办主任段应碧、中国农业银行行长尚福林、山东省委书记吴官正等陪同。

11月20日 全国人大常委会委员、内务司法委员会委员、中共中央文献研究室主任逄先知，中共中央文献研究室副主任冷溶到罗庄区考察文化工作。

11月22日 省人大常委会副主任张宗亮到罗庄区考察。

11月23日 全国政协常务委员会委员、中国社会科学院党组书记王忍之一行到罗庄区调研。

11月28日 临沂高新技术产业开发区封闭管理职能交接仪式举行。经市委、市政府研究决定，自2001年1月1日始，临沂高新技术产业开发区实行封闭式管理，在交接仪式上，同时举行临沂高新区党工委、管委会成立揭牌仪式，临沂高新区分别与市直有关部门、罗庄区人民政府就市委、市政府授予临沂高新区工作职责和管理权限进行交接，签订交接意见书。

12月1日 山东省民办教育现场会在罗庄区召开。与会人员参观现代实验学校、双月园学校和美澳国际学校。

12月7日 区委选派11名科级干部到新加坡和中国香港、澳门地区学习考察，区委常委、组织部部长高文堂带队，历时20天。

12月20日 交通部副部长胡希捷带领京沪高速公路新闻宣传千里行活动采访团一行100余人到罗庄区采访。

12月26日 罗庄区招商引资优惠政策颁布实施。

2001年

1月5日 全区经济工作会议召开。会议贯彻学习中央、省、市经济工作会议精神，讨论确定2001年全区工作要点。提出经济工作突出5个方面：①立足增强素质、提高效益，加快工业调整和科技创新。坚持以市场为导向，突出五“调”：一调“优”，加大新上与技改投入；二调“新”，加快企业科技进步；三调“强”，加快培育骨干利税大户；四调“高”，加强企业管理；五调“外”，加快外向型经济发展。②立足农民增收，进一步强化农业基础地位。③立足膨胀总量提高质量，努力推动第三产业和个体私营经济再上新台阶。④立足加快城市化进程，继续加强城乡基础建设。⑤立足壮大财政实力，加强财源建设和财政、金融工作。

1月10日 湖北路东段开工建设奠基仪式举行。路段西起206国道，东至滨河西路，全长14千米，宽10米，硬化面积16万平方米，投资1400万元。

1月16日 全区农村“三个代表”重要思想学习教育工作会议召开，部署在农村开展“三个代表”重要思想学习教育活动。

1月18日 新北区新世纪商贸物流中心区暨湖东路北段工程开发建设奠基仪式举行。新北区北起兖石铁路线，南至沂河路，东到沂河，西达京沪高速公路，面积34平方千米，5年内计划投资50亿元，初步建成以商贸为主的物资集散交流中心。

同月 罗庄区被省委、省政府命名为全省社会治安综合治理模范区、全省信访工作先进单位。

2月3日 国家广电总局副局长张海涛到罗庄区考察广播电视事业发展情况。

2月15日 临沂天利生化有限公司与西班牙Bioiberica生化公司合资兴建的临沂西华生化有限公司正式签署合同，为罗庄区首次与欧洲国家合作的项目。

2月18日 全国政协副主席、民革中央常务副主席周铁农，全国政协常委、民革中央副主席朱培康，率民革中央淮河治污考察团到罗庄区考察环境保护。

3月6日 省委常委、省纪委书记赵春兰到罗庄区检查指导纪检监察工作。

3月20—22日 区政协十一届四次会议召开。会议增补杨以考、王志伟为区政协副主席

3月21—23日 区十五届人大四次会议召开。会议补选张灿建、王强东为区人大常委会副主任；补选李峰为罗庄区人民政府区长，姚明、魏九成、王皓玉为副区长，选举朱合新为区人民法院院长。

3月28日 罗庄区人民医院（民办）挂牌开诊。医院于1999年11月8日开工筹建，按照卫生部二级甲等医院标准设计建造，占地面积6.67万平方米，投资4800万元，建筑面积3.67万平方米。

4月23—26日 以山东农业大学副校长温孚江为组长的博士考察团一行6人考察罗庄区农业产业化。区委、区政府向6位博士颁发“罗庄区高级经济顾问”聘书。

4月26日 投资2.5亿元的华盛江泉集团华唯建陶扩建1000万平方米地板砖项目举行奠基仪式。

4月28日 中央党建领导小组副组长、中央组织部原部长张全景到罗庄区考察基层党组织建设和“三个代表”重要思想学习教育活动情况。

5月9日 省委副书记陈建国，省委副书记、组织部部长姜大明一行到罗庄区考察社会力量办学党建工作。

5月9—16日 区委、区政府主要领导率区经贸代表考察团参加第四届中国北京高新技术产业国际周暨国际技术博览会。会上，聘请16位国内外知名专家、教授担任罗庄区高级经济顾问。江泉实业股份有限公司、罗欣药业集团、临沂天利生化有限公司等4家企业分别与中外4家企业达成项目合资合作意向，意向资金总额1亿余元。

5月15日 国家林业局局长周生贤在副省长蔡秋芳、省林业局局长孙庆传、市长李群等陪同下到罗庄区考察城区绿化及黄海开发区林网。

5月18日 临沂市“美在农家”活动现场会在罗庄区召开。与会人员参观考察盛庄街道大埠东村、罗庄街道朱张桥西南村和沈泉庄“美在农家”活动开展情况。

5月28日 中宣部副部长雒树刚到罗庄区考察欧洲商业街、双月园学校、沈泉庄文化建设。

6月11日 全国人大常委会副委员长曹志到双月园学校和沈泉庄考察。

7月1日 欧洲商业街开业。商业街由华盛江泉集团投资兴建，占地面积4万平方米，建筑面积2.6万平方米，是集休闲、娱乐、购物于一体的欧式建筑风格的商业街。

7月6日 全国人大常委会副委员长周光召到罗庄区考察。

7月11日 全国政协副主席、民盟中央名誉主席钱伟长到罗庄区考察参观双月园学校、欧洲商业街和沈泉庄。

同月 206国道（罗庄段）改线工程开工建设，道路宽21米，全长19千米，投资7000万元。2002年10月1日，竣工通车。

8月4日 省委常委、常务副省长韩寓群到罗庄区检查指导经济运行工作情况。

8月9日 省委副书记陈建国到罗庄区考察农村基层组织建设。

同月 在山东省基础教育工作会议上，省教育厅、省财政厅、省发展计划委员会授予罗庄区“山东省‘两基’工作先进单位”称号。

同月 沂河路绿化整治工程顺利完工。工程是临沂市、罗庄区2001年重点整治工程之一，投资3000万元，拆除房屋413间，拆除临时建筑120处，砌排水方涵8千米，埋设水管道2千米，挖转土方19万立方米，安装路沿石7.5千米，铺装人行道板2.5万平方米，安装路灯128盏，绿化面积21万平方米，栽植苗木30万株。

9月1日 罗庄区义务教育由“五三”（小学五年，初中三年）学制向“六三”（小学六年，初中三年）学制过渡。

9月8日 四川省委副书记陶武先率四川省考察团到沈泉庄考察农业产业化发展情况。

10月12日 四川省委常委、副省长陈文光率四川省考察团到罗庄区考察农村经济结构调整和农业产业化发展情况。

11月22日 市长李群带领市规划、土地、交通、公路等部门负责人到罗庄区现场办公，检查指导罗庄区城市建设。

12月12日 区长李峰率罗庄区工业、农业考察团到泰安、德州、东营、淄博、青州、广饶、莱西、胶南等地考察学习工业、高新技术企业、招商引资、城镇建设、民营经济以及现代农业示范园和牛奶产业发展的经验和做法。

12月18日 临沂华星集团鲁明化工股份有限公司研发的佰利洁牌燃气（即二甲醚）项目一期工程5000吨生产线投产。

12月31日 省委副书记、代省长张高丽到罗庄区考察双月园学校、月亮城、沈泉庄及临沂高新技术产业开发区。

同月 罗庄区被省委、省政府授予“社会治安综合治理工作模范区”称号。

2002年

1月18—20日 经省教育厅“普及实验教学达标县区”评估验收组验收，罗庄区成为山东省第一批“普及实验教学达标县区”。

2月1日 经省政府批准，撤销册山镇、西高都镇、罗西乡，设立册山街道、高都街道、罗西街道。

2月12—13日 区直机关干部捐款85万元，资助全区企业特困职工、特困群众、烈军属500户。

同月 盛能游乐园天然孵化黑天鹅成功，为中国北方天然孵化首例。

3月13—14日 区十五届人大五次会议召开。会议补选季传才为区人大常委会副主任。

4月11日 副省长蔡秋芳到罗庄区调研土地市场清理整顿工作。

4月14—16日 韩国经贸代表团到罗庄区考察访问，并举行首届罗庄中韩经贸合作洽谈会。

4月20日 农业部公益设施建设项目临沂江泉肉制品有限公司大型沼气及污水处理工程开工建设。2002年9月，建成运行，投资450万元，占地4.8平方千米，日处理污水3000立方米，日产沼气2.46立方千米。

5月15日 国家林业局局长周生贤到罗庄区考察指导林业工作。副省长蔡秋芳、省林业局局长孙庆传陪同。

5月26日 通达南路（沂河路至文化路）拓宽改造工程竣工。工程于3月1日开工，投资6772万元，全长22.2千米。

5月29—30日 省教育厅在罗庄区召开全省民办教育机构工会工作研讨会，区教育局作经验介绍。

7月12日 区行政服务大厅正式投入运行。

7月30日 中国人民解放军总政治部歌舞团在盛庄电厂礼堂演出歌剧《党的女儿》，区委、区政府向总政歌舞团赠送“情谊深长”锦旗。

8月21日 中国企业联合会、中国企业家协会举办的首届中国企业500强评选活动揭晓。华盛江泉集团被评为全国500强企业，名列第474位，是临沂市唯一一家入围企业。

9月9日 区委、区政府印发《罗庄区税费改革后优抚对象优待办法》，在全市率先实行优待金县级统筹，提高优抚对象优待标准，杜绝个别单位优待金不能及时足额发放的现象。

9月12日 区财税大厦奠基。大厦由上海工程勘察设计有限公司设计，高87.5米，总建筑面积1.78万平方米。

9月22—23日 国家可持续发展研究会理事、民革中央常委雷世钧带领国家可持续发展实验区工作组到罗庄街道检查验收国家可持续发展实验区工作。

同月 新北区开发一期工程启动。工程重点开发化武路以南、沂河路以北、罗十路以东、蒙山大道以西及沂河路以南、湖北路以北、湖东路以东、老206国道以西14平方千米区域。由上海同济大学规划，对266.67万平方米的土地进行地形测绘，对入园的40个项目进行规划定点，投资2500万元。

10月24日 市委编写的《沂蒙红嫂颂》出版首发式在罗庄区行政办公大楼大会议室举行。市委副书记吕明辰，市委老领导刘兴武，市委常委、组织部部长孟宪海及临沂、沂源、莒县等地的40名新老“红嫂”出席首发式。

10月25日 上海浦东一汽青岛专用车厂临沂分厂、临沂市圣威锅炉有限公司落户罗庄区工业园奠基仪式举行。

11月23日 临沂鲁明化工有限公司承担的“液相法复合酸脱水催化生产二甲醚”科研项目通过省级专家组技术鉴定。

12月17日 副省长张昭福到罗庄区考察城市建设和管理工作。

12月18日 全区有线电视“村村通”工程开通仪式在罗西街道涧头村举行。至此，罗庄区在全市率先实现有线电视“村村通”。

2003年

1月10日 汤庄煤矿社会职能移交罗庄区签字仪式举行。汤庄煤矿隶属临沂矿务局，1958年建井投产，由于资源枯竭，2001年7月17日，临沂市中级人民法院依法宣告该矿破产，并于2002年6月28日破产终结。

1月12日 纪念王羲之诞辰1700周年“罗庄杯”散文大奖赛颁奖大会在北京人民大会堂举行。全国人大常委会副委员长王光英，全国著名作家高占祥、周而复、魏巍、李瑛，中共罗庄区委常委、宣传部部长赵建民出席颁奖大会并为获奖者颁奖。大奖赛由中国散文学会、中共罗庄区委、罗庄区人民政府、临沂市文联、临沂市作家协会联合举办，华盛江泉集团、山东新光实业集团有限公司、山东美华集团、山东美澳国际学校协办。

同日 李峰任中共罗庄区委书记。

1月14日 区十五届人大常委会第三十六次会议决定，接受李峰辞去罗庄区人民政府区长职务的请求，任命姜玉鹏为罗庄区人民政府代理区长。

2月9—11日 区政协十二届一次会议召开。会议选举李俊修为区政协主席，姜自慎、李安祁、王志伟、辛玲、刘福怀、刘树荣为副主席。

2月10—12日 区十六届人大一次会议召开。会议选举山常青为区人大常委会主任，季传才、武玉芹、刘善元、张乃营、王善朴、刘元合、张士健为副主任；选举姜玉鹏为区人民政府区长，王奎玉、刘剑利、宋光、颜廷湘、刘继双、魏九成、武传成为副区长；选举朱合新为区人民法院院长，苗会田为区人民检察院检察长。

2月18—19日 中国共产党临沂市罗庄区第十一次代表大会召开。大会选举产生中共罗庄区第十一届委员会、中共罗庄区纪律检查委员会。区委十一届一次全体会议选举李峰为区委书记，姜玉鹏、高文堂、李玉洪、姚明为副书记；区纪委第一次全体委员会议选举李玉洪为区纪委书记。

3月18日 香港富茂石油工程有限公司独资兴建的临沂富茂管道燃气有限公司在罗庄区举行开工仪式。总投资1亿元。

4月13日 几内亚共和国经济和财政部长谢克·阿马杜·卡马拉、农业和牧业部部长让·保罗·萨尔和驻华大使哈吉·齐吉·卡马拉等一行8人到华盛江泉木业公司及建陶企业考察访问。

4月14日 全国政协副主席张思卿到罗庄区考察，省政协副主席王久祜等陪同。

5月12日 区委、区政府印发《关于加强村级非典防控网络建设的意见》《关于开展“三项活动”防控非典的实施意见》《关于开展防治非典捐款活动的意见》。

5月13日 中共山东省委常委、宣传部部长、省“非典”防治指挥部副总指挥朱正昌到罗庄区检查“非典”防治和社会稳定工作。

5月18日 华盛江泉集团投资12亿元，占地面积66.67万平方米的钢铁厂和焦化厂项目奠基仪式举行。2004年7月1日，建成投产。

6月24日 省人大常委会副主任时立军到罗庄区考察城市建设和新北区工业园。

同月 根据市政府《关于解决全市民办教师问题的实施意见》，罗庄区366名中小学民办教师，有363人转为公办教师，3人办理退养手续。民办教师问题全部解决。

7月6日 华盛江泉集团临沂盛泉油脂化工有限公司奠基。公司占地面积24万平方米，投资1.6亿元，2004年5月建成投产。

7月23日 市委书记、市人大常委会主任李群带领参加市委理论学习中心组读书会的市委、市政府、市人大、市政协领导及各县（区）委书记、县（区）长、市直各部门负责人，到罗庄区检查指导工作。先后察看蒙山大道盛庄立交桥、新北区工业园、双月园集团、沈泉庄、江泉工业园、罗欣药业集团、玫尔美公司。

7月24日 天力集团（临沂）科技有限公司在罗庄成立。公司占地面积330万平方米，总投资5亿美元，主要从事纳米陶瓷轴承球、石油裂变催化剂和莎草种植与编织等高新技术产品的研发、生产与销售。

8月1日 临沂城区首座立交桥——蒙山大道盛庄立交桥竣工通车。立交桥于2002年3月开工建设，全长894.41米，宽18米，工程投资7300万元。

同日 兖石铁路线罗庄段立交通道：临西四路、五路、七路、八路、九路全部建成贯通，实现罗庄区与临沂城区的交通对接。

8月6日 以朴二圭为团长的韩国经贸考察团到双月园集团、华盛江泉集团参观访问。

8月21日 山东久泰化工集团年产100万吨二甲醚项目论证会暨设计洽谈会在月亮城会馆召开。国家化工行业生产力促进中心办公室主任申同贺，省化工厅副厅长张东宗，市、区领导徐景颜、赵世群、李峰、魏九成等出席会议。

8月23日 由国务院企业发展中心组织评定的全国500强企业在北京公布。华盛江泉集团以2002年度实现销售收入26.9亿元、利税2.52亿元的经营业绩再次入围。

8月25日 甘肃酒泉卫星发射中心副司令员上官世攀、政委贾培铎在市、区领导李群、李峰陪同下参观考察双月园学校、华盛江泉集团。

9月9日 盛能集团投资兴建的全国第一座刻贴书圣碑塔落成。位于盛能游乐园内，塔高50米、9层，主要由书圣碑塔、书圣艺术馆和碑廊三部分组成，投资1500万元。

9月19日 省政协副主席王久祜到罗庄区考察城乡建设。

9月22日 中共中央委员、中华全国供销总社党组书记周声涛到罗庄区考察基层供销社工作。

10月9日 全国人大常委会委员、农业和农村工作委员会副主任李春亭到罗庄区考察华盛江泉集团、新北区工业园和双月园集团。

10月17日 省人大常委会副主任莫振奎带领省人大考察团一行10人到罗庄区就民营经济发展问题进行调研。

12月19日 罗庄区行政广场改造工程竣工。工程投资500万元，硬化面积2万平方米，安装将军红大理石路沿石1.5千米。

12月21日 国内最大的二甲醚生产项目——山东久泰化工3万吨二甲醚项目投产典礼在新北区工业园举行。化工部原副部长李士忠、山东省原副省长王裕晏，市委书记李群、市长连承敏，区委书记李峰等出席。

12月28日 华盛江泉集团投资20亿元的热电、电解铝项目投产典礼举行。

2004年

1月9日 罗庄区与新疆维吾尔自治区库尔勒市缔结友好市区签约仪式在区行政办公大楼迎宾厅举行。区委常委、常务副区长王奎玉与库尔勒市副市长董斌分别代表罗庄区人民政府和库尔勒市人民政府在友好条约上签字。

1月28日 中国罗庄陶瓷协会成立。

2月24日 区委、区政府召开“建设平安罗庄、创建最安定地区”活动电视动员大会。提出：从即日起，利用两年多的时间，在全区范围内开展“建设平安罗庄，创建最安定地区”活动。

同月 罗庄区被科技部授予“全国科技进步先进县（区）”称号。此后，连续5年获此称号。

3月11日 傅庄街道傅庄东南村发现一批解放战争时期遗留的炸弹，区领导李峰、甄仔文等到现场指挥处置，区公安局将炸弹安全转移并成功销毁。

3月20—21日 山东建陶协会2004年年会暨中国陶瓷发展战略高峰论坛在罗庄召开。

3月21日 罗庄陶瓷高级技工学校成立。

4月15日 全市精神文明建设工作会议在罗庄区召开。与会人员参观罗庄区农村“文明一条街”建设现场，区委书记李峰作“以人为本、与时俱进、打造现代化文明新区”的典型发言。

4月19日 中共中央党校副校长、教授王伟光到罗庄区参观考察。

5月10日 全国第一所以培养农业产业化专门人才为宗旨的民办高校——山东农业产业化学院在山东省煤炭高级技工学校揭牌。学院由民盟山东省委与山东省煤炭高级技工学校联合举办。

5月21日 罗庄区从2004年夏季起在全市率先免征农业税及附加，取消义务工和劳动积累工，全区农民享受“零赋税”。

同月 罗庄区被省教育厅、省财政厅、省发展计划委员会授予“山东省中小学危房改造工作先进单位”称号。

6月8日 罗庄区吴家白庄出土的3块珍贵汉画像石从省博物馆运回临沂。1972年，吴白庄发现汉画像石墓，经抢救性发掘，共出土国家一级文物4件，汉画像石49块；当时，省博物馆将其中最有代表性的3块石墓构件收藏。

6月30日 罗庄区、郯城县边界联检工作完成。6月1日，罗庄区、郯城县组成7人联检工作小组，全面检查罗庄区和郯城县41831米的行政区域界线，清洗4颗界桩，红漆描绘文字，对界桩拍照、存档。

7月2日 市环卫处与区建设局举行罗庄新区环卫园林管理、保洁权拍卖签字仪式，这在全省尚属首次。

7月20日 区委、区政府作出决定，授予于金喜“见义勇为先进个人”“优秀共产党员”称号，并记三等功。于金喜系罗庄公安分局巡逻队队员，2004年7月10日，在抓捕逃犯时，被歹徒刺成重伤，后经抢救无效牺牲。

8月11日 省委副书记、政法委书记高新亭到罗庄区考察平安创建工作。

8月25日 省政协副主席王久祜带领参加全省17市政协工作联谊会的与会人员到罗庄区参观考察。

9月1日 罗庄区在全区范围内禁止生产和使用实心黏土砖，生产企业关停或转产。

9月24日 临沂矿务局中学移交罗庄区管理，改称临沂市罗庄区第三中学。

9月26日 由华盛江泉集团有限公司投资1亿元兴建的华盛铁路专线建成通车。铁路从临沂火车站向南加长13千米直达华盛江泉工业园，设计能力为年吞吐量300万吨。

9月27日 双月园社区挂牌，为罗庄区第一个城市社区。

同月 罗欣药业集团股份有限公司获中国证券监督管理委员会批准在香港H股上市。

10月26日 在中国花协主办的2004中国（青州）花卉博览会上，罗庄城市绿化研究所培育的非洲菊获得一等奖，罗庄创意园林公司培育的长寿果、海棠获三等奖。

11月21日 省委常委、烟台市委书记焉荣竹率烟台党政考察团一行50余人，到罗庄参观考察立晨国际物流中心、华盛中天集团等企业。

11月22日 李峰任临沂市人民政府副市长兼中共罗庄区委书记。

11月23日 全国政协原副主席陈锦华到罗庄区考察。

11月28日 罗庄区进行社区、行政村规模调整，由225个行政村、1个社区，调整为54个社区、87个行政村。

12月8日 罗庄区对86座瓦盆窑进行集中清理。至此，区内瓦盆窑全部关停。

12月17日 在全省民营经济工作经验交流会上，罗庄区被命名为全省发展民营经济先进县（区）；新光实业集团有限公司被命名为全省百强民营企业。

12月29日 恢复吴白庄汉画像石墓专家论证会在盛庄街道举行。省文化厅文物局副局长由少平，省文物考古所所长李传荣，省石刻艺术馆馆长焦则森，省文物局原局长蒋英炬，省考古研究所所长李振光及市、区有关领导参加论证会。

2005年

1月8日 在江西省南昌市召开的全国旅游工作会议上，罗庄盛能农牧观光园被公布为国家级农业旅游示范点。

1月13日 由新加坡交易所、临沂市人民政府主办的新加坡交易所（临沂）上市交流会在月亮城会馆召开。

1月19日 区委召开保持共产党员先进性教育活动动员大会，部署全区开展保持共产党员先进性教育活动。

1月31日—2月1日 区十六届人大三次会议召开。会议补选赵日坤为区人大常委会副主任。

3月2日 洛克菲勒发展（天津）有限公司与山东久泰化工科技股份有限公司在陶然居大酒店举行组建中外合资股份公司签约仪式。久泰化工公司以现有企业资产评估作价，洛克菲勒公司根据双方认可的价值以现金方式购买久泰化工公司31%的股权。合作期限40年。

3月7日 副省长赵克志一行6人到罗庄区调研指导工作。

3月14日 红日阿康公司10万吨甲醇项目奠基。

4月2日 “文明罗庄”建设暨创建“文明城市”启动仪式在区人民广场举行。区委、区人大、区政府、区政协领导与上万名干部群众、中小学生一起共同参加万人签字活动。

4月13日 罗庄区与山西吕梁市柳林县友好县区暨华盛江泉集团与山西联盛能源集团友好合作协议座谈会在华盛江泉大酒店举行，区长姜玉鹏与山西柳林县县长闫国平分别代表两县区政府签署友好合作协议书；山西联盛能源集团董事长邢利斌和华盛江泉集团董事长王廷江分别作为两县区的龙头骨干企业代表签署友好合作协议书。

4月15—17日 2005年全国汽车场地越野锦标赛临沂站比赛在罗庄区盛能农牧观光园举行。赛事由全国汽车运动联合会、山东省体育局、临沂市人民政府联合举办，广东等17个省、市、区及中国香港、台湾的100余名车手参赛。是临沂市首次举办全国性的大型汽车赛事。

4月23日 中国台湾经贸文化参观团到双月园集团、华盛江泉集团、玫尔美建陶有限公司、新北区工业园参观考察，并与区领导及罗庄区部分企业负责人座谈。

5月16日 临沂市罗庄区慈善总会成立，当日募集慈善基金72.5万元。

5月19日 省人大常委会副主任黄可华带领参加2005年金融生态建设——临沂银政合作洽谈会的与会人员到罗庄区参观考察。

5月21日 中央保持共产党员先进性教育活动驻山东省督导组组长、河北省人大常委会副主任杨新农在市委书记李群，市委常委、组织部部长陈留泉陪同下，到罗庄区检查保持共产党员先进性教育活动开展情况。

5月29日 “金旺年”杯山东省女子自由摔跤锦标赛暨21届运动会预赛在罗庄区鲁南武校举行，全省16个市级代表队480余名运动员参加。

6月20日 山东久泰化工科技股份有限公司和临沂耐火材料厂2家企业同时被科技部认定为国家级高新技术企业。山东久泰化工科技股份有限公司的“液相法复合酸脱水催化生产二甲醚”项目和临沂市耐火材料厂申报的“氧化铬”砖项目均被列入国家级火炬计划项目。

6月25日 省委书记、省人大常委会主任张高丽，省长韩寓群带领参加全省科学发展情况交流现场会的与会人员150余人，到罗庄区参观考察临沂汽车超市、华盛中天集团、久泰化工集团、双月园集团、华盛江泉集团。

同月 罗庄区被列为全省水利综合执法试点县。

7月5日 省委副书记、济南市委书记姜大明率济南市党政考察团到华盛中天机械集团、久泰化工有限公司、双月园集团和沈泉庄参观考察。

7月21日 山东省旅游局批复盛能游乐园旅游区为国家AAA级旅游景区。

7月27日 省政协副主席林书香到罗庄区调研指导工作。区委书记李峰陪同。

8月4日 区污水处理项目合同签字仪式在月亮城会馆举行。区委书记李峰、区长姜玉鹏和中国核工业建设总公司第23公司总经理范群喜出席签字仪式。项目于2006年11月18日竣工运行，投资7200万元，采用BOT方式运作，日处理污水5万吨，可收集罗庄区城市规划区内100平方千米内的污水，采用先进的AAO工艺，处理后的污水可达国家一级B标准。

同月 罗庄区公路“村村通”工程建设全面完成，共硬化道路230.2千米。

9月29日 区政协十二届四次会议召开。补选刘剑利为区政协副主席。

10月2日 法国圣戈班公司与临沂市耐火材料厂合资组建的新型耐火材料有限公司落户罗庄区。为首家世界500强企业在临沂投资的项目。

10月11日 全国人大农业与农村工作委员会主任委员刘明祖到罗庄区考察农业产业化。

10月18日 参加“海内外知名企业家齐鲁行”的200名企业家到久泰化工有限公司参观考察。

11月26日 临沂市第一条旋窑水泥生产线——沂州集团年产200万吨干法旋窑水泥生产线点火运行。

12月6日 盛能集团举行新闻发布会，该集团研究的“世界首次普通山羊为受体体细胞克隆亚洲黄羊、体细胞克隆种公牛及性控胚胎移植高成功率”项目获得成功并通过专家组鉴定。

12月9日 国家质量技术监督总局在北京人民大会堂召开国家免检产品颁奖大会。江泉肉制品有限公司生产的“江泉”火腿肠获免检产品称号。

12月16日 鲁南花卉市场开业。位于沂州路与沂河路交会处，于2005年3月兴建，占地面积17.3公顷，投资1.2亿元，拥有高标准室内连体钢结构温室棚6万平方米。市场由花卉零售、批发区，根雕奇石区，热带鱼、宠物区，花盆区，古树、苗木、园林机械区五大专业区组成。

12月22日 罗庄街道被国家统计局农村社会经济调查总队和中国信息报社评为全国首届小城镇综合发展水平1000强，列全国第78位。

12月23日 罗庄区关停取缔小造纸生产企业工作会议召开，决定于12月31日前关停取缔21家小造纸厂。

同年 罗庄区被国务院经济普查小组命名为经济普查工作国家级先进集体。

2006年

1月9日 中国铝业公司、临沂市人民政府、华盛江泉集团合作意向签字仪式在北京举行。合作意向约定：中国铝业收购华盛江泉集团所拥有的铝电项目60%的股份。华盛江泉拥有的铝电项目包括年产10万吨电解铝生产线和配套设施，2×135兆瓦循环硫化床燃煤式发电机组。

1月11日 华盛江泉集团召开销售过100亿元税收过4亿元庆典大会。2005年，华盛江泉集团实现销售收入112.6亿元，上缴综合税收过4亿元，出口创汇8268万美元，完成进出口贸易总额1.16亿美元，在全市排名第一。

2月7—8日 区政协十二届五次会议召开。会议选举高文堂为区政协主席，刘成银、李善农为副主席。

2月8—9日 区十六届人大四次会议召开。会议补选刘剑利、宋光为区人大常委会副主任；补选吴汉林、王凤英为区人民政府副区长；选举唐宏亮为区人民法院院长。

同月 在第八届山东省专利奖评选结果新闻发布会上，久泰化工科技股份有限公司研发的“复合酸脱水催化生产二甲醚”项目获第八届山东省专利奖一等奖。

3月18日 全区实施“沂蒙惠农一卡通”动员会召开。要求将政府支持和补贴农民的各类资金，通过农村信用联社营业网络直接支付到每个农户储蓄存折（卡）上。

3月25日 临沂市南外环路建设工程罗庄段开工仪式在高都街道举行。路段长17千米，投资1.1亿元。

同月 在山东省创建规范教育收费示范县（区）表彰会上，罗庄区被授予“山东省规范教育收费示范县（区）”称号。

4月5日 副省长贾万志到鲁南花卉市场、华盛江泉集团污水处理厂考察，对罗庄区竭力打造“生态罗庄、和谐罗庄”的做法给予肯定。

4月14日 区十六届人大常委会第二十六次会议决定，任命巩明文为区人民政府副区长。

4月24日 区委常委（扩大）会议召开。会议确定成立推进社会主义新农村建设领导小组，印发中共罗庄区委《关于推进社会主义新农村建设的实施意见》《关于在全区开展“促强村、扶弱村、包千户”帮扶活动推进社会主义新农村建设的实施意见》，转发《关于加快村居为民服务综合大院建设的实施意见》，印发《关于开展“平安进万家”活动深入推进平安罗庄建设的意见》《关于向全区村居社区派遣“平安特派员”的实施意见》。

4月30日 罗庄区纪念“五四运动”87周年表彰大会暨青年中心建设推动会议召开。会议表彰首届“十大杰出青年农民”和“十大外来务工青年”，向青年中心会员代表颁发青年卡，向加盟单位授牌。

5月11日 区委常委（扩大）会议召开。会议传达全市领导骨干会议精神，学习中共中央政治局常委、中纪委书记吴官正，中共中央政治局原委员、九届全国人大常委会原副委员长、中国计生协会会长姜春云到临沂视察时的讲话；会议确定成立加强行风建设优化发展环境活动领导小组，同意印发《加强行风建设优化发展环境活动的实施意见》。

5月23—24日 山东省“村村通”自来水工作现场会在罗庄召开。会议推广罗庄区“村村通”自来水工程建设的经验和做法。

7月5—7日 区委书记李峰率区招商局、区国际商会、有关街道和企业负责人一行13人，赴浙江省绍兴市参加由中共临沂市委、市人民政府举办的山东临沂（绍兴）招商引资项目推介会。签约合作项目3个，合同利用区外资金18.5亿元。

7月28日 临沂市新农村建设“千村帮扶”“百村示范”工作调度会议在罗庄区召开。会上，罗庄区作典型发言；与会人员参观双月湖街道为民服务中心、盛庄街道十里堡小区、罗庄街道湖南崖小区。

7月29日 在苏州第三届中国国际专利与名牌博览会上，山东久泰化工科技股份有限公司的“液相法复合酸催化生产二甲醚”和临沂市瑞泰机械有限公司的“一种环保节能煤气发生装置”两项专利，均获特别金奖。

9月2日 华盛江泉集团在中国企业联合会、中国企业家协会推出的第五个中国企业500强“2006中国企业500强发布暨高层论坛”上排名第273名。

9月4日 中共中央政治局委员、全国人大常委会副委员长、中华全国总工会主席王兆国到华盛中天集团、久泰化工科技股份有限公司考察。省委书记、省人大常委会主任张高丽，省委常委、省总工会主席柏继民，省人大常委会副主任曹学成，市委书记、市人大常委会主任李群，市长连承敏等陪同。

9月7日 罗庄区村村通自来水工程总结表彰大会召开。2006年，罗庄区把村村通自来水作为新农村建设的首要工程，历时5个月，全区133个社区、村，31万农民群众全部饮用安全卫生的自来水，自来水普及率95.36%，在全市率先实现自来水“村村通”。会议由副市长、区委书记李峰主持，省办公厅副主任高洪波宣读山东省人民政府贺信，省水利厅厅长宋继峰，市长连承敏分别作讲话。

9月23日 在第四届中国临沂书圣文化节经贸洽谈会上，区内企业山威球磨铸管有限公司与河北省前进钢铁集团有限公司签署合作协议，协议项目总投资2.4亿元，合同利用区外资金1.2亿元。

9月25日 山东省旅游局、香港中国旅游出版社主办的“山东24小时两岸百名摄影家合拍”活动摄制小组，在大众日报社摄影部主任钱悍带领下到罗庄采风。

10月1日 罗庄区从即日起执行新的最低工资标准，每月为480元。

10月20日 罗庄区新型农村合作医疗动员会议召开，部署在全区推行新型农村合作医疗。

同月 罗庄区劳动和社会保障局、区总工会、区经贸局联合印发《罗庄区全面推进劳动合同制度三年行动计划实施方案》，规范企业用工行为。

11月15日 农业部科技教育司副司长杨雄年一行到罗庄区考察大型沼气工程。对华盛江泉集团污水处理及沼气生产利用发展循环经济的模式给予肯定。

11月22日 中共中央政治局常委、国家副主席曾庆红到罗庄区考察社会主义新农村建设、农村现代远程教育、农村基层党组织建设工作。

12月19日 河北省邢台市党政考察团一行20人，在中共邢台市委常委、纪委书记、邢台高新技术开发区党工委书记范建巡带领下到罗庄考察罗庄区工业园、华盛中天机械集团和山东久泰化工科技有限公司等企业。

12月20—21日 国家环境保护总局考察验收组到罗庄区考察验收“创建国家环保模范城市”工作，分别到区污水处理厂、华盛江泉集团污水处理厂、盛能电厂进行实地检查。

12月21日 山东久泰化工科技股份有限公司在新加坡证券市场上市，股名为中国能源，共发行股票2.53亿股，融资2.10亿新元（合人民币10.65亿元）。

12月30日 王行华任中共罗庄区委书记。

同日 区政府印发《罗庄区义务教育经费保障机制改革实施方案》，从2007年春季起，同步免除全区城乡义务教育阶段学生杂费。

2007年

1月2日 参加发展中国家农业技术培训班的10个国家16位政府官员到罗庄区参观考察，外宾对罗庄区的工业、农业、花卉业和蔬菜加工业给予高度评价。

1月7日 中共中央政治局常委、中央政法委书记罗干到山东久泰化工科技有限公司考察。省委书记、省人大常委会主任张高丽，省长韩寓群，市委书记李群，区委书记王行华，区长姜玉鹏等陪同。

1月23日 区第十六届人大常委会第二十一次会议决定，任命吴昌力为区人民政府副区长。

1月26—28日 中国共产党临沂市罗庄区十二次代表大会召开。会议选举产生中共罗庄区第十二届委员会、中共罗庄区纪律检查委员会及出席中国共产党临沂市第十一次代表大会代表。区委十二届一次全体会议选举王行华为区委书记，姜玉鹏、王奎玉为副书记。区纪委第一次全体委员会议选举魏九成为区纪委书记。

1月29—30日 区政协十二届六次会议召开。会议补选刘继双为区政协副主席。

1月29—31日 区十六届人大五次会议召开。会议补选陈相明为区人大常委会副主任。

2月28日 罗庄区宝泉寺旅游景区被临沂市A级旅游区（点）评定委员会评定为AA级旅游景区。

3月30日 省委书记李建国到华盛江泉集团、山东久泰化工科技有限公司、华盛中天机械集团有限公司等企业考察。李建国强调，要把大力弘扬沂蒙精神与践行胡锦涛总书记倡导的八个方面良好风气结合起来，牢记“两个务必”，时刻把人民群众的利益挂在心上，开拓进取，真抓实干，把革命老区建设得更加美好。

4月12日 全国人大常委会委员、农业与农村工作委员会副主任委员李春亭到美澳花园、鲁南花卉市场、山东罗欣药业股份有限公司、江泉工业园视察。

5月6日 全国人大常委会委员、农业与农村工作委员会主任委员刘明祖到久泰化工科技股份有限公司、华盛中天机械集团、江泉工业园和盛能游乐园就工业经济和旅游业发展进行考察。

5月16日 省残疾人福利基金会、丹麦瑞声听力技术（中国）有限公司在罗庄区开展残疾人福利基金会“助听工程”活动，此次活动共为罗庄区350余名残疾人进行免费听力检测，并向126名残疾人捐赠助听器。

5月18日 临沂市创建国家园林城市工作现场会在罗庄召开。会议要求，罗庄区各级各部门、单位务必切实增强责任感和紧迫感，切实推进国家园林城市创建工作。

5月28日 山东省“百万农村妇女创业行动”启动仪式暨现场观摩推进会在罗庄召开。会上，罗庄区鲁南花卉市场被命名为全省巾帼创业示范基地，举行揭牌仪式。

6月20日 江苏省盐城市市委书记赵鹏率盐城市党政考察团到罗庄工业园、华盛中天机械集团有限公司和久泰化工科技股份有限公司参观考察。

7月7日 临沂海纳企业家俱乐部开工奠基仪式在滨河片区举行。项目投资6.8亿元，建筑面积23.8万平方米。

7月11日 双月湖城市湿地公园入选第四批国家城市湿地公园。

7月12日 山东省检察机关监外执行监督管理现场会暨监所工作座谈会在罗庄区人民检察院召开。会议推广罗庄区人民检察院研发的外执犯信息管理应用软件。

7月17日 韩国东洋制铁化学株式会社战略项目部次长姜炅柱一行4人到罗庄区就煤焦油加工利用进行洽谈。

7月19日 阿拉伯联合酋长国公共工程部副部长阿卜杜拉一行5人到华盛江泉集团、宝泉集团和沂州水泥集团参观考察。通过和沂州水泥集团座谈，基本达成水泥出口长期合作意向。

7月21日 罗庄区举行新型农民“双富”培训工程启动暨党员干部现代远程教育在线综合服务系统开通仪式。

同日 省质量技术监督局检查组到罗庄区验收在用特种设备注册登记专项整治工作，罗庄区特种设备注册登记通过验收。

同月 在山东省召开的知识产权工作会议上，山东华盛农业药械股份有限公司、山东圣威锅炉有限公司、山东江泉实业股份有限公司、江兴建筑陶瓷厂、临沂市瑞泰机械有限公司被山东省科学技术厅授予“中国专利山东明星企业”称号。

8月2日 全区农村土地承包经营权证换补发工作现场会议在册山街道召开。会议就如何开展并做好农村土地承包经营权证换补发工作进行部署。

8月12日 盛庄街道红土屯社区商会成立。为罗庄区第一个社区商会。

8月18日 驻外使节考察团在中国驻法国大使赵进军、中国驻瑞典大使吕凤鼎、中国外交部国外局副局长边燕花带领下到华盛中天机械集团和山东久泰化工科技股份有限公司参观考察。

8月25日 市长张少军到罗庄区检查安全生产和环境保护工作。

8月31日 罗庄区被省政府命名为山东省教育工作示范县（市、区）。

同月 山东省经贸委和省统计局联合发布2006年度山东省100强企业名单，华盛江泉集团入选。

同月 罗庄区被民政部确定为全国农村社区建设实验县（市、区）。

9月3日 双月湖街道被命名为山东省政务公开示范点。

9月6日 山东省治安保险现场推进会在罗庄区召开。会上，罗庄区作典型发言。与会人员参观盛庄街道大埠东社区警务室、十里堡社区警务室、红土屯社区警务室。

9月6日 由中国企业联合会、中国企业家协会、中国企业综合评估中心主办的一年一度的全国500强企业名单在湖北省武汉市发布。华盛江泉集团以126亿元人民币的营业收入排在第300位。

9月7日 中国保监会党委书记、主席吴定富到罗庄区考察治安保险工作。

9月10日 临沂市新农村建设“百村示范”活动现场观摩会在罗庄区召开。会上，罗庄区作典型发言，罗庄街道沈泉庄社区作表态发言。与会人员先后到盛庄街道十里堡社区、罗庄街道沈泉庄社区现场观摩。

9月12—13日 由山东省农业厅、省体育局、省农民体育协会组织的山东省第六届农民运动会武术比赛在罗庄武校举行，全省17个地市的17个代表队128名运动员参加34个项目的比赛。

10月25日 国家环境保护总局华东督察中心副主任刘国才一行到罗庄区核查污染物减排。核查组对罗庄区污染物减排工作所取得成绩给予肯定，提出建议和要求。

10月27日 罗庄区召开“党的十七大精神学习辅导”专题报告会，邀请中共山东省委十七大精神宣讲团成员、省委党校科学社会主义教研部主任魏恩政教授为全区领导骨干作专题报告。

10月31日 副省长郭兆信到罗庄区察看南涑河流域环保治理、汤庄街道宏达集团治污情况，对罗庄区节能减排和治理污染工作给予肯定。

11月15—16日 中共中央政治局常委、中央纪律检查委员会书记贺国强到罗庄区考察。省委书记李建国，代省长姜大明，市委书记连承敏，市长张少军等陪同。

同月 美国华盛顿州雷顿市市长凯西·寇柯，率领雷顿市商会会长兼首席执行官比尔·泰勒，雷顿市商会董事会前任主席斯蒂文·霍曼，雷顿技术学院副院长马丁·黑尔斯泰特以及美国卡特彼勒（中国）投资有限公司法律顾问刘激等一行9人，到华盛中天机械集团、山东久泰化工科技股份有限公司参观考察。

同月 在“第四届中国国际专利与名牌博览会”上，罗庄区组织推荐的临沂市万华化工设备制造有限公司参展的“一种减速机”、新兴窑炉研究所参展的“一种环保节能石灰窑炉”、临沂市圣威锅炉有限公司参展的“一种燃气油有机热载体锅炉”、临沂新光毛毯有限公司参展的“涤纶毛毯”，四项专利技术全部获金奖。

12月10—12日 区政协十三届一次会议召开。会议选举高文堂为区政协主席，刘继双、王志伟、辛玲、刘树荣、刘成银、李善农为副主席。

12月11—13日 区十七届人大一次会议召开。会议选举山常青为区人大常委会主任，武玉芹、刘剑利、赵日坤、陈相明、江伟为副主任；选举姜玉鹏为区人民政府区长，王皓玉、吴昌力、张洪龙、吴汉林、王凤英、杨翠晓为区人民政府副区长；选举唐宏亮为区人民法院院长，史效斌为区人民检察院检察长。

12月28日 罗庄区鲁南国际粮油物流城开业庆典举行。粮油物流城位于盛庄街道，由临沂市蓝天粮贸有限公司于2006年9月24日动工兴建，占地面积20万平方米，建筑面积12万平方米，投资2.2亿元，日吞吐量1万吨，日交易额2700万元，年创利税4000万元。

同日 万通盛世馨园经济适用房住宅小

区奠基。住宅小区位于罗四路西侧，规划占地面积 14.91 万平方米，建筑面积 21.56 万平方米，可居住 2954 户，为临沂市 2008 年度重点民生安康工程。

2008 年

1 月 17 日 华盛江泉集团 2007 年度总结表彰暨综合税收 10 亿元庆祝大会召开。市委书记连承敏，市长张少军联名发信致贺。2007 年，华盛江泉集团实现销售收入 137 亿元，利润总额 8 亿元，上缴综合税金 10 亿元，各项指标均创集团公司最高纪录。

同月 罗庄区开始对城乡义务教育阶段学生免费提供教科书。

2 月 12 日 山威集团钒钛矿还原技术合作项目开工仪式举行。项目总投资 10 亿元。

2 月 20 日 聊城市市委副书记、市长林峰海带领聊城市工业考察团到久泰化工科技股份有限公司和江泉工业园参观考察。

2 月 22 日 区十七届人大常委会第一次会议决定，任命魏九成为区人民政府副区长。

3 月 4 日 区委、区政府印发《中共罗庄区委、罗庄区人民政府关于开展城市建设管理年活动的意见》。

3 月 14 日 罗庄区创建全国文明城市动员大会召开。会议传达《罗庄区全国文明城市创建工作实施方案》，区委副书记、区长姜玉鹏代表区委、区政府与部分街道和责任单位签订创建文明城市责任书。

3 月 19 日 全省工商系统 12315 行政执法体系建设现场会在罗庄召开。会议推广罗庄区工商系统“12315”行政执法体系建设经验和做法。

4 月 7 日 省委书记姜异康到临沂汽车超市、华盛中天机械集团、久泰能源集团、山东罗欣药业股份有限公司、华盛江泉集团、鲁南花卉市场等地考察。

4 月 10 日 省人大常委会平安建设视察组到罗庄区视察平安建设工作。视察组对罗庄区治安保险、科技防控、矛盾化解等平安建设工作给予充分肯定。

4 月 15 日 在 2007 年度山东省纳税先进企业表彰大会上，山东华宇铝电有限公司、华盛江泉集团和山东新沂州水泥集团被表彰为全省纳税先进企业。

4 月 17 日 罗庄区“提高行政效能、优化发展环境”活动动员大会召开。会议传达区委办公室《关于在全区开展“提高行政效能，优化发展环境”活动实施意见的通知》。

4 月 21—23 日 中国临沂（北京）招商引资洽谈会在中国贸促会大礼堂召开。罗庄区代表团签订合同项目 2 个，达成意向项目 2 个，合同利用区外资金 11.1 亿元。

4 月 26 日 区政府决定通过政府采购的方式，出资 660 万元购买原华罗利大厦，并投资 1300 万元将其改建成“四馆一中心”（区图书馆、文化馆、科技馆、档案馆和青少年活动中心）。同年 6 月 30 日建成向市民开放。

5 月 6 日 全国妇联副主席、书记处书记莫文秀一行到鲁南花卉市场考察“流动妇女平安之家”创建情况。莫文秀一行高度评价鲁南花卉市场为广大失地、下岗和困难妇女提供良好经营环境的做法。

5 月 8 日 由华盛江泉集团投资建造的“江泉 1 号”货轮在安徽省巢湖市正式下水试航。货轮设计载重量 5100 吨，长度 99.8 米。

5 月 18 日 青啤家园·沂河高都小区、东山花园小区奠基，罗程路高都段竣工通车仪式同时举行。沂河高都小区占地面积 120 万平方米，投资 50 亿元；东山花园小区项目建筑面积 6.19 万平方米，投资 8000 余万元；

罗程路高都段全长 6 千米，主路宽 21 米，为沥青混凝土路面，双向六车道，投资 4000 余万元。

5 月 22 日 副省长李兆前到久泰化工科技股份有限公司就科技创新、清洁能源技术进行考察。

5 月 29 日 省委、省政府节能减排调查组到罗庄区检查节能减排工作开展情况。

7 月 1 日 通达南路陷泥河桥至文化路段拓宽工程竣工通车。路段长 8 千米，主路宽 21 米，沥青混凝土路面，双向 6 车道，投资 4800 万元。

7 月 3 日 瑞典埃斯基尔斯图纳市市长汉尼·劳德格伦一行 9 人到华盛中天机械集团和久泰化工科技股份有限公司参观考察。

7 月 16 日 省国土资源厅厅长徐景颜一行到罗庄区国土资源分局考察。

同日 刘道口枢纽工程蓄水测试成功。工程为沂沭泗河洪水东调南下骨干工程之一，集防洪、蓄水、灌溉、排沙、交通于一体。2005 年底开工，历时两年半，主体工程基本完成，投资 6.3 亿元。

7 月 21 日 北京奥运会火炬从青岛传至临沂，17 时至 18 时 40 分在滨河大道滨河国际广场至凤凰广场路段传递，路程 5.6 千米，全国人大代表、华盛江泉集团董事长王廷江为火炬手参加传递。

8 月 1 日 由山东省科技馆组织的“走进省科技馆，感受科学魅力”活动临沂市启动仪式在罗庄区科技馆举行。启动仪式结束后，罗庄区 200 名优秀中学生分两批奔赴省科技馆参加体验活动。

8 月 21 日 罗庄区经历一次大范围强降雨过程，平均降雨量 194.7 毫米，傅庄街道降雨量最大，为 262.5 毫米。强降雨过程短，雨量大，造成城区部分路段积水，大面积农田受淹，造成经济损失 3932 万元。

同月 “2008 福布斯中国大陆顶尖企业榜”发布，华盛江泉集团为临沂市唯一上榜企业。

9 月 4 日 由中国企业联合会、中国企业家协会、中国企业综合评估中心主办的一年一度的全国 500 强企业名单在宁夏银川发布。华盛江泉集团以 137 亿元人民币的营业收入排在第 341 位。

9 月 5 日 首届“沂州集团优秀学生奖学金”颁奖典礼在区行政办公大楼大会议室举行。沂州集团出资 200 万元设立奖励基金，奖励全区初中、高中勤学上进、品学兼优的学生。首届颁奖为全区 92 名优秀学生颁发 6.3 万元奖学金。

9 月 28 日 临沂市首届花卉博展会在鲁南花卉市场开幕。花博会由市政府主办，罗庄区政府和市林业局联合承办，为期 5 天。三区九县和临沂高新技术产业开发区、临沂经济开发区的 14 个代表团、2100 件参展作品参展；罗庄区获综合布展一等奖、优秀组织特别奖。推荐的盆栽、盆景等展品 100 余件获一等奖 4 个、二等奖 6 个、三等奖 11 个、优秀奖 5 个。

10 月 15 日 罗庄区第二次经济普查工作会议召开。

10 月 17 日 花埠圈回民学校教学楼奠基。

10 月 22 日 山东省检察机关推行不捕案件跟踪监督机制现场会在罗庄区召开。会议推广罗庄区人民检察院对不捕案件跟踪监督经验。最高人民检察院侦监厅副厅长黄卫平、省人民检察院党组成员、专职检委会委员王环海等出席。

10 月 28 日 中国工程院院士徐承恩“山东鲁南经济带院士专家行”活动组成人员到罗庄区参观考察。

同日 临沂华东二手车市场开业。市场位于沂河路北、湖东路东，由九州集团投资9000万元兴建，占地8.4万平方米。

同月 罗庄区通过市教育局“普及学前三年教育县（区）”验收。

11月13日 国家粮食局副局长张桂凤率队到鲁南国际粮油物流城考察调研。

11月15日 罗庄区江泉小额贷款股份有限公司揭牌开业。公司由华盛江泉集团为主发起人，共有6家法人和11个自然人合资入股，注册资金1亿元，为全省第一批小额贷款公司试点单位之一。

11月21日 区十七届人大常委会第七次会议决定，接受姜玉鹏辞去罗庄区人民政府区长职务的请求，任命刘淑秀为罗庄区人民政府副区长、代理区长。

11月27日 省经贸委主任郭述禹到罗庄区考察工业经济运行情况。

12月3日 临沂市厂务公开民主管理现场会在罗庄区召开，罗庄区作典型发言。市委书记、市人大常委会主任连承敏致信祝贺，省总工会民主管理部部长、省厂务公开民主管理领导小组办公室副主任侯国华、市委常委、市总工会主席林祥余等领导出席会议。

12月6日 在“2008中国石油和化工民营企业发展会议暨应对全球金融危机高峰论坛”上，久泰能源集团董事长、总裁崔连国获“中国民营化工功勋企业家”称号。

12月19日 傅册路改造工程竣工通车。路段全长5.9千米，工程投资1400万元。

2009年

1月8—9日 区十七届人大二次会议召开，选举刘淑秀为罗庄区人民政府区长。

1月9日 教育部副部长陈小娅在市长张少军、副市长左沛廷陪同下，到罗庄第二中学调研素质教育。

同日 施可丰化工股份有限公司研制开发的长效缓释复合肥，获国家“科技进步二等奖”。

1月10日 罗庄区招商引资重点项目集中签约仪式举行，签约项目16个，投资额78.30亿元。

1月14日 罗庄区大源生物科技有限公司经理唐开平被农业部授予“全国粮食生产大户标兵”称号，并奖励福田雷奥740联合收割机1台。

1月15日 区十七届人大常委会第九次会议决定，接受吴昌力辞去区人民政府副区长职务的请求，任命钟呈春、吴兴华为区人民政府副区长。

1月16日 罗庄区2008年度工作总结表彰大会召开。会议要求把“工业强区”作为首要任务，以“城乡建设管理、特色服务业和社会民生”为工作重点，组织实施“投引资突破年”和“生态区建设年”活动，加快罗庄区工业新型化、城市精品化、三产特色化、农业产业化“四化”进程，全面打造“富强罗庄、生态罗庄、和谐罗庄”，实现罗庄区经济社会又好又快发展。

1月22日 市委书记、市人大常委会主任连承敏到罗庄区检查环保工作。

1月26日 市长张少军到久泰化工科技股份有限公司看望慰问春节期间坚守工作岗位的干部职工。

2月12—13日 临沂市旅游工作会议暨重点旅游项目建设会议在罗庄召开。会上，罗庄区作典型发言，罗庄街道被命名为市级旅游强乡镇，沂州商务会馆、三盟商务酒店被表彰为全市旅游系统先进集体。

2月19日 以内蒙古自治区政协主席陈

光林为组长的中央深入学习实践科学发展观指导检查组，在市委书记、市人大常委会主任连承敏，市委常委、秘书长李峰陪同下到华盛江泉集团考察。

2月26日 新华社、中央人民广播电台、人民网、中国建筑报社等12家新闻媒体记者到罗庄区采访科普惠农太阳能示范村工程。

同月 小埠东灌区第五期节水改造工程竣工。工程全长11.08千米，投资1300万元。

3月5日 罗庄区污水深度处理项目在汤庄街道大丁庄村北开工建设。项目占地2.67万平方米，投资2900余万元，同年6月底竣工。

3月7日 全区深入学习实践科学发展观活动动员大会召开。会上，印发《中共罗庄区委关于开展深入学习实践科学发展观活动的实施意见》《全区第一批开展深入学习实践科学发展观活动的工作方案》。

3月15日 陷泥河河道治理工程在陷泥河畔举行开工典礼。

3月21日 罗庄区深入学习实践科学发展观活动专题报告会在广电大厦会议室举行，邀请中央党校国际战略研究所原主任、博士生导师亓成章作专题报告。

3月31日 科技部生物工程技术研究中心主任马宏建，处长程翔林在省科技厅社会发展处处长赵友春陪同下，到久泰能源集团有限公司调研国家科技攻关计划项目实施情况。

4月11日 罗庄区十大重点项目集中奠基仪式举行，项目投资60亿元。

4月22日 省劳动和社会保障厅厅长董国勋，在市委书记、市人大常委会主任连承敏，副市长慕增利、左沛廷陪同下，到罗庄区调研劳动和社会保障工作。

同月 罗庄街道获山东省“改革创新乡镇五十强”第一名。

5月6日 省政协副主席、省委统战部部长张传林率省政协调研组到罗庄区调研金融危机对少数民族生产生活造成的影响及对策。

5月8日 区十七届人大常委会第十二次会议决定，任命李洪刚为区人民政府副区长（挂职）。

5月16日 首届中国临沂国际奇石盆景花卉根艺博展会在罗庄区开幕。博展会展出全国各地22个协会、200余家参展商的上万件艺术品。

5月20日 副省长郭兆信在市长张少军陪同下到罗庄区考察农村住房建设及危房改造。

5月21日 山东大学——罗庄区创新发展论坛暨全面合作框架协议签字仪式在区行政办公大楼大会议室举行。区长刘淑秀与山东大学经济学院常务副院长胡金焱签署《山东大学经济学院与罗庄区委、区政府全面合作框架协议》，并为山东大学经济学院与罗庄区共建教学科研基地揭牌。

5月22日 省长姜大明在市长张少军陪同下到罗庄考察农村住房建设及危房改造。

6月4日 山东省检察机关监外执行检察信息化应用现场会在罗庄区人民检察院召开。推广罗庄区人民检察院开展监外执行检察信息化应用开发，用信息技术提升监督效果的经验做法。

6月6日 罗庄区沂河路、湖北路、江傅路三条主干道路面改造提升工程竣工通车剪彩仪式举行。

6月9日 山东省政府节约能源办公室公布“2009年度山东省循环经济十大示范工程”，华盛江泉集团高炉煤气、焦炉煤气资源综合利用发电供热工程入选。

6月27日 中央政法委宣传教育指导室

主任李宝柱一行到罗庄区调研社区治安综合治理和平安建设。

6月28日 全国光彩事业重点项目授牌暨临沂豪德光彩贸易广场奠基典礼在罗庄举行。全国政协常委、经济委员会副主任委员胡德平致贺电，全国工商联副主席沈建国致辞，中国光彩事业促进会副会长谢伯阳，全国政协委员、中国光彩事业促进会副会长、香港豪德集团董事局主席王再兴，山东省政协副主席齐乃贵等出席奠基仪式。项目总投资30亿元人民币，由香港豪德集团投资建设。

7月6日 滨州市惠民县党政考察团到罗庄参观考察。

7月8日 省政协副主席乔延春到罗庄区调研环保、循环经济发展工作。

7月23日 临沂市社会治安综合治理工作现场会在罗庄区召开。推广罗庄区社会治安综合治理基层基础工作和“天网工程”建设经验。

7月24日 中央综治委副主任、中央政法委副秘书长、中央综治办主任陈冀平到罗庄区调研社会治安综合治理工作。

8月10日 由清华大学继续教育学院与罗庄区共同举办的领导素质与现代管理高级研修班在北京开课，全区7个街道的党工委书记、罗庄工业园和区部分企业负责人72人参加培训学习。

8月11日 临沂凤凰水城开发项目在北京正式签约落户罗庄区。项目位于罗庄区滨河景区盛庄段，投资50亿元，由亚泰集团开发建设。

8月19日 《大众日报》在县域版头条位置《亮点评说》栏目以《罗庄：“生态民生”渐入佳境》为题，刊发大众日报记者对区委书记王行华的专访。

8月21日 山东农业大学领导到罗庄区参观考察，与罗庄区签订科技合作协议，教研实践基地揭牌仪式同时举行。

同月 罗庄工业园被省知识产权局认定为“山东省知识产权园区”。

9月5日 中国企业联合会、中国企业家协会、中国企业综合评估中心主办的全国500强企业名单在杭州发布。华盛江泉集团以162.46亿元人民币的营业收入排名第333位。

9月8日 区委常委（扩大）会议召开。会议确定印发《全区环境风险隐患企业整治和关停取缔工作实施方案》《关于进一步加强乡村环境综合整治工作的意见》和《新206国道、罗四路南段、罗程路、南环路、湖北路等五条主要道路综合整治方案》。

9月14日 市委书记、市人大常委会主任连承敏到罗庄区考察城市建设。

9月27日 第三届中国当代著名花鸟画家作品展在华盛江泉城大酒店开展，收到全国30个省市500名花鸟画家作品，100余名特邀花鸟画家参加开展仪式，进行相关交流活动。

10月9日 市委书记、市人大常委会主任连承敏到罗庄区考察国家园林城市创建工作。

10月21日 省人大常委会副主任温孚江带领省人大农村住房建设和危房改造考察组考察罗庄区农村住房建设和危房改造。

10月26日 全国人大农业与农村工作委员会主任委员、内蒙古自治区党委原书记、自治区人大常委会原主任刘明祖到罗庄区考察。

10月28日 华创金桂园项目暨引进世界500强企业开工奠基仪式在盛庄街道十里堡社区举行。

11月1日 山东省城镇化工作会议与会人员到罗庄区参观考察城镇化工作。

11 月 13 日 中央巡回检查组副组长、全国政协常委、全国工商联原副主席、党组书记张龙之率领中央深入学习实践科学发展观活动巡回检查组，到罗庄区检查指导学习实践科学发展观活动。

11 月 15 日 罗庄区通过山东省“学前教育先进区”验收团检查验收。

11 月 17 日 地王集团宝丽 1 号项目开工奠基。项目投资 1.6 亿元，占地面积 3.6 万平方米，建筑面积 10 万平方米。

11 月 20 日 安徽省淮北市党政考察团到罗庄区参观考察。

11 月 25 日 金泉花园项目奠基。项目投资 2.6 亿元，占地面积 12 万平方米，建筑面积 10 万平方米。

12 月 10—12 日 区长刘淑秀率领罗庄区工业经济考察团赴烟台、威海、青岛三市参观考察。

12 月 16 日 “2009 年山东最佳投资城市”颁奖典礼在济南举行，罗庄区获“山东最佳投资城市”称号。

同日 区政府公众信息网站被省政府命名为优秀政府门户网站。

12 月 25 日 区十七届人大常委会第十五次会议决定，任命周开举为区人民政府副区长（挂职）。

12 月 29 日 罗庄区政务大厅揭牌仪式举行。

2010 年

1 月 4 日 “华盛江泉杯”首届临沂市党员干部现代远程教育优秀节目征集大赛颁奖晚会在罗庄举行。省党员干部现代远程教育中心副主任李彦军，市委常委、组织部部长陈留泉，区委书记王行华，区长刘淑秀等出席颁奖晚会为获奖单位颁奖。

1 月 6 日 山东省供销合作社党组书记、主任白志刚一行到罗庄考察基层供销社工作。

1 月 9 日 在国家科学技术奖励大会上，罗庄区被表彰为全国科技进步先进区，区委书记王行华参加大会受到表彰。

1 月 12 日 区十七届人大常委会第十七次会议决定，任命张玉军为区人民政府副区长；任命张玉新为区人民检察院副检察长、代理检察长。

1 月 15—16 日 区十七届人大三次会议召开。会议选举杜宝珍为区人大常委会副主任；选举张玉新为区人民检察院检察长。

1 月 25 日 罗庄区与青岛新永安环保工程有限公司就罗庄区第二污水处理厂特许经营权转让协议签约仪式举行。

2 月 4 日 罗庄区 2009 年度工作总结表彰大会召开。会议提出，2010 年全区以巩固提升“南工重地”为定位，深入开展“工业经济提升年”和“特色服务业发展年”两项主题活动，突出招商引资、项目建设、环境保护、民生保障四项工作重点，努力把罗庄建设成为“新型工业区、特色商贸区、科技创新区、生态和谐区”。

2 月 5 日 苍山县沂堂镇划归罗庄区管理交接工作完成。

2 月 6 日 科技部火炬中心主任梁桂一行到罗庄区考察科技工作。

2 月 8 日 副省长李兆前到罗庄区考察迎接国家淮河流域水污染防治考核工作。

3 月 2 日 罗庄区 15 个招商引资项目集中签约和 6 个重点项目集中奠基仪式举行，签约和奠基项目涉及总投资 166 亿元。市委书记连承敏，市长张少军，区委书记王行华，区长刘淑秀等出席集中签约和奠基仪式。

3 月 3 日 中国出口信用保险公司山东分

公司总经理陈钢在市委书记、市人大常委会主任连承敏陪同下到罗庄区参观考察。

同日 河南省濮阳市党政考察团到罗庄区参观考察。

3月11日 山东省政府考察组到罗庄区考察转方式、调结构工作情况。

3月19日 山东省合同监管服务工作现场经验交流会在罗庄召开。与会人员参观罗庄区合同及三押一推工作有关现场。

3月21日 中国华安国际与马来西亚安裕资源公司合作备忘录签字仪式举行。

3月24日 全国政协常委、民革中央副主席何丕杰，民革中央社会服务部副部长李宁到罗庄区参观考察。

同月 罗庄区图书馆被评为国家二级图书馆。

3月25日 山东省海洋与渔业厅副厅长王媛一行到罗庄考察鲟鱼养殖业发展情况。

4月1日 省政协副主席、农工党山东省主委王新陆一行到罗庄区考察。

4月13日 参加在临沂召开的山东省重点污染河流治污暨流域环境安全管理现场观摩调度会与会人员，在副省长李兆前率领下到罗庄区观摩。

4月19日 全国人大常委会副委员长、农工党中央主席、中国药学会理事长、中国工程院院士桑国卫到罗欣药业集团考察科技创新情况，就企业新产品研发进行研讨交流。

4月21—22日 中国香港豪德董事局主席王再兴邀请深圳神州通集团董事局主席、中国首创投资公司、南昌宝葫芦农庄有限公司总裁等组成的商务考察团一行12人到罗庄区参观考察。

4月23日 全国第六次人口普查全省综合试点启动仪式在双月湖街道举行。

4月28日 龙口市党政考察团一行70人在市长李永乐带领下到罗庄区参观考察。

5月20日 国务委员、国务院秘书长马凯在省委书记姜异康，省委副书记、省政协主席刘伟陪同下到罗庄区调研基层群众工作。马凯对罗庄区坚持将接待服务大厅、调解中心、便民服务台三位一体综合运用，坚持“信访工作是条线，群众工作是张网”用群众工作理念统领信访工作的做法给予高度评价。

5月29日 东营市政府考察团到罗庄区参观考察。

5月30日 首届“海内外博士后沂蒙行”活动开幕式在罗庄举行。

6月2日 省民政厅厅长张国琛由市委书记、市人大常委会主任连承敏陪同到罗庄区考察民政工作。

6月10日 省政协副主席齐乃贵到罗庄区调研“转结构、调方式”工作。

6月20日 省人大常委会考察组到罗庄区视察节能减排工作。

7月9日 市委书记、市人大常委会主任连承敏率市委理论中心组读书会暨县域经济观摩会与会人员到罗庄区观摩。

7月16—19日 区委书记王行华带领罗庄区文化考察团赴苏浙考察文化服务业发展情况。

7月28日 山西省政协原副主席、省改革创新研究会会长吕日周带领山西省企业家代表团到罗庄区参观考察。

7月29日 副省长王随莲到罗庄区检查食品安全工作，对罗庄区奶牛和乳品加工实行“公司+农户+基地+科技”的经营管理模式给予肯定。

8月3日 省政协理论学习中心组读书会在临沂召开。省委副书记、省政协主席刘伟率与会人员到罗庄区参观调研。

8月14日 以住房和城乡建设部总经

济师李秉仁为组长的国家保障性安居工程建设督查组到罗庄区督导检查保障性安居工程建设。

8月23日 罗庄区第二污水处理厂特许经营签约仪式在华盛江泉城大酒店举行。市长张少军，北京首创股份有限公司总经理俞昌建，区委书记王行华，区长刘淑秀等出席；该项目设计日处理污水3万吨，污水处理后达到国家一级A标准。

8月30日 山东省金融办主任李永健一行到罗庄区考察企业金融运行情况。

9月5日 新疆喀什干部考察团一行106人到罗庄区参观考察。

9月9日 山东省教育工作电视电话会议召开，罗庄区被省政府表彰为山东省教育工作先进单位。

9月17日 2010中国（临沂）市场贸易博览会罗庄陶瓷建材专业展开幕式暨临沂豪德陶瓷建材装饰城开业典礼举行，北京、上海、广东、福建等12个省市的190家企业参展。临沂豪德陶瓷建材装饰城占地面积30.67万平方米，投资6亿元，建筑面积20万平方米，建有商铺2000余个。主要经营建陶、卫浴、洁具等产品。

9月19日 区政府与浙江森禾种业股份有限公司共同投资兴建沂蒙乐园项目签约仪式举行。项目由罗庄区与浙江森禾种业股份有限公司共同投资兴建，投资20亿元，是集儿童游乐、水上运动、生态示范、科普教育、休闲旅游、商业开发为一体的综合性文化产业项目。

10月1日 省委常委、宣传部部长李群到罗庄区考察经济运行情况。

10月12日 省委副书记、省政协主席刘伟率全省转方式、调结构现场观摩会的与会人员到罗庄区现场观摩。

10月18日 中国（临沂）第二届国际奇石盆景花卉根艺博览会在罗庄区鲁南花卉市场开幕，为期3天。

10月29日 中央扩大内需项目检查组在最高人民检察院纪检组组长莫文秀带领下到罗庄区检查扩大内需项目建设工作。

同月 罗庄区发生特大干旱。10月3日至2011年1月25日，全区无降雨，旱情达到特大干旱等级。全区10400公顷小麦受到不同程度的干旱。其中，轻旱4800公顷，重旱5600公顷。

11月1日零时 根据全国第六次人口普查公报，罗庄区总人口535127人。其中，男性276988人，女性258139人。

11月4日 滨州市党政考察团到罗庄区参观考察。

11月10日 中共中央党校2010年秋季中青一班专题调研组在组长、广西壮族自治区玉林市委书记、市人大常委会主任金湘军带领下到罗庄区调研。

11月16—17日 市长张少军，区委书记王行华带领罗庄经济考察团一行到浙江考察。实地参观考察浙江森禾种业余杭苗木基地、向日葵光能科技股份有限公司、浙江金昌房地产集团。

11月19—20日 全省群众工作会议在罗庄区召开，省委书记姜异康、省长姜大明等出席会议。

11月22—23日 全国用群众工作统揽信访工作经验交流会在罗庄召开，国务委员、国务院秘书长马凯，省委书记、省人大常委会主任姜异康，省长姜大明等出席会议。

12月2日 山西省原平市委书记薛根生带领原平市党政考察团一行50人到罗庄区参观考察。

12月5日 参加与临沂市缔结友好城市

签约仪式的广西玉林市党政代表团一行20人到罗庄区参观考察。

12月21日 国务院淘汰落后产能核查验收组到罗庄区核查验收淘汰落后产能工作。

同日 在临沂市科学技术奖励暨产学研合作创新表彰大会上，罗欣药业股份公司李明华获全市科学技术最高奖。市委书记、市人大常委会主任连承敏为其颁发证书和奖金20万元。

12月26日 中玻蓝星（临沂）玻璃有限公司500吨镀膜玻璃生产线点火仪式举行。

同月 鲁南花卉城AAA级旅游景区创建工作通过省级评审。

2011年

1月11日 临沂罗东温泉地热开发有限公司1号井通过省级野外验收。该项目由罗庄区政府与临沂罗东温泉开发公司共同投资3.08亿元兴建，分三期三年完成。

1月12日 经省政府批准，郯城县褚墩镇、黄山镇划归罗庄区。

1月19—20日 区十七届人大四次会议召开。会议选举丰程秀为区人民政府区长。

1月28日 罗庄2010年12月22日绑架案告破。专案组民警经过35天的艰苦侦查，分线出击，远赴烟台、潍坊等地和苍山、临沭周边县区调查线索、串并案件，抓获全部涉案成员4人，缴获单管猎枪2只及涉案车辆5台。

同月 罗庄区东开蔬菜有限公司总经理李士超、大源生物科技有限公司总经理唐开平分别获全国“三农科技服务金奖”。

2月10日 区政协十三届五次会议召开。会议选举魏九成为区政协副主席。

2月11日 区十七届人大常委会第二十四次会议决定，接受魏九成、吴兴华辞去区人民政府副区长职务的请求，任命吴昌力、刘福军为区人民政府副区长，补选李刚、隋汝勤为临沂市第十七届人民代表大会代表。

2月15日 广东省梅州市党政考察团一行18人到罗庄区考察“用群众工作统揽信访工作”的经验、做法。

2月20日 墨西哥瓜纳华托州赫雷夸罗市市长罗赫略·桑切斯·加兰一行到罗庄区参观访问。

3月3日 罗庄区举行岸堤水库引自来水入区工程通水仪式。工程于2009年4月20日开工，投资1500万元，敷设管道7.09千米，日供水量10万立方米，解决120平方千米内20万居民生活用水。

3月15日 由区委宣传部、临沂三盟实业有限公司、龙虎风云（北京）影视文化传媒有限公司联合拍摄的电影《并肩作战》开机仪式在宝泉寺公园举行。

3月16日 市委书记、市人大常委会主任张少军带队对罗庄区创建全国文明城市和创建国家卫生城市现场督导检查。

3月17日 新华社山东分社社长、总编辑徐金鹏一行，调研罗庄区经济社会发展及工业园区建设。

3月19—20日 江苏省无锡市台胞投资企业家协会考察团由无锡市委原书记陆荣德带领到罗庄区参观考察。

3月20日 新疆喀什地区英吉沙、麦盖提两县百名县、乡、村干部到罗庄区参观考察。

4月9日 省委常委、副省长孙伟到罗庄区调研环境保护工作。

同日 上海市工商局局长吴振国带领考察团到罗庄区参观考察。

4月22日 江泉展览中心项目（罗庄展览馆）开工仪式举行。项目是罗庄区2011年重点工程，建于双月湖国家湿地公园内，占地面积1.92万平方米，建筑面积8043平方米，投资7500万元，是罗庄区一座公益性建筑。

4月24日 临沂名嘉广场与广东益华集团合作开发签约仪式举行。广场位于通达南路与双月园路交会处西北侧，建筑面积136万平方米，投资30亿元人民币。

4月29日 美华集团投资500余万元兴建的美华老年公寓揭牌仪式举行。老年公寓集中供养朱陈北社区老年人。

同月 罗庄区实心砖厂全部关停。

5月3日 菏泽市政府考察团到罗庄区考察环保工作。

5月10日 中央综治委督导检查组到罗庄区督导综治维稳工作。

5月13日 中央国家机关纪委书记研讨班学员到罗庄区参观考察。

5月14日 "科技列车沂蒙行"领导、专家在科技部党组成员、中央纪委驻科技部纪检组组长郭向远和省委常委、副省长孙伟带领下到罗庄区检查指导科技创新工作。

6月8日 澳大利亚"麦格理资本"中国区主席翟隽一行就企业上市战略投资及其他合作事项到华盛中天机械集团实地考察，就企业上市战略投资等方面问题进行交流和探讨。

6月15日 区十七届人大常委会第二十六次会议决定，任命刘晟为区人民政府副区长（挂职）。

同月 山东华盛中天机械集团有限公司被省政府表彰为2011年山东省产学研合作创新突出贡献企业。

7月1日 武河湿地滨河道路通车仪式和沂蒙乐园·花卉博览园玫瑰园开园仪式举行。

7月17日 临沂盛翔玻璃建材物流城奠基仪式在盛庄街道后盛庄社区举行。

7月26日 全省创建"和谐宗教活动场所"现场会在罗庄区召开。

7月29日 临沂市节能考核奖励电视会议召开。罗庄区获全市节能突出贡献奖。

8月9日 经省政府批准，撤销汤庄街道、双月湖街道，将其辖区分别并入傅庄街道、盛庄街道。

8月18日 市委书记、市人大常委会主任张少军到罗庄区检查指导旧村改造工作。

8月25日 罗庄区总投资近80亿元的四大项目集中奠基和总投资332亿元的17个招商引资重点项目集中签约仪式举行。

8月31日 罗庄区"东星圆梦·金秋助学"奖学金发放仪式举行。活动由区总工会、区团委、区妇联联合开展，为93名受资助学生、6名获奖学金学生发放助学金17.95万元。

同月 省科技厅专家验收组对临沂效峰菌业有限公司承担的山东省农业良种工程项目"野生柳松菇品种驯化研究"验收，通过市级科技成果鉴定。

9月7日 武河湿地被批准为省级环境教育基地。

9月8日 中国地方志指导小组秘书长、办公室主任田嘉到罗庄区考察。

9月18日 罗庄区第十一个全民国防教育日暨"国防在我心中"万人签名活动在罗庄街道好怡嘉超市门前举行。区领导王行华、丰程秀、高文堂、赵晓晖等出席活动，现场签名。

9月23日 法国"家乐福"与华创置业公司合作项目座谈会暨签约仪式在华盛江泉城大酒店举行。

9月26日 山东天威电煤储备基地暨200万吨洗煤项目竣工投产庆典举行。项目总投资1.5亿元。

9 月 28 日 第三届中国（临沂）国际奇石盆景花卉根艺博览会在沂蒙乐园花卉博览园举行开幕式。博览会为期 12 天，全国各地 40 余家协会，400 余家客商展出近 2 万件艺术品，成交额 1.6 亿元。

10 月 10 日 省人大常委会考察组到罗庄区考察保障性住房建设。

10 月 11 日 2011 大使科技创新论坛与会人员，在前驻俄大使、第十一届全国政协常委会委员、外交部外交政策咨询委员会委员刘吉昌带领下，到罗庄区参观考察。

10 月 18 日 淮河流域环境与发展调研专家组由中国工程院原副院长、院士，项目组长兼生态保育组组长沈国舫带领到罗庄区调研淮河流域环境与发展情况。实地察看武河湿地公园，听取湿地公园工程建设、生态效应、运营等有关情况汇报。

10 月 19 日 德国巴伐利亚最高建设管理局城建与规划处处长史蒂芬·林特纳带领小城镇建设考察团到罗庄区参观考察小城市建设。

10 月 21—23 日 以“新村官、新创造、新奉献”为主题的第十一届全国村长论坛在沈泉庄开幕，全国各省、市、县（区）1300 名村干部参加。中共中央政治局委员、国务院副总理回良玉，第十五届中共中央政治局委员、国务院原副总理姜春云，第十五届中共中央政治局委员、中央军委原副主席、国防部原部长迟浩田分别致贺信。第十三届中共中央政治局委员、第八届、第九届全国政协副主席杨汝岱出席宣布论坛开幕，第十届全国人大农业和农村工作委员会主任委员刘明祖，中国扶贫基金会会长、全国村长论坛组委会主任段应碧，农业部党组副书记、副部长危朝安，省人大常委会副主任连承敏，副省长贾万志，省政协副主席乔延春，安徽省人大常委会原副主任陆子修，省人大常委会原副主任王渭田，省政协原副主席王久祜、林书香，市、区领导张少军、张务锋、王行华、丰程秀等出席开幕式。

10 月 27 日 福建省宁德市柘荣县党政考察团一行 19 人到罗庄区参观考察。

11 月 2010 年山东企业百强榜公布，华盛江泉集团、沂州集团、临矿集团 3 家企业入围。

同月 高都街道“塘崖贡米”地理标志证明商标在国家工商总局商标局通过注册，取得使用权。

同月 罗庄区文化馆在全国第三次文化馆评估定级中被评为国家一级馆。

12 月 2 日 省侨联主席梁波率省侨联调研组到罗庄区调研侨资企业发展情况。

同日 江苏省徐州市环保考察团一行到罗庄区考察生态环保工作。

12 月 6 日 傅庄街道、黄山镇被临沂市中小企业局公布为第二批临沂特色产业镇。

12 月 9—10 日 由大众日报社和中国投资协会共同主办的 2011 投资山东峰会在济南举行。罗庄区获“2011 山东最佳投资城市”称号。

12 月 23 日 区十七届人大常委会第三十一次会议决定，接受丰程秀辞去区人民政府区长职务的请求，接受吴昌力、吴汉林辞去区人民政府副区长职务请求；任命赵晓晖、王兆艳为区人民政府副区长，赵晓晖为区人民政府代理区长。

2012 年

1 月 4 日 市委书记、市人大常委会主任张少军带领参加全市县域经济观摩会的与会人员到罗庄区观摩经济社会发展工作。

1月9—11日 中国共产党临沂市罗庄区第十三次代表大会召开。大会选举产生中共罗庄区第十三届委员会、中共罗庄区纪律检查委员会。区委十三届一次全体会议选举王行华为区委书记，赵晓晖、王丽云为副书记；区纪委第一次全体委员会议选举李军为区纪委书记。

1月17日 区政法委代表市见义勇为基金会对罗庄区勇救坠楼女孩的杨勇、李春伟、孙成建三位好心市民进行表彰奖励，向杨勇、李春伟夫妇和孙成建分别奖励5000元现金。2011年12月7日，在双月小区，7岁女童从四楼窗台坠落的瞬间，邻居杨勇、李春伟夫妇和孙成建用棉被将女孩接住，孩子得救。

2月1—3日 区政协十四届一次会议召开。会议选举孙建中为区政协主席，王志伟、辛玲、王凤英、刘成银、李善农、何雪为副主席。

2月2—4日 区十八届人大一次会议召开。会议选举魏九成为区人大常委会主任，刘剑利、赵日坤、陈相明、江伟、杜宝珍为副主任；选举赵晓晖为区人民政府区长，魏泽来、杨翠晓、张玉军、王兆艳、刘福军、密长诚为副区长；选举唐宏亮为区人民法院院长，张玉新为区人民检察院检察长。

2月16日 中共罗庄区委、罗庄区人民政府印发《关于在全区开展“提速增效、创先争优”干部作风建设年活动的实施意见》《关于进一步加强效能督查推进重点工作落实的工作方案》《关于在全区开展“提速增效、创先争优”解放思想大讨论活动的工作方案》。

3月3日 国家林业局调研组到罗庄区调研林业工作。

3月7—8日 台湾长擎实业集团董事长郑耀南带领台湾投资商务考察团一行30人到罗庄区参观考察。

3月8日 罗庄区志愿者协会成立。

3月9日 湖南省城市建设考察团到罗庄区考察城市建设。

3月15日 省委第六巡视组在罗庄区召开巡视工作情况反馈会议，市委常委、区委书记王行华作表态发言，区委、区人大、区政府、区政协班子成员及区人民法院院长、区人民检察院检察长参加会议。

3月31日 省物价局局长陈充一行到罗庄区调研物价工作。

同月 江泉养殖基地在沂堂镇寨子、台井村开工兴建。项目投资8亿元，占地面积133.34公顷。

4月4日 市长张务锋到罗庄区就滨河两岸改造提升工作现场办公。

4月6日 山东兴泰机械装备工程有限责任公司揭牌暨重型装备项目开工庆典仪式举行。项目占地面积7.34万平方米，投资3亿元。

4月8日 省委农工办主任王泽厚一行到罗庄区考察生态文明乡村建设。

4月12日 江苏省连云港市连云区考察团到罗庄区考察基层群众工作。

4月15日 市长张务锋带领全市优先发展重点镇观摩会与会人员到诸暨工业园、罗庄循环经济示范区、君道高温材料有限公司、金都花苑现场观摩。

同日 罗庄区投资560亿元的20个重点项目集中签约和奠基仪式举行。签约项目10个、投资439亿元，奠基项目10个、投资121亿元。

4月17日 中共中央政治局委员、中央政法委副书记、中央综治委副主任王乐泉在省委书记、省人大常委会主任姜异康等陪同下到罗庄调研政法工作。

同日 浙江省金华市人大常委会党组书

记、第一副主任林一心一行到罗庄参观考察。

同月 罗庄区沙沟万亩有机草莓标准化基地建设项目通过省级科技成果鉴定。册山草莓通过国家有机食品认证。

5月6日 贝斯特欢乐谷项目、武河国家湿地公园二期工程开工奠基仪式举行。贝斯特欢乐谷项目占地面积20公顷，投资2.6亿元，为鲁南苏北重要的集休闲娱乐、科普认知、体验教育为一体的综合性游乐项目。

5月10—16日 市委常委、区委书记王行华带领区有关部门及部分企业负责人赴沪、闽、苏考察学习转方式、调结构、提升传统工业转型升级，做强现代服务业等方面经验。

5月21日 区长赵晓晖带队参加临沂（北京）招商引资说明会。签约项目3个，签约金额23亿元；洽谈项目3个，意向投资金额100余亿元，项目涉及家居木业、城市综合体、商贸物流、新能源等。

5月26日 由第十五届北京科博会组委会办公室与新华社《中国名牌》杂志社联合举办的"中国循环经济发展论坛"在北京召开。会上，罗庄区获"中国循环经济优秀品牌城市"奖牌。

5月27日 东营市政府考察团一行到罗庄区参观考察。

6月2日 国家林业局宣传办主任、新闻发言人程红一行到罗庄区考查国家森林城市创建工作，省林业局副局长辛福智，市委常委、区委书记王行华等陪同。

同日 人力资源和社会保障部副部长邱小平一行到银凤陶瓷集团有限公司就劳动关系进行调研。

6月9日 全区农村集体土地确权登记工作会议召开，部署农村集体土地确权登记工作。

6月16日 临沂豪德光彩贸易广场五金水暖机电城开业庆典举行。机电城投资3亿元，建筑面积6.3万平方米，千余家国内外知名品牌、生产厂家和经营户进驻。

同日 实施党员资格审核登记纯洁党员队伍理论研讨会在罗庄区召开，中共中央组织部党建研究所副巡视员、全国党建研究会副秘书长陈东平，市委组织部副部长、老干局局长孟凡成等出席会议；市委常委、区委书记王行华致辞，区委常委、组织部部长钟呈春介绍罗庄区实施党员资格审核登记经验和做法。

6月18日 罗庄区与中核房地产开发有限公司城中村改造开发建设项目签约仪式举行。项目占地面积646.67万平方米，投资32亿元。

6月27日 区政府与中材节能股份有限公司节能环保项目战略合作暨山东盛阳集团有限公司余热利用项目签约仪式举行。项目投资2.4亿元，建设周期16个月。

7月8日 凌晨2时至10日上午8时，罗庄发生一次强降雨过程，平均降雨量299.9毫米。降雨导致陷泥河、南涑河水位暴涨，个别河段外溢，部分低洼地区积水严重，出现较大范围洪涝灾害，册山、罗庄、高都3个街道受灾严重。据统计，全区受灾人口15.8万人，紧急转移安置群众4102人，农田受灾面积9366公顷，造成危房1280间，房屋倒塌253间，直接经济损失6721万元。

7月12日 国家减灾委办公室副主任、民政部救灾司副司长、国家减灾中心党委书记庞陈敏带领民政部工作组到罗庄区察看水灾灾情。

7月23日 市委书记、市人大常委会主任张少军到罗庄调研国际商贸城建设。

7月25日 中国社科院副院长、中国地方志指导小组常务副组长朱佳木到罗庄区参观考察。

7月31日 湖北省十堰市党政考察团到罗庄区参观考察。

同月 罗庄区新光集团有限公司利用废旧聚酯瓶片生产涤纶长丝、华能临沂发电有限公司2×350兆瓦热电联产扩建工程等5个项目列入山东省“十二五”规划重点建设项目，项目投资133.07亿元。

8月1日 罗庄区举行“和谐罗庄，万人助学”募捐仪式，95家单位和企业现场捐款18.82万元。

9月3日 YBC（中国青年创业国际计划）临沂办公室罗庄创业工作站启动仪式举行，市委常委、区委书记王行华，市政协原主席李桂祥共同为罗庄创业工作站揭牌。

9月6日 临沂全球商品交易中心项目落户罗庄奠基仪式举行。

9月8日 市长张务锋到罗庄区走访慰问教职工。

9月9日 参加第三届临博会的16名台商组成的考察团到罗庄区考察高效农业开发、旅游观光项目，先后参观山东兰湾科技公司、武河湿地。

9月11—12日 市委常委、区委书记王行华带队赴威海、淄博考察工业、服务业项目。

9月14日 云南省文山州考察团到罗庄区参观考察。

9月17日 中国（临沂）工业品采购中心项目奠基。项目由山东华昶置业有限公司投资50余亿元兴建，建筑面积180万平方米。

9月20日 区十八届人大常委会第四次会议决定，任命姚建涛为区人民政府副区长（挂职）。

9月22日 2012年美国艺术滑冰世界巡演（中国·罗庄站）暨《正大综艺》吉尼斯世界纪录挑战赛在沂河湖心岛开幕。

9月26日 市委书记、市人大常委会主任张少军到罗庄考察新型工业发展情况。

9月29日 第四届山东省园博会“罗庄区活动日”在碧波书韵广场开幕。

同月 罗欣药业股份有限公司研发的注射用兰索拉唑冻干粉针剂产业化项目被列入2012国家通用名化学药品发展专项项目扶持计划，获得专项扶持资金1000万元。

同月 罗庄科技馆获2012—2016年全国科普教育基地称号。

同月 科技部公布2012年度国家火炬计划项目，罗欣药业股份有限公司承担的氨曲南及注射用氨曲南、山东华盛农业药械有限责任公司承担的自走式高杆喷雾机2个项目入列。

同月 中国企业联合会、中国企业家协会联合发布2012年度“中国企业500强”，华盛江泉集团有限公司连续第11次入围，位列345位；沂州集团有限公司第3次入围，位列458位。在同时发布的“中国制造业500强”中，华盛江泉集团名列179位，沂州集团名列245位。

10月16日 农业部优质农产品服务中心副主任陈金发到罗庄区考察优质农产品品牌基地建设。

10月19日 2012年山东省青少年武术散打锦标赛在罗庄武校举行，全省各地市的42支代表队、580名运动员参加比赛。

10月26日 省经济和信息化委员会主任郭述禹一行到罗庄区考察工业企业。

10月27日 国家林业局湿地保护管理中心主任马广仁，国家湿地保护与修复技术中心秘书长赵俊山一行到罗庄区检查指导武河湿地保护管理工作。

10月29日 副省长张建国到罗庄区考察工业经济运行情况。

10 月 31 日 国务院参事、国务院扶贫办原主任、农业部原副部长刘坚，国务院参事、农业部农村经济研究中心研究员刘志仁带领国务院参事室调研组到罗庄区，考察引领和规范工商企业进入农业领域的主要成果和经验做法、面临的主要问题和相关政策建议等。

11 月 6 日 临沂汽车客运南站启用仪式举行。客运站位于沂河路与通达路南路交会处，一期开通营运线路 81 条，其中跨省线路 54 条，设计日发班次 436 个，日发送旅客 1.5 万人次，是集客运、旅游、商贸和快速货运等为一体的现代化综合性汽车客运站。

11 月 7 日 受省科技厅委托，由市科技局和区科技局共同组织有关专家组成鉴定委员会，对山东长虹太阳能有限公司完成的“太阳能热水系统智能辅助电加热装置”“光热光电一体式平板型太阳能热水系统”两个项目进行省级科技成果鉴定，项目成果达到国内领先水平。

11 月 16—18 日 国家农业综合开发综合检查组检查验收罗庄区农业综合开发项目建设、资金和工程。

11 月 29 日 中国残疾人辅助器具中心展示中心主任姜豫明一行 3 人，到罗庄区检查指导残疾人辅助器具服务工作。

11 月 30 日 黑龙江省海林市党政考察团在副市长李吉民带领下到罗庄区参观考察。

同月 临沂市豪门铝业有限公司被省科技厅和省知识产权局认定为中国专利山东明星企业。

12 月 5 日 山东省军区司令员荣森之一行到罗庄考察华盛江泉集团武装部建设，烟台警备区原政委郭兴元等参加。

12 月 10 日 市委书记、市人大常委会主任张少军到罗庄区检查重点项目建设。

12 月 11 日 临沂卓航新能源煤焦油加氢及焦炉气合成项目奠基仪式举行。仪式由区长赵晓辉主持，副市长边锋讲话。

同日 区档案馆晋升为国家一级综合档案馆。

12 月 12 日 麦德龙临沂罗庄商场开业典礼举行。麦德龙股份公司是世界 500 强之一，机构遍布世界 33 个国家和地区，罗庄商场是麦德龙旗下第 63 家批发商场。

同日 罗庄区举行学习贯彻中共十八大精神报告会，省委宣讲团成员、山东省社会科学院院长、研究员唐洲雁作专题辅导报告。

12 月 20 日 全区学习贯彻中共十八大精神宣讲团成立暨宣讲工作动员会召开。

12 月 29 日 山东效峰生物科技股份有限公司在淄博市齐鲁股权托管交易中心挂牌，发行股票 1020 万股，发行价格每股 3.5 元。

同月 罗庄区被省粮食局命名为全省粮食规范化执法示范县。

同月 国家发改委、财政部、工业和信息化部联合公布全国第三批节能产品惠民工程高效太阳能热水器推广目录，区内山东长红太阳能有限公司 5 个型号的高效太阳能热水器入围。

2013 年

1 月 2 日 罗庄区工业销售收入过千亿元暨华盛江泉集团过 300 亿元、沂州集团过 100 亿元新闻发布会召开。市委常委、常务副市长左沛廷主持会议，市委常委、区委书记王行华致辞，市长张务锋讲话，市人大常委会党组书记、第一副主任杜德昌，副市长马崑为华盛江泉集团、沂州集团颁发“集体二等功”奖牌。

1 月 4 日 罗庄区邀请“国家千人计划”

专家宋忠孝、陈凯到罗庄区洽谈合作。

1月14—15日 区政协十四届二次会议召开，会议增补陈一伟为区政协副主席。

1月15—16日 区十八届人大二次会议召开，会议补选吴庆明、陈学礼为区人大常委会副主任；选举李平为区人民检察院检察长。

2月16日 罗庄区获2012年度全市县域经济发展一等奖。

2月21日 段卫东任中共临沂市罗庄区委书记。

2月22日 全区2012年度工作表彰暨2013年经济工作会议召开。会议提出，全区2013年工作总思路是：突出“科学发展、跨越赶超”这一主题，以打造工商复合型经济强区为目标，认真落实“三个三”工作思路，即主攻“三园一环”、实施“三个十工程”、抓好“三项重点工作”，确保完成“三年倍增计划”，全力打造宜工宜商宜居、富强文明罗庄。

2月24日 《十里堡村志》村史馆建设动员暨史料捐集活动启动仪式在孝文化广场举行。村史馆建设投资700万元、建筑面积2平方千米，主体工程竣工，捐集活动当天收到捐赠实物300余件。

2月27日 中国农村专业技术协会调研组到罗庄区调研农村技术协会发展情况。

3月7日 区人民法院傅庄法庭副庭长邵照学获“全国法院办案标兵”称号。

同日 罗庄区沂蒙大姐创业就业服务中心揭牌成立。

4月3日 区政府印发《关于罗庄街道等8个街道、镇部分行政村规模调整改社区、村改社区的批复》，把211个行政村、社区调整为119个社区。其中，城市社区39个，农村社区80个。

同日 罗庄区革命烈士陵园建成启用，156座散葬烈士墓迁入陵园。陵园于2012年10月动工兴建，位于滨河西路与双月湖路交会处西800米处鑫圣园公墓内，占地面积1.33万平方米。

4月9日 省政协副主席焉荣竹带领省政协考察组到罗庄区考察城市大气环境污染治理。

4月11日 省政协副主席陈光带领省政协调研组到罗庄区就培育消费热点、有效扩大内需情况进行专题调研。

4月12日 区委书记段卫东，区长赵晓晖带队到枣庄滕州市考察县域经济和小城镇建设。

4月17日 全国人大常委会委员、教科文卫委员会副主任委员任茂东率领调研组到罗庄区，就科技创新、科技成果转化和《促进科技成果转化法》修改进行专题调研。任茂东一行先后到华盛中天机械集团、罗欣药业股份有限公司等企业实地调研。

同月 华盛中天机械集团有限公司组建的“山东省农业植保机械重点实验室”通过验收，进入省重点实验室序列。

5月5日 聊城市委书记、市人大常委会主任林峰海带领聊城市党政考察团到罗庄区参观考察企业生产经营、商贸物流发展。

5月8日 泰安市委书记、市人大常委会主任李洪峰带领泰安市党政考察团到罗庄区参观考察民营经济发展。

5月10日 区十八届人大常委会第八次会议决定，接受密长诚辞去区人民政府副区长职务的请求，任命王新端为区人民政府副区长。

5月15日 全国政协民族和宗教委员会主任、中央统战部原常务副部长朱维群率调研组到罗庄，就“推动加强和创新宗教事务管理”进行专题调研。

同日 临沂涑河故道生态农业观光循环经济示范园奠基仪式举行。

5月22日 山西省昔阳县委书记丁雪钦，全国人大常委会委员、大寨村党总支书记郭凤莲带领昔阳县党政考察团到罗庄考察工业企业生产经营、商贸物流和新农村建设。

5月25—26日 中国国土经济学会全国试验区第四次现场考察暨经验交流会在罗庄召开，全国政协原副主席、中国国土经济学会理事长、全国低碳国土实验区指导委员会主任张怀西，中国国土经济学会副理事长柳忠勤，省政协原副主席王久祜等出席会议。此次会议由中国国土经济学会、全国中小城市生态建设实验区办公室主办，罗庄区人民政府承办。

5月27日 中国核工业建设集团公司副总经理祖斌到罗庄区参观考察服务业发展和城市建设。

5月29日 中国临沂国际商贸城发展战略规划暨市场发展总体规划项目组到罗庄区调研。

6月6日 中共临沂市罗庄区个体私营企业委员会成立。

6月7日 临沂第四十中学奠基仪式举行。校址位于湖东二路与双月园南路交会处，占地面积10.17万平方米，建筑面积4.5万平方米，规模84个教学班。

6月15日 "罗庄区大讲堂"专题报告会举行。国家行政学院办公厅副主任兼研究室主任丁茂战，研究室处长、研究员、硕士研究生导师徐珂分别作专题报告。

6月22日 省科技厅厅长刘为民到罗庄区考察科技工作。

6月24日 中国科学院院士、中国农业大学动物科学院教授、博士生导师吴常信一行到华盛江泉农牧产业园参观考察，商讨华盛江泉农牧产业园与中国农业大学联合建立华盛江泉农牧院士工作站事宜。

7月8日 罗庄区农村饮水安全2011年度第二批项目建设工程通过市政府检查验收组验收。

7月14日 阿联酋华侨商贸考察团到罗庄区参观考察商贸、物流业。

7月17日 省经信委副巡视员王兆春带队到罗庄区考察钢铁产业联合重组。

7月20日 全市社会管理综治工作平台规范化建设罗庄现场推进会召开。与会人员观摩罗庄区三级综治平台规范化建设工作现场，听取罗庄区经验介绍。

7月23日 省人大常委会副主任贾万志、尹慧敏、于建成、宋远方带领省人大党员领导干部到罗庄区实地考察沂蒙乐园等，充分肯定罗庄区大力发展工商复合型经济的做法。

7月31日 国家安全生产应急救援指挥中心协调部副主任高寿峰带领国家安监总局检查组检查指导罗庄区企业安全生产。

同月 省政府印发《关于公布节能先进企业和优秀成果的通报》，境内临沂矿业集团有限责任公司、沂州集团有限公司获"山东省节能先进企业"称号。

8月10日 市委书记、市人大常委会主任张少军带领市人大常委会考察组到罗庄考察各级人大代表"办实事、谋发展、促和谐"主题实践活动开展情况。

8月14日 青海省海北藏族自治州海晏县党政考察团在县委书记董玉毅带领下到罗庄区参观考察。

8月19日 副省长夏耕带领省直有关部门负责人到罗庄区考察罗庄商贸物流中心区。

同日 国家森林城市考核验收组到罗庄区检查验收国家森林城市创建。

9月6日 全球商品交易中心意大利国际

商品馆启动仪式举行。项目位于沂河路与祝丘路交会处，由临沂唯商全球商品贸易中心有限公司投资兴建。

9月9日 卡塔尔半岛电视台记者斯科·黑德勒和米格尔·托然专程到华盛江泉农牧产业园以“国际化标准的中国猪场”为主题进行采访。

9月13日 中国天然能源集团有限公司董事长蓝宁一行到罗庄区恒昌煤业有限公司、华盛江泉集团有限公司就双方合作项目考察洽谈。

9月17日 区十八届人大常委会第十次会议决定，接受赵晓晖辞去区人民政府区长职务的请求，任命王丽云为区人民政府代理区长。

9月25日 临沂市“两区同建”现场推进会在罗庄召开。会议推广罗庄区加快新型农村社区和现代农业园区“两区同建”，促进城乡一体化发展的经验。

10月10日 中国冶金工业规划研究院专家到罗庄区调研钢铁产业联合重组。

10月15日 区委、区政府印发《区委、区政府关于推进农村产权制度改革的实施意见》。

同日 福建省龙岩市考察团在副市长陈盛仪带领下到罗庄区参观考察国家环保模范城创建。

10月17日 内蒙古自治区鄂尔多斯市考察团在副市长赵文亮带领下到罗庄区参观考察。

10月19日 山东亿康环保科技有限公司光催化纳米材料项目奠基，北京科技大学副校长王维才，区领导段卫东、王丽云、魏泽来等出席奠基仪式。项目占地面积10.8万平方米，投资10亿元，投产后填补国际市场同类产品空白。

同日 罗庄区首届运动会在临沂第十九中学开幕。

10月30日 浙江省金华市委书记徐加爱带领金华市考察团到罗庄区参观考察商贸、物流业发展情况。

11月2日 山威集团二期结构调整项目开工建设。项目是循环经济产业链项目，投资10亿元。

11月5日 山东恒昌聚材化工科技股份有限公司在淄博市齐鲁股权托管交易中心挂牌。发行股票7500万股，发行价格每股8.98元。

11月7日 齐鲁环保世纪行记者团到罗庄区采访水污染治理和大气污染防治。

11月15日 泰国工商总会主席郑芷荪带领考察团到罗庄区参观考察盛能游乐园提升改造项目，就双方合作开发事宜沟通交流。

11月17日 新疆维吾尔自治区吐鲁番地区考察团在行署常务副专员张文强带领下到罗庄参观考察。

11月22日 省粮食局局长杨丽丽到罗庄区调研粮油市场发展情况，考察鲁南国际粮油物流城后，对罗庄区粮油市场发展工作给予充分肯定。

12月6日 荣成市市委副书记、市长江山带领党政考察团到罗庄区参观考察。

12月13日 全市维护妇女权益暨平安家庭创建工作推进会在罗庄区召开。

12月19日 山东美华医药批发城奠基。项目由山东美华集团和江苏志丰实业发展有限公司共同投资建设，投资20亿元，占地面积40万平方米。

12月28日 “我们的中国梦　文化进万家”省书协“百县千村”书画下乡活动临沂站启动仪式在盛庄街道十里堡社区举行。

同日 沂河（罗庄段）治理工程通过由淮河水利委员会、省水利厅、市人民政府组成的竣工验收委员会检查验收。

同月 沂堂镇沂堂牌坊被省政府公布为省级文物保护单位，牌坊位于北沂堂村，清嘉庆二十年（1815）为表彰武秀才侯振纲之妻王氏节孝所建。

第一编　行政区域　自然环境

Part 1: Administrative Division and Natural Environment

沂河风光（2013 年 5 月　马冰摄）

武河湿地（2013 年 7 月　区摄协供稿）

罗庄区旧为临沂市（县）地，1994年12月设为临沂市辖区，因区政府驻罗庄镇而得名。位于山东省东南部，临沂市市区南部偏西，总面积568.55平方千米，占临沂市总面积的3.30%。罗庄区成立后，行政区划经8次变动，至2013年12月，辖6个街道、3个镇，137个社区，9个行政村。罗庄区人民政府驻开元路1号。

罗庄区地处鲁东南临郯苍冲积平原，属暖温带大陆性季风气候，年平均气温14.1℃，年平均降水量848.98毫米，无霜期年平均214天，年平均日照时数2240.2小时。地势西北高东南低，自西至东主要为丘陵、平原两种地形。境内山脉均起自蒙山，共有大小山岭87座，海拔200米以上的山峰12座，其中寨山最高，海拔272.4米。主要河流有沂河、邳苍分洪道、武河、南涑河、陷泥河、燕子河等，分属沂河河系和中运河河系，统属淮河水系，河流总长度194.39千米。2013年，水资源总量15877万立方米；矿产资源主要有煤炭、铝矾土、瓷石、石灰石、花岗岩等40余种；野生动植物235余种；森林覆盖率31.2%；全区耕地总面积24262.98公顷，土壤有棕壤土、褐土、潮土、水稻土和砂姜黑土5个土类。自然灾害主要有旱灾、水灾。

第一章　行政区域

第一节　位置　境域

位置

罗庄区位于山东省东南部，临沂市市区南部偏西。地处北纬34°50′42″～35°03′12″，东经118°07′12″～118°25′37″。东临沂河与河东区、郯城县相望，南、西与苍山县接壤，北与兰山区毗连。区政府驻盛庄街道，位于开元路1号，北距济南274.2千米、北京657.5千米。

图1-1：罗庄区位置图

境域

1994年12月17日，撤销县级临沂市，原县级临沂市分设为兰山区、罗庄区、河东区。以原县级临沂市的罗庄镇、傅庄镇、盛庄镇、册山镇、程庄乡、岑石乡行政区域为罗庄区行政区域。境域南起傅庄镇汤庄，北至盛庄镇杜三岗村，南北最大纵距22.5千米；西起岑石乡涧头村，东至程庄乡盛家口村，东西最大横距

25千米，总面积370.63平方千米。

2010年1月，苍山县所辖沂堂镇划归罗庄区；2011年1月，郯城县所辖褚墩镇、黄山镇划归罗庄区。境域南起褚墩镇朱庄，北至盛庄街道杜三岗村，南北最大纵距31.3千米；西起沂堂镇冷水沟村，东至高都街道盛家口村，东西最大横距29.5千米；总面积568.55平方千米。至2013年，辖区境域未变。

第二节　历史沿革

西周至春秋（前524），境域属鄅国地。公元前524—493年，属邾国地。后属鲁国地。战国末期，属楚国地。

秦代，秦初属东海郡，秦末属郯郡。

西汉初期，属启阳县。汉景帝元年（前156），避景帝刘启讳，启阳改称开阳。汉武帝元封五年（前106）置徐州刺史部，属徐州刺史部东海郡开阳县和襄贲县。

东汉建初五年（80），琅邪国迁都开阳城。属徐州刺史部琅邪国开阳县和东海郡郯县。中平五年（188），改徐州刺史部为徐州。属徐州琅邪国开阳县和东海郡襄贲县。三国时，东海郡改称东海国。属魏国徐州琅邪国开阳县和东海国襄贲县。

两晋时期，属徐州琅邪国开阳县和东海郡郯县。南北朝南朝宋，属徐州琅邪郡即丘县。北魏永安二年（529）设北徐州（治所今临沂城），即丘县治所迁至今兰山区兰山街道古城村，属北魏北徐州琅邪郡即丘县。北周宣政元年（578）改北徐州为沂州，属北周沂州琅邪郡即丘县。

隋代，开皇三年（583），废琅邪郡，属沂州即丘县。开皇十六年（596），分即丘县设临沂县（治所今临沂城），属沂州临沂县。大业三年（607），改沂州为琅邪郡，属琅邪郡临沂县。

唐代，武德三年（620）改琅琊郡为沂州。武德四年（621），临沂县析置兰山（治所今褚墩镇兰山屯）、临沭（治所今临沭县）、昌乐（治所今高都街道萧庄）3个县。属兰山、昌乐县，为境内历史上首设县级行政建制。武德六年（623）3个县复并归临沂县，属沂州临沂县。贞观元年（627），属河南道沂州临沂县。五代，后梁、后唐、后晋、后汉、后周相互更替53年，兵连祸结，行政区划未有变动。

宋初，改道为路。至道三年（997），属京东路沂州临沂县。熙宁七年（1074），属京东东路沂州临沂县。北宋靖康元年（1126），北宋为金人所灭，中国形成南宋与金对峙的格局，是时境域属金。金大定八年（1168），改京东东路为山东东路，属山东东路沂州临沂县。

元代，属中书省益都路沂州临沂县。

明代，洪武元年（1368），撤销临沂县，将其地直隶于沂州，属山东行省济宁府沂州。

清代，雍正二年（1724），沂州升为山东省直隶州，属山东省沂州。雍正十二年（1734），沂州升为府，置附郭兰山县，属山东省沂州府兰山县。

民国时期，1913年，撤销沂州府设岱南道；兰山县改称临沂县。翌年，岱南道改称济宁道。属山东省济宁道临沂县和郯城县四区的褚桥乡、柳庄乡。1936年2月，属山东省第三行政督察区临沂县和郯城县。1937年7月，抗日战争爆发。是年12月，国民党临沂县政府撤离临沂城，之后流动于县境内外。1938年4月21日，日本侵略军侵占临沂城，1939年1月在城里组织伪临沂县公署。沦陷期间，中国共产党领导人民抗日救国，在当时临沂县境内及四周邻县地区创建临沂县及其他若干个边联县（办事处）抗日民主政权，其中与区境有关联的有：1940年3月14日，在庄坞成立临沂县抗日民主政府，设立10个区，是时，境内有朱陈区、道桥区、苍山区。1943年1月，在沂堂的前峰山成立临西办事处，设立4个区，1944年8月临西办事处撤销，其辖区划归赵博县。

1945年9月11日，临沂城解放。同年9月13日，临沂县政府在临沂城成立。属华东局滨海区临沂县的朱陈区、册山区，鲁南区赵镈县的二区（沂堂）、十二区（褚墩）。1947年10月29日，适应战时需要，析临沂县沂河以西、祊河以南区域置临西县。是时大部属该县。

1948年10月26日，临西县并入临沂县，属华东局鲁中南行政区第六（滨海）专区临沂县的朱陈区、册山区和第五（台枣）专区苍山县的二区（沂堂）、十二区（褚墩）。

中华人民共和国成立后，1950年5月，鲁中南行政区撤销，以原滨海专区为基础，成立临沂专区，北部属临沂县的册山区、朱陈区、艾山区，南部、西部属苍山县的褚墩区和神山区（沂堂），东南部少数村庄属郯城县。

1958年12月20日，撤销临沂县，建立临沂市。1959初，褚墩人民公社由苍山县划归郯城县，北部属临沂市的罗庄、白庄、册山、朱隆人民公社，南部属郯城县的褚墩人民公社，西部沂堂一带村庄属苍山县的神山人民公社。

1963年3月16日，撤销临沂市，恢复临沂县，属临沂县的城关区、傅庄区、册山区、朱隆区，郯城县的褚墩区，西部沂堂一带村庄属苍山县的迷龙人民公社。

1983年8月30日，撤销临沂县，恢复临沂市。1984年4月14日，撤销人民公社置乡镇，北部属临沂市的罗庄镇、傅庄镇、白庄乡、册山乡、程庄乡、岑石乡，南部属郯城县的褚墩镇、黄山乡，西部属苍山县的沂堂乡。

1994年12月17日，国务院批准撤销临沂地区和县级临沂市，设立地级临沂市，县级临沂市分设兰山、罗庄、河东3个县级行政区。自此罗庄区设立，为临沂市辖区，区人民政府驻罗庄镇。1995年2月12日，罗庄区筹建工作领导小组成立，开始对外办公。

第三节　行政区划

区划调整

1994年12月17日，罗庄区设立，辖罗庄镇、盛庄镇、傅庄镇、册山镇、程庄乡、岑石乡、226个行政村，有211个自然村。

罗庄镇　辖37个行政村（25个自然村）：罗庄、沈泉庄、连泉庄、于泉庄、闫泉庄、穆茌窑、蟠龙庄、西山村、朱家地、桥西头、窑汪崖、北老屯、赵家坝、湖南崖、八块石、朱张桥东北村（朱张桥——括注为所属自然村，下同）、朱张桥沟东村（朱张桥）、朱张桥东南村（朱张桥）、朱张桥西南村（朱张桥）、朱张桥河北村（朱张桥）、朱张桥西河北村（朱张桥）、朱张桥西北村（朱张桥）、山西头、山南头、朱陈西村（朱陈）、朱陈东南村（朱陈）、朱陈东村（朱陈）、朱陈西南村（朱陈）、朱陈北村（朱陈）、湖西崖西村（湖西崖）、湖西崖东村（湖西崖）、湖西崖北村（湖西崖）、韦姜屯、焦沂庄、后官战湖、大山后、小山后。

傅庄镇　辖59个行政村（56个自然村）：傅庄东北村（傅家庄）、傅庄西北村（傅家庄）、傅庄西南村（傅家庄）、傅庄东南村（傅家庄）、小河湾、劳模店、毛家墩、朱家岭、何家庄、前龙泉屯、后龙泉屯、前焦邱、后焦邱、杨家河湾、大河湾、城子、岳家旦子、邱家旦子、张家旦子、杜家旦子、殷家旦子、孟家庄、土山屯、东三重、西三重、于家庄、南张庄、王家庄、西小李庄、窑北头、窑南头、陈岭、蔡家庄、上王家庄、下王家庄、陈武庄、义和庄、前官战湖、后官庄、大丁庄、小丁庄、东大车庄、东小车庄、西大车庄、西小车庄、东徐家林、北徐家林、西徐家林、沂兴庄、彭庄、汤庄、赵庄、花埠岭、大柱山、前站村、后站村、西店子、中店子、东店子。

盛庄镇　辖33个行政村（33个自然村）：后盛庄、前盛庄、陈家白庄、李家白庄、吴家白庄、傅家白庄、三岗店子、王家三岗、杜家三岗、侯家三岗、魏家三岗、刘家三岗、张家三岗、大白衣庄、小白衣庄、孟家园、林家村、南营子、尚屯、十里堡、大埠东、大菜园、许家冲、王家对河、孙家对河、寇家对河、黄家对河、葛家庄、红土屯、花埠圈、崔王庄、店子、留邻庄。

册山镇　辖32个行政村（32个自然村）：东册山、西册山、潘家庄、东何庄、南陆庄、老沂庄、小庄子、山前、后村、五寺庄、尚家庄、刘家沙沟、唐家沙沟、新良庄、石杭岭、沙旦子、南头、白家沙沟、义和村、顾家沙沟、房家沙沟、侯沂庄、同沂庄、房庄、黑虎墩、郑旺、沟角、堰头、房岭屯、新桥、围梓、黄墩。

程庄乡　辖30个行政村（30个自然村）：程家庄、西高都、东高都、铁匠庄、张家庄、沂蒙新村、南杨庄、沈牌子、中坦、车辋、大毛坦、小毛坦、前后坦、后后坦、冉家庄、常旺、彭家坡、北茶棚、南茶棚、东小李庄、薛家庄、大塘崖、小塘崖、红胜新村、西潘墩、东潘墩、宋家墩、萧家杭、盛家口、萧庄。

岑石乡　辖35个行政村（35个自然村）：孙家岑石、郭家岑石、张家岑石、东石埠、中石埠、西石埠、张小庄、李小庄、蜈蚣三忌、涧头、土山洼、坞南庄、西磊石、东磊石、涧花埠、高家庄、西朱隆、东朱隆、潘庄、前崔家庄、后崔家庄、苑庄、齐家庄、北白埠子、南白埠子、毕家庄、西陆庄、庙山、满沟屯、沙埠庄、官庄、前黄土堰、后黄土堰、涧沟崖、贾家庄。

1996年10月9日，撤销程庄乡、岑石乡，以原程庄乡、岑石乡的行政区域设立西高都乡、罗西乡。

1997年1月14日，撤销西高都乡，以原西高都乡的行政区域设立西高都镇。

1997年1月21日，筹建双月湖街道、汤庄街道。

1999年4月30日，设立双月湖街道，将罗庄镇的朱陈北村、八块石村、湖西崖北村、湖西崖西村、湖西崖东村5个村，罗西乡的前崔家庄、后崔家庄2个村和盛庄镇的大白衣庄、小白衣庄2个村划归双月湖街道。

2000年5月11日，撤销罗庄镇、盛庄镇、傅庄镇，以原罗庄镇、盛庄镇的行政区域设立罗庄街道、盛庄街道；以原傅庄镇的行政区域分设为傅庄街道、汤庄街道。原傅庄镇北部的傅庄东北村、傅庄西北村、傅庄西南村、傅庄东南村、小河湾、劳模店、毛家墩、朱家岭、何家庄、前龙泉屯、后龙泉屯、前焦邱、后焦邱、杨家河湾、大河湾、城子、岳家旦子、邱家旦子、张家旦子、杜家旦子、殷家旦子、孟家庄、土山屯、东三重、西三重、于家庄、南张庄、王家庄、西小李庄、窑北头、窑南头、陈岭、蔡家庄、上王家庄、下王家庄、陈武庄、义和庄、前官战湖、后官战湖39个村的行政区域设为傅庄街道；原傅庄镇南部的汤庄、大丁庄、小丁庄、东大车、东小车、西大车、西小车、大柱山、东徐家林、西徐家林、北徐家林、沂兴庄、彭庄、赵庄、花埠岭、前站、后站、西店子、中店子、东店子20个村的行政区域设为汤庄街道。时全区辖5个街道、2个镇、1个乡。

2002年2月1日，撤销册山镇、西高都镇、罗西乡，以原册山镇、西高都镇、罗西乡的行政区域设立册山街道、高都街道、罗西街道。时全区辖8个街道。

2002年6月，盛庄街道孟家园、三岗店子、王家三岗、刘家三岗、杜家三岗、侯家三岗、魏家三岗、张家三岗、林家村、南营子10个村和罗西街道齐家庄1个村划归双月湖街道。

2006年6月，罗西街道东石埠、张家岑石、郭家岑石、蜈蚣三忌4个村划归双月湖街道。

2008年3月2日，罗西街道孙家岑石村划归盛庄街道。

2010年1月6日，苍山县沂堂镇划归罗庄区。

2011年1月12日，郯城县褚墩镇、黄山镇划归罗庄区。时全区辖8个街道、3个镇。

2011年8月5日，撤销双月湖街道，将其原行政区域并入盛庄街道（除朱陈北社区划回罗庄街道）；撤销汤庄街道，将其原行政区域并入傅庄街道。时全区辖6个街道、3个镇。

2013年7月11日，盛庄街道东石埠、孙家岑石、张家岑石、蜈蚣三忌、郭家岑石5个村划归罗西街道。

现行区划

2013年年底，全区设6个街道、3个镇：罗庄街道、傅庄街道、盛庄街道、册山街道、高都街道、罗西街道，沂堂镇、褚墩镇、黄山镇，辖137个社区、9个行政村。

罗庄街道 辖22个城市社区：沈泉庄社区、鑫华社区（韦姜屯、连泉庄、王庄——括注为所辖自然村，下同）、龙潭社区、湖南崖社区（湖南崖、穇茬窑）、闫泉庄社区、于泉庄社区、罗庄社区、鑫园社区（桥西头、朱家地）、焦沂庄社区、后官战湖社区、涑河社区（朱张桥西北、朱张桥西南、朱张桥东南）、小山后社区、鑫城社区（大山后、窑汪崖、北老屯）、山西头社区、朱陈北社区、朱陈西社区、朱陈社区（朱陈西南、西山）、朱陈东南社区、朱陈东社区、朱张桥社区（朱张桥河北、朱张桥东北、朱张桥沟东）、赵家坝社区、山南头社区。

傅庄街道 辖10个农村社区：通达社区（傅庄西南村、朱家岭、毛家墩、前官战湖）、傅庄社区（傅庄东北村、傅庄西北村、傅庄东南村、小河湾、劳模店）、龙泉社区（何家庄、杨家河湾、前龙泉屯、后龙泉屯、后官庄、城子、大河湾）、窑岭社区（窑北头、窑南头、陈岭、义和庄、上王家庄、下王家庄、蔡家村、陈武庄）、汤庄社区（汤庄、赵庄、花埠岭、东店子）、旦子社区（殷家旦子、张家旦子、杜家旦子、邱家旦子、岳家旦子、孟家庄、土山屯、前焦邱、后焦邱）、三重社区（东三重、西三重、南张庄、王家庄、西小李庄、于家庄）、丁庄社区（大丁庄、小丁庄、西大车庄、西小车庄、东大车庄、东小车庄、大柱山）、凤凰居社区（东徐家林、西徐家林、北徐家林、彭庄、沂兴庄）、店子社区（中店子、西店子、前站村、后站村）。

盛庄街道 辖17个城市社区、7个农村社区。城市社区：白庄社区（吴家白庄、陈家白庄、傅家白庄）、八块石社区（八块石）、大埠东社区、后盛社区、前盛庄社区、十里堡社区、林村社区（林家村）、营子社区

（南营子）、尚屯社区、红土屯社区、魏三岗社区、杜三岗社区、三岗店子社区、齐庄社区、三岗社区（孟家园、小白衣庄、张家三岗、王家三岗、刘家三岗、侯家三岗）、电厂社区（大菜园、李家白庄、许家冲）、沂滨社区（黄家对河、寇家对河、葛家庄、留邻庄、店子、孙家对河、王家对河、崔王庄）；农村社区：花埠圈社区、前崔庄社区、后崔庄社区、大白衣庄社区、湖西崖东社区、湖西崖西社区、湖西崖北社区。

册山街道　辖15个农村社区：册山社区（东册山、西册山）、龙山社区（老沂庄、房庄、潘家庄、东何庄、南陆庄）、山前社区（山前、新良庄、石杭岭）、后村社区、五寺社区（五寺庄、尚家庄、小庄子）、新沙沟社区（刘家沙沟、唐家沙沟）、沙旦子社区、南头社区、沙沟社区（房家沙沟、白家沙沟、义和村、顾家沙沟）、同沂社区（侯沂庄、同沂庄）、郑旺社区、尚阳社区（沟角、黄墩）、堰头社区、新隆岭社区（房岭屯、新桥）、凤凰岭社区（黑虎墩、围梓）。

高都街道　辖12个农村社区：塘崖社区（大塘崖、东小李庄、北茶棚）、薛庄社区、新和社区（南茶棚、东潘墩、西潘墩、红胜新村、小塘崖）、西高都社区、东高都社区、红日社区（南杨庄、张家庄、铁匠庄）、沈牌子社区、常旺社区（常旺、沂蒙新村、冉家庄）、金坦社区（前后坦、后后坦、中坦）、车辋社区、程庄社区（大毛坦、彭家坡、程家庄、小毛坦）、滨河社区（萧庄、盛家口、萧家杭、宋家墩）。

沂堂镇　辖16个农村社区：沂堂社区（南沂堂、北沂堂、沂西岭）、寨子社区、台井社区（前台井、后台井）、丰山社区（前峰山、后峰山）、泉里堡社区（东泉里堡、西泉里堡）、贤孝庄社区、迷龙社区（东迷龙、西迷龙、前迷龙、后迷龙）、杏山湖社区（东杏山湖、西杏山湖）、向阳社区（冷水沟、北大埠）、荆山社区、麒麟社区（麒麟山）、东大埠社区（前大埠、后大埠）、大兴社区（大兴屯）、为儿桥社区（东为儿桥、西为儿桥）、龙兴社区（龙泉官庄、龙王堂、兴路口、大槐树）、柳庄社区（前柳庄、后柳庄）。

褚墩镇　辖14个农村社区：桥头社区（桥头、五里桥、青石塘、锦程）、三岭社区（虎山岭东、虎山岭西、虎山后屯）、兰山社区（兰山、朱庄）、碑住社区（碑住一、碑住二、碑住三、碑住四、虎山山前）、廖屯社区（廖屯、廖屋）、孙盛庄社区（孙盛庄、北官庄、北王庄）、西永安社区（西永安、小山子）、东永安社区、梁庄社区、褚墩一社区、褚墩二社区、褚墩三社区、卞庄社区（东卞庄、西卞庄、黄金店、风渡口）、三屯社区（兰山前屯、兰山后屯、兰山中屯）。

黄山镇　辖12农村个社区：黄山社区（前黄山、后黄山）、菊花屯社区（菊花屯、北桃园）、蒋史汪社区（蒋史汪一、蒋史汪二、柳行）、峰山社区（峰山大圩子、峰山上圩子、峰山后圩子）、大安社区（安头）、凤凰社区（栗林、柴口）、蔡村社区（山崖、山前、中蔡、东蔡、西蔡、山西）、双合社区（麻湖、武村）、官山社区（蝎子山、谢家官庄）、凤凰屯社区（凤凰庄、老屯）、木柞社区（木柞一、木柞二、木柞三、木柞四）、官庄（李官庄、舒官庄）。

罗西街道　辖12个农村社区、9个行政村。农村社区：朱隆社区（东朱隆、西朱隆、苑庄）、涧头社区、涧沟崖社区、金山社区（土山洼、坞南庄）、磊石社区（东磊石、西磊石）、庙山社区、新城社区（官庄、南白埠、北白埠、毕家庄）、满沟屯社区、前黄土堰社区、后黄土堰社区、潘庄社区、沙埠庄社区；

行政村：东石埠村、郭岑石村、张岑石村、蜈蚣三忌村、中石埠村、西石埠村、孙岑石村、红山村（高家庄、西陆庄、涧花埠村）、新河村（张小庄、李小庄、贾家庄）。

说明：1992 年，经省政府批准成立临沂高新技术产业开发区（简称临沂高新区），与罗庄镇实施一体化管理。1994 年 12 月 17 日，罗庄区设立后，临沂高新区由罗庄区代管。2000 年 9 月 18 日，经中共临沂市委、市人民政府研究决定，临沂高新区实行封闭式管理、单独的财政管理体制，将双月湖街道所辖湖西崖东村、湖西崖西村、湖西崖北村、前崔家庄、后崔家庄由临沂高新区管委会代管。2002 年 6 月，经市政府批准，双月湖街道所辖大白衣庄和罗西街道所辖沙埠庄、潘庄由临沂高新区管委会代管。2008 年 3 月 2 日，经市政府批准，罗西街道由临沂高新区管委会代管。至 2013 年年底，罗西街道所辖 12 个社区、9 个行政村和盛庄街道所辖大白衣庄、前崔庄、后崔庄社区，湖西崖东社区，湖西崖西社区，湖西崖北社区由临沂高新区管委会代管。

第二章　自然环境

罗庄区位于华北地台东南部。沂沭断裂带西侧，属华北地台东部边缘地带；地层出露齐全，构造复杂，地质演化历史悠久；气候、物候特点明显，土壤质地适中、地力肥沃，次生、人工植被较为齐全。

第一节　地质

构造

罗庄区位于沂沭断裂带西侧，构造体系大部分属新华夏系第二隆起带，单斜构造为主。断裂构造发育，根据其展布方向分为北北东向、北西向和近东西向三组。其中，北北东向断裂主要有沭埠岭——小埠岭断裂、青云山断裂，前者为区域断裂郯部——葛沟断裂的一部分，后者为郯部——葛沟断裂的伴生断裂；北西向断裂总体走向 290°～330°，规模一般不大，多为压扭性逆断层和正断层两种，其中规模较大的为岩坡断裂；近东西向断裂以朱陈断裂为主，多呈简单断裂和节理束，有时形成角砾岩带，断距较小（小于 5 米）。

地层

境内地层区划属华北地层大区，晋冀鲁豫地层区，处于沂沭断裂带西侧，属鲁西地块东沿。地层主要出露古生界、中生界地层，在沂河冲积平原覆盖有新生界第四系松散堆积物。按出露地层从老到新依次是：

寒武系　岩性为石灰岩、页岩、砂岩、薄层灰岩及厚层鲕状灰岩等，总厚度 729 米，主要分布在册山街道、黄山镇、褚墩镇、沂堂镇及罗西街道西部。

奥陶系　岩性主要有含燧石结核及条带的白云质灰岩、角砾泥灰岩、泥灰岩及泥质灰岩，总厚度 687～750 米，主要分布在罗西、高都、傅庄、册山、沂堂、褚墩等镇、街道。

石炭系　岩性为页岩、砂岩、残余铁矿、黏土页岩及煤层等，总厚度 267～317 米、主要分布于罗庄、盛庄、高都、册山、傅庄、沂堂等镇、街道。

二叠系　岩性为砂岩、页岩、黏土岩、砂质页岩夹煤层，厚度355米，零星分布于罗庄、盛庄、褚墩等镇、街道。

白垩系　岩性为砂岩、砂砾岩、凝灰质角砾岩，仅分布在高都街道的东部。

第四系松散沉积物　主要分布在沂河沿岸镇、街道，其岩性为冲洪积亚砂土、亚黏土及中粗砂夹砾石，部分地区为中细砂。

岩浆岩

境内岩浆岩主要为中生代燕山期岩浆岩，系中酸性、浅碱性的浅成侵入岩，岩脉多沿断裂侵入到奥陶系灰岩及石炭二叠系的砂页岩中，造成境内煤层分布不规律。

第二节　地貌

地貌类型

境内以平原、丘陵两种类型为主。地势西北高东南低，倾斜度3°～5°。东部和南部是沂河冲积平原，西部边缘地带多为低山丘陵，海拔55～272.4米。按地貌成因分为剥蚀地形（溶蚀—剥蚀丘陵区、剥蚀—溶蚀丘陵）、堆积地形（剥蚀平原区、剥蚀—溶蚀平原区、冲积—洪积平原区）。溶蚀—剥蚀丘陵和剥蚀—溶蚀丘陵主要分布在罗西街道和沂堂镇西部。剥蚀平原主要分布在盛庄、罗庄、傅庄、高都、册山街道和褚墩、黄山镇。剥蚀—溶蚀平原主要分布在罗西、盛庄、罗庄、傅庄街道和沂堂、褚墩镇，冲积—洪积平原主要分布在盛庄、高都、册山街道和黄山镇。

低山丘陵

境内山岭均起自蒙山，属蒙山山脉西条中支、西条中支南左支和西条中支北支。共有大小山岭87座，海拔200米以上的山岭12座。寨山最高，海拔272.4米。全区山岭，大体可划分为寨山、卧牛山、兰山、庆云山、黄山为主体的五个山群。

寨山　属蒙山山脉西条中支。位于罗西街道西部边界，最高峰海拔272.4米，为境内最高点。寨山与周围连绵的大红山、小红山、薛山、吴平山、狼虎山、北铺腾山、驴脖子山、架子山共9座山头，奇峰怪石，险峻多姿，松柏苍翠，如诗如画，从空中俯瞰，恰如一朵盛开的莲花，故称“九顶莲花山”。

卧牛山　属蒙山山脉西条中支。位于沂堂镇西北，最高峰海拔224米。东南与麒麟山毗连，西与大宗山（又名朗公山）、马山相接，北与九顶莲花山、凤凰山、寨山、二龙山、虎头山等28个山峰相连，一脉相承，连绵回环30余千米。

兰山　属蒙山山脉西条中支南左支。位于褚墩镇西南，邳苍分洪道西侧，距褚墩镇政府驻地3.5千米。山体呈馒头状，北南走向，山区面积1.5平方千米。最高峰海拔138.1米。1916年《临沂县志》记载：“兰山，城南八十里，旧兰山县所由名也。六峰耸峙，极北一峰，东面有石甚白，望之如半月。”此山东为小兰山和小山子（青松岭），西为虎山（原名卧虎山）、含珠山，北为杨山和梁山。

庆云山　属蒙山山脉西条中支北支。原名册山，又名凌云山、二龙山、双龙山。位于册山、傅庄、罗庄3个街道交界处，最高峰海拔174.2米，绵亘5平方千米。该山前坡有4条明显突起的脉络，自西向东称为庆云、双龙、中册、玉皇顶，形如“册”字之形。1916年《临沂县志》记载：“册山，其巅有井，云出必雨，一名凌云山。其旁为竹山、清溪山。”相传为二十四孝之一孟宗“哭竹生笋”的地方，故又名“孝山”。20世纪70年代始，临沂县水泥厂等开采庆云山石生产水泥，至90年代后期，为保护山体植被停止开采山石。山体东南部被采掘，形成1万余平方米池塘。

黄山　属蒙山山脉西条中支北支。又名黄山崮、黄柱山。位于黄山镇政府驻地前黄山村西侧，武河湿地西北，北南走向，最高峰海拔124.4米，面积0.78平方千米。山体西陡东缓，顶部南北近百米为长台状，系石灰岩，因表面为黄土覆盖，故名黄山。1916年《临沂县志》记载："黄柱山，一名黄山固（崮），山脉自抱犊固（崮）东来，至寨山入县境，又东起此山。群山四围，中有清泉，泉水聚处名天井汪，深数丈，与岩壑松柏相映照，颇称胜地。"此山周围多小山，北为丰、枣二山，东为九顶菊花山，西为砣山，南为蝎子山、磨石山，东南为文昌山、文曲山，形成南北长约4千米，东西宽约2千米的黄山景区。

铁矿山　简称矿山，俗呼湖西崖山，古称胭脂山，位于泥沱湖（今双月湖）西岸。山脉自红石澎至此，随地发现铁质，故名。因山石赤红似胭脂，故古称胭脂山。该山由湖西崖村西、鱼梁沟东，东经湖西崖村，东南为蒋阜山，又东南为扒头山、红土山，绵亘5千余米，海拔89.5米。1935年《续修临沂县志》载："铁矿山，县治西南二十里湖西崖村西南，遍产铁。相传明魏忠贤曾在此开铁矿，今古井犹有存者。民国初年，济宁人潘馥，呈领该矿，照已发而事中止，后遂无问津者。"1958年"大跃进"中，大肆开采，是当时临沂市钢铁跃进重要基地之一。

第三节　水文

河流

境内有沂河、邳苍分洪道、武河、南涑河、陷泥河、燕子河、五里河等，分属沂河河系和中运河河系，统属淮河水系，河流总长度194.39千米。其中沂河为界河，南涑河、陷泥河、燕子河、五里河及其支流均为季节性河流，主要承担罗庄区和上游县区的排洪功能。

沂河　先秦时曾称洟水，后称"沂水"，今称沂河。为发源于山东省境内的第一大河。沂河发源于淄博市沂源县西部山区，干流出沂源田庄水库后东南流，于沂水县泉庄镇张庄北的龙骨洞流入临沂市。再东南流，右岸汇马连庄河后入跋山水库。出跋山水库后一路南流，经沂水、沂南、河东、兰山、罗庄、郯城、苍山7县区，在郯城县重坊镇吴家道口村南流入江苏省邳州市境内，流入骆马湖，经新沂河，在燕尾港入黄海。全长574千米，其中境内流长27.5千米。过小埠东橡胶坝后，右岸入罗庄区，流经盛庄、高都、册山、黄山4个镇、街道，是罗庄区与河东区、郯城县的界河。

武河　原指涑河自兰山区兰山街道郭庄西北分向南流的分支。清乾隆《郯城县志》载："县西四十里之老武河，简称涑水，古称五丈河。发源于费县西南柱子岗山下天井汪，费境行六十里，东至朱保村入兰山界。又东至堰上村（郭庄北）分为二支。一支东流，至郡城（临沂城）西门后又分二支，环城而入于沂；一支南流为武河。"即"上涑下武"（今兰山区、罗庄区仍将郭庄至邳苍分洪道段称为"南涑河"）。

自建成江风口闸（1955年建）并开挖邳苍分洪道（1958年人工开挖）后，武河已与南涑河没有关联。今武河，是指自邳苍分洪道左岸毛猴子园闸，经多福庄闸西南流，至郯城县重坊镇沙沟崖村北改道入沙沟河一段，为罗庄区、郯城县与苍山县的界河，武河入沙沟河后流入江苏省邳州市沟上集西汇入城河，再入中运河。武河在罗庄区境流经黄山镇，全长3.5千米，河床平均宽100米，系季节性河流。罗庄区段主要功能是将武河湿地水导入沂河。

邳苍分洪道　又名武河行洪道、沂武河行洪道。是为承泄江风口分泄沂河洪水而于1958年人工开挖的行洪河道。同时承泄北部诸河进水。邳苍分洪道以江风口为进水口，西南流经黄山镇、褚墩镇，左岸在寥屯村西、右岸在朱庄南入苍山县境。再南行，于苍山县庞庄南入江苏省邳州市境，在柳林庄注入中运河。河道长74千米，其中境内长10.5千米。陷泥河、南涑河、燕子河均流入邳苍分洪道。

南涑河　又叫涑水。源出费县芍药山乡鱼鳞山东，东流入马庄水库，出库后东流，经西埠东入兰山区，经水磨头村折而北去，过大芝房村，复东南流，穿堰西、堰东2村之间，于郭庄西北向南分两股，北股称北涑河，继续东南流，于临沂城区入沂河。南股为南涑河，以兰山区马厂湖镇郭庄闸为进水口，南经马厂湖镇流入境内，流经罗西、罗庄、傅庄、黄山4个镇、街道，在黄山镇老屯村南入邳苍分洪道。全长41.7千米，流域面积250平方千米。其中罗庄区境内流长21.3千米。至2013年12月，河道上建有铁路大桥1座、公路大桥6座、拦河闸附桥6座、生产桥10座、渡槽1座、橡胶坝2座。境内主要有傅庄闸（位于傅庄街道西北村东）、丁庄橡胶坝（位于傅庄街道大丁庄东北）。其主要支流有以下6条：

鱼梁沟。源出盛庄街道八块石村西北汪塘，向西流经红日小区，经罗庄街道朱陈北村，在朱陈西村入南涑河。全长6.7千米，河道平均宽度12米。

小黑河。源出罗庄街道北老屯村，向东南方向流，在傅庄街道傅庄西北村入南涑河，全长2.4千米，河道平均宽度16米。

岳河。源出罗庄街道山西头村，流经傅庄街道岳家旦子村西，在后焦邱村入南涑河。全长1.8千米，河道平均宽度8米。

降水沟。源出册山街道山前村，流经土山屯、石杭岭、王家庄，在傅庄街道大柱山入南涑河。全长9.4千米，河道平均宽度10米。

老陷泥河。源出郑旺闸，向西南流经黑虎墩、新桥、房岭屯，在大柱山和降水沟汇合后入南涑河。全长6.7千米，河道平均宽度20米。

老涑河。源出傅庄街道西北村，向南弯弯曲曲流经傅庄街道，在褚墩镇廖屯村入邳苍分洪道。全长15.9千米，河道平均宽度10米。

陷泥河　源出兰山区兰山街道南沙埠庄

图1-2：陷泥河高都段（2013年10月　摄）

西（涑河9号坝南侧蓄水闸处），东南流，经兰山区银雀山街道入罗庄区盛庄街道，在李家白庄东折南流，经高都街道，于册山街道黄墩村西入邳苍分洪道。全长31千米，流域面积193.2平方千米，其中境内流长22.74千米。至2013年12月，在河道上建有公路大桥9座、生产桥29座、拦河闸附桥6座、渡槽2座、橡胶坝2座。境内主要有：高都闸（位于高都街道高都村西）、小庄子闸（位于册山街道小庄子村北）、郑旺闸（位于册山街道郑旺村西）。其主要支流有2条：

电厂河。源出盛庄街道临沂电厂南排水沟，在册山街道小庄子村北入陷泥河。全长12.05千米，河道平均宽度18米。

小黑沟。源出高都街道中坦村西南流，在册山街道沙旦子村入陷泥河，全长12.2千米。

燕子河　源于罗西街道涧头村西南驴脖子山东麓，东流在贾家庄西折而向南，在官庄南经沂堂镇后柳庄，在西为儿桥村南入苍山县境，流经神山、磨山、卞庄、长城等镇、街道，在庞庄南于江苏省境内入邳苍分洪道。全长57千米，流域面积311.5平方千米，其中沂堂镇境内流长5.5千米。

五里河　系燕子河主要支流之一，属中运河水系。源出傅庄街道凤凰岭窑南头村东南，向南流经汤庄西，经褚墩镇青石塘村、桥头村西、碑住村于兰山中屯西南折向西入苍山县境，经旺庄村入燕子河。全长17千米，其中境内流长8.25千米。

湖

双月湖　古称泥沱湖。位于区行政办公大楼南。昔泥沱湖东至八块石、响马岭，南至湖南崖，西至湖西崖，北至大、小白衣庄。《沂州志》载："在州南二十里，中有圆洲，夏秋菱荷并茂，月夜泛舟，洲上香风四来，花气拂人，宛如仙境。"1916年《临沂县志》载："城西南十八里，周十余里，中有圆洲，水环如镜，俗称'泥沱月色'即此。夏秋水涨，自鱼梁沟入涑水。"

该湖历代以来，为境内唯一的常年积水湖，虽大旱不涸，特别是夏秋汛期，临沂城南之水汇集南流，受铁矿山制约，潴为大湖，方圆十数里，汪洋恣肆，一望无际。湖中盛产鱼、虾、菱、藕、芦苇、荸荠等物。湖中圆洲，名湖台，又称护台。据考证系原始社会晚期墓葬遗址，土具五色，与当地土质迥异，当系由外地运入者，相传晋代琅邪王氏曾在此筑亭台水榭，辟为避暑"别墅"。历代设王羲之祭田于台上，从不征税。每当彻夜晴空，泛舟湖中，月到天心，深印湖底；风来水面，飘香四溢；渔歌互答，鸥雁翔集，湖光山色，相映成趣，令人心旷神怡，如入广寒深处。故"泥沱月色"列为琅邪八景之一。

图1-3：燕子河柳庄段（2013年6月　摄）

1935年《续修临沂县志》

载："民国三年（1914），八块石村民王中庸等提议开沟，地方人多难之者，事遂未果。延至六年（1917），其议始行，按地出夫，开沟凿石，由湖底迤西北输入鱼梁沟，流入旧涑，百余顷之洼田水害遂除。"自此泥沱湖变成季节湖，为米粮川，固属佳事，而水产之丰盛与名胜古迹之风景亦从此湮没。

1992年11月，罗庄镇组织人力物力在其旧址上开掘出一人工湖，建成双月湖公园。1995年后，区政府对双月湖公园进行大规模整修建设、改造提升。2007年6月，双月湖公园入选第四批国家城市公园，面积86.67万平方米，其中水域面积40万平方米。

泉

宝泉　位于罗庄街道朱陈村西南宝泉寺公园内。旧时寺前涑水之阳，宝泉棋布，其味甘美，其质清澈，故名宝泉。泉最著名者有五，均以泉水喷射之形命名：珍珠泉，形同珍珠，圆润明澈；葡萄泉，酷似葡萄，朵朵连缀；竹叶泉，竹叶个个，摇曳多姿；冒沙泉，气势磅礴，喷沙高尺；滚波泉，波涌上下，势如鼎沸。诚天然佳境，游览胜地。

图1-4：龙头泉（2013年9月　摄）

1916年《临沂县志》载："宝泉，城西南朱陈村宝泉寺侧。泉有五：在寺前者曰珍珠泉、曰葡萄泉、曰竹叶泉；寺西曰茂泉（冒沙泉），又西，曰滚波泉。五泉均入涑水，为涑水枯渎之源。"至2013年，尚有四大古泉：珍珠泉（龙头泉）、滚波泉、冒沙泉、葡萄泉。因地下水开采严重，枯水期无泉水涌出。

龙泉　位于傅庄街道前龙泉屯村东北角。据《临沂市地名志》记载："相传已有一千多年历史，具体成因、年代无考。龙泉附近有4个村庄，其中前、后龙泉屯村因泉得名。20世纪70年代以前，泉自石隙中流出，凿石为龙，作神龙吐水形状，周围砌石为池，石上作龙形图案，游人至此，如入龙的世界。旧时经常放养鲤鱼，小者尺余，大者数尺不等，水清见底，游鱼可数，但村人相戒为龙，莫敢取食，令人有神秘之感。龙泉四周竹林环侍，绿树成荫，芳草依依，景色怡人。龙泉四季喷涌，是周围村庄的唯一饮用水源。每逢旱季，附近数十里村庄均来此祷雨，蓬头赤足，备极虔诚，虽胼手胝足不敢叫苦，且谓不如此，不足以感动神龙有求必应云云。中华人民共和国成立后，民智大开，根除祷雨陋习。"龙泉成为村民饮水、洗涤、灌溉的天然资源。

1916年《临沂县志》载："龙泉，在城西南龙泉屯，停泓无际，绿竹环之，下游入涑水。为土人祷雨之所。"

龙泉向南有小溪，泉水从村南折向东流，经大河湾村汇入另一古水道——小涑河。

20世纪80年代后，因当地采煤开矿和企业大量抽取地下水，龙泉逐渐断涌，现在已完全干涸，有泉无水。

泉边立有刻于清雍正十年（1752）石碑一块，字迹大部分尚可辨认。1966年，破“四旧”，立“四新”，当地大队在其上刻“永新泉”三字，试图给龙泉改名。但人们仍称其为龙泉，当地俗称“大泉”，很少有人称其为永新泉。

现龙泉得到一般性保护，没有受到建筑和耕作破坏。

图1-5：龙泉（2013年6月　摄）

第四节　气候　物候

罗庄区气候为暖温带大陆性季风气候，四季分明，雨量充沛，气候温和。气候、物候特征明显。冬半年，在蒙古气团的控制下，多行西北风，气候干冷，雨雪稀少；夏半年，受暖湿海洋气团的控制，气候温湿，降雨较多。树候发芽、开花，鸟候飞临筑巢，候时规律准确。

气候特征

罗庄区属暖温带大陆性季风气候。四季分明，雨热同季，季风明显，光照充足，无霜期长，年际差异不大。春秋较短，冬夏较长。从季节变化上看，春季回暖快，少雨多风，气候干燥，常有干旱、寒潮、晚霜冻灾害性天气。夏季温高湿重，雨量充沛，盛东南风，有洪涝、冰雹灾害性天气。秋季气温下降，雨量减少，天气晴和，凉爽宜人，昼夜温差大；亦有秋旱或连阴雨灾害性天气出现。冬季气压高，温度低，雨雪少，西北风盛行，寒冷干燥。

气候要素

气温　境内气温适中，热量资源丰富，夏季炎热，冬季寒冷。一年中2—7月份为升温阶段，8月至翌年1月份为降温阶段。1995—2013年，年平均气温14.1℃。气温7月份最高，为26.6℃；1月份最低，为-0.3℃。全区平均寒冷期（平均气温0℃以下）初日在12月上旬（最早为11月15日，出现在2009年），终日在2月中下旬，平均寒冷期32天。日最低气温低于-5℃平均日数，为23天。夏季平均炎热期（平均气温30℃以上）初日在7月上旬，终日在8月上旬（最晚为9月2日，出现在1995年），平均炎热期12天。日最高气温高于35℃平均日数，为4—7天。

1995—2013年罗庄区各月平均气温情况表

表1-1　　单位：℃

月份	1	2	3	4	5	6	7	8	9	10	11	12	年平均
气温	-0.3	2.7	7.8	14.4	20.1	24.3	26.6	25.8	21.6	16.0	8.2	1.9	14.1

降水　1995—2013年，年平均降水量848.98毫米。最大年降水量1162.7毫米，出现在2008年；最小年降水量585.1毫米，出现在2002年。一年内降水量分布不均，主

要集中于夏季，其中7月份平均降水量最多，平均238毫米。雨季平均开始日为6月25日，结束日为8月24日，雨季平均持续时间61天。暴雨多出现于6月下旬至7月上旬。最长连续无降水日60天，出现于2010年10月14日至2010年12月12日。最长连续无效降水（日降水≤5毫米）天数148天，发生在1995年10月至1996年3月。

1995—2013年，年平均降雪5.5～82.9毫米。年最大降雪量82.9毫米，出现在2001年；最少降雪5.5毫米，出现在2007年。年均降雪天数为3～22天。年降雪天数最多22天，出现在2001年；年降雪天数最少3天，出现在2007年。降雪日集中于12月至次年2月。降雪初日平均在11月下旬至2月中旬，最早始于11月上旬；降雪终日平均在3月初至月末，最早在1月底；最晚在4月14日，出现在2010年。

1995—2013年罗庄区年降水量情况表

表1-2　　单位：毫米

年份	降水量	年份	降水量	年份	降水量
1995	834.8	2002	585.1	2009	743.5
1996	706.9	2003	1145.0	2010	655.8
1997	671.1	2004	875.8	2011	743.2
1998	978.9	2005	1125.1	2012	805.4
1999	666.5	2006	836.1	2013	818.86
2000	961.7	2007	993.0		
2001	821.2	2008	1162.7		

气压和风　1995—2013年，全区气压年平均1009.0百帕。1月最高，平均值1020.0百帕，7月最低；平均值996.7百帕。气压四季变化比较明显，一年中，1—7月逐月下降，8—12月逐渐回升。其年变化与气温的年变化相反。

受地理环境和季风影响，风向的季节性明显。总体上看，冬半年多偏北风，夏半年多东南风。具体说，冬1月盛行北东北风；春4月盛行南西南风；夏7月盛行东风；秋10月盛行北东北风。1995—2013年，年平均风速每秒2.45米。

1995—2013年罗庄区各月平均气压情况表

表1-3　　单位：百帕

月份	1	2	3	4	5	6	7	8	9	10	11	12	年平均
气压	1020.0	1017.0	1012.1	1007.1	1002.5	998.1	996.7	999.9	1006.7	1012.5	1016.1	1019.3	1009.0

1995—2013年罗庄区各月平均风速情况表

表1-4　　单位：米/秒

月份	1	2	3	4	5	6	7	8	9	10	11	12	年平均
风速	2.3	2.6	3.0	3.0	2.7	2.5	2.2	2.2	2.2	2.1	2.3	2.3	2.45

湿度与蒸发　1995—2013年，境内年平均相对湿度67.3%。月平均相对湿度8月最高，为83%；3月、4月最低，为59%。

1995—2013年，年平均蒸发量1694.7毫米。年内蒸发量分布不均，春季蒸发量最多，5月最大。冬季蒸发量最低，尤以1月、2月最小。

1995—2013年罗庄区各月相对湿度情况表

表1-5

月份	1	2	3	4	5	6	7	8	9	10	11	12	年平均
比例%	60%	60%	59%	59%	64%	69%	81%	83%	75%	69%	65%	63%	67.3%

1995—2013年罗庄区各月平均蒸发量情况表

表1-6　　单位：毫米

月份	1	2	3	4	5	6	7	8	9	10	11	12	累计
蒸发量	51.4	75.8	142.6	196.5	231.1	228.5	184.0	169.1	150.4	125.6	84.5	55.2	1694.7

云与日照　1995—2013年，年平均总云量（天空被云遮蔽的总成数）5.6成。总云量变化1—7月递增，其后递减。7月最多，为7.2成；12月最少，为3.6成。年均低云量2.1成。低云量夏季云量最多，2—3成；冬季云量最少，12月仅1成。总云量、低云量各月日变化大体一致，白昼14时云量增加最多，夜间2时减至最少。

1995—2013年，全年平均日照时数（太阳实际照射到地面的时数）2240.2小时。年内日照分布不均，5月日照时数最多，为237.9小时；12月份最少，为160.5小时。

1995—2013年罗庄区各月平均日照时数情况表

表1-7　　单位：小时

月份	1	2	3	4	5	6	7	8	9	10	11	12	累计
日照	164.8	165.6	197.3	215.7	237.9	206.4	175.8	181.3	182.4	180.8	171.7	160.5	2240.2

地温和冻土　1995—2013年，年平均地面温度为16.0℃。全年月平均地面温度均在零度以上，其中1月最低，为0.5℃；4—10月，各月平均地温都在平均值以上。地面极端最高温度65.0℃，出现在2005年6月3日。极端最低为-16.6℃，出现在2003年1月5日。

冻土出现在11月至次年3月。冻土初日平均为11月29日，最早为11月8日，最晚为1月4日。冻土终日平均为2月24日，最早为2月3日，最晚为3月27日。地中10厘米深土壤冻结初日平均为12月29日，最早为12月3日，最晚为1月19日。平均解冻日为1月31日，最早为12月24日，最晚为2月28日。

雾与霜冻　1995—2013年，年均雾天36天，其中冬季最多，夏季最少；夜间至早晨出现多，白天14时出现少。1995—2013年，霜冻初日平均为11月4日，霜冻终日平均为3月26日。霜冻期平均151天，无霜期平均

214 天。

物候

动物物候期 青蛙 4 月 10 日始鸣，10 月 1 日绝鸣。小燕 4 月 8 日始见，10 月 3 日绝见。大雁 10 月中旬、下旬南飞过境，2 月中、下旬过境北迁。蝉 6 月 20 日始鸣，9 月 12 日绝鸣。布谷鸟 5 月 28 日始鸣，9 月 16 日绝鸣。冬眠动物 4 月上旬出蛰，11 月渐下蛰。黄鹂、杜鹃等候鸟 4 月下旬飞回。鱼类 4 月 20 日前后进食，10 月 23 日前后绝食。

林果树物候期 杨树 2 月中旬吐芽，11 月下旬落叶。柳树 3 月初吐芽，12 月上旬落叶。杏树 3 月中旬开花，桃树、梨树 4 月上旬开花、山楂树 4 月中旬开花，苹果树、柿树 4 月下旬开花，石榴树 5 月中旬开花。品种不同，果实成熟期不同。

农作物物候期 小麦 10 月上、中旬播种，翌年 6 月上、中旬成熟。“白露早，寒露迟，秋分种麦正当时”，进入 20 世纪 90 年代后，随着气候变暖，境内小麦播种时间延至寒露前后。夏玉米 6 月上、中旬播种，9 月下旬至 10 月上旬成熟。水稻 6 月上旬、中旬插秧，10 月上旬、中旬成熟。

非生物物候 一九二九不出手，三九四九冰上走，五九六九沿河看柳，七九河冻开，八九燕子来，九九加一九，耕牛遍地走。热在中伏，冷在三九。

物候农谚 云彩向南雨连连，云彩向东一阵风，云彩向北一阵黑，云彩向西披蓑衣。燕子低飞蛇过道，大雨不久就来到。蜻蜓低飞要刮风，燕子低飞要降雨。雨中闻蝉叫，预告晴天到。晚霞行千里，早霞不出门。鸡迟宿，鸭欢叫，风雨不久到。夏至刮东风，半月水来冲。六月北风当时雨，七月八月地如筛，九月十月水上来。清明断雪，谷雨断霜。九月不刨葱，十月一场空。谷雨前后，种瓜种豆。头伏（种）萝卜，二伏（种）菜（大白菜）。一场春雨一场暖，一场秋雨一场寒。七月十五（农历）定旱涝，八月十五（农历）定太平。重阳（农历九月九日）不下（雨）看十三，十三不下（雨）一冬干。瓜怕刮，烟怕淹，椒子就怕连阴天。立秋十八天，河里无澡洗。八月十五下了雨，正月十五雪打灯。清明不晴，谷雨不雨。

第五节　土壤　植被

土壤类型

境内土壤因受成土母质、母岩、地形、河流、气候诸多因素影响，土壤分布复杂，分为棕壤土、褐土、潮土、水稻土和砂姜黑土 5 种土类、9 个亚类、14 个土属、62 个土种。中东部地区、南部地区地势较平坦，土壤质地适中，结构良好，土层深厚；东部沿河区域，土壤质地疏松，砂土、砂壤土为主，土壤孔隙度大，通透性好，保水保肥能力较差；西部丘陵区域地势较高，成土母质多为岩石风化的残积物、坡积物，土层较薄。

2008 年，全国第二次土地调查结果显示：全区总面积 49644.15 公顷（含沂堂镇、褚墩镇、黄山镇，不含罗西街道），其中农用地 26075.69 公顷，占土地总面积的 52.53%。全区耕地面积 21138.56 公顷，其中棕壤有 2 个亚类、2 个土属、4 个土种，共 399.78 公顷；褐土有 3 个亚类、6 个土属、23 个土种，共 5480.71 公顷；潮土有 2 个亚类、4 个土属、20 个土种，共 8647.7 公顷；水稻土有 1 个亚类、1 个土属、7 个土种，共 2935.01 公顷；砂姜黑土有 1 个亚类、1 个土属、4 个土种，共 3653.25 公顷；裸岩 22.12 公顷。

棕壤土土类 棕壤又名棕色森林土，成土母质以花岗岩和花岗片麻岩等酸性岩类风化物为主，其次是普通砂页岩、片岩、正长岩等风化物。境内的棕壤土类根据成土过程、土壤属性的差异，分为棕壤性土和潮棕壤 2 个亚类，面积 399.78 公顷，占可利用面积的 1.89%。

棕壤性土亚类。棕壤性土亚类有酸性岩类（花岗岩、片麻岩等）1 个土属，3 个土种，面积 372.24 公顷，占可利用面积的 1.77%。该亚类土壤直接发育在基岩（花岗岩、片麻岩等酸性岩类）风化而成的残积、坡积母质上。由于出现在低山丘陵的上、中部，地形部位较高，坡度较大，土壤侵蚀比较严重。该亚类主要分布于沂堂镇。主要特征：土体薄，土壤发育不完全，上部只有一层薄土，其下就是坚硬的母岩或酥软的母岩半风化体，无心土层，弱酸至中性，通体无石灰性反应，潜水位深，灌溉条件差；表层土壤含难分化的石英多，砂粒、砾石较多，结构不良；易水土流失、干旱。

潮棕壤亚类。棕壤发育在棕壤区的地势低平，地形较平坦，地下水位较高处。在土壤形成过程中有明显的附加潮化作用，是棕壤土类中较好的亚类。境内潮棕壤亚类中有洪积冲积物 1 个土属，厚粘心轻壤质洪积冲积潮棕壤 1 个土种，面积 27.54 公顷，占可利用面积的 0.13%。该亚类主要分布于沂堂镇的前峰山村、北大埠村等村庄。主要特征：土体发育完全，土层较深厚，质地适中，通体无石灰反应，呈微酸性至中性反应，剖面呈棕色至暗棕色，心土层一般有淀积黏化层，剖面下部多有铁的锈纹锈斑，与棕壤的其他亚类相比便于耕作，保水保肥性能良好，无明显障碍因素，肥力高。

褐土土类　褐土又称褐色森林土，发育在富钙母质上。褐土在水平分布上处于棕壤带的西部，在垂直地带谱中出现于棕壤的下部。根据成土过程、土壤属性的差异，境内的褐土土类中有褐土性土、淋溶褐土和潮褐土 3 个亚类，面积 5480.74 公顷，占可利用面积的 25.93%。

褐土性土亚类。褐土性土亚类中有钙质盐类和非石灰质砂页岩类 2 个土属，钙质盐类土属有 7 个土种，非石灰质砂页岩类土属有 3 个土种，面积 3209.27 公顷，占可利用面积的 15.18%。该亚类主要分布在沂堂镇，褚墩镇、傅庄街道有一定面积的分布。主要特征：土层薄，土壤发育不完全，无心土层，土体有石灰性反应，中性至微碱性反应，盐基饱和度高；易水土流失、易干旱；表层土壤石砾、石块含量多，无灌溉条件或灌溉条件很差，肥力低。

淋溶褐土亚类。淋溶褐土，俗称山黄土，发育在褐土区褐土与棕壤交界的低缓丘陵、山前平坦扇形地及河谷高阶地上，是褐土与棕壤间的过渡亚类。境内淋溶褐土亚类面积 891.93 公顷，占可利用面积的 4.21%，有坡积洪积物和洪积冲积物 2 个土属，坡积洪积物土属有 5 个土种，洪积冲积物土属有 1 个土种。该亚类主要分布在傅庄街道和沂堂镇。主要特点：母岩为富含钙质的岩类，垂直分布出现在褐土性土的下部，1 米土层内无钙质层、无假菌丝体，呈中性或弱酸性反应，底层有游离石灰、呈碱性，剖面颜色以褐色为主。土体深厚，地下水位较低，耕层以下土体结构多呈棱柱状，有的有铁锰胶膜和铁子的淀积。

潮褐土亚类。潮褐土发育在褐土区的地势低平，地形较平坦，地下水位较高处，俗称黑黄土、黄淤土。在土壤形成过程中有明显的附加潮化作用，是褐土土类中较好的亚类，也是境内熟化程度较高的一种土壤。境内潮褐土亚类有洪积冲积物和冲积物 2 个土属，洪积冲积物土属有 3 个土种，冲积物土属有 4 个土种，面积 1379.50 公顷，占可利用面积的 6.52%。该亚类主要分布在沂堂镇和傅庄街道。主要特征：土体发育完全，土层较深厚，质地适中，通体有石灰性反应，呈微碱性至碱性反应，心土层黏粒淀积明显，黏重有胶膜，剖面下部多有铁的锈纹锈斑，地下水位较高，土层深厚，质地适中，耕性好，适耕期长，保肥保水性能较好，无明显障碍因素，肥力较高。

潮土土类　潮土是直接发育在河流沉积物上，受潜水作用形成的一类土壤。其形成显著地受到沉积母质、地下水及人为耕作的影响。土壤质地受沉积的分选影响，离河远的地段质地细，近河地段质地较粗，河床则更粗。由于沉积受不同时间、不同流速和流量的影响，沉积物层理明显，从上表到下产生均质、夹砂或夹黏等层次。潮土地下水位较高，随着地下水位的降升，土壤剖面中产生氧化和还原交替过程，在中、下部土层形成明显的锈纹锈斑或有细小的铁锰结核、蓝灰色潜育层。境内潮土土类有潮土、湿潮土 2 个亚类，面积 8647.7 公顷，是境内面积最大的土壤类型，占可利用面积的 40.91%。

潮土亚类。境内潮土亚类中有河潮土和冲积物 2 个土属，河潮土土属有 12 个土种，冲积物土属 1 个土种，面积 6217.06 公顷，占可利用面积的 29.41%。该亚类主要分布在盛庄街道、傅庄街道、高都街道、黄山镇和褚墩镇，除沂堂镇外，罗庄街道、册山街道等都有一定量的分布。主要特征：地势平坦、土层深厚、质地砂土（松砂、紧砂）、壤土（砂壤、轻壤、中壤），耕性较好，适耕期长，地下水位较高，剖面下部多有铁的锈纹锈斑，无明显障碍因素，具有较好保肥保水性能，肥劲平缓，肥力较高，适种作物广泛。

湿潮土亚类。湿潮土分布于交接洼地和湖洼地区，是在较长期季节性积水及较高的潜水条件下，附加沼泽化或脱沼泽化成土作用的一种潮土。境内湿潮土亚类中有冲积黑潮土和冲积湿潮土 2 个土属，冲积黑潮土土属有 6 个土种，冲击湿潮土土属有 1 个土种，面积 2430.65 公顷，占可利用面积的 11.49%。该亚类主要分布在罗庄街道、傅庄街道、盛庄街道。主要特征：地势低洼，土层深厚、土壤剖面颜色较深暗，质地偏黏重，底土层可出现潜育层，地下水位高，有机质和养分含量较高，水气不调，养分释放强度差，根系发育不良。

水稻土土类　水稻土是水稻田在淹水条件下，经过人为活动和自然因素的双重作用而产生水耕熟化和氧化还原交替过程所形成的具有特殊剖面特征的土壤。境内水稻十属于幼年水稻土亚类、幼年水稻土土属，面积 2935 公顷，占可利用面积的 13.88%。含有厚黏心轻壤土、厚黏心中壤土、厚黏腰轻壤土、厚黏腰中壤土、均质轻壤土、均质中壤土、均质重壤土 7 个土种。主要分布在傅庄街道、册山街道、高都街道、罗庄街道、盛庄街道。主要特征：起源于湿潮土、河潮土等潮土的亚类，表面土壤颜色灰蓝，夹有锈纹和锈斑，耕层较浅，平均 10 ～ 20 厘米，耕层下部土壤的特征与原来的土壤类似。存在的主要障碍因素：较浅的耕作层影响根系伸展；土壤本身的水耕潜在肥力不高，中下部土层质地偏轻，渗透性较大，水分和养分易渗漏损失。

砂姜黑土土类　砂姜黑土是一种具有“黑土层”和“砂姜层”的土壤。主要分布于河流冲积平原、涝洼平原和山体洪积扇缘的低洼地带。成土母质为第四系以后的浅湖沼沉积物，由草甸潜育土经脱潜育过程发育而成，具有旱耕熟化特点的土壤类型。境内砂姜黑土土类中只有砂姜黑土亚类的黑土裸露土属 1 个，土种 5 个，面积 3653.25 公顷，占可利用面积的 17.28%。主要分布在罗庄街道、盛庄街道、傅庄街道、沂堂镇。主要特征：地势低洼，地下水位高，地下水排泄不畅，地表常有积水，土壤湿凉，黑土层土质黏重，结构不良，紧实，通透性差，中下部土层有砂姜。

罗庄区土壤类型及主要分布区域情况表

表 1-8

土类名称	亚类名称	土属名称	土种			主要分布区域
			名称	面积（公顷）	面积占可利用率（%）	
棕壤	棕壤性土	酸性盐类（花岗岩、片麻岩等）	硬石底极薄层多砾石粗砂质棕壤性土	13.98	0.07	沂堂镇
			硬石底薄层多砾石粗砂质棕壤性土	3.76	0.02	
			酥石棚薄层少砾石壤质棕壤性土	354.5	1.68	
	潮棕壤	洪积冲积物	厚黏心轻壤质洪积冲积潮棕壤	27.54	0.13	
	合计			399.78	1.89	
褐土	褐土性土	钙质盐类	极薄层硬石底石渣子	39.26	0.19	沂堂镇。褚墩镇，傅庄街道有一定面积的分布
			极薄层硬石底壤质土	20.92	0.1	
			硬石底极薄层粗砂质褐土性土	334.11	1.58	
			硬石底薄层少砾石壤质褐土性土	1544.14	7.3	
			硬石底中层少砾石壤质褐土性土	1014.88	4.8	
			青砂土	47.55	0.22	
			青石渣子土	121.64	0.58	
		非石灰质砂页岩	薄层硬石底壤质土	19.57	0.09	
			中层酥石棚壤质土	16.92	0.08	
			非钙质岩类酥石棚薄层少砾石壤质褐土性土	50.29	0.24	
	淋溶褐土	坡积洪积物	均质轻壤土	94.15	0.45	傅庄街道、沂堂镇
			厚心砂壤土	219	1.04	
			厚心轻壤土	128.92	0.61	
			厚心轻壤土	21.28	0.1	
			黄泥头	241.52	1.14	
		洪积冲积物	洪积冲积厚黏心中壤质淋溶褐土	187.07	0.88	
	潮褐土	洪积冲积物	厚心轻壤土	42.06	0.2	沂堂镇、傅庄街道
			厚心中壤土	12.65	0.06	
			洪积冲积厚黏心中壤质潮褐土	556.63	2.63	
		冲积物	厚心轻壤土	201.71	0.95	
			厚心中壤土	5.3	0.03	
			壤质黄泥头	481.38	2.28	

续表 1-8

土类名称	亚类名称	土属名称	土种			主要分布区域
			名称	面积（公顷）	面积占可利用率（%）	
褐土	潮褐土	冲积物	壤质黄泥头	79.79	0.38	沂堂镇、傅庄街道
	合计			5480.74	25.93	
潮土	潮土	冲积物	均质中壤土	61.95	0.29	
		河潮土	厚砂腰中壤土	75.98	0.36	盛庄街道、傅庄街道、高都街道、黄山镇和褚墩镇。罗庄街道、册山街道有一定面积的分布
			厚黏心轻壤土	20.59	0.1	
			厚黏腰轻壤土	23.4	0.11	
			均质松砂土	121.91	0.58	
			均质紧砂土	43.41	0.21	
			均质砂壤土	499.7	2.36	
			均质轻壤土	1152.22	5.45	
			均质中壤土	685.78	3.24	
			砂黄土	103.73	0.49	
			面黄土	2805.63	13.27	
			老黄上蒙金地	605	2.86	
			火龙地	17.76	0.08	
	湿潮土	冲积黑潮土	厚砂心重壤土	637.82	3.02	罗庄街道、傅庄街道、盛庄街道
			厚黏心重壤土	50.98	0.24	
			厚黏心中壤土	157.47	0.74	
			均质轻壤土	179.66	0.85	
			老黄土	181.82	0.86	
			均质重壤土	486.36	2.3	
		冲积湿潮土	均重壤质冲积湿潮土	736.52	3.48	
	合计			8647.7	40.91	
水稻土	幼年水稻土	幼年水稻土	厚黏心轻壤土	51.87	0.25	傅庄街道、册山街道、高都街道、罗庄街道、盛庄街道
			厚黏心中壤土	700.35	3.31	
			厚黏腰轻壤土	241.77	1.14	
			厚黏腰中壤土	358.71	1.7	
			均质轻壤土	697.54	3.3	
			均质中壤土	423.08	2	
			均质重壤土	461.68	2.18	
	合计			2935	13.88	
砂姜黑土	砂姜黑土	黑土裸露	黑土裸露重壤质砂姜黑土	517.98	2.45	罗庄街道、盛庄街道、傅庄街道、沂堂镇

续表 1-8

土类名称	亚类名称	土属名称	土种			主要分布区域
			名称	面积（公顷）	面积占可利用率（%）	
砂姜黑土	砂姜黑土	黑土裸露	黑土裸露重壤土	1114.46	5.27	罗庄街道、盛庄街道、傅庄街道、沂堂镇
			厚黑土心中壤土	47.72	0.23	
			厚黑土腰轻壤质土	2.71	0.01	
			黑黏土	1970.38	9.32	
	合计			3653.25	17.28	
裸岩	裸岩	裸岩	裸岩	22.12	0.1	
		合计		22.12	0.1	

土壤物理性状

土壤质地 土壤质地是土壤的砂黏程度。从生产上看，表层壤质土（轻壤、中壤）质地适宜，易耕作，保肥供肥能力较强。境内土壤质地主要有砂土、砂壤土、轻壤土、中壤土、重壤土等五种类型。砂土、砂壤土主要分布于沂河沿岸，特点是养分含量少，孔隙度大，易干旱，产量低。轻壤土、中壤土的主要土壤类型是棕壤、潮棕壤、褐土、潮土等，特点是土壤养分含量居中，空隙状况好，适宜各种作物生长。重壤土主要土壤类型是砂浆黑土、湿潮土和水稻土，特点是养分含量高，保肥力强，但土壤空隙小，通透性差。

土体构型 境内土壤类型多种多样，土体构型也有所不同。有的土体上轻下黏，上面表土层为壤质土，宜耕作，有利于供肥、使作物早发棵，下层的土壤稍黏重，有利于保水保肥；有的土体中有砂层、砾石层、黏层、砂浆层等障碍层，对农业生产不利。全区土壤可分为均质、黏心、黏腰、砂心、砂腰、中层、薄层等 7 个不同土体构型。

罗庄区不同土体构型耕地面积情况表

表 1-9

土体构型	耕地面积（公顷）	占耕地百分比（%）	土体构型	耕地面积（公顷）	占耕地百分比（%）
均质	12568.33	59.46	砂腰	599.96	2.84
黏心	1833.46	8.67	中层	1047.81	4.96
黏腰	2012.25	9.52	薄层	2405.3	11.38
砂心	671.44	3.18	合计	21138.55	100

土壤结构 土壤结构多属粒状和小粒状，其次是单粒状和块状。全区土壤结构主要分为块状、粒状、团块状、柱状。

土壤容重 土壤容重是在自然条件下，单位体积内风干土的重量。土壤容重的大小与土壤的质地、孔隙度及有机质含量多少有密切的关系，测定容重能粗略判断上述各项大体情况。一般耕层土壤容重为 1.10 克 / 立方厘米～1.35克/立方厘米为宜。

境内各类土壤耕层容重为1.34克/立方厘米～1.72克/立方厘米，平均值为1.44克/立方厘米。其中棕壤土容重为1.24克/立方厘米～1.65克/立方厘米，平均1.52克/立方厘米；潮土容重为1.34克/立方厘米～1.72克/立方厘米，平均1.53克/立方厘米；水稻土容重为1.34克/立方厘米～1.39克/立方厘米，平均1.37克/立方厘米；砂姜黑土容重为1.26克/立方厘米～1.52克/立方厘米，平均1.40克/立方厘米。

土壤孔隙度　土壤孔隙度即土壤孔隙占土壤总体积的百分比。孔隙度反映土壤孔隙状况和松紧程度，对作物生长较为适宜的土壤总孔隙度是50%～55%。一般粗砂土孔隙度约33%～35%，大孔隙较多。黏质土孔隙度约为45%～60%，小孔隙多。壤土的孔隙度约有55%～65%，大、小孔隙比例基本相当。境内潮土总孔隙度平均为47%，棕壤总孔隙度平均为41%，水稻土总孔隙度平均为47%，砂姜黑土总孔隙度平均为48%。

土壤养分

根据2008—2011年，对全区7000多个土壤样品分析资料统计，全区耕地平均肥力水平总体良好，土壤全氮、有效铁、有效铜属较丰富水平，土壤有机质、碱解氮、有效磷、速效钾、交换性钙、交换性镁、有效锰、有效锌属中等含量水平，土壤缓效钾、有效硫、有效硼、有效钼含量属低含量水平。土壤pH平均值为6.0、有机质平均含量为17.9克/千克、全氮含量平均值为1.36克/千克、碱解氮平均含量为105毫克/千克、有效磷平均含量为39.1毫克/千克、缓效钾平均值为543毫克/千克、速效钾平均含量为128毫克/千克、交换性钙平均含量为3347毫克/千克、交换性镁平均含量为324毫克/千克、有效硫平均含量为42.5毫克/千克、有效铁含量平均含量为34.2毫克/千克、有效锰平均含量为17.76毫克/千克、有效铜平均含量为1.89毫克/千克、有效锌平均含量为1.62毫克/千克、有效硼平均含量为0.49毫克/千克、有效钼平均含量为0.10毫克/千克。

植被

自然植被　有马唐、牛筋草、狗牙根、小蓟、大蓟、车前草、蛇梅、看麦娘、鹅肠草、益母草、蒲公英、夏至草、通泉草、附地菜、黄鹌菜、泥湖菜、花叶滇苦菜、苦苣菜、苣荬菜、中华小苦荬、抱茎小苦荬、多裂翅果菊、田紫草、苕子、泽漆、紫色地丁、婆婆纳、婆婆蒿、荠菜、灰菜、野老鹳草、稗草、狗尾巴草、虎尾草、狼尾草、茴茴蒜、乌蔹莓、五叶地锦、葎草、萝摩、鸡矢藤、杠板归、白英、猪殃殃、一年蓬、小飞蓬、鬼圪针、野艾蒿、豚草、千根草、地锦草、斑地锦、鸡眼草、通奶草、酢浆草、灯笼草、醴肠、青葙、月见草、斑蓼、水蓼、牵牛、打碗花、盐灰菜、节节草、合萌、商陆、苘麻、龙葵、苍耳、萹蓄、铁苋菜、马齿苋、反枝苋、大画眉草、小画眉草、马兰、饭包草、鸭拓草、香附子、莎草、爵床草、空心莲子草、马松子、扫帚菜、倒扣草、叶像花、土牛膝、钻叶紫菀、燕麦、香蒲、蒺藜、蓖麻、芦苇、白茅等草本、禾本、藤本植物。有酸枣、荆条、枸杞、构树、楝、榆、柳、桑等木本植物。

人工植被　有小麦、玉米、水稻、红薯、花生等农作物。有杨、柳、泡桐、槐、榆、楸、椿等用材树种。有银杏、苹果、桃、梨、杏、樱桃、山楂、柿等经济树种。有紫叶李、海棠、樱花树、紫荆、碧桃、海棠、玉兰、月季、木槿、枸骨、连翘、扶芳藤、黄杨、紫叶小檗、金银木、海桐、火棘、火炬树、栾树、朴树、白蜡、杜仲、松、柏、枫、香樟、女贞等绿化树种。

图 1-6：杠板归　葎草　牛筋草　商陆

第六节　自然资源

土地资源

1995 年年底，罗庄区土地总面积 37063 公顷，占全市土地总面积的 2.15%。其中，耕地面积 19121.61 公顷，占全市耕地总面积的 2.23%，占全区土地总面积的 51.59%，人均耕地 0.049 公顷（0.73 亩）。

2013 年底，罗庄区土地总面积 56855.45 公顷（含罗西街道），占临沂市土地总面积 3.30%。其中，耕地 24262.98 公顷，占全区土地总面积的 42.67%；园地 671.87 公顷，占全区土地总面积的 1.18%；林地 3527.14 公顷，占全区土地总面积的 6.20%；草地 711.53 公顷，占全区土地总面积的 1.25%；城镇村及工矿用地 19768.51 公顷，占全区土地总面积的 34.77%；交通运输用地 2771.48 公顷，占全区土地总面积的 4.87%；水域及水利设施用地 4177.86 公顷，占全区土地总面积的 7.35%；其他土地 964.08 公顷，占全区土地总面积的 1.70%。

土地资源总体质量较好。东中部系临郯苍冲积平原一部，土层深厚，土质肥沃，土壤以潮土、水稻土、砂姜黑土为主；西部为低山丘陵，多属薄层性土，质地粗。

罗庄区耕地资源短缺。2013 年，全区人均耕地面积 0.045 公顷（0.68 亩），人均占有量已低于联合国粮农组织确定的 0.053 公顷的警戒线。随着经济发展，城镇村及工矿用地、交通运输用地扩展较快。全区建设占用耕地量明显超过规划实施的时间进度。

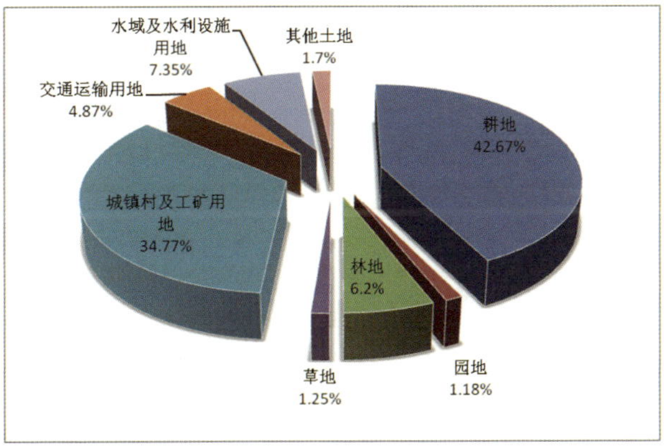

图 1-7：2013 年罗庄区土地利用现状分类示意图

2013 年罗庄区土地利用现状二级分类情况表

表 1-10　　　　单位：公顷

行政区划	总面积	耕地	园地	林地	草地	城镇村及工矿用地	交通运输用地	水域及水利设施用地	其他土地
罗庄区	56855.45	24262.98	671.87	3527.14	711.53	19768.51	2771.48	4177.86	964.08
罗庄街道	4800.10	832.52	24.11	180.66	19.55	3306.90	213.60	181.69	41.07
傅庄街道	7762.96	3084.87	64.40	698.50	43.87	2749.52	484.81	575.83	61.16

续表 1-10

行政区划	总面积	耕地	园地	林地	草地	城镇村及工矿用地	交通运输用地	水域及水利设施用地	其他土地
盛庄街道	7641.21	984.72	13.35	182.69	12.82	5538.72	410.89	448.52	49.50
高都街道	4819.64	1866.77	176.86	309.57	13.92	1446.48	232.28	708.82	64.94
册山街道	5227.26	2503.20	33.61	437.32	15.04	1560.20	235.28	411.79	30.82
罗西街道	7211.36	3278.71	34.12	806.44	159.00	1968.19	350.08	356.06	258.76
沂堂镇	7585.88	4786.69	23.28	320.77	382.37	1191.89	337.47	205.72	337.69
褚墩镇	6478.49	4143.05	161.97	293.03	44.64	1091.79	337.58	354.94	51.49
黄山镇	5328.55	2782.45	140.17	298.16	20.32	914.82	169.49	934.49	68.65

水资源

境内水资源时空分布不平衡，其空间分布总趋势是南大北小。其时间分布上的变化受降雨影响，年际年内变化很大，丰枯变化明显。

地表水资源 地表水资源主要是源于大气降水，以河川径流、下垫面入渗、水面蒸发的形式排泄。大气降水的多寡和时空分布状况，直接反映地表水资源的丰枯程度。多年（均指 1956—2000 年）平均地表水资源量 10989 万立方米。其中，丰水年（P=20%）为 16008 万立方米，平水年（P=50%）为 9577 万立方米，枯水年（P=75%）为 5901 万立方米，特枯水年（P=95%）2543 万立方米。

罗庄区《水资源报表》显示，罗庄区 2006—2013 年地表水资源量最大年为 2011 年，8665.2 万立方米；最小年 2006 年，3959 万立方米。

2006—2013 年罗庄区地表水资源量情况表

表 1-11　　单位：万立方米

年份	地表水资源量	年份	地表水资源量	年份	地表水资源量	年份	地表水资源量
2006	3959	2008	2980	2010	6420	2012	7515
2007	3205	2009	3980	2011	8665.2	2013	6828

地下水资源 罗庄区多年平均地下水资源量 7315 万立方米，平均地下水资源模数 19.8 万立方米 / 平方千米。其中，丰水年（P=20%）为 9452 万立方米，平水年（P=50%）为 7701 万立方米，枯水年（P=75%）为 6464 万立方米，特枯水年（P=95%）4933 万立方米。

境内地下水资源的补给主要源于大气降水。降水入渗补给量的年际变化，基本代表地下水资源量的年际变化。

1997 年编制的《临沂市罗庄区地下水资源开发利用规划》显示，罗庄区地下水分为三大类型，即松散岩孔隙水、碎屑岩类裂隙水、碳酸盐岩类岩溶裂隙水。

第四系松散岩孔隙水。孔隙水主要赋存于砂砾层中，含水砂砾层主要由沂河冲击而成，因而分布埋藏均与河流的搬迁改道及历史时期的水利特点有关。

罗庄区砂层分布较窄，均为古河道。分布范围在盛庄至册山一线，以东至沂河沿岸，呈条带状分布。砂层厚度一般 6 ～ 10 米，沙沟、塘崖等地最厚可达14米。砂层颗粒较粗，多为粗砂砾石、卵石层，富水性好，单井涌水量大于1000立方米/天。

碎屑岩类裂隙水。碎屑岩主要由石炭系、白垩系的砂砾岩和寒武系砂页岩组成。石炭系主要分布于罗庄、傅庄、盛庄、册山、高都街道一带，富水性差，单井涌水量每天100～500立方米，局部区每天大于500立方米。白垩系只分布在高都街道的东部局部区域，含水微弱，主要为风化裂隙水，单井涌水量多小于每天100立方米。寒武系的砂页岩，主要分布在罗西街道西部，富水性较差，单井涌水量每天100～250立方米，局部区每天大于250立方米。

碳酸盐岩类岩溶裂隙水。寒武系及下奥陶灰岩主要分布于罗西街道的丘陵地带，呈南北向带状分布，多裸露状态；中奥陶系灰岩则分布于罗庄、盛庄、册山街道等地，大部分被第四系覆盖，仅局部处于裸露状态。

罗庄区《水资源报表》显示，罗庄区2006—2013年地下水资源量最大年是2011年，为3499.8万立方米；最小年是2006年，为2940万立方米。

2006—2013年罗庄区地下水资源量情况表

表1-12 单位：万立方米

年份	地下水资源量	年份	地下水资源量	年份	地下水资源量	年份	地下水资源量
2006	2940	2008	4213	2010	5439	2012	3496
2007	4272	2009	4947	2011	3499.8	2013	3556

水资源总量 罗庄区多年平均地表水资源量10989万立方米，多年平均地下水资源量7315万立方米，地表水与地下水资源之和扣除重复计算量2427万立方米，全区多年平均水资源总量15877万立方米。其中，丰水年（P=20%）为21212万立方米，平水平（P=50%）为14117万立方米，枯水年（P=75%）为10283万立方米，特枯水年（P=95%）为7083万立方米。

供水量 2013年12月，全区共有机电井1242眼。现状工程条件下，地下水可供水量3275万立方米，地表水可供水量7298万立方米，总可供水量10573万立方米。

2006—2013年罗庄区各镇、街道用水总量控制目标情况表

表1-13 单位：万立方米

行政区域	2006年	2007年	2008年	2009年	2010年	2011年	2012年	2013年
罗庄街道	1147	1497	1519	1670	2310	2350	2450	2280
盛庄街道	995	1090	1023	1340	1970	2100	2125	2045
双月湖街道	946	1050	1009	1157	1400	1451	—	—
高都街道	975	1010	970	1110	1497	1579	1410	1230
册山街道	954	950	890	1150	1390	1540	1280	1200
傅庄街道	963	985	945	1220	1722	1450	1855	1800

续表 1-13

行政区域	2006 年	2007 年	2008 年	2009 年	2010 年	2011 年	2012 年	2013 年
汤庄街道	921	895	837	1280	1500	1695	—	—
沂堂镇	—	—	—	—	—	—	485	470
褚墩镇	—	—	—	—	—	—	535	519
黄山镇	—	—	—	—	—	—	860	840
合计	6901	7477	7193	8927	11789	12165	11000	10384

说明：2011 年 8 月双月湖街道、汤庄街道分别并入盛庄街道、汤庄街道。2010 年 1 月，原属苍山县的沂堂镇划归罗庄区；2011 年 1 月原属郯城县的黄山镇、褚墩镇划归罗庄区

用水量 按用户特性分为生活用水、生产用水和生态用水三大类。2013 年全区用水量 10184 万立方米。其中，农田灌溉用水 5804 万立方米，工业用水 2102 万立方米，居民生活用水 1596 万立方米，其他用水 682 万立方米。

2013 年罗庄区各镇、街道工业与城乡生活用水量情况表

表 1-14　　单位：万立方米

行政区域	农田灌溉用水量	林牧渔畜用水量	工业用水量	城镇用水量	居民生活用水量	生态与环境补水量	小计
罗庄街道	782	35	253	30	223	11	1334
盛庄街道	791	37	265	28.5	230.5	19	1371
高都街道	812	41	297	27.3	204.7	13	1395
册山街道	874	51	284	25.7	271.3	17	1523
傅庄街道	866	48	319	24.5	238.5	19	1515
沂堂镇	562	53	224	22	144	26	1031
褚墩镇	578	49	235	19	130	11	1022
黄山镇	539	46	225	17	154	12	993
小计	5804	360	2102	194	1596	128	10184

地表水水质 根据 2013 年沂河罗庄段水质监测状况，沂河罗庄段 2013 年水质目标为Ⅳ类水质，1—12 月水质均达标，年度达标率 100%。

2013 年沂河罗庄段水质监测情况表

表 1-15

监测站点	月份	监测项目						水质目标	现状水质
		pH 值	溶解氧	氨氮	化学需氧量	五日生化需氧量	总磷		
刘家道口	1	8.1	8.4	0.68	28.5	1.2	0.26	Ⅳ	Ⅳ
	2	8.0	8.1	0.6	19.4	1	0.22	Ⅳ	Ⅲ

续表 1-15

监测站点	月份	监测项目						水质目标	现状水质
		pH 值	溶解氧	氨氮	化学需氧量	五日生化需氧量	总磷		
刘家道口	3	8.4	7.5	＜0.05	19.9	2.9	0.37	Ⅳ	Ⅲ
	4	8.3	7.2	＜0.05	22.9	5.2	0.25	Ⅳ	Ⅳ
	5	8.0	7.4	0.18	25.7	4.6	0.23	Ⅳ	Ⅳ
	6	8.2	7.2	0.17	21	4.2	0.14	Ⅳ	Ⅳ
	7	7.8	7.6	0.23	26.5	4.5	0.09	Ⅳ	Ⅳ
	8	7.5	7.1	＜0.05	22.2	3.7	0.07	Ⅳ	Ⅳ
	9	7.7	7.6	0.17	29	5.8	0.25	Ⅳ	Ⅳ
	10	7.6	7.2	0.17	18.5	3	0.08	Ⅳ	Ⅳ
	11	7.9	7.8	0.15	26.4	5.9	0.13	Ⅳ	Ⅳ
	12	8.2	7.8	0.17	24.8	5.8	0.14	Ⅳ	Ⅳ

地下水水质　罗庄区地下水矿化度一般为 200 ～ 400 毫克 / 升，总硬度一般为 10 ～ 15 德国度，属微硬度；pH 值在 7 ～ 8 之间，呈弱酸性。

植物资源

粮食与经济作物类　主要有小麦、燕麦、大麦、水稻、玉米、高粱、谷子、黍子、大豆、小豆、花生、绿豆、蚕豆、豌豆、甘薯、油菜、芝麻、向日葵、洋麻、苘麻、棉花、黄烟等。

蔬菜类　主要有萝卜、胡萝卜、白菜、甘蓝、莴苣、芹菜、菠菜、茼蒿、芫荽、洋葱、大蒜、大葱、韭菜、番茄、辣椒、茄子、南瓜、黄瓜、冬瓜、丝瓜、苦瓜、菜豆、扁豆、豆角、马铃薯、芋头、山药、藕、菱、金针菜、空心菜等。

果树类　主要有苹果、梨、木瓜、山楂、桃、杏、李、樱桃、黑枣、大枣、酸枣、核桃、山核桃、板栗、银杏、葡萄、无花果、柿子、石榴等。

菌类　主要有松菇、草菇、香菇、金针菇、猴头、木耳、银耳等。

药用类　主要有太子参、丹参、茵陈、益母草、槐米、薤白、柴胡、翻白草、葛根、芦根、苦参、地丁、薄荷、大皂角、白薇、红茜草、香附、枣仁、柏子、蛇床子、半枝莲、车前子、木瓜干、桔梗、黄芩、大青叶、红花、银花、黄芪、丹皮、元胡、薏米、云苓、瓜蒌、黑白丑、甜瓜蒂、莱菔子、枸杞、桃仁、杏仁、桑葚、半夏、苏子、艾叶、生姜、黑芝麻、白蒺藜、红月季、石榴皮、牛蒡子、木贼、麻黄、西河柳、鬼针草、青葙子、半边莲、鸭趾草、铁苋菜、辣蓼、蒲公英、龙葵、何首乌、三棱草、地锦草、卷柏、苍耳子、地肤子、白茅根、板蓝根、萹蓄、猪毛菜、甘遂、菟丝子、土大黄、地黄、马齿苋、水红花子、洋金花、血山崩、远志、灵仙、锦灯笼等。

观赏类　主要有雪松、柏树、龙柏、千头柏、广玉兰、香樟、桧、黄栌、红栌、火炬树、栾树、马褂木、白蜡树、棕榈、大叶女贞、小叶女贞、黄连木、华北卫矛、大叶扶芳藤、小叶扶芳藤、大叶冬青、胡秃子、悬铃木、凌霄、大叶黄杨、小叶黄杨、火棘、石楠、枸杞、月季、玫瑰、木香、枸骨、桂花、茶树、迎春花、连翘、杜鹃、紫薇、紫荆、紫藤、大叶合欢、法青、小叶合欢、皂角、五角枫、三角枫、红枫、樱花、木槿、蜡梅、栀子、夹竹桃、樱花、紫叶李、牡丹、丁香、冬红果、西府海棠、垂丝海棠、木瓜海棠、贴梗海棠、王族海棠、沂州海棠、棣棠、碧桃、郁李、榆叶梅、美人梅、金雀花、银雀花、金银木、刺梨、黄刺玫、金丝桃、大叶醉草鱼、紫叶小檗、红花继木、珍珠梅、海桐、蔷薇、油根子、银叶卫矛、粉团荚蒾、鸡爪槭、怪柳、绣线菊、梣叶槭、山茱萸、红王子锦带、鹅掌柴等。

材用类　主要种类有黑杨派部分无性系树种和毛白杨、黑松、赤松、刺槐、构树、泡桐、法桐、香椿、臭椿、国槐、苦楝、楸树、侧柏、柳树、榆树、板栗、杜仲等。

动物资源

鸟类　常见的有鹰、隼、雉、鸠鸽、杜鹃、鸱鸮、夜鹰、翠鸟、佛法僧、戴胜、啄木鸟、鹡鸰、伯劳、黄鹂、卷尾、椋鸟、鸦、鹟、山雀、文鸟、雀、鹭、鸭、燕、百灵等25个科300多种。常见的有白鹭、雁、野鸡、野鸭、石鸡、啄木鸟、鹞鹰、鹌鹑、杜鹃、麻雀、喜鹊、灰喜鹊、乌鸦、猫头鹰、燕子、黄雀、蜡嘴、白头鹎、斑鸠、绣眼、柳莺、夯郎子、黄鹂、鹬、兰靓鸟、云雀、布谷鸟等。

兽类　常见的野生动物有刺猬、狐狸、貉、黄鼬、鹿、草兔、蝙蝠、紫貂等20种。

水生动物　常见的有鲤鱼、鲫鱼、黑鱼、鲢鱼、鳝鱼、鲶鱼、钢鱼、泥鳅、麦穗鱼、螃蟹、虾等20种。

昆虫　常见的有缨尾、蜻蜓、等翅、竹节虫、直翅、同翅、半翅、缨翅、鳞翅、双翅、膜翅、脉翅、螳螂、革翅、鞘翅等15目106个科。主要有蝉、螳螂、蝴蝶、蟋蟀、蝼蛄、蜻蜓、蝗虫、蜂、蝇、蚊等。

爬行类　主要有龟、鳖、蜥蜴、壁虎、蛇等。

两栖类　主要有青蛙、蟾蜍等。

矿产资源

境内发现的矿产资源有煤炭、铝矾土、石灰石、耐火黏土、铁矿石、瓷石、花岗石、白云岩等40余种。其中，煤炭、铝矾土、石灰石储量居全市首位。

能源矿产　煤是罗庄区的主要矿产资源，已探明储量7024.36万吨。主要分布于罗庄、傅庄、册山、高都街道和褚墩、黄山镇等。均开发利用。

金属矿产　铁是罗庄区唯一的金属矿产，预测铁矿石资源量183万吨，不具备开采利用价值。

非金属矿产　砖瓦用页岩、水泥用石灰岩和建筑用石灰岩，主要分布在沂堂、褚墩、黄山、傅庄、盛庄、罗庄、册山等镇、街道。砖瓦用

图1-8：白鹭（2012年5月　高奎摄于武河）

页岩累计探明储量1339万吨，水泥用石灰岩和建筑用石灰岩累计探明储量207万吨。均开发利用。耐火黏土主要分布于盛庄、傅庄、罗庄街道，资源储量2254万吨。已开发利用。铝矾土主要分布于盛庄街道、罗庄街道，资源储量242万吨。已开发利用。沂河河床沙层平均深15米左右，储量2.02亿吨。已开发利用。

第七节 自然灾害

旱灾

罗庄区地表水资源贫乏，尤其中西部丘陵区，历史上靠天吃饭的局面一直未得到根本改变，加之大气降水四季不均，极易造成春干旱。降水偏少的年份均有不同程度的旱灾。

1997年，全年降水671.1毫米，其中8月19日一次降水213毫米。春夏季干旱，水稻插秧和保苗面临缺水困境；秋季又大旱，土壤缺墒，造成小麦无法适墒播种，丘陵有较大面积被迫翌年春天改种春季作物。

2002年，全年降水585毫米，是1995年后降水最少的一年，农作物受旱严重。

2010年，全年降水655.8毫米。10月3日至2011年1月25日，无有效降水，干旱严重。全区10400公顷小麦受到不同程度的干旱。其中，轻旱4800公顷，重旱5600公顷。

水灾 风灾 雹灾

1997年8月19—20日，受第11号台风影响，自8月19日8时至20日8时普降大到暴雨，平均降雨量212.8毫米，最大降雨量316.1毫米。部分农作物受灾，无房屋倒塌。

1998年7月20日凌晨3点左右，全区遭受大风暴雨袭击，最大风力10级，伴有冰雹。尤其是罗庄街道和罗西街道冰雹历时20分钟，最大冰雹40×40毫米，地面冰雹平均积厚50毫米。受灾村庄26个，农作物受灾面积4800公顷，其中绝产2333.35公顷，减产2466.65公顷，刮倒房屋250间，树木1.3万棵（其中折断0.6万棵，刮倒0.7万棵），损毁电线杆800根，断电7～8小时，大棚倒塌240座，直接经济损失5280万元。

2004年6月22日，册山街道白沙沟村遭受大风和冰雹灾害。成灾面积5.3公顷，重灾2.27公顷（其中，春玉米0.4公顷，葡萄1.33公顷，盛果期桃树0.54公顷），受灾群众36户116人，造成直接经济损失30万余元。7月16—19日，平均降雨量119毫米。高都街道40间民房受到不同程度的损坏，受灾群众14户52人。农作物成灾面积117.4公顷。其中，玉米81.33公顷，大豆31.33公顷，蔬菜4.74公顷。造成直接经济损145.49万元。盛庄街道沿电厂河两岸80公顷农作物被水淹没，几近绝产，经济损失76.1万元。

2007年6月20日，平均降雨108.6毫米，7月19日平均降雨83.5毫米，9月19日平均降雨86毫米，均造成城区内涝。

2008年7月9日，平均降雨83毫米，7月22日平均降雨90.9毫米，两次强降雨造成城区内短时内涝。

2008年8月21日，平均降雨194.7毫米。其中傅庄街道最大降雨量262.5毫米。造成房屋进水4940户，房屋倒塌324间；农作物受灾1600公顷，绝产133.34公顷；蔬菜受灾25.07公顷，倒塌蔬菜大棚8个；花卉受灾9.4公顷；鱼池受灾55.34公顷；家禽牲畜死亡30310头（只）。渠道倒塌280米，6家大型超市进水受灾，2家企业受淹。经济损失3932万元。

2009年7月8日17时，双月湖街道东石埠村、孙岑石村遭受龙卷风和暴雨袭击，最大风力10级，造成2个村庄120户、480人受灾，工厂厂房倒塌567间，居民住房倒塌627间，1940棵杨树被龙卷风折断，直接经济损失582万元。

图1-9：2009年7月，龙卷风造成树木折断（2009年7月　摄）

2010年7月6日18时，册山、傅庄街道突降大雨，一个小时内册山街道降雨52毫米，伴有冰雹。

2010年8月7日，罗庄街道一个多小时内降雨76毫米，强降雨造成城区短时内涝。

2012年7月8日凌晨2时至10日上午8时，罗庄区普降中到大雨，局部暴雨，累计平均降雨量299.9毫米。强降雨导致陷泥河、

图1-10：暴雨造成欧罗花园小区路面积水（2012年7月11日　摄）

南涑河、燕子河水位暴涨，个别河段外溢，部分低洼地带积水严重，出现较大范围洪涝灾害。护台小区、欧罗花园小区等居民储藏室积水0.55米。罗庄、册山、高都街道受灾严重。据统计，全区受灾人口157979人，紧急转移安置群众4102人。农田受灾面积9366公顷。其中，成灾面积4333公顷，绝产1167公顷。造成危房1280间，房屋倒塌253间，129家企业被淹。直接经济损失6721万元。

冻灾

2010年4月14日，境内出现雨雪天气，最低气温2℃左右，出现低温霜冻灾害。此时，正值果树开花，低温严重影响果树生长，造成果树大面积减产。

植物病虫害

小麦病虫害　小麦病害主要有小麦锈病（叶锈）、小麦白粉病、小麦纹枯病和小麦赤霉病等。小麦害虫主要有小麦蚜虫和小麦红蜘蛛等。

小麦叶锈病。为常年流行病害。发生程度为中等偏轻至中等发生，发生面积666.67公顷～3333.3公顷，造成粮食损失30吨～120吨。1998年，因小麦全生育期日照时数比历年少232.7小时，降水比历年平均多389.3毫米，降水天数60余天，小麦叶锈病流行，发生程度为中等偏重发生，发生流行面积6666.67公顷，病害率80%～100%。

小麦白粉病。为常年流行病害。发生程度为中等偏轻发生至中等发生，发生面积1333公顷～3333.3公顷，造成粮食减产46吨～400吨。1998年偏重发生，发生面积2000公顷，小麦减产100余吨。

小麦纹枯病。常年流行病害。发生程度大部分年份为中等发生，2002年、2003年和2013年为中等偏轻发生，发生面积2000公顷～6666.67公顷，造成粮食减产200

吨～500吨。1998年小麦纹枯病大发生，平均减产幅度40%以上，稻茬麦减产比旱田麦更为严重。纹枯病造成死株穗一般为10%～30%，重的达50%以上。小麦减产600余吨。

小麦赤霉病。偶发性病害。1998年大发生，发生面积3333公顷，病穗率低的1%，高的20%，小麦减产300吨。2008年中等偏轻发生，发生面积667公顷，小麦减产20吨。2012年中等偏轻发生，发生面积3333公顷，小麦减产120吨。

小麦蚜虫。常年发生虫害。发生程度中等至大发生，发生面积3333公顷～13300公顷，造成小麦减产300吨～900吨。

小麦红蜘蛛。常年发生虫害。发生程度中等偏轻至中等偏重发生，发生面积在333公顷～2000公顷，造成小麦减产30吨～150吨。

玉米病虫害　玉米病害主要有玉米叶斑病、玉米锈病。玉米害虫主要有地老虎、二点委叶蛾、玉米蚜虫、玉米螟和玉米穗虫等。

玉米叶斑病。为常年流行病害。玉米叶斑病以弯孢菌叶斑病为主，玉米大斑病和小斑病也有发生，发生程度为中等偏轻发生至中等发生，2000年为中等偏重发生，发生面积333公顷～2666.67公顷，造成玉米减产30吨～150吨。2011年虽发生程度不重，但发生偏晚因株高叶密造成防止不利，玉米减产400余吨。

玉米锈病。为最近几年流行病害。发生程度为中等偏轻发生，发生面积333公顷左右，造成粮食减产10吨～20吨。

地老虎和二点委叶蛾。为常年发生虫害。境内玉米苗期基部虫害以地老虎为主，二点委叶蛾有发生但面积较小。发生程度大部分年份为中等偏轻至中等发生。发生面积200公顷～2000公顷，造成玉米减产2070吨。

玉米蚜虫。为常年发生虫害。发生程度大部分年份为中等偏轻发生。发生面积333公顷～2000公顷。造成玉米减产25吨～100吨。1996年和2000年为中等发生，造成玉米减产150余吨。

玉米螟和玉米穗虫。为常年发生虫害。玉米喇叭口期虫害为玉米螟，穗虫以玉米螟和棉铃虫等为主。发生程度为中等偏轻至中等发生。发生面积3333公顷～6666.67公顷，造成玉米减产100吨～400吨。

水稻病虫害　水稻病害主要有水稻纹枯病、稻瘟病。水稻害虫主要有稻飞虱、稻纵卷叶螟等。

水稻纹枯病。为常年流行病害。发生程度为中等偏轻发生至中等发生，2000年为中等偏重发生，发生面积1333公顷～2000公顷，造成水稻减产60吨～150吨。2000年偏重发生，水稻减产180余吨。

稻瘟病。为常年流行病害。发生程度为中等偏轻发生至中等发生，发生面积333公顷～666公顷，造成粮食减产10吨～40吨。2004年，高都街道潘墩村几百亩水稻稻瘟病（穗茎瘟）防治不及时造成绝产。2012年中等偏轻发生，发生面积为2000公顷，造成水稻减产70吨。

稻飞虱。为常年发生虫害。因稻飞虱中的主要危害种褐飞虱是外来虫源，发生程度大部分年份为中等偏轻发生。1998年和2005年为中等发生。1995年和2004年为偏重发生。发生面积333公顷～1333公顷，造成水稻减产20吨～70吨。

稻纵卷叶螟。为常年发生虫害。稻纵卷叶螟也是外来虫源，受季风影响各年度发生轻重不同。发生程度偏轻发生至中等偏轻发生。1995年为偏重发生。发生面积333公顷～1333公顷，造成水稻减产10吨～40吨。

果树病虫害　病害主要为苹果腐烂病、

苹果轮纹病、苹果炭疽病、早期落叶病、褐斑病、桃褐斑病，常年发生程度3级。虫害主要为苹果黄蚜虫、桃小食心虫、二斑叶螨、桃蛀螟等，虫害发生一般为2级发生程度。

地质灾害

地　震　1995年9月20日11时14分，在苍山县沂堂乡（北纬34°57′，东经118°06′）发生里氏5.2级地震，震源深度12千米，震中烈度Ⅵ度。Ⅵ度区范围在费县刘庄乡和苍山县沂堂乡之间，长轴呈北北西向，长20余千米，短轴5千米。在费县刘庄乡青山湖一带出现Ⅵ度烈度异常区。Ⅴ度区范围包括罗庄区、兰山区、苍山县的绝大部分，费县、河东区和郯城县的大部分以及临沭县的部分地区，长轴北西向90千米，短轴70千米。有感范围东至青岛、烟台，西至河南濮阳，南至安徽蚌埠，北至河北沧州。罗庄区有较强震感，无房屋倒塌、人员伤亡。

地质塌陷　罗庄区地质塌陷类型主要有采空塌陷、岩溶塌陷。

罗庄区煤炭开采历史悠久，大部分煤矿20世纪采空闭坑，遗留下大面积地下采空区。80年代后，先后在汤庄煤矿、大芦湖煤矿、朱陈煤矿、朱张桥煤矿、劳模店煤矿、窑南北头煤矿、高都煤矿及五寺庄煤矿等发生不同程度的地面塌陷。境内发生采空塌陷30处。其中，大型地面塌陷3处，中型地面塌陷8处，小型地面塌陷19处。至2006年，境内采煤地面塌陷面积10.82平方千米，直接经济损失2000余万元。大型地面塌陷中以汤庄煤矿地面塌陷最为严重，塌陷区最大面积2.5平方千米，最大塌陷深度4～5米，破坏农田20公顷。塌陷地2010年治理成鱼塘。傅庄街道东大车庄采煤塌陷区发生于20世纪70年代，塌陷面积210公顷，塌陷深度一般小于0.5米，塌陷造成东大车庄大面积房屋开裂及附近农田受损，致使该村于1988年整体搬迁、避让。罗庄街道大芦湖煤矿开采范围的山西头村西，20世纪80年代发生塌陷，塌陷面积160公顷，一般塌陷深度5～8米，最大塌陷深度20米，破坏耕地面积73.33公顷，造成民房50间损坏，经济损失千万元。1998年，塌陷地整理成鱼塘。1996年高都街道塘崖煤矿开采范围内的大塘崖村西发生地面塌陷，塌陷面积8.4公顷，最大塌陷深度2米，破坏耕地6公顷，毁坏村西房屋50间。村东农田2011年6月发生塌陷，塌陷面积10.5平方米，范围较小，被村民填平。

1995年4月20日，盛庄街道杜家三岗村北养鱼池内发生岩溶塌陷，塌陷形成3个圆形陷坑，直径分别为10米、4.5米、1.5米，深2.5米，塌陷面积分别78.5平方米、16平方米、1.77平方米。直接经济损失1万元。由于塌陷区地紧靠兖石铁路，威胁铁路安全运行。2003年2月26日，再次发生塌陷，塌陷位于杜家三岗村北的兖石铁路下行线左侧路基坡脚处，陷坑呈长15米、宽7米椭圆形，坑深4米，造成陷坑东侧边缘的一根铁路通信电线杆折断，其北5米处的临沂梨杭监狱围墙产生倾斜，附近地面下沉（自2003年3月8日至5月11日，累计沉陷量7.4厘米），2008年回填治理。

图1-11：劳模店露天煤矿塌陷形成的汪塘（2013年10月　摄）

罗庄区采空地面塌陷情况表

表 1-16

位置		塌陷形状	塌陷规模（平方千米）	塌陷级别	深度（米）	塌陷年代（份）	毁田面积（公顷）	毁房（间）
罗庄街道	朱陈三村村南、东南	条方形	0.56	中型	2	1958	4.73	—
		条带状	0.13	中型	1	—	—	—
	罗庄东南	长方形	0.048	小型	2～3	60 年代	1.13	—
	糁茬窑村东北	圆形	0.34	中型	3～4	70 年代	3	—
		条带状	0.05	—	1～2	—	—	—
	山西头村西	长方形	0.7	中型	5～8	1958—1984	6.67	—
	山西头村	长方形	1.6	大型	20	1958—1985	66.67	50
	西山村南	条方形	0.06	小型	1	80—90 年代初	1	120
		条带状	0.03	小型	1	—	—	—
	朱张桥村	不明显	0.06	小型	不明显	90 年代	—	—
	金锣集团金晶陶瓷公司	圆形	0.08	小型	—	—	2.33	—
傅庄街道	赵庄西	圆形	2.5	大型	4～5	60—90 年代	20	—
	东大车庄旧村	不规则	2.1	大型	＜0.5	70 年代	26.67	村庄
	大河湾村西	长方形	0.0003	小型	1.5	1972	—	—
	东小车庄南	圆形	0.023	小型	2	1978—1979	3.33	—
	大河湾村西南	正方形	0.0015	小型	3.0	1981	4	120
	傅庄村南	长方形	0.002	小型	1～2	80 年代	—	—
	后龙泉屯村中	房屋开裂	0.018	小型	不明显	80—90 年代	—	—
	陈岭村西	长方形	0.092	小型	3～4	80 年代	2	—
	劳模店旧村	长方形	0.54	中型	10	1990	20	—
	后龙泉屯村东北农田	不规则	0.062	小型	＜1	1990	0.67	—
	何庄南 500 米	长方形	0.03	小型	3～4	1995	6.67	—
		圆形	0.06	小型	1～2	1993	—	—
		圆形	0.7	中型	1～2	1995	—	—
	何家庄老村西	不规则	0.015	小型	7	1996	8.67	200
	城子村	圆形	0.03	小型	1.2	1996	5.33	60
	东小车庄村幼儿园	房屋开裂	0.0065	小型	不明显	—	—	—
	殷旦子村西	长方形	0.0027	小型	不明显	—	—	—
高都街道	常旺村	长方形	0.048	小型	0.5	1985	1.33	—
	大塘崖村西	长方形	0.084	小型	2	1996	6	50

续表 1-16

位置		塌陷形状	塌陷规模（平方千米）	塌陷级别	深度（米）	塌陷时间	毁田（公顷）	毁房（间）
册山街道	沙旦子村西	长方形	0.27	中型	0.5～1	80—90 年代	0.6	—
	沙旦子村中	圆形	0.38	中型	3～4	90 年代	—	—
	五寺庄村	长方形	0.07	小型	0.4	1996	0.73	—
		长方形	0.086	小型	＜0.5	2003	—	—

第二编 人 口

Part 2: Population

奋勇争先（2013 年 4 月 区教体局供稿）

双月湖公园（2013 年 6 月　李延龙摄）

1995年始，罗庄区坚持计划生育基本国策和“三为主”（宣传为主、避孕为主、经常性工作为主）的人口与计划生育工作方针，控制人口过快增长，促进人口与经济社会协调发展。计划生育逐步成为全区人民群众的自觉行动，人口发展步入低出生、低死亡、低增长的现代人口再生产类型阶段，全区人口素质明显提高。1995年，全区总户数123780户，总人口393895人，人口密度每平方千米1063人，人口自然增长率8.30‰。2010年1月，苍山县沂堂镇划归罗庄区，增加14718户、47697人。2011年1月，郯城县褚墩镇、黄山镇划归罗庄区，分别增加15684户、52775人，14673户、45372人。至2013年年底，全区总户数180984户，总人口585829人，人口密度每平方千米1030人，人口自然增长率8.20‰。随着改革开放的不断深入，人口流动性增大，境内民族种类增多，2000年全区有14个民族，2010年增加到25个。2013年全区有12个民族。2004年10月1日起，取消农业人口和非农业人口户籍划分，统一登记为“居民户口”。全区人均寿命和文化程度逐年提高，户均人数逐步减少，65岁以上人口量增大，已显现人口老龄化问题。

2000年，罗庄区被省委、省政府命名为“三为主”县区，2006年，被省政府授予“计划生育优质服务先进县区”称号。

第一章　人口状况

第一节　人口数量

1995年，罗庄区总户数123780户，总人口393895人。此后，全区总户数、总人口逐年增加。2000年，罗庄区总户数135370户，总人口412454人。2010年，罗庄区总户数165205户，总人口535127人。2013年12月，罗庄区总户数180984户，总人口585829人，分别比1995年增加57204户、191934人。1995年，全区人口自然增长率为8.30‰。2013年，全区人口自然增长率为8.20‰，比1995年降低0.1个百分点。

1995—2013年罗庄区人口情况表

表2-1

年份	总户数（户）	总人口数（人）	年份	总户数（户）	总人口数（人）
1995	123780	393895	2000	135370	412454
1996	126974	398766	2001	155463	417826
1997	130942	403728	2002	141763	420529
1998	133136	410061	2003	139938	424629
1999	133765	411999	2004	139146	426612

续表 2-1

年份	总户数（户）	总人口数（人）	年份	总户数（户）	总人口数（人）
2005	138327	413143	2010	165205	535127
2006	136708	412645	2011	164934	542002
2007	136612	413373	2012	165429	544066
2008	123858	369515	2013	180984	585829
2009	124268	371196			

说明：2010 年户数与人口数含褚墩镇、黄山镇

第二节　人口分布与密度

1995 年，罗庄区总人口 393895 人，分布于 6 个乡镇，人口密度 1063 人 / 平方千米。其中，罗庄镇人口密度最大，1749 人 / 平方千米，罗西乡人口密度最小，673 人 / 平方千米。2010 年，全区总人口 535127 人，分布于 10 个镇、街道（不含罗西街道），人口密度 1078 人 / 平方千米。其中，罗庄镇人口密度最大，1972 人 / 平方千米，沂堂镇人口密度最小，629 人 / 平方千米。2013 年，全区总人口 585829 人，分布于 9 个镇、街道，人口密度 1030 人 / 平方千米。其中，罗庄镇人口密度最大，2096 人 / 平方千米，沂堂镇人口密度最小，644 人 / 平方千米。罗庄街道处于罗庄城区中心，人口密度逐年上升，由 1995 年的 1749 人 / 平方千米，上升到 2013 年 2096 人 / 平方千米，年均增长 10.18‰。

1995 年、2010 年、2013 年罗庄区各镇、街道人口密度情况表

表 2-2

行政区域	1995 年			2010 年			2013 年		
	人口（人）	面积（平方千米）	密度（人 / 平方千米）	人口（人）	面积（平方千米）	密度（人 / 平方千米）	人口（人）	面积（平方千米）	密度（人 / 平方千米）
罗庄街道	104595	59.79	1749	94633	48.00	1972	100601	48.00	2096
傅庄街道	68544	75.66	906	45886	45.91	999	80055	77.63	1031
盛庄街道	63589	53.1	1198	65708	40.41	1626	87019	76.41	1139
册山街道	57079	51.86	1101	55938	52.27	1070	62144	52.27	1189
高都街道	44212	47.14	938	48159	48.20	999	50861	48.20	1055
罗西街道	55876	83.08	673	—	—	—	47750	72.11	662
双月湖街道	—	—	—	53822	36.00	1495	—	—	—
汤庄街道	—	—	—	25137	31.72	792	—	—	—
沂堂镇	—	—	—	47679	75.86	629	48846	75.86	644
黄山街道	—	—	—	45372	53.29	851	50321	53.29	944
褚墩街道	—	—	—	52775	64.78	815	58232	64.78	899
罗庄区	393895	370.63	1063	535127	496.44	1078	585829	568.55	1030

第二章 人口构成

第一节 性别 年龄构成

性别构成

2000 年，第五次全国人口普查资料显示：全区总人口 412454 人。其中，男性 210897 人，占总人口的 51.13%；女性 201557 人，占总人口的 48.87%。男女性别比为 104.63。2010 年，第六次全国人口普查资料显示：全区总人口 535127 人。其中，男性 276988 人，占总人口的 51.76%；女性 258139 人，占总人口的 48.24%。男女性别比为 107.3，总人口男女性别比较 2000 年高出 2.7 个百分点。不同年龄组性别比不同：在 0 ～ 14 岁年龄组和 15 ～ 64 岁年龄组中，男性多于女性，年龄越小男性占比例越大；在 65 岁以上年龄组中，女性多于男性，且年龄越大，女性所占比例越大。

2000 年罗庄区人口普查分年龄组性别情况表

表 2-3 单位：人

年龄组（岁）	人口数		人口数		性别比（女为 100）
	男	女	男	女	
0 ～ 4	12743	9759	3.09	2.37	130.58
5 ～ 9	13770	10602	3.34	2.57	129.88
10 ～ 14	30496	27140	7.39	6.58	112.37
15 ～ 19	17589	18639	4.26	4.52	94.37
20 ～ 24	17881	18157	4.34	4.4	98.48
25 ～ 29	21677	20534	5.26	4.97	105.57
30 ～ 34	19893	19663	4.82	4.77	101.17
35 ～ 39	15363	14973	3.72	3.64	102.6
40 ～ 44	12758	12283	3.09	2.98	103.87
45 ～ 49	13539	13534	3.28	3.28	100.04
50 ～ 54	9931	9620	2.41	2.33	103.23
55 ～ 59	6511	6344	1.58	1.54	102.63
60 ～ 64	5501	5268	1.33	1.28	104.42
65 ～ 69	5103	5192	1.24	1.26	98.29
70 ～ 74	3889	4209	0.94	1.02	92.4
75 ～ 79	2482	2921	0.6	0.71	84.97
80 ～ 84	1201	1681	0.29	0.41	71.45

续表 2-3

年龄组（岁）	人口数		人口数		性别比（女为 100）
	男	女	男	女	
85 ～ 89	457	734	0.11	0.18	62.26
90 ～ 94	101	246	0.02	0.06	41.06
95 ～ 99	12	50	0.003	0.012	24
100 及以上	0	8	—	—	—

年龄构成

2000 年，第五次全国人口普查资料显示：全区常住人口 412454 人，其中，0 ～ 14 岁人口 104510 人，占总人口 25.34%；15 ～ 64 岁人口 279658 人，占总人口 67.8%；65 岁及以上人口 28286，占总人口 6.86%。65 岁及以上人口与 0 ～ 14 岁人口比为 27.1%。2010 年，第六次全国人口普查资料显示：全区常住人口 535127 人。其中，0 ～ 14 岁人口 96419 人，占总人口 18.2%，比 2000 年下降 7.14 个百分点；15 ～ 64 岁人口 395505 人，占总人口 73.91%，比 2000 年上升 6.11 个百分点；65 岁及以上人口 43203 人，占总人口 8.07%，比 2000 年上升 1.21 个百分点；65 岁及以上人口与 0 ～ 14 岁人口比为 44.7%，比 2000 年上升 17.7 个百分点，按国际通用标准（65 岁以上人口达到总人口 7% 以上）人口年龄构成属老年型。

人口普查统计资料显示：2000 年，全区百岁以上老人 8 人，全部为女性。2010 年，百岁以上老人 7 人，全部为女性。

2010 年罗庄区人口普查分年龄组性别情况表

表 2-4　　　　单位：人

年龄组（岁）	人口数		占总人口比重（%）		性别比（女为 100）
	男	女	男	女	
0 ～ 4	23941	16937	4.47	3.17	141.35
5 ～ 9	16982	14107	3.17	2.64	120.38
10 ～ 14	13677	10775	2.56	2.01	126.93
15 ～ 19	20178	16097	3.77	3.01	125.35
20 ～ 24	35871	33354	6.7	6.23	107.55
25 ～ 29	19834	20144	3.71	3.76	98.46
30 ～ 34	20028	19387	3.74	3.62	103.31
35 ～ 39	23438	21976	4.38	4.11	106.65
40 ～ 44	23037	22935	4.3	4.29	100.44
45 ～ 49	18009	17582	3.37	3.29	102.43
50 ～ 54	15678	14918	2.93	2.79	105.09
55 ～ 59	15570	15860	2.91	2.96	98.17

续表 2-4

年龄组（岁）	人口数		占总人口比重（%）		性别比（女为 100）
	男	女	男	女	
60 ～ 64	10816	10793	2.02	2.02	100.21
65 ～ 69	6845	7237	1.28	1.35	94.58
70 ～ 74	5136	5500	0.96	1.03	93.38
75 ～ 79	4166	5110	0.78	0.95	81.53
80 ～ 84	2487	3219	0.47	0.6	77.26
85 ～ 89	1035	1640	0.19	0.31	63.11
90 ～ 94	227	472	0.04	0.09	48.09
95 ～ 99	33	89	0.006	0.017	37.08
100 及以上	0	7	—	—	—

第二节　文化构成

2000 年，第五次全国人口普查资料显示：在全区常住人口中，接受大学（指大专以上）教育的 7260 人，占 1.89%；接受高中（含中专）教育的 33395 人，占 8.68%；接受初中教育的 165345 人，占 42.96%；接受小学教育的 136037 人，占 35.35%。

同 1990 年第四次全国人口普查相比，每 10 万人拥有各种受教育程度的人数有如下变化：具有大学受教育程度的由 323 人上升为 1760 人；具有高中受教育程度的由 5106 人上升为 8096 人；具有初中受教育程度的由 24969 人上升为 40088 人；具有小学受教育程度的由 32549 人上升为 32982 人。

全区常住人口中，2000 年 15 岁及以上人口 307944，文盲人口 35519 人。与 1990 年第四次全国人口普查相比，文盲率由 19.81% 下降为 11.53%，下降 8.28 个百分点。

2010 年，第六次全国人口普查资料显示：在全区常住人口中，具有大学（指大专以上）受教育程度的为 22233 人，占 4.57%；接受高中（含中专）教育的 52277 人，占 10.75%；接受初中教育的 230599 人，占 47.40%；接受小学教育的 149399 人，占 30.71%。

同 2000 年相比，每 10 万人具有大学受教育程度的由 1760 人上升为 4155 人；具有高中受教育程度的由 8096 人上升为 9769 人；具有初中受教育程度的由 40088 人上升为 43092 人；具有小学受教育程度的由 32982 人下降为 27918 人。

全区常住人口中，2010 年，全区 15 岁及以上人口 438708 人，文盲人口 23846 人，文盲人口占 15 岁及以上人口的 5.44%，同 2000 年第五次人口普查相比，文盲率下降 6.09 个百分点。

2000 年、2010 年罗庄区人口普查按性别分受教育程度情况表

表 2-5 单位：人

受教育程度	2000 年第五次全国人口普查			2010 年第六次全国人口普查		
	合计	男	女	合计	男	女
研究生	23	19	4	241	127	114
大学本科	1272	978	294	6628	3867	2761
大学专科	5965	3891	2074	15364	8987	6377
中专	9576	5480	4096	—	—	—
高中	23819	15947	7872	52277	32113	20164
初中	165345	90697	74648	230599	124961	105638
小学	136037	64903	71134	149399	69289	80110
扫盲班	5758	1901	3857	—	—	—
未上过学	37043	11451	25592	32003	9328	22675
总计	384838	195267	189571	486511	248672	237839

说明：统计范围为 6 岁及 6 岁以上人口

第三节 民族构成

2000 年，第五次全国人口普查资料显示：境内有 14 个民族，绝大多数为汉族，有少数民族 13 个，即：蒙古族、回族、藏族、维吾尔族、苗族、彝族、壮族、布依族、朝鲜族、满族、侗族、土家族、土族，少数民族人口 5238 人，其中回族人口最多 4983 人，占 95.13%，主要居住在盛庄街道花埠圈村；其他少数民族居住较为分散。2010 年，第六次全国人口普查资料显示：境内有 25 个民族，有少数民族 24 个，即：蒙古族、回族、藏族、维吾尔族、苗族、彝族、壮族、布依族、朝鲜族、满族、侗族、白族、土家族、土族、哈尼族、傣族、黎族、傈僳族、瓦族、拉祜族、水族、东乡族、布朗族、怒族，少数民族人口 6214 人。2013 年，罗庄区有 11 个少数民族，6893 人，占全区总人口的 1.3%。其中，回族 6800 人，满族 37 人，黎族 25 人，蒙古族 16 人，壮族 6 人，彝族 3 人，布依族 2 人，朝鲜族 1 人，苗族 1 人，白族 1 人，土家族 1 人。

第四节 城乡构成

2000 年，罗庄区农业户口人数和非农业户口人数分别为 336183 人、74584 人，非农业户口人数占总人口的比例为 18.16%；2010 年，农业户口人数和非农业户口人数分别达到 453375 人、76361 人，非农业户口人数占总人口的比例为 14.41%，较 2000 年下降 3.75 个百分点。2004 年 10 月 1 日起，取消农业户口和非农业户口户籍划分，统一登记为居民户口。

2000 年、2010 年罗庄区人口普查农业与非农业人口情况表

表 2-6　　　　单位：人

行政区域	2000 年				2010 年			
	总人口数	农业户口人数	非农业户口人数	非农业户口人数占总人口的比例（%）	总人数	农业户口人数	非农业户口人数	非农业户口人数占总人口的比例（%）
罗庄街道	91603	57165	34438	37.59	93751	51922	41829	44.62
傅庄街道	46351	39417	6934	14.96	45367	42917	2450	5.4
盛庄街道	67710	57188	10522	15.54	65134	54641	10493	16.11
汤庄街道	24952	21458	3494	14	24712	23108	1604	6.49
双月湖街道	22588	17014	5574	24.68	53232	40616	12616	23.7
册山街道	55975	50160	5815	10.39	55295	52898	2397	4.33
高都街道	46101	40730	5371	11.65	47766	45892	1874	3.92
罗西街道	55487	53051	2436	4.39	—	—	—	—
沂堂镇	—	—	—	—	46799	46355	444	0.95
褚墩街道	—	—	—	—	52665	51498	1167	2.22
黄山街道	—	—	—	—	45015	43528	1487	3.3
罗庄区	410767	336183	74584	18.16	529736	453375	76361	14.41

第五节　职业构成

2000 年，第五次全国人口普查按 10% 抽样调查显示：全区从业人口总数为 21837 人。其中，男性 12499 人，占从业人口 57.24%；女性 9338 人，占从业人口 42.76%。从业人员从事生产、运输设备操作人员及有关人员最多，为 8850 人，占全部劳动人口 40.53%。农、林、牧、渔、水利生产人员居第二位，占从业人口 37.76%。

2010 年，全国第六次人口普查按 10% 抽样调查显示：全区从业人口 30445 人。其中，男性 17330 人，占从业人口 56.92%；女性 13115 人，占从业人口 43.08%。从业人员中从事生产、运输设备操作人员及有关人员最多，为 11580 人，占全部劳动人口的 38.04%，同 2000 年相比下降 2.49 个百分点。农、林、牧、渔、水利生产人员居第二位，占从业人口 34.56%，同 2000 年相比下降 3.2 个百分点。

2000 年、2010 年罗庄区人口普查各类职业人员构成抽样调查情况表

表 2-7　　　　单位：人

职业分类	2000 年			2010 年		
	合计	男	女	合计	男	女
国家机关、党群组织、企业、事业单位负责人	508	455	53	426	331	95
专业技术人员	1272	711	561	1773	912	861
办事人员和有关人员	446	379	67	634	528	106
商业、服务业人员	2515	1494	1021	5485	3043	2442

续表 2-7

职业分类	2000 年			2010 年		
	合计	男	女	合计	男	女
农、林、牧、渔、水利业生产人员	8246	3607	4639	10523	4578	5945
生产、运输设备操作人员及有关人员	8850	5853	2997	11580	7919	3661
其他从业人员	—	—	—	24	19	5
总计	21837	12499	9338	30445	17330	13115

第六节　行业构成

2010 年，第六次全国人口普查按 10% 抽样调查显示：全区从业人员 30445 人。其中，第一产业从业人员 11215 人，比重为 36.84%，较 2000 年降低 0.92 个百分点；第二产业从业人员 11825 人，比重为 38.84%，较 2000 年下降 1.93 个百分点；第三产业人员 7405 人，比重为 24.32%，较 2000 年提高 2.85 个百分点。

2000 年、2010 年罗庄区人口普查各行业人口构成抽样调查情况表

表 2-8　　单位：人

2000 年		2010 年	
行业	人数	行业	人数
农、林、牧、渔业	8245	农、林、牧、渔业	11215
采掘业	682	采矿业	551
制造业	6701	制造业	8764
电力、煤气及水的生产和供应业	234	电力、燃气及水的生产和供应业	348
建筑业	1285	建筑业	2162
地质勘查业、水利管理业	6	交通运输、仓储和邮政业	1793
交通运输、仓储及邮电通信业	1316	信息传输、计算机服务和软件业	62
批发和零售、贸易、餐饮业	1666	批发和零售业	2781
金融、保险业	111	住宿和餐饮业	602
房地产业	5	金融业	134
社会服务业	415	房地产业	93
卫生、体育和社会福利业	203	租赁和商务服务业	105
教育、文化艺术及广播电影电视业	476	科学研究、技术服务和地质勘查业	20
科学研究和综合技术服务业	6	水利、环境和公共设施管理业	62
国家机关、政党机关和社会团体	377	居民服务和其他服务业	607
其他行业	109	教育	460
—	—	卫生、社会保障和社会福利业	244
—	—	文化、体育和娱乐业	70

续表 2-8

2000 年		2010 年	
—	—	公共管理和社会组织	372
—	—	国际组织	—
总计	21837	总计	30445

第七节　姓氏构成

罗庄区人口大姓与全国主要姓氏基本一致。随着境域内人口流动增加和婚姻地域范围扩大，姓氏数量随之逐渐增加。至2013年，姓氏数量由1995年的386个增加至461个，其中复姓7个。

2013年全区姓氏（按笔画为序）

二画

卜、乜、力、刁、丁

三画

于、卫、马、万、山、门、上、习、尤

四画

公、尤、凤、仇、从、元、卞、火、化、长、乌、仓、区、王、牛、毛、文、计、韦、见、木、贝、孔、邓、戈、巴、亢、支、月、车、井、开、水、尹、丰、方、亓、云、仁、风、户

五画

史、卢、宁、皮、古、丛、冉、丘、兰、主、布、玉、司、左、包、母、汉、可、记、令、艾、台、丝、白、叶、冯、召、田、申、平、玄、代、付、龙、甘、石、乐

六画

朱、全、伊、汤、米、师、回、那、危、问、伟、许、汲、曲、关、仲、朴、合、刚、安、邢、毕、祁、阳、自、竹、行、传、庄、阮、刘、孙、齐、牟、伦、会、闫、任、吕、乔、江、巩、阴、纪、伍、成、华、向、年、延、庆、吉、匡

七画

张、吴、苏、严、沙、来、利、良、君、陆、花、佘、言、宋、芦、邵、辛、狄、怀、李、谷、邱、步、陈、时、闵、何、连、岑、克、佐、初、里，邵、杨、邹、冷、肖、沈、杜、汪、阿、库、员、应、别

八画

范、武、国、罗、英、拓、孟、明、呼、庚、贤、卓、赵、周、庞、屈、欧、茅、苗、宗、郎、宝、邢、林、尚、季、单、岳、金、侍、苟、依、杭、波、练、夜、郁、和、居、竺、岩、郑、房、苑、易、降

九画

施、闻、贺、骆、洪、神、贲、封、皇、秋、弭、剑、美、革、荣、荆、项、泉、俞、宫、南、费、彦、柏、钦、查、柳、咸、胥、姜、信、侯、祖、胜、冠、姚、段、战、禹、律、将、茹、独、柯、恒、郝、娄、宣、祝、钮、郜、荀、院、胡、相、钟、修、类、贯

十画

诸、莫、钱、凌、聂、晁、贾、党、翁、栾、奚、顾、陶、原、晏、容、益、桑、徐、唐、席、柴、姬、晋、桂、都、铁、爱、泰、秦、倪、高、展、栗、郭、殷、耿、能、莱、袁、夏、班、候、涂

十一画

梁、商、崇、职、寇、谌、渠、曹、康、梅、常、宿、麻、接、续、符、盛、扈、章、崔、黄、龚、盖、戚、密、尉、屠、

萧、隋、逯

十二画

韩、蒋、惠、童、朝、舒、喻、董、曾、游、富、葛、斯、褚、鲁、谢、程、彭、傅、储、焦、敬、温

十三画

虞、路、梁、廉、新、鲍、楚、詹、窦、靖、溪、雷、蒿、甄、腾、靳、褚、简、赖、解、訾

十四画

廖、臧、管、熊、裴、蔺、慕、谭、翟、蔡、赫、漆、禚、阚

十五画

虢、暴、滕、樊、颜、潘、黎、颜、撒

十六画

穆、薄、霍、燕、嬴、衡、操、薛

十七画

魏、縻、戴、藏、鞠

十八画

瞿

复姓

上官、主父、司马、欧阳、夏侯、诸葛、端木

第三章　人口变动

第一节　自然变动

1995年，罗庄区出生人口5030人，人口出生率12.68‰；死亡人口1738人，人口死亡率4.38‰；人口自然增长率8.30‰。2000年，出生人口4699人，人口出生率11.39‰；死亡人口1961人，人口死亡率4.75‰；人口自然增长率6.64‰。2010年，出生人口7687人，人口出生率14.36‰；死亡人口2641人，人口死亡率4.94‰；人口自然增长率9.43‰。2013年，出生人口7439人，人口出生率13.83‰；死亡人口3029人，人口死亡率5.63‰；人口自然增长率8.20‰。

1995—2013年罗庄区人口自然变动情况表

表2-9　　单位：人

年份	总人数	年内出生人数	出生率（‰）	年内死亡人数	死亡率（‰）	年内自然增长人数	人口自然增长率（‰）
1995	396721	5030	12.68	1738	4.38	3292	8.30
1996	398766	4344	10.89	1758	4.41	2586	6.49
1997	403728	5786	14.33	1720	4.26	4066	10.07
1998	410061	8204	20.01	1950	4.76	6254	15.25
1999	411999	5014	12.17	1924	4.67	3090	7.50
2000	412454	4699	11.39	1961	4.75	2738	6.64
2001	417826	4216	10.09	1717	4.11	2499	5.98

续表 2-9

年份	总人数	年内出生人数	出生率（‰）	年内死亡人数	死亡率（‰）	年内自然增长人数	人口自然增长率（‰）
2002	420529	4702	11.18	2107	5.01	2595	6.17
2003	424629	4650	10.95	2188	5.15	2462	5.80
2004	426612	4429	10.38	1697	3.98	2732	6.40
2005	413143	4275	10.35	2417	5.85	1858	4.50
2006	412645	3702	8.97	2350	5.69	1352	3.28
2007	413373	3627	8.77	2149	5.20	1478	3.58
2008	369515	3502	9.48	1739	4.71	1763	4.77
2009	371196	3835	10.33	2775	7.48	1060	2.86
2010	535127	7687	14.36	2641	4.94	5046	9.43
2011	542002	5346	9.86	2206	4.07	3140	5.79
2012	544066	6543	12.03	4125	7.58	2418	4.44
2013	538079	7439	13.83	3029	5.63	4410	8.20

第二节 机械变动

罗庄区人口迁出和迁入包括女性嫁出、学生升学、职工调动工作、现役军人服役、务工或经商者等的户口外迁和迁入。1995年，全区迁入893人，迁出933人，机械增长率-0.102‰。2007年，全区迁入2647人，迁出3558人，机械增长率-2.204‰。2009年，全区迁入2829人，迁出2500人，机械增长率0.886‰。2011年，全区迁入3553人，迁出3699人，机械增长率-0.270‰。2013年，全区迁入3224人，迁出3971人，机械增长率-1.388‰。

第三节 流动人口

2000年，第五次全国人口普查资料显示，全区流入人口58075人。其中户口登记地在本市其他乡镇人数32062人，户口登记地在本省其他县市区的人数23011人，户口登记地在外省的人数3002人。户口登记在外省的人口分布全国29个省市自治区，其中黑龙江省886人，江苏省772人，吉林省264人，四川省176人，安徽省129人。

2010年，第六次全国人口普查资料显示，全区流入人口47845人。其中户口登记地在本省其他县市区的人数42944人，户口登记地在外省的人数4901人。户口登记地在外省的人口分布在全国30个省市自治区，其中黑龙江省1145人，江苏省776人，吉林省437人，河南省344人，安徽省282人，陕西省210人，山西省186人，内蒙古自治区169人，福建省142人，河北省133人，四川省131人，云南省113人，广东省109人。

第四章　婚姻　家庭

第一节　婚姻状况

2000年，第五次全国人口普查按10%抽样调查资料显示：全区15岁及以上人口30293人。其中，男性15139人，女性15154人。未婚人口7295人，初婚有配偶人口21006人，再婚有配偶人口499人，离婚人口109人，丧偶人口1348人。2010年，第六次全国人口普查按10%抽样调查资料显示：全区15岁及以上人口42374人。其中，男性21384人，女性20990人。未婚人口9077人，有配偶人口30794人，离婚人口321人，丧偶人口2183人。

2000年、2010年罗庄区人口普查分年龄组婚姻状况情况表

表2-10　　　　单位：人

年龄组（岁）	2000年					2010年				
	15岁及以上人口	未婚	有配偶	离婚	丧偶	15岁及以上人口	未婚	有配偶	离婚	丧偶
15～19	3546	3546	0	0	0	3092	3047	45	0	0
20～24	3463	2811	648	3	1	6602	4705	1878	18	1
25～29	4044	590	3428	21	5	3820	707	3082	28	3
30～34	3977	78	3864	25	10	3804	150	3599	48	7
35～39	3104	58	3015	19	12	4479	85	4316	64	14
40～44	2459	41	2371	6	41	4543	73	4362	54	54
45～49	2639	32	2547	10	50	3480	72	3302	45	61
50～54	1985	38	1874	6	67	2964	47	2801	16	100
55～59	1333	38	1190	4	101	3080	51	2812	20	197
60～64	1072	26	895	6	145	2060	46	1806	6	202
65及以上人口	2671	37	1673	9	952	4450	94	2790	22	1544
总计	30293	7295	21505	109	1384	42374	9077	30793	321	2183

第二节　家庭状况

历史上，人们总希望家庭人丁兴旺，常常用“子孙满堂”“四世同堂”来表述长辈的成功与幸福。随着社会的发展，家庭观念和结构也在变化。“上以事宗庙，下以继后世”的婚姻目的及“男主外、女主内”的传统观念逐渐消失，现代婚姻家庭以爱情为基础，丈夫与妻子共同承担家庭义务，家庭逐步呈现人口少、跟长辈共同居住少、单居制增多的趋势。同时，家庭关系稳定性减弱，婚外恋及离婚率上升。除传统家庭外，出现单身家庭、单亲家庭、空巢家庭等非传统家庭结构。随着家庭结构的变化，家庭构成以三人户、四人户居多。

2000 年，第五次全国人口普查资料显示：全区共有家庭户 115176 户，共 383888 人，平均家庭户规模 3.33 人。其中，一人户 9986 户，占 8.67%；二人户 18966 户，占 16.47%；三人户 35182 户，占 30.55%；四人户 31394 户，占 27.26%；五人户 14546 户，占 12.63%；六人户 3908 户，占 3.39%；七人户 944 户，占 0.82%；八人户 203 户，占 0.18%；九人户 34 户，占 0.03%；十人及十人以上户 13 户，占 0.001%。

2010 年，第六次全国人口普查资料显示：全区共有家庭户 163427 户，共 514724 人，平均家庭户规模 3.15 人。其中，一人户 15969 户，占 9.77%；二人户 34956 户，占 21.39%；三人户 52199 户，占 31.94%；四人户 39082 户，占 23.91%；五人户 14042 户，占 8.59%；六人户 5304 户，占 3.25%；七人户 1311 户，占 0.8%；八人户 416 户，占 0.25%；九人户 115 户，占 0.07%；十人及十人以上户 33 户；占 0.02%。

2000 年、2010 年罗庄区人口普查各镇、街道家庭户情况表

表 2-11

行政区域	2000 年家庭户			2010 年家庭户		
	总人数（人）	户数（户）	平均每户人数（人）	总人数（人）	户数（户）	平均每户人数（人）
罗庄街道	75117	23025	3.26	82190	26180	3.14
傅庄街道	45294	13874	3.26	45699	14408	3.17
盛庄街道	65847	19157	3.44	65093	21600	3.01
汤庄街道	24540	7405	3.31	25126	7844	3.20
双月湖街道	17825	5367	3.32	48436	16174	2.99
册山街道	55130	16903	3.26	55812	17200	3.24
高都街道	44819	13322	3.36	46739	14976	3.12
罗西街道	55316	16123	3.43	—	—	—
沂堂镇	—	—	—	47694	14715	3.24
褚墩镇	—	—	—	52716	15678	3.36
黄山镇	—	—	—	45219	14652	3.09
罗庄区	383888	115176	3.33	514724	163427	3.15

第五章　人口控制

第一节　机构

1995年2月，罗庄区计划生育委员会（简称区计生委）成立，为正科级行政单位。内设人秘科、计划统计科、科技科、宣传教育科、信访科、区直科。同年10月，区流动人口计划生育管理站、区计划生育调查大队设立，均为副科级事业单位。1998年12月，区计划生育协会设立，为正科级事业单位，隶属区计生委。2000年11月，区计划生育妇幼保健综合服务中心设立，为副科级事业单位。2002年1月，区计划生育委员会改称区计划生育局。2004年12月，区计划生育调查大队改称区人口和计划生育监察大队。2005年4月，区计划生育局改称区人口与计划生育局；流动人口计划生育管理站改称区人口和计划生育管理服务中心。至2013年12月，区人口与计划生育局内设办公室、发展规划科、宣教科、法规科、信访科、财务科、科技科、药具科。辖罗庄区计划生育协会1个正科级事业单位，辖区计划生育妇幼保健服务中心、区人口和计划生育监察大队、区人口和计划生育管理服务中心3个副科级事业单位。

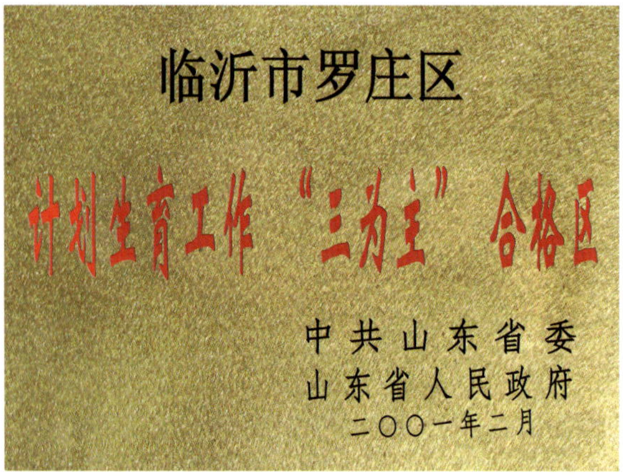

图2-1：2001年，罗庄区被省委省政府表彰为计划生育"三为主"合格区

第二节　计划生育政策

生育政策

1995年，罗庄区执行《山东省计划生育条例》，实行生育证制度，持有生育证的夫妻方可生育。提倡晚婚晚育、优生优育。"提倡一对夫妻只生育一个孩子，对确有实际困难或者特殊情况夫妻可以允许有间隔地再生育一个孩子，但无论什么情况都不准生第三胎"。夫妻双方均为独生子女的，经批准可以生育第二胎；只生育一个女孩，母女均为农业户口的，经申请可以按计划安排生育第二胎。2002年9月，罗庄区执行新颁布的《山东省人口与计划生育条例》，生育第一个子女实行免费登记制度。夫妻可以自行选择生育第一个子女的时间，在生育前到一方户籍所在地免费领取《计划生育服务手册》，凭手册享受计划生育优先优惠服务。只生育一个女孩，母女均为农村居民且以农林牧渔业收入为主要生活来源的，经区计划生育部门批准，可以生育第二个子女。同时，对违法生育的征收社会抚养费。2013年6月，取消"生育第二个子女的夫妻，女方为初育的须满25周岁，女方为再育的须满30周岁"的限制。

晚婚晚育政策

1995年起，罗庄区贯彻执行《山东省计

划生育条例》，提倡晚婚、晚育。男性年满25周岁、女性年满23周岁初婚的为晚婚。女性年满23周岁怀孕并按计划生育第一个子女的为晚育。男女双方晚婚的，除国家规定的婚假外，增加婚假2周；晚育的除国家规定的产假外，增加产假2个月。对实行晚婚晚育的农业人口，可以免去1年的集体义务劳动工。2002年10月起，执行新颁布的《山东省人口与计划生育条例》，鼓励公民晚婚晚育、少生优生。对晚育者，增加男方护理假7天。农民、城镇失业人员实行晚婚晚育的，由乡镇人民政府、街道办事处或者村（社区）民委员会给予适当奖励，并提供优先优惠计划生育技术服务。

奖励政策

1995年，报名领取“独生子女父母光荣证”的，从申请当月起至子女年满18周岁止，每月发给5元独生子女保健费。夫妻双方均为国家干部、职工的，由双方所在单位各负担50%。1996年起，独生子女保健费每月提高到10元。独生子女父母为国家机关、事业单位职工的，退休后加发本人标准工资5%退休金（退休金为100%不加发）。独生子女父母为企业职工的，退休时由所在单位按照设区的市上一年度职工年平均工资的30%发给一次性养老补助。对年满60周岁，符合计划生育家庭奖励扶助条件的夫妻，按照国家和省有关规定给予奖励扶助。对实行计划生育的夫妻、农村独生子女家庭和生育两个女孩已实施绝育手术的家庭在发展经济中，给予信息、资金、技术、培训等方面支持和优惠；对实行计划生育贫困家庭，在扶贫贷款、扶贫项目、社会救济、划分宅基地等方面给予优先照顾。对独生子女残疾、死亡后未再生育并且未收养子女的夫妻以及其他符合特别扶助条件的夫妻，按照国家和省有关规定给予特别扶助。对独生子女死亡后未再生育并且未收养子女的夫妻，原独生子女父母奖励待遇不变；享受最低生活保障的，给予高出最低生活保障线三分之一的照顾。对领取“独生子女父母光荣证”后又生育的，由发证机关注销光荣证，停止凭证享受的各种优待，并追回领取的各种奖励。2002年7月，区委、区政府印发《关于进一步加强人口与计划生育工作的决定》，强调进一步完善计划生育利益导向机制和社会保障制度，认真落实计划生育优待优惠奖励政策。同时由计划生育部门、卫生部门、民政部门、教育部门、广播电视部门、建设部门、工商部门、劳动和社会保障部门对独生子女或独生子女家庭的优惠政策做出明确规定。2005年，区委、区政府印发《关于开展对农村部分计划生育家庭实行奖励扶助制度工作的意见（试行）》《罗庄区农村部分计划生育家庭奖励扶助工作方案》，规定对第一批实行计划生育且年满60周岁的农民家庭，由财政拨款，发放奖励扶助基金。同年7月15日，全区首批符合计划生育政策的191名农民每人每年获得600元奖励扶助。2006年7月，243名年满60周岁、符合计生政策的农民受到扶助奖励。至2013年底，全区1136名年满60周岁、符合计划生育政策的农民受到扶助奖励。

第三节　计划生育管理

工作目标管理

责任目标　1995年，实行人口与计划生育目标责任管理制度，区委、区政府每年与各乡镇（街道）及机关、企事业单位层层签订《人口与计划生育目标管理责任书》，坚持党政一把手亲自抓，负总责。主要责任目标有人口出生率、计划生育率、女性初婚晚婚率、晚育率等，乡镇经市验收达到“三为主”（以宣传教育为主，经济处罚为辅，以避孕节育为主，补救措施为辅，以经常性工作为主，突击活动为辅）标准且80%以上的村达到“三为主”合格村标准。至2013年，《人口与计划生育目标管理责任书》内容不断修订、充实和完善。

图 2-2：2008年度罗庄区人口与计划生育奖惩兑现大会（2009年2月　摄）

考核　1995—2013年，每年年终，乡镇、街道都将《计划生育目标管理责任书》落实执行情况，书面向区委、区政府报告。半年时，乡镇、街道计生办向区计划生育工作领导小组办公室书面报告执行情况。区计生办工作领导小组每年对乡镇、街道《责任书》执行情况进行四次考核，4月、7月、10月、12月各一次，年终综合计算各乡镇、街道考核结果和名次，作为乡镇、街道的政绩和主要负责人实绩。

奖惩　1995年始，坚持落实计划生育“一票否决”制度。区委、区政府每年召开全区人口与计划生育奖惩兑现大会，对完成计划生育目标任务好的乡镇、街道、区直部门、村（社区）和计划生育先进个人给予表彰奖励；对未完成责任目标的、计划生育工作不力或问题严重的、省、市考核不达标的乡镇、街道、村（社区），分别给予重点管理、黄牌警告、工作警告；列入重点管理的乡镇、街道、区直部门、村（社区）各项工作实行“一票否决”，取消该单位本年度一切评先受奖资格；对“一票否决”的单位由上级党委、政府给予通报批评，责成领导班子写出书面检查，党政主要负责人及分管负责人、计生办主任年度内不得提拔、重用、晋级。1997—2000年，区委、区政府表彰4批“三为主”合格村241个，表彰3批“三为主”模范村58个。2001—2013年，区委、区政府表彰计划生育标兵村（社区）47个，表彰计划生育模范村（社区）548个，表彰计划生育合格村（社区）30个，表彰计划生育进步村（社区）153个。1996—2013年，3个乡镇、街道、382个村（社区）及单位被区委、政府列入重点管理；6个乡镇、街道、246个村（社区）及单位受到区委、区政府黄牌警告；3个街道、10个村（社区）受到区委、区政府通报批评或工作警告。

生育计划管理

1995年，落实1988年颁布实施的《山东省计划生育条例》，对一胎、二胎实行生育证制度，持有生育证的夫妻方可生育。依法结婚后要求生育第一个孩子的，由夫妻双方申请，所在村（社区）报乡镇人民政府、街道办事处批准发给生育证；符合《条例》规定要求再生育子女的，由夫妻双方申请，经乡镇人民政府、街道办事处审核，报区计划生育主管部门批准发给生育证。2002年9月，《山东省人口与计划生育条例》颁布实施，规定生育第一个子女实行免费登记制度，生育第二个子女实行行政审批制度。一胎《计划生育服务手册》由所在村（社区）或单位申报，乡镇人民政府、街道办事处登记发放；二胎生育证由女方户籍所在地的区级计划生育主管部门审批发放，区计生局负责二胎生育指标的审批发放工作。区人口计生部门严格执行生育证的审批、发放、管理制度，并对乡镇、街道计生部门的人口计划执行情况进行指导、监督、考核，确保生育指标全部落实到村（社区）单位、发放到人。

已婚育龄妇女管理

1995年起，建立已婚育龄妇女档簿，根据管理对象生育信息变更情况，进行分类指导、动态监控。1997年，全区8万余名已婚育龄妇女信息全部录入计算机，建立已婚育龄妇女基础信息档案。在育龄妇女信息系统使用过程中，罗庄区在全市率先推广应用育龄妇女指纹信息系统。2002年，实现已婚育龄妇女信息专线联网，建成集信息采集、网上传输、综合分析、信息发布、育龄妇女综合管理、流动人口异地查询为一体的信息综合管理系统。至2013年，全区基本形成国家、省、市、区、镇（街道）联网的已婚育龄妇女计划生育信息网络系统。1995—2013年，区、乡镇（街道）两级计生服务站每年开展4次育龄妇女查环查孕健康查体，每年查体34万余人次。

1998—1999年，开展“六清理六治理”（清理出生人口瞒报漏报，治理基层弄虚作假问题；清理计划外怀孕外逃，治理违法生育问题；清理党员干部违纪超生，治理党员干部违法违纪生育处理不到位问题；清理违反政策生育欠缴的社会抚养费，治理社会抚养费征收不及时、不到位的问题；清理节育手术“欠账”，治理避孕节育措施不落实问题；清理各种计划生育合同押金、保证金和村民自治中与“一法三规一条例”相违背的条款，治理乱收费、乱罚款等问题）和“五查五看”（查验户口信息、看育龄妇女档案信息是否存在差错；查验医院出生医学证明签发信息、看是否存在出生漏错报问题；查验节育手术证明、看避孕措施落实情况；查验社会抚养费征收票据、看社会抚养费征收情况；查看违法生育处理处罚资料、看党员干部违法生育处理处罚是否到位）计划生育集中整治活动。共清理出生瞒报漏报216例、育龄妇女漏管110例、违法生育处理处罚不到位43例、违法怀孕落实补救措施768例、落实长效避孕措施1123例。

2000年6月，区政府办公室印发《关于在全区农村推行计划生育村民自治的意见》，建立健全“依法建制、村务公开、民主管理、综合服务”的工作机制，规范落实计划生育村民自治“五个一”（一个《章程》揽全局，一个合同管到底，一个监督做保障，一个公开解难题，一个服务争满意）措施，充分发挥村党支部、村民委员会和专兼职计生人员作用，调动计划生育协会和工会、共青团、妇联、民兵等群众团体及志愿者队伍积极性，做到群众自我教育、自我管理、自我服务。确定全区2000年30%、2001年40%、2002年50%的村达到村民自治先进村标准，同时广泛开展村民自治“合格村”“模范村”创建活动。2000—2013年，区委、区政府先后表彰计划生育标兵村28个，模范村151个，合格村79个。

2001年，开展出生婴儿性别比专项治理活动，区委、区政府印发《关于控制出生婴儿性别比十项管理制度》《关于进一步做好控制出生人口性别比专项治理工作的实施方案》，严把六个关口，即：严把孕情跟踪关，做好持证育龄妇女的生育全程监控，落实孕情随访服务制度；严把流引产审批关，严格控制持证随意终止妊娠，落实终止妊娠报告审批制度；严把“生育证”审批关，落实“生育证”审批发放制度；严把接生、流引产审验计生证明关，做好医疗卫生信息的通报审核，确保审验制度落实到位；严把终止妊娠类药物流通、使用关，确保专营专管；严把B超机的使用管理关，坚决堵塞造成选择性别流引产漏洞，落实B超机使用管理制度。2011年，区委办公室印发《关于进一步加强全区出生人口性别比综合治理工作的实施意见》，成立区综合治理出生人口性别比工作领导小组。由纪委牵头，抽调政法、公安、法院、食药监、工商、检察、民政、计生等部门相关业务人员成立打击“两非”办公室，定期对全区医疗市场、医疗机构、个体门诊的B超机管理使用、药物出售、私自终止妊娠、私自开展计划生育手术等情况进行调查，发现问题及时立案并移交相关司法部门处理。先后查处非法持B超机门诊3家、非法行医点3个、非法开展计生手术门诊4个、非法药店2个。全区出生婴儿性别比（女性为100）由1995年的129.43，下降到2013年的116.67。

2004年，区委、区政府印发《罗庄区关于创建全省计划生育优质服务先进区的实施意见》《罗庄区关于开展创建计划生育优质服务先进区、街道、先进村的实施意见》和《罗庄区创建计划生育优质服务先进区指导细则》，召开全区创优动员大会，层层签订《创优责任书》，把创优工作作为“一把手”工程纳入重要议事日程。2006年10月31日，省计划生育优质服务先进县区评估验收组对全区计划生育四项效果指标、七项工作指标和四项保障指标进行现场评估验收，罗庄区以999.6分的总成绩，争创为第四批“山东省计划生育优质服务先进区”。

2005年3月，开展计划生育“四清理、四落实”（清理出生人口瞒漏错报，落实处理处罚措施；清理节育手术欠账和对节育手术鉴定，落实避孕节育措施；清理政策外怀孕和外出躲避户，落实补救和管理措施；清理选择性终止妊娠，落实孕情跟踪服务措施）专项集中活动。清理出生瞒漏报187例，落实避孕节育措施1840例，查实持人口计划未经批准私自终止妊娠62例，没收《计划生育服务手册》和“生育证”54例。

2010年，区政府办公室印发《关于进一步加强未婚青年计划生育教育管理工作的意见》，对全区年满18周岁以上未登记结婚的未婚青年建档管理，按照村民自治服务模式实行合同化管理。2010年7月，印发《关于落实未婚青年计划生育教育管理包保责任和考核奖惩实施意见》，明确区、镇（街道）、村（社区）、企业单位的主要任务和工作职责，层层落实包保责任制。2011年2月，区委、区政府印发《关于加强未婚

图2-3：罗庄区迎接省计划生育优质服务先进区评估验收动员会（2006年9月 摄）

青年婚育教育管理强化责任追究的意见》，对在包保过程中存在未婚青年漏管严重、督办婚姻不到位、未婚妊娠未及时落实补救措施、非婚生育处理处罚不到位、应纳入育龄妇女管理未管理、不履行责任导致非婚生育六项问题的镇（街道）、村（社区）主要责任人给予问责，对包保责任人和当事人给予追究经济责任。通过治理，非婚生育人数占违法生育总数的比例由2009年36.1%下降到2013年的8.28%。

流动人口生育管理

1995年，区政府印发《罗庄区流动人口计划生育管理暂行办法》，开展流动人口登记管理工作，实施流入流动人口暂（寄）住证制度。按照“属地管理”和“谁用工谁负责、谁受益谁管理、谁地盘谁清理”的原则，落实计生、公安、工商、税务、劳动、城建、个体劳协等部门在流动人口计划生育管理中的职责，把好外出关、流入关、居住关和从业关，把流入流动人口管理工作纳入各乡镇年度目标管理考核内容。

1999年，区计生委印发《流动人口属地单位计划生育管理意见》，规定成年育龄妇女在流出时，必须办理国家统一标准的“流动人口婚育证明”；与已婚育龄妇女签订合同，要求其每季度提供一次妇检证明；与未婚育龄妇女签订合同书，每半年提供一次联系函。同年，依据《山东省流动人口计划生育信息计算机管理实施方案》，区、乡镇（街道）两级计生部门统一安装“流动人口计划生育信息计算机管理系统”软件，乡镇（街道）、村配备流动人口计划生育专管员，加强与流入、流出地的联系，建立流动人口管理档案。2004年，区计生局制定《城区流动人口计划生育技术服务免费暂行办法》，按照居住地管理、同等待遇、费随事转、费随事走的原则，使流动人口享受与当地居民同等待遇的免费查孕查环、发放避孕药具、计划生育技术服务等服务政策。2005年1月起，罗庄区启用《山东省流动人口避孕节育情况报告单》，免费向流入已婚育龄妇女发放，取消流动人口婚育证明收费。同年5月，罗庄区在罗庄街道韦姜屯社区试点推行流动人口计划生育全员管理，以居民楼为单位，入户调查摸底建档，运用“城区流动人口计划生育管理服务系统”软件，实现户况信息化管理。同时公开选聘计划生育小组长、楼长25人。9月，全市城区和流动人口现场会在韦姜屯村召开。2007年，依据《山东省流动人口计划生育信息管理规范》，罗庄区全面启用省流动人口计划生育信息交换平台，及时掌握流动人员动态，客观分析情况，探索出“分类管理、综合施治”的流动人口计划生育管理模式，建立计生系统上下之间、职责部门横向之间、流入流出地双向之间计划生育“一盘棋”管理机制，全区流动人口计划生育发证率、建档率、审验率、信息联系率均98%以上。2009年4月，区政府办公室先后印发《罗庄区企业计划生育管理规定》《罗庄区流动人口管理办法》等文件，在罗庄、盛庄街道推行计划生育属地化、网格化管理，对全区1008家企事业单位、147个新建小区调查摸底建档。2012年4月，在罗庄、盛庄街道社区试点推行网格化管理服务模式，设立一级网格2个（街道），二级网格（工作区）18个，三级网格（村、社区）68个，四级网格（坐落于社区的企事业单位和小区）156个，五级网格（每100户或300人）961个。与辖区内属地单位签订计划生育目标管理责任书1123份，聘任协管员326人。同年7月，全市城区企业、流动人口计划生育服务管理交流现场会在罗庄召开。2013年5月，严格落实流出地和流入地双向管理、双向考核制度，加强信息采集和交换，积极有序地推进流动人口计划生育基本公共服务均等化，流动人口计划生育双向服务管理落实率97%。

第四节　计划生育服务

队伍建设

1995年，全区乡镇以上计划生育专职工作人员221人。村级各类计划生育人员675人，计划生育协会组织234个，会员4.1万人。2002年，区委、区政府印发《关于加强全区街道村计生队伍建设的意见》，按照省、市关于基层计生专职队伍“四化”（女性化、年轻化、知识化、专业化）标准和“六个必须”（必须达到“四化”标准、必须实行竞争上岗、必须统筹发放工资、必须持证上岗、必须市区备案、必须交叉任职）的要求，面向社会公开选配217个村的计生主任和服务员。2011年，区委办公室、区政府办公室印发《村居计划生育专职主任星级化暂行管理办法》和《关于村居主要负责人任期内计划生育责任管理意见》，进一步加强村级计划生育专职队伍建设，完善“区管、镇（街道）聘、村（社区）用，待遇、退休与政绩挂钩”的管理机制，评选三星级模范村、二星级模范村、一星级模范村，增加计生专职主任待遇，提高日常服务管理工作的积极性。至2013年，全区计划生育专（兼）职工作人员644人，其中区、镇（街道）264人。

服务站、室建设

1995年2月，全区各乡镇设有计划生育服务站，主要开展避孕节育、优生优育、查环查孕等技术服务。同年6月，区计划生育服务站成立，负责全区计划生育、避孕节育、优生优育等科普知识的宣传、普及、推广和对计划生育技术人员教育培训，对乡镇计划生育技术服务工作进行指导。1995—1997年，开展计划生育服务站达标活动，先后投入600万元，建起6个高标准的乡镇技术服务楼，配备各种技术服务器械。按照省计生委的要求，开展创建村级服务室活动，在全区225个村建立设施齐全、管理规范的计划生育服务室。1996年，傅庄镇计划生育服务站被省计生委命名为省级计划生育科技工作先进单位。1997年，罗庄镇、盛庄镇、罗西乡计划生育服务站通过市级优秀服务站达标检查验收。

2000年11月，区计生服务站和区妇幼保健站“两站合一”，成立罗庄区计划生育妇幼保健综合服务中心（简称区计生服务中心）。投资300万元，建起1座建筑面积3000平方米的服务大楼。8个乡镇、街道先后共投入1000余万元，新建、改建、扩建计生服务中心，配备先进的医疗设备，217个村按照规定标准建立服务室。

2002年6月，区计生服务中心取得“医疗机构执业许可证”，同年10月，取得“计划生育技术服务机构执业许可证”。2004年6月，取得“母婴保健技术服务执业许可证”。

2006年，投入100万元，改造装修区计生服务中心办公用房，优化住院条件，设置“生殖保健服务中心”“计划生育技术服务中心”“不孕不育诊治中心”和“宣传培训中心”4个服务中心。引进彩超机、无痛式可视流引产仪、肛肠治疗仪、全自动心电监护仪等高科技医疗设备，配备高档流动式技术服务车1辆。是年，各街道卫生和计划生育办公室按照《计划生育技术服务标准》，配备全自动可视流产取环仪、彩超机等先进仪器设备。至2013年，区计生服务中心有高、中级专业技术人员48人，设医疗床位10张，配备血液分析仪、半自动生化分析仪、乳腺治疗仪、血铅分析仪、红外线乳透机、微波治疗仪、全自动心电监护仪、万能手术床、肛肠治疗仪、精液分析仪、彩超机等先进仪器设备。主要开展计划生育技术服务、免费婚前健康查体、免费孕前健康查体、优生优育咨询、“两癌”（宫颈癌、乳腺癌）早期筛查、妇科病诊治等服务项目。

优生优育服务

1995年，贯彻执行《山东省计划生育条例》，提倡优生优育，开展“优生、优育、优教”宣传教育。2000年11月起，实行婚前医学检查。凡申请结婚登记男女双方，到区妇幼保健中心查体，合格后到婚姻登记处办理结婚登记手续。对直系血亲和三代以内的旁系血亲，以及患有医学上认为不应结婚疾病患者，不允许结婚。各乡镇、街道组织申请结婚男女青年和申请生育育龄妇女到人口学校，学习优生、优育和生殖保健知识。区计生服务中心设有孕前检测门诊，为孕前夫妇提供孕前遗传与疾病筛查。对怀孕3个月的妇女，建立孕期保健档案，纳入孕期保健管理与服务。2001年起，增设孕前优生“四项监测”，即风疹病毒、单纯疱疹病毒、巨细胞病毒、弓形体监测项目，开展病残儿家庭二胎优生监护，建立优生监护档案，实行跟踪监护治疗。2011年起，对全区准备怀孕的农村妇女免费增补叶酸（斯利安）片，预防和减少新生儿神经管畸形、唇裂等出生缺陷的发生。广泛宣传和健康教育，目标人群增补叶酸知识知晓率、叶酸服用率和叶酸服用依从率均90%以上。2012年起，全面推开免费孕前优生健康检查项目，建立起村（社区）、镇（街道）、区分级负责的“信息摸底—健康教育—优生检查—评估建档—高风险人群随访”出生缺陷干预模式。至2013年，免费孕前优生检查2.08万人次，免费发放叶酸1.3万人次。

避孕节育服务

利用人口学校、广播、电视、宣传图片等形式，对育龄群众进行生育政策、生理卫生、生殖保健和避孕知识普及教育。让育龄群众了解生理卫生、生殖健康等基本知识，掌握5种以上避孕方法和避孕原理与适应症、禁忌症、注意事项、常见副反应及处理方法、避孕有效率和优缺点，实现双向知情。服务者知晓服务对象的健康状况、生育状况、避孕知识掌握程度和心理适应能力。服务人员与育龄者进行面对面交流，根据每位育龄者实际情况进行个性化咨询与指导，有针对性地宣传避孕知识，帮助服务对象对避孕方法安全性、适宜性进行充分比较，指导育龄群众选择最适合自身特点的避孕方法。进行常规身体检查。根据需要对育龄群众进行常规的身体检查，如妇科检查、化验、B超等其他辅助检查。自主选择避孕节育方法。尊重个人选择意愿，使育龄群众在充分知情的基础上，在国家政策范围内自主选择适合自身特点的避孕节育方法。2001—2004年，区计生服务中心接诊服务10.4万人次。

计生药具服务

1995年起，规范药具管理，区与乡镇、乡镇与村药管员层层签订药具目标管理责任书，村药管员与药具长期使用对象签订药具供需合同书，免费提供避孕药具。2001年10月，贯彻执行国务院《计划生育技术服务管理条例》，计划生育服务实行国家指导和个人自愿相结合的原则，在育龄妇女落实节育措施前签订知情选择书。对农村实行计划生育育龄夫妇和流入境内已婚育龄夫妇，免费提供查环、查孕、放取环、男女绝育等技术服务，所需经费由区财政支付。同时规范区、乡镇（街道）、村药具管理服务，区设药具站，乡镇（街道）设药管室，村配备药具橱，严格药具发放领取程序，加强避孕药具账务管理，做到账账相符、账物相符。2013 年，在全区开展“村级计划生育药具管理规范化项目”工作，全区投入 10 万元，设置自动售套机 19 台，统一订购免费发放标志 19 个，送药具箱 310 个，下发“一证通”500 余人，IC 卡 100 个。

第五节　计划生育宣传

宣传教育网络

1995 年，各乡镇利用广播喇叭、过街帘等形式对群众进行宣传教育。1998 年，区计生委设宣传教育科，各乡镇计生办配备计划生育宣传员，各行政村设专（兼）职宣传员，全区各乡镇、村（社区）建立一室多用人口学校，并配备电视、VCD、电脑等电化教学设备。2000 年后，各村（社区）建成计划生育宣传标语一条街——“墙体标语”，办公室院内外设置宣传栏、阅报栏、公示栏、黑板报，每月更新宣传内容，村、社区广播喇叭定期播放宣传内容。

教育培训

罗庄区先后于 1996 年、1998 年、2001 年开展 3 次大规模乡镇（街道）及村（社区）计划生育干部培训，培训干部 6250 人次；举办各级各类计划生育学习、培训班 3000 余期，培训 10 万余人次。1998 年始，乡镇（街道）计生办及村均利用人口学校，将不同婚育状况育龄群众按年龄分别编入青春期班、孕产期班、新婚期班、育儿期班、更年期班开展“五期教育”，内容涉及人口理论、婚育知识、计划生育政策法规、优生优育知识。累计培训育龄群众 120 万人次，育龄群众参学率 85% 以上。2000 年后，根据全省统一安排，多批次组织全区初中及以下学历的村（社区）计生专职主任、计生服务员免费参加省人口学校中专函授班学习。2003 年 11 月，在全省乡、村计生专干中专函授教育经验交流会上介绍经验，被省计生委授予“全省计划生育中专函授教育先进单位”称号。

宣传活动

1995 年起，以宣传计划生育政策法规和优生优育、晚婚晚育、计划生育婚育知识为内容，在《中华人民共和国计划生育法》和《山东省人口和计划生育条例》颁布日，计生协会“5·29”会员活动日及“7·11”世界人口日，元旦、春节、元宵节等节假日，通过张贴标语、悬挂宣传条幅、印发宣传材料、举办展板展览和知识竞赛、组织计生科技下乡服务和计生文艺演出、设置宣传咨询展台、组装宣传车等宣传形式，广泛开展计划生育宣传活动。利用报刊、广播、电视等宣传媒体，广泛宣传计生政策。每年制作一期电视专题片在罗庄电视台播放。2002 年后，以计划生育宣传品为载体，实施计划生育知识进家入户工程，开展婚育新风进万家活动。至 2013 年，累计投入 200 余万元，印制各类宣传品 520 万份，发放到育龄群众家庭。持续不断深入的计划生育宣传活动，促进传统婚育观念的转变，人民群众遵守计生政策法规自觉性提高。

1995—2013年罗庄区计划生育基本情况表

表2-12　　　　　　　　　　　　　　　　　　　　　　　　单位：人

年份	初婚人数	晚婚		已婚育龄妇女		出生					出生性别比（女性=100）
		晚婚人数	晚婚率（%）	人数	综合避孕率（%）	总人数	计划内出生数	计划外出生数	出生率（‰）	计生率（%）	
1995	1900	1887	99.32	63142	94.37	1957	1899	58	4.95	97.04	129.43
1996	2274	2257	99.25	73235	93.57	2841	2749	92	7.14	96.76	140.15
1997	2668	2655	99.51	76051	92.67	3274	3251	23	8.16	99.30	142.16
1998	3702	3667	99.05	89706	88.10	4329	3744	585	10.54	86.49	122.34
1999	3436	3400	98.95	87076	89.71	4043	3958	85	9.84	97.90	116.78
2000	2963	2922	98.62	86217	91.92	4065	3976	89	10.01	97.81	112.49
2001	6226	6142	98.65	87288	90.12	4043	3997	46	9.89	98.86	106.70
2002	2940	2756	93.74	83599	93.07	4595	4543	52	11.19	98.87	106.33
2003	3022	2248	74.39	85338	89.85	4301	4247	54	10.51	98.74	105.49
2004	2932	2115	72.14	86915	88.28	4884	4784	100	11.91	97.95	108.10
2005	1862	1531	82.22	86496	89.46	4604	4452	152	11.16	96.70	106.92
2006	2497	1860	74.49	86577	89.65	3793	3782	11	9.18	99.71	105.47
2007	2104	1499	71.25	86118	90.15	4195	4147	48	10.15	98.86	106.24
2008	2015	1423	70.62	77910	90.32	3497	3445	152	9.51	95.77	112.46
2009	3440	1770	51.45	79481	89.33	4331	3557	774	11.69	82.13	136.15
2010	4169	2091	50.16	91608	90.05	5453	4325	1128	12.86	79.31	135.04
2011	4943	2564	51.87	115283	90.27	5829	5349	480	10.80	91.77	113.20
2012	3970	2253	56.75	114736	90.40	5606	5208	398	10.33	92.90	114.38
2013	3770	2424	64.30	112276	88.33	5577	4923	654	10.41	88.27	116.67

第三编　城乡建设

Part 3: Urban and Rural Construction

罗庄新貌（2013年5月　区摄协供稿）

观天下花园（2008 年 9 月　区摄协供稿）

1995年，罗庄区按照“高起点规划、高速度配套、高标准建设、高水平管理”的方针，编制《罗庄区分区规划（1995—2020年）》和区行政中心修建性详细规划，城区规划控制面积10平方千米，城建规划开始实施，区行政办公大楼、人民检察院等单位办公楼、人民广场、花园小区安居工程逐步建设，道路、供水、排水、照明、绿化等基础设施建设加快，城区建设框架初步形成。1999年12月，编制完成乡镇政府、街道办事处驻地和村庄建设规划，全区城镇化和农村小康屋建设步伐加快。2006年，罗庄区城乡建设进入大建设、大发展、大提升时期，大力实施“西扩、东进、北接、南展”战略，先后开展“城市建设管理年”“生态区建设年”活动，打造“生态罗庄”“宜工、宜贸、宜居罗庄”，陆续新建、改造和拓宽一批城乡道路，升级改造供水、排水、供热、供气、绿化、亮化、污水管网等系统，旧村改造和住宅小区开发建设全面启动，实现硬化道路、自来水“村村通”。2010年后，罗庄区制定“一环三带、两心两轴、三廊四区”总体规划方案，城市规划面积为59平方千米，规划控制率100%。至2013年，城区建成面积45平方千米，城镇化水平59.9%。城区主要道路39条，总长度188.7千米，形成“六纵六横”城区道路网络，构建成外围成环、内部成网的城乡路网体系。全区97个村（社区）完成旧村改造，新建商品住宅小区53个（300户以上）、35950户。绿地率、绿化覆盖率、人均绿地面积分别42.7%、47.7%和12.1平方米。

第一章　机构

第一节　罗庄区住房和城乡建设局

1995年2月，罗庄区建设委员会（简称区建委）成立，为正科级行政单位。内设人秘科、财务科、施工科、城建科、乡建科、房地产科、规划管理处、城市建设监察大队、建筑企业管理站、建设工程质量监督站、建设工程安全监督站、建设工程招标投标办公室、规划建筑设计室。1997年3月，罗庄区住房改革办公室设立，为副科级事业单位，隶属区建委；1999年4月，区住房改革办公室更名为罗庄区房地产管理局，升格为正科级事业单位；城市建设监察大队升格为副科级事业单位。2002年1月，区建委改称罗庄区建设局。同年7月，罗庄区园林管理处、罗庄区市政公用事业管理处、罗庄区工程建设管理处设立，均为副科级事业单位，隶属区建设局；同时，罗庄区规划管理处设立，为副科级事业单位。2007年12月，罗庄污水处理项目管理办公室设立，为副科级事业单位；罗庄区拆迁办公室设立，为正科级事业单位；同时，撤销罗庄区规划管理处。2010年3月，罗庄区建设局改称罗庄区住房和城乡建设局（简称区住建局）。同年6月，罗庄区环境卫生管理处设立，为正科级事业单位，隶属区住建局；罗庄区园林环卫管理处改称罗庄区园林处，与罗庄区市政公用事业管理处一同升格为正科级事业单位。2012年12月，罗庄区拆迁办公室改称区政府房屋征收办公室。至2013年12月，区住建局内设人秘科、财务计统科、村镇建设管理科、基本建设管理科（挂建筑市场管理科牌子）、城镇管理科、房地产业管理科6个科室。辖罗庄区房地产管理局、罗庄区园林处、罗庄区市政公用事业管理处、罗庄区政府房屋征收办公室、罗庄区环境卫生管理处5个正科级事业单位；辖罗庄区城市建设监察大队、罗庄区工程建设管理处、罗庄区污水处理项目管理办公室3个副科级事业单位。行政编制15人，事业编制116人。

第二节　临沂市城市管理局罗庄分局

2004年11月，临沂市城市管理行政执法局罗庄分局成立，加挂临沂市城市管理行政执法局罗庄大队牌子，为正科级事业单位。内设办公室，辖2个执法中队。2010年2月，临沂市城市管理行政执法局罗庄分局改称临沂市城市管理局罗庄分局，加挂临沂市城市管理局城建监察支队罗庄大队牌子。内设办公室、机动中队，下设罗庄执法所、傅庄执法所、盛庄执法所、高都中队、册山中队。编制20人。至2013年12月，机构无变动。

第三节　临沂市规划局罗庄分局

1995年8月，临沂市城市规划管理局在罗庄区设立罗庄规划管理所，为副科级事业单位，编制3人。1998年8月，罗庄规划管理所改称罗庄规划管理处，升格为正科级单位。2002年8月，罗庄规划管理处改称临沂市规划局罗庄分局，编制4人。至2013年，机构无变动。

第二章　城乡规划

第一节　城市总体规划

1995—2013年，罗庄区城区范围内的总体规划由临沂市规划局统一制定，罗庄区协助实施。

《临沂市城市总体规划（1996—2010年）》

1997年，由武汉城建学院组织修编。1999年2月，经山东省人民政府批准实施。城市规模：到2000年，城市人口50万人，城市建设用地55平方千米；到2010年，城市人口70万人，城市建设用地70平方千米。城市规划区：东至九曲镇东侧沿海铁路，西至京沪高速公路，南至罗庄镇、傅庄镇辖区边界，北至南坊青年路，总面积409平方千米。城市规划布局：采用组团式结构，由兰山、罗庄、河东三区及南坊片组成。兰山区向西北发展，河东区适度向东北发展，罗庄区和南坊片适度向西发展。兰山区是城市政治、文化、科技、信息、金融、贸易中心，罗庄区是城市能源、建材、化工、纺织工业基地，河东区是城市物资集散、仓储转运、批发贸易及基础设施基地，南坊片是城市文教、体育、科研和休闲疗养基地。城市商贸中心在解放路商业街基础上配套完善；行政中心位于沂蒙路东侧、沂州路以西；文化中心位于临西一路以东、银雀山路以南、沂蒙路以西、开阳路以北。

《临沂市城市总体规划（2005—2020 年）》

2004 年，由中国城市规划设计研究院修编；2010 年 10 月，由住房和城乡建设部审查通过。

城市规划区范围。城市规划区范围为临沂市区行政管辖范围，包括兰山区、罗庄区、河东区和临沂高新技术产业开发区、临沂经济技术开发区，面积 1748.63 平方千米。规划确定中心城区开发边界范围北至北外环、西至京沪高速公路、东至联邦路、南至南外环，面积 543.3 平方千米。

城市规模。到 2020 年，临沂中心城区城市人口规模达到 260 万人，建设用地规模 287 平方千米。

城市空间和功能布局结构。以沂河为轴，构建“一河五片”组团式空间布局结构。中心城区由 5 个功能片区组成，包括兰山片区、罗庄片区（含高新区）、河东片区、北城片区、临沂经济技术开发区。规划确定罗庄区以能源、建材、化工、纺织工业和高新技术产业为主。

2007 年 2 月，根据临沂高新技术产业开发区发展状况，临沂市规划局对《临沂城市总体规划》进行修订，提出“一河六区”规划，即以沂河为中心城市发展轴，分为兰山片区、罗庄片区、临沂高新技术产业开发片区、河东片区、南坊片区、东南片区六个发展片区。

第二节　城市区域规划

1995 年，罗庄区编制完成《罗庄区分区规划（1995—2020 年）》和区行政中心修建性详细规划。2006 年，实施“西扩、东进、北接、南展”的城市发展战略，聘请上海同济大学等规划设计单位，对分区规划进行修订，并编制 10 平方千米详细规划。

罗庄区分区规划

规划范围为北到兰山区，东到沂河，西至临沂高新技术产业开发区，南到南环路。规划范围 120 平方千米。规划期限：近期 2011—2015 年，远期 2015—2030 年。功能定位：鲁南经济带先进制造业基地；临沂市商贸物流枢纽的重要组成部分；高品质生活和充满活力的现代化滨河新区。空间结构：“一环三带、两心两轴、三廊四区。”“一环”指沂河路、滨河大道、南环路、206 国道等城市主干路所围合成的城市发展环。“三带”指沂河路、滨河大道、206 国道 3 条主要生态绿化带，与区内生态空间贯穿起来，形成罗庄区城市发展的主要景观轴线。“两心”指沂河路与蒙山大道交会区域所形成的老城公共中心及城市主干路罗程路与沂州路交会处东北角形成的东部中心区。“两轴”即城市交通性主干路（罗程路）与生活性主干路（祝丘路）所形成的两条城市发展次要轴线。“三廊”指沿陷泥河生态带及罗庄电厂铁路专线与高压线所形成的 2 条主要南北生态走廊，工业北路与双月湖路之间形成的主要东西向生态廊道。“四区”指新北区（沂河路以北至用地边界）、主城区（沂河路以南，通达南路以西至用地边界）、中部生活区（临册路以东，沂州路以西，南至南外环，北至沂河路）、滨河新区（沂州路以东至滨河大道，南至南外环，北至沂河路）。

罗庄区北部区域规划

2007 年 12 月，由临沂市规划信息服务中心编制。规划范围：南起沂河路，北至清河北路，东起沂州路，西至蒙山大道，规划用地 6.2 平方千米。功能定位：兰山、罗庄两区的经济联系纽带，罗庄的商业振兴区、高档生活居住区、生态景观和园林绿化休闲体验区。采用轴线式的空间布局结构形态，形成“两区、两心、五轴、一带”总体空间结构。“两区”指以电厂路为界，将本区分成东西两大片区，东片区为高档居住、休闲区，西片区为行政办公、商业服务集中区。“两心”指在两区设置两个区级中心，东区中心以休闲娱乐、文化体验为主，西区中心以行政办公、商贸服务为主。“五轴”指沿蒙山大道、罗四路、沂州路、清河南路设置集中的商业设施，形成集中商业发展轴线，沿临册路西侧的区间路，以白庄古墓为起点，沿区间路向北设置一条文化发展轴线，通过这五条轴的设置，以经济发展、文化体验为主题，通过轴线的集聚效应，带动本区从城市形象到城市活力的全面提升。“一带”指结合陷泥河自然水体，设置一条沿河绿化带，贯穿东西两区，提供集中的公共绿地、公共活动空间，形成以绿色、自然为主题的景观带。

罗庄区东部新区规划

2006年4月，由临沂市规划建筑设计研究院编制。规划范围：北至沂河路，南至南外环，东到沂河，西至通达南路，总用地78平方千米。规划结构：“一心两轴，两翼齐飞。”“一心”指公共核心片区。“两轴”指“T”型发展轴。“两翼”指以仓储物流防护带为界，东部为集居住、休闲、文教、商务、会展为一体的多功能综合区，西部为罗庄工业的核心技术产业区。

罗庄区沂河路沿线区域规划

2007年12月，由临沂市规划信息服务中心编制。规划范围：沂河路沿线，西起京沪高速公路，东至沂河，道路东西长14.7千米，南北方向以沂河路道路中心线为准，单侧距离不小于300米，个别地段根据需要增加至1.8千米。规划总面积22平方千米。规划结构：“一轴、三片、两带、四节点。”“一轴”即沂河路，是功能轴、交通轴、景观轴、活动轴。“三片”指京沪高速公路至湖东路之间的现代工业商贸区、湖东路至沂州路之间的工贸综合区、沂州路至沂河之间的高档住宅区。“两带”指依托河道形成两条生态廊道。“四节点”即罗七路节点、湖东路节点、蒙山大道节点和沂州路节点，在空间意向上形成四个景观中心，湖东路节点和蒙山大道节点通过簇状的建筑群组营造。

罗庄四片区与铁路南片区规划

2013年，临沂市规划局编制临沂市罗庄四片区与铁路南片区控制性详细规划。规划范围东至滨河路、南至工业北路、西至罗六路、北至陶然路，包含罗庄滨河片区、火车站片区、盛庄片区、罗庄东片区、罗庄西片区5个规划片区。规划总用地32.9平方千米。规划结构：“双心聚核、三轴引领、三片联动。”“双心”指城市南部商圈、城市南部市场群。城市南部商圈：依托沂河路、沂蒙路、火车站良好交通优势，发展以商业、商务办公、会议展览、文化休闲为核心的城市南部商圈；城市南部市场群，依托沂河路两侧市场用地，形成集聚产业带，打造城市南部市场群。“三轴”指沂河路城市发展轴线、蒙山大道至通达南路城市发展轴线、沂蒙路城市发展轴线。沂蒙路城市主要发展轴线，沿沂蒙路重点发展商业、商务办公、文化娱乐，打造城市南部商业、商务办公产业集聚带。沂河路城市主要发展轴线，沿沂河路重点发展批发市场，打造临沂市场集聚产业轴线，同时串联起区级商业中心及娱乐休闲中心。通达南路城市主要发展轴线，沿通达南路轴线，主要与北部兰山区及中心城区对接，沿线打造大型购物中心及高端居住。“三片区”，指西部片区、中部片区、东部片区。根据总体规划确定的城市结构，将规划区分为三个城市功能片区，即蒙山大道以西区域的西部片区，蒙山大道、沂州路之间的中部片区，沂州路以东、沂河以西的东部片区，三个片区以蒙山大道和沂州路两条城市主干路分隔。路网结构：规划以城市主干路为骨架，形成“八横十二纵”的路网结构。“八横”分别为陶然路、沂河路、清河北路、清河南路、湖北路、工业北路、双月园路、双月湖路。“十二纵”分别为滨河大道、祝丘路、中丘路、沂州路、沂蒙路、电厂路、苗花路、湖东二路、罗六路、通达南路、三江路、纵七路。规划形成“主干路、次干路、支路”三级路网体系，各级道路成方格网布局。绿地系统及水系规划：由公园绿地、防护绿地、广场绿地、附属绿地构成绿地系统。规划形成“三河、两湖”水系结构。“三河”即青龙河、陷泥河、电厂河，“两湖”即双月湖和名嘉湖。

第三节　村镇规划

1996年9月、12月，区政府办公室先后印发《关于转发区土地管理分局〈关于做好制定村庄规划和划定村界工作实施意见〉的通知》《关于转发区土地管理分局〈关于村庄规划和划定村界工作实施方案〉的通知》。《方案》规定：村庄规划和划定村界工作坚持统一规划、因地制宜、方便生产、保护资源、节约用地、内涵改造为主的原则。强调村界内民房建设必须实行“楼房布置、建筑风格、外围尺寸、街道宽度、用地面积”五统一，有计划、有步骤、分片、分期按规划建设。1999年4月，区政府印发《罗庄区村镇规划建设管理暂行办法》，规定乡镇政府、街道办事处驻地总体规划、详细规划及村庄建设规划，由各乡镇政府、街道办事处负责编制，报区政府审批。乡镇规划区内的一切建设，须使用“建设项目选址意见书”“建设用地规划许可证”“建设工程规划许可证”；村庄规划区内的一切建设，须使用“村镇规划选址意见书”。至1999年12月，全区8个乡镇、街道225个行政村，全部完成1∶500村庄现状图、1∶3000村庄规划图和村庄规划说明简本。各乡镇政府、街道办事处组织有关部门对照村庄用地规划图，实地划界定桩，在主要位置埋设永久性标志。至此，乡村建设纳入有领导、有计划管理轨道。

第四节　重点镇规划

《罗庄区傅庄镇总体规划（2012—2020年）》　2011年4月，市委、市政府印发的《关于加快小城镇建设的意见》把傅庄街道列为市级优先发展重点镇，傅庄街道办事处委托临沂市规划建筑设计研究院编制傅庄街道总体规划。2012年6月编制完成。城镇规划区范围为傅庄街道行政管辖范围，面积75.66平方千米。镇区控制范围为东至涑河路，西至西环路（206国道），南至镇域南界线，北至镇域北界线，控制区面积32.4平方千米。城镇性质：罗庄区次中心、鲁南循环经济示范基地、生态化新型工业强镇。城镇规模：到2020年，镇域总人口16.7万人，城镇总人口10.0万人；到2030年镇域总人口25.34万人，城镇人口18.9万人。镇域空间结构：“两轴、三带”空间布局结构。“两轴”指以新206国道、罗四路为主要经济发展轴。“三带”即西部沿新206国道形成的循环经济带、中部主要位于罗四路东侧的商住服务带，以及东部新老涑河周边的生态农业带。镇域空间职能规划：三条经济带涵盖八个产业职能区域。即循环经济带（包括建材循环经济园

北区及南区、北部物流区、绿色化工循环经济园区)、商住服务带(包括汤庄行政中心区、傅庄商业中心区,以及预留的远期研发机构、会展中心等高端产业服务配套区域)、生态农业带(包括生态农业示范园北区、南区)。道路交通规划:规划镇域内主要框架道路“五纵十一横”。五纵即新206国道、罗七路、罗四路、双福路、盛阳路。十一横即南外环、中玻三路、耐一路、江傅路、三德北路、彭庄路、生产路、三元路、二级路、樱花路、新南外环路。镇域村镇体系规划:村镇体系等级结构分为两级,即中心社区和一般社区。全镇规划形成“十大社区”的空间格局。

第三章 城区建设

第一节 道路 桥梁

道路

1995年初,城区有沥青、混凝土路20条。此后,罗庄区围绕“一年完成规划,三年形成框架,五年大变样,十年大发展”的城乡建设目标,加快城区道路基础设施建设。至1997年,投资1.18亿元,先后新建罗程路、罗岑路、罗六路、规划路、湖东路等50条(段)道路,总长82.2千米,面积130.51万平方米。1998年,投资1800万元,建设湖北路东段、文化南路,硬化面积16.49万平方米。1999年,206国道改线工程开工建设。投资1.5亿元,建设城区道路41.4千米。

2000年后,罗庄区对城区道路进行升级改造。2001年,建设湖北路(苗花路至青龙河)、湖东二路、双月园北路、双月园南路等4条道路,总长8.3千米,面积16万平方米。2002年,实施通达南路改造工程。2004年,建设湖东二路南段、湖北路东段等道路,新建道路长1.64千米,面积3.1万平方米。2005年,投资1300万元,对蒙山大道南段道路进行改造,长2.34千米,面积8.89万平方米。

2006年后,以创建国家级卫生城市、文明城市为契机,城区道路进入大改造、大提升时期,城区道路设计、质量进一步提升,同年,改建罗三路北段、文化路(通达南路至朝阳路);启动南外环一期建设工程;围绕加快罗庄区与临沂主城区融合发展,市政府

图3-1:临沂市南环路工程奠基仪式(2006年3月 摄)

启动铁路南片区建设，其中清河南路、清河北路、中丘路、祝丘路4条道路开工建设，总长度10.30千米。

2008年，投资9200万元，提升改造通达南路10.10千米，对两侧的人行道、绿化、亮化等设施全面提升改造。2009年，累计投资2.8亿元，建设改造罗程路、南外环、祝丘路北段、湖北路、湖东路、双月湖路6条道路，总长度35千米，面积75万平方米。其中，罗程路、南外环成为贯通罗庄城区东西向的交通干道。2010年，投资1.34亿元，提升改造沂河路、罗七路共18千米。2011年，投资3200万元，对湖北路、湖东路、湖东二路、罗三路4条道路进行改造，总长9.8千米，面积18.2万平方米。投资130万元，集中修复南外环破损路面1.2万平方米。2012年，新建苗花路、罗八路以及祝丘路南段3条道路，新增道路长5千米，面积8.8万平方米。改造罗三路北段2.4千米。

2013年，启动老城区道路改造工程，先后完成文化路、宝泉路、龙潭路、开元路和罗六路5条道路及4处平交路口拓宽改造，累计改造道路13.2千米，面积24万平方米，总投资1.1亿元。年末，城区有主要道路39条，总长度188.7千米。

2013年罗庄城区部分道路情况表

表3-1　　　　单位：米

现路名	起止点	红线宽度	长	宽	人行道宽	车道数（条）	建设年份	路面类型	原路名
文化路	朝阳路—206国道	40	4400	14/24/26	3×2	4/2	1993	沥青、混凝土	—
文化南路	罗三路—206国道	40	4000	14	3×2	2	1995	混凝土	—
双月园路	通达南路—罗六路	40	2383	20	3×2	5	1996	沥青	—
沂河路	滨河西路—蒙山大道	60	6200	26	3×2	6	1998	沥青	金九路
双龙路	通达南路—罗七路	45	1750	21	3×2	4	1998	混凝土	—
湖东路	沂河路—双月湖路	24	2917	14	1.5×2	2	1999	沥青	—
湖北路	滨河西路—罗六路	40	9840	21/24	5×2、2×2	4	2000	沥青、混凝土	—
通达南路	陷泥河—南外环	60	10500	24	3×2	4	2002	沥青	临西一路
罗程路	滨河西路—罗七路	60	12740	18/20/21	5×2、3×2	4	2008	沥青	—
南外环	滨河西路—206国道	60	16300	24	—	4	2009	沥青	—
工业路	罗三路—罗七路	30	2700	10	3×2	2	2009	混凝土	—
工业北路	罗六路—临册路	42	6000	7～16米不等	3×2	2/4	2009	混凝土	—
罗七路	工业北路—南外环	60	3600	35	3×2	6	2010	沥青	—
电厂路	通达南路—湖北路	42	3500	15	3×2	4	2010	沥青	—
罗三路	湖北路—文化路	36	3500	14	3×2	2	2011	沥青	—
罗八路	沂河路—化武路	42	874	21	3×2	4	2013	混凝土	—
罗六路	沂河路—南外环	40	8000	18/20/21	3×2	4	2013	沥青、混凝土	—

续表 3-1

现路名	起止点	红线宽度	长	宽	人行道宽	车道数（条）	建设年份	路面类型	原路名
开元路	双月湖路—文化路	36	2446	18 ～ 26 不等	3×2	4	2013	沥青	罗五路
宝泉路	通达南路—罗七路	30	1900	12	3×2	2	2013	沥青	—

桥梁

1995 年，罗庄城区有桥梁 12 座。2001 年，建设湖北路电厂河桥、陷泥河中桥及青龙河桥。2002 年 3 月—2003 年 8 月，建设开通蒙山大道盛庄立交桥，为市区第一座立交桥。2007 年 8 月—2008 年 5 月，建设开通清河南路陷泥河拱桥。2011 年 11 月—2014 年 12 月，建设开通临工大桥。2011 年 5 月—2012 年 4 月，建设开通双月园路拱桥。至 2013 年，城区共有桥梁 41 座、涵洞 3 座。

图 3-2：2014 年 12 月，临工大桥通车

2013 年罗庄城区道路主要桥梁情况表

表 3-2　　单位：米

桥梁名称	位置	桥长	桥宽	结构类型	设计荷载	建设年份
开元路 1 号桥	区政府行政大楼南侧	35.8	8	拱桥	—	1993
开元路 2 号桥	区政府行政大楼南侧	30.5	31	拱桥	—	1993
湖东二路鱼梁沟桥	湖东二路与双月园路交会处南侧	6	24	简支梁	—	1996
湖东路鱼梁沟桥	湖东路鱼梁沟交会处	9	14	简支梁	—	1998
沂河路青龙河桥	沂河路与青龙河交会处	45	30	简支梁桥	公路 II 级	1999
沂河路陷泥河桥	沂河路与陷泥河交会处	52	30	简支梁桥	公路 II 级	1999
湖北路青龙河桥	湖北路与青龙河交会处	30	27.6	钢筋混凝土简支板桥	公路 II 级	2000
湖北路电厂河桥	湖北路与电厂河交会处	24	26	钢筋混凝土空心简支板桥	汽—20，挂—100	2001
湖北路陷泥河桥	湖北路与陷泥河交会处	39	27.6	钢筋混凝土简支梁桥	汽—20，挂—100	2001

续表 3-2

桥梁名称	位置	桥长	桥宽	结构类型	设计荷载	建设年份
清河南路陷泥河桥	清河南路与陷泥河交会处	30	28.5	拱桥	城—B 级	2006
南环路南涑河桥	南环路与南涑河交会处	65	27.5	整体式现浇钢筋混凝土连续梁	汽—20，挂—100	2009
罗六路鱼梁沟桥	罗六路与鱼梁沟交会处	8	21	钢筋混凝土板桥	公路Ⅱ级	2013
罗六路泄洪渠北桥	区展览馆南侧	8	21	整体式现浇钢筋混凝土连续梁	公路Ⅱ级	2013
罗六路泄洪渠南桥	华盛江泉城西侧	13	26.3	整体式现浇钢筋混凝土连续梁	公路Ⅱ级	2013

第二节　供水　排水

供水

1995 年，城区供水仅有罗庄自来水公司 1 家，建于 1986 年 10 月，位于罗七路，占地面积 2 万平方米，供水区域 20 平方千米，东至桥西头村，南至傅庄镇，西至崔庄，北到沂河路。取水水源为地下水，水源地为焦沂庄。日供水能力 2 万立方米。1996 年 10 月，兴建盛泉自来水公司，位于盛庄镇后盛庄村，占地面积 1.2 万平方米，供水区域 10 平方千米，东至陷泥河、南至花埠圈、西至孟园、北至杜三岗。取水水源为地下水，水源地为齐庄、刘三岗村。日供水能力 1.5 万立方米。

2006 年 3 月 28 日，区委、区政府贯彻落实省政府《关于实施村村通自来水工程的意见》，启动村村通自来水工程。至 8 月底，打深水井 51 眼，新建引水工程 13 处，村村通自来水工程基本竣工。城区居民全部用上自来水。2009 年，实施岸堤水库引水入罗庄区工程。至 2011 年 3 月，共投资 1500 万元，敷设引水主管道 7.09 千米，自琅邪王路铁路桥引入，沿铁路南侧东至蒙山大道，南至沂河路，从沂河路至湖东二路至规划路。日供水量 10 万吨，沿线分别与盛泉自来水公司和罗庄自来水公司供水主管线对接，实行并网供水，城区罗庄、盛庄、双月湖 3 个街道 59 个村庄和傅庄部分村庄 20 万居民用上水质更好、口感更佳的岸堤水库水，基本改变境内单一依靠地下水资源供水的历史。

排水

1995 年，罗庄主城区排水主要靠双月湖、鱼梁沟、泄洪渠、陷泥河及道路两侧的排水设施，雨污合流。由于罗庄主城区地势较低，排水设施不畅，每到雨季，护台公园周边极易形成内涝，街道、小区内常见雨水横溢，人们出行不便。2006 年，实施陷泥河综合整治工程。投资 2600 万元，主要包括敷设污水管道、清淤、护坡和绿化。拆除地上附着物 3 万立方米，浇筑垫层 8.46 千米，敷设混凝土管道 8.46 千米（其中顶管 95 米），敷设支管网 48 处（1.8 千米），清淤 30 万立方米，修筑护坡 5.2 千米，绿化 6.5 万平方米。

2009 年，实施城区排水清淤改造工程。该工程包括双月湖泄洪清淤、鱼梁沟清淤、湖东路西侧敷设管道、环护台路至罗六路敷设管道及城区下水井口清理 5 个部分。共清运淤泥 3 万余立方米，爆破石方 1.5 万立方米，开挖管沟 1.54 千米，开挖土方 1.1 万立方米，敷设管道 1.54 千米。其中鱼梁沟清淤包括罗庄武校段、红日小区段、护台小区段、

图 3-3：罗六路排水箱涵修建工程（2013 年 8 月　摄）

双月园木业公司段、罗六路桥底、罗七路桥底及罗七路西侧毛纺厂段、罗八路至罗九路段，共计 3.2 千米。清理淤泥 1.30 万立方米，爆破石方 4000 立方米。雨季主城区积水内涝问题初步解决。

2013 年，投资 2168 万元，实施城区排水清淤工程。清理湖东路、湖东二路、双月园路、教育巷、护台巷、湖北路、罗六路、双月湖路等城区道路排水管涵 20 千米；泄洪渠（罗六路—双月湖路—南外环）清淤 4.8 千米，建设截污闸 1 座；鱼梁沟（湖东二路至罗六路段）清淤 1.3 千米。投资 8000 万元，实施泄洪渠排水改造工程。罗六路鱼梁沟至区展览馆段新建箱涵 1 千米（净宽 2×2.25 米、净高 1.8 米）；罗六路、双月园路至双月湖路段新建 6×2 米渠道 1.1 千米；对双月湖路至南涑河 5.1 千米渠道拓宽改造，由原 6 米、9 米宽，均拓宽至 12 米，平均加深 1 米；拓宽、改造沿线桥梁 27 座，关键“卡脖点”得到解决。投资 1500 万元，完成文化路、龙潭路、宝泉路、罗六路和开元路 5 条道路排水设施建设和改造，总长度 19.4 千米。至 2013 年 12 月，罗庄主城区排水管道总长 88 千米。

污水处理

2005 年 12 月，罗庄区第一污水处理厂开工建设，位于罗庄南环路，占地 5 万平方米。设计规模为日处理污水 5 万吨，设计出水水质达到国家一级 B 排放标准，总投资 5650 万元，2006 年 10 月投入运行。主要收集处理罗庄主城区、罗庄工业园、临沂高新技术产业开发区等区域生活污水和部分工业污水。建设配套污水主管网 42.2 千米，设立 22 个截污点，分小黑河、湖北路、罗六路、罗七路和罗十路 4 个收集系统，污水处理后排入南涑河。至此，罗庄区主城区结束雨水污水合流，污水不经处理乱排的历史。2009 年，实施污水处理厂提升和再生水利用工程。投资 1984 万元，对污水处理厂进行改造提升，由一级 B 提升至一级 A，出水各项指标达到国家一级 A 排放标准；投资 387 万元，实施再生水利用工程，日回用中水 1

图 3-4：罗庄区第二污水处理厂特许经营项目签约仪式（2010 年 8 月　摄）

万吨，敷设6.7千米管道至双月湖，作为城市绿化、道路洒水及双月湖补水。

2009年3月，罗庄区第二污水处理厂开工建设。位于傅庄街道西三重村南，占地面积2.67万平方米。设计规模为日处理污水3万吨，设计出水水质达到国家一级A排放标准，投资3450万元，2009年12月投入运行。服务面积150平方千米，主要收集处理罗庄、册山、傅庄3个街道等区域的生活污水和工业污水，建设配套污水主管网21.8千米。

2013年，新建11条污水管网，共计23.6千米。主要包括苗花路、罗三路、罗六路南段、文化路、罗七路南段及南部循环经济园污水管网。至此，罗庄区共有污水管网91千米，覆盖罗庄区主要干道及重要工业园区，2家污水厂年均处理污水3038万吨，污水集中处理率95%。

2013年罗庄城区主要排水污水管网（管道）情况表

表3-3

名称	起止点	出水口水系	管径（毫米）	长度（米）	备注
南外环污水管网	罗七路—区一污厂	区一污厂	DN1400	500	污水管道
双月湖路污水管网	罗六路—罗七路	区一污厂	DN900	500	污水管道
开元路排水管道	龙潭路—文化路	泄洪渠	DN1000/800	1100	合流管道
双月园北路排水管道	湖东路—湖东二路	鱼梁沟	DN800	1258	合流管道
罗六路南段污水管网	龙潭路—文化路	区一污厂	DN800	1300	污水管道
教育巷排水管道	湖东路—湖东二路	鱼梁沟	DN800	1320	合流管道
罗六路北段污水管网	鱼梁沟—双月湖路	区一污厂	DN700/DN900	1600	污水管道
宝泉路排水管道	开元路—罗七路	泄洪渠	DN1000/800	1700	合流管道
苗花路污水管网	沂河路—湖北路	区一污厂	DN800	2260	污水管道
罗三路排水管道	湖北路—罗程路	小清河	DN1000	2400	雨水管道
罗三路污水管网	湖北路—罗程路	区一污厂	DN800	2400	污水管道
双月园路排水管道	通达南路—罗六路	鱼梁沟	DN800	2400	合流管道
文化路污水管网	通达路—罗七路	区一污厂	DN600	2500	污水管道
鱼梁沟污水管网	罗六路—206国道	区一污厂	DN300-DN400	2600	污水管道
湖北路污水管网	罗六路—红土屯	区一污厂	DN500-DN1000	2700	污水管道
小清河污水管网	罗三路—罗七路	区一污厂	DN500-DN1000	2900	污水管道
双月园南路排水管道	湖东路—湖东二路	鱼梁沟	900×1200	3000	合流管道
双月湖路排水管道	通达南路—罗六路	泄洪渠	900×1200	3400	合流管道
文化路排水管道	通达南路—罗七路	泄洪渠	DN1000	3600	雨水管道
罗六路排水管道	工业南路—文化南路	小清河	DN1000	3700	雨水管道
湖北路排水管道	通达南路—罗六路	泄洪渠	1200×1500	3980	雨水管道
罗七路污水管网	双月湖路—南外环	区一污厂	DN900-DN1200	4000	污水管道
湖东二路排水管道	沂河路—湖北路	鱼梁沟	1200×1500	4200	合流管道

续表 3-3

名称	起止点	出水口水系	管径（毫米）	长度（米）	备注
苗花路排水管道	沂河路—湖北路	红土屯河	DN1000	4500	雨水管道
湖东路排水管道	沂河路—双月湖路	鱼梁沟、双月湖	900×1200	5934	合流管道
206 国道污水管网	清河南路—区一污厂	区一污厂	DN700-DN1400	8000	污水管道
通达南路排水管道	陷泥河桥—南外环	小清河、南涑河	DN1000/1200×1500	21000	合流管道
沂河路排水管道	龙头沟—滨河西路	陷泥河、龙头沟	1500×2000	24400	合流管道
南外环排水管道	滨河西路—206 国道	南涑河、陷泥河	DN1000	32600	合流管道

第三节　供热　供气

供热

1995 年，境内有热源企业 3 家，分别是盛庄热电厂（盛能热电厂）、罗庄热电厂（沂州热电厂）、临沂发电厂（华能临沂发电有限公司）。2003 年 12 月，山东华盛江泉热电有限公司（山东华宇合金材料有限公司）建成并开始供热。

1995—2007 年，盛能热电厂负责罗庄中心城区范围内的居民用热户 31 个村（社区）、工业用热户 20 家，供热面积 120 万平方米。山东华盛江泉热电有限公司、沂州热电厂负责罗庄老城区范围内的供暖。其中，山东华盛江泉热电有限公司有工业与居民用热户 73 家（村、社区），供热面积 100 万平方米；沂州热电厂有工业及居民热用户 17 家（村、社区），供热面积约 30 万平方米。

2008 年，落实国家环保政策，盛能热电厂、沂州热电厂先后关停。区委、区政府决定，由华能临沂发电有限公司——蓝天热力公司对中心城区供热管网进行改造。2009 年建成湖北路、湖东路供热主管网 6.9 千米，承担原盛能热电厂供热范围内的单位和居民冬季供暖。2011 年，建成清河南路供热主管网 2.2 千米。2012 年，建成聚金路、双月园路供热主管网 2.4 千米。2013 年 10 月，建成湖北路东段供热主管网 5.3 千米，解决罗庄区东部青啤家园、白鹭金岸、钓鱼台等小区居民冬季供暖问题。至年末，罗庄区主要有华能临沂发电有限公司——蓝天热力公司、山东华宇合金材料有限公司 2 家热力公司，共敷设供热管道 40 千米，城区集中供热面积 308 万平方米。

燃气

1995 年，境内有液化气站 4 家。至 2002 年，城区居民主要用煤炭（煤球）、柴草和瓶装液化气取暖、做饭。

2003 年 12 月，罗庄区引入管道天然气。临沂富茂燃气有限公司（位于罗西街道东朱隆村）投产运营，开始为居民用户供给天燃气，日供气量 6 万立方米。2009 年，罗庄区与奥德燃气公司签订供气协议。2010 年 2 月，临沂华油众德燃气公司参与罗庄区的燃气供应。至 2013 年，罗庄区有临沂富茂、临沂奥德、临沂中裕、临沂华油众德 4 家燃气有限公司，共有天然气用户 6.4 万户。建成天然气管网 500 千米，日供气能力 29 万立方米，覆盖 8 个镇、街道。有液化石油气站 6 家，汽车加气站3家。

第四节　亮化　绿化

亮化

1995年初，城区仅有罗庄镇主要道路安装路灯（高压汞灯），主要架设在电线杆上，灯具大多采用单臂搪瓷铁罩。同年始，对城区主要路段路灯进行大范围整修、更新换代，在新建路段安装路灯。至1997年，安装路灯1020盏。1998年，实施城区亮化工程，路灯改装高压钠灯，由时钟控制器更换为模拟控制器；在城区主要道路安装路灯2086盏、灯饰广告312盏、钢化灯箱620个。

2000年，采用机械车辆进行维修，结束脚扣登杆作业历史。在双月园南路安装路灯20盏，双月园北路安装路灯30盏。2006年，加强城区道路照明设施维修，共检修路灯1001棵次，更换电缆1.80千米，安装各类灯具163棵（盏）。2007年，教育巷安装路灯16盏，东湖广场安装路灯908盏。2008年，罗五路安装路灯222盏，护台广场安装路灯46盏，环护台路安装路灯45盏，金八路安装路灯117盏，罗八路安装路灯37盏，区行政办公大楼周边安装路灯180盏，金盛广场安装路灯609盏，通达南路安装路灯1824盏。2009年，通达南路、滨河大道南段、沂河路安装路灯1902盏；双月湖路、罗六路、湖北路设置路灯、景观灯，两侧沿街房全部夜景亮化；对华盛江泉城周边、区行政办公区周边、观天下美澳花园周边23处楼宇夜景亮化改造；沂河路、通达南路、双月湖路节点设置景观灯6组，安装各类射灯、景观灯2万余盏。

2010年，迎接创建全国文明城市指数测评和全国卫生城市验收，对城区路灯设施进行全面维修、维护。更换路灯及景观灯灯泡850盏（只），镇流器120台，触发器105只，更换灯罩276个，制作射灯防护罩30个，更换电缆465米。对城区21家大型建筑物和罗庄、盛庄、高都街道主干道实施夜景亮化。对城区17条道路路灯、3个休闲广场、1个湿地公园2136棵、1.31万盏路灯及夜景照明灯进行2次大规模的漏电测试，对城区12台路灯控制箱进行除锈、刷漆，确保路灯设施安全正常运转。2011年，206国道安装路灯1498盏。2012年，新装LED灯，以道路建设为依托，投资1800万元在新206国道、湖北路以及南部循环经济园区主要道路安装路灯1630盏，对主要道路沿线16家单位实施夜景亮化。2013年，投资1066万元，在南环路安装路灯326盏。同年末，城区19条主要道路全部夜景亮化，敷设电缆126千米，安装变压器40台，控制箱28个，路灯10.28万盏。主城区16个单位安装灯带、灯管、霓虹灯等亮化设施，提升夜景亮化水平。

图3-5：湖北路亮化（2013年7月　区摄协供稿）

绿化

道路绿化 1995年，城区绿化处于起步阶段，城区绿化以道路绿化为主，按照“一路一品、一路一景、四季常青、绿荫连片”的设计原则，主要在道路两侧栽植紫叶李、樱花、紫荆、碧桃、海棠、玉兰、连翘等木本花卉，背景树以雪松等常绿树种为主，行道树以栾树、白蜡、杜仲、法桐、垂柳、国槐等大乔木为主。至2005年，先后建成湖东路、湖东二路、湖北路、罗六路、规划路、通达南路、绣花城路、双月湖路、沂河路、蒙山大道、留红路、湖东路北段、罗七路、罗八路、新206国道等20条道路绿化带191.62万平方米，栽植各类苗木288.19万株。建成天源油城广场绿地和双月湖南岸绿地。

2006年后，以创省级园林城市和国家园林城市为契机，城区绿化以提升改造道路绿化带和新建公共绿地为主，更加注重街头绿地、休闲小景建设，开始大规模投入，绿色、生态成为城区重要标志之一。同年，实施垂钓公园建设、蒙山大道两旁分隔绿化带工程、双月湖公园绿地改造、3处小游园（罗庄武校小游园、规划路小游园和留红路小游园）建设、中心区道路绿化补植、空闲地绿化等11项重点工程，绿地总面积687.6万平方米。2007年3月，启动创建国家园林城市活动。完成湖东路、罗四路等10条道路行道树栽植补植，共栽植乡土树种6760棵。完成护台植物园、垂钓公园、盛庄小广场等公共绿地苗木栽植，栽植苗木3449株。完成中心城区湖北路、湖东二路绿化带草坪补植，面积1.3万平方米。完成湖东路与湖北路交会处、湖东二路与湖北路交会处等4处街头绿地建设，新增街头绿地3.09万平方米。新增园林绿地21.3万平方米。2008—2010年，投资3.5亿元，按照“规划建绿、改造扩绿、建景增绿、见缝插绿”的工作思路，完成南环路、沂河路、通达南路等16条道路补绿。其中，沂河路两旁建有20米宽的绿化带。新建陷泥河带状公园、青龙河带状公园、垂钓公园等3处公园和25处游园景点，绿化1333.34公顷空闲地，新建园林绿地1121.29万平方米。2011年，结合“两城”（国家卫生城市、国家文明城市）创建活动，实施金八路道路绿化，盛能路绿化提升改造工程，补植通达南路、沂河路、蒙山大道、双月湖公园、盛能路、湖东路等路段苗木57.33万株，新增绿地10.92万平方米。

图3-6：湖北路绿化带（2013年4月 摄）

2012—2013年，投资2.8亿元，栽植、补植城区通达南路、湖东路、湖东二路、湖北路等道路各类苗木19万株；补植中心城区绿地乔灌木4万株，补植小龙柏及模纹花坛3.1万平方米、补植萱草6万株；建设完成通达南路、湖北路、迎宾大道等主要道路街头绿地、休闲小景8处，安装雕塑小品3处。至2013年年底，建成区绿地面积1010.6万平方米，绿化覆盖面积1129.3万平方米，公共绿地438.76万平方米，绿地率42.71%，绿化覆盖率44.73%，人均公共绿地面积12.1平方米。有60家企事业单位、居民小区分别被命名为花园式单位、花园式小区。

养护管理　1995年起，罗庄中心城区的绿化养护管理由区建委负责。1997—2006年，由区城市建设管理处、区园林管理处共同负责。2006年，进行园林管理市场化运作探索，由临沂政通园林有限公司负责管理养护。2008年，沂河路、通达南路等14条道路绿地，双月湖国家城市湿地公园等4个开放式休闲小区170.3平方米公园绿地，由区住建局管理养护。2010年，制定《罗庄区城市绿化管理办法（试行）》《罗庄城区园林绿化养护管理考核实施细则（试行）》，试行中心城区园林绿地管理养护市场化管理模式。2012年，中心城区绿地由罗庄园林管理处直管，通达南路、沂河路绿地养护实行公开招标，实行市场化管理。2013年，全面实行市场化运作管理，招标确定山东临沂创意园林、罗庄区尚农园林、罗庄区天宇园林、临沂学林生物等4家园林公司，管理养护中心城区134万平方米绿地。

第五节　公园　广场

双月湖国家城市湿地公园

位于湖北路206号，区行政办公大楼南。占地面积86.67公顷，其中水域面积40公顷。双月湖原名泥沱湖，“泥沱双月”曾是古琅邪八景之一。1992年11月，罗庄镇组织人力物力对泥沱湖进行大规模开发，在其旧址上开掘一人工湖，建成双月湖公园。1995年始，区政府投资对双月湖公园进行改造扩建。2007年6月11日，经建设部批准，双月湖公园入选第四批国家城市湿地公园。

双月湖公园布局合理，匠心独运。湖中小岛，一岛一品、一岛一景；水上小桥，风格各异，错落有致。湖畔杨柳依依，绿地碧草如茵，桥边翠竹环绕，湖中鸥鸟低飞。公园中心花坛组成“双月拱日”图案，8根高6米的大理石龙凤柱矗立其中。园内设有拓荒牛、飞马、梅花鹿等多种雕塑。形成春花、夏荫、秋红、冬青的四季景观格局。来此小憩，令人赏心悦目。

护台植物园

位于区行政办公大楼北，由护台（新石器至周时期文化遗址）改建而成。东至护台东巷，南至湖北路，西至护台西巷，北至护台巷，东西长420米，南北宽340米，面积14.28万平方米，呈长方形，中心隆起，四周低缓，呈龟盖形，其四周洼地均为黑土，唯护台是以黄沙土为主的五色土堆积而成。1997年，区政府投资200余万元，成片栽植樱花、碧桃、紫荆、海棠、丁香、青枫、紫叶李、石榴、雪松、塔柏、龙柏、马尾松、火炬树、栾树、石楠、金银木、构树、合欢、杨树、垂柳、国槐、榆树、法桐等30余种花卉苗木4万余株，修建游览步行道4千米，建成护台植物园（参见第二十四编“文化旅游”第三章“文物古迹”第一节“古迹遗址”）。

罗庄动物园

位于罗庄街道罗五路北段（猴子山上），1990年由罗庄镇投资兴建。1997年企业改制时，出售给沂州水泥（集团）股份有限公司。园内主要饲养有虎、狮、骆驼、棕熊、羚羊、梅花鹿、孔雀、鹦鹉、鸳鸯、雉鸡、元宝鸡等多种野生动物。

龙潭公园

位于罗庄街道龙潭路中段，原为采石塘，1986年由罗庄镇投资兴建，占地7.8万平方米。“龙潭公园”四个字系山东省原副省长高启云所书。园内有三亭桥、湖心亭、假山、长廊、儿童乐园等。1999年，企业改制，转让给个人，后开发建设为沿街商铺和住宅小区。

盛能游乐园

位于罗庄区盛庄街道，东临华能临沂发电有限公司。1997年，由山东盛能集团投资兴建，2000年正式开业。面积126.67万平方米，是一处集休闲、娱乐、餐饮、种植、养殖、农业观光为一体的综合性多功能游乐场所，园区设有农业观光园、梅花鹿养殖基地、鸵鸟养殖基地、百鸟园、动物园、儿童乐园、水上乐园、垂钓园等多个景点。百鸟园汇集80余种奇禽珍鸟，是鲁南最具特色的鸟园之一。（参见第二十四编“文化旅游”第八章“旅游”第四节“主要景区景点”）

垂钓公园

位于罗庄区双月园南路东段。建于2006年，面积25万平方米，其中水域面积8万平方米，总投资3000余万元。公园利用临沂电厂原有的灰坝改建而成，在设计上本着因地制宜原则，利用水面建设景点，把围墙改建成古城墙，建设古城门，大门外建停车广场，结合现状进行绿化，栽植小龙柏、樱花等花灌木。园内水波淼淼，是垂钓者十分喜欢的垂钓场所。

八块石小游园

位于通达南路与湖北路交会处。建于2003年，面积1.36万平方米，绿地面积1.13万平方米。融入当地历史文化，体现八块石历史传说。游园采用亭台、游廊、假山、池水、小桥自然式的表现手法，栽种樱花、丁香等花乔木、柳树、栾树等大乔木，周边配置小龙柏、紫叶小蘖等模纹植物，是一处“以人为本，服务群众”的街头节点小游园。

盛庄小广场

位于沂河路与通达南路交会处东北角。建于2002年，面积1.22万平方米，绿地面积1.12万平方米。在植物配置上保留原有柳树、栾树等乔木，修筑园路、游廊等园林设施，补种补栽红叶石楠、小龙柏等模纹植物，龙柏球、红叶石楠球、女贞球等球类植物，突出城区街头绿地的绿化特点。

第四章　镇村建设

第一节　小城镇建设

1995年初，罗庄区各乡镇政府驻地普遍建有机关、学校、供销社、粮管所、卫生院、银行、税务所、工商行政管理所、邮电所、食品站、农机站、兽医站等公共服务设施和乡镇企业。建筑多为砖木结构瓦房，街道两旁有少量两层或三层楼房，其中罗庄镇比较繁荣，设有电影院、大型商场、农贸市场、龙潭公园、体育场、客运站等。大部分乡镇没有成型的村镇规划。1996年全省村镇规划建设工作现场会后，区委、区政府根据各乡镇的自然资源状况、地理位置、人口状况、产业基础等条件，提出镇村建设“高起点规划、高标准建设、高速度配套、高水平管理”的发展定位。把城乡一体化建设作为全区经济和社会发展的战略重点之一，建造具有地方特色的小城镇。各乡镇开始初步编制镇村总体规划和详细规划。制定小城镇建设目标。依照规划，不断加大投入，集中开发中心路段商业街，建设工业园区、商贸区、文化教育区、住宅小区等。修建改造拓宽道路，装设路灯，加强环卫、供水、排水、通信等配套设施建设。至1997年，全区小城镇基础设施建设总投资3.5亿元，累计修筑拓宽道路154条315.5千米，硬化面积218.62万平方米，修砌、整修排水沟135.6千米，栽植花草苗木101.82万株，新安装路灯1020盏。新建公共建筑面积9.6万平方米。

1998年起，按照省、市统一部署，在全区开展村镇建设“十百千”活动（全省评村镇建设先进县〈市、区〉10个，村镇建设新型乡镇100个、村镇建设明星村1000个），进一步完善村镇总体规划、村庄建设规划。各乡镇、街道以道路建设为重点，加强基础设施建设，城市化进程进一步加快。2000年，册山镇被省政府命名为第一批小城镇建设中心镇。至2004年，罗庄街道完成罗四路、罗五路改造。傅庄街道累计投资1286万元，硬化道路25.2万平方米。盛庄街道完成留红路、南大路、沂河路、蒙山大道南段建设工程；册山街道累计投资2044万元，硬化道路31条51万平方米；实施江傅路、临册路两侧房屋拆迁及沿街楼规划建设。高都街道累计投资5200万元，完成南大路、程沈路改造及村村通工程路肩整平，新修道路98千米，全街道形成四纵四横的道路网络。罗西街道累计投资3000余万元，改造修建湖北路、黄官路、化武路、沂河路、俄黄路、郭苑路、泉重路等路段，全街道形成四纵四横的交通网络。双月湖街道建成行政办公楼；整修化武路，硬化路面4.37万平方米。汤庄街道投资1260万元，建成行政办公楼；完成街道办事处驻地5.6平方千米道路网络、分区布局、给水排水、电力电讯、供气供暖等控制性详细规划；累计投资1600余万元，硬化路面50万平方米，完成道路网络化建设。

2009年3月23日，区委、区政府印发《关于加强城乡建设管理工作的意见》，提出把小城镇建设摆到突出位置，完善基础设施，加大道路绿化、亮化投入，把街道办事处驻地建设成为规划合理、功能完善、环境优美、具有较强辐射带动功能的现代化文明城镇。2010年后，围绕“镇街特色发展、设施配套齐全、生态环境优美”的目标，全面实施城镇带动战略。各镇、街道充分发挥各自优势，持续加大投入，全面启动特色发展综合开发建设。2011年，傅庄镇被列为山东省镇村建设新型乡镇。至2013年，罗庄区城镇化率59.9%。村、镇（街道）道路相通相连，路面全部以柏油或水泥硬化。自来水、互联网、有线电视普及率100%。旧村改造有序展开，新型农村社区建设扎实推进，一大批设施齐全的住宅小区建成入住，农村人口向城镇聚集。全面实施城乡环卫一体化，7个镇、街道实现环卫保洁物业化。公共服务设施不断完善，中小学校布局合理，高标准建设校舍，全部实现楼房化。卫生医院保健水平不断提高。加强社会文化建设，镇、街道建有文化中心，社区建有群众休闲、娱乐、健身广场，设置健身器材。各镇、街道均规划建设各类专业集贸市场和商业一条街，促进商业贸易繁荣流通。同年12月，褚墩镇被列为山东省“百镇建设示范行动”第二批示范镇。

第二节　村庄　社区建设

村庄建设管理

1995年，区建委设乡村建设科，负责乡

村建设管理；各乡镇设建设办公室，具体负责农村建设管理。凡新建房屋，按照规划要求审批。建房户提出申请，村民委员会集体讨论研究，符合条件者，报乡镇政府复核批准。发给准建证后，建房户方可施工，每户一般4间。对未经批准建设及不按规划乱占乱建、违章建筑的单位和个人，各乡镇建设办依照有关规定给予处理。1996年后，村庄建设进一步规范，未完成编制规划的村庄一律不得审批农房及其他建设项目，为节约土地，严格“一户一宅”政策，对子女不满18岁的不分配给新宅基地。2006年4月，区委、区政府印发《关于推进社会主义新农村建设的实施意见》，提出经过5年努力，使大多数村、社区达到“十化”（产业现代化、布局优化、街道硬化、村庄绿化、环境洁化、家居舒适化、服务社会化、管理规范化、农民知识化、精神文明系列化）目标。同时启动新型农村社区建设试点，编制社区建设规划。2009年后，按照整合城边村、改造城中村、建设中心村，合并弱小村、治理空心村、培育特色村、搬迁不宜居住村和建设新型社区的标准要求，对城中村和城边村实施撤村建设新居民区，将街道办事处驻地村庄逐步集中建设改造为城镇社区，将中心村、经济强村和大企业驻地及周边村庄建设成集中居住区；新建房屋设计为多层或高层楼房，不再规划建设平房。同年起至2011年，区财政对农村住房建设和危房改造给予资金扶持，对农村地区集中建设居住区的基础设施、公共服务设施的配套，按居民楼建筑面积每平方米40元或者同等价值的水泥给予补助。

图3-7：2008年4月23日，罗庄区召开新农村建设“千村帮扶”工作总结表彰会

居民住宅建设

1995年，罗庄区农村民宅多为砖木结构的砖瓦房、砖草房，罗庄镇沈泉庄、朱陈、朱张桥等村庄建有成排二层楼房。村民新建房屋或翻修旧房大多由砖木结构向砖混结构跨越。房屋由平房向2层或3层楼房方向发展。当年，罗庄区以全省开展社会主义新农村建设活动为契机，以落实村庄规划，推进旧村改造为重点，开始进行小康住宅示范村和“小康屋”建设试点，每个乡镇确定2～3个村为区级“小康屋”建设试点村。通过试点，全区农村“小康屋”建设逐渐推开，一批批高标准、高质量的居民住宅相继建起。1996年，罗庄区被市政府命名为小康住宅试点先进区。1998年8月22日，全区村镇建设现场经验交流会召开，推广村镇建设先进经验。是年，建成小康屋示范村24个，新建民宅2163栋，其中小康住宅1046栋。至2003年，全区共建成36个小康住宅示范村、“小康屋”1.87万栋，其中两层楼房1.67万栋。

2004年，区政府制定《罗庄区旧村改造实施方案》，启动旧村改造工程。重点对兖石铁路以南、沂河路以北、滨河大道以西、新

图 3-8：沈泉庄新貌（2011 年 11 月　摄）

206 国道以东范围内的旧村改造进行规划。纳入旧村改造的村庄、社区 11 个，改造面积 60 万平方米。是年底，建成旧村改造居民楼 39 栋，建筑面积 15 万平方米。2007 年，罗庄区被民政部列为“全国农村社区建设实验县”。区委、区政府将新型社区建设纳入全区发展规划，编制社区建设规划，确定十里堡、林村等 10 个社区为区级示范点。同年 12 月，设立罗庄区拆迁办公室，负责组织实施境内国有土地上房屋征收与补偿。2010 年，区政府制定《关于深化农村住房建设和危房改造工作的实施意见》，充分利用土地增减挂钩、农村环境整治等政策，进一步加快旧村改造和街道办事处驻地社区及中心村社区建设步伐；同时启动农村危房改造，优先解决居住在危房中的农村分散供养五保户、低保户及贫困户。2012 年，全区完成危房改造 1100 户，中央和省两级补助资金 1265 万元，户均 1.15 万元。其中，中央补助户均 7500 元，省级补助 4000 元。至 2013 年，全区共启动旧村改造 97 个，共建成新型社区住宅小区 14 个，居民楼 405 栋、15304 户，户型建筑面积为 80—160 平方米三居室。40% 农村居民住进楼房，60% 的农村居民居住在单门独院的平房中。全区农村人均住房面积 38.6 平方米。基本形成“中心城区——小城镇——新型农村社区”协调发展的现代化城镇体系。

2004—2013 年罗庄区社区住宅建设情况表

表 3-4

小区名称	地址	建成年份	栋数（栋）	户数（户）
林村小区	化武路与琅邪王路交会西北角	2004	62	2490
滨河花园	清河南路与永盛路交会处	2004	90	3477
前盛庄小区	蒙山大道与沂河路交会处	2005	21	1155
盛源小区	琅邪王路与清河南路交会	2005	34	1200
刘三岗小区	罗七路与清河南路交会	2006	14	504
八块石小区	湖东二路与湖北路交会	2006	23	914
孟园小区	清河南路与湖东路交会处	2007	22	314
王三岗小区	清河南路与罗六路交会处	2007	20	810
张三岗小区	清河南路与罗六路交会处	2007	35	1400
吴白庄小区	清河南路与临册路交会	2009	27	806

续表 3-4

小区名称	地址	建成年份	栋数（栋）	户数（户）
傅家康城	清河南路中段	2010	9	480
陈白庄小区	清河南路与永盛路交会	2012	6	422
尚屯小区	金九路与苗花路交会	2012	31	942
花埠圈小区	苗花路与湖北路交会处以南	2013	11	390

说明：表中所列小区为规模 300 户以上的还建住宅小区

村庄 社区公共设施建设

1995 年，罗庄区农村基础设施建设较为薄弱，大部分村村内道路和通往村外交通主道多为砂石混合路面，仅有罗庄、傅庄等镇的少数村庄主街道硬化。生活用水主要靠居民家庭压水井取水，罗庄镇部分村庄用上自来水，大多数村庄建有学校、卫生室和小卖部等。1996 年后，随着农村经济不断发展，农村基础设施建设力度逐步加大，部分村庄硬化村内主要街道，改造通往集镇的交通要道。2003 年，全区启动“村村通硬化路工程”。至 2004 年，基本实现村村通硬化路，并开始向“村内通”延伸。2006 年 8 月，全区村村通自来水工程竣工，自来水普及率 95.36%。2007 年，全区结合社会主义新农村建设，开展城乡环境综合整治活动，加强村庄硬化、绿化、美化、净化、亮化建设，开展村庄“五清五改”（清土堆、石堆、柴堆、粪堆、垃圾堆，改水、改厕、改圈、改院、改厨）活动，村容村貌明显改观。2009 年后，在加快新型农村社区建设的同时，同步建设社区服务中心、超市、卫生室、幼儿园、文体活动室、文化广场等公共服务设施。2013 年，全区各农村社区内街道全部硬化，主要街道安装路灯。村村通有线电视和宽带网，建有文化大院、健身场所，设有健身器材。村村配有保洁员，环卫保洁物业化。

第五章　城市管理

第一节　环境卫生管理

环卫队伍

1995 年，城区环境卫生由区建委负责。聘用环卫工人 97 人。1997 年，由区城市建设管理处负责。2002 年，由罗庄区建设局下属的罗庄区园林环卫管理处负责。2004 年 11 月，城市环卫管理由临沂市城市管理行政执法局罗庄大队负责。2009 年 5 月，市政府改革城市环卫体制，将环境卫生管理职能下划至区政府，调整为罗庄区建设局管理。2010 年 6 月，罗庄区环境卫生管理处成立，隶属区建设局，市环卫局下划的人员编制全部列入区环境卫生管理处。该处下设综合科、清运队、市容队、清扫保洁队、公厕管理科、收费科 6 个科室，全处核定编制 30 人，另聘环卫工人 210 人。至 2013 年，机构设置未变化，聘用环卫工人 190 人。

环卫设施

公厕　1995 年，罗庄城区无公厕。1997 年，建设区行政办公楼东南角公厕、鸽子楼东侧公厕、湖东路公厕、双月湖公园公厕 4 座，全部为一类水冲公厕，均有管理制度，保洁标准。2005 年，在区移动通信公司对过、八块石市场，区建设局办公楼东侧建设一类水冲公厕 3 座。2009 年，在八块石农贸市场、罗六路护台小区西侧、罗六路展览馆北侧、湖东路与双月园北路交会处西、湖东路与双月园路交会处南、通达南路与湖北路交会处东南角建设一类水冲公厕 6 座。至 2013 年，城区共有固定公厕 13 座。

垃圾收集站（中转站）　2009 年，在八块石农贸市场、罗六路展览馆北侧、罗六路护台小区西侧建设 3 个垃圾中转站。至 2013 年，城区有生活垃圾中转站 19 座。

环卫作业

道路保洁　1995 年，城区道路保洁面积 40.1 万平方米。采取承包到人，分段保洁方式，实行面积、人员、工具、奖罚“四落实”和保洁员一日两普扫，全天守岗拣扫道路保洁制度。1998 年后，实行沿路单位、商铺等“门前五包”（包卫生、包秩序、包绿化、包美化、包看护）制度，单位、商铺等门前保洁和道路保洁质量同步提高。2004 年，对建成区沂河路、通达路南路等路段保洁权公开拍卖，开始探索道路保洁市场化运作方式。2006 年区政府购置道路洒水车 1 辆、清扫车 1 辆。2008 年 3 月，区委、区政府印发《罗庄区“城市建设管理年”活动实施方案》《罗庄区环境卫生管理实施方案》。强调环境卫生实行属地管理、分级负责，明确区建设局、8 个街道环境卫生职责范围、目标责任和考核标准。2010 年，区环卫管理处制定《罗庄区市容环境卫生保洁标准与考核办法》，对城市道路清扫、保洁、生活垃圾收集清运和公厕保洁实行统一考核标准。主干道保洁工作达到“六无”（无烟头纸屑、无塑料袋瓜果皮壳、无痰迹、无淤泥积水、无垃圾砖块砂石、无废弃堆积物）、“四净”（路面净、路沿净、雨水口净、绿化带及树根电杆果皮箱周围净）标准；公厕保洁达到“四无”（无尿碱、无蜘蛛网、无恶臭、无蝇蛆）“四净”（地面净、墙壁净、便池蹲坑净、厕所周围净）要求。2011 年，区环卫管理处修订《罗庄区道路清扫保洁奖惩细则》，对保洁员实行“日考核、周检查、月评分”的道路保洁质量考核管理办法。2012 年，每天两次对双月湖路、通达路南路等 18 条主要道路进行机械化清扫，保洁面积 38 万平方米；每天两次洒水，日洒水面积 55 万平方米，洒水量 60 立方米。2013 年，区环卫处有清扫车 2 辆，洒水车 3 辆，城区保洁面积 184 万平方米，道路机扫保洁率 100%。同年 12 月，区政府印发《关于罗庄区城乡环卫一体化实施方案的通知》，全区 8 个镇、街道实行“统一保洁、统一收集、统一清运、集中处理”的城乡环卫一体化管理模式，将各村、社区的环境卫生管理纳入市场化、规范化、专业化的运行轨道。

图 3-9：主干道路除雪（2013 年 2 月　摄）

垃圾清运　1995 年，区建委有垃圾清运车辆5辆，日清运垃圾31吨，以土建垃圾池收集、翻斗车散装清运为主。2000年起，逐步拆除土垃圾池，更换为保洁垃圾箱。2006年购置垃圾压缩车1辆。2010年，区政府投资427.7万元，购置8辆垃圾运输专用车和6套垃圾收集设备，实行生活垃圾压缩密闭收集运输。中心城区更换密闭式塑料垃圾桶588个，在罗四路和沂河路两侧增设果皮箱50套，在双月湖公园四周增设50个环保垃圾箱，在游客聚集和主要路段安置景观式果皮箱20个。2011年，保洁面积184万平方米，日清运生活垃圾46吨。至2013年，区环卫处有垃圾运输专用车8辆、垃圾压缩车2台，保洁垃圾箱、果皮箱1300余个，日无害化处理生活垃圾180吨。

第二节　城管执法

1995年起，城区市容环境管理由区建委城市建设监察大队负责。主要对道路两侧乱搭乱建、乱堆乱放、占道经营、不规范广告等进行日常管理和市容环境综合整治，维护和改善城区环境卫生秩序。至2003年，拆除各类违章建筑275处、乱搭建房屋178间，规范和整治违章广告牌匾1607块，取缔占道经营摊点2670处。每年与相关职能部门联合做好治理夏季“三乱”（露天烧烤、夜市大排档、早餐摊点）、夏秋季节占道打场晒粮、噪音扰民、破坏市政公用设施、乱涂乱画等管理工作。

2004年11月，临沂市城市管理行政执法局罗庄分局，开展以“治脏、治乱、治差，规范市民行为”为主要内容的建设管理年活动，查处各类违章建筑139处，取缔违章广告牌875个，取缔、规范占路摊点、市场309处，下达停工通知书52份，限期整改44份。2008年，实施市容市貌提升工程，集中整治城市环境。清理规范占道经营5262起，取缔流动摊点417处、马路市场11处；清理、规范修车、洗车点112起，取缔16处；规范露天烧烤、沿街餐饮摊点56起，取缔17处；拆除违规广告牌463块，清理收缴落地灯箱565块；查处车辆遗撒垃圾污染路面11起，查处噪音污染案件34起；规范违章停车2797辆，抓拍车辆492辆，处罚139辆，罚款2.33万元。集中开展罗五路、文化路、龙潭路、沂河路、双月湖路、湖东路“洗脸工程”，清理各类乱贴乱画6503处，面积1200平方米；清理条幅、彩旗315面。

2009年，以创建全国文明城市为抓手，打造双月湖路美化亮化示范街、汽车美容保洁一条街、新建十里堡商业街。下发限期整改通知197份，拆除各类破旧、违章广告牌58块。围绕创建国家园林城市，将罗五路、双月湖路、龙潭路两侧破旧的人行道板换成大理石板，设置标准盲道和禁停标志。新增2510个停车位，拆除清河南路、沂河路、双月园路、罗四路、罗五路、宝泉路等主要路段上的破损陈旧、违规广告牌2807块。开展罗五路、文化路、龙潭路、沂河路、双月湖路、湖东路“洗脸”工程，共清理各类乱贴乱画4003处，面积1000余平方米；清理条幅、彩旗337面。夜间查处违法倾倒垃圾、渣土车辆21辆。

2011年，以打造“一街一景观、一建筑一风格”的户外广告特色为目标，提升罗庄城市形象，制作沂河路“圆形”广告、电厂路“梯形”广告、罗四路生态风格广告。开展违法建设专项整治，立案查处25起，依法拆除违法建筑8000平方米。规范店外、占道经营5604处次，清理流动摊点2000余处；清除乱贴乱画1万余处；规范管理施工工地

127处；查处噪声污染56起，受理投诉举报136起，反馈率100%。

2012年，开展城市环境综合治理活动。清理店外经营、占道经营2405处次，拆除简易棚厦187处；规范早市摊点25处；新增公共停车泊位3000余个，拆除不规范广告牌512块，整改广告面积3100平方米，收缴落地灯箱1575个，清除野广告等乱贴乱画1206处；设置便民摊点123个；对朱陈、十里堡2个农贸市场进行规范管理。对城区38家建筑工地进行全面排查，督促建筑（拆迁）工地施工期间采取防尘措施，对建筑工地出入口和材料堆放场进行路面硬化，设置车辆冲洗设施，及时清运建筑垃圾。根据市住建局“依据特色建筑，打造精品广告”的思路，在新206国道开展户外广告更换整治活动，改造335户，改造面积3000平方米。

2013年，开展“城管执法驻工地、驻项目”活动，制定渣土运输十项标准，提供“保姆式”服务，强化渣土运输全程监管，建立道路污染应急处置机制，对重点区域、重点路段渣土运输实行重点管理，严管重罚。对辖区80余家烧烤经营户建立管理台账，查处取缔违规占道经营户23家。出动执法人员310人次，拆除违建3000平方米。

第六章　房地产管理

第一节　城镇住房制度改革

1995年12月起，罗庄区城镇公有住房制度改革，改革的主要内容是：把住房建设投资由国家、单位统包的体制改为国家、单位、个人三者合理负担的体制，把由单位建设、分配、维修、管理住房的体制改为社会化、市场化运行体制；把住房实物福利分配方式改为货币工资分配方式；建立以中低收入家庭为对象，具有社会保障性质的经济适用住房供应体系和以高收入家庭为对象商品房供应体系；建立住房公积金制度；发展住房金融和住房保险，建立政策性和商业性并存的住房信贷体系；建立规范化的房地产交易市场和社会化房屋维修、管理市场，逐步实现住房资金投入产出的良性循环，促进房地产业和相关产业发展。改革的主要形式有出售公有住房和实施住房公积金、住房补贴制度，建设保障性住房。1999年6月，区政府贯彻落实市政府《关于深化城镇住房改革制度的实施意见》，停止住房实物分配和集资建房，实行住房分配货币化，建立和完善以经济适用住房（安居工程）为主的多层次城镇住房供应体系；发展住房金融，培育和规范住房交易市场。

出售公有住房

1995年12月，罗庄区启动出售公有住房工作，区政府印发《关于转发临沂市人民政府〈关于临沂城区出售公有住房实施办法〉的通知》，对城镇出售公房做出部署，对公房出售的范围、对象、售房原则、售房价格、优惠政策、付款方式、售房管理做出严格、细致的规定。1996年，对符合房改条件的单位进行摸底，举办房改培训班，培训各单位业务人员。至1997年年底，有43家单位、428户职工按房改政策购买公有住房，建筑面积2.08万平方米，收缴售房款326万元。1998年，对公有住房继续出售；同时，对未参加房改的公房租金标准提高到年均每月每平方米2元。至2001年，有88个单位，724套住房参加房改，面积4.34万平方米。罗庄区公有住房出售工作基本完成。

住房公积金

1997年7月，罗庄区开始推行住房公积金制度。区直行政和企事业单位及其职工，按照“个人存储，单位资助，统一管理，专项使用”的原则，由职工个人及其所在单位，各按职工工资总额的5%逐月缴纳，归个人所有，存入个人公积金账户，用于购、建、大修住房。职工离退休或病故时，本息余额一次结算，退还职工本人或法定继承人。同年，设立区住房公积金管理中心。2003年12月，区住房公积金管理中心上划临沂市住房公积金管理中心管理。2005年7月，公积金缴交比例调整为8%。2013年，公积金缴交比例提高到12%。

住房补贴

1998年6月起，罗庄区对党政机关及事业单位职工按月基本工资（不包括各种地方性补贴）的25%发放住房补贴。住房补贴列入工资，每月随工资发放。2005年7月，住房补贴比例增加到35%。2011年11月，住房补贴标准调整为基本工资加津贴的35%。

住房保障

保障性住房建设 1997年9月，区政府印发《罗庄区安居工程实施方案》。提出：以实施房改为契机，坚持国家、单位、个人三者合理负担的原则，利用房改资金为启动资金，建设一批安居解困住宅，以成本价出售给机关、企事业单位的无房户和人均面积6平方米以下的住房困难户和危房户。1998年，罗庄区首批安居工程——湖东花园小区、护台小区开工建设，共占地27公顷。2001年，2个小区全部竣工，共投资5887万元，建成居民楼29栋、965户。1998—2002年，5年累计投资3.03亿元，开发建设经济适用房38.4万平方米。2008年，投资5000万元，建成鑫城家园经济适用房16栋、840户，建筑面积7.68万平方米。2009年，投资5800万元，建成旭洋阳光花园经济适用房19栋、1088户，建筑面积8.22万平方米。2010年，投资3700万元，建成锦绣华庭经济适用房12栋、576户，建筑面积4.6万平方米；投资1.9亿元，建成怡景新苑经济适用房44栋、2232户，建筑面积23万平方米。2011年，投资1500万元，建成怡明园小区经济适用房6栋、164户，建筑面积1.82万平方米。2012年，投资3.9亿元，历时3年的万通盛世馨园经济适用房竣工，共建设45栋多层、8栋小高层，总住房3147户，总建筑面积28万平方米。同年，投资1.6亿元，建成怡景绿洲经济适用房25栋、1000户，建筑面积11.2万平方米；投资1.4亿元，建成孟园馨苑一期经济适用房23栋、918户，建筑面积10.01万平方米。2013年，投资4000万元，建成合兴花园经济适用房6栋、270户，建筑面积2.89万平方米。

1998—2013年，罗庄区建成花园小区、护台小区、万通盛世馨园、旭阳阳光花园、鑫城家园、怡景绿洲、怡景新苑、孟园馨苑、锦绣华庭、怡明园、合兴花园11个经济适用房住宅小区，1.12万户困难群众住房问题得到解决。

棚户区改造 2012年，罗庄区开始实施棚户区改造，区政府把滨河片区、化武路片区列入首批棚户区改造计划。同年，开工建设2404户。同时，启动临矿集团、银凤陶瓷

450户棚户区改造项目。至2013年年底，全区实施棚户区改造6082户，为2.1万居民改善居住条件。

1998—2013年罗庄区经济适用房建设情况表

表3-5

小区名称	地址	建成年份	栋数（栋）	户数（户）
护台小区	护台巷与罗六路交会处	1999	18	620
花园小区	湖北路与湖东路交会处	2000	11	345
鑫城家园	琅邪王路与金一路交会处	2008	16	840
旭洋阳光花园	罗庄区兴隆路1号	2009	19	1088
万通盛世馨园小区	通达路与清河南路交会处	2009	53	3147
锦绣华庭一期	清河南路与电厂路交会处	2010	12	576
怡景新苑	清河南路87号	2010	44	2232
怡明园	盛庄办事处老潍徐公路西侧	2011	6	164
孟园馨苑	清河南路与湖东路交会处	2012	23	918
怡景绿洲	清河南路与沂州路交会处	2012	25	1000
兴合花园	沂河路与湖东二路交会处	2013	6	270

第二节　房屋产权产籍管理

1996年，对428套公有房改房进行产权登记、发证。1997年9月6日，区政府办公室印发《罗庄区房屋产权登记发证工作实施方案》，全区开始农村土地房屋确权发证工作。至1998年，区建委为178个村庄、4.89万户房屋所有权者发放房产证，确权面积462万平方米。1999年，启用和换发全国统一房屋权属证书，之前办理的区级房产证换发为临沂市房产局核发的“中华人民共和国房屋所有权证书”，区建委不再负责核发房屋产权、产籍证书，只负责初审上报。2000年，完成724套房改房确权换证工作。2007年，开展农村集体土地房屋确权试点工作，共测绘民房2000户，确权登记面积30万平方米。2008年，配合市房产局集中开展集体土地房屋登记发证工作，共测绘12个村，民房4000户，确权登记面积35万平方米。同时开展农村房产证“旧证换新证”工作，完成提档换证30户，面积3000平方米。同年，完成护台小区产权确权工作，360户业主获得房产证。2009年，开展农村集体土地房屋确权工作，测绘民房3600户，确权登记面积50.3万平方米。公产确权完成2宗，共1.7万平方米。2012年，罗庄区开始农村产权制度改革和试点工作，完成房屋测绘9.21万户，制发房产证8048户。2013年，对4个村1125户房屋进行确权，制发房产证265户。

第三节　房地产开发

境内房地产开发始于20世纪90年代，1997年前建有龙潭小区、煤苑小区（矿务局家属院）、民丰小区、红日小区等，主要以解决改善职工、居民住房为主，是单位贴钱建房，即福利房。商品房开发建设规模较小。

2000年后，区委、区政府把房地产业作为全区经济发展新的增长点，实行招、拍、挂形式，扩大建房用地，依法行政，规范开发，商品房开发市场逐渐兴起。2003年，完成房地产开发投资1.5亿元，建设5个住宅小区，建筑面积22万平方米。2004—2007年，房地产开发投资12.46亿元，开发商品住宅面积114.49万平方米，竣工建筑面积31.93万平方米。2008年，商品住房开发投资9.14亿万元，施工面积103.27万平方米，竣工面积15.43万平方米，销售面积29.08万平方米，商品房销售额5.60亿元。2009年，房地产开发投资放缓，商品房建设投资4.36亿元，施工面积105.15万平方米，竣工面积3.2万平方米，销售面积23.17万平方米，商品房销售额4.07亿元，同比下降27.3%。

2010年，国家出台新的房地产调控政策，房地产调控政策从宽松转向紧缩，限购、限贷、差别化信贷、营业税、个人所得税等一系列政策组合拳，抑制各种炒房和投机行为。是年，房地产开发投资宏观调控效果明显，商品房建设投资3.77亿元，施工面积75.32万平方米，销售面积12.74万平方米，同比下降45.7%。商品房销售额3.24亿元，同比下降21.3%。2011年，全区开发房产项目23个，完成投资44亿元，规划建设面积762万平方米，完成建设面积158万平方米。其中商品房建设投资12.8亿元，销售面积28.6万平方米。2012年，按照“品质高、设计新、功能强”的思路，加快光耀荷兰水乡、亚太金昌白鹭金岸、青啤家园沂河水岸等32个房地产项目建设，施工面积259万平方米，竣工61.8万平方米，投资25.66亿元，其中商品房建设投资21.25亿元，销售面积56.31万平方米。

2013年，房地产开发按照“城市建设高层化、高层建设组团化”的定位，加快推进江泉国际、白鹭金岸等30个大型房产项目建设，完成房地产投资24.78亿元，施工面积235.56万平方米，竣工39.86万平方米，销售面积82.15万平方米。同年，房地产开发投资31.27亿元，商品房销售面积71.66万平方米，销售额25.93亿元，同比增长64.2%。是年年底，奥林匹克、光耀荷兰水乡、亚太金昌白鹭金岸、青啤家园沂河水岸、青啤广场、海纳曦园、沂蒙乐园等高档商品住宅区相继竣工。

2000年，罗庄城区商品房现房平均销售价格每平方米800元。2001年后，受诸多因素影响，房屋价格逐年上升。2013年，商品房现房平均售价每平方米2800元。

欧罗花园

位于盛庄街道护台巷5号，东起规划路，南临护台巷，西连欧洲商业街，北与红日小区为邻，占地面积6.07万平方米。2005年规划，由山东江泉房地产综合开发有限公司投资建设，一期建设5+1多层楼房8座，2007年12月建成投入使用；二期建设11+1层楼房8座、17+1层楼房1座、6+1层1座，2013年6月建成投入使用。总建筑面积8.94万平方米、655户，有68.8～291.61平方米多种户型。建筑密度16.8%，容积率1.47，

图3-10：欧罗花园（2012年11月　摄）

绿化率 45.6%。小区排楼高低错落有序，栋楼间距大，设南、北两个出入口，有免费停车位 1000 余个，建有凉亭 2 座、长廊 3 处、假山 1 座，音乐喷泉点缀其间，设有塑胶网球场、健身器材等休闲娱乐设施。

华创金桂园

位于盛庄街道沂州路与沂河路交会处，东至电厂铁路，南接沂河路，西连沂州路，北至永盛路，占地面积 13.33 万平方米。2008 年规划，2009 年由临沂华创置业有限公司投资开发。2011 年第一期建成投入使用，2013 年第二期建成投入使用。建有住宅楼 34 座、商业楼 3 座。其中，建有 2 万余平方米的 3 层大卖场（1—2 层为麦德龙临沂罗庄商场，第 3 层为临沂大华时代国际影院）。总建筑面积 11.52 万平方米、546 户，有 90 ～ 300 平方米多种户型。建筑密度 25.87%，容积率 0.86，绿化率 35.2%。

图 3-11：华创金桂园（2011 年 11 月　摄）

清水湾花园

位于盛庄街道清河南路 2 号，东起滨河西路，南接罗湖观天下，西连陶朱公，北与清河南路为界，占地面积 7.35 万平方米。2005 年规划，同年由山东美澳置业有限公司投资开发。一期建设楼宇 15 栋（中、高层住宅 7 栋、叠加别墅 8 栋），2007 年建成投入使用。二期建设楼宇 4 栋（高层 2 栋、商业用

图 3-12：清水湾花园六艺广场（2013 年 11 月　摄）

房 1 栋、商务办公楼 1 栋），2008 年建成投入使用。总建筑面积 29.3 万平方米。其中，地上建筑面积 24.9 万平方米（住宅面积 21.3 万平方米，商用建筑面积 3.59 万平方米），地下建筑面积 4.4 万平方米。有 70 ～ 270 平方米多种户型，共 1026 户。建筑密度 26.0%，容积率 3.39，绿化率 36.0%。建有儿童主题商城、儿童游乐场、母婴生活馆、社区购物、餐饮美食等服务设施。建有凉亭 2 座、假山 2 座、5000 平方米景观水系，绿化苗木有香樟、木棉、玉兰、梧桐、垂柳、黄杨、月季、迎春等 30 余种，四季常青，三季有花。

华润佳园

位于盛庄街道湖北路与湖东二路交会处，东起湖东二路，南接富利小区，西到罗庄农村信用联社，北至湖北路，占地面积 1.88 万

图 3-13：华润佳园（2013 年 11 月　摄）

平方米。2011 年由临沂润泰置业有限公司投资开发，2013 年建成投入使用。建有 18 层楼房 2 座，6 层楼房 4 座，总建筑面积 60.2 万平方米，其中地下室 7762 平方米。有 110 ～ 130 平方米多种户型，共 324 户。建筑密度 32%，容积率 2.78，绿化率 36%，排楼之间错落有致，栋楼间距绿化到位，绿植以小叶女贞和白玉兰为主。公共活动场所有儿童游乐场 1 个，塑胶羽毛球场 1 个，观景凉亭 3 个，人造假山 1 座，石桥 2 座。

美澳花园小区

位于盛庄街道清河南路 8 号，东起观天下花园，南接大埠东社区，西连美澳路，北与十里阳光小区为界，占地面积 12 万平方米。2002 年规划，同年由临沂市罗湖房地产开发有限公司投资开发，2007 年建成投入使用。建有 4+1 层楼房 22 座、别墅 66 座，总建筑面积 14 万平方米，有 140 平方米～ 500 平方米多种户型，共 596 户，容积率 1.17，绿化率 45%。

白鹭金岸

位于盛庄街道沂河路与滨河西路交会处西南角，东起滨河西路，南接钓鱼台，西连祝丘路，北与沂河路为界，占地面积 170 余万平方米。2010 年规划，同年由亚太金昌控股有限公司投资开发。一期建成联排别墅 21 座，总建筑面积约 5.6 万平方米，有 208.38 ～ 831.68 平方米多种户型，2014 年 10 月建成投入使用，共 132 户。区域内建筑密度 23.6%，容积率 1.01，绿化率 35%。绿化采用法式园林设计手法，由五角枫、榉树、朴树、银杏、椰榆、国槐、白蜡、君迁子、大叶女贞、石楠、樱花、紫叶李等乔木及毛娟、红叶石楠、红花继木、金边黄杨、大叶黄杨、绣线菊、金叶女贞、丰花月季、红端木等灌木及大面积阳光草坪组成，四季常绿，三季有花。

图 3-14：美澳花园（2008 年 9 月　摄）

图 3-15：白鹭金岸（2009 年 9 月　摄）

1995—2013 年罗庄区商品房建设情况表

表 3-6

小区名称	地址	建成年份	栋数（栋）	户数（户）
龙潭小区	韦姜屯社区	1991	51	1800
民丰小区	化武路与兴隆路交会处	1992	15	596
煤苑小区	临沂矿务局	1996	39	997
华能电厂家属院	电厂路与沂河路交会处	1996	28	1624
红日小区	湖东路 207 号	1999	24	940

续表 3-6

小区名称	地址	建成年份	栋数（栋）	户数（户）
月亮城坤明园	湖东路与坤明巷交会处	2001	21	347
金泰小区	文化路	2002	11	380
金湖小区	湖南崖社区	2003	17	612
美华新村	龙潭路与罗七路交会处	2003	32	1300
金台名府	罗六路与双月园路交会处 120 号	2005	11	399
盛泰小区	朱陈东社区	2006	10	310
美澳花园	清河南路 6 号	2007	88	596
月亮城皓明园	罗六路与双月园路交会处	2007	55	383
富贵花园	湖北路与苗花路交会处	2007	16	632
观天下花园	滨河路 8 号	2007	57	1960
海天华庭	通达路与永盛路交会处	2008	8	300
金湖花园	湖南崖社区	2008	8	300
商业银行家院	迎宾大道与湖东路交会处	2008	6	300
阳光文化苑	文化路与罗六路交会	2008	9	318
地王豪庭	罗四路与双月湖路交会	2008	19	604
双月小区	沂河路与罗六路交会处	2008	28	888
清水湾花园	清河南路与滨河大道交会处	2008	17	1026
大埠东社区北区	清河南路 5 号	2009	30	1200
六合花园	罗四路罗庄派出所北	2010	15	488
罗欣之家	湖东路与双月园北路交会处	2010	16	564
地王豪庭	通达路与迎宾大道交会处	2010	20	604
龙山庄园	罗六路	2011	14	300
恒基家园	湖东二路与绣花城路交会处	2011	13	318
金湖明珠	工业北路与罗六路交会处	2011	16	476
润景家园	罗四路与工业路交会处	2011	14	480
龙潭馨城	建设街	2011	25	700
金地嘉园	罗六路与工业路交会	2011	27	874
沂河高都	滨河大道与湖北路交会	2011	23	1487
明月小区	朱陈北社区	2012	12	334
汇铭华府	湖北路与湖东二路交会处	2012	4	369
圣奥名门	湖北路与湖东路交会处	2012	8	394
阳光明居	朱陈东社区	2012	17	552
白鹭金岸	滨河路和沂河路交会处	2013	21	132

续表 3-6

小区名称	地址	建成年份	栋数（栋）	户数（户）
宝德书香苑	清河南路 11 号	2013	10	332
阳光丽景	罗三路	2013	9	340
康桥丽都	宝泉街中段（八小对过）	2013	15	450
开元美郡	华盛江泉城对过	2013	11	476
阳光锦绣苑	文化路与罗六路交会处南	2013	17	500
华创金桂园	沂州路与沂河路交会处	2013	34	546
华润佳园	湖北路与湖东二路交会处	2013	6	324
欧罗花园	护台巷 5 号	2013	18	665
香水郡	清河南路 8 号	2013	53	712
阳光学府	朱陈东社区	2013	22	718
宝丽一号	通达南路与湖北路交会处	2013	13	733
贵和水韵华庭	通达南路和双月园路交会处	2013	23	912
大成家苑	金五路与临西四路交会处南	2013	23	1075
深莞城	沂河路 19 号	2013	11	1224
展恒怡和国际	沂河路 23 号	2013	15	1059

说明：数据为居住 300 户以上的商品住宅小区

第四节　房屋拆迁

1996 年，根据市政府《临沂市城市房屋拆迁暂行管理办法》，市房产局组织实施罗庄区规划内的房屋拆迁管理工作，负责办理拆迁项目审批、拆迁许可证签发、拆迁公告发布、拆迁单位资质申报、拆迁纠纷调解等工作。罗庄规划区内的房屋拆迁，由市房产局委托区建委代管。国有土地房屋拆迁工作由市建设局负责，集体土地房屋拆迁工作由各乡镇政府负责。罗庄区房屋拆迁坚持维护当事人合法权益的原则，做到依法拆迁，严格执行“四合法、一到位”（即拆迁项目合法、拆迁程度合法、拆迁主体合法、补偿款标准合法和补偿资金到位），从源头上减少拆迁纠纷，建立健全拆迁公示和听证制度，严格拆迁行政裁决程序，做到阳光拆迁。1998 年，完成沂河路、京沪高速公路连接处和京沪高速公路沿线的民房及建筑物的拆迁，拆除民房 370 户、面积 4.2 万平方米。2002 年，审批拆迁沂河路两侧房屋 413 间、面积 1.12 万平方米。2004—2007 年，旧村改造拆除民房面积 8.87 万平方米。

2007 年 12 月，罗庄区拆迁办公室成立，隶属区住建局，主要任务是组织实施区内国有土地房屋征收与补偿。2008—2011 年，旧村改造拆除民房面积 123.91 万平方米。2012 年 8 月，罗庄区拆迁办公室改称罗庄区人民政府房屋征收办公室。同年，完成民房拆迁 4373 户、面积 88.75 万平方米；企业拆迁 218 家、面积 113.59 万平方米。2013 年，共完成民房拆迁 2766 户、面积 55.49 万平方米；企业拆迁 201 家、面积 44.98 万平方米。

第五节　住宅小区物业管理

1998年后，城区内住宅小区逐渐增多，随之出现物业管理新兴企业。1999年4月，区房地产管理局成立，内设物业管理科。同年，全区城乡建设工作会议提出，把物业管理引入市场管理竞争机制，实行建设与管理分离；对在建小区，物业管理提前介入，坚持高起点，一条龙、配套化服务，给城区居民营造一个良好的生活居住环境。同年6月，双月园小区首推物业管理，新的小区物业管理体制开始建立。2004年，双月园物业获“全国物业管理示范住宅小区”称号。2009年，罗庄区贯彻执行《山东省物业管理条例》，物业管理由最初的房管部门管理、单位自管、开发单位代管逐步过渡到物业公司一条龙管理的管理模式。2012年，区房管局根据《临沂市物业服务企业信用档案管理暂行办法》，配合市房产局，对境内物业服务企业进行有关信用信息采集、记录、公布及信用等级评定、优秀物业管理评选，督促物业管理企业提高服务质量，提升信用等级。同时配合区物价局监督物业企业的收费行为。至2013年，罗庄区有53家具有物业管理企业资质的物业公司，实施物业管理的住宅小区81个。小区物业管理收费分别为政府指导价和市场调节价，小区物业管理收费标准每平方米每月1.2～1.8元。

第七章　建筑业

第一节　建筑企业

1995年，罗庄区有五级资质以上建筑企业21家，建筑设计施工人员6802人。1997年，有资质的建筑企业发展到30家，从业人员7600人，其中有技术职称的615人（高级工程师6人，工程师35人）。2001年，根据建设部《建筑业企业资质管理规定》相关资质类别、专业标准划分规定，全区建筑企业重新进行资质认证。至2002年，全区13家建筑安装企业通过考核，获得二级、三级房屋建筑工程专业资质证书企业分别12家、1家。完成建安产值1.69亿元。2010年，罗庄区三级资质以上的建筑安装企业发展到25家。完成建安产值14.55亿元。2013年，罗庄区有建筑安装企业49家。其中，施工总承包三级资质企业10家，二级资质企业7家，专业承包企业19家，劳务分包企业13家。从业人员8559人，其中技术人员2212人（一级建造师41人）。有施工机械设备2661台。完成建安产值20.6亿元。罗庄区建安、市政工程施工从业人员素质大幅提高，已具备承接各种复杂技术和大型工程的能力。

临沂市华冠建筑工程公司

位于盛庄街道清河路西段。前身为始建于1975年的临沂市第十建筑公司。1989年8月26日，注册成立临沂市华冠建筑工程公司，占地面积8.67万平方米，注册资本2016万元，为建筑工程施工总承包二级资质企业，公司有各类工程技术、经济职称人员280人。至2013年，公司发展为临沂市重点施工企业，拥有各种大型土石方机械、起重吊装机械、高层建设施工垂直运输机械及混凝土输送泵、精密仪器、检测等配套设备，具有承建厂房及民用高层住宅工程、建筑安装等工程的能力。先后承建孟园小学综合楼、锦绣城8号和9号、魏三岗21号楼等工程。

临沂宏伟建筑安装工程有限公司

位于罗庄区206国道西侧50米。成立于1998年7月，占地面积2万平方米，注册资金2010万元，为二级房屋建筑施工总承包资质，三级钢结构工程专业承包资质。2013年，公司固定资产3200万元，下辖6个施工项目部及罗庄宏伟建筑设备租赁公司、临沂宏伟房地产开发有限公司、宏伟钢结构工程施工公司、宏伟物业管理公司等综合性经营和服务单位。从业人员1520人，技术人员160人（高级技术人员3人，中级技术人员20人，初级技术人员130人），持证上岗的项目经理12人，特殊工种上岗人员40人，职业技能岗位人员70人。先后完成河东区九曲街道孙家于埠社区高层住宅工程、华宇铝电热电厂石膏扩建工程、山东鑫海科技股份有限公司8x33兆伏安镍合金项目土建工程、十里阳光住宅楼工程、临沂职业学院理实一体化教学楼建设等工程。

临沂市新沂蒙建设有限公司

位于盛庄街道沂河路与祝丘路交会处西路北。公司成立于1999年8月，占地面积680平方米，注册资金2216万元，为建筑工程施工总承包二级资质。2013年，固定资产2700余万元，下设建材设备机械租赁项目、水电暖安装项目、土建施工项目、装饰装修项目。有各类工程专业技术、项目施工人员240人（高级技术人员2人，中级技术人员15人）。2005年承建的滨河花园1号住宅楼、2006年承建的滨河花园11号住宅楼、2008年承建的临沂市南环路工程荣获市级“沂蒙杯”称号。2010年，被临沂市建设局命名为建筑业先进集体。

临沂美华建安有限公司

位于罗庄街道罗六路中段西侧。成立于1999年1月，占地面积1.33万平方米，注册资金2060万元，固定资产8000万元。是集建筑安装、建材、租赁、装饰为一体的建筑工程施工总承包二级资质企业。2013年，有员工350人，专业技术人员90人（高级技术人员3人，中级技术人员18人）。先后承建金台名府、金地嘉园、世纪新筑、美华润景、金地华府、南都雅居小区等建设工程。2011年，获“山东省建筑施工安全文明优良工地”称号。

2013年罗庄区建筑安装企业（公司）情况一览表

表3-7

分类	企业名称	注册年月	注册资金（万元）	法定代表人	资质类别和等级	企业地址
施工总承包二级	临沂市安装公司	1986.5	2150	黄秀平	机电安装工程二级	通达路211号
	临沂市华冠建筑工程公司	1989.8	2016	崔正合	房屋建筑工程二级	清河南路西段
	临沂宏伟建筑安装工程有限公司	1998.7	2010	王善飞	房屋建筑工程二级	206国道西侧50米
	临沂市美华建安有限公司	1999.1	2060	周锦民	房屋建筑工程二级	罗六路中段
	临沂市新沂蒙建设有限公司	1999.8	2216	吕全祥	房屋建筑工程二级	沂州路123号

续表 3-7

分类	企业名称	注册年月	注册资金(万元)	法定代表人	资质类别和等级	企业地址
施工总承包二级	临沂市兰盾建筑安装有限公司	2002.4	2149	杨作林	房屋建筑工程二级	罗庄街道韦姜屯村
	临沂市华盛江泉建筑有限公司	2008.9	4000	孙桂友	房屋建筑工程二级	罗四路南段
施工总承包三级	临沂市通泰工业设备安装有限公司	1976.1	300	宋振海	机电设备安装工程三级	傅庄街道
	临沂市新元建筑有限公司	1977.2	600	席俊玉	房屋建筑工程三级	册山街道办事处驻地
	临沂市泰和建设工程有限公司	1980.4	610	徐顺宗	房屋建筑工程三级	双龙路中段
	临沂市方泰建筑安装工程有限责任公司	1999.4	2000	方桂亮	房屋建筑工程三级	罗程路东段
	临沂市绿苑建筑安装有限责任公司	1999.6	4100	冉祥利	房屋建筑工程三级	高都街道办事处驻地
	临沂新光通信网络有限公司	2003.1	300	钱春华	通信工程三级	罗九路与工业北路交会处
	临沂新力无损检测有限公司	2003.2	300	王立进	无损检测工程三级	盛庄街道后盛庄
	临沂市鲁萌建设工程有限公司	2005.11	2000	杨夫起	房屋建筑工程三级	罗七路中段
	临沂荣盛建筑有限公司	2008.1	600	刘方安	房屋建筑工程三级	盛庄街道后盛庄
	临沂帝成建筑工程有限公司	2008.1	600	张成华	房屋建筑工程三级	湖北路中段
	山东硕洋建设工程有限公司	2008.1	2100	庞思栋	房屋建筑工程三级	罗庄街道山南头村
	临沂市嘉泰建筑有限公司	2008.3	10000	王学强	房屋建筑工程三级	双月湖街道林村
	山东宏宇建筑安装工程有限公司	2008.11	2200	杨化宇	房屋建筑工程三级	盛庄街道前盛庄
专业承包	临沂市金丰装饰安装有限公司	2000.9	500	刘东福	二级资质	湖北路中段
	临沂金能汽轮机安装有限公司	2003.6	300	寇学金	机电设备安装工程三级	盛庄街道
	临沂市蓝天防腐保温科技有限责任公司	2003.7	200	胡兆启	防腐保温工程三级	盛能公园西侧
	临沂市丽城装修工程有限公司	2004.4	150	郝鲁建	装修工程专业承包三级	兰山区金润大厦 2701 室
	临沂市新天地装饰工程有限公司	2004.6	1006	刘树萍	建筑装修装饰工程专业承包二级	李白庄 784 号
	临沂市菁华工业设备制作安装有限公司	2004.8	300	王克文	环保工程三级	湖北路东段
	临沂罗建建材制品有限公司	2005.3	1000	刘国启	预拌商品混凝土专业三级	高都街道沈牌子村
	临沂华盛混凝土有限公司	2006.1	1000	孙桂友	预拌商品混凝土专业三级	罗四路南段华盛江泉工业园内

续表 3-7

分类	企业名称	注册年月	注册资金（万元）	法定代表人	资质类别和等级	企业地址
专业承包	临沂市金源安装有限公司	2006.7	300	刘常华	机电设备安装工程三级	罗庄街道连泉庄
	临沂顺成市政工程有限公司	2007.7	100	陈贵成	拆除工程三级	湖北路中段
	临沂宏瑞环保工程有限公司	2009.11	500	洪亮	环保工程专业承包三级	罗程路中段
	临沂恒越建筑安装工程有限公司	2010.5	2600	孙杜春	机电设备安装工程三级	化武路东段
	临沂坤泰混凝土有限公司	2010.9	1200	王跃忠	预拌商品混凝土专业三级	罗庄街道朱张桥西北村
	临沂正乾建筑材料有限公司	2011.4	2000	杨传梅	预拌商品混凝土专业三级	湖北路青啤家园
	临沂晟亚混凝土有限公司	2011.4	1000	徐连峰	预拌商品混凝土三级	高都工业园
	临沂钦鹏混凝土有限公司	2011.8	1000	彭　伟	预拌商品混凝土专业三级	化武路与金七路交会处
劳务分包	临沂韩宇塑胶管业有限公司	2003.11	50	宋玉宝	水暖电安装不分等级	双月湖街道
	临沂宏华建业建筑安装有限公司	2004.6	100	张发红	砌筑作业分包一级	罗七路中段王庄 0018 号
	临沂市金宝利建筑安装有限公司	2005.11	50	张素兰	建筑作业分包一级	商业街西段
	临沂市鼎天建筑劳务分包有限公司	2006.3	50	连福金	砌筑作业分包一级	沂州路 123 号
	临沂市盛荣建筑劳务工程有限公司	2006.3	50	刘广庆	小型总承包不分等级	傅庄街道
	临沂信天翁水电暖卫安装有限公司	2006.6	32	王善付	水暖电安装不分等级	湖北路中段
	临沂胜匠建筑劳务有限公司	2006.8	30	王　涛	抹灰作业不分等级	湖北路
	临沂俊华建筑劳务分包有限公司	2007.7	50	王郡华	砌筑作业分包一级	化武路中段
	临沂益林建筑劳务分包有限公司	2007.9	100	宫健	混凝土作业不分等级	高都街道车辋村
	临沂市振伟建筑劳务分包有限公司	2009.5	20	陈振伟	脚手架作业分包二级	高都街道薛庄
	临沂市邦城建筑劳务分包有限公司	2011.5	30	刘文亮	混凝土作业不分等级	罗庄街道后官战湖村
	临沂鸿盛建筑劳务分包有限公司	2011.7	300	薛凌金	钢筋作业分包一级	化武路中段南侧
	临沂市罗庄区龙犇建筑劳务分包有限公司	2012.6	100	王　杰	水暖电安装不分等级	罗庄街道朱陈西南村

第二节　招标投标

1995年，建设工程招投标由区建委建设工程招投标管理办公室负责。2002年7月起，由罗庄区工程建设管理处招标办公室负责。同年起，罗庄区建筑工程招投标实施直接标底法、标底二次生产法、现场产生标底法（平均法、二次平均法、修正系数法），多采用现场产生标底法。根据市建委招投标市、区职责，凡在境内新建、改建、扩建建筑面积5000平方米（不含）以下或工程造价300万元（不含）以下的单项工程的立项、报建、招投标、合同审查工作由区建委负责。2007年1月，调整为面积6000平方米以下或单体工程投资在2000万元以下的工程。

2011年，市政府成立临沂市公共资源交易中心，罗庄境内不再设有形建筑市场，所有工程承包交易活动全部进入市有形建筑市场（市公共资源交易中心）进行。罗庄区建筑工程自工程报建开始，实行两人或多人审查，同时对工程招投标进行全程跟踪监督、监管，在开标时接受区纪委、监察局、区检察院职务预防犯罪科全程跟踪监督监管。区公证处对工程开标评标全过程进行现场公证。

1995—2013年，全区累计招标工程437个，建筑面积447.18万平方米，工程造价70.32亿元。其中，2001—2010年，招标331个项目，建筑面积230.47万平方米，造价25.34亿元；2011—2013年，招标106个项目，建筑面积216.71平方米，造价44.98亿元。

第三节　建筑技术

基础与主体结构

1995年，一般基础工程开挖后，直接用石头、水泥砂浆砌筑。然后在基础上设置与内外墙连接的钢筋混凝土圈梁，或采用桩式基础建筑，多层建筑以砖混结构为主。2002年后，罗庄区多层建筑以砖混、框架结构为主，基础多采用条形基础及框架基础的浅基础。随着工程建设规模扩大，商品混凝土的大量采用，高层建筑多以剪力墙、框剪结构为主，基础多采用筏板、箱型基础。

混凝土技术

1995年，建筑用混凝土基本告别人工搅拌模式，大都采用滚筒式搅拌机现场搅拌、人工浇筑。2004年后，商品混凝土得到大面积推广，同时，混凝土输送泵也得以应用，促进施工质量和效率的提高。

屋面及防水

主要有坡屋面和平屋面两种。楼房多采用平屋面，住宅多采用坡屋面，也有部分民宅采用平屋面。坡屋面顶部覆盖泥（瓷）瓦或冲压型保温钢板，传统的覆盖庄稼秸秆的方式被逐渐淘汰。至2013年，防水广泛采用高聚物改性沥青防水卷材应用技术、建筑防水涂料、建筑密封材料。

给排水与采暖

1995年，工程给排水管道多采用无缝钢管、铸铁管。进入21世纪，给水系统采用聚乙烯（PE）管、室内排水管道多采用硬聚氯乙烯（PVC-U）管。连接方式主要有电热熔、热熔对接焊和热熔承插连接；供热系统采用上供下回双管串联系统。

第四节　质量监督

1995年，罗庄区建筑工程质量监督由区建委建筑工程质量监督站负责。2002年7月，在区建设局设立罗庄区工程建设管理处，内设质量安全监督科（2012年3月，改称建设工程质量安全监督站）。

1995 年起，根据国家有关法规要求，工程质量监督以工程实体监督为主要内容。监督小组主监员根据工程建设特点制定监督计划，实行跟踪监督，深入到每个分项工程工序操作现场，及时发现质量问题，提出改进措施，监督落实整改情况。

2001 年，区建委建筑工程监督站对工程实体质量、工程质量、责任主体和质量检测等工程质量行为进行抽查、抽测。监督工程竣工验收，重点对验收的组织形式、程序等是否符合有关规定进行监督，形成工程质量监督报告，建立工程质量监督档案。2003 年，建设部颁布《工程质量监督工作导则》，明确规定建设工程质量责任主体是指参与工程建设项目的建设单位、勘察单位、设计单位、施工单位和监理单位，规定监督机构的工作内容。至此，工程质量监督从微观的工程质量监督管理逐步转向以监督工程责任主体的质量行为和实体巡查为主的宏观监督管理。同年，全面推行建设工程竣工验收备案制度，严格建设工程质量强制性标准执行情况的监督管理，确保工程建设质量。

1995—2000 年，共监督 19 个项目、108 个单体工程；2001—2013 年，共监督 287 个项目工程。工程合格率 100%。2012 年，区住建局被市建设安全工程质量监督管理处授予“2012 年度建设工程质量监督先进单位”称号。

第五节　装修装饰

装饰企业

1999 年前，罗庄区没有专门的装修装饰公司，专业装修人员少且零散，装修设计大多根据业主的生活经验和喜好自行设计。随着社会经济发展和人们生活水平提高，专业装修装饰队伍应运而生。2000 年 9 月 28 日，临沂市金丰装饰安装有限公司成立，为建筑装修装饰工程专业承包二级，注册资金 500 万元，是罗庄区第一家装饰装修公司。2004 年 4 月 7 日，临沂市丽城装修工程有限公司成立，为建筑装修装饰工程专业承包三级。同年 6 月 2 日，临沂市新天地装饰工程有限公司成立，为建筑装修装饰工程专业承包二级。至 2013 年，全区共有 3 家有资质的民营装饰装修公司。

装饰技术

20 世纪 80 年代，罗庄区内外墙装饰一般采用勾缝或水泥抹灰打底，面层为水刷石、干黏石或少量剁斧石。20 世纪 90 年代，外墙装饰材料品种增多，外墙装饰经历马赛克、外墙砖、外墙漆的演变过程。进入 21 世纪后，外墙装饰多采用外墙漆。随着城乡经济的发展，2005 年前后，高档公用建筑外墙开始采用石材饰面，施工工艺历经由“湿作业”到“干作业”的变化，用不锈钢挂件固定石材。同时，由于玻璃幕墙具有自重轻、施工方便、美观的特点，玻璃幕墙也在高档公共建筑的局部应用，不少建筑将石材幕墙与玻璃幕墙在同一建筑外立面上使用。

随着住宅标准日渐提高，内墙装饰发展很快。1995 年起，境内常用的水泥地面渐被地板砖、木地板所替代，内墙面经历刮石灰膏、刮仿瓷涂料、贴墙纸、刷立邦漆的演变过程。2000 年后，人造石材（光面）开始使用。石材墙面多应用于较豪华的公用建筑，如酒店、银行等。2005 年前后，普通居民住宅内墙面多刷立邦漆。各种吊顶装饰（吸音板为主）多用于办公楼等公用建筑，住宅极少使用。

第四编　国土资源管理　环境保护

Part 4: National Land Resources Management and Environmental Protection

武河湿地白鹭（2012 年 5 月　高奎摄）

武河湿地（2013 年 7 月　张春林摄）

1995 年，罗庄区开展保护耕地大检查和土地现状变更调查，摸清全区土地利用现状。1996 年，开始编制罗庄区土地利用总体规划说明（1996—2010 年）和罗庄区矿产资源分布与开发利用规划。1997 年，编制完成罗庄区基本农田保护区规划。1998 年后，逐步实施一系列国土资源保护政策，用地管理和矿产资源管理力度不断加大。2002 年，开始实行国有建设用地使用权“招拍挂”出让制度，建立健全土地收储融资机制。2003 年，实施城区土地定级估价标准。同年，编制完成罗庄区矿产资源总体规划。2006 年，开始编制第二轮罗庄区土地利用总体规划（2006—2020 年）。2008 年，国土资源实行卫片执法检查全覆盖。2009 年，实施城乡建设用地增减挂钩管理办法。至 2013 年，全区建设用地进一步规范，基本农田得到保护，矿产资源管理更加完善，地质环境得到有效治理。2001—2006 年，罗庄区先后 3 次被山东省国土资源厅命名为全省土地执法模范县（区）。

罗庄素有临沂“南工重地”之称。20 世纪 90 年代始，随着乡镇企业异军突起、个体民营企业快速发展和工业化进程加快，罗庄环境污染，特别是水污染和空气污染日渐突出。1995—1997 年，重点开展大气污染和水污染防治。1999 年始，推进“一控双达标”（主要污染物排放总量控制、主要污染物达标排放和国家重点环保城市环境质量功能区达标），加强对钢铁、水泥、建陶、造纸、热电、焦化等重污染企业的污染防治。2003 年，区委、区政府提出争创国家环保模范城市，打造“生态罗庄”，环境保护工作的重点逐步由点源治理向全过程控制转变。2006 年后，进一步加强环境质量监测和监察执法，发展循环经济，逐步淘汰落后产能，关、停、并、转部分污染企业，多措并举，标本兼治，扎实推进污染物总量减排。2012 年 3 月，罗庄区被市政府命名为全市“十一五”主要污染物总量减排目标考核先进集体和全市重点河流恢复鱼类生长水质达标工作先进集体。至 2013 年，完成市政府下达的主要污染物总量减排目标和淮河流域污染防治五个重点项目；辖区主要河流水质稳定达到地表水Ⅴ类以上标准，市控考核断面综合达标率 96.5%。

第一章　国土资源管理

第一节　机构

1995 年 2 月，罗庄区矿产资源管理局成立，为正科级行政单位。内设办公室、矿管监察科、征管财务科，下属罗庄、盛庄、傅庄、册山 4 个基层矿产资源管理所。同年 3 月，临沂市土地管理局罗庄分局成立（简称罗庄土地管理分局），为正科级行政单位。内设办公室、用地管理股、地籍管理股、监察股、土地勘察利用规划站、民房用地管理站 6 个职能科室。2003 年 5 月，临沂市土地管理局罗庄分局、罗庄区矿产资源管理局合并成立临沂市国土资源局罗庄分局。同年 9 月，临沂市国土资源局罗庄分局更名为临沂市国土资源和房产管理局罗庄分局。2004 年 10

月，临沂市国土资源局执法监察支队罗庄大队设立，为正科级事业单位，隶属临沂市国土资源局执法监察支队。同年10月，临沂市国土资源和房产管理局罗庄分局更名为临沂市国土资源局罗庄分局（简称罗庄国土分局）。2006年4月，罗庄区8个街道土地管理所由街道管理上划为罗庄国土分局管理，并更名国土资源所。同年5月，临沂市国土资源局执法监察支队罗庄大队并入罗庄国土分局。2008年3月，罗西国土资源所划归临沂高新技术产业开发区国土分局管辖。2010年1月，沂堂国土资源所划归罗庄国土分局管理。2011年1月，褚墩国土资源所、黄山国土资源所划归罗庄国土分局管理，汤庄国土资源所并入傅庄国土资源所，双月湖国土资源所并入盛庄国土资源所。至2013年12月，罗庄国土分局内设办公室、财务室、法规科、土地利用科、征地科、地籍科、矿管科、地测科、信访科、查处一室、查处二室、机关党委、工会、档案室、纪检室、打非办、民房站和规划站18个科室，辖罗庄、盛庄、傅庄、册山、高都、沂堂、褚墩、黄山8个国土资源所和临沂国土资源局执法监察支队罗庄大队。编制61人（其中行政编制6人，事业编制55人），实有81人。

1996年，罗庄区土地管理分局日常地籍管理工作被省国土资源厅表彰为山东省土地管理局科技进步一等奖。1997年，罗庄区矿产资源管理局被省地矿厅命名为地矿行政工作先进单位。1999—2000年，罗庄区土地管理分局连续2年被省国土资源厅命名为山东省土地管理先进单位。2000年，罗庄街道被省国土资源厅命名为2000年度土地管理模范乡镇。2001年、2002年、2006年，罗庄区被山东省国土资源厅命名为全省土地执法模范县。2009年3月，罗庄国土分局被山东省国土资源厅命名为2006—2008年国土资源依法行政工作先进单位。

第二节　土地资源管理

土地利用总体规划

第一轮土地利用总体规划（1996—2010年） 1996年，编制完成《罗庄区土地利用总体规划说明》。1998年，开始编制罗庄区第一轮《土地利用总体规划（1996—2010年）》，1999年11月通过省、市土地利用总体规划评审小组评审，同年12月完成。2000年10月，经省政府批准实施。总体目标是：到2010年，全区耕地减少量不得超过613.3公顷，其中建设用地不得超过574.59公顷；土地整理复垦和开发补充耕地量不得少于613.3公顷；全区耕地保有量不低于20544.93公顷，其中基本农田保护面积15782.32公顷，占现有耕地面积76.8%；中心城市建设用地规模控制在17.2平方千米以内。

第二轮土地利用总体规划（2006—2020年） 2006年，罗庄区第二轮土地利用总体规划开始编制，2010年5月，经省政府批准实施。总体目标是：保护耕地和基本农田。到2010年和2020年耕地保有量分别保持在17774.6公顷和17947.2公顷。规划期内，确保基本农田保护面积11941.2公顷，基本农田数量不减少、质量有提高。控制建设用地规模。到2010年和2020年，城乡建设用地规模分别控制在14175.1公顷和14752.5公顷以内。按照城镇体系规划确定的城镇体系空间结构和产业空间分布体系，不断优化城乡空间布局。至2020年，城镇工矿用地面积占城乡建设用地总面积比例由2005年的17.19%上升到25.11%。全面推进土地整治。至2010年和2020年，通过土地整理复垦开发补充耕地不少于772.7公顷和1623.5公顷，农村建设用地整治挖潜（挂钩）规模224.5公顷和673公顷。

2010年7月20日，各镇、街道土地利用总体规划经市政府批准实施。2012年，罗庄国土分局完成《罗庄区土地利用总体规划（2006—2020）》数据库建设，并通过国土资源部审查。

耕地保护

基本农田保护 1995年4月，区政府办公室印发《关于开展保护耕地大检查的通知》，并成立保护耕地检查领导小组，对全区各项非农业建设用地和农业内部结构调整用地进行全面清查。历时3个月，共查出非农业建设用地551宗，面积131.6公顷；违法占地202起，面积44.87公顷，依法审批补办用地手续202宗。1996—1997年，罗庄区土地管理分局编制完成《罗庄区基本农田保护区规划》《罗庄区基本农田保护规划说明》，全区共划定基本农田15782.32公顷，设立基本农田保护碑28块，绘制基本农田保护区1∶10000标准分幅现状图24幅。1997年，对基本农田实行动态监控，在划定基本农田保护区的基础上，区、乡镇、村三级逐级签订目标责任书，实行领导任期目标责任制。各乡镇配备3～5名土地监察员，建立起区、乡镇、村三级土地监察网络。1999年，罗庄区土地管理分局贯彻执行新修订的《土地管理法》，开始实行耕地占补平衡制度，对建设用地占用耕地的，实行先补后占、占多少补多少制度。2005年，区政府首次将耕地保有量和基本农田保护纳入街道办事处政绩考核范畴，对违反规定或达不到要求的，严格追究责任，加强对基本农田保护。2008—2009年，实施傅庄、汤庄、册山3个街道国家级基本农田土地整理项目，总投资3390万元，涉及1960.04公顷，净增耕地188.9公顷，新增耕地比率为9.64%。2010年，耕地保有量指标为17774.56公顷，落实基本农田保护面积11941.15公顷。沂堂镇、褚墩镇、黄山镇划归罗庄区后，2011年，市政府下达罗庄区耕地保有量2.5万公顷、基本农田1.8万公顷的保护任务。2012年，开展耕地质量等级检测及评价，并形成年度更新及长期监测制度，与全国第二次土地调查结合，确定罗庄区耕地保有量24879.56公顷，基本农田保护面积18010.55公顷。2013年，完成耕地质量等级成果补充完善，实施建设规模为1600公顷的高标准基本农田建设项目。至同年年底，全区实有耕地24262.98公顷、园地671.87公顷、林地3527.14公顷、草地711.53公顷。划定基本农田保护面积18010.55公顷，基本农田保护率72.4%。

土地开发整理 土地开发整理包括土地整理、土地复垦和土地开发三项内容，目的是提高耕地质量，增加有效耕地面积。1996年，在盛庄镇进行66.67公顷沙滩开发复垦试点。1997年，罗庄区土地管理分局印发《关于对土地开发复垦、土地整理实行立项管理的通知》，对开发复垦实行申请、立项、审批、验收等规范化管理制度。至2002年，全区共实施完成开发复垦土地230.38公顷，新增耕地211.38公顷。2003年1月—2004年12月，实施罗西街道石埠村、土山洼村、北白埠子村和涧头村4个市级土地开发整理项目，新增耕地95.47公顷。2005年，实施罗西街道官庄村、西石埠村，傅庄街道大河湾村、西三重村，高都街道砖厂、沂河荒滩6个市级土地整理开发复垦项目，共开发复垦土地283.48公顷，新增耕地62.11公顷。2006—2007年，先后实施罗庄街道庆云山、罗西街道涧头村、涧沟崖和涧头村东4个市级土地整理项目，共开发复垦土地561.44公顷，新增耕地62.65公顷。2008年1月，傅庄——汤庄——册山国家级基本农田整理项目总规模1961.27公顷，新增耕地189.65公顷。2011年，编制完成“十二五”土地综合整治规划。2012年9月，实施沂堂镇贤孝庄等5村5个市级土地整治项目，项目区建设规模399.09公顷，新增耕地52.14公顷。2013年6月，实施沂堂镇寨子村、北沂堂村2个市级土地整治项目，总建设规模474.97公顷，新增耕地44.43公顷。

1996—2013年，全区共实施国家、省、市级土地开发整理项目23个，开发复垦土地4050公顷，新增耕地800公顷，累计投资8600余万元。

砖瓦窑厂用地清理 罗庄区作为历史工矿区，采石场、水泥厂、砖瓦厂等作为基础产业，在促进全区经济发展，增加人民群众收入等方面发挥一定作用，但有一部分经营者违反土地管理法律法规，掠夺式取土，破坏性用地。1995年7—10月，区政府对全区砖瓦窑厂、煤矿、采石场、水泥厂用地情况进行专项摸底检查，共有砖厂104座、瓦厂135座、石灰窑34座、水泥厂22家、煤矿21家、采石场63家，共计用地552.13公顷。1996年，区政府印发《罗庄区人民政府关于加强砖瓦窑厂等用地管理的决定》，停产、拆除21座旧砖瓦窑厂，对剩余砖瓦窑厂建档立卡。1997年11月，区政府办公室印发《关于对砖厂等用地取土实行许可证制度的通知》，对砖厂取土实行现场论证、勘测、制图建档、划定取土范围，限定取土深度，与取土单位签订复垦协议，收取复垦保证金，将砖厂用地取土纳入制度化管理轨道。年内共拆除砖窑、石灰窑28座，停产9座，14座砖厂限期生产。1998年，根据《中共中央国务院关于进一步加强土地管理切实保护耕地的通知》精神，执行冻结非农业建设项目占用耕地一年的决定，严格非农业建设用地审批管理，组织非农业建设用地大清理。查处占用基本农田案件38起，拆除砖窑、石灰窑81座，停产15座，退窑还耕56公顷。2000年，区政府印发《关于对全区砖厂及用地取土进行专项治理和整顿的决定》，开展砖厂用土专项治理、整顿，对全区143座砖厂列出拆除时间表，分期分批停产拆除。全年拆除砖厂66座，复垦土地38.53公顷。2001年，将砖厂废弃地开发复垦纳入立项管理。至2002年，共拆除砖厂25座，复垦土地28公顷。2003年，拆除土炼焦、小炼油、小炼铁等“五小”企业122座，面积133.3公顷。2004年7月，区政府制定《罗庄区禁止生产和使用实心黏土砖实施方案》，开展禁止生产使用实心黏土砖活动，罗庄国土分局与区环保分局联合对全区石灰窑进行集中整治，年内共拆除石灰窑353座。2005年10月，加大拆除实心黏土砖厂和砖厂废弃地整理复垦工作力度，至同年年底，共拆除实心黏土砖厂144座，增加耕地200公顷。至此，罗庄区的砖瓦窑厂得到彻底治理。

建设用地管理

建设用地报批 1990年前，凡国家建设需要征用土地的，依法以划拨方式取得土地使用权，县级人民政府批准权限为耕地0.2公顷以下，其他土地0.67公顷以下。1999年1月，新修订的《土地管理法》第45条规定，征用土地实行国务院和省级人民政府两级审批，取消市县级人民政府征用土地审批权，县政府只行使在已经批准的建设用地区域内具体项目用地审批权。1999年1月前，农村村民建住宅使用耕地的，由乡（镇）政府审核，经区土地分局审查同意后，报区政府批准，使用原有宅基地、村内空闲地等非耕地的，报乡（镇）政府批准；1999年1月后，按照新《土地管理法》规定，由区政府批准。

国有和集体土地使用制度改革　1978年前，城镇国有土地使用实行单一的行政划拨制度，国家将土地无偿、无限期提供给用地者，土地使用权不能在土地使用者之间流转。1978年后，按照土地所有权与使用权分离的原则，国家实行在保留土地所有权的前提下，通过拍卖、招标、协议等方式将土地使用权以一定的价格、年限及用途出让给使用者，出让后可以转让、出租、抵押。1990年5月19日，《中华人民共和国城镇国有土地使用权出让和转让暂行条例》颁布实施，确立城镇国有土地使用权出让、转让制度。1996年，罗庄区进行土地使用制度改革，一次性划定55平方千米（其中区政府开发10平方千米，临沂高新技术产业开发区10平方千米，罗庄镇20平方千米，其他5个乡镇各开发3平方千米），对建设用地实行“统一规划、统一征地、统一开发、统一出让、统一管理”。同年6月，区政府印发《罗庄区人民政府关于贯彻〈临沂市人民政府统一征地办法〉的实施细则》，规范各乡镇政府驻地规划和开发建设，实行企业建设用地有偿使用制度。年内全区土地总收益1000余万元。1997年起，逐步实行土地使用权出让、转让、出租、抵押等。2001年，贯彻国务院关于加强土地资产管理的通知精神，实行政府高度垄断土地一级市场，放开搞活二级市场，推行租赁、储备、招标拍卖制度，建立统一、开放、竞争、有序的土地市场。2002年，罗庄区开始实行建设用地“招拍挂”土地出让制度，规定商业、旅游、娱乐、商品住宅开发等四类经营性用地必须实行招拍挂出让方式。全年“招拍挂”方式供地4宗，实现政府收益1.45亿元。同年12月，市政府印发《关于罗庄区新增城市规划区域内执行高新技术开发区有关政策的批复》，将罗庄区北部10平方千米及城区4平方千米区域，作为“罗庄工业园”，列入临沂高新技术产业开发区范围。2003年，根据《临沂市集体建设用地使用权流转管理暂行办法》，开展集体建设用地使用权流转，推进乡镇土地利用方式由粗放型向集约型转变，加强土地市场建设。2006年，贯彻执行国务院《关于加强土地调控有关问题的通知》中“工业用地必须采用招标拍卖挂牌方式出让”的规定。2011年，市国土局将工业用地土地出让业务下放至罗庄国土分局。2009—2013年，罗庄区出让国有建设用地使用权177宗，面积915.06公顷；划拨国有建设用地使用权29宗，面积170.42公顷。

土地定级估价　2001年9月，市政府印发《关于开展对临沂市城区土地进行定级估价工作的通知》，提出采用定级与估价同步进行的方法，对兰山、罗庄、河东区城区土地级别和基准地价进行全面、科学地测定与评估，建立以基准地价和标定地价为核心的地价体系。2003年，临沂市人民政府第一次公布临沂市城区土地级别与基准地价。2003年、2007年、2010年、2013年进行4次土地级别调整与基准地价更新。按照2013年10月更新的临沂市城区及建制镇土地级别和基准地价，罗庄城区商业、住宅用地分别划分为7个等级，工业用地划为分9个等级。

商业用地区片。2013年，Ⅰ级基准地价210.13万元～258.6万元／亩，Ⅱ级基准地价151.67万元～186.47万元／亩，Ⅲ级基准地价110.73万元～139.2万元／亩，Ⅳ级基准地价89.73万元～110.73万元／亩，Ⅴ级基准地价69.8万元～82.27万元／亩，Ⅵ

级基准地价万 43.67 万元～ 59.27 万元 / 亩，Ⅶ级基准地价 43.67 万元～ 49.87 万元 / 亩。

住宅用地区片。2013 年，Ⅰ级基准地价 158.33 万元～ 180.2 万元 / 亩，Ⅱ级基准地价 113.33 万元～ 144.53 万元 / 亩，Ⅲ级基准地价 108.8 万元～ 114.47 万元 / 亩，Ⅳ级基准地价 62.33 万元～ 95.2 万元 / 亩，Ⅴ级基准地价 53.27 万元～ 75.93 万元 / 亩，Ⅵ级基准地价 51 万元 / 亩，Ⅶ级基准地价 44.2 万元 / 亩。

工业用地区片。2013 年，控制区Ⅰ级基准地价 55 万元 / 亩，控制区Ⅱ级基准地价 44 万元 / 亩，控制区Ⅲ级基准地价 33.67 万元 / 亩，控制区Ⅳ级基准地价 33 万元 / 亩，控制区Ⅴ级基准地价 29.33 万元 / 亩，控制区Ⅵ级基准地价 25.67 万元 / 亩。Ⅰ级基准地价 25.67 万元 / 亩，Ⅱ级基准地价 20.47 万元 / 亩，Ⅲ级基准地价 15.33 万元 / 亩。

2013 年罗庄区建制镇基准地价情况表

表 4-1　　单位：元 / 平方米

行政区域	商业用地		住宅用地		工业用地	
	Ⅰ级	Ⅱ级	Ⅰ级	Ⅱ级	Ⅰ级	Ⅱ级
傅庄街道	324	306	306	291	188	182
汤庄街道	324	297	306	291	188	182
册山街道	315	297	297	279	188	182
沂堂镇	315	297	297	279	188	182
黄山镇	315	297	297	279	188	182
褚墩镇	330	297	297	279	188	182

农村宅基地管理　1995 年年底，全区民房占地 4000 公顷，人均 148 平方米。1996 年 6 月，区政府印发《罗庄区人民政府关于印发〈罗庄区民房建设用地管理暂行规定〉的通知》，确定民房建设实行“统一规划，统一开发，统一建设，统一配套，限量用地，依法管理”的办法。1996 年 9 月，区政府办公室印发《关于转发罗庄区土地管理分局〈关于做好制定村庄规划和划定村界工作的实施意见〉的通知》，规定凡未完成规划的村庄，一律停止宅基地审批。1997 年，区政府制定旧村改造、新村开发近期（5 年）和长远（至 2010 年）规划。1999 年，根据新修订的土地管理法有关规定，将农民建房用地审批权上收到区人民政府。2000 年，区政府制定《罗庄区民房建设用地管理暂行办法》。《办法》规定，实行一户一宅，对超标准的按每平方米 3 ～ 10 元收取有偿使用费（该项收费，在 2003 年国务院出台减轻农民负担政策出台后取消）。城区规划区、乡镇政府驻地规划区、平原地区新划宅基地面积每户不得超过 166 平方米；人均占地不足 133.33 平方米（0.2 亩）的村庄，宅基地面积每户不得超过 133 平方米；山地丘陵区，每户面积不得超过 200 平方米。2004 年 10 月，区政府印发《关于加快“旧村改造”的意见》《关于加强农村民房用地管理的通知》，鼓励各村庄进一步挖潜存量土地，改善居住条件和环境，推进城市化进程。坚决禁止占用耕地特别是基本农田划新宅基地，严禁多批多占、非法买卖宅基地。

2005年，根据《临沂市村镇集体土地房屋权属登记管理暂行办法》，在沈泉庄进行集体土地使用证书和房屋所有权证书“两证合一”试点，推行房屋产权户籍管理。2007年，落实《临沂市人民政府关于加快推进市区城中村改造工作的意见（试行）》，将罗庄街道湖南崖、龙潭社区、八块石、朱陈北村4个村（社区）列入改造范围。2008年，对全区217个村庄、9.8万户民房宅基用地进行摸底调查，建立民房数据库。年内审批民房建设用地185宗，面积1.37万平方米。2009年，按照“先易后难、先强后弱、先富后穷”的工作思路，开始实施整村搬迁和村庄整治，引导居住向中心村镇集中，产业向园区集中，提高农村土地利用效率，同时把城镇土地收益反哺农村，加快推进新农村建设。2009—2013年，罗庄区暂停农村宅基地审批。2013年9月，实行农村宅基地确权登记发证。

城乡建设用地增减挂钩　2008年6月，国土部《城乡建设用地增减挂钩试点管理办法》颁布实施。围绕耕地面积不减少，质量不降低，节约集约利用建设用地，城乡用地布局更合理的目标，罗庄区实行城乡建设用地增减挂。罗庄国土分局印发《罗庄区土地置换管理办法》《罗庄区土地置换实施方案》。同年，实施罗庄街道焦沂庄、汤庄煤矿机关家属院和建井处闲置土地的建设用地置换工程，净增耕地27.4公顷。2008年8月，罗庄国土分局申报临沂市第二批城乡建设用地增减挂钩项目，有册山——双月湖、高都——罗庄、傅庄——汤庄3个项目区，涉及6个街道23个村（社区），拆旧面积69.96公顷。2009年，区政府印发《罗庄区城乡建设用地增减挂钩试点管理办法（试行）》。同年7月，罗庄国土分局申报罗庄——傅庄、册山、高都3个项目区，涉及4个街道9个村（社区），拆旧面积133.09公顷。同年，实施城乡建设用地增减挂钩焦沂庄项目区，净增耕地39.14公顷。2010年，罗庄国土分局开展工矿废弃地置换，复耕废弃工矿地、废旧砖窑45.76公顷，增加45.79公顷建设用地指标。实施沂堂镇西泉里堡村项目区，拆旧区面积8.88公顷，新增耕地8.88公顷。2013年6月，罗庄国土分局申报的2012年度第二批城乡建设用地增减挂钩项目，有沂堂镇大兴屯、傅庄街道彭庄、褚墩镇桥头村3个项目区，拆旧面积67.27公顷。

地籍管理

土地资源调查　1995年9—11月，罗庄区开展第一次土地现状变更调查，摸清全区村庄土地利用现状：耕地19121.61公顷，园地1198.10公顷，林地1107.67公顷，居民点及工矿用地4693.34公顷，交通用地1191.07公顷，水域116.48公顷，其他土地605.39公顷。此后，罗庄区土地管理分局每年都开展年度土地现状变更调查，保持调查成果的现势性。

2007年7月1日—2009年10月31日，根据全国第二次土地调查工作统一部署，罗庄区进行第二次土地调查。调查结果显示，罗庄区土地总面积37462.52公顷。其中：耕地12864.06公顷，园地468.01公顷，林地2965.23公顷，草地278.08公顷，城镇村及工矿用地15823.56公顷，交通运输用地1896.03公顷，水域及水利设施用地2725.72公顷，其他土地441.83公顷。

2013年，罗庄区土地现状变更调查结果显示，全区土地面积56855.45公顷。其中：耕地24262.98公顷，园地671.87公顷，林地3527.14公顷，草地711.53公顷，城镇村及工矿用地19768.51公顷，交通运输用地2771.48公顷，水域及水利设施用地4177.86

公顷，其他土地 964.08 公顷。

地籍调查　1996 年 12 月，区政府办公室印发《关于转发罗庄区土地管理分局〈关于村庄规划和划定村界工作的实施方案〉的通知》，开展村庄规划和村界划定。1997 年 3 月—1998 年 3 月，完成罗庄区边界勘定，勘定毗邻 3 个县区边界全长 136.31 千米，设置界桩 15 个，三角点 4 个。完成全区村庄规划和村界划定工作，绘制村庄现状图 198 幅，制作规划图 198 幅，喷绘彩图 100 余幅，埋设界桩 1188 个。1998 年 8 月—1999 年 12 月，开展罗庄区城镇地籍调查，完成权属调查 1.84 万宗，标定界址点 4.88 万个，填写地籍调查表册 8.93 万份，绘制街坊图 89 幅。建立起罗庄区地籍测量控制网，形成地籍测量观测记录、控制点网面图、地籍图接合表等完整地籍资料。2004 年 6 月，对全区地类图斑进行更新调查，建立 MapGIS 数据库，土地权属全部实现数字化管理。2005 年，完成土地现状更新调查。调查 8 个街道 225 个村，签订村庄边界协议书 814 份，调查飞地 119 宗，调查图斑 1.41 万个，与周边 4 个县、区签订 4 份辖区控制界线协议书和接边纪要。同年，罗庄国土分局被省国土资源厅命名为全省地籍管理规范化建设先进单位。2006 年，罗庄区城镇变更地籍调查工作分为 B、C 两个标段开展，建立城镇地籍信息系统。2007 年 5 月，城镇地籍变更调查工作 C 标段通过检查验收。2008 年 5 月，城镇变更地籍调查 B 标段通过验收。此次城镇地籍变更调查共调查宗地 35951 宗。

土地登记颁证　1995 年，罗庄国土分局在土地利用现状调查、城镇村庄地籍调查的基础上，开展国有土地及乡镇规划区内集体土地使用权初始登记。1997 年 7 月，开展土地证书年检。至 2000 年 12 月，全区申报土地证书 602 宗，实地审核 473 宗，合格 249 宗，不合格 224 宗，未参加年检 12 宗。对不参加年检和年检不合格的依法进行处理。2004 年，建立土地登记资料公开查询制度和土地登记会审制度。2012 年 6 月，区政府成立农村集体土地确权登记发证工作推进领导小组，印发《罗庄区农村集体土地确权登记发证工作实施方案》。同年 9 月，罗庄国土分局启动农村集体土地确权（集体土地所有权和集体建设用地使用权）登记发证。12 月，完成 288 个行政村的村界指界、测量、埋桩工作以及国有土地、公路、河流、水库测量，全面开展内业建库。2012 年，罗庄国土分局被省国土资源厅命名为全省土地登记规范化和土地权属争议调处工作先进单位。2013 年 6 月，罗庄国土分局完成农村集体土地所有权确权发证数据建库工作，调查面积 485.74 平方千米（不含罗西街道），调查宗地 606 宗。其中，村农民集体 556 宗，乡镇农民集体 50 宗。同年 8 月，通过省国土资源厅验收。9 月，开展农村宅基地确权登记发证试点，由外业单位对全区农村宅基地开展外业调绘。至 2014 年 8 月，完成外业调查、农村宅基地使用权数据库建设，完成补办用地审批 4.3 万余宗，累计打印证书 2.65 万余本。

至 2013 年末，全区初始登记累计发放国有土地使用权证书 1813 本，集体土地使用权证书 558 本，宅基地使用权证书 1188 本。

第三节　矿产资源管理

矿产资源总体规划

1996—1997 年，编制完成《罗庄区矿产资源分布与开发利用规划》。《规划》详细论述罗庄区矿产资源品种、特点、储量、分布、开采价值、环境保护等。

2003 年 5 月，编制完成《临沂市罗庄区矿产资源总体规划（2001—2010年）》，2004年6月，经市政府批准实施。《规划》以2000年为基准年，规划期为2001—2005年，展望到2010年。《规划》确定的总体目标是：实现公益性与商业性地质矿产勘查分制运行；推进矿产资源利用方式向集约型转变，有效保护和合理开发利用矿产资源；改善矿山生态环境，促进矿产资源勘查、开发与生态环境保护协调发展；改善矿业投资与经营环境，充分利用“两种资源、两个市场”，建立多元、稳定、安全、经济的矿产品供给体系，构筑有竞争力的开放型矿业新格局，增强对全区经济与社会可持续发展和现代化建设的支撑能力。

采矿权审批

1995年，全区有各类矿山56处。1995—1997年，办理采矿许可证37宗，征收矿产资源补偿费181万元。1997年末，全区有符合法律手续的各类矿山企业86家。其中，煤矿33家，沙塘6家，石塘12家，铝矾土矿4家，其他31家。1998—2004年，办理采矿许可证130宗，征收矿产资源补偿费404.5万元。2005—2007年，办理采矿许可证60宗。2008—2013年，办理采矿许可证70宗，征收矿产资源补偿费2092.23万元。

2004年，罗庄区矿产资源采矿权首次公开拍卖。至2013年，通过“招拍挂”出让采矿权36宗，收取价款2780.81万元。至2013年，全区有持证矿山企业16家。其中，煤矿7家（省发证），建筑石料用灰岩矿2家，砖瓦用页岩矿7家。

地质矿产勘查

1997年9月，罗庄区矿产资源管理局组织技术人员对境内矿产资源的品种、储量、开发情况等进行勘测调查。调查显示，境内已发现的矿产资源有煤、石灰岩、白云岩、耐火黏土、建筑用沙、砖瓦用页岩等。

1997年罗庄区主要矿产资源储量情况表

表4-2

矿产名称	储量	基础储量	资源量	资源储量
煤（千吨）	3439	14504.8	4955	19459.8
耐火黏土（万吨）	—	2254	—	2254
水泥用灰岩（万吨）	—	23	184	207
水泥配料用黏土（万吨）	—	—	134	134
水泥配料用黄土（万吨）	27	30	15	45
地下水（万立方米）	—	—	—	8879

1998年，委托山东省第一地质矿产勘察院对罗庄区地热资源进行勘察。2000年，委托山东省第七地质矿产勘查院对罗庄区耐火黏土资源进行勘查。至2003年，完成1：200000的区域地质调查、水文地质调查、重力测量、地球化学测量和1：100000～1：200000航空磁力调查、1：50000区域地质调查。在重要矿区带内开展1：10000～1：50000矿产普查、综合地球物理测量、综合地球化学测量。2009年4月，区政府邀请专家对罗庄区地热开发进行可行性论证，形成《临沂市罗庄区东部地段地热井开发可行

性勘查论证方案》。山东省第八〇一水文勘查院对罗庄区进行两次物理探测，天津地热研究所在此基础上又进行两次精密物理探测。2010年3月，罗东温泉地热1号井在高都街道后坦社区开钻，投资520万元，10月钻探成功，成井深度2.1千米，出水口水温41℃、出水量每小时66.67立方米。2012年，在高都街道后后坦村投资勘查1处地热资源，项目由山东省第七地质矿产勘查院负责施工，探矿权人为临沂罗东温泉开发有限公司。同年11月，省国土资源厅颁发高都地质地热资源普查项目勘查许可证。

矿业秩序整顿

1995年前，境内矿产资源乱挖乱采现象比较严重。1996年被省、市列为矿业秩序治理整顿重点地区。同年4月，区政府印发《罗庄区检查整顿矿业秩序实施方案》，6月，区政府办公室印发《关于转发省政府办公厅〈关于确保全面完成矿业秩序治理整顿各项任务的通知〉的通知》，以治理私开小煤井为切入点，全面整顿矿业秩序。至1997年年底，审核办理采矿许可证37宗；闭坑8个；依法取缔非法私采小煤井217对，下达限期停产通知书49份，申请法院强制执行2件，矿业秩序好转。1998年4月7日，区政府以傅庄镇窑南头个体私开煤矿矿井透水事故为契机，调整充实区矿业秩序治理整顿领导小组，要求各乡镇、街道在4月10日前，对具有合法开采手续的矿井进行全面安全检查，对所有非法私开矿井炸毁填平。同年4月20日，区政府印发《罗庄区人民政府关于全区矿业秩序治理整顿工作情况的通报》，傅庄镇炸毁填平私开小煤井46对，罗庄镇炸毁填平私开小煤井11对，汤庄街道炸毁填平私开小煤井11对。1998—2003年，加强整顿和规范矿产资源开发秩序，办理采矿登记手续115宗，闭坑4个，取缔私开矿点328处。2004年4月，区政府成立罗庄区矿业市场清理整顿领导小组，印发《罗庄区矿业市场清理整顿工作实施方案》，与各街道签订《罗庄区整顿和规范矿业市场秩序目标责任书》。通过为期2个月的清理整顿，查处私开煤矿2起、砖瓦用页岩4起、黏土矿11起、建筑用灰岩1起、沙塘18起。2005年4月，集中开展矿产资源开采秩序整治活动，制止越界采矿3起，取缔无证采矿6处，依法吊销采矿许可证5件。矿产资源违法开采行为最为集中的庆云山矿区、涧头小红山矿区得到有效治理。同年，印发《罗庄区煤炭企业开采管理制度》，强化煤炭资源集约利用和安全生产。全区7家煤炭企业工作面回采率90%以上，采区回采率95%以上。同年，罗庄国土分局被山东省国土资源厅、山东省发展和改革委员会命名为全省煤炭资源回采率专项检查先进单位。2006年9月，区政府办公室印发《罗庄区小矿整合方案》，采取重组、合并、收购、联营等方式整合小矿，“保大并小”，实现矿产资源规模化开发、集约化经营。矿山企业由70家整合为37家，减少安全投入低、技术含量低、办矿标准低、管理水平低“四低”小矿山33家。2006年11月，罗庄区整顿和规范矿业秩序工作通过省、市整顿和规范矿产资源开发秩序检查组验收。2008年3月，开展“整顿和规范矿产资源开发秩序‘回头看’行动”，对辖区内开采行为进行拉网式检查，对已关闭矿山进行复查。2009年6月，对沂河罗庄段非法采沙点进行清除，吊运采沙船40艘，拆除非法建筑220平方米。全年变更延续采矿权10宗，新立采矿权3宗，收取矿山地质环境治理保证金110万元。2010年，制止非法采矿19起，立案查处非法越界采矿10起、无证开采4起，下达处罚决定书14

份，注销采矿权 1 宗，移送司法机关处理案件 2 起，关停非法采沙点 5 个。全年有偿延续出让非煤矿山采矿权 16 宗，吊销采矿许可证 1 件。2012 年，区政府成立“打击非法采矿工作领导小组办公室”，建立国土资源联合执法和联席会议机制，进一步强化矿产资源管理。区政府办公室先后印发《罗庄区矿山安全生产专项治理整顿实施方案》《罗庄区矿业权设置方案》《罗庄区采石场及石子加工企业关停实施方案》。关闭 11 家采石场和 1 家页岩矿，在 7 家煤矿企业安装矿产资源开发远程监控系统。2013 年，挂牌出让采矿权 1 宗，出让采矿权价款 60 万元；办理采矿延续登记 3 宗，收缴资源补偿费 318.34 万元。

图 4-1：罗庄国土分局工作人员查封私开滥挖小矿坑（2009 年 4 月 摄）

第四节 执法监察

1995 年，罗庄区土地管理分局查处各类土地违法案件 26 起，取缔私开煤井 10 对，受理信访 13 件（起）。1996 年 10 月，区政府办公室印发《关于认真开展冬季土地执法大检查的通知》，对全区 226 个村庄土地、矿山进行检查，查处土地违法案件 137 起，取缔私开煤井 126 对，对 30 对私开煤井下达限期停产通知书，受理信访 143 件（起）。1997 年，开展春、冬两季土地执法大检查、非农业建设用地大清查活动，立案查处土地违法案件 42 起，取缔非法私开煤井 81 对，对 19 对私开煤井下达限期停产通知书，受理信访 82 件（起）。1998—2000 年，查处土地违法案件 138 起，取缔私开煤井 68 对，取缔违法采矿点 113 个，拆除违法建筑 1.77 万平方米，受理信访 126 件（起），党纪政纪处分 7 人。2001 年，罗庄区土地管理分局贯彻执行《山东省国土资源执法监察动态巡查责任制度（试行）》，对境内国土资源实施动态巡查，及时发现、及时报告、及时制止、及时处理，有效遏制土地、矿产违法行为。同年起，利用卫星遥感监测技术，每年开展一次土地卫片执法检查。查处土地违法案件 35 起，取缔违法开采矿点 48 个，受理信访 51 件（起）。2002 年 4 月，罗庄区土地管理分局根据市政府《关于印发三区内土地市场清理整顿工作实施方案的通知》要求，在全区范围内开展土地市场清理整顿工作。完善用地手续 454 宗，面积 313.6 公顷，收缴各种税费 5700 余万元。建立“土地违法案件快速查处制度”和“110 联动快速反应机制”，查处土地违法案件 65 起，拆除违法建筑 3.87 万平方米，依法制止和取缔违法开采矿点 63 个，受理信访 18 件（起），追究刑事责任 1 人。2003 年，在土地市场清理整顿中，完善用地手续 240 宗，面积 113 公顷；取缔私开煤井 36 对。2004 年 5 月，罗庄区国土资源与房产管理分局根据市政府《关于深入开展土地市场治理整顿的紧急通知》，继续开展土地市场治理整顿，全年补办用地手续134宗，面积96.67公顷。根据国土资源部《关于清理各类园区用地加强土地供应调控的紧急通知》精神，撤销开发区2个，核减面积246公顷。全年立案查处土地违法案件43起，拆除违法建筑3900平方米，受理信访68件（起）。2005年，开展清理“以租代征”违法违规用地行动、闲置土地和别墅用地工作，清查出“以租代征”违法违规用地589宗，面积1034.32公顷，完善用地手续102宗。全年立案查处土地违法案件70起，拆除违法建筑1600平方米；制止矿产资源违法开采12起，立案查处5起。党纪政纪处分2人，追究刑事责任3人。2006年，立案查处土地违法案件183起，拆除违法建筑1.4万平方米；查处私开矿井3起、超层越界开采4起；党纪政纪处分7人，追究刑事责任2人。2007年，开展土地执法百日行动，立案查处土地违法案件247起，下达行政处罚决定书204份。受理信访99件（起）。同年，罗庄国土分局被山东省国土资源厅命名为全省土地执法百日行动成效显著典型单位。2008年9月，罗庄国土监控举报中心挂牌，构建发现、报告、制止、查处、问责“五位一体”的执法监察工作机制。全年立案查处土地违法案件73起（其中卫片13起），受理信访70件（起），党纪政纪处分6人，追究刑事责任4人。2008年，罗庄国土分局被山东省国土资源厅评为全省国土资源信访工作先进单位。2009年，罗庄国土分局开通12336违法举报电话。开展第九次卫片执法检查，立案查处土地违法案件46起（其中卫片案件10起），受理信访85件（起），党纪政纪处分4人，追究刑事责任3人。2010年，罗庄国土分局共立案查处土地违法案件110起（其中卫片案件9起），立案查处矿产违法案件14起，关停非法采矿点5个，受理信访106件（起），党纪政纪处分10人，追究刑事责任2人。2011年，立案查处土地违法案件238起（其中卫片案件44起），受理信访457件（起），党纪政纪处分10人起，追究刑事责任3人。同年，启动土地执法监察约谈机制，联合区纪委监察局对违法占地较多的镇、街道进行约谈。2012年，开展2011年度土地矿产卫片执法检查、土地违法违规问题专项整治行动。立案查处土地违法案件302起（其中卫片案件57起），立案查处矿产违法案件4起，受理信访511件（起），党纪政纪处分4人，追究刑事责任2人。2013年，开展2012年度土地矿产卫片执法检查、土地违法违规问题专项整治行动，立案查处土地违法案件162起（其中卫片案件24起），受理信访954件（起），党纪处分1人。

1995—2013年，查处各类土地违法案件1917起（其中立案1583起）。制止取缔非法采矿569处，立案查处各类矿产违法案件23起。拆除违法建筑7.59万平方米。受理信访3203件（起），党纪政纪处分51人，追究刑事责任20人。

第五节　地质灾害防治

罗庄煤矿开采始于唐代，有1400年历史。煤矿矿山开发、地下水开采和石灰岩矿山开采对地质环境影响较大，产生的地质灾害主要有采空塌陷、岩溶塌陷。20世纪80年代至2011年，发生采空塌陷30处。其中，大型地面塌陷3处，中型地面塌陷8处，小型地面塌陷19处。主要分布于汤庄煤矿、大芦湖煤矿、朱陈煤矿、朱张桥煤矿、劳模店煤矿、窑南头煤矿、高都煤矿及五寺庄煤矿等地。采煤地面塌陷面积10.82平方千米。地质灾害造成村民房屋开裂、耕田与农田水利设施毁坏、农作物歉收，对人们生活、生产构成潜在威胁，地表植被、土壤及地层结构遭到破坏。

2003年9月1日，《山东省地质环境保护条例》实施。罗庄区对全区地质灾害发生情况进行调查统计。2004年3月1日，《地质灾害防治条例》实施。同年，罗庄区国土资源与房产管理分局申报罗庄街道朱陈东南村采煤塌陷区治理项目。2005年，罗庄国土分局制定《罗庄区地质灾害防治预案》，加大对城区周边、交通干线可视范围内露天采矿和采煤塌陷地的综合整治力度。上报批复罗庄区煤矿矿山地质环境恢复治理和原206国道沿线煤矿采空塌陷区治理2个项目，争取治理资金250万元。2006年12月，罗庄国土分局编制《临沂市罗庄区地质灾害防治规划（2007—2020年）》。同年，实施完成罗庄街道朱陈东南村采煤塌陷区治理项目，采取填平整理等方式，进行植树绿化、安装健身器材，建成“火凤凰广场”。2007年起，罗庄国土分局每年编制《罗庄区年度地质灾害防治方案》《罗庄区突发性地质灾害应急预案》，与矿山企业签订《矿山地质环境治理责任书》，收缴矿山地质环境治理保证金。2007年7月，发现并妥善处理汤庄街道东店子村花生地地面塌陷1处。2007年10月至2008年9月，实施完成册山街道沙旦子采煤塌陷矿山地质环境治理。项目分两个标段，册山标段安装健身器材，建成休闲娱乐广场；沙旦子标段增加耕地1.3公顷。2008年12月—2009年3月，实施完成劳模店采煤塌陷治理项目，采取填充绿化等方式，进行生态恢复。2009年9月—2012年10月，对西高都街道铁匠庄、汤庄街道赵庄煤矿塌陷区地质环境治理项目进行治理。2012年12月，省国土资源厅批准褚墩镇东卜庄采空塌陷矿山环境治理与生态修复工程。2013年，申报何庄片区废弃采石场矿山复绿工程，争取项目专项资金600万元。

第六节 测绘

2001年10月，罗庄区土地管理分局开展测绘管理业务。2005年7月，罗庄国土分局测量标志普查领导小组成立，制定《罗庄区测量标志普查工作实施方案》，历时2个月，对全区测绘标志进行详细普查，建立测绘标志档案。普查涉及8个街道，调查三角点2个，水准点3个，军控点21个，GPS点6个。同年，开展集中查处违法地图制品行动，收缴违法地图制品6件。2008年9月，中国大陆构造环境监测网络GNSS临沂基准站在罗庄动工建设。2009年4月，土建项目通过国家基础地理信息中心验收，同年9月，临沂GNSS基准站安装仪器设备，成为全国260家新建GNSS基准站仪器安装第一站。2013年3月，对辖区内18个等级以上测量标志点进行普查维护。经检查，等级以上点丢失1个，损坏3个。同年6月，临沂GNSS基准站安装地震仪器。为地壳运动及动力学、地震预报和灾害性天气形成机理研究提供基础数据，同时服务于军事测绘和大地测量，以及社会减灾和国民经济建设。至2013年，全区有等级以上测量标志点57个。其中，9个D级、35个E级GPS测量标志；水准点11个，三角点2个。

第二章　环境保护

第一节　机构

1995 年 5 月，临沂市环境保护局罗庄分局成立（简称罗庄环保分局），为正科级行政单位，是临沂市环境保护局派出机构。内设办公室、管理科、征收排污费监理站。编制 13 人，其中事业编制 7 人。2008 年，征收排污费监理站升格为副科级事业单位，改称环境监察大队，隶属罗庄环保分局。2013 年 12 月，罗庄环保分局内设办公室、管理科（含生态科、污防科、总量办）、监测监控科、法制宣传科（含应急办）等 4 个职能科室，辖环境监察大队（副科级单位）。编制 21 人，其中事业编制 15 人。

1996 年，罗庄区被省政府命名为水污染治理先进单位。

第二节　环境质量

水环境质量

境内影响水环境质量的因素主要有工业废水大量排放，加之城市化进程加快，人口增多，生活污水亦大量增加。

河流　罗庄区涉 5 个市控河流断面，分别是五里河旺庄闸断面、武河东闸断面、邳苍分洪道西偏泓耿墩桥断面、邳苍分洪道东偏泓小山子桥断面、老屯桥断面。除老屯桥断面外均为出境断面。监测 21 项污染物指标，其中化学需氧量、氨氮、总磷为主要指标。

1995—2005 年，根据《地表水环境质量标准》（GB3838-1998 和 GB3838-2002）进行河流评价，境内部分河流不同程度受到污染。部分河段超过《地表水环境标准》中的Ⅴ类标准，水体中主要污染物为化学需氧量、氨氮。

2006 年，通过创建国家环保模范城市，河流水质大为改善，河流出境断面水质稳定达到Ⅴ类标准要求。

2007 年，境内主要河流出境断面水质化学需氧量、氨氮平均值为 67 毫克 / 升、8.69 毫克 / 升，较 2006 年分别下降 63%、70%，水域环境质量大幅好转。

2008 年，南涑河、五里河水质基本达到Ⅴ类标准。

2009 年，境内大多数河流水质好转，邳苍分洪道西偏泓断面高锰酸盐指数、氨氮浓度年均值较 2006 年分别下降 21.3%、73.3%，国控断面水质达标率高于国家考核 70% 的要求。

2010 年，在全区持续干旱、河道径流锐减的严峻形势下，境内重点河流考核断面综合达标率 90%。南涑河、陷泥河、五里河出境断面水质主要污染物化学需氧量≤ 50 毫克 / 升，氨氮≤ 4 毫克 / 升。

2011 年，市政府考核罗庄区邳苍分洪道小山子桥、耿墩桥断面水质全部达标。2012 年，实施重点河流恢复鱼类生长水质达标，河流水质明显好转。

2013 年，完成罗庄陷泥河城区尾水人工湿地水质净化改造提升工程，实施南涑河城区尾水人工湿地水质净化工程，河流出境断面水质明显改善。

2013年罗庄区重点河流控制断面水质情况表

表4-3

河流名称	断面名称	主要排污口与断面的距离（千米）	上游客水占比（%）	1月、2月、3月、4月、11月、12月		5月、6月、7月、8月、9月、10月		其他指标水质类别	所属镇（街道）
				CODcr（毫克/升）	氨氮（毫克/升）	CODcr（毫克/升）	氨氮（毫克/升）		
武河	★东闸	30	50	40	2.0	40	2.0	V	黄山
邳苍分洪道西偏泓	★耿墩桥	25	25	40	2.5	40	2.0	V	褚墩
邳苍分洪道东偏泓	★小山子桥	0	0	30	1.5	30	1.5	IV	褚墩
五里河	青石塘	—	—	40	3.5	40	2.0	V	傅庄
	★旺庄闸	12	0	40	3.5	40	2.0	V	褚墩
南涑河	傅庄桥	4	50	40	4	40	4	V	罗庄
	★老屯桥	2	15	40	4	40	4	V	傅庄
	兰山村	—	90	40	4	40	4	V	褚墩
陷泥河	高都闸	—	95	40	4	40	4	V	盛庄
	塘岸闸	6	70	40	4	40	4	V	高都
	黑虎墩桥	—	—	40	4	40	4	V	册山
老陷泥河	入南涑河口	—	—	40	4	40	4	V	册山
燕子河	大西杨村	—	80	40	4	40	4	V	沂堂
电厂河	红日化工南门	1	—	40	4	40	4	V	盛庄
	入陷泥河口	5	90	40	4	40	4	V	高都
小黑河	入南涑河口	4	10	40	4	40	4	V	罗庄
岳河	入南涑河口	4	10	40	4	40	4	V	罗庄

说明：(1)考核时剔除上游因素影响。(2)考核时参考中国环境监测总站、淮河水资源保护局监测数据。(3)非汛期无天然径流河道考核目标考虑主要排污口距控制断面的距离因素影响，在南水北调沿线区域水污染物综合排放标准重点保护区标准的基础上，依照1千米衰减2%的经验值计算，非汛期有天然径流河道(沂河等)考核目标考虑主要排污口距控制断面的距离因素影响，在南水北调沿线区域水污染物综合排放标准重点保护区标准的基础上，依照1千米衰减4%的经验值计算，受上游因素影响的，和上游控制断面加权计算，CODcr以5毫克/升、氨氮以0.5毫克/升为基本单位取值，且只舍不入；经衰减计算后目标值优于汛期控制目标的，按照汛期控制目标考核；断面为饮用水水源地或跨省界国、省控考核断面的，按照水环境功能区目标考核；断面为跨省界国、省控非考核断面，衰减计算后目标值劣于汛期控制目标的，按照地表水环境质量V类标准考核。(4)东偏泓小山口断面(东偏泓起点)需确保常年断流，确有需要保持径流时需达到地表水环境质量Ⅲ类标准。(5)标“★”为市控断面，其他为区控断面。区控断面执行化学需氧量浓度40毫克/升，氨氮浓度4毫克/升标准

饮用水 境内主要饮用水水源地是岸堤水库。按照《地表水环境质量标准》（GB3838-1998 和 GB3838-2002），对 1999—2013 年临沂市饮用水源地进行评价，历年各主要监测项目年均值中，2008 年的高锰酸盐指数均值达到Ⅲ类水质，其余年份水质均达到Ⅱ类标准，城市饮用水水源达标率为 100%。

地下水 由于对地下水超量开采，致使水位下降，地面污水倒灌；排污管道不配套，化肥、农药常年渗透，造成城区范围内地下水污染。2013 年，境内地下水水质全部为Ⅳ类标准。

大气环境质量

境内空气污染主要特征表现为烟煤型污染，其中颗粒物污染相对较重，主要污染物为可吸入颗粒物、总悬浮颗粒物、二氧化硫、二氧化氮。

1995 年，境内大气污染严重，多次检出酸雨。大气污染调查监测结果显示，总悬浮颗粒物日均值 0.85 毫克 / 立方米，是国家标准的 3.3 倍；二氧化硫日均值 0.136 毫克 / 立方米，是国家标准的 1.3 倍。

1995—1997 年，据市监测站监测，区政府驻地大气中 TSP（悬浮物颗粒浓度）含量是国家规定标准的 283.3%，二氧化硫含量是标准浓度的 90.7%。

1998 年，总悬浮颗粒物年均值超过国家二级标准，二氧化硫、氮氧化物、总悬浮颗粒物等空气污染呈逐渐加重趋势。造成空气污染的原因主要有：全区能源结构以煤炭为主，大部分工业锅炉、窑炉直接燃烧原煤，烟尘、二氧化硫等污染物排放量大。钢铁、焦化、建陶、页岩砖、石灰窑等耗能高、污染重的粗放型经济所占比例偏大。城市环境基础设施建设欠账多，冬季采暖季期，居民分散取暖，烟尘低空排放，一般无除尘脱硫设施。同时，城市餐饮服务、个体炉灶量大面广，生活性燃煤污染比较严重。

2004—2009 年，可吸入颗粒物、总悬浮颗粒物年均值未达到《环境空气质量标准》（GB3095-1996）二级标准。

2012 年，监测环境空气质量指标为二氧化硫、二氧化氮、PM10 等 3 项指标，日均值分别每立方米 74 微克、每立方米 52 微克、每立方米 188 微克。2013 年，监测指标为二氧化硫、二氧化氮、PM10、PM2.5 等 4 项，监测结果：二氧化硫同比改善 -2.7%，二氧化氮同比改善 -17.3%，PM10 同比改善 -8.5%；优良天数（AQI1 ≤ 00 的天数）137 天。

第三节　环境治理

大气污染治理

1995—1998 年，罗庄环保分局根据全区城乡建设规划，划定污染控制区，对控制区内污染源实行重点治理。治理烟尘污染企业 8 家、粉尘污染企业 2 家；拆除和取缔小土瓦盆窑 766 座、土炼焦池 30 座、土硫磺窑 112 座；爆破或拆除大烟囱 58 座；美华陶瓷厂、华峰瓷厂、区水泥厂等污染严重的企业进行技术改造，采用喷油燃气方法及布袋除尘法进行烟尘、粉尘治理。每年消减废气排放量 8500 万标准立方米，烟尘 850 吨，粉尘 1.08 万吨、二氧化硫 480 吨。

1999 年，关停 4.4 万吨以下小水泥企业 20 家 22 条生产线，取缔小瓦盆窑 60 座，拆除大烟囱 21 座。全区投资 1000 万元，改造 20 家 61 条窑炉生产线，安装治污设备 402 台。2000 年 7 月 1 日起，停止销售使用车用含铅汽油，汽车尾气排放达标率 80.8%。2001—2002 年，拆除取缔小瓦盆窑、小电镀厂、土炼焦池、石灰窑等各类小污染源 220 个，爆破拆除高污染烟囱91座，投入治污资金1350万元，完成对搪瓷厂、耐火材料厂等71家污染企业治理。

2003年6月，区委、区政府先后印发《关于对工业废气污染源进行治理改造的通知》《关于严禁小炼铁、土炼焦项目建设的紧急通知》，全面清理取缔小炼铁、小炼焦项目，拆除焦池窑洞1968个。查处62家炒粉子、小钢、小烧结等污染严重企业。专项治理13家小污染企业，停产治理33家大气污染重点企业。2004年，拆除土石灰窑洞353个、瓦盆窑86座、2家耐火材料厂、2家年产10万吨水泥厂、蒸发量1吨／小时以下燃煤小锅炉69座、茶水炉33座、大灶2座。关停34家耐火材料厂。

2005—2006年，在国家、省控重点企业中，安装在线监控设施，督促企业正常运转治污设施，对17家擅自停运污染治理设施、污染物超标排放的企业施以行政处罚。同时，淘汰落后和污染严重的生产工艺和设备，拆除炒粉厂、烧结厂等530家，对7家企业进行环保清洁生产评审。2007年，对不能稳定达标排放的燃煤工业废气污染源及蒸发量1吨／时以上的锅炉，推广使用热煤气等能源；取缔318个污染项目，并将涉及的88座烟囱全部拆除，取缔蒸发量1吨／小时以下（含1吨／小时）燃煤锅炉；3家重点废气排放企业安装在线监控设备。2008年，4家焦化厂完成地面除尘站建设，关停临沂春凯水泥厂水泥立窑生产线，拆除“土小”企业132家。在城市规划区内，不得新建10吨／小时以下的民用燃煤锅炉，1吨／小时以下的燃煤锅炉、燃煤茶水炉、燃煤饮食服务大灶，一经发现立即强制改用清洁能源，不能改造的立即关停。责令日用瓷、琉璃瓦、新型墙材等53家企业提高污染治理水平，不能稳定达标的一经发现，立即停产治理。配合全市秸秆禁烧和综合利用，全区秸秆有效利用率80%以上。2009年，集中开展石子场、石灰窑整治专项行动。关闭境内主要交通干线两侧2千米可视范围内、居民生活区周围的石子厂22家，关停取缔“土小”企业86家。责令9家石灰窑停产整治，出料口封闭运行，料场洒水抑尘，运输车辆加盖篷布，完善炉顶除尘设施，确保达标排放。按照《建陶行业环境保护管理规范》，要求所有建陶企业实行料厂封闭、封堵排污口、安装大布袋除尘、完善废水储存设施。52家建陶企业的燃煤干燥塔，全部更换成水煤浆锅炉；60家建陶企业安装大布袋除尘设施。

2010年，加强工业污染源治理。全区36家页岩砖厂安装脱硫设施，67家建陶企业安装大布袋除尘器，关停8家钢铁企业、6家焦化企业、2家小火电以及所有水泥立窑生产线；拆除30家石子厂和38家地沟窑（砖窑），完成二氧化硫减排量6200吨，化学需氧量减排量1400吨。采取建筑工地沙土物料覆盖、施工现场围挡、工地路面硬化、拆除工程洒水、驶离工地车辆封闭与车轮冲洗等措施，防治各类建筑施工扬尘污染。拆除供热管网覆盖范围内的所有2吨以下燃煤锅炉，严格控制新上锅炉，符合条件的锅炉全部安装高效水膜除尘器。联合城管执法局、相关镇政府（街道办事处），严厉查处垃圾随意焚烧现象。强化机动车尾气污染防治，对机动车尾气检测不合格的车辆，不予年审。

2011年，区环保分局与经信局、发改局、节能办等部门联合，淘汰6家焦化企业（80万吨焦炭生产能力）、8家钢铁企业（1084立方米炼铁高炉）、3家火电企业（90兆瓦发电能力）和16座水泥立窑，减少二氧化硫排放9000余吨。拆除33家石子厂和42家黏土砖厂、20家小型页岩砖厂、4家土法炼铅企业。

拆除小地瓜淀粉厂31家、小炼油厂9家、小废塑厂26家，小造纸厂1家。对22家重点污染企业实施强制清洁生产审核，拆除308根废弃烟囱。71家建陶企业全部建设大布袋除尘器，70家页岩砖企业建设高效脱硫除尘器。2012年，区环保专项攻坚整治指挥部成立，对14家钢铁、水泥、玻璃、火电、焦化等重点行业企业实施脱硫脱硝工程和防尘工程；60家建陶企业实施环保改造，安装干燥塔除尘器，实施料场防尘工程；南外环路以北15家页岩砖企业全部拆除；禁燃区范围内31台燃煤锅炉全部安装水膜除尘器。2013年，实施改善城区空气质量百日集中行动，63家建陶企业完成干燥塔湿法除尘改造，62家建陶企业完成防风抑尘网或大棚覆盖，15家石灰窑企业实施限期整治，43家页岩砖企业实施规范提升，其中12家页岩砖关闭。同年，罗庄区获市政府颁发的临沂市改善城区空气质量百日集中行动先进县区一等奖。

水污染治理

1995—1997年，落实国务院《淮河流域水污染防治暂行条例》和区政府《关于加强环境污染治理的意见》，对境内的水污染企业进行调查摸底，托清底子，分析排队，确定关停和限期治理达标时间，对重点污染企业派驻环保监督员，实行现场监督管理，发现问题及时解决。关停5000吨以下的12家小造纸厂。关停临沂市第二硫酸厂、罗庄福利化工厂、罗庄区新星造纸厂和岑石油毛毡纸厂4家水污染企业。临沂市造纸化工厂、罗庄肉联厂、罗庄新华针织绒有限公司等6家污染企业实现达标排放。1998年，罗庄环保分局关停10家年产万吨以下的造纸厂，限期治理13家水污染企业。其中，关停6家，实现达标排放7家。

1999—2002年，临沂造纸厂限产50%；拆除小造纸厂47家，关停22家小生化企业，规范300家淀粉生产企业。华盛集团有限公司投资700万元，新上沼气、肥料与废水综合处理工程，日处理废水3000立方米。

2002年7月，区政府印发《罗庄区水资源管理办法》，对直接从河流、湖泊、地下取水的，实行取水许可证制度；城市规划区范围内禁止凿井取水；禁止任何单位和个人利用渗井、渗坑、裂隙和溶洞向地下排放污水废水。2003—2005年，落实《罗庄区水资源保护区管理暂行办法》，对水资源保护区实行分级管理制度，逐步搬迁一级水资源保护区内的工业项目，加强二级、三级水资源保护区内工业项目监管。关停取缔17家小造纸厂、33家小生化厂、90家小淀粉厂、34家小铁厂。对涉及水污染的86家企业进行集中治理，对11家重点水污染企业实施停产治理，对18家重点水污染企业的排污口进行规范化治理。

2006年，境内建陶企业所有一段式煤气发生炉改造为两段式煤气发生炉或焦炉煤气，76家建陶企业的磨边废水安装滤泥机经3级沉淀后循环使用，实现达标排放。按照《山东省南水北调沿线水污染物综合排放标准》，盛纺工贸、顺达纺织、新光集团、临沂造纸厂等企业实施污染治理再提高工程，企业排污标准化学需氧量提高到100毫克/升，氨氮15毫克/升。其中盛纺工贸公司投入180万元完善治污设施，率先安装污染物排放在线监控设备。西华生化、天利生化、三元管业等8家重点水污染企业实施停产治理，6家重点企业安装水质在线监控设备，规范整治22家企业的排污口。推行清洁生产，久泰化工、鲁泰瓷业等5家企业先后通过ISO 14000环境管理体系认证或清洁生产审计，实现污染防治的末端治理向生产全过程控制的转变。盛能集团被列为全国循环经济试点园区，投资兴建沼气发生池、沼气发电站、有机肥厂，形成“青贮、奶牛养殖、粪便、污水、沼气、发电、沼渣、有机肥、牧草种植”的完整生态循环体系。盛泉肉制品有限公司，对企业污水进行综合治理，并对废弃物资源化再利用，被农业部命名为农业部能源环境示范工程。同年，拒批一级水源保护区内项目 2 个，对违法排污的二、三级水资源保护区内的 8 家企业进行处罚，确保城市饮用水 100% 达标。

2007 年，清理拆除小造纸、小炒粉、小生化等 230 家土（小）企业，对全区 65 家建陶企业实施限期治理，7 家重点废水排放企业全部安装在线监控设备。2008 年，落实《罗庄区人民政府关于对区内焦化企业进行综合整治的通知》《罗庄区人民政府关于对焦沂庄水源地周边陶瓷企业实施停止生产和停止排污的通知》，完成城市污水收集管网截污点建设及与污水管网配套的 22 个截污点建设。罗庄区第一污水处理厂日处理废水 4 万吨以上，进水水质化学需氧量含量在 200 毫克 / 升以上，出水水质达到一级 B 排放标准。临沂新盛包装厂、临沂大通纸品厂、临沂昌华纸品厂 3 家废纸造纸企业完成污水治理再提高工程，实现废水循环利用。临沂震元纸业有限公司造纸化工厂的废水回用率达到 60%。15 家化工企业治理达标，扩大循环池容积，实现综合利用。同时，建成高标准事故集水池。

2009 年，对全区 156 家涉水企业入河排污口进行封堵，对 80 家建陶企业进行综合整治，对 20 家化工企业进行隐患排查，对 7 家铝型材加工企业停产治理。建陶企业的磨边废水、球磨废水全部循环利用，52 家建陶企业的燃煤干燥塔全部更换成水煤浆锅炉。开展整治邳苍分洪道流域专项行动，关停取缔小炼油、小硫磺、炒粉、珍珠岩等“土小”企业 86 家、排污饭店、屠宰、畜禽养殖户 42 家。山东久泰能源科技有限公司、华盛江泉集团、昌华纸品有限公司、新盛包装有限公司、晶鑫纺织有限公司等 5 个重点企业的 7 个污水处理厂实施废水处理再提高工程。筹集资金 1245 万元，协调相关部门对境内的南涑河、老涑河、龙头沟、鱼梁沟、老陷泥河、小清河、电厂河、小黑河、岳河、五里河等重点河道两岸 10 米范围内的各类垃圾进行清理，动用机械 834 台次，清理垃圾 4.55 万立方米，河道清淤 3.48 万吨，清淤全长 8.63 万米。修复 7 个闸坝，加强水资源调控配置。实施罗庄区第一污水处理厂升级工程及再生水利用工程，将南涑河深度处理工程改建为罗庄区第二污水处理厂，建设五里河污水处理厂，全区形成“一条河流一个污水处理厂”格局，出境河水达标排放。

图 4-2：2009 年 3 月 5 日，罗庄区污水深度处理项目在汤庄街道大丁庄北开工建设

2010年，对重点河流实施“河长制”，对重点区域和部位环境安全全天候监控，预防环境事故发生。罗庄区提前一年实现市政府提出“主要河流恢复鱼类生长”的水质改善目标，河流出境断面水质稳定达到市政府控制要求。2012年3月，罗庄环保分局被市政府命名为全市重点河流恢复鱼类生长水质达标工作先进集体。

2012年，罗庄环保分局联合区畜牧局制定《罗庄区河道养殖污染治理实施方案》《罗庄区畜禽养殖污染治理防治指导细则》，要求河道及沿河两侧大型畜禽养殖场（户），建设规范的沼气池，沿河直排水的小型畜禽养殖场（户），限期搬迁或关闭。排查沿河200米内养殖场（户）60家，对需要关停、整改的畜禽养殖场（户）下达关停通知书。

2013年，山东红日阿康化工股份有限公司投资262.05万元，实施污染治理再提高工程，将生产污水回水用于磷酸生产环节，实现污水零外排。华盛江泉集团有限公司投资461万元，实施水污染治理再提高工程，新建高浓度缺氧池2座、一体化净水设备2座、中间水池、排放水池各1座，对生产废水进行深度处理，出水水质达到《山东省南水北调沿线水污染物综合排放标准》重点保护区域排放标准要求。华能临沂发电有限公司中水回用项目，采用混凝、沉淀、杀菌、过滤处理工艺，安装2套机械加速澄清池、5套变孔隙滤池、1套石灰加药系统、2套二氧化氯杀菌系统、2套污泥脱水系统及配套电控、仪表设施，每天可处理中水3万余吨。

第四节　监督管理

环境影响评价与建设项目审批

1995—1997年，按照国家产业政策的要求，在治理老污染源的同时，把好新建项目审批关，引导企业发展无污染或轻污染建设项目，全面控制辖区内污染负荷增长。在建设项目立项审批和工程项目检查验收中，坚持做到“五不批”“三不准”“三同时”。即建设项目不符合国家产业政策的不批，环保技术不过关的不批，环保资金不到位的不批，选址不当的不批，不按程序搞环境影响评价的不批；竣工项目污染治理设施没有进行试车的不准投产，污染治理设施运转不正常的不准投产，运转效果达不到设计要求的不准投产；对符合国家产业政策及环保规定的新、改、扩项目，严格执行主体工程与环境保护工程同时设计、同时施工、同时投产的“三同时”制度。3年共审批上报新建项目20个，拒批、否决4个。

1998—2005年，贯彻落实国务院《建设项目环境保护管理条例》，坚持新上项目必须符合国家产业政策，严格执行环境影响评价制度和环境保护“三同时”制度，引导企业发展技术起点高、低能耗、高效益、无污染或轻污染的产业和产品，限制、禁止新上消耗高、污染重的建设项目。其间，审批建设项目357个，拒批97个，检查清理600个已建项目，对其中74个不符合环保要求的项目依法做出处理。

2006年，罗庄区建设项目环境管理领导小组成立，各类新上工业项目必须到环保部门办理环境影响评价手续，由环保部门严把准入关。落实环保第一审批关，区委、区政府组织监察、法治、环保等部门对发改、建设、卫生、工商行政管理等有关部门审批或上报的建设项目环保手续把关情况实行季度检查制度，对没有环保手续而给予办理审批、备案或上报的单位通报批评，给予直接责任人相应的行政或纪律处分。年内，对16家未批先建项目给予行政处罚，限期补办手续，拒批21家污染严重的新上项目。

2008年，审批建设项目94个，验收项目21个，环评执行率100%，“三同时”执行率93%。对90家未批先建和40家违反“三同时”的企业实施停产整治，对17家违法违规企业给予行政处罚，责令7家没有环评手续的钢铁、铁合金企业停产。2009—2012年，审批建设项目环评文件567件，222个建设项目通过“三同时”验收。拒批建设项目26个，对26个未批先建项目施以行政处罚，否决12个不符合验收条件的项目验收申请。

2013年，对市、区级重点项目，加快审批进度，上门服务，确保项目顺利开工。审批建设项目237个，96个建设项目通过“三同时”验收。对规划选址不合理、生产工艺落后、污染物排放量大、污染防治措施不符合要求的11个建设项目予以拒批，对21个未批先建项目施以行政处罚。

“一控双达标”与总量控制

1997年，开始实施“一控双达标”（污染总量控制，工业污染源排放污染物达标，环境功能区达标），对境内污染源进行重点治理。废水主要控制指标为排放量、化学需氧量、氯化物；废气主要指标为烟尘、粉尘、二氧化硫。对水泥、造纸、陶瓷、焦化、针织、电力等重点污染企业派驻环保监督员，进行现场监督管理。加强环境执法和监督管理，调整产业结构和技术改造，淘汰落后生产工艺和设备，推行清洁生产。2000年12月，“一控双达标”通过市政府环保考核验收。

2006年始，实施“总量减排”。根据市政府确定的主要污染物总量减排任务，罗庄区“十一五”（2006—2010年）期间主要污染物控制目标：化学需氧量2300吨/年，在2005年4091.2吨/年基础上削减43.78%；二氧化硫22324吨/年，在2005年40270.1吨/年的基础上削减44.56%（包括原市属企业）。同年，区政府办公室印发《罗庄区主要污染物总量削减任务表》，将“十一五”污染物削减目标落实到各街道和有关企业。通过燃煤电厂脱硫、建设污水处理厂配套管网、重点涉水企业污染治理再提高工程和建陶企业酚氰废水综合整治、淘汰落后产能等措施，推进主要污染物总量减排。2008年，52家建陶企业完成水煤浆炉改造，7家焦化企业完成酚氰废水处理站建设，20家造纸化工企业完成污染治理再提高工程。2009年，完成华宇铝电、久泰热电、罗庄热电厂、临沂发电厂、烨华焦化脱硫工程。2010年，罗庄区节能减排工作领导小组成立，区政府办公室发布《关于进一步明确淘汰落后产能工作的通知》。先后关停临沂元生铸冶有限公司等8家钢铁企业、临沂创元焦化有限公司等6家焦化企业、盛能热电和沂州热电2家小火电厂和所有水泥立窑生产线，年节约标准煤500余万吨，减排二氧化硫9000余吨。彻底拆除30家石子厂和38家地沟窑（砖窑）。建设污水处理厂及配套管网工程，集中收集除沂堂镇外罗庄区绝大多数的生活废水和部分生产废水进入污水处理厂处理，减少化学需氧量排放量5000余吨/年。所有现役燃煤电厂均建成脱硫设施并正常运行，年减少二氧化硫排放量4万余吨。所有燃煤电厂旁路烟道挡板加装铅封装置，各重点排污企业全部安装污染物在线监测设施并与省、市环保部门联网。2010年，在环境保护部总量减排核查中，罗庄区2006—2009年完成化学需氧量减排量3166吨，二氧化硫减排量1.78万吨；2010年完成二氧化硫减排量6200吨，化学需氧量减排量1400吨。到2010年年底，罗庄区顺利完成“十一五”主要污染物总量减排目标，主要污染物化学需氧量、二氧化硫在2005年排放总量的基础上分别削减43.7%、44.5%。

“十二五”（2011—2015年）期间，按照《罗庄区“十二五”主要污染物总量削减目标责任书》要求，以严控新增污染物排放量、企业污水处理再提高、生活污水集中处理、城区燃煤锅炉关停、规模化畜禽养殖场改造等措施为重点，扎实推进“十二五”主要污染物总量减排。2011—2013年，强力推进重点项目工程减排，完成华能临沂发电有限公司、山东华宇铝电有限公司脱硫提升改造工程和脱硝工程及沂州水泥集团水泥厂SNCR脱硝工程，江鑫钢铁企业、三德特钢企业、宇光钢铁企业、山威集团烧结机脱硫工程；扩建污水管网50余千米，污水处理厂完善中控设施，临沂市第二污水处理厂二期5万吨/日扩建工程建设完成并投入运行。通过控增量，减排放等综合措施，为完成市政府下达的“十二五”总量减排任务目标（化学需氧量减排4756吨、氨氮减排858吨、氮氧化物减排2.24万吨、二氧化硫减排3.18万吨）打下坚实基础。2012年3月，罗庄环保分局被市政府授予“全市‘十一五’主要污染物总量减排目标考核先进集体”称号。

执法检查

1995—1997年，环保执法以征收环保费为主。1997年，解决污染纠纷1起，调查处理污染事故2起。

1998—2002年，开展“整治违法排污企业保障群众健康”环保专项行动。联合新闻媒体开展“子夜行动”，通过新闻曝光和停产整顿等措施严厉打击利用夜间偷排、直排废水、废气等违法行为，依法查处违法建设、违法排污企业。检查企业4330家，停产、限产、限期治理企业43家，立案查处企业394家。

2003年7月，区政府印发《罗庄区环境执法月活动实施方案》，把8月份定为环境执法月，环保、建设、经贸、土地、质监、电力、公安等部门联合执法，采取“堵、切、断、疏、拆、炸”等措施，对境内小炼铁、小炼焦项目集中清理取缔，1968个焦池窑洞全部清理取缔。

2005年，区环保分局组织大规模拉网式突击检查8次，现场监督检查120余次，关停45家重污染企业。2006年，组织大规模拉网式突击检查15次，进行现场监督检查1603次，对91家污染重、屡查屡犯的企业强制性停产或关停。实行环保督查周报制度，每周督查通报各街道“土小”污染企业查处和各种环境违法情况，并扣减相应街道年度考核中环保分值。全年取缔拆除小烧结、小炒粉和小生化等“土小”污染企业121家。同年6月，区政府办公室印发《罗庄区整治违法排污企业保障群众健康环保专项行动工作方案》，集中整治工业园区、建设项目、影响河流断面水质的环境违法问题，环保、发改、工商、监察、安监、司法、电力等有关部门定期协商、联合执法、联合办案，共同打击环境违法行为。省、市要求的7家重点废水排放企业和3家重点废气排放企业全部安装在线监控设备。对全区6家涉源单位的15枚放射源安全使用和管理情况进行经常性的监督检查，对检查出的问题责令立即整顿并在全区通报。

2008年12月，区政府办公室印发《开展打击偷排偷倒煤气废水违法行为环保专项行动实施方案》，环保、公安、水务、建设、交警等部门联合执法，采取夜晚蹲守、重点时段看守等措施，对偷排偷倒煤气废水入河的行为进行严厉打击，保障河流断面水质达标。开展“环保执法月”活动，对未经环保审批、没有污染治理设施、“十五土小”（小造纸、小制革、小染料、土炼焦、土炼硫、小电镀、小漂染、小农药、土选金、土炼油、土炼铅锌、土法生产石棉制品、土法生产放射性制品、土炼汞、土炼砷）和“新五小”（小火电、小炼油、小水泥、小煤矿、小钢铁）企业一律关停取缔，拆除主要生产设施、吊销营业执照。整改137家涉水企业，取缔65家“土小”企业，对90家未批先建和40家违反“三同时”的企业实施停产整治，对17家违法违规企业进行处罚。

2009年，罗庄环保分局联合公安等部门组成专案组，打击偷排偷倒违法行为。对电厂河、小黑河、南涑河等河流重点桥梁、河段，采取昼夜蹲点、重点时段看守、联防联控等措施，制止6起违法偷倒行为，涉案人员依法移送检察机关，追究刑事责任。出动联合执法人员2800余人次，整治各类排污企业223家，行政处罚环保违法、违规企业19家。开展风险隐患大排查，排查企业3160家，确定存在环境风险隐患单位421家。其中，关停取缔企业250家，限期治理和停产治理企业171家。拆除环境隐患企业217家，关闭14家，停产治理61家，限期治理完成61家。2010年，对排污企业开展“零点行动”“清晨行动”，打击治污设施白天开、晚上停违法行为。出动执法车辆4800余辆次，立案查处企业环境违法行为200余项，挂牌督办案件26件，关停企业30余家。

2011年，罗庄环保分局对日常检查中发现的擅自闲置、停用、拆除大气污染治理设施的企业，实施环保“一票否决”，在行业准入、工商注册（年检）、贷款融资、相关证件办理、评先树优等活动中一律不予办理相关环保手续。开展3次建陶和页岩砖行业专项检查行动，处理不正常使用大布袋除尘器和脱硫设施的违法企业46家，分3批公布实施环保“一票否决”企业名单。同年，区政府投资260万元，建设罗庄区环境预警监控平台，区内化工、铝型材、页岩砖等排污企业全部与监控平台联网，实时监控重点污染企业排污情况。27家建陶企业安装粉尘自动监测设施。2012年，重点开展花埠圈村“土小”污染企业专项拆除行动。拆除土小企业151家。2013年，对“土小”企业“露头就打”，发现一起拆除一起。拆除土小企业105家。对涉重金属企业进行专项检查，对厂区的土壤、地下水等实行季度监测制度。

排污收费

1995年起，执行国家《超标污水排污费征收标准》《超标环境噪声排污费征收标准》。当年，征收排污费42.3万元。2003年7月1日起，按国家《排污费征收使用管理条例》征收排污费。2013年，征收排污费1836.49万元。1995—2013年，征收排污费10657.39万元。

信访案件处结

1995年，受理信访案件4件（起），此后，信访呈上升趋势。2006年，信访案件670件。之后，创建国家环保模范城和迎接国家淮河流域水污染防治活动的开展，环保力度不断加大，群众切身感受到水污染与大气污染治理的成效。信访案件呈下降趋势。2013年，受理信访案件358件，1995—2013年，受理各类信访案件5009件（起），处结率100%；办理人大代表、政协委员提案170件，满意率100%。

1995—2013 年罗庄区环保信访案件情况表

表 4-4　　　　单位：件（起）

年份	信访案件	人大政协提案	年份	信访案件	人大政协提案
1995	4	8	2005	387	6
1996	12	15	2006	670	9
1997	8	11	2007	344	9
1998	15	1	2008	277	8
1999	39	5	2009	485	11
2000	108	0	2010	623	12
2001	123	15	2011	453	5
2002	152	6	2012	421	6
2003	164	13	2013	358	9
2004	366	21			

第五节　环境保护重点工程

污水处理厂

临沂市第二污水处理厂　位于罗庄区南外环路南、陷泥河以东、东调路以北、小塘崖村西北。2009 年 7 月开工建设，工程设计规模为日处理污水 10 万吨，污水处理工艺采用改良型 A/A/O 工艺，出水水质执行《城镇污水处理厂污染物排放标准》中一级 A 标准，占地面积 9.67 公顷，工程概算投资 2.3 亿元。工程分两期实施，一期工程设计规模为日处理污水 5 万吨，占地面积 4.97 公顷，投资 1.54 亿元。主要建设分为两部分，厂区部分包括粗格栅及进水泵房、细格栅旋流沉砂池、改良型 A/A/O 反应池、配水井及污泥回流泵房、二沉池、高效混凝沉淀池、纤维转盘滤池、紫外消毒渠、鼓风机房、总变电所、匀质池、浓缩脱水机房、加药间及办公楼、食堂、仓库、门卫室等附属设施。主污水管线部分，自清河南路沿陷泥河西侧至第二污水处理厂，长 9.4 千米，采用 DN1500（上游）和 DN1650（下游）承插式钢筋混凝土管道。集中处理盛庄、册山、高都 3 个街道工业和生活污水。

图 4-3：临沂市第二污水处理厂生化池（2013 年 10 月　摄）

罗庄区第一污水处理厂　位于罗庄街道南外环路西段，占地面积 5 公顷。2005 年 12 月开工建设，设计规模为日处理污水 5 万吨，设计出水水质达到国家一级 B 排放标准，总投资5650万元，2006年10月投入运行。主要收集处理罗庄主城区、罗庄工业园、临沂高新技术产业开发区等区域生活污水和部分工业污水。建设配套污水主管网42.2千米，设立22个截污点，分小黑河、湖北路、罗六路、罗七路和罗十路4个收集系统，污水处理后排入南涑河。2009年，实施污水处理厂提升和再生水利用工程。投资1984万元，对污水处理厂进行改造提升，由一级B提升一级A，出水各项指标达到国家一级A排放标准；投资387万元，实施再生水利用工程，日回用中水1万吨，敷设6.7千米管道至双月湖，作为城市绿化、道路洒水、双月湖补水。

图4-4：罗庄区举行污水处理厂运营庆典（2006年11月 摄）

罗庄区第二污水处理厂 位于傅庄街道西三重村南，占地面积2.67公顷。2009年3月开工建设，设计规模为日处理污水3万吨，出水水质达到国家一级A排放标准，总投资3450万元，2009年12月投入运行。主要收集处理罗庄街道、册山街道、傅庄街道等区域的生活和工业污水，建设配套污水主管网21.8千米。

至2013年，罗庄区共有污水管网91千米，覆盖罗庄区主要干道及重要工业园区，两家污水厂年均处理污水3038万吨，污水集中处理率95%以上。

两小流域综合整治工程

2009年，按照《淮河流域水污染防治规划》，对两小流域即南涑河和陷泥河进行综合整治。

南涑河综合整治工程 主要包括河道疏浚、护坡绿化、闸坝修建、管网敷设。清淤泥39.64万立方米，开挖河道土石方8.36万立方米。两岸拆迁清理各类树木3.42万株，补偿拆迁资金52.13万元。两岸种植水草12.8万平方米。投资300万元，在南涑河下游建设丁庄橡胶坝，对南涑河傅庄闸、西山闸和山南头闸更换或维修。从罗庄区第一污水处理厂下游起沿南涑河北岸敷设截污管网至大丁庄橡胶坝，收集沿线罗庄街道、傅庄街道生活及工业污水。

陷泥河综合整治工程 主要包括河道疏浚、护坡绿化、闸坝修建、管网敷设。从盛庄街道十里堡至册山街道黄墩全长15.9千米，清淤24万立方米。从册山街道黄墩至盛庄街道十里堡，在保留岸坡现有植被的基础上，种植或插栽水生植物，提高岸坡或边滩的植被覆盖率。在电厂河沂蒙新村村西、电厂河入陷泥河口上游50米处建设2座节制闸，同时对陷泥河高都闸、郑旺闸进行维修配套。从沂河路桥沿陷泥河西岸敷设管网至临沂市第二污水处理厂，收集沿线盛庄街道、高都街道生活及工业污水，同时建设电厂河配套管网工程。从市第二污水处理厂下游沿陷泥河西岸、老陷泥河北岸敷设污水管网至罗庄区第二污水处理厂，收集册山街道生活及工业污水。

人工湿地建设

武河万亩人工湿地　位于黄山镇境内，南北长12千米，一期工程投资8700万元（其中，用于占地补偿、地上附属物补偿1870万元，土建工程投资5530万元，绿化及水生植物栽植投资1300万元），2009年11月26日开工，2010年2月26日竣工，共形成湿地面积866.6公顷。其中，河中心面积513.3公顷，退耕还湿面积353.3公顷。工程是临沂市委、市政府投资近亿元兴建的重点治污项目，通过建设砌石坝、溢流堰、围堰、布水渠等对上游陷泥河和南涑河的入水进行科学配置，并通过在水区内种植芦苇、香蒲、莲藕等水生植物对入水进行深度处理，达到深度净化的目的。建有高3米、宽5米、总长18千米的碎石路面围堰以及4座挡水坝、8座溢流坝、2处蓄水池、32个湖心岛。水域栽植荷莲12.3万株、芦苇594万株、香蒲164万株、杞柳98.2万株。2010年5月，对15千米围堰进行石护坡，同时对湖心岛进行绿化。

武河湿地设计净水日处理能力30万吨，水在湿地停留时间10天，设计出水质量达到水利部淮河水利委员会制定的地表水环境质量Ⅳ类标准的要求。

南涑河城区尾水人工湿地水质净化工程　位于褚墩镇邳苍分洪道内，自廖屯闸至朱庄闸，河道长约8千米，面积100公顷。2012年，完成工程测绘。2013年12月，完成栽植水生植物5.6万平方米、苗木2100棵，土建施工完成35%。总投资1654.66万元。该工程是对武河湿地出水的再处理和再净化，是罗庄区乃至临沂市河流出境断面的最后一道闸坝。

图4-5：武河湿地“鸽舞飞扬”（2011年　摄）

第五编 交通 邮电 电业

Part 5: Transportation, Postal Service & Telecommunication, and Electricity Industry

罗庄城区立体交通（2013 年 12 月　亓瑞士摄）

双月湖路（2013 年 8 月　区摄协供稿）

1995 年年初，罗庄区公路通车里程 61.12 千米。境内有 206 国道，232 省道，临册路、俄黄路县道 2 条，乡村道路多为砂石路面。是年起，罗庄区交通运输事业快速发展。2000 年 11 月，京沪高速公路全线通车。2003—2004 年，区委、区政府大力实施“村村通”工程，累计投资 1896.8 万元，新（改）建乡、村道路 79 条、103 千米。2005 年起，实施农村街巷道路硬化“村内通”工程。2007 年 10 月，新 206 国道罗庄段全线通车。2012 年 11 月，临沂汽车客运南站建成运营。至 2013 年年底，全区公路总通车里程 318.67 千米。其中，国道 40.48 千米，省道 8.32 千米，县乡公路 269.9 千米。有客运经营线路 79 条，年客运量 40 万人次。公交运营线路 9 条，运营车辆 198 辆。有货运车辆 7773 辆，年货运量 1965 万吨，年货运周转量 5.73 亿吨千米。

1995 年，罗庄区有固定电话用户 2300 户。2000 年，在全市率先建成“电话区”。此后，移动电话和互联网得到快速发展，快递业务逐步兴起。至 2013 年，全区有固定电话 5.4 万部，移动电话 65.34 万部，宽带互联网用户 7.36 万户，群众上网需求得到满足。

1995 年起，全区电力业快速发展。至 2013 年，输电线路由 1995 年的 9 条增加到 18 条，总长度 967.36 千米；变电站由 1995 年的 2 座（110 千伏）增加到 22 座（其中，110 千伏 14 座，220 千伏 4 座，35 千伏 4 座）；全社会用电量由 1999 年的 4.17 亿千瓦时增加到 2013 年的 78.82 亿千瓦时，是 1999 年的 18.9 倍。

第一章 交通

第一节 机构

临沂市公路局罗庄区公路管理局

1995 年 2 月，罗庄区公路管理局（简称罗庄公路局）成立，为正科级事业单位，系临沂市公路局的派出机构。内设办公室、征收科、路工科、路政科、财务科、工会 6 个科室，辖徐林公路站。2013 年，罗庄公路局内设办公室、政工科、财务科、工程科、养护科、机料科、安全科、工会 8 个科室，辖马厂湖公路站。有在编干部职工 51 人，其中中级以上职称 17 人。罗庄公路局主管境内国道、省道干线公路的建设、养护、管理和养护费及通行费征收（2009 年停止养路费征稽工作）。

1998 年 12 月，罗庄公路局被山东省交通厅命名为全省交通系统文明建设先进单位；2006 年 7 月，被山东省精神文明建设委员会命名为省级文明单位。

临沂市交通运输局罗庄分局

1995 年 5 月，临沂市交通委员会罗庄交通管理处设立，系临沂市交通委员会的派出机构，为正科级行政单位。内设办公室、运管所、公路所 3 个科室，编制 83 人，辖盛庄、傅庄、罗庄、册山、西高都、罗西 6 个基层交管所。2002 年 6 月，改称临沂市交通局罗庄分局（简称罗庄交通分局）。2004 年 8 月，临沂市地方海事局罗庄办事处设立，为副科级事业单位，隶属罗庄交通分局。

图 5-1：京沪高速罗庄出口（2013 年 9 月　石宝同摄）

2010 年 5 月，罗庄交通分局改称临沂市交通运输局罗庄分局（简称罗庄交运分局）。同时，临沂市交通运输局罗庄分局农村公路管理所、临沂市交通运输局罗庄分局运输管理所 2 个副科级事业单位设立，隶属罗庄交运分局。2013 年 12 月，临沂市交通运输局罗庄分局内设办公室、法制办、财务室、文明办、安监办 5 个科室，辖临沂市地方海事局罗庄办事处、临沂市交通运输局罗庄分局农村公路管理所、临沂市交通运输局罗庄分局运输管理所 3 个副科级事业单位和罗庄、高都、沂堂、黄山、直属 5 个交通运输管理所。主管罗庄区农村公路及其附属设施建设、养护、管理和道路运输行业管理、车辆维修行业管理、水上交通管理、路政管理等。

2001 年 1 月，罗庄交通管理处被山东省精神文明建设委员会命名为省级文明单位。

第二节　公路建设

1995 年年初，罗庄区公路通车总里程 61.12 千米。其中，国道 22.4 千米，省道 8.32 千米，县道 30.4 千米。2000 年 11 月，京沪高速公路建成通车，境内路段长 20.3 千米。2003 年，区委、区政府全面启动“村村通”柏油（水泥）路工程。2007 年 10 月，新 206 国道罗庄段全线通车。至 2013 年年底，罗庄区公路通车里程 318.67 千米。其中，国道 40.48 千米，省道 8.32 千米，县道 157.67 千米，乡道 112.23 千米。基本形成以城区为中心、以国省道为骨架，县乡道为依托，干支相连，四通八达的公路网络。

高速公路

京沪高速公路　是国道主干线北京—上海公路，总里程 1261.99 千米。境内长 20.3 千米，跨越罗西、沂堂、傅庄、褚墩 4 个镇、街道，在沂河路与京沪高速公路交会处东 200 米设收费站 1 个，称临沂南·罗庄出口。沥青混凝土路面，路面宽 23.5 米，双向四车道，设计时速 110 千米。京沪高速罗庄段于 1996 年开工建设，2000 年 11 月竣工通车，结束境内没有高速公路的历史。

国道

206 国道（烟台—汕头）属一级公路。为境内南北方向重要通道，从后盛庄村起，经八块石村、罗庄、傅家庄、徐林村，由汤庄向西至苍山县界，全长 22.4 千米。1986 年建成通车。2000 年起，实施 206 国道兰山至罗庄段改线规划建设，原206国道改为县道（2010年7月移交罗庄区政府管理）。

2002年10月1日，K538+571～K544+851、K544+851～K556+682段竣工，分别为6.28千米、11.83千米，路面宽21米，双向四车道，面层为沥青混凝土结构。2007年10月，K536+500～K538+571段竣工，长2.07千米，路面宽31米，双向六车道，面层为沥青混凝土结构。至此，新206国道罗庄段全线通车，北起齐庄、崔庄、朱陈、陈岭、窑南头、前后站、店子村至苍山县界，全长20.18千米。该段有中桥1座、小桥4座、涵洞61道、倒虹吸8道。

省道

232省道（罗庄区汤庄—郯城县城） 属二级公路。境内长8.32千米。始建于1994年，路面宽12米。2008年5月—2009年11月，投资1860万元进行拓宽改造，扩建后路面宽15米、两车道，沥青混凝土结构，途经境内K0+000～K8+319，北由傅庄街道汤庄经褚墩镇西永安进入苍山县境。有大桥1座，小桥1座、涵洞7道。

县乡公路

1995年始，区委、区政府制定加快农村公路建设政策措施，县乡公路进入一个新建设时期。同年，对南大路（沂河路至房沙沟）13千米路段进行硬化改造，路面宽9米，沥青混凝土结构。

X211线K0+000-K22+400段（原206国道）属于一级公路，全长22.4千米。1986年建成通车，2000年改为县道。

SQG2线K0+000～K8+205段（今沂河路）京沪高速公路连接线，从京沪高速公路罗庄出口至蒙山大道交会处，全长8.21千米。属于一级公路，沥青混凝土结构。建于1998年，2005年进行一次罩面，路面宽26米，双向六车道。有小桥1座，涵洞37道。

图5-2：乡村公路——临册路黄山段（2012年7月 摄）

1999年，对临册路（沂河路至同沂庄）13.5千米路段进行改造，路面宽10～15.4米，水泥混凝土结构。2000年，对临册路（同沂庄至房岭屯）6.5千米路段进行改造，路面宽9米，水泥混凝土结构。2003年，对江傅路（江风口至傅庄）12千米路段进行改造，路面宽10～15米，混凝土结构。2004年，对化武路6千米路段进行改造，路面宽7米，混凝土结构。2005年，对南大路（沂河路至房沙沟村）13千米路段进行改建，路面宽9米，混凝土结构。2008—2009年，对江傅路（江风口至206国道）15.4千米进行改建，路面宽10～15米，沥青混凝土结构；对罗程路（罗庄至滨河大道）11千米进行改建，路面宽21米，沥青混凝土结构。2010年，对临册路（南外环路至房岭屯）9千米路段进行改建，路面宽9～15.4米，沥青混凝土结构。2012年，对南环路（滨河西路至206国道）16.4千米路段进行改建，路面宽24米，沥青混凝土结构；对振兴大道（206国道至沂堂镇）8.1千米进行改建，路面宽15米，沥青混凝土结构。2013年，对沂王线（沂堂镇驻地）1.5千米道路进行改建，路面宽22米，沥青混凝土路结构。至2013年，全区累计投资5.64亿元，新建、改建农村公路349千米。同年年底，境内共有县道14条157.67千米，乡道19条112.23千米，均为沥青或水泥硬化路面。

2013年罗庄区主要县道公路情况表

表5-1

公路编号	公路名称	起止点	里程（千米）	建设年份	路面宽度（米）	路面类型
X019	后盛庄—小北岭	魏家三岗—郭岑石	6.04	—	24	水泥混凝土
X029	南坦—大沙沟	沂河路交叉口—房沙沟	13.05	—	9	水泥混凝土
X211	通达南路	后盛庄—汤庄—苍山县界	22.4	1986	23	沥青混凝土
X124	黄山—褚墩	黄山镇政府—汤郯线	6.70	1993	9	沥青混凝土
X028	江风口—傅庄	江风口—新206国道	15.53	1994	7	沥青混凝土
X009	枣沟头—小北山	罗庄—卞庄界	11.31	1996	15.7	沥青混凝土
X111	沂堂—磨山	沂磨线路口—重复路段	3.80	1996	7	沥青混凝土
SQG2	京沪高速公路连接线	罗庄出口—蒙山大道交会处	8.21	1998	26	沥青混凝土
X031	程庄—罗庄	滨河西路平交口—通达南路	10.93	1998	21	沥青混凝土
X112	沂堂—王岭	Y238371311—大仲村镇	9.39	1998	9	沥青混凝土
X003	吴白庄—泉源（临册路）	吴白庄加油站—土山桥	25.19	1999	9	沥青混凝土
X204	罗庄连接线	通达南路—金久加油站	5.26	1999	27	沥青混凝土
X021	梅埠—206国道	罗郯界—新206国道	17.19	2008	24	沥青混凝土
X164	柳庄—新206国道	206国道—改建起点	2.67	2011	15	沥青混凝土

2013年罗庄区主要乡道公路情况表

表5-2

编号	公路名称	起止点	里程（千米）	建设年份	宽度（米）	路面类型
Y015371311	留邻庄—八块石	留邻庄入口—红土屯村委出口	7.84	—	21	沥青（水泥）混凝土
Y016371311	盛家口—北老屯	盛家口入口—北老屯村委出口	13.41	—	6	水泥混凝土
Y024371311	傅庄—义和庄	老206交叉口—义和庄出口	3.80	—	10	沥青（水泥）混凝土
Y025371311	窑汪崖—大柱山	盛口与北老屯交叉口—该线与大店线交叉口	9.13	—	8	沥青（水泥）混凝土
Y028371311	赵庄—汤庄	汤庄入口—赵庄出口	3.80	—	6	水泥混凝土
Y029371311	韦姜屯—黄土堰	韦姜屯入口—后黄土堰出口	3.23	—	6	沥青（水泥）混凝土
Y030371311	留邻庄—东高都	留邻庄入口—东高都出口	1.76	—	8	沥青（水泥）混凝土
Y291371311	郑旺—房沙沟	江傅路路口—房沙沟加油站	6.69	—	6	沥青（水泥）混凝土
Y292371311	黑虎墩—黄墩	滨河大道—侯沂庄鱼塘	5.44	—	7	沥青（水泥）混凝土
Y026371311	傅庄—汤庄	西大车街—傅庄东南村入口	5.55	1947	6	水泥混凝土
Y019371311	傅庄东北村—西三重	傅庄东北村入口—西三重出口	4.56	1980	8	水泥混凝土
Y335371311	沂堂寨子—二庙马场	苍山入口—重复路段	2.40	1980	7	沥青混凝土

续表 5-2

编号	公路名称	起止点	里程（千米）	建设年份	宽度（米）	路面类型
Y276371311	廖屋—兰山屯	廖屋—县界	9.34	1988	6	沥青（水泥）混凝土
Y017371311	李家庄—黄山	乡界—临泉线变电所	5.98	1995	7	沥青混凝土
Y023371311	大柱山—店子	大柱山—西店子出口	6.86	1996	8	水泥混凝土
Y242371311	唐沙沟—后村	唐沙沟—后村出口	4.52	1996	14	沥青混凝土
Y154371311	车庄—贤孝庄	贤孝庄入口—罗庄	1.15	2000	6	简易铺装
Y238371311	贤孝庄—大槐树	前迷龙门口—枣北线	10.02	2000	5	简易铺装
Y453371311	贤孝庄—迷龙	贤孝庄入口—X009371302	6.75	2000	5	简易铺装

乡村道路

1995 年，境内乡村道路多为砂土路面，水泥路面和沥青混凝土路面为数不多。1996 年始，全区开始对乡村道路进行规划改造建设，依据上级文件政策及“人民公路人民建”的方针，区政府制定包括群众集资、筹劳等一系列加快乡村道路建设政策措施，加大资金投入，乡村道路改造建设步伐加快。至 2002 年，全区基本形成村内通畅、村村相连的道路网络，部分乡村道路拓宽硬化，其余道路简易铺筑。

2003 年，罗庄区抓住国家东部地区到 2005 年实现村村通柏油路的机遇，区委、区政府提出“三年任务两年完成”的工作目标，采取“街道、镇财政拿一点，村集体筹一点，社会募捐一点”，争取上级补助资金的办法，全面实施“村村通柏油路”工程，大规模修建乡村道路，完善农村公路网络。至 2004 年，两年累计投资 1896.8 万元。其中，争取上级补助资金 412.8 万元，筹集地方配套资金 1484 万元，新修改建村道 79 条 103 千米，提前一年实现省政府确定的农村公路“村村通”目标。

2005 年始，罗庄区农村公路建设由“村村通”向“村内通”及“网络化”延伸，实施农村环境综合整治村庄道路硬化工程。至 2013 年，投资 8908.5 万元，争取上级补助资金 2256.8 万元，硬化村庄道路 213 条 287.9 千米，全区 283 个自然村实现村内通。

1995 至 2013 年年底，全区硬化村道 496 千米。其中，沥青道路 76 千米，水泥道路 420 千米。

第三节　桥梁　涵洞

干线公路桥梁　涵洞

1995 年，境内 206 国道（今通达南路）有陷泥河桥（中桥）、傅家庄桥（小桥）各 1 座，总长 87.48 米；涵洞 12 道，总长 300 米。

2000 年后，进行国道改线，拓宽改造省道，公路桥梁建设数量多、投资大，全部采用新技术、新工艺、新材料。2000 年，境内 206 国道改线，新建朱陈北桥、朱陈南桥、官战湖桥、窑南头桥。2007 年，新建齐庄北桥。2009 年，改建省道 232 线（汤郯段）褚墩桥、永安大桥。至 2013 年，境内国道、省道有大、中、小桥 7 座（大桥 1 座、中桥 1 座、小桥 5 座），全长 260.84 米；涵洞 74 道，总长 1973 米；倒虹吸 8 道，总长 220 米。

2013 年罗庄区干线公路主要桥梁情况表

表 5-3　　　　单位：米

路线名称	桥梁名称	跨径分类类型	桥梁全长	跨径总长	跨径组合（孔—跨）	桥梁宽度	桥面净宽	技术等级	荷载等级	桥面铺装类型	建成年份
烟汕线	朱陈北桥	小桥	16	16	2—8	22	15	二类	汽—20，挂—100	沥青砼	2000
烟汕线	朱陈南桥	中桥	86.04	80	4—20	22	15	二类	汽—20，挂—100	沥青砼	2000
烟汕线	官战湖桥	小桥	6	6	1—6	22	15	二类	汽—20，挂—100	沥青砼	2000
烟汕线	窑南头桥	小桥	5	5	1—5	22	15	二类	汽—20，挂—100	沥青砼	2000
烟汕线	齐庄北桥	小桥	12	12	2—6	51	22.5	一类	汽—20，挂—100	沥青砼	2007
汤郯线	褚墩桥	小桥	9	8	1—8	16	7.5	一类	公路 II 级	沥青砼	2009
汤郯线	永安大桥	大桥	126.8	121.8	14—8.7	16	7.5	二类	公路 II 级	沥青砼	2009

县乡公路桥梁涵洞

1995 年起，罗庄区注重县乡公路建设和桥梁配套，尤其随着城镇公路大规模建设和村村通硬化路工程的实施及公路等级的提高，境内县乡桥梁数量逐渐增多，荷载标准、桥面宽度、桥下净空、设计洪水频率等诸多技术指标全面提高，预应力技术被广泛应用。至 2013 年，境内有县乡公路桥梁 128 座，其中大桥 4 座、中桥 32 座、小桥 92 座，总长 5075.76 米。有涵洞 551 道。

2013 年罗庄区县乡公路主要桥梁情况表

表 5-4　　　　单位：米

桥梁名称	路线名称	技术等级	桥梁全长	跨径总长	桥跨组合	桥梁全宽	桥面净宽	跨径分类类型	建设年份
石杭岭桥	石杭岭—临册路	四级	13	9	1×9	4.9	4.2	小桥	—
郑旺西桥	降水沟—郑旺	四级	42	42	14×3.0	4.7	4	中桥	—
崔王庄桥	移茬窑—临册路	三级	13	13	5×2.6	15.2	14.5	小桥	—
崔王庄东桥	移茬窑—临册路	三级	12	12	3×4	15.2	14.5	小桥	—
寇对河桥	前盛庄—南大路	四级	30.5	30.5	5×6.1	7	6.5	中桥	—
红土屯村桥	红土屯—花埠圈	三级	18	16	1×16	7.7	7	小桥	—
东高都西闸桥	东高都—孙对河	三级	12	12	4×3	12.3	11.6	小桥	—
东高都西桥	东高都—孙对河	三级	19	18	1×18	5.5	4.8	小桥	—
常旺小桥	常旺—工业园路	三级	12	12	3×4.0	7.2	6.5	小桥	—
西大车桥	西大车—老 206 国道	三级	17.2	7.5	1×7.5	9.7	9	小桥	—
五里河南桥	花埠岭—东店子	三级	9.3	9.3	1×9.3	21.7	21	小桥	—
黑水河桥	岳旦子—通达南路	三级	15	15	3×5.0	11	10.3	小桥	—

续表 5-4

桥梁名称	路线名称	技术等级	桥梁全长	跨径总长	桥跨组合	桥梁全宽	桥面净宽	跨径分类类型	建设年份
傅庄西南村桥	东北村—通达南路	四级	16.7	12.6	2×6.3	11.9	11.2	小桥	—
傅庄西北村桥	傅庄东北村—通达南路	四级	47.2	47.2	8×5.9	5.9	5.2	中桥	—
傅庄东北村桥	傅庄东北村—通达南路	三级	22	21.2	2×10.6	6	5.3	小桥	—
朱陈北村桥	朱陈东村—罗九路	三级	12	10	2×5.0	8.3	7.6	小桥	—
潘墩小桥	东调闸—庆云山	四级	9	9	2×4.5	8.2	7.5	小桥	—
西潘墩桥	东调闸—庆云山	四级	12.6	12.6	3×4.2	8.2	7.5	小桥	—
小庄子中桥	东调闸—庆云山	四级	50	29	1×29	7.7	7	中桥	—
房庄桥	东调闸—庆云山	四级	24	24	4×6	7.7	7	小桥	—
北沂堂小桥	沂堂—寨子	四级	12	8	1×8	6	6	小桥	—
寨子小桥	沂堂—寨子	四级	15	12	2×6	8	8	小桥	—
北沂堂二桥	北沂堂—新村	四级	9	9	3×3	6	6	小桥	—
北沂堂四桥	北沂堂—新村	四级	15	15	3×5	4	4	小桥	—
北沂堂五桥	北沂堂—新村	四级	15	12.5	5×2.5	6	6	小桥	—
兴路口小桥	神山界—枣北线	四级	14	12	3×4	7	7	小桥	—
对河桥	吴白庄—泉源	二级	13	13	2×4.5+1×4	9.7	9	小桥	—
常旺桥	吴白庄—泉源	二级	6.8	6.8	1×6.8	9.7	9	小桥	—
干渠桥	吴白庄—泉源	二级	6	6	1×6.0	14.2	13.5	小桥	—
新桥桥	吴白庄—泉源	二级	31	30	5×6	12.7	12	小桥	—
后盛庄桥	后盛庄—小北岭	二级	30	30	3×10	26.7	26	小桥	—
东石埠小桥	后盛庄—小北岭	三级	16.6	12	2×6.0	6.7	6	小桥	—
沙旦子小桥	江风口—傅庄	二级	8	8	1×8.0	10.7	10	小桥	—
石杭岭小桥	江风口—傅庄	二级	17	6	1×6.0	10.7	10	小桥	—
焦邱桥	江风口—傅庄	二级	52.2	52.2	9×5.8	10.7	10	中桥	—
焦邱小桥	江风口—傅庄	二级	8	8	2×4	10.7	10	小桥	—
东高都桥	南坦—大沙沟	三级	11.3	11.3	1×5+1×6.3	11.7	11	小桥	—
沙沟桥	南坦—大沙沟	三级	9	8.7	3×2.9	11.7	11	小桥	—
葛庄桥	留邻庄—八块石	三级	24	24	3×8	21.7	21	小桥	—
店子桥	留邻庄—八块石	三级	39	39	3×13	21.7	21	中桥	—
电厂南桥	留邻庄—八块石	三级	24	24	3×8.0	21.7	21	小桥	—
五里河桥	大柱庄—店子	四级	10	10	2×5.0	11.2	10.5	小桥	—
迷龙汪桥	贤孝庄—大槐树	四级	9	9	3×3	11	9	小桥	—
为儿桥一桥	贤孝庄—大槐树	四级	8	8	2×4	14	12	小桥	—

续表 5-4

桥梁名称	路线名称	技术等级	桥梁全长	跨径总长	桥跨组合	桥梁全宽	桥面净宽	跨径分类类型	建设年份
为儿桥北桥	贤孝庄—大槐树	四级	12	12	3×4	9	7	小桥	—
大兴屯桥	贤孝庄—大槐树	四级	16.5	15	5×3	8	8	小桥	—
柳庄东桥	贤孝庄—大槐树	四级	9	9	3×3	7	6	小桥	—
黑虎墩桥	黑虎墩—黄墩	三级	74.3	63.6	3×21.2	4.7	4	中桥	—
黄山武河大桥	吴白庄—泉源	二级	663	602.5	17×20+21×12.5	7	7	大桥	1958
大兴屯南桥	柳庄—大兴屯	四级	10	10	5×2	4	4	小桥	1959
南沂堂一桥	枣北线—南沂堂	四级	8	8	2×4	3	3	小桥	1959
沂堂南小桥	沂堂—磨山	三级	8	8	2×4	11	9	小桥	1959
南沂堂二桥	枣北线—南沂堂	四级	9	9	3×3	10	10	小桥	1970
前屯桥	前屯—县界	四级	20	20	1×20	8	7	中桥	1977
东卜庄桥	黄店—东卜庄	四级	20	15	5×3	5	4	小桥	1977
龙王沟桥	小山子—褚兰路	四级	10	7	1×7	5	4	小桥	1977
朱庄桥	兰山—朱庄	四级	15	10.5	7×1.5	6	5	小桥	1977
五里河桥	桥头—五里桥	四级	20	18	1×18	7	6	小桥	1977
五里河桥	孙盛庄—汤郯路	四级	20	18	1×18	7	6	小桥	1977
县界桥	县界—虎山岭后	四级	10	8	2×4	6	5	小桥	1977
五里河桥	岭西—褚二	四级	20	20	1×20	7	6	中桥	1977
五里河东桥	褚三—虎山岭东	四级	12	10	1×10	6	5	小桥	1977
五里河西桥	褚三—虎山岭东	四级	20	18	1×18	6	5	小桥	1977
龙王沟桥	汤郯线—碑住一	三级	12	8	1×8	11	10	小桥	1977
五里河桥	汤郯线—碑住一	三级	18	15	6×2.5	10	9	小桥	1977
生产桥	梁庄—桥头	四级	8	6	1×6	7	6	小桥	1977
生产桥	小学—褚二	四级	10	6	1×6	6	5	小桥	1977
老屯桥	老屯—黄褚线	四级	22	20	1×10+4×2.5	6	5	小桥	1977
谢官庄南桥	谢官庄—黄褚线	四级	40	32	4×8	8	7	中桥	1977
山西村武河桥	黄褚线—山西村	四级	40	36	4×9	5.5	4.5	中桥	1977
小庄子北桥	小庄子—沙旦子	三级	30	30	5×6	7	6	小桥	1977
凤凰墩桥	凤凰墩村道	四级	36	36	6×6.0	3	3	中桥	1977
老屯东桥	黄山—褚墩	二级	40	30	3×10	11	10	小桥	1977
前屯桥	廖屋—兰山屯	四级	8	5	1×5	8	7	小桥	1977
中屯桥	廖屋—兰山屯	四级	16	12	3×4	5	4	小桥	1977
五里河桥	廖屋—兰山屯	四级	20	20	1×20	6	5	中桥	1977
褚墩小涑河桥	褚墩村道	三级	14	8	1×8	19	18	小桥	1978

续表 5-4

桥梁名称	路线名称	技术等级	桥梁全长	跨径总长	桥跨组合	桥梁全宽	桥面净宽	跨径分类类型	建设年份
朱陈三村桥	韦江屯—黄土堰	三级	53.3	42.8	2×21.4	15.1	14.4	中桥	1978
安头武河漫水桥	李庄—黄山	三级	45	45	5×9.0	8	7	中桥	1980
北沂堂三桥	北沂堂—新村	四级	8	8	2×4	6	6	小桥	1981
干渠桥 A	吴白庄—泉源	二级	12.8	6	1×6	14	13.5	小桥	1981
贤孝庄小桥	车庄—贤孝庄	四级	9	9	3×3	9	7	小桥	1981
麒麟一桥	贤孝庄—大槐树	四级	8	8	2×4	8	6	小桥	1983
风渡口桥	黄山—褚墩	二级	22.34	12	2×6.0	10	9	小桥	1985
为儿桥	贤孝庄—大槐树	四级	32	32	4×8	9	7	中桥	1985
土山沂河大桥	吴白庄—泉源	二级	623	517.5	69×7.5	9	8.1	大桥	1986
傅庄桥	老 206 国道连接线	一级	59.48	48	8×6	24	24	中桥	1986
汤庄桥	老 206 国道连接线	一级	28	18	3×6	23	23	小桥	1986
前黄山桥	临沂吴白庄—泉源	二级	7.5	6	1×6.0	13	12.1	小桥	1988
迷龙北小桥	枣沟头—小北山	三级	10	8	2×4	11	9	小桥	1989
大塘崖桥	盛家口—北老屯	三级	21	21	6×3.5	7.7	7	小桥	1989
常旺桥	盛家口—北老屯	三级	12	12	4×3	9.3	8.6	小桥	1989
沙旦子陷泥河中桥	江风口—傅庄	二级	60	60	10×6.0	12.7	12	中桥	1990
电厂河桥	吴白庄—泉源	二级	19.1	19.1	1×19.1	13.2	12.5	小桥	1995
柳庄桥	枣沟头—小北山	二级	37	30	3×10	22	21	小桥	1995
台井桥	沂堂—王岭	二级	12	10.5	3×3.5	14	12	小桥	1997
赵庄桥	赵庄—汤庄	三级	15	15	1×6+2×4.5	21.7	21	小桥	1997
五寺庄桥	唐沙沟—后村	三级	32	31	5×6.2	9	8.6	中桥	1997
迷龙河桥	枣沟头—小北山	三级	15.5	15.3	3×5.1	14	12	小桥	1998
朱张桥西南村桥	朱张桥西南村—枣北线	三级	46.4	46.4	8×5.8	9.7	9	中桥	2000
麒麟西桥	沂堂—西大埠	四级	12	12	3×4	4	4	小桥	2000
西迷龙小桥	迷龙—林官庄	四级	9	9	3×3	7	7	小桥	2001
干渠桥	黄山—褚墩	二级	15	8.1	1×8.1	9.7	8.7	小桥	2002
朱张桥西北村桥	朱张桥西北—新 206 国道	三级	46.4	46.4	8×5.8	5.9	5.2	中桥	2003
沟东桥	沟东村—河北村	三级	50	49.8	6×8.3	9.7	9	中桥	2004
柳庄桥	枣沟头—小北山	二级	50	40	4×10	22	21	中桥	2004
高都陷泥河中桥	程庄—罗庄	二级	30	30	3×10	24.7	24	小桥	2004
老屯桥	黄山—褚墩	二级	96.04	91	7×13	12	11	中桥	2004

续表 5-4

桥梁名称	路线名称	技术等级	桥梁全长	跨径总长	桥跨组合	桥梁全宽	桥面净宽	跨径分类类型	建设年份
小庄子桥	唐沙沟—后村	三级	30	30	3×10	9.7	9	小桥	2004
麒麟北一桥	沂堂—王岭	二级	8	8	2×4	10	10	小桥	2005
三冲桥	沂兴庄—通达南路	三级	52.2	52.2	9×5.8	5.7	5	中桥	2006
大丁庄桥	大柱庄—店子	三级	66	66	11×6.0	4.7	4	中桥	2006
沂堂中桥	沂堂寨子—二庙马场	三级	30	30	5×6	9	7	小桥	2006
朱张桥四村涑河桥	朱张桥四村—傅庄	四级	48	48	6×8	10.7	10	中桥	2007
南头陷泥河桥	南头—江傅路	四级	48	48	8×6	7.7	7	中桥	2007
东卜庄桥	五里河—青石塘	二级	35	32	4×8	13	12	中桥	2007
南外环陷泥河桥	梅埠—新 206 国道	二级	40	36	12×3.0	25	24	中桥	2007
电厂河桥	南坦—大沙沟	三级	6	6	1×6	18.7	18	小桥	2007
桥西头桥	程庄—罗庄	二级	12	12	2×6.0	24.7	24	小桥	2007
南外环朱陈桥	梅埠—新 206 国道	二级	10	9	3×3.0	30	24	小桥	2008
南外环涑河桥	梅埠—新 206 国道	二级	70	65	5×13	30	28	中桥	2008
安头桥	李黄路—水厂	四级	32	32	4×8.0	9	8	中桥	2009
北桃园陷泥河桥	江风口—南涑河路	二级	100	100	5×20	10	9	大桥	2011
柳庄小桥	枣沟头—小北山	二级	20	20	2×10	22	21	小桥	2011
柳庄新桥	柳庄—新 206 国道	二级	10	10	1×10	22	21	小桥	2011
肖杭桥	梅埠—新 206 国道	二级	16	16	1×16	24.5	23.5	小桥	2012
刘道口桥	梅埠—新 206 国道	二级	810	810	27×30	25.5	23	大桥	2013

第四节　道路养护

国道、省道养护与绿化

养护　1995 年起，206 国道（烟台—汕头）连接线 K532+044 ～ K550+634 段（今通达南路），由罗庄公路局养护管理，2010 年 7 月后，由罗庄区人民政府管理。2000 年 10 月，XQG2 线 K0 ～ K8+205 段（今沂河路）建成通车后，由罗庄公路局管养。206 国道 K530+870 ～ K556+682 段，由罗庄公路局管养；2009 年 11 月起，232 省道（罗庄区汤庄—郯城县县城）K0 ～ K8+319、342 省道（日照市岚山头—济宁市）K118+621 ～ K128+845 段，由罗庄公路局管养。

1995—2011 年，路面保洁实行人工保洁与机械保洁相结合，以人工保洁为主。养路人员全天在岗，除常规清洁外，对于突发路面事故或污染路面情况，做到及时清理，确保日常清洁与畅通。2011 年起，路面清洁以机械化为主，扫路车代替人工清扫，实行湿式清扫。养护管理机械由临沂市公路局统一购置，主要有洒水车、扫路车、高压清洁车，装载机、震动压路机、路面切割机等。

绿化　2002年，206国道罗庄段改线通车时，公路两侧绿化以小龙柏、金叶女贞、垂柳、黑松、国槐、紫叶李、冬青等苗木为主，同年年底，共栽种各类苗木16.23万棵，投资100余万元。2003—2013年，206国道罗庄段两侧的绿化主要针对病害情况进行补植，每年补植树木2万余棵，补植费用8万元～10万元。232省道公路两侧，绿化主要用垂柳、金叶女贞、蜀桧等，每年补植1000棵，补植费用2万元～3万元。

县乡公路养护与绿化

养护　1995—2000年，罗庄区农村公路实行分级管理、分级负责的养护管理体制。罗庄交通管理处负责县道养护管理，各乡镇、街道交管所负责各自辖区内乡村道路养护管理、道路巡查、路域综合治理。养护资金除罗庄交通管理处划拨的养护经费外，各乡镇、街道按每位养路员每月120元的标准自筹养护配套资金。2001年始，罗庄交通运输分局在部分县道试点合同管理，实行管、养分开，以合同的方式将养护任务交予养护保洁公司，养护公司独立核算，自负盈亏；罗庄交通运输分局，下达养护任务，考核养护质量，根据考核结果拨付养护资金。2010年前，路面保洁方式为人工清扫。2011年后，路面保洁方式以人工清扫为主，机械设备辅助。2013年，罗庄区农村公路养护里程747.02千米。其中，县道138.82千米，乡道112.20千米，村道496千米。配备养路员748人，农村公路列入养护率100%。县道经常性养护率100%，乡道经常性养护率91%，村道经常性养护率70.5%。

绿化　1995年起，县乡公路绿化行道树有杨树、法桐、柳树、小龙柏、女贞、冬青等苗木，根据不同路段设计不同苗木品种。同年，县乡道路绿化里程23千米，绿化各种苗木1.3万株。1997年，绿化里程30千米，栽植各种苗木9000余棵。2001—2004年，绿化里程72千米，栽植各种苗木2.49万株。至2013年，全区完成县乡道路绿化里程300.56千米，栽植各种绿化苗木102.5万株，投资995.8万元，县乡公路绿化率86%。

第五节　路政管理

1995年始，罗庄公路管理局负责国道、省道路政管理，罗庄交通管理处负责农村公路路政管理。1998年1月，《中华人民共和国公路法》（简称《公路法》）颁布实施，此后，每年运用广播、电视、报刊、网络、标语及召开座谈会等形式，广泛宣传《公路法》及《路政管理条例》等公路交通法律法规。针对违章建筑、开设路面平交道口、公路集市贸易、穿村路段和在公路上打场晒粮、摆摊设点等问题，按照《公路法》和路政管理规定进行处理。设立路政事案举报电话，发挥群众的监督作用，及时发现和查处侵犯路产行为，维护路产路权，保障公路畅通。1995—2013年，罗庄公路管理局路政巡查里程45.26万千米，清除路面堆积物5.51万立方米，处理侵犯路产路权案件2002起，路政案件结案率100%，路赔回收率100%。

1995—1997年，罗庄交通运输管理处组织14次大型路障清理，清除违章堆放垃圾1.1万立方米、违章建筑15处，制止公路违章116起，立案查处41起。1998—2004年，组织21次大型路障清理，清除违章堆放垃圾4.9万立方米、违章建筑103处，制止公路违章706起，立案查处654起。2005—2013年，罗庄交通运输分局路政管理由事后处罚变为事前审批，事中监管，由行政处罚变成行政许可，根据《公路法》《山东省公路路政条例》，对需要审批的项目实行行政许可，加强管理，做到责、权、利三者统一。

第六节 公路运输

货运

1995年，罗庄区有营运货车834辆，专业货运企业8家，主要以国有和集体为主，完成货运量343万吨，货运周转量1.36亿吨千米。1996—2010年，随着市场经济体制不断完善，货物运输业快速发展，个体、联户、企事业单位运输户、运输公司相继成立。罗庄区货运业处于自由竞争、粗放发展阶段。2010年始，货物运输公司逐年增加，货运业进入规模化、精细化发展期，货运设施和装备水平逐步提高，货运服务水平和供给能力迅速提升，运力结构逐渐趋于合理，运输能力大幅提高。至2013年，全区拥有注册货物运输公司134家，营运车辆7773辆。其中，公司自有573辆，挂靠7200辆。从业人员9000余人。同年年底，完成公路运输货运量1965万吨，货运周转量5.73亿吨千米。

1995—2013年罗庄区货运量、货物周转量情况表

表5-5

年份	货运量（万吨）	货运周转量（亿吨千米）	年份	货运量（万吨）	货运周转量（亿吨千米）
1995	343	1.36	2005	838.2	3.28
1996	360	1.43	2006	970	3.75
1997	388.1	1.55	2007	1120	4.31
1998	419.1	1.67	2008	1268	4.79
1999	453.9	1.80	2009	1419	4.85
2000	419.6	1.94	2010	1568	5.01
2001	533.9	2.10	2011	1733	5.20
2002	580.3	2.30	2012	1829	5.42
2003	631.4	2.50	2013	1965	5.73
2004	688.2	2.70			

客运

2009年，临沂交运投资集团投资在蒙山大道与沂河路、通达南路交会处兴建临沂汽车客运南站，占地面积7万平方米。2012年11月6日，站房正式建成启用，建筑面积8464平方米，由售票大厅和候车大厅组成。规划设计为日发送旅客1.5万人，始发班次25个，日均发送省内班次26个，省际班次109个，区内班次112个。同时，在区政府驻地设立1个售票处、汤庄设立1个安全稽

图5-3：临沂汽车客运南站（2013年9月　毛立民摄）

查补票站。2013年，有经营线路79条，覆盖全国19个省、3个直辖市，平均日运送旅客1103人次，实现年客运收入1600余万元。

城市公交

1995年，罗庄区尚无公交车通行。随着城市规模的扩张和乡村交通条件的改善，城乡个体客运车逐年增加。1997年12月，罗庄区城乡客运协会成立，确立“自我教育、自我管理、自我约束、自我服务”的协会宗旨，统一车辆标识，公布监督电话，提出“请政府放心，让乘客满意”的口号，对规范城乡客运市场，起到积极作用。1999年11月，罗庄区公共交通公司成立并运营。位于陈白庄，隶属区政府，由罗庄区建设局管理，为正科级事业单位。内设办公室、财务科、运营科、安全科、保卫科等10个科室。公司采用“政府主办、民间投资、规范管理、高效运营、优质服务”的发展管理模式，对车辆和线路实行租赁经营，统一管理，与租户签订租赁合同，收取一定租赁费和管理费，将区内173辆城乡客运车辆，改为公交模式。2001年1月，罗一路、罗二路、罗三路公交车正式开通，共有78辆大客车、20辆中巴车投入运营。罗一路公交车运营线路为汤庄⇄兰山区十里堡，50辆大客车，平均每5分钟1个班次。罗二路公交运营线路为罗庄区沈泉庄⇄兰山区顺苑宾馆，28辆大客车，平均6分钟1个班次，罗三路运营线路为傅庄⇄罗西乡政府驻地，20辆中巴车，平均8分钟1个班次。2004年后，罗庄区公共交通公司纳入临沂市交通运输公司统一管理，罗一路改称61路，罗二路改称62路，罗三路改称63路。2013年，罗庄区公共交通运输公司开通61路、62路、63路、64路、65路、66路、68路、69路、72路共9条公交线路，共有198辆公交车；建有罗庄换乘中心1家，汤庄公交车停车场1处，汽车修理厂1家。同年12月，罗庄区公共交通公司改为临沂市公交集团分公司，其公交线路、公交车归属市公交集团管理。

图5-4：公交车整装待发（2013年8月 摄）

运输公司选介

临沂市汽车营运有限公司 位于罗庄区傅家庄。其前身为建于1956年的临沂航站；1958年，改称临沂县交通局运输三社，后改称临沂市汽车五队；1991年，改称临沂市汽车营运有限公司。公司主要从事道路普通货物运输、货物专用运输和经营性道路危险货物运输及大中型货车维修。2013年，固定资产3000万元，拥有危险品运输车辆70辆，专职安全管理员6人，装卸管理人员6人，全年完成货物运输130万吨。2001年、2002年，连续2年被山东省交通厅命名为先进运输企业。2005年，被山东省安全委员会命名为安全生产先进单位。

临沂市曙光物流有限公司 位于罗庄区盛

庄街道黄对河村。2008年4月成立，注册资金1000万元，主要从事食用油运输。2013年，固定资产5000万元，拥有43～45立方米的罐车120辆，在岗员工260人，全年完成货物运输160万吨，纳税146万元。

临沂虹宇危险化学品运输有限公司 位于罗庄区高都街道沂蒙新村。2004年3月成立，占地面积5000平方米，注册资金200万元。主要从事危险化学品运输。2013年，有在岗职工118人，完成货物运输999.79吨，公司消防、防毒口罩、面罩、防护眼镜、灭火器、化学防护服及防雪防滑等设备器材配备齐全；设有GPS卫星定位监控系统，配备专职监控人员，实现运营车辆24小时全天候监控，保障车辆遵章行驶，安全运行。

第二章　邮政

第一节　机构

1995年4月，临沂市罗庄邮电局成立，为正科级企业单位，系临沂市邮电局派出机构。内设办公室、经财科、邮政科、电信科和8个生产班组，辖罗庄、傅庄、盛庄、册山、程庄、岑石6个邮电支局（股级）。有干部职工128人。

1998年10月18日，邮政、电信分营，撤销临沂市罗庄邮电局，成立临沂市邮政局罗庄分局（简称罗庄邮政分局）、临沂市电信局罗庄分局（简称罗庄电信分局）。罗庄邮政分局内设办公室、业务室、储汇科，辖2个城市邮政支局和5个农村邮政支局。有职工102人。2009年5月，兰山邮政分局所辖马厂湖邮电支局划归罗庄邮政分局。2013年，罗庄邮政分局内设综合办公室、市场经营部、安保检查部、金融业务局、函件局、集邮公司、报刊发行分局、电子商务分局、物流分局、投递分局等10个职能部门，辖罗庄、沂罗、西高都、傅庄、册山、罗西、马厂湖、盛庄8个邮政支局。有干部职工89人。

第二节　邮路

1995年，罗庄邮电局开通区内各邮电支局的邮运干线总长167千米（单程），投递邮路1060千米（单程）。至2013年底，境内有邮路6条，邮路干线总长459千米。其中，临沂—兰陵（临区1）线：临沂—沂罗—罗庄—盛庄—临沂，邮路总长110千米；临沂—兰陵（临区2）线：临沂—沂罗—罗庄—盛庄—临沂，邮路总长110千米；临沂郊区西线1：临沂—马厂湖，邮路总长60千米；临沂郊区西线2：临沂—马厂湖，邮路总长60千米；临沂郊区西南线1：临沂—盛庄—罗庄—傅庄—罗西—临沂，邮路总长46千米；临沂郊区东南线1：临沂—册山—西高都—临沂，邮路总长73千米。

第三节　邮政业务

函件

函件业务主要有信函、明信片、邮简、印刷品、盲人读物、邮送广告、特殊函件、义务兵免费函件等。其中信件（信函和明信片）寄递为专营业务。1996年12月，国家调整邮政资费，国内平信每20克由本埠0.1元、外埠0.2元调整为不分本外埠一律0.5元，印刷品首重100克或其零数，本外埠0.3元，挂号费由每件0.3元提高到1元。1998年，罗庄邮电局开办“企业拜卡”业务。1999年3月，平信、印刷品计费方式改为首、续重分别计费。平信首重100克内每20克为一计费单位，本埠为0.6元，外埠为0.8元。印刷品本埠0.3元，外埠0.6元；续重每100克，本埠为1.2元，外埠为2元，挂号费由1元调整为2元。2000年后，随着电话、网络通信业务的快速发展，国内平常信件业务量逐渐减少，有些函件业务量逐年提高。2007年，罗庄邮政分局实现函件业务总量16.43万件。其中，国内平常信件12.69万件，国内平常印刷品3750件，国内挂号信3.34万件，国内挂号印刷品302件。2009年10月，资费再次调整，信函首重100克，每重20克为一计费单位，本埠0.8元，外埠1.2元，续重每100克，本埠1.2元，外埠2元。印刷品首重100克，本埠0.4元，外埠0.7元；续重每100克，本埠0.2元，外埠0.4元。邮简每件本埠0.8元，外埠1.2元。回音卡每件0.8元，挂号费每件3元，回执每件3元。2010年后，基本无国内平常信件业务。2013年，罗庄邮政分局实现函件业务总量450.46万件。其中，国内平常印刷品13.27万件，国内挂号信件32.28万件，国内挂号印刷品9.51万件，义务兵免费函件1.7万件，国内邮资机函件206.69万件，印刷品45.95万件，邮资封片卡销售量32.52万件，邮资封片卡交寄量60.68万件，其他47.86万件。

特快专递

特快专递业务包括国际特快专递业务和国内特快专递业务。1995年7月，罗庄邮电局开办邮政同城和异地礼仪专递业务，礼仪业务包括鲜花、蛋糕等礼仪类专递及会议、庆典、婚礼等礼仪策划服务。1997年，设立“185”特快专递综合服务台，为用户提供上门揽收特快专递邮件、业务咨询及邮件查询等服务。1995—1997年，罗庄邮电局实现特快专递业务收入118.4万元。2007年后，特快专递业务主要以国内异地特快专递信件、国内同城特快专递信件和国内异地特快专递物品业务为主。2008年，实现特快专递业务量3.81万件。其中，国内异地特快专递信件2.73万件，国内同城特快专递信件6469件，国际特快专递信件50件，国内异地特快专递物品4176件，国内同城特快专递物品14件，国际特快专递物品38件。2009后，国内、国际特快专递物品业务量迅速增加，国内国际特快专递信件业务量大幅下降。2010年，实现特快专递业务总量153.1万件。其中，国内异地特快专递物品82.16万件，国内同城特快专递物品35.37万件，国际特快专递物品9.35万件，进口国际特快专递1.1万件，出口中速快件24.82万件，进口中速快件0.3万件。2011年，随着其他速递物流业务发展，邮政国内特快专递业务逐渐萎缩。2013年，实现特快专递业务总量74.62万件。其中，国际特快专递信件5.95万件，进口中速快件68.52万件，其他0.15万件。

报刊发行

报刊发行业务主要包括报刊订阅、零售与图书、音像、电子出版物销售。1998—2001年，投递报纸、杂志1841.95万份，投递里程397.5万千米。2002—2004年，投递报纸、杂志1740.51万份，投递里程323.2万千米。2007年，邮政系统开展服务“三农”活动，以科技类报刊为导向，积极开拓农村发行市场，全年订阅报纸、杂志分别264.33万份、4.21万份，报刊流转额为198.82万元。2011年起，订阅报纸、杂志业务退出，邮政报纸、杂志发行业务主要为代投报纸、杂志和代理教辅类教材。同年，代投报纸、杂志分别3397.17万份、107.38万份，代理教辅类教材75.61万份，报刊流转额11.38万元。2013年，代投报纸、杂志分别240.49万份、5.06万份，代理教辅类教材5.06万份，报刊流转额8325元。

物流

2003年，开展邮政物流业务，逐步形成一体化物流、货运代理、中邮快货和分销配送等业务。2009年，实现一体化物流业务163.7万千克，中邮快货33.47万千克，功能性物流业务2.28万千克，货代业务865.4万千克，功能性物流运输量3.14万吨千米。此后，随着其他物流单位业务迅速发展，邮政物流业务逐渐减少。2013年，实现一体化物流业务3.95万千克，中邮快货0.88万千克，功能性物流业务0.33万千克，货代业务83.2万千克，功能性物流运输量7771吨千米。

汇兑

汇兑业务包括收受寄送和兑付汇款业务。1996年6月，邮政汇票每笔最高限额由5000元调整为1万元，高额汇票最低由500元调整为1000元。1998年7月，邮政汇款业务停办。2002年，随着各银行通存通兑业务开展，邮政汇兑业务量下降。同年10月8日起，国内邮政电子汇兑每笔汇款最高限额由1万元调整为5万元。12月5日起，开办国内2小时加急电子汇兑业务。2003年5月起，试办邮政电子汇兑业务。2009年，开通按址汇款、密码汇款、入账汇款、商务汇款和网上支付汇款5种电子汇兑业务。网上支付汇款有网汇通、网汇e和支付宝订单支付业务。邮政国际汇款有邮银汇款、西联汇款、邮政汇款。2013年，邮政入账汇款8.93万笔；出口国际汇票770.05万张，出口国际汇票款额635.39万美元；进口国际汇票134.67万张，进口国际汇票款额74.1万美元。

电子商务

电子商务业务是邮政适应社会信息化需要和市场需求，整合、归集自身优势资源，主动开发市场、服务社会的一种新型业务。2008年起，罗庄邮政分局开拓市场，电子商务业务逐渐增加。至2010年，共开展7种电子商务业务。其中，代理航空机票1.17万美元，代理中国网通放号540户，代理中国网通电信卡1.01万张，代理中国新联通移动电话放号1.48万户，代理中国移动电话放号2717户，代理中国电信放号1.73万户，代理其他电信局公司放号3763户。

第三章　电信

第一节　通信公司

中国联合网络通信有限公司临沂市罗庄区分公司

1995年4月，罗庄区邮电局成立，负责辖区内邮政电信业务。1998年10月，电信与邮政分营，临沂市电信局罗庄分局成立（简称罗庄电信局），为正科级企业单位，隶属临沂市电信局管理。2002年8月，罗庄电信局改称山东省通信公司临沂市罗庄区分公司（简称罗庄通信公司）；2004年11月，罗庄通信公司改称中国网络（集团）有限公司临沂市罗庄区分公司（简称罗庄网通公司）。2008年11月，中国网通、中国联通融合重组后，新组建中国联合网络通信有限公司，罗庄网通公司与中国联合通信有限公司临沂市罗庄分公司（简称罗庄联通公司，2000年6月成立）遂合并，更名为中国联合网络通信有限公司临沂市罗庄区分公司（时称新罗庄联通公司）。2013年12月，有员工87人。主要经营固定宽带、固定电话、移动电话通信业务（包括语音、数据、多媒体等）。内设综合部、大客户和中小企业、渠道服务、驻地网络、营业厅5个基层营销单元，下设盛庄、傅庄、册山、高都、黄山、沂堂、褚墩、罗西、马厂湖9个镇、街道营业部。交换机容量7.5万门，基站246个，2G、3G、4G信号城区覆盖率98%，农村覆盖率96%，道路覆盖率100%。传输线路总长12万千米。固定电话4.62万户，移动电话12.7万户，小灵通用户0.43万户，宽带客户4.71万户。实现业务收入9300万元。

中国移动通信集团山东有限公司临沂市罗庄分公司

1999年7月，移动通信业务从罗庄电信局析出，中国移动通信集团山东有限公司临沂市罗庄分公司（简称罗庄移动通信公司）成立，隶属临沂移动分公司。位于双月湖路与罗五路交会处，占地面积1600平方米，固定资产1050万元。主要经营罗庄区移动电话通信业务。至2013年12月，有员工125人。内设综合部、建维部、业务运营部3个职能部门和集团客户服务中心、城区代销管理中心2个生产中心。下设双月路、龙潭路、临沂高新区3个城区营业厅和盛庄、马厂湖、罗西、傅庄、沂堂、高都、褚墩、黄山、册山9个经营部。设12家自办营业厅、60个手机专卖店和170个村级移动服务站。有“全球通”“神州行”“动感地带”等产品品牌和GPRS、彩信、彩铃、随E行、企信通等业务品牌。基站368个，移动信号农村覆盖率89%，道路覆盖率95%。传输线路总长746千米。移动电话客户49.35万户。实现业务收入2.1亿元。2004年，被省工商行政管理局命名为山东省消费者服务满意单位。2008年，被山东省精神文明文明建设委员会命名为省级文明单位。

中国电信股份有限公司临沂市罗庄区分公司

2003年3月，中国电信股份有限公司临沂市罗庄区分公司（简称罗庄电信公司）成立。位于工业路与罗四路交会处，建筑面积986平方米，固定资产1200万元，员工15

人。下设综合部、网络部、政企客户部、营业厅、渠道部。基于山东电信“商务领航BizNavigator”服务平台，推出中小企业信息化解决方案，主要包括：域名注册、网络推广、网上财务、网上办公（OA）、企业网站建设、在线监控、电子传真、网络硬盘、网络安全等业务。推出“号码百事通”业务。至2013年12月，公司有员工49人。主要经营固话、宽带、手机终端、充值缴费、资费变更等业务。内设综合部、网络部、维系部3个职能部门和政企客户部、农村支局、城区支局3个营销部门及罗四路营业厅、万泉营业厅2个自有营业厅。交换机容量1.4万门，基站186个，3G信号覆盖率100%，传输线路总长2000千米。固定电话7800户，移动电话3.29万户，宽带客户2.65万户。实现业务收入1360万元。

第二节　固定电话

设备

1995年，罗庄邮电局使用西门子DLU程控交换机，电话交换机装机总容量3000门。电话号码统一由6位升7位。1996年，罗庄区在全市率先实现“乡镇电话模块化”。1998年，罗庄电信局使用华为ZC&08程控交换机；电话交换机装机总容量2.9万门。1999年，电话交换机装机总容量跃升到4.1万门。

2004年，罗庄电信公司成立初期，新租机房4个，新建交换机装机容量8000门，集中发展配货站、陶瓷商城等密集商户，自建杆路30杆千米作为本地网。2006年末，罗庄电信公司电话交换机装机容量达到1.8万门。2007年，罗庄联通公司设备更新为华为AG与中兴AG，固话承载量进一步提升。2008年，国资委运营商改革，罗庄电信公司承接原罗庄联通公司CDMA网络，承接杆路60杆千米，交换机装机容量2.3万门，固定电话8600户，移动电话1.2万户。2013年，罗庄联通公司实行全光网络，光进铜退（光纤代替铜缆）发展FTTH（光纤到户），使固话与宽带共同承载。

用户

1995—1997年，市话、农话放号8636部，发展公用电话309部，建成罗庄镇沈泉庄、闫泉庄、朱张桥、湖南崖，盛庄镇花埠圈、后盛庄、黄家对河、寇家对河、王家对河、留邻庄、大埠东，傅庄镇傅庄西北村、西南村，西高都镇常旺、车辋15个“百部电话村”。城乡电话普及率由1995年每百人1.31部提高到1997年每百人4.2部。

1998年，全区共有固定电话1.46万户。1999年，固定电话发展到2.23万户，电话普及率每百人5.4部。全区225个行政村实现村村通电话。

2000年，新增固定电话3.02万户，在全市率先建成“电话区”。2001年，固定电话达到6.39万户，电话普及率每百人15.3部。2003年，新增固定电话6978户，累计达到7.75万户，电话普及率每百人18.3部。2006年，固定电话用户6.54万户，比2003年减少1.21万户。之后，随着移动通信工具的发展与普及，固定电话用户逐年减少，至2013年，固定电话用户下降到5.4万户。其中，联通用户4.62万户，电信用户0.78万户。

第三节　移动电话

设备

1996年，罗庄邮电局投资3660万元，完成数字移动电话基站建设、“摩托罗拉”模拟基站扩容工程，在全市率先开通“全球通”

数字移动电话。1997 年，罗庄电信局在全市率先开通数字移动基站，完成模拟移动站 72 个信道扩容工程。

1999 年，罗庄移动公司开通移动通信 GSM（简称 G 网）。同年 7 月 22 日，移动电话号码由 10 位升 11 位。2001 年 7 月 9 日，中国移动通信 GPRS（2.5G）系统投入试商用。同年 12 月 31 日，罗庄移动公司关闭在罗庄运营 9 年的模拟移动网，停止经营模拟移动电话业务，移动通信迈入全新的数字通信时代。2002 年 5 月 17 日，中国移动通信 GPRS（2.5G）业务正式投入商用。同年 10 月 1 日，中国移动通信彩信（MMS）业务正式使用。2003 年，C 网（CDMA）网络全面覆盖。

2004 年，罗庄联通公司完成六期小灵通基站建设，安装基站 101 个，信道完好率 98.1%。2005 年，罗庄联通公司实施无线市话第七期扩容，扩容 2.5 万线。同年末，罗庄移动公司建成 GSM（全球通）基站 102 个，网络实现村村有覆盖，城镇全覆盖，区域内沿线连续覆盖，全区人口覆盖率 90%，地理覆盖率 95% 以上，成功搭建 GPRS（2.5G）移动通信平台，国际漫游业务通达 90 个国家和地区的 152 个运营公司。

2007 年，罗庄移动公司基站发展到 261 个，开通 TD（3G）基站 50 个，2G 网络信号覆盖率 99%，城区 3G 信号覆盖率 100%。2008 年 4 月 1 日，中国移动启动第三代移动通信（3G）标准 TD-SCDMA。

2009 年，罗庄联通公司新建 2G 基站 19 个，对政府相关单位办公大楼进行 2G 室内信号优化。

2009 年 4 月，罗庄电信公司 3G 商用新闻发布会在陶然居大酒店举行，成为临沂市第一家 3G 商用通信运营商，有 3G800M 基站 48 个。2010 年 5 月，罗庄电信公司 3G 网络率先覆盖到罗庄全境，实现“能打电话的地方就能高速上网”，年末移动用户较上年增加 6000 户，达到 2.1 万户。

2011 年，罗庄联通公司投资 130 万，新建 2G 基站 22 个、3G 基站 17 个。罗庄电信公司提出“终端引领”的发展思路，开启以 3G 智能机发展为核心的终端运营时代。

2012—2013 年，罗庄联通公司新建开通 2G 基站 34 个、3G 基站 53 个。与移动、电信共享现有接入网机房等通信资源，最大可能地节约投资。至 2013 年底，罗庄联通公司 2G 基站 185 个、3G 基站 145 个，开始着手推行 4G 业务发展。

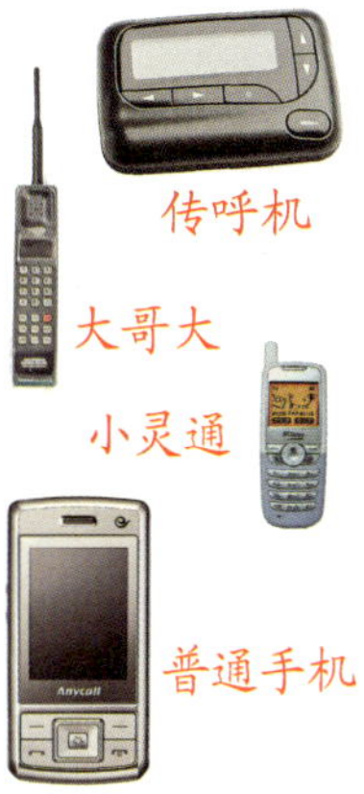

图 5-5：罗庄移动公司机房及九十年代移动通信设备（2013 年 10 月　摄）

小灵通用户

2000 年，罗庄电信局开通小灵通业务。之后，小灵通用户逐年增加。2001 年，新增小灵通用户 4085 户，累计 1.08 万户；2002 年，发展到 1.67 万户；2004 年，发展到 2.56 万户；2008 年，达到 3.58 万户。之后，小灵通用户逐年下降。至 2012 年，减少到 6734 户。2013 年年底，小灵通电话机逐渐退出市场。

移动电话用户

1995 年，全区移动电话 412 户。之后，移动电话用户逐渐增加。

1999 年，全区移动电话用户 6900 户。

2000年6月，罗庄联通公司开通GSM无线通信、CDMA无线通信、17911IP电话、互联网拨号及专线接入、宽带小区、无线等通信业务。全区移动电话用户1.47万户。至2005年，发展到6.5万户。2006年，罗庄网通公司开通移动电话业务，发展移动电话用户1.72万户。2008年，罗庄电信公司开通移动电话业务，发展移动电话1.2万户。2009年，全区移动电话突破40万户。2010年，超过50万户。2013年年底，发展到65.34万户。其中，移动用户49.35万户，联通用户12.7万户，电信用户3.29万户。

1995—2013年罗庄区通信情况表

表5-6

年份	电话交换机容量（万门）		固定电话（万户）		移动电话（万户）			小灵通（万户）
	联通公司	电信公司	联通公司	电信公司	联通公司	移动公司	电信公司	联通公司
1995	0.30	—	0.23	—	0.04	—	—	—
1996	0.50	—	0.32	—	0.07	—	—	—
1997	0.70	—	0.32	—	0.18	—	—	—
1998	2.90	—	1.46	—	0.37	—	—	—
1999	4.10	—	2.23	—	0.08	0.61	—	—
2000	8.00	—	5.19	—	0.08	1.39	—	0.67
2001	12.00	—	6.39	—	0.39	2.19	—	1.08
2002	12.00	—	7.06	—	0.29	3.23	—	1.67
2003	12.00	—	7.75	—	0.29	3.91	—	1.89
2004	11.20	0.80	7.58	0.22	0.37	5.63	—	2.56
2005	11.20	1.20	7.74	0.36	0.72	5.78	—	2.99
2006	11.60	1.80	6.06	0.48	2.80	14.10	—	3.60
2007	12.00	2.20	8.85	0.85	6.55	20.57	—	3.01
2008	13.80	2.30	5.50	0.86	4.75	26.38	1.20	3.58
2009	7.00	2.10	8.48	0.82	9.61	31.03	1.50	0.85
2010	7.20	1.80	7.26	0.80	13.96	35.25	2.10	0.79
2011	7.50	1.60	5.58	0.78	11.56	41.06	2.55	0.76
2012	7.50	1.50	5.49	0.81	10.36	45.09	2.86	0.67
2013	7.5	1.4	4.62	0.78	12.70	49.35	3.29	0.43

第四节　互联网

设施

2002年，罗庄区对老206国道（今通达南路）进行改造，要求“三线”（供电、通信、有线电视）地下化。罗庄联通公司投资400万元，完成留红路、罗程路、沂州路、沂河路、新206国道、罗七路等主要道路的线路地下迁移改造工程。

2003年，罗庄联通公司新上华为512设备6处（华盛农场、美华建安公司、双月园集团、临沂高新中学、新北区管委会、八块石村）共3072线。对20家网吧敷设宽带光缆66.9芯长／千米。新上DSLM宽带交换机一台，新上3300港湾设备25台。宽带设备交换能力1700门。

2004年，罗庄联通公司实施本地传输网络扩容改造工程，完成城区及3个街道的宽带网络延伸工程。罗庄电信公司开通“四个环网”，实现本地网自愈功能；完成全区SM2工程；建成双核心路由器出口、双核心节点、GE连接的千兆IP城域网，宽带接入能力大幅提高。

2005年，罗庄联通公司完成宽带网两期扩容工程，实施本地传输网扩容，新增管线投资231万元。在全省率先实施固网智能化改造，开放固网悦铃、预付费、移机不改号、一号通等新固网增值业务。多业务传输平台（MSTP）技术、智能光网络（ASON）技术和千兆无源光网络（GEPON）技术开始应用。同年，宽带网络覆盖全区所有行政村，成为宽带网络村村通县区。

2006年，罗庄联通公司完成18家网吧工程施工，以及临沂三精医药公司、久泰化工等20家单位宽带FTTX+LAN工程。新上DSLAM宽带交换机30台，6台城域网设备，50台华为5300DSLAM设备，宽带覆盖率100%。新开中国银行、罗庄公安分局、罗庄区教育局等用户的2M联网。

2007年，罗庄联通公司投资100余万元，对区政府驻地和崔王庄、孙对河村、化武路、盛庄营业部、高都营业部、册山营业部线路改（扩）建，缓解线号紧张局面。大力推进光进铜退，利用现有设备，优化网络。新开通财税大厦等22处接入网设备。完成罗庄区206国道傅庄段架空落地工程。新上DSLAM宽带交换机30台，6台城域网设备，50台华为5300DSLAM设备，宽带设备交换能力3万门，宽带覆盖率100%。

2008年，罗庄联通公司投资20万元新增粗波分设备10台，宽带1000兆到乡镇和宽带双路由保护。改造电缆2300芯千米；捆扎铁蒺藜80杆千米。加快光进铜退工程进度，新增AG接入网点38处，设备分拆28处，布放光缆芯950皮长千米，撤除铜缆芯950皮长千米；宽带设备投资220万元，其中DSLAM设备扩容960线。

2009年，罗庄联通公司新增16台SDH设备，新增176-2M电路，增加AG接入网、IAD网点70处，对108台ADSL设备、1060台楼宇交换机、52台AG设备进行双VLAN绑定。对大中型住宅小区楼宇交换机进行EPON改造，对农村宽带网络进行优化，彻底解决DSLAM设备2M上联现象。

2010年，罗庄联通公司新开ONU小区（花园小区、孟园小区、阳光文化苑、龙潭小区等）18家；新开OLT设备10台，新开ONU设备532台。配合市公司完成高都、罗西、册山、汤庄机房改造。完成58个接入网点2A达标以及设备瘦身。完成33个小区、583栋楼房LAN改造。配合罗庄区重点项目（污水管网建设、供热管网、供气网、供水网）改造迁移杆路103棵，布放光缆10条。罗庄电信公司实施光进铜退工程，FTTB接入方式逐渐替代ADSL接入方式。

2011年，罗庄联通公司投资563万元，完成城区及罗西等街道办事处驻地光进铜退，累计上缴铜缆8.68吨。

2012年，罗庄联通公司新建FTTH线路宽带容量9.8万端口，设备滚动扩容8100线。罗庄电信公司与美华润景社区签订社区FTTH接入协议，成为罗庄区第一个光缆到户接入社区。

2013年，罗庄联通公司围绕实现全光网络，开通OLT设备15个。罗庄电信公司宽带资源覆盖小区201个，设备端口8.8万个。投入21万元改造完成1303户FTTH接入。宽带客户2.65万户。

宽带互联网用户

1999年，罗庄电信局开通169多媒体信息港，上网用户33户。2000年，上网用户2380户。2001年，信息通信领域不断拓宽，宽带网用户619户。之后，宽带互联网用户逐年增加，至2013年，全区宽带互联网用户7.36万户。其中，联通用户4.71万户，电信用户2.65万户。

2001—2013年罗庄区宽带互联网用户情况表

表5-7　　　　单位：万户

年份	宽带用户数			年份	宽带用户数		
	小计	罗庄联通公司	罗庄电信公司		小计	罗庄联通公司	罗庄电信公司
2001	0.06	0.06	—	2008	3.22	2.33	0.89
2002	0.32	0.32	—	2009	3.91	2.56	1.35
2003	0.62	0.62	—	2010	4.64	2.78	1.86
2004	1.37	1.24	0.13	2011	6.15	3.90	2.25
2005	1.94	1.70	0.24	2012	6.98	4.50	2.48
2006	2.55	2.07	0.48	2013	7.36	4.71	2.65
2007	2.83	2.19	0.64				

第四章　电业

第一节　发电

1995年，境内有临沂发电厂、临沂矿务局发电厂、罗庄镇发电厂、傅庄发电厂、盛庄发电厂15台发电机组，总装机容量16.6万千瓦，年发电量12.5亿千瓦时。1997年，盛庄发电厂由镇办企业改制为民营企业。同年2月，临沂发电厂改制为山东鲁能发展集团有限公司和临沂投资发展有限责任公司分别持有75%、25%股权的山东临沂发电有限责任公司。1998年，罗庄镇政府把罗庄镇发电厂出售给临沂市沂州水泥厂。2002年3月，临沂矿务局电厂改制为矿务局控股51%的有限责任公司，更名为临沂腾源热电有限责任公司。2003年，山东华盛江泉热电有限公司2台135兆瓦燃煤抽凝式发电机组建成并网发电。2006年，山东华盛江泉热电有限公司与临沂江泰铝业有限公司合并成立山东华宇铝电有限公司，2007年改称山东华宇合金材料有限公司。2008年，罗庄区淘汰落后产能企业，罗庄镇电厂、傅庄电厂、盛庄电厂先后关停。同年年底，山东临沂发电有限责任公司划归华能集团有限公司，更名为华能临沂发电有限公司，华能山东发电有限公司与临沂投资发展有限责任公司分别持有75%、25%的股权。

2013年，境内有华能临沂发电有限公司、山东华宇合金材料有限公司、临沂腾源热电有限公司3家发电企业。总装机容量197万千瓦，年发电量102亿千瓦时。此外，另有4家企业自备电厂，分别为沂州电厂、久泰电厂、红日电厂、三德电厂，主要是企业自发自用。其中，沂州电厂为火力发电，红日电厂为利用硫磺制酸余热发电，三德电厂为利用高炉余压透平发电。

图5-6：电力工人安装变压器（2003年7月　摄）

第二节　供电

输变电设施

1995年，境内有册山、罗庄2座110千伏变电站。1997—2002年，根据境内乡镇企业、民营企业快速发展，用电量大幅度增加的现状，对罗庄电网的网络布局进行重大调整，增建5座变电站。其中，沈泉变电站为220千伏，程庄变电站为35千伏，十里堡、新源、双月湖3座变电站均为110千伏。2003—2008年，新建35千伏变电站3座、220千伏变电站1座、110千伏变电站3座。2009年后，随着城乡工农业生产、居民生活用电的大幅增加，每年新建变电站1～2座。至2013年，共新建变电站8座，变电站达到22座。其中，城南、宝泉、沈泉、堰头4座为220千伏变电站，双月湖、册山、峰山、傅庄、高都、罗庄、庆云、三德、盛庄、十里堡、同沂、新源、徐林、益新14座为110千伏变电站，柳庄、麒麟、程庄、朱陈4座为35千伏变电站。

1995—2013年部分年份罗庄区变电站建设情况表

表5-8

变电站名称	投运年份	电压等级（千伏）	变电站名称	投运年份	电压等级（千伏）
册山	1995	110	新源	2000	110
罗庄	1995	110	双月湖	2002	110
沈泉	1997	220	麒麟	2003	35
十里堡	1998	110	傅庄	2003	110
程庄	1999	35	三德	2003	110

续表 5-8

变电站名称	投运年份	电压等级（千伏）	变电站名称	投运年份	电压等级（千伏）
盛庄	2006	110	高都	2011	110
朱陈	2007	35	峰山	2012	110
宝泉	2007	220	同沂	2012	110
柳庄	2008	35	城南	2012	220
徐林	2009	110	益新	2013	110
庆云	2010	110	堰头	2013	220

电网建设改造

1995 年，境内有 9 条输配电线路。1997—2000 年，实施农村电网建设改造工程，新建沈临线、程庄一线、堰程线、十里堡八线、沈程线、沈册线等 26 条输配电线路。2001—2005 年，调整供电网络，优化供电结构，新建南农业线、册工三线、水泥厂线、江沈线等 40 条输变电线路。2006—2008 年，新建红土屯、罗欣、宝临、宝青等输配电线路 31 条。至 2013 年，境内有输配电线路 148 条。其中，220 千伏输电线路 17 条、线路总长 167.90 千米，110 千伏输电线路 20 条，线路总长 195.77 千米，35 千伏输电线路 8 条、线路总长 42.36 千米，10 千伏输电线路 103 条、线路总长 967.36 千米。安全、经济、优质、高效现代化区域电网形成。

1995—2013 年部分年份罗庄区输配电线路建设情况表

表 5-9

投运年份	线路名称	电压等级（千伏）	线路长度（千米）	投运年份	线路名称	电压等级（千伏）	线路长度（千米）
1995	十里堡十线	10	27.93	2006	红土屯线等 3 条	10	45.30
	同沂二十三线	10		2007	罗欣线等 17 条	10	167.42
	电高册线等 7 条	110	58.77		宝朱Ⅰ线等 2 条	35	5.094
1997	沈临线	220	18.17		宝临线等 6 条	220	106.83
1999	程庄一线等 5 条	10	34.49	2008	宝柳麒线等 2 条	35	5.81
	堰程线	35	4.95		宝青神线	110	31.04
2000	十里堡八线等 15 条	10	157.18	2009	傅庄五回线等 8 条	10	41.25
	沈程线	35	4.54		宝傅林线	110	10.07
	沈册线等 3 条	110	19.77	2010	沙沟线等 8 条	10	77.33
2001	南农业线等 12 条	10	114.56	2011	高都一线共 9 条	10	90.50
2002	册工三线等 12 条	10	104.95		沈玻线	35	7.03
2003	水泥厂线等 7 条	10	50.99		沈庆线	110	7.99
	江沈线	220	1.8		临合线	220	9.0
2004	北农业线等 5 条	10	55.22	2012	电城Ⅰ线等 6 条	220	11.92
	沈傅双线	110	16.67	2013	宝益线等 4 条	110	36.98
2005	汤褚李线	35	14.92		宝铝线等 3 条	220	20.16
	梅金十线	110	13.21				

第三节 用电

管理机构

1994年5月，罗庄供电局成立，为正科级企业单位，隶属临沂电业局。内设行政科、生技科、用电科、营业科、农电办公室、计算机中心6个科室，职工47人。2002年9月，行政管理职能与生产经营职能分开，更名为罗庄供电部。2012年5月，罗庄供电部更名为临沂供电公司罗庄客户服务中心。内设综合室、配电班、抄表班、计量班、用电检查班、市场班、营业班、业扩班、电力公安办公室9个班室，辖城区、盛庄、高都、傅庄、罗西、沂堂、黄山、褚墩8个供电所。担负罗庄区（含临沂高新区）供用电服务与管理。至2013年，机构设置未变化。

用电管理

1995—1997年，罗庄供电局坚持“保人身、保电网、保设备”的指导思想，强化供电管理保障、监督、奖惩机制，形成供电生产立体防护机制，组织精干施工队伍，开展线路改造，提高线路供电可靠性，供电率99.5%。1999年起，罗庄供电局实行用电计划综合管理，统一调控，建立计划、落实、检查、总结考核管理程序。根据地方政府和上级主管部门下达的安全生产目标，结合实际，不断完善各级安全生产责任制，建立健全三级安全组织网络，层层签订安全生产责任状。2002年，成立共产党员服务队，开展美丽彩虹助老行动、安全用电进社区、进学校、进企业、进农村、进家庭“五进”活动，定期对中小企业设备安全用电进行拉网式排查，全面推行安全管理标准建设，不断提高安全生产“可控、能控、在控”水平。2010年，全面落实优质服务10项举措，实施“塑文化、强队伍、铸品质”供电服务提升工程，开展“展彩虹十年风采，创供电服务新篇”主题活动，全面提升供电服务质量。至2013年，临沂供电公司罗庄客户服务中心服务用户34.3万户，供电台区1487个，配变总容量75.47万千伏安。临沂供电公司罗庄客户服务中心先后被国家电网公司命名为新农村电气化建设先进单位，被山东电力集团公司授予“抗台保供电功臣集体”“‘彩虹工程’百日提升先进集体”等称号。

用电构成

1995—1998年，罗庄供电局负责罗庄镇、傅庄镇、盛庄镇、双月湖街道供电管理，其他乡镇、街道由临沂电业局农电所管理。1999年，临沂电业局调整供电业务管理网络，罗庄供电局负责罗庄区所有镇、街道供电管理业务。同年，全区网供电量4.17亿千瓦时，用电量4.17亿千瓦时。其中，工业企业用电量3.42亿千瓦时，农业用电172万千瓦时，城乡生活用电6817万千瓦时，公共事业用电556万千瓦时。用电构成比重分别81.91%、0.42%、16.34%、1.33%。2003年，网供电量14.9亿千瓦时，用电量14.92亿千瓦时。其中工业企业用电13.88亿千瓦时，农业用电190万千瓦时，城乡居民生活用电8202万千瓦时，公共事业用电1989万千瓦时。用电构成比重分别93.04%、0.13%、5.50%、1.33%。

随着城乡工业迅猛发展，用电需求急剧上升。2004年，用电量增加至39.45亿千瓦时，较2003年增长164.41%。其中，工业企业用电38.01亿千瓦时，农业用电197万千瓦时，城乡居民生活用电8912万千瓦时，公共事业用电5260万千瓦时。用电构成比重分别96.35%、0.05%、2.26%、1.34%。2009年，全区规模以上工业企业发展迅速，全区总用电量64.87亿千瓦时，较2008年增长

21.71%。2013 年，全区社会用电量 78.82 亿千瓦时。其中，工业企业用电 74.13 亿千瓦时，农业用电 2056 万千瓦时，城乡居民生活用电 3.44 亿千瓦时，公共事业用电 1.05 亿千瓦时。用电构成比重分别 94.05%、0.26%、4.36%、1.33%。

1999—2013 年罗庄区社会用电量分类情况表

表 5-10　　单位：万千瓦时

年份	总电量	工业用电	农业用电	城乡居民用电	公共事业用电
1999	41707	34162	172	6817	556
2000	78578	70022	183	7325	1048
2001	89265	80330	185	7560	1190
2002	113821	104303	188	7812	1518
2003	149199	138818	190	8202	1989
2004	394481	380112	197	8912	5260
2005	429948	412640	205	11370	5733
2006	515201	496429	230	11673	6869
2007	565020	544130	299	13057	7534
2008	532983	511846	369	13662	7106
2009	648672	624029	513	15481	8649
2010	689228	663893	645	15500	9190
2011	765008	731028	1401	22379	10200
2012	763825	722914	1732	28995	10184
2013	788226	741309	2056	34351	10510

第六编　农　业

Part 6: Agriculture

傅庄街道机械化收割作业（2013年10月　钟卫国摄）

黄山镇木柞村麦收（2013年6月　孙富梅摄）

1995年始，罗庄区加大农业投入，实施科技兴农和黄淮海平原农业开发，调整农业结构，大力发展高产、高质、高效“三高”农业。1998年，对农业结构进行战略性调整，提出“东部开发上林果、西部治理兴林牧、中部配套种粮菜”发展思路，以市场为导向，大力培植特色农业。随后，逐年增加对农业基础设施建设、交通通讯、水利电力投入，实施农业综合开发、中低产田改造。在规划上加大经济作物种植和养殖业比重；在科技上，引进新品种，新技术。着力发展畜牧、蔬菜、瓜果、花卉四大支柱产业。全面实施环城森林、绿色通道、平原绿化、封山育林等林业四项工程建设。实行龙头企业带基地、基地联农户、产供销一条龙经营模式，加快培育和完善社会主义农业市场体系。2002年，提出“品牌农业”战略，实施奶牛富民工程，进一步推进农业标准化生产、产业化经营、国际化发展。至2013年，全年粮食播种面积2.74万公顷，粮食总产16.04万吨；蔬菜及特种作物种植面积5869公顷，总产8.46万吨；全区有林地面积7333.33公顷，林木覆盖率31.2%。全区规范化畜禽养殖场27家。其中，国家级标准化示范场1家，省级标准示范场2家，市级规范化养殖场24家。肉类总产量1.48万吨，禽蛋产量1.24万吨，奶类产量2.63万吨，水产品产量4551吨。年末农用机械总动力27.83万千瓦，全区农机化综合水平85%。实现农林牧渔业总产值10.9亿元。其中，农业产值4.88亿元，林业产值0.32亿元，牧业产值5.19亿元，渔业总产值0.32亿元，农林牧渔服务业产值0.19亿元。

第一章　农业管理

第一节　机构

罗庄区农业局

1995年2月，罗庄区农业局成立，为正科级行政单位。内设办公室、人事科、财务科3个科室，辖区农村合作经济经营管理站、种子管理站2个股级站。同年10月，区农业技术推广中心设立，为副科级事业单位。1997年3月，区农业广播学校设立，为副科级事业单位。1999年6月，农村合作经济经营管理站改称区农村经营管理中心，升格为副科级事业单位。2013年10月，区农业行政综合执法大队设立，为副科级事业单位，隶属区农业局。同年年底，区农业局内设办公室、农产品质量安全监管办公室（挂优质农产品基地品牌建设办公室牌子）、市场与经济信息科（挂产业化经营科、基地品牌办公室牌子）、发展规划科（挂区农业资源区划办公室牌子）、教育科技科（挂转基因生物安全监督管理办公室牌子）5个职能科室和区种子管理站，辖区农业技术推广中心、区农村经营管理中心、区农业广播学校、区农业行政综合执法大队4个副科级事业单位。行政编制10人，事业编制34人。

罗庄区林业局

1995年2月，罗庄区林业局成立，为正科级行政单位。内设办公室、会计科、林政科3个科室。同年10月，区林业科技推广中心设立（内设林业站、经济林站、森保站），为副科级事业单位。2005年5月，区林业局改称罗庄区林业中心。2007年12月，复称罗庄区林业局。2008年7月，列为参照公务员法管理的正科级事业单位。2013年，区林业局内设办公室、林业站、人劳科、森保站、林政科5个职能科室，辖区林业科技推广中心（副科级事业单位）、育林费征收站（股级）。编制23人。

罗庄区畜牧局

1995年2月，罗庄区畜牧局成立，为正科级行政单位。内设办公室、计财科、兽医兽药卫生监督检验所、动物检疫站、畜牧开发服务中心。同年10月，区畜牧兽医技术服务中心设立（2011年5月撤销），为副科级事业单位。1998年3月，区畜牧开发中心设立（2011年5月撤销），为副科级事业单位。2002年1月，区畜牧局改称罗庄区畜牧服务中心。2007年12月，复称罗庄区畜牧局，2008年7月，列为参照公务员法管理的正科级事业单位。2011年5月，区动物卫生监督所设立（加挂区兽药饲料监察所牌子）、区动物疫病预防控制中心（加挂区畜牧兽医检测中心牌子），均为副科级事业单位。2013年，区畜牧局内设办公室、计财科、生产科技科3个职能科室，辖区动物卫生监督所（区兽药饲料监察所）、区动物疫病预防控制中心（区畜牧兽医检测中心）2个副科级事业单位和区畜牧技术推广中心1个股级事业单位。编制35人。

罗庄区农业机械管理局

1995年2月，罗庄区农业机械管理局（简称区农机局）成立，为正科级行政单位。内设办公室、财务科、农机安全监督管理站、维修管理站4个科室（站）。同年10月，区农业机械技术推广中心、农业机械化技术学校设立，均为副科级事业单位。2002年1月，区农机局改称罗庄区农业机械服务中心。2007年12月，复称区农机局。2008年7月，列为参照公务员法管理的正科级事业单位。2013年，区畜牧局内设农机安全监理站、农机维修管理站、农机作业服务大队3个职能部门，辖区农业机械推广中心、区农业机械化技术学校2个副科级事业单位。编制32人。

罗庄区水务局

1995年2月，罗庄区水利水产局成立，为正科级行政单位。内设办公室、人事科、财务科、防汛办公室、审计科、水政科、渔政科、综合经营办公室、区水政监察大队9个职能科室（队）。同年10月，区水利事业办公室、水产事业办公室、水利水产服务公司设立，均为副科级事业单位。1998年3月，罗庄区小埠东灌区管理处设立，为正科级自收自支事业单位（2012年5月转为财政拨款事业单位），隶属区水利水产局。2002年1月，改称罗庄区水务局。2005年7月，区水政监察大队设立，为正科级事业单位。2010年10月，区政府防汛抗旱指挥部办公室设立，为正科级事业单位，隶属区水务局。2013年，区水务局内设办公室、人事科、计划财务科、秘书科、渔政监督管理科、建设科6个科室，辖区小埠东灌区管理处、水政监察大队、区政府防汛抗旱指挥部3个正科级事业单位和区水利事业办公室、水产事业办公室、区水利水产服务公司3个副科级事业单位及区抗旱服务大队（股级）。行政编制12人，事业编制148人。

罗庄区农业综合开发办公室

1995年2月，罗庄区农村工作委员会（简称区农工委）成立，为正科级事业单位。内设办公室、生产计划科2个科室。同年10月，区黄淮海平原农业开发办公室设立，为副科级事业单位、隶属区农工委。2002年1月，区农工委与区黄淮海平原农业开发办公室一并撤销，整体转制成立罗庄区农业综合开发办公室（简称区农开办），为正科级事业单位。内设办公室、土地治理科、产业化经营科3个科室。编制12人。至2013年，机构无变动。

第二节　农村经济管理

土地承包经营管理

1995年，按照群众自愿原则，开展土地使用制度、要素流动两项改革，罗庄镇朱张桥西北村、沈泉庄等6个村实行土地集约经营，共333.33公顷。1998年，全区进行农村土地第二轮承包。先在册山镇22个村开展延长土地承包期试点，召开现场会安排部署，全区第二轮土地承包工作全面展开，落实中央关于延长土地承包期30年的政策，即增人不增地，减人不减地，清理整顿“两田制”，机动地不超过5%，村集体与农户签订承包合同，区政府颁发土地经营权证书。1999年，全区应进行二轮土地延包的186个行政村全部完成土地承包工作，签订承包合同6.2万份，签发农村土地承包经营权证6.2万件，延包耕地1.32万公顷。2000年，对土地承包工作进行规范和完善，重新签发土地承包经营权证186件。2004年，完成第二轮农村土地承包扫尾和土地承包整改和完善工作，189个行政村全部做到土地承包面积、承包地块、合同签订、经营权证书“四到户”。2012年，开展农村土地承包经营权确权登记颁证，聘请四川鱼鳞图信息技术有限公司、北京东方道尔信息技术有限公司进行测绘，涉及238个行政村、8.35万户，土地面积1.88万公顷。同年12月3日，全区第一次农村产权制度改革工作联席会议召开，启动农村土地承包经营权流转试点。沂堂镇兴路口村、龙泉官庄和高都街道程庄、沂蒙新村为第一批试点。2013年6月，全区农村产权制度改革工作全面推行。至是年年末，共流转土地2400公顷。

农村集体财务管理制度改革

1995年始，罗庄区实行农村民主理财、财务公开制度。村集体财务收支须经村民主理财小组审核，定期张榜公布。1996年4月1日，区政府印发《关于进行农村财务清理，推行农村财务“双代管”，建立农村合作基金会的实施意见》，实行乡镇对村集体财务“双代管”（账务、资金），由乡镇经管站具体负责，统一报账程序、统一会计核算、统一会计档案管理、统一财务公开。2000年，实行乡镇、街道对村集体财务“三监管”（资金、账簿、合同），监管村集体资金2亿余元，监管合同11.6万份。2002年，《罗庄区农村职业会计管理暂行办法》施行，推行农村会计职业化管理。全区考选、聘任农村职业会计167人。同年，在“三监管”基础上，全区推行街道对村集体财务资金、账簿、合同、公章“四监管”和农村集体“三资”（资金、资产、资源）委托代理制。2009年，区监察局、区农业局印发《关于全区农村集体财务管理办法》，进一步规范、完善农村集体财务管理。同年，各镇、街道共监管村集体资金1.5亿元，做到应收尽收，应管尽管。2010—2013年，区纪委、农业局、财政局、审计局每年开展2次农村集体财务管理检查，发现问题限时整改。

农民负担监督管理

1995年始，实行农民负担预决算审批制度，发放农民负担监督卡，制止“三乱”（乱收费、乱罚款、乱集资）及搭车收费行为，加强农民负担监督管理。1996年4月，区委办公室印发《中共罗庄区委、罗庄区人民政府关于进一步减轻农民负担的意见》，对减负政策进行明确、规范。推行农民负担预决算、农民负担监督卡和专项审计3项制度，先后对6个乡镇农民负担工作进行执法大检查，督促各乡镇搞好减轻农民负担工作。至1997年，3年共发放农民负担卡20万份，审批乡镇统筹资金预算2825万元、村提留资金预算2616万元。全区51个村（其中罗庄镇各村）无农民负担，73个村只收乡镇统筹，全区农村“三提五统”（三提为三项提留，即公积金、公益金、管理费；五统为五项乡镇统筹，即教育附加费、计划生育费、民兵训练费、民政优抚费、民办交通费）资金人均59.42元，占1996年农民人均纯收入的2.9%，不超过国家规定的上年农民人均纯收入5%的限额。1999年，推行减轻农民负担税费改革试点，确定全区农民负担每人每年最高不得超过100元，一定三年不变。严格按农民负担卡收费，执行农民负担“一票否决制”。2001年，贯彻执行国务院《关于全面推行农村税费改革试点的意见》，在78个村实施农村税费改革试点，由农民承担的“三提五统”和建设村级公益事业费用由财政承担。同年，减收乡镇、街道统筹338万元，减收村提留417万元，共减轻农民负担755万元。2002年，农村税费改革全面展开，到2004年，罗庄区在全省率先取消农业税及附加，为临沂市第一个免征农业税及附加的县区。同年，国家实行种粮补贴，221万元种粮补贴和20万元良种补贴及时足额兑现到农户。2004—2007年，罗庄区农民负担年度考核成绩连续4年列全市第一。2013年，规范村级“一事一议”筹资筹劳管理，对农村公益事业“一事一议”筹资筹劳实行财政奖补。

第三节　农业产业结构调整

1995年，罗庄区农、林、牧、渔业总产值6.37亿元。其中，农业产值4.23亿元，林业产值0.06亿元、牧业产值2亿元，渔业产值0.08亿元。农、林、牧、渔产值比为66.41:0.94:31.4:1.26。1996年后，按照“东部上林果，西部治理兴林木，中部配套种粮菜”发展思路，围绕农业增效、农民增收，不断调整优化农业结构，在稳定粮食生产的基础上，努力扩大经济作物和高效作物种植面积。立足全区资源区位、技术、市场及传统优势，培植塘米、瓜菜、畜禽、食用菌、生态农业、农副产品加工六大主导产业。在全区形成畜禽规模饲养、苗木花卉、大棚蔬菜生产、草莓、沙沟芋头、西瓜（甜瓜）、食用菌生产、鲟鱼养殖、特种动物养殖等九大生产基地。同时，实施“奶牛富民工程”，大力发展奶牛养殖业。至2009年，全区农、林、牧、渔业总产值达到7.65亿元。其中，农业产值3.01亿元，林业产值0.23亿元，牧业产值4.07

图6-1：农业产业结构调整—蔬菜种植大棚（2013年　宋凯摄）

亿元，渔业产值 0.22 亿元，农林牧渔服务业产值 0.12 亿元。农、林、牧、渔业和服务业产值比为 39.34 :3.01 :53.2 :2.88 :1.57。2000 年起，从以数量调整为主转向以质量调整为主，着力提高农业经济的质量和效益，着力提高可持续发展能力，加速推进农业产业化进程，突出区域化布局，规模化发展，培植农业龙头产业，扶持农民专业合作社发展，形成龙头企业（合作社）+ 基地 + 农户”发展模式。2013 年，全区农、林、牧、渔业和服务业总产值 10.9 亿元。其中，农业产值 4.88 亿元，林业产值 0.32 亿元，牧业产值 5.19 亿元，渔业产值 0.32 亿元。农林牧渔服务业产值 0.19 亿元。农、林、牧、渔业产值比为 44.77 :2.94 :47.61 :2.94 :1.74。全区畜牧业发展较快，畜牧业产值占农业总产值的 47.61%，成为农业经济的支柱产业；林业和渔业由于受林地面积、水域面积等客观因素制约，发展较慢。

1995—2013 年罗庄区农林牧渔服务业产值情况表

表 6-1　　　　单位：亿元

年份	总产值	农业	占比（%）	林业	占比（%）	牧业	占比（%）	渔业	占比（%）	农林牧渔服务业	占比（%）
1995	6.37	4.23	66.41	0.06	0.94	2.08	31.40	0.08	1.26	—	—
1996	7.07	4.13	58.42	0.09	1.30	2.75	38.90	0.11	1.60	—	—
1997	6.79	3.55	52.28	0.10	1.50	3.04	44.80	0.1	1.50	—	—
1998	6.20	3.07	49.52	0.11	1.80	2.93	47.26	0.09	1.45	—	—
1999	5.85	3.08	52.65	0.13	2.22	2.53	43.24	0.11	1.88	—	—
2000	5.39	2.50	46.38	0.18	3.34	2.58	47.87	0.13	2.41	—	—
2001	5.63	2.67	47.42	0.19	3.37	2.64	46.89	0.13	2.30	—	—
2002	5.72	2.34	40.90	0.21	3.67	3.04	53.15	0.12	2.10	—	—
2003	5.68	1.96	34.50	0.23	4.05	3.3	58.10	0.12	2.11	0.07	1.23
2004	6.14	2.11	34.36	0.26	4.23	3.55	57.82	0.15	2.44	0.08	1.30
2005	6.74	2.38	35.31	0.31	4.60	3.79	56.23	0.17	2.52	0.08	1.19
2006	7.17	2.88	40.17	0.27	3.77	3.76	52.44	0.18	2.51	0.09	1.26
2007	7.41	3.05	41.16	0.27	3.64	3.77	50.88	0.20	2.70	0.12	1.62
2008	7.01	2.73	38.94	0.21	3.00	3.75	53.50	0.20	2.90	0.12	1.71
2009	7.65	3.01	39.34	0.23	3.01	4.07	53.20	0.22	2.88	0.12	1.57
2010	8.66	4.47	51.62	0.12	1.40	3.7	42.73	0.25	2.89	0.12	1.39
2011	10.60	4.97	46.89	0.30	2.83	4.85	45.75	0.29	2.74	0.18	1.70
2012	10.83	5.06	46.72	0.31	2.87	5	46.17	0.28	2.59	0.19	1.75
2013	10.90	4.88	44.77	0.32	2.94	5.19	47.61	0.32	2.94	0.19	1.74

第四节　农村合作经济组织建设

2007 年 7 月 1 日，《中华人民共和国农民专业合作社法》颁布实施。罗庄区制定扶持政策措施，支持农民创办各种形式专业合作社和股份制合作社；鼓励村干部带头创办、科技人员参与兴办、能人领办。同年 12 月 6 日，罗庄区大源有机塘贡米产销专业合作社成立，成为全区首家农民专业合作社。2009 年，全区农民专业合作社发展到 47 家，出资总额 6288 万元。2010 年，新成立农民专业合作社 53 家，入社农户 985 户，出资总额 1.1 亿元。至 2013 年年底，全区有注册登记农民专业合作社 258 家，出资总额 110.17 亿元。

第二章　种植业

第一节　种植业结构

1995 年，罗庄区农作物总播种面积 2.83 万公顷。其中，粮食作物播种面积 2.73 万公顷，经济作物种植面积 1043 公顷。粮经作物比为 96.32∶3.68。粮食总产量 14.14 万吨，平均单产 5179 千克 / 公顷（345 千克 / 亩）。1996 年后，加快种植结构调整步伐，扩大蔬菜等经济作物种植面积，大力推进农业产业化、区域化、规模化和现代化进程，种植业结构由以粮为主转变为粮经协调发展。2002 年，农作物总播种面积 2.39 万公顷。其中，粮食作物播种面积 2.11 万公顷，经济作物播种面积 2786 公顷。粮经作物比调整到 88.33∶11.67。2003 年后，大力发展优质蔬菜冬暖式大棚，按照优势农产品区域布局的要求，大力培植蔬菜、草莓、食用菌等优势产业，优化种植业结构。2013 年，全区农作物播种总面积 3.32 万公顷。其中，粮食作物播种面积 2.74 万公顷，经济作物播种面积 5869 公顷，粮经作物比为 82.35:17.65，种植结构趋于优化。粮食作物总产量 16.04 万吨，平均单产 5858 千克 / 公顷（390 千克 / 亩）。

1995—2013 年罗庄区粮食作物和经济作物种植面积情况表

表 6-2　　　　单位：公顷

年份	作物播种面积	粮食作物		经济作物	
		播种面积	比例（%）	面积	比例（%）
1995	28343	27300	96.32	1043	3.68
1996	28299	27173	96.02	1126	3.98
1997	27172	26061	95.91	1111	4.09
1998	14235	13022	91.48	1213	8.52
1999	26391	25160	95.34	1231	4.66
2000	25828	24507	94.89	1321	5.11

续表 6-2

年份	作物播种面积	粮食作物		经济作物	
		播种面积	比例（%）	面积	比例（%）
2001	24753	23520	95.02	1233	4.98
2002	23871	21085	93.73	2786	11.67
2003	20750	19528	94.11	1222	5.89
2004	18661	17261	92.50	1400	7.50
2005	20185	19052	94.39	1133	5.61
2006	20290	19280	95.02	1010	4.98
2007	20147	19124	94.92	1023	5.08
2008	15772	14761	93.59	1011	6.41
2009	15755	14720	93.43	1035	6.57
2010	21765	18760	86.19	3005	13.80
2011	35249	28660	81.31	6589	18.69
2012	34449	28273	82.07	6176	17.93
2013	33249	27380	82.35	5869	17.65

第二节　粮食作物

罗庄区粮食作物主要有小麦、玉米、水稻，其次是地瓜、大豆、红小豆、谷子、豌豆、绿豆、高粱等杂粮。

小麦

小麦一直是境内主要粮食作物，播种面积居首位，境内普遍种植。在种植方式上，多采用小麦、玉米、水稻间作套种。1995 年，小麦播种面积 9803 公顷，总产 5.34 万吨，平均单产 5451 千克 / 公顷（363 千克 / 亩）。1996—1999 年，年均播种面积 1.14 万公顷。2000 年后，随着基本建设占用耕地、经济作物面积逐渐扩大，小麦播种面积减少。2003 年，小麦播种面积 6532 公顷。2004 年始，国家实行种粮补贴，调动农民种粮积极性，小麦播种面积和单产量有所增加。至 2009 年，播种面积基本稳定在 7500 公顷。2013 年，小麦播种面积 1.4 万公顷，占粮食作物播种总面积的 51.23%，总产 8 万吨，平均单产 5700 千克 / 公顷（380 千克 / 亩）。

图 6-2：小麦收割（1996 年 6 月　摄）

玉米

玉米是境内第二大粮食作物，以西部各镇、街道为主产区。1995 年，玉米播种面积 5230 公顷，总产 3.43 万吨，平均单产 6558 千克 / 公顷（437 千克 / 亩）。1996—2002 年，年均播种面积 4577.57 公顷。2003 年后，随着养殖业的发展，玉米作为饲料的主要原料，

图 6-3：玉米套种（2012 年 8 月 摄）

播种面积有所扩大。2003—2009 年，年均播种面积 5336.57 公顷，最高年份 5981 公顷。2013 年，玉米播种面积 1.01 万公顷，占粮食作物总面积的 37%，总产 5.92 万吨，平均单产 5846 千克 / 公顷（390 千克 / 亩）。

水稻

水稻是境内第三大粮食作物，主要分布在东部地区，以高都、册山街道为主产区。1995 年，水稻播种面积 4051 公顷，总产 2.44 万吨，平均单产 6011 千克 / 公顷（401 千克 / 亩）。1996—2012 年，水稻播种面积比较稳定，年均播种面积 4331.29 公顷，最高年份 5090 公顷。2013 年，播种面积 2410.47 公顷，占粮食作物总面积 8.8%，总产 1.79 万吨，平均单产 7421 千克 / 公顷（495 千克 / 亩）。

地瓜

地瓜历史上是境内主要粮食作物之一，主要集中在西部丘陵地区，其他地方也有栽植。栽种方式一直实行先育苗后移栽，起垅栽植。地瓜曾在人们生活中占有重要地位，是农民日常主食之一。20 世纪 90 年代后，随着小麦、玉米、水稻等粮食作物产量不断提高，地瓜不再是人们的主食，其栽植面积亦逐年减少，成为小品种粮食作物，主要在丘陵地区少量栽植。2013 年，地瓜栽植面积 168.73 公顷，总产 1673.15 吨（为瓜干量），平均单产 9916 千克 / 公顷（661 千克 / 亩）。

进入 21 世纪，地瓜成为人们调节营养和口味的一种食物，烤地瓜、薯条进入食品市场，深受人们喜爱。

大豆

主要分布在西部丘陵地区，东部镇、街道也有零星播种。2000 年后，由于病虫害加重和比较效益降低，大豆播种面积逐年下降。至 2013 年，大豆播种面积 627.27 公顷，总产 1571 吨，平均单产 2504.36 千克 / 公顷（167 千克 / 亩）。

其他粮食作物

境内其他杂粮主要有红小豆、豌豆、绿豆、谷子、高粱等，除罗西、沂堂、褚墩、黄山等镇、街道少量播种外，其他仅在田边地头有零星种植。

1995—2013 年罗庄区主要粮食作物种植面积与产量情况表

表 6-3

年份	小麦		玉米		水稻	
	面积（公顷）	总产（吨）	面积（公顷）	总产（吨）	面积（公顷）	总产（吨）
1995	9803	53436	5230	34297	4051	24351
1996	15001	71192	4970	30765	4563	22341
1997	10897	64136	4975	38542	4706	23564
1998	8764	48151	4478	34035	4637	24820

续表 6-3

年份	小麦		玉米		水稻	
	面积（公顷）	总产（吨）	面积（公顷）	总产（吨）	面积（公顷）	总产（吨）
1999	10876	57776	4379	35045	4704	25977
2000	7806	41683	4465	30482	4891	26241
2001	7452	41683	4653	30482	5090	26241
2002	8967	51027	4123	30456	4892	20258
2003	6532	39824	5981	33476	4097	19876
2004	6789	34900	5678	38987	3893	18564
2005	7563	45100	5377	35661	4112	20897
2006	7789	45057	5491	36211	3876	25478
2007	7659	44736	5217	33678	4773	22375
2008	7421	39397	5089	29678	3984	18401
2009	7863	39717	4523	22456	3762	17001
2010	9021	51900	8873	40349	3791	19970
2011	9234	80700	8976	41237	3985	20897
2012	11087	81900	9342	56995	3876	22345
2013	14027	79959	10128	59208	2410	17888

第三节　经济作物

罗庄区经济作物主要有花生、瓜菜等，其他如棉花、黄烟、药材等亦有少量种植。

花生

花生是罗庄区重要的经济作物，也是主要油料作物之一，主要分布在沂堂、褚墩、黄山、罗西、傅庄等镇、街道。1995 年，全区花生播种面积 51 公顷，皮果总产 225 吨，平均单产 4411.76 千克 / 公顷（294 千克 / 亩）。之后，播种面积逐年增加。2002 年，花生播种面积增加到 800.2 公顷，至 2013 年，花生播种面积 2217.8 公顷，皮果总产 1.06 万吨，平均单产 4790 千克 / 公顷（319 千克 / 亩）。

瓜菜

1995 年，全区瓜菜种植面积 1896 公顷。其中，蔬菜种植面积 1809 公顷，瓜类种植面积 87 公顷。蔬菜总产量 3.54 万吨，总产值 1400 万元。1998 年始，罗庄区把发展蔬菜生产列为农业经济重点发展产业，先后制定一系列扶持政策措施，瓜菜种植规模不断扩大，产量和质量不断提高。全区普遍引进推广蔬菜优良品种和种植新技术，形成日光温室、大中拱棚、地膜覆盖、露地栽培等多种模式并存、多种瓜菜周年生产格局。逐步形成新的蔬菜专业种植基地，如沂堂镇大蒜基地，褚墩镇的大蒜、黄瓜、大白菜基地，册山街道草莓、沙沟芋头基地，高都街道萧庄甜瓜基地等。至 2013 年，全区蔬菜（含瓜类）种植面积 2681 公顷，总产 8.45 万吨，平均单产 31538 千克 / 公顷（2103 千克 / 亩）。其中设施蔬菜（含瓜类）280 公顷，总产 3.27 万吨。大宗种植的蔬菜品种有大蒜、大白菜、马铃薯、辣椒等，瓜类品种有黄瓜、西瓜、甜瓜、草莓等。

食用菌

1995 年，罗庄区食用菌年总产量 800 吨。其中，杏鲍菇 300 吨、平菇 400 吨、香菇 100 吨。总产值 420 万元。2013 年，全区食用菌年总产量 4800 吨。其中，杏鲍菇 4300 吨、平菇 320 吨、香菇 180 吨。总产值 3625 万元。有规模化设施食用菌企业——山东效峰生物科技有限公司、临沂博大生态发展有限公司等。其中山东效峰生物科技有限公司主要栽培杏鲍菇，加工生产蘑菇酱菜、蘑菇面条、杏鲍菇多糖和生物有机肥等产品。博大园 2 种食用菌产品获得绿色食品认证，效峰菌业食用菌研究取得 2 项专利。

1995—2013 年罗庄区主要经济作物种植面积与产量情况表

表 6-4

年份	蔬菜		水果		花生		黄烟		棉花	
	面积（公顷）	总产（吨）	面积（公顷）	总产（吨）	面积（公顷）	总产（吨）	面积（公顷）	总产（吨）	面积（公顷）	总产（吨）
1995	1809	35383	87	2489	51	225	98	201	131	146
1996	2665	82706	90	2316	365	1305	103	219	111	136
1997	2580	82181	45	1218	377	1208	117	222	9	10
1998	2467	80252	50	1210	389	1310	121	231	7	9
1999	2796	81001	67	1320	391	1298	140	240	9	11
2000	2697	88761	68	2273	408	2093	112	231	8	10
2001	2580	92012	70	2273	423	2093	143	243	9	11
2002	2775	108156	60	1820	398	1800	112	231	10	12
2003	2398	75352	68	2088	576	2813	143	243	11	14
2004	1498	52236	71	2065	674	3217	109	222	—	9
2005	1790	54610	67	2090	708	3602	117	214	—	—
2006	1675	59290	69	2100	687	3231	163	227	—	—
2007	1456	49621	67	2793	789	2953	154	229	—	—
2008	1208	43976	75	2677	317	1111	162	219	—	—
2009	1367	45245	77	2758	351	1247	97	184	—	—
2010	2536	63185	120	3622	2501	10450	67	151	—	—
2011	2710	88306	210	6314	2400	11362	64	132	71	77
2012	2600	86214	221	6524	2670	11554	74	143	84	86
2013	2681	84455	230	6322	2587	10623	66	121	77	81

第四节　种子　肥料

良种

小麦　1996—2002 年，主要引进推广品种有晋麦 20 号、晋麦 21 号、鲁麦 14 号、鲁资 357-3-3 号、白玉 149 号、54368 号、淄麦 12 号。2003—2006 年，引进品种有淮麦 8 号、济麦 20 号、烟辐 188 号、淄麦 17 号、济宁 16 号。2007—2008 年，推广济麦 22 号、粮星99号、烟农19号，均从山东省农业厅推介品种中选出适合境内种植的小麦良种。2009年后，小麦良种主要通过市场由外地引进或种植户自行培植。

玉米 1995年，主要种植品种有丹玉13、烟单14、掖单2号、沈单7号。

1996—2004年，引进良种掖单13、掖单19、鲁单50、费玉3号、鲁单981、泰玉2号、鲁原单14和长城98。2005-2007年，主要推广良种东单60、金海5号、中科4号、鲁单999和天泰10号。2008—2013年，主要推广良种中科11、登海3622、登海605、鲁单6041、鲁单6018和天泰33等。2011—2013年，推广数量较大、稳定性好的品种有中科4号、中科11号、金海5号、登海605、丹玉86、农大108、农华816、郑丹958、浚单20等。

水稻 1995年，主要品种有临稻4号、京引119、中部67、临稻5号、临稻13、豫粳6号、番粳9407、临稻15号。1996年后，品种不断换代更新。2013年，主要品种有临稻15号、临稻11号、临稻19、圣稻19、阳光200、镇稻88等。

肥料

20世纪60年代后期，农民种地开始施用氨水；70年代后期，施用碳酸氢铵、磷肥、尿素；80年代，施用复合肥等；90年代始，化肥品种增多，出现有机肥等。

测土施肥 1995—2013年，全区采集土样9000余个，化验土壤养分10万余项次，摸清全区土壤肥情。检测表明，境内主要农田肥力均衡，少数地块氮肥稍微过剩，缺钾地块较多。依据检测情况，提出科学施肥方案，提高粮食作物产量和品质

配方施肥 2008—2013年，根据土壤检测结果，针对不同镇、街道的不同土壤肥力情况，下发配方施肥指导意见，发放“施肥建议卡”，指导粮农、菜农科学施肥。实际增产效益20%以上。

生态施肥 境内绝大多数粮田土壤中有机成分含量偏低，主要是长期依赖化肥的结果。随着生活条件改善，加之化肥冲击市场，农家肥用量越来越少，有的甚至根本不用，许多有机物质含量较高的人粪尿、牲畜粪便等大量浪费，对环境造成污染。2000年始，结合农村改厕、实行畜禽（猪、羊、鸡、鸭等）圈养，收集、使用有机肥料；实施秸秆还田，积累农田长效肥力，改善土壤结构。

第五节 农业技术推广

1995—1998年，农作物播种以传统模式为主。2009年起，小麦种植主推精播半精播技术、小麦氮肥后移优质高产栽培技术、测土配方施肥技术、病虫害综合防治技术、小麦宽幅播种技术、旱地小麦高产栽培技术等。

图6-4：机械插秧（2013年6月 摄）

玉米主推夏玉米“一增四改”高产栽培技术，即合理增加种植密度、改种耐密型品种、改套种为直播、改粗放用肥为配方施肥、改人工种植为机械作业。合理增加种植密度。一般大田耐密紧凑型玉米品种留苗4000～4700株/亩，大穗型品种留苗3200～3700株/亩左右。改种耐密型品种。选用高产耐密型品种。如郑单958、浚单20、农大108、金海5号、丹玉86等。种前对种子进行筛选，剔除残粒和病粒，精选后的种子进行包衣，防止病虫损害。确保种子纯度≥98%，发芽率≥85%，净度≥98%，含水量≤13%。改套种为直播。改麦田套种为麦收后贴茬直播。播种时间6月5—15日，最迟不晚于6月25日，播种量一般掌握2.5～3.5千克/亩。麦收后抢茬直播，等行种植，行距50厘米，株距根据不同品种对密度的要求，一般紧凑型品种30～33厘米，平展型品种株距40～45厘米，播种深度3～5厘米。3叶期间苗，5～6叶一次定苗，去弱留壮，去小留大，去病留健。对发生缺苗的地方，提倡留双株。夏直播玉米于9月下旬至10月上旬玉米成熟期收获。

改粗放用肥为配方施肥。根据土壤养分化验结果，采用玉米专用配方肥。每亩用2.5千克磷酸二铵作种肥，或用生物有机肥每亩10千克作种肥；遵循“底肥足、苗肥早、穗肥重、粒肥补”的原则，按每生产100千克籽粒施氮3千克，磷1千克，钾2千克计算。亩产600～800千克施肥参考：每亩施生物有机肥200千克，尿素35～50千克，磷酸二铵20～30千克，硫酸钾35～50千克，硫酸锌11.5千克；有机肥、磷酸二铵、硫酸钾和锌肥全部底施。施肥比例：提苗肥占30%，孕穗肥占50%，攻粒肥占20%。

改人工种植为机械化作业。推广玉米机械播种，简化作业环节，加快夏玉米免耕直播技术的推广速度。推广玉米粗缩病防控技术、测土配方施肥技术、病虫草害综合防治技术和机械化收获技术。

蔬菜主推秸秆反应堆技术、冬暖大棚黄瓜高产高效标准化栽培技术、辣椒土传病害综合防治技术、牛蒡优质高产栽培技术、茄子优质高产栽培技术、有机蔬菜生产技术规程、绿色蔬菜病虫害综合防治技术、瓜菜测土配方施肥技术、瓜菜节水灌溉（微滴灌）等技术。

第六节　科技培训

1995年始，区农业广播学校根据农业发展实际，举办农业科学技术培训班，每年对农民开展新技术、新品种培训，年均组织实用技术培训2000人次。1996—2000年，实施“绿色证书”培训工程，培训农民3100人，2000人获“绿色证书”。2001—2002年，实施省农业厅跨世纪青年农民科技培训工程，培训青年农民2000人。2002年7月，区农业广播电视学校加挂罗庄区农村科技教育培训中心牌子。至2005年，举办培训班55期，培训6600人次，转移安置农村富余劳动力3000人。2008年始，实施测土配方施肥项目，培训农民3万人次。2012—2013年，实施省农业厅新型农民科技培训工程，培训农民辅导员400人，科技示范户8000户，实施农技推广补助项目，培训科技指导员120人，科技示范户1200户，培养专、本科学历层次专业技术人员252人，中专学历层次专业技术人员495人，初级实用技术人才8000人。

第七节 农作物病虫害防治

物理防治

主要采用紫光灯诱杀、温汤浸种、人工捕虫，加强田间管理，选用抗病品种，增强抗病性，减轻病害程度；实行农作物轮作换茬，控制病虫害发展。

图 6-5：太阳能杀虫（2011 年 5 月 摄）

生物防治

用于防治害虫的生物主要有赤眼锋、金小锋、瓢虫、草蛉、食蚜蝇等。

化学防治

1995—1998 年，使用的农药主要有六六六粉、3911、1605、甲胺磷、辛硫磷、敌敌畏、敌百虫、苏化 203、克百威、灭多威、胺菊酯、氰戊菊酯、杀虫双、氧化乐果、除草醚、乙草胺、氯磺隆、甲磺隆、助壮素、福美双、代森锌、井刚霉素、多菌灵等。1999 年后，农药品种不断更新。2002 年，国家明令禁止使用“六六六”、滴滴涕等毒性大、残留期长的农药，高效低毒有机磷农药逐步取代一些高毒农药，除草剂、增效剂、植物生长调节剂等得到普及。速效、高效、低毒、低残留的菊酯类农药被大量使用。2005 年后，重点推广使用中等毒性以下的植物源农药、动物源农药和微生物源农药，使用矿物源农药产品中的硫制剂和铜制剂。2013 年，农田使用的农药主要有异丙甲草胺、乙草胺、二甲戊灵、草甘膦、草铵膦、丙森锌、代森锰锌、甲巷硫菌灵、四霉素、已唑醇、戊唑醇、多菌灵、吡虫啉、烯啶虫胺、高效氯氰菊酯、苦参碱、辛硫磷、三唑酮、咪鲜胺等。

图 6-6：无人机防治小麦病虫害（2013 年 5 月 摄）

第八节 生态农业

1995 年，区农业局围绕保护生态环境，加强农药、化肥、农作物秸秆等农业污染治理，严控农药投入量，推广低毒高效农药、测土配方施肥和秸秆还田技术，缓解土壤生态恶化趋势。发展“养殖—沼气—种植”生态种植模式。至 2013 年，全区有 10 家涉农企业的 26 种农产品获得国家绿色食品认证中心颁发的“绿色食品认证证书”，建成绿色农产品基地 1333.33 公顷。全区建沼气池 1041 个。开发绿色食品有：罗庄区九龙蜜桃种植农民专业合作社“永粱”牌蜜桃，罗庄区士强食用菌种植专业合作社“涑河”牌金针菇，临沂市荆城食品有限公司“荆城”牌大蒜、蒜米，临沂亿农农业发展有限公司“亿康亿农”牌番茄、黄瓜、茄子、草莓、辣椒、芸豆、西葫芦，罗庄区爱利种植专业合作社沙沟芋头、册山大米，罗庄区金泉种植专业合作社“金泉”牌草莓、葡萄，临沂博大生态发展有限公司“博大园”牌平菇、木耳、香菇、雪藕，罗庄区萧庄玉军果蔬种植专业合作社“萧庄”牌甜瓜，罗庄署星种植专业合作社红肉苹果、草莓、薄皮核桃，山东华盛江泉农牧产业发展有限公司红小豆、绿豆、黑花生。

高都生态农业示范园

位于沂河西岸高都街道金坦社区，2008年，临沂市东开蔬菜有限公司投资建设，占地面积46.67公顷。至2013年，投资6000余万元，先后建成全自动控温温室8座、半地下温室12座、钢结构春秋棚39座、有机藕池1座、有机葡萄长廊300米，微生物菌肥发酵厂1座，智能温室有机草莓基地1个。承担国家农业产业化项目3个，省农业技术推广项目1个，省合作社示范社项目1个，省级星火计划项目2个，临沂市农业科技示范园项目1个，临沂市科技引导项目1个，罗庄区科技攻关项目3个。获“国家级农民专业合作社示范社”“农业部有机蔬菜标准示范园”“全国农村专业技术协会先进集体”“全国三农科技服务金桥奖”“省级农业旅游示范点”等称号。

第三章　林业

第一节　林木资源

林地

1995年，全区林地2197公顷，其中经济林668公顷，林木覆盖率18.3%，木材蓄积量21.2万立方米。此后，实施平原绿化、绿色通道、封山育林、苗木花卉培育等绿化工程。至2013年，全区林地7333.33公顷。其中，防护林2333.33公顷，用材林4400公顷，经济林600公顷。年产值10亿元。林木覆盖率31.2%，从业人员2500人。

树种

2013年，境内有各类乔、灌木树种68科149属468种。主要有垂柳、旱柳、杞柳、小叶柳、枰柳、毛白杨、枫杨、国槐、刺槐、白榆、赤松、侧柏、楸、泡桐、栎（柞树）、臭椿、桑、桃、杏、李、梨、枣、枳、银杏、板栗、苹果、柿、花椒、淡竹等；稀有树种有雪柳、白蜡槭、五角枫、榔榆、接骨木、刺楸、漆树、流苏等。引进品种主要有蒙杨、北京杨、沙兰杨、I—214杨、I—69杨、I—45杨、中林46杨、172#柳、193#柳、窄冠毛白杨、红富士苹果树、乔纳金苹果树、新红星苹果树、水杉、黑松、雪松、火炬松、刚松、法桐、紫穗槐、毛竹、茶树等。花卉苗木190种，主要有桂花、海棠、长寿果、兰花、红叶石楠、流苏、百日红、紫叶李、满天红等。

古树名木

2013年，全区100年以上树龄一、二级古树7种13株（银杏7株、桂花1株、国槐

1 株、皂荚 1 株、厚壳 1 株、麻栎 1 株、楸树 1 株)。其中，树龄 500 年（含）以上一级保护古树 4 株，包括 2 株千年古银杏和 1 株千年国槐。

图 6-7：大埠东社区（北区）千年银杏（2013 年 3 月 摄）

图 6-8：李官庄三百年厚壳（2013 年 7 月 摄）

2013 年罗庄区古树名木情况表

表 6-5

俗名	学名	科属	树龄（年）	生长地点	级别
白果	银杏	银杏科银杏属	1000	罗庄街道后官战湖社区	一级
槐树	国槐	蝶形花科槐属	1000	傅庄街道后焦邱村	一级
白果	银杏	银杏科银杏属	1000	盛庄街道大埠东社区	一级
白果	银杏	银杏科银杏属	500	册山街道白沙沟村	一级
白果	银杏	银杏科银杏属	500	盛庄街道后盛庄社区	二级
红叶	厚壳	紫草科厚壳树属	300	黄山镇李官庄	二级
白果	银杏	银杏科银杏属	200	沂堂镇麒麟山村	二级
皂角	皂荚	苏木科皂荚属	130	盛庄街道小衣白庄	二级
桂花	桂花	木犀科木犀属	110	高都街道东高都社区	二级
白果	银杏	银杏科银杏属	110	沂堂镇寨子村	二级
金楸	楸树	紫葳科梓属	100	册山街道潘庄	二级
白果	银杏	银杏科银杏属	100	沂堂镇东为儿桥村	二级
橡树	麻栎	壳斗科栎属	100	黄山镇李官庄	二级

第二节 植树造林

1995—1997 年，全区造林 404 公顷，绿化道路 260 千米，新建完善农田林网 1.44 万公顷，四旁植树 165 万株，发展名、优、特新经济林 260 公顷，育苗 196 公顷，生产苗木 160 万株。1998—2005 年，造林 2889 公顷，绿化道路 284 千米，新建完善农田林网 1.5 万公顷，“四旁”（路旁、沟旁、渠旁、宅旁）植树 200 万株，发展名、优、特、新经济林 606 公顷，育苗 339 公顷，生产苗木 255 万株。2006—2010 年，造林 4240.6 公顷。其中，生态林场造林 2004.4 公顷，环城林造林 1336.2 公顷，水系绿化 900 公顷；新发展苗木花卉 200 公顷；新建绿色通道 67.8 千米，补植完善 70 千米，“四旁”植树 220 万株，新建农田林网 1333.33 公顷，补植完善 8000 公顷；创建成省级绿化示范街道 1 个、省级绿化先进单位 2 家、省级绿化示范村 23 个、市级示范街道 7 个、市级示范村 36 个。全区林木覆盖率 29.6%。2011—2013 年，新造林 3680.53 公顷，补植完善 333.33 公顷，新发展苗木花卉 1240 公顷，义务植树 322 万株，全区林地增至 7333.33 公顷，林木覆盖率增至 32.2%。创建成省级绿化示范街镇 1 个、省级绿化示范单位 2 个、省级绿化示范村 3 个、市级绿化示范镇（街道）7 个、市级绿化示范村 36 个，罗庄区通过国家森林城市核验组检查验收。

图 6-9：罗庄杨树丰产林（2004 年 8 月　摄）

第三节　果品生产

罗庄区果树栽培历史悠久，主要品种有苹果、桃、山楂、梨、柿子、枣、杏、葡萄等。20 世纪 80 年代引进新品种。苹果有红富士、青香蕉、红香蕉、金帅、红玉、红金丝、大国光、小国光等，主要分布在褚墩镇、册山街道、江泉农牧园。桃有毛桃（又分酸毛桃、甜毛桃、半口毛桃）、上海蜜、杭州蜜、秋白桃、蟠桃、黄金桃、油桃等，主要分布在褚墩镇、沂堂镇、江泉农牧园。葡萄有龙眼、牛奶、玫瑰香、巨峰等品种，主要分布在沂堂镇、册山街道、傅庄街道。受市场价格驱动，果农栽培果树积极性不断提高，果树面积逐年增加。至 2013 年，全区果园面积 133.06 公顷。其中，苹果 9.73 公顷、桃 90 公顷、葡萄 33.33 公顷。果品总产 7760 吨。其中，苹果 610 吨，桃 4650 吨，葡萄 2500 吨。

第四节　杞柳栽植

境内杞柳栽植主要集中在黄山镇，册山街道、褚墩镇也有零星栽植。黄山镇地处武河冲积平原，适宜杞柳栽植，有 300 余年栽植历史。2002 年，黄山镇杞柳栽植面积 1267 公顷，占全镇耕地面积的 45%。之后，受市场、经济效益影响，栽植面积逐渐减少。2013 年，全镇杞柳栽植面积 480 公顷。资源优势带动当地柳编业发展，全镇有规模以上柳编企业 8 家，年产值 3.6 亿元。

图 6-10：黄山镇杞柳（2013 年 7 月　摄）

第五节　苗木　花卉

1995年，全区种植花卉苗木300公顷，品种55个。之后，区委、区政府连续制定优惠扶持政策和措施，苗木、花卉发展迅速。至2013年年底，全区花卉种植面积1000公顷，品种190多个。拥有成规模的花卉批发市场4家，从业人数1.5万人，产值15亿元。形成北部高效花卉示范区，西部高档桂花和生态观光种植区，东部海棠、长寿果生产区，南部绿化苗木生产区四大花木片区生产基地。

苗木 花卉生产基地选介

山东地佑晟苗木有限公司　位于黄山镇蒋史汪村。2013年7月成立，注册资本1000万元，流转土地666.67公顷，主要栽培特种名贵苗木。基地分特种名贵苗木培育区、特种名贵苗木塑型区和特种名贵苗木观光展示区3个功能区。

图6-11：地佑晟苗木有限公司育苗基地（2013年11月　钟卫国摄）

临沂创意园林有限公司　位于盛庄街道王家对河村。2000年1月31日成立，注册资本200万元，是一家集园林设计、绿化、花卉研究、新品种繁育、开发、推广为一体的大型林木良种繁育基地。占地面积33.33公顷，主要经营花卉、盆景、绿化苗木的种养、销售；园林绿化工程的设计、施工；花种、草种、园林机械、花盆销售。是鲁南苏北地区最大规模的沂州海棠、桂花、长寿果专业繁育基地，年产值3000万元。先后被省林业厅、省科协命名为省级林木良种繁育基地和省级科普示范基地。

临沂博大生态园　位于罗庄街道后官战湖村西。2000年3月，开始建设，占地面积100公顷。至2013年年底，累计投资5000万元，发展金蝉养殖13.33公顷，食用菌20公顷，各种花木8公顷，培育樱花、百日红、紫荆、女贞、栾树、紫叶李、白蜡、青桐等珍稀苗木20类30万株。

山东兰湾农业科技有限公司　位于高都街道前后坦村。2011年8月8日成立，注册资本600万元，占地面积3.33公顷，集花卉、蔬菜、果树种植技术开发、推广及种植、销售于一体。主要培育富乐夕阳、满天红、蝴蝶兰花等10余个品种，台湾蝴蝶兰花幼苗在该公司培育成功。产品畅销北京、上海、济南及周边地区。

第六节　林业管理

林政执法

1995年始，罗庄区贯彻实施《中华人民共和国森林法》实行森林采伐限额制度，坚持保护优先，确保森林资源持续稳定增长原则，健全领导干部森林资源保护发展目标责任制，把森林覆盖率、森林蓄积量和林地保有量纳入政府年度目标考核体系，加强森林资源和野生动物资源保护，科学开展森林培育和采伐。区林业局林政科、森保站每年坚持向群众宣传林业法规，加强对林木采伐及木材经营、加工、运输监督管理，严肃查处乱采滥伐毁林案件。1995—1997年，全区共采伐林木 1.2 万立方米，占限额 66.6%，查处滥伐林木案件 17 起，行政处罚 5 人。1998—2005 年，林木采伐控制在市林业局下达的各项采伐限额内，查处滥伐林木案件 43 起，行政处罚 11 人，移交公安机关 3 起。2006—2013 年，林木采伐控制在采伐限额内，核准签发林木采伐许可证 2857 份，查处各类涉林案件 131 起，行政处罚 27 人，移交公安机关 11 起。

集体林权制度改革

2010 年 5 月，罗庄区按照中央、省关于集体林权制度改革工作精神和市集体林权制度改革工作要求，区集体林权制度改革工作领导小组和工作机构成立，区委、区政府制定《关于积极推进集体林权制度改革的意见》《罗庄区推进集体林权制度改革工作实施方案》，有序实施集体林权制度改革。至 2011 年 5 月，集体林权制度改革工作完成，明晰集体林地产权面积 2750.47 公顷，涉及 132 个村、21191 户，确权率 99.9%，发放林权证 255 本。建立起集体和农户统分结合，林地使用权和林木所有权明晰、经营权放活、处置权落实、收益权有保障的集体林权制度。

森林防火

区内重点森林防火有册山、罗西、沂堂、褚墩、黄山等 5 个镇、街道的 42 座山。1995 年始，罗庄区成立森林防火工作领导小组和工作机构，成员单位包括林业、公安、交通、公路、各乡镇（街道）等 20 个部门单位。各成员单位分工具体，责任明确，各司其职，各负其责，实行行政首长责任制和 24 小时值班制度，对林区火情进行全方位立体监测。加强森林防火基础设施建设和消防队伍建设，年均投资 20 万元用于森林防火道路维修、隔离带清理、护林房、瞭望台建设、各类防火设备配备。健全包括专业、联防等各类防火队伍，制定森林火灾扑救应急预案，每年组织森林防火演练，不断强化防火救火应急措施。至 2013 年，辖区未发生森林火灾事故。

病虫害防治

1995 年始，罗庄区贯彻落实《森林病虫害防治条例》《森林植物检疫条例》《野生动物保护法》等法律法规，对主要林业有害生物实施工程治理，采取虫情监测、检疫封锁、药剂防治等措施进行防控。2010 年，美国白蛾在册山等镇、街道发生。主要病害有叶斑病、锈病、苹果心腐病、腐烂病、干腐病、轮纹病、根瘤等 10 余种。区政府投入资金进行防控，采用人工喷药、飞机施用阿维、灭幼尿进行防治，有效控制美国白娥扩展蔓延。至 2013 年，美国白娥被有效控制，实现“有虫不成灾”的防治目标。

第四章 畜牧业

第一节 畜牧养殖

畜牧业是罗庄区传统产业。饲养畜禽品种主要有猪、牛、羊、马、骡、鸡、鸭、鹅、兔、狐狸、蜂等。

1995 年，罗庄区畜禽生产以农户散养、养殖专业户为组织形式。是年，全区大牲畜存栏 2.15 万头，生猪存栏 4.78 万头，羊存栏 2.7 万只，家禽存栏 113 万羽，家兔存栏

22万只，肉蛋奶总产量2.58万吨（其中肉1.74万吨，蛋类7158吨，奶类1178吨），牧业产值2.08亿元，占农业总产值31.40%，农民人均牧业纯收入352元。养殖专业户发展到1836家。1998年起，罗庄区把大力发展畜牧业作为农业结构调整、增加农民收入、发展农村经济突破口来抓，立足资源优势，实施科技兴牧、奶牛富民工程，扶植养殖大户，各乡镇建设畜牧饲养园区、养殖基地、专业村、专业户，走专业化、基地化生产路子。2002年2月21日，区委、区政府印发《关于2002年全区大力发展奶牛生产的意见》，制定奶牛生产优惠政策，推动奶牛生产快速发展。同年5日28日，区畜牧局制定《罗庄区畜牧业产业化“十五”发展规划》。6月21日，区政府制定《关于加强奶牛生产管理暂行办法》。7月29日，区畜牧局和财政局印发《关于对贷款购买奶牛进行财政贴息的说明》，促进奶牛富民工程实施。2003年7月3日，区委、区政府印发《关于加快畜牧业发展的决定》。至2004年，全区建成规模奶牛场24家、养猪场193家。奶牛存栏1.22万头，生猪存栏5.19万头，羊存栏5300只，兔存栏13.13万只，狐狸存栏5.11万只，家禽存栏148万羽。牧业产值3.55亿元，占农业总产值57.82%，农民人均牧业收入1250元。2005年后，结合环境保护治理，调整优化畜牧业结构，大力发展特色畜牧业，重点推广“公司+基地+标准化”生产模式。2009年，区委、区政府制定《罗庄区关于加快标准化畜禽养殖场（区）建设的实施意见》，对环保养殖场（户）进行补帖，推进畜牧业向“生态化、集约化、标准化”转型升级。至2013年年底，全区有市级规模化畜禽养殖场24家，国家级、省级标准化示范场分别1家、2家；大牲畜存栏1.43万头，生猪存栏11.86万头，羊存栏1.27万只，家禽存栏163.05万羽；全年生猪累计出栏14.15万头，牛出栏0.42万头，羊出栏1.29万只，家禽出栏275.93万羽；肉类总产量1.48万吨，禽蛋产量1.24万吨，奶类产量2.63万吨。牧业总产值5.19亿元，占农林牧渔业总产值47.61%，成为农村经济的支柱产业。

牲畜

1980年前，人民公社化时期境内大牲畜主要由生产队饲养，归集体所有，存栏量较少，多以役用。1981年起，农村实行联产承包责任制，大牲畜作价到户，大牲畜逐步发展为千家万户分散饲养，数量得到持继增长。20世90年代后，大牲畜从传统的户有户养，人畜同院，分散粗放养殖方式逐步向规模化、专业化、效益型转变。出现以养牛为主的专业户，少则3～5头，多则上百头。养牛由役用向肉用乳用转变。2000年起，罗庄区实施奶牛富民工程，建立奶牛生产基地，开发利用青贮氨化秸秆饲料，奶牛饲养量大幅增长。随着农业机械化水平提高和市场需求变化，马驴骡等大牲畜饲量逐年下降。

牛 1995年，全区饲养黄牛1.08万头，品种以当地黄牛为主。1996年，罗庄区从青岛、东营等地引进荷斯坦奶牛100头，平均每头年产鲜肉2588千克。1998年，全区荷斯坦奶牛存栏400头。2000年，罗庄区以发展奶牛生产为突破口，制定扶持政策，推广优良品种，实施规模饲养，加强动物防疫，奶牛饲养发展加快，黄牛饲养数量开始减少。2001年7月20日，区政府召开奶牛产业专题项目工作会议，对奶牛富民工程进行部署和宣传发动。同年，临沂盛能乳业有限责任公司成立，当年投资9000万元，建成奶制品加工生产线，年生产奶制品1.35万吨；投资300万元，建设奶牛场1家，可集中饲养奶牛

图 6-12：罗庄奶牛饲养（2013 年 9 月　摄）

出栏量大幅增加。至 1997 年，生猪存栏 6.64 万头，出栏 12.88 万头。2002 年后，随着经济发展和环境保护，农户生猪庭院饲养、散养逐步被淘汰，规模化养殖成为主力军，存栏生猪 80% 集中在规模饲养大户和大型养猪场。生猪配合饲料、温控设施广泛使用，生猪出栏量上升。2006 年，引进推广生态环保养猪技术。受市场、疫病等影响，生猪存栏量出现较大幅度下降。2007—2012 年，国家对能繁母猪每头补贴 50 ～ 100 元，稳定生猪生产。2013 年，生猪存栏 11.86 万头，出栏 14.15 万头。

1500 头，拉动全区奶牛生产加快发展。2002 年，区委、区政府制定《罗庄区关于大力发展奶牛业的意见》，规定群众每购买 1 头成年奶牛，财政给予6000元贴息贷款。至2003年，累计发放奶牛贷款 1.8 亿元，财政贴息 138 万元，奶牛存栏 7927 头。2004 年，奶牛存栏 1.2 万头。2009 年，全区建成 11 个奶牛区（场），11 个奶站，存养奶牛 1.02 万头，其中规模饲养 9000 头，年产鲜奶 2.4 万吨，实现奶业产值 1.97 亿元。是年，罗庄区被确定为全省现代农业生产发展资金畜牧产业奶牛项目区。2013 年，全区黄牛存栏 6237 头，受市场和国家大量进口奶源影响，牛奶价格降低，奶牛存栏减少到 7973 头。

猪　境内养猪有数百年传统，生猪饲养历来是畜牧业发展的重点。20 世纪 80 年代，农村大多户户有圈，家家养猪，农户庭院饲养数量不等，中小型养猪场出现。品种主要是当地猪，引进国内五莲黑猪、莱芜猪、昌潍白猪，引进国外大约克夏、长白猪、杜洛克等。1995 年，生猪存栏 4.78 万头。此后，规模化养殖场逐渐增多，国外优质瘦肉型二元或三元杂交母猪引入，带动优质生猪生产，

羊　境内有山羊、绵羊两类，以当地品种居多。主要分布在沂堂、褚墩、黄山、罗西等镇、街道的山岭村庄。1995 年，羊存栏 2.7 万只。1998 年，引进南非波尔山羊肉羊、鲁西肉皮兼用品种小尾寒羊。2000 年后，落实国家退耕还草、还林政策，由散养转向规模圈养。受羊毛价格降低影响，绵养存养数量逐渐减少。至 2013 年年底，羊存栏 1.27 万只，出栏 1.29 万只。

马、骡、驴　马有本地土种马和少量蒙古马、新疆马等；驴主要是沂蒙山毛驴、德州驴。1995年，存养马骡1061匹、驴4078头。随着农机化水平提高，马骡驴役用功能被替代，驴由役用转为肉用，马骡驴饲养量逐渐减少。至 2013 年，仅存养 90 匹（头）。

家禽

20 世纪 80 年代后期，境内家禽饲养由以农户散养转向专业户规模饲养，从养蛋鸡转向养肉鸡与蛋鸡并举。随着市场经济的不断发展，畜牧生产技术的推广应用，许多农户

开始把家禽饲养当成家庭经济收入的重要项目。2000年后，家禽饲料发展为全区畜牧业和生猪并重的支柱产业。在饲养管理上，采用高产良种、笼养，网上平养、自动饮水、温帘降温、饲喂混合饲料或配合饲料、程序化免疫等饲养管理技术，规模养禽业水平不断提高。至2013年，家禽存栏163.05万羽，出栏275.93万羽，禽蛋产量1.24万吨。

鸡 1995年，全区饲养鸡86.9万羽。品种主要是当地鸡，后陆续引进罗曼、京白三系、星杂288、星杂579、海兰褐、罗斯、海赛克斯等良种。2001年，肉鸡生产发展迅速，向规模化、专业化、自动化、标准化方向发展。品种多为爱拔益加（AA）、艾维茵等。一般45～50天出栏，出栏体重2～2.5千克/羽，饲料报酬高，料肉比1.8:1至2:1。2013年，蛋鸡存栏70.6万羽；肉鸡存栏42.05万羽，出栏192.62万羽。

图6-13：临沂洪金牧业肉鸡饲养（2006年6月 摄）

鸭 1995年，全区存养鸭25.08万羽。主要以肉鸭养殖为主，樱桃谷鸭为主要品种。2001年后，区内规模养鸭场兴起。至2013年，鸭存栏50.45万羽，出栏83.31万羽。

鹅 境内以草鹅居多，没有规模养殖场，只是个别农户零星饲养。

特种动物养殖

1995年，罗庄区特种动物养殖主要集中在册山、盛庄、高都等乡镇。品种主要有狐狸、貂、貉、水獭（海狸鼠）及少量梅花鹿、鸵鸟、蜜蜂。其中除狐狸、貂、貉等为专业饲养户常年饲养外，其他养殖规模小，存栏量少。2008年，全区存栏狐狸6.66万只，貂2.51万只，貉1.03万只。2013年年底，全区存栏狐狸3.09万只，貂2.43万只，貉1.37万只，肉鸽0.04万羽，鹌鹑1.20万羽，各类特种经济动物13.98万只。

1995—2013年罗庄区畜禽饲养情况表

表6-6

年份	大牲畜存栏（万头）	猪（万头）		羊（万只）		家禽（万羽）		肉类总产量（万吨）	禽蛋产量（吨）	畜牧业总产值（亿元）
		存栏	出栏	存栏	出栏	存栏	出栏			
1995	2.15	4.78	8.35	2.7	2.04	113	124	1.74	7158	2.08
1996	3.08	4.92	10.1	2.84	3.06	133.8	213.2	1.74	9540	2.75
1997	3.08	6.64	12.88	2.98	3.12	129.98	198.67	1.8	9615.46	3.04
1998	1.72	6.81	14.88	1.68	3.4	139.34	220.17	1.98	11331	2.93
1999	0.87	5.29	9.99	0.86	1.87	117.5	224	1.56	9137	2.53
2000	0.55	5.34	13.05	0.48	1.2	218.3	423.6	1.91	7499	2.58
2001	0.55	3.7	14.07	0.50	2	220.8	318	2	7247	2.64
2002	1.01	3.5	12.05	0.51	1.4	167	388.75	2.72	7469	3.04

续表 6-6

年份	大牲畜存栏（万头）	猪（万头）		羊（万只）		家禽（万羽）		肉类总产量（万吨）	禽蛋产量（吨）	畜牧业总产值（亿元）
		存栏	出栏	存栏	出栏	存栏	出栏			
2003	1.06	5.65	15.66	0.33	0.52	186	324.8	2.04	3845	3.3
2004	1.32	5.19	12.56	0.53	0.51	148	232	1.71	4255	3.55
2005	1.99	6.92	14.52	0.83	1.6	131.25	212	1.84	4610	3.79
2006	1.60	6.06	13.97	0.8	1.23	151	268.46	1.46	6375	3.76
2007	1.51	8.89	12.44	0.85	1.29	153	273.17	1.23	8224	3.77
2008	1.19	6.55	9.35	0.39	0.32	127	199.27	1.1	6774	3.75
2009	1.18	8.86	10.93	0.40	0.33	116.65	221.41	1.11	6440	4.07
2010	1.21	9.99	12.98	0.71	1.05	122.38	252.85	1.36	9178	3.7
2011	1.34	11.75	13.28	1.10	1.25	146.1	242.09	1.42	13300	4.85
2012	1.36	11.94	13.97	1.11	1.25	143.4	270.84	1.46	11800	5.0
2013	1.43	11.86	14.15	1.27	1.29	163.05	275.93	1.48	12400	5.19

第二节　品种引进与改良

大牲畜品种改良

2005 年，市畜牧局从澳大利亚引进 1.5 万头荷斯坦奶牛，其中罗庄区从中引进 2000 头。同年，盛能胚胎移植工程有限公司成立后，聘请专家研究奶牛胚胎移植，加快全区奶牛品种改良步伐。奶牛性控冻精使用，提高乳用奶牛比例。2006—2013 年，全区连续实施国家奶牛良种补贴项目，从根本上改善全区牛群的个体质量，奶牛年单产比 1995 年提升 32 个百分点。

生猪品种改良

1996 年 6 月，临沂江泉原种猪场从济宁引进美系长白、英系大白、台系杜洛克等优质品种。2000 年，临沂地区原种猪场核心群头地方品牌种猪——沂蒙黑猪被临沂江泉原种猪场接收，以沂蒙黑猪种质资源保护与开发利用为重点，借助上级部门对地方种质资源保护的扶持政策，采取措施，对沂蒙黑猪进行保护，大力育种扩繁沂蒙黑猪品种。2013 年，沂蒙黑猪存栏 6750 头，核心群由 6 个公猪血统 18 头公猪和 420 头基础母猪组成，经过 10 余年保种开发利用、育种改良沂蒙黑猪，培育出新品种——江泉黑猪。

第三节　疫病防治

1990 年后，境内每年春季都有蛋鸡和草鸡法氏囊炎病发生和流行，肉鸡一年四季都有流行。每年都有零星畜禽疫病，如猪乙型脑炎、细小病毒病、流行性感冒、伪狂犬病、猪副嗜血杆菌病、支原体性肺炎、大肠杆菌病、链球菌病、猪肺疫、副伤寒、附红细胞体病和弓形体、大肠杆菌病（仔猪黄痢、仔猪白痢和仔猪水肿）等病；牛流行性感冒、焦虫等病；羊巴氏杆菌病、大肠杆菌病和流行性感冒等病；兔瘟病、巴氏杆菌病、魏氏梭菌病和球虫等病；犬瘟热，水貂犬瘟热；禽（鸡、鸭、鹅）大肠杆菌病、禽霍乱、慢性呼吸道病、球虫病；鸭病毒性肝炎；鸡新城疫、马立克氏病、法氏囊炎病及住白细胞原虫病等。1999年3月，罗庄区“防五”（指口蹄疫，俗称“五号病”）指挥部成立，以畜牧、工商、卫生、公安、交通等部门为成员单位，对辖区内牲畜口蹄疫病进行防控。2003年，区政府将防疫经费列入区财政年度预算。同年，罗庄区奶牛“110”服务队成立，为全区奶牛业发展提供技术服务。2004年2月，禽流感防控指挥部成立，具体负责辖区内禽流感病防控。2005年11月，重大动物疫病防控指挥部成立，具体负责辖区内牲畜口蹄疫病、禽流感病和蓝耳病防控。2004—2005年，境内发生生猪附红细胞体病，发病率35～40%，死亡率20～30%，用一般抗生素治疗无效，用磺胺类药物治疗则加重病情。其间，区兽医技术人员研究摸索出用多西环素和三氮脒治疗防治方案，生猪附红细胞体病得到控制。2006年，区政府在全区公开招聘204名农村动物防疫员，在畜牧兽医技术人员指导下，对全区散养畜禽每年春秋两次集中免疫，规模养殖场均按程序免疫。同年夏、秋季节，生猪蓝耳病在境内大面积流行，发病率50～60%。2008—2009年，生猪变异毒株蓝耳病全国流行，后通过生猪变异毒株蓝耳病弱毒疫苗研制、生产及使用，病情

图 6-14：区畜牧兽医检测中心技术人员进行畜禽免疫（2013年9月　摄）

得以控制。2010—2013年，全国流行变异毒株流行性腹泻病，境内生猪大面积发生，死亡率较高，尤其是产后1～6天仔猪发病死亡率100%。由于生猪变异毒株流行性腹泻病正规疫苗还未研制出来，所用疫苗均是中试产品，治疗效果较差。每年冬季前后都有猪传染性胃肠炎和流行性感冒发生，牛流行热3～4年一次小流行，6～7年一次大流行。

第四节　监督执法

饲料、兽药监督执法

罗庄区动物卫生监督所（罗庄区兽药饲料监察所）负责全区动物防疫、检疫监督管理，对动物饲养、动物饲料生产经营等场所防疫条件进行审核、验收及监督检查，对兽药、饲料和畜产品质量安全（包括生鲜乳生产、收购环节）进行监督管理。2011年5月，区动物卫生监督所，抽调8人组成执法队，根据《兽药管理条例》等相关法规，对临沂市金翠兽药有限公司及15家经营单位进行检查，签订兽药生产、经营质量安全责任书，督促其生产、经营合格产品，确保不发生重大畜产品质量安全事件。以监管检查禁用兽药为重点，严格对照农业部《食品动物禁用的兽药及其它化合物清单》和农业部公布的相关假兽药查处目录，对全区兽药经营店和规模养殖场进行监督管理。督促企业严格按照有关标准执行，规范兽药生产企业原料使用、生产和销售行为，制止兽药生产企业不按GMP规范运作的行为，严把产品质量关。2013年4月，在盛庄街道王家对河村查处1处饲料生产黑窝点，扣押饲料3吨，罚款1万元。

动物检疫

1995—1998年，区畜牧局配备动物检

疫员，对动物及其产品生产、加工、贮藏、运输、经营各环节动物卫生状况和动物防疫、检疫情况进行监督检查，签发有关证明。1999年，严格执行《农业部关于畜牧兽医行政执法六条禁令》，动物卫生监督所人员对全区养殖场、养殖大户分工包片，落实检疫申报制度，按照检疫规程到场到户实施检疫，规范检疫证明填写、使用，建立健全各种检疫监督记录。严禁“隔山开证”，凡不能证明畜禽经过免疫和临床检查不健康动物，一律不予出具检疫证明，检疫不合格动物或动物产品按有关规定处理。向各生猪定点屠宰场派兽医，做好待宰动物监督巡查和临床健康检查，对宰前检疫合格动物出具《动物准宰通知单》，防止检疫不合格或者病害动物产品出厂。至2013年年底，查处违法案件27起。

第五节　重点企业选介

山东华盛江泉农牧发展有限公司

1994年，临沂华盛集团总公司投资兴建江泉养殖场。2002年5月，在沂水县设立沂水原种猪场，存栏母猪600头，年出栏生猪1万头，提供种猪5000余头。2003年，在河东区八湖镇一次性买断占地8公顷的猪场，设立河东八湖分场。企业总占地面积53.33公顷，总投资6000余万元，有职工180人。拥有能繁母猪4500余头，年提供各类种猪1.5万余头，出栏育肥猪6万余头，年销售收入4100万元。企业先后获“山东省‘三0‘工程瘦肉型猪良种选育及产业化开发示范场”“国家生猪活体储备基地场”“山东省一级原种猪场”等称号。2004年4月，被中国管理科学院授予“中国畜牧业首批放心品牌”称号。“江泉”牌商品猪通过国家中食恒信认证中心HACCP食品安全管理体系认证和山东省无公害产品认证，通过生猪入沪申请许可，年均入沪生猪2万余头，其他销往北京、天津、广东等省市。2009年山东省第三届种猪拍卖会上，临沂江泉原种猪场大白猪获第一名，拍得最高价，获“猪王”称号。2010年9月，被中国畜牧业协会评选为“第一届全国养猪行业百强企业”。

2012年3月，华盛江泉集团有限公司整合江泉养殖场等企业，成立山东华盛江泉农牧产业发展有限公司。2013年，公司在沂堂镇寨子村设立生态产业园区，占地面积666.67公顷。

临沂盛能乳业有限责任公司

位于湖北路东段88号。2001年，山东盛能集团投资3亿元，成立临沂盛能乳业有限责任公司。占地面积20.67公顷，建筑面积3.6万平方米，年销售收入过亿元。有职工600人，其中60%具有大专以上学历。2003年，在罗西街道西石埠村投资成立盛能奶牛胚胎移植工程有限公司，占地面积66.87公顷，设有不设卧床的散放式牛舍100栋，日均产奶12吨，年可产鲜奶4390吨。2002年，“益膳房”牌牛奶被评为山东省乳品行业液态奶十大品牌。同年，通过ISO9001国际质量体系认证并获国家质量监督检验检疫总局颁发的“无公害农产品”证书。2004年，先后获“山东省名牌产品”“食品安全诚信承诺单位”“山东省第五届消费者满意单位”称号，通过HACCP体系认证和食品安全“QS”标志使用认证。2005年，获“山东省饮料行业十佳品牌”称号。2007年，获“山东省著名商标”称号。

2011年，临沂盛能乳业有限责任公司迁至临沂高新技术产业开发区。

临沂市高都奶牛养殖基地

位于高都街道北茶棚村西。2003年7月

建立，占地面积5.33公顷，注册资金260万元，从事奶牛良种繁育推广和生鲜乳生产。2007年，被内蒙古伊利实业集团股份有限公司授予“原料奶优秀供应商”。2009年，取得无公害农产品产地认证及产品认证证书。2012年，被临沂市人民政府命名为市级产业化龙头企业。2013年，奶牛存栏740头，日产鲜奶4800千克，年产鲜奶1750吨，资产总额1602.42万元，实现年销售收入612.05万元。是年，被临沂大学列为教学实习基地，通过省级标准化奶牛养殖小区（场）验收。

第五章 渔业

第一节 淡水养殖

品种

境内养殖青鱼、草鱼、鲢鱼、鳙鱼、鲤鱼（建鲤）、鲫鱼（异育银鲫、彭泽鲫）、团头鲂、泥鳅、鲶鱼（革胡子鲶、南方大口鲶）、黄颡鱼、黄鳝、乌鳢、鳜鱼、史氏鲟、匙吻鲟、哲罗鲑、鳡鱼、翘嘴红鲌、黄金鲫、罗非鱼、淡水白鲳、大鲵、甲鱼等品种。观赏鱼类有金鱼、锦鲤、锦鲫、彩龟。蛙类有牛蛙、美国青蛙。虾类有青虾、罗氏沼虾、小龙虾。蟹类有中华绒螯蟹。龟类有中华鳖。

淡水浮游植物有5门79属，水生高等植物有水花生、水浮莲、水葫芦、轮叶黑藻、金鱼藻、藕、芦苇、蒲等。

浮游动物有原生动物、轮虫、枝角类、桡足类。底栖动物有水蚯蚓、摇蚊幼虫及其他幼虫。腹足类有田螺、椎实螺。瓣鳃类有河蚌等。

种苗生产

境内苗种生产起步早，繁育品种有青、草、鲢、鳙、鲤、鲫、鲟、罗非等鱼和观赏鱼。1995年，繁育苗种1.3亿尾，苗种总产125吨；1997年，繁育苗种0.7亿尾，鱼种总产130吨；2002年，繁育苗种0.5亿尾，苗种总产210吨；2006年，繁育苗种0.3亿尾，鱼种总产120吨；2013年，繁育苗种0.4亿尾，鱼种总产230吨。

罗庄区淡水养殖试验场，位于册山街道唐沙沟村，占地面积16.47公顷，其中水面面积8公顷，是全区唯一繁育青、草、鲢、鳙、鲤、鲫等苗种养殖基地。利用人工催产、孵化等技术，具有年繁育苗种2亿尾，培育鱼种80吨生产能力。1996年，繁育苗种1.2亿尾，培育苗种60吨。因苗种生产成本过高、市场价过低，产量逐年降低。2009年，繁育苗种0.3亿尾，培育苗种8吨。2010年，停止青鱼、草鱼、鲢鱼、鳙鱼等品种繁育，转型为观赏鱼养殖、繁育。

池塘养殖

1995年，境内有池塘400个，养殖面积333.33公顷。池塘养殖主要集中在盛庄、程庄、册山、傅庄、罗庄5个乡镇。养殖方式有粗养、半精养和精养。养殖品种主要有青鱼、草鱼、鲢鱼、鳙鱼、鲤鱼、鲫鱼、黄颡鱼等。平均亩产300千克，年产值540万元。2010年，亩产472千克，年产值1924万元。2011年，全区池塘养殖面积180公顷，养殖有锦鲤、锦鲫、昭和、大正、金鱼等10个品种，年产值1000万元。2013年，池塘养殖平均亩产420千克，年产值1592万元。

工厂化养殖

1995年，境内有盛能电厂、临沂电厂、罗庄电厂、傅庄电厂、矿务局电厂5个养殖场，养殖面积6公顷，利用电厂余热养殖罗非鱼，年产320吨。1997年，由于环境和资源限制，5家养殖场仅剩盛能电厂养殖场1家，养殖面积2.67公顷，主要养殖品种有罗非鱼、淡水白鲳、甲鱼等。2000年，盛能电厂养殖场利用地下水，引进史氏鲟10万尾，工厂化流水养殖试验获得成功，项目获临沂市科技进步二等奖。2006年，引进革胡子鲶品种，放养面积1.33公顷，年产956吨。2009年，开展冷水性工厂化养殖，主要养殖品种有鲟鱼和哲罗鲑。2010年，册山街道沟角村朱金祥投资60万元建成大鲵养殖场1家，占地面积2000平方米，建设鱼池800平方米，投放鱼种2000余尾，试养获得成功。2011年，开展水域滩涂养殖证发放工作，对0.33公顷（5亩）以上符合条件的池塘发放养殖许可证，发放养殖证106个。同年4月，福勇、浤源2家鲟鱼养殖场均被山东省海洋与渔业厅命名为省级健康养殖示范园。2012年，大鲵养殖场出售成鱼1000千克，实现产值160万元。2013年3月，大鲵养殖场引进中华大鲵3000余尾，成活率95%，实现产值800万元。是年年底，全区有工厂化养殖场11家，养殖面积6.67公顷，主要养殖品种有冷水性史氏鲟和哲罗鲑，总产300吨，产值1000万元。福勇、浤源2家鲟鱼养殖场均获被农业部命名为健康养殖示范场。

网箱养殖

2010年，沂河册山段开始发展网箱养鱼，养殖品种主要有花白鲢和鳜鱼，网箱2000个，养殖面积4万平方米，总产600吨，产值500万元。2013年，网箱养鱼区域发展到高都和黄山段，共8041个，养殖面积16万平方米，年产值2000万元。

观赏鱼

1995年，境内池塘养殖观赏鱼，繁殖点集中在盛庄、册山、程庄3个乡镇，主要繁育锦鲤、锦鲫、金鱼等品种。盛庄镇孙对河村，利用地上铺塑发展红鲤鱼和金鱼，养殖面积0.4公顷，年产值10万元。2009年，观赏鱼培育面积166.67公顷，繁育1.4亿尾，苗种总产值200万元。2013年，全区池塘养殖面积发展到180公顷，养殖有锦鲤、锦鲫、昭和、大正、金鱼等10个品种，产值1000万元。

福勇鲟鱼养殖场

1992年12月，盛能发电厂创立淡水珍品养殖研究所，养殖水面2.6万平方米，年产罗非鱼、鲶鱼60万千克，是境内繁育罗非鱼最早的养殖场。1995年，培育苗种50吨。1998年，培育苗种65吨。2001年，培育苗种80吨。2005年，停止繁育罗非鱼苗种，转型为养殖其他鱼类。2007年，利用人工催产、采卵、孵化等技术繁育冷水性史氏鲟鱼苗获成功，共繁育苗种300万尾。2008年，盛能养殖场改制为福勇鲟鱼养殖场。2013年，培育苗种800万尾，产值600万元。

第二节　鱼病防治

境内常见发生鱼病有：水霉病、锚头鳋、中华鳋、指环虫、草鱼赤皮、烂鳃和肠炎、细菌性出血病等。2007年，罗庄街道山西头村养鱼户养殖的花白鲢发生爆发性出血病，死亡成鱼10吨，经济损失10万元。2011年，养殖户刘继新、孙效尚养殖的观赏鱼发生出血病，危害面积2公顷，观赏鱼死亡7500千克，经济损失30万元。鱼病防治采取预防和治疗相结合方法，细菌性鱼病治疗主要采取漂白粉、生石灰全池泼洒或用大蒜、呋喃西林和磺胺类药物拌饵喂鱼；对原生动物引起的鱼病，主要采用硫酸铜、硫酸亚铁全池泼洒治疗；对甲壳动物引起的鱼病，主要采用敌百虫治疗。

第三节 淡水捕捞

境内淡水捕捞主要集中在沂河内，沿河村民初期利用非机动渔船人工捕鱼，捕捞网具有刺网、张网、迷魂阵、地笼、撒网、抄网、电瓶捕鱼等方式，产量产值较少，对渔业资源伤害大。1995年，发放捕捞许可证100个，年产量98吨，产值30万元。严禁电瓶、迷魂阵等灭绝性捕鱼方式。2006年，开始利用机动渔船进行捕捞，渔船61艘，总功率1598.9千瓦，渔具主要为拖网，同时实行渔船燃油补贴，全区机动渔船发放燃油补贴18.2万元。2013年，全区渔船发展到140艘，总功率2386.3千瓦，年产量2007吨，产值2300万元。

1995—2013年罗庄区水产品产量产值情况表

表6-7

年份	养殖面积（公顷）	总产量（吨）			总产值（万元）	增加值（万元）	渔业劳动力（人）	渔业人员（人）	鱼苗产量（万尾）	鱼种产量（吨）	鱼种投放（吨）	渔船数量（艘）	渔船功率（千瓦）
		养殖	捕捞	合计									
1995	132	895.2	98	993.2	972.24	680	500	2000	13410	125	150	—	—
1996	131	895	95	990	980	637	530	2120	12000	120	130	—	—
1997	128.9	922	62	984	969	656	560	2339	7580	130	136	—	—
1998	138	1015	85	1100	1018	661.7	600	1120	8000	75	78	—	—
1999	182.7	1346	105	1451	1508.6	980.59	350	1285	9500	120	90	—	—
2000	186	1588	68	1656	1731	1125.15	500	1350	9000	150	209	—	—
2001	213	1566	140	1706	1679	1091.35	650	1800	12000	210	200	—	—
2002	281	1472	79	1551	1430	929.5	700	2100	5000	210	250	—	—
2003	287	1449	56	1505	1271	826.15	702	2112	5500	207	261	—	—
2004	291	1580	73	1653	1542	779	737	2151	6300	211	274	—	—
2005	287	1800	50	1850	1750	1225	700	2151	6000	150	260	—	—
2006	283	1814	32	1846	1542	938	700	2151	3000	120	200	61	1598.9
2007	278.6	1996	183	2179	1986	1225	743	2176	3400	120	210	103	2531.13
2008	280	1961	171	2132	2023	1458	743	2176	3400	120	210	92	1726.03
2009	280	1985	157	2142	2227	1447.75	743	2176	15000	120	200	124	2218.3
2010	280	1924	584	2508	2884	1818	743	2176	6000	100	190	126	2172.3
2011	426	2558	1948	4506	5049	3252	747	1552	2850	230	800	152	2618.7
2012	426	2475	1881	4356	4721	3066	711	1237	4000	150	820	145	2439.24
2013	426	2635	2007	4642	5182	2882	620	1426	4000	230	830	140	2386.3

第六章　农业机械

第一节　概况

1995年，全区农机总动力13.4万千瓦，各类拖拉机6485台，各类农机具2.23万台（套）。小麦联合收割机开始使用。1996年后，罗庄区围绕“实现农业机械化”这一目标，大力推广应用农业机械。至2003年，拖拉机、小麦联合收割机保有量迅速增加。小麦生产基本实现全程机械化，玉米联合收获、秸秆还田、经济作物机械化起步发展。是年，全区农机总动力15.7万千瓦，各类配套农机具1.4万余台（套）。2004年11月1日，《中华人民共和国农业机械化促进法》实施，罗庄区开始实施农机购置补贴政策，农机事业进入协调、快速发展时期，大中型拖拉机，小麦、玉米联合收获机等大中型农机数量较快增加，全区农机装备结构不断优化升级。2007年，互换割台自走式玉米联收获机推广应用。2011年，开始推广水稻机械化插秧。2013年年底，全区农用机械总动力27.83万千瓦，农机化综合水平85%。

第二节　机械设备

耕种机械

机引犁　1995年，全区有农用拖拉机配套耕作机具477台。2013年，共有991台，主要是悬挂式铧犁。其中，与泰山-12型拖拉机配套的1L-220型悬挂二铧犁，耕深0.18～0.2米，每小时耕地0.13～0.2公顷；与泰山-25、泰山-30型拖拉机配套的LXT25-3-20型悬挂铧犁，耕深0.17～0.2米，每小时耕地0.27～0.34公顷；与上海-50型拖拉机配套的1L-435型悬挂式三铧、四铧犁，耕深0.18～0.25米，每小时耕地0.4～0.54公顷。

旋耕机　1996年，区内推广使用旋耕机具，主要型号有大华1GQN-125、大华1GQN-140、大华1GQN-150。2011年，有1148台。2013年，有1152台。

微耕机　2013年，开始在果园、大棚内使用，主要有沂水沭拖机械有限公司、莒县远通机械有限公司、沂南中天机械有限公司、潍坊圣川机械有限公司等企业生产的1WZ-4型微耕机350台。

免耕播种机　1995—2007年，播种模式主要是先旋耕整地，后用各类简易、小型播种机播种。2008年，开始推广免耕播种机。是年，全区推广使用2BMFS系列免耕施肥播种机17台。2013年，全区免耕播种机发展到124台，主要机型是西安亚奥2BMG-4/6（220）型，生产效率0.27～1.07公顷/小时；大华宝来2BCYF-4玉米精量播种机，生产效率0.4～0.67公顷/小时；河北农哈哈机械集团有限公司生产的2BYFSF-4型玉米穴播机，生产效率0.4～0.6公顷/小时。

水稻插秧机　2011年5月，全区有5台水稻插秧机，在册山街道五寺庄建立4公顷水稻示范推广基地，开始推广水稻机械化插秧。2013年，发展到15台水稻插秧机，主要机型有：久保田农业机械（苏州）有限公司生产的 2ZS-6（SPW-68C）手扶步进式水稻插秧机，插秧效率 0.1～0.32 公顷 / 小时；东风井关农机（常州）有限公司生产的 2Z-6B（PZ60-HGR）四轮乘坐式水稻插秧机，最大插秧效率 0.67 公顷 / 小时。

收脱机械

小麦收割机　1995 年，罗庄区推广使用小麦联合收割机。主要机型有与泰山 -30 型、上海 -50 型拖拉机配套的兖州大丰 30 型收获机，每小时收获 0.20～0.47 公顷。佳木斯 JL-3060W 型自走式联合收割机，每小时收获小麦 0.20～0.53 公顷。2013 年，全区有自走式小麦联合收割机 634 台，主要机型有洛阳中收 4LZ-5 型，约翰·迪尔（佳木斯）农业机械有限公司生产的 4LZ-3.5 型，山东巨明机械有限公司生产的 4LZ-5 型，福田雷沃国际重工股份有限公司生产的 4LZ-5、4LZ-4 型，江苏沃得农业机械有限公司生产的 4LZ-4 型自走式谷物联合收割机。

玉米收获机　1995—2001 年，全区玉米收获主要是人工收获和脱粒机结合。2002 年始，使用玉米收获机械，主要为与 50 马力（含）以上拖拉机配套的 4YW-2、4YW-3 型玉米联合收获机，每小时收获玉米 0.2～0.6 公顷。2007 年，互换割台自走式玉米联合收获机在全区推广使用。2013 年，有 55 台，主要机型有福田 4YZ-3A、巨明 4YZ-3、洛阳中收 4YZ-3、山东金亿机械制造有限公司生产的 4YZP-2 自走式玉米收获机、山东巨明机械有限公司生产的 4YZP-3 自走式玉米收获机等。

植保机械

1995—2004 年，境内植保机械基本是背负式手动喷雾器。2005 年，全区有机动喷雾（粉）机 168 台，机械植保面积 5200 公顷。主要机型有 1PHQ3 型、1PHQ4 型、1PHQ6 型，分别与志同 -25 型、泰山 -30 型和上海 -50 型拖拉机配套，工作幅宽分别 0.45 米、0.88 米。2007 年，有机动喷雾（粉）机 173 台，机械植保面积 5600 公顷。2008 年，有机动喷雾（粉）机 173 台，机械植保面积 5800 公顷。2009 年，有机动喷雾（粉）机 172 台，机械植保面积 6000 公顷。2011 年，有机动喷雾（粉）机 365 台，机械植保面积 6000 公顷。2013 年，有机动喷雾（粉）机 400 台，机械植保面积 6000 公顷。

运输机械

1995—2004 年，境内拖拉机主要为农业生产服务，也兼用于短途货物运输。2004 年，全区有大、中、小型拖拉机 4410 台。2009 年，大、中、小型拖拉机分别 4561 台、2132 台、2225 台。2013 年，有大型拖拉机 4095 台。主要品牌有上海 -50 型、天津 -60 型、泰山 -30 型、东方红 -LX 系列等。

粮油和饲料加工机械

1995—2004 年，粮油和饲料加工机械主要用于私营小型企业。2004 年，有粮食加工机械 661 台（套），油料加工机械 83 台（套），饲料加工机械 122 台（套）。2009 年，有粮食加工机械 3153 台（套），油料加工机械 86 台（套），饲料加工机械 159 台（套）。2013 年，全区有粮食加工机械 2812 台（套），油料加工机械 86 台（套），饲草料加工机械 258 台（套）。

第三节　农业机械化学校

1995 年 10 月，罗庄区农业机械化技术学校设立，承担全区各类农机使用操作人员、管理人员、技术人员培训和有关农机技术咨询工作。至 2013 年 12 月，共举办培训班 190 期，培训各类农机操作、管理人员 1.98 万人次。

第四节　农机推广与购置补贴

农机推广

1995年，全区机耕面积1.27万公顷、机播面积5333.33公顷、机收面积4586.67公顷，分别占耕地总面积66%、28%、24%；小麦、水稻脱粒基本实现机械化。1996年后，罗庄区各级农机部门本着“投入小、实用性高”的原则，大力引进和推广适宜当地耕作环境新机具、新技术。重点推广小麦精播半精播、机械化旱作农业开发、小麦联合收获、秸秆还田、小麦免耕播种保护性耕作机械化、设施农业机械化、节水灌溉等项农机化新技术。2002年，开始推广使用玉米联合收获机。2003年，小麦联合收获机普及，除机械不能进入地块人工收割外，其他全部由机械完成，小麦生产基本实现全程机械化。同时加大玉米机械化收获技术的推广力度。2005年，积极引进外地小麦、玉米、水稻收获机械到罗庄区作业。2007年，随着国家农机购置补贴政策的实施，玉米联合收割机保有量大幅增加，玉米机械化收获和保护性耕作机械化技术推广水平大幅提升。2011年，开始推广应用水稻机械化插秧。2013年，全区引进新农机具903台（套），拥有农机作业服务队10支，农机配件供应点30个，全区机耕3.3万公顷，机械化免耕播种5133公顷，秸秆还田5133公顷，机械化节水灌溉2760公顷，机械化收获面积3.35万公顷。

农机购置补贴

2004年11月1日，《中华人民共和国农业机械化促进法》施行，其中第二十七条规定：中央财政、省级财政应当分别安排专项资金，对农民和农业经营组织购买国家支持推广的先进适用的农业机械给予补贴，农业机械化进入依法促进阶段。2005年，罗庄区实施农机购置补贴项目。此后，国务院农机购置补贴力度不断加大，补贴资金不断增加。至2013年年底，共争取中央农机购置补贴资金3748万元，补贴2800户农民购买7690台（套）农机具，带动农民投资8700万元。同年，实施农机作业补贴，对全区5家农机合作社补贴资金6.17万元。

第五节　农机管理与服务

1995年10月，区农机修配站成立，承担农机供应市场打假，农业机械从业人员职业资格证书审核、发放和管理、农机修配网点技术合格证审核、发放。1996年2月，区农机局农机监理站设立，负责辖区内农业机械的安全监督管理工作。2008年，依据省委、省政府《关于进一步加强安全生产的意见》和山东省农机办《关于认真贯彻省委省政府加强安全生产工作的意见，切实提高农机“三率”水平的通知》，开展农机三率（挂牌率、年审率、驾驶员持证率）整治活动。审验驾驶证572本，查处整治拖、漏挂牌照拖拉机341台，补办牌照169副，查纠违章车辆、驾驶员2200人／台次，实现重特大农机事故零纪录。至2013年年底，核发拖拉机、联合收割机牌证5070副，年度检验拖拉机、联合收割机1.76万台，审验、考核农业机械驾驶操作人员8000人次，审核、发放农业机械从业人员职业资格证书1405本，发放农机修配网点技术合格证180个。

第六节　农机作业

本地作业

1995年，罗庄区农村小麦播种、收割、

运输、脱粒等过程，以传统手工为主，劳动强度大，速度慢。只有少量小型拖拉机、手扶拖拉机配有简易小麦收割器械，收割面积占全区播种总面积的10%。1997年，罗庄区开始使用联合收割机。同年，机收面积1667公顷。此后，小麦机收面积逐渐扩大，2000年，全区小麦机收面积4333公顷，作业收入325万元。2007年，全区小麦机收面积7467公顷，作业收入616万元。2013年，全区小麦机收面积1.35万公顷，作业收入1218万元。

2004—2013年罗庄区农机作业完成情况表

表6-8　　单位：公顷

年份	农机化作业总体情况				
	机耕面积	机播面积	机电灌溉面积	机械植保面积	机收面积
2004	15150	9200	3600	4600	9700
2005	15210	9200	3200	5200	9700
2007	15210	9300	2800	5600	10800
2008	19700	11070	3000	5800	12370
2009	19600	11200	3000	6000	13250
2011	23060	20704	3800	6000	22300
2012	31564	20704	3800	6000	22300
2013	33036	35681	3800	6000	33506

跨区作业

1999年，罗庄区开始机械跨区作业，主要是收割小麦，由区农机局组织实施。同年，组织80人、30台联合收割机到河南驻马店、湖南湘潭、岳阳等地作业，作业面积800公顷，作业收入42万元。之后，作业机械不断增加，逐步建立稳定的作业区域。2013年，全区跨区作业人员350人，作业机械135台，作业面积3600公顷，作业收入324万元。

第七章　水利

第一节　水利工程

2013年年底，境内有水库1座，水电站1座，大、中、小型水闸62座，泵站13座，堤防10条（段），公共供水企业2家，灌区1处，规模以上机电井630眼。

台井水库

位于沂堂镇后台井村北吴坦河支流上，1967年6月兴建。控制流域4.5平方千米，总库容124万立方米，其中兴利库容58万立方米。设计灌溉面积234公顷，有效灌溉面积33.4公顷。水库建成后，库底渗水严重，主要起到防洪作用。

图 6-15：台井水库（2013 年 8 月　摄）

机井　泵站

1995 年，境内有机电井 450 眼，泵站 96 座。此后，机电井发展迅速。至 2013 年，机电井发展到 1855 眼，其中规模以上机电井 630 眼，主要分布在沂河沿岸平原地区。水位埋深一般在 3 米左右，蓄水量大，单井涌水量大于 1000 立方米 / 日，局部区域 1500 立方米 / 日。泵站由 1995 年的 96 座减至 13 座。

拦河闸坝

2013 年，境内有 6 座大闸和 4 座橡胶坝，其中陷泥河大闸 3 座，为东高都闸、小庄子闸、郑旺闸；南涑河大闸 3 座，为傅庄闸、廖家屯闸、多福庄闸；有青龙河十里堡橡胶坝和留邻庄橡胶坝、南涑河丁庄橡胶坝、武河蒋史汪橡胶坝。上述闸坝主要承担辖区内的灌溉防汛排涝以及蓄水景观作用。

陷泥河东高都闸　位于高都街道东高都村西。设计挡水位 4 米，3 孔宽 5 米提升式平面闸门，墩厚 1 米，闸身总宽 20.6 米。设计流量 151 立方米 / 秒，校核流量 184 立方米 / 秒。控制面积 93 平方千米，一次蓄水 38.0 万立方米，灌溉东高都、西高都、王家对河、店子、沈牌子、常旺、老沂庄等村庄农田，控制灌溉面积 2267 公顷。

图 6-16：陷泥河高都闸（2013 年 10 月　摄）

小庄子闸　位于册山街道小庄子村东北陷泥河上。设计挡水位 4 米，6 孔宽 2.5 米提升式平面闸门，墩厚 0.8 米，闸身总宽 27.6 米。设计流量 181 立方米 / 秒，校核流量 225 立方米 / 秒。控制面积 113 平方千米，一次蓄水 38 万立方米，灌溉小庄子、尚庄、五寺庄、沙旦子、小塘崖等村庄农田，灌溉面积 1600 公顷。

郑旺闸　位于册山街道郑旺村西陷泥河上。设计挡水位 3.8 米，14 孔宽 5 米提升式平面闸门，墩厚 1 米，闸身总宽 47.6 米。设计流量 267 立方米 / 秒，校核流量 334 立方米 / 秒。控制面积 179 平方千米，一次蓄水 48.7 万立方米，灌溉面积 1333 公顷。

傅庄闸　位于傅庄街道傅庄东南村村东南涑河上。设计挡水位 4 米，8 孔宽 5 米提升式平面闸门，墩厚 1.1 米，闸身总宽 48 米。设计流量 207 立方米 / 秒，校核流量 259 立方米 / 秒。控制面积 175 平方千米，一次蓄水 38.7 万立方米，灌溉面积 1000 公顷。

图 6-17：南涑河傅庄闸（2010 年 5 月　摄）

图 6-18：江风口分洪闸（2013 年 摄）

南涑河廖家屯节制闸 建于 2008 年 10 月，闸室长 15 米，5 孔闸门，挡水高度 2.5 米，设计流量 123 立方米/秒，一次性蓄水 46 万立方米。

南涑河多福庄节制闸 建于 2012 年 10 月，闸室长 15 米，4 孔闸门，挡水高度 2.5 米，设计流量 105 立方米/秒，一次性蓄水 23 万立方米。

南涑河丁庄橡胶坝 建于2009年1月，坝长55米，挡水高度3.5米，设计流量 213 立方米/秒，一次性蓄水 46 万立方米。

武河蒋史汪橡胶坝 建于 2009 年 2 月，坝长 300 米，挡水高度 2.09 米，设计流量 4000 立方米/秒，一次性蓄水 215 万立方米。

青龙河十里堡橡胶坝、留邻庄橡胶坝 分别位于盛庄街道十里堡村南、留邻庄村西，青龙河 4+400、6+400 处。橡胶坝工程由罗庄区滨河片区综合开发指挥部建设，挡水高度 3.5 米，坝长 30 米，设计流量 40 立方米/秒，校核流量 65 立方米/秒。一次蓄水 12 万立方米，主要为临沂市带状公园提供水环境景观。

刘家道口水利枢纽工程

工程南起刘家道口，北至小埠东拦河橡胶坝，为亚洲最大的平原水闸，有“亚洲平原第一闸”美誉。南北长 13 千米，滩地面积 10 平方千米，汇水面积 13 平方千米，蓄水量 4200 万立方米，罗庄区境内水域面积 7 平方千米。2003 年，罗庄区承担滨河大道罗庄段建设占迁工作和滨河大道部分路段建设工程，完成滨河大道北首与兰山区接壤处至江风口之间 18.5 千米土地征占、地上附着物和居民房屋拆迁工作。刘家道口水利枢纽罗庄段征地 103 公顷，征用临时弃土区 6.8 公顷，处理滩地 26.43 公顷，拆迁房屋 2.29 万平方米，移除各类树木 4.5 万株。

刘家道口水利枢纽至江风口闸段滨河大道工程于 2009 年 3 月开工，2011 年 6 月竣工，全长 5.7 千米，工程总投资 2716 万元。堤防及建筑物为二级，防洪标准为 50 年一遇，堤顶路面按城市次干道标准设计。自刘家道口以南 341 米，路面标准同刘家道口枢纽以北滨河大道一致，堤顶宽 24 米，其中路面宽 18 米，两侧各 3 米宽路肩。自高都街道萧庄过路涵洞以南至江风口闸堤顶宽 19 米，其中路面宽 15 米，两侧各 2 米宽路肩。

东调工程南下续建沂河治理工程罗庄段。位于沂河干流右岸高都街道和册山街道，按 50 年一遇防洪标准治理。主要建设内容包括：复堤 3.34 千米，沙堤沙基截渗 750 米，上堤坡道 2 处，萧庄一孔排水箱涵。

灌溉试验站建设

小埠东灌区灌溉试验站，原为山东省 12 家重点试验站之一，1963 年开展工作，“文化大革命”后期中断，1978年恢复。试验站作为基层科研单位，是当时全省唯一一家从事水稻灌溉试验研究的灌溉试验站。1998年3月，划属区水务局管理。1999年，试验站工作再次中断。2005年，投资148万元对实验站重新建设恢复实验。试验站拥有土地使用面积2公顷，试验田1.47公顷。其中，旱作试验田0.67公顷，水田试验田0.8公顷。办公楼建筑面积1156平方米，常规实验室建筑面积478平方米，试验测坑18个，均配有防雨棚。2009年，投资20余万元购买常规仪器，建设试验气象观测站1座。

第二节　农田水利基本建设

1995—1997年，投资3548万元，建成水利工程421项，完成土石方304.98万立方米，扩大、改善灌溉面积4380公顷，除涝面积4200公顷，改造中低产田2200公顷；治理水土流失面积235公顷，建水平梯田114.67公顷。其中重点工程有降水沟治理工程、南头防渗渠、沂河复堤整修工程和陷泥河罗庄段拓宽治理工程。降水沟治理工程，投资160.3万元，全长12.2千米，完成土石方13.5万立方米，恢复、扩大、改善灌溉面积266.67公顷，解除沿岸10个村庄洪涝威胁；南头防渗渠工程，投资90万元，全长1.9千米，完成土石方4.03万立方米，改善灌溉面积1066.67公顷；沂河复堤整修工程，投资1031万元，全长19千米，搬运土石方2万立方米；陷泥河罗庄段拓宽治理工程，投资227万元，全长2.82千米，开挖土方、淤泥22万立方米，扩建盛庄电厂桥和老淮徐公路桥。

1998—2004年，投资7194万元（其中争取上级资金1220万元），完成水利工程164项，整修农田路135.6千米，排水沟渠清淤维修197.1千米，维修改建桥涵建筑物375座，扩大改善灌溉面积1.48万公顷。其中重点完成傅庄街道前官战湖和汤庄万亩节水示范工程，工程首期配套法国卷盘式喷灌机21台（套）；建成傅庄街道前龙泉屯村节水灌溉工程，节水灌溉面积246.67公顷；完成2002年度山东省节水灌溉项目，实现牧草卷盘式喷灌66.67公顷，管道灌溉133.33公顷，花卉固定式喷灌6.67公顷，奶牛场喷淋2000平方米，新修防渗渠2千米，打深井2眼。

2005—2007年，投资3487.5万元（其中治理电厂河投资427.5万元），完成水利工程39项，清淤、除障115.1千米，加高防固堤防5千米，维修、新建防渗渠46.2千米，建泵站4座，维修桥、涵92座，开挖土石方32万立方米，打深井10眼、灌溉机井100眼，治理小流域106.67公顷，改善灌溉面积2173.33公顷，新增灌溉面积1193.33公顷，除涝面积2633.33公顷。

2008—2010年，投资6003.5万元（其中综合治理南涑河投资2453.5万元），加高防固堤防5千米，建成总干渠1.8千米，完成灌区末级渠系改造工程，疏浚河道26千米，清淤渠道36千米，建设26条防渗衬砌斗渠12.3千米，建设总干渠防渗渠道2.2千米，建泵站4座，维修桥、涵92座，改建渠系建筑物86座，整修农田路15.9千米，挖排水沟23.1千米，除内涝3233.33公顷，恢复灌溉面积493.33公顷，完成尚屯村、中坦村和燕子河流域治理，建灌溉渠2.4千米，新打深水井6眼，敷设管道3千米。

2011—2013年，投资2485万元，开工各类工程14项。新建防渗干渠2条，长12千米；新修防渗田建渠道3条，长4千米；河道沟渠清淤疏浚24千米。其中，清淤沟渠9千米，疏浚河道15千米；新打机井31眼，改善、恢复灌溉面积926.67公顷，新增旱涝保收面积800公顷，发展节水灌溉面积393.33公顷。

第三节 河道治理

邳苍分洪道治理

2009年3月，邳苍分洪道治理工程开工，同年12月竣工，投资1617万元。工程自邳苍分洪道右岸江风口至陷泥河口，支流陷泥河口至册山街道五寺庄，按50年一遇防洪标准治理。主要建设邳苍干流堤顶防汛路6.3千米，支流陷泥河堤顶防汛路1千米，支流陷泥河两岸复堤5.7千米，支流陷泥河河口段两岸护险800米，黄墩左右岸涵洞接长5米。

武河湿地治理

2009年11月26日，开工建设。湿地全长15千米，面积1333.33公顷。工程分期建设，一期工程从蒋史汪橡胶坝至廖家屯节制闸，全长10千米，面积1000公顷。建设15千米围堰硬化路面，铺设迎水面植草护坡砖，建造景观桥4座、拦水坝4座、溢流坝8座、跌水池2处、湖心岛39个，栽植21种苗木10.2万株，水生植物3种770万株。

2011年5月5日，实施二期工程，投资6500万元，建设湿地右岸滨河路，北起江风口分洪闸，南至南涑河口，全长13.57千米，路宽9米，两边路肩各1米，同年7月1日建成通车。投资1300万元，对一期工程苗木进行补植提升，栽植大型苗木29种5225棵，水生植物106种64.69万株，芦蒲27万株，地被植物20万平方米。

南涑河治理

2008年5月，投资65万元，改建石埠闸，完成浆砌石480立方米，整平压实上游河道2千米，扩大中石埠村农田灌溉面积133.33公顷。2009年5月，投资2400万元，对南涑河宝泉寺至丁庄段清淤13.6千米，新建丁庄橡胶坝，维修改造南涑河拦河闸。对宝泉寺及南涑河上游清淤500米、防渗、培堤，并对南涑河支流老涑河、鱼梁沟全线清淤。2009年9月—2010年12月，投资2600万元，对南涑河进行综合整治。主要修建南涑河左岸沥青混凝土道路13.6千米，新建桥梁5座，重建涵洞14座，完成土石方40.8万立方米，浆砌石0.46万立方米；沿河、沿路两侧绿化3.84万平方米。

图6-19：武河湿地落水坝（2013年6月 摄）

南涑河支流治理

1995年11月，开挖降水沟，排除傅庄、册山镇沿线农田内涝。1999年11月，对岳河清淤培堤1.7千米。2000年4月，投资25万元，对小黑河进行治理，清淤疏通河道2.5千米，开挖土方2.8万立方米，农田除涝66.67公顷。

陷泥河治理

2000年5月，投资90万元，对陷泥河高都闸、郑旺闸，小庄子闸进行配套维修，更换启闭机20台、止水带250米。2005年，投资39.6万元，疏浚沂河路南陷泥河段400米。2009年，结合邳苍分洪道治理工程和南水北调截污导用工程，对陷泥河部分河段清淤、整堤、修筑防汛路，维修郑旺闸、高都闸。

陷泥河支流治理

2006年3月、2009年5月、2013年5月，共投资1000万元，先后3次对电厂河全线清淤疏浚。2009年6月，投资67万元，实施电厂河截污工程，在沂蒙新村、小庄子村河段各新建1座3孔2.1×1.9节制闸。

第四节　农田灌溉

小埠东灌区

灌区分为东、西灌区。东灌区始建于1958年，灌溉面积5366.67公顷，干渠长5.2千米，分干渠2条，总长11.2千米，支渠及干斗12条，总长19.8千米；西灌区始建于1963年，灌溉面积1.47万公顷，干渠长9.17千米，分干渠5条，总长32.5千米，支渠43条，总长85千米。干、支渠建有水闸116座，渡槽6座，倒虹吸3座，跌水坝3座，桥梁101座。西灌区经过30余年运行，工程老化严重，灌溉面积萎缩，灌溉水利用系数平均0.4左右。

1995—1997年，投资90万元，对小埠东灌区五干渠进行治理，完成土石方1.1万立方米，改善、扩大灌溉面积1333.33公顷，解决沈泉庄工业区泄洪和排污问题；投资25万元，对小埠东灌区总干清淤13.5千米。1998年，实施小埠东灌区节水改造工程。投资10万元，对西干渠陷泥河至沈牌子村段进行治理，对灌区总干渠一分干至六分干及西总分干渠清淤33.1千米；投资60万元，防渗护砌傅庄镇七干3千米；投资88万元，对册山镇二干渠延伸防渗护砌5.2千米。1999年，投资49万元，疏通七干渠傅庄镇大河湾村段，修建矩形断面防渗石渠800米，新建节制闸1座。

2000年，区水务局依据水利部《关于开展大型灌区续建配套与节水改造规划编制工作的通知》，编制《山东省临沂市小埠东灌区续建配套与节水改造规划报告》。2001年，水利部以水规计〔2001〕514号文件批复小埠东灌区列入国家大型灌区改造规划。由此，开始规模较大的灌区改造续建配套工程。

2002年，投资201.1万元，完成灌区西干渠东高都村至西高都村段衬砌1.51千米，新建、改建节制闸3座，改建干斗进水闸3座，改善灌溉面积2666.67公顷。2003年，投资765万元，完成三分干渠0+000～7+320段防渗衬砌7.32千米，改建节制闸3座、进水闸13座、生产桥12座，恢复灌溉面积1466.67公顷。灌溉水利用系数由0.3提高到0.7。2004年，投资765万元，完成五分干0+050～5+250段浆砌石衬砌5.2千米，改建进水闸2座、节制闸2座、泄水闸1座、生产桥6座；维修渠道管理道路5.2千米；恢复灌溉面积1400公顷。灌溉水利用系数由0.3提高到0.7。2005年，投资770万元，完成四分干渠0+000～5+200段浆砌石衬砌5.2千米，改建进水闸9座、节制闸3座、生产桥19座，维修渡槽1座；建设渠道管理道路5.2千米；恢复、改善灌溉面积800公顷。灌溉水利用系数由0.3提高到0.7。2006年，投资1500万元，完成西干渠小庄子村东干渠0+000～3+300段、郑旺村西干渠0+000～1+681段、西干渠五分干四支渠

0+000 ～ 6+100 段衬砌 11.1 千米，改建、加固建筑物 42 座；恢复改善灌溉面积 1898 公顷。灌溉水利用系数由 0.3 提高到 0.7。2008 年，投资 1142 万，疏浚、防渗护砌西灌区干渠 2+400 ～ 4+200 段 1.8 千米；改建节制闸（桩号 2+800）、进水闸（桩号 2+800）各 1 座；恢复、改善灌溉面积 2953.33 公顷。灌溉水利用系数由 0.3 提高到 0.7。2010 年，投资 3342 万元，疏浚、衬砌渠道 16.5 千米；新建、改建、维修建筑物 41 座；建设渠道管理道路 15.5 千米，管理用房 1200 平方米；恢复、改善灌溉面积 5906.67 公顷。灌溉水利用系数由 0.3 提高到 0.7。

1996—2010 年，全区先后争取中央、省、市资金 4125 万元、区配套资金 200 万元，投入灌区新建、改建、维修工程。

提水灌溉

提水灌溉主要是机电井和水电泵站灌溉。2013 年，全区用于农业灌溉机电井 1855 眼、泵站 13 座，有效灌溉面积分别 7033.33 公顷、1000 公顷。

2000—2013 年部分年份罗庄区机电井及灌溉面积情况表

表 6-9

年度	机电井（眼）	灌溉面积（公顷）	年度	机电井（眼）	灌溉面积（公顷）
2000	1274	2700	2008	1424	4360
2002	1233	2553.33	2009	1445	4760
2003	1116	1886.67	2010	1494	5093.33
2004	1118	1820	2011	1596	5693.33
2006	1287	3026.67	2012	1687	6026.67
2007	1412	4026.67	2013	1855	7033.33

库塘灌溉

2013 年，境内有水库 1 座，因底部渗漏起不到灌溉农田作用。塘坝 12 座，主要分布在沂堂镇，灌溉方式以喷灌机抽水灌溉为主，灌溉面积 200 公顷。

节水灌溉

1998 年，投资 80 万元，购置卷盘式喷灌机 4 台，敷设管道 4 千米，建成傅庄镇前官战湖村 133.33 公顷喷灌工程示范园。1999 年，投资 412 万元，建设汤庄万亩节水喷灌示范园，配套法国卷盘式喷灌机 16 台（套），敷设管道 21 千米，建泵站 2 座，设置给水栓 340 个，闸阀 42 个，年节约用水 150 万立方米。2001—2002 年，投资 407 万

图 6-20：节水喷灌（2013 年 5 月　摄）

元，实施国家节水灌溉示范项目。项目区位于傅庄街道前龙泉屯村，面积246.67公顷，打机电井5眼，敷设管道43千米，发展喷灌106.67公顷，微灌140公顷。2003年，投资508万元，实施山东省节水灌溉项目。项目含盛庄、高都街道，发展节水灌溉面积753.33公顷，建成卷盘式喷灌213.33公顷，固定式喷灌60公顷，小管出流160公顷，半固定式喷灌313.33公顷。2011年，投资100万元，建设沂堂镇高效节水灌溉项目，同年8月开工，2013年8月竣工。项目位于沂堂镇麒麟山社区，面积66.67公顷，敷设PVC管道6.5千米，新建管理房1座，打机电井10眼。

1998—2013年，修建各级防渗石渠39.1千米，农渠防渗节水灌溉面积1.67万公顷。其间，喷灌、滴灌管道灌溉新技术得到较快发展。2000年，罗庄区被列为国家节水灌溉示范项目区；2001年，被山东省水利厅列为水利现代化示范项目区。

1998—2011年部分年份罗庄区节水灌溉项目建设情况表

表6-10

项目名称	实施年份	实施镇、街道	规模（公顷）	工程建设主要内容	投资（万元）	项目来源	运行情况	管理形式
前官战湖喷灌区	1998	傅庄镇	133.33	管道4千米，喷灌机4台	80	市水利局	达标	集体
汤庄万亩喷灌工程	1999	汤庄街道	666.67	泵站2座、管道21千米，喷灌机16台	412	省水利厅	达标	集体
罗庄喷灌区	2000	罗庄街道	66.67	机井2眼，管道4.5千米	50	省水利厅	达标	集体
国家节水灌溉示范项目	2001	傅庄街道	246.67	机井5眼，管道43千米，小管出溜、微灌、喷水带	302	国家计委水利部	达标	集体
防渗渠工程	2001	册山街道	226.67	修防渗渠20千米	170	省水利厅	达标	集体
山东省水利现代化示范项目	2002	傅庄街道	246.67	自动控制、变频恒压、供水和土壤墒情检测	105	省水利厅	达标	集体
山东省节水灌溉项目	2003	盛庄街道 高都街道	753.33	卷盘式喷灌，固定式喷灌，小管出流，固定式管灌	508	省水利厅	达标	集体
高效节水灌溉项目	2011	沂堂镇	66.67	敷设PVC管道6.5千米，新建管理房1座，新打机井10眼，主要是发展低压管道节水灌溉	100	水利部	达标	集体

第五节　供水工程

村村通自来水工程

1995年，罗庄区农村居民生活用水主要以家庭压水井取水为主，罗庄镇部分村庄用上自来水。1997年，罗庄镇投资1100万元，扩建自来水厂，全镇70%居民用上自来水。1998年，盛庄镇建成日供水5万立方米盛泉自来水厂，解决因陷泥河污染造成的饮水问题，部分村庄居民用上自来水。2003—2005年，罗庄区实施“千村帮扶”“人畜饮水解困”“村村通自来水工程”，投入1096万元，打深水井、敷设管道，解决30个村庄居民饮水问题。

2006年，省、市提出3年时间实现村村

图 6-21：2006 年 9 月 7 日，罗庄区召开村村通自来水工程总结表彰大会

通自来水目标。同年 3 月 28 日，区委、区政府召开全区专题会议，启动村村通自来水工程。投资 208.46 万元，建设农村饮水安全应急工程 4 个。其中，联村供水工程 1 个、涉及 2 个村 2232 人，管网延伸工程 3 个、涉及 3 个村 4263 人，解决傅庄、汤庄、册山 3 个街道 5 个村庄 6495 人的饮水困难。落实省、市补助资金 40 元 / 人，区政府以奖代补资金 40 元 / 人，打深水井 51 眼，建引水工程 13 个。8 月 28 日村村通自来水工程竣工，并于 8 月 30 日，通过市政府验收，115 个村通上自来水，31 万农村居民用上自来水，普及率 95.36%，为临沂市实现村村通自来水的第一个县区。

2007 年，投资 81 万元，建管网延伸工程 2 个，解决傅庄街道 3 个村庄 2075 人的饮水困难问题。2008 年，投资 259.06 万元，建设管网延伸工程 1 个和单村供水工程 2 个，解决傅庄街道 1 个村 836 人、高都街道 1 个村 611 人、册山街道 1 个村 2000 人饮水困难。2011 年，投资 531 万元，解决 2 个街道 7 个自然村 1.09 万人饮水安全问题。建设罗庄区自来水公司管网延伸工程 1 个，涉及罗庄街道 4 个村庄 5869 人、傅庄街道 3 个村庄 5044 人。同年 6 月 13 日，罗庄区 2008 年度农村饮水安全工程通过市验收组竣工验收。2012 年，投资 1205 万元，解决 6 个街道 13 个自然村 2.1 万人及 15 所学校 1.62 万人的饮水安全问题。建设盛泉自来水公司管网延伸工程 1 个，涉及盛庄街道 4 个村庄 6472 人。2013 年，投资 2219 万元，解决 3 个街道 38 个自然村 4.51 万人饮水安全问题。建设盛庄街道、傅庄街道和高都街道自来水管网延伸工程。同年 12 月，通过市级验收交付使用。

岸堤水库引水工程

2009 年 4 月 30 日，自岸堤水库引水入罗庄区工程开工建设。工程投资 1500 万元，敷设引水主管道 7.09 千米，自琅邪王路铁路桥接入，沿铁路南侧东至蒙山大道，南至沂河路，从沂河路经湖东二路至规划路。沿线分别与盛泉自来水公司、罗庄自来水公司供水主管线对接，实行并网供水，同年 6 月 15 日竣工。2011 年 3 月 3 日，岸堤水库引自来水工程通水，日供水量 10 万立方米，20 万居民用上岸堤水库水，结束罗庄区单一依靠地下水供水的历史。

图 6-22：2009 年 4 月 30 日，罗庄区举行岸堤水库引水入区工程开工仪式

沂河取水工程

2003 年，小埠东橡胶坝至刘家道口闸地质勘探和管网地质勘探完成，通过专家论证，确定规划方案和取水位置，并办理取水许可手续。2004 年，开工建设。工程由取水泵站、输水管道工程和净水厂工程组成，取水口位于刘家道口分洪闸上游 6.5 千米处右岸滩地

上，净水厂位于高都街道中坦村北侧，前后坦村西侧，距离取水口2千米，取水口与净水厂之间为地下埋管式输水管道。2008年竣工，投资450万元，建成取水泵房和控制室及输水管道，敷设直径500毫米管道670米，浆砌石1100立方米。

自来水公司简介

罗庄自来水有限公司 位于罗庄街道罗七路南段西侧。1986年10月成立，占地面积2公顷。供水区域东至桥西头社区、西至崔庄社区、南至傅庄街道、北至沂河路，共20平方千米。供水为生产、生活、工业用水，原取水水源为地下水，水源地为焦沂庄，供水规模2万立方米/日。2011年3月，岸堤水库引水工程通水后，改用市沂蒙水务有限公司供水。供水管径范围在DN600～DN75之间，管网为树枝状布置，供水能力为1.5万立方米/日，受益人口8.6万人。

盛泉自来水有限公司 位于盛庄街道后盛庄。1996年10月成立，占地面积3.33公顷，地下水源为后盛庄。2011年3月，改用岸堤水库引水，日供水1万立方米，满足城区北部10万人生活用水。

傅庄水厂 建于1986年，地下水源地为朱家岭村，占地面积0.8公顷。2008年扩建，改用前官战湖地下水源，供水管道长23千米，供水村庄36个，受益人口3万余人。

册山水厂 始建于1996年，地下水源地为西册山村，占地面积1.33公顷。2006年，结合“村村通自来水工程”进行扩建，供水管道长23千米，供水村庄28个，受益人口2万余人。

第六节　防汛　抗旱

防汛

境内春旱夏涝特点十分明显，每年汛期均有暴雨、大暴雨，加之东有沂河界河，其他河道断面窄，易淤积，客水涌入量大，易成灾。1995年始，罗庄区高度重视防汛抗旱工作，坚持安全第一，常备不懈，以防为主，全力抢救的方针，每年汛期前调整充实各级防汛指挥机构，区政府成立由区长任指挥、分管副区长任副指挥、有关单位主要负责人为成员的防汛抗旱指挥部。实行行政首长包防汛工程岗位责任制，制定完善防汛预案，成立防汛队伍，检查水利工程，抢修防洪设施，储备相关防汛物料、器材，做到思想、组织（队伍）、物料、责任和措施“五落实”。防汛办公室及时掌握统计雨情、汛情、灾情及水利工程情况。2013年，全区储备编织袋6万条、铁丝5吨、木材350立方米、救生衣200件。实行定点储存、专人保管，严格调用程序，确保不流失、不损毁、不浪费，保证应急使用时能足量调拨到位。区人武部组织一支以基干民兵为主体的300人应急抢险队，为防汛抢险在人力、物力上提供保证。每年汛后，对水利防洪工程全面开展安全大检查，对危险（即度汛有问题）工程登记造册。按照防洪工程分级管理、分部门负责的管理体制，党政领导及工程技术人员包片、包河。包片领导均为各镇、街道指导组成员，工程技术人员由区水务局安排。

抗旱

境内冬春降水少，连旱时有发生。1997年3月，罗庄区水务局抗旱服务队设立，购置10吨洒水车11辆，R1100柴油喷灌机103台。2010年11月，针对日趋严重的旱情，区政府从水务、农业、农机等部门抽调专门人员组成4个抗旱督查工作组，对各镇、街道抗旱工作进行督导检查，实行区领导包镇、街道，镇、街道领导包村责任制。各涉农部门抽调专业技术人员，组成抗旱工作组，指导农民做好春季农田管理。同年，共投入抗旱资金210万元，日最大投入抗旱劳力3万人，启用机电井1650眼、泵站13座，动用机动抗旱设备25台（套），抗旱浇地6666.67公顷次。2011年1月，区政府拨款30万元，在沂堂镇打深水井11眼，解决11个村居民饮水困难；利用中央专款200万元，购置10吨洒水车11辆，分发至各镇、街道和区住建局，用于抗旱应急拉水；购置R1100型柴油喷灌机103台，分发至各镇、街道，用于抗旱灌溉。同年2月，省、市、区共投入资金111万元，打抗旱机井600余眼，增加农田灌溉面积160公顷，解决9593人和1200头牲畜饮水问题。

图6-23：涧头拦河闸坝（2012年11月 摄）

第七节 水土保持

凤凰岭流域

位于傅庄街道中西部，属燕子河官战沟上游丘陵地区，流域面积25.75平方千米。1998年，治理10平方千米，修农田路14条，共41千米，发展喷灌面积453.33公顷，动用土石方3.5万立方米，开挖管道沟15千米。2001年，投资20万元，沿京沪高速公路两侧和流域内荒坡地发展杉林26.67公顷，林果13.33公顷。2003—2005年，投资22万元，在陈岭村发展林果20公顷，水土保持能力提高。

涧头流域

位于罗西街道西部，域内有涧头、涧沟崖、西石埠、中石埠4个村，人口8550人，流域面积10.5平方千米。流域四面环山，有大小山丘19座，有干、支沟14条，沟壑密度1.3千米/平方千米，岩石为石灰岩，土薄，裸岩较多，土壤为褐土，土质为中壤，土壤肥力低，保水、保土、保肥性差，水源涵养能力低，水资源不足，地下水奇缺。1997年，建蓄水池3个，修缮塘坝1座。1998年，建拦河桥坝3座，治理荒山21.33公顷。1999年，建蓄水池5个、桥1座，治理流域面积1.5平方千米，解决涧头村和磊石村人、畜吃水困难问题。2003—2005年，投资160.4万元，新建桥坝2座，新增水保林53.33公顷，果林13.33公顷，修路5千米，建护林房6座，河道治理护坡及小坝工程1座。

燕子河流域

位于罗西街道西部，域内有大小山丘30余座，7个行政村，人口9650人，流域面积40平方千米。燕子河为其主河道，干、支沟20条，沟壑密度1.35千米/平方千米。2005—2008年，投资1100万元，全流域治理水土流失面积24平方千米，农田基本建设213.53公顷，发展节水灌溉面积280公顷，修建塘坝、拦河坝各10座、谷坊50道、蓄水池25个、沟道护岸98千米、道路160千米。

第八节　水务管理

水利产权制度改革

1998年，罗庄区贯彻落实市政府《关于开展水利改革建设管理年活动的决定》，实施小型水利工程产权制度改革。区政府印发《罗庄区1998—2000年水利改革、建设、管理年活动规划说明书》，以明确产权、搞活管理使用权为重点，对10米以下的蓄水工程、蓄水池、汪塘、机电井、中小型扬水站、管道引水等小型农田水利设施，采取拍卖、承包、租赁等形式，将工程管理使用权落实到户。工程所有权归集体，管理使用权归承包、租赁者。对拍卖工程允许继承、转让，在征得村集体同意后，也可转包、转租。对新建工程，以明确产权、放开建设权、落实管理使用权为重点，鼓励单位和个人采取户办、联户办、股份合作形式投资建设，谁投资，谁受益。土地所有权归集体，工程设施所有权、受益权、管理使用权归建设者。同年5月26日，在盛庄镇寇家对河村召开小型水利工程产权制度改革现场会，村集体向群众拍卖扬水站。之后，傅庄、罗庄等乡镇也相继展开小型水利工程产权制度改革。

水资源保护

资源管理　按照《山东省用水总量控制管理办法》《关于认真贯彻执行〈山东省用水总量控制管理办法〉的通知》规定，凡是在辖区内新建、改建、扩建建设项目需要取水或增加取水的，必须进行水资源论证。同时，增强水资源论证项目审批前置力度。2011年，区政府印发《关于贯彻〈山东省用水总量控制管理办法〉的实施意见》，同时，区发改、经信、水务、环保等部门联合下发《关于认真贯彻执行〈山东省用水总量控制管理办法〉的通知》。重新核定各取水单位用水计划，实施计划用水、计量收费，对超计划用水的取水户实行累进加价收取水资源费制度。推行农业综合节水技术，强化农业节水措施，工业行业通过技术改造和产品更新换代提高节水和循环利用率，城镇居民生活用水推广安装节水新器具。1995—2013年，办理取水许可证142件。

资源保护　1995—2013年，罗庄区重视水资源保护工作，投入水污染防治费7亿余元。重点实施“治、用、保”三项工程，实施企业污染治理。“十一五”期间，对17家重点排水企业实施污水处理再提高工程，52家建陶企业的64台一段式煤气发生炉更换为二段式煤气发生炉，配套建设56台水煤浆锅炉处理煤气发生炉产生的酚氰废水，所有内墙砖生产企业配套干法磨边设施，其他企业磨边废水全部循环利用。完成列入《淮河流域水污染治理“十一五”规划》的6个项目。实施污水集中处理。新建4个污水处理厂，新增配套管网79千米，日处理能力实现13.5万吨，实际处理11万吨／日。强化水环境安全监管。对全区所有涉水企业进行排查整治，存在除污设施不健全、不能达标排放企业一律限期治理或停产治理，不符合产业政策、污染严重且无力治理和存在较大环境风险隐患无法有效管控企业一律实施关停；健全完善区、街道和企业三级应急预案，强化环境预警监测，重点河流实施“河长制”，预防环境事故发生。

水政执法

1995年，罗庄区水利水产局水资源管理办公室设立。1997年12月26日，罗庄区水政监察大队设立，编制11人，隶属区水利水产局。2005年8月，水政监察大队升格为正科级事业单位，编制29人。设一站式服务大厅，辖水资源管理中队、水政法规中队、水保监督管理中队、河道管理中队和5个污水处理费征收中队。2010年，水政监察大队人员充实到41人，内设一室（大队综合办公室）、二中心（区行政审批服务中心水务局窗口、公共供水管理中心）、三办（水资源办、水保办、河道办）、五个征收中队以及“一庭两室”（法院驻水政大队巡回法庭、检察院和公安分局驻水政大队工作室）。针对水政执法存在执法分散、执法力量薄弱问题，将执法、收费、审批等有关职能划归水政监察大队统一管理。

机构自成立起，按照水利部《水行政处罚实施办法》规定的水行政处罚程序，对行政管理范围内的水事活动进行监督、检查，对违反法规行为依法作出行政裁定、行政处罚。2005年始，区水政监察大队先后配备8辆水政执法车，40余台电脑和摄像机、数码相机等办公执法装备。先后有362人参加省、市、区统一组织的法律法规培训班。同年9月，区人民法院设驻水政监察大队巡回法庭，区人民检察院、公安分局分别设驻水政监察大队工作室，派驻专职人员参与水政执法。2005—2013年，开展联合集中执法50余次，查处非法打井200起，限期安装计量设施通知书330份，下发水利规费催缴通知书50份，挽回经济损失260万元。

规费征收

水土保持设施补偿费 1996年，按照区政府《关于印发〈罗庄区水土保持办法〉的通知》规定，征收水土保持设施补偿费，征收标准：损坏林、草地按占地面积每平方米一次性缴费1～2元，损坏梯田按占地面积每平方米一次性缴费2元。

水土流失防治费 1996年始，按照区政府《关于印发〈罗庄区水土保持办法〉的通知》规定，征收水土流失防治费，征收标准：按破坏地貌、植被面积每平方米1～5元收取，堆弃的砂、石、土或尾矿、废渣体积按每立方米2～6元收取，直接用土作生产原料的按每立方米2～5元收取。水土保持设施补偿费、水土流失防治费主要用于水土保持工程建设、恢复和维修养护，水土保持林草种植与补植；水土保持查勘、规划和设计；水土保持监督监测仪器、交通工具购置与维修。2013年，征收水土保持设施补偿费、水土流失防治费20.5万元。

水资源费 2002年7月，按照《山东省水资源费征收使用管理办法》、省物价局《关于公布全省17市水资源收费标准的通知》，对水资源费征收标准进行调整：取自备地下水0.5元/立方米，公共取地下水0.45元/立方米，取自备地表水0.25元/立方米，公共取地表水0.20元/立方米。各用水单位必须安装量水设备，按规定及时缴纳水资源费，逾期不缴者按日收取5%的滞纳金，由水务局负责征收。征收的水资源费缴区财政纳入预算管理，作为水资源管理专项资金。2013年，征收水资源费857.46万元。

污水处理费 2005年7月1日始，罗庄区征收污水处理费。收费标准由区物价管理中心依据国家、省、市有关规定核定。公共供水部分由有关供水公司随水费收取后交征收单位；自备水源用水由区水务局直接征收。2013年，征收污水处理费1446.96万元。

1995—2013 年罗庄区水利规费征收情况表

表 6-11　　单位：万元

年份	水保"两费"	水资源费	污水处理费	合计	年份	水保"两费"	水资源费	污水处理费	合计
1995	/	9.00	/	9.00	2005	7.41	507.26	186.50	701.17
1996	6.90	5.67	/	12.57	2006	14.48	435.39	882.55	1332.42
1997	4.09	14.39	/	18.48	2007	11.75	477.74	955.20	1444.69
1998	3.13	0	/	3.13	2008	-	448.88	972.88	1421.76
1999	3.17	23.54	/	26.71	2009	33.10	973.22	784.44	1790.76
2000	2.49	19.78	/	22.27	2010	15.25	508.96	2140.30	2664.51
2001	2.99	21.78	/	24.77	2011	16.20	585.00	965.70	1566.90
2002	0.34	77.57	/	77.91	2012	18.76	741.18	1227.16	1987.10
2003	0.10	164.40	/	164.50	2013	20.50	857.46	1446.96	2324.92
2004	11.64	500.10	/	511.74					

第八章　农业综合开发

第一节　土地治理

罗庄区土地治理项目主要是中低产田改造项目。1996—2013 年，全区共有 17 个土地治理项目，改造中低产田 1 万公顷，总投资 7448 万元。其中，财政资金 5868 万元，村民筹资、投劳力折合 1580 万元。惠及 110 个村、19 万人。建设防渗渠管道 14.54 万米，开挖排水沟 57.2 万米，新打机电井（包括浅井）688 眼，建设桥涵闸 2494 座，整修田间路 47.68 万米，建排灌站 14 座，架设输变电线路 4.97 万米，安装变压器 3 台，建设护林房 30 座，种植绿化苗木 48.44 万棵，购买定位仪、测距仪等设备 359 台，引导建成牛蒡种植基地 66.67 公顷，进行水稻良种补贴 66.67 公顷，建 800 立方米厌氧发酵罐 2 座、500 立方米贮气柜 1 座，安装脱硫器、计量器、沼气灶具等 300 套，建设喷灌 13.33 公顷，滴灌 33.33 公顷，井灌 166.67 公顷。

图 6-24：傅庄街道国家农业综合开发项目（2013 年 10 月　摄）

1997—2013年罗庄区农业综合开发土地治理项目情况表

表6-12

年份	名称	地点	建设规模（公顷）	总投资（万元）	财政资金（万元）					自筹（万元）	主要建设内容													
					合计	中央财政资金	地方财政资金				防渗渠道（千米）	排水沟（千米）	机电井、浅井（眼）	桥涵闸（座）	道路（千米）	植树（万棵）	管道（千米）	电路（千米）	泵房（座）	护林房（座）	排灌站（座）	设备（台套）	拦河坝（座）	变压器（台）
							省级	市级	区级															
1997	中低改	傅庄街道	333.33	98	63	50	—	5	8	35	5.7	32	2	49	25	2	—	—	—	—	—	—	—	—
1998	中低改	汤庄街道	1000	200	118	57	—	18	43	82	—	102	2	72	59	4	—	—	—	—	—	—	—	—
1999	中低改	罗庄街道	666.67	240	124	83	—	6	35	116	5.5	56.8	3	95	49.6	5	—	—	—	—	—	—	—	—
2000	中低改	册山街道	666.67	270	180	147	—	10	23	90	13.4	80	—	90	50	3.5	—	—	—	—	—	—	—	—
2001	中低改	高都街道	666.67	267	217	176	—	17	24	50	11.5	80	—	219	36	5	—	—	—	—	—	—	—	—
2002	中低改	罗西街道	666.67	270	205	169	—	12	24	65	8	34	—	145	31	5	—	—	—	—	—	—	—	—
2003	中低改	汤庄街道	666.67	280	212	80	—	10	22	68	5.75	20	56	129	30	5	—	2.63	6	5	—	—	—	—
2004	中低改	高都街道	666.67	314	231	200	—	12	19	83	9.44	19.65	2	232	14	3	—	—	—	8	—	—	—	—
2005—2006	中低改	册山街道	666.67	629	466	398	—	23	45	163	12.5	18.6	62	277	36	2.69	16	2.4	—	4	4	302	—	1
2007	中低改	高都街道 册山街道	1200	925	740	370	259	37	74	185	21	20	130	278	26	5	2	2	—	10	10	—	—	—
2007	中低改	册山街道	333.33	555	300	150	105	15	30	255	15	-	118	40	15	1.5	8	5	—	—	—	11	—	2
2008	中低改	册山街道	333.33	300	240	120	84	12	24	60	7	13.7	7	169	8.4	0.94	2.3	1	2	—	—	—	—	—
2009	中低改	高都街道	400	425	340	170	119	17	34	85	8.8	14.7	21	166	9.26	1	3	1.5	—	3	—	—	—	—
2010	中低改	黄山镇	333.33	444	344	200	84	20	40	100	20.2	19	40	74	13.5	0.78	20.7	4.1	—	—	—	—	—	—
2011	中低改	沂堂镇	533.33	720	675	450	157	23	45	45	—	20	82	130	23.4	1.8	47.5	13.4	—	—	—	—	3	—
2012	中低改	沂堂镇	333.33	576	540	360	126	18	36	36	—	17.96	58	164	18.5	1.03	29.91	10.6	—	—	—	—	1	—
2013	中低改	褚墩镇	533.33	935	873	610	171	31	61	62	1.6	23.6	105	165	32.1	1.2	46.5	7.1	—	—	—	—	—	—

第二节　产业开发与农村扶贫

产业开发

1996年始，罗庄区实施农业产业化开发项目，主要是发展优势特色产业，提升农业竞争力，促进农业可持续发展。同年，罗庄区城市绿化研究所在盛庄镇实施花卉、苗木开发项目，投资10万元，全部为中央和省财政资金。

2001年，罗庄区盛能乳业股份有限公司实施盛能奶制品加工项目，建成500平方米组培中心1个、实验室1个，奶牛养殖基地3家、奶制品生产线1条、现代化挤奶站3个。总投资800万元。其中，中央扶持资金98万元，省财政扶持资金68万元，市级财政扶持资金11万元，区级财政扶持资金21万元（均为有偿资金），自筹资金102万元，银行贷款500万元。

图6-25：盛能乳业有限公司胚胎工程核心奶牛群（2008年9月　摄）

2011年，临沂效峰菌业有限公司实施2000万袋有机食用菌菌种繁育生产基地扩建项目，建设地点为高都街道。建设菌种培养房4400平方米，配电室70平方米，购置生产设备42台（套）。项目总投资520万元。其中，中央财政扶持资金45万元，省级财政扶持资金32万元，市区财政扶持资金13.5万元，自筹资金430万元。项目年产香菇、黑木耳、鸡腿菇、杏鲍菇等有机食用菌菌种2000万袋、1500万千克，年新增产值1.2亿元，新增利税600万元。项目带动农户3000户，新增基地面积66.67公顷，新增农村劳动力就业600人，增加收入600万元。

2013年，临沂恒联食品有限公司实施罗庄区1000吨蔬菜冷藏保鲜库扩建项目。建设地点为褚墩镇，建设恒温保鲜库680平方米，购置设备12台（套）。项目总投资201万元。其中，中央财政扶持资金50万元，省级财政扶持资金14万元，市区财政扶持资金8万元，自筹资金129万元。项目带动农户860户，户均增收2186元，同时拉动包装、运输，维修等相关产业发展，安置农村富余劳动力1200人，年增经济效益120万元。

至2013年，全区实施产业化经营项目15个，投资3734万元（不包括贴息投资项目），其中财政扶持资金1364万元，涉及7个镇、街道。

农业龙头企业选介

临沂市亿农农业发展有限公司　2009年，临沂市亿农农业发展有限公司在高都街道办事处西1千米处投资2000万元，通过土地流转的方式租赁土地73.33公顷，建成以蔬菜种植加工和苗木花卉种植为主的现代农业产业园，主要生产绿色食品蔬菜和名优苗木花卉，园区内设施蔬菜面积24公顷，露地蔬菜18.67公顷，苗木花卉30.67公顷。实施“品牌+园区+基地”经营模式，产品全部与超市、高档酒店对接。与2600个农户建立协作关系，公司年产绿色蔬菜80万千克，实现销售收入455万元，利润179.19万元，带动周边2600余户农民致富，安排农村剩余劳动力800人从事观光农业，年接待游客6万人次，辐射带动发展绿色蔬菜基地400公顷，从业农户年均增加收入近万元。

山东效峰生物科技股份有限公司　原名临沂效峰菌业有限公司，位于高都街道办事处驻地。2006年8月成立，注册资金520万元，占地面积40公顷，固定资产1.2亿元，年产各类菌菇1万吨，销售收入7000万元，利税1500万元，是一家集科研、开发、生产、加工、销售及菌需物资配套服务于一体的省级农业产业化龙头企业。公司拥有员工385人，其中技术人员86人，具有高级职称10人，聘请科技顾问8人，与国内10余所高等院校、科研院所建立产学研科技合作关系。企业拥有注册商标品牌2个、授权专利12件、现代化食用菌科技示范基地（园）3处，获省科学技术奖5项、市科学技术奖8项。2011年，实施2000万袋有机食用菌菌种繁育生产基地扩建项目。同年，企业申报国家专利4件，注册商标1个，获省、市科技奖2项，制定地方技术标准2个，签订产学研合作协议2份，建设市级工程技术研究中心1个。2012年3月，被山东省科技厅、总工会、国资委命名为山东省创新型试点企业。同年，被临沂市科技局、总工会、国资委授予“临沂市创新型企业”称号。企业生产的“菇婆婆”“效峰菌业”品牌食用菌，通过有机产品质量认证，被山东省工商协会、山东省工商行政管理局等部门授予“山东省著名品牌”“山东省著名商标”称号，先后获“全国科普惠农兴村计划”“优秀农村科普示范基地”“山东省十大高效生态科普示范基地”“市级农业标准化生产基地”称号。2013年12月，被山东省科技厅、财政厅、国税局、地税局授予“高新技术企业”称号。

图6-26：山东效峰生物科技股份有限公司香菇生产车间（2013年11月　摄）

东开蔬菜种植专业合作社　位于高都街道中坦村。2008年12月成立，投资600万元，社员122户，占地面积47.4公顷，建有半地下温室12座，全自动控温温室12座，钢结构春秋棚100座，有机藕池1座，有机水稻13.33公顷，微生物菌肥发酵场1处，年生产有机蔬菜2000余吨，销售收入4000余万元，是集包装车间、育苗温室、化验室于一体的国家级示范合作社。2012年，财政补助资金74.5万元，扶持实施2012年度罗庄区6.67公顷有机蔬菜设施栽培扩建项目和2013年度罗庄区5万千克有机蔬菜设施栽培扩建项目。2013年项目建成，年生产有机蔬菜15万千克，销售收入220万元，带动220户农民种植有机蔬菜16.67公顷，增收567万元，每户年均增加纯收入2.57万元。生产的番茄、黄瓜、韭菜、芹菜、辣椒、长茄、香瓜7个品种取得有机农产品认证证书，产品申请注册“高都”商标，自主设计蔬菜防伪标识、蔬菜包装托盘、精美手提礼品箱，取得2项外观设计、1项发明等3项专利证书。

1996—2013年罗庄区农业产业开发项目投资情况表

表 6-13　　单位：万元

年份	项目名称	地点	总投资	财政资金			自筹	银行贷款
				合计	中央、省级财政资金	市、区级财政资金		
1996	良种产业化工程	区农业局	69	45	35	10	24	—
1996	花卉开发项目	盛庄街道	10	10	10	—	—	—
1997	鲁南清真畜产品公司牛羊育肥项目	盛庄街道	308	68	50	18	240	—
2000	双月花卉基地扩建项目	双月湖街道	234	59	50	9	175	—
2001	罗庄区盛能奶制品加工项目	盛庄街道	800	198	166	32	102	500
2010	3000吨优质塘贡米物流配送新建项目	高都街道	244.5	51.6	42.6	9	192.9	—
2011	5.33公顷新型日光温室新建项目	高都街道	95	45	40.5	4.5	50	—
2011	2000万袋有机食用菌菌种繁育生产基地扩建项目	高都街道	520	90	76.5	13.5	430	—
2011	10万吨粮食收购项目	盛庄街道	9060	39	39	—	6261	2760
2012	6.67公顷有机蔬菜设施栽培扩建项目	高都街道	78	37.5	33.8	3.7	40.5	—
2012	10万吨粮食收购项目	盛庄街道	9355	68	68	—	5332	3955
2013	1000吨蔬菜冷藏保鲜库扩建项目	褚墩镇	201	72	64	8	129	—
2013	5万千克有机蔬菜设施栽培扩建项目	高都街道	74	37	32	5	37	—
2013	1000吨高档食用菌加工及133.33公顷优质食用菌基地建设项目	高都街道	1100	500	500	—	600	—
2013	3万吨粮食收购项目	盛庄街道	13170	43	43	—	9227	3900

农村扶贫

2009年，根据省、市扶贫和财政部门统一部署和要求，选择册山街道和傅庄街道5个村2104户，开展市级“贫困村村民发展互助资金”试点工作。其中，册山街道白沙沟村、郑旺村、尚家庄3个村成立联体互助资金协会，傅庄街道土山屯村、大河湾村2个村各自成立1个单体互助资金协会。5个试点村入户会员1043户。至2010年4月底，有1040户村民入会，入会率49%，绝对贫困户、低收入户入会率57%，互助资金规模119.94万元。其中，会员自愿入会资金42.94万元，政府财政扶贫资金75万元，个人捐助2万元。

第三节　名优产品

塘崖大米

又称塘贡米，俗称水牛皮香稻，属早熟粳稻，直播生育期为110天左右，育秧生育

图 6-27：塘崖大米生产基地（2013年10月　摄）

期为 120 ～ 125 天。此稻耐旱、耐瘠、耐盐碱，其籽粒晶莹洁白，有光泽，具有香味浓、黏性大、耐煮等特点，籽粒呈紫褐色，糙米浅绿色，精米晶莹洁白，含有丰富的蛋白质、铁、钙和氨基酸，其中蛋白质含量 8.5% ～ 9.0%，赖氨酸 0.36%，脂肪 2.98%，淀粉 74.1%，胶稠度 97 毫米，糊化温度小于 700 ℃，精米率 76%，垩白率 6% 以下。1985 年 11 月，“塘崖贡米”被评为省名优特稀产品。

图 6-28：沙沟芋头种植基地（2011 年 8 月 摄）

沙沟芋头

产于册山街道房家沙沟、白家沙沟、顾家沙沟、唐家沙沟、刘家沙沟等村，具有母大块多、形体短粗肥大、绒毛长而浓密等特点，入口软糯滑爽，绵甜香滑，干面有口劲，吃水耐煮，再次蒸煮味道依然如初，其中蛋白含量 5.7%，脂肪 7.4%，淀粉 12%，含有丰富的胡萝卜素，抗坏血酸等多种人体所必需的氨基酸、维生素、天然活性酶以及钙、磷、钾、铁等矿物质。2011 年，“沙沟芋头”注册为中国地理标志证明商标。

图 6-29：2011 年，沙沟芋头被命名为中国地理标志证明商标

第七编　工　业

Part 7: Industry

盛阳集团有限公司（2013 年 11 月　卜文风摄）

豪门铝业有限公司（2013年11月　王伟摄）

1995年，区委、区政府确立“工业强区、科教兴区”发展战略，加大企业新上、技改力度，开展“改革、管理、增效”年活动，把工业发展作为经济工作的重中之重。全区有工业企业5212家。其中，区属企业10家，乡镇企业102家，村及村以下企业5100家，完成工业总产值44.4亿元，利税1.87亿元。1997—1998年，对164家区属企业、乡镇办企业进行改制，其中157家完成改制，改制面95.73%。区属企业、乡镇办企业和村办企业转型为民营企业，民营经济成为罗庄经济的重要支柱。1998年起，区委、区政府制定优惠政策，扶持激励个体、民营企业发展，优化发展环境，通过加强罗庄工业园、江泉工业园建设，带动企业规模扩大、产业结构优化和经济效益提高，区内工业进入稳步发展新时期。至2008年，全区规模以上工业企业发展到257家，完成总产值460.99亿元，利税48.59亿元，利润29.02亿元。2009年后，区委、区政府围绕“科学发展，跨越发展”工作总基调，加快工业经济转型、产品结构升级，先后开展投引资突破年、工业经济提升年和重点项目突破年活动，加大科技投入，重点培育新兴产业，提升传统优势产业，工业经济总量扩张，结构优化，活力增强，运行质量全面提升。至2013年，全区规模以上工业企业发展到298家，完成总产值1019.24亿元，主营业务收入1095.05亿元，利税总额90.89亿元，利润总额47.64亿元，形成冶金、机械、建材、化工、食品、纺织化纤、医药、陶瓷、铝型材、木业等为主导的，门类较齐全的工业体系。

第一章　工业体制改革

第一节　管理体制改革

1995年2月，罗庄区经济委员会（简称区经委）、罗庄区乡镇企业管理局和罗庄区煤炭工业局成立，皆为正科级行政单位，是罗庄区工业管理主要部门。区经委和乡镇企业管理局合署办公。区经委内设办公室、调度室、技改科、企管科、安全科、节能科6个科室，区乡镇企业局内设办公室、财务科、科技技改科、企业管理科5个科室，区煤炭局内设办公室、生产技术科、安全监察科、机电科和安全监察站。区经委负责全区工业发展的规划、协调、指导和服务；区乡镇企业管理局负责乡镇企业生产计划的安排实施，新建及扩建项目审批、审报和管理；区煤炭局负责乡镇、民营煤炭行业管理。同年10月，区经委设立区“三电”管理委员会办公室（为副科级事业单位）、区资源综合利用办公室（与区“三电”管理委员会合署）、散装水泥办公室。1997年1月，区乡镇企业管理局从区经委析出，成为独立建制的正科级行政单位。同年11月，基本完成区属企业、乡镇办企业改制。此后，按照区委、区政府《关于加强区乡改制企业管理的意见》要求，各主管部门的主要职能转变为：贯彻执行国家、省、市发展经济和宏观调控的方针政策，监测分析全区工业经济运行态势，组织解决工业运行中的重大问题；抓好全区工业生产调度、安全生产管理；根据国家产业政策，指导企业发展、技术改造和创新工作，由对企业的具体管理转变为对全区民营经济进行规划引导，落实区委、区政府激励扶持个人私营经济发展的政策，对各种经济成分企业实施宏观管理和指导，加快推动结构升级和发展方式转变。改制企业逐步建立起较为完备的现代化企业管理制度，按照《中华人民共和国公司法》要求，设立董事会、监事会和经理层，完善内部决策、执行、监督机制，成为自主经营、自负盈亏、自我约束，自我发展的竞争主体。1999年4月，生猪屠宰管理办公室（为副科级事业单位）设立，隶属区经委。同年9月，区工业生产总调度室（为正科级事业单位）、区乡镇企业物资供销处（为副科级事业单位）设立，隶属区经委。2000年9月，区委、区政府制定《关于优化经济环境，搞好服务，加快发展的意见》等政策文件，罗庄区经济环境保护领导小组成立，下设办公室。具体负责经济发展软环境保护和治理，严格限制对企业各种名目的检查，严格规范执收执法行为，查处破坏软环境的违法、违规行为，保护经济主体的合法权益。在服务环境上实行“一门受理、并联审批、一口收费、限时办结”的“一站式”服务。2002年1月，撤销区经委，设立区经济贸易局（简称区经贸局），并加挂区安全生产监督管理局牌子；同时，撤销区财贸工作委员会、区煤炭局、区乡镇企业管理局，其行政职能移交区经贸局。同时，区煤炭工业办公室（为副科级事业单位）设立，隶属区经贸局。2003年10月，撤销区工业生产总调度室、乡镇企业物资供销处、区“三电”管理委员会办公室，设立区经济运行办公室（为正科级事业单位）、区中小企业培训中心和区电力工业办公室（均为副科级事业单位），隶属区经贸局。2007年12月，区人民政府节约能源工作办公室（为正科级事业单位）设立，区煤炭工业办公室并入其中，隶属区经贸局。2009年5月，把区政府节约能源工作办公室（区煤炭工业办公室）调整为区政府直属正科级事业单位，不再隶属区经贸局。2010年10月，撤销区经贸局，设立区经济和信息化局（简称区经信局），把区经贸局除内贸管理以外的职责，整合划入区经信局。主要负责全区工业行业管理、经济运行调节、煤电油气运保障、茧丝绸行业协调管理、指导推广散装水泥、信息产业行政管理、成品油流通管理、企业技改创新管理、中小企业服务管理、推进信息化和工业化融合。2011年12月，把区经信局生猪屠宰管理职能移交区商务局。2013年10月，撤销区中小企业培训中心，设立区中小企业管理服务中心（为副科级事业单位），隶属区经信局。至年底，区经信局内设办公室、综合信息科、人事财务科、经济运行科、技术改造与装备科、电子信息科、行业发展科、中小企业科等8个科室，辖区经济运行办公室1个正科级事业单位和区电力工业办公室、区中小企业管理服务中心2个副科级事业单位。

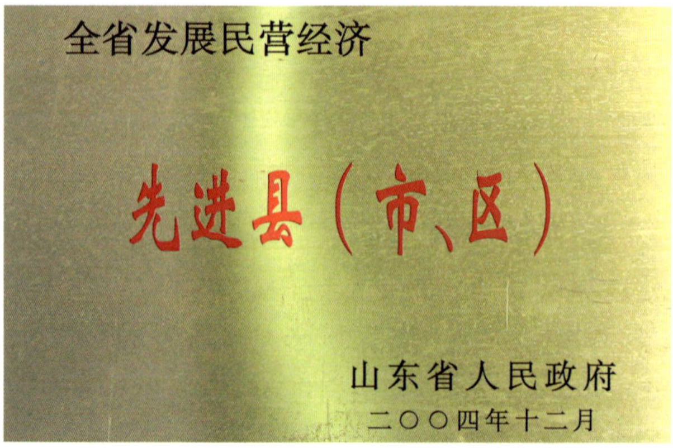

图7-1：2004年12月，罗庄区获山东省发展民营经济先进区

第二节　企业改制

1997—1998年，罗庄区集中时间、人力和精力，对区属企业、乡镇办企业和村办企业进行大规模改制。

1997年1月7日，区委、区政府制定《关于深化企业改革的实施意见》，启动企业改制工作。同年2月27日，区委、区政府召开全区深化企业改革动员大会，部署企业改制工作，印发《关于深化企业改革若干问题的试行规定》，明确企业改革的指导思想、主要任务、基本原则、主要形式、实施步骤等，按照“产权清晰、权责明确、政企分开、管理科学”现代企业制度要求，以明晰产权关系为突破口，以“公退民进”为重点，以促进全区经济持续、快速、健康发展为目标，要求于7月31日前对符合条件的区直企业和乡镇办企业全部进行改制。在改制形式上，按照“实事求是，形式多样，因地制宜，因企制宜，一厂一策，分步实施，不搞一刀切，不搞一个模式”原则，以出售、拍卖、租售结合、股份合作制等形式为主，以股份制、无偿划拨、兼并、联合、破产、组建企业集团等形式为补充，企业改制全面展开。

乡镇办、村办企业改制

1995年，罗庄区共有乡镇企业102家，完成工业总产值17.65亿元，实现利税1.84亿元；村办企业746家，村及村以下企业完成工业产值26.01亿元。1996年，乡镇企业和村办企业普遍存在投入不足、经营困难、亏损严重的问题，乡镇企业和村办企业改制势在必行。1997—1998年，各乡镇根据区委、区政府的部署要求，在全面清产核资、产权界定的基础上，进行以产权明晰为主要内容的多种形式改制。具体做法是：对经济效益好、资产在1000万元以下的企业，以公开向社会出售为主；对规模小、资产总量不大的微利或亏损企业，以一次性拍卖产权的方式为主；对一些资产较大，负债较重，个人一时无力全部购买的企业，以先租赁后出售的形式为主；对经营管理好，资金利润率高，需要新增投资的大型企业或集团公司，以股份制、股份合作制形式为主；对市场前景好，但需投入大，技术要求高，靠自身力量难以加快发展的企业，或长期亏损、近期无力搞好的企业，以实行产权无偿整体划转，交给大企业或大集团经营管理为主；对债务较大的企业，支持和鼓励区内外的优势企业对其实施兼并、联合为主；对长期亏损、资不抵债、无法经营的企业以破产为主；对具备条件的大中型骨干企业，打破行业、所有制、隶属关系界限，组建大型企业集团。至1997年年底，全区乡镇办企业154家，完成改制148家，改制面96.1%。其中，出售、拍卖115家，划转25家，改制为股份有限公司4家，破产4家。

1998年1月起，借鉴对乡镇办企业改制的经验和做法，实施对村办企业改制。上半年，在罗庄镇、傅庄镇和盛庄镇先行试点。同年9月6日，区委、区政府召开全区村办企业改制工作会议，传达区委、区政府《关于村办企业改制的实施意见》，村办企业改制全面推开。至年底，全区村办企业全部实行以出售、拍卖为主要形式的改制。全区乡镇企业和村集体办企业基本完成改制任务（沈泉庄所属的集体企业除外）。企业性质亦由集体所有变为股份制或个人私有，乡镇办、村办集体企业转型为民营企业。乡镇企业和村办企业改制后，全区乡镇企业和村办企业形成“产权明晰、自主经营、独立发展”运行机制。此后，全区个体、民营企业得到长足发展，民营企业成为罗庄工业的主体。

区属企业改制

1995 年 2 月，罗庄区有 10 家区属企业，皆为罗庄区建置时由原县级临沂市市属企业划入。其中，股份制企业 4 家，分别是临沂市春萌水泥有限责任公司、临沂市陶瓷股份有限公司、临沂瓷源有限责任公司、临沂昌盛制锹有限责任公司；国有企业 1 家，为山东临沂造纸厂；集体所有制企业 5 家，分别是临沂市陶瓷一厂、临沂市美术陶瓷厂、临沂市铸造厂、山东临沂轻工机械厂、临沂市砖瓦厂。上述 10 家区属企业。其中，6 家正常生产，2 家处于半停产状态，2 家长期停产。固定资产净值 3548 万元。同年，区属企业实现工业总产值 7402 万元，占全区工业总产值 1.67%；实现利税 301 万元，占全区工业利税 1.6%。

1995 年 10 月，临沂市砖瓦厂依法破产。1996 年 5 月，临沂瓷源有限责任公司复称临沂市陶瓷三厂。同年 12 月，临沂市铸造厂更名为临沂市罗庄区汽车配件厂。1997 年 1 月始，根据 9 家区属企业的经营情况，分别采取规范股份制（退出公有股）、兼并、出售和破产等形式进行改制。同年 6 月 19 日，临沂市美术陶瓷厂被华星集团兼并。10 月，临沂市陶瓷股份有限公司、临沂市春萌水泥股份有限责任公司采取一次性买断资产完善股份制的方式改制。12 月 26 日，临沂昌盛制锹有限责任公司依法委托罗庄区拍卖行以 107 万元拍卖给个人经营。1998 年 12 月 4 日，临沂市陶瓷一厂改制为职工持股的山东临沂云雀陶瓷有限责任公司。至 1998 年年底，有 5 家区属企业完成改制，1 家破产。2002 年，临沂市陶瓷三厂改制为民营企业，改制后称齐鲁瓷业有限公司（2008 年破产）；临沂市罗庄区汽车配件厂破产；山东临沂轻工机械厂改制为民营企业，改制后称临沂市恒鑫铸业有限公司。2007 年 10 月 24 日，山东临沂造纸厂破产。至此，罗庄区 10 家国有、集体所有制企业 8 家改制为民营企业、2 家破产。

第二章　工业规模与技术进步

第一节　工业规模效益

1995 年，区委、区政府把加快发展工业作为全局性和战略性任务来抓，确立“工业强区、科教兴区”战略，加大企业新上、技改力度，开展“改革、管理、增效”年活动。年末，全区有工业企业 5212 家。其中，区直企业 10 家，乡镇办企业 102 家，村及村以下企业 5100 家。有职工 12.03 万人（区直企业 3339 人，乡镇企业 2.36 万人，村及村以下企业 9.34 万人）。全区完成工业总产值 44.4 亿元。其中，区直企业 7402 万元，乡镇办企业 17.65 亿元，村及村以下企业 26.01 亿元。区、乡镇工业企业实现利税 1.87 亿元。其中，区直企业 301 万元，乡镇办企业 1.84 亿元。1997 年起，伴随着企业改制，个体、民营企业逐步成为罗庄区工业的主体，罗庄区经济工作重心转向招商引资和为企业发展创造优越环境，鼓励支持发展个体私营企业。同年 11 月 24 日，区委、区政府作出《关于进一步激励扶持个体私营经济发展的若干规定》，扩大市场准入，放开经营范围和管理限制，转变政府职能，健全服务体系，为个体私营企业发展创造良好环境。1999年12月13日，区委印发《关于加强技术创新、发展高新技术产业和民营科技企业的决定》，推进高新技术产业和民营科技企业发展，加快工业调整和科技创新。2000年12月14日，区委、区政府制定实施《罗庄区招商引资优惠政策》。2001年4月19日，区委、区政府制定《关于改善投资环境、扩大招商引资的若干规定》，进一步完善招商引资工作机制。2002年，建成罗庄工业园和江泉工业园，培植壮大骨干企业。2005年，按照“改造一批、提升一批、新上一批”的工作思路，以调整工业产业结构和产品结构为主线，以优化发展环境、招商引资为核心，以技术进步为驱动力，大力发展高新技术产业，全区工业快速发展。至2007年，全区工业实现增加值104.9亿元，新增规模以上工业企业（年销售收入500万元以上）81家，累计达267家，完成产值392.26亿元，产品销售收入397.93亿元，利税43.92亿元，利润27.1亿元。食品、机械、建材、医药、化工、纺织服装、冶金、新型能源八大支柱行业完成产值378.06亿元，占规模以上工业企业96.4%。2008年，区委、区政府先后制定《关于开展“项目推进年”活动的意见》《关于进一步推进招商引资工作的意见》，进一步提升“工业强区”主体地位，实施项目带动战略，全面提升招商引资工作质量和水平，促进产业结构和经济增长方式的根本转变，努力实现由经济大区向经济强区跨越。2009年始，区委、区政府围绕“科学发展、跨越发展”工作总基调和加快工业经济转型、产业结构升级，先后开展投引资突破年、生态区建设年、工业经济提升年和重点项目突破年活动，不断加大科技投入，加强自主创新，以大项目为抓手，重点培育镍基新材料、高端铝质新材料、现代医药和机械装备4个新兴产业，改造提升纺织、煤化工、食品、日用瓷4大传统优势产业，工业经济总量扩张、结构优化、活力增强、运行质量全面提升。2013年，全区形成以冶金、化工、陶瓷、食品、电力、纺织、机械铸造、木业加工八大主导产业，建成新能源、新材料、生物制药、精密铸造、生物技术和精纺六大高新技术产业。有规模以上工业企业298家，完成工业总产值1019.24亿元，增加值204.07亿元，实现主营业务收入1095.05亿元，利税总额90.89亿元，利润总额47.64亿元。产值过亿元企业60家，过10亿元企业13家，利税过千万元企业43家，20家企业进入全市骨干企业。华盛江泉集团连续12年、沂州集团连续4年入选中国企业500强，罗欣药业连续8年入选中国制药工业百强。有6家企业上市，是全省上市公司最多的县区之一。全区规模以上298家工业企业中，国有2家，市属1家、集体2家，股份制272家，外商及港澳台投资企业21家。

1995—2013年罗庄区规模以上工业企业主要经济指标情况表

表7-1

年份	企业个数（家）	工业总产值（亿元）	主营业务收入（亿元）	利润总额（亿元）	利税总额（亿元）
1995	45	18.39	17.23	1.30	1.87
1996	69	24.11	18.00	1.22	2.28

续表 7-1

年份	企业个数（家）	工业总产值（亿元）	主营业务收入（亿元）	利润总额（亿元）	利税总额（亿元）
1997	87	28.12	21.80	0.84	1.70
1998	92	25.63	24.98	0.11	1.79
1999	98	33.91	32.84	1.33	2.23
2000	106	33.11	30.90	1.90	3.02
2001	112	43.31	41.37	2.05	3.36
2002	119	54.13	50.70	2.57	3.90
2003	128	66.83	64.76	4.34	6.26
2004	154	107.03	107.74	5.46	9.22
2005	199	260.92	271.21	13.39	23.65
2006	254	322.79	331.83	18.72	30.89
2007	267	392.26	397.93	27.10	43.90
2008	257	460.99	461.51	29.02	48.59
2009	300	511.72	547.66	35.57	56.47
2010	338	638.81	683.29	43.58	70.08
2011	234	831.26	912.87	57.81	91.67
2012	242	1006.00	1117.40	52.00	94.50
2013	298	1019.24	1095.05	47.64	90.89

第二节　技术进步

1995—1997 年，区政府围绕骨干企业和优势主导产品，瞄准国际、国内先进水平，扶持一批技术含量高、市场占有率高、发展前景广的拳头产品；组织企业及有关部门参加“产、学、研”洽谈会，全区 60% 的企业建立技术协作关系；帮助企业建立健全质保体系，争创“山东名牌产品”“临沂名牌产品”；完成新上与技术改造项目 102 个，新产品 66 个，投入资金 10.4 亿元，新增产值 21.6 亿元，新增利税 3.6 亿元。

1998 年起，区政府要求在年销售收入 500 万元以上企业中逐步建立技术开发中心或科研所，建立健全企业科技创新体系，健全企业研究开发投入机制、激励竞争机制和项目评估机制，推动高新技术商品化、产业化，运用高新技术嫁接、改造、提升传统产业。至 2001 年，投入新上与技术改造资金 21.08 亿元。2002—2005 年，企业通过政府引导、自主开发、产学研联合、人才引进、消化吸收等措施，加大科技创新投入、开发新产品、新技术，增强核心竞争力。全区 4 年投入新上与技术改造资金 91.98 亿元，同比增长 336.34%。

2006 年 5 月，区委、区政府印制定《关于推动新型工业化发展的意见》，要求全区规模以上企业至少与 1 家高等院校联合，行业内重点企业要与 3 ～ 5 家院所合作，以解决技术难题为重点，提高消化吸收再创新能力。重点培植华盛中天、云雀陶瓷等企业申报省级开发中心。2006—2008年，全区工业企业新上与技术改造项目169个，投入资金195亿元。2010年起，在钢铁、焦化、水泥等领域主导产业中推广余热余压利用、干熄焦发电、能量系统优化、尾气发电等先进技术。2009—2012年，全区工业企业研发、引进国内国际领先技术，把传统产业改造成为技术含量高、附加值高、消耗低、污染少的优势产业，实现经济增长由投入型向技术进步型转变。2010年、2012年，新上与技术改造项目分别143个、61个，投资分别23亿元、51亿元。其中2012年投资2.8亿元的临沂烨华焦化有限公司的干熄焦余热利用项目建成投产。项目由昆明阳光基业股份有限公司和临沂烨华焦化有限公司采用合同能源管理模式合作实施，年产蒸汽87万吨，年节约标准煤6.5万吨。2013年，投资2414万元的沂州集团焦化废气回收和煤调湿项目建成，年节约标准煤2.44万吨，减排二氧化碳5.68万吨；投资2000万元的临沂恒昌焦化股份有限公司焦炉烟气回收项目建成投产，年节约标准煤1.79万吨。同年，全区新上技术改造项目100个，投资144亿元。

至2013年，全区拥有国家级企业技术研发平台5家，省级企业技术研发平台12家，市级企业技术研发平台21家；省级创新企业1家，市级创新企业2家；“专、精、特、新”中小企业，省级2家、市级2家；拥有山东省名牌产品1个，中国驰名商标11个，山东省著名商标14个。

图7-2：新光集团职工技能比赛（2013年4月　摄）

1995—2013年罗庄区企业研发平台一览表

表7-2

平台名称	级别	所属企业	认证时间
企业技术中心	国家级	山东华盛农业药械有限公司	2010年
	省级	山东银凤陶瓷集团有限公司	1996年
		山东红日阿康化工有限公司	1997年
		临沂矿业集团有限公司	2007年
		山东罗欣药业股份有限公司	2008年
		山东圣威新能源有限公司	2010年
		临沂恒昌焦化有限公司	2012年

续表 7-2

平台名称	级别	所属企业	认证时间
企业技术中心	市级	临沂宏达瓷业有限公司	2007 年
		山东罗欣药业股份有限公司	2007 年
		临沂金兴焦电有限公司	2008 年
		临沂罗塔特汽车齿轮有限公司	2010 年
		临沂豪门铝业有限公司	2011 年
		山东君道高温耐火材料有限公司	2011 年
		山东来利来毛纺有限公司	2012 年
		临沂蓝图家具有限公司	2013 年
		临沂市元生铸冶有限公司	2013 年
		山东长红太阳能有限公司	2013 年
工程实验室	国家级	山东华盛中天机械集团股份有限公司	2009 年
		山东罗欣药业股份有限公司	2012 年
	省级	山东罗欣药业股份有限公司	2011 年
	市级	亿康环保科技	2013 年
		新时代窗业	2013 年
		山东金马汽车装备	2013 年
博士后工作站	国家级	山东罗欣药业股份有限公司	2010 年
		山东华盛中天机械集团股份有限公司	2013 年
院士工作站	省级	山东罗欣药业股份有限公司	2011 年
工程研究中心	省级	山东罗欣药业股份有限公司	2009 年
	市级	山东罗欣药业股份有限公司	2010 年
工程技术研发中心	省级	山东华盛中天机械集团有限公司	2010 年
	市级	山东罗欣药业股份有限公司	2007 年
		山东圣威新能源有限公司	2010 年
		临沂恒昌焦化股份有限公司	2010 年
		山东来利来毛纺有限公司	2013 年
“一企一技术”研发中心	省级	山东来利来毛纺有限公司	2012 年
	市级	山东长红太阳能有限公司	2013 年
		临沂蓝图家具有限公司	2013 年
		临沂豪门铝业有限公司	2013 年
“一企一技术”创新企业	省级	山东圣威新能源有限公司	2012 年

第三章 工业门类

第一节 冶金钢铁

罗庄区冶金钢铁工业主要包括钢铁、焦化和无缝钢管等。1995 年，全区有冶金钢铁企业 3 家，从业人员 190 人。其中，乡镇企业 2 家，集体企业 1 家。年产铸造生铁 1.31 万吨，感应钢炉 837 吨，成品钢材 1.63 万吨，完成产值 7323 万元。1997 年起，大力扶持冶金钢铁业，在实施企业产权制度改革的同时，制定优惠政策，支持民营企业发展，不断招引优质项目，重点培植龙头骨干企业，膨胀扩大冶金钢铁企业规模，冶金钢铁企业快速发展。2000 年后，民营经济进入冶金产业领域，一批钢铁厂、焦化厂兴建壮大，冶金产业逐渐成为罗庄区工业主导产业。2002 年，临沂沂州钢铁厂、临沂巨峰镍业有限公司建成投产。2003 年，临沂市明兴镍业有限公司建成投产。2004 年 4 月，临沂江鑫钢铁有限公司、临沂盛源无缝钢管有限公司建成投产。2005 年 2 月，山东山威集团成立。同年末，全区冶金产业共有规模以上企业 20 家。其中，钢铁企业 12 家、焦化企业 8 家，从业人员 1.1 万人，冶金钢铁工业总产值占全区工业总产值 46.35%。2006 年、2007 年，罗庄区淘汰落后冶金产能，优化产业结构，加强环境保护治理，先后淘汰拆除 80 座土法炼铁小焦炉、小铁炉，淘汰关停 12 座不符合产业政策的炼铁高炉、6 家企业的 9 台 3.2 米以下的炼焦炉，2 年累计淘汰落后钢铁产能 189 万吨、落后焦炭产能 170 万吨。2012 年，根据《山东省钢铁产业结构调整试点方案》，临沂江鑫钢铁和三德特钢联合重组成立临沂鑫德钢铁联合有限公司，实现优势互补。2013 年年底，全区冶金钢铁业形成钢铁、焦化、无缝钢管 3 个子行业，主导产品有生铁、钢坯、镍铁合金、焦炭、无缝钢管等 20 余个品种，具有年产精品钢 400 万吨、焦炭 600 万吨、镍铁合金 150 万吨、管坯 140 万吨、无缝钢管 200 万吨、螺纹钢和盘螺钢 260 万吨生产能力，成为山东省最大的建筑用螺纹钢生产基地和全国最大的低镍高铁生产基地。有临沂鑫德钢铁联合有限公司、临沂沂州钢铁厂、临沂巨峰镍业有限公司、山东盛阳集团、临沂盛源无缝钢管有限公司、临沂三元管业（山东泰宗集团有限公司）有限公司、临沂市明兴镍业有限公司、临沂烨华焦化有限公司、临沂恒昌焦化股份有限公司等规模以上工业企业 21 家。其中，钢铁企业 9 家，焦化企业 5 家，无缝钢管企业 7 家，从业人员 2.23 万人。完成工业总产值 472.36 亿元、利税 26.33 亿元，分别占全区规模以上工业总产值、利税的 46.34%、28.97%，成为罗庄区工业第一大支柱产业。

企业选介

临沂江鑫钢铁有限公司 位于江泉工业园区。2003 年 4 月，由鞍钢设计院设计，华盛江泉集团有限公司投资成立，翌年 4 月建成投产，公司占地面积 84.67 万平方米，投资 8.9 亿元，建有 508 立方米高炉 2 座、60 平方米烧结机 2 台、球团、铸铁、石灰窑等生产设施（备）。2010 年 4 月始，对生产设施设备进行改造升级，拆除60平方米烧结机2台、10立方米竖炉1座和180立方米石灰窑6座，新建210平方米烧结机2台、1260立方米高炉2座、120吨转炉2座、120吨精炼炉2座、八机八流连铸生产线1条、十机十流连铸生产线1条、轧线2条，年设计生产钢铁280万吨、管坯260万吨。2012年10月，新建项目全部竣工投产。2013年，在岗职工3000余人，其中专业技术人员564人，固定资产总额33亿元；年产管坯、连铸坯260万吨，完成产值90亿元，实现利税2.04亿元。

临沂恒昌焦化股份有限公司　位于褚墩镇政府驻地。2007年11月19日，由临沂恒昌煤业有限责任公司与江苏沙钢集团投资成立，为大型煤化工企业，注册资本6亿元。主要生产二级冶金焦、甲醇、煤焦油、粗苯、硫氨。主要设备采用目前国内较为先进的ZHJL 5552D型侧装煤捣固焦炉，相应配套煤、贮焦、冷鼓、电捕、脱硫及硫回收、蒸氨、硫氨、脱苯、储气柜及相应的地面除尘站、污水处理厂等环保设施。2009年10月建成投产。2010年8月，取得焦化工程《危化品安全生产许可证》。同年9月，通过工业和信息化部第五批焦化行业准入名单。2012年4月，通过焦化及甲醇项目环评验收。同年12月，通过质量ISO 9001、环境ISO 14001、职业健康安全OHSAS 18001体系认证审核，同年被认定为山东省企业技术中心。2013年，公司资产总额16亿元，在岗职工1020人，其中工程技术人员220人，年产焦炭130万吨、甲醇10万吨、焦油5万吨、粗苯1.8万吨、硫氨2万吨，完成工业产值22.47亿元，实现主营业务收入22.67亿元，利税2.24亿元，利润1.04亿元。

图7-3：恒昌焦化有限公司生产厂区（2012年12月　秦晓军摄）

临沂三元管业有限公司　位于汤庄工业园区。2005年11月，由自然人2人出资兴办，厂区占地面积15.73万平方米，注册资本5000万元。公司经营范围涉及钢管、五金、钢材、机械配件、汽车配件、舾装管件，用成品管坯加工无缝钢管（不含冶炼、轧钢）等。主要生产直径70～159毫米、壁厚2～20毫米、长度2～16米的美国API 5L、API 5CT、ASTM标准、德国DIN标准、日本JIS标准以及英国BS标准的油套管、管线管、空心抽油杆、普通流体管、结构管以及合金管等产品，年生产能力25万吨。2013年末，固定资产总额3.25亿元，在岗职工850人，其中工程技术人员180人，生产销售各种型号无缝钢管23万吨，实现销售收入11.27亿元，利润0.85亿元。

第二节　机械铸造

境内铸造业历史悠久，傅家庄一带翻砂铸造业，自唐代距今已1300余年，素有“翻砂铸造之乡”的美誉。所产的铁锅、鏊子为原临沂县（市）四大传统名牌产品之一，产品销往鲁南、苏北等地。1995年，区内有机械铸造企业19家，从业人员1431人，工业产值1.03亿元。其中，机械制造企业11家，铸造企业8家。主要产品有锅炉、原动机、植保机械、小型汽油机、割灌机、吹风机、铸铁、壁炉、省煤器、水暖器材等。年生产锅炉15蒸发量吨、轴承30万套、齿轮14.02万个、钢铁铸件4.11万吨。代表企业有临沂华盛企业集团总公司、临沂市东方铸造公司、临沂培中精密铸造有限公司等。1998年后，机械铸造开始推广机械成型，发展消失模和真空铸造技术，同时治理取缔作坊式翻砂铸造企业及工艺落后企业，一批设备先进，科技含量高的新生企业不断壮大，企业数量不断增加。

至2013年，全区机械铸造业形成以山东华盛中天机械集团股份有限公司、临沂宏盛玛钢有限公司、临沂培中精密铸造公司为代表的机械铸造产业集群。产品主要有园林机械、植保机械、机热载体锅炉、压力容器、金属铸锻件，汽车模具、机械配件、玛钢管件、壁炉、铁锅、栅栏、卫浴产品、零部件及配件等。年生产园林、植保机械200万台、锅炉200蒸发量吨、铸锻件1.08万吨、齿轮598吨。产品畅销国内，远销欧美、东南亚、非洲十几个国家和地区。拥有中国驰名商标1个、省著名商标3个、省名牌产品3个。华盛中天“华盛泰山”为中国驰名商标，其小型通用型汽油机、园林机械、植保机械三大系列主导产品产销量、出口量均居全国同行业第一，罗塔特汽车齿轮“罗塔特”系列产品被评为山东省著名商标，LSC515、LSC527、LSC538获三项国家专利产品。圣威新能源“圣威及图”为山东省著名商标，国内市场占有率12%。是年年末，全区有机械铸造规模以上企业35家。其中，机械制造企业20家，铸造企业15家。完成工业总产值25.4亿元，利税1.72亿元。

企业选介

山东华盛中天机械集团股份有限公司 位于盛庄街道，罗庄工业园内。公司前身为1951年4月建于临沂城的临沂农业药械厂，名称几经变更，1993年1月，经临沂地区行署批准，以临沂农业药械厂为核心企业，组建临沂华盛企业集团总公司。1995年，公司由临沂城迁至罗庄区盛庄镇。1997年4月，变更为山东华盛农业药械股份有限公司。2004年6月，公司完成改制，更名为山东华盛中天机械集团有限公司。2012年，公司完成股份制改造，整体更名为山东华盛中天机械集团股份有限公司，属民营企业。公司拥有山东华盛农业药械有限责任公司、山东卡特重工机械有限公司、山东卫士植保机械有限公司和山东华盛中天工程机械有限责任公司等4个全资或控股子公司，是集科工贸为一体的大型企业集团。主要产品有小型通用汽油机、园林机械、农业机械、排灌机械、发电机组、工程机械等7大系列350余个品种。其中，小型通用型汽油机、园林机械和植保机械3大系列产品产销量、出口量、国内市场占有率均居主导地位，并出口到80多个国家和地区。建有国家级企业技术中心、国家认可实验室、山东省首批工业设计中心、山东省植保机械工程技术中心等研发平台。拥有各种现代化主要生产设备1200余台（套），各种生产线80余条。公司注册的“华盛泰山”和“科赛”商标被认定为“中国驰名商标”，获国家银质奖、国家科技进步二等奖，并在38个国家进行国际注册。先后通过ISO 9001质量管理体系认证、ISO 14001环境管理体系认证、SA8000社会责任体系认证、欧盟CE安全认证、美国EPA排放认证等十几项国际认证，是中国机械工业500强企业、全国机械工业现代化管理示范企业、全国机械工业质量管理奖获得企业、中国内燃机行业排头兵企业。2013年，公司占地面积80万平方米，总资产15亿元，在岗职工2800人，其中工程技术人员300人，年产各种机械200余万台，完成产值10.5亿元，利税4200万元。

临沂宏盛铸业有限公司　位于罗庄街道朱张桥河北村。公司专业从事可锻造铸铁管路连接件及不锈钢精密铸件的研发生产。1998年，由个人投资兴办，称临沂市宏盛玛钢有限公司，属民营企业，注册资金3000万元。厂区占地面积10万平方米，建筑面积5万平方米。2004年10月，更名为临沂宏盛铸业有限公司。2007年，引进德国先进光谱分析仪和国内最先进的精密铸造设备，建成先进的中温蜡模精密铸造生产线。可生产不锈钢、碳钢、合金钢、有色金属等材质的精铸件，主要产品有玛钢管件、不锈钢精密铸件、汽车零部件、机械配件、泵阀零部件、建筑五金、厨具五金、卫浴五金、医疗器械、工艺品等。产品畅销国内，出口美国、德国、日本、韩国、澳大利亚、土耳其、意大利等国家和地区。“宏盛”牌玛钢管件获“中国玛钢管件知名品牌”称号。2008年6月，通过ISO 9001体系认证。2013年，在岗职工500余人，其中工程专业技术人员31人，完成产值1.2亿元，主营业务收入1.3亿元，利税3000余万元，利润2000余万元。年内生产玛钢管件50万余件，位居全省第二位，占国内市场份额的三分之一。

山东临沂轻工机械厂　位于傅家庄东南村。始建于1952年，时称临沂傅庄翻砂社，占地面积10.33万平方米。1958年，改称临沂市农业机械厂。1963年，改称临沂县农具厂。1971年12月，更名为山东临沂轻工机械厂，为县级临沂市重点机械产品企业，主要产品有C620车床、65千克空气锤、MF65、MF66型面粉机、铁锅、泰山一50拖拉机配件等机械产品。1996年3月18日，签订个人承包合同，同年9月17日停产。1997年9月1日，解除个人承包合同。2002年10月27日，以协议转让方式改制为民营企业，更名为临沂市恒鑫铸业有限公司。

第三节　医药化工

境内化工工业始于1965年建立的国营山东临沂化肥厂（1997年组建成立山东红日化工股份有限公司），主要产品为合成氨、碳酸氢铵。1995年，罗庄区有医药化工企业17家。其中，医药企业2家，化工企业15家。化工企业产品主要有基本化学原料、有机化学产品、化学肥料、化学农药等。同年，化工类15家企业完成产值2.94亿元，固定资产8533万元，从业人员3764人。1997年，企业产权制度改革后，通过招商引资和扩产技术改造，罗庄区医药化工业快速发展。到2004年，全区医药化工企业发展到62家。其中，医药企业2家，化工企业60家。有规模以上企业18家，其中投资过亿元2家，过千万元14家。形成新能源化工、医药化工、生物化工及精细化工四大门类，主要产品有中西成药、二甲醚、甲醇、软骨素、氨基酸、胆酸素、白藜芦醇、橡胶制品等160余个品种，完成产值10.6亿元。2007年后，受市场经济影响和转方式调结构力度加大及环境保护制约，大部分企业关、停、并、转，一批企业通过调整产品结构，加大科技研发投入，逐渐发展壮大。2013年，全区有规模以上医药化工企业22家。其中，医药企业2家，化工企业20家，从业人员6400余人。规模以上医药化工企业完成工业产值103.1亿元，主营业务收入97.03亿元，利税10.43亿元，利润6.94亿元。主要骨干企业有山东罗欣药业集团股份有限公司、山东红日阿康化工股份有限公司、山东久泰能源集团、山东恒昌聚材化工科技股份有限公司。罗欣药业的“罗欣”商标获“中国驰名商标”称号，山东久泰能源集团具有年产45万吨甲醇、25万吨二甲醚生产能力，是全国最大的单体二甲醚生产企业。红日阿康的主要产品“艳阳天”牌和“东方红”牌硫酸钾复合肥获“中国驰名商标”“中国名牌”称号。

企业选介

山东罗欣药业集团股份有限公司 位于罗庄街道。公司前身为1988年8月成立的临沂市罗庄药材经营部，1993年1月15日，更名为山东临沂高新技术产业开发区药业公司。1995年3月22日，山东罗欣制药厂动工兴建。同年4月22日，山东临沂高新技术产业开发区药业公司改称山东省临沂市罗庄区医药公司，获“两证一照”经营资格。1999年9月1日，山东省临沂市罗庄区医药公司改组为职工持股的临沂罗欣医药有限公司。2001年11月30日，山东罗欣制药厂改制重组为由临沂罗欣药业有限公司控股，联合沈阳药科大学等11家发起人共同发起设立的山东罗欣药业股份有限公司。2002年8月23日，粉针分装、冻干粉针、原料药3个车间通过GMP认证并投产，产能扩大，剂型增多，企业进入快速发展期。2005年12月9日，公司股票在香港H股挂牌上市。2006年10月27日，罗欣药业二期扩建工程竣工投产。同年11月16日，“罗欣”商标获“山东省著名商标”称号。2007年1月16日，公司获“中国十大最具成长力药业企业”称号。2008年6月16日，第三期扩建工程竣工投产并通过GMP认证；同年9月17日，被认定为省级企业技术中心。2009年4月29日，“罗欣”商标被国家工商行政管理总局商标局认定为“中国驰名商标”；同年11月24日，公司被认定为国家级高新技术企业；12月，公司被省政府表彰为“先进民营企业”。2010年，公司被认定为“国家综合性新药研发技术大平台（山东）产业化示范企业”“山东省第二批创新型试点企业”“中国专利山东明星企业”。至2013年，公司有员工3020人，其中专业技术人员989人（专职科技人才151人），总资产27.05亿元。主要有质子泵系列、盐酸氨溴索系列、抗感染药物、抗肿瘤药物等产品，有十几个剂型、310余个产品规格上市。其中，开发国家级新药41个，中药冻干粉针剂福士克林等22个产品获国家发明专利证

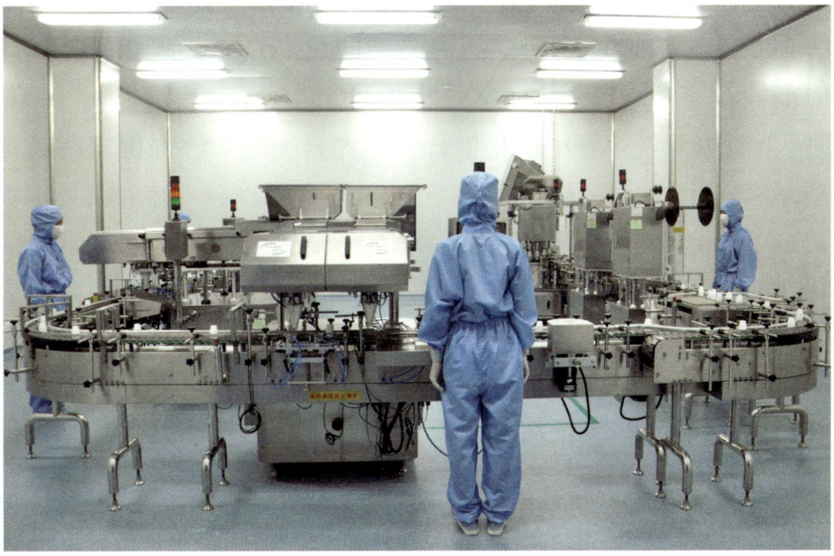

图7-4：罗欣药业欧盟生产线（2013年6月 摄）

书，红景天苷、盐酸氨溴索等项目被列入国家“重大新药创制”科技重大项目。可年产粉针剂10亿支、冻干粉针剂2亿支、水针剂5亿支、片剂25亿片、胶囊剂20亿粒、颗粒剂3亿袋、干混悬剂8000万袋、头孢菌素类原料药300吨、其他化学原料药100吨。同年，完成工业总产值46.93亿元，实现主营业务收入45.9亿元、利税8.56亿元、利润5.24亿元。

山东红日阿康化工股份有限公司　位于罗程路中段。占地面积66.67万平方米。公司前身为建于1965年的地属国营山东临沂化肥厂，1985年5月，更名为山东省临沂市化工总厂。1993年，该厂自主研发的硫酸钾三元素复合肥技术，获国家发明专利和全国发明金奖。1997年6月，组建为山东红日化工股份有限公司。2002年12月，经外经贸部批准，临沂市政府与俄罗斯阿康公司在济南签署股权转让协议，将市政府持有的58%的国有股全部转让给俄罗斯阿康公司，成立山东红日阿康化工股份有限公司。2003年3月，年产10万吨磷酸一铵项目竣工投产。2005年9月，复混肥料项目建成投产，使高浓度复合肥产能达到100万吨。2006年5月，甲醇项目竣工投产，公司开始由单一的化肥供应商向化工产品综合供应商转变。2007年1月，“艳阳天”牌获中国化工行业十大自主创新品牌、十大影响力品牌。2009年9月，公司成为全国首批和山东省第一家获得全国农化服务中心称号的肥料企业。2010年1月，主导产品“艳阳天”牌硫酸钾复合肥被国家工商行政管理总局认定为“中国驰名商标”。2011年4月，脱氟硝硫基复合肥问世，获得发明专利。2012年9月，微晶粒肥开始生产。2013年7月，年产20万吨建筑石膏粉项目投产。同年年底，公司固定资产12.31亿元，在岗职工2299人，其中专业技术人员78人，生产规模达到年产100万吨高浓度复合肥、60万吨硫酸、15万吨合成氨、15万吨盐酸、10万吨粉状肥和水溶肥、20万吨建筑石膏粉。实际生产复合肥73.18万吨、硫酸41.83万吨、盐酸12.91万吨、合成氨8.09万吨、完成工业产值21.94亿元，实现利税3948万元。

第四节　建材

建材业是境内的传统产业。1995年，区内建材企业主要生产水泥、石灰、砖瓦、水泥预制品、平板玻璃、花岗石板材、加气混凝土、耐火砖等。有大、中、小型建材工业企业108家。其中，水泥企业25家，石灰和轻质建筑材料企业73家，建筑用玻璃企业2家，耐火材料企业8家。共有从业人员1万人。当年生产水泥22.48万吨、平板玻璃11.25万重量箱、花岗石板材2万平方米、耐火砖5.5万吨，实现工业总产值6.87亿元。2001—2005年，按照《罗庄“蓝天工程”实施方案》要求，取缔环境污染重、工艺落后建材企业，先后关停4.4万吨以下水泥生产线22条，拆除小石灰窑309座、小耐火材料厂31家和133家实心砖砖厂。2007年后，根据国家淘汰落后产能计划要求，淘汰拆除临沂市飞昊水泥厂、临沂市庆云山水泥厂等13家水泥生产企业的立窑生产线24条、磨机49台。同时，发展节能型、环保型的新型建材企业，重点发展水泥企业旋窑生产线、在线镀膜玻璃和高级耐火材料等产品，逐步形成以沂州集团、临沂第三水泥厂二分厂、山东宝泰水泥厂、中玻蓝星（临沂）玻璃有限公司、临沂圣戈班耐火材料有限公司、临沂君道高温耐火材料有限公司、山东华美建材有限公司、临沂市鲁蒙纸面石膏板有限公司等为骨干企业的新型建材业。2013年，全区有规模以上建材生产企业18家。其中，水泥企业6家，玻璃企业1家，轻质建材企业7家，耐火材料企业2家，石膏板企业2家。规模以上建材企业工业总产值135.5亿元，主营业务收入137.03亿元，实现利税11.57亿元、利润9.03亿元。主要产品年产能为：水泥700万吨（含沂州集团有限公司所属费县沂州水泥基地）、优质浮法玻璃780万重量箱、各类石膏板材11.6万平方米、耐火砖8000吨。“沂州牌”水泥商标被评为中国驰名商标、山东省著名商标、国家免检产品；山东华美建材有限公司的“腾远”牌商标被评为山东省著名商标。

图7-5：中玻蓝星（临沂）玻璃有限公司（2013年9月　摄）

企业选介

沂州集团有限公司　总部位于傅庄街道。公司前身为建于1958年8月的临沂地区水泥厂，1993年，被国家经贸委等六部门批准为国家大（二）型企业。1994年11月8日，企业改制为沂州水泥（集团）股份有限公司。1995年，被国务院五部委批准为首批对外出口水泥企业。1996年，被评为大（一）型企业。1997年，“沂州牌”商标被评为山东省著名商标，“沂州牌”水泥为山东名牌产品。1999年，被省政府授予产品质量奖。2000年，企业再次进行改制，国有股份退出，由国有企业改制为民营企业。2005年11月26日，200万吨新型干法水泥生产线投产，填补临沂市水泥干法生产空白。2006年，被国家统计局评为中国大企业集团竞争力500强。2007年，被国家发展改革委、国土资源部、中国人民银行联合列为国家重点支持60家水泥工业结构调整企业之一。同年9月，被人事部、中国建材协会联合授予“全国建材行业先进集体”称号。2001年，沂州水泥获“国家免检”称号。2008年，被评为中国十大水泥质量品牌。2010—2013年，连续四年获“中国企业500强”称号。至2013年，公司逐步发展成集沂州工业园、费县沂州水泥、江苏邳州焦化三大生产基地，下辖10余家子公司，涉及水泥、煤化工、热电、金融等多个领域的大型企业集团，产品覆盖国内20余个省、市，远销东南亚、欧美等10余个国家和地区。同年末，公司在岗职工5093人，其中专业技术人员950人，固定资产31.57亿元，年创产值126.46亿元，实现利税10亿元。

山东君道高温材料有限公司　位于傅庄街道傅家庄。占地面积7.5万平方米，注册资本5000万元，总资产1.2亿元，其中固定资产8600万元。公司前身为临沂市耐火材料厂，始建于1976年，系傅庄人民公社社办集体企业。建厂初期主要生产民房建筑用红砖，1980年改产耐火砖。1986年，生产的大圣牌耐火砖获国家“部优产品”称号，1988年，获国家质量“银奖”。1997年，由镇办集体企业改制为民营企业。2004年2月25日，更名为山东君道高温材料有限公司。之后，企业加大科技投入，推进技术进步，连续6年研制开发出玻璃窑炉用高温新材料6项，申请7项专利技术；产品由普通级耐火材料上升为高性能陶瓷材料，有3个研发项目被列为临沂市重大创新项目，1个项目被列为省重点研发计划。被授予“临沂市民营企业50强”称号。先后被评为国家高新技术企业、山东省重点科技型中小企业。六大系列主导产品：电熔莫来石系列、铝镁尖晶石系列、铬锆刚玉砖系列、烧结锆（莫来石）刚玉砖系列、锆英石系列、氧化锡电极砖系列。产品主要用于液晶玻璃、触摸屏玻璃、光伏玻璃、玻璃纤维、玻璃棒、浮法玻璃等窑炉行业，以及石油冶炼、电子、有色金属、高技术陶瓷、冶金等工业领域。2013年，生产高档耐火材料6000吨，实现销售收入4000万元，利润300万元，上缴税金260万元。

临沂市春萌水泥有限责任公司　位于册山街道老沂庄西。始建于1970年10月，称临沂县水泥厂，占地面积13.61万平方米。1983年，改称临沂市水泥厂。1994年4月，企业改制为股份制（所有者权益570万元，其中国家权益400.8万元，个人权益169.2万元）企业，更名为临沂市春萌水泥有限责任公司。1997年10月，采用一次性买断资产，完善股份制的形式改制。公司年产普通硅酸盐425号、525号水泥17.6万吨、产值3500余万元，有职工450人。2011年4月25日，该公司依法破产，被山东天威煤业有限公司购买，改称临沂春萌建材有限公司。

第五节　纺织服装

境内纺织工业起步于20世纪80年代末，1988年起，临沂新光纺织有限公司、临沂联合毛纺染织有限公司和临沂市床单厂等纺织生产企业先后建立。1995年，区内有临沂市新光（棉纺厂）纺织有限公司、临沂市床单厂、临沂市服装厂、临沂兔毛纺染织厂、临沂市罗庄区联合毛纺染织有限公司5家罗庄镇镇办集体纺织企业和临沂地区外贸丝绸公司在八块石村南创办的绣花城。主要产品有兔羊毛混纺纱、棉纱、白坯布、牛仔布、抽纱花边、毛衫、针织内衣、毛毯、床上用品等，当年生产棉纱8000吨、毛纱1000吨，各类服装9.1万件，完成工业产值3.22亿元，有从业人员2125人，固定资产2.09亿元。1997年7月，临沂市新光纺织有限公司和临沂联合毛纺染织有限公司由镇办集体企业改制为民营企业。1998年后，区内出现小织布热。1999年，全区小纺织厂发展到78家。2005年后，受国内外纺织市场形势、国家压缩1000万落后棉纺锭及企业内部管理等问题影响，许多企业停产转产，部分企业通过加强内部管理，及时调整产品结构，引进先进技术和先进设备，加大技改投入，研发新产品，生产规模不断扩大，经济实力不断强壮。至2013年，全区有山东新光实业集团有限公司、山东来利来毛纺有限公司、山东晶鑫无纺布有限公司等规模以上纺织企业11家。山东新光实业集团有限公司是全国最大的毛毯生产企业，销量居全国同行业第一，占据非洲市场30%份额；山东来利来毛纺有限公司研发生产的防辐射纱线、防电磁辐射抗静电毛衫、布匹、毛毯等终端产品，填补国内外辐射产品空白。主要产品有毛毯、兔羊毛毛混纺纱、纯棉、细纺、涤棉、无纺布、混纺纱、棉纱等；年产毛毯1720万条，无纺布6000吨，面料6000吨，各类纱3050吨，各类服装900余万件。11家规模以上纺织服装企业完成工业产值17.56亿元，实现主营业务收入17.88亿元、利税1.67亿元、利润1.02亿元。

图7-6：罗庄出口毛毯生产车间（2013年12月 摄）

企业选介

山东新光实业集团有限公司 位于罗庄街道罗六路中段。1992年11月21日，临沂市新光经济开发总公司成立。1995年9月1日，经省体改委批准以临沂市新光经济开发总公司为核心组建山东新光纺织集团公司；同年12月28日，公司被国家经贸委批准为大（二）型企业。1997年7月，由镇办集体企业改制为民营企业。同年，通过ISO 9002国际质量体系认证。2000年2月14日，改称为山东新光实业集团有限公司。2001年2月，经外经贸部批准，公司在南非设立毛毯境外带料加工生产企业。2003年3月，扩大毛毯产能，成立临沂绿茵工贸有限公司。2006年，临沂新光毛毯有限公司研制出涤纶长丝代替腈纶生产毛毯工艺，并取得国家发明专利。2007年、2009年和2011年，分别新上年产500万条高档涤纶毛毯生产线3条，年生产毛毯能力2000万条，成为全球最大的毛毯供应商。2008年5月，新光亚洲有限公司在德意志交易所法兰克福证券交易中心挂牌上市。2013年，公司固定资产26亿元，有国内15家企业和境外5个办事处，在岗职工6000余人，其中专业技术人员800人，业务涉及纺织、建材、医药医疗三大产业，具有年生产毛毯2000万条、牛仔布1600万米、无纺布1.5万吨、涤纶长丝8万吨、铝型材15万吨、镀锌钢板45万吨生产能力，产品主要销往美洲、欧洲、非洲、中东等国家和地区，年内完成产值52亿元，实现利税6亿元，出口创汇1.9亿美元。公司拥有省级企业技术中心，被认定为国家高新技术企业，“新光”牌商标被评为中国驰名商标。公司先后获全国守合同重信用企业、山东百强民营企业、省级文明单位、全国纺织工业先进集体、中国纺织服装行业出口百强企业、中国纺织服装企业竞争力500强企业、中国纺织工业产品开发贡献奖、中国纺织行业产品质量奖、中国专利山东明星企业、山东环境友好型企业称号。

山东来利来毛纺有限公司 位于宝泉路120号。2003年7月11日成立，系民营企业，注册资本1880万元，占地面积5.87万平方米，建筑面积3.85万平方米，是一家拥有自营进出口权、ISO 9001：2000质量体系认证、中国国际商会会员、集科工贸为一体的综合型企业。公司拥有2项省级科技成果，其中防电磁辐射抗静电纱线及产品经省科学技术厅组织科技成果鉴定达到国际先进水平，并获2013年度临沂市技术发明一等奖和科技进步奖二等奖。公司拥有28项专利。其中，国际发明专利2项，国家发明专利17项，实用新型专利6项，外观设计专利3项，国际商标1个，国内商标21个。主要产品有1NM—160NM的太阳能纤维纱、防电磁辐射抗静电纱、山羊绒纱、牦牛绒纱、骆驼绒纱、貂绒纱、兔绒纱、蚕丝纱、羊毛纱、麻棉纱等，年产各种功能混纺纱1000余吨，防电磁辐射抗静电纤维200吨，防电磁辐射抗静电毛衫50余万件，防电磁辐射抗静电布匹200余万米，防电磁辐射抗静电电热毯100余万条，各类服饰50余万件（套），年染各种纤维2000吨；产品主要出口美国、英国、法国、加拿大、意大利、西班牙等20余个国家和地区。2013年，完成产值1415万元，实现主营业务收入2529万元、利税135万元。

第六节　食品

1995年，罗庄区有食品加工企业24家，其中，粮食及饲料加工企业9家、屠宰及肉制品加工企业4家、乳制品企业1家、酒水企业2家、糕点及副食等加工企业8家，完成产值1.29亿元，有从业人员2000人。生产小麦面粉8.23万吨、植物油1000吨、肉类1.35万吨、饲料8800吨、糕点糖果2400吨、乳制品1800吨，白酒580吨。规模较大的食品工业企业有临沂金花食品有限公司、临沂市罗庄区兴源食品有限公司、临沂市罗庄区沂蒙肉类联合加工总厂、临沂九隆食品有限公司、临沂市酿酒厂、临沂酒精厂等。1997年，临沂江泉肉制品有限公司成立，主要生产火腿肠和低温肉制品。2001年，临沂盛能乳业有限责任公司成立，主要生产“益膳房”牌鲜牛奶、酸牛奶、酸奶饮料、冰淇淋等系列产品。2001年6月，临沂人和绿色食品有限公司成立，主要经营脱水蒜片、脱水红葱、脱水牛蒡、蒜粒、蒜粉等10余个品种。2003年，临沂永澳饲料有限公司成立，主要生产猪、鸡、牛、兔等配合饲料、浓缩饲料。2003年6月20日，临沂盛泉油脂化工有限公司成立，主要从事豆油、豆粕、低聚糖、大豆分离蛋白和大豆异黄酮的生产销售，具有年加工大豆90万吨、生产豆粕72万吨、豆油16万吨生产能力。2004年，山东龙润食品有限公司成立，主要生产五香驴肉、五香牛肉、五香猪蹄、五香蛋、老汤驴肉、老汤鸡等。同年末，全区食品加工企业发展到37家，其中规模以上企业7家，完成产值12.5亿元。2005年后，部分企业受规模小、产品档次低及经营不善等因素影响，在市场竞争中被淘汰，但规模较大的企业通过加强内部管理，引进先进技术和设备，开发新产品，生产规模不断扩大，经济效益显著提高。至2013年，区内食品工业主要集中在肉制品加工、乳制品加工、粮食精细加工、蔬菜冷藏、食用油生产等行业，规模以上食品加工企业有临沂盛泉肉制品有限公司、临沂江泉肉制品有限公司、临沂盛泉油脂化工有限公司、临沂金花食品有限公司、临沂盛能乳业有限责任公司、山东龙润食品有限公司6家，从业人员1000人。生产鲜、冷藏肉2.18万吨，乳制品4.09万吨，精致食用植物油22.16万吨。完成产值60.17亿元，实现主营业务收入59.74亿元、利税18.37亿元、利润0.74亿元。

企业选介

临沂江泉肉制品有限公司　位于江泉工业园区。1997年成立，厂区占地面积5.02万平方米，总投资2亿元。公司拥有国际标准的封闭肉制品生产车间，从日本、德国、丹麦、加拿大等国引进先进的火腿肠生产线，日产150吨，年产各类肉制品7.2万吨。2013年，有固定资产1.91亿元，在岗职工400余人，完成产值9879.10万元，实现利税190.13万元。主要产品为火腿肠、高温肉制品、“放心肉”等，其中高温肉制品有六大系列30余个品种100余种规格。主要销往山东、江苏、河南、河北、安徽等部分大中城市，并在本地周围市场积极推行“江泉放心肉”工程。为山东省最早的火腿肠生产商之一，山东省农业产业化龙头企业，全国大型农产品加工流通企业，中国肉类行业50强企业。

临沂金花食品有限公司　位于高都街道西高都村。1995年3月成立，是一家与马来西亚近打发展有限公司合资民营果仁生产企业。1997年，迁至西高都村临册路东建厂。占地面积1万平方米，建筑面积5000平方米，注册资金25.06万美元，实际投资300万元。1998年，产品品种仅限于油炸咸味花生米，年出口额200余万美元。此后，随着营销市场扩张、技术革新，产品口味增加甜味、多口味；品种增加核桃仁、腰果、葵花仁、南瓜仁、扁桃仁等，具有年生产花生食品4000吨，其他果仁食品2000吨能力，90%产品出口，远销欧盟、美国、中东等国家和地区，“金花牌”成为当地知名品牌。2001年，公司投资200万元增加全自动包装机、色选机等设备，兴建恒温库，成为现代化食品企业。2006年，通过质量管理体系ISO9001认证。2008年，通过IFS国际食品标准、全球标准BRC认证。2009年，通过危害分析与关键控制点（HACCP）体系认证。2013年，实现产值1100万元、利税125万元。

第七节　木材加工

1995年，罗庄区有木材加工企业12家。其中，人造板制造企业6家，木制品企业4家，家具制造企业2家，完成产值2956.1万元，固定资产459.8万元，有从业人员430人，生产各类胶合板、刨花板29.05万立方米，刨切单板3000平方米，家具18.55万件。1996年12月4日，山东森信木业有限公司成立，为民营企业，注册资本888万元，主营人造板、木制品、装饰材料。1998年，山东江泉实业股份有限公司投资1亿元建成江泉木业，从生产胶合板逐渐转型生产建筑模板、船用海洋板、防火板、集装箱底板、花架板等。2000年5月18日，山东蓝图家具制造有限公司投资5800万元建厂，生产加工办公家具、木门等。2000年后，区境北部的罗西、双月湖、盛庄等街道受兰山区义堂镇、马厂湖镇木业迅速发展的影响，逐渐兴办起板皮厂和板材厂，从粗加工、半成品加工到成品加工快速发展；2001年，新建胶合板企业40家。2002年3月11日，临沂三泽木业有限公司在盛庄街道魏家三岗村建厂，属中外合资企业，注册资金52万美元，主要经营生产杨木胶合板、LVL板材等，LVL建筑用材、包装材全部返销日本。至2004年，全区大中小型木材加工企业发展到173家，其中规模以上企业13家，从业人员4500余人。年原木加工能力40万立方米，主要生产胶合板、科技木、单板等，其中胶合板年产量28万立方米，科技木年产量1万余立方米，实现销售收入5.58亿元，利税7170万元。2005年起，罗庄区对胶合板产业进行大规模整顿和环境保护治理，大部分环保不达标企业停产整顿，加之胶合板销售市场萎缩，一批企业停产关闭，部分企业通过产品不断升级换代，产品品种不断增加，规模效益大幅提高。2006年3月7日，临沂佳乐木业有限公司成立，为民营企业，主要生产加工胶合板、建筑木模板，年营业额3000万元。2008年3月12日，临沂兴元木塑科技有限公司成立，为股份制私营企业，注册资本200万元，是集研制、开发、生产及销售为一体的环保型木塑制品企业，主要产品有生态木、木塑模板及宠物托盘等。同年4月17日，临沂市森茂木业有限公司投资2000万元建厂，为民营企业，主要生产集装箱底，年产值7000万元。至2013年，全区有大小旋皮个体户100余家，主要分布在盛庄、高都、罗庄、沂堂等镇、街道；规模以上木材加工企业6家。其中，胶合板生产企业3家，分别为临沂市森茂木业有限公司、临沂佳乐木业有限公司和临沂三泽木业有限公司；家具生产企业1家，为山东蓝图家具制造有限公司；其他类木业企业2家。主要产品有单层板、高密度板、环保型胶合板、集装箱底板、木材家具等。蓝图家具的“蓝图”牌办公家具、实木家具、沙发为山东省名牌产品。同年，全区6家规模以上木材加工企业，完成工业产值3.86亿元，主营业务收入3.89亿元，实现利税5400万元、利润4000万元。

企业选介

山东蓝图家具制造有限公司 位于高都街道科技工业园区（中坦村）。公司建于2000年5月18日，占地面积6.67万平方米，注册资本5008万元，由14个股东投资建设，属民营企业。系中国家具协会理事单位、山东省家具协会副会长单位。公司下设板式办公家具厂、办公软体厂、民用实木家具厂、木门生产厂、民用软体厂、实木（复合）内门厂，钢铁家具厂，主要生产办公家具、实木家具、钢制家具、实木门、复合门等产品。2001年、2006年分别通过ISO 9001和ISO 14001国际质量、环境标准体系认证。2007年，办公家具系列产品被评为山东省名牌产品。2009年，实木家具系列产品被评为山东省名牌产品，“蓝图牌”商标被评为山东省著名商标。2013年，通过OHSMS 18001管理体系认证，成功导入CIS企业整体形象策划系统。同年，新建钢制家具生产线1条、自动喷漆UV线1条、实验加工车间及仓储2个、钢制家具研发生产车间1个、中央除尘设备1套，并对原有实木生产线进行技术改造。年末，固定资产9520万元，在岗职工132人，其中工程专业技术人员25人，全年完成产值1.1亿元，实现利税81万元。

临沂市森茂木业有限公司 位于沂堂镇中心街东侧。公司成立于2008年4月17日，注册资本3000万元，占地面积2.73万平方米，总投资4800万元人民币。从事木材加工和木、竹、藤、粽、草制品业，主营产品为集装箱木底板，年产能力3万立方米。产品主要销往东方国际集装箱（连云港）有限公司、浙江新华昌集装箱股份有限公司、青岛太平集装箱有限公司、扬州润扬集装箱有限公司。2013年，完成工业产值8600万元，实现销售收入7800万元，上缴税金156万元。

第八节　铝型材

2001年4月，区内第一家铝型材生产企业——山东银东铝业有限公司落户于罗庄区工业园。公司占地面积17.33万平方米，注册资本4167万元，系专业铝型材生产厂家，产品主要为民用型材、工业型材、幕墙型材和建筑型材。此后，罗庄区铝型材行业发展较快，成为全区工业主要产业之一。2002年，临沂市华罗铝业有限公司成立。2003年6月，由华盛江泉集团有限公司投资的临沂江泰铝业有限公司（2006年6月华盛江泉集团有限公司与中国铝业有限公司联合组建山东华宇铝电有限公司）建成投产。2004年2月12日，山东豪门铝业有限公司在册山街道成立。2005年，临沂市泰昌铝业有限公司在册山工业园建厂，占地面积17.33万平方米，建筑面积70万平方米，注册资金3020万元，系大型民营铝型材企业。主要研发生产建筑类、装饰类、工业类、军工类、航空航天类、特种铝合金型材等产品，年生产能力10万吨。泰昌铝材获“中国名牌”称号，被评为中国铝型材企业十强。同年6月23日，临沂骏驰铝业有限公司投资1.86亿元在高都街道科技工业园建厂，研发生产“鲁铭”牌各种型号门窗配套小料系列铝型材产品，年生产能力5万吨。2006年6月2日，山东鹏程铝业有限公司投资2亿元在册山工业园建厂，占地面积11万平方米。主要加工销售铝合金型材、铝合金制品，年生产能力2万吨。2009年7月16日，临沂鼎盛铝业有限公司成立。公司位于罗庄街道朱陈西南村10号，注册资金50万元，主要生产销售铝块、铝锭、铝制品和铝棒，为民营有限责任公司。2011年3月8日，山东瑞高铝业有限公司成立，位于册山街道，投资5.7亿元，主要生产销售建筑及工业用铝型材。拥有临沂市最大的2600吨铝型材挤压机设备，从日本、瑞士及中国台湾地区引进先进的阳极氧化着色、粉末喷涂、电泳涂装、喷砂隔热、木纹转印等设备11套。2013年，全区有规模以上铝型材工业企业9家，其中电解铝企业1家。有职工4500人。代表企业有山东华宇铝电有限公司、山东豪门铝业有限公司、山东瑞高铝业有限公司、山东银东铝业有限公司等。产品覆盖建筑型材、通用型材和工业型材等多个门类，300余个系列，7000余个品种。拥有中国驰名商标1个，中国著名品牌2个，山东名牌1个，高新技术企业1家，山东省专利明星企业1家。其中有3家企业产品分别出口到美国、俄罗斯、印度、日本、新西兰、几内亚、黎巴嫩等国家。同年，完成工业总产值60.45亿元，实现利税3.67亿元。

企业选介

山东华宇铝电有限公司 位于江泉工业园区（罗庄区文化路2号）。2003年6月，华盛江泉集团有限公司投资成立临沂江泰铝业有限公司。公司占地面积70.67万平方米。2006年6月15日，更名为山东华宇铝电有限公司，注册资金16.28亿元。同年7月14日，通过股权转让，中国铝业股份有限公司（简称中国铝业）以货币资金4.12亿元收购华盛江泉集团江泰铝业55%股权，成为中央企业——中国铝业股份有限公司控股子公司，是中国铝业与民营企业合作的第一家企业。公司为铝电联营企业，下设电解铝、热电厂，拥有年产能20万吨240千安培电解铝生产线4条、12万吨碳素以及配套设施、3台135兆瓦燃煤式发电机组及相关配套设施。具有年产电解铝20万吨、铝冶炼用预焙阳极炭块11万吨、普铝及铝合金产品22万吨、发电32.24亿千瓦时生产能力。2013年，在岗职工2047人，其中工程技术人员106人，完成工业产值31.17亿元、利税1.78亿元。先后获2006年度临沂市纳税百强企业、全国CFB锅炉135～150兆瓦级供热机组竞赛二等奖、山东省纳税先进企业、中国有色金属工业集团2010年度先进企业称号。

临沂市豪门铝业有限公司 位于册山街道郑旺村豪门东路。2004年2月12日成立，属民营企业。先期投资2.3亿元，注册资本

1.22亿元，占地面积11.3万平方米。是集铝合金建筑型材、工业材的研发、设计、生产和销售于一体的综合性企业，主导产品为铝合金建筑型材、工业材和铝合金门窗幕墙等。公司成立之初，仅有3条挤压生产线和1条氧化生产线。2006—2009年，增加挤压生产线4条，喷涂生产线、木纹生产线、隔热穿条生产线各1条。2011年1月，新厂区一期8条挤压生产线和1条氧化生产线投入使用。2013年2月，新厂二期1条氧化生产线和4条挤压生产线投入使用。同年末，有在岗职工487人，其中专业技术人员120人，年产豪华艺术门、肯德基门、地弹商务门、室内移门等高端铝型材4.93万吨。产品主要销往北京、上海、河北、河南等20个省市，部分产品出口美国、加拿大、澳大利亚等国家。完成产值8.13亿元，实现利税1.05亿元。

先后通过ISO 9001：2000国际质量管理体系认证、ISO 14001：2004环境管理体系认证和OHSAS18001管理体系认证。2009年1月，"豪门"牌建筑铝型材产品获"山东名牌"称号；2011年，"豪门"商标获"山东省著名商标"称号；2012年，被评为临沂市创新成长型十佳企业；同年10月，豪门商标被认定为中国驰名商标；2013年1月，临沂豪门铝业有限公司被认定为国家高新技术企业。

第九节 日用轻工

1995年，区内日用轻工主要有塑料制品、造纸、日用搪瓷、橡胶制品、纸制品、工艺品等行业。全区有日用轻工企业26家。其中，造纸及纸制品企业13家、塑料制品企业10家、日用搪瓷2家、橡胶制品1家。代表性企业有临沂市造纸厂、临沂市工业搪瓷股份有限公司、临沂市罗庄区华宇塑料制品厂等。除临沂市造纸厂为区属企业外，其余均为乡镇办集体企业和个体私营企业。具有纸浆和造纸产品2.3万吨、印刷产品1.6万令、橡胶鞋20万双、塑料制品3040吨生产能力。同年，完成工业产值1.6亿元、固定资产6620万元，有从业人员2400人。此后，通过企业改制、招商引资和加强企业内部管理，引进先进生产设备、生产技术，产品档次、技术含量及市场竞争力不断提高，新生企业不断壮大，企业数量不断增加。至2013年，全区规模以上日用轻工企业发展到40家。其中，造纸及纸制品企业5家，塑料制品企业10家，包装企业7家，日用搪瓷企业3家，橡胶制品企业1家，柳编加工企业14家。规模以上日用轻工生产企业完成工业产值12.87亿元，实现主营业务收入13.56亿元、利税1.09亿元、利润0.59万元。主要骨干企业有山东太平洋印刷包装有限公司、临沂宝泉实业有限公司、临沂大德玉包装纸业有限公司、临沂嘉美包装制品有限公司、美都包装有限公司、临沂昌华纸品有限公司、临沂市罗庄区金逊塑料包装有限公司、临沂国森塑业有限公司、海天塑胶有限公司、临沂同力塑料包装公司、临沂新盛包装有限公司、临沂沂河宠物用品有限公司、临沂金狮工艺品有限公司、临沂佳源工艺品有限公司。2013年，黄山镇柳编企业已形成编制、喷漆、烘干包装流水线生产，产品由传统单一的提篮发展为现代鞋帽、家居、吊花篮、洗衣篓、储物箱、宠物窝、婴儿篮、室内装饰品等数百类上千个品种。杞柳工艺品70%以上出口国际市场，年创汇1800万美元。

企业选介

山东太平洋印刷包装有限公司 位于清河南路102号。2004年11月29日成立，属民营企业。公司占地面积2.3万平方米，注册资金3000万元，是一家以设计、制版、印刷、包装为一体的专业化印刷公司。主要生产包装箱、包装盒、药盒、手提袋、彩盒彩箱等产品。拥有德国高宝6+1、日本三菱5+1，以及日本秋山对开四色印刷机、瑞士博士特全自动模切机、糊盒机、上海亚华烫金机、德刚烫金机、鑫家福全自动覆膜机、全自动局部UV机、全自动糊盒机、文洪覆面机等100余台国际先进的印前、印中、印后设备。2007年6月，通过ISO 9001国际质量管理体系认证和ISO 14001国际环境管理体系认证。2013年，固定资产1亿元，职工180人，其中专业技术人员60人，年产手提袋6000万个、药盒2亿个、彩箱3000万个，完成产值8000万元，实现利税200万元。产品销往伊利、蒙牛、中粮、金锣文瑞、石药、齐鲁制药、瑞阳制药、辰欣制药、娃哈哈等大型企业集团公司，还远销美国、墨西哥、乌克兰等国家和地区。

临沂金狮工艺品有限公司　位于黄山镇山崖村。由王艳玲于2005年5月9日投资成立，属民营企业。占地面积1.33万平方米，建筑面积3000平方米，注册资本10万美元。主要生产销售洗衣篓、餐篮、收纳篮、面包篮、花篮、柳筐等柳编工艺产品，年生产柳制品73万套。2013年，有职工260人，其中技术人员12人，实现销售额7600余万元，自营出口创汇625万美元，利税660万元，税金260万元。

山东临沂造纸厂　位于傅家庄西北村。始建于1958年6月，是原临沂市最早的一家国营制浆造纸企业。1995年划属罗庄区后，企业对其进行扩建，新建污水处理工程。1997年，拥有1092纸机8台，1760纸机3台，主要产品有30～80克各类文化用纸，年产能力2.2万吨。2007年10月24日破产。

临沂宝泉实业有限公司　位于罗庄区罗庄街道罗二路2号。是国内最大的高中档铸铁、钢板浴盆专业生产基地，中国搪瓷协会会员单位。1985年，在临沂市日用搪瓷厂搪烧车间基础上扩建而成，初称临沂市工业搪瓷厂。生产60个品种200余种花色日用搪瓷产品，浴盆有5大系列48个规格型号，为临沂市一轻工业局和罗庄镇联营企业，山东省一轻厅重点生产浴盆厂家之一。1988年，炒锅、灼勺、“宝泉”牌铸铁搪瓷浴盆均获省优质产品称号。产品畅销国内20个省市，出口南美、东欧、东南亚等地。1992年，实行股份制改造，变更为临沂市工业搪瓷股份有限公司。1996年7月，被评为大型一档乡镇企业和全国乡镇企业集团，为全国规模最大的搪瓷浴盆生产基地。1997年6月，罗庄镇政府采取出售方式对公司进行改制，由朱德明牵头，全体职工入股购买企业属镇政府的产权部分，转型为民营企业。1998年1月4日，更名为临沂宝泉实业有限公司，注册资本3068万元。此后，公司后秉承“人本至上，关怀至佳”的经营理念，不断加强内部管理，加大科技投入，优化产品结构。引进全套先进的V法真空精密铸造流水线和来自德国、瑞典先进钢板自动冲压、涂搪、全自动电炉流水线。主要生产“宝泉”“京泰”“宏福”“保全”牌搪瓷浴缸、搪瓷洗槽、搪瓷方盆等产品，有6大系列130余个品种规格。产品遍销国内，畅销英国、美国、俄罗斯、意大利、加拿大等52个国家和地区，是搪瓷卫生洁具类最大的OEM生产商，与多家世界500强企业建立良好合作关系。产品设计科学、合理，造型独特、新颖，采用高科技搪瓷技术和进口瓷釉，盆体均匀、光滑、美观，具有抗冲击、无腐蚀、耐酸碱、易安装、寿命长等特点。2013年，公司占地面积8.6万平方米，建筑面积3.5万平方米。实现产值1.52亿元、利润1070万元，创汇1100万美元。

附：

乡镇办、村办企业简述

20世纪50年代初，农业合作化运动中，各农业合作社把本村私有作坊和个体手工业者组织起来，成立陶瓷小组、铁工组、木工组、陶瓷生产合作社、碗窑生产合作社、翻砂社等。从此，村办工业开始发展起来。乡镇办工业始于1958年，初称社办工业，是在农村手工业合作社基础上，逐步过渡发展起来的。“大跃进”运动中，各公社都办起规模不等的公社工业。1961年，贯彻中央“手工业三十五条”精神，调整社办工业规模，将原由手工业合作社（组）改成的公社工业再转成手工业合作社，凡平调农村生产大队的工副业项目办成的公社工业企业，一律退赔给生产大队，多数社办工业被压缩掉。

1964年后，随着国民经济的恢复发展，公社工业在“四为（为农业、为工业、为人民生活、为外贸出口服务）、三就（就地取材、就地加工、就地销售）”方针指导下，逐渐发展起来。70年代中期，境内各公社、大队由单纯抓农业转变为围绕农业抓工副业，抓好工副业促农业，利用本地物产资源优势和传统技术，因地制宜，由公社、大队投资和安排劳动力相继办起农机修造厂、陶瓷厂、砖瓦窑厂、小煤窑、水泥厂、石灰窑、铸造厂、磷肥厂等一批企业。1980年，境内各公社社办工业总产值分别为：罗庄公社459万元、傅庄公社250万元、册山公社180万元、朱隆公社157万元、塘崖公社105万元、白庄公社99万元。

1983年，罗庄公社由重点抓社办工业发展为公社办、大队办、联户办、户办四个轮子一起转，实行多轮驱动，多轨运行，集体、个人一起上；倡导“家家有项目，人人有活干，天天见收入，日进分文强起分文不进”，全公社四级企业快速发展。同年，罗庄公社乡镇工业总产值5385万元，较1980年增长10.73倍，人均收入增长到453元。1984年1月9日，临沂地委、行署印发《关于学习推广罗庄公社发展社办企业的经验，加快全区社队企业发展的决定》，总结罗庄公社6条基本经验，号召各县所属公社向罗庄学习。同年7月22日，临沂地委、行署在罗庄镇召开全区乡镇企业会议，听取罗庄镇等单位的经验介绍，宣传推广罗庄经验。省委、省政府领导人亲临罗庄考察，提出“全省乡镇企业学两罗”（即临沂市罗庄镇和淄博市罗村镇）的口号，将罗庄镇树为全省乡镇办企业的样板。是年，公社工业改称乡镇企业。1985年，罗庄镇企业总产值1.15亿元，成为全国69个和全省7个过亿元的乡镇之一。创办乡镇企业的经验被载入由中共中央书记处决定出版的《当代中国》一书。在全国1.5万余个建制镇中，是唯一载入此书的镇，1986年，省委书记梁步庭到罗庄考察时，称罗庄为“山东第一镇”。罗庄镇镇办企业产值、利税、外贸出口额居全省乡镇企业首位，被誉为“山东第一镇”。在罗庄镇带动下，各乡镇村办企业快速发展。至1992年，境内村办企业总产值500万元以上的村33个，总产值4.92亿元、利税4832万元，分别占临沂市的35.42%、43.21、39.1%。

1992年境内村办企业总产值500万元以上的村情况表

表7-3　　　　单位：万元

村	总产值	利税	村	总产值	利税
罗庄镇沈泉庄	15060	1586	罗庄镇罗庄	760	103
罗庄镇朱张桥西北村	3220	167	册山乡南头村	632	77
傅庄镇西南村	2737	154	傅庄镇东南村	921	101
罗庄镇山南头村	2370	178	罗庄镇朱张桥河北村	880	99
罗庄镇朱陈东南村	1727	99	罗庄镇湖南崖村	984	142
罗庄镇朱张桥东北村	1550	179	罗庄镇焦沂庄	710	81
罗庄镇窑汪崖村	1420	162	罗庄镇阎泉庄	683	82
罗庄镇朱陈北村	1023	248	罗庄镇蟠龙庄	731	87
罗庄镇赵家坝村	1143	129	罗庄镇朱张桥东南村	727	91
傅庄镇赵庄	1063	119	罗庄镇穇茬窑	703	92
傅庄镇汤庄	1003	111	傅庄镇劳模店村	581	64
罗庄镇朱张桥西南村	1700	2	罗庄镇朱陈西南村	631	98
盛庄镇后盛庄	596	37	罗庄镇韦姜屯	640	83
盛庄镇十里堡村	666	32	傅庄镇傅庄西北村	511	58
程庄乡常旺村	799	74	罗庄镇朱张桥沟东	530	36
罗庄镇八块石村	588	67	罗庄镇北老屯	1006	105
罗庄镇山西头村	885	89	—	—	—

1994年，境内乡镇办工业形成以陶瓷、建材、铸造、纺织、煤炭等行业为支柱产业的工业体系，6个乡镇乡镇办工业总产值分别为：罗庄镇9.96亿元、册山镇2.81亿元、傅庄镇1.9亿元、盛庄镇1.78亿元、程庄乡4277万元、岑石乡2677万元。罗庄、册山、傅庄、盛庄4个镇为全省经济实力百强乡镇。

1995年起，罗庄区坚持抓改革添活力，抓管理增效益，抓科技上水平，抓开放促调整，推动乡镇办企业由速度数量型向效益速度型转变。至年末，全区乡镇办企业发展到102家，完成工业总产值17.65亿元，实现利税1.84亿元；村办企业746家，村及村以下企业完成工业产值26.01亿元，乡镇办企业和村及村以下企业产值占全区工业总产值98.33%。册山煤炭有限公司、新光公司、盛能公司、造纸化工厂、美华公司、东店子煤矿、华盛集团总公司等企业利税过1000万元。形成陶瓷、煤炭、电力、建材、铸造、纺织、食品、化工等门类工业体系。1996年，把全区销售收入过500万元的企业纳入重点管理，对陶瓷、建村、水泥、机械、煤炭等行业内关联度强的骨干企业，走强强联合之路，从各个方面给予重点扶持。以骨干企业和名牌产品为龙头，以产权关系为纽带，通过股份制、股份合作、联营、兼并等途径，促进生产要素的合理流动，组建8个企业集团。是年，全区乡镇办企业完成产值23.12亿元，实现利税2.13亿元；村及村以下企业完成工业产值31.28亿元。随着市场经济体制的确立，乡镇企业和村办企业普遍存在的规模小、管理粗放、产品技术含量低、市场开发能力弱等问题越来越突出；乡镇企业起步阶段的机制、政策、市场环境等优势日渐丧失；由于体制、人才、资金等因素限制，大部分乡镇办企业效益不佳，部分企业亏损关停。此前，乡镇办企业实行的主要以目标责任制考核、集体承包、厂长或经理个人承包等经营形式，基本上用契约形式划分政府和企业之间的责任和权利，乡镇、村集体承担无限责任，很难适应市场经济体制要求。1997年，为解决乡镇办企业产权不清，经济效益不高等问题，区委、区政府对乡镇办企业进行以产权明晰为主要内容的多种形式改制。至年底，全区乡镇办企业154家，148家实行不同形式的改制。其中，出售99家，拍卖16家，划转25家，改制为股份有限公司4家、破产4家（参见本编第一章“工业体制改革”第二节“企业改制”）。是年，全区乡镇办企业完成总产值26.85亿元，实现利税1.58亿元，固定资产23.20亿元，总负债22.63亿元，净资产额5656万元。村及村以下企业完成工业总产值32.5亿元。1998年1月起，借鉴对乡镇企业改制的经验和做法，实施村办企业改制。至年底，全区162家村办企业（除沈泉庄所属集体企业外）及6家乡镇办企业完成改制。自此，乡镇办企业均由集体所有转型为民营企业，使企业成为“自主经营、自负盈亏、自我约束、自我发展”的市场竞争主体。

第八编　陶瓷　煤炭

Part 8: Ceramics and Coal

临矿集团办公楼（2011年10月　临矿集团供稿）

吸盘式自动下砖机（2011 年 4 月　区陶协供稿）

罗庄是全国陶瓷主要产区之一，被誉为“鲁南瓷都”。罗庄陶瓷历史悠久。据考证，新石器时代晚期，罗庄先民就在这里开始制作陶器，唐、宋时期，罗庄一带就有成片的瓷窑，可烧制黑釉瓷碗、瓷盆、瓷缸等。明、清以至民国时期，罗庄、湖西崖、朱陈、傅庄一带，成为陶瓷制作中心和集散地，生产的缸、碗、罐、坛、盆、碟及砂壶和蒜臼等黑釉粗瓷产品，畅销鲁南、苏北、皖北、豫东等地区。中华人民共和国成立后，罗庄陶瓷业进入一个崭新时代。20 世纪 50 年代中期至 60 年代初，以临沂地区瓷厂和临沂市陶瓷一厂、二厂、三厂等企业为主，进行由“粗”变“细”、由“黑”变“白”的陶瓷产品研制，以白粗瓷为主、白细瓷为辅，生产日用陶瓷。60 年代中期至 70 年代初，陶瓷生产由手工制作变为机械化、半机械化生产。70 年代初至 80 年代初，陶瓷产品由单纯内销转变为内销、外销并举，结束罗庄陶瓷不能出口的历史。1983 年起，建筑陶瓷开始发展。至 1994 年，通过合资、引进等方式，罗庄镇建起一批规模大、档次高的建筑陶瓷企业。1995 年罗庄区成立后，区委、区政府把传统的陶瓷产业作为主导产业之一予以大力支持，重点发展。调整日用瓷产品结构，加大科技投入，增加产品附加值和科技含量，提高陶瓷企业核心竞争力和创新能力，培植骨干企业和名优产品。至 2013 年，罗庄陶瓷业形成以日用陶瓷、建筑陶瓷为主的两大陶瓷生产体系。规模以上陶瓷企业由 1995 年的 17 家发展到 82 家，完成工业总产值 35.34 亿元，实现主营业务收入 41.64 亿元、利税 2.79 亿元、利润 1.51 亿元。拥有日用瓷生产线 102 条、建筑陶瓷生产线 178 条，年产日用瓷 18 亿件、墙地砖 8 亿平方米。产品既有日用细瓷、建筑陶瓷、卫生陶瓷，又有艺术陶瓷、园林陶瓷等。陶瓷产品中，“银凤”牌日用瓷为中国名牌产品、中国驰名商标，有 4 种日用陶瓷产品获轻工部、外经贸部优质产品奖，有 7 种日用陶瓷产品获山东省优质（优良）产品奖，有 11 种日用陶瓷产品获山东省名牌产品奖，有 4 种建筑陶瓷产品获山东省名牌产品奖。产品内销全国各地，出口世界 80 余个国家和地区。

境内煤炭资源丰富。采煤历史始于唐初（约 627 年），古井遗迹在傅家庄北门外的“磨坑”。明初山西移民迁居，采煤新技术传入，采煤业发展。清光绪年间，采煤业日盛。1929—1935 年，民间采煤达到鼎盛时期。抗日战争爆发后，各煤矿停采。中华人民共和国成立后，境内煤业进入新的发展时期，国营、地方煤矿均快速发展。1995 年，罗庄区境内有煤矿 30 家，其中国营 3 家、市营 5 家、乡镇办 10 家、村办 11 家、公司办 1 家。罗庄区管辖范围地方煤矿全年产煤 48.6 万吨，产值 9135.5 万元，利润 2087.42 万元。1996 年后，煤炭行业坚持安全发展和可持续发展原则，珍惜煤炭资源，尽力延长矿井服务年限。随着煤矿企业不断发展，煤炭生产水平提高，煤炭资源日益减少。至 2005 年，临沂矿务局所属五寺庄、汤庄、塘崖、褚墩 4 家国营煤矿先后闭井。2013 年，市属西高都、车庄、东高都 3 家地方煤矿先后闭井，小庄子、凤凰岭煤矿分别改制为临沂宇光矿业有限责任公司、临沂市凤凰矿业有限责任公司。是年年底，罗庄区境内有民营煤矿 7 家，全年产煤 79.1 万吨，实现工业总产值 4.48 亿元、利税 1.45 亿元、利润 0.74 亿元。2014 年后，国家淘汰年生产能力 30 万吨以下的煤矿。至 2016 年，境内仅有临沂安泰能源有限公司 1 家煤矿。

第一章　陶瓷

第一节　发展概况

罗庄陶瓷生产历史悠久，是国内著名的陶瓷产区。1995年，罗庄区有陶瓷工业企业17家。其中，日用陶瓷企业9家，建筑陶瓷企业8家。完成工业产值3.81亿元。1995—1999年，随着市场需求量增加，陶瓷产品在市场上供不应求。罗庄区把传统陶瓷产业作为主导产业之一予以大力扶持，重点发展。在对区属、乡镇村办陶瓷企业实施产权制度改革的同时，不断加大招商引资力度，膨胀扩大陶瓷企业规模，在政策引导和市场驱动下，一批民营骨干陶瓷企业、外资及港台合资企业迅速发展。1999年，全区生产日用陶瓷14.52亿件、釉面墙地砖1735.3万平方米。其间，加强环境治理，先后拆除湖西崖等地的小瓦盆窑520座。

21世纪初期，受市场经济影响，陶瓷行业竞争加剧。罗庄日用陶瓷生产遇到严峻挑战，暴露出技术薄弱、产品附加值低、优质产品保有率低、高端产品少、市场竞争力不强等诸多弊端，生产经营渐呈下滑趋势。2000年后，罗庄区陶瓷业重点实施创新发展战略，调整产品结构，加大技改投入，在瓷质、釉色、造型、装饰等方面加快创新步伐，致力于质的提高，陶瓷产品向高档化、多出口、多创汇方面发展。通过引进先进生产设备、生产技术，产品档次和科技含量及市场竞争力不断提高，新生企业不断状大，企业数量不断增加。至2004年，全区陶瓷工业企业发展到127家（规模以上企业88家）。其中，日用陶瓷企业73家，建筑陶瓷企业54家。年产日用陶瓷9.98亿件、建筑陶瓷8825.69万平方米

2007年，区政府推进钢铁、焦化和陶瓷三大产业升级改造，对陶瓷（主要是建陶）进行产业升级。2009年、2010年，区政府又两次出台产业升级意见，提出“控制总量、优化存量、淘汰落后、鼓励整合”的工作思路，并把陶瓷行业环境保护作为产业升级的关键。一些企业因产能落后、环境保护、成本提高、产品竞争力差等原因先后关停，一大批企业落实环保技改项目，更新设备，引进环保智能全自动化生产线等先进设备，调整产品品种，提高产品档次和产量，仍保持强势发展。至2013年，全区有规模以上陶瓷工业企业100家。其中，建筑陶瓷企业71家，日用瓷企业29家。主要集中在罗庄、傅庄、册山街道和沂堂镇。从业人员3万余人。拥有各类日用瓷生产线102条、建筑陶瓷生产线178条，日用陶瓷年产量18亿件，生产彩釉墙地砖8亿平方米、卫生陶瓷制品535万件。完成工业总产值35.34亿元，实现主营业务收入41.64亿元、利税2.79亿元、利润1.51亿元。产品主要有日用细瓷、建筑陶瓷、卫生陶瓷、艺术陶瓷、园林陶瓷等，产品不仅行销国内，而且销往美国、加拿大、日本、东欧和中国香港等80个国家和地区。

第二节　陶瓷原料

日用陶瓷原料

矿物原料　罗庄区陶瓷矿物原料分布较广，储量以罗庄、盛庄、傅庄3个街道为大。有黏土、紫土、大青土（陶土）、大青矸、焦宝石、石英粉、瓷石、黄矸、黄药土等数十种陶瓷矿物原料。瓷碗、盘、碟原料，主要用湖西崖、朱陈、朱家岭产的黑土和黄土。庆云山产的白药土（长石性岩石）、崔庄产的黄土或为儿桥产的姜黄土为釉用原料。砂壶原料用朱陈蟠龙山黑矸土，釉用姜黄土。缸原料用湖西崖产的矸子土，釉用姜黄土。在陶瓷器皿中，白药石主光泽，焦宝石主细腻，青土主骨架，黄土主粘接。黄土在制陶中占的比重较大，大瓮、盆、罐、粗碗等均以此作胎。朱陈及周边村镇有些地块通常往下挖至10厘米为煤灰土，再往下1～1.5米为砂料。用黑土、黄土掺杂砂料，烧制的器物质地坚硬且不易变型。

20世纪60年代前，境内陶瓷业所用原料基本取于当地。60年代后发展白瓷、细瓷、出口瓷，所用原料主要来自五莲长石、内蒙古长石、连云港石英、安徽长石、福建龙岩土、山西大同土和黏土、云南土等。90年代后，瓷用矿物原料部分转向国外进口，主要进口印度、越南长石等。

化工原料　主要有氧化锌、氧化锡、氧化铅、碳酸钡、氧化铁、氧化钴以及一些稀有元素（如铈、镨等）的氧化物或化合物，用以配制各种釉料和作为坯釉的着色剂。此类原料，罗庄没有生产企业，靠外购。各种坯料、釉泥，陶瓷企业自产。

建筑陶瓷原料

各时期不尽相同，但一般主要采用黏土、莱阳土（高领土）、生焦（长石）、纳长石、煤矸石、石英、透辉石（土）、熔块等。主要从广东、山西、河南等省和省内购进。

第三节　设备与燃料

设备

20世纪60年代初期前，除临沂泉庄白瓷厂外，境内陶瓷厂生产设备均为旧式圆窑（馒头窑）、石轮、大碾、碾盘等落后工具，且全部手工操作。旧式圆窑窑体呈半圆筒，球冠形窑顶，两个烟囱，底部有火道，火道伸出窑外似半圆。窑内东西长6米、南北宽4米左右，用粗泥垒砌。窑高数丈，设前、后门，后边出烟，前边进风，另有加煤专口。碗窑和砂壶窑形状不同，碗窑大，砂壶窑小。

1959年，临沂泉庄白瓷厂建成90立方米倒焰窑，代替旧式直焰窑（圆窑）。1968年，朱陈、傅庄、八块石陶瓷社相继建起隧道窑。此后，直焰窑逐步改为隧道窑。20世纪60年代中期后，各陶瓷厂不断进行技术改造和设备更新，生产方式逐步向机械化、电气化、自动化转变。粉碎机代替牛拉泥碾，机轮代替石轮，搅泥机、真空捏练机代替人工踩泥。各陶瓷厂的主要设备有倒焰窑、隧道窑和雷蒙机、练泥机、滤泥机、球磨机、滚压机、压力机、干燥室等。2006年后，进口智能自动压坯机、喷釉线和智能全自动机械隧道窑，辊道式烤花窑等。

燃料

1995年前，各陶瓷厂烧成窑炉以煤炭、焦炭为燃料。1996年，临沂地区瓷厂烧成窑炉全部采用煤气烧成新技术。之后，罗庄区各陶瓷厂也相继建成煤气发生炉，烧成窑炉以煤气为燃料。2006年始，罗庄区利用西气东输优势，各陶瓷厂相继将窑炉改造成管道天然气烧成。至 2013 年，大部分陶瓷企业均采用天然气烧成。

第四节　日用陶瓷

罗庄日用陶瓷生产历史悠久。新石器时代晚期，罗庄先民就开始陶品制作。明清以至民国时期，罗庄、朱陈、湖西崖、傅庄逐步发展成为鲁南、苏北地区陶瓷制作和销售中心。中华人民共和国成立后，罗庄陶瓷业进入一个崭新时代。经过 40 多年发展，罗庄日用陶瓷业形成门类齐全、产品丰富的生产基地。

1995 年，境内有大、中型日用陶瓷企业 8 家。其中市属山东银凤股份有限公司 1 家，区属临沂市陶瓷一、二、三厂 3 家，乡镇村办企业 4 家。主要集中在罗庄、傅庄镇。生产日用陶瓷 9086.09 万件，主要品种为餐具、茶具、大缸、单件碗盘、成套餐茶具等。著名的有细瓷碗、瓷盘、骨质瓷茶碗等。1995—1999 年，随着市场需求量不断增加，日用陶瓷产品在市场上供不应求。1999 年，全区陶瓷工业生产日用陶瓷 14.52 亿件，其产量是1995年的16倍。其间，1997年10月，山东银凤股份有限公司研发的“合成磷灰石质骨质瓷”获国家经贸委颁发的国家级新产品证书。同年 12 月，“银凤”牌日用陶瓷产品认定为山东省名牌产品。

2000 年后，罗庄区日用陶瓷业受市场经济影响，加之省外特别是东莞、潮洲、唐山等陶瓷产品进入山东市场，生产经营呈现下滑趋势。2002 年，日用陶瓷产量 9.55 亿件。

2002 年后，罗庄区根据市场变化，积极推进陶瓷业转型升级，调整产品结构，引进先进技术和设备，重点发展档次高、市场竞争力强的产品。至 2013 年，全区 18 家规模以上日用陶瓷企业生产日用陶瓷 18 亿件。其中，餐具 12.44 亿件，茶具 5.56 亿件。瓷碗有 500 余个花色品种，瓷盘有 300 余个花色品种，瓷勺子有 100 余个花色品种，茶具有 59 个系列 750 个花色品种。产品畅销国内，出口 80 余个国家和地区。著名的细瓷有白瓷、骨质瓷、新骨质瓷、炻瓷、镁质瓷、银玉瓷等。陶瓷产品中，银凤系列产品和“银凤”牌商标为中国名牌产品和中国著名商标，银凤礼品瓷、宾馆瓷，被选为国家主席出访赠送外国元首的国礼瓷、国家领导人办公用瓷、钓鱼台国宾馆和中南海用瓷、澳门回归十周年庆典用瓷、北京奥运会限量版礼品瓷和上海 APEC 会议、北京 APEC 会议宴会用瓷；有 4 种日用瓷产品获轻工业部、外经贸部优质产品奖，有 7 种日用瓷获山东省优质（优良）产品奖，有 11 种日用瓷产品认定为山东名牌产品。代表性企业有山东临沂银凤陶瓷集团有限公司、临沂兴达瓷业有限公司、临沂美华陶瓷有限公司、临沂万强陶瓷有限公

图 8-1：2010 中国（临沂）市场贸易博览会罗庄陶瓷建材专业展开幕式（2010 年　摄）

司、临沂金利瓷业有限公司等。

基本工艺

罗庄日用陶瓷生产工艺流程示意图：原料粉碎→球磨→练泥→成型→干燥→修坯→施釉→装窑→烧成→装饰→彩烤→分级检验→包装入库。

在工艺流程中原料加工、成型、烧成、烤花工艺发展情况如下。

泥料生产　20世纪50年代前，境内各陶瓷业户把选好原料运到场中，牛拉碌碡压至极细，筛选去杂，按比例配料混合均匀装入泥槽，灌入清水，水高出泥层10厘米，再用青石大泥碾碾压，需三、四头牛拉。碾细的泥浆顺碾槽流入泥池，经过陈腐去水取出，再用人工踩泥、摁泥才成。20世纪60年代中期后，陶瓷业经过技术改造和发展，逐步用颚式破碎机、轮碾机、对辊机、球磨机、雷蒙机粉碎原料，用间歇式湿球磨机代替牛拉泥碾，用压滤机、滤泥机、真空练泥机代替人工踩泥、摁泥

成型　碗坯成型的传统方法是脚蹬石轮手拉坯，人工注浆，靠太阳晾晒或地炕烘干。20世纪70年代，各陶瓷厂由石轮改电轮，每人每天拉碗坯1200～1300个。1973年，临沂泉庄白瓷厂成功创造出双刀压坯机。1976年，半成品加工普遍使用滚压机滚压成型、自动注浆、干燥窑干燥。20世纪90年代后，逐步采用可塑成型，注浆成型和干压成型，干燥窑或链式干燥。

烧成　20世纪50年代前，用直焰窑（圆窑）烧成。直焰窑烧成凭经验操作，分小火、中火、大火三个阶段。烧成时间因窑内容量和煤质而定。碗窑一般烧3～4天，缸窑一般烧10天，砂壶窑小，每窑一般要烧3小时。窑温可达1400℃，窑内温差很大，一般温差在200℃左右。1959年，临沂泉庄白瓷厂建成90立方米的倒焰窑，代替传统直焰窑。1968年，朱陈、傅庄、八块石陶瓷社相继建起隧道窑。至1985年，直焰窑烧成全部为隧道窑。烧成分为一次烧成和二次烧成，一次烧成是生坯施釉后在烧成窑内一次烧成制品，二次烧成是经过成型后的生坯先在素烧窑内进行第一次素烧，经拣选、施釉等工序后，再进行第二次烧成。

烤花　20世纪70年代在手工绘画的基础上，发展贴花、印花、亮金和腐蚀金等。1979年4月，临沂地区瓷厂建成一条辊底烤花窑。1985年后，逐步使用隧道式烤花窑、辊道式烤花窑、间歇式烤花窑等。90年代中期后，普遍采用辊道式烤花窑。

企业选介

山东临沂银凤陶瓷集团有限公司　位于罗庄街道罗四路（通达南路）502号。是中国轻工商会副会长单位、中国陶瓷工业协会副理事长单位、山东省日用陶瓷重点生产企业。前身为临沂县泉庄白瓷厂，1957年创建，1958年建成投产，生产白瓷产品。1958年11月，改称临沂市泉庄白瓷厂，隶属临沂县工业局。1976年3月，更名为临沂地区瓷厂，划归临沂地区轻工业局管理，升格为国营地属企业。1993年1月，经临沂地委、行署批准组建临沂陶瓷集团。2003年12月，临

图8-2：银凤陶瓷股份有限公司生产车间（2013年10月　卜文风摄）

沂陶瓷集团在临沂经济技术开发区建立银凤工业园，占地面积 38.4 万平方米。2004 年 5 月，改制为民营企业，更名为山东临沂银凤陶瓷集团有限公司。企业先后通过 ISO 9001 质量管理体系认证、ISO 14001 环境管理体系和 OHSAS 18001 职业健康安全管理体系国际认证。拥有国家级博士后工作站 1 所、省级工业设计中心 1 所和陶瓷及新材料省级技术开发中心各 1 所。先后承接一系列国家和省级技术创新项目，取得多项国家发明专利和 600 余项产品外观设计专利，参与起草《骨质瓷器》等多个国家标准和地方标准。产品主要有白瓷、炻瓷、骨质瓷、银玉瓷、艺术瓷等 5 个系列 1000 余个花色品种，年产“银凤牌”日用陶瓷 8000 余万件（套）。其中“抗菌高档陶瓷餐具系列产品”通过国家级鉴定，“磷灰石质骨质瓷产品”和“骨质瓷无铅熔块釉”被认定为国家级新产品。银凤系列产品和“银凤牌”商标先后获“中国名牌产品”和“中国驰名商标”称号。90% 以上产品出口国际市场，产品销往美国、欧盟、加拿大、日本、韩国等 80 个国家和地区，年创汇 1500 万美元。国内以北京、上海等大中城市的高档市场为主。2013 年，占地面积 17.59 万平方米，建筑面积 5.5 万平方米，拥有资产 2.8 亿元，在岗职工 1800 人，完成产值 4.14 亿元，实现主营业务收入 5.11 亿元、利税 3265 万元、利润 1505 万元。公司分别被国家海关、工商总局和全国总工会授予“海关管理高级认证企业”“全国守合同重信用企业”称号和“全国五一劳动奖状”，被中国陶瓷工业协会命名为中国国家用瓷生产企业。银凤陶瓷被选为国家主席出访赠送外国元首的国礼瓷、国家领导人办公用瓷、钓鱼台国宾馆和中南海用瓷、澳门回归十周年庆典用瓷、北京奥运会限量版礼品瓷和 2014 年北京 APEC 会议宴会用瓷。

临沂市万强陶瓷有限公司 位于傅庄街道傅家庄西南村西，通达南路西侧。初称临沂县傅庄陶瓷生产联合社，1953 年 7 月组建，集体所有制，隶属临沂县手工业联合社。1958 年，扩建并转为国营临沂钢铁总厂耐火材料分厂。1961 年，原陶瓷联合社的人员从耐火材料分厂分出，恢复日用陶瓷生产，称临沂县复兴陶瓷社。1963 年，纳原为傅庄公社办的陶瓷社，复称临沂县傅庄陶瓷生产联合社。1964 年，纳湖西崖缸窑社。1972 年，改称临沂县傅庄陶瓷厂。1983 年，更名为临沂市陶瓷二厂，集体所有制，隶属临沂市一轻工业局。1994 年 1 月，改称临沂市陶瓷股份有限公司。1995 年 2 月，由县级临沂市划归罗庄区，为区属骨干企业。1997 年 10

图 8-3:“银凤牌”高档骨质瓷系列产品（2008 年 3 月　摄）

图 8-4: 临沂市陶瓷二厂（2013 年 7 月　摄）

月，改制为民营企业。2001 年 12 月 24 日，更名为临沂市万强陶瓷有限公司，注册资金 1021.6 万元，厂区占地面积 8.33 万平方米，厂房建筑面积 8.5 万平方米。

1964 年后，傅庄陶瓷生产联合社生产缸、坛、鱼盆、花盆。20 世纪 80 年代，改产仿古建筑用琉璃瓦及日用细瓷、外墙砖。1988 年，在企业管理升级活动中被命名为省级先进企业。1997 年，通过 ISO 9000 质量管理体系认证。2001 年 11 月，“万强牌”地板砖、“沂碧牌”日用瓷系列产品被中国质量检验协会命名为国家权威检测达标产品。2002 年 12 月，被农业部命名为全面质量管理达标单位。2003 年 7 月，被命名为全省诚信守法企业。同年 12 月，“沂碧牌”琉璃瓦制品被认定为山东名牌产品，被山东省科学技术厅命名为高新技术企业。日用陶瓷获“出口许可证”和“输美认证”。2013 年，有职工 1086 人，其中专业技术人员 112 人，拥有日用陶瓷生产线 2 条、建筑陶瓷生产线 1 条，有 1 个陶瓷研究所和 1 个新产品开发车间。主要生产日用陶瓷、古建琉璃瓦、彩釉地板砖三大系列 200 余个品种，年产日用陶瓷 1 亿件，古建筑用琉璃瓦 2000 万件、彩釉地板砖 360 万平方米。主导产品日用陶瓷 80% 出口东南亚、美国、欧盟、中东等国家和地区，同美国、罗马尼亚、以色列、科威特等 20 余个国家的客商建立业务伙伴关系。2013 年，实现主营业务收入 1.26 亿元、利税 1789.2 万元、利润 957.6 万元。

临沂市陶瓷一厂　位于盛庄街道八块石村北。初称临沂县八块石陶瓷生产合作社，1964 年由湖西崖碗窑社和湖西崖砂壶社合并迁八块石村北，翌年 10 月建成。占地面积 7.87 万平方米。1972 年 8 月，改称临沂县八块石瓷厂。1983 年，更名为临沂市陶瓷一厂。1995 年 2 月，由县级临沂市划归罗庄区，为区属骨干企业。1998 年 12 月 4 日，改制为职工持股的民营股份制企业，更名为临沂市云雀陶瓷有限公司。2009 年 8 月，并入玫尔美陶瓷有限责任公司，迁至汤庄工业园。此后，厂区折建为居民小区。建厂初期生产陶瓷黑碗、硫酸坛子等产品。20 世纪 70 年代，主产粗瓷白碗。1976 年，建成省内第一条自动吸坯粗瓷碗干燥链条，使干燥时间缩短 90 分钟，生产效率提高 70%。1978 年，自行设计并建成的小断面隧道窑在国内得到推广。所产兰陵美酒瓶于 1980 年获山东省包装装潢一等奖，所产崂山酒瓶于 1981 年获华东地区包装装潢一等奖、花釉文具获二等奖。1983 年，完成耐热炻器研究，填补省内空白。所开发炻器餐具、火锅在国内广为销售，并销往澳大利亚、伊拉克、伊朗、黎巴嫩、中国香港等地。1994 年，有职工 599 人，固定资产 396 万元，总产值 1003 万元，利税 34 万元。1997 年，主要生产日用陶瓷产品，品种有陶瓷电火锅、汤平盘、斗碗、品锅、盖杯、蓝边碗等，有两大系列 20 余个花色品种，完成工业产值 2135 万元，实现利税 250 万元，有职工 900 人。

图 8-5：临沂市陶瓷一厂骨质瓷尊贵黄系列茶具（2009 年 6 月　摄）

临沂金利瓷业有限公司　位于册山街道后村东。是中国轻工工艺品进出口商会理事单位、中国国际商会会员单位、中国外贸出口先导指数样本企业。建于2003年4月，始称临沂市金利瓷厂，民营企业。占地面积3万平方米，投资1000万元，员工360人，建成煤烧隧道窑、烤花窑生产线各1条。主要生产碗、汤盘、杯等系列产品，年产量900万件。2006年，窑炉技改成煤气烧成，新建煤气发生炉1座。2009年5月27日，更名为临沂金利瓷业有限公司。是年，新建第二条生产线。2013年，新上杯子生产线2条，年产量3000万件。是年，完成产值6600万元，实现利税560万元。公司先后取得国内“金利”商标、国外欧盟“金利兴”商标，通过ISO 9001质量管理体系认证、出口许可证、美国FDA认证。产品有白瓷、青瓷、高温窑变釉3个系列，1000余个花色品种，年产5000万件（套），95%以上产品出口国际市场，产品销往美国、欧盟、日本、韩国等30余个国家和地区，年创外汇700万美元。

第五节 建筑陶瓷

境内建筑陶瓷生产始于1983年建立的临沂市罗庄釉面砖砖厂（即后来的华罗利建陶有限公司），主要生产各种规格的釉面砖、锦砖（马赛克），年生产能力10万平方米。1995年，罗庄区有建筑生产陶瓷生产企业8家，其代表性企业有临沂市东亚建材有限公司、东方陶瓷有限公司、鲁能陶瓷有限公司、山东美华瓷业（集团）股份有限公司、临沂华唯建筑陶瓷有限公司、临沂市华星陶瓷有限责任公司。主要产品有各种规格墙地砖、锦砖（马赛克）和卫生瓷。年生产墙地砖2300万平方米，卫生洁具35万件。

建筑陶瓷作为一种新型装饰材料，市场需求缺口大，国家鼓励并支持发展。1996年起，罗庄区制定优惠政策，加大招商引资力度，吸引外资及港台投资、合资建厂，从意大利、德国等国家及中国台湾、香港引进全套技术设备，建筑陶瓷业加快发展。1998年，根据市场需求和变化调整产品结构，以生产地板砖和内墙砖为主，扩大地板砖生产规模，外墙砖生产逐步停产。2002年后，地板砖生产进入大发展阶段，生产企业迅速增加，地板砖产量骤增。2004年，全区建筑陶瓷企业发展到54家，生产墙地砖8825.69万平方米，是2000年4.6倍。华盛江泉集团陶瓷公司“天地牌”地板砖被认定为山东省名牌产品。2005年后，受广东等南方各省、市生产的墙地砖大量拥入临沂市场的影响，市场呈饱和滞销状况，有些企业生产日趋萎缩，有的停产。大部分企业调整产品品种，更新设备，引进环保智能全自动高级地砖生产线，提高产品档次，仍保持强势发展，全区内墙砖、地板砖总体产量继续稳步提高。至2013年年底，全区规模以上建筑陶瓷企业72家，主要集中在罗庄、傅庄、册山街道。拥有自动生产线178条，生产釉面地板砖4.5亿平方米、内墙砖3.5亿平方米，卫生瓷制品535万件。另有8家企业生产墙裙踢脚线、腰线瓷砖等。基本形成门类齐全、配套完整、技术先进的建陶生产基地，为全国主要墙地砖产区之一，其中内墙砖产量居全国各产区之首。

产品

罗庄区生产的墙地砖花色品种多样，规格大都没有定数。内墙砖成品规格主要为250×330毫米、300×300毫米、300×450毫米、300×600毫米、400×800毫米。20世纪20年代起，地板砖产品向多样化、环保型、大规格发展，先后开发出600×600毫米、800×800毫米、1000毫米×1000毫米、600×1200毫米等大规格产品。有1000余个花色品种。

生产工艺流程

建筑陶瓷的工艺流程仅以釉面墙地砖举一例。

釉面墙地砖生产工艺流程图

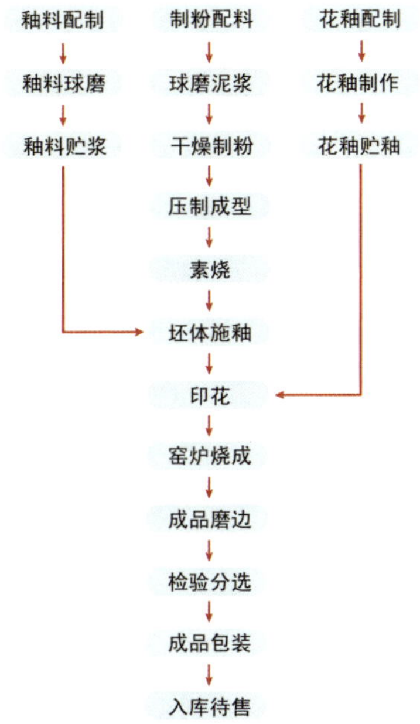

图 8-6：釉面墙地砖生产工艺流程

釉面墙地砖基本生产流程分为粉料制备、砖坯成型、施釉和烧成等。工艺技术全区各建筑陶瓷企业都采用国内外传统方法。

粉料制备 将块状原料粉碎、过筛，按照比例将各种原料放入配料机中，由电脑控制自动配比后，漏入自动传送带上，通过传送带送入球磨机湿磨成泥浆，将球磨的泥浆抽出，放入地下储备池中，电机搅拌，沉浮2～3天。再进行脱水烘干成粉状料。将储备池中泥浆抽出，通过电动筛过滤杂质，通过磁铁除去铁元素。最后将品质优良的泥浆送入温度3000℃的干塔中，脱水烘干成粉料，通过自动传送带送入土粉料仓中，以备使用。

砖坯成型 将成品粉料通过传送带送入压机的布料器中，布料器将粉料补入模具中，压机冲压成型，成生坯体，不同规格模具，压出不同规格的砖坯，此生坯体中还带有5%的水份。再用干燥塔将生坯中的水分烘干。坯体进入素烧窑，一次锻炼成型。

施釉 将素坯放入施釉生产线上施釉喷墨。

烧成 将釉面坯卸出滚车送入辊道窑中二次锻烧，出窑后即为成品。

企业选介

山东佳宝陶瓷有限公司 位于罗庄街道后官战湖村西。是一家集建筑陶瓷研发、生产、销售于一体的大型现代化民营企业。2003年3月24日成立，注册资本3000万元，占地面积13.2万平方米，建筑面积12.6万平方米。拥有大型先进生产线2条，采用进口的SACMI等全球顶级生产设备，通过ISO 9001国际质量管理体系认证和ISO 14001环境管理体系认证。主要研发生产300×300毫米、300×600毫米、400×800毫米、300×450毫米、300×900毫米内墙砖和600×600毫米地板砖。2013年，生产内墙砖、地板砖1800万平方米，完成产值3.2亿元，实现主营业务收入3.5亿元、利润2060万元，上交税金450万元。

临沂双福建陶有限公司 位于傅庄街道。2005年11月成立，2006年5月建成投产。占地面积20万平方米，投资2.6亿元，是一家研发、生产、销售高档内墙砖、地板砖的民营企业。拥有3条国内最先进内墙砖、地板砖生产线，生产线装备大吨位科达压机、程控辊道窑和西斯特姆喷墨打印机等设备，各工序全部自动化控制。主产高档内墙砖、配套地砖和普拉提、明珠玉、风韵石及全抛釉等系列高档地板砖。2013年，完成产值1.47亿元，实现主营业务收入1.32亿元、利税943万元、利润692万元。

临沂朗宇建陶有限公司 位于傅庄街道前站村（汤庄工业园），通达南路西。是生产高档内墙砖的大型民营企业。2003年5月建成投产，固定资产投资1.73亿元，占地面积6.33万平方米，建筑面积5.06万平方米。技术改造后，采用世界先进节能环保技术，建成国内最大的高节能零排放宽体辊道窑生产线1条，日生产能力5.6万平方米。公司先后通过ISO 9000质量管理体系认证、ISO 14000环境管理体系认证、ISO 18000安全管理体系认证和绿色产品认证。主要生产300×600毫米、400×800毫米、300×300毫米规格内墙砖，1000余个花色品种。产品畅销国内20个省市，销往韩国、东南亚、非洲等国家和地区。2013年，生产各种规格内墙砖460万平方米，实现销售收入1.2亿元、利税1830万元、利润456万元。

临沂沂州建陶有限公司　位于沂州工业园（傅庄街道）。为山东地王实业集团旗下骨干企业，是一家高档内装饰瓷砖系列产品专业开发、生产、销售的大型民营企业，为中国建筑卫生陶瓷协会会员单位、国家建材工业协会理事单位、国家标准化委员会（SAC/TC249）技术委员单位、中国陶瓷理事会技术支持单位。2003年6月成立，注册资本3100万元。主要生产抛光砖、釉面砖。拥有国际先进水平的进口、国产生产线6条。通过ISO 9001质量管理体系认证、ISO 14001环境管理体系认证和OHSAS 18001职业健康安全体系认证及瓷质砖CCC认证、健康瓷砖认证、AAA级企业信用等级评价。2004年、2006年，“沂州牌”系列瓷砖产品被国家建材测试中心、中国建筑卫生陶瓷质量监督检验中心、中国建筑卫生陶瓷协会、国家建材工业协会评定为“国家三星级绿色建材”“绿色建筑选用产品”,“沂州牌”聚晶微粉砖被中国建筑卫生陶瓷协会评定为中国建筑陶瓷行业知名品牌。2013年，有员工1500人，其中高中级工程技术人员和管理人员150人，固定资产9亿元，拥有抗菌生态瓷砖等10余项技术专利，年产各种优质内墙砖、地板砖6000余万平方米，完成产值3.5亿元。

山东华宇国际控股有限公司　位于沂堂陶瓷工业园。2013年7月成立，注册资本6000万元，占地面积26.67万平方米，总建筑面积19.54万平方米。建设6条高档陶瓷薄板生产线，采用国际上先进的陶瓷薄板生产设备，配备大吨位压机、多样化上釉系统、电子喷墨打印系统、滚筒印刷等设备，专业生产厚度小于6毫米的薄型化陶瓷薄板。项目总投资7.66亿元。项目建成投产后，年生产各种高档陶瓷薄板6000万平方米。预计可实现年销售收入45.84亿元、利润总额2.49亿元、净利润1.87亿元。

第六节　艺术陶瓷

境内艺术陶瓷生产始于1955年成立的临沂县朱陈陶瓷社。临沂紫砂陶品是该社以当地的紫焦宝石、红矸土等为原料研究开发的日用工艺品。1976年，朱陈陶瓷厂（1964年由朱陈陶瓷社改称）的紫砂车间移址罗庄，新建临沂市美术陶瓷厂，到20世纪80年代中期，临沂市美术陶瓷厂生产茶具、酒具、花盆、盆景盆、龙龟砚和酒瓶等35个品种、58个规格型号的产品。这种陶器造型古朴、色泽纯正、典雅大方、别具风格，既有很强的使用价值，又有很高的欣赏价值，倍受国内外客户赞誉。所产的乳白内釉紫砂陶“浮来春”酒瓶，以其独特风韵和全国首创，在山东省、华东地区和全国包装装潢产品评比中，分别获一等奖、大奖和二等奖。黑色紫砂陶龙龟砚以器型逼真、质地细腻、吸水率低、发墨好，受到书法界好评，获临沂地区文具包装产品评比二等奖。紫砂工艺品的最高年产量25万件，出口15万件。产品销往瑞典、法国、日本和中国香港等地。1989年，试制成功的仿古指南车获山东省二轻厅优秀科技成果三等奖。此后，临沂地区瓷厂、临沂市陶瓷一、二、三厂也分别生产花瓶、看盘、酒瓶、花釉文具、花盆、鱼盆、龙龟砚等艺术陶瓷制品。临沂园林瓷厂，产有小、中、大型壁画及园林瓷塑等系列产品。

1995年，罗庄区有8家陶瓷企业生产艺术陶瓷。1996年，临沂市美术陶瓷厂生产富贵花开、竹报平安、松鹤延年等壁画，其中大型壁画，使用瓷砖666块，面积20平方米。产品除行销本地，还销往江苏、河南等市场。1997年6月，临沂市美术陶瓷厂被临沂华星陶瓷集团有限公司一次性买断产权兼并。1999年后，受市场和产品结构影响，艺术陶瓷业经济效益下滑，部分艺术陶瓷企业或车间改产日用瓷或墙地砖，紫砂陶器、龙龟砚和酒瓶等逐渐停止生产。至2013年，境内有山东临沂银凤陶瓷集团有限公司、临沂园林瓷厂等5家企业生产艺术陶瓷，生产各种花瓶、刻瓷、花盆、看盘、瓷塑、盆景盆、壁画、彩陶绘画等。

图 8-7：临沂市园林艺术陶瓷厂（2013年2月　马冰摄）

企业选介

临沂市美术陶瓷厂　1976年，由朱陈陶瓷厂的紫砂车间移址罗庄扩建而成，占地面积4.07万平方米。以当地的紫焦宝石、红矸土等为原料，研制成临沂紫砂陶器。产品有各种茶具、酒具、花盆、盆景盆、龙龟砚等。外销日本、法国及东南亚等地。所产紫砂内釉浮来春酒瓶1981年获华东地区包装装潢大奖。1985年后，逐渐转产建筑陶瓷，后转产乳胶手套，年产4800万只。1985年，美术陶瓷产量328万件。1990年，实现利税74万元。1991年后，处于停产半停产状态。1995年初，由原县级临沂市划为罗庄区区属企业。1997年，总资产1437万元，负债2521万元，在职职工494人。同年6月，企业改制，由临沂华星陶瓷集团有限公司出资2521万元一次买断美术陶瓷厂产权，改产日用瓷。

临沂市陶瓷三厂　前身为1953年组建的朱陈陶瓷生产小组，由私有作坊联合组成。1954年1月，改称朱陈陶瓷生产合作社，集体所有制。1955年12月，实行“公私合营”，改称临沂县朱陈陶瓷社，集体性质。1958年8月，转为国营临沂市朱陈耐火材料厂。1960年，改称临沂市朱陈陶瓷厂。1962年，纳临沂市铝矾土矿。1963年，恢复临沂县朱陈陶瓷社。1972年，改称临沂县朱陈陶瓷厂，体制由国有转为集体。1983年，更名为临沂市陶瓷三厂。1994年5月，改称临沂瓷源有限

图 8-8：临沂市陶瓷三厂产品（1998年5月　摄）

责任公司。1995年2月，由县级临沂市划归罗庄区。1996年5月，复称临沂市陶瓷三厂，占地面积4.6万平方米。2002年10月，改制为民营企业，称齐鲁瓷业有限公司。2008年8月，停产拆除。

20世纪60年代，主产黑釉粗瓷缸、盆、碗和白釉粗瓷碗。70年代，生产白釉粗瓷碗。80年代，逐渐改产日用细瓷，保留部分美术陶瓷如龙龟砚、衣架、花盆等。1989年，被命名为省级节能先进企业。1990年，产日用陶瓷与美术陶瓷3026万件。1994年，有职工604人，固定资产原值683万元，总产值1314万元，利税10万元。

附：

罗庄区成立前境内陶瓷业简况

罗庄陶瓷生产历史悠久。1977年王家三岗出土的黑陶杯和1980年4月湖西崖湖台出土的黑陶蛋壳镂孔高柄盖杯等陶器，据专家考证有4500年历史，属新石器时代大汶口文化和龙山文化器物。现存的朱陈古瓷窑址，

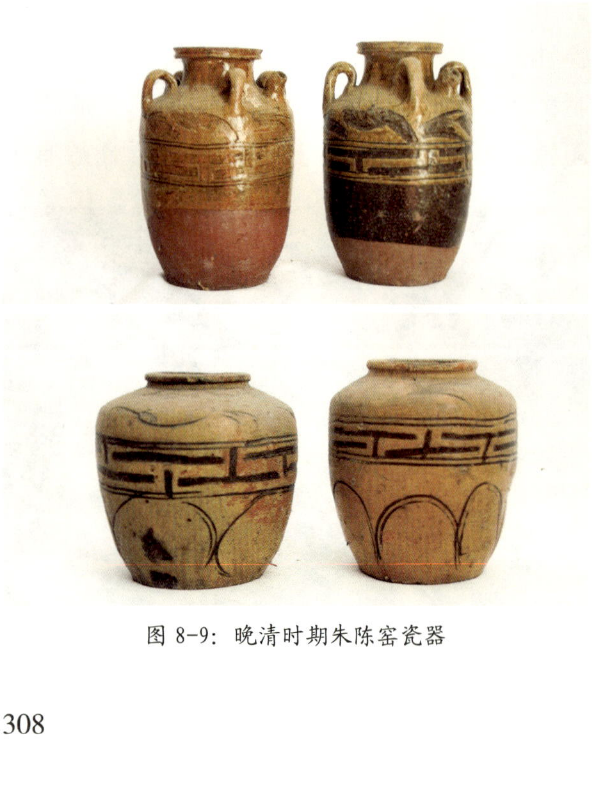

图 8-9：晚清时期朱陈窑瓷器

经考证，创烧于北朝晚期。唐朝初期朱陈、湖西崖一带陶瓷生产即有一定规模；后黄土堰村发现的多处古瓷窑遗址，据考证，建于唐开元八年（720）。这里地下1米处，有碗、盆、罐等瓷器碎片，再往下挖，则有明显烧过的黑色土坯和破碎模具。据史书记载，这里原是“商贾云集的陶市”。至宋代，朱陈、湖西崖、傅家庄等地陶瓷制作逐渐兴旺起来，产缸、盆、壶类陶器及黑碗等黑釉粗瓷器。元末，由于战乱，人员逃散，大部分陶窑被毁坏，大批家庭手工业作坊破产。明洪武至永乐年间，山西移民到境内定居，其中擅制陶瓷者利用当地原料，在朱陈、湖西崖一带创办黑陶瓷窑。明朝中期至清朝年间，朱陈、湖西崖村和傅家庄一带逐步发展成为鲁南地区陶瓷生产和销售中心。

清朝时期，罗庄、朱陈一带出现以周觐光、周龙头、周春光兄弟三人为代表的陶瓷艺人，当时鲁南陶瓷界流传着“觐光壶，龙光斗，春光紫砂世少有”的说法，是指老大周觐光制作茶壶，老二周龙光擅长制作鼻烟壶，老三周春光擅长制作紫砂器皿。周氏兄弟三人享誉齐鲁陶瓷界，成为临沂陶瓷制作的领军人物。其中“临沂紫砂陶”系周春光研制而成，它采用当地的红石与砂石、朱陈蟠龙山的紫焦制作而成，其紫砂陶的制作历史与江苏宜兴紫砂几乎同时期存在。周春光的紫砂陶制作工艺传与其子周宗湘，而周宗湘英年早逝，使这门绝技中途过早失传，周宗湘唯一一件传世的紫砂壶作品现存于周氏后人之手，壶外观光滑，其色红而不艳，紫而不姹，用开水冲茶，壶面上会渗出一个个晶莹的水珠，像珍珠一般镶嵌在壶身上，壶中的茶水喝完了，水珠随之消失，用它泡的茶，可几日不馊，壶用久，即使是用白水倒进壶里，依然有色泽，有茶香。

1916年《临沂县志》载："碗用泥作坯，外涂黑釉，朱陈村为出产地。大缸、砂壶绿色者粗，黑色者精，与瓷缸均以湖西崖为出产地。以上三种行销均广。"20世纪30年代，湖西崖10余处缸窑生产的大小缸、盆、坛、瓶等，朴厚坚实，行销数百里。朱陈、湖西崖各有碗窑10余处，傅家庄9处，制作大小碗、盘、碟、壶、坛、盆、坛等，畅销苏北、鲁南地区十几个县。湖西崖、朱陈、傅家庄各有数处砂壶厂，所造砂壶、砂瓢，造饭烹菜实用卫生，销路以沭阳、铜山为最。当时黑釉粗瓷年产量150万件～200万件。后因战乱等原因，许多作坊倒闭。

中华人民共和国成立后，境内陶瓷业同其他行业一样进入一个崭新时代。1952年，朱陈、湖西崖和傅家庄成立陶瓷生产组，1953年，3个陶瓷生产组皆转为陶瓷生产合作社，集体生产。至1954年年底，恢复生产的窑炉有93座，作坊200余家，从业者1500余人。1955年，朱陈、湖西崖、傅家庄陶瓷生产合作社皆生产白釉碗碟盆，黑瓷碗生产数量逐步减少。1957年11月，湖西崖陶瓷生产合作社碗窑社的一个车间搬到于泉庄，由山东省手工业局拨款7万元，筹建临沂泉庄陶瓷厂（后更名为临沂地区瓷厂，即今山东临沂银凤陶瓷集团有限公司）。1958年4月建成投产，生产出第一批白瓷产品。同年11月，临沂泉庄陶瓷厂更名为临沂市泉庄白瓷厂（简称泉庄白瓷厂），隶属临沂市工业局。1959年，泉庄白瓷厂建成90立方米的倒焰窑，代替传统的直焰窑（圆窑），增添原料破碎、练泥等机械设备，白瓷产品产量和质量提高，年产白瓷250万件。至20世纪60年代初，各厂家均进行由"粗"变"细"、由"黑"变"白"的陶瓷产品研制，都生产以白粗瓷为主白细瓷为辅日用瓷。罗庄陶瓷生产实现由"黑"变"白"，由"粗"变"细"的技术飞跃。

1962年，贯彻中央调整手工业的"三十五条"时，将"大跃进"时强行升级为国营耐火材料厂的陶瓷社，重新转为陶瓷生产合作社。朱陈耐火材料厂改为朱陈陶瓷社，生产日用黑陶瓷。湖西崖陶瓷生产合作社扩建成缸窑社、碗窑社和砂壶社。傅家庄耐火材料厂改为复兴陶瓷社，后与傅家庄陶瓷社合并改称傅庄陶瓷社。1964年，湖西崖缸窑社合并进傅庄陶瓷社（即后来的临沂市陶瓷二厂），主产套缸；湖西崖砂壶社并入碗窑社后迁八块石村北，改称湖西崖陶瓷社（即后来的八块石陶瓷厂、临沂市陶瓷一厂）；朱陈陶瓷社改称朱陈陶瓷厂（即后来的临沂市陶瓷三厂）。后两家主产碗、盘等产品。20世纪50年代至60年代中期，大部分陶瓷厂生产活动主要以手工操作为主，沿用"牛拉碾，脚踩泥，成型手拉坯，干燥靠太阳"的传统工艺。1965年后，罗庄特色的黑瓷碗、瓷砂壶逐渐被白釉碗、壶或类于炻器的黑釉缸、盆、坛替代。1966年，泉庄白瓷厂建成全国第1条40米小型陶瓷烧成隧道窑。同年9月，全国小型陶瓷隧道窑烧成会议在泉庄白瓷厂召开。1968年，朱陈、傅庄、八块石陶瓷社相继建起56米的隧道窑，实现原料粉碎、练泥和产品成型机械化、半机械化，烧成隧道化。

1972年，泉庄白瓷厂试制出口瓷成功，在广州秋季商品出口交易会上，汤盘、平盘、茶壶等18种产品受到外商青睐，成交量55万件。结束罗庄陶瓷粗、黑、笨，只能内销不能出口的历史。

1976年3月，泉庄白瓷厂由临沂县划归临沂地区轻工业局管理，更名为临沂地区瓷厂。1979年，临沂地区瓷厂建成临沂地区第一条辊底烤花窑，同年，鱼盘生产由注浆改为机压。1983年，临沂市罗庄釉面砖厂建成投产，年生产能力 10 万平方米，产品销往山东、广东、福建，同时打入国际市场。为临沂地区首家建筑陶瓷企业。境内始有自动生产线建筑陶瓷企业。

20 世纪 80 年代中期，境内日用陶瓷业快速发展，罗庄、傅庄等镇、村、个体纷纷投资建厂；引进资金、设备与技术，扩大品种，提高档次。仅罗庄镇就有地、市、镇、村属及个体陶瓷企业 22 家，其年产日用陶瓷 400 余万件以上；临沂地区瓷厂和临沂市陶瓷一、二、三厂主要生产日用瓷和美术瓷，日用陶瓷渐改为细瓷。1988 年，临沂地区瓷厂投资 700 万元兴建的精炻器车间竣工投产，开发出出口新产品精炻器咖啡杯。20 世纪 80 年代末，罗庄镇在湖西崖村东规划出一片窑场，鼓励个体建场开窑。到 20 世纪 90 年代中期，湖西崖陶瓷业达到鼎盛，大大小小用碎石垒彻的老瓦窑、盆窑、缸窑场 300 余家。1989 年，临沂地区瓷厂生产的“银凤”牌汤平盘获“山东优质产品”奖。1990 年 12 月，临沂地区瓷厂银凤牌色釉炻器咖啡杯获外贸部“优质产品”奖；银凤牌龟砚获轻工部“优质产品”奖。1991 年 4 月，“银凤”牌系列咖啡杯在第二届北京国际博览会上获金牌；同年 8 月，临沂地区瓷厂被国务院命名为“国家二级企业”；10 月，“银凤”牌梅花餐具、华玉茶具分别获山东优质产品”奖；12 月，“银凤”牌 20 头西餐具获轻工部“优质产品”奖。1991 年，山东罗庄集团总公司与台湾德川贸易股份有限公司合资兴建临沂东亚建材工业有限公司，从意大利、德国、中国台湾地区引进电脑全自动控制设备，年产各种全瓷玻化砖、高级彩釉砖、墙地砖 230 万平方米。1992 年，罗庄镇与香港兆峰装饰中心台湾洪盛窑业有限公司合资兴建东方陶瓷有限公司和鲁能陶瓷有限公司。1993 年，罗庄镇东亚、东方、鲁能、华罗利等规模较大的建筑陶瓷企业，均采用全自动流水作业线生产彩釉墙地砖。

图 8-10：罗庄镇镇办企业陶瓷生产（1995 年 6 月区展览馆供稿）

1994 年，境内形成餐具、茶具、酒具、烟具、卫浴、艺术陶瓷等日用陶瓷产品和以墙地砖为主的建筑陶瓷两大陶瓷体系，为罗庄建区后陶瓷工业的发展奠定坚实基础。

黑瓷碗、砂壶、瓷缸传统生产工艺

黑瓷碗生产工艺 主要包括原料选配、成型加工、烧成、选检等工序。1916 年《临沂县志》载，“碗，用泥作坯，外涂黑釉，朱陈村为出产地。”1935 年《续修临沂县志》载：“（碗匠）三人共一作坊，一水轮、一旱轮、一杂工，其原料用湖西崖、朱陈、朱家岭所产黑、黄二色之软硬土质，混合入转池中，用牛力挽碾压成泥汁，放入水池备用。釉子用庆云山后所产白土，崔庄所产黄土，暨为儿桥村姜黄土三种。造碗用石轮二，各悬设地面，以木棍搅之，使转水轮，双手运泥成碗或各种陶器形，底用线截开，排置木板上，由杂工晒湿收干。中间旱轮逐件整理，外涂以釉。至盆、坛、灯、壶等件则由盆匠、壶匠各用模型成之，同入窑内，三昼夜即可烧熟。每窑约得碗、碟、盆、坛等三万件。每年烧三至四次不等。”

做瓷碗坯需要模具，模具是用的是本地

材料特别烧制的。做碗的关键在于选配泥料，配好比例，在碾压生土和筛土时，要善于识别料土的品质，将泥做的均匀细致，不能有生土末子掺入。根据碗的大小，把和好的泥分成等重量份泥块，将泥块放到模具中，压实，刮去多余的部分，然后抽出模具，置入清凉干燥处晾干。碗坯晾干后，上釉。

凉干上釉的碗坯装窑有技巧，其中奥妙是如何留出合理的火道空间，需有经验的师傅进行。烧窑同样是一门技术含量较高的活，要掌握火候分寸，由丰富经验的师傅操作。碗窑数丈高，有前后门，前面进风，后边出烟，另有专门加煤的开口，加煤看火的窗口；在加煤看火处搭建一个棚子，烧窑的师傅住在里面，不能离开，连续作业，直至烧成封窑。黑瓷碗出窑后按照等级分捡，每20个为一柱，用稻草绳捆绑入库、待售。

砂壶生产工艺　朱陈一带砂壶为中国三大名砂之一，陶质粗糙，表面有一些星星般的银色小点，为朱陈特产材料配方，其生产工艺包括原料选配、成型加工、安嘴、烧成、选检等工序。

1916年《临沂县志》载，“砂壶原料朱陈镇蟠龙山之黑硬矸土，釉用姜黄土，产于为儿桥屯村。”“将矸土运场中，用碌碡压至极细，以罗过之，后将土沫和水成泥，纳入模中，制成壶型。”砂壶的制做可分腹、口、梁、盖四部分，即砂壶肚子、砂壶嘴子、砂壶梁子和砂壶盖子。用和好的泥做成泥片，整个儿糊在模子上，厚薄要均匀，将两个半圆形的砂壶模子扣在一起，再用细泥慢慢地搓合，使壶身成为一个整体，没有一点拼合的痕迹。安装砂壶嘴子，把一只手伸进壶身里边做依托，使主砂壶肚、嘴结合实、正。旧时做砂壶用的模具不是圆的，而是两片的，这种半圆形的模具为陶瓷质，专门烧制。做好的砂壶晒干，涂之以釉，放到专门的窑中烧成。烧砂壶的窑为圆形，窑膛用耐火材料做成，一般一窑烧制100个砂壶，再大了效果不好，小了成本高。烧砂壶窑需要2人配合操作，每窑一般要烧3个小时，燃料用块煤，不用柴草、煤粉，状如鹌鹑蛋大小，撒着烧，火力大。

砂壶烧好后，打开窑门，用一根特制长铁棍将砂壶挑出来，埋入备好的烟煤面子中至凉冷取出，用水冲洗后选检包装。

瓷缸生产工艺　湖西崖、朱陈、傅家庄一带皆有产出，且有大、中、小缸等多个品种，素有“湖西崖的沙壶，朱陈的碗，傅家庄的大缸不用拣”之说。1935年《续修临沂县志》载，“所用原料系湖西崖村前一带坚粘细腻之土块，俗名矸子土。用牛力挽碌碡压为土末，过罗去砂砾，和以水使成泥。作坊内用石轮二，齐悬设于门内左右，相距四尺许，总括以长绳，一人从一端搅之，一轮转则二轮齐转。先由泥工备就泥块，工头搬置轮上，趁轮转拨泥为各种陶器形，则由端修者捧出，外有一人主管晾晒。大缸则先为半缸形，晾稍干移置轮上用泥接合，如是者三四次始成。大小缸盆周围，均加以修理外，各施以本地所产黄白土汁以为釉。俟大小缸、盆与坛等件备齐，装入窑内，烧以粘炭，约十日可熟。合计五人共一轮，每年约烧五窑左右。”

第二章　煤炭

第一节　机构

山东能源临沂矿业集团有限责任公司

位于罗庄街道商业街69号。为全国煤炭企业50强和山东省重点工业企业之一。其前身是1946年秋滨海行署成立的临郯煤矿总公司，辖罗庄、中沟、窑北头、竹园4个煤矿，1947年公司撤销。1948年10月，罗庄煤矿改称临沂煤矿。1949年9月，莒县竹园煤矿并入临沂煤矿。1953年1月，临沂煤矿划归贾汪矿务局。1956年2月，划归枣庄矿务局。1958年2月，划归山东省工业厅，同年8月，下放给临沂专署。1959年1月，划归山东省煤炭工业局。1960年3月，由山东省经营的临沂煤矿与临沂专区经营的汤庄、傅庄、朱陈、团埠屯、响马岭煤矿合并成立临沂矿务局，全局有职工2.16万人。1964年4月，临沂专区矿务局合并至临沂矿务局，管理省营大芦湖、窑南头、汤庄、河湾、朱陈煤矿和专区营莒县、蒙汶、碗窑、洪沟、岐山、安城、草埠煤矿。1966年1月，临沂矿务局所属专区营煤矿全部划归省营。1986年1月，临沂矿务局直属煤炭工业部管理。1998年，划归山东省管理。2006年8月，经山东省人民政府批准，改制为临沂矿业集团有限责任公司，简称临矿集团，属国有独资公司。2011年，划归山东能源集团管理。经过50多年发展，临矿集团成为一家国内横跨鲁、蒙、陕、甘4省10余个地市，海外涉足澳大利亚、中国香港，以煤电、铁矿、玻纤三大产业为支柱，以物流贸易、技术服务、现代农业三大产业为支撑，拥有全资、控股企业21家，从业人员2.28万人，后备矿产资源储量200亿吨以上的大型企业集团。2013年，实现销售收入110余亿元。

罗庄区煤炭局

1995年2月，罗庄区煤炭局成立，为正科级行政单位。内设办公室、生产技术科、安全监察科、机电科、安全监察站。编制22人，其中事业编制6人，实有22人。主要负责全区乡镇煤矿的发展进行统筹规划，行业管理和技术规范及安全生产监督检查。1998年3月，区煤炭稽查大队设立，为副科级事业单位。2002年1月，区煤炭局撤销；区煤炭稽查大队改称区煤炭工业办公室，为副科级事业单位，隶属区经济贸易局。2007年12月，区政府节约能源工作办公室设立，为正科级事业单位，区煤炭工业办公室并入，隶属区经济贸易局。2009年5月，区政府节约能源工作办公室调整为区政府直属正科级事业单位。同时，撤销区煤炭工业办公室，设立区节能监察大队，为副科级事业单位，加挂区煤矿安全执法稽查大队牌子，隶属区政府节约能源工作办公室。至2013年，机构未变动。

第二节　煤炭资源

境内煤炭资源丰富。罗庄街道的罗庄、朱陈、大芦湖、窑汪崖、北老屯、朱张桥，傅庄街道的傅家庄、汤庄、车庄、何家庄、河湾、窑南头、劳模店，册山街道的五寺庄、南头、册山、小庄子、郑旺，高都街道的塘崖、东高都、西高都、常旺，盛庄街道的红土屯，罗西街道的黄土堰，褚墩镇的褚墩、桥头、东卜庄等地，均有煤可采。

煤田北起八块石、红土屯，南到汤庄、青石塘，西自黄土堰，东至塘崖、沙沟，南北长27千米，东西宽14千米。含煤面积95平方千米。

煤田含煤地层为碳石炭二迭系，总厚度约590米。地层走向近南北，倾向东，倾角20°左右。煤田东侧紧贴沂沭河断裂带，境内地质构造复杂，断层纵横交错，火成岩侵蚀严重，使煤田支离破碎。庆云山断层纵贯煤田中央，延深长，落差大，东盘断升，把煤田分割成南北走向的两个条带。朱陈断层为近东西向断层，切割近南北向断层。

煤田可采煤层共4层。山西组第3煤层普遍可采，煤层厚度2.5～3.5米，太原组第14、15、16煤层局部可采，煤层厚度0.6～1.0米。山西组第3煤层除大芦湖井田为肥煤（烟煤）外，其余部分均因火成岩侵蚀严重而变质为天然焦（无烟煤）。太原组第14、15、16煤层均为肥煤。烟煤发热量7400千卡／千克左右，无烟煤5800卡／克左右。煤田已探明的精查地质储量为10725.39万吨。其中，罗庄282.04万吨，汤庄2062万吨，赵庄415.7万吨，五寺庄3087.84万吨，大芦湖414万吨，高都709.55万吨，窑汪崖426.74万吨，窑南头598.85万吨，朱陈381.83万吨，杨家河湾94.7万吨，北老屯79.74万吨，塘崖2172.4万吨。另有普查储量4090万吨。其中，黑虎墩3887万吨，沙沟203万吨。

第三节 矿井

1995年，罗庄区境内有煤矿31家。其中，临沂矿务局所属国营煤矿4家，市属地方煤矿5家，乡镇村办煤矿22家。1998年，乡镇村办煤矿均改制为民营。2005年1月，临沂矿务局4家煤矿因资源趋于枯竭全部关井停产或政策性破产。2013年，市属3家煤矿因资源枯竭关井停产。是年年底，罗庄区境内有地方煤矿7家。2014年开始，国家淘汰落后产能。至2016年，罗庄区境内仅有临沂安泰能源有限公司1家煤矿。

国有煤矿

1995年，境内有临沂矿务局汤庄、五寺庄、塘崖、褚墩4家煤矿。1998年5月8日，五寺庄煤矿因资源枯竭关井停产。2001年6月，汤庄煤矿破产。2003年9月，褚墩煤矿政策性破产，重组改制为临沂恒昌煤业有限责任公司。2005年1月，塘崖煤矿破产，重组改制为临沂兴元煤业有限责任公司。至此，境内临沂矿务局所属煤矿全部关停，政策性破产。

汤庄煤矿 位于傅庄街道汤庄东，隶属临沂矿务局。井田面积8平方千米。探明地质储量2062万吨。其中，汤庄井田823.8万吨，桥头井田1238.2万吨。可采储量765万吨。煤系地层为石炭二迭纪，含煤19层。其中可采煤层和局部可采煤层各3层，其余为不可采，煤层总厚度7.15米，可采煤层总厚度4.95米。主采煤层为山西组3层煤，煤层厚度0～6.2米，平均厚度3米，煤质牌号为天然焦。第14、16层煤层为太原组小槽煤，属肥煤，煤层厚分别为1.2米、0.7米。是临沂矿区第一个年产突破30万吨的煤矿。汤庄矿区桥头西、青石塘、汤庄一带，清朝末年就有人掘井采煤。

1912年春，郯城码头镇人孙寿春招当地农民千余人，打井60余眼，出炭很多，1914年停采。1919年，黄土堰的徐子贵在此组织开采 1 年，获利后自弃。1920 年，汤庄汤建业又组织开采 1 年，发财后自弃。1941 年，汤建业、汤炳合又组织开采，仅出煤几十吨。1943—1945 年，汤庄汤炳合、汤晋生组织开采 2 年，有 16 个井口，井最深 45.15 米。工人 400 余人。后把煤矿转让给杨官庄李明光开采，1947 年 2 月停采。1956 年 7 月 14 日，汤庄乡郑秀文等组织百余人恢复过去商人开过的 7 个井口，日产煤 10 余吨。1957 年 3 月，改为苍山县办井。1958 年秋，“大跃进”高潮中，日照、莒南、郯城 3 县均在此开矿。同年 12 月，苍山、日照、莒南 3 个县办煤矿合并为汤庄煤矿，划归临沂市。1960 年 3 月，临沂矿务局成立后，汤庄煤矿划归临沂矿务局。1961 年 5 月，郯城县办桥头煤矿（始建于 1958 年 9 月）划归临沂矿务局。同年 8 月，合并于汤庄煤矿。1990 年，有 15 个科室，2 个井、22 个队、180 个班组，另有劳动服务公司和生活服务公司。全矿在册职工 2495 人，其中女职工 227 人。1998 年，核定年生产能力 6 万吨。1999 年，因资源枯竭被列入国家第一批关闭破产计划项目。2001 年 6 月，临沂市中级人民法院依法宣告汤庄煤矿破产终结。1958—2001 年，生产原煤 760 万吨。

图 8-11：五寺庄煤矿留守处（2013 年 6 月　摄）

图 8-12：五寺庄煤矿职工宿舍（2013 年 6 月　摄）

五寺庄煤矿　位于册山街道南头村东，隶属临沂矿务局。井田面积 6 平方千米（南北走向长 4 千米，东西倾向宽 1.5 千米）。是中华人民共和国成立后发现的隐蔽井田。探明地质储量 2141.46 万吨。井田可采煤层为二迭系山西组 3 层煤。由于火成岩的侵入，将煤层一般分为 3 层，最多 5 层。夹层火成岩厚度 0 ～ 33 米，煤层厚度 0 ～ 18.92 米，平均 4 米。煤质牌号为天然焦，发热量 6479 ～ 8088 千卡 / 千克，是化肥生产的优质原料。始建于 1959 年 10 月 1 日，1962 年 6 月停建。1970 年 3 月 9 日，临沂矿务局开工恢复五寺庄井田原 5 号井生产，定名为册山煤矿。1977 年 5 月 1 日，更名为五寺庄煤矿，为老屯煤矿的接续矿井。年设计生产能力 30 万吨。1978 年 6 月 15 日，五寺庄煤矿建成一条从矿区到沂河东岸长 4.5 千米运沙架空索道，服务于井下采空区充填。1982 年，生产原煤 23.68 万吨，创建矿年产煤最高纪录。1990 年，有科室 14 个，工区 6 个，服务公司 2 个。全矿在册职工 2093 人，其中女职工 166 人。1991 年 11 月，被山东煤炭工业管理局核准为无生产能力矿井。1993 年，按照临沂矿务局“以煤为主，多种经营”生产部署，发展多种经营。同年 5 月，临沂矿务局将所属陶瓷厂划归五寺庄煤矿经营。12 月，临沂矿务局批准以五寺庄煤矿为基础，成立临沂矿务局恒河实业总公司。1998 年 5 月 8 日，因资源枯竭关井停产。1970—1994 年，生产原煤 347.16 万吨。

塘崖煤矿　位于高都街道大塘崖村西北，隶属临沂矿务局。井田面积 6 平方千米（走向南北长 4 千米，倾向东宽 1.5 千米）。煤系地层为石炭二迭纪。含煤 15 层，可采 4 层，即 2、3、14、16 层，可采总厚度 4.63 米。第 3 层煤为主采煤层，平均厚 2.04 米，占井田储量 80% 以上。煤质品种：2 层煤为烟煤，3 层煤在首采区北翼为烟煤，南翼为天然焦，其它采区全为无烟煤。14、16 层煤为烟煤。地质储量 1757.16 万吨，工业储量 1118.83 万吨，可采储量 609.7 万吨，其中烟煤 140 万吨，无烟煤 470 万吨。1978 年 10 月，开始筹建；1987 年 10 月 1 日建成投产，由朱陈煤矿成建制接替。年设计生产能力 21 万吨。矿井地质构造复杂，火成岩侵入严重，煤层赋存不稳定，且顶板、瓦斯、煤尘、水、火五大灾害俱全。1988 年后，塘崖煤矿按照“以煤为主，多种经营”的思路生产经营日用陶瓷。1990 年，有科室 22 个，工区 5 个，班组 66 个，在册职工 1502 人，其中女职工 168 人，2002 年 1 月，改制为临沂矿务局参股的临沂兴元煤业有限责任公司。2003 年 9 月，临沂市中级人民法院裁定塘崖煤矿进入法定破产程序，实行国家政策性破产。2005 年 1 月，塘崖煤矿破产终结。

褚墩煤矿　位于褚墩镇东卜庄南，隶属临沂矿务局。井田面积 5 平方千米，为隐蔽井田。煤系地层为石炭二迭纪，共有可采煤层 4 层，分别为 3、14、15、16 煤层，煤层厚度 3.33、0.90、0.60、1.00 米，可采总厚度 5.83 米。主采煤层为石炭二迭纪山西组 3 层煤，占可采储量 80%。煤种为天然焦、肥煤和肥焦煤，天然焦和肥焦煤 2 号，均为低磷，可作冶炼用煤。探明地质储量 3323 万吨，可采储量 1883 万吨。井田位于沂沭大断裂附近，地质构造、水文条件复杂；矿井属于沼气矿井，有煤尘爆炸危险和自然发火倾向。1977 年 3 月，由临沂矿务局建井工程处筹建；1984 年 9 月 5 日建成投产，由大芦湖煤矿成建制接替生产，定名为临沂矿务局褚墩煤矿。年设计生产能力 30 万吨。1990 年，有科室 23 个，工区 2 个，队 6 个，车间 1 个，小组 94 个。全矿在册职工 1702 人，其中女职工 163 人。2002 年 1 月，改制为临沂矿务局参股的临沂恒昌煤业有限责任公司，主要生产经营煤炭、矿山设备。2003 年 9 月，临沂市中级人民法院裁定褚墩煤矿进入法定破产程序，实行国家政策性破产。2005 年 1 月，褚墩煤矿破产终结。1984—1994 年，生产原煤 178.75 万吨。

地方煤矿

市属煤矿　1995 年 2 月，临沂地区撤地改市时，县级临沂市所属的西高都、小庄子、东高都、车庄和凤凰岭 5 家煤矿划属地级临沂市。2013 年，临沂市属西高都煤矿被列入省落后产能企业关井停产，车庄、东高都煤矿因资源枯竭关井停产。小庄子、凤凰岭煤矿分别改制为临沂宇光矿业有限责任公司、临沂市凤凰矿业有限责任公司。

乡镇村办、民营煤矿　1995 年，罗庄区辖区内批准在籍矿井 22 对。其中，乡镇办 10 对，村办 11 对，公司办 1 对。生产原煤 48.6 万吨，实现煤炭工业总产值 9135.5 万元、利税 2087.42 万元。

1997 年，罗庄区所辖矿井发展到 32 对。其中，乡镇办 11 对，村办 18 对，公司办 3 对。生产原煤 47.6 万吨，实现煤炭工业总产值 7780 万元、利税 928.6 万元。8 对矿井达到省级质量标准化。

1998 年，乡镇办、村办煤矿均改制为民营煤矿。

1999—2000年，根据国务院发布的关闭非法和布局不合理煤矿通知要求，罗庄区组织力量对境内无序开采的煤矿进行整顿，先后关闭朱陈红叶局、朱张桥西北村、东高都、五寺庄等22对矿井。

2001年12月，临沂市罗庄区沙旦子煤矿建成投产，属民营企业，2011年改称临沂鑫富能源有限责任公司。

2002—2004年，罗庄区对辖区内煤矿企业进行治理整顿，到2004年年末，区内准许生产的煤矿仅有5家。

2011年1月，行政区划调整时，郯城县所属临沂安泰能源有限公司划归罗庄区。

2013年，罗庄区境内有煤矿企业7家，分别是临沂宇光矿业有限责任公司、临沂市凤凰矿业有限责任公司、临沂金安煤业有限公司、临沂兴元煤业有限责任公司、临沂恒昌煤业有限责任公司、临沂鑫富能源有限责任公司、临沂安泰能源有限公司。是年，生产原煤79.1万吨，实现煤炭工业总产值4.48亿元、销售收入4.15亿元、利税1.45亿元、利润0.74亿元。

2014年开始，国家淘汰关闭年生产能力30万吨以下煤矿。至2016年，罗庄区境内仅有临沂安泰能源有限公司1家煤矿，年产原煤32万吨。

企业选介

西高都煤矿 位于高都街道西高都村，隶属临沂市。1971年，由临沂县建成投产，是临沂县建矿最早的地方集体企业。井田面积2.76平方千米，年设计生产能力15万吨，核定年生产能力12万吨，主采煤层为二叠系山西组3煤层和石炭系太原组14煤层、16煤层。1990年，生产原煤10.02万吨。1994年，发展地上工厂3个，分别是临沂市盛达社会福利水泥厂、临沂市矿山通风设备厂和临沂市制衣厂。有职工895人，固定资产原值1254万元，总产值1786万元，利税138万元。1995年2月，由隶属县级临沂市划归地级临沂市。2000年2月，经山东省经济委员会批准，西高都煤矿包括临沂市盛达社会福利水泥厂、临沂市制衣厂、临沂市矿山通风设备厂组建临沂市盛达企业集团公司，为中（二）型企业。2008年11月，改称临沂市西高都煤矿。至2009年12月31日，矿井保有资源储量207.4万吨。其中，天然焦182.7万吨，肥煤24.7万吨。2010年，在册职工370人，生产原煤5.17万吨，销售收入3222万元，利税678万元。2013年9月30日，被列入山东省淘汰落后产能煤矿，关井停产。

临沂凤凰矿业有限责任公司 位于册山街道围梓村。初称车庄煤矿，位于傅庄街道东小车村南。1975年，由临沂县建成投产。1990年，生产原煤7.27万吨。1994年，车庄煤矿所建凤凰岭矿井投产。是年，车庄煤矿、凤凰岭煤矿及所属水泥厂、灯具厂等地上企业统称临沂市凤凰集团公司，共有职工1347人，固定资产原值2939万元，总产值2677万元，利税515万元。1995年2月，由隶属县级临沂市划归地级临沂市。2013年，车庄煤矿资源枯竭关井停产，临沂市凤凰集团公司改制为临沂市凤凰矿业有限责任公司。

临沂宇光矿业有限责任公司 位于册山街道小庄子村。1976年，由临沂县建成投产。1990年，生产原煤6.38万吨。1994年，有职工718人，固定资产原值1314万元，总产值1005万元，利税160万元。1995年2月，由隶属县级临沂市划归地级临沂市。2013年，改制为临沂宇光矿业有限责任公司。

东高都煤矿 位于高都街道东高都村。1978年，由临沂县建成投产。1990年，生产原煤6.4万吨。建有果酒厂和砂轮厂。1994年，改称广源集团公司，有职工821人，固定资产原值1252万元，总产值2415万元，利税227万元。1995年2月，由隶属县级临沂市划归地级临沂市。2013年，煤矿资源枯竭关井停产。

临沂安泰能源有限公司　位于黄山镇安头村北。公司前身为1988年10月投产的黄山煤矿，矿井采用一对立井开拓，拥有固定资产2000万元，煤炭发热量5800大卡，属优质无烟煤。1994年5月1日，成立山东华丰能源建材集团公司，由黄山煤矿、峰山水泥厂、蒋史汪煤矿（二号井）、临沂矿山综合服务公司等法人企业组成，是一家集煤炭、水泥、开发、加工、服务于一体的紧密型集团公司。拥有固定资产6080万元，职工1800人，年利税1000万元。由于市场环境等影响，至2000年3月，企业累计亏损2400万元；同年4月，公司改制，分离出黄山煤矿和峰山水泥厂，两家企业各自经营，自负盈亏。同年9月28日，黄山煤矿进行改制，成立临沂安泰能源有限公司。此后，投入7000余万元，改造矿井安全生产环境。2013年，产原煤8.75万吨，实现产值6580万元、利税2774万元。

临沂鑫富能源有限责任公司　位于册山街道沙旦子村。2001年12月建成投产，初称临沂市罗庄区沙旦子煤矿，为民营企业。年设计生产能力3万吨，2006年核定年生产能力6万吨。2008年10月，进行技术改造后年生产能力提高到15万吨。2011年，更名为临沂鑫富能源有限责任公司。2013年，生产原煤10.8万吨，实现产值3545万元、利税828万元。在岗职工528人。是年，矿井保有资源储量199.6万吨，可采储量87.9万吨。2016年闭井停产。

临沂金安煤业有限公司　位于傅庄街道汤庄东（原汤庄煤矿2号井）。初称临沂市罗庄区汤庄金秋煤矿，1999年4月，由汤庄街道办事处投资建成投产，年设计生产能力3万吨。2002年，改制为民营企业。2010年，更名为临沂金安煤业有限公司。2013年，生产原煤4.9万吨，产值2107万元。在岗职工560人。2016年闭井停产。

第四节　煤炭生产

1995年，临沂矿务局和临沂市属煤矿煤炭生产技术较为先进，管理规范。乡镇、村办煤矿以残采国营煤矿废弃的边角煤、薄煤层为主，设备和技术相对滞后。

开拓

开拓方式大致分为三种，即一对立井多水平分区式开拓，如褚墩煤矿、五寺庄煤矿；一对斜井多水平开拓，如汤庄煤矿；一个立井混合提升多水平开拓，如塘崖煤矿。

罗庄区部分地方煤矿开拓方式和开采水平情况表

表8-1

矿井名称	投产时间	开采深度（米）	开拓方式	开采水平（米）
西高都煤矿	1971.09	±0～-200	一对立井	-40
宇光矿业	1976.10	+30～-500	一对立井	-265
凤凰矿业	1994.01	-12～-750	一对立井	-350
安泰能源	1988.10	-140～-500	一对立井	-140～-370

续表 8-1

矿井名称	投产时间	开采深度（米）	开拓方式	开采水平（米）
兴元煤业	1987	+60 ～ -650	一对立井	-250 ～ -450
恒昌煤业	1984	-217 ～ -650	一对立井	-450 ～ -550
金秋煤矿	1998.12	+50 ～ -400	一对斜井	-200 ～ -390
沙旦子煤矿	2001.12	±0 ～ -200	一对立井	-140 ～ -350

巷道布置

受地质条件复杂，采掘设备落后等诸多因素影响，采掘计划完成困难较大，生产矿井以找煤为主，开拓布局不很规范，开拓工程量大，采掘比不合理，各矿不同程度地伴有接续紧张问题。开采水平巷道的布置，在生产矿井的主要巷道集中布置在岩石中，由于受矿井地质条件影响，运输大巷大部分沿煤层顶板布置；准备巷道的布置，有的煤矿采用带区式准备，直接在上、下山两侧布置工作面；回采巷道（工作面）的布置，各矿的回采巷道均沿顶板掘进。开采水平大巷、准备巷多采用拱形断面，回采巷道多采用梯形断面。

掘进

1993 年，采用“三小”（小钻头、小锚杆、小药卷）掘进技术，钻头逐步改用直径 32 毫米柱齿钻头，掘进速度提高 35%，人工费、材料费、维修费降低，每米可节约资金 110 元。1995 年后，改进掘进工艺，使用毫秒爆破新技术，掘进速度加快。1996 年，采用“窄打宽刷”掘进施工技术，即在加密两帮炮眼距、减少装药量的基础上，两帮煤层部位预留 20 厘米煤帮，放炮后再用手镐或风镐刷掉，提高两帮煤壁的完整性，成巷后巷道两帮齐直美观，节约材料。汤庄煤矿、五寺庄煤矿、塘崖煤矿购置配备各种风钻、岩石电钻，采用湿式打眼，改善职工工作环境，降低职工劳动强度。临沂矿务局在所属煤矿中推行光爆锚喷技术，巷道支护材料改用木棚或铁棚支护。1999 年，推行中深孔爆破技术，掘进速度提高 50%。主要运输大巷、总回风道和采区上、下山不再采用架棚支护，服务年限较长的开拓巷道或机电硐室及岩石比较松软的巷道中，推广树脂锚固定剂及螺纹钢锚杆，在顶板必较坚硬的煤层巷道中，推广裸体巷道等措施。2001 年，矿区巷道支护全部取消快凝膨胀水泥锚杆，一律改为树脂螺纹钢锚杆，提高巷道安全系数。2002 年，临沂矿务局所属煤矿掘进机械化程度 55% 以上。

采煤

1995 年，境内临沂矿务局塘崖、五寺庄、汤庄 3 家国有煤矿，采用走向穿硐倒垛式、后退式走向短壁采煤法。回采工作面均为人工打眼、装药、放炮、爆破落煤，人工装煤，搪瓷溜槽、塑料溜槽自溜煤或小型刮板运输机运煤。顺槽运煤均为电瓶车牵引矿车组运输，辅助运输为小绞车配合人力运输。工作面多沿用过去的支护方法，采用木柱、木棚支护。汤庄煤矿、褚墩煤矿小槽煤布置正规回采面，使用摩擦金属支架支护。乡镇、村办煤矿，煤矿生产以残采为主，人工打眼，爆破落煤，人工拉筐，部分矿井使用拖筐机拉煤。乡镇煤矿全部采用单回路供电，电源来自煤炭公司自建的供电线路，井下供电推广应用煤电钻综合保护和三大保护（接地保护、过流保护、漏电保护）。井口提升全部为电绞车提升，以滚筒直径 1.2 米以上的中型

图 8-13：临矿集团现代化采煤工作面（2011 年 8 月　摄）

要求。部分矿井建立防尘系统，多数矿井以矿车运水，洒水灭尘，清扫浮尘，有的矿井安装静压水池、防尘管路、喷头、水幕等。部分矿井推广应用体积小、搬运方便的 QTZ-12 型探水钻，落实不探不掘、不探不采的规定。

2001—2005 年，推广普及短壁后退式采煤法，乡镇煤矿均安装 2 台 BK-54 式通风机，防爆用通风装置齐全。井下采煤工作面采用全风压供风，掘进工作面采用局部扇风机通风，井下通风设施（风门、风桥、测风站）装置齐全。矿井配备测风表、光学瓦斯鉴定器、便携式瓦斯报警仪、瓦斯断电仪、自救器，在瓦斯异常区安装自动监控系统，全部实现双回路供电；井下电器设备采用煤矿专用电缆、专用防爆开关。提升运输全部更换滚筒直径 1.2 米以上的中型绞车。井下和上下山以安装滚筒直径 1.1 米以下的小型绞车为主。平巷运输以人力推车为主，个别使用电瓶车运输，矿车为 0.5 ～ 1 吨的 U 型车。斜巷上部车场设有阻车器、卧闸，中间设有超速吊梁，底部设有手拉吊梁。完善排水系统，井底设有主、副水仓，中央泵房安装工作泵、备用泵和检修泵，敷设两趟排水管道，一趟工作，一趟备用。

绞车为主，井下平巷运输采用人力推车。采用机械化通风，风井安装 4-72-11 型离心通风机，井下采掘工作面以局部通风机供风为主。地方煤矿主要依靠通风防尘、机械集中排水。部分乡镇矿井采用斜巷自动超速吊梁，作为避免提升运输事故的主要措施，推广应用沿空留巷、无煤柱开采法，减少矿井掘进工程量，提高资源回收率。部分矿井采用短臂后退式采煤法，采煤工作面长 50 ～ 60 米，人工打眼，爆破落煤，使用刮板运输机运煤，全风压通风。部分矿井配备发电机，井下供电以低压入坑为主，实现“三大保护”“五个消灭（消灭独眼井、自然通风、明火明电照明、明火明电放炮、明刀闸开关），推广普及煤电钻综合保护。地方煤矿多采用瞬发雷管多次性放炮技术，1995 年后，推广应用聚能管定向断裂爆破技术，增加块煤产量。

1996 年，乡镇煤矿建立排水系统，由 1 个简易水仓、2 台水泵，1 排管路组成。多数矿井更换轴流式 BK54 型通风机，矿井通风机全部配备 2 台电机，1 台工作，1 台备用。部分矿井采用双回路供电，单回路供电的矿井配备发电机，负荷可满足通风、提人及排水

第五节　安全管理

管理机构

1995 年 2 月，区煤炭局设立安全监察科和安全监察站，专职负责全区煤炭安全工作，区安全监察站有权制止“三违”（违章作

业、违章指挥、违反劳动纪律）行为，有权对三违人员进行经济处罚，有权对不具备安全生产条件的矿井责令停产整顿。各煤矿都建立安全科。1998年3月，撤销区安全监察站，设立区煤炭稽查大队。2009年5月，设立区煤矿安全执法稽查大队。至2013年，机构未变动。

安全生产责任制

1995—2013年，罗庄区高度重视煤矿安全生产工作，贯彻执行“安全第一、预防为主”的方针和“不安全不生产”的原则，制定并不断完善煤炭生产各项管理规章制度。矿井生产实行安全目标责任制，煤矿行政一把手为安全生产第一责任人。企业内部，矿与区、区与队、队与班组签订安全生产目标责任书，实行事故责任追究制度，对发生事故的单位及责任人，根据责任大小严格追究其责任。

灾害预防

罗庄区煤炭局始终注重防止“水、火、煤尘、瓦斯、顶板”五大自然灾害发生。

防水 每年雨季到来之前，都开展“夏季三防”（洪灾、雷击、坍塌），落实防洪措施、工具及队伍。雨季时昼夜值班，未发生雨季淹井事故。地下水采取机械排水，对古井、老空水注重排查防治。

防火 各煤矿严禁携带易燃物下井，对有发火可能的采区加强注浆，井下安防火门，备防火材料，严禁明电作业，供电采用不延燃电缆。

防尘 各煤矿从建矿开始，即注意煤尘防治，改善通风条件，采取综合防尘措施，推行湿式凿岩，在掘进迎头和采煤工作面转载点建立设立洒水喷雾装置，放炮使用水炮泥。每旬使用测尘仪器进行1次井下测尘。

瓦斯防治 各矿注重通风“一通三防”工作，加强矿井通风，配备大功率电机，对自然发火区采取打密闭墙隔离。使用光学（电子）瓦斯检查仪，建立每班3次瓦斯检查和瓦斯填报汇报制度，对超限瓦斯及时处理。加强井下局部通风，杜绝自然通风，各采掘作业地点风量适当、充沛，防止瓦斯积聚。

防冒顶 采掘工作严格执行作业规程，不准空顶作业。井下主要机电空洞及永久性巷道采用砌墙穿梁、砌碹等工艺，严格执行敲帮问顶制度，分管安全生产的矿长和技术人员，经常下井检查。

安全检查

区煤炭局在经常性巡回检查和不定期检查的基础上，坚持每季度一次安全生产大检查，对存在重大安全隐患的企业依法下达停产通知书，限期予以治理整改；对达不到安全生产条件的矿井，令其停产整顿。坚持每年一次“矿井灾害预防和处理计划”的编制

图8-14：临矿集团工人（2011年8月　区展览馆供稿）

和审查。规范设计图纸和作业规程。煤炭生产矿井实行年检制度。

安全教育

1995年始，针对煤矿生产性质、企业从业人员状况，把煤矿从业人员教育培训工作纳入安全生产总目标，制定教育培训计划。对新录入人员按照“先培训、后上岗”的要求，进行不少于15天的业务、安全生产知识培训，年度组织各煤矿矿长、副矿长、总工程师参加岗位培训和资格考试；特种作业人员实行培训考核和资格认证，持证上岗。开展“冬春百日安全活动”“雨季三防”“安全月活动”等群众性安全生产活动，组织学习宣传《中华人民共和国矿产安全法》《乡镇煤矿管理条例》等法律法规，煤矿和企业员工安全责任意识不断提高。至2013年、培训安全管理人员、特种作业人员5200人次。

附：

罗庄区成立前境内煤炭业概况

境内采煤历史始于唐初（约627年）。傅家庄北门外的“磨坑”即为唐代煤井遗址,“磨坑”附近龙王庙石牌上载“相传唐朝尉迟敬德打窑以造兵器”。元末山东战乱，这一带民不聊生，采煤业濒于绝迹。明洪武至永乐年间，山西移民迁居，制陶、采煤新技术传入，促进境内制陶、采煤业发展，响马岭一带打窑最盛。

清康熙七年（1668），鲁南大地震，采煤业再度陷入绝境。清乾隆三年（1738），有人在傅家庄南上沟采煤。清乾隆五年（1740），山东巡抚朱定元奏称：山东人口日增，山村木柴价格成倍上涨，必须生产煤炭……。户部答复：“从之”。并实行“任其采取，输税于官”的政策，由此，煤炭开采业始盛。是年，山西头村赵姓者在窑北头采煤获利甚巨，遂改名赵万世，意为万年不打窑钱也够花，并在东岭建一窑神庙。同年，朱陈人孙大歇在响马岭开采，寇家对河人在罗庄青峰岭北开采。清嘉庆十三年（1808），费县梁邱李姓者在窑汪崖开煤窑，出炭很多，并在村东建一窑神庙，内有“清嘉庆十三年办窑纪念”石碑一块。清道光元年（1821），费县梁邱李姓者在罗庄开煤窑。清光绪年间（1875—1909），在罗庄北建有穆茬窑，即秋后在穇茬地里开的煤窑。后在此谋生的人安家落户，遂以穇茬窑为村名。清宣统二年（1910），有汤姓者和李姓者在窑北头开分炭窑，另有陈武庄的陈姓和窑北头的王姓两个头役领窑开两个竖井，未及出炭，遂发生井筒塌陷事故,埋进去9人，得名“九人坑”。

民国初年，采煤业日盛。1912年，码头人孙寿春在汤庄招当地农民千余人，打井60眼，出炭很多，1914年停采。

1919年，杨官庄李经环、李经泉在窑北头开办煤窑，后又邀请汤庄的汤建业、码头的孙爱廷投资入股，到1923年发展到20多个井口，1926年因存炭太多滞销而停产。

1919—1923年，汤庄、罗庄、朱陈红业局、朱陈窑汪等井田均有人组织开采。1919—1920年，汤庄井田先后有黄土堰人徐子贵、当地人汤建业各组织开采1年，发财后自弃。1920年，罗庄井田由当地人李方全、付庆珍组织股份53股，在矿区北部凿竖坑15个，用人力磨车提升，当年产煤4000余吨。1923年，朱陈窑汪井田有朱张桥人姜文焕组织开采两季，一本十利。

1929—1935年，境内民间煤炭开采达到鼎盛时期。北自八块石、朱陈，南到窑南头、汤庄一带，古窑旧孔，遍地皆是。窑北头、窑南头、八块石、响马岭、罗庄、柳树子、窑汪崖、十八院、黄土堰、琥珀岭、山南头、山西头、朱陈窑汪、朱张桥、北老屯、傅家庄、何家庄、龙泉屯、汤庄、泉子崖、菱花沟等地均有人领照开采，境内煤窑多达20余处。其间，比较著名的有窑南头、窑北头、山南头、北老屯、何家庄、窑汪崖等矿。1930年，李经环、汤建业、孙爱廷在窑北头成立振兴公司，资本3万元。1931年8月，李善同在窑南头成立大成煤矿公司，资本5.6万元，开竖井20个，用新法开采。计有卷扬机3架，手摇绞车10部，木狗车7部，三节锅炉3台，当年产煤4700吨。1934—1935年，窑北头产煤4万吨，盈利1万元；窑南头产煤4.4万吨，盈利1.2万元，均较其它矿为佳。山南头矿由册山南头人汪浚川组织开采。1934年汪浚川在蟠龙山西和山南头开办龙山煤矿公司，资本3万元，工人420人，开采2年，产煤2.55万吨，盈利1.1万元。北老屯煤矿由汪洋洋领照开采，后又开办鼎大公司，矿权面积34.27公顷，1929—1931年产煤1.7万吨。何家庄煤矿由王淑韩领照开采，1933年改称同益煤矿公司，当年产煤6095吨。窑汪崖煤矿1929年由朱张桥人姜淑华、姜文焕领照开采。1934年春，姜淑华在窑汪崖开办东兴煤矿公司，资本2万元，当年产煤638吨。

抗日战争爆发后，境内各煤矿停采。

抗日战争后期，境域大部分被八路军开辟为根据地，民间采炭者又重操旧业。1943—1947年春，主要开采的煤矿有罗庄、傅家庄中沟、窑北头、汤庄、柳树子（位于八块石村东）等。罗庄煤矿1944年8月由当地人王开昌（外号王六）、李润林以锅炉、绞车各1部为基础，发起组织股份，在罗庄矿区南部先后凿竖井4个，后因资金不足而停工。1945年8月，经签订合同，八路军鲁南军区生产科投资90万元，与私方共同开发罗庄煤矿。1946年2月，私方将原竖井作价10万元全部卖给公方，并由公方付给私方退股利润金2万元。至此，罗庄煤矿全部转为公营，由刘清如任经理。到1947年初，罗庄煤矿共产煤2.1万吨。傅家庄中沟煤矿1943年由杨雨田组织开采。1946年经签订合同，成为以公方为主的公私合营矿，隶属滨海行署生产建设科，公方经理由刘东岑兼任。窑北头煤矿1944年由李经环之子李明志、李明刚组建开采。1946年，经签订合同，变为公私合营，隶属滨海行署生产建设科，公方经理陆健，私方经理李明刚、赵铭三。汤庄煤矿系私营矿，1943年由当地人汤炳合、汤晋生组织开采，共有16个井口，井深45米，工人400余人。后把煤矿转让给杨官庄李明光开采，1947年停采。柳树子煤矿1946年由鲁南军区开办，1947年停采。

1947年2月，国民党军队进攻沂蒙山区时，汤庄、柳树子煤矿停采；傅家庄中沟、窑北头煤矿放弃，人员、物资撤至莒县竹园煤矿。罗庄煤矿被国民党军队占据，开采20个月，产煤3万余吨。1948年10月9日国民党军队南逃，同年10月12日，罗庄煤矿由山东矿务局接管，并更名为临沂煤矿，当月恢复生产，当年产煤518吨。到1949年年底，临沂煤矿有竖井68个，职工4000余人。

中华人民共和国成立前，民间开办的小煤窑均系季节性开采，夏季雨水多，积水难排，多秋后农闲时开工，次年雨季前停采。

开采方式均采用小立井开拓，井深40～80米，见煤后用前进残柱式开采。提升用木狗（辘轳）、人力或马拉磨车，较大的矿用锅炉烧蒸汽带动绞车提升。排水用牛皮包，照明用豆油灯。井下平巷运输用人力拉筐或肩抬，斜巷运输用“骑马杠子”，即后边的人用肩抬，前边的人把杠子夹在两腿间，再用绳绊在脖子上，两手伏地向上拉。采煤用镢头刨，擢水用�童子头。

民间开矿均实行24小时工作制，下井时自备干粮，渴了喝地沟里的煤水。穿的衣不遮体，经常光着身子在井下干活。没有澡塘、肥皂，天暖时到汪里用黄矸泥当肥皂洗冷水澡，天冷时没处洗弄得浑身黑，被人称为“煤黑子”“窑伙”。

中华人民共和国成立后，境内煤炭业进入新的发展时期，国营煤炭、地方煤炭迅速发展。

国营煤矿

1950—1956年，境内仅有省营临沂煤矿1家，并且仅有罗庄1个矿区。经过逐步改造，建起自备发电厂1座，生产动力由汽动逐步改为电动，生产得以发展，年产量由7万吨增加到16万吨。

1957年11月15日，临沂煤矿恢复建设窑汪崖煤矿，设计能力年产15万吨，翌年10月竣工投产。

1958年8月，临沂煤矿恢复建设窑南头煤矿，设计能力年产15万吨，翌年12月竣工投产。

1958年9月14日，临沂煤矿兴建大芦湖煤矿，设计能力年产15万吨，1960年3月建成投产。同年，在“大跃进”中，临沂煤矿还恢复建设老屯、小庄子、红土屯、南头、山西头等136眼小井。1959年，临沂煤矿产量达到50万吨。

1960年3月1日，原临沂市经营的汤庄、傅庄、朱陈、团埠屯、响马岭5个煤矿与省营临沂煤矿合并，成立临沂矿务局，局机关设在罗庄。同年5月、12月，临沂矿务局先后开工恢复老屯、河湾煤矿。

1962年5月，贯彻中央国民经济“调整、巩固、充实、提高”八字方针，临沂矿务局经过调整，保留大芦湖、汤庄、傅庄、朱陈、窑南头5个煤矿。

1964年8月6日，傅庄煤矿采完报废。

1968年7月，窑南头煤矿采完报废。

1977年5月1日，五寺庄煤矿由临沂矿务局建成投产，设计能力年产30万吨。

1984年9月，临沂矿务局褚墩煤矿建成投产，年设计生产能力30万吨。

1984年，临沂矿务局报废大芦湖、窑汪崖、朱陈煤矿。

1987年10月1日，临沂矿务局塘崖煤矿建成投产，设计能力年产21万吨。

至1995年年底。临沂矿务局在罗庄区仅有汤庄、五寺庄、塘崖3家煤矿，年实际生产能力35万吨。

1948年10月—1995年12月，临沂矿务局在境内产煤2202.55万吨，平均年产46.86万吨。

地方煤矿

1956年起，境内地方煤矿迅速发展。同年7月，汤庄煤矿原由汤庄乡的郑秀文等组织百余人恢复过去资本家开过的7眼井，1957年3月改为苍山县办，当年产煤9915吨。同年7月，傅庄煤矿开始筹建，后又在劳模店村西开露天煤矿1处，隶属临沂市工业局。11月，朱陈煤矿开始建设，初称王林煤矿，由朱陈村陶瓷、砖瓦、铁木等8个手工业合作社筹资8万元，抽调社员203人，在王家林恢复部分小井，1958年5月移交临沂市重工业局，先后在王林、朱陈窑汪、红业局、王庄恢复72眼小井，当年产煤1.11万吨。

1958年秋，“大跃进”高潮中，为适应大炼钢铁的需要，日照、莒南、苍山、郯城4县均在汤庄开矿。临沂县有数万人汇集罗庄采煤、掘石（铁矿石）、炼钢铁，县、公社皆办煤矿。同年12月，汤庄煤矿由苍山县划归临沂市。

1960年3月1日，汤庄、傅庄、朱陈、响马岭等临沂市所属地方煤矿全部划归临沂矿务局，停止地方煤矿开采。

1969年，在中央大办“五小”（小煤矿、小矿山、小钢铁、小水泥、小化工）工业的指示精神下，地方煤矿又开始恢复发展。同年4月，朱陈、窑汪崖、朱张桥、罗庄4个小煤窑相继投产。此后，白庄公社在红土屯开办白庄煤矿。

1970年春，傅庄公社在龙泉屯村西、彭庄村西、杨家河湾村北、劳模店村西开4对煤井，名为龙泉屯煤矿，册山公社开办五寺庄煤矿，以及陈武庄、黄土堰煤井相继建成。至1970年年底，建成15对小井，当年产煤6.04万吨。

1971年，临沂县营西高都煤矿建成投产。1975年，临沂县营车庄煤矿建成投产。1976年，临沂县营小庄子煤矿建成投产。1978年，临沂县营东高都煤矿建成投产。至1985年，境内有地方煤矿18家。其中，市办4家，乡镇办14家。年产原煤20.12万吨。1988年，地方煤矿产煤50.44万吨，超过临沂矿务局所属煤矿年产量。1992年，境内有地方煤矿37家。其中，市办4家，乡镇办15家，村办18家。年产原煤59.43万吨，创历史最好水平。1994年，车庄煤矿建设的凤凰岭煤矿建成投产。

1995年年底，罗庄区境内有地方煤矿27家。其中，市属5家，乡镇办10家，村办11家，公司办1家。

1970—1995年，地方煤矿产煤703.77万吨，平均年产24.27万吨。

报废矿井选介

临沂煤矿 位于青峰岭下，与罗庄毗邻。原名罗庄煤矿。矿区东起青峰岭，西到响马岭，北达红土屯，南至沈泉庄，南北长2.5千米，东西宽1.3千米，面积3.25平方千米。探明井田共有煤层24层，可采煤层4层，即21、3、8、23层煤，其中3、8、23层煤局部可采，探明储量385万吨。21层煤为山西组大槽煤，走向长2800米，倾斜宽550米，为井田主要煤层。煤层厚0.26～9.41米。3层煤为太原组，走向长1400米，倾斜宽850米，煤层厚0.13～1.29米。8层煤为太原组，走向长600米，倾斜宽700米，煤层厚0.18～0.90米。23层煤为石盒子组，走向长600米，倾斜宽200米，最厚0.79米。煤质牌号为焦肥煤、肥煤，可炼优质焦。临沂煤田罗庄矿井开采历史悠久，早在清乾隆年间（1736—1796）就有朱陈人孙大歇在响马岭开采，其后历经数次开采。1945年8月，原开采者王开昌主动邀请鲁南军区生产科投资，共同开办罗庄煤矿。1946年2月，鲁南军区将私人股份买断，从此罗庄煤矿变为公营。1948年10月，罗庄煤矿被山东矿务局接收更名为临沂煤矿。1949年9月，莒县竹园煤矿并入，有竖井68个，年

图8-15：20世纪80年代罗庄镇镇办煤矿生产区

产煤7.29万吨。1958年1月1日，临沂煤矿划归山东省工业厅，同年8月17日又划归临沂专署领导，1959年1月1日，划归山东省煤炭工业局。全矿职工7973人，有干部387人。1960年3月，临沂煤矿与汤庄、傅庄、朱陈、团埠屯煤矿合并，成立临沂矿务局。1948年10月至1959年年底，生产原煤181.6万吨，生产焦炭36.85万吨，发电1504万千瓦时，上缴利润635万元。

大芦湖煤矿　位于罗庄街道庆云山西脚下窑汪崖村。矿区北起沈泉庄南部，南至岳旦子村北，东到庆云山西侧的山西头村西，西抵老屯村东。南北长5千米，东西宽3千米，面积15平方千米。矿区井田包括大芦湖井田（一号井）和窑汪崖井田（二号井）两部分。大芦湖井和窑汪崖井煤层牌号均为肥煤和天然焦焦，可炼优质焦。煤层厚0.57～6.72米。矿区开采历史悠久，窑汪崖井田清嘉庆十三年（1809）费县梁邱地主李姓者开办煤窑，后停采。1957年11月15日，窑汪崖煤矿由临沂煤矿恢复建设。1958年9月14日，大芦湖煤矿由临沂煤矿动工兴建。1961年10月1日，窑汪崖煤矿并入大芦湖煤矿。1967—1969年，大芦湖煤矿曾改名为东风煤矿。1983年年底，有18个科室、8个生产队、2个车间、109个班组，在册职工1408人。1984年8月10日，大芦湖煤矿报废。1958—1984年，生产原煤623.96万吨，上缴利润1153.7万元。

朱陈煤矿　位于罗庄街道朱陈村东南。矿区北起朱陈，南到焦沂庄，西起黄土堰，东至王家庄、朱张桥，东西长3.5千米，南北宽2.5千米，面积8.75平方千米。有古矿区19个，古井247个，矿区最早开采起于何年，已无资料记载。据调查，从民国十年（1921）到民国二十五年（1936），民间开采从未间断。朱陈煤矿始建于1957年11月，初称王林煤矿。由朱陈村陶瓷、砖瓦、铁木等8个手工业合作社筹集资金8万元，抽调社员203人，在王家林恢复部分小井，1958年5月，移交临沂市重工业局，更名为朱陈煤矿。同年8月，职工增加到3763人，先后在王林、窑汪、红业局、王庄恢复小井72个，新建小井4个，当年产煤1.11万吨。1960年3月，朱陈煤矿划归临沂矿务局。1984年9月，经山东省煤炭工业总公司批准注销生产能力。是年年底，有14个科室，生产队5个，班组55个。在册职工778人，其中女职工63人。1987年6月6日，停止生产，矿井报废。1957年11月—1987年6月，生产原煤208.56万吨。

窑南头煤矿　位于傅庄街道窑南头村附近。井田面积0.64平方千米。煤层厚薄不均，煤厚0.36～6.50米，一般在1.90～2.00米。煤质牌号为天然焦，俗称红皮大拱，煤质甚佳，可直接用于炼铁。井田开采历史悠久，清乾隆年间（1736～1796），有山西头村赵姓者在此开煤窑，获利甚巨，遂改名为赵万世，意为一万年不用打煤窑，并在东岭上建窑神庙。清宣统二年（1910），有汤姓和李姓地主在窑北头开分炭窑。有陈武庄陈姓和窑北头王姓两个头役领窑开两个竖井，未及出炭，遂发生井筒塌陷事故，埋进9人，得名“九人坑”。1919年，有杨官庄李经环、李经泉在窑北头开办煤窑，后又邀请汤庄汤建业，码头孙爱廷投资入股，到1923年发展到20余个井口。1926年因存炭甚多又滞销而暂停开采。1929年秋，李善同、李经环分别领照开采窑南头、窑北头煤矿。1930年，李经环、汤建业、孙爱廷在窑北头成立振兴公司。1931年8月，李善同在窑南头村东成立大成煤炭公司，开竖井20个。1937年停采。1944年，窑北头煤矿由李经环之子李明志、李志刚恢复开采，1945年经签订合同，变为公私合营。1946年秋，窑北头煤矿属滨海行署成立临郯煤矿总公司领导。1947年2月，国民党军队进攻时煤矿撤销，工人编为1个中队坚持打游击，余者撤往莒县竹园煤矿。1958年8月，临沂煤矿开始恢复窑南头井。同年10月，先后恢复和新开108个井口，职工2400人。1959年2月，改称临沂煤矿窑南头矿区。1960年3月，又改称临沂矿务局窑南头煤矿。全矿职工422人。1968年7月，采完后报废。1958—1968年，生产原煤74.75万吨，上缴利润244.7万元。撤矿后，罗庄公社、苍山县神山乡继续在窑南头井田的窑南头、窑北头、大槐树等村开窑采煤。1970—1985年，又生产原煤48万吨。

傅庄煤矿　位于傅庄街道傅家庄东南村。矿区北起傅家庄北门外，南至官庄后岭，东起劳模店，西至朱家岭，由西向东分为上沟、中沟、下沟，东西长1.5千米，南北宽0.8千米，面积1.2平方千米。1961年，探明储量180.4万吨。煤层为厚0.5～10米不等的“鸡窝煤”，煤种为天然焦和肥煤。井田开采历史悠久。唐朝初年（约627年）有人在傅家庄北门外开办官窑。傅家庄北门的“磨坑”即为古煤井遗址。1930年，在“磨坑”附近的龙王庙里，有一块石碑，上面有“相传唐朝尉迟敬德打窑以造兵器”字样。打窑在先，打磨在后，形成很大的地下洞穴，全村人几次出全夫都没填平。清乾隆三年（1739），民间有人在傅家庄南上沟采煤。1942年春，杨河湾人杨雨田在傅家庄南开办中沟煤矿。1945年，经签订合同，中沟煤矿由私营改为公私合营，属鲁南军区领导。1946年秋，滨海行署生产建设科成立临郯煤炭总公司，中沟煤矿受其领导。1947年2月，国民党军进占临沂后停采。1957年10月，傅庄煤矿开工新建，隶属临沂县工业局。1958年春，又开2对小井。同年年秋，“大跃进”形成高潮，职工达到8400人。1960年3月，划归临沂矿务局，当年产煤21.42万吨，创历史最好水平。1962年4月，仅有红旗4号井。同年年底，有科室9个，在册职工813人，其中女职工28人。1964年8月6日，傅庄煤矿报废，搬迁至河湾煤矿。1958—1962年，产原煤67.97万吨，上缴利润265万元，税金70余万元。

河湾煤矿　位于傅庄街道老涑河西岸，杨家河湾村北400米处。矿区北起何家庄，南至杨家河湾，西达前龙泉屯，东到大河湾，面积2平方千米。1960年，探明储量91.74万吨，属山西组第三层煤，煤层为烟煤和无烟煤共生，底部是烟煤，上部覆盖少量无烟煤，煤层厚0～2.5米，平均厚0.7米，煤质牌号肥煤。据《山东矿业报告》载，1929年10月，龙泉屯村周宗武领照开采，矿权面积26.02公顷。1930年3月，何家庄王淑韩领照开采，矿权面积36.53公顷。1934年，王淑韩在何家庄开办同益煤矿，产煤1999吨。周、王均于抗日战争开始后停采。1960年12月20日，临沂矿务局杨河湾井开工建设。1962年3月1日，竣工投产。1964年8月6日，临沂矿务局宣布河湾煤矿成立。设9个科室，职工321人。1969年3月25日，河湾煤矿报废，接续老屯煤矿。1962年3月—1969年3月，生产原煤30万吨。

老屯煤矿　位于罗庄街道老屯村附近。矿区西起赵家坝村西，东到老台（儿庄）—潍（坊）公路，北至老屯村北，南抵原傅庄钢铁厂（今临沂地矿开元驾校）北，东西长1.54千米，南北宽1千米，面积1.54平方千米。烟质为无烟煤和天然焦，储量79.41万吨。井田为老矿区，中华人民共和国成立前曾多次开采。1923年，汪洋洋在老屯前领照开办煤窑，后又成立鼎大公司，矿权面积34.27公顷，1927—1930 年产煤 17042 吨。1934 年，又有汪俊川领照开采。1960 年 5 月，临沂矿务局罗庄煤矿开工恢复老屯井，1962 年 4 月 30 日停采。1967 年 5 月，临沂矿务局为接续河湾煤矿生产，又恢复老屯二号井，并成立老屯煤矿。1969 年年底，全矿有职工 238 人。1970 年 7 月 4 日，因淹井再次停采。1977 年 10 月，经山东省煤炭工业局批准，老屯煤矿由罗庄公社恢复生产，1985 年闭井停产。1979—1985 年，生产原煤 19.67 万吨，加上临沂矿务局的两次开采，共产原煤 28.11 万吨。

第九编　商业　服务业

Part 9: Commerce and Service Industry

临沂汽贸城（2013年10月　王殿臣摄）

中国陶瓷博览城（2013 年　区摄协供稿）

1995年，罗庄区有各类商业服务单位34家，实现社会商品零售总额4.01亿元。1996年后，罗庄区立足区位优势，实施“工贸强区”“繁荣第三产业”发展战略，制定一系列鼓励支持个体工商企业发展的优惠政策，放宽从业人员、经营范围、经营方式和税费政策，为个体私营商业企业（户）搞好经营场地、信息、资金和人才等方面服务，加大商场和专业批发市场建设力度，以改革经营方式，引进竞争机制为重点，以搞活市场为目的，引导市场建设向专业化、规模化方向发展。至2013年，全区第三产业市场主体达到1.90万户，完成市场交易额330亿元，实现社会商品零售总额102.2亿元。其中，批发和零售业完成零售额100.6亿元，住宿和餐饮业实现零售额1.6亿元。158家限额以上企业完成零售额91.5亿元，占全社会消费品零售总额的89.5%。

第一章 商业

第一节 管理体制

1995年2月，罗庄区财贸工作委员会成立（简称区财委），为正科级行政单位。负责全区流通行政和市场管理工作；制定全区第三产业、民营经济的政策措施、发展规划和年度计划并组织实施等。2002年1月，撤销区财委，其行政职能移交区经济贸易局。2010年10月，撤销区对外贸易经济合作局，成立区商务局，把区对外贸易经济合作局的职责，区经济贸易局内贸管理的职责整合划入区商务局。区商务局为正科级行政单位，主管全区国内外贸易、国际经济合作。至2013年年底，区商务局内设办公室、外经科、外贸科、招商科、商会业务科等5个科室，辖罗庄区国际商会（罗庄区国际贸易促进委员会）1个正科级单位、罗庄区外商投资服务中心及罗庄区生猪屠宰管理办公室2个副科级事业单位。行政编制6人，事业编制16人。

2013年4月，临沂罗庄商城管理委员会成立，为副县级事业单位，由罗庄区人民政府和临沂商城管理委员会双重管理，以罗庄区人民政府管理为主。主要职能是贯彻执行市场管理的有关法律、法规和政策，负责市场总体规划方案编制；按照规划审查论证各类市场开办、迁移、合并、分立、改建、扩建、更名等申请，报临沂商城管委会审批；行使区委、区政府赋予的其他管理职能。同年10月，设立综合科、规划建设科、市场管理科、招商宣传科4个正科级职能科。编制20人。

第二节 商品销售

1995年，全区商业网点经营范围包括粮油、食品、副食品、日用百货、图书、五金交电、化工、陶瓷、农业生产资料、燃料等数千个品种，商品销售主要以个体私营企业、个体商业户为主，全年实现社会消费品零售总额4.01亿元。1996年起，开展争创“文明商店”“百城百店无假货”“重合同守信用企业”等活动。2001年起，传统消费品持续增长，电脑、手机、家电、娱乐用品、汽车销售快速增长。2006年，全区实现社会消费品零售总额23.54亿元，其中批发零售贸易业零售额14.79亿元，比2005年增长15.8%。2013 年，全区实现社会消费品零售总额102.2亿元，其中批发和零售业完成零售额100.6亿元。传统消费品持续增长，全区限额以上批发、零售业销售额中，食品、服装、珠宝、石油及制品、汽车类商品分别比2012年增长43.1%、38.4%、22.8%、21.4%和69.3%。各类商贸市场完成总成交额260亿元，其中临沂鲁南国际粮油市场、临沂鲁南花卉城、山东罗庄建材批发市场、临沂市罗庄陶瓷商城4专业批发市场交易额达到173.4亿元，比2012年增长16.3%。

1995—2013年罗庄区社会消费品零售总额情况表

表9-1 单位：亿元

年份	社会消费品零售总额	增长率（%）	年份	社会消费品零售总额	增长率（%）
1995	4.01	47.10	2005	20.34	51.00
1996	5.20	29.68	2006	23.54	15.73
1997	6.16	18.46	2007	28.32	20.31
1998	6.78	10.06	2008	35.66	25.92
1999	7.26	7.08	2009	47.38	32.87
2000	7.81	7.58	2010	61.18	29.13
2001	8.54	9.35	2011	74.54	21.84
2002	9.37	9.72	2012	86.39	15.90
2003	11.61	23.91	2013	102.20	18.30
2004	13.47	16.02			

第三节 商场 超市

1995年，罗庄区国营商业企业仅有临沂开发区商场1家，民营商业企业有临沂金鹰商场有限公司罗庄店1家。1997年5月，罗庄区食品公司成立。在全区推行生猪定点屠宰，全区共设定点屠宰场（点）7处，实施“定点屠宰，集中检疫，统一纳税，分散经营”管理办法。同年11月24日，区委、区政府发布《关于进一步激励扶持个体私营经济发展的若干规定》，制定搞活商品流通，支持个体工商业发展的优惠政策和措施，个体私营商业快速发展。1998年起，全区商业布局优化调整，打造特色商业街，以通达南路、龙潭路和罗五路为重点，改造提升综合服务功能，形成以餐饮、超市、批发、信息服务、休闲娱乐和经营中高档商品的名店名牌特色商业街；各乡镇在政府驻地建设一条商业街。1999年，实施连锁经营。罗庄供销商场、华联、好怡嘉、九州等超市实施连锁经营，拓展社区商业。至2004年，连锁便利店发展到30余家。2011年1月，九州超市罗庄店开业。2012年12月，锦江麦德龙现购自运有限公司临沂罗庄商场在沂州路十里堡社区建成开业。

至2013年年底，全区各类商场、超市、专卖店、便民店等发展至2021家，从业人员6.42万人。有限额以上批发和零售企业109家。其中，批发业30家，零售业79家。从业人员5893人。

临沂开发区商场

1958年成立，时称罗庄矿区商店。下设罗庄、汤庄、大芦湖、朱陈4个门市部，隶属临沂县商业局。1960年3月1日，归属临沂市百货公司，同时增加焦化厂、泉庄白瓷厂、韦姜屯3个门市部。1963年，一钢矿区商店、白庄矿区商店、傅庄矿区商店并入罗庄矿区商店。汤庄、桥头、窑南头、水泥厂、钢铁厂、册山、窑汪崖等门市部也相继并入矿区商店。1978年，罗庄矿区商店在临沂矿务局机关对面建平房12间，同年10月搬到新址营业。1987年12月，改称临沂市百货公司罗庄矿区商店。1994年，更名为山东临沂开发区商场。1995年5月11日，划归罗庄区财委管理。1997年1月20日，由罗庄区财委划归罗庄区供销社。商场占地面积5861平方米，固定资产794万元，有干部职工180人。主要经营日用百货、烟酒糖茶、成衣布匹、五金交电、饮食服务等，年营业额600万元。2008年，通达南路改造提升，商场被整体拆除，职工一次性安置。

临沂金鹰商场有限公司罗庄店

位于通达南路与龙潭路交会处西北角。1994年开业，营业面积4000余平方米，有员工60人，是境内最大的家电商场。营业楼分为三层，一楼经营冰箱、洗衣机类产品；二楼经营空调、彩电、音响类产品；三楼经营各类小家电、厨卫电器、热水器，电脑及数码类产品。2013年，营业额7000万元。

九州超市罗庄店

位于通达南路与文化路交会北200米处核心商业地段。隶属山东九州商业集团有限公司。2011年1月建成营业，经营面积7000余平方米，年销售额2000万元，有从业人员87人。超市分两层，一楼主要经营烟酒糖茶、生鲜、副食品、运动休闲装、金银首饰；二楼经营精品百货、家用电器、文体办公、日化洗涤、男女装、儿童服饰、针织内衣、床上用品等1.5万余种商品。商场配有2部电梯，2处顾客休息场所。正面设停车场，是罗庄区规模较大的购物超市。

锦江麦德龙现购自运有限公司临沂罗庄商场

位于沂州路318号。营业面积4200平方米，有从业人员103人。为德国麦德龙集团于2012年12月13日在临沂开设的中国第67家分店。

图9-1：麦德龙超市营业楼（2013年9月　摄）

银座购物广场罗庄店

位于通达南路与双月湖路交会处。营业面积8200平方米，地上两层（单层面积2000平方米，经营百货类及租赁），地下一层（面积4000平方米，设为超市），占地面积1.37万平方米，停车位140个。有从业人员110人，年盈利3000万元。

第四节　专业市场

1995年，辖区内有万泉农贸市场、傅庄富源钢材市场、罗庄陶瓷商城和沂罗木材市场4个专业批发市场。1996年9月20日，区政府印发《关于进一步加强市场建设与管理的意见》，提出加快市场建设，走“建、引、服”路子。到1999年，全区商贸市场发展至45个，其中专业批发市场6个。2000年10月，盛源果品市场建成开业，占地面积4万平方米，投资4000万元。2001年，朱陈建材市场开工建设，占地面积56万平方米，投资3亿元。

2002年起，罗庄区按照“建设大市场，搞活大流通”思路，新建和改造提升并举，引进、培育和嫁接并重，全区专业批发市场建设向现代化、专业化、规模化、信息化方向发展。规划建设沂河路、通达南路、滨河片区3条“十千米”经济带，逐步由工业主导经济向工商复合型经济转变，打造临沂城南新商圈。“沂河路经济带”由同济大学规划设计，以沂河路为主轴线，建设成汽贸城、花卉城、粮油物流城等。同年始，鲁南苏北规模最大、品牌最全的汽车销售中心临沂汽贸城在沂河路两侧规划建设，占地面积113.33万平方米，逐步引进远通、九州、易通、翔宇、交通等汽车销售公司45家。2005年，位于沂河路与沂州路交会处的鲁南国际粮油物流城、鲁南花卉城建成，占地面积分别20.2万平方米、10万平方米、总投资分别为2亿元、1.2亿元。2006年，沂罗旧货市场开工建设，占地面积1.73万平方米。2008年，位于沂河路与湖东路交会处的临沂华东二手车交易市场有限公司成立，占地面积8.4万平方米，注册资本400万元。2009年，昌晟水果市场、临沂双月花卉专业合作社开业。2010年3月，临沂罗东农产品批发市场开工建设，占地面积66.67万平方米。同年4月，临沂豪德光彩贸易广场一期工程竣工开业。6月，临沂美鑫国际金属物流城一期工程开工，投资3亿元，占地面积63.81万平方米。2011年，位于通达南路与蒙山大道交会处的万力皮革城开工建设，建筑面积8.3万平方米。2012年9月，位于沂河路的鲁南国际工业品采购中心、鲁南国际茶博城开工建设，占地面积分别100万平方米、23.33万平方米，投资分别50亿元、15亿元。

2013年，全区建有大型专业批发市场19个，占地面积233.33万平方米，拥有经营户4800家，从业人员2万余人。有在建专业批发市场8个，年内完成市场建设投资21.5亿元。

农贸批发市场

万泉农贸市场　位于罗庄街道通达南路与宝泉路交会处。占地面积10万平方米，是以经营服装、鞋帽、百货、家电、肉禽蛋类、蔬菜瓜果于一体的大型综合农贸市场。始建于1988年，位于龙潭路，1995年迁现址。2010年，投资6000万元，对市场进行改建和扩建。2011年5月，投资300万元，对市场农副产品区进行升级改造。折除旧钢结构大棚，新建玻璃钢大棚2座，建筑面积5000平方米，设置130间经营店铺。2013年，市场形成超市区、步行街（万泉商厦）和农贸市场区（万泉商场）三个营业区，建筑总面积7.8万平方米，经营户2800家，年销售额8亿元。

盛源果品市场　位于盛庄街道前盛庄蒙山高架路南入口东侧。建于2000年10月，占地面积4万平方米，投资4000余万元。2013年年底，市场拥有恒温冷库16座，精品门头摊位 30 家，固定客户 160 家，流动客户 300 余家，主要从事苹果、橘子、香蕉、西瓜、荔枝、桂圆等各类鲜、干果品批发，年交易额 2 亿元。

鲁南国际粮油物流城 位于沂州路盛庄街道十里堡社区。2005 年 4 月，由临沂鲁南国际粮油市场经营管理有限公司投资 2.2 亿元兴建，规划用地 20.2 万平方米，建筑面积 12 万平方米，由粮食经营区、粮食储备区、粮食加工区、油料交易区和商务信息中心 5 大功能区组成。至 2013 年，入驻商户 396 家，经营小麦、玉米、稻谷、大豆、大米、面粉、食用油以及各种杂粮等近百个品种，是国内规模较大的专业粮油批发市场，全国“北粮南运”主要物流通道和集散中心。

图 9-2：鲁南国际粮油市场（2013 年 10 月 摄）

昌晟水果市场 位于盛庄街道魏三岗社区。2009 年 6 月，魏三岗社区投资建设，占地面积 6.6 万平方米。2010 年 3 月，临沂昌晟农贸市场经营管理有限公司投资 3000 万元进行改建。建有香蕉库房 50 间，精品门面房 290 间（套），高标准大棚 8 座，2 个大型停车场可容纳 300 余辆大小车辆同时停放经营。经营水果来自全国各地，有 100 余种。2013 年，市场日吞吐量 1200 余吨，日交易额 360 万元。

罗东农产品批发市场 位于高都街道后后坦村。2010 年，由山东九州商业集团有限公司投资建设，规划占地面积 66.67 万平方米。2013 年，建成使用 20 万平方米，市场可同时容纳 1000 余辆大中型货车进场交易，是集批发交易、电子商务、仓储物流于一体的农产品交易集散中心。

鲁南国际茶博城 位于盛庄街道沂河路与蒙山大道交会处。2012 年，由临沂鲁南国际茶博城有限公司投资 15 亿元建设，计划于 2016 年全部竣工，占地面积 23.33 万平方米，建筑面积 40 万平方米。主要有茶商品贸易市场、茶艺俱乐部、电子商务交易中心、茶文化街，配套建设商务大厦、购物中心、茶商公寓、商务快捷酒店及物流仓储区等。2013 年，茶艺俱乐部（精品交易区）投入运营，入住商户 630 家。

十里坊农贸市场 位于盛庄街道十里堡社区永盛路与即丘路交会处。由十里堡社区投资 1650 万元建设，建筑面积 8600 平方米。2011 年 8 月开工，2012 年 7 月建成使用。2013 年，登记注册为临沂市十里坊农贸市场经营管理有限公司。市场外铺设置 16 个两层复合式商铺，内铺按照农贸市场标准进行业态布局。市场内部分上下两层，设置 86 家店铺和 6 组 180 米柜台。主要经营海鲜、活禽、

图 9-3：十里坊农贸市场（2013 年 9 月 摄）

粮油、调料、干果、鲜肉、豆制品、水果、时令蔬菜、副食等。2013年，有经营业户97家，从业人员200人。

沂州农贸市场　位于罗庄街道宝泉路109号。2012年春动工兴建，工程分两期建设。一期工程投资500万元，2013年5月1日建成，对外经营。是集花卉繁育、批发零售、储运观赏于一体的大型花卉、农贸市场。

工业品市场

傅庄富源钢材市场　位于傅庄街道通达南路傅家庄段西侧，东邻通达南路，西邻罗七路，南邻朱家岭村、北邻耐一路。建于1992年10月，占地面积7.99万平方米，设置摊位96个。2003年9月，临沂市罗庄区富源钢材市场服务中心成立。主营钢材批发、零售，是临沂南部大型钢材批发市场。

图9-4：傅庄富源钢材市场（2013年10月　摄）

临沂汽贸城　位于盛庄街道沂河路两侧。为鲁南苏北规模最大、品牌最全汽车销售中心。2002年，开始规划建设，经12年发展，至2013年，汽贸城占地面积113.33万平方米，营业服务面积100余万平方米，总投资30亿元。建成远通、易通、翔宇、九州、交通等汽车销售公司45家，下属汽车4S店100余家，年销售汽车15万余辆、交易额110亿元。

临沂美鑫国际金属物流城　位于盛庄街道清河南路与206国道交会处。占地面积63.81万平方米。2010年6月，由临沂美鑫钢管材料市场有限公司投资建设，2011年3月投入使用。一期工程投资3亿元，占地面积22万平方米，建筑面积12万平方米。设置摊位300个。以经营钢管材料为主，以螺纹钢、线材钢、C型钢、槽型钢、H型钢等钢材为副。2013年，入住商户300余家，入住率100%。实现交易额50亿元，从业人员600人。

鲁南国际工业品采购中心　位于盛庄街道通达南路与沂河路交会处。2012年9月17日开工建设。规划占地面积100万平方米，建筑面积180万平方米，投资50亿元，建成以五金汽配产品为龙头，集商贸批发、仓储物流、信息交易、商务发展、精品公寓、星级酒店于一体的超大型商贸综合体。分五期建设。一期工程，建设临沂科技五金商城，项目占地面积13.33万平方米，2012年9月17日开工，2013年年底，完成建筑面积18万平方米。同年，临沂鲁南国际工业品采购中心有限公司成立。

万力皮革城　位于盛庄街道通达南路与蒙山大道交会处。2011年，由临沂万力置业有限公司投资建设，2013年9月竣工，占地面积4.07万平方米，建筑面积8.3万平方米，分为五层（地上四层、地下一层）。2013年10月开业，容纳商户400家，主要经营时尚品牌皮衣、精品裘皮、箱包皮具、皮鞋等。

建材市场

罗庄陶瓷商城　位于罗庄街道文化路南

图 9-5：临沂豪德陶瓷建材装饰城奠基典礼仪式（2009 年 6 月　摄）

通达南路东侧。1993 年，由罗庄镇于泉庄投资兴建。占地面积 15.33 万平方米，其中营业楼（商铺）500 套，营业面积 5 万平方米；钢制大棚 10 座，营业面积 5.2 万平方米，1995 年 8 月 28 日开业，是山东省最早的专业陶瓷批发市场。2013 年，市场有经营户 600 家，从业人员 2600 人，年成交额 7.2亿元。主要经营：日用陶瓷、建筑陶瓷、卫生陶瓷、古建筑陶瓷、工艺制品、玻璃制品等 10 余个类别，100 余个品种，产品来自广东、浙江、山西、福建、河南、湖南、湖北、江苏、安徽及山东省 60 余家企业，销往江苏、河南等 20 个省市。

山东罗庄建材批发市场　位于罗庄街道朱陈社区，206 国道与文化路交会处。2001 年 10 月，由朱陈社区投资 3 亿元建设，2002 年 9 月 9 日开业。市场占地面积 56 万平方米，营业面积 26 万平方米，拥有经营摊位 1180 个，大型停车场 2 处，是集现货交易、仓储加工、物流配送、信息交流、商务等于一体的大型建材专业批发市场。主要经营各种规格的地板砖、内外墙砖、卫生洁具、五金灯具、仿古瓦、水暖管件等建筑材料及配件。2013 年，市场入住经营户 500 家，从业人员 6000 人，实现销售额 100 亿元。

临沂豪德光彩贸易广场　位于盛庄街道蒙山大道西侧，南至新规划路，西临王庄路，北至化武路。由香港豪德集团、临沂豪德光彩贸易广场开发有限公司投资兴建，规划占地面积 30.67 万平方米，总建筑面积 32 万平方米，投资 16 亿元。为全国光彩事业重点项目、临沂市文明诚信平安市（商）场、临沂市“十一五”规划重点项目。2009 年 6 月 28 日，一期工程项目——豪德陶瓷建材装饰城开工，2010 年 4 月竣工，位于清河北路以南，新规划路以北，建有 2000 套独立产权式商铺，内设大型电子网络交易中心、产品展示中心、安全监控中心、大型仓储园区、现代物流配送中心。同年 9 月 17 日起，2000 套商铺陆续交至业主。主要经营建陶、卫浴、洁具、木业产品、PVC 管材、五金、水暖、油漆、涂料、玻璃、安全门、铝合金、不锈钢等陶瓷建材装饰类产品。2011 年 7 月，二期工程项目——豪德五金水暖机电城开工，2012 年 4 月竣工，同年 6 月 16 日开业。项目东临蒙山大道，西临王庄路，南临清河北路，西临王庄路，北至化武路。建有 1000 套商铺，引进国内外 500 余个品牌入驻，主要经营五金、水暖、机电等系列产品。临沂豪德光彩贸易广场设有临沂豪德市场运营管理有限公司、临沂豪德光彩贸易广场物业管理有限公司，有员工 100 余人，管理人员 15 人，建立一套完整的管理体系、岗位工作制度、工作流程，实行统一招商、统一规划、统一管理、统一宣传、统一促销、统一服务。2013 年，实现交易额

200亿元。

花卉市场

临沂鲁南花卉城 位于盛庄街道十里堡社区。2005年3月，由十里堡社区投资1.2亿元建设，占地面积17.33万平方米，建有钢结构连体温棚7万平方米。是全国单体面积最大，集花卉销售、观光旅游为一体的大型花卉专业市场。由花卉批发区、鲜切花批发区、高档精品花卉区、盆景奇石区、根雕红木家具区5大专业区组成，附设热带鱼区、虫鸟、宠物、园林机械、花盆区。可容纳2000家商户，汇集全国各地花卉企业300余家。先后被命名为全国定点花卉批发市场、山东省十佳花卉企业、山东省规范化文明诚信市场。至2013年，先后6次举办兰花、花卉、苗木、红木、根雕、奇石交易博览会。

图9-6：鲁南花卉市场（2009年　摄）

临沂双月花卉专业合作社 位于盛庄街道清河南路与临西九路交会处。2009年3月筹建，占地面积13.33万平方米，投资4000余万元，同年8月开业。分花卉东区和西区、花盆区、盆景区、花土区、工具区等。主要经营观赏花、绿色植物、盆景、花卉培植工具及配套用品。2013年，实现销售额12亿元。

第二章　供销

第一节　经营管理体制

区供销社

1996年10月，罗庄区供销合作社联合社（简称区供销社）成立。内设办公室、人事科、财务科、企业管理科、安全统筹科5个科室，辖区农业生产资料、再生资源、果品盐业、土产棉麻4个直属总公司和临沂开发区商场1家商场及6个基层供销社。全系统有干部职工1300人。

1997年3月，区供销社按照《山东省供销合作社联合社关于积极推进综合改革的意见》，结合区域发展实际，先后成立区果品盐业总公司、区再生资源总公司、区农业生产资料总公司和区土产棉麻总公司4家专业公司。2003年，根据盐业体制改革要求，盐业经营从供销业务中析出。2004年，区供销社机关由原来自收自支企业化管理事业单位改为全额预算管理事业单位。2008年7月，区供销社机关批准为参照公务员法管理的事业单位。同年9月，加挂罗庄区流通业发展局牌子，2010 年 6 月，不再加挂罗庄区流通业发展局牌子。

2013 年，区供销社内设办公室、人事劳动科、财务科、企业管理科和安全统筹科等 5 个职能科室，编制 30 人。全区共有基层供销社 3 家，再生资源企业 1 家（临沂市江河再生资源有限公司），农资配送企业 1 家（临沂市欧科农资公司），日用生活消费品配送企业 1 家（临沂市鑫通商贸有限公司）。

基层供销社

1995 年，罗庄区有罗庄、傅庄、盛庄、册山、程庄、岑石 6 家基层供销合作社，固定资产 3520 万元，干部职工 802 人，随着市场经济的深入发展，市场竞争日渐激烈，由于基层供销社体制不顺、机制僵化、包袱沉重等原因，部分职工辞职或调离供销系统，基层供销社经营困难。2003 年始，基层供销社逐步实施体制改革，至 2008 年，全区 6 家基层供销合作社，有 5 家实施改制转型为民营企业或破产，仅有西高都供销合作社未改制。2010 年 1 月，苍山县沂堂镇划归罗庄区，区划调整前，沂堂供销合作社完成改制。2011 年 1 月，区划调整时，郯城县褚墩、黄山供销合作社划属罗庄区供销社合作社联合社，2 家供销合作社其经营场所租赁给个体户经营。2013 年，全区有高都、褚墩、黄山 3 家集体所有制基层供销合作社。

罗庄供销合作社　驻地于泉庄。1972 年 8 月，由傅庄供销合作社析出设立。1996 年，划属罗庄区供销社，设有网点 12 个，经营场所占地面积 3.66 万平方米，干部职工 353 人，固定资产 2400 万元，年商品销售额 1500 余万元。2008 年，该社实施改制，明晰产权关系，由集体所有制转型为股份合作制，新建日用品配送中心 1 家，增设直营超市 6 家，发展村级经营网点 87 个，提供就业岗位 210 个。2013 年，实现销售额 2600 万元。

图 9-7：80 年代罗庄供销合作社（孙振义摄）

傅庄供销合作社　驻地傅家庄。1951 年秋，由傅庄、朱陈、湖西崖、东三重等联村合作社合并成立。初称临沂县第十五区联村供销社。1956 年 6 月，改称傅庄供销合作社，隶属临沂县供销合作社联合社。1996 年，划属罗庄区供销社，有经营门店 25 个、供销化工铸造厂 1 家，经营场所占地面积 4 万平方米，固定资产总值 200 余万元，干部职工 115 人，年营业额 800 余万元。主要经营日用百货、煤化土杂等。供销化工铸造厂主要生产化工管、省煤器、锅炉配件等，年产值 400 余万元，2003 年，因经营不善，资不抵债破产。

盛庄供销合作社　驻地吴家白庄。1952 年 2 月成立，初称临沂县第十六区联村供销合作社，1956 年 6 月，改称白庄供销合作社。1960 年 10 月，白庄供销社并入城区供销社。1965 年 10 月，城区供销社迁至吴家白庄。1972 年 6 月，城区供销社与白庄供销社分设。1982 年 6 月，在白庄供销社组建临沂县棉花加工二厂。1984 年 7 月，临沂县白庄供销社改为临沂市白庄供销社。1986 年，白庄供销社更名为临沂市盛庄供销社。1992 年 9 月，盛庄供销社改为临沂市供销物资公司，隶属临沂市供销社。1993 年 9 月，按省社改革意见，把临沂市供销物资公司分设为临沂市供销物资公司和临沂市供销综合贸易公司。1996年10月，临沂市供销物资公司划属罗庄区供销社，同时，区供销社根据业务需要，在供销物资公司析出再生资源总公司；同年11月，临沂市供销物资公司破产，再生资源总公司建成罗庄区供销恒温库。1997年12月，罗庄区供销社决定，把罗庄区供销恒温库变更为罗庄区盛庄供销合作社。经营场所占地面积9990平方米，固定资产总值160万元，有干部职工36人，年营业额800余万元，主要经营生产资料、废旧物资回收、大蒜、蒜薹保鲜、煤炭、食盐批发等。2007年，改制为民营企业，人员、债权、债务由改制后的企业负责。

册山供销合作社 位于册山街道办事处驻地。1952年冬，由册山、老沂庄、沙沟等联村合作社合并成立，称临沂县第八区联村供销合作社，驻地东册山村。1956年6月，改称册山供销合作社。1996年，划属罗庄区供销社，设有网点14个，经营场所占地面积2万平方米，固定资产总值600万元，有干部职工131人，年营业额2000余万元，主营百货、土杂、果品收购等。2006年，因资不抵债，被罗庄区人民法院整体拍卖。

西高都供销合作社 位于大毛坦村。1969年3月，由册山供销社析出设立，称塘崖供销合作社。1982年9月，改称程庄供销合作社。1996年，划属罗庄区供销社。1997年8月，改称西高都供销合作社。2013年，经营场所占地面积2.13万平方米，固定资产120万元，年销售额900余万元，有干部职工81人。

岑石供销合作社 1951年9月成立，初称临沂县第七区联村供销合作社，干部职工13人，驻地东磊石村。1952年冬，迁至西朱隆村，改称朱隆供销合作社。1973年，迁至孙岑石村。1977年，迁至红山。1982年9月，更名岑石供销合作社。1994年，把朱隆、磊石2个门市部售让。1996年，划属罗庄区供销社。同年，把黄土堰门市部、棉花收购加工站售让。是年，岑石供销合作社设有网点21个，干部职工86人，经营场所占地面积4万平方米，固定资产总值40余万元。主要经营百货、煤化、土杂、酿酒和农副产品购销。实现营业额400多万元。2003年，岑石供销合作社改制转型为民营企业。

区供销社直属企业

罗庄区农业生产资料总公司 位于通达南路205号。1996年12月，罗庄区农业生产资料总公司成立。其前身为临沂市供销合作社综合贸易公司。公司下设7个分公司，在临沂火车站设办事处，有干部职工66人，经营场所占地面积1.76万平方米，固定资产净值45万元，主要经营化肥、农药、农膜及棕榈油，年销售各种化肥2万余吨，棕榈油1000吨，年销售额3000余万元。2002年，因企业经营和债务原因，依法实施破产。

罗庄区果品盐业总公司 位于西环路南段西侧。1996年12月成立，承担全区食盐供应及食盐专营管理。经营场所占地面积1.2万平方米，固定资产70万元，有干部职工17人，主要经营食盐批发、农副产品及干鲜果收购。2003年，盐业经营体制改制，盐业经营业务从供销社剥离。2004年，罗庄区果品盐业总公司依法破产。

罗庄区土产棉麻总公司 位于文化路与西环路交会处，1996年12月成立。经营场所占地面积3.33万平方米，固定资产总值350万元，有干部职工30人，主要经营棉花收购、加工、调拨、土杂购销业务。1998年，因土地出让到期，不能正常经营，企业自行注销。

临沂市江河再生资源有限公司　位于通达南路184号。1996年12月，罗庄区再生资源总公司成立，为独立核算企业，隶属区供销社。公司下设7个业务科室，2个办事处，有干部职工62人，固定资产120万元，经营场所占地面积7992平方米，流动资金600万元，年收购、加工废钢铁3万余吨，实现销售收入3000万元。2002年，罗庄区再生资源总公司改制转型为民营企业，更名为临沂市江河再生资源有限公司。2009年，临沂市江河再生资源有限公司设立再生资源分拣中心及中润循环经济产业园，2013年公司与临沂银东铝业实施重组，成为铝型材生产、加工、销售园区。

第二节　农业生产资料经营

1996年12月，区供销社对全区各基层供销社进行规范管理，组建罗庄区农业生产资料总公司，各乡镇供销社设立分公司，在较大村庄设立代销点97个，建成三级农资经营网络。业务经营实行统一进货、统一价格、统一质量、统一销售“四统一”，严把进货关，保本微利经营，全区农资供应得到保障。1997—2005年，各公司、代销点共销售各种化肥8690吨，农药79.5吨，农地膜92.7吨。

2006年起，区供销社坚持稳定与发展并重，大力发展总经销、总代理和连锁经营网点，以村级便民店为依托，积极组织货源，全区每年春季、夏季农资供应充足。在营销方式上，通过延长营业时间、电话预约、送货到田间地头等，方便农户需求，供销社农资经营主渠道逐步得到恢复。以欧科农资公司为龙头，实施“万村千乡”市场工程，采取配送中心到农村建立直营店、组织基层供销社利用老网点改造后加盟和选择社会农资经营能人及果粮种植大户加盟等方式，先后建起符合“万村千乡”市场工程要求的农资连锁网点99个。以欧科农资公司为龙头，与30家农资便民店建立稳定的供货关系，配送辐射60个村庄。在高都、褚墩、黄山、沂堂建农资直供直营店4家。至2013年12月，累计销售各种化肥1.05万吨，农地膜1260吨，农药1100吨。

第三节　生活资料经营

生活资料主要是日用杂品、炊事用具、日用陶瓷等。1996—2003年，加强对盐业经营管理，开展盐业法规宣传活动，共出动宣传车50余辆次，张贴《食盐管理条例》《食盐专营办法》2000余份；办理食盐零售许可证262个，批发许可证6个；清理私盐窝点9处，查获私盐60余吨，盐业经营秩序得到规范。

2005年，基层供销社经营的生活日用品商场受到市场经济冲击，传统经营模式已不适应现代经营理念，经营状况进入低谷。2006年起，商务部实施“万村千乡”市场工程，区供销社紧抓这一发展机遇，引进新的经营业态，改造提升传统经营门店。经营规模不断回升，走出一条“V”型发展之路。2007年，临沂市鑫通商贸有限公司投资3000万元，新建、改扩建日用品经营网点18个，营业面积达到2万平方米。至2013年12月，建成日用消费品配送中心1家，连锁加盟店120家，行政村覆盖率60%，区、镇（街道）、村三级流通网络基本建立，累计完成商品配送额2.2亿元。

第四节　再生资源回收加工

1995年，再生资源回收以基层供销社定点收购为主。1996年，罗庄区再生资源总公司成立后，大力发展废钢经营，实现规模扩张，以国内5大钢厂（莱钢、淮钢、武钢、沙钢、日钢）为主，积极开展外购外销、直购直销业务。年收购废钢铁20万吨，成为淮钢10万吨、莱钢5万吨废钢回收基地。2009年，再生资源分拣中心成立。2012年，区政府制定《罗庄区再生资源回收利用管理办法》《罗庄区再生资源回收利用网络体系建设实施方案》，建起全区再生资源回收利用网络体系，规范经营管理。至2013年年底，共发展直营网点130个。其中，区级直营网点26个，镇、街道直营网点8个，村级直营网点96个；另有备案登记直营网点50家。临沂市中润再生资源分拣中心实现年废钢加工23万吨，其他废旧物资加工5万吨，实现销售收入3.5亿元，上缴税金420万元。

第五节　社员股金兑付

20世纪50年代，政府鼓励农民加入供销合作社，并缴纳股金。1982年，体制改革后，进行扩股集资。2000年1月，区委、区政府成立清理整顿供销社社员股金工作领导小组，印发《清理整顿供销合作社社员股金工作实施方案》，区供销社对每户社员股金重新摸底登记，核实造册，做好兑付基础工作；同时，盘活存量资产，对多年闲置资产联合开发或进行公开拍卖，将开发、拍卖所得资金存入股金专户；利用行政、法律、经济手段，清收欠款，用于兑付社员股金。2003年12月，完成全区社员股金兑付，共兑付社员股金5572.8万元。

第三章　粮油

第一节　管理体制

1995年2月，临沂市粮食局罗庄区分局成立，为正科级行政单位，属市粮食局派出机构。辖罗庄、傅庄、盛庄、册山、程庄、岑石6个粮管所。同年，全国实行粮食工作行政首长责任制，改变粮食价格管理办法，省内调拨价格自行确定，省际调拨价格由供求双方协定，以确保粮食供求价格保持平衡。1998年起，以“四分开、一完善”（政企分开、储备与经营分开、中央与地方分开、新老挂账分开，完善粮食价格机制）为原则，贯彻落实“三项政策、一项改革”（按保护价收购农民余粮、顺价销售、收购资金封闭运行三项政策和深化粮食流通体制改革）。同年5月，市粮食流通体制改革，临沂市粮食局罗庄分局改称为罗庄区粮食局，隶属区政府，全区6个粮管所分别与其附营业务分离，成立粮油加工厂，原企业负责人任法人代表。是年年底，全区保留区级粮食储备库，撤销12家国有粮食企业，职工312人买断工龄，进行身份置换，占职工总数97%，为320人职工办理失业保险。省、市政府投入改革资金76

万元，区政府投入改革资金 703 万元；其中支付职工身份补偿金 430.4 万元，补交养老金 203 万元，补交失业金 69.6 万元。全区剥离划转政策性财务挂账 1288 万元。纳入改革的粮食企业资产，收归区政府。区级地方粮食储备库聘用职工签订新的劳动合同，其他小型企业全部实行产权买断，组建股份公司。2002 年 1 月，区粮食局改称区粮油服务中心。2004 年 12 月，复称区粮食局。2008 年 7 月，列为参照公务员法管理的事业单位。

2013 年，区粮食局内设办公室、人事科、财务科、监督检查科、产业发展科、统计信息科 6 个科室，辖区粮食监督检查大队、区粮食调查信息中心 2 个副科级事业单位。行政编制 7 人，事业编制 30 人。

第二节 粮油购销

粮食收购

1995 年，实行粮食行政首长责任制，由省政府确定具体粮食定购价格，逐级下达粮食定购和调拨任务，保证各项粮食宏观调控措施落实。小麦（三等冬花麦）每 50 千克 54 元，粳稻（中等）每 50 千克 56 元，玉米（中等）每 50 千克 41 元。是年，全区完成国家粮食定购 1085.1 万千克。1997 年，按照省政府要求，现存定购粮允许按市场价销售，粮食定购挂钩奖售物资（柴油、化肥）停止。小麦（冬花麦）三等每 50 千克 76 元，粳稻（中等）每 50 千克 78 元，玉米（中等）每 50 千克 63 元。谁交粮，谁得款，及时兑付现金，不准打“白条”。是年，完成国家粮食定购 985.1 万千克。这一时期，国家颁布《粮食收购条例》《粮食购销违法行为处罚办法》，粮食工作步入有法可依轨道。1999 年，对小麦实行定购价和保护价并轨同价。小麦（三等冬花麦）每 50 千克 64 元，玉米中等收购保护价格为每 50 千克 46 元，粳稻中等标准定购价每 50 千克 60 元。全区完成国家粮食订购 7269 万千克。2001—2002 年，玉米和小麦相继退出合同订购。2003 年始，实行保护价收购小麦，以三等（按容重定等）白麦为定价标准品每 50 千克 55 元，不实行地区差价和季节差价。是年，完成国家粮食定购收购各种粮食 455.8 万千克。2004 年，罗庄区贯彻执行国务院《关于进一步深化粮食流通体制改革的意见》和《粮食流通管理条例》，放开粮食收购市场、收购价格、收购主体，粮食定购从此取消。全面实行粮食购销市场化改革，本着掌握粮源、确保粮食安全的精神，下达粮食收购建议数量。是年，完成粮食收购 470 万千克。2005 年 1 月，实行粮食收购许可制度，企业须按规定办理“粮食收购许可证”后，方可从事粮食收购活动。随着各类收购主体参与收购积极性提高，小麦价格呈现出全面上扬趋势。2006 年，为保护农民利益，国家出台小麦和稻谷最低收购价执行预案，即托市收购政策。罗庄区作为小麦预案执行区，国标三等小麦为标准品，最低收购价格为每 50 千克白小麦 72 元，红麦、混合麦每 50 千克 69 元。由于罗庄区小麦市场价格一直高于国家规定预案价格，托市收购没有启动。2012 年起，罗庄区执行临沂市制定的小麦最低收购价，小麦（三等）最低收购价每 50 千克 112 元。

粮油供应

1995 年，罗庄区采取挂牌销售、限价供应办法，对城镇居民恢复定量供应，凭购粮证按月供应，供应标准为每人每月特二粉 10 千克，价格为每千克 1.84 元（当年省保护价为每千克 1.94 元，大米为每千克 2.3 元）。同年春节，向城镇居民供应一个月的大米，口粮当月有效，过月不供。1997 年起，成品粮销售由市场调节，其价格由粮食收储企业自主定价。城镇居民和集体食堂所用粮油，退出计划供应进入市场，粮票、粮本停止使用。1997—2001 年，仍办理粮食供应转移手续。2001 年 5 月 1 日，罗庄区废止“城镇居民粮食供应转移证明”“农转非供粮审批凭证”“农村粮食关系转移证明”等手续。至此，自 1953 年开始施行的粮食统购统销，粮食计划供应时代全面结束，粮食销售完全步入市场化。

第三节　粮油储运

粮食储备库建设

2000 年 3 月，筹建罗庄区粮食收储管理中心直属库，地址在盛庄街道红土屯村湖北路 844 号（区粮食局院内）。投资 200 万元，占地面积 1.33 万平方米，仓房 10 口，仓容 5000 吨，承担国家定购粮收购、储存、销售、管理等任务。2001 年 2 月竣工，隶属罗庄区粮食收储管理中心业务科管理。同年 9 月，入库新粮 5000 吨。

2004 年 8 月 5 日，区政府批复同意建立区级粮食储备库，储存规模 5000 吨。同年 10 月，按照国务院《关于进一步深化粮食流通体制改革的意见》，区粮食局根据当地实际情况和上级有关部门要求，确定罗庄区地方储备粮规模，由区地方粮食储备库承担主要任务，总规模 1.5 万吨。2005 年 11 月，区级粮食储备库政策性财务挂账全部划转到区粮食局集中统一管理。

2013 年，在区粮食储备库原粮仓西侧，新扩建仓容 5000 吨，当年竣工，储粮规模达到 1 万吨。

粮食储备

2007 年，轮入罗庄区地方储备粮 2639 吨，结算定期粮款 372 万元，轮出地方储备粮 1280 吨，结算粮款 182 万元。

2009 年，轮入罗庄区储备粮 1789 吨，结算粮款 324 万元，轮出地方储备粮 1789 吨，结算粮款 324 万元。

2012 年，轮入罗庄区储备粮 5000 吨，结算粮款 1084 万元，轮出地方储备粮 5000 吨，结算粮款 1010 万元。

2013 年 7 月，轮入罗庄区地方储备粮 5000 吨，结算粮款 1262 万元。

第四节　粮食监管

2005 年 7 月，罗庄区粮食监督检查大队设立。此后，每年对辖区内从事粮食购销、加工的业户进行专项检查，对经营业户粮食收购许可证、统计台账、统计报表进行监督检查。对违反《粮食流通管理条例》的粮食经营业户依法进行行政处罚。至 2013 年，共办理粮食经营许可证 10 件，开出罚单 3 张，辖区内粮食流通秩序和消费者合法权益得到维护。

第四章 商品专营

第一节 盐

经营体制

1995年，罗庄区食盐、工业盐及其他用盐由罗庄区果品盐业总公司经营，隶属罗庄区供销合作社联合社。2003年，按照“食盐专营与其他商品经营相分离”原则，盐业经营从供销业务中析出。2004年11月，临沂市盐务局罗庄区分局成立，加挂临沂盐业公司罗庄公司牌子，为正科级单位，隶属临沂市盐务局。负责罗庄区、临沂高新技术产业开发区盐业行政管理、食盐专营和盐政执法。2009年12月，临沂市盐务局罗庄分局改称罗庄区盐务局，加挂罗庄区盐业公司牌子。至2013年，机构无变动。

食盐销售

1995年，罗庄区食盐调运、批发、销售，由罗庄区果品盐业总公司管理。1996年，依据国务院颁布的《食盐专营办法》，实行食盐定点生产制度和食盐分配调拨指令性计划管理，实行批发许可证制度，运输准运证制度。2004年11月，临沂市盐务局罗庄分局成立后，加强食盐专营，确保食盐供应。推行食盐配送服务，以配送队为主体，以村（社区）级零售店为基础，设立零售网点980个，建立A、B、C、D四级网点客户档案，组织实施电话回访，建立投诉、举报电话，针对不同网点用户特点，实施标准化、个性化服务。食盐供应分大包盐、小包装食盐供应。大包盐供应实行购盐证制度，实行专盐专用，不准挪用或倒卖。小包装食盐实行直送制度，由配送服务队直接送到零售网点。2007年，销售小包装食盐1075吨，大包装食盐2490吨，营养盐201吨。2011年3月，日本福岛核电站泄漏事件引发全国范围内食盐抢购现象，罗庄区盐业公司加强调运，通过媒体等各种形式进行辟谣，联合工商部门对借机哄抬盐价的不法经营户进行惩处，有效应对全区食盐抢购，确保市场稳定，社会安定。2013年，开展盐产品结构调整，丰富市场供应品种，满足群众多样化用盐需求。围绕“健康山东”行动”和“减盐防控高血压”部署，推广普及低钠盐，引导群众科学用盐、健康用盐。是年，区盐业公司有7辆箱式食盐配送车，服务队5个，对食盐经销网点和用盐业户实行直达式配送服务，销售各类用盐1.67万吨。其中，各类小包装食盐2076吨，大包装食盐2963吨，营养盐403吨，工业盐1.13万吨。

盐政执法

1996年，罗庄区盐政管理办公室设立，挂靠区果品盐业总公司，开始政府授权，部门执法。2003年，成功抑制受“非典”影响爆发的食盐抢购现象。2004年11月，临沂市盐务局罗庄分局盐政执法稽查中队设立，配备3辆稽查车，开展盐政执法大检查，加强盐业市场管理，惩治经营食盐违法犯罪。2005年，开展以食用合格碘盐、消除碘缺乏病危害为主题的“走千村、入万户”碘盐智力工程普及宣传活动，普及碘盐常识，提高群众食用合格碘盐自觉性。2008年，加大对中小学食堂、宾馆、饭店、食品加工，厂矿企业、酱菜腌渍用盐整治力度，食盐安全水平得以提高。

2004—2013年，查处食盐违法经营案件3764起，没收私盐322吨，罚款94万元。

第二节　石油

1995年，全区有民营加油站15家，分布在城区和乡镇道路旁。1997年，开始办理石油成品油零售经营许可证。至2000年，全区有60家加油站登记注册。其中，国营8家，民营52家。之后，随着家庭轿车和货运车辆逐年增多，加油站也随之增加。2009年，全区共有加油站92家，其中国营加油站14家，民营加油站78家。2010年1月，苍山县所属沂堂镇划归罗庄区；2011年1月，郯城县所属黄山镇、褚墩镇划归罗庄区。其辖区加油站（点）随之划归罗庄区管理。

2013年，罗庄区有加油站（点）109家。其中，中石化9家，中石油6家，民营加油站94家。有从业人员574人。加油站（点）按镇、街道分布：罗庄街道13家、傅庄街道21家、盛庄街道23家、册山街道17家、高都街道18家、沂堂镇5家、褚墩镇7家、黄山镇5家。是年，全区成品油零售汽油7.9万吨、柴油11.3万吨。经营额最大的是中国石油化工股份有限公司山东临沂分公司第三十三加油站（2000年建站），实现成品油经营量1.3万吨。

第三节　烟草

经营体制

1995年5月15日，临沂市罗庄区烟草专卖局成立，并挂山东省烟草公司临沂市罗庄区公司牌子，为正科级政企合一单位。负责罗庄区烟草专卖市场管理、烤烟生产、卷烟销售。下设7个机关科室，1家烟站，6个卷烟批发部。1996年5月，更名为临沂市罗庄区烟草专卖局、山东将军烟草（临沂）有限公司罗庄分公司。1999年2月，更名为临沂市罗庄区烟草专卖局、山东烟草购销（集团）有限公司临沂市罗庄分公司。2000年10月，更名为临沂市罗庄区烟草专卖局、山东临沂烟草有限公司罗庄分公司。2005年8月，更名为临沂市罗庄区烟草专卖局、山东临沂烟草有限公司罗庄营销部。2012年1月，临沂泰山壹伍叁贰商贸物联有限公司罗庄分公司设立。至2013年，临沂市罗庄区烟草专卖局、山东临沂烟草有限公司罗庄营销部下设综合办公室、财务科、卷烟营销科、专卖监督管理科、法制科、内管派住组、专卖稽查大队和4个专卖稽查分队（所），2个稽查中队。有干部职工101人。

卷烟销售

1995年，罗庄区烟草专卖局下设罗庄、汤庄2个卷烟批发部，负责辖区内卷烟市场经营销售，全年销售卷烟5306箱。1996年起，卷烟销量、营业额和利润逐年增长。2000年，销售卷烟9938箱，销售额4676万元，两烟（烤烟、卷烟）利税177万元。2001年，卷烟销售实施“批零结盟”。2002年，转变经营机制，实行“大访销、大配送”。2003年，实行“城乡一体、全面访送分离、一库式配送”模式。2004年，实行电话访销。是年，卷烟销售额突破1亿元。2005年，实现销售额1.31亿元。“十一五”期间，销售卷烟9.34万箱，销售额11.69亿元，单箱均价从2006年8966.4元提高到2010年的1.64万元，实现利税2.43亿元，上缴各项税金6990万元。2011年，利税突破1亿元。2012年，单箱均价突破2万元。2013年，销售卷烟2.68万箱，销售额 6.58 亿元，单箱均价 2.46 万元。

专卖管理

1995 年，区烟草专卖局依照《中华人民共和国烟草专卖法》《中华人民共和国烟草专卖法实施条例》，查处涉烟违法案件 149 起，查扣非法卷烟 198 箱。1996 年起，涉烟案件数量逐年增加。1998 年，查处涉烟违法案件 547 起，查扣非法卷烟 59 箱。1999 年后，涉烟违法案件呈高发期。2000 年，查处涉烟违法案件 1443 起，查扣非法卷烟 72 箱。2001 年，查处涉烟违法案件 1680 起，查扣非法卷烟 53 箱。2002 年后，加大涉烟违法犯罪惩治力度，加强联合执法协作机制建设，建立规范烟草市场秩序联席会议制度，把烟草专卖工作纳入“平安罗庄建设检查考核体系”，惩治假冒卷烟违法行为力度加大。至 2010 年，全区涉烟案件明显减少。2011 年，开展烟草专卖社区化管理，创建无假冒卷烟、无走私卷烟、无渠道外卷烟、无串码卷烟、无无证经营、无非法批发卷烟“六无”社区、示范街。查处各类涉烟违法案件 233 起，查扣各类非法卷烟 52 箱。

2012 年，先后开展烟草市场联合整治飓风行动、惩治道路交通和物流环节涉烟违法犯罪活动和清理整顿无证经营等专项行动。全年查处各类涉烟违法案件 284 起，查扣各类非法卷烟 74 箱，总案值 151.04 万元，刑事拘留 5 人，逮捕 5 人，判刑 8 人。

2013 年，区烟草专卖局联合相关执法部门，开展惩治卷烟非法流通“雷霆”行动和中秋、国庆、元旦、春节期间烟草市场集中整治行动。查处各类涉烟违法案件 358 起，总案值 124.86 万元，罚没款 7.6 万元；查扣各类非法卷烟 80 箱，其中假冒卷烟 17 箱，烟丝 1.26 万千克；破获网络流通案件 23 起，移送案件 43 起，刑事拘留 9 人，逮捕 1 人，判刑 1 人。

第四节　药品

2008 年 12 月，全区有药店 63 家，从业人员 189 人，均为处方店，经营方式为单体零售。主要供应居民急需用药。销售中药饮片、中成药、化学制剂、抗生素制剂、生化药品（除疫苗）等 5 大类 1000 余个品种。

2009 年，辖区内药店逐渐增多。至 2013 年年底，全区有药店 116 家，从业人员 325 人。其中处方店 93 家，从业人员 279 人；非处方店 23 家，从业人员 46 人；经营方式均为零售。康源大药房在区内开设 4 家连锁店；临沂市天一医药公司在区内开设 2 家分支机构；临沂市仁华医药有限公司在区内开设 2 家分支机构。各连锁店和分支机构的药品供应由所属公司统一配送，其他药店药品由各医药批发公司供应。

第五章　集市贸易

第一节　集市

境内农村集市集日沿袭传统，按农历计算，五日一集，交错进行。1995 年，境内有农村集市 30 处，集贸市场交易额 1.7 亿元。同年，区政府提出“科学规划、多方筹资、社会筹建、工商统一管理”的要求，采取多种形式投资建设集贸市场，改善集市环境和条件，促进农村集贸市场繁荣。同时，还建设每日交易的集贸市场。万泉、湖西崖、十里坊等集贸市场通过搬迁升级，逐步建设成为大型农贸市场和专业批发市场，并进行公司化登记。至2013年，全区有农村集贸市场64处。

2013年罗庄区集贸市场情况表

表9-2

属地	集市名称	集期（农历）
罗庄街道	朱陈集	二、七
	朱张桥河北村集	一、六，三、八
	窑汪崖集	一、六
	朱家地集	三、八
盛庄街道	后盛庄集	二、七，四、九
	孟园集	三、八
	三岗店子集	一、六
	孙对河集	三、八
傅庄街道	傅庄集	二、七
	殷旦子集	三、八
	龙泉屯集	五、十
	窑北头集	三、八
	东三重集	一、六
	中店子集	四、九
	汤庄集	五、十
	车庄集	四、九
	丁庄集	二、七
高都街道	程庄集	二、七
	沈牌子集	四、九
	大塘崖集	三、八
	东高都集	一、六
	中坦集	四、九
	常旺集	五、十
	肖庄集	一、六
册山街道	册山集	四、九
	五寺庄集	一、六
	南头集	三、八
	唐沙沟集	二、七
	房沙沟集	三、八

续表 9-2

属地	集市名称	集期（农历）
册山街道	老沂庄集	二、七
	后村集	五、十
	新桥集	二、七
黄山镇	黄山镇集	三、八
	菊花屯集	三、八
	黄蒋史汪集	一、六
	峰山集	二、七
	木柞一村集	三、八
	安头集	五、十
	黄栗林集	二、七
	东蔡集	五、十
	西蔡集	一、六
	李官庄集	四、九
褚墩镇	褚墩镇集	一、六
	东埠庄集	二、七
	向阳新村集	五、十
	梁庄集	四、九
	兰山集	三、八
	碑住集	五、十
	卜庄集	四、九
沂堂镇	沂堂集	一、六
	迷龙集	二、七
	柳庄集	四、九
	台井集	四、九
	大兴屯集	五、十
	寨子集	三、八
罗西街道	岑石集	一、六
	东石埠集	三、八
	朱隆集	五、十
	磊石集	二、七
	黄土堰集	一、六
	满沟屯集	四、九
	涧沟崖集	五、十
	官庄集	五、十
	涧头集	四、九

第二节　庙会　物资交流会

境内古会、庙会大多集中在大集镇驻地和寺庙附近，每年一次或两次，会期有长有短，但大多在春、秋农闲季节举行，是世代流传下来的一种商品交易形式，集购物、休闲、娱乐于一体，具有上市人数多、上市品种多的特点，其规模较日常集市增加2倍。20世纪80年代，为其繁荣发展时期，特别是傅家庄、朱陈等春季和秋季物资交流大会，规模大、商品种类齐全。逢会前一两天，附近郯城、苍山、枣庄等县市及境内各乡镇的商户和厂家纷纷前来搭棚摆摊、销售商品，上市高峰人数日达2万余人。20世纪90年代后，随着农贸市场及各类专业市场的发展，大型综合商场、超市相继出现，其销售的商品种类繁多，基本满足居民的日常需求，物资交流会的参加人数、规模、交易量均有萎缩。至2013年，全区有庙会、物资交流会27处。其中，大型6处，中型7处，小型14处。

2013年罗庄区春秋物资交流（庙）会情况表

表9-3

物资交流（庙）会名称	逢会时间（农历）	会址所在地	经营范围	规模
朱陈会	二月初七 七月二十	罗庄街道朱陈村	农副产品、肉、服装、日用品、木料	大
朱张桥会	二月初六 七月十六	罗庄街道朱张桥村	农副产品、肉、服装、日用品	中
后盛庄会	三月二十五 十月二十五	盛庄街道后盛庄	农副产品、肉、服装、日用品	大
孙对河会	四月十五 十一月十五	盛庄街道孙对河村	农副产品、肉、服装、日用品	小
十里堡会	三月初八 十月初八	盛庄街道沂州路与沂河路交会处南	农副产品、肉、服装、日用品	小
傅庄会	二月十五 七月三十	傅庄街道傅庄东南村	木料、家具、服装、百货	大
窑北头会	二月初八 十月初八	傅庄街道窑北头村	木料、家具、服装、百货	中
赵庄会	九月二十八	傅庄街道赵庄	木料、家具、服装、百货	中
东三重会	七月十一	傅庄街道东三重村	木料、家具、服装、百货	中
东小车会	二月初四	傅庄街道东小车村	木料、家具、服装、百货	中
程庄会	三月初八 十月初八	高都街道程庄	农副产品、肉、服装、日用品	小
大毛坦庙会	三月初八 十一月初八	高都街道大毛坦村	农副产品、肉、服装、日用品	小
沈牌子会	正月初七	高都街道沈牌子村	农副产品、肉、服装、日用品	小
册山会	二月十九 十月十九	册山街道东册山村	农副产品、肉、服装、日用品	小

续表 9-3

物资交流（庙）会名称	逢会时间（农历）	会址所在地	经营范围	规模
南头会	三月初三 十月初三	册山街道南头村	农副产品、肉、服装、日用品	小
五寺庄会	三月十六 十月十六	册山街道五寺庄	农副产品、肉、服装、日用品	小
唐沙沟会	三月初二 十月初二	册山街道唐沙沟村	农副产品、肉、服装、日用品	小
新桥会	四月初二 十月十七	册山街道新桥村	农副产品、肉、服装、日用品	小
后村会	四月初五 十月初五	册山街道后村	农副产品、肉、服装、日用品	小
沂堂会	十一月十一	沂堂镇政府驻地	农副产品	小
黄山镇会	四月初八	黄山镇政府驻地	农副产品、肉、服装、日用品	大
褚墩镇会	十月二十一	褚墩镇政府驻地	农副产品、肉、服装、日用品	大
东石埠会	四月初四 十月初一	罗西街道东石埠村	农副产品、肉、服装、日用品	大
磊石会	二月十九 十一月初二	罗西街道磊石村	农副产品、肉、服装、日用品	中
涧沟崖会	二月初十 十月初十	罗西街道涧沟崖村	农副产品、肉、服装、日用品	小
崔庄会	三月十九	罗西街道崔庄	农副产品、肉、服装、日用品	中
涧头会	二月二十五 十月二十五	罗西街道涧头村	农副产品、肉、服装、日用品	小

第六章　服务业

第一节　住宿餐饮业

1995 年，全区有宾馆、饭店 67 家，从业人员 897 人。1999 年，全区有餐饮业经营点 135 个，从业人员 1010 人。宾馆、饭店等餐饮企业以个体为主。2000 年后，一批星级宾馆、高档饭店相继建成营业。至 2013 年，全区有三星级宾馆 2 家（三盟商务酒店、沂

图 9-8：华盛江泉城大酒店（2010 年 10 月　摄）

州府商务会馆），五星级宾馆1家（华盛江泉城大酒店），从业人员1831人，总营业面积15.5万平方米，客房1045间，床位1707个，餐位2777个。共有住宿和餐饮企业（个体）经营点489家，从业人员3912人。其中限额以上住宿和餐饮企业7家，营业额1.77亿元，从业人员1831人。

第二节　中介服务业

2000年3月，罗庄区第一家个体劳务中介服务机构——临沂市罗庄区科达信息服务部登记注册，地址在万泉商城内，求职者需缴纳一定的中介服务费，由中介机构负责推介安排工作。随着求职者的逐渐增多，求职类别也随之增多，中介服务行业业务范围逐渐扩展，涉及家政、房产、务工等多个行业，中介服务机构逐年递增。至2013年，全区有中介服务机构47家。其中，个体28家，企业19家。

第三节　新兴服务业

现代物流业

境内物流业起步于20世纪90年代。从2000年起，罗庄区制定落实物流发展税收优惠政策，加快现代流通项目建设，进行企业非核心业务剥离，推动现代物流业发展。境内现代物流企业演化为独立企业，有货物运输、物流配送、第三方物流、第四方物流等形式，业务涵盖货物流通、包装、仓储、配送等领域。全区物流企业产业关联度和带动效应较突出，涉及水路、公路、铁路、航空和管道五大运输方式，业务遍及全国各省市区。2013年，全区有物流企业86家，其中注册资金100万元以上的企业2家。有车辆7200辆，实现主营业收入21.6亿元。物流个体户1000家，货运车辆1100辆，实现主营业收入2.2亿元。

快递公司

区内快递业务始于20世纪90年代邮政EMS派件业务。2010年后，随着互联网和电子商务、网购业务的发展，快递业务与电子商务关联日益紧密，快递公司数量和业务量迅速增长，国内顺丰、中通、圆通、韵达等大型连锁快递企业均在区内设立分公司。2013年，全区有快递公司6家，网点2个，主营业收入824.6万元，派件611.42万件，发件424.66万件。

家政

区内家政服务公司出现较晚，部分居民聘请家庭保姆照看婴幼儿、陪护老人，主要依靠邻里介绍。2000年后，随着居民生活水平不断提高，家政服务需求量逐年增大，区内市属家政服务公司分公司设立，家政服务进入居民家庭。服务项目向家庭装潢、外墙清理、搬家服务等延伸，服务对象由居民家庭向企事业单位扩展，服务范围辐射城乡。家政从业人员大多是女性农民工，也有刚从职业学校毕业的中专学生，年龄大多在30～50岁，20～30岁家政人员占比小。2013年1月，暖阳家政服务有限公司注册成立，从业人员172人，有月嫂、保姆、婴儿护理、按摩催乳、专业发汗、接送学生、代做午饭、钟点工、保洁清洗等业务。

文印

1995年，部分机关事业单位和大中型企业设有文印室，主要为本单位服务。罗庄街道通达南路段有文印社，承担名片、条幅、绶带、标牌、警示牌、刻字制作业务和工程图纸打印、文件扫描、文件图纸设计制作业务。路边1间房屋、1台电脑、1台打印机、

1 台复印机、1 台扫描仪的文印社居多。2004 年，区内有文化传播公司出现，承揽展会搭建、喷绘写真、X 展架、易拉宝、户外广告牌、LED 显示牌、电子灯箱、广告灯箱、广告牌匾、标牌标识、展示展览、反光贴膜、展板展架、条幅彩旗、企业文化墙制作及雕刻字业务。2012 年，打印复印市场需求量萎缩，文印店转型增加冲洗照片、证件照、快速成像、彩色名片、卡证、不干胶业务。2013 年，区内有文印企业 2 家，个体商户 73 家。

第四节　其他服务业

理发

1995 年，全区有理发店 150 家，农村居民理发一般都是到集市或街道办事处、乡镇政府驻地。随着人们生活水平的不断提高，对理发店的服务水平要求逐步提高，各街道办事处、镇政府驻地理发店和区政府驻地理发店的业务范围逐渐扩大，除一般的理发外，还开设女士染发、烫发、拉直板等业务。街道、集市理发摊点逐渐增多，繁华商业街区、居民生活小区、村庄私人开设的个体美容美发店增多，传统刮须刀被一次性剃须用具取代。除小分头、小平头、大背头之外，还能理出个性独特的发型。2013 年，区内有理发企业 15 家，个体理发商户 370 家。

洗浴

1995 年，区内有洗浴机构 13 家，从业人员 65 人，一些大中型企业建有内部浴池，供职工使用。个别条件好的单位建有温、热水池。随着外来务工人员增多，为群众服务的大众浴池也相应增多，且洗浴档次不断提高。2000 年，有桑拿浴场所出现，服务项目由单一的洗澡扩大为洗澡、桑拿、按摩、美容、足浴等。2010 年后，标准不一的汗蒸馆、会馆出现在繁华街区和社区居民楼单元房。2013 年，全区有洗浴企业 4 家，个体洗浴商户 22 家。

摄影

1995 年，区内摄影以单纯的照相业务为主，农村居民照相一般都到乡镇政府驻地或城区照相馆，也有摄影技术人员带着照相机走村串巷经营照相的，照相业务有个人标准照、全家福、同学照、朋友照和集体照等，一般 7 天后提取照片，提前提取，需交纳加快费。使用的胶卷一般有进口柯达、富士彩色胶卷，国产品牌有乐凯彩色胶卷。2000 年，区内婚纱摄影、儿童摄影、婚姻庆典摄像业兴起，新郎新娘委托婚庆公司录制婚礼影像，制作成录像带留念。同年，摄影开始使用数码相机、数码洗相。2013 年，全区有摄影企业 9 家，个体摄影商户 53 家；有影像摄影、儿童动漫摄影、亲子摄影、婚纱摄影、艺术摄影等服务项目。

第十编 开放开发

Part 10: Opening-up and Development

罗庄人民欢迎您（2013 年 戴尊收摄）

2010年罗庄区招商引资重点项目签约仪式（区招商局供稿）

1995年起，罗庄区实施对外开放战略，制定各种招商引资、发展外向型经济的优惠政策，优化投资软硬环境，加大招商引资、对外及港澳台贸易工作力度。1998年后，罗庄区把招商引资工作纳入单位考核目标，不断调整招商引资工作重点，加大考核力度，逐步形成“大开放、大招商、大发展”的工作格局。2002年起，罗庄区把工业园区建设作为调整产业布局、增强工业发展后劲，推动新型工业化进程的重大战略举措。同年始，建设罗庄工业园、江泉工业园。2010年10月，临沂罗庄循环经济示范区设立。2012年，山东国际科技模具产业园兴建。2013年，全区有外资及港澳台投资企业35家，有自营出口获权企业343家，出口商品涉及钢铁制造、纺织服装、日用陶瓷、化工制造、园林机械、护理用品等，远销20余个国家和地区。实现出口创汇3.77亿美元，进口21.91亿美元，完成境外投资总额8020万美元。

第一章　招商引资

第一节　机构

2001年8月，罗庄区招商局成立，为副科级事业单位，隶属区对外经济贸易委员会。2002年1月，区招商局升格为正科级事业单位。2010年6月，区招商局从区对外贸易经济合作局析出，调整为区政府直属正科级事业单位。内设办公室、人事科、信息科、网络招商科、招商联络科、统计考核科等6个科室。编制10人。至2013年，机构无变动。

第二节　政策环境

1995年，罗庄区实施开放带动战略，把招商引资作为经济工作的根本来抓，制定优惠政策，在硬环境建设上，进一步改善交通、邮电、通信等基础条件；在软环境建设上，对投资者到罗庄兴业，从经营方式、开办手续、土地征用、配套服务、审批制度、税收、奖励及应聘人员待遇等方面，制定优惠政策和奖励政策；同时提高广大干部群众的文明程度，保持社会稳定，依法维护投资者的合法权益，给投资企业提供全方位优质服务。1997年，区对外经济贸易委员会新上国际互联网系统，向全区推荐合资、合作项目100余条经贸信息。1998年，区委、区政府把招商引资工作纳入区直各单位，乡镇年度考核目标，成立招商引资工作领导小组，实行全员招商，在全区构建“人人都是投资环境，事事关系招商引资”的工作格局。2000年9月25日，区委、区政府印发《关于优化经济环境、搞好服务、加快发展的意见》，对招商引资项目审批服务工作提出明确要求，成立区招商引资服务办公室（简称区招商办），设在区工商局，对外来、新上投资项目审批，实行“一站式”服务，由区招商办牵头，组织有关部门每周2次在区招商办联合办公，其审批手续凡能够当场办理的，当场办理；凡不能当场办理的，受理部门指定专人负责，限时办理。同年12月14日，区委、区政府制定实施《罗庄区招商引资优惠政策》。2001

年4月19日，区委、区政府制定《关于改善投资环境、扩大招商引资的若干规定》，从优惠政策、优化投资环境、提高办事效益、奖励政策、实行招商引资责任制5个方面，进一步作出具体规定。其中优惠政策有4条。

第一条　凡在罗庄区设有实业的区外单位和个人（简称外来投资者）在罗庄行政区域内投资新建的在地方缴纳流转税和所得税的企业，以及投资建设的公益性项目，除享受国家和省、市规定的有关优惠政策外，同时享受本优惠政策。

第二条　税收奖励政策。

1. 新办工业、商业、服务业、娱乐业等项目，自投产起，3年内按所缴纳流转税地方留成部分的50%给予奖励。认定为国家高新技术项目的，3年内给予全额奖励。

2. 新办工业、商业、服务业、娱乐业等项目，自投产之日起，前2年按所缴纳所得税额的100%给予奖励，后3年按50%奖励。

3. 新办年营业额在500万元以上的贸易型企业，自开业之日起，3年内各按所缴纳所得税和流转税地方留成部分的50%给予奖励。

4. 到本区开发建设工业标准厂房，建成5年内出售的，按所缴纳土地增值税的50%给予奖励。

5. 投资建设的专业批发市场投用后，3年内按投建单位经营缴纳的所得税、营业税的100%给予奖励。

6. 投资电力、水利、公路、桥梁和城市建设等基础设施项目，经营期在15年以上的，自投用之日起，3年内按所缴纳所得税的100%给予奖励。

7. 投资从事农、林、牧、渔业，且实际投资额在50万元以上的，5年内按所缴纳农业特产税的100%给予奖励。

8. 新办项目涉及个人所得税，自开业之日起，5年内按所缴纳所得税的100%给予奖励。

9. 对外来投资者新办企业，其项目或产品属省级以上认定的高新技术项目或产品的，由财政从每年安排的高新技术创业资金中优先给予贷款贴息。

10. 税收奖励政策的兑现，按照“谁受益、谁奖励”的原则，税收归口区财政的，由区财政兑现。税收归乡镇、街道财政的，由受益乡镇、街道兑现奖励。

第三条　收费优惠政策。

1. 投资新建项目，在申办、注册过程中，只收取与注册登记有关的费用和相关工本费。

2. 投资新建项目，自投产之日起，3年内国家、省和市规定的收费项目按下限征收，凡收入归区财政和部门的全部免缴。

第四条　建设用地优惠政策。

1. 新建项目用地，实行土地使用权出让或租赁两种形式。土地使用权出让最高年限为：商业、旅游、娱乐业用地40年；工业、工业综合用地，科技、教育、文化、卫生、体育用地50年；居住用地70年。在出让期内，使用者有权转让、出租、抵押或由合法继承人继承。土地租赁期限最长为30年，租赁期内可以转让、转租、抵押，期满后，使用者可优先续租或受让。

2 外商投资项目的土地供应及地价政策。由区政府集中征用部分土地，作为外商投资项目的周转用地，实行“先征——后售——回收投资——再征周转”的办法。对经区政府批准的园区建设用地，其土地价格除对农民补偿、上交市、省和国家的之外，区政府的土地出让金可适当优惠。

3. 对外来投资兴办一般加工业和三产项目使用存量土地建设的，根据投资额度的大小，土地出让金归区部分按比例先缴后返；

投资50万元～500万元的返还50%，500万元以上的返还60%。对经省级以上认定的高新技术项目，土地出让金归区部分全部予以返还。对外商参与旧城改造和房地产开发建设的项目，土地出让金地方留成部分按50%返还。

4. 对外来投资者使用的增量土地，新增建设用地有偿使用费地方留成部分按50%返还。对外商投资项目当年立项、当年投资、当年建成的，地价优惠10%。

2003年4月，区委、区政府印发《罗庄区招商引资考核办法》，对投资50万元～500万元的项目按项目归属和区政府领导成员分工，实行联合审批制。坚持“限时办结、低限收费”，审批项目公开。2005年，对重点投资项目，特别是投资超过3000万元以上的项目，实行“一个重点项目，一位区级领导包扶，一个责任部门，一套服务班子”包扶制度。将招商引资工作重点转向鼓励引进大项目、外资项目和高新技术项目，鼓励引导符合市、区产业规划的各类招商引资项目向罗庄工业园和重点片区聚集，推进产业园区发展。2008年8月28日，区委、区政府印发《关于进一步推进招商引资工作的意见》，要求把招商引资工作作为经济发展的重中之重，深入推进招商引资工作，营造全民招商、全民创业新格局，全面提升招商引资工作质量和水平，实现大项目重点突破。2010年6月，区委、区政府修订完善《罗庄区招商引资奖惩和考核办法》，实行区级领导包项目责任制和大项目集中签约，加大对签约项目的推进、调度、管理力度；区政府定期召开重点项目进展调度会，帮助投资者解决遇到的困难和问题。在推进机制上实施“四个一”，即一个项目、一位领导、一套班子、一抓到底。2011年，罗庄区以招商引资为主抓手，大力开展“重点项目突破年”活动。2012年2月26日，区委、区政府制定《关于进一步加强招商引资工作的意见》，加大技术含量高、外向型大项目招商引资力度，提高利用外资规模。

图10-1：全区召开外经外贸招商引资暨解放思想大讨论会议（2006年3月　摄）

第三节　招商活动和成果

1995年，罗庄区招商活动采取政府招商与企业招商相结合、境内招商与境外招商相结合，积极参加国家、省、市组织的有关招商活动。通过组织参加各种洽谈会、推介会及联谊会，采取走出去、请进来的办法，把罗庄推向外界，让外界了解罗庄；发挥港澳台同胞、侨眷、侨属作用，吸收其亲朋好友到罗庄洽谈投资，以侨引商；办好已有外商及港澳台商投资企业，以外招外，以商引商；区、乡、企三级启动，一、二、三产业齐上，

图 10-2：区内企业与国外企业合作签字仪式（2010 年 3 月　摄）

大、中、小项目并举。1996 年 3 月，区政府组团参加 1996 年中国青岛对外经济贸易洽谈会，推出 29 个招商引资项目和 22 个主要出口产品，12 家企业参展，展出产品 30 个，其间，区代表团举办“罗庄区经贸合作恳谈会”，有 16 家外国公司 22 名外商应邀参加恳谈会，签订项目合作合同、协议 3 项，协议利用外资 860 万美元，签订贸易合同 6 项，成交合同额 360 万美元和 156 万元人民币。

1998 年 9 月 8 日，区政府组团参加中国厦门投资贸易洽谈会并达成合作协议 1 项，签约合资合作意向 3 项，协议利用外资额 246 万美元。2002 年，引进区外资金 32 亿元，实际到位资金 10 亿元，分别完成年度计划 290.9% 和 125%。2003 年，引进境外投资项目 123 个，合同利用区外资金 33 亿元，实际到位 15.6 亿元，分别同比增长 76% 和 80%。其中引进市外资金项目 60 个，合同利用市外资金 28 亿元，实际到位 11 亿元，分别同比增长 84% 和 79%。2004 年，引进区外投资项目 55 个，合同利用区外资金 13 亿元，实际到位区外资金 11 亿元，完成年度计划的 95.7%，同比增长 22.4%。

2009 年 1 月 10 日，罗庄区举行招商引资重点项目集中签约仪式，签约大项目 16 个，总投资 78.3 亿元。同年 4 月 22 日，区政府组团参加中国临沂（苏州）招商引资洽谈会，会上签约招商项目 5 个。2012 年，区政府组团参加临沂（杭州）招商引资洽谈会、临沂（北京）招商引资推介会、鲁港经贸合作洽谈会、临博会招商引资推介会等专题招商推介活动。会上签约项目 9 个，签约金额 108.5 亿元，达成 43 个招商意向。

2013 年，区政府组团参加临沂（广州）招商引资洽谈会。会上签约项目 4 个，签约金额 40 亿元。同年年底，实际到位区外资金项目 38 个，实际利用区外资金 37.96 亿元。

图 10-3：2009 年罗庄区荣获“新中国 60 年最具投资价值区”称号

第二章　对外及港澳台经济贸易

第一节　机构

1995 年 2 月，区对外经济贸易委员会成立（简称区外经委），为正科级行政单位。内设办公室、经贸科、外商投资服务中心（股级事业单位）。1998 年 11 月，区国际商会（挂区贸易促进委员会牌子）设立，为正科级事业单位，隶属区外经委。1999 年 9 月，区外商投资服务中心设立，为副科级事业单位，隶属区外经委。2002 年 1 月，区外经委改称区对外贸易经济合作局。2010 年 10 月，改称区商务局。

第二节　利用外资及港澳台资

1984 年 12 月，境内罗庄镇的临沂联合毛纺有限公司成立，为全省纺织行业和临沂地区第一家与中国香港合资企业。1988 年，罗庄镇临沂新光纺织有限公司、山东沂德冶炼有限公司、临沂罗德玛钢有限公司 3 家中外合资企业成立。1992 年，邓小平南巡讲话发表后，境内利用外资及港澳台资出现前所未有好局面。至 1994 年年底，境内已建和在建“三资”企业 40 家。1995 年，罗庄区坚持全方位对外开放，实施开放带动战略，强化投资软硬环境建设，加大招商引资工作力度，努力提高利用外资及港澳台资水平，外向型经济快速发展。全区批准外资及港澳台资企业 11 家，合同利用外资及港澳台资 3145.9 万美元，实际利用外资及港澳台资 960 万美元，利用外资及港澳台资额居全市各县区之首，外资及港澳台资企业发展至 51 家。1996—1997 年，批准外资及港澳台资企业 18 家，合同利用外资及港澳台资 1989.7 万美元，实际利用外资及港澳台资 1068 万美元，涉及五金、食品、陶瓷等行业。

1998 年起，随着改革开放步伐加快，投资软硬环境不断优化，罗庄区利用外资及港澳台资水平、质量明显提高。至 2004 年年底，累计审批外资及港澳台资企业 59 家（已终止运营企业 11 家），合同利用外资及港澳台资 4.2 亿美元，实际利用外资及港澳台资 2.43 亿美元。其中 2004 年，批办外资及港澳台资企业 6 家，实际利用外资及港澳台资 1.07 亿元，创历史新高。

2005 年后，外资及港澳台资企业项目向高、精、尖方向拓展。是年，临沂市耐火材料厂与世界 500 强企业法国圣戈班合资成立临沂圣戈班耐火材料有限公司。至 2007 年，累计批办外资及港澳台资企业 37 家，实际利用外资及港澳台资 2.96 亿元，涉及食品、木材、日用陶瓷、医药化工、柳编制品、纺织服装等项目。外资主要来自法国、日本、西班牙、意大利、新加坡等国家的企业。2008 年后，外资及港澳台投资放缓。至 2012 年，全区累计批办外资及港澳台资 11 家，实际利用外资及港澳台资 1.42 亿元。2013 年，全区新批外资及港澳台资企业 3 家，实际利用外资及港澳台资 1692 万美元。外资主要来自英国、新加坡等国家。

1995—2013 年，罗庄区批办外资及港澳台资企业139家，实际利用外资及港澳台资7.18亿元。2013年年底，区内有外资及港澳台资企业78家，能正常运营企业35家。其中，合资企业24家，独资企业11家。

1995—2013年罗庄区利用外资及港澳台资情况表

表10-1

年份	批准成立外资和港澳台资企业数（家）	实际利用外资和港澳台资（万美元）	年份	批准成立外资和港澳台资企业数（家）	实际利用外资和港澳台资（万美元）
1995	11	960	2005	11	10000
1996	10	668	2006	19	8200
1997	8	400	2007	7	11360
1998	13	420	2008	2	3565
1999	9	378	2009	3	6510
2000	12	927	2010	2	1497
2001	6	1521	2011	1	2261
2002	5	3388	2012	3	356
2003	8	7013	2013	3	1692
2004	6	10693			

第三节　海外办企业

2005年，区内企业先后有山东海宇集团、华盛江泉集团、新光集团、诚谊家居、临矿集团等企业走出国门，开拓国际市场，在境外设立企业。至2013年，全区在境外投资企业35家，涉及南非、加纳、美国、蒙古、澳大利亚等20余个国家。投资范围主要包括纺织业、造纸和纸制品业、房地产业、煤炭开采和洗选业等，累计投资额4.73亿美元。

2005—2013年罗庄区对外投资企业情况表

表10-2

境内主题名称	境外企业名称	境外企业经营范围	所在国家／地区	投资额（万美元）	国内派出人数（人）	备案时间	备注
山东海宇集团有限公司	海创（尼日利亚）经贸有限公司	主营各种轮胎，兼营纺织、服装制品	尼日利亚／拉各斯州	20	\	2005-04-19	撤销
山东江泉实业股份有限公司	江泉实业（多伦多）有限公司	日用陶瓷、建筑陶瓷、木制品、日用品等商品进口贸易	加拿大／安大略省	50	\	2005-06-15	暂停经营
山东江泉实业股份有限公司	远东贸易有限公司	日用陶瓷、建筑陶瓷、木制品、日用品等产品销售	摩洛哥／卡萨布兰卡	30	\	2005-06-23	暂停经营
山东江泉实业股份有限公司	江泉国际贸易有限公司	自产日用陶瓷、建筑陶瓷、木制品、日用品等产品销售	俄罗斯联邦／莫斯科	30	2	2005-06-27	正常经营
山东江泉实业股份有限公司	江泉国际贸易（泰国）有限公司	日用陶瓷、建筑陶瓷、木制品、日用品等产品销售	泰国／曼谷	20	\	2005-07-27	暂停经营

续表 10-2

境内主题名称	境外企业名称	境外企业经营范围	所在国家、地区	投资额（万美元）	国内派出人数（人）	备案时间	备注
山东新光股份有限公司	新光（柬埔寨）织造有限公司	牛仔面料生产和销售	柬埔寨／西哈努克	1440	\	2006-02-13	撤销
山东江泉实业股份有限公司	江泉欧洲公司	日用陶瓷、建筑陶瓷、木制品、日用品等商品进出口贸易	西班牙／马德里	40	\	2006-03-29	暂停经营
临沂诚谊家用纺织品有限公司	诚谊（美国）贸易有限公司	纺织、服装、工艺品等商品进出口	美国／纽约州	30	\	2006-07-28	暂停经营
临沂诚谊家用纺织品有限公司	诚谊（阿联酋）贸易有限公司	纺织、服装、工艺品等进出口	阿拉伯联合酋长国／迪拜	20	\	2006-07-12	暂停经营
临沂诚谊家用纺织品有限公司	诚谊（英国）贸易有限公司	进出口贸易	英国／伦敦	30	\	2006-08-11	暂停经营
临沂诚谊家用纺织品有限公司	诚谊（南非）有限公司	生产绗缝、机绣、服装、鞋、纺织工艺品；销售自产产品	南非共和国／德班市	400	\	2007-10-17	暂停经营
临沂诚谊家用纺织品有限公司	诚谊（澳大利亚）贸易有限公司	进出口贸易	澳大利亚／维多利亚州	50	\	2007-12-07	暂停经营
山东新光股份有限公司	山东新光（南非）开发投资管理有限公司	山东新光（南非）纺织工业园规划、投资、建设、招商	南非共和国／德班市	1653.7	\	2007-11-22	正常经营
临沂诚谊家用纺织品有限公司	诚谊（丹麦）贸易有限公司	纺织、服装、鞋、家居用品进出口贸易	丹麦／哥本哈根	50	\	2008-02-22	暂停经营
华盛江泉集团有限公司	江泉国际公司	农业种植、农副产品生产、加工、销售	赞比亚／卢萨卡	620	\	2008-12-12	暂停经营
华盛江泉集团有限公司	古木哇造纸有限公司	纸制品生产、加工、销售	加纳／阿克拉	4180	\	2009-08-19	正常经营
华盛江泉集团有限公司	隆盛有限责任公司	陶瓷、胶合板、木制品等建材产品销售	俄罗斯联邦／滨海边疆区	1200	10	2010-03-22	正常经营
山东银东铝业有限公司	银安铝业（安哥拉）有限公司	铝型材生产销售、门窗加工、铝锭销售及其他货物技术进出口	安哥拉／罗安达省	2029	\	2010-12-15	暂停经营
华盛江泉集团有限公司	特马纸业有限公司	纸制品生产、加工、销售	加纳／阿克拉	115	15	2011-09-23	正常经营
华盛江泉集团有限公司	江泉有限责任公司	自产日用陶瓷、胶合板、木制品、建筑陶瓷、日用品等产品销售	俄罗斯联邦鄂木斯克州	1600	10	2011-09-23	正常经营
华盛江泉集团有限公司	非洲 P. E. T 有限公司	自产日用陶瓷、农副产品胶合板、木制品等产品销售	坦桑尼亚／达累斯萨拉姆	2090	20	2011-09-23	正常经营
山东新光股份有限公司	格林威尔国际有限公司	从事各类毛毯生产和销售	南非共和国／德班市	699.7	15	2012-07-26	正常经营
华盛江泉集团有限公司	JQ 包装（加纳）有限公司	包装纸制品及材料生产、加工、销售及相关轻工业产品制造	加纳／阿克拉	2980	15	2012-10-26	正常经营

续表 10-2

境内主题名称	境外企业名称	境外企业经营范围	所在国家、地区	投资额（万美元）	国内派出人数（人）	备案时间	备注
临沂矿业集团有限责任公司	山东能源（澳大利亚）有限公司	矿业生产、经营和物流服务，矿产资源勘探、开采及洗选加工	澳大利亚 / 新南威尔士	21280	3	2012-08-30	正常经营
华盛江泉集团有限公司	江泉海外（印尼）有限公司	铁矿石、海矿砂开采、深加工，钢铁产品生产加工和销售	印度尼西亚 / 东爪哇	2980	\	2013-06-26	正常经营
华盛江泉集团有限公司	HS 贸易有限公司	自产日用陶瓷、建筑陶瓷、木制品、日用品等产品销售	阿拉伯联合酋长国 / 沙迦	1580	9	2013-10-11	正常经营
华盛江泉集团有限公司	华盛澳大利亚有限公司	日用陶瓷、建筑陶瓷、木制品、日用品销售等	澳大利亚 / 新南威尔士	5682	60	2013-12-20	正常经营

第四节　进出口贸易

1995 年起，罗庄区全面扩大对外开放，不断拓展对外联络渠道，多元化开拓国际市场，把华盛江泉集团、新光集团、华盛中天等一批有出口潜力的企业推向国际市场，让一批中小企业走出国门，深度开发欧美、日韩等传统市场，大力拓展中东、非洲、俄罗斯及西欧、东盟、拉美等新兴市场；加强出口商品基地建设，建立工贸、农贸，技贸共同体，壮大出口实力，优化商品出口结构，重点加强以陶瓷、建材、水泥、纺织品、铸件等为主的工业品和以畜禽、蔬菜、果品加工为主的农产品出口。进入 21 世纪后，积极引进机电产业和高新技术产品项目，提升机电产品出口竞争力，扩大出口规模，促进外向型经济快速发展。2008 年 4 月 8 日，区委、区政府制定《关于突出重点全方位高水平扩大对外开放的意见》《关于加强外经外贸、招商引资工作若干规定》，大力发展加工贸易，推动外经外贸方式转变，把全区外向型经济提高一个新水平。至 2013 年，全区实现进出口总额 25.68 亿美元。其中，进口额 21.91 亿美元，是 2000 年的 49.8 倍；出口额 3.77 亿美元，是 1995 年的 22.18 倍，年均增长 18.79%。1995—2013 年，全区出口累计 29.82 亿美元；2000—2013 年，全区进口累计 69.93 亿美元。

出口贸易

1995 年，全区完成出口交货额 3.15 亿元，自营出口创汇 1700 万美元。1996 年，完成交货额 3.3 亿元，同比增长 4.76%；自营出口创汇 2505.8 万美元，同比增长 47.4%。1997 年，完成自营出口创汇 3050 万美元，同比增长 21.72%。1998—1999 年，受亚洲金融危机影响，全区对外贸易连续出现下滑，1999 年，自营出口创汇 2450 万美元。

2001 年，中国加入世贸组织后，外贸经营权放开，企业从事进出口贸易的条件逐步放宽，贸易主体逐年增多，罗庄区对外贸易进入高速发展阶段，2004 年，全区自营出口 1.6 亿美元，同比增长 68.76%，首次突破 1 亿美元。2005 年，自营出口创汇 2.07 亿美元。2006 年后，世界经济出现波折，区内外贸企业坚持市场多元化，调整产品结构，积极开拓新兴发展中国家市场，出口贸易额保持平稳增长。2011 年，全区自营出口 3.46 亿美元，首次突破3亿美元。2013年，全区自营出口3.77亿美元，同比增长4.0%。山东华盛农业药械有限公司、山东银凤股份有限公司、临沂新光毛毯有限公司、山东华盛对外贸易有限公司、山东诚谊家居有限公司、临沂三泽木业有限公司、临沂宝泉实业有限公司等企业，年出口额均超过500万美元。

1995—2013年罗庄区出口贸易情况表

表10-3

年份	出口额		年份	出口额		年份	出口额	
	总额（万美元）	增幅（%）		总额（万美元）	增幅（%）		总额（万美元）	增幅（%）
1995	1700	—	2002	6059	82.39	2009	18986	-32.31
1996	2506	47.41	2003	9497	56.74	2010	26039	37.15
1997	3050	21.71	2004	16027	68.76	2011	34571	32.77
1998	2610	-14.43	2005	20734	29.37	2012	36265	4.90
1999	2450	-6.13	2006	20116	-2.98	2013	37704	3.97
2000	2500	2.04	2007	25985	29.18			
2001	3322	32.88	2008	28047	7.94			

说明：出口额1995—1999年为出口创汇额，2000—2013年为出口额

进口贸易

2000年，全区进口商品额4360万元（之前未纳入统计）。此后，进口贸易保持平稳持续发展。2006年，进口贸易额9829万美元，比1995年增长125.44%。2007年，全区进口贸易额2.46亿美元，同比增长145.0%，进口商品突破2亿美元。2008年后，进口贸易进入高速发展阶段。2010年，全区进口贸易额11.34亿美元，比2007年增长361.62%，进口商品突破10亿美元。2013年，区内企业进口贸易额创历史新高，总量21.91亿美元。

进口商品主要是铁矿石、大豆、化工原料、木材等。进口商品企业主要有山东山威集团有限公司、临沂江鑫钢铁有限公司、临沂盛泉油脂化工有限公司、临沂奥星化工有限公司等大型企业。

2002—2013年罗庄区进口贸易情况表

表10-4

年份	进口额		年份	进口额		年份	进口额	
	总额（万美元）	增幅（%）		总额（万美元）	增幅（%）		总额（万美元）	增幅（%）
2000	4360	—	2005	5640	24.34	2010	68621	79.13
2001	6433	47.55	2006	9829	74.27	2011	113434	65.31
2002	4867	-24.34	2007	24573	150.0	2012	152025	34.02
2003	4207	-13.56	2008	43382	76.54	2013	219072	44.10
2004	4536	7.82	2009	38309	-11.69			

第五节　自营出口获权企业

1995年，山东沂州水泥集团总公司办理对外贸易经营者备案，为区内第一家出口获权企业。1996年，山东新光实业集团有限公司获得进出口权。此后，自营出口获权企业数量快速增长，至2005年，全区出口获权企业累计106家。2013年，全区出口获权企业累计达到343家。

1995—2013年罗庄区出口获权企业情况表

表10-5　　单位：家

年份	新增获权企业	累计获权企业	年份	新增获权企业	累计获权企业	年份	新增获权企业	累计获权企业
1995	1	1	2002	10	27	2009	25	217
1996	1	2	2003	29	56	2010	27	244
1997	1	3	2004	31	87	2011	31	275
1998	2	5	2005	19	106	2012	34	309
1999	3	8	2006	35	141	2013	34	343
2000	4	12	2007	31	172			
2001	5	17	2008	20	192			

第三章　园区开发

第一节　临沂高新技术开发区罗庄工业园

区域规划和产业规划

2002年5月，临沂高新技术开发区罗庄工业园管理委员会成立，在罗庄中心区北部设立临沂高新技术开发区罗庄工业园（简称罗庄工业园）。东至蒙山大道，南至沂河路，西至郭苑路，北至化武路，规划面积9.69平方千米，先期重点规划发展起步区，东至罗六路，南至沂河路，西至206国道，北至化武路，面积2.3平方千米。2006年，实施西扩工程，起步区规划范围向西延伸至龙头沟，规划面积增至4平方千米。依据总体发展规划，自东向西规划为商贸区、机械制造区，仓储区。2008年，优化产业布局，依托久泰能源集团等企业，经市政府批复东至罗八路，南至沂河路，西至龙头沟，北至化武路区域为化工区。

基础设施建设

2002年，按照“高起点规划、高标准建设、多功能配套”的要求，规划“四纵三横”交通路网，当年完成罗七路（沂河路—金七路）、罗八路（沂河路—金七路）首期建设工程。2003年，修建罗六路（金八路—金七路），启动工业园二期路网、一期路网绿化亮化、金七路绿化隔离带和园区供水、排水、污水、供热、供气、电力、通讯等基础设施建设工程。2006年，实施三期路网工程，包括金七路西段、金八路西段，并对“西扩”范围内高压线进行全面改造，同年10月20日，竣工送电。2008年，园区道路保洁、绿化养护实行市场化管理。至2013年，累计完成园区公共基础设施投资1亿元。

项目引进

罗庄区工业园管委会始终把招商引资作为园区发展的主线，按照功能区划与产业定位，重点引进科技含量高、辐射带动强、税收贡献大的项目。2002年，引进临沂青汽车辆制造有限公司、山东金湖科技股份有限公司、山东圣威能源有限公司、楚达化工有限公司、本元贸易有限公司、临沂照华发动机配件厂、山东广发生物科技有限公司。2003年，山东久泰化工科技股份有限公司一期年产3万吨二甲醚工程建成投产，二期年产10万吨二甲醚项目启动，山东金湖科技股份有限公司一期橡胶轮胎生产线建成投产，临沂华盛药械集团完成搬迁并正式投产，引进工业园区第一家中外合资企业——安恒工艺品有限公司。2004年，山东久泰化工科技有限公司、临沂青汽车辆制造有限公司、山东照华机械有限公司、临沂晶鑫纺织有限公司、临沂裕鑫纺织有限公司7家企业建成投产，在建、续建项目累计11个。2005年，临沂金翠兽药有限公司、临沂市交通局检测中心项目签订入园协议。2007年，山东久新能源科技股份有限公司建成运营、山东银东铝业有限公司试产运行。2008年，山东华盛中天机械集团有限公司年产30万台园林机械项目经省发改委立项，并报省经贸委备案。2009年，临沂美鑫管业2条生产线投产、山东红日管业科技有限公司年产6万米聚乙烯钢带增强螺旋波纹管项目竣工投产。2010年，山东东都食品有限公司、临沂圣得利商贸有限公司奠基并启动项目建设，临沂美鑫钢管材料市场有限公司、山东鑫康包装有限公司、临沂市兴堂纸业有限公司、青年印刷包装有限公司建成运营，山东晶鑫无纺布制品有限公司完成技术改造并投产。2011年，临沂美尔包装有限公司、临沂市国宏经贸有限公司建成投产。2012年，山东格兰德新材料科技有限公司一期涤纶长丝项目投入使用。2013年，山东兴泰机械装备工程有限责任公司、山东格兰德新材料科技有限公司二期水刺无纺布项目、临沂美驰机械加工有限公司建成投产。2002—2013年，共引进新能源、机械制造、精细化工、纺织、医药、建材、食品等类工业项目企业38家，完成固定资产投资70亿元，实现工业产值331亿元，创利税33.7亿元，进出口7.8亿美元。

科技创新

2002年起，罗庄工业园大力实施科技兴园战略，采取自主研发、“产、学、研”相结合等方式，鼓励企业实施科技创新，至2013年，拥有国家级高新技术企业1家，国家级博士后工作流动站1家，省级高新技术企业3家，自主知识产权企业4家。山东久泰化工科技股份有限公司与新加坡东盛资本有限公司签约并成功上市，与山东理工大学对接合作，对提氢系统改造、造气炉制惰管路改造等10余项目进行改造提升，年节约资金1200余万元，“液相法复合酸脱水催化生产二甲醚”项目被列为国家火炬计划项目，获中国国际专利与名牌博览会金奖、特别金奖，被科技部认定为国家级高新技术企业；山东金湖科技股份有限公司通过ISO9001：2000认证，被省科技厅认定为省级高新技术企业；山东华盛中天“泰山牌”获山东名牌、“华盛泰山”商标获中国驰名商标，被评为国家级认定企业技术中心、山东省创新型试点企、首批山东省工业设计中心、省级高新技术企业等；山东圣威新能源有限公司研发的纯无烟再节能旋流燃烧第三代无烟尘锅炉填补国内同行业空白，并获中国国际专利和名牌博览会金奖，被认定为省级技术研发中心。2009年，罗庄工业园被命名为山东省知识产权园区。

工业园管理

2002年5月，罗庄工业园管理委员会成立，为正科级事业单位，为区政府派出常设管理机构，在区委、区政府领导下开展工作，负责工业园内招商、开发、经营、管理和服务工作。同年9月，建立管委会“四部一室”（副科级）工作机构，即办公室、招商部、规划建设部、项目推进部和财务部。编制15人。2005年，临沂市政府批准将罗庄工业园与临沂高新技术产业开发区合并（区块2）。2006年，经山东省政府批准与临沂高新技术产业开发区合并为省级开发区，更名为山东临沂高新技术产业园区（区块2），同时被列入《中国开发区审核公告目录》。2013年9月，罗庄工业园招商、开发、经营、管理、服务职能移交盛庄街道办事处，保留园区公共基础设施管理职能，主要服务罗庄商城发展。

第二节　临沂罗庄循环经济示范区

示范区规划

2009年11月，经临沂市政府批准临沂罗庄循环经济示范区成立。位于罗庄中心区南部，东至临册路、南至褚黄路、西至燕子河、北至南外环路，区域涉及罗庄、傅庄、册山、褚墩等镇、街道。规划面积160平方千米，其中起步区（通达南路与206国道之间，南至汤苍路、北至南外环路）规划面积14平方千米。示范区定位为以焦化、钢铁、冶金、建材行业为主，构建四大循环产业链条，以新材料、新能源、新医药和环保节能型产业为主，构建四大新兴产业体系，打造成临沂市建设“两型”（资源节约型、环境友好型）社会重点功能示范区。

基础设施建设

2010年起，按照区委、区政府总体部署，加快示范区基础设施建设，打造示范区良好投资环境。至2014年年底，在起步区内投资1.4亿元，完成对银杏路、彭庄路、三元路、工业北路、樱花路、芙蓉路、恒青路、恒昌路等8条道路改造提升和沿线道路绿化、亮化、管网等配套建设。新修道路18.1千米，硬化路面30万平方米，安装路灯800盏，新增绿地面积54万平方米，新建桥梁3座，完成五里河6千米污水管网建设，基本形成“一纵十横”交通网络。引进项目6个，园区内有规模以上企业201家。

管理机构

2010年10月，临沂罗庄循环经济示范区管理办公室成立，为区政府派出正科级事业单位，在区委、区政府领导下开展工作，对园区的经济和行政事务行使统一领导和管理，制定园区基础设施、循环经济、社会发展规划并组织实施，为入园企业、项目搞好服务，与相关镇、街道对企业安全生产、节能降耗、环境保护实行双重管理。2013年10月，区委、区政府对示范区管理办公室机构进行调整，配主任、党委书记各1人（副县级），副主任2人（正科级），设立综合科、规划建设科、计划财务科、招商宣传科、社会事务科5个正科级职能科室，分别配备科长、副科长各1人。编制30人。

第三节　江泉工业园

2002年8月，沈泉庄社区组建江泉工业园。位于罗庄街道沈泉庄，东至朱家地村，南接庆云山、西连闫泉庄，北靠罗庄。至2013年，园区占地面积800万平方米，总资产160亿元。园区内拥有自主知识产权的国家级集团和5家外资企业。其中华盛江泉集团下属10家子公司，含1家控股上市公司；有36家工业企业，2.2万名员工。主导产业有热电、电解铝、钢铁、焦化、油脂化工、日用陶瓷、建筑陶瓷、肉类制品、木材经销及其加工、进出口贸易、房地产开发、建筑安装、物流、酒店服务和水泥等15大产业，拥有年发电量32亿千瓦时、年产钢铁700万吨、焦炭180万吨、建筑陶瓷3500万平方米、年加工大豆150万吨、木材进口及胶合板加工100万立方米的生产能力，酒店日接待能力3000人以上。年进出口贸易总额13亿元美元。园区内各公司产品先后通过ISO 9002认证、ISO 14001认证和输美认证。特别是热电、电铝、钢铁、焦化等项目，使用国际领先水平的环保型设备，产业之间形成循环产业链，为典型的循环经济，企业走上可持续发展之路。

2012年，江泉工业园实现销售收入332亿元，上缴综合税金18.6亿元，实现进出口贸易总额14.6亿元。园区先后被命名为全国低碳国土试验区、循环经济示范区、节能环保示范区、企业文化示范区。华盛江泉集团先后获“全国大一档乡镇企业”“全国文明乡镇企业”和山东省社会信誉评价“百姓口碑最佳荣誉单位”等称号。至2013年，公司连续12年跻身中国500强企业，并先后获省政府颁发的“山东省纳税先进企业”“山东省节能突出贡献企业”等称号。

第四节　山东国际科技模具产业园

园区位于南外环路与新206国道东交会处。2012年8月，由浙江金华投资商投资兴建，为临沂市人民政府2012年重点建设项目。园区规划占地面积133.33万平方米，一期规划用地面积3.2万平方米，投资12亿元，建筑面积36万平方米。项目主要划分为七大区域：模具批发交易区、模具生产标准厂房区、外协加工区、孵化区、研发办公大楼、生活配套区、多功能酒店。园区以“科学发展，和谐共赢”为核心价值观，奉行“亲商、安商、富商”理念，采取“一次规划、分期开发、滚动发展”战略，招引国内外模具产业链相关模具企业投资入驻，着力打造“以模具产业为核心，相关衍生行业包括模具材料、模具配件、机床、机电、五金、汽车、建材、陶瓷、塑料、电子信息等行业为支撑”，集设计研发、生产加工、产品展示销售、原材料供应、人才培训、信息交流等功能为一体的产业集群，成为一个现代化、国际化、品牌化、具备完整产业链的特色园区。至2014年年底，完成投资3.5亿元，开工建设54栋厂房，主体完成39栋，建筑面积13万平方米。

第十一编　财政　税务　金融

Part 11: Finance, Taxation, and Banking

罗庄区财税大厦（2013年9月　崔向玉摄）

临工大桥（2014 年 6 月　马冰摄）

1995 年，实行分税制财政体制，全区地方财政收入 3105 万元，财政支出 3712 万元。2001 年后，逐步开展农村税费改革，至 2004 年，全区农业税及附加全部取消。2005 年，全区完成国税收入 6.76 亿元，地税收入 1.21 亿元，地方财政收入 2.49 亿元，财政支出 3.68 亿元。2006 年后，规范财政、财务管理，实施严格的财政收支和税收监管政策，科学合理地调度资金，集中财力保重点，促进全区经济和社会全面发展，财政用于城区建设、教育卫生、社会保障的支出明显增加，发挥财政保民生、保运转、保稳定、促发展的职能作用。2013 年，全区实现国税收入 19.96 亿元，地税收入 10.62 亿元；地方财政收入 18.28 亿元，是 1995 年的 58.87 倍，年均递增 25.41%；财政支出 15.61 亿元，是 1995 年的 42.04 倍，年均递增 23.08%。

1995 年，罗庄区有专业银行 6 家，保险支公司 1 家，银行存款余额 8.35 亿元，贷款余额 7.73 亿元，保费收入 708 万元，保险赔付 432 万元。随着全区经济和社会各项事业的快速发展，金融经济实力不断壮大，调控能力不断增强，在促进经济发展、保障人民生活等方面发挥重要作用。至 2013 年，全区有 10 家银行业金融机构。其中，国有商业银行 5 家，城市商业银行 1 家，地方法人金融机构 1 家，股份制商业银行 3 家。有地方金融组织 8 家。其中，小额贷款公司 3 家，民间资本管理机构 4 家，融资性担保公司 1 家。有 6 家保险公司在罗庄区设立支公司，1 家保险公司设立营销服务部。是年年末，全区各项存款余额 259.03 亿元，贷款余额 223.14 亿元，保费收入 3.97 亿元，保险赔付 1.5 亿元。

第一章　财政

第一节　财政体制

区级财政体制

1994 年，国务院对财政管理体制进行改革，中央与地方实行“分税制”财政体制，即将财政收入中的增值税 75% 部分和消费税划归中央财政收入，地方分享增值税的 25%，其他县级收入项目不变。因分税制而减少的县级财政收入通过税收返还补助。1994 年后，税收返还数额，按每年上缴中央级两税（增值税 75% 部分和消费税）收入增长率确定，即上缴中央两税每增长 1%，中央财政对地方的税收返还增加 0.3%。

1995 年起，罗庄区实行分税制财政管理体制。至 2013 年，财政体制基本未变，但部分税种中央、省、区分享比例和税收返还基数、转移支付等情况有所变动和调整。2002 年始，中央为巩固农村税费改革成果，缓解县、乡财政困难，实行农村税费改革转移制度。同年，国务院实施所得税、营业税分享改革，即以 2001 年为基数年，对原来县级全留的所得税、营业税分两步实行分享。县级分享比例为：企业所得税 40%，个人所得税 40%，营业税 80%。2003 年起，县级分享比例调整为：企业所得税 32%，个人所得税 40%，营业税 80%。

2004 年 1 月 1 日起，临沂市实施“税收属地管理，主体税种两级分享”财政管理体制。市对罗庄区实行“划分收入、核定基数、比例分享”的财政体制，即以2003年为基数年，按税种对共享税收超基数部分实行临沂市与罗庄区“五五”分成。

2005年1月1日起，改革个人所得税收入分享办法，将原属中央与省共享的储蓄存款利息个人所得税，与原属中央与县以下共享的个人所得税，一并实行中央、省和县按比例分享，县级分享比例为25%。各地区出口货物所退增值税中，超基数部分的退税额，地方分担比例从原来的25%降至7.5%。至2013年，罗庄区共获得上级转移支付资金7.31亿元。

乡镇　街道财政体制

1995年起，根据市、区财政管理体制，对收大于支的乡镇实行“划分税种，核定基数，定额上解，每年按10%递增”的财政管理体制；对支大于收的乡镇实行“地方收入全留，定额补助，逐年递减，三年减完”的财政管理体制，建立乡镇金库。

2007年，鉴于国家出口退税负担机制改革、取消农业税征收、临沂市对罗庄区财政体制调整、街道教师工资上划区级管理等诸多因素，区政府重新划分区和街道收入、支出范围，明确收支基数，制定单项结算办法和税收超收分成办法，调整完善全区8个街道财政管理体制。具体调整办法为：根据2006年街道财政收入决算数字，剔除耕地占用税、教育费附加等区与街道单项结算收入及非正常性入库等因素影响的收入，加农村税费改革和取消农业税转移支付资金，加共享收入的30%，作为各街道财政收入基数。根据2006年年底各街道财政供养人员（不含教育）和每人每年3.16万元标准定额计算工资支出，加运转经费（年人均5000元）、退休人员住房补贴和医疗保险、民政抚恤、退职补助、老党员定补、村级支出、退养民师补助等刚性和政策性支出，作为各街道本级收入安排的支出基数。若收入基数大于支出基数，差额部分由街道作为基数上解区级；若收入基数小于支出基数，差额部分由区财政作为基数补助街道。对华盛江泉集团实现的税收继续实行单项结算体制。各街道征收教育费附加实行专项上解，耕地占用税区与街道各分享50%。同时，对街道税收实行超收分成（计算公式：税收超收分成金额=2006年税收完成数×税收增幅×税收分成比例×70%）。社会抚养费全额纳入财政预算管理，区与街道实行2：8分成。将罗庄工业园范围内企业实现的税收，按罗庄工业园2007年区财政预算支出基数合并到双月湖街道，分成比例按合并后的收支基数计算。

2011年，区政府进一步完善区与镇、街道财政体制。根据各镇、街道2010年地方财政收入，剔除耕地占用税及非正常入库等因素影响的收入，加上上级各项转移支付资金，作为各镇、街道收入基数。根据镇、街道财政正式在编人员和每年标准定额（机关每人每年4.97万元、教育每人每年5.1万元）计算各镇、街道工资支出，加上运转经费、民政抚恤及优抚、离退休人员住房补贴、退职补助、老党员定补、村级支出、退养民师补助等刚性和政策性支出，作为各镇、街道本级收入安排的支出基数。对税收收入基数低于1000万元的镇、街道（沂堂镇、褚墩镇、黄山镇、汤庄街道），3年内新增教育支出区级负担50%；社会抚养费区级留成部分，区和镇、街道按3：7比例分成。沂堂、褚墩、黄山3个镇划属罗庄区后税收收入级次不变，属原县级收入的继续纳入区级管理。将罗欣药业集团实现的税收划归区级财政收入管理。

三德特钢、中玻蓝星实现税收地方留成财力在弥补区政府土地及招商引资优惠政策差额后，全部留归镇、街道；恒昌焦化实现税收地方留成部分区与镇实行 5：5 比例分成。此次财政体制调整确定，3 年内税收超收（地方留成部分）全部留镇、街道，用于支出增长及各项事业发展。教育经费调整到所属镇、街道支出，教师工资及各项义务教育保障经费不改变拨付程序，继续执行区级直接支付，年底按实际支出进行体制结算。

2013 年，辖区内所有企业税收全部按镇、街道实行属地征管，支出范围仍执行原财税体制规定。耕地占用税收入全留归镇、街道；交通运输物流业税收作为区与镇、街道共享收入，在营业税改征增值税之前，按营业税收入 80% 留镇、街道；教育费附加上划区级。罗庄工业园和循环经济示范区内企业实现的税收按属地划归镇、街道，支出基数相应核算到镇、街道。同年，各镇、街道收支基数根据镇、街道范围内 2012 年度地方财政收入（区级留成）剔除耕地占用税、专项收入等因素影响的收入，作为镇、街道收入基数。以镇、街道 2012 年度财政体制计算镇、街道可用财力（不含各项专款和一次性财力）作为支出基数。若收入基数大于支出基数，差额部分由镇、街道作为基数上解区级；若收入基数小于支出基数，差额部分由区财政作为基数补助镇、街道。区、镇（街道）财政管理体制几经调整和完善，逐步形成“核定基数，税收超收分成，特定事项单独结算”的财政管理体制。

农业税费改革

1995—2001 年，罗庄区农业税收主要包括农业税、耕地占用税、农业特产税、契税，简称“农业四税”，全部作为地方财政固定收入。

农业税实行以征收粮食实物为主的办法，实物征收，货币结算。凡从事粮食生产、有粮食收入的纳税人，以粮食实物缴纳农业税，征收粮食以小麦为主，无小麦缴纳的，可缴纳玉米稻谷。对没有粮食合同定购任务或粮食定购任务小于公粮任务的，实行折征代金的办法，用货币缴纳。

2001 年 4 月 1 日，罗庄区落实国务院《关于全面推进农村税费改革试点的意见》，农村税费改革起步，开始丈量计税土地，2002 年农村税费改革全面铺开。改革的主要内容为“三取消、两调整、一改革”。“三取消”，即取消乡镇统筹款、农村教育集资等专门面向农民征收的行政事业性收费、政府性基金和集资；取消屠宰税；逐步取消统一规定的劳动积累工和义务工。“两调整”，即调整农业税政策；调整农业特产税政策。“一改革，”即改革村提留征收和使用办法。按照确保农民减轻负担、确保乡村政权运转、确保农村义务教育等重点事业投入的原则，根据省政府统一确定的标准，农业税税率为 6%，农业税附加为正税的 40%，仍采取夏秋两季征收，夏季征收额原则上不低于全年应纳税额的 70%。计税土地以农民第二轮承包用于种植农作物的土地为基础，根据土地增减变化等实际情况确定。同时，向不承包土地或改革后其负担水平明显低于当地农民负担水平的农村居民征收一定数额的乡村公益事业金。农村税费改革后，农业税征收采取征收代金方式。

2004 年，罗庄区与济南市、青岛市的 10 个县区，在全省率先全面取消农业税及附加。2012 年 1 月，罗庄区耕地占用税、契税征收职能由财政部门划转至地税部门。1995—2013 年，全区共征收农业税、耕地占用税和契税 7503 万元。

图 11-1：全国基层财政干部培训班在罗庄区开班（2012 年 7 月　摄）

第二节　财政收支

财政收入

区级财政收入主要包括：工商税收、农业税收，非税收入（行政事业性收费收入、罚没收入、专项收入、其他收入等）。全区地方财政收入从 1995 年的 3105 万元增长到 2013 年的 18.28 亿元，19 年间地方财政收入年均递增 25.41%。

1995 年，罗庄区财政总收入 7500 万元。地方财政收入 3105 万元。其中，工商税收 2557 万元，其他税收 538 万元，非税收入 10 万元。此后逐年增长，至 2000 年，地方财政收入首次超亿元，达到 1.14 亿元。2002 年，实施农村税费改革，“农业四税”税收大幅下降，全区实现地方财政收入 1.23 亿元，较 2001 年减少 3403 万元。其后，财政收入又逐年增长，2005 年，全区财政总收入突破 10 亿元，达到 11.6 亿元。地方财政收入 2.49 亿元，其中，工商税收 1.8 亿元，其他税收 1988 万元，非税收入 4858 万元。此后，全区财政收入大幅增长，2010 年，实现财政总收入 23.02 亿元，地方财政收入首次突破 10 亿元，达到 10.96 亿元，较 2009 年增长 96.67%。其中工商税收 7.88 亿元，其他税收 1.29 亿元，非税收入 1.79 亿元。2013 年，罗庄区财政总收入 34.57 亿元。地方财政收入 18.28 亿元。其中，工商税收 14.34 亿元，其他税收 1.5 亿元，非税收入 2.44 亿元。

1995—2013 年罗庄区地方财政收入情况表

表 11-1　　　　单位：万元

年份	财政收入合计	税收收入		非税收入	
		工商税收	其他税收	专项收入	其他收入
1995	3105	2557	538	65	-55
1996	4496	3586	464	213	233
1997	5478	3986	565	0	927
1998	6802	4569	600	190	1443
1999	9561	7844	577	213	927
2000	11409	9038	876	238	1257
2001	15975	13859	507	259	1350

续表 11-1

年份	财政收入合计	税收收入		非税收入	
		工商税收	其他税收	专项收入	其他收入
2002	12572	9195	1549	423	1405
2003	15245	11390	2289	437	1129
2004	16571	11789	1843	506	2433
2005	24873	18027	1988	1072	3786
2006	32308	26201	840	1518	3749
2007	41720	36452	996	1557	2715
2008	48853	40273	1255	1816	5509
2009	55713	32303	12497	2054	8859
2010	109569	78797	12856	4625	13291
2011	128506	94236	3642	4491	26137
2012	168535	117086	20366	6078	25005
2013	182780	143425	14934	6205	18216

财政支出

区级财政支出主要包括：行政公务支出、文教卫生支出、科学技术支出、社会保障支出、“三农”支出、基建支出等。全区财政支出从1995年的3712万元增长到2013年的15.61亿元，19年间财政支出年均增长23.08%，各项民生及社会事业支出得到较好保障。

1995年，全区财政支出3712万元。其中，教育支出1366万元，一般公共服务支出913万元，科学技术与文化体育传媒支出37万元，社会保障就业和医疗卫生支出132万元，农林水事务支出288万元，工业商业金融等事务支出5万元，公共安全支出201万元，其他支出770万元。其后，财政支出呈逐年增长的态势。1999年，全区财政支出超过1亿元，达到1.13亿元。至2003年，全区财政支出超过2亿元，达到2.21亿元。此后，财政支出每年大幅增加，至2010年，全区财政支出超过10亿元，达到10.66亿元，较2009年增长27.28%。其中，教育支出2.46亿元，一般公共服务支出1.9亿元，科学技术支出1073万元，文化体育传媒支出610万元，社会保障就业支出7833万元，医疗卫生支出6787万元，农林水事务支出7271万元，工业商业金融等事务支出8965万元，公共安全支出7352万元，城乡社区事务支出8990万元，环境保护支出5521万元，交通运输支出20万元，其他支出8581万元。2013年，全区财政支出15.61亿元。其中，教育支出4.75亿元，一般公共服务支出2.72亿元，科学技术支出1944万元，文化体育传媒支出1259万元，社会保障和就业支出1.71亿元，医疗卫生支出1.84亿元，农林水事物支出1.62亿元，工业商业金融等事务支出5290万元，公共安全支出3293万元，城乡社区事务支出1.1亿元，环境保护支出2668万元，交通运输支出18万元，其他支出4174万元。

1995—2013 年罗庄区财政支出情况表

表 11-2　　　　单位：万元

年份	合计	一般公共服务	公共安全	教育	科学技术	文化体育与传媒	社会保障和就业	医疗卫生	环境保护	城乡社区事务	农林水事务	交通运输	工业商业金融等事务	其他支出
1995	3712	913	201	1366	37	—	132	—	—	—	288	—	5	770
1996	6324	1215	443	1525	76	—	124	499	—	335	288	—	521	1208
1997	6924	1615	784	2019	48	—	183	283	—	252	584	—	102	1054
1998	8106	1761	1158	2215	86	62	737	266	—	209	691	—	136	785
1999	11326	1455	757	2838	150	232	1000	288	—	130	790	—	99	3587
2000	12700	2436	1081	2711	77	364	1296	371	—	215	1002	—	241	2906
2001	17646	3025	1572	3325	120	335	1341	436	—	2098	983	—	593	3818
2002	17983	4094	1540	3821	144	683	1500	482	—	1129	1111	—	1886	1593
2003	22070	4964	1764	4857	154	922	2408	571	—	1875	1314	—	1244	1997
2004	28326	6673	1794	5617	293	1033	2477	835	—	2607	1904	—	419	4674
2005	36760	10954	2457	9125	170	139	3084	909	265	3762	2278	—	280	3337
2006	45348	12895	2884	11748	330	164	3720	1244	385	2634	2442	—	1345	5557
2007	60880	15984	4477	17742	1227	208	4793	2598	137	4162	4156	—	940	4456
2008	73686	16210	4276	21104	473	1344	6883	4039	3584	4664	3936	—	1611	5562
2009	83715	18542	6553	21026	418	493	6821	4698	4051	5260	5112	20	3845	6876
2010	106553	18989	7352	24561	1073	610	7833	6787	5521	8990	7271	20	8965	8581
2011	136785	22509	4401	33425	1096	877	10333	14310	8883	17605	10582	0	9729	3035
2012	164214	25967	7524	45725	1246	990	15103	15177	2267	19559	14813	28	11145	4670
2013	156060	27176	3293	47533	1944	1259	17069	18421	2668	11013	16202	18	5290	4174

第三节　财政管理

机构

1995 年 2 月，罗庄区财政局（简称区财政局）成立，为正科级行政单位。内设人秘科、预算科、行财科、农财科、农税科、综合科、企财科、会计科和控制社会集团购买力办公室 9 个职能科室，辖罗庄区有偿资金管理处 1 个正科级事业单位，罗庄区税收财务物价大检查办公室、罗庄区国有资产管理局、罗庄区会计师事务所 3 个副科级事业单位。

1998 年 8 月，区会计师事务所由区财政局析出，改制为社会中介机构。1999 年，增设社会保障科。同年 4 月，罗庄区税收财务物价大检查办公室改称罗庄区财政监督局。5 月，罗庄区住房资金管理中心设立，为副科级事业单位。11 月，罗庄区预算外资金管理局设立，为正科级事业单位。2002 年 7 月，罗庄区农业税收征收管理局设立，为正科级事业单位。2003 年 9 月，罗庄区有偿资金管理处改称罗庄区资金风险管理处。同年 12 月，区住房资金管理中心由区财政局划属临沂市住房公积金管理中心管理。2007 年 12 月，罗庄区财政投资评审中心设立，为副科级事业单位。2010 年 10 月，罗庄区农业税收征收管理局改称罗庄区基层财政管理局。2012 年 8 月，区财政监督局升格为正科级单位，下设罗庄财政监督办事处、傅庄财政监督办事处、盛庄财政监督办事处。

2013 年，区财政局内设办公室、国库科、企业科、农业科、采购中心、社保科、经建科、行财科、会计科、税政科、预算科 11 个科室，派驻罗庄财政监督办事处、傅庄财政监督办事处、盛庄财政监督办事处 3 个办事机构；辖区财政监督局、区财政资金风险管理处、区预算外资金管理局、区基层财政管理局 4 个正科级事业单位和区国有资产管理局、区财政投资评审中心 2 个副科级事业单位。有职工 64 人，其中行政编制 8 人。

2009 年 12 月，区财政局被山东省精神文明委员会办公室命名为省级文明单位；2011—2013 年，区财政投资评审中心连续三年被山东省财政厅命名为山东省财政投资评审最具影响力单位。

预算管理

预算编制与执行　1995 年，罗庄区落实《中华人民共和国预算法》，实行零基预算管理。各项收支预算严格按照国民经济和社会发展计划及收支平衡原则，编制年度本级和全区财政预决算。预决算编报程序，除按规定上报上级审核外，并提请同级人民代表大会审查批准预算草案和预算执行情况及预算调整方案。

2002 年，区政府在建设、教育系统推行部门预算改革试点，规定部门及下属单位组织的所有收入和支出项目全部纳入预算管理。2005 年，政法部门列入部门预算编制范围，实现部门收支分离，提高预算编制的合理性和透明度。

2006 年 6 月，施行《罗庄区政府收支分类改革工作实施方案》，按照“三个不变、两先两后、虚转实干”的原则，实行政府收支分类改革，推广预算管理软件。同年，在 63 个区直单位全面实施部门预算编制改革，遵循“两上两下”的编制程序，采取零基预算、综合预算编制方法，所有收入和支出全部纳入预算管理，对单位预算内、外各项财政资金和其他收入，统一管理，统一安排，捆绑使用。统一基本支出定员定额标准，注重项目支出的效益和质量，进一步均衡部门之间的经费保障水平。2009 年，财政预算继续坚持“保工资、保重点、保法定支出”的原则，按现行区、乡财政体制和部门预算编制要求，统筹考虑预算内外资金，本着“适度从紧”的原则进行安排，区、街道两级根据自有财力，各保平衡。不断改进和完善预算编制范围、内容和程序，增强预算编制的完整性和科学性。2013 年，政府预决算向区人代会报告、审查批准后，在政府门户网站上向全社会公开，接受群众监督。

预算外资金管理　1995—1998 年，根据国务院《关于加强预算外资金管理的决定》，区政府制定《罗庄区预算外资金管理实施细则》，明确界定预算外资金的性质和范围，实行“部门管事、财政管钱、收支脱钩、相互监督”的预算外资金收支两条线管理制度。按照“全额上缴、比例调控、统筹安排、综合平衡”原则，采取“统一账簿、统一科目、统一报表、统一核算方法”的“四统一”管理办法。

1999 年，对区直部门预算外资金和银行账户进行清理，将预算外资金全部纳入财政专户管理。2001 年，按照省财政厅要求，统一核销各单位领取行政事业性收费、政府性基金缴款书，重新下发省财政厅批复的新收费编码，实行“罚缴分离”“票款分离”制度，即“部门开票、银行收款、财政统管”。

推行以计算机网络系统为支撑的网络化征管系统，建立科学的非税收入征管机制。2007年，启用新的“非税收入征管系统”，设立银行收费网点10个，报批设置执收单位代码19个，报批设置单位收费项目代码65个。同年，把行政事业性收费、政府性基金、国有资产和国有资源有偿使用收入、彩票公益金、罚没收入、以政府名义接受的捐赠收入、其他政府非税收入等全部纳入非税收入征缴系统，规范执罚行为。加强收费管理，强化源头控制，对票据领购、使用、缴销等环节严格控制。

2009年，实行部门综合预算管理模式，实行“核定收入计划，收入全额上缴，支出统筹安排，超收按比例奖励，短收相应扣减支出”管理制度。在保证单位正常支出的基础上，剩余资金全部由政府统筹集中，用于重点事业发展。对各单位非税收入超收部分，政府与单位按比例分成。非税收入预算根据单位上年度收入情况，结合年度增减因素核定。支出预算实行“零基预算”办法核定，不再以上年度支出预算为基数。至2013年，对预算外资金管理仍执行部门综合预算管理办法。

财务管理

行政事业财务管理 1995年起，行政事业单位财务管理按照公共财政管理要求，探索建立机构编制、人员与财政预算相结合的管理体制。各单位财务实行收支统一管理，加强人员编制监督，优化支出结构，集中财力保重点。1997年后，根据财政部《事业单位财务规则》《行政单位财务规则》，事业单位取消全额、差额、自收自支预算管理形式，实行“核定收支、定额或者定项补助、超支不补、结转和结余按规定使用”的预算管理办法；行政单位实行“收支统一管理，定额、定项补助，超支不补，结转和结余按规定使用”的预算管理办法。

2002年，区直行政事业单位在编在职人员实行财政统一发放工资制度，在职及离退休人员住房补贴实行财政统一发放。2003年，完善工资统发、代发机制，保证行政事业人员和教师工资按时发放。2005年，把街道教师工资纳入区级预算，对养老保险金、医疗保险金、住房公积金实行集中统一缴纳。2006年1月，街道中小学财务实行“校财局管”。各街道中小学校取消会计单位，设立报账员。所有财会业务上划区教育局财务结算中心，统一核算。2007年，根据《山东省人民政府关于实施农村义务教育经费保障机制改革的通知》，实施农村义务教育经费保障机制改革，实行“以县为主”的管理体制。按照“明确各级责任、中央地方共担、加大财政投入、提高保障水平、分步组织实施”的基本原则，逐步把义务教育全面纳入公共财政保障范围。同年，区财政优先安排工资性支出和机关事业单位正常经费，在确保人员工资按时足额发放和党政机关正常运转的同时，安排2500万元用于调整机关事业人员工资，保证增发工资按时兑现。7月1日起，规范并补发机关事业人员和离退休人员津贴补贴，人均月增300元。由于工资制度改革和农村义务教育经费保障机制改革两项政策叠加等因素，2007年教育经费投入达1.77亿元，较上年增加5994万元，增长51.02%。

2013年，执行财政部重新修订的《行政单位财务规则》，完善行政单位预算管理办法，规范收入、支出管理，明确行政单位结转和结余管理办法。

企业财务管理 1995年，建立粮食风险基金，主要用于对粮食企业的地方储备粮食、超出库存周转粮食的利息、费用补贴。1997年，开始对外商投资企业进行财政登记，对企业决算进行抽查，实行决算审计制度，规范企业财务管理。1999年，企业试行统一决算报表，不再分行业编报。2000年，财政部颁布实施新的《企业会计制度》，全区企业开始实行新会计制度。2001年，实施企业所得税税前扣除办法，取代企业财务制度的税收职能。2007年，加强企业财务税收信息调度和分析，把有关企业纳入信息快报编报分析范围，实行企业信息快报制度。至2013年，纳入信息快报范围企业200家。

农业财务管理 1995年，农业财务管理主要包括对财政支农资金管理和农业部门单位财务管理。1996年起，围绕农业综合开发政策要求，突出基础设施建设，提升农业产业体系水平，加大中低产田改造进程。开发资金实行区级报账、专账核算、专人管理，根据项目建设进度和用款单位申请拨付资金，确保资金专款专用。1999年8月，实施农村财务“双代管”，即各村账目和资金由所属乡镇、街道农经站统一管理，后又将各村公章和财务专用章纳入统一管理。2000年5月13日，临沂市农村财务管理现场会在罗庄区召开，推广罗庄区加强农村财务管理工作经验。2004年，按照省政府《关于对种粮农民实行直接补贴的通知》，把原补贴给粮食收储企业的粮食风险基金改为补贴给种粮农民，每亩每年补贴14元。2007年，在以往粮食直补基础上，新增农资综合补贴；开展能繁母猪政策保险；落实大中型水库库区移民后期扶持政策。2009年，农资综合补贴由2008年的每亩每年补贴72.78元调整到69.97元。2010年，实施村级公益事业建设一事一议财政奖补。2013年，种粮补贴每亩每年补贴14元，农资综合补贴每亩每年111元。1995—2013年，共投入农业开发资金1118万元，兑付粮食直补资金2439.78万元，农资综合补贴1.02亿元。

国库集中收付管理 2000年，区财政局设立国库科，具体负责调度全区财政资金，跟踪分析预算执行情况，汇总批复区级部门决算，统一管理区级财政银行账户。2005年，开始推行国库集中支付试点改革。2006年，区财政局在区级预算单位全面推行国库集中支付改革，撤销所有区直预算单位实体账户，建立预算单位零余额账户，预算支出所需资金由财政账户直接拨付。在支出管理上，执行“调整结构、保证重点、压缩一般、加强管理”十六字方针，集中财力保民生、保工资、保稳定、保法定支出，对一般性支出实行从紧从严控制。2007年，全区农村义务教育经费等专项转移支付实行国库直接支付。2008年，区财政局把国库集中支付系统延伸，联网到预算单位。2009—2010年，国库直接支付在财政支出中支付比例逐步提高。2012年，区财政局在全区范围内推行公务卡改革，实现国库集中支付动态监控。2013年，国库集中支付改革推广至镇、街道，实现区级和镇、街道国库集中支付全覆盖，全区有70家行政事业单位纳入国库集中支付范围。

社会保障资金管理

1995年，建立企业职工基本养老保险、农村社会养老保险、机关事业单位养老保险制度。2002年，区财政局设立社会保险基金财政专户，把企业职工基本养老基金、失业保险基金、城镇职工基本医疗保险基金、机关事业单位职工基本医疗保险基金、农村养老保险基金纳入专户，实行收支两条线管理。后又将工伤保险、生育保险、新农合保险基金纳入专户管理。2006年、2009年，新型农村合作医疗和城镇居民医疗保险制度先后实施。新农合医疗基金和城镇居民医疗基金实行“区级统筹、集中核算、专户储存、封闭运行”的管理体制，逐年提高财政补助标准。2011 年，建立新型农村社会养老保险制度，对 60 岁以上老年人实行直接发放基础养老金，发放标准为每人每月 55 元，2012 年提高到每人每月 60 元，2013 年提高到每人每月 65 元。对参加农村社会养老保险人员实行缴费即补政策，个人缴费补贴标准为每人每年 30 元。同年，社保基金财政专户滚存结余 11.21 亿元。

政府投资管理

经济建设财务管理 1995—1998 年，区财政部门对政府基本建设项目预、决（结）算审查等主要委托建设银行进行。1999 年后，财政部门收回原由建设银行代行的基本建设财务管理职能，正式开展基本建设资金管理工作。2002 年，区财政局设立基本建设财务科，后改称经建科，对预算内基本建设资金，按工程进度和配套资金到位比例拨款，对自筹基建资金，实行专户储存制度，开展基本建设工程预决算审查工作。2007 年 3 月，实施《罗庄区政府投资项目工作规程》，对政府投资项目确立、招投标、预算编制、项目监理、变更管理、竣工验收、决算、资金拨付与管理等方面进行规范。2013 年，共审查预决算项目 40 项，工程总造价 3.06 亿元，净审减额 4600 万元。

政府投资评审管理 2007 年，罗庄区财政投资评审中心成立，全面参与全区财政性投资项目编审。评审财政性投资的基本建设、交通、农田水利、综合开发、城市基础设施建设等项目，审查财政性投资项目的概算、预算、结算和竣工决算，指导和监督社会中介机构工程审价行为。同年 9 月，《罗庄区政府公共投资建设项目工作规程》发布实施，对政府投资项目确立、招投标、预算编制、项目监理、变更管理、竣工验收、决算、资金拨付与管理等方面进行规范。2011 年 3 月，《罗庄区政府公共投资建设项目管理实施流程》发布实施，对政府投资项目的管理和实施进行规范。2008—2013 年，开展政府投资项目概算、预算、决（结）算评审，评审政府基本建设投资项目 92 项，送审额 12.87 亿元，审定额 11.77 亿元，审减额 1.1 亿元，审减率 8.6%。

政府采购管理 1995 年，区财政局控制社会集团购买力办公室负责审批专控商品，专控商品定为 10 种。1999 年起，对个体购车不再征收控购附加费，控购制度同时取消。

1999 年 4 月，区财政局政府采购中心设立，负责政府采购及监督管理工作。采购范围主要是公务用车、车辆保险、汽车加油、办公设备等。是年，在全区行政事业单位范围内初步实施政府采购制度，把行政事业单位办公设备、公务用车购置纳入政府采购范围。2003 年，进一步拓宽政府采购范围，对使用财政资金、上级拨款、政府性融资采购的货物、工程和服务，一律实行政府集中采购。建立政府采购计划管理、评审专家选取、引入公证部门现场监督新机制。2009 年，实施“管采分离”改革，财政部门只对政府采购进行监督管理，由采购单位委托代理机构依法采购，实现财政监管职能与单位采购职能分离。2011 年，制定实施《罗庄区政府采购监督管理办法》，加强政府采购计划管理和预算管理。2012 年，以“健全制度、规范行为、扩面增量、强化监管”为目标，统一进场交易登记，统一发布采购信息，统一建立使用专家库，统一监管和受理投诉。2013 年，贯彻执行《临沂市政府采购监督管理工作考核暂行办法》《临沂市政府采购代理机构管理暂行办法》，对政府采购工作实行科学化、精细化管理。2003—2013 年，全区累计采购额 1.64 亿元，预算节支率 9%。

会计管理

1995年，罗庄区会计师事务所成立，隶属区财政局。同年，全区会计人员实行建档发证和属地管理，持证上岗。每年对全区所有会计人员进行继续教育培训，统一建档。1997年起，每年举办一次珠心算比赛，组织一次珠心算等级鉴定，在全区小学推广珠心算实验教学，并探索珠心算教育社会化服务模式。同年11月，对会计人员档案实行微机化管理。1998年，首次举行会计人员资格考试，380人参加，285人合格，合格率75%。同年8月，区会计师事务所从区财政局析出，改制为独立法人的社会中介机构，会计管理工作由区财政局会计科负责。1998年起，行政事业单位会计核算以收付实现制为基础，采用借贷记账法记账。1998—2000年，会计科共举办会计电算化培训班6期，培训590人次，470人取得会计电算化合格证书。2003年，改进会计从业资格年检办法，聘请财经院校专业教师分专业层级和人员行业类型分批进行培训。2000—2005年，在区人民法院、区公安分局、区人民检察院推行会计委派制，实施会计基础规范化管理。2010年，在行政事业单位开展会计账簿统管工作，每年举办一次会计资料展评会，对评选出的会计业务优秀单位和个人予以表彰，提高会计人员业务水平。会计人员继续教育实行现场教学和网络学习两种方式，学员可根据自身情况进行选择。2011年，完成4400名会计人员信息采集。2012年，临沂第八实验小学被中国珠心算协会确定为全国珠心算教育教学实验点。至2013年，全区持有会计从业资格证书人员6050人，其中具有初级会计职称2210人，中级会计职称1530人，高级会计职称83人。

财政监督

1995—1998年，区财政局每年组织一次税收、财务、物价大检查，违纪资金全部追缴入库。1999年4月，撤销区税收财务物价大检查办公室，成立区财政监督局，加强财政监督管理。2000年起，实施以事后集中检查为主转变为以事前、事中检查为主。2005年，加强财政收支监督，以督促检查税收征管质量和非税收入管理为主，对预算外资金收支的全过程进行重点检查和全方位监控。1999—2009年，检查行政事业单位310家，企业33家，查出各类违规违纪金额4990万元，各类偷逃税款190万元，处理处罚单位25家，责令调账3090万元，补缴税款190万元，处以罚款30万元。2010年5月，配合市财政监督办对2008—2009年度中央和部分市级财政专项资金管理使用情况进行检查，涉及资金8092.41万元，查出问题资金3472.21万元（其中用于非项目支出39.3万元）。同年8月，区财政局开展“小金库”治理工作，查出各类违规违纪资金515.86万元，其中“小金库”资金23.33万元，追缴私存私放财政资金5.7万元。2011—2013年，开展以强化单位依法建账为主的会计基础工作规范化活动，对财政资金使用安全性和规范性实施监督，每年定期组织会计信息质量、收支两条线和私设“小金库”监督检查，并开展专项资金和重点行业跟踪监督检查。共检查单位56家，查出违规金额1497.07万元。

第四节　国有资产管理

企业国有资产管理

1995—1998年，按照国务院《企业国有资产产权登记管理办法》，结合国有企业、城镇集体企业产权制度改革，区国资局委托资产评估机构对全区改制企业进行整体资产评估，共评估临沂市美术陶瓷厂、临沂昌盛制锨有限公司、临沂市陶瓷股份有限公司、临沂市春萌水泥股份有限公司4家区属改制企业，评估资产总额5157.5万元，负债总额5204.6万元，所有者权益-47.1万元；评估乡镇企业154家，其中改制企业148家，共评估资产总额23.2亿元，负债总额22.63亿元，所有者权益总额5656万元；挽回资产损失1010万元。1999—2004年，对区属企业和城镇集体企业资产产权登记和年检，开展企业改制、转化、拍卖等资产清查、监督和处置。2010年，根据市政府办公室《关于开展全市企业国有资产普查工作的通知》，对全区国有企业财务状况、经营成果、人员构成和长期投资等基本情况进行普查，并上报市政府普查办公室。2013年，按照市财政局、国资委关于开展事业单位所办企业产权登记工作要求，将全区事业单位所办5家企业纳入产权登记系统管理。

行政事业单位国有资产管理

1995—1997年，区国有资产管理局对行政事业单位进行产权登记和清产核资。此后，每年年底对行政事业单位进行一次清产核资。配合住房制度改革，严格管理并归集住房基金。全区出售公有住房428套，归集住房基金326万元。2006年，制定《罗庄区行政单位国有资产管理暂行办法》《罗庄区事业单位国有资产管理暂行办法》《罗庄区行政事业单位国有资产收益征收与使用管理暂行办法》，健全行政事业单位国有资产管理体制，完善资产处置程序，规范担保行为，强化国有资产收益管理。2009年年底，根据省、市统一要求，建立罗庄区行政事业单位资产信息化管理系统，全区78家单位完成资产管理信息化系统建设，初步建立起“财政部门—主管部门—行政事业单位”资产信息化管理平台，按季度、年度开展资产报表统计及评价工作，实现财政与部门、单位无缝衔接。同年，资产处置收入29万元。2010年，资产处置收入97.6万元。对14家单位的待核销资产进行核销，累计核销资产117.2万元。2011年，修订《罗庄区行政事业单位国有资产收益征收与使用管理办法》，将国有资产收益征收与使用纳入预算管理。2012年8月，对51个一级预算单位和8个镇、街道以及部分二、三级预算单位进行资产核查。清查资产总额13.52亿元，负债总额4.96亿元，净资产总额8.56亿元，国有资产总量8.56亿元，其中固定资产8.28亿元。

2013年，对全区行政事业单位进行清产核资。共核定资产总额14.55亿元，负债总额5.41亿元，净资产总额9.14亿元，国有资产总量9.14亿元，其中固定资产8.86亿元。

第二章　国家税务

第一节　管理体制

机构

1995—1996年，辖区内的国税征收和管理由临沂市市区国税局负责。1996年11月20日，市区国税局下设罗庄分局（正科级）、傅庄分局（副科级）、盛庄分局（副科级），负责罗庄区国税征收和管理工作。2001年5月，全省国税系统进行机构改革和人事制度改革，临沂市罗庄区国家税务局（简称区国税局）成立，为正科级行政单位。内设办公室、人事教育监察科、综合业务科和税收管理一、二、三科，下属个体税收管理分局和信息中心。2002 年，区国税局设立办税服务厅，撤销税收管理三科。2003 年，撤销综合业务科，设立征管科、税政法规科；撤销个体税收管理分局，其所属职能归并税收管理二科。同年，罗庄区国家税务局稽查局设立。2005 年，撤销人事教育监察科，设立人事教育科、监察室。2010 年，行政区划调整时，沂堂镇的税源管理由苍山县国税局划转至傅庄分局。2011 年，区国税局罗庄分局设立，负责罗庄街道、双月湖街道的税源管理；撤销税收管理一、二科，设立收入核算科。同年，行政区划调整时，设立黄山分局，负责褚墩镇、黄山镇的税源管理。2013 年，撤销税政法规科，设立政策法规科、税政科。至 2013 年年底，区国税局内设办公室、政策法规科、税政科、收入核算科、纳税服务科、征收管理科、人事教育科（机关党委办公室）、监察室、税源管理科、财务管理科 10 个科室和信息中心（事业单位），辖罗庄区国家税务局、稽查局（副科级事业单位）和盛庄分局、傅庄分局、罗庄分局、黄山分局 4 个副科级单位。共有干部职工 75 人。

2005 年，区国税局被山东省精神文明委员会授予“山东省文明单位”称号；同年 3 月，区国税局办税服务厅被全国妇女“巾帼建功”活动领导小组命名为国家级巾帼文明岗。2007 年 4 月，被山东省总工会授予“山东省富民兴鲁劳动奖章”称号。2012 年 2 月，被中华全国总工会命名为全国职工书屋示范点。2013 年 4 月，区国税局办税服务厅被山东省国税局命名为全省国税系统优秀办税服务厅。

税收体制

1994 年，国务院实行税制改革，由地方财政包干体制改为分税制管理体制。取消产品税，建立以增值税为主体的流转税体系，统一企业所得税。设立中央税、地方税、中央和地方共享税。国税局主要负责中央税和中央地方共享税征收管理，征收税种为增值税、消费税、营业税、资源税、外商投资企业和外资企业所得税、新办内资企业所得税等。共享税中，增值税分成为中央 75%、地市 12.5%、县区 12.5%，企业所得税分成为中央 60%、省 8%、地市 16%、县区 16%，储蓄存款利息个人所得税分成为中央 60%、省 15%、地市 12.5%、县区 12.5%。

2010 年 1 月 1 日，增值税分成调整为中央 75%、县区 25%；企业所得税分成调整为中央 60%、省 8%、县区 32%；储蓄存款利息个人所得税调整为中央 60%、省 15%、县区 25%。

2013 年 1 月 1 日，企业所得税调整为中央 60%、县区 40%，储蓄存款利息个人所得税调整为中央 60%、县区 40%。

第二节　国税征收

税种税率

1995 年，国家税务局负责征收的税种主要有增值税、消费税、企业所得税、外商投资企业和外国企业所得税、存款利息所得税、车辆购置税、出口产品退税等税种。1997 年起，金融、保险企业所得税税率由 55% 降至 33%，金融、保险业营业税税率由 5% 增至 8%。1999 年 11 月 1 日起，开征储蓄存款利息所得个人所得税。

2000 年，交通部门征收的“车辆购置附加费”改为“车辆购置税”，实现费改税的历史性突破。2005 年 1 月，车辆购置税由交通部门划转到国税部门征收。2007年9月1日，工业盐、食用盐适用增值税税率由17%调至13%。2008年1月1日，对纳税人生产销售的磷酸二铵产品免征增值税。同年6月1日起，免征生产销售和批发、零售有机肥产品增值税。

2009年1月1日，对纳税人2009年1月20日—2009年12月31日期间购买的排气量在1.6升（含1.6升）以下的小排量乘用车，暂按5%的税率征收车辆购置税。

2011年10月1日，实施《逾期增值税扣税凭证抵扣管理办法》，免征蔬菜流通环节增值税。启用货物运输业增值税专用发票，自11月1日起提高个体起征点为2万元。

2012年1月，国家税务总局发布《农产品增值税进项税额核定扣除试点实施办法》，7月1日起，以购进农产品为原料生产销售液体乳及乳制品、酒及酒精、植物油的增值税一般纳税人，纳入农产品增值税进项税额核定扣除试点范围。8月1日起，免征1元以下的应纳税额和滞纳金。

2013年8月1日，国家对增值税小规模纳税人中月销售额不超过2万元的企业或非企业性单位，暂免征收增值税。在全国范围内开展交通运输业和部分现代服务业营业税改增值税试点。对增值税小规模纳税人中月销售额不超过2万元的企业或非企业性单位，暂免征收增值税。

2013年，区国税局征收的税种有增值税、消费税、企业所得税、外商投资企业和外国企业所得税、车辆购置税等。

2008—2013年罗庄区国税税种税率表

表11-3

税种	税率	税种	税率
增值税	0、13%、17%，2013年营改增后增加6%、11%两档税率	企业所得税	25%
消费税（从价计征）	4%、5%、10%、20%	储蓄存款利息个人所得税	20%、5%，2008年8月15日暂停征收
消费税（从量计征）	0.5元／斤	车辆购置税	10%

国税收入

1997年，罗庄区国税收入5422万元。2004年，罗庄区工业产业发展迅速，国税收入进入高速增长期。2004年、2006年、2007年分别突破5亿元、10亿元、15亿元大关。2004—2007年，国税收入年均增长45.33%。2008年下半年，受金融风暴影响，国税收入总量同比下降2.1亿元，全年国税收入18.03亿元。2009年，随着金融风暴和结构性政策叠加，国税收入大幅下降，比2008年少收入5.88亿元，增长率为-32.59%。2010年后，国税收入逐步增长。2013年，国税收入19.96亿元。

2001—2013年罗庄区国税收入情况表

表11-4 单位：万元

年份	国税收入	同比增长（%）	年份	国税收入	同比增长（%）
2001	32342	—	2008	180280	14.86
2002	36886	14.05	2009	121523	-32.59
2003	38223	3.62	2010	155592	28.04
2004	51103	33.70	2011	165614	6.44
2005	67617	32.32	2012	198901	20.10
2006	108019	59.75	2013	199565	0.33
2007	156950	45.30			

第三节 税收管理

办税服务

1994年，实行税收专管员制度，除个别较大企业纳税人自行申报缴纳税款外，其余纳税人均由税管员上门收缴。1996年，取消税管员管户制度，实行征收、管理、稽查三分离，建立以纳税人申报为基础，以计算机网络为依托，集中征收、重点稽查的征管模式。2003年，对辖区内纳税人开展纳税信用等级评定。2004年，建立纳税人电子户籍，实行税收“一户式”管理。在办税服务厅中引入银行业务，开通银税连办业务，实现税收管理集约化、精细化和科学化。2010年1月，开始推行网上办税服务厅，为纳税人提供网上申报等办税服务。2012年，在办税服务厅设置自助办税终端（ARM机），为纳税人提供自助办税服务。2013年1月1日起，根据《国家税务总局关于取消发票工本费有关问题的通知》，取消税务发票工本费。

图11-2：罗庄区国税服务大厅（2011年8月 摄）

税源管理

2001年1月，推行增值税防伪税控系统，将所有增值税一般纳税人纳入管理。同年7月，实施增值税管理信息化系统金税工程二期，开通增值税防伪税控发票开票、认证、交叉稽核、协查4个子系统，取消基层分局的税收会统核算职能，实现税款区国税局集中核算，基层分局的工作重点转移到加强税源管理、提高征管质量上。2012年9月，区国税局制定《基层分局管理要则》，实行“岗位监督、分岗制衡”。2013年，推行中小税源行业指标控制法，即根据行业经营特点、工艺流程等关键环节和要素，确定分析方法、监控周期及信息采集内容，建立行业统一的消耗定额、系数、比例等指标体系，以此作为测算税额、最终定税的依据。同年8月1日，根据国务院统一部署，实施罗庄区交通运输业和部分现代服务业营业税改征增值税试点工作。10月，试运行金税工程三期，对增值税防伪税控发票开票、认证、交叉稽核、协查4个子系统进行功能整合，形成既相互联系又相互制约的监控机制。至2013年12月，区国税局共管理纳税业户3545户。其中，一般纳税人1331户，小规模企业780户，个体工商户1434户。

第四节 税收执法

依法治税

2001年起，罗庄区国税系统实行执法资格认证制度，对从事执法工作的国税干部经考察、考试合格后，颁发“资格证书”上岗。每年4月份税收宣传月期间，组织开展税收宣传活动。2002年5月，区国税局在全局开展税收执法监督检查，对区局各科室和分局开展税收执法监督工作、执行重大税务案件审理制度和税务行政复议制度有关情况进行检查。2005年9月，区国税局对贯彻落实税收征管法及其实施细则情况开展自查。2006年11月，实行税收执法责任制。2007年5月，开展税收执法检查和执法监察，对区局各科室和分局税收政策执行情况、税务行政管理工作进行检查。2012年5月，区国税局印发《“十二五”时期罗庄国税推进依法行政工作规划》，2013年5月，印发《罗庄区国家税务局2013年度依法行政工作计划》《罗庄区国税系统依法行政专项考核及执法责任追究办法和考核标准》，同年8月印发《罗庄区国税局依法行政示范单位创建分工落实办法》。

税务稽查

2001年，区国税局实施“1234”稽查工程，提高税务稽查的实效性、针对性和威慑力。2003年8月—2004年12月，罗庄区稽查局累计查补税收入库1200余万元，移送司法机关追究刑事责任案件1起，刑事拘留犯罪嫌疑人4人，提请逮捕2人。2005年1—6月，区国税局开展税务专项整治活动，共查补税款4080万元，纳税人自查自纠入库税款270万元，全区税收秩序进一步好转。2006年，开展钢铁、化工、医药等行业专项检查，进行发票协查，惩治制售和购买假发票违法活动，受理涉税举报调查。共查补入库税款1774万元。2007年，开展焦化、钢铁、建材等行业专项检查，共查补入库税款346万元。2008—2010年，区国税局开展铸造、化工、煤炭、钢铁、金融、焦化、水泥等行业专项检查，进行发票协查，惩治制售和购买假发票违法活动，受理涉税举报调查，共查补入库税款2312万元。

2011—2012年，开展房地产、钢铁、化工、建材、焦化等行业专项检查，共查补入库税款6025万元。2013年，开展商贸、房地产、医药等行业重点税源企业专项检查、成品油受票企业检查、发票专项检查，共查补入库税款1.21亿元。

第五节 信息化建设

2001年5月，区国税局配备服务器2台，计算机47台，笔记本电脑1台，打印机15台，扫描仪6台，区国税局至市国税局主用线路采用帧中继，速率为2兆，备用线路采用DDN，速率为256K，区国税局到分局主用线路采用无线网，速率为11兆。同年7月，Ctais系统、电子邮件系统Lotus Notes和公文处理系统成功上线运行。2002年6月，个体定额核定系统推广应用。同年10月，税收执法监控系统推行应用。2003年12月，罗庄国税局开发应用《社会福利企业税收管理软件》，市国税局在全市国税系统推广应用。2004年8月，税库银系统上线运行。同年12月，Windows系统安全加固工具推广应用。2005 年 10 月 16 日，罗庄区国税局与临沂市工商银行、罗庄区工商银行联手筹建的“网上缴税直通车”，经一年的运行测试，正式开通运行。同日，有 34 户纳税人，614.32 万元税款申报缴纳，顺利通过网上划转。同年 12 月，所得税管理信息系统上线运行。2007 年 4 月 16 日，车辆购置税征收管理系统上线运行。2008 年 5 月 20 日，纳税评估系统上线运行。同年 12 月 1 日，出口货物函调系统正式运行。2009 年 12 月 8 日，“网上办税服务厅”开通使用，纳税人可以通过互联网办理纳税申报、税款入库等涉税业务。2010—2013 年，“税信通”短信平台、财税库银联网系统、新版出口退税审核系统、网络版财务管理软件基建管理系统、金税三期核心征管系统、综合办公系统、“数字人事”系统逐步上线运行。

第三章　地方税务

第一节　管理体制

机构

1995 年 2 月，罗庄区地方税务局（简称罗庄地税局）成立，为正科级单位。内设办公室、政工科、税政科、征收管理科、计会科、装备票证管理科 6 个科室，下设罗庄、傅庄、盛庄、册山、程庄、岑石 6 个地方税务所。同年 10 月，罗庄区地方税务局稽查大队、罗庄区地方税务局征收分局设立，均为副科级单位。1997 年，罗庄区地方税务局稽查大队改称罗庄区地方税务局稽查分局，增设双月湖、汤庄 2 个地税征收组。1998 年 10 月，增设纪检监察室。1999 年 5 月，撤销 6 个地税所、2 个征收组，设立罗庄、傅庄、盛庄中心税务所，为罗庄地税局副科级派出机构。2001 年 12 月，罗庄区地方税务局改称临沂市地方税务局罗庄分局（简称罗庄地税分局），罗庄区地方税务局稽查分局改称临沂市地方税务局罗庄分局稽查局，罗庄区地方税务局征收分局改称临沂市地方税务局罗庄分局直属征收局。2002 年，罗庄地税分局内设科室调整为办公室、法规征管科、税收管理科、计划财务科、人事政工科、信息管理科、监察室。2006 年，增设纳税服务中心。2010 年 6 月 17 日，罗庄地税分局办税服务大厅设立与纳税服务中心合署。行政区划调整时，设立沂堂税务所。2011 年，罗庄地税分局内设科室调整为办公室、法规税政科、征管和科技发展科、税源管理科、收入核算和财务科、人事科、机关党委办公室、监察室、信息服务中心。行政区划调整时，设立褚墩中心税务所（副科级）。2013 年年末，督察内审办公室设立。有干部职工 114 人。

2007 年 12 月，罗庄区地税分局被省精神文明建设委员会命名为省级文明单位。2011 年 1 月，被省地税局表彰为基层建设先进单位和“征纳共盈”纳税服务先进单位。2012 年 9 月，被山东省人力资源和社会保障厅、山东省地方税务局命名为全省地税系统先进集体。

税收体制

1994 年，中央实行分税制，将税种统一划分成中央税、地方税、中央和地方共享税。

分设国税、地税税收征管机构。1995年，地方税征收税种包括营业税（不含银行总行、铁道、保险总公司的营业税）、企业所得税、个人所得税、城镇土地使用税、固定资产方向调节税、城市维护建设税（不含银行总行、铁道、保险总公司集中缴纳的部分）、车船税、房产税、印花税、屠宰税等。农业税、耕地占用税、契税等，由财政部门代征，并入地方财政收入。共享税中，企业所得税分成为中央60%，省8%，地市16%，县区16%，个人所得税分成比例为中央60%，省15%，地市12.5%，县区12.5%。

2002年，国务院实施所得税收入分享改革，除少数特殊企业所得税和储蓄存款利息个人所得税外，一般企业所得税和个人所得税实行中央、省、县按比例分享，分享比例为中央50%、省级10%、县级40%。山东省实行营业税省与县按比例分享，省级20%，县级80%。2003年，企业所得税分享比例为中央60%、省级8%、县级32%；个人所得税分享比例为中央60%、县级40%。

图11-3：罗庄地税分局调研企业纳税情况（2013年10月摄）

第二节　地税征收

税种税率

罗庄地税局征管的主要税种有营业税、资源税、个人所得税、企业所得税、城镇土地使用税、房产税、土地增值税、印花税、车船税、城市维护建设税、屠宰税、固定资产投资方向调节税、耕地占用税、契税。并负责教育费附加、地方教育费附加、水利建设基金等规费的代征工作。

营业税　实行行业差别比例税率。交通运输业、建筑业、文化体育业、邮电通信业税率为3%；金融保险业、服务业、转让无形资产、销售不动产税率为5%；娱乐业税率为20%(1995年2月—2011年9月)。1997年2月，将金融保险业税税率由5%提高到8%。按原5%税率征收部分，归地方财政收入，由地方税务局征收；按提高的3%税率征收部分，归中央财政收入，由国家税务局征收。2001年1月起，每年调减1个百分点，分3年将金融保险业的税率从8%降至5%。

2011年10月1日起，高尔夫球娱乐业营业税税率调整为10%，其他娱乐业项目营业税执行5%的税率。2013年8月1日起，交通运输业和部分现代服务业（指围绕制造业、文化产业、现代物流产业等提供技术性、知识性服务的业务活动）改征增值税，不再属于营业税征收品目。

资源税　实行从量定额税率，原油每吨8～30元，天然气每千立方米2～15元，煤炭每吨2元（2005年5月1日起，调整为每吨3.6元），其他非金属矿原矿每吨（或每立方米）0.5～20元，黑色金属矿原矿每吨2～30元，有色金属矿原矿每吨0.4～30元，固体盐每吨10～60元，液体盐每吨2～10元，大理石、花岗岩（麻石）每吨3元，石灰石（青石）每吨2元（2012年1月1日起调整为每吨3元）。1999年8月1日始，对天然矿泉水、建筑用砂、其他黏土、其他建筑石料征收资源税，单位税额分别为天然矿泉水每吨3元，建筑用砂、其他黏土、其他建筑石料每立方米1元。

个人所得税 征收个人所得税的税率，有超额累进税率和比例税率两种，分为12个税目。工资薪金，个体工商户生产经营所得、企事业单位承包承租，税率为5%～45%。2006年1月1日起，工资薪金个人所得税计算中的费用扣除标准调整至1600元；2008年3月1日起，调整至2000元；2011年9月1日起，调整至3500元，并将原9级超额累进税率调整为7级，第一级税率为3%，工资薪金所得税率为3%～45%。

罗庄区工资薪金所得适用个人所得税累进税率表

表11-5

级数	全月应纳税所得额		税率（%）	速算扣除数
	含税级距	不含税级距		
1	不超过1500元的	不超过1455元的	3	0
2	超过1500元至4500元的部分	超过1455元至4155元的部分	10	105
3	超过4500元至9000元的部分	超过4155元至7755元的部分	20	555
4	超过9000元至35000元的部分	超过7755元至27255元的部分	25	1005
5	超过35000元至55000元的部分	超过27255元至41255元的部分	30	2755
6	超过55000元至80000元的部分	超过41255元至57505元的部分	35	5505
7	超过80000元的部分	超过57505元的部分	45	13505

说明：1.表中所列含税级距、不含税级距，均为按照税法规定减除有关费用后的所得额。
2.含税级距适用于由纳税人负担税款的工资、薪金所得，不含税级距适用于由他人（单位）代付税款的工资、薪金所得

罗庄区个体工商户生产、经营所得及承包经营所得适用个人所得税累进税率表

表11-6

级数	全年应纳税所得额		税率（%）	速算扣除数
	含税级距	不含税级距		
1	不超过15000元的	不超过14250元的	5	0
2	超过15000元至30000元的部分	超过14250元至27750元的部分	10	750
3	超过30000元至60000元的部分	超过27750元至51750元的部分	20	3750
4	超过60000元至100000元的部分	超过51750元至79750元的部分	30	9750
5	超过100000元的部分	超过79750元的部分	35	14750

说明：1.表中所列含税级距与不含税级距，均为按照税法规定减除有关费用（成本、损失）后的所得额。
2.含税级距适用于个体工商户的生产、经营所得和由纳税人负担税款的承包经营所得；不含税级距适用于由他人（单位）代付税款的承包经营、承租经营所得

企业所得税 1995年2月起，企业所得税执行税率为33%，其中地方所得税率为3%。同时，对年应纳税所得额在3万元（含3万元）以下的企业，暂减按18%的税率征收；年应

纳税所得额在10万元（含10万元）以下至3万元的企业，暂减按27%税率征收。2008年1月1日始，内、外资企业所得税实行统一税率，企业所得税税率调整为25%。

城镇土地使用税　1995年起，城区、建制镇、工矿区范围内使用土地的单位和个人，缴纳土地使用税。土地使用税以纳税人实际占用土地面积为计税依据，采用定额税率。税率为：二等土地每年0.4元/平方米，三等土地每年0.25元/平方米。1998年1月1日起，税率调整为：二等土地每年1.4元/平方米，三等土地每年0.8元/平方米。2000年1月1日起，分别调整为每年2元/平方米和每年1.4元/平方米。2006年1月1日起，根据市政府《关于调整城镇土地使用税等级范围的通知》，罗庄区范围内原二等土地调整为一等土地（东至沂河，西至京沪高速公路，南至南外环，北至罗庄区与兰山区交界处），按每年4元/平方米征税；原三等土地调整为二等土地（一等土地以外的其他土地），按每年3元/平方米征税。2007年1月1日起，罗庄区城镇土地使用税税额标准调整为一等土地每年8元/平方米，二等土地每年6元/平方米。2007年6月30日起，根据《山东省人民政府关于修改〈山东省实施中华人民共和国城镇土地使用税暂行条例办法〉的决定》，征收范围调整为国有企业、集体企业、私营企业、股份制企业、外商投资企业、外国企业以及其他企业和事业单位、社会团体、国家机关、军队以及其他单位；所称个人，包括个体工商户以及其他个人。

房产税　1995年2月起，按照《中华人民共和国房产税暂行条例》，在城区、建制镇、工矿区征收房产税，依据房产余值、房产租金收入计征。房产税率，从价计征，即房产余值（房产原值一次减除30%后余值）的1.2%；从租计征，即租金收入的12%。

土地增值税　1995年2月起，开始征收，实行四级超额累进税率，增值额未超过扣除项目金额50%部分，税率为30%；增值额超过扣除项目金额50%、未超过扣除项目金额100%部分，税率为40%；增值额超过扣除项目金额100%、未超过扣除项目金额200%部分税率为50%；增值额超过扣除项目金额200%部分，税率为60%。2006年1月1日起，罗庄区纳税人转让土地使用权、商业办公用房及非普通住房，预征税率为3%；转让普通住房，预征税率为2%。

印花税　1995年2月起，按照《中华人民共和国印花税暂行条例》征收印花税。征收范围为各类经济合同及具有合同性质的凭证、产权转移书据、营业账簿、权利许可证照等。税率为千分之一、万分之三、万分之五、万分之零点五等4个档次。许可证照和其他营业账簿按件贴花每年5元。2004年，根据《税收征管法》核定征收印花税的企业，临沂市统一核定印花税征收比例，并于2006年1月、2010年两次调整印花税核定征收比例。

2010—2013年罗庄区执行印花税核定征收比例情况表

表11-7

合同类型	核定依据	核定比例（%）	税率
财产保险合同	保费金额	100	千分之一
购销合同	外贸销售收入	140	万分之三
货物运输合同	运输收入或费用	100	万分之五

续表 11-7

合同类型	核定依据	核定比例（%）	税率
建设工程勘察设计合同	收取或支付费用	100	万分之五
购销合同	采掘业销售收入	130	万分之三
购销合同	固定资产采购金额	80	万分之三
财产租赁合同	租赁金额	100	千分之一
加工承揽合同	加工承揽金额	100	万分之五
购销合同	工业销售收入	130	万分之三
仓储保管合同	仓储保管收入或费用	100	千分之一
借款合同	借款金额	100	万分之零点五
建筑安装工程承包合同	承包金额	100	万分之三
购销合同	建筑施工采购金额	70	万分之三
购销合同	商业零售采购金额	50	万分之三
技术合同	收入或成本费用	100	万分之三
购销合同	商业批发销售收入	100	万分之三

车船税 1995 年 2 月起，征收车船使用税采用定额税率。载人汽车 10 座（含 10 座）以下年税额 140 元，10 ～ 20 座年税额 160 元，20 ～ 40 座年税额 180 元，40 座以上年税额 200 元。载货汽车按净吨位每吨 40 元。摩托车二轮每辆每年 60 元，三轮每辆每年 80 元，轻骑每辆每年 36 元。2005 年 4 月 1 日始，地税部门委托公安交警部门在机动车辆年检环节代征车船使用税。2007 年 1 月 1 日，车船使用税废止，开始征收车船税。车船税包括乘用车、商用车、挂车、其他车辆、摩托车和船舶六个税目。乘用车按发动汽缸容量（排气量）分档确定每辆每年税额；机动船舶按净吨位每吨确定年税额；游艇按艇身长度每米确定年税额。2012 年 1 月 1 日，《中华人民共和国车船税法》施行，罗庄区执行新的税额标准。

2012—2013 年罗庄区执行机动车车船税税目税额表

表 11-8

税目		计税单位	年税额（元）	备注
乘用车〔按发动机汽缸容量（排气量）分档〕	1.0 升（含）以下的	每辆	240	核定载客人数 9 人（含）以下
	1.0 升以上至 1.6 升（含）的		360	
	1.6 升以上至 2.0 升（含）的		420	
	2.0 升以上至 2.5 升（含）的		900	

续表 11-8

税目		计税单位	年税额（元）	备注
乘用车〔按发动机汽缸容量（排气量）分档〕	2.5 升以上至 3.0 升（含）的	每辆	1800	核定载客人数 9 人（含）以下
	3.0 升以上至 4.0 升（含）的		3000	
	4.0 升以上的		4500	
商用车	客车（核定载客人数 9 人以上，包括电车）	每辆	720（大型）	大型客车［核定载客人数 20 人（含）以上，包括电车］
			600（中型）	中型客车（核定载客人数 9 人以上，20 人以下，包括电车）
	货车	整备质量每吨	72	包括半挂牵引车、三轮汽车和低速载货汽车等
挂车		整备质量每吨	36	
其他车辆	专用作业车	整备质量每吨	72	不包括拖拉机
	轮式专用机械车	整备质量每吨	72	
摩托车		每辆	60	

城市维护建设税 1995 年起开始征收，按纳税人实缴增值税、营业税、消费税额为计算依据，分别与增值税、营业税、消费税同时缴纳，税率按 7% 征收，外商投资企业、外国企业及外籍个人不纳入征收范围。2010 年 12 月 1 日始，外商投资企业、外国企业及外籍个人（以下简称外资企业）纳入城市维护建设税征收范围。

屠宰税 1995 年 2 月起，对经营生猪、牛、羊的单位和个人，在收购环节或屠宰环节征收屠宰税。征收范围包括屠宰或收购生猪、羊、牛、马、驴、骡 6 种牲畜。税额分别为：生猪每头 10 元，牛、马、驴、骡每头（匹）20 元，羊每只 2 元。凡在收购环节缴纳屠宰税的，屠宰时不再缴纳屠宰税。2002 年 6 月，停止征收。

固定资产投资方向调节税 1995 年 2 月起，凡在辖区内投资固定资产单位和个人，均征收固定资产投资方向调节税，实行 5%、10%、15%、30% 和零税率 5 个档次。2001 年 1 月 1 日始，停止征收。

耕地占用税、契税 2011 年 3 月 1 日起，按照市财政局、市机构编制委员会办公室、市人力资源和社会保障局、市地方税务局《关于做好耕地占用税和契税征管职能划转交接工作的通知》，罗庄地税分局接管耕地占用税、契税征管工作。耕地占用税税率为 22.5 元 / 平方米，契税基本税率为 3%。2013 年 6 月 1 日起，国有土地使用权出让契税适用税率由 3% 调整为 4%，土地使用权转让以及房屋买卖、赠予、交换等其他转移土地、房屋权属行为契税适用税率仍执行 3%。

教育费附加 1995 年 2 月起，以单位和个人实际缴纳增值税、营业税、消费税（以下简称“三税”）为依据，按“三税”实际缴纳税额的 3% 征收，分别与“三税”同时缴纳。外商投资企业、外国企业及外籍个人，2010 年 12 月 1 日不纳入征收范围，2010 年 12 月

1日（含）之后纳入征收范围。

地方教育费附加　2005年1月1日开始征收，以单位和个人实际缴纳增值税、营业税、消费税为计费依据，按“三税”实际缴纳税额的1%征收。2010年12月1日起，征收标准调整为“三税”实际缴纳额的2%。

水利建设基金　2011年8月1日起，对辖区内企事业单位和个体经营者按实际缴纳“三税”税额的1%征收地方水利建设基金，并由地方税务部门负责代收。

地税收入

1995年起，地税部门坚持“聚财为国、执法为民”工作宗旨，以组织收入为中心，严格坚持依法治税，强化税收征收管理，挖掘潜力、堵塞漏洞，加强税收分析，及时做好税收收入调度，一级抓一级，层层抓落实，落实组织收入责任制。当年，地税完成各项收入1147万元。此后，地税收入快速增长，2001年首次突破亿元大关，达到1.12亿元，年均增长57.79%。2002年后，新成立的企业，其企业所得税改由国税征收，地税收入增长缓慢。2006年，全区地税收入完成1.61亿元。其后，加大增收力度，地税收入实现持续高速增长。2011年，全区地税收入完成6.31亿元，2013年全区地税收入突破10亿元大关，达10.62亿元，是1995年的92.59倍，年均递增28.6%。

1995—2013年罗庄区地税收入情况表

表11-9　　单位：万元

税种	1995	1996	1997	1998	1999	2000	2001	2002	2003	2004	2005	2006	2007	2008	2009	2010	2011	2012	2013
合计	1147	2185	2609	3191	6288	7234	11213	9295	11234	10893	12146	16062	20399	26871	33156	43524	63084	91658	106172
营业税	493	927	851	1003	1275	1141	1221	1854	3042	2849	3504	5365	6413	8075	8207	14112	15912	26187	38019
企业所得税	167	257	386	383	2920	3979	7282	4236	3937	2627	740	1066	934	2672	4625	4349	9149	12542	10225
个人所得税	62	83	304	299	424	538	926	1027	1174	1028	784	699	799	903	1387	2283	2759	2964	3147
房产税	49	121	168	237	293	236	404	459	538	532	1126	862	802	1014	1062	2071	2249	2485	2971
车船税	10	41	34	41	39	58	51	40	29	1	197	207	20	171	413	1511	2072	3288	3245
印花税	2	11	11	15	25	12	15	20	55	80	577	672	932	1277	1307	2121	2708	2751	3634
资源税	35	42	35	31	76	82	29	39	19	18	33	19	17	34	41	144	192	520	452
土地使用税	13	26	35	126	173	210	236	298	970	1072	1151	1625	3422	4250	6406	7107	9015	11082	14383
土地增值税	\	\	\	\	\	\	\	\	\	\	28	68	114	105	229	208	1648	2289	5577
城建税	225	418	402	593	576	676	784	899	1034	2128	2769	3519	4220	5189	5875	5899	7630	10241	10996
教育费附加	12	213	235	190	213	238	259	423	437	521	1094	1673	2056	2200	2532	2545	3280	4379	4639
文化事业建设费	\	\	\	\	\	\	\	1	\	\	\	\	0	1	3	6	4	7	5
地方教育附加	\	\	\	\	\	\	\	\	\	\	137	284	669	737	838	855	2109	2933	3106

续表 11-9

税种	1995	1996	1997	1998	1999	2000	2001	2002	2003	2004	2005	2006	2007	2008	2009	2010	2011	2012	2013
地税罚没收入	3	8	1	\	\	\	\	\	\	\	4	3	1	2	2	7	4	3	2
耕地占用税	\	\	\	\	\	\	\	\	\	\	\	\	\	\	\	\	3643	8170	2226
契税	\	\	\	\	\	\	\	\	\	\	\	\	\	\	\	\	\	\	1575
地方水利建设基金	\	\	\	\	\	\	\	\	\	\	\	\	\	\	\	\	353	1439	1543
残疾人就业保障金	\	\	\	\	\	\	\	\	\	\	\	\	\	241	231	306	357	377	427
固投税	75	32	131	237	244	37	\	\	\	\	\	\	\	\	\	\	\	\	\
屠宰税	1	5	15	34	30	27	6	\	\	38	\	\	\	\	\	\	\	\	\

第三节　税收管理

办税服务

1995年，罗庄区税收征管实行专管员制度。企业纳税人可按月到税务机关自行申报纳税，不按时申报者加收滞纳金，申报纳税不实者通过稽查追缴，个体工商户由税管员上门收税。1998年，罗庄地税局设立办税服务厅，对税收收入实行信息化管理。1999年，实行申报纳税“一窗式”管理、“一站式”服务。实行文明办税“八公开”和服务承诺制、首问负责制、过错追究制，以真诚服务赢得纳税人满意。2002年，实行“税银联网”“双委托”，推广使用支票、银行卡、电子结算等方式缴纳税款，提高办税效率和服务质量。2005年3月，实行税收管理员制度，对税收管理员工作职责、工作要求及监督管理进行规范和明确。2006年，启用山东省国、地税联合办理税务登记管理信息系统，实现国、地税税收征管软件有机衔接，信息即时共享，税务登记事项一方受理、双方认可。同年，罗庄地税分局设立纳税服务中心，对纳税服务进行统一管理。2010年6月28日起，罗庄地税分局办税服务大厅投入运行，推行税收一站式服务、集约化征收、全程化服务、专业化管理的服务模式。

税源管理

1995—1997年，罗庄地税局根据农村税收点散面广、易漏难管的特点，建立以税务部门为核心，以社会力量为补充，以群众为监督的协税护税网络，实行农村税收征管社会化，最大限度地防治税收中的“跑、冒、滴、漏”现象。建立松散型协税护税网络200个，逐步形成“以纳税申报为基础，以计算机网络为依托，集中征收，重点稽查”的税收征管模式。1998年，罗庄地税局落实执法责任制，实行“责任、措施、奖惩”三落实。同年，直属征收分局、罗庄地方税务所、双月湖征收组在罗四路中段联合开设罗庄地税第一个办税服务厅。2004年，推行使用税控收款机，强化“以票控税”的税源管理模式。2005年，罗庄地税分局重点抓好税务登记和企业网上报税工作，强化税源控管。2008年，罗庄区纳税人由1995年的1236户增加到12368户，86%的企业实现网上报税。2009年，省地税局纳税评估系统正式上线，开展纳税评估和税收预警。同年，利用两税比对应用软件，进行全区范围内国、地税登记比对工作，挖掘税源，堵塞漏洞，增加税收收入。2011年，通过纳税评估入库税款578.55万元，税收预警入库税款506.09万元，共入库税款1084.64万元。同年10月，罗庄地税分局被省地税局确定为税源专业化管理试点单位。2012年，实施“重点税源企业专项评估”，评估入库税款及滞纳金共692.71万元。同年3月，省地税局新税收预警系统上线。通过税收预警系统补征预警税款及滞纳金共231.61万元。2013年，制定《罗庄分局2013年度纳税评估工作实施方案》，确定年纳税额50万元以上企业为税源评估重点，联合稽查部门对企业所得税连续两年零申报企业进行纳税评估。全年处理税收预警信息439户（项），清缴入库税费886.78万元。至年底，罗庄地税分局共管理纳税业户14197户。其中，单位纳税人6517户，个体工商户7680户。

图11-4：罗庄地税分局调研个体工商户经营及纳税情况（2010年9月　摄）

第四节　税收执法

依法治税

1995—1997年，罗庄地税分局利用“税收宣传月”活动，发放“税收明白纸”3.68万份，设立税法宣传站18处，出动宣传车208台次，举办各类培训班、学习班8期，培训人数15.16万人次，税收宣传遍及全区225个行政村，接受教育20万人次。2003年，推行综合治税机制，建立“政府领导、地税主管、部门配合、司法保障、社会参与、信息化支撑”的综合治税新格局。2005年，在基层地税机关推行税收法制员制度。税收法制员对基层执法行为及时审核把关，发现并纠正执法不规范问题，提高基层地税干部税收法律意识。2008年，罗庄地税分局印发《税收执法程序规范》《税收执法文书规范》等文件，层层签订“税收执法责任书”，聘请社会执法监督员100余人，强化社会监督，提高执法水平。2011年8月，罗庄地税分局印发《关于深化税收一体化管理，构建执法风险防范体系的实施意见》。2013年9月，印发《2013年税收执法督察工作方案》，规范税收执法行为。

税务稽查

1997—2002年，罗庄地税分局组织税收专项检查9次，查处涉税举报案件33件。2003—2008年，开展建筑安装、金融保险、电力、房地产、个人独资和合伙企业等税收检查，查补入库税款1166万元。2009年，组织开展企业所得税重点税源企业清查和补提类税金清查工作，查补入库税款838万元。2010—2011年，开展房地产、医药经销、陶瓷、金融保险和汽车销售等行业专项检查工作，重点开展城镇土地使用税专项清理和个体工商户地方各税专项清理的地方税收专项整治，查补入库税款1355万元。2012—2013年，开展房地产、金融、汽车销售和交通运输等行业以及重点税源企业专项检查，查补入库税款3149万元。

第五节　信息化建设

1996年，建立“以纳税申报为基础，以计算机网络为依托，集中征收，重点稽查”的税收征管模式。投资60万元，建成以征收服务大厅终端机为核心，各基层征收单位为辐射的局域网络，为税收征管电算化奠定基础。1998年9月，正式开通地税局与各基层所远程通信网络。该网络数据传输带宽为3兆，采用无线局域联网方式，税收计会统、票证、经费等数据资料结报全部实现自动化传输。同年，应用省局税收征管系统和税收票证管理软件，实现税收征管和数据集中处理办公自动化。1999年，全区1.36万户纳税户全部纳入信息化管理，在全市率先开发使用个体电话报税系统。2004年，罗庄地税分局购买包括IBMP630等在内的高端服务器5台，高性能终端计算机80台，全系统人均占有计算机1.2台。开发应用“用友”税收征管系统和“DS2004”辅助管理软件，实现无纸化办公。2006年，“用友”税收征管系统在全市地税系统推广应用，形成全市互联的税收征管平台。2007年11月，山东省税务管理集成工作平台（简称“大集中”）上线，替代“用友”税收征管系统，形成全省互联的税收征管平台。同年，针对新平台开发使用DS2008辅助管理软件。2009年，在财税大厦第21层设中心机房，购置高性能服务器4台，计算机150台，全局在编干部职工108人，均取得计算机中级资格证书。2013年11月，“金税三期”系统在罗庄地税分局试运行，取代省局“大集中”平台，实现全国互联的税收征管平台（部分省、直辖市除外），针对“金税三期”系统，对DS2008辅助管理软件进行再升级。

第四章　金融

第一节　银行

银行机构

1995年，全区共有银行6家。其中，国有商业银行4家（工商银行罗庄支行、农业银行罗庄支行、中国银行罗庄支行、建设银行罗庄支行），城市商业银行1家（临商银行罗庄行），地方法人金融机构1家（罗庄区农村信用社）。2005年6月，中国银行临沂双月湖路支行成立。2011年12月，邮储银行罗庄支行成立。2012年11月，浦发银行临沂罗庄支行成立。2013年7月，民生银行罗庄支行成立。至2013年年底，全区共有10家银行业金融机构。其中，国有商业银行5家，城商行1家，地方法人金融机构1家，股份制商业银行3家。

银行机构简介

中国工商银行股份有限公司临沂罗庄支行　位于宝泉路42号。1986年10月，中国工商银行临沂市支行罗庄办事处成立，1990年12月29日升格为支行级办事处，1995年8月1日改称中国工商银行临沂市罗庄支行，为正科级企业单位。同年，实现存款总额1.08亿元，其中储蓄存款0.63亿元；贷款总额2.14亿元。2005年12月16日，中国工商银行临沂市罗庄支行改称中国工商银行股份有限公司临沂罗庄支行。2007年末，存款总额突破10亿元大关，实现银行存款10.2亿元，较年初增加2.39亿元，增长30.6%。2013年12月，内设公司客户营销部、个人客户营销部、风险管理部、办公室4个部室，辖营业部、盛庄分理处、蒙山大道分理处、湖北路支行4个网点，在岗员工65人，劳务用工8人。是年年末，全行本外币各项存款（含同业）余额26.05亿元，较年初增长1.96亿元，增长8.1%；本外币贷款余额32.67亿元，较年初增加6.31亿元，增长23.94%。实现账面利润1.072亿元。

1995—2013年中国工商银行股份有限公司罗庄支行存贷款情况表

表11-10　　单位：亿元

年份	存款总额		贷款总额	年份	存款总额		贷款总额
		储蓄存款				储蓄存款	
1995	1.08	0.63	2.14	2005	6.23	2.91	19.40
1996	1.17	0.72	2.61	2006	7.81	3.23	21.16
1997	1.78	1.12	2.82	2007	10.20	3.51	20.71
1998	2.12	1.34	3.73	2008	13.98	4.58	20.80
1999	2.45	1.43	3.98	2009	16.00	5.85	21.00
2000	2.91	1.54	4.36	2010	16.90	6.62	19.93
2001	3.03	1.69	5.07	2011	20.34	7.59	27.85
2002	4.11	2.22	7.42	2012	24.19	8.97	26.36
2003	5.45	2.87	21.00	2013	26.05	10.78	32.67
2004	5.97	2.73	19.93				

中国农业银行股份有限公司临沂罗庄支行　位于罗六路102号。1995年2月，中国农业银行临沂市罗庄支行筹建，同年10月设立，为正科级企业单位。下设1个营业部，傅庄、盛庄、程庄、册山、岑石5个办事处，2个营业所，1个金穗卡信用部。同年，实现存款总额1.59亿元，贷款总额1.3亿元。1996年8月，根据国务院《关于农村金融体制改革的决定》，农村信用社与中国农业银行脱离行政隶属关系。2003年末，全行实现存款总额7.09亿元，较年初增加2.16亿元，增长43.81%；贷款总额7.52亿元，较年初增加3.42亿元，增长83.41%。2005年，盛庄支行、龙潭支行、傅庄支行升级为二级支行。2009年1月，中国农业银行临沂市罗庄支行改称中国农业银行股份有限公司临沂罗庄支行。2012年，文化路储蓄所升级为文化路支行，电厂储蓄所迁至临沂高新技术产业开发区，改称高新区支行。2013年，下辖龙潭、盛庄、傅庄、高新区、文化路5个二级

支行，册山、高都、十里堡3个分理处，1个营业部，内设个人金融部、公司业务部、风险管理部、综合管理部、运营财会部和个贷经营中心5部1中心，有员工132人。

2013年末，各项存款40.49亿元，较年初增加4.28亿元，增长11.82%。其中个人存款28.27亿元，较年初增加3.26亿元；全行各项贷款29.01元，较年初增加3.67亿元，增长14.48%。

1995—2013年中国农业银行股份有限公司临沂罗庄支行各项存贷款情况表

表11-11　　单位：亿元

年份	存款总额	储蓄存款	贷款总额	年份	存款总额	储蓄存款	贷款总额
1995	1.59	1.06	1.30	2005	10.44	6.79	12.32
1996	2.21	1.50	1.53	2006	12.34	7.59	11.05
1997	2.97	2.07	2.20	2007	14.05	8.72	15.48
1998	2.99	1.20	2.41	2008	16.67	11.34	16.82
1999	2.68	0.95	2.74	2009	21.57	14.52	18.50
2000	2.85	2.25	2.43	2010	25.65	17.15	24.52
2001	3.56	2.57	2.73	2011	29.98	20.30	23.72
2002	4.93	3.36	4.10	2012	36.21	25.01	25.34
2003	7.09	4.94	7.52	2013	40.49	28.27	29.01
2004	9.49	6.67	10.47				

中国银行股份有限公司临沂罗庄支行　位于建设街59号。1987年8月21日，中国银行临沂支行罗庄办事处成立，是全国中行系统第一个设在乡镇的科级营业机构。1995年3月，中国银行临沂市罗庄区支行成立，为正科级企业单位。下设会计科、办公室、存汇科、信贷科、保卫科、5个科室，1个营业部，11个营业处。当年，实现人民币存款总额0.76亿元，贷款总额0.78亿元。2005年4月，中国银行股改上市后，更名为中国银行股份有限公司临沂罗庄支行。2009年末，实现存款总额13.61亿元，较年初增加6.36亿元，增长87.72%；实现贷款总额12.52亿元，较年初增加0.07亿元。2013年末，内设综合管理部、公司业务部、个人业务部、营业部4个部门。各货币折人民币存款余额13.76亿元，较年初减少7.47亿元，增长-35.19%；各种货币折人民币贷款余额10.44亿元，较年初减少1.02亿元，增长-8.9%。实现营业收入0.53亿元，中间业务收入0.13亿元，拨备前利润0.4亿元，税后利润0.1亿元。

1995—2013 中国银行股份有限公司临沂罗庄支行存贷款情况表

表 11-12　　单位：亿元

年份	存款总额	储蓄存款	贷款总额	年份	存款总额	储蓄存款	贷款总额
1995	0.76	0.47	0.78	2005	5.01	1.96	6.26
1996	0.98	0.60	0.85	2006	6.03	2.03	12.23
1997	1.11	0.61	107	2007	6.62	2.14	11.65
1998	1.34	0.64	1.41	2008	7.25	2.65	12.45
1999	1.67	0.72	1.42	2009	13.61	3.84	12.52
2000	1.54	0.82	1.29	2010	16.12	4.22	14.35
2001	1.54	1.04	1.63	2011	18.91	5.01	14.41
2002	2.26	1.21	2.52	2012	21.23	3.75	11.46
2003	2.90	1.33	2.42	2013	13.76	4.24	10.44
2004	3.38	1.63	4.10				

中国建设银行股份有限公司临沂罗庄支行 位于龙潭路中段。1988年8月8日，中国人民建设银行临沂地区分行罗庄办事处成立。1995年4月18日，中国建设银行临沂市罗庄区支行成立，为正科级企业单位。下设行政保卫科、投资业务科、会计出纳科、筹资储蓄科4个科室，营业网点21个。同年，实现存款总额1.2亿元，贷款总额0.89亿元。2004年9月，中国建设银行股改挂牌后，中国建设银行临沂市罗庄区支行改称中国建设银行股份有限公司临沂罗庄支行。同年12月，中国人民建设银行临沂罗庄支行被山东省人民政府评为服务民营经济先进单位。2006年1月，被山东省分行授予“省级文明单位”称号。2008年，实现存款总额19.94亿元，较年初增加3.43亿元，增长20.78%；实现贷款总额22.02亿元，较年初增加9.07亿元，增长70.04%。之后，存款、贷款总额迅速增加。2013年，支行全口径存款48.37亿元，比年初增加2.67亿元，增长5.83%；贷款余额46.3亿元，比年初增加5.97亿元，增长14.8%。不良贷款率为0.04%，实现利润总额2.06亿元。至年末，内设综合部、对公业务部、个人业务部3个部门；下辖支行营业室、龙潭支行、盛庄支行、傅庄支行、镇南支行、双月湖支行6个营业网点，有干部职工89人。

1995—2013 年中国建设银行股份有限公司临沂罗庄支行存贷款情况表

表 11-13　　单位：亿元

年份	存款总额	储蓄存款	贷款总额	年份	存款总额	储蓄存款	贷款总额
1995	1.20	0.55	0.89	1997	4.05	1.93	3.00
1996	2.08	1.54	1.21	1998	5.67	2.55	2.79

续表 11-13

年份	存款总额		贷款总额	年份	存款总额		贷款总额
		储蓄存款				储蓄存款	
1999	4.87	2.99	3.25	2007	16.51	8.61	12.95
2000	6.44	3.57	5.04	2008	19.94	12.07	22.02
2001	7.75	3.75	5.75	2009	26.38	14.74	25.96
2002	10.66	8.16	7.28	2010	33.15	17.79	25.83
2003	9.80	5.71	13.73	2011	37.54	19.17	23.48
2004	10.52	4.66	12.22	2012	45.78	25.04	40.33
2005	14.46	5.80	14.47	2013	48.37	25.57	46.30
2006	14.12	7.21	11.78				

临商银行股份有限公司罗庄中心支行 位于双月湖路93号。1988年2月7日，经中国人民银行山东省分行批准，罗庄城市信用合作社成立。1995年2月12日，改称临沂市罗庄区城市信用合作社，为区直正科级企业单位。内设办公室、综合业务科、会计稽核科、保卫科4个科室，辖老屯、朱陈、龙潭、八块石、万泉、朱张桥、美华、傅庄、双月门、沈泉庄、罗庄11家营业处，在编职工76人。同年，实现存款总额0.61亿元，贷款总额1.31亿元。1998年3月17日，临沂市商业银行宣布在罗庄区城市信用社基础上，成立临沂市商业银行罗庄支行。2008年11月，改称临商银行股份有限公司罗庄中心支行（简称临商银行罗庄支行）。2011年末，存款总额首次突破10亿元大关，实现11.97亿元，较年初增加2.51亿元，增长26.53%；实现贷款总额17.2亿元，较年初减少0.73亿元，增长-4.07%。2013年，内设6个部室，6处营业网点（营业部、册山支行、盛发支行、万泉支行、高新区支行、龙潭支行），有职工138人。同年，各项存款余额36.29亿元，是1995年的59.49倍，年均递增25.48%；各项贷款余额23.52亿元，是1995年的17.95倍，年均递增17.4%。

1995—2013年临商银行股份有限公司罗庄中心支行存贷款情况表

表 11-14　　单位：亿元

年份	存款总额		贷款总额	年份	存款总额		贷款总额
		储蓄存款				储蓄存款	
1995	0.61	0.35	1.31	2001	2.03	0.99	3.36
1996	0.93	0.40	1.10	2002	2.55	1.26	2.77
1997	0.65	0.52	0.88	2003	5.23	1.29	4.35
1998	1.21	0.90	1.97	2004	6.28	1.44	9.42
1999	1.42	0.93	2.26	2005	2.53	1.26	10.93
2000	1.73	0.91	3.17	2006	3.33	1.76	14.49

续表 11-14

年份	存款总额		贷款总额	年份	存款总额		贷款总额
		储蓄存款				储蓄存款	
2007	3.20	1.60	15.44	2011	11.97	3.37	17.20
2008	8.42	2.10	16.25	2012	13.65	3.64	14.57
2009	8.47	2.22	17.63	2013	36.29	15.63	23.52
2010	9.46	2.71	17.93				

临沂市罗庄区农村信用合作联社　位于湖东路 78 号。1995 年 3 月，临沂市罗庄区农村信用合作社联合社成立。年末，实现存款总额 3.11 亿元，贷款总额 1.89 亿元。2002 年 12 月，经中国人民银行济南分行批准，在承继临沂市罗庄区农村信用合作社联合社全部权利与义务的基础上，临沂市罗庄区农村信用合作社联合社与所辖 6 家法人信用社、159 名内部职工、355 名社会自然人，合并为一个法人，取得“金融机构营业许可证”，2003 年 3 月取得工商营业执照。2004 年 3 月 12 日，经中国银行业监督管理委员会山东监管局批复，更名为临沂市罗庄区农村信用合作联社（简称罗庄农信社）。同年末，实现存款总额 28.07 亿元，较年初增加 11.2 亿元，增长 66.39%；实现贷款总额 24.93 亿元，较年初增加 6.46 亿元，增长 34.98%。

2013 年 9 月，区政府贯彻落实《山东省人民政府关于进一步深化全省农村信用社改革的意见》，启动银行深化改革工作，成立罗庄区农信社银行深化改革工作领导小组，从区金融办、财政局、国土局、纪委监察局、政法委、公安、检察院、法院、农信社等部门，抽调 30 名工作人员，组成 6 个专业工作组，由区政法委牵头，建立公检法联合办案机制，采用资产查封、盘活转贷不良资产、打包处置不良贷款等方式，开展不良资产清收和化解工作，进一步优化金融生态环境。同年，罗庄农信社内设营业部、业务营销一部、业务营销二部、电子银行部、资金营运部、资产经营中心、业务管理部、业务发展部、贷款调查中心、贷款审查审批中心、贷后检查中心、资产管理部、财务会计部、审计部、合规部、人力资源部、综合部、监察保卫部、科技部 19 个职能部室；辖罗庄、盛庄、傅庄、高都、册山、罗西、双月、汤庄、岑石、朱陈、盂元、新北、十里堡、红胜、老屯、桥头、对河、龙湖、美鑫、高新区 20 家分社和宝泉、前盛庄、傅庄镇南、东三重、张旦子、新桥、沙旦子、程庄、黄土堰、双月湖、湖西崖、焦沂庄、建材市场、杜三岗、大埠东、沙沟、于泉庄、朱张桥、白庄、美澳 20 家分理处。年末，实现存款总额 75.42 亿元，是 1995 年的 24.25 倍，年均递增 19.38%；实现贷款总额 56.08 亿元，是 1995 年的 29.67 倍，年均递增 20.72%。

1995—2013年临沂市罗庄区农村信用合作联社存贷款情况表

表11-15　　　　单位：亿元

年份	存款总额	储蓄存款	贷款总额	年份	存款总额	储蓄存款	贷款总额
1995	3.11	2.55	1.89	2005	33.30	16.52	27.64
1996	4.65	3.44	2.87	2006	38.30	21.14	33.45
1997	5.02	4.13	4.03	2007	36.82	23.79	35.18
1998	6.18	5.22	4.78	2008	40.08	30.08	37.14
1999	7.03	5.71	5.67	2009	47.54	36.80	38.98
2000	8.36	6.83	7.54	2010	56.15	43.70	44.13
2001	10.37	8.65	9.68	2011	59.23	47.02	49.13
2002	11.75	9.90	10.17	2012	68.08	55.39	50.52
2003	16.87	13.04	18.47	2013	75.42	63.15	56.08
2004	28.07	13.77	24.93				

中国银行临沂双月湖路支行　位于罗六路与双月湖路交会处华盛江泉城大酒店。2005年6月成立，隶属中国银行股份有限公司临沂罗庄支行，2011年3月，升格为市行直属支行。年末，存款余额1.4亿元，各项贷款余额0.13万元。2013年，存款余额2.15亿元，各项贷款余额0.85亿元。有员工13人。

邮储银行罗庄支行　位于罗四路与商业街交会处临矿集团办公楼后文体中心一层。2011年12月1日设立。2012年，存款总额0.45亿元（其中居民储蓄0.21亿元），贷款总额0.51亿元。2013年，支行下设综合管理部、信贷部、现金营业厅3个内部科室。实现存款总额0.53亿元（其中居民储蓄0.26亿元），较2012年增长17.78%；贷款总额1.24亿元，较2012年增长143.14%。有员工18人。

浦发银行临沂罗庄支行　位于湖北路80号。2012年11月成立，下设市场营销一部、市场营销二部、营业部、罗庄建材小微支行4个营业网点，有员工24人。同年，该行一般性存款余额13.17亿元，各项贷款余额8.41亿元。

民生银行罗庄支行　位于罗六路与双月湖路交会处华盛江泉城大酒店东临。2013年7月成立，设公司部、零售部、营业厅，辖临矿、金桂园、宝丽凤凰城3家社区支行，有员工42人。同年，各项存款余额13.55亿元，其中居民储蓄5.59亿元，各项贷款余额19.36亿元。

银行存款、贷款

存款　1995年，罗庄区实现银行存款总额8.35亿元，其中居民储蓄存款6.02亿元，占存款余额的72.1%；2003年末，全区银行存款首次突破50亿元大关，实现50.26亿元，较年初增加11.47亿元，增长29.57%。之后，银行存款总额增长迅速。2013年，浦发银行罗庄支行、民生银行罗庄支行相继成立，存款余额增幅较大，全区存款余额259.03亿元，是1995年的31.02倍，年均递增21.02%。其中居民储蓄存款156.64亿元，是1995年的26.02倍，年均递增19.85%。

1995—2013 年罗庄区银行存款情况表

表 11-16　　　　单位：亿元

年份	存款总额		年份	存款总额		年份	存款总额	
		储蓄存款			储蓄存款			储蓄存款
1995	8.35	6.02	2002	38.79	21.30	2008	111.68	67.77
1996	12.10	8.15	2003	50.26	27.95	2009	140.98	84.23
1997	15.70	10.70	2004	65.74	32.03	2010	168.56	99.66
1998	18.66	14.00	2005	77.64	37.08	2011	189.62	109.91
1999	19.76	15.87	2006	90.08	46.09	2012	228.27	132.44
2000	23.55	16.49	2007	96.29	52.13	2013	259.03	156.64
2001	29.11	18.99						

贷款　1995 年，全区各项银行贷款总额 7.73 亿元。2003 年，罗庄区社会各项事业发展迅速，各项银行贷款总额快速增加，全区银行贷款总额 60.65 亿元，较年初增加 26.76 亿元，增长 78.96%。2013 年，全区各项银行贷款总额 223.14 亿元，是 1995 年的 28.87 倍，年均递增 20.54%。

1995—2013 年罗庄区银行贷款情况表

表 11-17　　　　单位：亿元

年份	贷款总额	年份	贷款总额	年份	贷款总额	年份	贷款总额
1995	7.73	2000	23.14	2005	90.96	2010	149.15
1996	11.90	2001	28.24	2006	107.00	2011	159.17
1997	15.10	2002	33.89	2007	114.95	2012	184.25
1998	17.88	2003	60.65	2008	127.35	2013	223.14
1999	20.22	2004	79.50	2009	135.64		

第二节　保险

保险机构

1995 年，罗庄区保险机构仅有中国人民保险公司临沂市罗庄区支公司 1 家。1996 年 4 月，中国人民保险公司罗庄区支公司实行财产保险、人寿保险分业经营，中国人民保险公司临沂市罗庄区支公司分设为中保财产保险有限公司临沂市罗庄区支公司、中保人寿保险有限公司临沂市罗庄区支公司。2003 年，分别更名为中国人民财产保险股份有限公司临沂市罗庄支公司、中国人寿保险股份有限公司临沂市罗庄区支公司。同年 10 月 9 日，中国平安人寿保险股份有限公司临沂市罗庄支公司成立。2005 年 5 月 11 日，中国大地财产保险股份有限公司罗庄支公司成立。2009 年 3 月 18 日，中国太平洋财产保险股份有限公司临沂市罗庄支公司成立。2009 年 7 月 15 日，康泰人寿保险股份有限公司临沂中心支公司罗庄区罗庄营销服务部成立。2011 年 5 月 24 日，阳光财产保险股份有限公司临沂市罗庄支公司成立。至 2013 年，罗庄区共有商业保险机构 7 家。

保险机构选介

中国人民财产保险股份有限公司临沂市罗庄支公司 位于双月湖路 229 号。1995 年 7 月 20 日，中国人民保险公司临沂地区中心支公司罗庄办事处（1993 年 1 月 1 日设立）经中国人民银行山东省分行批准，更名为中国人民保险公司临沂市罗庄支公司。内设人秘科、财务科、车辆保险科、业务科、营业室，实有编制 13 人。1996 年 4 月，中国人民保险公司临沂市罗庄区支公司分设为中保财产保险有限公司临沂市罗庄区支公司、中保人寿保险有限公司临沂市罗庄区支公司。2003 年 7 月，中保财产保险有限公司临沂市罗庄区支公司更名为中国人民财产保险股份有限公司临沂市罗庄支公司。2013 年，内设综合部、客户服务部、出单中心、货运险部、财产险部、责任意外险部、三农保险服务部、营销一部、营销二部、营销三部、营销四部、营销五部，有正式员工 29 人，个代营销员 156 人。

中国人寿保险股份有限公司临沂市罗庄区支公司 位于绣花城路 36 号。1996 年 4 月，中国人民保险公司罗庄区支公司实行财产保险、人寿保险分业经营，成立中保人寿保险有限公司临沂市罗庄区支公司。下设办公室、财务科、业务科、营销业务部和售后服务部，实有编制 7 人。1999 年 5 月，中保人寿保险有限公司临沂市罗庄区支公司更名为中国人寿保险公司临沂市罗庄区支公司，2003 年 10 月，更名为中国人寿保险股份有限公司临沂市罗庄区支公司。2013 年，内设综合部、客户服务部、个险销售部、团体业务部、银行保险部，辖西高都、傅庄营、册山、汤庄、罗西 5 个营销服务部，有正式员工 33 人。

保险业务

1995 年，保费收入 708 万元，支付各项赔款和给付 432 万元。2013 年，保费收入 3.97 亿元。其中财产险保费收入 1.65 亿元，人身险保费收入 2.32 亿元。支付各项赔款和给付 1.5 亿元。其中，财产险业务赔付 6244 万元，人身险业务赔付 8716 万元。

财产保险承保 1995 年，除寿险以外的财险业务共开办各类保险险种 15 个，实现保费收入 708 万元，储金收入 65 万元。2013 年，人保财险罗庄支公司围绕“转方式，调结构”主基调，全面深化管理，大力开拓市场，实现保费收入 5586 万元，其中车辆保险费 4653 万元，财产险 264 万元，货运险 204.86 万元，责任险 174 万元，意外险 130.3 万元，其他险种 159.84 万元，完成计划的 162.88%，是 1995 年的 8.5 倍，年均递增 12.63%。

1995—2013 年中国人民财产保险股份有限公司临沂市罗庄支公司承保业务情况表

表 11-18　　单位：万元

年份	承保件数	承保金额	保费金额	年份	承保件数	承保金额	保费金额
1995	—	—	708	1999	7522	146717	1282
1996	2431	54421	812	2000	15244	916208	1102
1997	3671	93485	904	2001	14349	619324	1301
1998	7519	101173	1002	2002	13541	445119	1597

续表 11-18

年份	承保件数	承保金额	保费金额	年份	承保件数	承保金额	保费金额
2003	12696	3514437	2075	2009	15415	7137173	3942
2004	13973	5198444	2870	2010	17201	7143248	4215
2005	13487	6689281	2913	2011	12910	7274153	4646
2006	14878	7020692	3145	2012	13271	4590387	5099
2007	16683	9200832	3829	2013	14151	7913029	5586
2008	16219	6438205	3836				

人寿保险承保　1996 年，财、寿险业务分营后，中保人寿保险罗庄分公司主要办理团体人身保险、团体人身意外伤害险、简易人身保险、养老保险、乘员险和学生平安险等 10 种险种，当年保费收入 304 万元。2013 年，中国人寿公司罗庄支公司积极发展新业务，推出新险种，共办理 99 鸿福终身保险、个人养老金保险、康宁终身保险、国寿千禧理财两全保险（分红型）、国寿鸿鑫两全保险（分红型）、国寿美满人生年金保险（分红型）、国寿瑞鑫两全保险（分红型）、国寿金彩明天两全保险（A 款）（分红型）、国寿金彩明天两全保险（B 款）（分红型）、国寿福禄满堂养老年金保险（分红型）等 184 种险种，实现保费收入 1.72 亿元，是 1996 年的 56.7 倍，年均递增 25.15%。

1996—2013 年中国人寿保险股份有限公司临沂市罗庄区支公司承保业务情况表

表 11-19　　单位：万元

年份	承保件数	承保金额	保费金额	年份	承保件数	承保金额	保费金额
1996	—	20000	304	2005	7020	13467529	5865
1997	—	100000	967	2006	10033	14442967	6470
1998	2026	27262	270	2007	13981	19249060	8011
1999	6037	117755	1029	2008	14965	21931101	13067
2000	7593	1327218	1596	2009	17184	24114364	13319
2001	7477	1064864	2237	2010	28345	28191540	16593
2002	9017	1133539	4067	2011	10235	14367451	15924
2003	6205	8090232	4777	2012	12814	24426728	17250
2004	6131	8023797	4430	2013	12233	25346276	17237

赔付

财产保险赔付　1995 年，处理各类理赔案 792 件，支付赔款 432 万元，综合赔付率 53%。2013 年，支付赔款 3298 万元。其中，车险赔款 2761.67 万元，非车赔款 319.62 万元，其他赔款 216.71 万元。综合赔付率 59.02%。

1995—2013 年中国人保财险罗庄支公司保险赔付情况表

表 11-20

年份	赔付件数（件）	赔付金额（万元）	赔付率（%）	年份	赔付件数（件）	赔付金额（万元）	赔付率（%）
1995	792	432	53.00	2005	2108	1895	65.05
1996	753	522	64.00	2006	2346	2240	71.22
1997	818	513	56.80	2007	2685	2490	65.03
1998	923	546	54.49	2008	2957	2870	74.82
1999	1149	594	46.33	2009	3380	3075	78.01
2000	1021	662	60.00	2010	3654	3456	81.99
2001	1627	947	72.79	2011	3085	2695	58.01
2002	1246	798	49.97	2012	3579	3365	65.99
2003	1368	1040	50.12	2013	3655	3298	59.02
2004	1425	1363	47.50				

人寿保险赔付　1996 年，中保人寿保险罗庄分公司医疗、伤残、死亡、养老金等综合赔付 120.6 万元，赔付率 39.7%。2013 年，中国人寿公司罗庄支公司综合赔付 1213.33 万元，赔付率 26.7%。

1996—2013 年中国人寿保险公司罗庄支公司保险赔付情况表

表 11-21

年份	赔付件数（件）	赔付金额（万元）	赔付率（%）	年份	赔付件数（件）	赔付金额（万元）	赔付率（%）
1996	—	120.60	39.70	2005	284	523.88	43.81
1997	—	400.00	37.70	2006	424	683.64	35.23
1998	—	252.00	32.82	2007	626	721.36	36.62
1999	—	287.00	35.16	2008	918	755.81	38.59
2000	107	302.23	31.45	2009	1118	845.63	29.37
2001	173	431.94	41.79	2010	1308	1177.80	32.72
2002	157	516.44	30.90	2011	1354	1059.87	31.41
2003	269	553.43	34.22	2012	1416	1317.65	37.54
2004	255	572.31	43.84	2013	1606	1213.33	26.70

第三节　证券

经营机构与业务

国泰君安证券临沂双月湖路证券营业部　2002 年 5 月 20 日，经山东证管办核准，国泰君安证券临沂沂蒙路证券营业部罗庄证券服务部开业。2009 年 8 月 6 日，经山东证监局批准，规范为国泰君安证券股份有限公司临沂双月湖路证券营业部。2012 年 8 月，由临沂市罗庄区罗四路377号迁至双月湖路银座超市西100米处，更名为国泰君安证券股份有限公司临沂双月湖路证券营业部。

营业部主要经营中国证监会核准的B类营业部经营内容，业务资格主要有：证券经纪、证券投资咨询、融资融券、证券投资基金代销、代销金融产品、为期货公司提供中间介绍业务。业务收入主要包括传统经纪业务佣金收入、信用交易业务收入、资产管理分成收入、理财产品分仓收入等。2013年，营业部收入776.04万元，净利润405.38万元。

华泰证券股份有限公司临沂罗六路证券营业部　位于罗六路与龙潭路交会处。2011年4月成立，为华泰证券股份有限公司在临沂市设立的唯一网点。2011年，交易额为0.17亿元；2012年，交易额为2.79亿元；2013年，交易额为2.79亿元。

企业债券

华盛江泉集团有限公司分别于2012年和2013年两次发行企业债券，融资14亿元。其中，2012年3月12日，以每股100元的面值发行企业债券800万股，募集资金8亿元；2013年5月31日，以每股100元的面值发行企业债券600万股，募集资金6亿元。

上市公司

1999—2013年，罗庄区共有6家上市企业，募集资金46亿元人民币，境外上市企业数量和融资总额居省内各县区首位。其中山东江泉实业股份有限公司、联合食品控股有限公司、临沂烨华焦化有限公司3家控股上市公司皆归属华盛江泉集团有限公司。沂州水泥、效峰菌业、恒昌聚材科技分别于2011年5月、2012年12月、2013年11月在山东齐鲁股权托管交易中心成功挂牌。

山东江泉实业股份有限公司　1999年7月，山东江泉实业股份有限公司在上海证券交易所上市，为全国第3家乡镇企业上市公司，发行股本5500万股，募集资金3.18亿元。2002年4月，公司通过配股再融资3.86亿元，总股本达51170万股，其中华盛江泉集团持有9340万股，占18.25%，为公司第一大股东。

联合食品控股有限公司　2001年3月26日，联合食品控股有限公司在新加坡交易所上市，发行股本96696万股，募集资金1.8亿元，为中国大陆食品行业首家赴新加坡上市公司，实现跨国资本运作的企业。2002年5月，增发14500万股，募集资金4.3亿元，增发后总股本111196万股。

临沂烨华焦化有限公司　2007年3月，临沂烨华焦化有限公司（以下简称“临沂烨华”）通过倒置收购安达控股（ANTAH，2739，主板贸服股）在马来西亚证券交易所成功上市，股名为“华安国际”。临沂烨华成为国内首家在马来西亚吉隆坡主板上市的中国企业。发行股本112230万股，募集资金6.6亿元人民币。

山东罗欣药业集团股份有限公司　2005年12月，山东罗欣药业集团股份有限公司（简称罗欣药业）在香港联交所创业板挂牌上市。发行16456万股H股。发行完成后，公司总股本为60960万股。临沂罗欣医药有限公司控股、联合沈阳药科大学等共11位发起人共同设立的股份制公司，是严格按照现代企业制度和国家GMP要求组建的制药企业，从2006年始，公司连年进入中国制药工业百强企业，2011—2013年，连续3年被工业和信息化部中国医药工业信息中心评为中国医药研发产品最佳工业企业。

山东久泰化工科技股份有限公司　2006年12月，山东久泰化工科技股份有限公司在新加坡证券交易所上市，股名为中国能源，发行股本25258.5万股，募集资金2.1亿新元（折合人民币10.65亿元）。

山东新光实业集团有限公司——新光亚洲（Shigo Asia）有限公司 2008年5月6日，新光亚洲（Shigo Asia）有限公司在德国法兰克福证券交易所成功挂牌上市，为2008年度首家在该交易所初级市场上市的中国公司，也是临沂市第一家在德国上市企业。新光亚洲本次共发行300万股，每股交易价4.15欧元，募集资金约1.35亿元人民币。2012年公司退市。

第四节　地方金融

地方金融管理机构

2008年4月，罗庄区人民政府金融工作办公室（简称区金融办）成立，为正科级事业单位，隶属区政府办公室。2012年4月，区金融办从区政府办公室析出，为区政府直属正科级事业单位。2013年12月，根据省政府《关于建立健全地方金融监管体制的意见》，罗庄区地方金融监督管理局成立，与区金融办一套机构，两块牌子。承担地方金融监管工作。

地方金融组织

2008年，华盛江泉集团成立民间融资公司，当年融资2900万元。2008年、2010年、2012年，江泉、阳光、宇光小额贷款有限公司成立。2012年，兴华、金诺民间资本管理机构成立。2013年，远景、康成、双信民间资本管理机构和临沂美鑫融资担保有限公司成立。至2013年年底，全区有地方金融组织9家。其中，小额贷款公司3家，注册资本4亿元；民间资本管理机构5家，注册资本3.2亿元，融资担保公司1家。地方金融组织共实现放款和投融资10.5亿元，上缴税金1900万元。

第十二编　经济综合管理

Part 12: Comprehensive Economic Management

小埠东拦河橡胶坝（2013 年 4 月　区摄协供稿）

华宇铝电有限公司（2013年8月　区摄协供稿）

1995 年，全区实现地区生产总值 22.85 亿元，地方财政收入 3105 万元，社会消费品零售总额 4.01 亿元，社会固定资产投资完成 6.6 亿元。2013 年，全区实现地区生产总值 330.5 亿元，是 1995 年的 14.46 倍，年均增长 16%；实现地方财政收入 18.28 亿元，是 1995 年的 58.97 倍，年均增长 25.65%；全社会固定资产投资完成 166.05 亿元，是 1995 年 25.16 倍，年均增长 19.62%；实现社会消费品零售总额 102.2 亿元，是 1995 年 25.49 倍，年均增长 19.71%。1995 年，三次产业比例为 14.98：67.29：17.73，2013 年，三次产业比例调整为 1.99：61.75：36.26；第一产业下降 12.99 个百分点，第二产业下降 5.54 个百分点，第三产业上升 18.53 个百分点。

1995—2013 年，区政府各经济综合管理部门履行职能，依法行政，完善管理体系，推动全区经济快速发展和社会事业全面进步。随着社会主义市场经济体制的建立和完善，计划工作的重点由指令性计划逐步转移到经济发展预测、总量控制、调查研究、制定规划和政策协调上来；改革项目审批制度，简化审批程序，落实企业投资自主权；综合运用法律、经济、行政手段，引导企业技术改造、节能降耗、结构调整。统计工作实施国民经济核算体系，逐步完善统计指标体系，改革统计方法。审计逐步建立以国家审计为主体，内部审计和社会审计为重要组成部分的审计体系。工商由侧重管理集贸市场、个体私营经济和企业登记转变为监督管理各类市场及市场交易行为和维护公平交易执法。价格改革不断深化，逐步形成以市场调节为主的价格形成机制。物价管理侧重于整顿和规范市场价格及收费秩序。技术监督由一般的工业标准化管理和计量管理扩大到标准化、计量法制、产品质量监督管理及特种设备安全监督等方面。安全生产监督侧重于安全生产管理和监督监察。建立健全区、镇（街道）、社区（村）食品、药品监管网络，依法加强对药品、医疗器械、保健食品、化妆品和餐饮服务环节食品安全监管，群众食品、药品安全得到保障。

第一章　经济规模与结构

第一节　经济规模

主要经济指标

1995 年，全区完成地区生产总值 22.85 亿元，人均生产总值 5778 元，农业生产总值 6.37 亿元，规模以上工业企业总产值 18.39 亿元，实现社会消费品零售总额 4.01 亿元，地方财政收入 0.31 亿元。完成外贸交货额 3.3 亿元人民币，自营出口创汇 2505.8 万美元。

“九五”计划期间（1996—2000 年）全区重点发展工业、优化提高农业、繁荣第三产业。农业种植结构不断优化；工业产品、产业结构和企业结构调整取得新进展，企业经济效益大增；外向型经济稳步发展，经济实力明显增强。

2000 年，全区完成地区生产总值 41.9 亿元，比 1995 年增长 0.83 倍，5 年平均增长 12.85%。其中，第一、二、三产业增加值分别 2.87 亿元、30 亿元、9.03 亿元，第一产业增加值比1995年减少0.16倍，二、三产业增加值分别比1995年增长0.95倍、1.23倍。人均生产总值7800元，比1995年增长0.35倍。完成农业总产值5.39亿元，比1995年减少0.98亿元。实现规模以上工业企业总产值33.11亿元，比1995年增长0.8倍，年均增长12.48%。实现社会消费品零售总额7.81亿元，比1995年增长1.36倍，年均增长18.74%。地方财政收入完成1.14亿元，比1995年增长2.68倍，年均增长29.77%。2000年，新签外资及港澳台资协议12个，协议外资及港澳台资1084万美元，实际利用外资及港澳台资927万美元。自营出口创汇2500万美元。年末实有注册“三资”企业44家，能正常运营企业22家，总资产11.9亿元。

“十五”规划期间（2001—2005年） 实施“工贸强区、开放活区、三农稳区、城建亮区、财税富区、依法治区”战略，全面建设小康社会，重点推进结构调整、招商引资、环境优化三项工作。全区国民经济步入平稳、较快、健康发展阶段，呈现出速度、结构、质量和效益同向发展的良好势头。

2005年，全区完成地区生产总值102.3亿元，比2000年增长1.44倍，5年平均增长19.53%。其中，一、二、三产业增加值分别3.64亿元、72.41亿元、26.25亿元，分别比2000年增长0.27倍、1.41倍和1.91倍。人均生产总值24780元，比2000年增长2.18倍。完成农业生产总值7.17亿元，比2000年增长0.33倍，年均增长5.87%。规模以上工业企业完成总产值260.92亿元，比2000年增长6.88倍，年均增长51.11%。实现社会消费品零售总额20.34亿元，比2000年增长1.6倍，年均增长21.06%。地方财政收入完成2.49亿元，比2000年增长1.18倍，年均增长16.87%。外经贸工作取得较大突破，利用外资及港澳台资和出口贸易两项指标连创历史最高。5年累计协议外资及港澳台资项目34个，实际利用外资及港澳台资3.26亿美元。2001年，自营出口创汇3322万美元。2002—2005年，进出口总额7.33亿美元，其中出口额5.28亿美元。

“十一五”规划期间（2006—2010年） 坚持以工业强区为重点，持续推进经济结构优化，发展动力转换、发展方式转变，推进商贸服务业发展。区域经济保持平稳较快发展，实现经济总量比“十五”期末翻一番的目标。工业比重逐年下降，商贸流通业、专业服务业长足发展。

2010年，全区地区生产总值207.3亿元，比2005年增长1.03倍，5年平均增长15.21%。其中，一、二、三产业增加值分别5.23亿元、136.64亿元、65.43亿元，分别比2005年增长0.44倍、0.89倍和1.49倍。人均生产总值52976元，比2005年增长1.14倍。实现农业总产值8.66亿元，比2005年增长0.28倍，年均增长5.06%。规模以上工业企业实现总产值638.81亿元，比2005年增长1.45倍，年均增长19.63%。实现社会消费品零售总额61.18亿元，比2005增长2.01倍，年均增长24.66%。地方财政收入完成10.96亿元，比2005年增长3.4倍，年均增长34.49%。5年累计实际到位外商直接投资（FDI）3.11亿美元。累计进出口额30.38亿美元，其中出口额11.91亿美元。2006年，境外投资3000余万美元。2007年，累计在境外设立生产企业7家、贸易公司34家，对外投资总额达到6000万美元。2008年，在境外设立生产企业、贸易公司和境外办事处共35家，对外投资总额6000余万美元。2009年，境外生产企业和贸易公司达到7家，境外投资4673万美元。2010年，新增境外生产企业和贸易公司5家，境外投资7080万美元。

“十二五”规划期间（2011—2015年）前3年（2011年、2012年、2013年）围绕“科学发展、跨越赶超”主题，先后开展“重点项目突破年”“城乡建设提升年”和“提速增效年、争先创优”活动，全力推进工商复合型经济发展。全区开拓创新，招商引资力度不断加大，重点项目大幅增加，结构调整成效明显，经济规模不断扩大，综合实力进一步增强。

2013年，全区完成地区生产总值330.5亿元，比2010年增长0.59倍，3年平均增长16.72%。其中，一、二、三产业增加值分别6.57亿元、204.07亿元、119.86亿元，分别比2010年增长0.26倍、0.49倍和0.83倍。人均生产总值61420元，比2010年增长0.16倍。实现农业总产值10.9亿元，比2010年增长0.26倍，年均增长8.01%。规模以上工业企业实现总产值1019.24亿元，比2010年增长1倍，年均增长25.99%。实现社会消费品零售总额102.2亿元，比2010年增长0.67倍，年均增长18.64%。地方财政收入完成18.28亿元，比2010年增长0.67倍，年均增长18.64%。3年累计进出口总额59.31亿美元，其中出口额10.86亿美元。累计实际到位市外资金项目87个，实际利用市外资金96.46亿元。实际到位外商直接投资（FDI）4305万美元。2011年，新增境外生产企业和贸易公司4家，境外投资6769万美元。2012年，新批境外投资项目2个，增加投资项目2个，完成境外投资总额2.7亿美元。2013年，新批境外投资项目3个，增资项目1个，完成境外投资总额8020万美元。

1995—2013年罗庄区主要经济指标情况表

表12-1　　单位：亿元

年份	地区生产总值（亿元）	第一产业增加值	第二产业增加值	第三产业增加值	农业总产值（亿元）	规模以上工业企业总产值（亿元）	社会消费品零售额	地方财政收入（亿元）
1995	22.85	3.42	15.37	4.05	6.37	18.39	4.01	0.31
1996	26.81	3.60	18.37	4.85	7.07	24.11	5.22	0.45
1997	28.85	3.10	19.95	5.80	6.79	28.12	6.16	0.55
1998	32.43	2.98	22.74	6.72	6.20	25.63	6.77	0.68
1999	35.78	2.98	25.15	7.65	5.85	33.91	7.26	0.96
2000	41.90	2.87	30.00	9.03	5.39	33.11	7.81	1.14
2001	47.06	2.97	33.42	10.66	5.63	43.31	8.54	1.60
2002	53.31	3.00	37.80	12.51	5.72	54.13	9.37	1.26
2003	63.29	3.09	45.18	15.02	5.68	66.83	11.61	1.52
2004	76.00	3.34	54.20	18.46	6.14	107.03	13.47	1.66
2005	102.30	3.64	72.41	26.25	6.74	260.92	20.34	2.49
2006	122.15	3.86	87.02	31.27	7.17	322.79	23.54	3.23
2007	148.89	4.40	104.90	39.60	7.41	392.26	28.32	4.17
2008	174.30	5.26	121.80	47.24	7.01	460.99	35.66	4.89

续表 12-1

年份	地区生产总值（亿元）	第一产业增加值	第二产业增加值	第三产业增加值	农业总产值（亿元）	规模以上工业企业总产值（亿元）	社会消费品零售额	地方财政收入（亿元）
2009	190.20	4.34	133.47	52.39	7.65	511.72	47.39	5.57
2010	207.30	5.23	136.64	65.43	8.66	638.81	61.18	10.96
2011	260.43	5.94	166.20	88.29	10.60	831.26	74.54	12.85
2012	295.15	6.14	185.02	103.99	10.83	1006.00	88.39	16.85
2013	330.50	6.57	204.07	119.86	10.90	1019.24	102.20	18.28

1995—2013 年罗庄区部分年份六大经济指标示意图

图 12-1

地区生产总值示意图（单位：亿元）

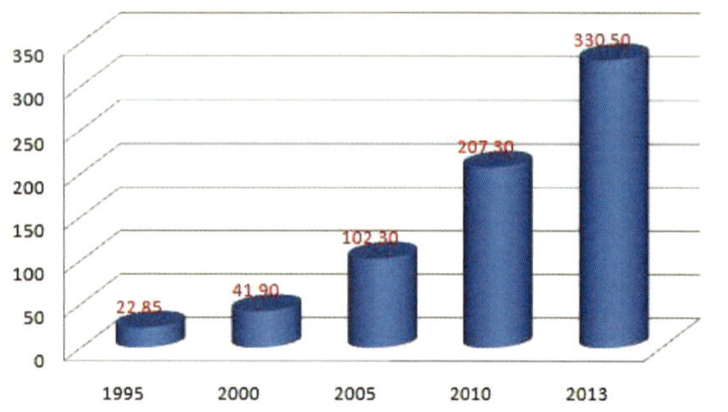

人均地区生产总值示意图（单位：元）

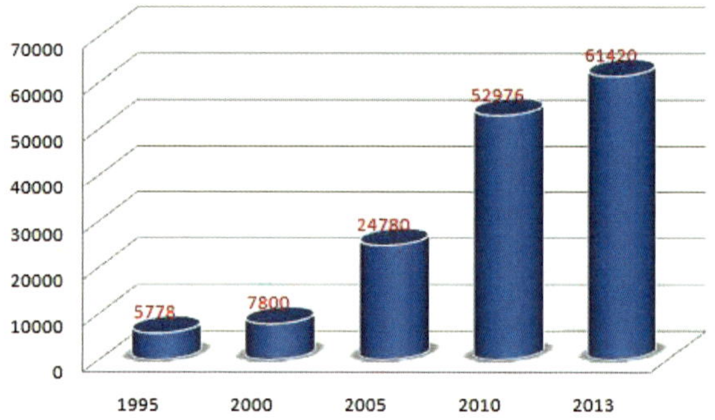

农业总产值示意图（单位：亿元）

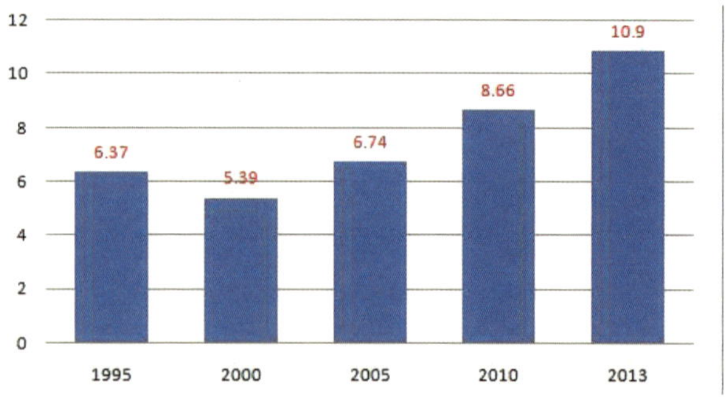

规模以上工业企业总产值示意图（单位：亿元）

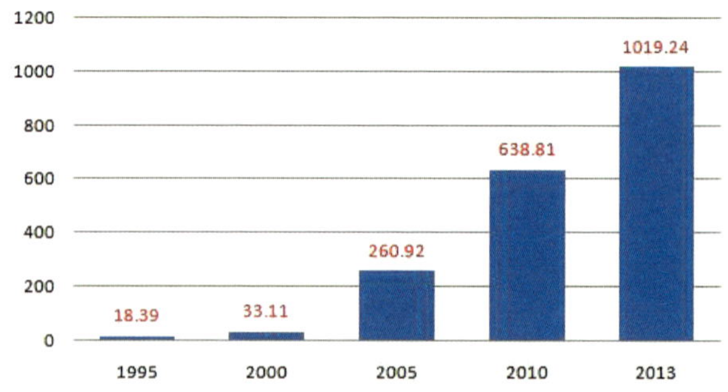

社会消费品零售总额示意图（单位：亿元 —■—增长率 %）

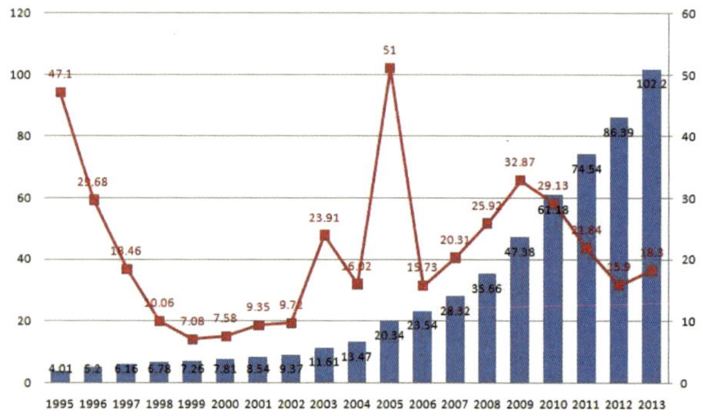

地方财政收入示意图（单位：亿元）

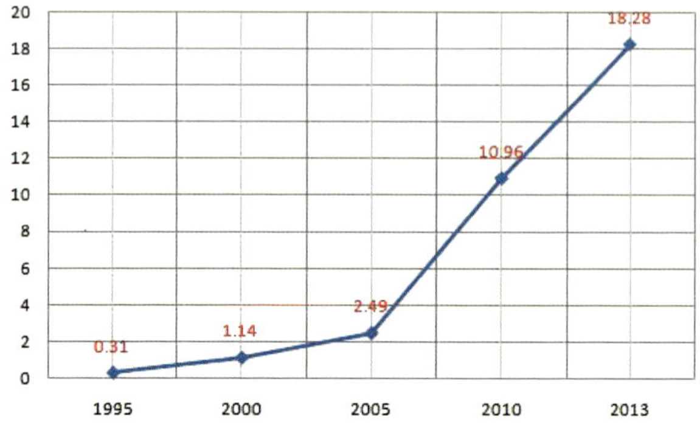

固定资产投资

1995年，罗庄区固定资产投资[1]6.6亿元。1996—1997年，固定资产投资有所下降。1998年起，固定资产投资逐年上升，至2007年，全区固定资产投资达到50.51亿元。2008年后，固定资产投资快速增长，至2010年，全区固定资产投资规模超过100亿元，达到100.24亿元。此后，固定资产投资持续快速增长，至2013年，全区固定资产投资规模166.05亿元。

固定资产投资包括基本建设、更新改造和商品房投资等。

图12-2：1995—2013年罗庄区固定资产投资额示意图
（单位：亿元）

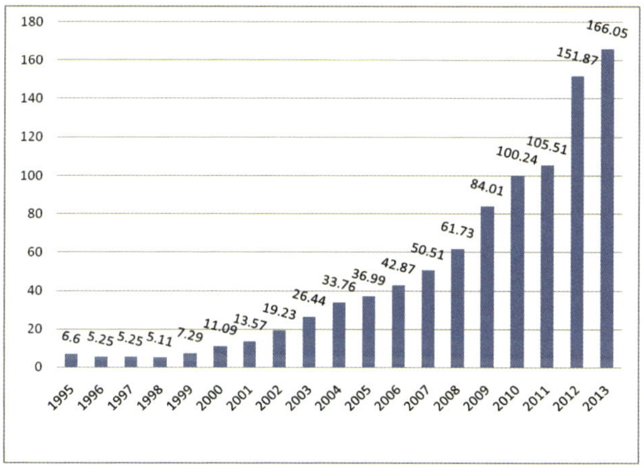

第二节　经济结构

所有制结构

1995年，罗庄区共有内资企业336家，注册资金2.2亿元。其中，国有企业22家，集体企业267家，股份合作制企业10家，公司32家，其他5家。外资及港澳台资企业50家，注册资金4.58亿元。私营企业12家，注册资金3288万元。个体工商户1184家，注册资金944万元。

随着经济体制改革的深入发展，企业所有制结构发生明显变化，全民所有制、集体所有制所占比重下降，外资及港澳台资企业、私营企业、个体工商户、农民专业合作社发展迅速，所占比重迅速上升。2013年，全区共有内资企业426家，注册资金21.82亿元。其中，国有企业14家，集体企业78家，公司334家。外资及港澳台资企业78家，注册资金19.79亿元。私营企业3008家，注册资金50.66亿元。个体工商户18356家，注册资金13.66亿元，农民专业合作社258家，注册资金10.17亿元。

产业结构

“九五”计划期间（1996—2000年），实施“工业强区、科教兴区”战略，加快产业结构调整步伐，产业结构发生较大变化。1995年，第一、二、三产业增加值分别3.42亿元、15.37亿元、4.05亿元。2000年，第一、二、三产业增加值分别2.87亿元、30亿元、9.03亿元。三次产业比重由1995年的14.98：67.29：17.73发展到2000年的6.85：71.60：21.55。第一产业比重下降8.12个百分点，第二、三产业比重分别上升4.31、3.82个百分点。

“十五规划期间”（2001—2005年），重点发展工业，优化提高农业，繁荣第三产业。积极调整经济结构，产业结构继续优化。2001年，第一、二、三产业增加值分别2.97亿元、33.42亿元、10.66亿元。2005年，第一、二、三产业增加值分别3.64亿元、72.41亿元、26.25亿元。三次产业比重由2001年的6.31：71.03：22.66发展到2005年的3.56：70.78：25.66。第一、二产业比重分别下降2.75和0.25个百分点，第三产业比重上

① 1995—2005年，固定资产投资额是全社会固定资产投资额，2006—2013年是规模以上固定资产投资项目投资额。

升 3.0 个百分点。

“十一五”规划期间（2006—2010 年），以陶瓷、焦化、钢铁产业为重点，推进产业结构升级。坚持调优一产、壮大二产、繁荣三产，加强产业布局和结构调整，产业结构持续优化。2006 年，第一、二、三产业增加值分别 3.86 亿元、87.02 亿元、31.27 亿元。2010 年，第一、二、三产业增加值分别 5.23 亿元、136.64 亿元、65.43 亿元。三次产业比重由 2006 年的 3.16∶71.24∶25.60 调整为 2010 年的 2.53∶65.91∶31.56，第一、二产业比重分别下降 0.64 和 5.33 个百分点，第三产业比重上升 5.96 个百分点。

“十二五规划期间”（2011—2015 年）前三年，开展工业经济提升年和特色服务发展年等系列主题活动，转变发展方式、提升发展质量，产业结构进一步优化。2011 年，第一、二、三产业增加值分别为 5.94 亿元、166.2 亿元、88.29 亿元。2013 年，第一、二、三产业增加值分别 6.57 亿元、204.07 亿元、119.86 亿元。三次产业比重由 2011 年的 2.28∶63.82∶33.90 调整为 2013 年的 1.99∶61.75∶36.26，第一、二产业比重分别下降 0.29 和 2.07 个百分点，第三产业比重上升 2.36 个百分点。

1995—2013 年罗庄区三次产业比例结构情况表

表 12-2

年份	三次产业比例（%）			年份	三次产业比例（%）		
	第一产业（%）	第二产业（%）	第三产业（%）		第一产业（%）	第二产业（%）	第三产业（%）
1995	14.98	67.29	17.73	2005	3.56	70.78	25.66
1996	13.42	68.49	18.09	2006	3.16	71.24	25.60
1997	10.75	69.15	20.10	2007	2.95	70.45	26.60
1998	9.18	70.10	20.72	2008	3.02	69.88	27.10
1999	8.33	70.29	21.38	2009	2.28	70.17	27.55
2000	6.85	71.60	21.55	2010	2.53	65.91	31.56
2001	6.31	71.03	22.66	2011	2.28	63.82	33.90
2002	5.63	70.90	23.47	2012	2.08	62.69	35.23
2003	4.88	71.39	23.73	2013	1.99	61.75	36.26
2004	4.39	71.32	24.29				

图 12-3：1995—2013 年部分年份罗庄区三次产业比例结构示意图

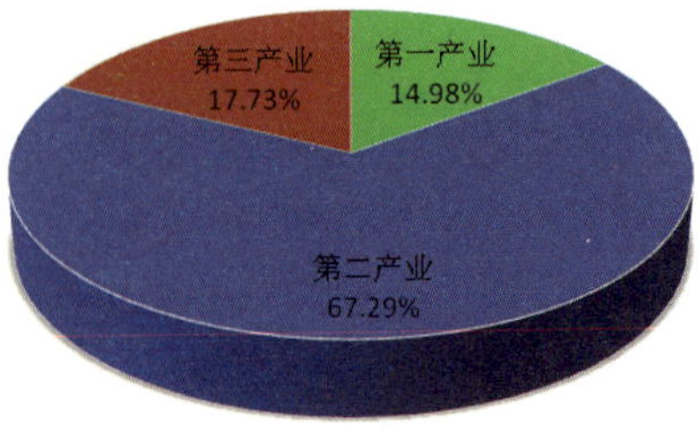

1995 年

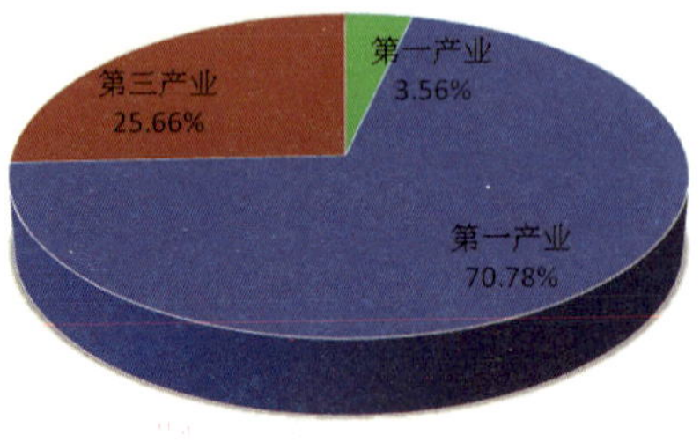

2005 年

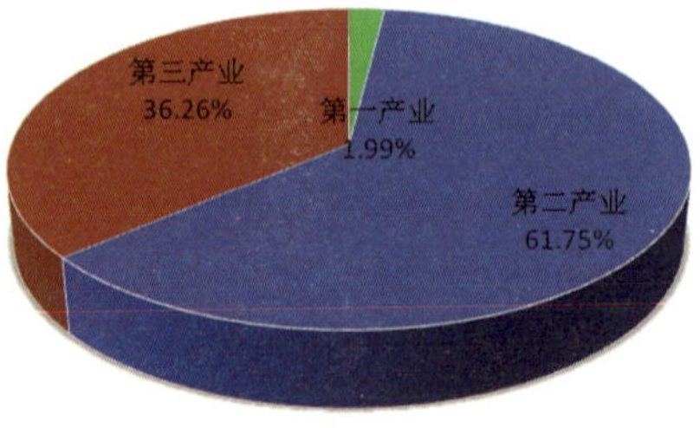

2013 年

城乡居民消费结构

1995 年，全区农村居民和城镇居民生活消费支出总额分别 1445 元、3004 元，恩格尔系数分别 40.69%、42.21%。2013 年，全区农村居民和城镇居民生活消费支出总额分别 6196 元、14945 元，恩格尔系数分别 35.6%、30.4%。1995—2013 年，全区农村居民和城镇居民恩格尔系数普遍呈下降趋势，分别下降 4.49 个百分点、11.81 个百分点。随着经济发展和人民生活水平提高，居民消费结构不断优化，生存消费比重逐渐降低，发展性和享受性消费比重不断提高。同时，农村居民消费结构与城镇居民相比仍有差距。

图 12-4：1995—2013 年罗庄区居民人均年生活消费支出示意图

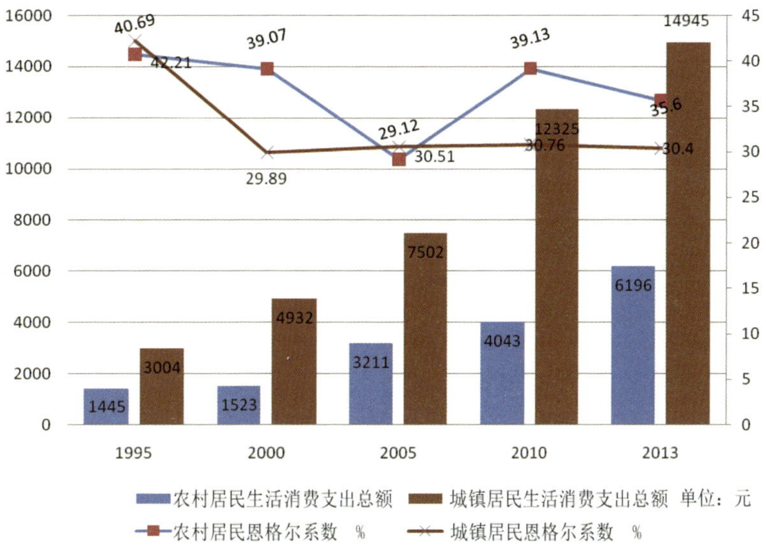

1995—2013 年罗庄区居民人均年生活消费支出情况表

表 12-3　　　　单位：元

年份	农村居民人均年生活消费支出			城镇居民人均年生活消费支出		
	支出总额	食品	比重（%）	支出总额	食品	比重（%）
1995	1445	588	40.69	3004	1268	42.21
1996	1506	681	45.22	3199	1367	42.73
1997	1862	687	36.90	3473	1501	43.22
1998	1643	611	37.19	3371	1352	40.11
1999	1623	601	37.03	4018	1532	38.13
2000	1523	595	39.07	4932	1474	29.89
2001	2577	668	25.92	5125	1722	33.60
2002	2277	779	34.21	5394	1834	34.00
2003	2322	988	42.55	5875	1879	31.98
2004	3019	908	30.08	6672	2171	32.54
2005	3211	935	29.12	7502	2289	30.51
2006	2984	957	32.07	8795	2539	28.87
2007	3002	1153	38.41	9822	3161	32.18
2008	3437	1670	48.59	10926	3546	32.45
2009	3577	1228	34.33	12034	3739	31.07
2010	4043	1582	39.13	12325	3791	30.76

续表 12-3

年份	农村居民人均年生活消费支出			城镇居民人均年生活消费支出		
	支出总额	食品	比重（%）	支出总额	食品	比重（%）
2011	4882	1824	37.36	13881	4349	31.33
2012	5522	2055	37.21	14525	4543	31.28
2013	6196	2206	35.60	14945	4544	30.40

第二章　计划管理

第一节　管理体制

机构

1995年6月，罗庄区计划委员会（简称区计委）成立，为正科级行政单位。内设办公室、综合科、计划科、投资科4个职能科室。1995年11月，投资公司设立，为正科级自收自支事业单位，隶属区计委（2005年10月撤销）。1997年3月，信息中心设立，为副科级全额事业单位，隶属区计委。2002年1月，区计委改称区发展计划局，增设工业科、社会发展科。2002年机构改革时，区物价局并入区发展计划局（2003年3月析出）。2005年5月，区发展计划局改称区发展和改革局，区政府办公室负责的经济体制改革职能划归区发展和改革局。2010年10月，区发展和改革局内设的服务业办公室更名为区服务业办公室，升格为正科级事业单位，隶属区发展和改革局。同年10月，区重点项目办公室设立，为正科级事业单位，隶属区发展和改革局。至2013年12月，区发展和改革局，内设办公室、国民经济综合科、固定资产投资科、工业科、社会发展科5个科室，辖区信息中心1个副科级事业单位，区服务业办公室和区重点项目办公室2个正科级事业单位。在编人员39人。

1997年，罗庄区计划委员会被山东省计划委员会命名为计划工作先进单位。

计划管理体制

1995年，罗庄区按照中共中央关于加强和改善宏观经济调控的要求，开始建立符合社会主义市场经济要求的宏观目标、预期目标、公共资金和资源配置计划指标三大体系。编制全区国民经济和社会发展中、长期规划和年度计划，以五年计划为主。坚持面向市场、有效引导市场的原则，把市场对资源配置的基础性作用与计划进行宏观调控的优势结合，根据计划工作的职能和市场经济的建立引导社会资金和资源的流向，搞好宏观调控和协调服务，组织实施重点建设和重大科技项目，促进经济结构不断优化，综合协调运用各种经济手段，保证宏观调控目标和发展任务的实现。围绕改革计划管理，加强经济宏观调控，规范投资管理模式，至2002年，社会主义市场经济框架基本形成。

2003—2009年，计划工作重点调整为制定全区国民经济和社会发展战略、中长期规划和年度发展规划。提出总量平衡、发展速度和结构调整的调控目标及措施，衔接各主要行业发展规划，平衡社会总需求和总供给，协调重大比例关系，制定资源开发、生产力布局和生态环境建设规划，引导和促进全区经济结构合理化和国民经济可持续发展。确定全区固定资产投资总规模，筛选重大建设项目，申报、审批基本建设投资项目，实行项目审批备案制。定期调研、分析经济运行态势，提出对策与建议，统筹协调各镇、街道和有关经济部门做好经济运行工作，确保全区经济健康运行和主要指标按进度完成。引导和促进产业结构调整，促进一、二、三产业协调发展和资源优化配置。指导企业上市融资及国民经济动员工作。2010—2013年，落实由国务院、省政府、市政府和区政府公布取消的行政审批事项。加强对宏观经济检测、预测和信息引导，增强扩大开放条件下经济协调发展能力。

投资管理体制

1995年，凡区计划权限审批的项目（投资1000万元以下的基建项目、1000万美元以下的利用外资项目和300万元以下的非生产性基建项目），上报区政府，由区政府下文再由区计委批复项目相关内容；对于需市级以上计划部门审批的项目，按规定程序予以转报，争取从快办理批复手续；对资金由企业自筹、不新征土地的100万元以下的项目，由企业自主决定。1996年，落实国家计委《关于实行建设项目法人责任制的暂行规定》和国务院《关于固定资产投资项目试行资本金制度的通知》，对投资体制进行调整，所有经营性投资项目必须明确项目法人，落实规定比例资本金，推行招投标制度和工程管理制度，加强项目咨询论证，增强和完善投资中介服务，建立健全审批监督体系。1998年，进一步规范项目审批管理办法，转变服务方式，根据国家计委统一要求，按照“特事特办、急事急办”原则，简化立项程序，提高行政审批效率。至2001年，引进区外资金6.7亿元，引进12个重点工程项目。

2004年始，依据国务院颁发的《关于投资体制改革的决定》《国家产业结构调整指导目录》及省、市相关文件精神，进一步改革投资体制。清理压减行政事业性收费项目，实行“一站式服务”（公民或企业只要进入政府综合办公地点或政府门户网站，即可解决需要政府办理的所有有关事项）。按照“谁投资、谁决策、谁受益、谁承担风险”原则，改革项目审批制度，简化审批程序，落实企业投资自主权。投资项目立项审批采取审批制、核准制和备案制三种方式。对于政府出资的投资项目，实行审批制；对于企业不使用政府投资建设的项目，区别不同情况实行核准制和备案制。其中，政府依据国务院颁布的《政府核准的投资项目目录》，仅对重大项目和限制类项目进行核准，其他项目无论规模大小，均改为备案制。政府投资主要用于关系国家安全和市场不能有效配置资源的经济和社会领域，包括加强公益性和公共基础设施建设，保护和改善生态环境，推进科技进步和高新技术产业化。

2007年，强化项目审批，对照国家产业政策指导目录，坚持节约土地资源，正确引导，把握信贷投向，促进中小企业健康发展，保持投资合理稳定。同时，以水污染治理为重点，综合运用法律、经济、技术和行政等手段，严控新上项目环保审批。

2010年，加快技术改造，制定《罗庄区企业技术改造投资导向目录》，对列入目录、投资1000万元以上的项目给予招商引资项目同等优惠；对于投资5000万元以上的技改项目，建立部门领导包扶责任制，加快建设进度。严格控制不符合国家产业政策的“两高一资”（高耗能、高污染、资源性）项目。

2013年，实行简政放权、放管结合、优化服务改革，投资项目审批范围大幅度缩减，投资管理工作重心逐步从事前审批转向过程服务和事中事后监管，进一步落实企业投资自主权。区政府印发《罗庄区项目准入审查评估联席会议制度》，联席会议重点对新上项目是否符合产业政策、环保节能政策、总体规划、占地规划，财税贡献、投资强度进行审查。全年对27个新上产业项目进行联席评估，新上项目得以保质保量落地建设。

第二节　计划编制与执行

1995—2013年，每个年度、中期（五年）国民经济和社会发展计划编制，首先由有关部门提出发展目标，计划主管部门在科学调研、综合平衡的基础上，编制出国民经济和社会发展计划（草案）讨论稿，分别报送区委、区人大、区政府、区政协等有关部门征求意见，修改后计划主管部门受区政府委托向区人民代表大会报告，经审议批准后执行。每个年度计划、五年计划（规划）都紧紧围绕改革与发展组织编制实施，体现计划的导向、协调和调控职能。

五年计划（规划）

第九个五年计划（1996—2000年）计划提出，到2000年，实现地区生产总值46亿元，人均国内生产总值1.1万元。财政总收入1.65亿元，年均递增17%。全社会固定资产累计投资70亿元，年均递增20%。社会消费品零售总额10亿元，年均增长20%。城镇居民人均生活费收入8000元，农民人均纯收入3500元。

完成情况：2000年，实现地区生产总值41.9亿元，其中，第一产业增加值2.87亿元，第二产业增加值30亿元，第三产业增加值9.03亿元；人均国内生产总值达7800元，人民生活基本达到小康水平。地方财政收入1.14亿元，全社会固定资产投资五年累计完成33.9亿元，社会消费品零售总额7.81亿元，城镇居民人均生活费收入6420元，农民人均纯收入2597元。

第十个五年计划（2001—2005年）计划提出，到2005年，地区生产总值达到56亿元，人均国内生产总值约合1600美元。财政总收入达到2.6亿元，全社会固定资产投资达到17亿元，进出口总额达到3亿美元，城镇居民人均可支配收入达到8000元，农民人均纯收入达到3650元。

完成情况：2005年，实现地区生产总产值102.3亿元，是2000年的2.44倍，年均增长19.5%。人均地区生产总值突破3000美元。区域财政总收入12亿元，其中地方财政收入2.49亿元。全社会固定资产投资总额36.99亿元，社会消费品零售总额20.34亿元，进出口总额2.64亿美元。城镇居民人均可支配收入10828元，农民人均纯收入3695元。

第十一个五年规划（2006—2010年）规划提出，到2010年，地区生产总值达到260亿元，年均增长20%，人均地区生产总值超过7000美元；区域财政总收入达到35亿元，年均增长26%；其中地方财政收入达到8亿元，年均增长28%；全社会固定资产投资达到120亿元，年均增长28%；进出口总额达到12亿元，年均增长35%；社会消费品零售总额达到49亿元，年均增长19%。城镇居民人均可支配收入达到17000元，农民人均纯收入达到6400元。

完成情况：2010年，实现地区生产总值207.3亿元，年均增长15%。其中，第一产业5.23亿元，第二产业136.64亿元，第三产业65.43亿元。地方生产总值是2005年的2倍，人均生产总值7980美元。地方财政收入10.96亿元，年均增长20%，是2005年的4.4倍。完成全社会固定资产投资总额100.24亿元，是2005的2.71倍。实现进出口总额9.47亿美元，是2005年的3.59倍。城镇居民人均可支配收入21038元，农民人均纯收入6825元。

第十二个五年规划（2011—2015年）规划提出，到2015年，地区生产总值超过400亿元，年均增长15%，人均生产总值力争达到1.5万美元；地方财政收入达到22亿元，年均增长16%；固定资产投资达到290亿元，年均增长25%；社会消费品零售总额达到145亿元，年均增长20%；进出口总额达到21亿元，年均增长20%；城镇居民人均可支配收入达到42000元，年均增长15%，农民人均纯收入达到13000元，年均增长15%。

完成情况："十二五"规划（2011—2015年）实施3年。2013年，实现地区生产总值330.5亿元。其中，第一产业增加值6.57亿元，第二产业增加值204.07亿元，第三产业增加值119.86亿元。实现地方财政收入18.28亿元。社会消费零售总额102.2亿元。完成固定资产投资166.05亿元。完成进出口总额25.68亿美元。城镇居民人均可支配收入30317元，人均消费性支出14945元。农村居民人均纯收入10380元，人均生活消费性支出6131元。

年度计划

1995年，按照"工业兴区，强农活商，科技推动，全面发展"总体思路，以争创全国农村综合经济实力百强县区为目标，发展"三高"（高产、高质、高经济效益的农产品或项目）农业，确保工业生产速度、效益同步增长，繁荣城乡经济。主要计划指标：地区生产总值20亿，同比增长17%；财政总收入8150万元，同比增长15%；农民人均纯收入1700元。是年末，完成地区生产总值22.85亿元，全社会固定资产投资总额6.6亿元，全社会消费品零售总额4.01亿元，地方财政收入0.31亿元，城镇居民年人均可支配收入3991元，农民年人均纯收入1644元。

1996年，以工业强区增效益、第三产业促繁荣、农业"三高"求突破为主线，力争实现"九五"开门红。调整农业种植结构，发展规模种植养殖，搞好农牧产品深加工；工业重点抓技术改造；第三产业重点建市场。主要计划指标：地区生产总值26.8亿元，同比增长17%；财政总收入8590万元，同比增长16.6%；全社会消费品零售总额5亿元，同比增长25%；农民人均纯收入2000元。是年末，畜牧业作为"三高"农业的突破口，实现产值2.75亿元，同比增长37.5%。完成四级（区、乡、村及村以下）工业总产值55.39亿元，同比增长26%。乡镇办工业占主导地位。新建和扩建市场12个，规划建设7家民营经济园区。完成地区生产总值26.81亿元，全社会固定资产投资总额5.25亿元，全社会消费品零售总额5.2亿元，地方财政收入0.45亿元，城镇居民年人均可支配收入4089元，农民年人均收入2049元。

1997年，突出"工业强区、科教兴区、依法治区"，加大企业新上、技改和改革力度，膨胀第三产业和民营经济总量，调整优化农业内部结构。主要计划指标：地区生产总值30亿元，同比增长12%；财政总收入

10023万元，同比增长10%；农民年人均纯收入2400元。是年末，畜牧业发展成为农业的支柱产业，占农业总产值的比重为44.8%。完成157家区、乡工业企业产权制度改革。建有各类市场42个。完成地区生产总值28.85亿元，全社会固定资产投资总额5.25亿元，全社会消费品零售总额6.16亿元，地方财政收入0.55亿元，城镇居民年人均可支配收入4985元，农民年人均纯收入2215元。

1998年，坚持以市场为导向，加大企业改革力度，加快混合型经济和个体私营经济的发展。推进传统农业逐步向现代农业转化。抓好工业技术改造投入和新上项目投入。按照“膨胀总量，提高档次，全民参与，快速发展”的要求，发展第三产业和个体私营经济。主要计划指标：地区生产总值24.5亿元，同比增长10%；全社会固定资产投资5亿；财政总收入1.16亿元，同比增长10%；农民年人均纯收入2400元。是年末，基本完成土地延包（30年不变），建成粮食、蔬菜、养殖、花卉种植、林果生产五大基地。完成地区生产总值32.43亿元，全社会固定资产投资总额5.11亿元，全社会消费品零售总额6.78亿元，地方财政收入0.68亿元，城镇居民年人均可支配收入5135元，农民年人均纯收入2390元。

1999年，抓住国家增加投资、扩大内需、启动消费机遇，以新上和技改项目为重点，实现产业、产品结构调整的突破，改造提高工业；着眼特色农业和现代农业，稳定发展农业；贯彻落实区委、区政府《关于进一步激励和扶持个体私营经济发展的若干规定》，促进个体私营经济膨胀规模，提高档次。主要计划指标：地区生产总值28亿元，同比增长15%；全社会固定资产投资6亿元，同比增长20%；财政总收入1.17亿元，同比增长10%；农民年人均纯收入2550元。是年末，完成地区生产总值35.78亿元，全社会固定资产投资总额7.29亿元，全社会消费品零售总额7.26亿元，地方财政收入0.96亿元，城镇居民年人均可支配收入5678元，农民年人均纯收入2476元。

2000年，按照提高工业、强化农业、大力发展个体民营经济工作思路，以调整品质结构、发展特色农业为重点，提高农业综合效益；强化工业企业骨干拉动战略，重点培育华盛、美华、新光、盛能四大企业集团，突出新上和技改投入两个重点；第三产业和个体私营经济，坚持一手抓发展，一手抓提高。主要计划指标：地区生产总值32亿元，同比增长15%；全社会固定资产投资8.4亿元，同比增长20%；财政总收入1.33亿元，同比增长15%；农民人年人均收入2600元。是年末，受持续干旱等自然灾害影响，粮食生产呈现“三下降”（粮食播种面积、单产和总产量下降）态势。工业主导地位和经济效益明显提高，新上和技改项目投入同比增长48.1%。通过省政府组织的“小康区”验收。完成地区生产总值41.90亿元，全社会固定资产投资总额11.09亿元，全社会消费品零售总额7.81亿元，地方财政收入1.14亿元，城镇居民年人均可支配收入6420元，农民年人均纯收入2597元。

2001年，以加快发展为主题，以改革创新和科技进步为动力，突出工业经济、“三高”农业、第三产业等重点，促进经济持续快速健康发展。主要计划指标：地区生产总值36.6亿元，同比增长13%；全社会固定资产投资12.5亿元，同比增长15%；财政总收入1.72亿元，同比增长15%；农民年人均纯收入2750元。是年末，农业种植结构优化，乳牛养殖迅速发展，乳牛存栏1980头，同比增长 188.2%。骨干企业拉动力增强，其中华盛、盛能、美华、新光和宏达五大企业集团，实现工业销售收入、利税和利润分别占国有及限额以上工业企业的 66.0%、93.3%、75.6%。城乡消费市场稳中趋旺。完成地区生产总值 47.06 亿元，全社会固定资产投资总额 13.57 亿元。全社会消费品零售总额 8.54 亿元，地方财政收入 1.60 亿元，城镇居民年人均可支配收入 7325 元，农民年人均纯收入 2736 元。

2002 年，积极应对加入世贸组织后的新形势，把握发展这一主题，坚持以城促工，以工带贸，逐步把罗庄区建设为集工业、商贸、旅游和科技为一体现代化新城区，建设成为最佳居住创业区。围绕发展城郊型特色农业，大力推进“奶牛富民”工程和农业产业化进程，重点扶持奶牛养殖和花卉种植两大主导产业。在传统工业基础上，培育发展精密陶瓷、复合材料、生物医药、新型能源等新兴支柱产业。实施骨干带动战略，发挥华盛、美华、新光、盛能、宏达五大企业集团龙头带动作用。发展商贸服务业，从加快硬件建设入手，规划建设大型超市、仓储中心、各类市场和园区。主要预期经济指标：地区生产总值 41.5 亿元，同比增长 13.7%；全社会固定资产投资 16 亿元，同比增长 18%，力争达到 18 亿元；实现财政总收入 2.35 亿元，同比增长 21%；农民年人均纯收入 2900 元，同比增长 6%。是年末。规模以上工业企业发展到 100 家。华盛、盛能、美华、新光和宏达五大企业集团，实现工业销售收入、利税和利润分别占国有及限额以上工业的 62.8%、65.0%、73.6%。其中华盛江泉集团跻身全国 500 强。新建和扩建罗庄陶瓷商城、罗庄建材批发市场、华东盛源果品批发市场等 17 个专业批发市场，建成各类集贸市场 43 个。完成地区生产总值 53.31 亿元，全社会固定资产投资总额 19.23 亿元，全社会消费品零售总额 9.37 亿元，地方财政收入 1.26 亿元，城镇居民年人均可支配收入 8043 元，农民年人均纯收入 2876 元。

2003 年，围绕全面建设小康社会，率先实现现代化这一目标，抓好“结构调整、招商引资、环境优化”三个重点。调整粮食作物与经济作物比例，发展精品牧业，推进“奶牛富民”工程实施。实施“工业强区”战略，走新型工业化道路，继续加大新上和技改投入。培育企业集团，在原有 5 家企业集团（华盛、美华、新光、盛能、宏达）的基础上，扶持发展金罗、罗欣药业、海宇金湖、华星、云雀等五家企业集团。加快商贸流通设施建设，大力发展旅游业，积极发展现代物流业和现代服务业。主要预期经济指标：地区生产总值 48.3 亿元，同比增长 15%；全社会固定资产投资 22.5 亿元，同比增长 18%；财政收入过 3 亿元，其中地方财政收入 1.38 亿元，同比增长 15%；全社会消费品零售总额 10.3 亿元，同比增长 10%；城镇居民人均可支配收入 9000 元，同比增长 5.5%；农民年人均纯收入 3045 元，同比增长 6%。是年末，农业经济稳步推进，江泉肉制品厂和盛能乳业公司被命名为省级农业龙头企业。工业运行质量逐步提高，128 家规模以上工业企业利润总额 4.34 亿元，同比增长 63.3%。完成地区生产总值 63.29 亿元，全社会固定资产投资总额 26.44 亿元，全社会消费品零售总额 11.61 亿元，地方财政收入 1.52 亿元，城镇居民年人均可支配收入 8568 元，农民年人均纯收入 3088 元。

2004 年，坚持经济速度与结构、质量、效益协调发展原则，落实国家各项扶持“三农”（农业、农村、农民）政策，调整农业结构，改善农业生产条件。坚持走新型工业化道路，培植陶瓷、纺织、化工医药、机械铸造、能源、冶炼等主导产业，发挥传统产业比较优势，打造“罗庄陶瓷”品牌。加快商贸流通设施建设，放活市场主体。主要预期经济指标：地区生产总值60亿元，同比增长20%；全社会固定资产投资35亿元，同比增长32%；地方财政收入1.8亿元，同比增长18%；力争同比增长20%；农民年人均纯收入3300元，同比增长7%。是年，扎实推进“奶牛富民”“百万农户致富”和“人畜饮水解困”三大工程。工业生产实现持续快速增长和效益同步提高，龙头、骨干企业成为拉动经济的主力军，十大企业集团（华盛、美华、新光、盛能、宏达、金罗、罗欣药业、海宇金湖、华星、云雀）全年完成工业总产值、产品销售收入、利税和利润分别占全部规模以上工业总量的72.58%、73.42%、85.5%、92.8%。其中华盛江泉集团产值、利税分别占全区规模总量的57.2%、75.4%。第三产业迅速崛起，新兴产业快速发展，立晨物流成为鲁南苏北地区最大的现代物流中心。全年完成地区生产总值76亿元、全社会固定资产投资总额33.76亿元、全社会消费品零售总额13.47亿元、地方财政收入1.66亿元，实现城镇居民年人均可支配收入9309元、农民年人均纯收入3417元。

2005年，突出“结构调整、招商引资、城市建设、财政增收”四个重点，推进“三农稳区”“工贸强区”战略。主要预期经济指标：地区生产总值73亿元，同比增长20%；全社会固定资产投资40.5亿元，同比增长20%；地方财政收入1.93亿元，同比增长20%；全社会消费品零售总额15亿元，同比增长15.4%；农民年人均纯收入3640元，同比增长7%。是年，全区经济发展整体进入快车道。农业生产各项指标稳定提高。工业规模总量迅速膨胀，产销与效益持续快速增长。新的产业布局初具规模，形成冶金、化工、食品、陶瓷、电力、纺织、木材加工和机械铸造等八大支柱产业。大中型企业拉动经济的作用提高，全年完成工业总产值、产品销售收入、利税和利润分别占全部规模以上工业企业总量的84.58%、84.56%、93.36%、99.33%。第三产业优化升级，打造“汽车超市一条街”，壮大陶瓷商城和建材批发市场为中心的交易市场。全年完成地区生产总值102.3亿元、全社会固定资产投资总额36.99亿元、全社会消费品零售总额20.34亿元、地方财政收入2.49亿元，实现城镇居民年人均可支配收入10828元、农民年人均纯收入3695元。

2006年，突出“产业结构调整、对外开放、城市化进程、社会主义新农村建设”四个重点，继续实施“工业强区”战略，加大工业投入力度。把提升第三产业作为结构调整重点。主要预期经济指标：地区生产总值125亿元，同比增长25%；全社会固定资产投资48亿元，同比增长33%；地方财政收入2.88亿元，同比增长20%；全社会消费品零售总额24.6亿元，同比增长20%；城镇居民人均可支配收入12000元，同比增长15%；农民年人均纯收入4200元，同比增长12.5%。是年末，食品、机械、建材、医药、化工、纺织服装、冶金、新型能源八大支柱行业完成总产值313.19亿元，同比增长23.1%，占规模以上工业企业的97.03%。完成地区生产总值122.15亿元，全社会固定资产投资总额42.87亿元，全社会消费品零售总额23.54亿元，地方财政收入3.23亿元，城镇居民年人均可支配收入12355元，农民年人均纯收入4218元。

2007年，围绕促进经济又好又快发展、

构建和谐社会“两个目标”，抓住自主创新、节能降耗、环境优化“三个关键”，加快现代农业建设，抓好节能减排和环境保护，持续壮大工业实力，提高企业创新能力，加快第三产业增势。主要经济预期指标：地区生产总值145亿元，同比增长18%；全社会固定资产投资52亿元，同比增长20%；地方财政收入3.9亿元，同比增长20%；全社会消费品零售总额27亿元，同比增长16%；城镇居民人均可支配收入14000元，同比增长13%；农民年人均纯收入4800元，同比增长13%。是年末，农、林、牧、渔业生产健康稳步发展。食品、机械、建材、医药、化工、纺织服装、冶金、新型能源八大支柱行业完成总产值378.06亿元，同比增长33.3%，占规模以上工业企业的96.4%。完成地区生产总值148.9亿元，全社会固定资产投资总额50.51亿元，全社会消费品零售总额28.32亿元，地方财政收入4.17亿元，城镇居民年人均可支配收入14565元，农民年人均纯收入4893元。

2008年，围绕推动全区经济社会又好又快发展中心任务，突出“工业经济、服务业发展、城市建设”等工作重点，加快新型工业化进程，转变发展方式，开展“项目推进年”和“城市建设管理年”活动。主要预期经济指标：地区生产总值175亿元，同比增长20%；全社会固定资产投资63亿元，同比增长20%；地方财政收入5亿元，同比增长20%；全社会消费品零售总额34亿元，同比增长20%；城镇居民人均可支配收入16000元，同比增长14%；农民年人均纯收入6000元，同比增长15%。是年末，建成无公害草莓、有机稻米和食用菌三大生产基地266.67公顷（4000亩），促进现代农业规模化和集约化发展。食品、机械、建材、医药、化工、纺织服装、冶金、新型能源八大支柱产业行业完成总产值447.71亿元，同比增长32.1%，占规模以上工业企业产值的97.1%。科技进步对经济增长的贡献率58%。专业批发市场发展到9家，其他各类市场50余家。“汽贸城”年销售各类汽车约6万辆、交易额超过50亿元。在全市通报的27项主要经济指标中，罗庄区有11项指标列全市前三位。完成地区生产总值174.30亿元，全社会固定资产投资总额61.73亿元，全社会消费品零售总额35.66亿元，地方财政收入4.89亿元，城镇居民年人均可支配收入17136元，农民年人均纯收入5452元。

2009年，把“工业强区”作为首要任务，以“城乡建设管理、特色服务业和社会民生”为重点，组织实施“投、引资突破年”和“生态区建设年”活动，加快全区工业新型化、城市精品化、三产特色化、农业产业化“四化”进程。主要预期经济指标：地区生产总值204亿元，同比增长17%；全社会固定资产投资88亿元，同比增长24%；地方财政收入5.6亿元，同比增长14%；全社会消费品零售总额42亿元，同比增长18%；城镇居民人均可支配收入18000元，同比增长12%；农民年人均纯收入6400元，同比增长13%。是年末，农、林、牧、渔业实现总产值同比增长4.3%。食品、机械、建材、医药、化工、纺织服装、冶金、新型能源八大支柱行业实现总产值497.5亿元，同比增长21.1%，占规模以上工业企业产值的97.2%。新增规模企业43家。科技进步对经济增长贡献率58%。“汽贸城”新建4S店16家，总数达60家，年交易额突破90亿元，成为鲁南苏北规模最大、品牌最全的汽车销售中心。房地产开发投资完成7.34亿元，同比下降33.2%。在市里考核的32项主要经济指标中，全区地方财政收入、工业增加值、固定资产投资等16项指标总量或增幅居全市前三位。完成地区生产总值 190.20 亿元，全社会固定资产投资总额 84.01 亿元，全社会消费品零售总额 47.38 亿元，地方财政收入 5.57 亿元，城镇居民年人均可支配收入 18781 元，农民年人均纯收入 5961 元。

2010 年，围绕转变经济发展方式，积极推进资源节约型和环境友好型社会建设，开展“工业经济提升年”和“特色服务业发展年”主题活动，突出“招商引资、项目建设、环境保护、民生保障”四项工作重点，努力把罗庄建设成为“新型工业区、特色商贸区、科技创新区、生态和谐区”。主要预期经济指标：地区生产总值 233 亿元，同比增长 16%；全社会固定资产投资 104 亿元，同比增长 30%；地方财政收入 6.3 亿元，同比增长 13%；全社会消费品零售总额 58 亿元，同比增长 23%；城镇居民人均可支配收入 22000 元，同比增长 16%；农民年人均纯收入 7200 元，同比增长 16%。是年末，规模以上工业制造业企业实现总产值占规模以上工业企业经济总量的 87.3%。服务业成为新的区域经济增长点，规模以上服务业完成投资 45 亿元，同比增长 32%。完成地区生产总值 207.3 亿元，全社会固定资产投资总额 100.24 亿元，全社会消费品零售总额 61.18 亿元，地方财政收入 10.96 亿元，城镇居民年人均可支配收入 21038 元，农民年人均纯收入 6825 元。

2011 年，以招商引资为主抓手，大力开展“重点项目突破年”和“城乡环境提升年”活动，加快“两园三带”（罗庄工业园、罗庄循环经济示范区、三个十千米经济带）建设，全力打造工商复合型经济，实现“十二五”良好开局。主要预期经济指标：地区生产总值 233 亿元，同比增长 16%；全社会固定资产投资 121 亿元，地方财政收入 13 亿元，全社会消费品零售总额 70 亿元，城镇居民人均可支配收入 24000 元，农民年人均纯收入 7500 元。是年末，新兴产业快速发展，其中信息化学品制造、医药制造等高技术产业完成工业总产值同比增长 32%。开展焦化、钢铁和陶瓷三大传统产业的升级改造和节能减排。拆除土小企业，淘汰落后产能企业 27 家。培育 4 家省级、5 家市级循环经济试点企业。启动规划面积 160 平方千米的罗庄循环经济示范区建设。加大服务业政策支持力度，制定《关于加快全区服务业跨越发展的若干政策》。服务业完成税收 13.84 亿元，同比增长 38.6%。完成地区生产总值 260.43 亿元，全社会固定资产投资总额 105.51 亿元，全社会消费品零售总额 74.54 亿元，地方财政收入 12.85 亿元，城镇居民年人均可支配收入 24232 元，农民年人均纯收入 8070 元。

2012 年，大力开展“提速增效，创优争先”活动，突出抓好“工业经济、服务业发展、城市建设、社会民生”四项工作重点，进一步实施“双十工程”（培植十大纳税过亿元企业，建设十大商业综合体），着力打造北部新商圈和南部循环经济示范区两大增长极，全面建设工商复合型经济区。主要预期经济指标：地区生产 300 亿，同比增长 15%；全社会规模以上固定资产投资 135 亿元，同比增长 30%；地方财政收入 16 亿元，同比增长 26%；全社会消费品零售总额 82 亿元，同比增长 25%；城镇居民人均可支配收入 28000 元，同比增长 17%；农民年人均纯收入 1 万元，同比增长 17%。是年末，农、林、牧、渔业平稳发展。规模以上工业总产值、主营业务收入分别完成 1006 亿元、1080 亿元。现代商贸提速发展，服务业实现增加值 103.99 亿元，同比增长 22%，对经济增长的贡献率 41%。完成地区生产总值 295.15 亿元，全社会固定资产投资总额151.87亿元，全社会消费品零售总额86.4亿元，地方财政收入16.85亿元，城镇居民年人均可支配收入27624元，农民年人均纯收入9162元。

2013年，突出“科学发展、跨越赶超”主题，以打造工商复合型经济强区为目标，认真落实“三个三”工作思路，即主攻“三园一环”（加快南部循环经济示范区、罗庄工业园、华盛江泉工业园和70千米服务业发展“环形隆起带”建设），实施“三个十工程”（培植“十大纳税过亿元企业”、打造“十大产业集群”、建设“十大商业综合体”），确保完成“三年倍增计划”。主要预期经济指标：地区生产总值350亿元，同比增长15%；规模以上固定资产投资200亿元，同比增长30%；地方财政收入21.3亿元，同比增长26%，力争30%；全社会消费品零售总额100亿元，同比增长25%；城镇居民人均可支配收入31000元，同比增长16%；农民年人均纯收入11800元，同比增长18%。是年末，完成地区生产总值330.5亿元，全社会固定资产投资总额166.05亿元，全社会消费品零售总额102.2亿元，地方财政收入18.28亿元，城镇居民年人均可支配收入30317元，农民年人均纯收入10380元。

第三节 项目管理

项目审批

1995—1997年，审查立项基本建设项目195个，总投资5.96亿元；转报和批复建议书52个，总投资12.95亿元。

1998—2004年，考察论证、批复基本建设项目439个，总投资23.88亿元，1149万美元；转报项目181个，总投资161.46亿元。

2005—2007年，立项备案、核准项目171个，总投资26.39亿元，238.4万美元，360万港元；转报项目29个，总投资185.66亿元，2485.22万美元。

2008—2010年，审批、核准、备案项目186个，总投资93.55亿元，1010万美元；转报项目52个，总投资129.04亿元。

2011—2013年，审批、核准、备案项目188个，总投资653.5亿元；转报项目20个，总投资125.23亿元。

重点项目

1995—2009年，罗庄区把项目建设作为经济工作的重中之重，以“大公司进入、大项目带动”加快产业结构调整升级。工业项目重点抓传统产业项目改造提升和新上项目投入。开展“项目推进年”和“投引资突破年”等活动，千方百计引项目、促落地、抓推进。2010—2013年，以重点项目建设为突破口，推进重点项目建设管理、策划储备等工作。对重点建设项目实行“一月调度、半年一小结、年终总考核”制度。在区行政办公楼大厅设立重点项目“百日会战比比看”公示牌，公开晒成绩单、晾排行榜，督促重点项目“百日会战”顺利开展。

1995年，区乡村三级累计新上和技改项目186个，投资6.67亿元。化武路、湖北路全线竣工；罗庄陶瓷批发商城一、二期工程建成运营；宝泉寺公园、龙潭公园扩建工程开工。

1996年，基本建设、更新改造和其他投资施工项目200个。其中，新开工198个（其中工业类项目80个）；竣工192个，竣工率97%。启动盛庄、傅庄、册山3个卫星城镇和6个3平方千米民营经济园建设。

1997年，基本建设、技术改造和其他投资施工项目146个。竣工122个，竣工率83.6%。区行政办公大楼、人民广场等重点工程相继建成使用；盛庄热电厂、傅庄热电厂开工。

1998年，新开工建筑项目152个，竣工135个，施工面积22.4万平方米，竣工面积13.1万平方米。

1999年，在重点选报的16项工业新上、技改项目中，有5项被国家、省、市立项。新建、扩建市场和民营工业园区5家，总投资2300万元；临册路改建工程、城区集中供暖二期工程、20个小康屋住宅示范村等重点工程相继竣工。

2000年，区人民医院、区计划生育妇幼保健综合服务中心、美澳国际学校、欧洲街等重点工程相继竣工。

2001年，新上技改投资2亿元以上项目1个，1000万元以上项目10个。改造市场园区8家；完成沂河路西段绿化整治；完成新北区开发总体规划和土地调整，确定32个项目入园。

2002年，区消防中心、华盛地方铁路、206国道改线与改造等重点工程施工建设。

2003年，新上技改投资过亿元项目11个，过1000万元项目72个。金湖科技、久泰化工、华盛药械、华盛热电及电解铝等重点项目相继建成投产；开发建设美华园、金湖新村、美华新村等5个住宅小区；完成区行政广场改造、蒙山大道南段绿化、北区管网建设等重点工程。

2004年，投资过1000万元以上项目91个，完成投资27.78亿元，占计划投资82.3%。其中华盛热电、江鑫钢铁、三德钢铁、盛源无缝钢管、罗塔特汽车齿轮、金星焦电和临沂汽车超市7个重点项目建设进展较快。

2005年，投资过1000万元以上项目78个，完成投资31.6亿元，占计划投资76.0%。其中投资5000万元以上项目38个，完成投资26.36亿元。其中过亿元项目23个，完成投资20.86亿元。鲁南花卉市场、鲁南旧货交易市场和临沂国际粮油批发城一期工程建成开业。

2006年，投资5000万元以上项目35个，完成投资18.1亿元，同比下降20.7%。其中过亿元项目16个，完成投资10.75亿元，同比下降41.3%。污水处理厂建成使用。

2007年，3个市级重点建设项目，总投资5.9亿元，年度计划投资4.2亿元，完成投资3.2亿元，完成率76.19%。总投资5000万元以上项目37个，完成投资31.21亿元，同比增长72.4%。其中过亿元项目19个，完成投资22.70亿元，同比增长111.2%。鲁南粮油物流城、鲁南花卉市场二期工程、翔宇汽车超市宝马4S店等项目建成运营。

2008年，3个市级重点建设项目，总投资9.21亿元，年度计划投资5.59亿元，完成投资5.57亿元，完成率99.64%。总投资5000万元以上项目24个，完成投资35.58亿元，同比增长14.00%。其中过亿元项目16个，完成投资31.13亿元，同比增长37.10%。投资1200余万元，建成“四馆一中心”（图书馆、文化馆、档案馆、科技馆和青少年活动中心）；罗欣药业物流城、江鑫精钢等6个过亿元项目投产；华盛江泉城装饰竣工；豪德光彩贸易市场建设开工。

2009年，4个市级重点建设项目，总投资56.1亿元，年度计划投资17亿元，完成投资8.17亿元，完成率48.06%。总投资5000万元以上项目51个，完成投资50.27亿元。其中过亿元项目24个，完成投资46.62亿元。区文化中心改造完成；华宇铝电二期、临钢三期、美鑫管业一期、沂州高档抛光砖、罗欣药业水针剂等项目投产；投资12亿元的华盛江泉城大酒店开业；名嘉购物广场、青

图 12-5：2009 年 4 月 11 日，罗庄区举行重点项目集中奠基仪式

计划投资 7 亿元，完成投资 6.8 亿元，完成率 97.14%。21 个市级重点建设项目，总投资 284 亿元，年度计划投资 68.4 亿元，完成投资 70.8 亿元，完成率 103.5%。过亿元项目（不含房地产开发项目）68 个，完成投资 111.84 亿元，同比增长 44.8%。武河湿地二期工程开工；临沂盛翔玻璃建材物流城、十里坊商业广场、江鑫啤家园、华创·金桂园等项目开工。

2010 年，10 个市级重点建设项目，总投资 78.87 亿元，年度计划投资 17.78 亿元，完成投资 24.43 亿元，完成率 137.40%。总投资 5000 万元以上项目 90 个，完成投资 68.23 亿元。其中过亿元项目 29 个，完成投资 43.03 亿元。美鑫无缝钢管年产 100 万吨项目、中玻蓝星特种玻璃等重点项目投产；豪德光彩贸易广场一期工程建成开业。

2011 年，15 个市级重点建设项目，总投资 458 亿元，年度计划投资 81.5 亿元，完成投资 86 亿元，完成率 105.5%。过亿元项目（不含房地产开发项目）53 个，完成投资 46.8 亿元，同比增长 8.8%。华宇铝电二期、罗欣药业水针剂、盛阳集中供气项目建成；名嘉广场、沂蒙乐园、临沂汽车客运南站竣工。

2012 年，实现省重点项目零突破，山东格兰德利用回收聚酯瓶生产差别化涤纶长丝列入省重点建设项目，总投资 12 亿元，年度管业和罗欣药业裕欣分厂等项目建成；临沂皮革城主体馆竣工；麦德龙与大华时代国际影城入驻华创金桂园。

2013 年，山东华盛江泉农牧产业发展有限公司生态农牧产业基地项目列入省级重点项目，投资 20 亿元，年度计划投资 7 亿元，完成投资 8.3 亿元，完成率 119%。20 个市级重点项目，总投资 575 亿元，年度计划投资 106.2 亿元，完成投资 145 亿元，完成率 136.5%。结转续建的 18 个市级重点项目，总投资 276 亿元，年度完成投资 50.9 亿元。过亿元项目（不含房地产开发项目）124 个，完成投资 151.43 亿元，同比增长 35.4%。其中，新开工过亿元项目 107 个，完成投资 129.57 亿元，同比增长 39.7%。实施技改项目 100 个，完成技改投资 70 亿元。华盛江泉特钢循环产业园、格兰德 8 万吨涤纶长丝、临沂万力皮革城等重点项目投产；临沂全球商品交易中心完成韩国馆建设；临沂工商贸博览城、鲁南国际茶博城二期工程开工。

第三章　统计管理

第一节　机构

1995年2月，罗庄区统计局成立，为正科级行政单位。内设办公室、综合科、业务科3个科室。同年10月，区普查办公室设立。1997年，全区6个乡镇均设立统计站。1998年11月，区农村经济调查队成立，为副科级事业单位，隶属区统计局。2001年7月，区企业经济调查队成立，为副科级事业单位，隶属区统计局。2003年9月，区城市经济调查队成立，为副科级事业单位，隶属区统计局。2008年6月，区能源与服务业统计中心成立，为副科级事业单位，隶属区统计局。2013年12月，区统计局内设办公室、综合核算科、业务科3个职能科室。辖区农村经济调查队、区企业经济调查队、区城市经济调查队和区能源与服务业统计中心4个副科级事业单位及普查办公室。在编人员27人。全区统计系统共有专、兼职统计人员62人。

2003年，区统计局被山东省统计局命名为全省依法统计先进单位；2008年，被山东省人事厅、山东省统计局命名为山东省第二次农业普查先进集体；2009年，被国务院第二次全国经济普查领导小组命名为第二次全国经济普查先进集体；2011年，被山东省人民政府命名为第六次全国人口普查先进集体；2012年，被山东省精神文明建设委员会命名为省级文明单位；2013年，被山东省人力资源和社会保障厅、山东省统计局命名为全省统计系统先进集体。

第二节　统计调查

统计调查业务

统计调查业务包括月度“四上”（规模以上工业企业、限额以上贸易企业、规模以上服务业企业、资质以上建筑业企业和全部房地产开发经营业）企业一套表联网直报、季度规模以下企业调查、1%人口抽样调查、和城乡一体化住户抽样、县级粮食抽样、畜禽监测等与农业相关的各项调查。

开展“四上”企业一套表联网直报。“四上”企业范围为：规模以上工业企业为年主营业务收入2000万元及以上的工业法人单位，规模以上工业企业同时进行能源统计；限额以上贸易企业为辖区内年主营业务收入500万元及以上零售法人单位、年主营业务收入2000万元及以上批发业法人单位、年主营业务收入200万元及以上住宿餐饮法人单位；规模以上服务业企业为辖区内年营业收入1000万元及以上或年末从业人员50人及以上服务业法人单位（其中居民服务、修理和其他服务业，文化体育和娱乐业统计范围为年营业收入500万元以上或年末从业人员50人及以上服务业法人单位）；辖区内具有建筑业资质的所有独立核算建筑业企业及所属产业活动单位、全部房地产开发经营法人单位及所属的产业活动单位。至2013年12月，全区共有“四上”企业544家，其中工业企业298家，建筑房地产企业60家，贸易企业158家，服务业企业28家。

开展季度规模以下企业调查。即对达不到规上、限上企业标准的工业、贸易、服务业等企业进行抽样调查，每季度进行一次。至2013年12月，全区规模以下企业95家，其中工业企业39家，贸易企业48家，服务业企业8家。

1%人口抽样调查。2005年始，两次普查之间逢5的年份进行国家级1%人口抽样调查，主要调查两次大型人口普查期间的人口数量、构成及居住等方面的变化情况。

2007年开展畜禽监测，对畜禽出栏、存栏等相关指标进行调查；2011年开展城乡一体化住户抽样月和年报，对抽中的样本进行调查，调查样本每6年轮换一次；2012年开展县级粮食抽样，分秋冬播、春播、夏播对农作物播种面积和实测产量等各项指标进行调查。

统计业务改革

自1996年起，逐步建立并完善个体私营经济统计报表制度、国有工业和年销售收入500万元以上工业企业定期报表制度、年销售收入2000万元以上批发贸易企业和年销售收入500万元以上零售贸易企业月报报表制度、资质以上建筑安装企业劳动工资季度报表制度、专业科技报表制度、服务业调查制度、能源调查制度以及成品油价格调查制度等，以适应社会经济发展对统计工作的要求。1996年，对村以下工业、城镇劳动力人口、商业等实行抽样调查。1997年，对城镇居民家庭基本情况实行抽样调查。1998年，商业企业统计报表改为抽样调查，年销售收入500万元以下工业企业实行抽样调查。1999年，逐步进行农业、工业、商贸、劳资等专业的抽样调查。2000年，增加了限额以下工业企业抽样调查。农业粮食产量也全面实行抽样调查，并实行实收实测。2003年，实施50万元以上固定资产投资月报制度。2007年，逐步完善季度生产总值联审，对重要统计数据由下管一级逐步向下算一级过渡。2011年，规模以上工业企业统计起点标准从主营业务收入500万元提高到2000万元，固定资产投资项目统计的起点从计划投资额50万元提高到500万元。2012年，全国“企业一套表”正式实施，“三上”企业（规模以上工业、限额以上批发零售住宿餐饮企业、资质以上建筑业企业和房地产开发企业）进行联网直报。2013年，规模以上服务业实行联网直报，对辖区内年营业收入1000万元及以上，或年末从业人员50人及以上服务业法人单位进行统计。

到2013年12月，区统计局上报的工业、投资、贸易、服务业报表71种。其中，年报表30种，定报表31种。

第三节　统计普查

2003年，国家对普查制度进行改革，把原来的基本单位普查、工业普查、第三产业普查合并为经济普查。全国性重大普查调整为三大普查，即人口普查，每10年进行1次，在尾数逢0的年份实施；农业普查，每10年进行一次，在尾数逢6的年份实施；经济普查，每5年进行一次，在尾数逢3和8的年份实施。1995—2013年，区统计局工业普查1次，农业普查2次，基本单位普查2次，人口普查2次，经济普查3次。

工业普查

第三次全国工业普查　1995年4月，第三次全国工业普查。普查对象为辖区内的全部工业企业和生产单位。普查内容主要包括工业企业生产经营的基本条件、财务状况、经营行为、技术进步等。以1995年12月31

日为标准时间点。普查结果：1995年，全区共有工业企业和生产单位3843家，全年实现工业总产值54.94亿元。其中，乡及乡以上工业企业和生产单位143家，全年实现工业总产值28.94亿元；村及村以下工业企业和生产单位3700家，全年实现工业总产值26.01亿元。

农业普查

第一次全国农业普查　1996年12月，第一次全国农业普查。普查对象为辖区内的各种类型农业生产经营单位、农村住户、乡镇企业、行政村和乡镇。以1996年12月31日为标准时间点。普查结果：全区农村住户77975户、302591人。其中农业户61043户、239443人。农业户中纯农业户16547户、56907人；农业兼业户10441户、43763人；非农兼业户34055户、138773人。全区共有家庭从业人员196487人。其中，从事种植业89789人，从事畜牧业698人，从事林业149人，从事渔业203人，从事农业服务业1251人，从事工业54287人，从事建筑业11939人，从事交通运输业12597人，从事批零贸易餐饮业11263人，其他从业人员14311人。

第二次全国农业普查　2006年12月，第二次全国农业普查。普查对象为辖区内的农村住户、城镇农业生产经营户、农业生产经营单位、村民委员会和乡镇人民政府。以2006年12月31日为标准时间点。普查结果：全区共有农业生产经营户74012户，农业生产经营单位53家。共有农业从业人员3.44万人。其中，男性占19.65%，女性占80.35%。农村劳动力资源总量24.44万人。其中，男性占52.55%，女性占47.45%。农村劳动力资源中，20岁及以下比重18.55%，21岁～50岁比重63.99%，51岁及以上比重17.46%。共有大中型拖拉机212台，小型拖拉机1806台。农村常住户平均每百户拥有彩电93.11台，固定电话61.81部，手机85.91部，电脑11台。农村常住户平均每户拥有住房面积123平方米。

基本单位普查

第一次全国基本单位普查　1996年12月，第一次全国基本单位普查。

第二次全国基本单位普查　2001年12月，第二次全国基本单位普查。普查对象为辖区内的法人单位及其所属的产业活动单位。以2001年12月31日为标准时间点。普查结果：2001年全区共有法人单位1342家，产业活动单位1888家。按国民经济行业分类，法人单位中第一产业5家，第二产业734家，第三产业603家。产业活动单位中第一产业50家，第二产业782家，第三产业1056家。

人口普查

第五次全国人口普查　2000年，第五次全国人口普查。普查的标准时点为2000年11月1日零时，普查对象是具有中华人民共和国国籍并在中华人民共和国境内居住的人，每个人都在常住地进行登记。普查结果：2000年11月1日零时，全区普查登记户籍总人口417515人，普查登记总人口412454人。普查登记共有家庭户115176户，家庭户人口383888人，占总人口的93.07%。普查登记人口中0岁～14岁人口104510人，比重25.34%；15岁～64岁人口279658人，比重67.8%；65岁以上人口28286人，比重6.86%。普查登记人口中男性210897人，女性201557人，性别比104.63：100。

第六次全国人口普查　2010年，第六次全国人口普查。普查的标准时点为2010年11月1日零时。普查对象是具有中华人民共和国国籍并在中华人民共和国境内居住的人。普查结果：2010年11月1日零时，全区普查登记户籍总人口 541023 人，普查登记总人口 535127 人。普查登记共有家庭户 163427 户，家庭户人口 514724 人，占总人口的 96.19%。全区人口中，0 岁～14 岁少年儿童 96419 人，占总人口的 18.02%；15 岁～64 岁人口 395505 人，占总人口的 73.91%；65 岁以上老年人口 43203 人，占总人口的 8.07%。与 2000 年第五次全国人口普查相比，全区少儿人口所占比例减少，老年人口比例增加，0 岁～14 岁人口比重下降 7.32 个百分点；65 岁以上老年人口比重上升 1.21 个百分点。普查登记人口中男性 276988 人，占总人口的 51.76%；女性 258139 人，占总人口的 48.24%。男女性别比 107.3，较 2000 年高出 2.7 个百分点。

图 12-6：罗庄街道召开第六次全国人口普查培训会议（2010 年 9 月　摄）

经济普查

第一次全国经济普查　2004 年，第一次全国经济普查，普查的标准时点为 2004 年 12 月 31 日，时期资料为 2004 年度。普查对象为辖区内从事第二产业和第三产业全部法人单位、产业活动单位和个体工商户。普查结果：2004 年 12 月 31 日，罗庄区第二、第三产业法人单位 1531 家，从业人员 109870 人。其中，企业法人单位 1062 家，从业人员 97599 人；机关事业法人单位 173 家，从业人员 7983 人；社会团体法人单位 31 家，从业人员 506 人；其他法人单位 265 家，从业人员 3782 人。产业活动单位 1855 家。第二、第三产业企业法人单位资产总计 278.05 亿元。

第二次全国经济普查　2008 年，第二次全国经济普查，普查标准时点为 2008 年 12 月 31 日，时期资料为 2008 年度。普查对象为辖区内从事第二产业和第三产业全部法人单位、产业活动单位和个体经营户。普查结果：2008 年 12 月 31 日，罗庄区从事第二、第三产业法人单位 1656 家，从业人员 158932 人。其中，企业法人单位 1256 家，从业人员 139073 人；机关事业法人单位 116 家，从业人员 14483 人；社会团体法人单位 39 家，从业人员 472 人；其他法人单位 245 家，从业人员 4904 人。全区产业活动单位共计 2564 家。第二、第三产业的企业法人单位资产总计 634.05 亿元。

第三次全国经济普查　2013 年，第三次全国经济普查，普查标准时点为 2013 年 12 月 31 日，时期资料为 2013 年度。普查对象为辖区内从事第二产业和第三产业全部法人单位、产业活动单位和个体经营户。普查结果：2013 年 12 月 31 日，罗庄区从事第二、第三产业法人单位 3252 家，产业活动单位 4015 家，个体经营户 24737 户。第二、第三产业法人单位从业人员 183995 人，个体经营户从业人员 76685 人。第二、第三产业企业法人资产总计 1060.27 亿元（扣除金融业资产 7478 万元）。

第四节　统计服务与法制建设

法制建设

1995 年始，每年进行一次统计执法大检查。对工业、建筑业、投资、房地产、贸易业、劳动工资等统计专业抽取单位进行数据质量检查。至 2004 年，立案查处统计违法单位 6 家，虚报瞒报统计资料单位 29 家；通报批评单位 74 家，其中经济处罚单位 29 家。2005—2013 年，每年按照统计上报企业个数的 10% 进行执法检查。对检查中发现的违法问题及工作不规范问题，依照情节轻重，分别给予现场纠正、责令整改、行政处罚等一系列处罚措施，统计工作逐步规范化，源头统计数据质量大幅提高。

1995—2013 年，宣传贯彻《中华人民共和国统计法》，普及统计法律法规知识。开展“三五”“四五”“五五”“六五”统计普法教育活动，印发《统计法》《统计知识》《统计法规法律明白纸》等宣传材料 2.3 万份。利用电视、网络等媒体，设立宣传栏，张贴标语等形式宣传统计法律法规。举办专（兼）职统计员法规培训班 23 次，参加培训人员 2560 人次。

统计服务

区统计局贯彻落实市统计局《关于加强统计分析工作的意见》，成立统计分析任务目标考核小组，制定《统计分析目标责任制度》，突出抓好统计分析精品工程。紧紧围绕各级领导及社会各界普遍关注的热点、焦点和难点问题，坚持“准确、及时、全面、客观”的统计工作方针，深入基层调查研究，进行统计分析预测、预警。采取定期发布半年、全年经济形势分析和预测、《统计公报》《统计年鉴》、统计信息、电话咨询等多种形式，向区委、区政府和社会各界提供经济和社会发展情况的信息资料，为宏观决策、科学规划、指导工作提供资料服务。

统计分析　1995—1997 年，撰写统计分析、调查报告 51 篇，其中《我区乡镇工业功不可没》一文获省统计学会优秀论文（分析）评选三等奖，《我区宏观经济分析》《我区经济形势预测分析》等论文从不同方面，对罗庄区经济现状与发展趋势进行探讨，为领导决策提供参考。1998—2004 年，撰写统计分析、调研报告 280 余篇，引起了区委、区政府主要领导高度重视，并在 10 多篇分析上签批意见，其中《对我区 2004 年 GDP 目标任务分析》《从统计数字看罗庄经济》《从我区农民收入看现阶段农民增收问题》等 9 篇统计分析分别获省、市优秀统计论文，并入编《山东省优秀统计论文选编》。2005—2013 年，撰写统计分析、调研报告 350 余篇，其中 8 篇被评为全市优秀统计分析，10 余篇被区委区政府主要领导批示。撰写的《加强农业统计改革，促进新时期农业发展》《罗庄区发展现代物流业的基础优势和思路》在《中国信息报》刊登，《新时期统计工作之我见》《罗庄区冶金行业调研报告》《罗庄区高新技术产业发展情况的调研》编入《山东统计》。

统计公报、年鉴　1995—2013 年，根据国家统计制度要求，区统计局每年发布《罗庄区统计公报》，记录全区每年各行业的发展情况。按要求编印《罗庄区国民经济发展概况》和《罗庄区统计年鉴》，全面、系统地记载和反映罗庄区国民经济和社会发展情况。每次重大普查结束后，及时开发普查资料，编印成册，形成工业普查、基本单位普查、农业普查、人口普查、经济普查等年鉴资料。

第四章　审计管理

第一节　机构

1995年2月，罗庄区审计局成立，为正科级行政单位。内设办公室、企业科，行财科、基建科。1995年10月，罗庄区审计师事务所设立，为自收自支副科级事业单位，隶属区审计局。1998年12月，撤销罗庄区审计师事务所，改制脱钩为社会中介机构。1999年9月，区干部离任审计办公室设立，2001年8月更名为区经济责任审计办公室，为副科级事业单位，隶属区审计局。2013年，区审计局内设办公室、行政事业审计科、财政金融审计科、投资审计科4个科室。辖经济责任审计办公室1个副科级事业单位。在编人员29人。其中，行政编制12人，事业编制17人。

第二节　国家审计

财政审计

区级财政审计　1996年，根据《中华人民共和国审计法》和《山东省本级预算执行审计监督暂行办法》规定，区审计局首次对区级上一年度预算执行情况进行审计。此后，采取"同级审"和"上审下"相结合办法，按照"全面审计、重点突出"原则，每年开展本级预算执行和其他财政收支情况审计，向区政府提交审计结果报告，受区政府委托向区人大常委会做审计工作报告，提出预算财政财务管理意见和建议。1996—1997年，预算执行审计一级预算单位32家，查出违规违纪金额521万元，促进增收节支365万元。1998年，预算执行审计一级预算单位10家，延伸审计二、三级预算单位24家，查出违规调整预算、隐瞒截留预算收入、虚列支出、挪用专项资金等违规资金138.5万元。1999—2003年，审计单位49家，延伸审计单位47家，审计调查单位15家，查出违规违纪及管理不规范资金7620.9万元，促进增收节支633万元。2004年起，突出对重点项目、重点资金和重大决策执行等宏观事项审计；加强对重点税源企业审计和审计调查。至2010年年底，审计单位80家，延伸审计单位97家，延伸审计调查重点税源企业167家，查出违规违纪及管理不规范资金2.56亿元，查补税款6119.24万元。2011年起，在税收征管审计中，创新审计模式，尝试协调国税、土地与地税的信息对接，资源共享，进行关联核对，修正和补充税务信息，巩固税源体系。至2013年年底，审计单位52家，延伸审计调查税源重点企业36家，查出违规违纪及管理不规范资金69.04亿元，查补税款3716.76万元。

乡镇、街道财政审计　1995—1997年，审计乡镇财务收支情况9个（次）。1998年起，区审计局每年安排对全区二分之一的乡镇开展上年度财政决算和其他财务收支审计。至2006年，审计乡镇、街道财政决算32个（次），查出违规违纪与管理不规范资金1.77亿元，收缴和审计罚款40.9万元。2007年，采取"隔年审、审两年"的方式，审计街道

2005—2006年度财政决算和财务收支4个（次），查出各类违规违纪及管理不规范资金218万元，收缴审计罚款8.12万元。2008—2013年，审计镇、街道财政决算和财务收支39个（次），查出违规违纪及管理不规范资金16.11亿元，收缴和审计罚款38.85万元。

专项资金审计

1999—2001年，对民政救灾资金、教育事业费、计划生育专项资金和城市建设资金审计，查出各类违规违纪及管理不规范资金868.3万元。2003年，对营业税和所得税分享改革情况，农村税费改革情况，教育费附加等专项资金的收缴、管理、使用情况审计调查，对个体私营经济资金互助会债权、债务及清理情况审计调查，查出各类违规违纪及管理不规范资金479.9万元。对区劳动保障局1999年度和以前年度挤占挪用企业基本养老保险金问题审计调查，查出各类违规违纪及管理不规范资金173万元。对城市建设资金征收、管理、使用情况审计，查出各类违规违纪及管理不规范资金2255万元。对8个街道计划生育经费管理使用情况审计，查出各类违规违纪及管理不规范资金2372.3万元。2004年，对公安系统人财物上划、供销系统、粮食系统专项审计；对农业专项资金（农机管理收费）、最低生活保障资金审计调查；对对外经济贸易发展基金管理和使用情况、山东森信木业有限公司出口贴息资金情况及罗庄区科技三项费用（新产品试制费、中间试验费和重大科研项目补助费）管理、使用情况审计调查。2005年，对水资源费和养老基金管理、使用情况审计，查出各类违规违纪及管理不规范资金172万元。2007年，专项资金审计10个（次），查出各类违规违纪及管理不规范资金1.31亿元。2008年，对汶川地震期间，抗震救灾捐赠资金、物资实施全程跟踪审计，提出审计意见36条，救灾款物全部用于地震灾区。对新农合资金管理、使用情况审计调查。2009年，对政府债务负担情况、地方税收增减变化趋势、基层文化专项资金等10个项目审计调查，提出审计建议39条。2010年，专项资金审计调查7个（次），查出各类管理不规范资金222万元。2011年，对农村住房建设与危房改造、中小学校舍安全、社会抚养费、水利专项资金4个项目审计调查。对2008年至2011年6月社会抚养费征收、管理、使用、上缴情况审计。2012年，对社会保障、保险和救济资金、农村饮用水安全工程、体育彩票、教育费附加和社会抚养费审计调查。2013年，对科技、畜牧和农田水利资金、社会抚养费审计调查，查出管理不规范资金4945万元，提出审计建议9条。

固定资产投资审计

1995—1999年，审计基建项目9个。2001年，审计固定资产投资项目1个。2003年，对15家单位21个建设项目检查，对无计划批复和未办理其他相关手续的建设项目，责令限期整改。

2004年，根据《罗庄区基建工程审计监督暂行办法》，从建设项目立项、标底编制、施工合约签订、竣工审核核算等关键控制点着手，对蒙山大道、北区路网等12个重点建设项目审计，审减金额1569.1万元。2005年，对区行政办公大楼外装饰工程决算、区政府广场铺装工程、湖东二路、双月湖路、市政园林工程等8项重点建设项目审计，审减金额907万元。同时，对区财税大厦、广电大楼、蒙山大道罗庄段改造建设工程、区污水处理厂建设工程等项目进行跟踪审计。2006年，对区实验中学教学楼、蒙山大道沥青路等8个重点建设项目审计，审减金额1086万元；对区行政办公大楼广场铺装工程、残疾人联合会综合办公楼和双月湖街道行政办公楼工程决算审计。2007年，对湖东路北段和蒙山大道罗庄段绿化铺装、清河南路西段筑路工程等10个重点建设项目审计，审减工程造价1350万元。2008年，对通达南路改造工程、大埠东和十里堡社区新农村建设改造工程、污水管网建设工程、南环路修筑工程、滨河大道绿化工程、206国道北段改造工程等11个建设项目跟踪审计及决算审计，审减工程造价1103万元。2009年，对清河南路南侧、罗六路绿化工程、文化中心大厦改造工程、龙潭路改造工程、区行政办公大楼装饰改造工程、铁路沿线绿化工程、青龙河改造工程、通达南路路灯改造与绿化工程、南环路东段绿化工程等19个建设项目跟踪审计和审计复核，审减工程造价1882.3万元。

2010年，参与审计及复核政府投资项目58个，审减金额6428万元。2011年，对道路建设、供热管线工程、污水处理厂一期工程、城市绿化美化工程等政府投资项目审计（复核）48项，审减金额1.18亿元。2012年，对湖北路、南环路路面铺装、修补工程和沂河路绿化提升工程审计（复核）22项，审减金额8220万元。2013年，对武河湿地右岸堤顶道路工程一、二、三标段，临泉路黄山段道路改造，罗七路、罗八路路灯改造等政府投资项目审计（复核）17项，审减金额2412万元。

经济责任审计

1999年，中央办公厅、国务院办公厅颁发《县级以下党政领导干部任期经济责任审计暂行规定》和《国有企业及国有控股企业领导人员任期经济责任审计暂行规定》。同年6月，罗庄区干部离任审计办公室成立。2001年12月，罗庄区干部离任审计办公室更名为罗庄区经济责任审计办公室。2003年，区委、区政府印发《关于公布罗庄区经济责任审计工作联席会议领导小组及其办公室组成人员的通知》《关于印发罗庄区纪委等五部门经济责任审计工作联席会议办公室〈关于进一步加强经济责任审计工作的实施意见〉的通知》，对领导干部任期经济责任审计的范围、内容、程序、纪律、结果运用做出具体规定，建立纪委、监察、组织、人事和审计五部门经济责任审计联席会议制度。至2009年，对181个单位和部门的181名主要负责人任期经济责任审计，查处各类违规违纪及管理不规范资金3.53亿元。2010—2011年，受市审计局委托，对4名区级领导任期经济责任审计。对27个单位和部门的27名主要负责人任期经济责任审计。

2012年，从突出财政财务审计向“决策审计”“制度审计”“责任审计”转变，加大任中审计比例，变事后监督为事前、事中监督。至2013年，对77个单位和部门的77名主要负责人经济责任审计，认定领导干部负直接责任、主管责任和领导责任问题资金8.08亿元，提交审计报告和审计结果报告162篇。

行政事业审计

1995年起，对各部门和事业单位财务收支情况进行审计。至1997年，审计区属行政事业单位6家（次）。1998—2003年，先后对区公安分局、区民政局、区总工会、区人民法院、区人民检察院、区工商分局等23个部门审计，并延伸审计16个基层单位，查出违规罚款、截留坐支等违规违纪及管理不规范资金3931.1万元。2004—2009年，突出对城建、教育、卫生、农业、林业、水务、计生、食品药品监管、北区管委会等42个部门审计，重点查处各项管理资金在拨付、管理、使用中存在的问题，查出各类违规违纪及管理不规范资金1.08亿元，提出审计建议，规范行政事业单位的财政、财务管理。2010年，重点对有行政性事业收费、罚没职能的单位和关系民生、民计项目的审计，审计行政事业单位26家（次），查出各类违规违纪资金240万元，管理不规范资金1.57亿元。2011年后，行政事业审计统计数据并入财政审计，不再单独体现。

金融审计

1997年，审计非银行金融机构1家。1998年，对2家商业银行（罗庄、册山）资产、负债、损益情况进行审计，对罗庄区农村信用合作联社及下属7个基层社1997年度的资产、负债、损益情况审计，查出截留转移利息收入、挤占营业成本、偷漏税款等违规违纪和管理不规范资金420万元。1999年，对罗庄区农村信用合作联社的资产、负债、损益和信贷资金质量情况审计，对罗庄工行、建行的资产负债损益情况进行审计，查出各类违规违纪及管理不规范金额562万元。2001年，审计金融保险机构2家。2005年，对区农村信用社2004年度资产、负债、损益情况进行审计，查出各类违规违纪及管理不规范资金4399万元。2006年后，区审计局不再对辖区内非银行金融机构审计。

企业审计

1995—1996年，对8家工业企业资产、负债、损益情况审计。1997年，对4家工业企业、2家流通企业资产、负债、损益情况审计；对罗庄镇自来水公司、傅庄镇耐火材料厂、盛庄镇安装公司、册山镇第二煤矿、西高都镇化工厂和汤庄街道东店子煤矿资产、负债、损益情况审计。1999年，对区直4家工业企业1998年度的资产、负债、损益情况进行审计。2000年，对临沂造纸厂和临沂市第三陶瓷厂2家区直企业1999年度的资产、负债、损益情况进行审计，查出各类违规违纪及管理不规范资金35万元。2001年，对10家重点企业审计，查出各类违规违纪及管理不规范资金115.13万元。2002年，对1家企业资产、负债、损益情况审计。2006年，对4家规模企业的经营状况、资产、负债、损益、税款缴纳审计，查出各类违规违纪及管理不规范资金238万元；对区农业综合开发资金和区物价中心审计调查，查出各类违规违纪及管理不规范资金331.53万元。2008年，对1家企业资产、负债、损益情况审计。2009年后，区审计局不再对企业进行审计。

第三节　内部审计

1995年，罗庄区开始建立部门、单位内部审计机构，在区审计局指导下，开展内部审计工作。到1997年，全区先后设立内审机构24个，配备专职或兼职内审人员52人。1998年后，根据《临沂市内部审计工作规定》，区审计局从审计程序、审计项目、审计档案等方面不断加强对内审工作的检查和指导。至2013年，全区行政部门、企事业单位设置内审机构33个，配备专兼职内审人员81人，开展审计项目212个，审计资金总额18.95亿元，促进增收节支3054万元，提出审计建议384条。

第四节　社会审计

1995年10月，罗庄区审计师事务所设立，为副科级事业单位，隶属区审计局。在区审计局管理和指导下，独立承办审计查证和咨询服务，实行有偿服务，自收自支、独立核算，依法纳税。1995—1997年，完成审计项目和审计调查项目150个，验证资金总额9934万元。1997年，区审计师事务所与临沂高新技术产业开发区审计师事务所联合办公，建立和完善社会审计管理制度。1998年12月，罗庄区审计事务所改制为社会中介机构，与区审计局人财物脱钩，更名为临沂大宇会计师事务所。

第五章　工商行政管理

第一节　机构

1995年2月，临沂市工商行政管理局罗庄分局成立（简称罗庄工商分局），为正科级行政单位。内设办公室、市场管理科、企业登记管理科、个体私营经济管理科4个行政科室和个体劳动者协会办公室、消费者协会办公室、经济监督检查所、经济合同管理办公室4个事业科室。辖罗庄、盛庄、傅庄、岑石、册山、程庄6个工商所和陶瓷商城、万泉批发市场2个管理所。1996年10月，程庄、岑石工商所分别更名为西高都工商所、罗西工商所。1998年12月，工商行政管理体制改革，实行省以下工商行政管理机关垂直管理。同年11月，增设商标广告管理科。2000年2月，陶瓷商城管理所、万泉批发市场管理所并入罗庄工商所。2002年5月，根据山东省工商行政管理系统机构改革方案，罗庄工商分局设立临沂市工商行政管理局罗庄分局企业注册局、公平交易局2个副科级单位，罗庄、傅庄、盛庄、册山工商所升格为副科级。同年8月，西高都工商所更名为高都工商所。2004年12月，根据“三定方案”（定职能、定机构、定编制）要求，流通领域商品质量监督管理职能由工商行政管理部门负责。2008年6月，罗西工商所划转临沂市工商行政管理局高新区分局。2010年3月，沂堂工商所由苍山县工商行政管理局划转罗庄工商分局。2011年1月，褚墩、黄山工商所由郯城县工商行政管理局划转罗庄工商分局。同年12月，汤庄工商所并入傅庄工商所。2013年，罗庄工商分局内设办公室（加挂法制科牌子）、人事政工科、财务装备科、市场合同管理科、商标广告管理科、消费者权益保护科（“12315”申诉举报指挥中心）6个职能科室；正股级事业单位3个：区消费者协会办公室、区个体私营企业协会办公室、罗庄工商分局经济合同管理办公室。辖罗庄工商分局企业注册局、公平交易局2个副科级单位。派出机构8个。其中，副科级工商所5个：罗庄工商所、傅庄工商所、盛庄工商所、册山工商所、褚墩工商所，正股级工商所3个：高都工商所、沂堂工商所、黄山工商所。在职人员96人。其中，行政76人，事业15人，机关工勤5人。

2009年，罗庄工商分局被省工商局命名为全省工商系统企业登记服务规范示范窗口。2011年，被省精神文明建设委员会命名为省级文明单位，被省工商局命名为全省工商系统推进农村改革发展工作先进单位。2013年，罗庄工商所被国家工商总局命名为全国先进工商所。

第二节　工商企业登记

登记管理

1995年始，罗庄工商分局根据《工商企业登记管理条例》《城乡个体工商户管理暂行条例》《中华人民共和国企业法人登记管理条例》《中华人民共和国私营企业暂行条例》《中华人民共和国公司法》等法律法规，对企业和个体工商户进行登记，随着登记权限逐步下放，至2013年，罗庄工商分局对有限公司及分公司、个人独资企业及分支机构、合伙企业及分支机构、非公司企业法人、营业单位、企业集团、农民专业合作社及分支机构、个体工商户等经营形式进行分类登记。登记分为：名称核准、开业登记、变更登记和注销登记。登记流程为：受理、审查、决定。办理登记不收取任何费用。

国有集体企业登记

1995年，全区共有国有、集体企业289家，占全区企业总数的18.3%。2001年，罗庄工商分局落实《中华人民共和国企业法人登记管理条例施行细则》，对市场主体准入条件和程序要求从严，凡有前置审批的必须先前置审批，同时对原有企业登记手续进行清理规范，凡达不到要求的一律注销。

2002—2008年，深化公有制企业产权制度改革，支持区内国有企业、集体企业采取重组、出售等多种形式进行改制，国有、集体企业数量逐步减少，公司制企业发展加快。至2013年，全区国有企业登记注册14家，集体企业登记注册78家，公司登记注册334家。

个体、私营企业登记

1995年，登记注册个体工商户1184户，私营企业12家，注册资金4232万元。1997年，罗庄区工商分局落实区委、区政府《关于进一步加快个体私营经济发展的决定》，鼓励和支持个体工商户、私营企业发展，设立登记注册服务大厅，分个体科、企业科2个科，实行查询、受理、核准、发照一条龙服务。1998年，按照“膨胀总量，提高档次、全民参与、快速发展”的要求，加大对个体私营经济扶持力度，全区个体私营经济迅猛发展。至2002年，新增个体工商户1693户，累计5196户，从业人员3.93万人，注册资金1.76亿元。新增私营企业195家，累计490家，从业人员3.2万人，注册资金3.35亿元。实施“首办责任制”，建立“经济户口”；开展“假集体”[①]“三无企业（无资金、无场所、无机构）”“六小企业（小娱乐、小化工、小加工、小餐饮、小旅店、小门店）”清理，对前置审批进行严格审核，取缔“三无”企业4家、“六小”企业8家，为323家企业补办前置许可。

2003年，建立以综合动态监管为主的“经济户口”管理新模式，实行一户一档。同年4月25日，临沂市“经济户口”监管工作现场会在罗庄召开。会议提出，降低企业登记门槛，对新设立的注册资本50万元以下的公司，可分期出资，缓解私营企业者筹资困难。改革企业名称核准方式，对冠市行政区划名称的个体私营企业实施网上名称预先核准。会后，罗庄工商分局先后印发《关于开展服务个体私营经济发展“160工程”的意见》《关于进一步加快民营经济发展的实施意见》，落实临沂市工商行政管理局《关于进一步推动全市工商行政管理工作，提高速度　提升水平，促进全市经济发展的意见》、山东省工

① 假集体，是指企业的资本（资产）全部或绝大部分由个人投资，个人负责组织生产经营，收益由个人支配，并挂靠在某集体单位名下，领取集体营业执照的企业。是计划经济向市场经济过渡时期的产物。

商行政管理局《关于“实施红盾帮扶工程”促进民营企业做大做强的意见》，向社会公布服务民营企业发展的35条帮扶措施，与全区50强企业签订“红盾帮扶协议书”。

2004—2005年，改革登记管理办法，实行一个窗口对外、“一审一核”“AB角”、滚动年检、网上年检等制度，实施窗口式办公、“一站式”管理“一条龙”服务。把个体工商户登记审批权限除涉及前置审批的项目外全部下放到镇、街道工商行政管理所。

2006年，是《中华人民共和国公司登记管理条例》《企业年度检验办法》修订后的首次年检，罗庄工商分局设立年检专区和服务窗口，设置网上年检窗口，开通咨询热线，开辟企业申报年检“绿色通道”，为670户私营企业办理年检。2007年，新颁布的《中华人民共和国公司法》实施，1人公司在罗庄区发展迅速。全区成立1人公司86家，占全区企业总数的8%，注册资本总额6100余万元，其中注册资本超过50万元的1人公司占总数的64%，涉及建陶、机械、化工、商贸、物流、餐饮等10个领域。2008年，罗庄工商分局以企业和个体工商户分层分类监管为重点，开展工商业务普查。推行网格化监管，将管辖区域划分为网格，由网格责任人根据信用和风险度对网格内市场主体进行分类监管。将经济户口逐一在电子地图上加以标注。是年年末，全区共有个体工商户1.04万家，注册资本4.64亿元。

2009年，推行“数字工商”网格化监管系统的应用，设立移动工商服务车。2010年，完善“工商验资E线通”，推行网上年检，企业年检率、个体户验照率分别90%、98%。2011年，罗庄工商分局制定《流通环节食品经营证照核发一体化工作管理办法》，在全市率先推行食品经营证照核发一体化，把个体工商户食品流通许可证与营业执照申请一并受理。把个体工商户的名称核准权下放到镇、街道工商行政管理所。证照办理时间由原来30个工作日缩短为3个工作日，提交材料减少5份，整体流程减少3个环节。至2012年，新增个体工商户2999户，新增私营企业758家。

2013年，设置网上登记便民服务台，依托“罗庄红盾”网站（网址：www.lzgszx.gov.cn），开展网上登记、网上年检服务。开展服务企业“四比四看”（比服务意识、看服务态度；比服务作风、看工作效率；比服务水平、看办事质量；比服务效果、看企业评价）和送政策进企业、进市场、进镇（街道）走访帮扶活动。制定《关于服务现代产业体系建设的30条意见》，服务重点项目建设。是年，新增个体工商户1488户，新增私营企业968户。2013年年底，全区有个体工商户1.84万家，私营企业3008家。

农民专业合作社登记

2007年7月1日，《中华人民共和国农民专业合作社法》《农民专业合作社登记管理条例》颁布实施。同年12月6日，罗庄区大源有机塘贡米产销专业合作社注册登记。2009年，在全市率先下放农民专业合作社登记权到街道工商行政管理所。至2013年，全区登记农民专业合作258家。

附：罗庄区个体劳动者协会（个体私营企业协会）

1995年7月，罗庄区个体劳动者协会（简称个协）成立，挂靠罗庄工商分局。个协是由个体劳动者自愿结合，进行自我教育，自我管理，自我服务的群众组织。同年，为解决个体私营企业资金短缺困难，个协成立“资金互助会”，相继在6个乡镇和2个专业市场设立个协分会。1997年，个协开展基层协会规范化达标建设活动。1998年，更名“个体私营企业协会”（简称个私协）。1999年，个私协开展会员登记管理工作，实行动态管理。同时，规范会费收取、使用、上缴等，实行财务独立。2000年，“资金互助会”撤销，期间共筹集资金76万元。2003年，个私协支持企业开展ISO 9001国际质量体系认证工作，10家企业通过认证。2004年，评选推荐“文明诚信民营企业”“文明诚信个体工商户”，评选推荐市级文明诚信民营企业2家，文明诚信个体工商户4家。2005年，评选罗庄区优秀私营企业62家，优秀个体工商户57家。2006年，三德特钢有限公司获“省级投资山东最佳企业”称号。2009年8月，罗庄区效峰香菇专业合作社获“全省十佳公司带动型农民专业合作社”称号。同年，评选2008—2009年罗庄区文明诚信民营企业49家，文明诚信个体工商户50家。2013年6月，经区委组织部批准，中国共产党罗庄区个体私营企业委员会成立（简称个体私营企业党委），选举产生中共罗庄区个体私营企业委员会第一届委员15名。同时，成立镇、街道个体私营企业党总支7个，加强非公有制经济组织党建工作。至2013年，共举办WTO、政治、法律、企业管理等知识讲座25期，牵头举办各类人才招聘会、洽谈会32次，开展赈灾、扶老、扶弱、济困等各类捐助互助183次。

1995—2013年罗庄区各类市场主体工商注册情况表

表12-4　　单位：家、户、万元

年份	内资企业									外资企业		民营经济					
	国有企业		集体企业		股份合作制企业		公司		其他	家数	注册资金	私营企业		个体工商户		农民专业合作社	
	家数	注册资金	家数	注册资金	家数	注册资金	家数	注册资金	家数			家数	注册资金	户数	注册资金	家数	注册资金
1995	22	6508.2	267	9786.6	10	4605.5	32	1061.85	5	50	45752.61	12	3288	1184	944	0	0
1996	26	6689.2	275	12665.87	12	4978.6	42	1401.85	5	57	48454.01	23	5027	1763	1046	0	0
1997	29	6824.2	281	13991.12	14	5046.4	45	1451.85	5	49	46384.11	45	8481	2216	1248	0	0
1998	35	6617.2	290	14138.12	15	5362.1	59	1535.85	5	46	44513.11	105	13604.1	2508	5011.1	0	0
1999	37	6671.2	306	14306.31	17	5984.2	64	1795.85	5	47	45319.57	199	18303.77	3019	9340.5	0	0
2000	38	6924.6	266	12060.15	13	4965	40	1252.83	5	49	45951.57	295	23568.2	3503	14272.45	0	0
2001	34	3806	242	29605.15	5	4510	41	1282.83	5	51	49708.24	382	28016.1	4588	16224.2	0	0
2002	32	2501	203	31020	5	4510	43	1352.36	5	61	112808.24	490	33483.81	5196	17560	0	0
2003	36	2752	179	34512	5	4510	45	1395.36	5	76	12663.28	502	39476.41	6002	21725.54	0	0
2004	40	2936	142	36984	5	4510	46	1401	5	80	165545.03	630	45283.71	7168	26072.6	0	0
2005	54	3210	129	40156	5	4510	47	1501	5	83	182095.46	725	52157.36	8053	29684.3	0	0
2006	54	3210	115	41191	5	4510	51	1950	5	90	191305.46	902	65426	9145	33479	0	0
2007	55	3440	114	41522	5	4510	54	1950	5	67	178143.08	1051	72306	9718	39933	2	656
2008	27	313	101	6037	5	4960	63	3350	0	87	178104.18	955	87747.04	10437	46417.2	22	1589.8
2009	25	198	95	5199.3	5	1960	57	3410	0	83	198561.17	1059	92209.14	11911	52045.52	47	6288.3
2010	27	201	92	7420.5	3	5680	59	4840	0	80	197971.17	1282	104314.1	13869	62392.87	100	41360

续表 12-4

年份	内资企业									外资企业		民营经济					
	国有企业		集体企业		股份合作制企业		公司		其他	家数	注册资金	私营企业		个体工商户		农民专业合作社	
	家数	注册资金	家数	注册资金	家数	注册资金	家数	注册资金	家数			家数	注册资金	户数	注册资金	家数	注册资金
2011	29	323	88	8137.83	3	5680	63	4562	0	81	198281.17	1481	111650.6	15350	74167.47	159	58094.66
2012	15	286	80	35864.14	0	0	109	85630.4	0	81	197771.24	2040	365890.5	16868	86690.64	203	78235.29
2013	14	256	78	34852.84	0	0	334	183091	0	78	197862.17	3008	506636.3	18356	136611.78	258	101727.62

说明：数据来源于罗庄工商分局现行登记注册系统

第三节　市场管理

图 12-7：罗庄工商分局执法人员对农资市场进行抽样检查（2011 年 10 月　摄）

1995 年起，贯彻落实《山东省集贸市场管理条例》，加大监督管理和行政执法力度，规范市场交易行为。在全区农贸市场实行“信誉卡”和“预先赔偿”制度，在专业市场内实行“市场巡查制”，惩治各种“市霸”以及掺杂使假等不法行为，维护市场秩序。1999 年，重点规范粮食市场，惩治粮食经营违法行为，查处非法收购粮食案件 6 起，查扣粮食 8.5 吨。

2000 年，落实市场巡查制，加强市场规范化管理，开展创建“规范化文明市场”活动，以陶瓷商城、万泉批发市场和各乡镇驻地集贸市场为重点进行市场整治。2002 年，开展“守合同、重信用”企业评比活动，培育企业诚实守信经营理念。

2003 年，实行“局所联动，以所为主，上级督导”市场属地监管责任制。实行市场开办者企业登记和市场登记监管“双轨制”。实行“一户一档”管理模式，统一“一机、一档、一图、一卡”规范化标准，即每个企业基本信息录入计算机、建立电子档案、在电子地图上进行标注、每个档案上制作企业卡片。2004—2005 年，帮助“新光集团”成功申报国家级“守合同重信用”企业。2008 年，对商品交易市场进行信用分类。2009 年 9 月，全国市场规范管理信息化工作经验交流座谈会和 2009 中国（临沂）商品交易市场发展高峰论坛在罗庄举行。

2010 年，培养农村经纪人 438 人，其中 1 人被命名为山东省优秀农村经纪人。整顿农资市场，开展“红盾护农”专项行动。向农资经营户免费发放进、销货登记台账。2011—2013 年，开展“红盾护农”专项行动、春秋两季农资打假行动。落实“两账两票一书一卡一留样”制度，即进销货台账、进销货发票、农资商品质量责任书、农资商品质量信誉卡、农资商品留样。查处农资销售违法行为，查处销售不合格农资案件23起，罚没款6.89万元。

第四节　经济合同管理

经济合同管理主要是推行经济合同示范文本，对企业个体工商户经济合同行为进行行政指导，开展合同鉴证、动产抵押登记、“守合同重信用”企业评选等。

合同鉴证

1995年，规范合同文本使用，对建筑安装工程承包、农副产品购销、农作物种子生产购销、房屋租赁等经济合同推行统一文本。1997年始，实行强制鉴证。至2000年，办理各类企业鉴证合同282件，金额412万元。调解合同纠纷20起，为企业挽回经济损失89万元。2001年后，取消合同鉴证，不再办理各类合同鉴证业务。

合同管理

1995—2001年，依法监管经济合同，调解合同纠纷，促进合同履行。2002年，罗庄工商分局市场管理科改为市场合同科，终止合同调解职能。此后，合同管理转向推行合同示范文本、培训企业合同管理人员、查办合同违法案件和开展动产抵押登记及“守合同、重信用”企业评选等。2004—2005年，开展合同欺诈专项整治，对加工承揽、中介服务违法行为进行重点整治，举办《中华人民共和国合同法》知识培训班，规模以上企业法人和合同兼管员260人参加学习。2012年，开展格式合同、合同格式条款专项整治。至2013年，罗庄工商分局推行的经济合同文本主要有《房屋租赁合同示范文本》《建筑工程施工合同示范文本》《建筑装饰工程施工合同示范文本》等。

“三押一推”

1995年10月，《企业动产抵押物登记管理办法》实施。1996年始，罗庄工商分局办理动产抵押登记。2007年10月，国家工商行政管理总局颁布《动产抵押登记办法》，废止《企业动产抵押物登记管理办法》。至2013年，办理动产抵押2205件，抵押物价值391.16亿元，融资212.23亿元。

2009年，临沂市实施“三押一推”（动产抵押、股权质押、商标权质押，推进市场信用体系建设）政策，在原有动产抵押的基础上增加“股权质押、商标权质押”登记。同年，办理股权质押登记4件，出资股权数额1093万元，融资1276万元。至2013年，共办理股权质押登记66件，出资股权额1.88亿元，融资4.72亿元。

“守合同重信用”企业评选

1995年始，罗庄区在法人企业中开展“重合同、守信用”企业评选活动。1998年1月1日，修订的《山东省重合同守信用企业认定管理试行办法》把以前按年度申报认定程序，改为企业向工商行政管理机关随时提出申请，工商行政管理机关受理、考核和认定。2002年，按照国家打造诚信社会的需要，把“重合同、守信用”企业更名为“守合同、重信用”企业。至2013年，辖区内2家企业（山东银凤股份有限公司、山东红日阿康化工股份有限公司）被认定为国家级“守合同、重信用”企业、25家企业被认定为省级“守合同、重信用”企业、22家企业被认定为市级“守合同、重信用”企业。

第五节　商标广告管理

商标注册管理

1995年，罗庄区拥有注册商标15件，主要为建材、洁具类企业注册商标。1995年、1996年，罗庄工商分局与石油管理部门联合对辖区内非法使用“火炬”商标加油站清理整顿，当场销毁侵权标志牌40块。1997—1998年，对11家有商标印刷资格企业检查验收，发放制定商标单位证书。查处商标侵权案件2起，查封非法印制和使用注册商标标识9050个。1999—2001年，加大商标监督管理力度，共查处商标侵权案件10起，没收侵权商标标识53.8万个。

2003—2004年，开展“名牌兴企”活动，引导企业申请注册商标，鼓励企业申报著名商标。同时，开展商标专项清理活动，检查商标经营户160家，查处商标违法案件47起，收缴违法商标标识18.6万套。2005年，实施“罗庄制造”品牌战略，帮助企业成功申请注册商标25件。2006—2009年，实施商标战略，依法保护注册商标尤其是中国驰名商标、山东省著名商标专用权。银凤、艳阳天、罗欣、华盛泰山、新光、蓝图商标及图被命名为山东省著名商标。2009年4月，罗欣商标被国家工商行政管理总局商标局认定为中国驰名商标，成为全区第一件行政认定的中国驰名商标。其间，“华盛泰山”“长红阳光”等商标被司法判定为中国驰名商标。2010年，实施“知名—著名—驰名”三级商标培育架构。同年10月，银凤商标被认定为中国驰名商标。2011年，实施“商标兴企”“商标富农”战略，指导涉农企业、农民专业合作社申请注册农副产品商标及地理标志证明商标，促进涉农商标注册发展。册山“沙沟芋头”、高都“塘崖贡米”成功申报农产品地理标志证明商标。2012年，罗庄区商标战略领导小组成立，区政府制定《商标培育发展五年规划》和年度《商标培育实施方案》，利用网络打造“网上商标展馆”，使“重商标、创名牌”活动由单一部门行为和企业行为，上升为政府行为和社会行为。至2013年，全区拥有中国驰名商标11件（行政认定6件，司法判定5件），山东省著名商标14件，地理标志证明商标2件（塘崖贡米、沙沟芋头）。

1995—2013年罗庄区“中国驰名商标”情况表

表12-5

商标名称	核定使用商品／服务	认定年份	认定依据	商标注册人
HUASHENGTAISHAN及图	药械	2006	司法判定	山东华盛中天机械集团股份有限公司
罗欣及图	中药成药、医用制剂、各种丸	2009	行政认定	山东罗欣药业集团股份有限公司
长红阳光	太阳能	2009	司法判定	山东长红太阳能有限公司
艳阳天	化学肥料	2010	行政认定	山东红日化工股份有限公司
银凤及图	餐具、茶具	2010	行政认定	山东银凤股份有限公司
新光及图	毛毯	2011	行政认定	临沂新光毛毯有限公司
豪门图形	铝材	2012	司法判定	山东豪门铝业有限公司
华罗及图	铝材	2013	司法判定	山东华罗铝业有限公司

续表 12-5

商标名称	核定使用商品／服务	认定年份	认定依据	商标注册人
泰昶	铝材	2013	司法判定	临沂市泰昌铝业有限公司
沂州及图	普通硅酸盐水泥	2013	行政认定	沂州集团有限公司
天地瓷砖及图	非金属地板砖、瓷砖	2013	行政认定	山东江泉实业股份有限公司

1995—2013 年罗庄区“山东省著名商标”情况表

表 12-6

商标名称	核定使用商品／服务	认定年份	商标注册人
银凤及图	陶瓷制品	2006	山东银凤股份有限公司
艳阳天	化学肥料	2006	山东红日化工股份有限公司
罗欣及图	中药成药、医用制剂、各种丸	2006	山东罗欣药业集团股份有限公司
HUASHENGTAISHAN 及图	药械	2006	山东华盛中天机械集团股份有限公司
新光及图	毛毯	2008	临沂新光毛毯有限公司
蓝图及图	家具	2009	山东蓝图家具制造有限公司
佳贝特	瓷砖、非金属地板砖	2011	临沂佳贝特建陶有限公司
沂州及图	水泥	2011	沂州集团有限公司
豪门“图形”	普通金属合金、铝、金属板条	2011	临沂市豪门铝业有限公司
腾远	石膏板	2011	临沂华美石膏建材有限公司
JINHAO	非金属防昆虫纱窗	2012	临沂市新时代窗业科技有限公司
泰戈尔及图	石膏板	2012	临沂市鲁蒙纸面石膏板有限公司
奥星	化工原料	2013	临沂奥星化工有限公司
江泉及图	食用油	2013	临沂盛泉油脂化工有限公司

广告登记管理

1995 年，罗庄区有广告经营单位 2 家。同年 2 月始，罗庄工商分局依据《中华人民共和国广告法》，进一步明确和规范广告经营资质标准、登记程序及经营范围，广告登记管理逐步走上法制化轨道。根据《印刷品广告管理办法》，规范印刷品广告审批。1996 年 4 月，开始户外广告登记审查，将印刷品广告、店堂牌匾广告及广告经营单位和发布单位纳入管理范围。1999 年，加大对虚假广告监督管理力度，没收非法印刷广告 14 万余张。2000—2005 年，开展户外广告登记管理，查处虚假广告类违法案件 50 余起，收缴违法印刷品广告 12.6 万份。2006 年，规范城区广告设置，对主要路段“脏、乱、差”广告进行集中整治。2009 年，开展媒体广告监测，以药品、医疗器械、保健品广告为重点，强化媒体广告监管。2013 年，检查各类户外广告 300 余条（块），清理各种广告用语不规范及违法广告 56 条（块），下达整改通知书 55 件。是年年末，全区有广告经营单位 19 家。

第六节　市场监督检查

公平交易执法

1995—1997 年，开展打假和反不正当竞争，查结各类经济违法案件83起，罚没金额10.7万元，移交司法机关处理案件4起。

1998年，以“一反两保护三惩治”（反对不正当竞争、保护生产者、消费者合法权益，惩治假冒伪劣、欺诈、走私物品交易）为重点，开展系列专项治理活动。全年查处经济违法案件46起，取缔非法传销活动5起，移送公安机关3起，取消非法经营杂交玉米种单位4家，查处非法盗版光盘694张，非法出版物6185册，黄色书刊1.5吨。查获假冒保健品196箱、调味品36箱、白酒507箱、冰茶47箱，查处“三无”（无生产日期、无质量合格证或生产许可证、无生产厂名称）饮料1万瓶；检查化肥1000余吨，没收假劣复合肥2.9吨。

1999—2000年，结合“联合打假”，对重点区域、重点商品、重点环节进行专项治理，对农资市场、陶瓷商城、万泉批发市场进行整治，查处各类经济违法违规案件57起，查扣非法经营化肥13吨、种子1200千克、粮食1.1万千克、农药270瓶。查获假冒保健品201盒、饮料176箱、白酒1.3万瓶，病死猪肉550千克，不合格食品140千克，集中销毁货值23万元的假冒伪劣商品。

2001年，对烟草、电力、石油、银行等行业的违法生产经营行为进行查处。立案查处34起，没收非法收购倒卖棉花10.4吨、假冒有机肥70吨、以次充好地板砖167箱、劣质柴油1.6吨，涉案金额100万元；取缔汽车拆解市场1家、土法炼油厂2家、非法小轧钢厂2家。查获假冒伪劣食品260盒、白酒2000瓶、饮料38箱、电器开关20箱，过期变质保健品260盒，注水猪28头。

2002年，开展“打假保双节”“扫黄打非”和城乡集贸市场、网吧重点整治活动。查处经济违法案件86起，案值300余万元。其中，无照经营案件46起，投机倒把案件12起，假冒有限公司案件1起，传销化妆品案件1起。遣散受骗传销人员59人，查获非法出版物1.07万册。对80家加油站进行拉网式检查，抽检油品30个批次，查处经销不合格油品11起，封存不合格油品13吨，取缔无照经营加油站10家。

2003年8月，罗庄工商分局与贵州市工商局联手查处一起案值过百万、造假近千吨特大假劣化肥案，成为全国打假护农第一大案。防“非典”期间，查处防治“非典”违法经营案40起，封存消毒液原料15吨；取缔无照经营户160家，端掉制假窝点25个，查处非法传销案4起，遣散受骗传销人员192人。

2004年，配合公安部门对“消费储值”及类似非法经营活动进行调查摸底，依法取缔代理商。全年立案查处经济违法案件126起，取缔无照经营户80家，查处非法传销和变相传销案件5起，遣散受骗传销人员160人。查获假冒白酒160箱、饮料3200瓶、化妆品50箱、名牌服装51件，劣质有机肥20吨、奶粉240袋，端掉制假窝点10个。

2005年，推行网上办案，实行“执法程序程式化、执法文书格式化、执法文书标准化、执法办案网络化”制度。在7个工商行政管理所设置法制员，开展执法检查、抽查和案卷评查。全年查处各类经济案件767起，罚没款177.15万元。

2006年，罗庄工商分局设立执法队2个，实行网格、巡查执法队、工商行政管理所、分局四级巡查，落实执法过错追究、大案集中核审、执法队与工商行政管理所捆绑考核等制度。全年立案查处无照经营、制售假劣、不正当竞争等案件153起，其中查处医药、金融、教育等领域涉嫌商业贿赂案件10起；

查缴销毁假酒假烟货值3万余元；遣散受骗传销人员160人。

2007—2008年，开展查处商业贿赂、非法传销、不正当竞争等各类专项执法行动239次，查处各类违法案件689起。其中商业贿赂案件5起，不正当竞争案件28起。端掉制造假冒白酒窝点1个，没收罐装设备1套，假冒白酒商标标识4万余张，散白酒400千克；查获假稻种"临稻12号"403千克。开展清查流通领域婴幼儿奶粉、液态牛奶等乳制品行动，累计检查市场、超市、食品门店1546家，下架过期变质乳制品532.1千克，查封销毁假劣乳制品136.4千克。

2009年，先后开展"无传销社区、无传销镇（街道）、无传销城市"创建活动，层层签订责任书，居民签订"远离传销志愿书"。开展"3·15"消费者权益日、"五一"节假日市场专项整治行动，检测成品油80个批次，查处假劣商品案件2起；收缴假冒茅台酒与特供酒100余瓶、饮料3681瓶。

2010年，对140批次成品油进行质量监测，立案查处30件。开展食品专项整治18次，检查经营户687家，取缔无照经营户54家，查获假冒伪劣食品26件、白酒80余箱、过期变质液态奶190袋。

2011年，组织"3·15"假冒伪劣商品集中销毁活动，销毁假冒白酒91箱、电器开关102箱。开展中秋节、国庆节、元旦期间食品专项整治活动21次，检查经营户798家，取缔无照经营户76家。

2012年，与湖南警方联合行动，查处"军圣"跨省非法传销案。同时，规范直销企业，摸清网点分布和经营情况，把11个直销网点登记造册。年内出动执法人员1260人次，检查销售"三无"食品、假冒、过期变质食品等违法行为，检查食品经营户1200余家（次）。

2013年，集中整治农村及学校周边食品市场销售不合格食品、过期变质食品等违法行为。出动执法人员260人次，检查食品经营户1652家。同年，推行联席会议制度，完善涉嫌犯罪案件移交会商制度。查办不正当竞争及侵犯知识产权等各类案件10起，罚款30余万元。

流通环节食品安全监管

2004年12月，根据"三定方案"（定职能、定机构、定编制）要求，流通领域商品质量监督管理职能由工商部门负责。2009年7月，国家工商行政管理总局颁布《流通环节食品安全监督管理办法》《食品流通许可证管理办法》，规定县级及其以上地方工商行政管理机关负责辖区内流通环节食品安全监督管理，办理食品流通许可证。同年，落实山东省流通领域食品安全"四项制度"（一户多档制、实名登记制、证明登记制和标牌公示制），辖区内食品经营户完善食品安全"四项制度"。2009年年底，根据省工商局要求，在全区范围内推广流通环节食品安全数据库追溯应用系统。

2010年，围绕促进食品经营户规范经营，开展食品安全示范活动，评选食品安全示范店34家、示范街6条、放心社区48个。2011年，在全市率先推行食品证照核发一体化和"一票通"制度。2013年，推进流通环节食品安全痕迹化监管。各工商行政管理所对应食品经营业户建立监管履职档案，将动态巡查记录表、抽样监测报告、督办单、责令改正通知书、处罚决定书等文书纳入监管档案。同年，开发食品安全网上培训考试系统，设立食品安全培训教室，对321人食品从业人员进行情景式培训。

2009—2013年12月，办理食品流通许可证2012件。

第七节　消费者权益保护

1995年11月，罗庄区消费者协会成立，挂靠罗庄工商分局，设立办公室，配备专职人员3人。同年，6个乡镇和2个专业市场设立消协分会，部分行政村设立服务站、指导站和联络站。至1998年，受理消费者各类投诉、举报案件751起，为消费者挽回经济损失118.6万元。1999年后，“一会三站”（分会、服务站、指导站、联络站）改为“分会、联络站、指导站、投诉站”。2002年，罗庄工商分局设立消费者权益保护科（“12315”消费者申诉举报中心），与公平交易局合署办公，配备工作人员3人，设立“12315”申诉举报热线，办公室电话与基层所电话尾号改为315。2002—2004年，受理消费者各类投诉、举报案件1197起，调解纠纷958起，为消费者挽回经济损失83.28万元。2005年起，基层站点统一建设“一会两站”（消协分会、消费者协会投诉站、“12315”申诉举报联络站）。同年，消费者权益保护科（“12315”消费者申诉举报中心）单设，同时7个基层工商行政管理所设立“12315”消费者申诉举报站，负责辖区内消费者申诉举报的受理、处理，实施消费维权进商场、进超市、进市场、进企业、进景区“五进”工程。至2006年，“12315”消费者申诉举报中心受理各类投诉、举报案件732起，调解纠纷725起，为消费者挽回经济损失25.3万元。2007年，罗庄工商分局建立“12315”消费者申诉举报中心大厅和“12315”消费者申诉举报站，结合消费维权“五进”工程建立联络站和服务站。2008年，受理消费者奶粉咨询、申诉、举报案件35起，为消费者退换奶粉48千克；受理其他申诉、举报案件653件，办结率100%。2009—2011年，受理消费者各类投诉、举报案件1935起，办结率100%，为消费者挽回经济损失22.5万元。2012—2013年，通过电话解答消费者各类咨询552件，受理消费者各类申诉、举报件1407起，办结率100%，为消费者挽回经济损失66万余元。

至2013年12月，全区共建立消费者协会分会8个（每镇、街道设立1个），“两站”175个。其中，农村行政村134个，城市社区41个。设立“12315”消费者申诉举报中心1个，“12315”消费者申诉举报站7个，“12315”申诉举报联络站83个，“12315”消费维权服务站40个（其中包括商场3个，超市24个，市场8个，企业4个，景区1个），拥有联络员、义务监督员385人。形成区、镇（街道）、社区（村）三级组织网络。

第六章　物价管理

第一节　机构

1995年2月，罗庄区物价局成立，为正科级行政单位。内设综合科、信息中心和拍卖行。同年10月，罗庄区物价检查所设立，为副科级事业单位，隶属区物价局。2002年1月，区物价局并入区发展计划局，为正科级内设机构。2003年3月，改称区物价中心，为正科级事业单位。2007年12月，恢复区物价局。2013年，区物价局内设办公室、价格认证中心、价格举报中心、收费科、价格科5个科室，辖区物价检查所1个副科级事业单位。

第二节　价格体制改革

20世纪80年代后期，商品价格实行国家定价、国家指导价、市场调节价并存，以市场调节价为主的价格管理形式。1995年，根据国务院电视电话会议精神，严格控制出台新的涨价项目，对面粉、食用植物油、民用燃料、学杂费、医疗费、托幼费等19种（类）居民生活必需品和服务价格实行监审制度，加强价格监督检查，整治价格违法行为。同时，强化农村物价和涉农收费管理，把稳定农业生产资料价格和粮食收购价格，作为支农兴农、保护农民利益的一项重要任务来抓，实行最高限价和价格申报制度，制止粮食收购中的压级压价行为。价格上涨过快问题得到缓解，物价总水平得到控制。1998年5月，《中华人民共和国价格法》实施后，价格管理形式改为市场调节价、政府指导价、政府定价三种形式，其中市场调节价在市场价格机制中占主导地位。政府只对五类商品和服务价格实行政府指导价或者政府定价，即与国民经济发展和人民生活关系重大的极少数商品价格，资源稀缺的少数商品价格，自然垄断经营的商品价格，重要的公用事业价格，重要的公益性服务价格。1999年，国务院颁布《关于深化棉花流通体制改革决定》，放开棉花收购价格。随着价格改革的逐步深入，国家定价和国家指导价的范围和比重不断缩小，市场在价格形成中起主导作用。2002年，山东省物价局发布《山东省定价目录》。2002年8月1日起，只把重要储备物资、重要农业生产资料、部分能源、重要农产品、重要交通运输等16类商品和服务列入政府定价。并将其中居民生活用水、工业用水和其他用水价格，供热销售价格，管道燃气价格，城市公交票价、出租车租费，经营性环保收费，房屋拆迁安置补偿价格及补助费标准，政府直管的经营用房租金，辖区内物业管理收费及景点门票授权县区政府定价。

第三节　收费管理

1995年，罗庄区收费项目涉及43个部门、606个收费项目。同年，区物价局贯彻落实《山东省行政事业性收费管理条例》，实行行政事业性收费许可证制度。至1997年，审批160项收费，发放149个收费许可证，审验、换发326个收费许可证。

1998年，根据国家计委和省、市物价局要求，降低22项收费标准，全区取消74个收费项目。按照《山东省行政事业性收费年度审验办法》，对持有“收费许可证”单位开展收费年审工作。同年，核发各乡、镇卫生院“收费许可证”。

1999年，对上等级餐饮业户进行审验和重新评定，核发等级证书；对汽车修理、装卸理货、停车场等经营性收费单位进行换证和审验；实行企业交费登记卡制度并向51家国有、集体及规模较大的私营企业发放“企业交费登记卡”，执收部门收费行为进一步规范。

2002年，开展涉农价格和收费公示活动。对17个系统的258个收费项目进行公示。教育收费在各中小学公示。2002—2004年，共换发收费许可证87个，办理收费员证303个，废止、取消收费许可证11个。2005—2006年，换发收费许可证正本74个，副本97个，新核发收费许可证 15 个。

2007 年，年审收费单位 98 家，审验行政事业性收费金额 7138 万元，经营服务性收费金额 2435 万元，审验出违规收费金额 800 余万元。核发收费许可证 9 个、收费员证 10 个。取消收费项目 12 项。

2008—2009 年，年审收费单位 205 家，审验收费金额 2.61 亿元。换发收费许可证 81 个，新核发收费许可证 4 个。

2010 年，年审收费单位 74 家，审验收费金额 1.01 亿元，发现乱收费项目 6 个，违价金额 90.46 万元。变更和注销收费许可证 29 个。

2011—2012 年，年审收费单位 157 家，审验收费金额 2.61 亿元。换发收费许可证 118 个。同年 8 月，编印《罗庄区行政事业性收费目录》，免费发给各有关单位和企业，提高收费透明度。

2013 年，罗庄区共有行政事业性收费项目 36 项，涉企行政事业性收费项目 13 项。同年，年审收费单位 49 家，其中行政事业性收费单位 27 家；审验收费金额 9563 万元。核发收费许可证 27 个。根据《临沂市幼儿园收费管理实施细则》，对 8 所民办幼儿园进行备案管理，收费行为相应规范。

第四节　价格监督

监督检查

1995 年，区物价局对 89 个单位的价格政策执行情况进行检查。查结违价案件 11 起，违价金额 54.3 万元，责令退还用户 4.71 万元。

1996 年，开展农业生产资料、农村电价、中小学收费、涉农收费等专项检查和物价大检查。查结违价案件 31 起，违价金额 140 万元，责令退还用户 128.6 万元。

1997 年，开展农业生产资料、成品油价格检查和建筑项目收费、中小学收费检查和物价大检查。查结违价案件 24 起，违价金额 71.27 万元。1998 年，开展成品油价格、药品价格、税务系统收费等专项检查。查结违价案件 45 起，违价金额 23.56 万元，责令退还用户 12 万元。1999 年，对涉及外商投资企业收费、房地产价格和收费、交通运输价格、成品油价格、电信资费、医疗、教育收费等进行专项检查。查结违价案件 16 起，违价金额 35.48 万元，责令退还用户 8.36 万元。

2000 年，对中介服务收费、涉农收费、粮食价格、烤烟收购价格、成品油价格、旅游收费、教育收费、公安收费进行检查。查结违价案件 18 起，违价金额 25.46 万元，责令退还用户 20 余万元，罚没上缴财政 4.2 万元。

2001 年，对社会反应比较强烈的教育收费、药品价格、交通价格、农村电价及医疗收费等进行检查。查结违价案件 15 起，违价金额 23.8 万元，责令退还用户 12.3 万元，罚没上缴财政 3.9 万元。

2002 年，开展教育收费、药品价格、交通价格、工商行政管理系统收费和下岗职工再就业收费检查。查结违价案件 15 起，违价金额 16.48 万元，责令退还用户 8.35 万元，罚没上缴财政 3.69 万元。

2003 年，开展机动车收费、成品油价格、教育收费专项检查。2003 年 4 月下旬，适时开展防治“非典”相关药品及防护用品价格检查，建立防“非典”举报电话与价格巡查联动机制，遏制抗“非典”期间市场乱涨价的现象。查结违价案件 48 起，违价金额 17.38 万元，责令退还用户 12.3 万元，罚没上缴财政 3.65 万元。

2004—2010 年，开展药品和医疗服务价格、教育收费、农资价格和涉农收费专项检查。查结违价案件92起，违价金额417.19万元，责令退还用户420万元，罚没上缴财政76.24万元。

2011—2013年，连续3年对工商、交通、住建、医疗、教育及中介服务等行业系统收费进行检查。查结违价案件33起，违价金额179万元，责令退还用户134余万元，罚没上缴财政55.13万元。

收费公示制度

1995年起，在全区实行收费公示制度，对商品和服务实行明码标价，方便群众价格监督。2000年10月，区物价局落实市工商局发布的《关于加强临沂市三区明码标价管理工作的通知》，制定《关于商品和服务实行明码标价的规定》。此后，区物价局联合工商部门每年3月份开展明码标价检查月活动。

2001年10月，实行涉农价格和收费公示制度，对教育、卫生、民政、土地、工商、交通、农机、计生、公安、畜牧、经管等11个部门收费项目进行梳理，把与农民密切相关的农村中小学收费、婚姻登记收费、社会抚养费、农民建房收费、粮食保护价、电价、水价等收费项目在报纸上公布，印发到各镇、街道，在各行政村（社区）设立价格收费公示牌，让农民明明白白缴费。至2013年，商品类标价率、服务类标价率均在98%以上。

受理价格举报

1995—1997年，受理查处价格违法举报案件5起，查处非法所得金额2.07万元。2001年5月8日，开通“12358”价格举报电话，受理群众来电咨询、投诉、举报，受理举报3起，全部办结。落实国家发展改革委修订的《价格违法行为举报规定》，加大价格违法行为举报受理力度。2002年后，来电咨询、投诉、举报逐年增加。2002年、2005年、2010年和2013年，分别受理群众来电咨询、投诉、举报6起、46起、240起和270起。至2013年，受理群众来电咨询、投诉、举报1557起，办结率100%。

第五节　价格监测与鉴证

价格监测

1995—1997年，区物价局定期对工业生产资料批发市场成交价格和主要商品市场价格进行监测，编印《罗庄价格快讯》30期，《部分商品市场动态》20期。1996年，全区商品零售价格上升幅度7.5%，居民消费价格上升幅度8.9%。1997年，全区商品零售价格上升幅度1.7%，居民消费价格上升幅度3.3%。1998—2001年，对水稻生产成本和收益进行调查。围绕粮食流通体制改革和农产品价格改革，开展主要农产品价格、成本、收益等情况专题调查和价格监测。2003—2013年，按照《山东省主要商品和服务价格监测报告制度》规定，对农副产品收购价格、居民生活消费品价格、涉农产品和服务价格、粮、油、副食产品价格等信息进行检测并上报上级业务部门，涉及97个品种。

价格鉴证

1995年起，开展价格认定工作，由区物价局价格信息中心负责，主要接受司法部门委托办理价格认定案件。2001年7月10日，临沂市罗庄区价格认证中心设立。2002年，区价格认证中心取得国家发展改革委统一核发的价格鉴证机构资质证。接受区纪检、监察、公安、检察院、法院、工商、税务、仲裁等行政执法机关或机构委托，受理对刑事、民事和经济案件涉及的各类标的物进行价格鉴证，受理社会经济活动中价格行为合理、合法性鉴证、认定业务。2008年，山东省价格鉴证管理系统正式启用。2011年5月起，使用国家发展改革委统一的规范文本，办理案件规范化程度进一步提高。1995—2013年，区价格信息中心和区价格认证中心累计受理价格鉴证案件5771件，鉴证总价值1.21亿元。

1995—2013年罗庄区价格鉴定、认定、评估情况表

表12-7

年份	刑事案件价格鉴定		一般案件价格鉴定		交通事故车物定损		合计	
	件数（件）	标的额（万元）	件数（件）	标的额（万元）	件数（件）	标的额（万元）	件数（件）	标的额（万元）
1995	28	396.9	—	—	—	—	28	396.9
1996	102	830	—	—	—	—	102	830
1997	146	1783.8	—	—	—	—	146	1783.8
1998	150	196	—	—	—	—	150	196
1999	160	226.8	6	17	101	59.6	267	303.4
2000	200	342	10	33.6	156	78.7	366	454.3
2001	185	365	8	42	206	89.8	399	496.8
2002	201	458	17	108	265	99	483	665
2003	194	436.2	22	94.6	249	111	465	641.8
2004	210	573	11	45	277	109	498	727
2005	180	446	20	126	320	118	520	690
2006	175	564.5	14	66	309	144.8	498	775.3
2007	182	370	7	34.8	330	148	519	552.8
2008	270	510	14	46.3	—	—	284	556.3
2009	180	450	18	45.9	—	—	198	495.9
2010	228	608	10	21.6	—	—	238	629.6
2011	195	511	15	33.7	—	—	210	544.7
2012	200	609	12	54	—	—	212	663
2013	175	670	13	23	—	—	188	693
合计	3361	10346.2	197	791.5	2213	957.9	5771	12095.6

第七章　质量技术监督管理

第一节　机构

1995年2月，临沂市技术监督局罗庄分局（简称罗庄技监分局）成立，为正科级行政单位。内设办公室、业务科、稽查科3个科室。2000年1月，质量技术监督系统实行省以下垂直管理。2001年1月，罗庄技监分

局改称临沂市质量技术监督局罗庄分局（简称罗庄质监分局），同时加挂临沂市质量技术监督局罗庄分局稽查队（参照公务员管理的事业单位）牌子。2013年12月，罗庄质监分局内设办公室、财务科、特种设备安全监察科、食品科、法制科、业务科、稽查科等10个科室。行政编制10人，事业编制9人。

2013年12月，罗庄质监分局被山东省精神文明建设委员会命名为省级文明单位。

第二节 计量管理

1995年，罗庄技监分局在全区限制木杆秤使用，推广先进衡器。

1996—1997年，罗庄技监分局重点抓市场在用计量器具的检定和销售计量器具单位的管理。对全区335台强检计量器具进行登记造册，对用于安全防护、医疗卫生、环境监测、贸易结算的计量器具实行备案年审，对19家加油站进行考核验收，颁发计量认可证书。为5家生产企业办理计量合格证。对群众反映强烈的34家液化气站缺斤少两的行为综合整顿，所有液化气站均安装公平秤。帮助16家企业完成计量定级升级到期复核。

1998—2013年，罗庄质监分局每年在春播、秋种和夏粮收购季节，对粮管所、农资销售市场用于贸易结算的计量器具进行监督检查。

第三节 产品质量管理

查处假冒伪劣商品

1995年，罗庄技监分局对化工、食品、农资、建材、计量器具等30家生产企业的产品进行监督检查。查处制售假冒伪劣产品违法案件11件，取缔制假窝点3家，受理和处理群众投诉6件。

1996—2000年，查处非法生产、销售儿童玩具、食品、建筑材料、水泥、日用品等质量违法案件203起，端掉制假售假窝点66家，查获假冒伪劣产品标值3800万元。

2000年，区政府打假工作领导小组成立，办公室设在罗庄质监分局，负责全区打假工作的调度、联络和协调。自此，对制售假冒伪劣商品违法犯罪惩治力度加大。

2001—2003年，罗庄质监分局每年开展对建材、农资产品、儿童玩具、危险化学品、陶瓷砖等生产企业专项执法检查行动。查处质量违法案件102起，端掉制假售假窝点9家，查获假冒伪劣产品标值600万元。

2004年，加强食品市场准入产品、生产许可证产品、3C认证产品及计量器具制造许可证产品等生产企业的监管。为62家食品生产企业建立质量档案，责令24家不符合要求的企业限期改正，查处黑心食品窝点1家。加大对生产销售假化肥、黑心棉、假酒等产品的查处与惩治力度。全年端掉各类制假窝点12家，处理市以上定期监督抽查不合格企业10家，受理各种质量投诉和举报案件31起。

2005年3月，罗庄质监分局把食品安全监管工作与区域监管工作相结合，实行定期巡查、跟踪服务、动态监管。先后巡查企业183家（次），查处食品违法案件22件，处结9起举报投诉案件。

2006年3月，临沂市质监12365服务投诉热线开通。2007—2012年，罗庄质监分局围绕“群众关心、政府关注”的热点难点问题，先后开展“质监利剑”行动、放心农资下乡活动、3C认证产品专项整治活动、儿童玩具专项整治活动等。与工商部门联合开展桶装饮用水整治专项行动，摸查全区桶装水生产企业及灌装点，依法取缔5家非法纯净水灌装点。开展“打四黑除四害”（黑作坊、黑工厂、黑市场、黑窝点，害百姓、害家庭、害社会、害国家）活动，依法惩治在食品生产过程中添加使用“地沟油”现象。检查各类企业340家，查处化肥、化工产品、儿童玩具等违法生产销售案件150起，立案310起，处结群众投诉举报案件601起。

2013年，开展肉制品、植物油、食品添加剂等专项整治和食品抽检行动，保障食品生产环节的产品质量安全。惩治生产领域制假造假行为，及时处理群众投诉举报。全年办理行政执法案件99起，处结“12345”投诉举报69起。

生产许可证管理

1995—1997年，按照省、市统一部署，罗庄技监分局对全区工业产品生产企业建档管理，实行生产许可证产品登记造册，对验收合格的21家冷饮生产厂发放“准产证”，帮助7家无证企业完善质量保证体系，为其补办临时生产许可证。2002年，国家质检总局开始建立食品质量安全市场准入制度，实行生产许可证制度。2005年1月1日，实施《中华人民共和国工业产品生产许可证管理条例》，罗庄质监分局加强证后监管工作。至2013年年底，全区有47家企业取得工业产品生产许可证，31家食品生产企业的37个产品取得食品生产许可证。

名牌创建

1995始，罗庄区开展产品创优工作。1999年，山东沂州水泥集团总公司沂州牌水泥获“山东省产品质量奖”。

2000年起，罗庄区加大对名牌产品培育力度，区委、区政府制定扶持政策和奖励措施，强力推进名牌战略实施。罗庄质监分局帮助企业建立健全质量、计量、标准体系，引导企业积极开展名牌争创活动。当年，山东银凤陶瓷集团有限公司日用陶瓷获“山东省产品质量奖”。

2003年，在全区开展企业质量状况普查和建立企业电子质量档案工作，实施产品质量动态管理，全区4000家企业建立质量档案。

2004年，开展“质量兴区”活动，帮助规模企业和项目完善质量基础管理体系，产品质量合格率由63%上升到87%。2005年，山东银凤股份有限公司银凤牌日用陶瓷餐具、山东红日阿康化工股份有限公司艳阳天牌三元复合肥被评定为中国名牌产品。

2006年，罗庄质监分局依托省质监局建立的金质工程，帮助企业查找质量、计量、标准化管理工作中的不足，指导企业争创名牌产品。2007年，把培育名牌作为“质量兴区”的主要内容，区政府制定培育与争创计划，召开质量工作联席会，推动名牌申报工作深入开展。至2008年，13家企业的14个产品分别被认定为山东名牌产品。

2009年，罗庄区在临沂市率先设立区长质量奖，以名牌推荐、体系认证为抓手，确定30家企业为山东名牌产品重点培育对象。4家企业的5个产品分别被认定为山东名牌产品。2010年，首届罗庄区区长质量奖颁发。同年，3家企业的5个产品分别被认定为山东名牌产品。罗欣药业获“2010年度临沂市市市长质量管理奖”。

2011—2012年，在抓好传统产业名牌工作的基础上，把品牌培育重点向新能源、新材料、新医药等附加值高的产业倾斜。7家企业的8个产品分别被认定为山东名牌产品。2013年，创建市优质陶瓷产品生产基地。同年11月，通过市政府创建优质产品生产基地领导小组办公室验收。2家企业的5个产品分别被认定为山东名牌产品。

至2013年年底，全区有中国名牌产品2个，山东名牌产品43个，山东省产品质量奖2个，农产品认证20家，各类认证企业70家。

2002—2013年罗庄区企业获山东名牌产品情况表

表12-8

企业名称	产品名称	认定年份
山东沂州水泥集团总公司	沂州牌水泥	2003
华盛江泉集团有限公司	天地牌瓷砖	2003
山东红日集团有限公司	艳阳天牌复合肥料	2003
山东银凤股份有限公司	银凤牌日用细瓷咖啡杯	2003
临沂市庆云山水泥有限公司	凤水牌32.5、42.5普通硅酸盐水泥	2003
临沂市万强陶瓷有限公司	沂碧牌琉璃瓦制品	2003
施可丰化工股份有限公司	施可丰牌复混（合）肥料	2004
临沂盛能乳业有限责任公司	益膳房牌纯牛奶	2004
山东华盛农业药械股份有限公司	华盛泰山牌背负式喷雾喷粉机	2004
山东华盛农业药械股份有限公司	华盛泰山牌通用小型汽油机（≤9.8千瓦）	2005
临沂江泉肉制品有限公司	江泉牌火腿肠	2005
山东江泉实业股份有限公司	天地牌瓷砖	2006
山东沂州水泥集团有限公司	沂州牌普通硅酸盐水泥42.5R、42.5、32.5R、32.5	2006
山东华盛农业药械股份有限公司	华盛泰山牌便携式割灌机、割草机	2006
山东蓝图家具制造有限公司	蓝图牌办公家具	2007
山东华盛农业药械股份有限公司	华盛泰山牌便携式割灌机、割草机	2007
临沂盛能乳业有限责任公司	益膳房牌纯牛奶	2007
山东华盛农业药械股份有限公司	华盛泰山牌背负式喷雾喷粉机	2007
施可丰化工股份有限公司	施可丰牌复合肥（高中低浓度）	2008
山东新沂州水泥集团有限公司	沂州牌通用水泥42.5R	2008
山东华盛农业药械股份有限公司	华盛泰山牌通用小型汽油机（≤5千瓦）	2008
临沂市豪门铝业有限公司	铝合金建筑型材	2008
山东赛洋化肥有限公司	赛洋牌复合肥料（高中低浓度）	2008
临沂佳贝特建陶有限公司	佳贝特牌建筑陶瓷（内墙砖）	2008
山东蓝图家具制造有限公司	蓝图牌实木家具	2008
临沂云雀陶瓷有限公司	日用陶瓷（3.5英寸～12英寸）	2009
山东罗欣药业股份有限公司	注射用头孢曲松钠（0.25克、0.5克、1.0克、2.0克、3.0克）	2009
山东银凤股份有限公司	细瓷咖啡杯、日用陶瓷餐具	2009
山东红日阿康化工股份有限公司	艳阳天牌三元复合肥	2009
山东银凤股份有限公司	银凤牌日用陶瓷餐具	2009

续表 12-8

企业名称	产品名称	认定年份
山东华盛农业药械股份有限公司	华盛泰山　便携式割灌机、割草机、背负式喷雾喷粉机	2010
山东蓝图家具制造有限公司	蓝图牌办公家具	2010
山东罗欣药业股份有限公司	罗益盐酸头孢他美酯分散片	2010
山东红日阿康化工股份有限公司	艳阳天牌复合肥料	2011
山东赛洋化肥有限公司	赛洋复合肥料	2011
山东华盛农业药械股份有限公司	华盛泰山通用小型汽油机	2011
沂州集团有限公司	“沂州”牌通用硅酸盐水泥	2011
临沂市豪门铝业有限公司	豪门牌铝合金建筑型材	2011
山东银凤股份有限公司	银凤日用陶瓷餐具、细瓷咖啡杯	2012
临沂新光毛毯有限公司	毛毯	2012
山东华盛农业药械股份有限公司	华盛泰山牌便携式割灌机、割草机、背负式喷雾喷粉机	2013
山东蓝图家具制造有限公司	蓝图沙发	2013
山东蓝图家具制造有限公司	蓝图办公家具	2013

说明：2002 年，山东省在全国首批实施名牌战略。2003 年开始评选山东名牌产品，实行动态管理，有效期为 3 年，期满前 3 个月可重新申请。

2001—2013 年罗庄区企业获国家免检产品情况表

表 12-9

企业名称	产品名称	认定年份
施可丰化工股份有限公司	高、中、低浓度复混（合）肥料	2004 年
山东红日阿康化工股份有限公司	艳阳天、东方红复混肥料	2005 年
临沂市庆云山水泥有限公司	凤水 P·032.5，P·042.5	2005 年
临沂江泉肉制品有限公司	江泉 18g/ 支 -300g/ 支	2005 年
山东江泉实业股份有限公司（子公司、分公司见证书）	天地磁砖系列	2006 年
山东沂州水泥集团总公司（子公司、分公司见证书）	沂州牌 P·032.5，P·032.5R，P·042.5，P·042.5R	2006 年
施可丰化工股份有限公司	施可丰、赛洋复混肥	2007 年
山东华盛农业药械股份有限公司	华盛泰山背负式机动喷雾器	2007 年

说明：2001 年，国家质检总局公布了首批国家免检产品名单，2008 年取消食品免检，其他产品 2008 年暂停后也不再评选

2009—2013 年罗庄区企业获临沂市市长质量奖情况表

表 12-10

获奖企业或个人	获奖年份	备注
山东华盛农业药械股份有限公司	2009 年	质量管理奖
山东银凤股份有限公司	2009 年	质量管理奖
山东沂州水泥集团总公司	2009 年	质量管理奖
山东立晨物流股份有限公司	2009 年	质量管理奖
山东罗欣药业股份有限公司	2010 年	质量管理奖

说明：临沂市市长质量奖 2009 年开始评选，设“临沂市质量管理奖”和“临沂市质量贡献奖”2 个奖项

第四节　标准化管理

1995—1997 年，罗庄技监分局帮助 11 家企业完成采用国际标准和国外先进标准的验收，罗德玛钢厂通过 ISO　9000 标准质量体系验收。1998 年，全区 84 家企业通过标准化考核验收，工业产品标准覆盖率 95% 以上。1999 年年底，罗庄区通过山东省质量技术监督局“消灭无标准生产区”验收，在全市率先实现“消灭无标准生产”。

2002 年 5 月，地方标准规范实行备案公告制度，全区 2000 家生产企业的 3800 个产品标准实施备案。2003 年，全区有 80 家企业通过 ISO 9000 质量体系认证，30 家企业采用国际标准，10 家企业获得使用采标标志。2004 年，为 65 家企业办理产品执行标准登记证书，指导 8 家企业规范产品外包装标识内容。

2005 年，临沂市质监局开展采用国际标准和国外先进标准“采标”工作。罗庄质监分局帮助全区 150 家规模以上企业采用国家标准生产。2007 年，组织红日阿康、庆云山水泥、久泰化工 3 家企业参与起草制定国家标准和地方标准化活动。

2008 年，盛能乳业和久泰化工通过省质监局标准化良好行为 AAA 级企业确认，临沂市庆云山水泥有限公司被列入“标准化良好行为创建工作数据库”。华盛江泉实业、三德特钢和三元建陶 3 家企业获采标企业证书。

2009 年 8 月，国家质量监督检验检疫总局和国家标准化管理委员会共同设立中国标准创新贡献奖，印发《中国标准创新贡献奖管理办法》。罗庄质监分局立足区域产业优势，深入重点行业、重点企业，对标准创新加强引导和帮扶。

2012 年 4 月，市政府办公室印发《临沂市标准创新贡献奖奖励办法》。罗庄质监分局帮助标准创新优势企业积极实施，及时申报。同年 10 月，山东久泰化工科技有限责任公司提报的车用燃料用二甲醚技术标准，获临沂市标准创新贡献奖一等奖；山东华盛农业药械有限责任公司提报的园林机械——坐骑式草坪割草机、以汽（柴）油机为动力的步进式草坪割草机安全技术要求和试验方法和山东银凤股份有限公司提报的干压陶瓷砖技术标准，获临沂市标准创新贡献奖三等奖。

2013 年，山东华盛农业药械有限责任公司提报的林业机械（以汽油机为动力便携式割灌机、割草机）和园林机械（以汽油机为动力手持式草坪修边机）获临沂市标准创新贡献奖二等奖。

第五节　特种设备安全监察

1995年，特种设备安全监察工作由区人事劳动局负责。1995年，检验锅炉70余台、压力容器150余台。2000年，检验锅炉、压力容器84台，对17台存在问题的锅炉下发检查意见，对7台非法制造存在重大安全事故隐患的锅炉进行强行拆除。

2000年10月起，特种设备安全监察职能由区劳动和社会保障局移交罗庄质监分局。同年11月，罗庄质监分局开展“锅容管特”普查整治活动，对全区锅炉、压力容器、压力管道等特种设备进行普查登记。2002年4月，普查整治结束。共普查各类特种设备单位480家，设备812台。其中，锅炉370台，压力容器320台，特种设备122台。建立特种设备档案200份。

2002年，在全区进行4次拉网式大检查，检查在用锅炉210台、压力容器120台、电梯26台、液化气瓶3000余只。对存在安全问题的17台锅炉下发《安全监察意见书》，责令限期整改；对7台非法制造存在重大安全事故隐患的不合格锅炉强行拆除；更换低压锅炉20台；端掉非法制造锅炉窝点3个；对有问题的5部电梯进行整改处理。

2003年6月1日，罗庄质监分局以国务院颁布《特种设备安全监察条例》为契机，强化特种设备日常监督检查工作，对全区特种设备527台（其中锅炉50台，压力容器377台，其他设备100台），气瓶5000只，压力管道10千米进行普查。对在用液化气瓶推行气瓶产权改革，建立以气瓶充装单位为安全责任主体的气瓶安全管理模式。

2004年始，山东金质工程系统推行应用，全区812台特种设备录入数据库，实施动态监管。同时，根据罗庄区工业集中、煤气发生炉多的特点，制定《罗庄区煤气发生炉系统安全监察规定》，强化设备安装验收审查，严厉查处违法安装行为。

2006年，以“金质工程”为依托，在实施动态信息监管的基础上，建立安全监察、检验检测和行政执法三大体系互动机制，实现特种设备使用登记率、定期检验率、持证上岗率、隐患整改符合率和宣传工作“五个到位”。全年普查特种设备1177台，其中锅炉50台（包括停用30台），压力容器908（包括停用400台），起重机械144台（包括停用40台），电梯45部（包括停用的10部），厂内机动车辆30台。

2007—2009年，安全监察工作的重点由对设备监管转到落实企业主体责任上来。先后举办2期落实企业特种设备安全主体责任培训及特岗操作人员培训班，参加学习200余人，并进行统一考试。

2010年，完善特种设备事故应急救援体系。全区特种设备定检率98.5%，重要设备和重大事故监管到位率100%。全区特种设备使用单位796家，特种设备2880台，特种设备作业持证人员1400人。

2011年，开展“两会”（人代会、政协会）、重大节日期间特种设备、煤气发生炉安全大检查、“安全生产月”专项检查及学校取暖锅炉、改装车载液化气检查。检查各类生产、使用单位244家，重大隐患整改督查率100%。举办6期落实企业特种设备安全主体责任培训及特岗操作人员培训班，参加学习205人。

2012年，区政府办公室印发《关于在全区开展特种设备安全生产大检查活动的通知》，对电梯、冷库、危化品、起重机械使用单位、煤气发生炉、气瓶充装单位开展专项整治行动。检查企事业单位331家，特种设备2607台，煤气发生炉使用企业86家134台，下达“特种设备安全监察指令书”385份，立案查处特种设备案件20起，与200余家特种设备使用单位签订“特种设备使用单位安全生产主体责任告知书与承诺书”。举办各类特种设备操作人员培训班12期，参加学习人员1503名。

2013年，对各镇、街道重点行业、重点领域特种设备开展“拉网式”检查。检查企事业单位495家，检查特种设备1871台，电梯使用企业40家（224台），恒低温库32家（180台压力容器），冶金企业13家（39台），下达“特种设备安全监察指令书”212份。

第八章　安全生产监督管理

第一节　管理体制

1995年2月，罗庄区安全生产管理委员会办公室设在区人事劳动局，负责全区安全生产综合管理。1997年3月，区安全生产管理委员会办公室设为副科级行政单位，隶属区人事劳动局。1999年9月，撤销区人事劳动局，设立区人事局、区劳动和社会保障局，区安全生产委员会办公室改设在区劳动和社会保障局。2000年10月，特种设备安全监察职能由区劳动和社会保障局移交罗庄质监分局。2002年2月，罗庄区安全生产监督管理局设立（简称区安监局），为正科级事业单位，与区经济贸易局合署办公，一个机构两块牌子。2003年3月，区安监局设为区政府直属正科级事业单位。2005年2月，调整为正科级行政单位，同时为区安全生产委员会的常设办事机构。内设办公室、危险化学品安全监督管理科、综合监督管理科3个科室。2005年5月，罗庄区安全生产监察大队设立，为副科级事业单位，隶属区安监局。2013年，区安监局内设办公室、综合监督管理科、危险化学品安全监督管理科、工商贸科、烟花爆竹科、非煤矿山科、职业健康科和培训科。辖安全生产监察大队1个副科级事业单位。行政编制5人，参照公务员法管理事业编制12人，工勤编制1人。

2003年，区安监局被省人事厅、省安监局命名为全省安全生产监督管理工作先进单位。2006年、2008年，罗庄区被山东省政府命名为全省安全生产先进县区。2011年、2013年，区安监局被省政府评命名为全省安全生产先进单位。2007年，区安全生产监察大队被省安监局命名为全省安全生产监察先进集体。

第二节　安全生产责任制

1995年起，区政府每年年初召开全区安全生产工作会议，部署安全生产工作，按照《关于完善全区安全生产责任体系的意见》的规定，区政府与各乡镇、街道、区直各有关部门签订《安全生产目标责任书》。各乡镇、街道与村（社区）、企业层层签订安全生产目标责任书。将安全生产事故控制指标层层分解落实到每个乡镇、街道、部门和企业。每年年底，按照安全生产目标责任考核细则，逐乡镇、街道、部门进行考核，制定安全生产工作“一票否决”办法，实行严格的安全生产考核奖惩。2013年，按照“管行业必须管安全、管业务必须管安全、管生产经营必须管安全”的原则，实行“属地管理与分级管理相结合，以属地管理为主”的网格管理模式。明确各级网格职责，镇、街道一级网格重点监管规模以上企业，工作区二级网格重点监管规模以下生产经营单位，村三级网格重点监管民房建设、畜牧养殖、蔬菜大棚、农村供用电及小作坊、小商铺等个体经济组织。按照“党政同责、一岗双责、齐抓共管、失职追责”，对发生安全生产事故，存在失职、渎职行为的，严格落实责任追究制度，累计追责16人次。

第三节　安全生产行政许可

非煤矿山

2003年起，区安监局对全区非煤矿山领域进行安全评估，帮助企业办理非煤矿山安全生产合格证。至2006年，全区取得非煤矿山安全生产许可证矿山企业53家。其中，石料厂46家，黏土矿7家。2007年，办理非煤矿山安全生产许可证7家。2008年，为11家非煤矿山企业办理延期换证手续。2009年，办理非煤矿山安全生产许可证4家；对非煤矿山安全生产许可证到期矿山办理延期换证手续。2010年、2011年区划调整时，沂堂镇、褚墩镇、黄山镇11家非煤矿山企业划入罗庄区，并办理非煤矿山安全生产许可证变更手续。至2013年12月，全区有非煤矿山企业5家。其中，石料厂1家，页岩矿4家。

危险化学品

2002年始，区安监局对辖区内危化品生产、经营单位进行材料初审，然后上报市安监局审批。

2005年，全区有危险化学品从业单位161家，范围涉及氯、苯、氨、煤气等种类。其中，生产企业25家，使用企业4家，加油站96家，农药经营14家，其他经营单位18家，危险化学品运输单位4家。

2012年，全区有危险化学品从业单位211家，范围涉及氯、苯、氨、煤气等种类。其中，生产企业22家，使用企业4家，加油站97家，经营企业28家，农药经营60家。

2013年，全区有危险化学品从业单位226家。其中，生产企业12家，使用企业5家，加油站98家，经营企业35家，农药经营76家，涉及危险工艺有氯化、氧化、合成氨、煤化工，涉及种类有液氯、液氨、苯、甲醇等。

烟花爆竹

2003年，罗庄区安监局负责辖区内烟花爆竹零售单位审查批准和监督检查，负责核发“烟花爆竹销售（临时）许可证”（零售）。2005年，审核烟花爆竹零售单位207家。2006年1月起，执行国家《烟花爆竹安全管理条例》，年内审核《烟花爆竹销售许可证》223家。2007—2013年，核发烟花爆竹销售许可证2607家。至2013年年底，全区无烟花爆竹生产企业，有批零销售户421家。

第四节　安全生产管理整治

1995—1997年，区人事劳动局组织安全生产大检查19次，检查单位280家，发现隐患4604条，下发整改通知书48份。关停私开煤井42家。检验锅炉、压力容器221台。

2000年，区劳动和社会保障局开展消防设施、煤炭企业安全生产检查和五个专项治理（非煤矿山整治、道路交通安全、道路客运安全隐患、建筑施工预防坍塌事故、打击非法违法生产经营建设）活动，检查企业186家，发现隐患480条。现场整改320条，限期整改42条，下达检查意见书160份。调查处理安全事故4起。检验锅炉、压力容器84台。其中，对存在隐患的17台锅炉下发检查意见书；对7台非法制造存在重大隐患的锅炉进行强制拆除。

2003年，区安监局开展4次安全生产大检查和非煤矿山、危险化品安全生产专项整治活动。排查整改各类安全隐患3900余条。2004年，对矿山、危化品、道路交通等十个领域进行专项整治，开展7次安全生产大检查。其中由8位副区长带领8个组，到街道、企业进行一次大检查、两次回头看。排查整改各类隐患8391条。

2005年5月，罗庄区安全生产监察大队设立后，进一步加大安全生产监察力度，每年重要节假日、纪念日等重点时期，组织全体人员，制定专项检查方案，深入生产第一线，开展安全生产检查。至2006年12月，检查加油站105家，查处非法采石场2家，对21家存有较大隐患企业下发整改通知，限期整改。

2007—2008年，围绕“隐患治理年”活动主题，突出非煤矿山、危险化学品、烟花爆竹、钢铁、焦化、建材、机械制造等行业执法检查。检查各类企业249家（次），排查事故隐患1592条。对排查出的隐患跟踪复查，严格落实各项整改措施，对拒不整改或者整改不到位的企业，依法予以停产整顿，直至关闭或取缔。

2011年，开展安全生产隐患排查治理专项行动，成立专项行动领导小组，制定《罗庄区安全生产隐患排查治理专项行动方案》，明确工作任务、步骤、内容、时间及目标。8月、9月，先后接受国家、省专项行动督查组检查，受到督查组的肯定。

2012年，重点检查“安全生产投入保障、‘三同时’（生产经营单位新建、改建、扩建工程项目的安全设施，必须与主体工程同时设计、同时施工、同时投入生产和使用）管理、设施设备维修保养、重大危险源管理、隐患自查自改、安全生产教育培训、应急救援、事故报告”8方面，检查生产经营单位421家，发现隐患2952条。

2013年，开展安全生产大检查活动，先后派出检查组557个，1800余人次，检查各类生产经营企事业单位1700家（次），排查隐患3992条，依法停产停业整顿企业54家，取缔非法生产、经营单位20家。

第五节　安全生产专项监管

危险化学品安全监管

2003年，区安监局危险化学品监督科设立，规范监督、管理辖区内危险品生产、经营。同年，关停非法加油站（点）46家，停业整顿危化品企业2家，改产搬迁化工厂1家。

2004年，聘请3位专家，对全区15家安全监管重点危化品企业进行检查，整改隐患166条。

2006—2007年，关停不具备安全生产条件的危化品企业3家。会同经贸、质监、消防部门对化工企业进行安全检查，查处隐患603条，下发执法文书84份。2008年，对全区21家重点危化品企业进行安全检查，排查出各类隐患327条。

2009—2010年，搬迁、关停危化品企业8家，对全区28家危化品企业进行安全检查，整改各类隐患403条。

2011年，会同质监、消防部门对化工企业进行安全检查，发现隐患526条，下发执法文书137份。2012年，关停危化品企业2家。

2013年，区政府聘请专家，对危化品生产、使用企业和带储存的经营企业进行安全隐患排查，整改隐患976条，下达执法文书28份。同年，对全区226家危险化学品从业单位全部建立台账和资料库。

工商贸行业安全监管

2012年，区安监局工商贸科设立，加强冶金、有色、建材、机械、轻工、纺织、烟草、商贸等行业安全生产监管。根据《山东省工业生产建设项目安全设施监督管理办法》《建设项目安全设施“三同时”监督管理暂行办法》，对上述行业安全设施“三同时”进行检查。

2013年，区安监局根据市安监局《关于加快推进全市冶金等工贸行业安全生产标准化建设工作的通知》，在全区工贸行业开展安全生产标准化建设，创建安全生产标准化三级达标企业90家。

非煤矿山安全监管

2003年，停产整顿非煤矿山企业10家，依法取缔关闭不符合安全生产条件企业2家。

2004年，对非煤矿山企业开展7次安全生产大检查和专项整治活动，发现隐患402条，停产整顿非煤矿山企业10家。

2005—2006年，强化非煤矿山安全专项整治，整改处隐患700条，依法取缔关闭非煤矿山企业4家。

2007年，开展非煤矿山安全生产标准化建设，全区22家非煤矿山企业全部实现安全生产标准化达标。

2009年，依法取缔关闭非煤矿山企业9家，整合2家。

2011年起，对非煤矿山安全生产标准化建设达标到期企业每3年进行一次复审，当年，复审企业31家。

2012—2013年，加强非煤矿山日常监管和专项整治，重点监管爆炸物品领取、使用、清退管理情况，劳动防护用品的正确佩戴，浮石清理，台阶式机械化开采等，开展执法检查41次，整改隐患306条，依法取缔关闭非煤矿山企业26家。

烟花爆竹安全监管

2003—2005年，对非法销售、储存烟花爆竹业户、窝点进行严厉惩处，查处非法销售网点23个，捣毁储存窝点11个，收缴各类烟花爆竹151箱。

2006年，开展烟花爆竹安全专项整治，工商、公安、安监等部门开展联合执法行动，收缴非法经营礼炮52箱、鞭炮21箱。2008年，依法关闭册山街道红盾社会福利礼花厂，关闭取缔烟花爆竹零售户21家。

2010年，指导傅庄街道大河湾烟花厂转型为傅庄街道恒宇大河湾烟花有限公司，依法关闭取缔零售户12家。2011—2013年，依法关闭取缔烟花爆竹零售户62家。

第六节　安全生产宣传培训

1995年始，每年6月全国“安全生产月”利用广播、电视、报纸等新闻媒体，举办知识竞赛和专题讲座、悬挂横幅、摆放展板、发放宣传材料等形式，宣传安全生产法律法规和安全常识，提高市民安全素质。至2003年，共发放各类安全生产宣传材料16.5万份，安全生产法律汇编1262册，《法佑平安》宣传片29套。

2004年，对各街道办事处机关全体人员、村委主任、企业法人代表和安全员进行安全生产法律法规、安全生产操作技能培训，参加学习3296人次。同时，加强特岗人员培训，培训电工、电焊工等特种作业人员2999人。培训危化品从业单位主要负责人和安全管理人员226人。

2005—2007年，区安监局联合质监、消防等部门举办安全生产法规、安全常识图片展，发放各类安全生产宣传材料30余万份。

2008—2011年，分批举办企业主要负责人、安全管理人员和特种作业人员培训班、《中华人民共和国安全生产法》《山东省安全生产条例》培训班，参加学习2.3万人（次）。

2012年，在全区“安全生产月咨询日”活动中，设置咨询台42个，悬挂横幅302幅，接待咨询群众600余人，现场发放各类宣传材料1万份。组织企业主要负责人、安全管理人员、特种操作人员培训班10期2100余人（次）。

2013年，开展安全文化示范企业创建、安全优秀班组创建活动，沂州集团、红日阿康2家企业创建为市级安全文化示范企业，6个班组创建为市级安全生产优秀班组。培训镇、街道安监人员611人，培训涉氨企业负责人和安全管理人员47人，培训烟花爆竹零售点人员468人。组织企业主要负责人、安全管理人员和电焊工等特种作业人员参加市、区举办的安全生产培训班，参加学习600余人。

第九章　食品药品监督管理

第一节　管理体制

1995年2月—2004年12月，罗庄区食品药品安全监督管理由5个部门负责：区卫生局为食品药品管理综合协调部门，负责药品监督、检查、检验和食品消费环节的监管；区畜牧局、区农业局负责食品生产源头的监管；区质量技术监督局负责生产加工过程的监管；区工商局负责市场流通环节的监管。

2004年5月，临沂市药品监督管理局罗庄区分局（简称罗庄药监分局）成立，为正科级行政单位。区卫生局的药品和医疗器械监管职能移交罗庄药监分局。2004年12月15日，罗庄药监分局改称临沂市食品药品监督管理局罗庄区分局（简称罗庄食药监分局）。2011年12月，区卫生局餐饮服务许可和餐饮服务环节食品安全监管、保健食品和化妆品卫生监管职能移交罗庄食药监分局。2013年，罗庄食药监分局内设办公室、财务科、餐饮服务食品安全监管科、综合监管科、稽查队等5个科室（队）。编制13人。

2011年11月，罗庄食药监分局被山东省精神文明委员会办公室命名为省级文明单位。

第二节　食品监督管理

1995—2004年，区卫生局监督监测食品生产经营单位和公共场所1.51万家（次），从业人员健康查体4.76万人（次），卫生监督覆盖率、从业人员健康查体率均在95%以上，食品采样4663份，餐具采样2293份，对不合格的样品依法进行处理，对问题严重的单位依法给予卫生行政处罚。

1995—1997年，罗庄工商分局查结假冒伪劣商品案件83起，罚没款10.74万元。移交司法机关处理案件 4 件，为消费者挽回经济损失 106 万元。1998 年，查获各种假冒保健品 196 箱、调味品 36 箱、白酒 507 箱，三元饮料 1 万瓶，没收非法印制和使用注册商标标识 9050 个。2002 年，开展各类市场检查 79 次，查处经济违法案件 86 起，案值 300 余万元，受理消费者投诉 230 起，处结率 98%，为消费者挽回经济损失 25 万元。2003 年，防"非典"期间，查处利用防治"非典"违法经营案 40 起，封存消毒液原料 15 吨；取缔无照经营户 160 家，端掉制假窝点 25 个，查处非法传销案 4 起，遣散受骗传销人员 192 名；受理各类消费投诉 335 起，为消费者挽回经济损失 19.98 万元。2004 年，罗庄工商分局立案查处经济违法案件 126 起，查获假冒白酒 160 箱、饮料 3200 瓶，劣质奶粉 240 袋，取缔无照经营户 80 户，端掉制假窝点 10 个，查处传销和变相传销案件 5 起，遣散受骗传销人员 160 人。

1995—2004 年罗庄区食品消费环节监督管理情况表

表 12-11

年度	监督监测食品生产经营单位和公共场所（家）	从业人员健康查体人数（人）	食品采样		餐具采样	
			份数（份）	合格率（%）	件数（份）	合格率（%）
1995	1186	3600	97	92.8	140	51.4
1996	1489	3030	322	94	158	80
1997	1217	5353	290	94.5	227	81
1998	1600	6052	638	95.7	320	64.2
1999	1272	5040	330	98.2	180	65.6
2000	1715	3808	520	96.9	210	71
2001	1814	4483	517	97	158	73.2
2002	1856	5289	504	95.8	445	80
2003	1031	4674	551	98.1	225	81
2004	1920	6280	894	95	230	83.2
合计	15100	47609	4663	—	2293	—

2005 年 1 月，罗庄区食品安全协调委员会成立。随后，各街道也相继成立食品安全协调委员会，建立食品安全综合协调机制。同年，罗庄食药监分局牵头开展食品放心工程、乳制品市场、学校周边食品安全等专项整治活动。查处各类食品违法案件 160 起，货值 21 万元，立案查处 57 起，取缔无证营业单位 48 家。

2006 年 8 月，罗庄食药监分局制定《罗庄区重大食品安全事故应急预案（试行）》。推行食品安全信用体系建设，各成员单位建立健全食品生产、经营企业质量档案和安全监管信用档案。

2007 年 5 月，举行罗庄区重大食品安全事件应急演练。同时，加强对食品药品安全信息收集工作，定期发布"罗庄食品药品安全信息"，逐步实现食品药品安全信息互通共享、预先警示。

2008 年 6 月，开展学校周边市场、节日期间、小麦粉等食品安全 11 次专项整治，出动执法人员 1200 人（次），检查各类食品生产经营单位 791 家（次），查处违法案件 8 起。

2009—2010 年，对违法添加非食用物质和滥用食品添加剂进行专项整治，累计出动执法人员 1900 人（次），对全区食品生产经营单位进行拉网式检查，查处违法案件 7 起，罚款 7 万余元。

2012 年，根据《山东省餐饮服务食品安全监督量化分级和等级公示管理规定》，对餐饮服务单位食品实行动态三级管理（优秀、良好、一般，分别用笑脸、平脸和哭脸三种卡通形象表示）和年度三级管理（优秀、良好、一般，分别用 A、B、C 三个字母表示），统一印制餐饮服务食品安全信息公示牌、餐饮服务食品安全监管公示牌 1600 块，实时评定等级，引导群众寻找“笑脸”就餐，促进餐饮企业自律经营。是年，评定 A 级 65 家、B 级 159 家、C 级 430 家。

2013 年，开展餐饮环节的食品安全专项整治活动 4 次；对校外就餐场所（学生小饭桌）实行登记备案管理；加强学校、托幼机构食堂的食品安全管理，对全区 72 家中小学校食堂、232 家幼儿园食堂每季度进行一次专项检查；办理《餐饮服务许可证》371 家（其中长期证 205 家，临时证 166 家）。是年年底，罗庄区有食品生产企业 35 家，食品批发企业 25 家，食品流通零售企业（单位）1795 家，农贸市场 6 家，餐饮服务单位 2056 家。餐饮服务单位持证率 100%，食品流通单位持证率 100%，健康证持证率 100%，各餐饮服务单位文明餐桌参与率 100%。

第三节　药品医疗器械监督管理

1995 年起，区卫生局根据《药品管理法》，加强对基层卫生院药品使用及医疗单位内部制剂的监督管理。强化对麻醉、精神药品的管理，对使用单位统一购置专用铁柜，对急症、晚期癌症病人申领“麻醉专用卡”程序作明确、严格规定，既满足病人用药需求，又防止流弊。至 1997 年，查处各类假冒伪劣药品 128 种，货值 4 万余元。2003 年，区卫生局开展医疗市场秩序专项整治。对辖区内从事医疗活动的单位与个人进行摸底、登记造册。出动执法监督人员 603 人（次），下达行政处罚告知书 112 份，证据先行登记保存处理决定书 112 份。依法取缔各类非法医疗广告 102 个，异地封存医疗器械货值 28.2 万元。2004 年 6 月，罗庄药监分局成立，药政监督管理职能移交罗庄药监分局。同年 7 月，罗庄药监分局对全区涉药单位进行普查，建立监管相对人档案。全区有药品生产企业 6 家，医疗器械生产企业 3 家，药品包装材料生产企业 1 家，药品批发企业 2 家，医疗器械经营企业 3 家，药品零售药店 50 个。

2005 年，对全区 55 家涉药单位建立监管档案。按药品生产、经营、使用将涉药单位分为三类，按其守法诚信度分为守信、警示、失信、严重失信四个等级，根据日常监督检查结果对其实行分类分级动态监管。同年 10 月，罗庄区药品不良反应监测中心和领导小组成立，在罗欣医药集团有限公司、区人民医院及 10 家街道卫生院设立药品不良反应监测站，制定药品不良反应报告制度、管理规章制度。建起区级及街道药品不良反应监测站 15 个，药品不良反应监测小组 360 个，监测人员 420 人，区、街道、村庄三级监测网络形成。

2006 年，罗庄食药监分局联合区卫生局等部门，制定药品质量管理使用规范化实施方案，开展“药品使用质量规范”认证。是年，全区街道以上医疗机构及卫生室 36 家达到“药品使用规范化认证”标准，29个村级卫生室、个体门诊达到“药品使用规范化药房”标准。

2008年，根据《山东省药品使用质量管理规范》，罗庄食药监分局印发《罗庄区关于开展药品使用质量规范化确认工作的实施意见》《罗庄区实施药品使用质量管理规范现场检查评定标准（试行）》。此后，分期分批对申请符合药品使用质量管理规范的单位进行现场检查和确认。至2010年12月31日，完成272家药品使用单位的检查确认，27家药品使用单位获“符合药品使用质量管理规范确认书”。

2008年奥运会、2009年全运会期间，对辖区内药品经营企业负责人进行含兴奋剂药品知识培训。免费为企业印发警示语、宣传资料3400份，逐家签订不销售违禁药品承诺书。

2010年，对3家药品批发企业、14家医疗器械生产经营企业和136家零售药店及230家药品使用单位进行拉网式检查，下达责令整改通知书12份，停业整顿1家。

2013年，对31家医疗器械生产经营使用单位进行信用等级评审，评出最佳守信单位6家、守信单位23、警示2家。现场快检药品305批次，上报医疗器械不良事件310例。2013年年底，全区有药品生产企业1家，医疗器械生产企业2家，药品包装材料生产企业1家，药品批发企3家，医疗器械经营企业23家，药品零售药店156家。建有药品不良反应监测站155个。

第四节　保健品化妆品监督管理

2011年12月，保健食品化妆品监督管理职能由区卫生局移交罗庄食药监分局。罗庄食药监分局设立保健食品监管科和化妆品监管科。2012年，对辖区内保健食品、化妆品生产经营单位进行调查摸底。全区保健食品零售（含专兼营）店219家，持有“食品流通许可证”或营业执照中含有保健食品经营范围的单位194家。化妆品生产企业1家。对208家经营企业建立监管档案。

2013年，根据市安监局《2013年保健品化妆品日常监督检查计划》要求，制定2013年保健品化妆品监督检查计划、日常监督检查方案。利用山东省保化监管系统，按照“一店一档”填报要求，完成106家经营单位建档。加强对保健食品的监管，落实保健食品经营企业登记制，经营品种查询制，分管领导审批制，经营产品追溯制；经营企业签订经营产品质量安全承诺书“四制一诺”措施。实行网格化管理，按照“谁监管，谁负责”的原则，对监管单位划线分片管理，明确责任人，制作网格化监管示意图。探索实施同步监管式、借力监管式、自我监管式、群众监管式“四式”安全管理模式。开展宝宝活力排铅口服液、阳光一佰牌山芪参胶囊、健康牌减肥胶囊等保健食品专项整治。开展打击保健食品非法生产、非法经营、非法添加、非法宣传“四非”专项行动，检查保健食品兼营店104家，保健食品专营店9家，超市62家，美容院6家，抽验可疑保健食品16个批次。对未执行进货验收管理制度的经营单位，下达责令改正通知书；对发现的其他问题，要求立即整改或限期整改。

第十三编　中共地方组织

Part 13: Local CPC Organizations

中共罗庄区第十二次代表大会开幕式（2007 年 1 月　区委办供稿）

湖南崖社区党群服务中心（2013 年 9 月　王伟摄）

1995年3月14日，中共临沂市罗庄区委建立，至2013年，全区共召开5次党员代表大会，选举产生5届委员会，委员会组成人员每届任期：第九届为3年，从第十届起每届5年。

1995年年底，全区有基层党委11个，党组31个，党总支39个，党支部443个（其中农村党支部216个），党员10045人。至2013年，全区有基层党（工）委40个，党组42个，党总支59个，党支部861个（其中农村党支部285个），党员22988人。

中共临沂市罗庄区委认真贯彻执行党中央的路线、方针、政策和省委、市委统一部署及要求，坚持以经济建设为中心，充分发挥区域优势，创造性地开展工作，坚持科教兴区、工贸强区、依法治区的指导思想，做好招商引资、科技创新、转方式、调结构、促增长、惠民生、保稳定工作，全力打造宜工宜商宜居、工商复合型经济强区。坚持党要管党，从严治党的方针，加强党的执政能力建设，制定实施一系列符合区情的重要决策和措施，强化党员队伍思想政治作风建设、党的基层组织建设和党风廉政建设，为建设富强罗庄、生态罗庄、和谐罗庄提供坚强有力的组织保障。全区改革开放不断深入推进，政治稳定，经济发展，社会和谐，城乡面貌发生巨大变化，人民生活水平不断改善，社会文明程度明显提升，为实现“十二五”规划打下坚实基础。

第一章　党员代表大会

1956年5月，中国共产党临沂县第一次代表大会召开，至1994年12月，中共临沂市（县）代表大会共召开8次。中共临沂市罗庄区代表大会届次按原中共临沂市代表大会届次顺延。

1995年5月6—7日，中国共产党临沂市罗庄区第九次代表大会召开，选举产生中共临沂市罗庄区委员会。至2013年12月，历经5届，举行5次代表大会，即第九至第十三次代表大会。每次代表大会都听取、审议并通过中共罗庄区委、罗庄区纪律检查委员会工作报告，选举产生新一届中共罗庄区委员会、罗庄区纪律检查委员会。

第一节　代表选举

1995—2013年，罗庄区举行5次党员代表大会，每次会议均由党员直接选举代表。中共罗庄区委根据《中国共产党章程》规定和全区党员数量确定代表名额，分到各选举单位。各选举单位党组织依据《中国共产党章程》和《中国共产党地方组织选举工作条例》规定，提出代表候选人名单，经各基层党（工）委考察，确定代表候选人预备人选名单，报区委组织部审查同意，召开党代表大会、党代表会议或党员大会，按照《中国共产党章程》等规定的民主程序，差额选举产生出席区党员代表大会的代表。代表的组成既坚持政治先进性，又体现广泛的党员代表性，主要有各级领导干部代表、各类科技专业人员代表、各条战线的先进模范人物代表、妇女和少数民族代表。

第二节　历次代表大会

中共临沂市罗庄区第九次代表大会

1995年5月6—7日，中国共产党临沂市罗庄区第九次代表大会在双月湖宾馆召开。出席会议代表200人。大会听取、审议并通过李桂祥作的《加强党的建设，振兴罗庄经济，为建设社会主义现代化强区而努力奋斗》的工作报告。会议选举产生中共罗庄区第九届委员会委员25人，候补委员4人，区纪律检查委员会委员11人。7日，区委九届一次全委会选举产生常务委员会，李桂祥当选区委书记，李先建、李俊修、山常青当选区委副书记，李登仕、黄桂兰、高文堂、姜新利、张殿昌、姚明当选区委常委。在区纪委一次全委会议上，选举出区纪委常务委员会，李俊修当选区纪委书记。

中共临沂市罗庄区第十次代表大会

1998年2月5—6日，中国共产党临沂市罗庄区第十次代表大会在区行政办公大楼会议室召开。出席会议代表236人。大会听取、审议并通过李桂祥代表第九届区委作的《开拓进取，加快发展，为建设富强文明的新罗庄而奋斗》的工作报告和张殿昌代表区纪委所作的中国共产党临沂市罗庄区纪律检查委员会工作报告。会议选举产生中共罗庄区第十届委员会委员29人，候补委员6人，区纪律检查委员会委员13人。6日，区委十届一次全委会选举产生常务委员会，李桂祥当选书记，李先建、李俊修、山常青当选副书记，高文堂、张殿昌、姚明、刘善元、李玉洪、王奎玉、刘凤军当选区委常委。在区纪委一次全委会议上，选举出区纪委常务委员会，张殿昌当选区纪委书记。

中共临沂市罗庄区第十一次代表大会

2003年2月18—19日，中国共产党临沂市罗庄区第十一次代表大会在区行政办公楼会议室召开。出席会议代表211人。大会听取、审议并通过李峰代表第十届区委作的《全面贯彻“三个代表”重要思想为率先基本实现现代化而努力奋斗》的工作报告和高文堂代表区纪委所作的中国共产党临沂市罗庄区纪律检查委员会工作报告。会议选举产生中共罗庄区第十一届委员会委员25人，候补委员5人，区纪律检查委员会委员15人。19日，区委十一届一次全委会选举产生常务委员会，李峰当选区委书记，姜玉鹏、高文堂、李玉洪、姚明当选区委副书记，王奎玉、丰程秀、韩纪伦、王皓玉、赵日坤、赵建民当选区委常委。在区纪委一次全委会议上，选举出区纪委常务委员会，李玉洪当选区纪委书记。

中共临沂市罗庄区第十二次代表大会

2007年1月26—28日，中国共产党临沂市罗庄区第十二次代表大会在区行政办公大楼会议室召开，出席会议代表219人。大会听取、审议并通过王行华代表第十一届区委作的工作报告和王奎玉代表区纪律检查委员会作的区纪律检查委员会工作报告。会议选举产生中共罗庄区第十二届委员会委员39人，候补委员7人，区纪律检查委员会委员27人。28日，区委十二届一次全委会选举产生常务委员会，王行华当选区委书记，姜玉鹏、王奎玉当选区委副书记，王皓玉、魏九成、吴昌力、赵志德、赵建民、张立春、王发菊、钟呈春当选区委常委。在区纪委一次全委会议上，选举出区纪委常务委员会，魏九成当选区纪委书记。

中共临沂市罗庄区第十三次代表大会

2012年1月9—11日，中国共产党临沂市罗庄区第十三次代表大会在区行政办公大楼会议室召开。出席会议代表252人。大会听取、审议并通过王行华代表第十二届区委作的《负重奋进，创优争先，全面开创罗庄跨越发展新局面》的工作报告和李军代表区纪委所作《深入推进党风廉政建设和反腐败工作为建设现代化强区提供坚强保证》的工作报告。会议选举产生中共罗庄区第十三届委员会委员41人，候补委员7人，区纪律检查委员会委员27人。11日，区委十三届一次全委会选举产生常务委员会，王行华当选区委书记，赵晓晖、王丽云当选区委副书记，钟呈春、魏泽来、李军、吴庆明、吴兴华、张玉军、彭有聚、李建成当选区委常委。在区纪委一次全委会议上，选举出区纪委常务委员会，李军当选区纪委书记。

第二章　组织机构

第一节　区委领导机构

中共临沂市罗庄区委员会是中共临沂市罗庄区地方组织的领导机关，在中共临沂市罗庄区党代会闭会期间，执行上级党组织的指示和区党代会的决议，领导全区的工作。区委由书记、副书记、常务委员、委员、候补委员组成。每届委员会由全区党员代表大会选举产生，大会闭会期间，可由上级党组织调动、任免区委组成人员。1995年2月12日，中共临沂市委公布罗庄区筹建工作领导小组：李桂祥任组长，李先建任副组长，李俊修、山常青、李登仕、娄元臣、刘方均为成员。同时决定，李桂祥、李先建、李俊修、山常青、李登仕、黄桂兰、高文堂、姜新利、张殿昌、姚明负责区委筹建工作。同年3月14日，经中共临沂市委研究并报省委组织部批准，成立中共罗庄区委，李桂祥任书记，李先建、李俊修、山常青任副书记，李登仕、黄桂兰、高文堂、姜新利、张殿昌、姚明任常委。1995年5月—2013年12月，中共临沂市罗庄区第九次、第十次、第十一次、第十二次、第十三次代表大会分别选举产生第九届至第十三届中共临沂市罗庄区委员会委员和候补委员。在各届委员会第一次全体会议上，选举产生区委正副书记和常委会委员，李桂祥、李富山、李峰、王行华、段卫东先后任书记。

1995—2013年中共罗庄区委领导成员任职情况表

表13-1

届次	职务	姓名	籍贯	任职时间	备注
第九届（1995.03—1998.02）	书记	李桂祥	临沂市罗庄区	1995.03—1998.02	1997年12月始兼
	副书记	李先建	临沂市兰山区	1995.03—1998.02	
		李俊修	临沂市河东区	1995.03—1998.02	
		山常青	山东省沂水县	1995.03—1998.02	
		姜学光	—	1996.03—1997.02	挂职

续表 13-1

届次	职务	姓名	籍贯	任职时间	备注
第九届（1995.03—1998.02）	副书记	覃道瑞	—	1997.04—1997.12	挂职
	常委	李登仕	临沂市河东区	1995.03—1998.02	
		黄桂兰（女）	临沂市罗庄区	1995.03—1998.02	
		高文堂	临沂市河东区	1995.03—1998.02	
		姜新利	山东省乳山市	1995.03—1998.02	
		张殿昌	临沂市兰山区	1995.03—1998.02	
		姚　明	山东省莒南县	1995.03—1998.02	
		刘善元	山东省沂南县	1996.03—1998.02	
		李玉洪	山东省沂南县	1998.01—1998.02	
		王奎玉	山东省龙口市	1998.01—1998.02	
第十届（1998.02—2003.02）	书记	李桂祥	临沂市罗庄区	1998.02—2001.01	兼
		李富山	临沂市河东区	2001.01—2003.01	
		李　峰	山东省博兴县	2003.01—2003.02	
	副书记	李先建	临沂市兰山区	1998.02—2001.01	
		李俊修	临沂市河东区	1998.02—2001.02	
		山常青	山东省沂水县	1998.02—2003.02	
		李　峰	山东省博兴县	2001.01—2003.01	
		高文堂	临沂市河东区	2001.02—2003.02	
		李玉洪	山东省沂南县	2001.02—2003.02	
		姜玉鹏	烟台市芝罘区	2000.06—2003.02	2003.01 前挂职
		李红星	—	1999.03—2000.03	挂职
		刘银和	—	2002.09—2003.09	挂职
	常委	高文堂	临沂市河东区	1998.02—2001.02	
		张殿昌	临沂市兰山区	1998.02—2001.02	
		姚　明	山东省莒南县	1998.02—2003.02	
		刘善元	山东省沂南县	1998.02—1998.12	
		李玉洪	山东省沂南县	1998.02—2003.02	
		王奎玉	山东省龙口市	1998.02—2003.02	
		刘凤军	山东省莱阳市	1998.02—2001.12	
		黄立民	内蒙古开鲁县	1998.12—2001.08	
		丰程秀（女）	临沂市河东区	2001.02—2003.02	
		韩纪伦	山东省沂南县	2001.02—2003.02	
		赵日坤	山东省沂南县	2001.08—2003.02	
		赵建民	临沂市罗庄区	2001.12—2003.02	

续表 13-1

届次	职务	姓名	籍贯	任职时间	备注
第十一届（2003.02—2007.01）	书记	李　峰	山东省博兴县	2003.02—2006.12	2004年11月始兼
		王行华	山东省莒南县	2006.12—2007.01	
	副书记	姜玉鹏	烟台市芝罘区	2003.02—2007.01	
		高文堂	临沂市河东区	2003.02—2006.01	
		李玉洪	山东省沂南县	2003.02—2005.04	
		姚　明	山东省莒南县	2003.02—2004.07	
		刘银和	—	2003.02—2003.09	挂职
		王奎玉	山东省龙口市	2004.07—2007.01	
		朱孔泉	山东省临沭县	2005.09—2006.01	
		段卫东	山东省单县	2006.01—2007.01	
		周忠友	—	2003.04—2004.04	挂职
		任建军	—	2004.04—2005.04	挂职
	常委	王奎玉	山东省龙口市	2003.02—2007.01	
		丰程秀（女）	临沂市河东区	2003.02—2006.12	
		韩纪伦	山东省沂南县	2003.02—2006.01	
		王皓玉	山东省沂水县	2003.02—2007.01	
		赵日坤	山东省沂南县	2003.02—2004.05	
		赵建民	临沂市罗庄区	2003.02—2007.01	
		张立春	临沂市河东区	2004.05—2007.01	
		魏九成	临沂市兰山区	2004.07—2007.01	
		颜廷湘	山东省郯城县	2006.01—2007.01	
		赵志德	山东省费县	2006.01—2007.01	
第十二届（2007.01—2012.01）	书记	王行华	山东省莒南县	2007.01—2012.01	
	副书记	姜玉鹏	烟台市芝罘区	2007.01—2008.10	
		王奎玉	山东省龙口市	2007.01—2008.01	
		刘淑秀（女）	山东省莒县	2008.10—2010.12	
		王皓玉	山东省沂水县	2008.01—2010.12	
		丰程秀（女）	临沂市河东区	2010.12—2011.11	
		赵晓晖	山东省日照市	2011.01—2012.01	
		王丽云（女）	山东省沂水县	2011.11—2012.01	
	常委	王皓玉	山东省沂水县	2007.01—2010.12	
		魏九成	临沂市兰山区	2007.01—2011.01	
		吴昌力	山东省平邑县	2007.01—2011.11	
		赵志德	山东省费县	2007.01—2008.12	
		赵建民	临沂市罗庄区	2007.01—2007.11	
		张立春	临沂市河东区	2007.01—2009.06	

续表 13-1

届次	职务	姓名	籍贯	任职时间	备注
第十二届（2007.01—2012.01）	常委	王发菊（女）	山东省莒县	2007.01—2009.09	
		钟呈春	临沂市河东区	2007.01—2012.01	
		吉兴梅	山东省沂水县	2007.11—2008.01	
		王德宏	山东省莱阳市	2008.01—2010.01	
		魏泽来	临沂市兰山区	2008.01—2012.01	
		孙建中	临沂市兰山区	2008.12—2012.01	
		王良成	山东省莒南县	2009.06—2010.06	
		周开举	云南省永胜县	2009.09—2010.09	挂职
		吴汉林	山东省蒙阴县	2010.01—2011.11	
		郇恒赛	山东省临沭县	2010.01—2011.11	
		陈修近	山东省莒南县	2010.06—2011.04	
		吴兴华	临沂市罗庄区	2011.01—2012.01	
		吴庆明	山东省平邑县	2011.04—2012.01	
		李　军	山东省沂南县	2011.11—2012.01	
		彭有聚	山东省莒南县	2011.11—2012.01	
第十三届（2012.01—）	书记	王行华	山东省莒南县	2012.01—2013.02	2012 年 2 月始兼
		段卫东	山东省单县	2013.02—	
	副书记	赵晓晖	山东省日照市	2012.01—2013.08	
		王丽云（女）	山东省沂水县	2012.01—	
		钟呈春	临沂市河东区	2013.08—	
	常委	钟呈春	临沂市河东区	2012.01—	
		魏泽来	临沂市兰山区	2012.01—	
		李　军	山东省沂南县	2012.01—	
		吴庆明	山东省平邑县	2012.01—2012.03	
		吴兴华	临沂市罗庄区	2012.01—	
		张玉军	山东省沂水县	2012.01—	
		彭有聚	山东省莒南县	2012.01—	
		李建成	山东省莒南县	2012.01—	
		贺　刚	山东省高密市	2012.03—	
		朱孔严	临沂市河东区	2012.09—	挂职
		夏洪成	临沂市河东区	2013.08—	

注：书记、副书记均为常务委员，不重复列；中共罗庄区委第十三届委员会顾问：山长青（聘，2012.02—）、高文堂（聘，2012.02—）

中共罗庄区第九至十三届委员会委员、候补委员情况表

表 13-2

届次	委员	候补委员
第九届（1995.03—1998.02）	党员代表大会选举产生，按姓氏笔画为序： 山常青　王廷江　朱德明　刘凤军　刘剑利（女）　刘善元 杨以考　苏同信　李玉洪　李先建　李俊修　李桂祥　李登仕 沈玉龙　宋　光　张灿建　张殿昌　苗会田　郑　林　姜新利 姚　明　高化传　高文堂　黄桂兰（女）　管桂林	党员代理大会选举产生，按得票多少为序： 王强东　张乃营　张永礼 石增云（女）
第十届（1998.02—2003.02）	党员代表大会选举产生，按姓氏笔画为序： 山常青　王廷江　王奎玉　王强东　刘凤军　刘剑利（女） 刘善元　杨以考　苏同信　李玉洪　李先建　李俊修　李桂祥 沈玉龙　宋　光　张乃营　张灿建　张殿昌　苗会田　季传才 赵建民　姜新利　姚　明　高化传　高文堂　黄桂兰（女） 管桂林　颜廷湘　魏九成 党员代表大会后增补，按任职时间为序： 黄立民　李富山　李　峰　丰程秀（女）　韩纪伦　赵日坤 张明辉　姜玉鹏	党员代表大会选举产生，按得票多少为序 王凤英（女）　王孝龙 张洪龙　陈学义 石增云（女）　辛　玲（女）
第十一届（2003.02—2007.01）	党员代表大会选举产生，按姓氏笔画为序： 山常青　丰程秀（女）　王孝龙　王奎玉　王皓玉　朱合新 刘剑利（女）　刘福怀　李　峰　李玉洪　李俊修　宋　光 张西江　张明辉　张洪龙　武传成　苗会田　赵日坤　赵建民 姜玉鹏　姚　明　高文堂　韩纪伦　颜廷湘　魏九成 党员代表大会后增补，按任职时间为序： 张立春　朱孔泉　段卫东　赵志德　王行华	党员代表大会选举产生，按得票多少为序： 王凤英（女）　孙建中 柳洪武　顾　彬　彭　勇
第十二届（2007.01—2012.01）	党员代表大会选举产生，按姓氏笔画为序： 山常青　王　平　王凤英（女）　王仕和　王发菊（女） 王廷江　王行华　王相恩　王奎玉　王皓玉　厉建仁　田可顺 刘圣良　刘福军　江　伟　孙建中　李吉宝　杨跃峰　吴汉林 吴兴华　吴昌力　宋耀强　张立春　张西江　张连胜　张洪龙 赵志德　赵建民　钟呈春　姜玉鹏　顾　彬　高文堂　唐宏亮 彭　勇　彭宏杰　谢成琦　甄仔文　魏九成　魏泽来 党员代表大会后增补，按任职时间为序： 吉兴梅（女）　王德宏　刘淑秀（女）　王良成　郇恒赛　陈修近 丰程秀（女）　赵晓晖　吴庆明　王丽云（女）　李　军　彭有聚	党员代表大会选举产生，按得票多少为序： 石增云（女）　史晓文 闫秀玲（女）　李建成 肖自立（回族）　侯　嵘 密长诚
第十三届（2012.01—）	党员代表大会选举产生，按姓氏笔画为序： 王　平　王传宝　王行华　王兆艳（女）　王丽云（女）　史晓文 朱孔田　刘福军　齐连秀（女）　闫秀玲（女）　孙建中　李　军 李建成　杨跃峰　吴庆明　吴兴华　宋耀强　张　琳　张玉军 张玉新　张连胜　张其伟　张宗伦（回族）　陈一伟　邵长满 周广军　郑月庆　孟宪伟　赵金果　赵晓晖　钟呈春　侯　嵘 顾　彬　唐宏亮　黄慧林　寇荣利　密长诚　彭长强　彭有聚 魏九成　魏泽来 党员代表大会后增补，按任职时间为序： 贺　刚　段卫东　夏洪成	党员代表大会选举产生，按得票多少为序： 于孝燕（女）　石士连 肖自立（回族）　张殿堂 徐秀兰（女）　梅敬伦 解文波

第二节　区委工作机构

1995年，中共罗庄区委设办公室、组织部、宣传部、统一战线工作部、政法委员会（区社会治安综合治理委员会办公室与其合署）、区直机关工作委员会6个工作部门，按《中国共产党章程》和有关规定设区纪律检查委员会、区委党校。1997年，区委设工作部门11个。2002年6月，机构改革，区委工作部门调整为7个。至2013年年底，区委设工作部门8个：区纪律检查委员会（区监察局与其合署）、区委办公室、区委组织部、区委宣传部、区委统一战线工作部、区委政法委员会（区社会管理综合治理委员会办公室与其合署）、区委区直机关工作委员会、区机构编制委员会办公室。部门管理机构2个：区委区政府信访局和区委老干部局。

第三节　基层组织

1995年3月，中共罗庄区委所属罗庄、傅庄、盛庄、册山、程庄、岑石6个乡镇党委。同年，新建罗庄区人民武装部、区直机关、罗庄区经委、临沂市公安局罗庄分局、临沂市粮食局罗庄分局5个党（工）委，区直部门市属分支机构党组31个。是年年底，全区共有基层党委10个，党工委1个，党组31个，党总支39个，党支部443个，有共产党员10045人。1996年9月，设立罗庄区供销社党委。1997年1月，设立沈泉庄村党委（下属华盛江泉集团党委）。1998年1月，设立双月湖街道、汤庄街道2个党工委。同年11月，设立中国农业银行临沂市罗庄区支行党委。1999年12月，设立朱陈北村党委。2000年5月11日，罗庄镇、盛庄镇、傅庄镇撤镇设街道，镇党委随之改为街道党工委。2002年1月，设立区委党校、罗庄一中、区住房和城乡建设局3个党委。同年2月1日，撤销册山镇、西高都镇、罗西乡设立册山、高都、罗西街道，乡镇党委随之改为街道党工委，9月，设立罗庄工业园党工委。2004年8月，设立罗庄区教育局党委。2007年8月，设立朱陈社区、湖南崖社区党委。2008年3月，罗西街道党工委划归临沂高新技术产业开发区党工委管辖；同年10月，成立久泰集团党委（下设1个分公司党委）。2010年1月，区划调整后，增加沂堂镇党委。2011年1月，区划调整后，增加黄山镇、褚墩镇2个镇党委。2011年8月9日，区划调整后，撤销汤庄、双月湖2个街道党工委；同年11月，设立山东罗欣药业股份有限公司党委。2013年4月，设立花埠圈社区党委；同年8月，设立临沂罗庄循环经济示范区管理办公室、罗庄商城2个党委。是年年底，中共临沂市罗庄区委所属基层党（工）委40个，党组42个，党总支59个，党支部861个，党员22988人。

第三章　区委重要会议

第一节　区委全委会议

历届区委根据区经济社会发展形势、党的自身建设和工作需要召开委员全体会议（简称区委全会）。区委全会，其议事范围主要是对全区经济建设、社会发展、党的自身建设及其他涉及全局性的重大问题作出决策；制定贯彻执行上级党组织和区党代表大会决议、决定的措施；听取和审议区委常委会的工作报告，对常委会及其成员的工作进行监督和评议；决定召开区党代表大会；选举区委常委会和书记、副书记；对常委会提请决定的问题或必须由全委会决定的其他重要问题作出决策。

区委全会由区委常委会召集并主持，参加人员为区委委员、候补委员，区纪委委员列席全委会议。根据工作需要，区委常委会可确定其他有关人员列席全委会议。全委会议可根据工作需要随时召开，一般以区委全体（扩大）会议形式召开。九届区委召开3次全会，十届区委召开8次全会，十一届区委召开9次全会，十二届区委召开12次全会，十三届区委至2013年12月召开5次全会。

第二节　区委常委会议

中共临沂市罗庄区委员会常务委员会是中共临沂市罗庄区委员会的常设机构。区委常委会一般每月月中、月末各召开一次，根据工作需要可随时召开。常委会议由区委书记召集并主持，必须有半数以上区委常委到会方能举行。推荐、提名干部，决定对干部人事的任免、奖惩，对重大事件做出处理决定时，出席人数必须达到应到会人数的三分之二以上方能举行。除区委常委外，区人大常委会党组书记、区政协主席、区委统战部部长、区政府办公室主任、区委办公室副主任为常委会议的列席人员。区人大、政协相关负责人，区政府副区长，各镇、街道党（工）委书记，区直有关部门负责人是区委常委会扩大会议列席人员。

区委常委会决策遵循民主化、科学化的原则，对重大问题的决策，坚持提出议题，调查研究、部门或专家论证、拟订方案、内部民主协商、集体讨论、检查督办等决策程序。区纪委、人武部、人民法院、人民检察院、区委部门及群团组织需要提请区委常委会讨论的议题，要事先征得分管书记、常委的同意，报区委书记审定。

政府有关部门（单位）的议题，须先经区政府常务会议讨论并认为有必要，提交区委书记审定后，方能提交常委会讨论；区人大、政协的议题分别以各自党组的名义向区委常委会报告。区委书记根据工作需要确定区委常委会讨论的议题，由区委办公室负责安排讨论顺序，经书面确定后，印发各常委。常委会作出的决策，由常委按照分工分别负责组织实施，区委书记对组织实施负总责。常委会决策，由区委办公室负责跟踪协调、督促检查，并及时向常委会和区委书记报告决策执行情况，同时在一定范围内通报。

1995年3月—2013年12月，中共罗庄区委常委会共召开605次。其中，1995年3月22日至5月10日召开常委会6次，九届常委会召开105次会议，十届常委会召开164次会议，十一届常委会召开134次会议，十二届常委会召开114次会议，十三届常委会至2013年12月31日召开82次会议。

第四章　重大活动　决策辑要

第一节　重大活动

“三讲”教育活动

2000年3月16日，区委召开区级领导班子、领导干部“讲学习、讲政治、讲正气”教育活动（简称“三讲”教育）动员大会。会上，印发区委《关于在区级和部分区直部门单位领导班子、领导干部中开展“三讲”教育的实施方案》，部署开展“三讲”教育活动。活动从3月中旬开始，5月底结束，分4个阶段。其中，“思想发动，学习提高”阶段，时间三周左右，传达文件精神，广泛发动，深入学习规定内容；“自我剖析，听取意见”阶段，时间四周左右，在做好征求意见汇总、梳理、反馈的基础上，做好思想剖析；“交流思想，开展批评”阶段，时间两周左右，分为开展谈心和开好专题民主生活会两个环节。活动期间，共举行读书会、培训班、专题讲座、各类座谈会40个，征求对区六大班子、领导干部意见和建议310条；制定整改措施和修订各类规章制度365条。同年12月1—8日，开展“三讲”教育“回头看”活动，巩固扩大“三讲”教育成果。

“三个代表”重要思想学习教育活动

2001年1月16日，区委召开全区农村“三个代表”重要思想学习教育工作部署和骨干培训会，会上，印发区委《关于在全区农村开展“三个代表”重要思想学习教育活动的实施意见》。同年2月13日，区委举办“三个代表”重要思想学习教育培训班。2001—2002年，全区共有25个党委、38个党总支、523个党支部、党员13526人，分三批参加“三个代表”重要思想学习教育活动。活动期间，区委聘请市委党校5位教授举办专题教育培训班；领导小组办公室印发《“三个代表”学习教育活动简报》26期，编发信息66条。区直各部门和各镇、街道通过驻村调研、发放问卷、走访农户、召开座谈会等多种形式，共征求各类意见建议3200余条（次），落实整改方案，解决问题1500个。2002年7月1日，区委召开“三个代表”重要思想学习教育活动总结表彰会，表彰在“三个代表”重要思想学习教育活动中涌现出来的先进单位和个人。

保持共产党员先进性教育活动

2005年1月19日，区委召开全区保持共产党员先进性教育活动动员大会，会上，印发区委《关于在全区党员中开展以实践“三个代表”重要思想为主要内容的保持共产党员先进性教育活动的意见》，部署开展保持共产党员先进性教育活动（简称先进性教育活动）。全区党员16212人分三批参加先进性教育活动。先进性教育活动分为学习动员、分析评议和整改提高3个阶段。全区各级党组织召开座谈会1148次，发放征求意见表6.5万余份，开展谈心活动9.73万人次，设置征求意见箱345个，开通热线电话336部，走访党员群众2.98万人次，累计征求意见1.64万条，查找问题5778个，制定整改措施5336条。2006年6月28日，区委召开庆祝中国共产党成立85周年暨保持共产党员先进性教育活动总结表彰大会，对全区先进基层党组织、优秀共产党员进行表彰。

图13-1：庆祝中国共产党成立85周年暨保持共产党员先进性教育活动总结表彰大会（2006年6月　摄）

深入学习实践科学发展观活动

2009年3月17日，区委召开全区深入学习实践科学发展观活动动员大会，会上，印发《中共罗庄区委关于开展深入学习实践科学发展观活动的实施意见》，部署开展深入学习实践科学发展观活动（简称学习实践活动）。全区34个党（工）委、37个党组、23个党总支、653个党支部，党员16483人分两批参加学习实践活动。第一批于3月18日—9月7日开展，全区共有73个部门单位的党组织和党员参加。第二批于同年9月8日—2010年3月20日开展，全区7个街道、1个镇和“两新”组织的332个基层党组织和党员参加。学习实践活动分为学习调研、分析检查、整改落实3个阶段。活动单位共举办学习培训班130期，专题讲座85场，集中学习1446场次。区委学习实践活动领导小组办公室共编发简报192期，征集科学发展先进典型案例102个。开展“走千家访万户、听民声摸实情、解民忧促和谐”专题调研活动，先后组织调研走访443次，发放问卷5323份，召开座谈会676次，访谈党员群众7865人次，形成调研报告480篇；开展“四项检查”（一查思想，二查工作，三查作风，四查机制）活动，共召开座谈会236次，发放问卷调查表1万余份，走访党员群众5775人次，有517人参加专题民主生活会，

图13-2：全区深入学习实践科学发展观活动专题辅导报告会（2009年4月　摄）

召开群众评议会68场次，征求到有价值的意见建议468个，排查出各类问题466项，为群众办实事好事959件。2010年3月25日，区委召开深入学习实践科学发展观活动总结大会，会议提出建立健全学习实践科学发展观长效机制的意见和措施。

群众路线教育实践活动

2013年8月16日，区委印发《关于深化干部直接联系和服务群众工作的实施意见》，在全区党员干部中开展转变工作作风、密切联系群众、贴心服务群众的群众路线教育实践活动。活动以“弘扬沂蒙精神、践行群众路线”为主题，按照干部进村入户联系群众、干好本职服务群众的思路，通过面对面联系群众，贴心服务群众，突出解决群众言路不畅、矛盾累积、困难较多的实际。以全区城乡社区（村）居民户户主为联系对象，开展干部联系群众工作。实行网格管理，实现居民联系全覆盖。做到每个居民小组都有1—2名联系干部，户户都有干部联系。全区共有8个镇、街道，119个社区，100个部门和企事业单位，参与联系群众的干部4197人，联系群众12.26万户，人均联系30户。联系人深入家庭，走访群众，了解群众疾苦，填写《联户情况登记表》《困难家庭情况登记表》《群众工作需求诉求登记表》等表格，切实为群众排忧解难。以促进部门单位办事公正、群众事项办理高效、纪律作风严谨为主要任务，开展干部服务群众工作。填写《部门单位服务事项办理情况统计表》《群众对党委、政府工作意见建议情况统计表》，建立“群众服务事项办理承诺制”和“群众服务事项办理回访制”，并对部门单位密切联系群众“十条办法”和机关效能管理“四项禁令”执行情况进行暗访和督查，访查情况进行书面通报。至2013年10月，全区共征集群众需求诉求1734个，办理263个；全区统计困难家庭977户；有劳动能力未就业人员322人；征集群众对党委、政府意见建议238条；督查联系干部324人。群众满意率98%。

学习先进活动

1995年8月4日，区委、区政府召开全区向李勇同志学习暨政法队伍建设动员大会，会议宣读区委、区政府《关于向李勇同志学习的决定》，号召全区广大党员干部群众向优秀共产党、人民卫士傅庄派出所联防员李勇学习。

1996年9月，区委、区政府印发《关于深入开展向王廷江同志学习活动的意见》，开展学习中共十五大代表、沈泉庄党支部书记王廷江先进事迹活动。

2000年5月，区委、区政府印发《罗庄区“三讲”教育领导小组学习王廷江活动的实施意见》，对学习王廷江活动进行巩固和提升。

罗庄建设大讨论

1999年3—5月，在全区集中开展“解放思想，加快发展”大讨论活动，历时两个月。倡导“思想再解放，观念再更新，精力更集中，发展再加快”推动全区经济和社会各项事业更快更好地发展。

2003年5—8月，在全区开展“解放思想谋发展、与时俱进奔小康”大讨论活动。重点突出抓好解放思想、转变观念，抢抓机遇、加快发展，与时俱进、开拓创新，艰苦奋斗、务求实效，恪守诚信、优化环境等五个方面的教育。大讨论活动从5月下旬开始，至8月中旬结束。活动分为四个阶段：动员学习阶段（5月下旬），查摆梳理问题阶段（6月1日—6月20日），分析原因、制定措施阶段（6月21日—7月10日），整改检查阶段（7月10日—8月中旬）。活动重点解决思想僵化、观念陈旧、视野狭窄等当前影响和制约加快发展等方面的突出问题。

2004年3—4月，在全区开展“抢抓机遇，奋力赶超”解放思想大讨论活动。讨论着眼于更大范围和更高层次上进一步解放思想、凝聚力量，在解决好市委提出的“六个不足”共性问题的同时，重点解决好思想观念方面、干部作风纪律方面、依法行政秉公廉洁办事方面、经济发展环境方面的问题。活动安排一个月时间，分为“学、比、查、改”四个阶段。学，即学理论、学讲话、学经验；比，即比观念、比效益、比业绩；查，即查问题、查不足、查根源；改，即制定整改措施。

2005年5—6月，在全区开展“树立科学发展观，构建和谐罗庄”解放思想大讨论。活动以建设和谐罗庄为目标，重点解决影响和制约全区科学发展、加快发展、和谐发展的思想观念、工作作风、领导方式和工作方法等方面存在的突出问题。通过大讨论，使先进性教育活动整改阶段的内容更加丰富、措施更加得力、效果更加明显。

2006年3—4月，在全区开展“站在新起点，实现新跨越”解放思想大讨论活动。重点突出解决“满”“低”“窄”“庸”“浮”等方面存在的问题。活动共分四个阶段，即学习提高阶段、反思排查阶段、整改评议阶段和巩固提升阶段。

2007年4—6月，在全区开展又好又快发展大讨论活动。活动围绕又好又快发展主题，重点解决影响和制约全区又好又快发展的思想观念、工作方法和工作作风等方面存在的深层次问题，增强全区干部群众又好又快发展的意识。

2011—2012年，在全区开展“提速增效、创先争优”干部作风建设年活动。深入开展“争先进位、夺杯竞赛”和“亮身份、做表率、争当服务先锋”主题实践活动，各级党组织和广大党员向社会做出承诺6.23万项，为民办实事1.98万件；点评党组织书记1800余人次、党员3.2万人次；近8万名党员群众参与评议，满意率97%以上。

第二节 决策辑要

第九届区委重要决策

第九届区委任期1995年3月—1998年2月。1995年3月15日，区委作出《中共罗庄区委常委会关于加强思想作风建设的决定》，就区委领导班子成员思想作风、工作作风、组织纪律和廉洁勤政等方面做出具体规定。同年4月20日，区委召开全区纪检监察工作会议，部署1995年反腐败工作。会上，印发《中共罗庄区委关于1995年反腐败工作的实施意见》。5月19日，区委、区政府召开全区经济工作会议，研究部署今后一个时期全区经济工作的目标任务和措施。提出全面实施“工业强区、科教兴区、依法治区”战略，明确“重点发展工业，优化提高农业，繁荣第三产业，加快新区建设”的指导思想。区委、区政府下发《关于激励全区经济发展的若干规定（讨论稿）》，规定共88条。12月20日，区委印发《关于加强乡镇领导班子思想政治建设的意见》《关于加强村级组织建设的意见》，要求各乡镇党委抓好自身建设，健全完善各项规章制度；加强以村支部为核心的村级组织配套建设，选好配强农村党支部书记，加快农村经济和各项社会事业发展。

1996年1月3日，区委、区政府制定《1996年工作要点》，提出工业强区增效益，第三产业促繁荣，农业“三高”（高质、高产、高经济效益）求突破，计划生育上水平，依法治区保稳定，两个文明双丰收，齐心协力奔小康，实现“九五”开门红。工业重点抓技改，走“新、高、好”（工业产品新、技术含量高、企业效益好）的路子；农业重点依靠科技，走种、养、加一体化的路子；第三产业重点建市场，走“建、服、引”（建好批发市场和民营经济园区，搞好综合服务，吸引农民进城务工经商）的路子；外经外贸重点引进外资，走“高、精、外”（产品档次高、设备先进、工艺精良，参与国际竞争，增加外向度）的路子；城区建设重点抓配套，走“新、扩、改”（建设新区、扩大规模、改造旧城区）的路子；精神文明建设围绕依法治区，重点抓好“廉、法、质”（廉即干部抓廉政；法即社会抓法制，搞好社会治安综合治理；质即提高全民的政治、文化、劳动素质）。同年2月8日，区委、区政府作出《关于进一步加强科学技术工作的决定》。11月2日，区委、区政府印发《罗庄区国家公务员制度实施方案》《罗庄区中国共产党机关参照试行〈国家公务员暂行条例〉实施意见》。

1997年1月7日，区委、区政府制定《关于深化企业改革的实施意见》，启动工业企业改制工作。同年1月17日，区委九届二次全会讨论通过《全区“九五”期间社会主义精神文明建设规划》，规划共7个部分28条。2月27日，区委、区政府召开全区深化企业改革动员大会，会议传达区委、区政府《关于深化企业改革若干问题的试行规定》，部署企业改制工作，要求区、乡两级企业在搞好资产评估、产权界定的基础上，采取出售、拍卖、租赁结合、股份合作制、股份制、无偿划转、兼并结合、破产及组建企业集团等方式，于7月31日前全部改制。4月9日，区委、区政府印发《关于加强农村小康建设工作的意见》。4月11日，区委、区政府印发《关于坚持依法治教巩固提高“普九”成果的意见》，提出坚持教育优先发展，进一步加大教育投入，巩固提高“普九”成果，全面提高教育质量。6月3日，区委、区政府印发《关于“科教兴区”战略实施方案》《罗庄区科学技术进步奖励办法》。11月24日，区委、区政府印发《关于进一步激励扶持个体私营经济发展的若干规定》，扩大市场准入，放开经营范围和管理限制，加强产业引导，实施重点支持；转变政府职能，健全服务体系，努力为加快个体私营经济发展创造良好环境。同日，区委、区政府制定《关于加强对区乡改制企业管理的意见》，区委制定《关于加强改制企业党的建设的意见》，针对企业改制后企业管理和企业党组织建设出现的问题，提出加强企业管理和党组织建设的具体意见。12月31日，区委印发《关于今冬明春在全区集中开展党的十五大精神教育活动的实施意见》，提出搞好农村社教要坚持注重实效，一抓多促，与推行村务、财务公开和民主制度建设，与整顿后进村班子，与集中整治城乡环境面貌，与加强农村社会治安综合治理及农村实用技术推广应用结合起来，切实收到实效。

第十届区委重要决策

第十届区委任期1998年2月—2003年2月。1998年2月，区第十次党代会提出未来5年经济社会发展思路。坚持“科教兴区、工贸强区、依法治区”的工作方针，发挥工业优势，巩固农业基础地位，大力发展第三产业和个体、私营经济，加快城市建设，推进经济体制和经济增长方式的根本转变，促进国民经济持续、快速、健康发展和社会全面进步。同时提出实现目标任务的5项战略措施：实施农业产业化战略，促进农村经济再上新台阶；实施“工贸强区”战略，保持经济持续、快速、健康发展；实施全方位开放战略，努力提高对外开放水平；实施改革推动战略，大力推进经济体制和经济增长方式的转变；实施投资多元化战略，加快城镇基础设施建设和社会公益事业发展步伐。同年3月26日，区委印发《全区党风廉政建设和反腐败工作的实施意见》。4月28日，区委、区政府印发《关于进一步加强计划生育工作的决定》，落实计划生育基本国策，确保全区跨世纪奋斗目标圆满完成。要求突出重点，狠抓难点，促进全区计划生育工作平衡开展；建立健全服务体系，加强计划生育工作队伍建设。7月2日，区委、区政府制定《关于对领导干部离、任职审计加强监督管理的意见》，对进一步加强领导干部的监督和管理，从审计范围、审计内容、审计程序、审计纪律等方面提出具体意见。7月23日，区委、区政府印发《关于村办企业改制的实施意见》，对改制方式，清产核资，产权界定等提出具体意见。9月1日，区委印发《关于贯彻落实〈中共中央关于在全党深入学习邓小平理论的通知〉的意见》，决定在全区党员、干部中迅速掀起学习、宣传邓小平理论的热潮。要求各级各部门要把邓小平理论学习列入党（组）委重要议事日程，真正摆到重要位置。10月，区委印发《关于认真贯彻落实〈中共临沂市委关于进一步加强人大工作的决定〉的通知》。11月23日，区委、区政府印发《关于下岗职工基本生活保障和再就业工作的实施意见》，对下岗职工基本生活保障和再就业提出具体意见。

1999年1月，区委制定《贯彻落实中共中央、国务院〈关于实行党风廉政建设责任制的规定〉的实施办法》，进一步明确各级党政领导班子和领导干部在党风廉政建设中的责任。同年6月，区委制定《关于加强新闻宣传工作的意见》。11月4日，区委、区政府发出《关于实行区直部门、市属单位联系农村工作责任制的通知》，对联系农村工作责任制的具体任务、措施和考核提出具体要求。11月26日，区委作出《关于实施以乡镇为单位植树造林绿化目标责任制的决定》。12月13日，区委制定《关于加强技术创新、发展高新技术产业和民营科技企业的决定》，就加快经济增长方式转变，提高技术创新能力，加快高新技术产业化工作作出具体规定。12月15日，区委、区政府印发《关于深化教育改革全面推进素质教育的意见》，提出推动义务教育均衡发展，全面推进素质教育，全面提高教育教学质量。

2000年3月28日，区委作出《关于加快小城镇建设的决定》。同年4月25日，区委制定《罗庄区2000年度区直机关副科级以上干部招商引资考核奖惩办法》。6月，区委制定《关于开展选拔管理专业技术拔尖人才暨优秀青年科技人才工作的意见》。9月，区委制定《关于进一步加大改革和管理力度，加快城市化进程的若干意见》。9月25日。区委制定《关于优化经济环境、搞好服务、加快发展的意见》，成立罗庄区经济环境保护领导小组、招商引资服务办公室，严格限制对企业各种名目的检查活动，规范执收执罚行为，强化部门服务职能。12月14日，区委制定实施《罗庄区招商引资优惠政策》，共9条。

2001年1月5日，区委、区政府召开全区经济工作会议，提出经济工作要突出五个“立足”，即。立足增强素质、提高效益，加快工业调整和科技创新，坚持以市场为导向，突出“五调”（调“优”，加大新上与技改投入；调“新”，加快企业科技进步；调“强”，加快培育骨干利税大户；调“高”，加强企业管理；调“外”，加快外向型经济发展）；立足农民增收，进一步强化农业基础地位；立足膨胀总量提高质量，努力推动第三产业和个体私营经济再上新台阶；立足加快城市化进程，继续加强城乡基础设施建设；立足壮大财政实力，加强财源建设和财政、金融工作。2001 年 4 月 10 日，区委、区政府召开全区农村税费改革会议，启动农村税费改革工作。会议决定农村税费改革的主要内容是“三取消、两调整、一改革”，即取消乡镇统筹款、农村教育集资等面向农民征收的行政事业费、政府性基金和集资项目，取消屠宰税，逐步取消统一规定的劳动积累工和义务工；调整农业税政策，调整农业特产税征收办法；改革村提留征收和使用办法。同年 4 月 19 日，区委、区政府制定《关于改善投资环境扩大招商引资的若干规定》。7 月 5 日，区委印发《关于进一步加强党的基层组织建设的意见》，按照“三个代表”重要思想要求，对加强和改进党的基层组织建设工作提出具体意见。同日，区委制定《关于加强统一战线工作的意见》。12 月 12 日，区委印发《关于今冬明春在全区农村集中开展社会主义思想教育活动的意见》，确定教育活动的指导思想、基本原则、方法步骤和要解决的主要问题。

2002 年 5 月 27 日，区委、区政府召开全区教育工作会议，提出坚持基础教育、职业教育和成人教育统筹协调发展；努力增加教育投入，多渠道筹集教育资金；加强师资队伍建设，努力提高教师的政治业务素质；深化教育改革，实行以区为主的义务教育管理体制，教育经费纳入区财政统筹，切实加强党和政府对教育工作的领导。会上，印发《关于基础教育改革与发展的实施意见》。2003 年 2 月 19 日，区委印发《关于加强自身建设的决定》，对各级党员领导干部、领导班子加强自身建设提出具体要求。

第十一届区委重要决策

第十一届区委任期 2003 年 2 月—2007 年 1 月。2003 年 2 月，区第十一次党代会提出未来 5 年经济社会发展思路。要求以邓小平理论和“三个代表”重要思想为指导，以中共十六大精神总揽全局，围绕全面建设小康社会，力争在全市率先基本实现现代化的目标，大力实施科教兴区、经济国际化、城市化和可持续发展战略，坚持“以城促工、以工带贸”的发展理念，抓好“结构调整、招商引资、环境优化”三个重点，突出“新区建设、民营经济、外经外贸、高新技术”四个亮点，加强党的建设和精神文明建设，努力保持社会稳定，促进全区物质文明、政治文明和精神文明协调发展。同年 3 月 27 日，区委印发《关于实施农村党员干部现代远程教育试点工作的意见》，设立街道农村党员干部现代远程教育管理站，建立村（居）农村党员干部远程教育接收点。4 月 4 日，区委印发《关于按照“三个代表”要求，深入开展农村基层组织建设“三级联创”活动的实施意见》，要求认真贯彻落实中共十六大精神，切实加强和改进党对农村工作的领导，建立和健全农村基层组织建设常抓不懈的工作机制，全面提高农村基层组织的创造力、凝聚力和战斗力。4 月 25 日，区委制定《关于区级领导干部和区直单位开展集体经济薄弱村帮扶活动的实施意见》，由区级干部联系、从区直部门和单位选派干部驻村包点，对全区 21 个集体经济薄弱村实施以强化村级领导班子、选准发展路子、强村富民、增加村级收入为重要内容的集中帮扶活动。7 月 28 日，区委制定《关于进一步优化经济发展环境的意见》，围绕转变政府职能，提高行政效率，扩大对外开放，加快经济发展，确保“奋战三年过千亿，打好基础翻三番”，制定 21 条具体意见。8 月 21 日，区委作出《关于进一步做好劳动和社会保障工作的决定》。10 月 20 日，区委印发

《关于转发〈临沂市委 临沂市人民政府关于加快发展农村卫生事业的决定〉的通知》，提出到2010年基本建立起设施配套的区、乡、村医疗、预防、保健服务网络，较高素质的农村医疗卫生服务队伍，科学高效的农村卫生管理体制。10月29日，区委印发《关于开展创建“五个好”企业党组织活动的意见》，要求切实加强和改进企业党的建设，不断提高企业党组织的凝聚力、战斗力和创造力，促进企业的改革、发展和稳定。12月1日，区委、区政府制定《关于进一步完善计划生育利益导向机制和社会保障机制的意见》。

2004年2月12日，区委印发《关于在全区基层党组织和农村党员干部中，深入开展“双创双争”活动的意见》，决定在全区基层党组织中开展争创“致富建小康先进党支部”“先进企业党组织”；农村党员干部争当“致富建小康模范党支部书记”“党员致富建小康能手”活动。同年2月24日，区委制定《关于“建设平安罗庄、创建最安定地区”的实施意见》。4月6日，区委制定《关于创建社会文化先进区的意见》，提出利用一到两年的时间，创建“山东省社会文化先进县（区）”，再用两年到三年时间创建成“全国社会文化先进县（区）”。5月，区委、区政府研究决定在全省率先取消农业税及附加。8月19日，区委制定《关于进一步加强社区建设的意见》，明确社区建设指导思想、基本原则、总体目标、主要内容和措施。11月24日，区委制定《关于加强街道调解中心建设的意见》。

2005年3月21日，区委、区政府作出《关于进一步加快技术创新体系建设、推动高新技术产业发展的决定》，就加快经济增长方式转变，推动全区经济社会发展，对加快技术创新体系建设，推动高新技术产业发展作出具体规定。同年4月1日。区委、区政府制定《关于开展“文明罗庄”建设的意见》，提出全面实施素质工程、细胞工程、诚信工程、平安工程、新风工程、示范工程六大工程，深入开展文明城区、文明村镇、文明行业等群众性精神文明创建活动，力争2005年创建为全省文明城区，2008年实现全国文明城区目标。4月8日，区委、区政府制定《关于突出重点全方位高水平扩大对外开放的意见》《关于加强外经外贸、招商引资工作若干规定》，提出要积极扩大对外开放，大力发展加工贸易，提高利用外资质量，推动对外经贸方式转变，把全区外向型经济提高到一个新水平。12月6日，区委制定《关于进一步加强人大工作的意见》，对进一步加强和改善党对人大工作的领导，保证人大及其常委会依法履行职责，提出18条具体意见。

2006年4月11日，区委作出《关于实施科技规划纲要，增强自主创新能力、建设新型罗庄的决定》，提出坚持“自主创新、重点跨越、支撑发展、引领未来”的方针，深入实施“科教兴区”“工贸强区”战略，以提升区域自主创新能力为核心，以实现优势领域的技术突破和重点领域的技术跨越为重点，大力开发具有自主知识产权的关键技术和核心技术，为全区经济持续协调健康发展提供支撑和引领。同年4月24日，区委印发《关于开展“平安进万家”活动、深入推进平安罗庄建设的意见》《关于向全区村居社区派遣“平安特派员”的实施意见》。5月11日，区委印发《加强行风建设优化发展环境的意见》，要求以人民群众和投资者满意为标准，进一步转变机关作风，优化发展环境。8月7日，区委印发《关于加强和改进社区党建工作的意见》，要求以服务社区居民、建设和谐社区为重点，改进和加强社区党建工作，创造管理有序、服务完善、环境优美、文明祥和的新型社区。8月17日，区委制定《关于建立健全区、街道、区直部门、市属分支机构党委（党组）抓基层党建工作责任制的意见》，明确区委、街道党工委、区直部门和市属分支机构党（组）委抓基层党建工作的责任和措施。同日，区委印发《关于深化农村党的建设“三级联创”活动，推进社会主义新农村建设的实施意见》，对做好这项工作提出14条具体意见。

第十二届区委重要决策

第十二届区委任期2007年1月—2012年1月。2007年1月，区第十二次党代会提出未来5年经济社会发展的思路。要求以邓小平理论和“三个代表”重要思想为指导，以科学发展观为统领，以率先基本实现现代化为目标，围绕全区“十一五”发展规划，坚定不移地走创新发展、集聚发展、统筹发展、和谐发展之路，全面加强党的建设和精神文明建设，全力推动经济又好又快发展，加快构建和谐社会。到2010年，全区经济总量翻一番，地区生产总值年均递增20%，达到280亿元；实现区域财政总收入40亿元，年均递增20%，农民人均收入年均递增10%以上，万元GDP能耗下降20%；基本形成传统产业升级与新兴产业并进的现代产业区，基本形成现代城市景观与生态环境建设交相辉映的魅力生态区，基本形成富裕安康生活与文明新风相得益彰的人文和谐区。同年3月9日，区委制定《关于加强领导干部作风建设的意见》，对进一步转变领导干部作风，提出具体意见。3月12日，区委、区政府印发《关于加快发展现代农业，推进社会主义新农村建设的实施意见》《关于深化农村党的建设“三级联创”活动，推进社会主义新农村建设的实施意见》，提出全区实施农业现代化战略的基本思路。调整农业和农村经济结构，推进农业产业化发展，大力发展科技示范园，城乡统筹，加快龙头企业建设，培育农民增收主体，挖掘农业增长潜力，拓宽农民增收渠道，提升农民增收水平。4月13日，区委、区政府制定《关于贯彻全民科学素质行动计划纲要的实施意见》。4月28日，区委、区政府制定《关于深化农村建设“千村帮扶”工作的意见》。8月23日，区委印发《转发〈中共临沂市委关于进一步加强人民政协工作的实施意见〉的通知》，对加强和改善党对政协工作的领导，推进政协履行职能的制度化、规范化、程序化建设提出具体要求。

2008年3月3日，区委、区政府制定《关于开展“项目推进年”活动的意见》，要求通过开展这一活动，进一步提升“工业强区”的主体地位，实施项目带动战略，促进产业结构和经济发展方式的根本转变，努力实现由经济大区向经济强区的跨越。同年8月28日，区委、区政府制定《关于进一步推进招商引资工作的意见》，要求把招商引资作为发展的重中之重，通过小分队招商、网上招商、产业招商等多种方法，深入推进招商引资工作，营造全民招商、全民创业的新格局，全面提升招商引资工作的质量和水平，实现大项目的重点突破。

2009年1月16日，区委、区政府制定《2009经济和社会发展工作要点》，提出2009年经济社会发展思路，要求深入学习贯彻中共十七大、十七届三中全会和各级经济工作会议精神，以科学发展观为指导，积极应对国际金融危机影响，把“工业强区”作为首先任务，以“城乡建设管理、特色服务业和社会民生”为工作重点，组织实施“投引资突破年”和“生态区建设年”活动，加快全区工业新型化、城市精品化、三产特色化、农业产业化“四化”进程，全面打造“富强罗庄、生态罗庄、和谐罗庄”，实现罗庄区经济社会又好又快发展。同年3月10日，区委、区政府制定《关于促进就业工作的意见》，对做好当前和今后一个时期的就业再就业工作提出具体意见。3月23日，区委、区政府制定《关于加强城乡建设管理工作的意见》，对进一步改进和加强城乡建设管理工作，提升城乡建设管理水平，创造良好的生态宜居环境提出具体意见。9月8日，区委印发《全区环境风险隐患企业综合整治和关停取缔工作实施方案》《关于进一步加强乡村环境综合整治工作的意见》，对环境风险隐患综合整治和乡村环境综合整治工作作出部署。9月18日，区委、区政府制定《关于认真落实信访稳定领导责任制，严格履行“一岗双责”的实施意见》。

2010年2月4日，区委、区政府研究决定，2010年罗庄区以巩固提升“南工重地”为定位，大力开展“工业经济提升年”和“特色服务发展年”两项主题活动，突出招商引资、项目建设、环境保护、民生保障四项工作重点，努力把罗庄建设成为“新型工业区、特色商贸区、科技创新区、生态和谐区”。

2011年1月4日，区委常委（扩大）会议专题研究讨论《罗庄区国民经济和社会发展第十二个五年规划纲要（征求意见稿）》，提出修改意见。同年1月16日，区委、区政府印发《2011年经济和社会发展工作要点》，提出2011年经济社会发展思路，要求全面贯彻中共十七大和十七届五中全会精神，以科学发展观为统领，以“加快发展、加快转型、争先创优”为主基调，以招商引资为主抓手，大力开展“重点项目突破年”“城乡环境提升年”两项主题活动，加快“两园三带”（罗庄工业园、罗庄循环经济示范园区、三个十公里经济带）建设，全力打造工商复合型经济，实现“十二五”良好开局。

第十三届区委重要决策

第十三届区委任期2012年1月开始。2012年1月，区第十三次党代会提出未来5年经济社会发展思路。要求以邓小平理论和“三个代表”重要思想为指导，以党的建设为核心，以科学发展观为主题，以加快改善和保障民生为根本出发点和落脚点，大力贯彻市委、市政府“四三二一”发展战略，按照“一环两园三区”的发展格局，加快“一城五基地”建设，全面打造富强罗庄、活力罗庄、生态罗庄、幸福罗庄。同年2月16日，区委、区政府制定《关于在全区开展“‘提速增效、创先争优’干部作风建设年”活动的实施意见》，对活动开展的指导思想和目标任务、方法步骤、组织领导提出具体意见。2月26日，区委、区政府制定《关于进一步加强招商引资工作的意见》和《关于进一步加快循环经济示范区建设的意见》。11月16日，区委召开党风廉政建设和惩防体系建设工作会议，对进一步加强党风廉政建设和惩防体系建设工作作出部署。

2013年2月22日，区委、区政府召开2013年经济工作会议，提出2013年经济社会发展思路，要求深入贯彻中共十八大和中央、省、市经济工作会议精神，突出“科学发展、跨越赶超”这一主题，以打造工商复合型经济强区为目标，认真落实“三个三”工作思路，即主攻“三园一环”（加快南部循环经济示范园区、罗庄工业园、江泉工业园和70千米的服务业发展“环形隆起带”建设），实施“三个十工程”（培植“十大纳税过亿元企业”、打造“十大产业集群”、建设“十大商业综合体”），抓好“三项重点工作”（实现项目建设、新型城镇化“两个突破”和民生改善“一个提升”），确保完成“三年倍增计划”，全力打造宜工宜商宜居、富强文明罗庄。同年8月16日，区委制定《关于深化干部直接联系和服务群众工作的实施意见》，提出开展此项工作按照干部“进村入户联系群众、干好本职工作服务群众”的思路，通过面对面联系群众，突出解决群众言路不畅、矛盾累积、困难较多的实际；通过心贴心服务群众，突出解决机关干部办事推诿扯皮、效率低下、乱作为的问题，强化督查问责注重结果运用，倡树用人导向，推进联系和服务群众工作制度化、规范化、常态化。11月20日，区委召开宣传思想工作暨“四德”（职业道德、社会公德、家庭美德、个人品德）建设示范区创建工作会议，部署宣传思想工作和“四德”建设示范区创建工作，要求强化落实领导责任，做好新形势下的宣传工作；努力构筑道德高地，为建设经济文化强区提供道德支撑。

第五章　纪检监察

第一节　机构与领导成员

区纪律检查委员会

中共临沂市罗庄区每次代表大会选举产生中共临沂市罗庄区纪律检查委员会（简称区纪委），区纪委每届任期与区委相同。区党员代表大会闭会期间，由上级党组织决定，任免区纪委组成人员。根据《中国共产党章程》规定，区纪委在区委和上级纪委的双重领导下开展工作。

1995年2月，罗庄区筹建工作领导小组成立，区纪委筹建工作由李桂祥、李俊修负责。1995年5月7日、1998年2月6日、2003年2月19日、2007年1月28日、2012年1月11日，中共临沂市罗庄区第九、第十、第十一、第十二、第十三次代表大会分别选举产生第九届至第十三届中共临沂市罗庄区纪律检查委员会。中共临沂市罗庄区第九、第十、第十一、第十二、第十三届纪律检查委员会第一次全体会议选举区纪委常务委员会，选举出书记、副书记、常务委员会委员。李俊修、张殿昌、高文堂、李玉洪、王奎玉、魏九成、赵志德、吴昌力、孙建中、李军、夏洪成先后任区纪委书记。

1995—2013年中共罗庄区纪委书记、副书记任职情况表

表13-3

届次	职务	姓名	籍贯	任职时间
第九届（1995.05—1998.02）	书记	李俊修	临沂市河东区	1995.05—1998.02
	副书记	苏同信	山东省莒南县	1995.05—1998.02
		王洪儒	临沂市河东区	1995.05—1998.02
第十届（1998.02—2003.02）	书记	张殿昌	临沂市兰山区	1998.02—2001.02

续表 13-3

届次	职务	姓名	籍贯	任职时间
第十届（1998.02—2003.02）	书记	高文堂	临沂市河东区	2001.02—2003.02
	副书记	苏同信	山东省莒南县	1998.02—2002.01
		王洪儒	临沂市河东区	1998.02—2002.01
		顾　斌	临沂市兰山区	1998.02—2002.01
		张西江	临沂市河东区	2002.01—2003.02
		刘书贤	临沂市河东区	2002.01—2003.02
		梁培方	临沂市河东区	2002.01—2003.02
第十一届（2003.02—2007.01）	书记	李玉洪	山东省沂南县	2003.02—2005.04
		王奎玉	山东省龙口市	2005.09—2007.01
	副书记	彭宏杰	临沂市兰山区	2005.06—2007.01
		张西江	临沂市河东区	2003.02—2005.05
		刘书贤	临沂市河东区	2003.02—2004.04
		梁培方	临沂市河东区	2003.02—2007.01
		刘振法	山东省蒙阴县	2004.04—2007.01
第十二届（2007.01—2012.01）	书记	魏九成	临沂市兰山区	2007.01—2008.01
		赵志德	山东省费县	2008.01—2008.12
		吴昌力	山东省平邑县	2008.12—2011.01
		孙建中	临沂市兰山区	2011.01—2011.11
		李　军	山东省沂南县	2011.11—2012.01
	副书记	彭宏杰	临沂市兰山区	2007.01—2008.12
		梁培方	临沂市河东区	2007.01—2011.12
		刘振法	山东省蒙阴县	2007.01—2007.05
		李　玉	临沂市兰山区	2009.07—2012.01
第十三届（2012.01—　）	书记	李　军	山东省沂南县	2012.01—2013.08
		夏洪成	临沂市河东区	2013.08—
	副书记	寇荣利	临沂市罗庄区	2012.01—
		李　玉	临沂市兰山区	2012.01—

纪检监察工作机构

1995 年 5 月，区纪委内设办公室、信访办公室（举报中心）、案件审理室、案件检查室、执法监察室、宣传教育室，均为行政副科级。同年 6 月，罗庄区监察局成立，为行政正科级，与区纪委合署办公，实行一套工作机构、两个机关名称、履行党的纪律检查和行政监督两项职能的体制。2002 年，增设党风廉政建设室和纪检监察二室。2010 年 3 月，成立 6 个派驻纪检组（区监察室）、2 个派驻纪工委（监察分局），作为区纪委（区监察局）派出机构，为行政正科级。同年，宣传教育室更名为宣教研究室，增设监察综合室、干部室、行政效能监察室。2013年，撤销执法监察室、行政效能监察室，设立执法和效能监督室；撤销党风廉政建设室，设立党风政风监督室；设立案件监督管理室。是年年底，区纪委（区监察局）下设办公室、监察综合室、干部室、宣教研究室、案件审理室（申诉复查室、政策法规室）、信访室（罗庄区国家行政机关工作人员违法违纪举报中心）、党风政风监督室、执法和效能监督室、纪检监察一室、纪检监察二室、案件监督管理室11个行政副科级工作机构。

图13-3：2006年2月10日，中共罗庄区第十一届纪律检查委员会第六次全体会议召开

基层纪检监察组织

1995年，全区有基层纪检监察组织26个。其中，乡镇纪委6个，区直部门纪委（纪检组）20个。1998年12月，增加双月湖、汤庄2个街道纪委。2010年1月，区划调整后，增加沂堂镇纪委。2011年1月，区划调整后，增加褚墩镇、黄山镇2个镇纪委。2011年8月，区划调整后，撤销双月湖、汤庄2个街道纪委。2013年年底，全区基层纪检监察组织共11个。其中，镇、街道8个，区直部门3个，有专职纪检监察干部70人。

第二节　党风廉政建设

加强党内监督

1995年起，区纪委、区委组织部派员参加全区各单位（部门）民主生活会，通过监督检查，解决一部分班子成员中存在的问题；区纪委常委同区直部门、乡镇党政主要负责人进行廉政谈话420人次，对全区副科级以上领导干部建立廉政档案。

1999年，推行领导干部任期经济责任审计制度，共对28家单位法定代表人进行离任审计，查出各类违规违纪金额156万元，收缴审计罚款27万元。

2000年起，区委、区政府主要领导、分管领导每年同乡镇、街道、区直部门一把手签订党风廉政建设责任书，制定全区党风廉政建设实施意见，部署工作任务，突出抓好责任分解、责任考核和责任追究。2002年，区纪委常委进行廉政谈话29人次，对科级干部进行廉政测评，测评结果存入个人廉政档案。2003年，区纪委会同区审计等部门对62个项目进行经济责任审计和离任审计，开展两次预算外资金集中执法监察，查处违规金额755万元，并对违规单位进行处罚和处理。

2013年，制定《规范和完善廉政谈话制度的意见》，区纪委、镇和街道纪委分组、分批对部门班子成员、中层干部，镇和街道两委成员、站所负责人、村（社区）干部共计1398人进行一轮全覆盖廉政谈话，同时集体廉政谈话新任职科级干部 112 人。

建章立制

1995 年，区纪委制定《关于领导干部个人生活重大事项实行申报的暂行规定（试行）》《关于领导干部在国内公务活动中收受礼品实行登记的暂行规定（试行）》《关于党政机关汽车配备和使用管理的规定》《关于继续坚持和推行“两公开一监督”制度的意见》等。

1998 年，制定《关于党政事业单位实行“三公开一承诺”的意见》《关于对领导干部实行任职审计加强监督管理的意见》。2001 年，印发《关于加强公务车辆管理的规定》《关于严禁领导干部驾驶公车的规定》。2004 年，制定《关于进一步重申和完善领导干部个人重大事项报告制度的通知》，延伸至全区副科级干部。2013 年，制定《罗庄区进一步规范党政机关公务用车配备使用管理办法》。

专项整治

1995 年，严格执行党员干部廉洁自律有关规定，对全区 11 辆超标配备的小汽车进行更换处理。1998 年，对区、乡镇和村干部使用通信工具情况进行清理，共清理出违规配置移动电话 196 部、住宅电话 184 部，全部按规定进行公开出售，财政部门共收回售款 20 万元。

1999 年，严格控制公务用车配备使用，对村干部使用小汽车进行清查，共清理出违规配置小汽车 45 辆，公开拍卖 14 辆。同年，区纪委下发《关于狠刹公款吃喝风的通知》，在机关事业单位落实招待费在财务上单独列支的规定，对农村实行招待费限额管理。推进领导干部任期经济责任审计制度。全区机关事业单位招待费下降 40%，农村招待费下降 60%。全区 8 个乡镇、街道均建立机关食堂，农村实行招待费限额管理，公款吃喝玩乐现象得到有效控制。当年，对全区干部职工多占公有住房进行清理，共清理多占住房 26 套，按规定予以处理。

2000 年，着力解决农村及机关干部乱借公款问题，共清理出农村干部欠借集体款 1.07 亿元，收回 9989.9 万元，收回率 99%。2002 年，再次对机关干部借用公款进行集中清理，共清理借款 40.9 万元。

2001 年，对党政机关违规超标配备小汽车情况进行清理纠正，对违规参加婚嫁活动的 72 名公车司机进行处罚。

党风廉政教育

1995—1997 年，开展“理想信念、廉洁从政”“廉洁自律、学纪守纪”专题教育活动，组织大型宣传教育活动 56 次，举办各类培训班 39 次，播放正、反典型教育影视片 116 场，参加学习党员 1.53 万人次。

1998 年，区纪委制定《全区纪检监察廉政教育工作方案》，重点实施“四个教育”，对全区 226 名村支部书记分乡镇集中进行党风廉政教育。同年 7 月，举办《行政监察法》知识竞赛罗庄区分赛区大赛，党员干部及社会各界群众代表 3000 余人参加。

1999—2001 年，选树 4 名廉政典型，组成廉政事迹报告团，分赴各乡镇、街道巡回报告 10 场。举办村新任“两委”成员廉政培训班 6 期。组织区直机关干部观看电教片《陈永玲的故事》和《反腐警示录》。分批对 8 个乡镇、街道机关干部和村支部书记、主任通过讲课、看电教片等形式进行党纪条规教育。

2002—2003 年，结合“三个代表”重要思想学习教育活动，组建廉洁勤政教育报告团，对全区 400 余名副科级以上干部进行廉洁勤政教育。举办“国税杯”学习宣传两个《条例》电视知识竞赛；举办全区“地税杯”廉政警示教育书画图片展，展出书画作品 80 余幅。

2004—2006年，结合党的先进性教育活动，开展“廉洁奉公、勤政为民”教育活动。组织党员干部收看《立党为公、执政为民先进事迹报告》《王怀忠的两面人生》等录像片。观看赴罗庄“正气之歌”专场演出。

2007年，确定每月10日为“廉政自省日”，开展廉政文化建设活动，新增廉政文化示范点80处，投资20万元，在区政府驻地建起“廉政文化一条街”。

2008年，开展“做勤廉表率、促科学发展”主题教育活动，举办“沂蒙清风”反腐倡廉诗歌朗诵比赛、勤廉村支书先进事迹报告会；组织“扬正气、促和谐”优秀廉政公益广告创作评选。

2009年，开展“廉政文化六创建”活动，发送廉政短信8000余条，播放廉政公益广告优秀作品384件次，开展学唱廉政歌曲43场1500余人次，观看《永不凋零的巴山红叶》《贪之害》《欲之祸》等反腐倡廉电教片60场3000余人次。

2010—2012年，开展“加强党性修养、弘扬优良作风”主题教育活动，各级领导干部讲廉政党课70余场，开展廉政培训650人次，廉政知识测试5512人，组织党员干部4000余人到区警示教育基地接受警示教育，组织党员干部2000余人到华东革命烈士陵园、蒙阴县孟良崮、莒南县省政府旧址、沂南县马牧池等地接受革命传统教育和党性党风党纪教育。

2013年11月，开展“警示教育月”活动，组织全区1800名党员干部赴区人民检察院警示教育基地接受教育；组织镇、街道、部门、单位81名主要领导赴市人民检察院警示教育基地、市看守所参观，接受教育。设立“罗庄纪检监察之窗”楼宇电视1处，新增省级廉政文化示范点2个，市级廉政文化示范点13个，建设市级反腐倡廉教育基地1个。

农村党风廉政建设

1995年，区纪委编写《廉洁勤政，取信于民——谈农村基层党支部书记的廉政问题》教材，印发《关于进一步搞好农村基层组织党风廉政建设的意见》，就农村党员干部的教育监督内容、形式、方法等作出明确规定。

1998年，制定《全区推行村务公开，民主管理制度工作的意见》，225个行政村设置村务公开栏，成立村民议事会、村民理财小组等群众监督组织，直接参与村级重大事务及财务收支监督管理。

1999年，落实《关于实行农村财务“双代管”的意见》，加强村务公开、民主管理工作。2002年，进一步完善农村财务“三监管”制度，在全区公开招考农村会计，实行农村会计聘任制和职业化管理。

2008年，探索推行驻村廉政指导员制度，全区123个村配备109名廉政指导员，建章立制143项（个），化解各类矛盾纠纷126起。

2010年，开展农村基层党风廉政建设“三基联创”活动，在全区确定3个街道、20个基层站所、20个村作为争创市、区两级“三基联创”示范点。强化村级集体资金、资产、资源管理，实行农村财务“四监管”（村级公章、资金、合同、账目）制度，推行“四民主一考核”（民主选举、民主决策、民主管理、民主监督和综合考核）和“两公开一追究”（决议公开、结果公开和决策责任追究）制度。

2013年，推进“123”农廉工程，清理清查农村“三资”，打造基层党风廉政建设示范点36个。

第三节　案件查处

信访举报

1995年，区纪委建立信访工作制度和信

访工作档案，加强信访工作目标化管理。当年，共收到群众来信73件，接待来访14起，46人次。2001年，制定《信访目标责任制考核细则》，健全完善信访网络，形成信访问题层层有人抓、级级有人管、事事有人做的格局。2008年，实行区纪委领导班子成员定期轮流接访制度，开通“12388”全国举报电话和网上举报，及时受理群众反映的问题。2013年，开展“优先处置党员干部作风类信访举报问题”活动，开通纪委书记信箱，及时受理网上信访举报，共受理各类信访举报527件（次），排查化解基层苗头性问题134个，转办督办问题线索67件，直接查处信访案件3件。

1995—2013年，共受理来信来访8531件（次），办结率100%。

案件查办

1995年起，在案件查处工作中，实行领导包案制、联合办案制，对影响较大的重点案件集中查办。

2003年，区纪委会同区人民法院、人民检察院、公安局等11个部门组建反腐败及查办大要案协调工作领导小组，建立联席会议制度，当年召开联席会议4次，移送案件13起，筛选案件线索15起。

1995—2013年，全区各级纪检监察机关共立案查处各类案件906起，其中万元以上经济案件210起，累计为国家挽回经济损失1803.93万元，处分、处理党员干部1077人，向司法机关移交案件32起。查处涉及副科级以上党政领导干部违纪违法案件59起。

第四节　行政监察

执法监察

1995年起，区监察局监督检查各乡镇、部门单位贯彻执行党的路线、方针、政策和国家法律、法规、决定、命令情况，参与安全生产重大责任事故的调查处理，对区政府机关及其工作人员的管理行为、行政效率和服务质量进行监督检查，受理并调查处理行政效能投诉。

1998年，会同建设部门开展建设工程项目执法监察和建筑市场检查，纠正和处理工程违规问题11件。1999年，开展建筑领域执法监察，共查出违规建设单位10家，违章工程建设项目15个；同年起，实行票款分离制度，加强“收支两条线”检查，共查处违规违纪金额1260余万元。

2000年，根据临监发〔2000〕6号文件要求，通过查阅资料、实地查看和走访询问相结合的方式，对社会保障四项资金管理、使用情况开展专项检查，对发现的问题，及时提出监察建议。2001年，对全区粮食清仓查库工作开展执法监察，对粮食清仓查库工作中的统计、登记、验收、上报等环节进行监督。2002年，分两批公布行政审批制度改革方案，全区共取消审批事项85项，压缩比例35%。2004年，区纪委监察局会同区财政、税务等部门开展全区财税法规执行情况专项大检查，共查出应补缴税款121万元。同年3月，正式启动区行政效能投诉中心，制定下发《行政效能投诉中心工作规则》和《行政效能投诉中心承办程序》，在新闻媒体上公开投诉程序和举报电话。

2005年，加强建设工程招投标管理，对新开工建设和施工企业进行全面检查，下达《责令停止违法行为通知书》19份，查处违规工程2项。2006年，开展环境保护和节能减排工作执法监察。2009年，开展淮河流域出水断面水质迎查工作，封堵入河排污口156个，关闭污染企业12家，停产治理93家，行政处罚环保违法、违规企业19家。同年，围绕计划生育政策落实情况加强执法监察，对计生工作政务公开不及时5个村通报批评，对计生工作失职9名党员干部诫勉谈话，立案12起，移送司法机关4人。

2010—2012年，会同区经信局对项目信息和诚信体系建设各成员单位进行监督检查，督促各有关单位及时记录、公告市场主体不良行为等信息，共公开信息329条。对政府采购制度执行情况开展监督检查，督促有关部门认真贯彻《招标投标法实施条例》，对挂靠借用资质投标、收取管理费出借资质等问题进行专项治理，严厉打击肢解工程、规避公开招标、围标串标、弄虚作假骗取中标等违法行为。共参与建设项目招投标9次，现场监督政府采购招投标38次，现场废标1次，依法取消中标候选人资格1次，现场建议重新开标3次。对安全生产法律法规和安全生产责任制执行情况开展监督检查2次，提出安全建设意见4条。开展土地市场执法监察专项活动，对辖区内的闲置土地进行摸底调查，认定闲置低效土地200公顷。对耕地保护和节约用地法律法规和政策落实情况进行监督检查。对2010年前全区政府投资超过500万元的25个项目存在的152个问题进行梳理督办，对全区政府投资超过500万元的项目进行滚动排查，按照上级要求进行整改。

2013年，会同国土资源分局对各镇、街道土地违法违规问题进行2次专项执法监察，对罗庄、册山等街道主要负责人进行约谈，对辖区内的53.33公顷闲置土地进行清理。围绕民政专项资金使用情况开展立项执法监察，重点检查2010—2012年民政专项资金使用情况，纠正清理违规资金120万元。开展重点行业和领域商业贿赂专项治理，会同工商分局联合行动，重点对金融、教育、医药等领域进行执法检查，发现问题6个，提出监察建议4条。

纠正行业不正之风

1995年，开展行政事业性收费罚款和清理“小金库”工作，会同物价、审计、财政等部门，制定《关于对全区行政事业性收费工作进行清理整顿的通知》《罗庄区行政事业性收费目录》，对有收费职能的43个部门涉及606个收费项目进行精简，缩减至153项。开展全区农民负担和中小学收费情况调查，抽取15个自然村、100农户、13所学校，直接走访群众200人，针对调查情况向区委、区政府提出整改建议5条。1998年，制定《关于党政事业单位实行“三公开一承诺”的意见》，试行部门“三公开一承诺”制度，在工商、电业、民政等部门进行试点，实行办事职责、办事程序、办事制度向社会公开承诺。2001年，制定《关于进一步推行政务公开的实施意见》，进一步推动政务公开工作开展。

2001年，整治药品价格秩序和流通秩序，取缔非法药品生产、经营户1个，清理销毁假劣和过期药品总案值5000元，降低总药价5万元，全区50%医院实行药品集中招标采购。

2008年，开展“机关干部作风建设集中月”活动，制定《关于受理调查反馈投诉举报机关干部作风问题的办法》和《罗庄区有错与无为问责办法》，开展明察暗访2次、督查3次，下发问题整改通知49份。开播“行风热线”罗庄版节目，解决问题和接受咨询、建议133件，回复率和解决率均100%。

2009年，开展“提高行政效能、优化发展环境”活动。2010年，开展“企业服务年”活动，确定企业联系点100家，走访调研企业162家，组织59家单位党政正职公开进行服务承诺，组织整治企业周边环境行动17次，完善区、街道（镇）、村（社区）三级服务网络，受理审批收费事项1.2万件次，按期办结率100%。

2011年，开展“效能服务提升年”活动，走访企业147家，建立经济发展环境监测点72个，合并取消检查12项，协调解决企业反映问题39个。

2013年，开展目标服务“双承诺”活动、“政策措施落实年”活动，组织92个镇、街道、部门、单位进行公开承诺，接受监督。实行入企检查备案登记制度，设立行政效能监测点80个，反映和处置机关效能服务问题235个。

第六章 组织工作

第一节 机构

1995年2月，中共罗庄区委组织部成立，为正科级单位。同时，中共罗庄区委组织员办公室、老干部局设立，均为正科级单位，由组织部代区委管理。同年11月，区委党员电化教育中心设立，为副科级事业单位，隶属区委组织部。1996年2月，区委组织部内设办公室、干部科、干审科、青干科、干教科、组织科、党员管理科、企业组干科8个科室。1997年3月，区委老龄委员会办公室、老年体育协会办公室设立，均为副科级事业单位，隶属区委老干部局。2002年12月，机构改革时，区委组织员办公室只配备干部，不再单设机构；区委组织部内设办公室、干部科、组织科、干部监督科、干教知工科5个行政职能科室。2004年7月，撤销区委党员电化教育中心，设立罗庄区农村党员干部现代远程教育管理中心，为正科级事业单位，隶属区委组织部。同时，罗庄区老年大学设立，为副科级事业单位，隶属区委老干部局。2005年7月，中共罗庄区委老干部党校设立，与区老年大学合署办公。2008年9月，罗庄区老干部活动中心设立，为副科级事业单位，隶属区委老干部局。2012年3月，罗庄区人才工作办公室设立，为区委组织部副科级内设机构。2012年8月，罗庄区农村党员干部现代远程教育管理中心改称区委组织部党员教育中心。2013年5月，中共罗庄区委非公有制经济组织和社会组织工作委员会（简称区委“两新”组织工委）设立，为正科级行政机构，其办公室设在区委组织部，与组织科合署办公。同年10月，罗庄区关心下一代工作委员会办公室（2008年6月设立，为副科级事业单位），由隶属团区委划归区委老干部局管理。2013年年底，区委组织部内设办公室、干部科、组织科、干部监督科、干部教育科、研究室、人才工作办公室等7个科室和党员教育中心1家事业单位。

第二节 党员队伍和基层党组织建设

党员队伍建设

1995年，党员发展按照中组部“坚持标准，保证质量，改善结构，慎重发展”的方针和“稳中有升”的要求，对发展数量进行宏观控制，加大培养措施，坚持成熟一个，发展一个，重视在党的力量比较薄弱单位、贫困村和生产一线中发展党员，全年新发展党员 340 人。年底，全区共有党员 10045 人。其中，正式党员 9613 人，预备党员 432 人。1996—1997 年，党员发展重点放在各行各业一线生产骨干、青年、妇女、后进村和多年未发展党员的村，两年新发展党员 779 人。其中生产一线工人、农民占 70%，妇女占 18%，青年占 73%。1998 年，区委组织部编写印发《罗庄区发展党员工作手册》，指导各基层党组织发展党员工作，进一步规范党员发展程序；加大对入党积极分子的培训力度，分四期对全区 500 人入党积极分子进行培训。2000 年 2 月，制定《中共罗庄区委组织部关于发展党员工作中有关问题的规定》，对党员发展工作实行"六制管理"，即：无记名投票推荐制、提前申报预批制、无记名投票表决制、张榜公示制、考谈结合制、计划生育否决时限制。党员发展向高中以上学历、生产一线、经济落后村和党员队伍老化、多年不发展党员的基层组织中的青年入党积极分子倾斜，向基层单位中层干部、高知识群体和新型经济社会组织中的入党积极分子倾斜。2002 年 8 月，制定《关于严格制度认真做好发展党员工作的意见》，建立党委派员列席支部党员大会制度，实行入党积极分子党委预审制。2006 年 7 月 20 日，印发《关于进一步加强发展党员工作的实施意见》，提出发展党员工作实行"十制"（分布结构调控制、民主推荐制、备案公示制、申报预批制、考谈结合制、社会治安一票否决制、计划生育否决时限制、票决制、党建工作指导员监督制、责任追究制）管理。2011 年，区委组织部探索开展党员资格审核登记制度，制定民主评议和现实表现认定相结合的党员资格审核办法，对全区 21644 名正式党员进行资格审核登记，认定处置问题党员 390 人。其中不予登记 118 名，暂缓登记 272 人。2012 年，完善和规范发展党员工作制度，实行严格审查、长期考验制度；异地发展党员，实行流入地和流出地党组织"双向联审"制度；长期不发展党员，实行预警谈话制度；违规发展党员，实行责任追究制度，严把发展党员关口。同年 7 月，中组部、省委组织部到罗庄区专题调研党员资格审核登记工作，给予充分肯定。2013 年，修改完善党员资格年审办法，开展第二次党员资格审核登记工作，评议出问题党员 115 人。其中，暂缓登记 59 人，不予登记 56 人。对第一次审核登记中评出的 272 名暂缓登记党员进行双向评议，开除党籍 7 人，组织除名 1 人。至 2013 年年底，全区有党员 22988 人。其中，正式党员 22335 人，预备党员 653 人。

基层党组织建设

农村党组织建设　1995 年，全区有农村党支部 216 个。同年 12 月 20 日，区委召开全区农村基层组织建设工作会议，印发《关于加强乡镇领导班子思想政治建设的意见》和《关于加强村级组织建设的意见》，开展以创建"五个好"党支部（支部班子好、党员队伍好、组织建设好、工作业绩好、群众反映好）为目标，加强农村基层组织建设，重点加强贫困、后进村党支部班子整顿工作。1996 年、1997 年，先后抽调区直机关干部 101 人进驻 61 个后进村，对支部班子进行整顿和包扶。重点解决"有人管事、有钱办事、有章理事"的问题，共调整农村党支部班子 51 个，新选党支部书记 32 人，调整支部班子成员 233 人。

1998 年，在册山镇先行试点的基础上，开展以整顿后进村班子、推行村务公开民主管理、加强干部思想作风建设、完善土地承包责任制、加强社会治安综合治理和信访等“五位一体”集中整治工作。抽调机关干部168人对58个村进行帮扶，选派58名副科级干部任职村“第一书记”，调整村党支部班子46个，支部书记29人。年末，全区所有行政村均建立起村民议事会、党员议事会、民主理财小组，农村工作开始步入规范化、制度化、民主化轨道。年内，评选表彰“沈泉庄式先进党组织”23个，“王廷江式优秀共产党员”96人。1999年，落实基层组织建设工作责任制，全区8个乡镇、街道均成立组织工作办公室。制定村“两委”（党支部委员会和村民委员会）换届选举意见，指导完成225个村“两委”换届选举工作。2000年，印发《关于进一步加强基层组织建设工作的意见》《关于进一步做好农村集中整治工作的通知》，加强以党支部为核心的后进班子建设，调整后进村“两委”班子21个，调整支部书记18人。2001年，开展以实践“三个代表”重要思想，增强先进性为主要内容的创先争优活动。印发《关于进一步做好当前全区后进村班子整顿建设工作意见》《关于对后进村实行定期报告、备案销号、检查评比工作的通知》，抽调63名区直机关干部，派驻21个后进村开展集中整顿工作，调整农村党支部班子18个，新选党支部书记11人。2002年，在村“两委”换届选举中，推行村“两委”干部交叉任职和村党支部书记、村委主任“一肩挑”，书记、主任“一肩挑”比例60%，“两委”成员交叉任职比例68%，按不低于2‰的比例建立农村后备干部队伍。制定《农村党支部书记培养选拔管理暂行办法》《罗庄区村级组织规范化管理办法》，实行村干部任期目标承诺责任制、岗位目标管理制度。

2003年，制定《关于深入开展农村基层组织建设“三级联创”活动的实施意见》，广泛开展争创农村基层组织建设先进区、“五个好”（好班子、好队伍、好体制、好路子、好制度）街道党工委和村党支部及基层满意的区直部门、群众满意的街道站所活动。实施“千村帮扶工程”，选派区直机关干部81人进驻25个集体经济薄弱村进行帮扶。2004年，进行部分行政村规模调整，行政村由225个调整为133个。年内，评选表彰“五个好”农村党支部71个、群众满意街道站所24个、优秀共产党员99人。2005年，按照政治素质高、群众威信高、带头致富能力强、带领群众共同致富能力强“双高双强”型村干部标准，集中开展村“两委”换届选举工作，精减村干部432人。2006年，对村党组织实行分类指导、备案管理、动态掌握、及时整顿制度。在区级党员领导干部建立基层党建工作联系点的基础上，各街道党工委建立健全基层党建工作联系点制度，党员领导干部分别联系1～2个村、企业党组织，全区共建立基层党建工作联系点356个。2008年，各街道党工委把抓基层党建工作情况纳入领导班子、领导干部年度考核的重要内容，做到基层党建工作与经济社会发展同步安排、同步考核、同步奖惩。2009年，制定《街道党工委书记抓基层党建工作专项述职办法》《罗庄区在职村（社区）干部业绩考核奖励办法（试行）》，落实村“两委”成员工资待遇，解决村干部收入低、没奔头、有后忧的问题，在村级组织中实行街道对村级公章、资金、合同、账目“四监管”。在监督机制上，实行村务、党务、财务“三公开”；在工作考核上，实行以定诺、承诺、践诺、考诺、兑诺“五步”绩效考核法，推进“一类村”创新突破，“二类村”提档升级，“三类村”转化工作的开展。2010年，制定《罗庄区社区（村）干部养老保险实施办法（试行）》，建立村级干部养老保险制度。强化区、街道（镇）、村（社区）“三诺双述双评”制度（作出并践行竞职承诺、任期承诺、年度承诺，在每年年底和任期届满前，组织干部向上一级党组织、党员群众述职述廉并接受评议）落实，开展“村级民主自治规范化建设年”活动。当年，有24个村（社区）达到规范化创建标准，转化薄弱村22个。2011年，开展村（社区）“两委”换届选举工作，减少村干部职数118个，基本实现“配强力量、减少职数、优化队伍”的目标。

2012年，在全区基层党组织中开展以抓一类示范、促二类提升、扶三类转化为主要内容的基层组织建设年活动，分类实施旗帜工程、创优工程、提升工程。对全区288名村级党支部书记进行“听、看、论、谈、访、诺、帮、督”环环相扣的链式培训。区委设立农村基层组织运转保障专项基金508万元，设立集体经济薄弱村发展基金200万元。2013年，推进行政村规模调整和大社区建设工作，全区206个行政村（社区）调整为119个社区，在全市率先完成行政村规模调整工作。深入开展选派机关干部到工作薄弱村担任“第一书记”工作。是年，罗庄区获市直任职干部年度考核全市第一名，在全市选派“第一书记”年度工作会议上作典型发言。至年底，全区共有社区党委6个，社区（村）党支部285个。

企业党组织建设 1995年，对区属企业党组织进行调查摸底，理顺党组织隶属关系，健全党组织工作制度。在企业党组织中开展“党员责任区”和“为党旗添光彩”等活动。年末，全区有企业党组织31个。其中，区属企业党总支2个、支部6个，乡镇企业党支部16个，区供销社直属企业党支部1个，乡镇供销合作社党支部6个。

1997年，针对区、乡镇企业改制后党组织建设出现的薄弱状况和企业党建与经济工作“两张皮”的问题，区委制定《关于改制企业加强党的建设意见》，提出坚持围绕经济抓党建，抓好经济促党建的指导思想，对加强企业党组织建设、作用发挥作出规定。新建华盛江泉集团党委、区供销社等3个直属企业党支部。1998年，贯彻落实区委《关于改制企业加强党的建设意见》。年内，在改制企业、私营企业改建、新建党总支3个、党支部102个。2000年，指导完成企业党组织换届选举工作，制定《关于进一步加强非公有制经济组织党建工作的意见》，探索新形势下企业党组织参与企业重大问题决策的途径和方式，推进民主管理、厂务公开。2001年，成立全区新型经济和社会组织党建工作领导小组，对企业和非公有制经济组织党组织进行调查摸底，形成调查报

图13-4：2007年6月30日，罗庄区召开庆祝建党86周年暨基层党建工作示范点表彰大会

告。重点抓好民办学校党建工作，在全省社会力量办学党建工作会议上，双月园学校作典型发言。至年底，全区544家非公有制经济组织中，有3人以上正式党员的70家企业，全部建立党组织。

2003年，开展“党员责任区”“党员先锋岗”活动；在全市率先开展争创“五个好”企业党组织活动；制定《非公有制经济组织党建规则》。2004年，制定发布《关于建立非公有制经济组织党建工作联络员制度的通知》，向151家企业选派党建工作联络员，帮助26家符合组建条件的企业建立党组织。年内，创建“五个好”企业党组织28家。其中10家被区委命名为先进企业党组织，5家被市委授予“五个好”企业党组织称号。2008年10月，建立久泰集团党委，下设1个分公司党委、7个党支部。12月3日，临沂市厂务公开民主管理现场交流会在罗庄区召开，区委作《立足和谐深化公开发扬民主推动发展》经验介绍。2009年11月，开始在全区非公有制经济组织深入开展学习实践科学发展观活动，历时3个月。2011年11月，建立山东罗欣药业股份有限公司党委。2012年，开展以建设效益型、创新型、和谐型、平安型、文化型、社会责任型、党建示范型为主要内容的“科学发展先锋企业”创建活动。区委、区政府选树出华盛江泉集团公司等3家企业为科学发展先锋企业，盛阳集团公司等10家企业为创建先进单位。面向社会公开选招非公有制企业党务工作者，促进非公有制企业党组织发挥作用，相关做法被省委组织部主要领导批示推广。罗庄区创建“科学发展先锋企业”的做法被省委组织部《领导专报》（2012年第9期）刊发。2013年5月，成立中共罗庄区委非公有制经济组织和社会组织工作委员会，开展深化“科学发展先锋企业”和第二届“科学发展先锋企业”创建活动，对11家先锋企业进行复审和11家新参选企业进行观摩考核。

2013年末，全区有“两新”组织党组织220个。其中，党委10个，党总支12个，党支部198个。“两新”组织党员2406人。新经济组织329家，党组织191个，覆盖企业329家；新社会组织92家，有党组织29个，覆盖单位79家。

1995—2013年罗庄区党组织和党员情况表

表13-4

年份	党组织数（个）					党员数（人）					
	党（工）委	党组	党总支	党支部	农村	总数	正式	预备	女性	少数民族	全年发展
1995	11	31	39	443	216	10045	9613	432	909	63	340
1996	11	35	46	452	225	10406	9930	476	803	67	369
1997	12	35	45	453	219	11005	10456	549	1157	64	451
1998	15	34	42	465	219	11433	10922	511	1230	60	412
1999	16	35	40	482	219	11884	11391	493	1313	65	376
2000	18	35	40	493	223	12365	11952	413	1387	66	432
2001	22	32	38	490	216	12880	12420	460	1450	64	407

续表 13-4

年份	党组织数（个）					党员数（人）					
	党（工）委	党组	党总支	党支部	农村	总数	正式	预备	女性	少数民族	全年发展
2002	25	32	38	523	213	13526	13001	525	1588	70	413
2003	26	33	32	543	213	14287	13777	510	1736	72	395
2004	28	35	30	544	215	14947	14446	501	1808	77	425
2005	28	35	29	560	211	15665	15145	520	1917	82	423
2006	30	36	26	586	210	16212	15757	455	2022	83	432
2007	33	36	26	592	205	16713	16320	393	2186	89	422
2008	33	37	25	635	201	16085	15519	566	2317	81	436
2009	34	37	23	653	195	16483	15997	486	3066	89	447
2010	40	40	31	897	287	20950	20424	526	3506	97	430
2011	41	40	32	824	284	22014	21473	541	3288	103	532
2012	34	41	33	823	284	22277	21664	613	3344	100	511
2013	40	42	59	861	285	22988	22335	653	3718	100	483

第三节　干部队伍建设

干部任用

1995年3月，中共罗庄区委成立后，即把各级领导班子及干部队伍建设放在重要位置，按照干部“四化”方针和德才兼备原则，不断强化选人用人导向，为全区经济社会发展提供有力组织支撑。是年，根据罗庄新区领导班子建设的需要，调整和提拔区直部门副科级以上领导干部153人，建立健全66个区直部门和市属各分支机构党委、党组班子；调整乡镇领导干部196人。1996年，完成区直部门和乡镇领导班子、领导干部考核调整工作，聘任科级干部12人。1997年，对区直部门和乡镇领导班子、领导干部进行考核，提拔副科级以上领导干部191人，聘任科技副乡镇长7人，配备双月湖、汤庄街道筹建领导小组成员。1999年，结合乡镇党委和政府换届工作，充实调整8个乡镇、街道领导班子和部分区直领导班子，共调整干部275人，在全市率先配齐乡镇政府班子非党干部。2002年，区直部门、单位进行机构改革，对任实职年龄做出调整，对男性正职达53周岁、副职51周岁，女性正副职达到50周岁的领导干部改任相应的非领导职务，提拔正副科级干部62人，交流160人，改任非领导职务69人。2003年，结合区委、区政府、区人大、区政协换届工作，对街道和部分区直部门领导班子进行充实、调整，共调整干部247人，其中提拔91人，交流129人。2004年，制定《关于加强和改进领导班子、领导干部经常性考察工作的意见》，对区直部门、街道61个领导班子428人科级干部进行年度民主评议和考核，全年调整区直部门领导干部52人。2009年，全面推进干部选任制度改革，对2名正职干部选任，实行全区领导干部会议初始提名推荐和全委会票决；对提拔任职的74名和重用任职的18名干部进行任前公示，62名干部按照规定实行试用期。2010 年，进一步树立科学的选人用人导向，全面贯彻落实领导班子和干部队伍建设注重品行、科学发展、崇尚实干、重视基层、鼓励创新、群众公认“六个导向”。2012 年，加大干部交流力度，推动公务员和事业科级干部双向交流，对实绩突出、干部群众认可度高的 16 名事业单位科级干部调任到公务员岗位，安排 4 名公务员（参照）岗位的科级干部到事业单位任职。2013 年，制定《关于在产业建设一线培养锻炼干部的意见》，进一步树立“能力在产业建设一线培养、业绩在产业一线考核、用人在产业一线选拔”的用人导向，采取竞争性选拔方式，一次性、分两类公开选拔 30 名科级干部。其中，依据岗位需要公开考选 10 名干部（正科级 4 名干部、副科级 6 名），面向基层竞争性选拔 20 名副科级干部。

干部考核

1995 年起，实行党政领导班子和领导干部任职前考核、试用期满考核和年度考核制度。建立领导班子和领导干部政绩考核评价办法，主要采用民主测评、个别谈话、实地考察等方式，考核领导班子的政治业务和履职情况以及领导干部德、能、勤、绩、廉情况。考核等级分为优秀、称职、基本称职、不称职四个等次，并规定优秀等次领导干部比例不得超过被考核人数的 15%，考核结果作为对领导干部任用和奖励依据。对实绩突出、群众公认的优秀干部及时提拔任用，对基本称职、不称职的领导干部，按有关规定提出诫勉、降职、免职或责令辞职的处理意见。同时加强日常了解，注重在重点任务、重大事件、专项工作和基层锻炼中观察识别干部，增强考察针对性，强化考察结果运用。2004 年，制定《关于加强和改进领导班子、领导干部经常性考察工作的意见》，对区直部门、街道领导班子和领导干部进行年度民主评议和考核。2010—2013 年，贯彻落实中组部印发的“一个意见、三个办法”（《关于建立促进科学发展的党政领导班子和领导干部考核评价机制的意见》《地方党政领导班子和领导干部综合考试评价办法》《党政工作部门领导班子和领导干部综合考核评价办法》《党政领导班子和领导干部年度考核办法（试行）》），修订完善对领导班子、领导干部考核评价体系，制定关于推进科学发展、促进社会和谐综合考核评价的意见，改进考察结果反馈方式，建立领导班子和领导干部年度考察结果向全委会公开制度。

干部监管

1995—1997 年，贯彻“三严”（严格要求、严格管理、严格监督）方针，加强“两个监督”和“两个管理”，即加强选拔任用干部监督和干部思想作风监督，领导班子和领导干部的考核管理和教育管理。1998 年后，贯彻落实区委《关于领导干部实行离、任职审计加强监督管理的意见》，实行领导干部离任审计制度。2000 年，区委提出加强对领导干部“八小时以外”监督管理的意见，明确对领导干部“八小时以外”监督管理的具体要求。2002 年，加强对干部选拔任用工作的监督，对街道和区直部门调整中所提拔的干部，征求区纪委、区政法委、区人民检察院、区公安局、计划生育局等单位意见。对区直调整中所提拔干部，向被考察对象所在单位的区级分管领导征求意见。2003 年，贯彻全国干部监督工作会议精神，制定和实行领导干部重大问题请示报告、收入申报、函询、打招呼、组织谈话、诫勉、干部监督联席会议制度和任期经济责任审计等制度。2004 年，区委制定《关于加强和改进领导班子、领导干部经常性考察工作的意见》，对区直部门、街道领导班子和领导干部进行年度民主评议和考核。2007年，根据中共中央关于进一步从严治党、促进党员领导干部廉洁从政的要求，建立领导干部选拔任用全程纪实工作制度。2009年，加强对干部选任工作监督力度，实行拟提拔重用对象报告个人有关事项和廉政情况制度，为“带病提拔”倒查和责任追究工作提供依据。2013年，建立“双向约谈”制度，运用提醒、函询、诫勉等方式，发挥干部监督工作提领子、扯袖子作用。开通“12380”干部监督专用电话和“12380”网上举报信箱，建立健全电话、网络、短信、来信、来访“五位一体”的举报平台；对干部监督材料分类建立信息库，形成电子档案，干部监督工作实现信息化。

选调生工作

1996年，区委组织部制定《关于选调优秀大中专毕业生到农村工作的意见》，选调32名优秀毕业生，分配到罗庄镇9个村任职锻炼。1997年，选调20名应届优秀大中专毕业生，分配到村级组织担任负责人。相关经验做法省、市委组织部门给予充分肯定。

1995—2013年，共接收省、市委组织部选调生139人。通过参加中青年干部培训班、区委党校培训班，召开选调生座谈会等形式，强化思想政治教育，提高选调生的政策理论水平。把选调生选送到环境条件艰苦的综合部门进行锻炼，有计划地安排选调生在镇、街道与区直部门之间进行岗位轮换。积极组织选调生参加全区中心工作，对部分新分配的选调生，安排担任街道主任助理或镇长助理。对经过锻炼条件成熟的优先提拔使用。至2013年，先后选拔正科级干部11人、副科级干部20人，输送到中央、省、市机关59人。

第四节　党员教育

1995年11月，区委组织部党员电化教育中心成立，制定电教片播放、考勤、座谈、信息反馈记录等制度，实施为期三年的“双富”（富口袋、富脑袋）工程。同年6月，傅庄镇、盛庄镇党委党员电教站被市委组织部评为全市党员电化教育先进单位。1996年，制定党员电教示范基地规划，开展创建电教示范乡镇、示范村、示范户活动。1997年，区党员电教中心办公经费列入财政预算，为18个贫困后进村配备电教设备，为全区60%的村党支部落实党员电化教育播放点、设备和人员。1998年，建立示范基地14个，示范村32个，示范户727个，带动群众1658人，电教科技工程上项目25个，总效益100万元。1999年，确定为党员电教工作“农村政策法规教育年”，以《农村党员干部政策法规教育讲座》为教材，突出农村政策、法律法规、党风党纪3个重点，把看电教片与培训班、面对面辅导相结合，效果明显。2000年，党员电教工作开始纳入党建工作考核。2001年，全区农村党员电教播放点“两机一室”（电视机、计算机、党员学习室）配备率96%。2002年，组织“百部科技片进入千村万户”活动，在全区开展农村富余劳动力技能培训活动。2003年8月，市委确定罗庄区为远程教育试点县区之一，并在罗庄区召开全市农村党员干部现代远程教育试点工作调度会。同年9月，成立全区农村党员干部现代远程教育领导协调小组。2004年7月，成立罗庄区农村党员干部现代远程教育管理中心，投资155万元，安装建设站点193个，培训操作人员200余人，完成远程教育接收站点建设，在全省首次举办远程教育“知识技能竞赛”活动。2005—2006年，以开展保持共产党员先进性教育活动为契机，在全区农村党员干部中开展现代远程教育“五学四强”（学政治理论、学致富技术、学政策法规、学就业技能、学文明理念、奉献意识强、双带能力强、就业本领强、道德素质强）主题活动。2007年，按照远程教育“天地网合一”的要求，全区远程教育终端接收站点，基本实现登录互联网浏览器信息和在线观看远程教育辅助课件等相关功能。同年7月，制定《罗庄区农村党员干部现代远程教育规范化管理办法（试行）》，对全区远程教育站点实行规范化管理。2008年，实施罗庄区党员干部现代远程教育操作员考核晋级及岗位补贴办法、远程教育“入企”等六大工程。2009年，完成全省党员干部现代远程教育“一体化网站”罗庄区分站建设。2010年1月，林村社区接收点成为全区第一个远程教育省级规范化站点。同年3月，与浪潮公司合作，建设远程教育网上政务大厅，11月各教学站点安装“齐鲁先锋——山东党员教育平台”客户端软件，组织学习宣传中共十七届五中全会精神。2011年3月23日，全市远程教育创新发展座谈会在罗庄区召开，8月举办全区党员干部现代远程教育操作技能比武活动。同时，建设完成罗庄区党员网上服务中心，获2011年全市组织工作创新奖。2012年6月，举行党建电视栏目《罗庄先锋》开播仪式。同年8月，罗庄区党员干部现代远程教育中心更名为中共罗庄区委组织部党员教育中心。实施远程教育“三上”（上手机、上电视、上互联网）工程，完成行政村站点设备更新换代，开展“站点分类定级”活动，对教学站点实行分类动态管理。2013年2月，建立实施罗庄区党员教育联席会议制度，组织全区党员干部参与“学习十八大精神和新党章”网络知识竞赛，初步打造5类、10个党员教育示范点。

第五节　人才工作

2000年，区委制定《关于开展选拔管理专业技术拔尖人才暨青年科技人才工作的意见》《罗庄区专业技术拔尖人才选拔工作暂行办法》《罗庄区专业技术拔尖人才调整工作暂行办法》《罗庄区优秀青年科技人才选拔工作暂行办法》。2003年，引进各类人才108人，培训人才1958人，82名优秀人才纳入区委统一管理。2004年8月，区委罗庄区人才工作（知识分子工作）领导小组设立。2007年3月，区人才工作领导小组制定《罗庄区人才工作联席会议制度》，负责全区人才的组织、协调和服务工作。2008年，6人获“新临沂创业功臣”称号。2011年3月，区委、区政府制定《罗庄区中长期人才发展规划纲要（2010—2020年）》，提出培养造就一支数量充足、结构优化、布局合理、素质优良的人才队伍目标。同时，区政府制定《高层次创业创新人才引进实施意见》。同年10月，区人才工作领导小组制定《关于实施“1511”招才引智工程、加快推进工业强区步伐的意见》。2012年3月，成立罗庄区人才工作办公室，为组织部副科级内设机构。年内，2人入选山东省有突出贡献的中青年专家。2013年，调整和充实区人才工作领导小组成员，由区委书记任组长，职能单位主要负责人任成员。健全和完善《罗庄区人才工作领导小组成员单位述职报告制度》《工作例会制度》《人才工作重大事项通报制度》《人才工作联络员制度》等4项工作制度。从全国211重点大学引进12名硕士研究生到区直事业单位任职、58名硕士研究生到企业任职。对51名硕士研究生发放高学历人才津贴。华盛中天机械集团新增博士后科研工作站，山东亿康环保科技有限公司与北京市优秀人才曹文斌合作投产纳米二氧化钛光催化项目。

第六节 老干部工作

1995年年底，全区有离休干部128人。其中，党政机关52人，事业单位48人，企业单位28人。至2013年年底，全区离休干部68人。其中，党政机关26人，事业单位34人，企业单位8人。

1995—2013年，区委严格落实中央、省、市委关于老干部工作的各项政策规定，区委常委会每年1～2次专题研究老干部工作，制定《关于进一步加强和改进老干部工作的意见》等文件，建立和完善老干部工作服务体系，调整和完善基层老干部工作机构，促进老干部工作全面发展。

政治待遇

1995年起，区委按照离休干部基本政治待遇不变，生活待遇略为从优的精神，定期向离休干部讲形势，通报工作，交换意见，传阅与职级相当的在职干部所看到的主要文件，每年免费为离退休干部订阅《老干部之家》《老年教育》等报纸杂志，让离退休干部及时了解国内外政治、经济形势和社会发展情况。

2006年，印发《关于转发临组发〔2006〕13号文件进一步加强和改进离退休干部党支部建设工作的通知》，在一般不打乱原组织体系和老干部由原单位管理的前提下，本着有利于参加活动、有利于落实待遇、有利于发挥作用“三个有利于”原则，采取独建、联建、进社区等形式，灵活调整设置离退休干部党支部。2007年，区委印发《关于进一步加强离退休干部党支部建设的意见》《关于开展离退休干部党支部达标创优活动的考评办法》，不断加强离退休干部党支部建设，让每一名离退休党员都能过上正常组织生活。至2013年12月，全区共建有离退休干部党支部13个，有党员246人。

生活待遇

1995—2013年，区委老干部局认真贯彻落实中央和省、市、区委关于离休干部生活待遇的各项政策，健全完善离休干部离休费保障机制、医药费保障机制和财政支持机制“三个机制”。1998年，对全区老干部个人信息采集录入微机，建立罗庄区老干部资料库。1999年始，全区离休干部的离休费全部实行统筹。2000年，离休干部医疗费实行收缴统筹，统一管理，每季度报销1次。至2003年，先后两次拉平企业离休干部与机关事业离休干部之间工资差距，建立起企业与机关事业离休干部工资待遇的同步增长制度。2004年10月，开始发放离休干部住房补贴，并于2008年、2012年两次提高离休干部护理费标准。每年重要节日，区委及各部门的主要领导走访老干部，了解情况，听取意见，为老干部排忧解难。建立老干部医疗保健网，每年为老干部组织1次免费健康体检，建立健康档案。让老干部充分享受改革发展的成果。

老年大学

2004年7月，罗庄区老年大学成立，为副科级事业单位。按照临沂市老年大学的部署要求，开展老年大学教育工作。2005年7月，成立老干部党校，与老年大学合署，资源共享。聘请热爱老年教育事业且有教学经验的各类专业兼职教师，按照市老年大学统一安排，开设时事政治、老年心理学、医疗保健、书法绘画、体育健身等课程。9年间，老年大学紧紧围绕“增长知识、丰富生活、陶冶情操、促进健康、服务社会”的办学宗旨，不断改进教学方式和方法，创建具有特色的办学模式，赢得社会认可和老年人的广泛赞誉。

文体活动

1997年3月，罗庄区老年人体育协会办公室成立，为副科级事业单位。协会每年定期举行老年人健身球、钓鱼、太极拳（剑）、乒乓球、门球、健身操广场舞等比赛，并组队参加省、市老年人体育活动比赛。至2013年，先后设立乒乓球、门球、钓鱼、象棋、健身操广场舞、太极拳剑6个专业委员会，为老干部能够经常、便捷参加体育活动搭建更广泛平台。

2008年，区政府投资30万元，建成罗庄区老干部活动中心，总建筑面积3000平方米。活动中心设有书画室、图书阅览室、健身房、乒乓球室、台球室、棋牌室、排练室等。2009年7月，罗庄区老年人书画协会成立。2013年，全区各镇、街道、社区共有老年活动中心（室）21个，总活动面积5000余平方米。老干部活动中心（室）在开展象棋、扑克、读书看报等各种适合老年人参加的文体活动同时，先后成立老干部歌唱团、民乐队、腰鼓队等10余个文艺团队，充实老干部的晚年精神生活。至2013年，有会员100余人，出版《罗庄老年人书画集》三辑，印刷3000册。每年在迎国庆、庆祝党的生日及重大活动期间，牵头组织老年大学等部门举办笔会及书画展，累计组织活动40余次，展出作品上千件。

作用发挥

1995—2013年，聚焦“展示阳光心态、体验美好生活、畅谈发展变化”这一主题，引导全区离退休干部利用自己的政治、经验、智力和威望优势，在不同岗位上继续发挥作用。通过组织写回忆录、主题征文、建言献策、卫生环保公益活动，组织引导离退休干部践行社会主义核心价值观，弘扬中华民族传统美德，传递向上向善的精神力量，释放正能量。2013年10月，罗庄区关心下一代工作委员会办公室划归区委老干部局管理后，依托广大离退休干部组建“五老”（老党员、老专家、老教师、老战士、老模范）骨干团队，通过开展党史国史教育、“四点半学校”、牵手关爱行动等活动，参与关心下一代工作，帮助青少年健康成长。

第七章 宣传工作

第一节 机构

1995年2月，中共罗庄区委宣传部成立，为正科级单位。1995年6月，罗庄区精神文明建设委员会办公室设立，为副科级行政单位，隶属区委宣传部。1995年11月，罗庄区新闻办公室（挂新闻出版办公室牌子）、罗庄区广播电视局（挂有线电视台牌子）设立，均为副科级事业单位，隶属区委宣传部。1997年3月，罗庄区报社设立，为副科级事业单位，隶属区委宣传部。1999年5月，罗庄区精神文明建设委员会办公室由副科级行政单位升格为正科级行政单位；罗庄区广播电视局升格为自收自支正科级事业单位，与区有线电视台合一办公。2003年3月，罗庄区精神文明建设委员会办公室由正科级行政单位转为正科级事业单位；罗庄区报社由副科级事业单位升格为为正科级事业单位。2004年7月，罗庄区报社与罗庄区新闻办公室合并成立罗庄区新闻宣传中心，为正科级事业单位，隶属区委宣传部。2007年12月，罗庄区文学艺术界联合会成立，为正科级事业单位，隶属区委宣传部。2009年5月，罗庄区文化产业发展办公室设立，为正科级事业单位、隶属区委宣传部。区广播电视局调整为正科级财政拨款事业单位，实行局管台（罗庄区有线电视台）制。2010年10月，文化体制改革时，罗庄区有线电视台更名为罗庄区广播电视台，划归区文广新局管理；罗庄区广播电视局并入新组建的罗庄区文化广电新闻出版局。2013年10月，罗庄区互联网信息办公室设立，为副科级事业单位，隶属区委宣传部。是年年底，中共罗庄区委宣传部，内设办公室，辖正科级事业单位4个：罗庄区精神文明建设委员会办公室、罗庄区新闻宣传中心、罗庄区文学艺术界联合会、罗庄区文化产业发展办公室；副科级事业单位1个：罗庄区互联网信息办公室。

第二节　理论宣传教育

1995—1997年，围绕培养有理想、有道德、有文化、有纪律的社会主义公民这一根本任务，突出提高全区广大干部群众的思想道德素质和科学文化素质。在教育对象上突出党员干部和青少年为主；在教育内容上突出“干部抓廉政，社会抓法制，群众抓素质提高”教育；深入开展邓小平理论和中共十四大、十五大精神教育及社会主义市场经济知识、科学文化知识、法律知识教育。区委理论学习中心组（由区委、区人大、区政府、区政协、区纪委、区人民武装部六大班子成员组成）先后举办4次读书会。举办《邓小平文选》第三卷学习培训班5期，集中培训副科级以上领导干部360人。1996年，在区直机关、乡镇直机关干部中开展理想宗旨、依法行政、廉洁勤政、严格纪律专题教育活动。组织收看《首都大反贪》《党的十四届六中全会精神辅导报告》等有关录像。1997年，对党员干部进行香港回归形势教育、爱国主义教育。同年9月中共十五大召开后，学习、宣传、贯彻中共十五大精神，举办科级干部培训班3期。

1998—2004年，采取中心组学习、召开报告会、专题培训，开展文化、卫生、科技“三下乡”活动，在全区深入开展“三个代表”重要思想，中共十五大、十六大，十六届三中、四中全会精神宣传教育活动。每年组织2次区委理论学习中心组读书会，邀请中央党校、国家有关部门领导、著名专家学者、优秀企业家和兄弟城市领导作辅导报告，全面提升领导干部理论素养和理论水平。开展全民教育。1998年起，开展“塑罗庄精神，树罗庄形象，建罗庄强区”“解放思想、加快发展”“再创新优势，加快大发展”“解放思想谋发展、与时俱进建小康”“强抓机遇，奋力赶超”全民解放思想大讨论活动。2005年，与齐鲁电视台在临沂人民广场联合举办以风华十年——新锐齐鲁、青春临沂、活力罗庄为主体的庆祝罗庄建区十周年文艺晚会。结合庆祝建区十周年开展“三下乡”活动150次，受惠群众5万余人次。2006年，组织全区党员干部参加全省“公民道德建设知识竞赛”和“纪念红军长征胜利70周年知识竞赛”活动。2007年，集中组织学习中共十七大精神。开展“我为又好又快发展建一言”活动，区政府网站在市民对话台设立论坛，讨论活动开展过程中，共收集整理影响全区又好又快发展的问题158条，意见建议95条，汇总成9类32条。2008年，组织开展改革开放三十周年纪念活动。举行“道德新风满校园”“文明行为伴我行”等道德实践活动，组织开展“弘扬沂蒙精神，创建文明城市”知识比赛和电视竞赛。2009年，重点学习中共十七届三中、四中全会精神，宣传庆祝新中国成立60周年。2010年，推进学习型党组织建设，深入开展中国特色社会主义理论学习、研究和宣传活动。结合“转方式、调结构”，在全区领导干部、企业和社会各界三个层面组织开展第八次解放思想大讨论活动。开展以“我为罗庄而自豪，罗庄因我而更好”为主题的大型演讲比赛活动。2011年，进行科学发展观、社会主义核心价值观体系、胡锦涛总书记“七一”重要讲话精神主题学习。开展以“提速增效，创先争优”为主题的第十次解放思想大讨论活动。2012—2013年，通过推荐学习资料、作“形势与任务”专题辅导报告等形式，提高区委理论学习中心组成员政治理论素养、科学决策水平和创新实践能力。开展迎接中共十八大、省市党代会等相关主题宣传活动。先后邀请省委宣讲团成员、山东社科院院长、研究员唐洲雁和临沂市委党校副校长、教授柴欧林为机关干部分别作中共十八大精神专题辅导报告和学习贯彻中共十八届三中全会精神、习近平总书记系列重要讲话精神报告。

第三节　社会宣传教育

1995年，重点组织开展社会公德、职业道德和家庭美德“三德”教育，配合司法局开展“百日普法”宣传教育活动。

1996—1997年，在全区开展“学习王廷江，奉献在罗庄”活动；组织王廷江事迹报告团赴京报告会；拍摄专题片“王廷江与沈泉庄”；举行王廷江式优秀共产党员事迹报告会。1998年，围绕庆祝改革开放20周年活动，举办庆“七一”报告会、书画摄影展、群众歌咏比赛等社会宣传活动。1999年9月，区直机关举办“庆祝建国五十周年祖国颂”合唱比赛。2000年，开展“致富思源，富而思进”和“三个代表”重要思想学习教育活动。2001年，在全区开展“光辉的八十年”中共党史教育活动。2002年，成立中共“十六大精神宣讲团”，在各街道进行宣讲，历时一个半月，共举办报告会38场次，受教育群众4万余人。2003年，集中组织开展防治非典型肺炎宣传，在社会上形成群防群控，抗击“非典”氛围。区委宣传部组织区卫生、防疫等部门到各街道和村现场宣传“非典”防治知识，受益群众8万人次。

图13-5：全区宣传思想工作会议召开（2006年5月　摄）

2004—2007年，开展中

共十六届四中、五中、六中全会精神和中共十七大精神宣传。结合庆祝罗庄建区十周年和纪念红军长征胜利70周年、构建和谐社会、建设社会主义新农村等内容，开展社会宣传教育活动，印制《辉煌罗庄》，组织文艺演出，加强以职业道德、社会公德和家庭伦理道德建设为重点的“三德”教育。2008年，纪念改革开放30周年、喜迎北京奥运会，组织开展和谐创建、节能减排、城乡环境集中整治等宣传教育活动。2009年，结合庆祝新中国成立60周年，组织开展“庆国庆、建文明城市、铸和谐家园”群众文化活动。2000—2010年，组织对科学发展观、创先争优、转方式调结构、低碳产业发展、“工业经济提升年”和“特色服务业发展年”等工作的社会宣传活动。2011年，庆祝中国共产党成立90周年，整理出版《“身边的好人”道德讲堂材料汇编》，推出山东好人、大义临沂人、身边好人40人，举办“道德模范专场报告会”12场，受教育群众5万余人。2012年，以“喜迎十八大”为主题，开展系列群众文化活动16项。2013年，成立罗庄区学习贯彻党的十八大精神宣讲团，深入到各镇（街道）、部门、单位开展集中宣讲。共举办宣讲会、报告会、演讲比赛等60场次，受众4万余人次。

第四节　新闻宣传

发挥《罗庄通讯》和罗庄区广播电视台两大宣传主阵地作用，坚持贴近基层、贴近实际、贴近群众“三贴近”和团结、稳定、鼓劲、正面宣传为主的方针，牢牢把握正确的舆论导向，唱响主旋律，打好主动仗，围绕中心服务大局，充分发挥舆论引导作用，1995—2013年，《罗庄通讯》共出版发行1500期，发表稿件6.7万篇，《罗庄新闻》播出新闻2.6万条。

第五节　对外宣传

按照“上大报、上联播、上头条”的目标，精心设计载体，积极组织开展系列宣传策划活动，扩大罗庄对外影响。1995—1997年，在市级以上报刊、电台发稿4000余篇。其中中央级300余篇，市级以上电视台发稿1126条（中央级30条）。编纂《罗庄区》《沈泉庄》画册，分别获得1995年、1996年度全省外宣品三等奖。1998—2004年，全区共在市级以上报刊、电台发表新闻稿件2万余篇，在市级以上电视台发稿2133条，其中中央级30条。共获得省级各类新闻奖一等奖10件，二、三等奖20件，市级各类新闻奖一等奖40件、二、三等奖60件。2004年，罗庄区新闻舆情中心成立，建立区、街道、村三级新闻信息网

图13-6：全区宣传思想文化工作会议召开（2012年3月　摄）

络。2005—2013年，全区共在市级以上报刊、电台、电视台发表新闻稿件4.8万篇（条）。2007年、2008年、2009年连续三年在《临沂日报》刊发头条数居全市各县区第一位。2010年，编辑出版《中国·罗庄画册》，制作罗庄城市形象宣传片，对树立罗庄区良好外部形象起到积极作用。

第八章　统战工作

第一节　机构

1995年2月，中共罗庄区委统一战线工作部成立（简称区委统战部），为正科级行政机构。下设办公室、区委台湾工作办公室、区民族宗教事务管理局（简称区民宗局）、工商业联合会。其中，区委台湾工作办公室、区民宗局为副科级行政单位；区工商业联合会为副科级事业单位。1999年6月，区工商业联合会升格为正科级单位。2002年9月，区民宗局升格为正科级单位。2006年6月，区民宗局由区委统战部析出，调整为区政府直属正科级单位。2007年12月，台湾工作办公室由区委统战部析出，升格为正科级单位，隶属区委办公室。行政编制5人，机关工勤编制1人。至2013年，机构无变动。

第二节　民主党派工作

2001年8月—2012年4月，罗庄区先后成立中国民主促进会、中国民主同盟、中国民主建国会、中国国民党革命委员会、中国农工民主党、“九三”学社、中国致公党7个民主党派基层组织，为临沂市民主党派基层组织较健全县区之一。区委统战部贯彻落实同民主党派“长期共存、互相监督、肝胆相照、荣辱与共”的方针和各项政策，坚持和完善中国共产党领导的多党合作和政治协商制度，重视发挥民主党派参政和监督作用，引导各民主党派积极参加政治协商、民主监督、参政议政，2001—2013年，区各民主党派在市、区两级政协历次会议上，共提交提案615件，其中45件被评为优秀提案；发挥各民主党派人才优势，围绕区委、区政府中心工作，与有关部门合作，组织完成调研课题并形成专题调研报告56件；参加社会服务活动，开展送医、送教、送文化、送科技到企业、村（社区），利用多种形式向困难群众捐赠款、物折合人民币180.38万元。2006年，民盟罗庄区委员会被中共山东省委统战部评为山东省民主党派基层组织建设先进集体；2008年，民进罗庄支部被民进山东省委评为优秀基层组织；2012年，民革罗庄支部被民革中央表彰为先进基层组织；2013年，九三学社罗庄支社被九三学社省委评为先进基层组织。2013年年末，有民主党派成员119人。

第三节　党外干部和知识分子工作

1995年，全区副科级以上党外干部5人。是年起，区委重视与党外人士合作共事，加强党外干部队伍建设，根据关于选配党外人士担任政府领导职务指导意见，就选配民主党派成员和无党派人士担任政府及有关部门领导职务提出明确要求。统战部会同组织部，制订党外干部培养选拔规划，在政治安排上，历届人大、政协都按规定比例配备党外副主任、副主席及人大代表和政协委员。加强同党外知识分子联系，建立走访座谈制度，为党外知识分子在科教兴区中发挥作用创造条件，倡导新的社会新阶层人士积极为经济社会发展服务。1996年，区委统战部对党外干部和非党知识分子进行摸底调查，建档管理3530人党外知识分子，在非党知识分子较多单位和部门建立8个联系点，配备联络员。对全区包括民主党派、无党派、少数民族、宗教界、非公有经济人士和港澳台代表人士等六支队伍在内的396名党外代表人士建立数据库，实行动态分级管理。2002—2012年，先后举办党外干部专题培训班3期80人次；组织开展非公有经济代表人士培训班4期300人次；民族宗教人士代表主体班3期200人次。在《临沂日报》开展的“同心杯”有奖征文活动中发稿5篇。2013年7月，区委印发《关于加强新形势下党外代表人士队伍建设的实施意见》，进一步明确党外人士队伍建设工作措施和目标要求。同年10月，区委统战部、组织部制定《关于加强特约人员工作的实施意见》，针对不同层次党外知识分子特点，分别制定相应工作措施，带动党外知识分子为全区经济社会发展贡献力量。至2013年年底，全区在职党外副科级以上干部34人，其中在职副县级党外干部5人，30名党外代表人士担任法院陪审员、特约检察员、政风行风监督员和干部监督联络员等。

第四节　对台工作

1995年起，区委对台办通过多种渠道向台胞台属宣传中共中央对台方针政策，介绍祖国大陆改革开放、经济建设所取得的重大成就；宣传罗庄投资环境、优惠政策，鼓励台胞为维护国家统一和加快罗庄经济建设贡献力量。1996年6月，台湾富贸仪器有限公司与山东省机械进出口公司双方出资28.9万元，在册山镇东册山村成立临沂培中精密铸造有限公司，各占50%股份，合同期限12年。主要生产经营壁炉、烤炉、野炊锅、食品机械等产品。产品主要销往美国、欧洲等市场。

1998年，进行台胞、台属和在台罗庄籍人员普查。全区有定居台胞15人，常年居住台商5人，台属400余户约2000人，在台罗庄籍人员800余人。1999年，共接待到罗庄探亲、旅游、经商台胞110人次。

2005年8月，高都街道组成工商业考察团赴台，对台湾城市道路、工商业、现代农业等方面进行考察，开展文化交流活动。2006年1月，台商蔡宝居在罗庄投资兴建山东良飞卫浴有限公司，注册资金130万美元，占地1.2万平方米，有员工120人。同年10月，台北市曹仲植基金会向罗庄区残联捐赠轮椅100辆。2007年，接待到罗庄探亲、考察台胞54人次，考察团2个12人次。

2008年5月，台商林俊男在双月湖街道朱陈北社区创办临沂星泰体育用品有限公司。公司占地8500平方米，投资5000万元。2009年4月，省台属联谊会会长王科三带领一行9人的台商考察团到罗庄考察。同年9月，罗庄区组成15人考察团，赴台考察交流铝制品深加工。10月，区台办帮扶台资企业森罗园建设100多个品种食用菌生产基地。是年，接待到罗庄探亲、旅游台胞68人次，考察交流团2个38人次。2011年，共办理3批25人次赴台手续，接待来访台胞4批36人次。

2012年5月，进行台情普查，全区共有

常住台胞 10 人，台资企业 6 家，台属规模企业 3 家。同年 9 月，台湾协旭集团负责人游守渊到罗庄区考察，洽谈纸板纸箱机械制造项目。12 月，台湾可果美股份有限公司董事长马庆华一行 7 人到罗庄考察。

2013 年 8 月，台湾文化大学教授张继祥到罗庄考察。是年，罗庄区被省台办表彰为全省涉台投诉先进单位。全年共办理 5 批 30 人赴台手续，接待来访台胞 3 批 25 人次。

图 13-7：全区对台暨工商联工作会议召开（2006 年 7 月　摄）

第九章　党校教育

第一节　机构

1995 年 12 月，中共罗庄区委党校成立，为正科级事业单位，2001 年 11 月前隶属区委组织部，2001 年 11 月，升格为副县级事业单位。2007 年 7 月，区委党校从区行政办公大楼九楼迁至湖东路中段国防教育中心十四楼，建筑面积 2.1 万平方米，配有多功能报告厅、多媒体教室、微机室、图书室，配置信息化网络系统和现代教学设备，并连接中央党校远程教育网。2008 年 7 月，批准参照公务员法管理。同年 9 月，罗庄区社会主义学院成立。2013 年 3 月，加挂临沂市委党校罗庄区分校牌子。同年 10 月，加挂罗庄区行政干部学校牌子。至 2013 年年底，设办公室、教务室、业教室、总务室 4 个副科级内设科室。

第二节　干部理论培训

党校始终注重发挥党校在干部培训中的主渠道、主阵地作用，对广大党员干部进行党的基本理论、基本路线、基本知识教育，进行政策法规和党的优良传统教育。根据形势发展的需要，不断更新培训内容，改进教学方法。培训对象主要是全区党政机关、企事业单位副科级以上领导干部、中青年后备干部、农村“两委”干部。

党的路线方针政策培训

党校紧跟形势，积极发挥党的理论宣传教育作用。2007 年，中共十七大闭幕后，先后举办十七大，十七届三中、四中、五中、六中全会精神的宣讲培训。2012 年，中共十八大闭幕后，先后举办十八大，十八届三中全会精神的宣讲培训，轮训干部 4 万人次。

在2013年党的群众路线教育实践活动专题教育中，积极宣传贯彻党的路线方针政策。

村党组织书记、主任培训

1998年3月—2013年5月，举办9期村（社区）党组织书记、主任培训班，培训1980人次。每期8—10天，主要培训内容为如何加强农村基层组织建设、农村经济形势与任务、怎样做一名合格的村（社区）民委员会干部等。培训采取理论教学和现场教学相结合的方式，实行“学、看、访、谈、定”五位一体的综合培训。

工会干部培训

2001年5月—2013年5月，举办5期工会干部培训班，培训202人次。培训每期8—10天，培训对象是各镇（街道）工会主席、区直部门和企业工会主席。主要培训内容为如何弘扬沂蒙精神、践行优良作风，如何在企业中发挥工会作用、党性教育等专题。培训采取理论教学和现场教学相结合的方式。

区直机关党务干部培训

2004年5月—2013年5月，举办5期区直机关党务干部培训班，培训256人次。每期7天，主要培训内容为新形势下机关党建工作、党纲党章、党务管理、从严治党等专题。在此基础上组织异地培训，赴井冈山、延安等地党校学习，同时组织学员座谈讨论。

中青年干部培训

2004年7月—2013年5月，举办7期中青年干部培训班，培训406人次。每期7天，主要培训内容为理论学习、领导能力、党性剖析、沂蒙精神成因及其启示、党风廉政建设、传统文化的当代价值和生态文明等。外出参观沂蒙革命纪念馆、沂蒙根据地群众工作展馆等红色基地等。

科级干部轮训

2006年3月—2013年5月，举办8期科级干部轮训班，轮训1950人次，每期3天。主要培训内容为中共十六大至十八大期间历届全会精神、中国特色社会主义理论、思想建设、执行力、依法行政、党风廉政建设等专题，参观沂蒙革命纪念馆、沂蒙根据地群众工作展馆等红色基地、罗庄区工业园、模具产业园等。

女干部培训

2008年4月—2013年5月，举办5期女干部培训班，培训517人次，每期5天，主要培训内容为党的政策法规、人格魅力的培养、女性领导艺术与管理、男女平等基本国策等专题。

1995—2013年，举办各类主体班次培训172期，培训人员2.83万人次；联合办学培训班47期，培训8262人次；外聘讲学培训2.21万人次。共聘请专家讲课98人次，邀请区委领导和部门领导讲课105人次。

第三节　函授学历教育

2002年，按照省、市委党校的要求，区委党校省委党校函授教育罗庄辅导站设立，举办函授专科学历教育，学制3年。专业核心课程与主要实践环节：西方经济学、宏观经济管理、产业政策、投资经济学、统计学、会计学、管理学、人力资源管理、经济法、国际贸易、国际金融、财政与税收、基层岗位顶岗实习、毕业实习、毕业论文等。区委党校在函授教育办学过程中，始终坚持从严办学、从严施教、从严管理，办学质量不断提高，多次受到中央党校函授学院，省、市委党校函授学院表彰。2010年，根据上级要求停止招生，至此，共招收学员491人。

第四节　理论研究

党校注重加强理论联系实际，每年组织教师到机关、企业、镇村（社区）调研，了解区情民意，开展课题研究，撰写论文，提高教师的理论水平和授课能力。2009 年 9 月，增设理论研究室，进一步强化科研的基础作用，完善科研体制和激励机制。1996—2013 年，党校教师在国家级刊物上发表学术论文 4 篇；在省级刊物上发表论文 22 篇，获奖 10 篇；在市级刊物上发表论文 83 篇，获奖 22 篇；完成市级科研课题 30 项。其中 2009 年课题“罗庄区域经济发展的实践与启示”“临沂市农村居民消费水平和消费结构研究”、2010 年课题“临沂市非正规就业发展研究”、2011 年课题“临沂市居民消费热点及发展趋势研究”、2013 年课题“新农村建设中村级党组织的功能定位”“罗庄区城市社区建设研究”“临沂市生态文明建设问题研究”均获通过。

第五节　师资队伍

党校始终注重加强师资队伍建设，为干部培训提供人才保障。坚持以人为本，大力实施“人才强校”战略，1996 年后，先后引进 3 名硕士研究生作为专职教师，充实师资力量。通过学历进修、业务培训、外出参观、基层调研、学术研讨、挂职锻炼等形式，教师队伍综合素质和业务能力不断提高，能较好地担负起干部培训教学任务。1995—2013 年，教师获省委党校优秀教学奖、业余函授教育优秀教学奖 4 人次，获市委党校优秀教学奖 24 人次，获市委党校教学观摩竞赛一等奖 4 次，二等奖 5 次。

第十章　其他工作

第一节　区直机关党建工作

组织建设

1995 年 6 月，中共罗庄区委区直机关工作委员会（简称区直机关工委）成立，为正科级单位，内设办公室。同年，制定《关于加强和改进区直党政机关党的工作的意见》，明确职能任务，理顺组织关系，加强机关党建规范化、制度化建设。按照党章规定，建立健全区直机关、部门党组织，选配支部班子。建立健全党的“三会一课”（三会：支部党员大会、支委会、党小组会；一课：党课）、民主生活会、机关学习、廉政建设等 10 几项规章制度。年内，共组建 55 个机关党总支、支部，充实支部成员 166 人；接转党员 610 人；新发展党员 32 人，预备党员转正 21 人。

1996 年始，区直机关工委坚持把组织发展作为从严治党、搞好机关党建的经常性重要工作来抓。党员发展严格按照“坚持标准、保证质量、改善结构、慎重发展”的十六字方针，实行发展程序、发展计划、申请入党人名单、发展对象、组织考察“五公开”，组织党员、群众测评发展对象，严把新党员“入口”关。1997 年，在区直机关中开展民主评议党员和“党员登记卡”制度，全面评议每个党员年度表现情况，评选表彰18个先进党支部和100名优秀共产党员。1998年，实施“双联工程”，每个副科级以上干部每人联系一个村和一个困难户，正科级以上干部每人资助家庭经济困难的学生1人。

2003年，制定《关于推行党建工作目标管理责任制的实施意见》，加强基层党组织班子建设，建立健全党建工作目标管理责任制，推动机关党建工作经常化、制度化、规范化。开展争创“五好支部”和群众满意的区直部门活动。2004年，有23个区直机关党支部达到“五个好”目标，7个区直部门被市委组织部命名为市基层满意区直部门。2011年9月，在区直机关换届改选中，采取“两公推一直选”（由党员群众公开推荐候选人，然后由全体党员直接差额选举产生）方式，选举出区直机关9个党委、9个党总支和51个支部班子和党组织书记。2013年，根据《中共罗庄区委关于实施党员资格年审，完善党员队伍纯洁机制的实施意见》和区委组织部的工作要求，同年6—7月，对区直机关1890名正式党员和58名预备党员进行资格审查，发现9名存在问题党员，予以暂缓认定（登记），待问题查清后做出处置。

1995—2013年，区直机关工委共发展党员1109人，预备党员转正1209人，处理违纪党员干部17人。2013年年底，区直机关工委所属机关党委8个、总支9个、支部129个（其中直属支部59个），有党员1560人。

重要活动

1995—1997年，区直机关工委先后在区直机关开展学习邓小平建设中国特色社会主义理论和学党章“两学”活动；开展思想、作风、纪律“三整顿”和向孔繁森、王廷江、韩素云学习活动；开展“塑罗庄精神、树罗庄形象、建经济强区”和“世界观、人生观、价值观”大讨论活动。1998年，在区直机关党员干部中开展为期1个月的中共十五大精神学习活动，学习《中国共产党纪律处分条例》《党员领导干部廉洁从政若干准则》《中华人民共和国行政监察法》等党风廉政建设法律法规。1999年，在部分区直部门开展“三讲”教育活动；开展“解放思想、加快发展大讨论”活动。同年9月，举办庆国庆区直机关干部歌咏比赛活动。2000年，在区直机关中开展干部作风建设年活动，借鉴“三讲”教育的做法和经验，分集中教育、摆查问题、整改落实三个阶段开展系列活动。年内，评选表彰先进基层党组织20个、优秀共产党员59人。

2001年3月，在65个区直部门开展“三个代表”重要思想学习教育活动，邀请市委党校教授作学习辅导报告，开展重温入党誓词、写心得体会等活动。年内，评选表彰先进基层党组织20个、优秀共产党员94人。2003年，开展“解放思想谋发展，与时俱进建小康”大讨论活动。2004年，开展“抢抓机遇，奋力赶超”解放思想大讨论和学习《中国共产党党内监督条例（试行）》《中国共产党纪律处分条例》活动。结合开展“三级联创”活动，争创“基层满意区直部门”。

2005—2006年，根据区委统一部署，在区直机关开展保持共产党员先进性教育活动。并结合先进性教育，先后开展“树立科学发展观，构建和谐罗庄”解放思想大讨论和“站在新起点，实现新跨越”解放思想大讨论活动，初步建立起保持党员先进性的长效机制。2006年，表彰21个先进基层党组织，116名先进个人。2007年，集中开展“又好又快发展”大讨论活动。2008年5月，贯彻落实区委、区政府《关于在全区开展“加强机关干部作风建设集中月”活动的实施意见》，在区直机关开展干部作风建设集中月活动和“讲党性、重品行、作表率”争创“共产党员先锋岗”活动。同年12月。区直机关工委授予区委办公室综合信息科等49个科室“共产党员先锋岗”称号。12月8日，调研文章《转变理念，推动创新，切实提高机关党务干部学习培训质量》获2008年度全省机关党建工作理论学习成果二等奖。

2009年，开展深入学习实践科学发展观党的知识竞赛活动。同年11月30日，区直机关工委被中共山东省委省直机关工委命名为2009年度机关党建工作先进单位。2010年“七一”前夕举办科学发展、创先争优成果展评活动，以文字、图片展板的形式集中展现各单位党建工作成果和党务工作亮点。评选表彰45个先进基层党组织、30个共产党员先锋岗、95名优秀共产党员和30名优秀党务工作者。2011年6月27日，举行庆祝中国共产党成立90周年党建知识竞赛决赛，对获一、二、三等奖的8个部门代表队予以表彰。同年7月，开展以“永远的丰碑”为主题的纪念中国共产党成立90周年征文活动，评选出优秀征文70篇。2012年，举行纪念庆祝中国共产党成立91周年“颂歌献给党，喜迎十八大”歌咏比赛。2013年，在区直机关深入开展中共十八大精神学习活动。年内，评选表彰40个先进基层党组织、30个共产党员先锋岗、100名优秀共产党员和30名优秀党务工作者。

第二节　党史研究

1997年3月，中共罗庄区委党史研究室设立，为副科级事业单位，隶属区委办公室。2005年7月，升格为正科级事业单位。2008年7月，批准参照公务员法管理。负责罗庄区新民主主义革命时期和社会主义建设时期党史资料征集研究工作。

1997—2013年，区委党史研究室先后编辑出版党史书籍3种，创办内部刊物《党史天地》，对境内革命遗址进行普查。编辑出版的《中国共产党临沂市罗庄区历史大事记（2005.10—2010.12）》被中共山东省委党史研究室评为优秀成果三等奖。

党史资料征集、编纂与研究

2001年6月，区委党史研究室编纂《中共临沂市罗庄区历史大事记（1995.2—2001.3）》，全书10万字，由国际文化出版公司出版。记载1995年2月至2001年3月期间，中共罗庄党组织领导广大党员和群众进行社会主义革命和建设的重要活动及重大事件。

2005年12月，编辑《沂蒙新区·魅力罗庄（2001.4—2005.9）》，共计12万字，160幅图片，由中国文史出版社出版。全书由三部分组成：上篇收录中央、省、市各级领导视察罗庄的图片资料，中篇以图文结合的形式记载1995—2005年三个文明建设取得的巨大成就和辉煌业绩，下篇记录2001年4月—

图13-8：区党史办整理出版的部分图书资料

2005 年 9 月期间全区政治、经济、科技、教育、文化等各个领域的重要活动、重要事件。

2011 年 6 月，编辑《中国共产党临沂市罗庄区历史大事记（2005.10—2010.12）》，全书共 29 万字，439 幅图片，由黄海数字出版社出版。主要记述 2005 年 10 月—2010 年 12 月期间，在罗庄区范围内发生的大事、要事。

2002 年，创办内部刊物《党史天地》，主要包括领导言论、工作计划、历史写真、伟人轶事、工作回顾、历史钩沉等内容。到 2013 年，共出版 5 期。

2006 年，区委党史研究室组织开展“抗日战争时期罗庄境内人口伤亡和财产损失”大型调研工作，撰写调研报告 2.6 万字。

2010 年，普查境内革命遗址。上报临郯青年救国团成立遗址 1 处，整理罗庄境内革命历史资料 10 万余字。

2011 年，参与罗庄展览馆建馆布展工作，提供图片 100 余幅。

党史宣传教育

2011 年 6 月，为纪念中国共产党成立 90 周年，联合区委组织部、区纪委、区委宣传部、团区委、区教体局等单位开展多种形式的宣传活动。主要活动有联合区委组织部举办罗庄区庆祝中国共产党成立 90 周年党史知识竞赛，联合区纪委、区委组织部、区委宣传部举办“跟着共产党走——庆祝中国共产党成立 90 周年专题音乐会”，联合团区委、区教体局开展“学党史、颂党恩、跟党走”主题教育活动。

第三节　信访

1995 年 11 月，中共罗庄区委、区政府信访局（简称区信访局）设立，为副科级行政单位，隶属区委办公室。1999 年 6 月，升格为正科级行政单位。2008 年 9 月，加挂中共罗庄区委群众工作部牌子，与区信访局合署办公，一个机构两块牌子。2008 年 9 月 20 日，罗庄区人民政府信访事项复查复核办公室设立，为副科级事业单位。1998 年，各乡镇政府、街道办事处设立信访办公室，全区所有行政村（社区）党支部书记或村委会主任担任基层信访员。1999 年起，区政府各机关部门陆续设立信访工作机构或配备信访干部。

1995—2013 年，接待群众来信来访 9958 件（起）。其中，来信 3625 件，办结率 99%；来访 6333 起，办结率 99%。复查信访事项 40 件。查处上级交办的重要信访案件 482 起，处结 482 起，结案率 100%。1997 年，区信访工作在全市检查评比中获第一名。1998 年、1999 年，区委、区政府两次被市委、市政府授予“全市信访工作先进集体”称号。2001 年，罗庄区委、区政府被省委、省政府命名为全省信访工作先进单位。2010 年 5 月，全省、全国群众工作现场会相继在罗庄区召开，国务委员、国务院秘书长马凯莅临现场视察指导工作。

信访制度

1995 年起，信访工作实行“属地管理、分级负责，谁主管、谁负责”制度；坚持“依法、及时、就地解决问题与疏导教育相结合”原则。实行信访工作责任制，层层落实信访工作一把手负总责，分管领导靠上抓的领导责任制。每年初，召开全区信访工作会议，下发年度信访工作考核奖惩办法，区委、区政府与各乡镇、街道、区直部门、市属分局签订信访工作目标管理责任书；实施“一岗双责”，建立疑难信访矛盾领导包案工作制度。对排查出的不安定因素逐个落实领导包案，做到“四定、两包”（即定包案领导、定承办单位、定具体负责人、定处结时限；包回访、包稳定），对案件整个调查处理由包案负责人，一包到底，直至问题解决。1997年3月，区委、区政府印发《罗庄区六大班子领导成员公开预约接访制度》《罗庄区公、检、法、司、信访五长联合接访制度》和《区直部门、市属分局联合接访制度》。

1999年7月起，实行区委常委和区政府领导每周轮流接待制；推行区委、区人大、区政府、区政协领导成员每月15日到对口联系乡镇、街道接待日制度，现场解决上访群众反映的问题，对疑难案件，会同有关部门解决。2005年，落实国务院新的《信访条例》，区委、区政府办公室在全区开展联合接访活动，坚持和完善区级领导轮流接待群众来访、领导包案、信访考核、矛盾纠纷排查、责任追究制度。制定和完善领导阅批群众来信、包案处理重要来信和来信分类、登记、转送、交办、督办、结案、答复、回访等事项制度。2006年5月，区委、区政府办公室印发《罗庄区信访工作联席会议制度》。2007年4月，区委、区政府办公室印发《罗庄区信访事项三级终结制度》。2008年5月，区委、区政府办公室印发《罗庄区关于非正常信访的处理办法》，把解决群众合理诉求与依法规范信访秩序相结合，严肃法纪，对非正常上访和群体性上访的源头预防和处置做出明确规定。2009年9月，区委、区政府办公室印发《罗庄区信访工作问责暂行办法》。同年，开通“网上信访”。2010年5月，区委办公室、区政府办公室制定罗庄区信访工作三项规程。强化责任追究，落实首问负责制。

信访办理

1995年，全区受理群众来信来访297件次，办结290件次，办结率98%，越级上访数量较少，工作运行平稳。

1999年起，信访总量呈上升趋势，群体性矛盾形成的集体上访增加，出现到市、到省和进京上访及非正常上访的情况。来访反映的问题主要集中在基层干群矛盾、企业改制拖欠工资及养老保险、农村土地承包纠纷、涉法涉诉、计划生育、民事纠纷、城镇拆迁、优抚政策等方面。

2013年，全区受理群众信访846起，办结844起，涉及城乡建设、劳动社保、涉法涉诉、农村农业等方面的问题。

1995—2013年，全区共排查各类信访矛盾纠纷2916起1.22万人次，区级领导接待群众来访2220起1.3万人次。区信访局共受理群众来访6333起3.3万人次，办结率99%。共受理群众来信3625件。其中区委、区政府领导阅批来信1056件，办结率100%。对于来信来访人员合理要求，均及时妥善处理和化解。

信访复查

2008年9月，设立区政府信访事项复查复核办公室，按照《山东省信访事项复查复核办法》，复查办引导信访人对信访事项提出复查申请，将信访事项处理导入三级终结程序，严格按照有关规定对信访事项开展复查，对处理意见严格把关，从事实、程序和处理依据等方面进行全面审查，及时出具复查意见，维护信访人的合法权益。至2013年，共复查信访事项40件。

1995—2013年罗庄区信访局受理信访情况表

表 13-5

年份	信访总量				办结数（件）	办结率（%）
	合计（件）	来信（件）	来访			
			起数（起）	人数（人）		
1995	297	101	196	598	290	98
1996	321	143	178	623	318	99
1997	351	130	221	658	349	99
1998	319	166	153	940	316	99
1999	527	271	256	1372	520	99
2000	509	308	201	822	504	99
2001	587	301	286	2133	582	99
2002	550	306	244	2632	546	99
2003	380	236	144	1738	374	98
2004	324	149	175	1900	318	98
2005	598	219	379	1574	590	99
2006	617	226	391	1589	615	99
2007	716	245	471	1832	710	99
2008	632	147	485	1627	629	99
2009	638	145	493	1746	630	99
2010	546	103	443	2206	540	99
2011	833	117	716	3745	827	99
2012	367	126	241	809	365	99
2013	846	186	660	4436	844	99

第四节　机构编制

1995年2月，罗庄区机构编制委员会办公室（简称区编办）设立，为副科级单位，与区人事劳动局合署办公；1999年4月，区编办升格为正科级单位；2010年5月，由区人力资源和社会保障局析出，独立建制，列入党委机构序列。2004年12月，罗庄区事业单位登记管理局设立，为副科级事业单位，隶属区编办；2008年7月，批准参照公务员法管理；2013年10月，升格为正科级。

1995年，全区设置党政群机构37个。其中，中共罗庄区委工作机构6个：区委办公室、组织部、宣传部、统一战线工作部、政法委员会、区直机关工作委员会；区政府工作机构22个：区政府办公室、计划委员会、经济委员会、对外经济贸易委员会、贸易局、教育委员会、科学技术委员会、监察局（与纪律检查委员会合署，不占机构限额）、民政局、司法局、财政局、人事劳动局、水利水产局、农业局、林业局、农业办公室、文化体育委员会、卫生局、计划生育委员会、审计局、统计局、地方税务局、建设委员会；按党章、宪法及有关规定设置的机构9个：纪律检查委员会（监察局与其合署）、人大常委会办公室、政协办公室、人民法院、人民检察院、人民武装部、总工会、团区委、妇女联合会。全区党政群机关行政编制350名。

2002年，进行党政机关机构改革。改革后，区委设工作部门7个：纪律检查委员会机关、区委办公室、组织部、宣传部、统一战线工作部、政法委员会、区直机关工作委员会；部门管理机构2个：区委区政府信访局、区委老干部局。区政府设工作机构20个：区政府办公室、发展计划局、经济贸易局、教育局、科学技术局、监察局（与纪律检查委员会机关合署，不计政府机构个数）、民政局、司法局、财政局、人事局、劳动和社会保障局、建设局、水务局、农业局、对外贸易经济合作局、文化体育局、卫生局、计划生育局、审计局、统计局、林业局。各街道党工委、办事处设4个办公室，5个事业机构。各街道办事处原有行政编制230名，调整为184名，精减20%。全额事业原有编制385名，调整为270名，精减30%。制定《罗庄区机构编制委员会工作规则（试行）》，规范机构编制工作，实行“编制管理卡片”“增人计划卡”管理制度。

2010年，进行区政府机构改革，设置区政府工作部门21个：政府办公室、发展和改革局、经济和信息化局、教育体育局、科学技术局、监察局（与纪律检查委员会机关合署，不计政府机构个数）、民政局、司法局、财政局、人力资源和社会保障局、住房和城乡建设局、水务局、农业局（挂区林业局牌子）、商务局、文化广电新闻出版局、文化市场管理执法局、卫生局、人口和计划生育局、审计局、统计局、安全生产监督管理局、政府法制办公室。机构编制委员会办公室单独设置，列入党委机构序列。

2011年，根据罗庄区乡镇机构改革实施意见，按照《山东省乡镇分类办法和机构编制核定标准》，罗庄区一类乡镇1个，为罗庄街道；二类乡镇8个：傅庄街道、盛庄街道、册山街道、高都街道、双月湖街道、沂堂镇、褚墩镇、黄山镇；三类乡镇1个，为汤庄街道。各镇、街道共核定行政编制270名，事业编制391名。同年8月9日，经山东省人民政府批准同意，将临沂市罗庄区汤庄街道并入傅庄街道，双月湖街道并入盛庄街道。2012年，傅庄街道被市政府定为优先发展重点镇后，罗庄区开展重点镇管理体制改革，下放部分经济社会管理权限。

2013年，全区机构设置，区委工作部门8个：区纪律检查委员会（区监察局与其合署）、区委办公室、组织部、宣传部、统一战线工作部、政法委员会（区社会管理综合治理委员会办公室与其合署）、区直机关工作委员会、机构编制委员会办公室；部门管理机构2个：区委区政府信访局和区委老干部局。区政府工作部门21个：区政府办公室、发展和改革局、经济和信息化局、教育体育局、科学技术局、监察局（与纪律检查委员会机关合署，不计政府机构个数）、民政局、司法局、财政局、人力资源和社会保障局、住房和城乡建设局、水务局、农业局（挂区林业局牌子）、商务局、文化广电新闻出版局、文化市场管理执法局、卫生局、人口和计划生育局、审计局、统计局、安全生产监督管理局、区政府法制办公室。

第五节　保密工作

保密管理

1995年6月，区委机要（保密）局设立，为副科级行政单位，隶属区委办公室。1999年4月，升格为正科级行政单位。2002年2

月，撤销。2003年3月，区机要保密办公室设立，为副科级事业单位，隶属区委办公室。同年，印发《关于严禁使用工作用计算机上国际互联网，切实做好保密工作的通知》和《关于“一机两用”计算机安装保密设施的通知》，要求日常办公的上网计算机必须配备双硬盘，安装经国家保密局批准的物理隔离卡。2004年，对全区1106台计算机进行密级划分、编号、登记造册、落实责任人，并制定相应管理办法，落实“涉密计算机不上网，上网计算机不涉密”保密要求。2006年4月，恢复区委机要（保密）局，为区委办公室内设机构。2009年2月，加挂罗庄区密码管理局牌子。2010年4月，中央办公厅机要局到罗庄区机要（保密）局专题调研“三位一体”（机要、公文、保密处理）工作机制。2013年，区保密局对全区8个镇、街道、110家机关单位计算机网络安全接入电子政务内网基础网络平台进行专项检查，明确保密工作责任人和电子政务内网管理责任人，加强电子政务内网平台“接入网”和电脑终端管理，全区130台电脑终端接入电子政务内网。

保密宣传

2005年，参加“全省纪念《保密法》实施十五周年保密知识竞赛”，组织填写1000余份答卷。2006年，组织全区各单位文管人员学习《保密员的“六字”真经》《2005年度全国失泄密案件通报》。2013年，在全区保密委工作会议上，组织收看保密宣传教育片，学习相关保密知识和失泄密案例。学习《中华人民共和国保守国家秘密法实施条例》，通过专题讲座、展览宣传板等多种形式进行保密法制宣传教育。

保密培训

2006年起，罗庄区每年都举办保密干部培训班，累计培训1000余人次。2009年，将保密相关知识纳入新任公务员和党政领导干部培训内容。2010年，在区委党校开设保密教育课程，对参加培训1个月以上的党政干部班和公务员培训班进行保密培训。

第十四编　地方国家权力机关

Part 14: Local National People's Congress

罗庄区第十六届人民代表大会第四次会议开幕式（2006年2月　区政府办供稿）

双月湖公园（2011 年 9 月　区摄协供稿）

临沂市（县）人民代表大会从1954年7月—1994年12月共召开13届。临沂市罗庄区人民代表大会(简称区人大)届次按原县级临沂市人民代表大会届次顺延。1995年4月11—14日，区第十四届人民代表大会第一次会议召开，选举产生第十四届人民代表大会常务委员会(简称区人大常委会)。至2013年，区人民代表大会共历5届，举行19次会议，进行5次本级人民代表大会代表换届选举。区人民代表大会代表第十四届任期3年，从第十五届起每届5年。

1995年4月—2013年12月，区第十四届至第十八届人大及其常委会依法履行宪法和法律赋予的职责，围绕中心，服务大局，以听取和审议“一府两院”(区人民政府、区人民法院、区人民检察院)专项工作报告为主要方式，健全监督机制，改进监督方式，抓好视察、调研、审议和执法检查等关键环节，不断加强对“一府两院”工作监督和法律监督;为代表履职创造条件，办理代表议案建议，发挥基层人大组织作用。区人大常委会召开会议133次，听取“一府两院”工作报告351项，任免区国家机关工作人员712人，作出政治、经济、教育、科技、文化、卫生、环境、民政等全区重大工作事项决议、决定271项，组织视察调研145次，区人大代表共提出各类议案、建议、批评和意见1722件，受理人民群众来信及代表来信来访2306件次。

第一章　人民代表大会

第一节　代表选举

1995年2月至2012年2月，根据《中华人民共和国全国人民代表大会和地方各级人民代表大会选举法》(简称《选举法》)和《山东省县乡两级人民代表大会选举实施细则》有关规定，全区组织人大代表选举5次，每次选举都成立区选举委员会及其办事机构。区选举委员会由主任、副主任和委员13～22人组成，在区人大常委会领导下负责本辖区代表选举工作。通过选民登记、张榜公布、选区划分、提名推荐、酝酿讨论、民主协商候选人、确定正式代表候选人并张榜公布、在法定选举日由选民在各选区以无记名投票选举等步骤，选出区人大代表，然后经过区人大常委会代表资格审查委员会审查（审查重点包括候选人提名、正式候选人确定、差额比例、当选人得票等环节是否符合《选举法》规定)，对符合法律规定的，确认当选代表资格有效。

罗庄区第十四届人民代表大会代表选举日为1995年2月27日，全区72个选区参加投票的选民242961人，投票率95.4%。共选出172名代表，经审查全部符合代表资格。其中，工农代表102人，占59.3%；干部代表40人，占23.2%；知识分子代表28人，占16.3%；女性代表31人，占18%；少数民族代表2人，占1.2%；中共党员代表118人，占68.6%。

罗庄区第十五届人民代表大会代表选举日为1998年1月8日，全区93个选区参加投票的选民247100人，投票率91.2%。共选出代表197人，经审查全部符合代表资格。

其中，工农代表 129 人，占 65.4%；军人代表 2 人，占 1%；干部代表 51 人，占 25.9%；知识分子代表 15 人，占 7.6%；女性代表 48 人，占 24.37%；中共党员代表 134 人，占 68%。

罗庄区第十六届人民代表大会代表选举日为 2003 年 1 月 16 日，全区 89 个选区参加投票选民 245133 人，投票率 87.4%。共选出代表 197 人，经审查全部符合代表资格。其中，工农代表 114 人，占 58%；干部代表 53 人，占 27%；知识分子代表 27 人，占 14%；女性代表 54 人，占 27%；少数民族代表 2 人，占 1.02%；中共党员代表 135 人，占 69%。

罗庄区第十七届人民代表大会代表选举日为 2007 年 11 月 28 日，全区 88 个选区参加投票的选民 269636 人，投票率 88.65%。共选出代表 203 人，经审查全部符合代表资格。其中，工农代表 115 人，占 56.65%；军人代表 2 人，占 0.98%；干部代表 64 人，占 31.53%；知识分子代表 22 人，占 10.84%；女性代表 34 人，占 16.7%；少数民族代表 2 人，占 0.98%；中共党员代表 165 人，占 81.28%；民主党派代表 5 人，占 2.46%。

罗庄区第十八届人民代表大会代表选举日为 2011 年 12 月 18 日，全区 111 个选区参加投票 386787 人，投票率 90.1%。共选出代表 238 人，经审查全部符合代表资格。其中，工农代表 139 人，占 58.4%；军人代表 1 人，占 0.42%；干部代表 68 人，占 28.57%；知识分子代表 30 人，占 12.61%；女性代表 32 人，占 13.45%；少数民族代表 3 人，占 1.26%；中共党员代表 206 人，占 86.55%。民主党派代表 5 人，占 2.11%。

第二节　历届代表大会

1995—2013 年，罗庄区人民代表大会共召开 5 届、19 次全体会议。在每一届第一次代表大会上，分别选举产生区人大常委会组成人员、区人民政府区长、副区长、区人民法院院长、区人民检察院检察长。

第十四届人民代表大会

第一次会议　1995 年 4 月 11—14 日，在双月湖宾馆召开。应出席代表 172 人，与会代表 168 人，列席 64 人。大会听取代区长李先建作的《罗庄区第十四届人民代表大会第一次会议筹备工作情况报告》、区委常委、组织部长高文堂作的《罗庄区第十四人民代表大会第一次会议代表资格审查情况报告》，听取和审议代区长李先建作的《罗庄区人民政府工作报告》、娄元臣作的《罗庄区人大常委会工作报告》、高化传作的《罗庄区人民法院工作报告》、苗会田作的《罗庄区人民检察院工作报告》，并通过相应决议。选举李桂祥为区第十四届人大常委会主任，娄元臣、刘茂辰、朱宝义、訾元强为副主任，选举区人大常委会委员 14 人；选举李先建为区人民政府区长，李登仕、李玉洪、杨以考、张灿建、刘剑利为副区长；选举高化传为区人民法院院长，苗会田为区人民检察院检察长。选举出席市第十四届人民代表大会代表 32 人。会议期间收到代表团、代表提出议案、建议 24 件。

第二次会议　1996 年 3 月 25—27 日，在双月湖宾馆召开。应出席代表 173 人，与会代表 168 人，列席 78 人。大会听取和审议区长李先建作的《罗庄区人民政府工作报告》、区人民政府常务副区长李登仕作的《罗庄区国民经济和社会发展第九个五年计划和 2010 年远景目标纲要说明》、区计划委员会主任刘元合作的《罗庄区 1995 年国民经济和社会发展计划执行情况与 1996 年计划报告》、区财政局局长郑林作的《罗庄区 1995 年财政预算执行情况和1996年财政预算报告》、区人大常委会副主任朱宝义作的《罗庄区人大常委会工作报告》、区人民法院院长高化传作的《罗庄区人民法院工作报告》、区人民检察院检察长苗会田作的《罗庄区人民检察院工作报告》；审查并批准区1996年国民经济和社会发展计划、1995年财政预算执行情况报告和1996年财政预算，并通过相应决议。补选魏茂华为区第十四届人大常委会委员，宋光为区人民政府副区长。会议期间收到代表团、代表提出议案、建议28件。

第三次会议　1997年3月26—28日，在区行政办公大楼会议室召开。应出席代表172人，与会代表165人，列席85人。大会听取和审议区长李先建作的《罗庄区人民政府工作报告》、区计划委员会主任刘元合作的《罗庄区1996年国民经济和社会发展计划执行情况与1997年计划报告》、区财政局局长郑林作的《罗庄区1996年财政预算执行情况和1997年财政预算报告》、区人大常委会副主任朱宝义作的《罗庄区人大常委会工作报告》、区人民法院院长高化传作的《罗庄区人民法院工作报告》、区人民检察院检察长苗会田作的《罗庄区人民检察院工作报告》；审查并批准区1997年国民经济和社会发展计划、1996年财政预算执行情况报告和1997年财政预算，并通过相应决议。会议期间收到代表团、代表提出议案、建议32件。

第十五届人民代表大会

第一次会议　1998年2月9—11日，在区行政办公大楼会议室召开。应出席代表197人，与会代表197人，列席99人。大会听取和审议区长李先建作的《罗庄区人民政府工作报告》、区计划委员会主任刘元合作的《罗庄区1997年国民经济和社会发展计划执行情况与1998年计划报告》、区财政局局长郑林作的《罗庄区1997年财政预算执行情况和1998年财政预算报告》、区人大常委会主任李桂祥作的《罗庄区人大常委会工作报告》、区人民法院院长高化传作的《罗庄区人民法院工作报告》、区人民检察院检察长苗会田作的《罗庄区人民检察院工作报告》；审查并批准区1998年国民经济和社会发展计划、1997年财政预算执行情况报告和1998年财政预算，并通过相应决议。选举山常青为区第十五届人大常委会主任，朱宝义、訾元强、武玉芹、郑林、王玉琳、张乃营为副主任，选举区人大常委会委员12人；选举李先建为区人民政府区长，李玉洪、杨以考、张灿建、刘剑利、宋光、颜廷湘、刘继双为副区长；选举高化传为区人民法院院长，苗会田为区人民检察院检察长。选举出席市第十五届人民代表大会代表35人。会议期间收到代表团、代表提出议案、建议24件。

第二次会议　1999年3月1—2日，在区行政办公大楼会议室召开。应出席代表200人，与会代表200人，列席108人。大会听取和审议区长李先建作的《罗庄区人民政府工作报告》、区计划委员会主任刘元合作的《罗庄区1998年国民经济和社会发展计划执行情况与1999年计划报告》、区财政局局长魏九成作的《罗庄区1998年财政预算执行情况和1999年财政预算报告》、区人大常委会主任山常青作的《罗庄区人大常委会工作报告》、区人民法院院长高化传作的《罗庄区人民法院工作报告》、区人民检察院检察长苗会田作的《罗庄区人民检察院工作报告》；审查并批准区1999年国民经济和社会发展计划、1998年财政预算执行情况报告和1999年财政预算，并通过相应决议。会议期间收到代表团、代表提出议案、建议46件。

第三次会议　2000年1月14—15日，

在区行政办公大楼会议室召开。应出席代表199人，与会代表199人，列席135人。大会听取和审议区长李先建作的《罗庄区人民政府工作报告》、区计划委员会主任刘元合作的《罗庄区1999年国民经济和社会发展计划执行情况与2000年计划报告》、区财政局局长魏九成作的《罗庄区1999年财政预算执行情况和2000年财政预算报告》、区人大常委会主任山常青作的《罗庄区人大常委会工作报告》、区人民法院院长高化传作的《罗庄区人民法院工作报告》、区人民检察院检察长苗会田作的《罗庄区人民检察院工作报告》；审查并批准区2000年国民经济和社会发展计划、1999年财政预算执行情况报告和2000年财政预算，并通过相应决议。补选王新民、张永胜为区第十五届人大常委会委员。会议期间收到代表团、代表提出议案、建议25件。

第四次会议 2001年3月21—23日，在区行政办公大楼会议室召开。应出席代表197人，与会代表197人，列席145人。大会听取和审议代区长李峰作的《罗庄区国民经济和社会发展第十个五年计划纲要（草案）报告》、区计划委员会主任刘元合作的《罗庄区2000年国民经济和社会发展计划执行情况与2001年计划报告》、区财政局局长魏九成作的《罗庄区2000年财政预算执行情况和2001年财政预算报告》、区人大常委会主任山常青作的《罗庄区人大常委会工作报告》、区人民法院院长朱合新作的《罗庄区人民法院工作报告》、区人民检察院检察长苗会田作的《罗庄区人民检察院工作报告》；审查并批准区国民经济和社会发展第十个五年计划纲要、2001年国民经济和社会发展计划、2000年财政预算执行情况报告和2001年财政预算，并通过相应决议。补选张灿建、王强东为区第十五届人大常委会副主任；补选李峰为区人民政府区长，姚明、魏九成、王皓玉为副区长；补选朱合新为区人民法院院长。会议期间收到代表团、代表提出议案、建议46件。

第五次会议 2002年3月13—14日，在区行政办公大楼会议室召开。应出席代表200人，与会代表200人，列席142人。大会听取和审议区长李峰作的《罗庄区人民政府工作报告》、区计划委员会主任刘元合作的《罗庄区2001年国民经济和社会发展计划执行情况与2002年计划报告》、区财政局局长刘树荣作的《罗庄区2001年财政预算执行情况和2002年财政预算报告》、区人大常委会主任山常青作的《罗庄区人大常委会工作报告》、区人民法院院长朱合新作的《罗庄区人民法院工作报告》、区人民检察院检察长苗会田作的《罗庄区人民检察院工作报告》；审查并批准区2002年国民经济和社会发展计划、2001年财政预算执行情况报告和2002年财政预算，并通过相应决议。补选季传才为区第十五届人大常委会副主任。会议期间收到代表团、代表提出议案、建议45件。

第十六届人民代表大会

第一次会议 2003年2月10—12日，在区行政办公大楼会议室召开。应出席代表197人，与会代表197人，列席144人。大会听取和审议代区长姜玉鹏作的《罗庄区人民政府工作报告》、区发展计划局局长刘元合作的《罗庄区2002年国民经济和社会发展计划执行情况与2003年计划报告》、区财政局局长刘树荣作的《罗庄区2002年财政预算执行情况和2003年财政预算报告》、区人大常委会主任山常青作的《罗庄区人大常委会工作报告》、区人民法院院长朱合新作的《罗庄区人民法院工作报告》、区人民检察院检察长苗会田作的《罗庄区人民检察院工作报告》；

审查并批准区2003年国民经济和社会发展计划、2002年财政预算执行情况报告和2003年财政预算，并通过相应决议。选举山常青为区第十六届人大常委会主任，季传才、武玉芹、刘善元、张乃营、王善朴、刘元合、张士健为副主任，选举区人大常委会委员13人；选举姜玉鹏为区人民政府区长，王奎玉、刘剑利、宋光、颜廷湘、刘继双、魏九成、武传成为副区长；选举朱合新为区人民法院院长，苗会田为区人民检察院检察长。选举出席市第十六届人民代表大会代表34人。会议期间收到代表团、代表提出议案、建议54件。

第二次会议 2004年2月3—5日，在区行政办公大楼会议室召开。应出席代表199人，与会代表199人，列席156人。大会听取和审议区长姜玉鹏作的《罗庄区人民政府工作报告》、区发展计划局局长张洪龙作的《罗庄区2003年国民经济和社会发展计划执行情况与2004年计划报告》、区财政局局长刘树荣作的《罗庄2003年财政预算执行情况和2004年财政预算报告》、区人大常委会副主任季传才作的《罗庄区人大常委会工作报告》、区人民法院院长朱合新作的《罗庄区人民法院工作报告》、区人民检察院代检察长刘圣良作的《罗庄区人民检察院工作报告》；审查并批准区2004年国民经济和社会发展计划、2003年财政预算执行情况报告和2004年财政预算，并通过相应决议。补选刘圣良为区人民检察院检察长。会议期间收到代表团、代表提出议案、建议48件。

第三次会议 2005年1月30日—2月1日，在区行政办公大楼会议室召开。应出席代表199名，与会代表199人，列席163人。大会听取和审议区人民政府常务副区长王皓玉受区长姜玉鹏委托作的《罗庄区人民政府工作报告》、区发展计划局局长张洪龙作的《罗庄区2004年国民经济和社会发展计划执行情况与2005年计划报告》、区财政局局长刘树荣作的《罗庄区2004年财政预算执行情况和2005年财政预算报告》、区人大常委会副主任季传才作的《罗庄区人大常委会工作报告》、区人民法院院长朱合新作的《罗庄区人民法院工作报告》、区人民检察院检察长刘圣良作的《罗庄区人民检察院工作报告》；审查并批准区2005国民经济和社会发展计划、2004年财政预算执行情况报告和2005年财政预算，并通过相应决议。补选赵日坤为区第十六届人大常委会副主任，史晓文为区第十六届人大常委会委员。会议期间收到代表团、代表提出议案、建议32件。

第四次会议 2006年2月7—9日，在区行政办公大楼会议室召开。应出席代表199人，与会代表199人，列席173人。大会听取和审议区长姜玉鹏作的《罗庄区人民政府工作报告》、区发展和改革局局长厉建仁作的《罗庄区2005年国民经济和社会发展计划执行情况与2006年计划报告》、区财政局局长刘福军作的《罗庄区2005年财政预算执行情况和2006年财政预算报告》、区人大常委会副主任季传才作的《罗庄区人大常委会工作报告和》、区人民法院代院长唐宏亮作的《罗庄区人民法院工作报告》、区人民检察院检察长刘圣良作的《罗庄区人民检察院工作报告》；审查并批准区国民经济和社会发展第十一个五年总体规划纲要、2006年国民经济和社会发展计划、2005年财政预算执行情况报告和2006年财政预算，并通过相应决议。补选刘剑利、宋光为区第十六届人大常委会副主任，张其伟为区第十六届人大常委会委员；补选吴汉林、王凤英为区人民政府副区长；补选唐宏亮为区人民法院院长。会议期间收到代表团、代表提出议案、建议45件。

第五次会议　2007年1月29—31日，在区行政办公大楼会议室召开。应出席代表200人，与会代表200人，列席178人。大会听取和审议区长姜玉鹏作的《罗庄区人民政府工作报告》、区发展和改革局局长吴兴华作的《罗庄区2006年国民经济和社会发展计划执行情况与2007年计划报告》、区财政局局长刘福军作的《罗庄区2006年财政预算执行情况和2007年财政预算报告》、区人大常委会副主任刘剑利作的《罗庄区大常委会工作报告》、区人民法院院长唐宏亮作的《罗庄区人民法院工作报告》、区人民检察院检察长刘圣良作的《罗庄区人民检察院工作报告》；审查并批准区2007年国民经济和社会发展计划、2006年财政预算执行情况报告和2007年财政预算，并通过相应决议。补选陈相明为区第十六届人大常委会副主任。会议期间收到代表团、代表提出议案、建议35件。

第十七届人民代表大会

第一次会议　2007年12月10—13日，在区行政办公大楼会议室召开。应出席代表203人，与会代表203人，列席156人。大会听取和审议区长姜玉鹏作的《罗庄区人民政府工作报告》、区发展和改革局局长吴兴华作的《罗庄区2007年国民经济和社会发展计划执行情况与2008年计划报告》、区财政局局长刘福军作的《罗庄区2007年财政预算执行情况和2008年财政预算报告》、区人大常委会主任山常青作的《罗庄区人大常委会工作报告》、区人民法院院长唐宏亮作的《罗庄区人民法院工作报告》、区人民检察院代检察长史效斌作的《罗庄区人民检察院工作报告》；审查并批准区2008年国民经济和社会发展计划、2007年财政预算执行情况报告和2008年财政预算，并通过相应决议。选举山常青为区第十七届人大常委会主任，武玉芹、刘剑利、赵日坤、陈相明、江伟为副主任，选举区人大常委会委员19人；选举姜玉鹏为区人民政府区长，王皓玉、吴昌力、张洪龙、吴汉林、王凤英、杨翠晓为副区长；选举唐宏亮为区人民法院院长，史效斌为区人民检察院检察长。选举出席市第十七届人民代表大会代表36人。会议期间收到代表团、代表提出议案、建议71件。

第二次会议　2009年1月7—9日，在区行政办公大楼会议室召开。应出席代表204人，与会代表204人，列席166人。大会听取和审议代区长刘淑秀作的《罗庄区人民政府工作报告》、区发展和改革局局长吴兴华作的《罗庄区2008年国民经济和社会发展计划执行情况与2009年计划报告》、区财政局局长刘福军作的《罗庄区2008年财政预算执行情况和2009年财政预算报告》、区人大常委会副主任刘剑利作的《罗庄区人大常委会工作报告》、区人民法院院长唐宏亮作的《罗庄区人民法院工作报告》、区人民检察院检察长史效斌作的《罗庄区人民检察院工作报告》工作报告；审查并批准区2009年国民经济和社会发展计划、2008年财政预算执行情况报告和2009年财政预算，并通过相应决议。补选刘淑秀为区人民政府区长，张珂为区第十七届人大常委会委员。会议期间收到代表团、代表提出议案、建议37件。

第三次会议　2010年1月14—16日，在区行政办公大楼会议室召开。应出席代表201人，与会代表201人，列席182人。大会听取和审议区长刘淑秀作的《罗庄区人民政府工作报告》、区发展和改革局局长陈学礼作的《罗庄区2009年国民经济和社会发展计划执行情况与2010年计划报告》、区财政局局长刘福军作的《罗庄区2009年财政预算执行情况和2010年财政预算报告》、区人大常委会副主任刘剑利作的《罗庄区人大常委会工作报告》、区人民法院院长唐宏亮作的《罗庄区人民法院工作报告》、区人民检察院代检察长张玉新作的《罗庄区人民检察院工作报告》；审查并批准区2010年国民经济和社会发展计划、2009年财政预算执行情况报告和2010年财政预算，并通过相应决议。补选杜宝珍为区第十七届人大常委会副主任，张玉新为区人民检察院检察长。会议期间收到代表团、代表提出议案、建议63件。

图14-1：2010年1月14日，罗庄区第十七届人民代表大会第三次会议开幕式

第四次会议　2011年1月18—20日，在区行政办公大楼会议室召开。应出席代表212人，与会代表212人，列席193人。大会听取和审议代区长丰程秀作的《罗庄区人民政府工作报告》、区发展和改革局局长陈学礼作的《罗庄区2010年国民经济和社会发展计划执行情况与2011年计划报告》、区财政局局长刘福军作的《罗庄区2010年财政预算执行情况和2011年财政预算报告》、区人大常委会副主任刘剑利作的《罗庄区人大常委会工作报告》、区人民法院院长唐宏亮作的《罗庄区人民法院工作报告》、区人民检察院检察长张玉新作的《罗庄区人民检察院工作报告》；审查并批准区国民经济和社会发展第十二个五年总体规划纲要、2011年国民经济和社会发展计划、2010年财政预算执行情况报告和2011年财政预算，并通过相应决议。补选丰程秀为区人民政府区长。会议期间收到代表团、代表提出议案、建议49件。

第十八届人民代表大会

第一次会议　2012年2月1—4日，在区会议中心举行。应出席代表238人，与会代表238人，列席178人。大会听取和审议代区长赵晓晖作的《罗庄区人民政府工作报告》、区发展和改革局局长陈学礼作的《罗庄区2011年国民经济和社会发展计划执行情况与2012年计划报告》、区财政局局长陈一伟作的《罗庄区2011年财政预算执行情况和2012年财政预算报告》、区人大常委会主任山常青作的《罗庄区人大常委会工作报告》、区人民法院院长唐宏亮作的《罗庄区人民法院工作报告》、区人民检察院检察长张玉新作的《罗庄区人民检察院工作报告》；审查并批准区2012年国民经济和社会发展计划、2011年财政预算执行情况报告和2012年财政预算，并通过相应决议。选举魏九成为区第十八届人大常委会主任，刘剑利、赵日坤、陈相明、江伟、杜宝珍为副主任，选举区人大常委会委员21人；选举赵晓晖为区人民政府区长，魏泽来、杨翠晓、张玉军、王兆艳、刘福军、密长诚为副区长；选举唐宏亮为区人民法院院长，张玉新为区人民检察院检察长。选举出席市第十八届人民代表大会代表 44 人。会议期间收到代表团、代表提出议案、建议 75 件。

第二次会议　2013 年 1 月 14—16 日，在区会议中心举行。应出席代表 238 人，与会代表 238 人，列席 195 人。大会听取和审议区长赵晓晖作的《罗庄区人民政府工作报告》、区人大常委会主任魏九成作的《罗庄区人大常委会工作报告》、区人民法院院长唐宏亮作的《罗庄区人民法院工作报告》、区人民检察院代检察长李平作的《罗庄区人民检察院工作报告》；审议区 2012 年国民经济和社会发展计划执行情况与 2013 年计划书面报告、2012 年财政预算执行情况和 2013 年财政预算书面报告；审查并批准区 2013 年国民经济和社会发展计划、2012 年财政预算执行情况报告和 2013 年财政预算，并通过相应决议。补选吴庆明、陈学礼为区第十八届人大常委会副主任，李平为区人民检察院检察长。会议期间收到代表团、代表提出议案、建议 54 件。

第二章　人大常务委员会

第一节　组成人员

1995 年 2 月 12 日，中共临沂市委公布成立罗庄区筹建工作领导小组。李桂祥任组长，李先建任副组长，李俊修、山常青、李登仕、娄元臣、刘方均为成员；李桂祥、娄元臣、刘茂辰、朱宝义、訾元强负责人大筹建工作。1995 年 4 月—2013 年 12 月，经罗庄区人民代表大会选举，分别产生第十四届至第十八届罗庄区人大常委会，李桂祥、山常青、魏九成先后任主任。

第十四届至第十八届罗庄区人大常委会主任、副主任任职情况表

表 14-1

届次	职务	姓名	籍贯	任职时间	备注
十四届（1995.04—1998.02）	主任	李桂祥	临沂市罗庄区	1995.04—1998.02	党组书记
	副主任	娄元臣	山东省滕州市	1995.04—1995.08	党组副书记
		刘茂辰	山东省郯城县	1995.04—1998.02	
		朱宝义	临沂市罗庄区	1995.04—1998.02	党组副书记（1998.02 任职）
		訾元强	临沂市兰山区	1995.04—1998.02	
十五届（1998.02—2003.02）	主任	山常青	山东省沂水县	1998.02—2003.02	党组书记
	副主任	朱宝义	临沂市罗庄区	1998.02—2003.02	党组副书记
		訾元强	临沂市兰山区	1998.02—2001.03	党组副书记（2001.03—2003.02）
		武玉芹（女）	山东省沂水县	1998.02—2003.02	

续表 14-1

届次	职务	姓名	籍贯	任职时间	备注
十五届（1998.02—2003.02）	副主任	郑　林	临沂市罗庄区	1998.02—2003.02	
		王玉琳	山东省诸城市	1998.02—2003.02	
		张乃营	临沂市罗庄区	1998.02—2003.02	
		张灿建	临沂市兰山区	2001.03—2003.02	党组副书记
		王强东	临沂市罗庄区	2001.03—2003.02	
		季传才	临沂市罗庄区	2002.03—2003.02	党组副书记
十六届（2003.02—2007.12）	主任	山常青	山东省沂水县	2003.02—2007.12	党组书记
	副主任	季传才	临沂市罗庄区	2003.02—2006.02	党组副书记
		武玉芹（女）	山东省沂水县	2003.02—2007.12	
		刘善元	山东省沂南县	2003.02—2007.01	
		张乃营	临沂市罗庄区	2003.02—2006.02	
		王善朴	临沂市罗庄区	2003.02—2007.01	
		刘元合	山东省费县	2003.02—2006.02	
		张士健	临沂市罗庄区	2003.02—2007.12	
		赵日坤	山东省沂南县	2005.02—2007.12	
		刘剑利（女）	山东省邹城市	2006.02—2007.12	
		宋　光	山东省文登市	2006.02—2007.12	
		陈相明	临沂市河东区	2007.01—2007.12	
十七届（2007.12—2012.02）	主任	山常青	山东省沂水县	2007.12—2012.02	党组书记
	副主任	武玉芹（女）	山东省沂水县	2007.12—2010.01	
		刘剑利（女）	山东省邹城市	2007.12—2012.02	党组副书记
		赵日坤	山东省沂南县	2007.12—2012.02	
		陈相明	临沂市河东区	2007.12—2012.02	
		江　伟	临沂市兰山区	2007.12—2012.02	
		杜宝珍（女）	临沂市罗庄区	2010.01—2012.02	
十八届（2012.02—　）	主任	魏九成	临沂市兰山区	2012.02—	党组书记
	副主任	刘剑利（女）	山东省邹城市	2012.02—	党组副书记
		赵日坤	山东省沂南县	2012.02—	
		陈相明	临沂市河东区	2012.02—	
		江　伟	临沂市兰山区	2012.02—	
		杜宝珍（女）	临沂市罗庄区	2012.02—	
		吴庆明	山东省平邑县	2013.01—	
		陈学礼	临沂市罗庄区	2013.01—	

区人大常委会委员

区第十四届人大常委会委员　王希华、王金战（1995.04—1996.03）、王振营、刘广志、孙建中、孙高田、李荣宝、肖自立（回族）、张志任、陈晓梅（女）、席德礼、殷爱玉（女）、宿桂堂、鲍守廉、魏茂华（1996.03—1998.02）。

区第十五届人大常委会委员　于贯选、王廷江、王孝龙、王希华、王振营、白士伦、朱德明、刘同喜、孙宝君、张志任、高著福、鲍守廉、王新民（2000.01—2003.02）。

区第十六届人大常委会委员　王卫军、王廷江、王孝龙、王希华、王振营、石增云（女）、朱德明、闫秀玲（女）、张广聚、张永胜（2003.02—2005.08）陈学义、周金才、钟呈春。

区第十七届人大常委会委员　于孝燕（女）、王卫军、王希华、王振营、王家庆、王景俊、石增云（女）、史晓文、朱德明、刘保起、闫秀玲（女）、李兴、张士健（2007.12—2011.01）、张广聚、张正水、张其伟（2007.12—2008.02）、张剑光、周金才、崔连国、张珂（2009.01—2012.02）。

第十八届人大常委会委员　山常青、王希华、王振营、石增云（女）、卢庆玉、史晓文、朱德明、刘保起、闫秀玲（女）、李兴、李子祥（2012.2—2013.10）、沈庆荣（2012.02—2013.10）、张珂、张广聚、张正水、张剑光、周杰、袁崇荣（女）、高凤霞（女）、高洪路、韩宗锋、刘晓辉、孙卫东、李汝华。

第十四届至第十八届人大常委会委员中，因工作需要、调动、到龄退休等辞去人大常委会委员职务有7人。

第二节　工作机构

1995年6月，区人大常委会工作机构设办公室、文教法制科、经贸建设科，规格均为正科级。1997年1月，撤科设委，设办公室、法制工作委员会、财经工作委员会、教科文卫工作委员会。1999年4月，设立区人大车队（2002年12月撤销，同时设立区人大机关服务中心，规格为副科级）。同年10月，人事代表室设立，规格为正科级。2002年12月，研究室设立，与办公室合署，规格为正科级。2004年11月，机关信访老干科设立，规格为副科级事业单位（2008年6月升格为正科级）。2005年7月，农村经济工作委员会、城乡建设环境保护工作委员会设立，规格均为正科级。2013年11月，人事代表室改称人事代表工作委员会，财经工作委员会改称财政经济工作委员会、教科文卫工作委员会改称教育科学文化卫生民族宗教侨务工作委员会。

2013年年底，区人大常委会工作机构设办公室（研究室）、人事代表工作委员会、财政经济工作委员会、法制工作委员会、教育科学文化卫生民族宗教侨务工作委员会、农村经济工作委员会、城乡建设环境保护工作委员会、机关信访老干科、区人大机关服务中心。

第三节　常委会会议

区人大常委会会议是常委会行使职权的重要形式。会议每两个月至少举行一次，如有特殊需要，临时召集会议，举行会议的日期由常委会主任会议决定，会议议程由常委会主任会议拟订，提请常委会会议决定。常委会会议由常委会主任主持，或委托副主任主持。1995 年 4 月—2013 年 12 月，共举行常委会会议 133 次，听取“一府两院”工作报告 351 件，做出决议、决定 271 项，依法任免区国家机关工作人员 712 人。

图 14-2：2013 年 6 月 8 日，区人大常委会召开代表主题实践活动推进会

第四节　主任会议

区人大常委会主任会议由常委会主任、副主任组成。主任会议主要听取和审议区人民政府、法院、检察院的专项工作报告，并提出意见和建议；研究处理常委会工作的其他重要事项；依法向常委会提出人事任免事项；领导和组织协调常委会机关重要工作。主任会议由常委会主任召集主持，或委托副主任召集主持。主任会议每半月举行一次，必要时随时召开。区人大常委会办公室主任列席常委会主任会议。1995 年 4 月—2013 年 12 月，共召开主任会议 293 次。

第三章　职权行使

第一节　重大事项审议决定

区人大常委会依法行使重大事项决定权。1995—2013 年，先后对全区重大事项做出决议、决定、意见、规定、办法 271 个。

经济和社会事业

1995 年起，区人大每年都听取和审议区政府关于国民经济和社会发展计划及执行情况、财政预算及执行情况报告，并做出决议；特别是对财政预算，区人大常委会督促政府严格执行。还对半年预算执行情况进行审议，对出现的新情况、新问题进行研究，做出决议。1995 年 8 月 24 日，区十四届人大常委会第三次会议通过《罗庄区实施〈山东省计划生育条例〉办法》。同年 10 月 18 日，区十四届人大常委会第四次会议通过《临沂市罗庄区矿产资源管理暂行办法》。1996 年 6 月 18 日，区十四届人大常委会第九次会议审议通过《临沂市罗庄区民房建设用地管理暂行规定》。1997 年 3 月 4 日，区十四届人大常委会第十五次会议通过《罗庄区野生动物保护管理规定》。

2000 年 3 月 16 日，区十五届人大常委会第十一次会议审议批准《罗庄区科技发展“十五”规划纲要》《罗庄区民房建设用地管理暂行办法（试行）》。2000 年 12 月 28 日，区十五届人大常委会第二十二次会议审议批准区政府 2000 年区级财政预算调整方案。2001 年 12 月 19 日，区十五届人大常委会第二十九次会议审议批准区政府关于 2001 年区级财政预算调整方案。2002 年 4 月 17 日，区十五届人大常委会第三十一次会议审议批准区政府《关于实施罗庄区林业“十五”规划，加快全区林业发展的报告》，并做出决议。

2003年7月8日，区十六届人大常委会第三次会议审议批准区政府关于调整区2003年度国民经济和社会发展计划部分指标的报告，并做出决议。2004年4月16日，区十六届人大常委会第十次会议审议同意区审计局关于审计工作情况的报告，并作出关于进一步加强审计执法工作、促进全区经济健康发展的决议。2006年2月9日，区十六届人大四次会议审议批准《罗庄区国民经济和社会发展第十一个五年规划纲要（草案）》。2009年12月21日，区人大常委会作出关于城市基础设施、南涑河综合治理贷款纳入区级财政预算的决定。

2013年12月23日，区十八届人大常委会第十二次会议审议同意区政府关于调整2013年财政预算的报告，并做出决议。

依法治区

1995年11月18日，区十四届人大常委会第五次会议作出《关于在国家机关中实行执法责任制的决议》。1996年10月26日，区十四届人大常委会第十三次会议通过《关于在全区公民中开展第三个五年法制宣传教育的决议》；审议通过《罗庄区依法治区五年规划》。同年12月18日，区十四届人大常委会第十四次会议通过《罗庄区人大常委会关于对司法机关和行政执法部门落实“两化一制”进行监督的暂行办法》。1997年10月30日，区十四届人大常委会第十九次会议通过《罗庄区人大常委会关于执法责任制检查考评试行办法》。

2000年12月28日，区十五届人大常委会第二十二次会议通过《罗庄区人大常委会关于对司法机关个案实施监督的暂行办法》。2001年10月31日，区十五届人大常委会第二十八次会议审议批准区政府《临沂市罗庄区2001—2005年依法治区规划》；作出《罗庄区人大常委会关于在全区公民中开展第四个五年法制宣传教育的决议》。2002年8月1日，区十五届人大常委会第三十三次会议通过《罗庄区人大常委会关于支持区人民法院进一步加强执行工作、尽快清理执行积案的决议》。

2004年10月15日，区十六届人大常委会第十四次会议作出《罗庄区人大常委会对“一府两院”组成人员及市属分支机构行政执法部门行政正职进行述职评议的决议》。2006年10月13日，区十六届人大常委会第二十九次会议通过《关于在全区公民中开展第五个五年法制宣传教育的决议》；审议通过《罗庄区2006—2010年依法治区规划》。

2011年8月10日，区十七届人大常委会第二十九次会议通过《关于在全区公民中开展第六个五年法制宣传教育的决议》和《罗庄区2011—2015年依法治区规划》，并做出决议。

第二节　人事任免

区人大常委会依据《中华人民共和国地方各级人民代表大会和地方各级人民政府组织法》和区人大常委会人事任免办法，坚持把党管干部原则和充分发扬民主、严格依法任免有机结合起来，认真行使人事任免权，为地方国家权力机关工作正常运转提供组织保障。在任免工作中，坚持对被任命人员进行任前法律考试、向常委会作述职报告等制度，任免过程中反复酝酿，充分讨论，最后投票表决。区第十四届至十八届人大常委会任期内（1995—2013年），共依法任免区国家机关工作人员712人次。其中，任免区人大常委会机关工作人员152人次，任免区政府组成人员261人次，任免区人民法院审判人员163人次，任免区人民检察院检察人员136人次。

第三节　监督工作

1995年起，区人大常委会围绕中共罗庄区委中心工作和全区改革、发展、稳定的大局，坚持每年制定工作要点，实施对“一府两院”工作监督和法律监督。监督方式主要是通过听取工作报告、组织常委会组成人员和区人大代表开展视察、调研和执法检查、代表评议、个案监督等。至2013年，先后听取和审议“一府两院”工作报告351项，开展视察、调研和执法检查145次，对依法任命干部进行述职评议5次。

法律监督

区人大常委会始终把保证法律法规在全区贯彻实施作为监督的一项重要内容，持续推进普法和依法治区工作深入开展。

1995年7月25日，区十四届人大常委会组成人员视察全区社会治安综合治理情况。针对发现问题，向区政府及有关部门提出建议。1996年8月9—11日，区十四届人大常委会组成人员、区人大机关委室、区纪委及有关部门负责人，分五个组检查区人民法院、区人民检察院、罗庄公安分局、区司法局、罗庄交警大队、罗庄土地管理分局、罗庄环保分局7个部门执法责任制实施情况。1997年3月19—20日，中共罗庄区委、区人大常委会组织罗庄环保分局、区纪委监察局等单位，检查全区贯彻执行环境保护法情况。

1998年5月26—27日，区十五届人大常委会组成人员和部分人大代表，视察全区贯彻土地管理法、环境保护法情况，针对存在的问题提出建议。2000年8月9—11日，区十五届人大常委会组成人员、区监察局、区政府法制局有关人员35人，检查区人民法院、区人民检察院、区司法局、罗庄公安分局、罗庄交警大队、罗庄土地管理分局、罗庄环保分局7个部门执法责任制实施情况，并分别送发《关于执法责任制检查反馈意见的通知》。2003年7月18日，区十五届人大常委会检查全区烟草专卖法执行情况。同年8月20日，区十五届人大常委会对水土保持法贯彻执行情况进行检查。

2005年6月14—17日，区十六届人大常委会组织执法检查组检查全区贯彻实施统计法情况，检查组共抽取113家企业，重点检查73家单位。针对存在的问题，提出相关建议。2006年11月22日，区十六届人大常委会组织执法检查组检查环境保护法和水污染防治法等法律法规贯彻实施情况，针对存在问题提出工作建议。2008年4月16日，区十七届人大常委会对交警大队工作进行视察，提出3条建议。2010年3月15日，区十七届人大常委会对区人民检察院工作进行视察，提出4条建议。

2012年9月13日，区十八届人大常委会组织执法检查组检查全区贯彻实施食品安全法情况，针对发现问题提出建议。2013年3月13日，区十八届人大常委会组织执法检查

图14-3：2013年3月13日，区人大常委会调研全区贯彻实施土地管理法、矿产资源法情况

组检查贯彻实施土地管理法和矿产资源法情况，针对存在问题提出建议。

工作监督

区人大对“一府两院”进行工作监督，听取和审议工作报告，审查和批准国民经济和社会发展计划、财政预算等。监督方式在本编第一章第二节已有记述。

1995年12月14日，区人大常委会组织驻罗庄区省、市人大代表，视察全区经济和社会发展情况。代表们通过视察，向区政府提出建议。1996年4月19日，区十四届人大常委会组成人员，视察全区乡村医疗一体化管理工作。同年8月6日，区十四届人大常委会组织驻罗庄区的市人大代表和部分区、乡镇人大代表，视察全区经济、城建和爱国卫生工作。代表们针对视察中存在问题，向区政府及有关部门提出建议。1997年6月23日，区人大常委会主任李桂祥、区长李先建及区领导黄桂兰、高文堂、姜新利、刘善元、刘剑利、刘方钧、李安祁、武玉芹、王宪林等，视察城建工作。同年9月4—5日，区人大常委会副主任朱宝义、刘茂辰及部分驻罗庄区的市人大代表，视察全区城乡建设、民营经济、教育和体育工作，提出意见和建议。

1999年5月6—7日，区十五届人大常委会组织部分市、区人大代表，视察8个乡镇的个体私营经济发展情况。2000年4月26日，区十五届人大常委会召开第十八次会议，听取区林业局关于全区植树造林工作情况汇报，对全区植树造林绿化工作进行视察。同年6月13日，区第十五届人大常委会召开第十九次会议并视察全区环保工作。2001年11月13日，区十五届人大常委会主任、副主任及部分区人大常委会委员，视察国税工作。2002年7月2—3日，区十五届人大常委会组织区人大、区政府及有关部门负责人39人，分4个组，对全区8个街道减轻农民负担工作暨税费改革工作进行调研，向区委提交《罗庄区人大常委会关于全区减轻农民负担暨全区税费改革调查报告》。同年8月6—23日，区十五届人大常委会组成人员、区政府有关领导和区直有关部门负责人，对盛庄、罗西、双月湖街道13个村的无地农民生活现状进行调研，调研组对调查情况进行汇总、分析，形成《关于对全区部分无地农民生活情况的调研报告》。

2003年4月29日，区十六届人大常委会组成人员，视察全区春季造林工作、“奶牛富民”工程。同年5月21日，区十六届人大常委会组织区政府和有关部门负责人，检查全区防治“非典”工作。7月3日，区十六届人大常委会，视察城乡建设、公路和交通管理工作。7月25日，对区实验中学建设情况进行视察，向区政府提交《关于尽快落实区实验中学教师生活区的建议意见》。8月6日，区十六届人大常委会组织市、区人大代表和有关部门负责人，对全区财税工作和“三农”工作情况进行调研。2004年3月25日，区十六届人大常委会组成人员，视察全区卫生疾病预防控制体系和传染病救治体系建设情况，提出针对性的意见和建议。同年9月10日，视察清理拆除石灰窑污染治理工作。2005年3月31日—4月1日，区十六届人大常委会组织69人，分4个组，视察全区安全生产工作。实地调查8个街道辖区内部分小学、幼儿园危房改造、饮食安全、接送学生车辆安全管理情况及有关企业消防安全、压力容器管理和安全责任制落实情况，向区政府提交《关于部分小学、幼儿园、企业安全隐患整改建议》。同年4月20日，对全区环境保护工作和农业综合开发工作进行视察。8月25日，视察城乡道路建设、拆迁改造、绿化、交通整治及各街道“村村通”工程建设情况。2006年4月19—29日，区人大常委会组织区经贸局、科技局、工商分局、技术监督分局负责人，就企业自主创新情况进行专题调研，调研组分8个小组，实地调查26家企业，召开12次座谈会，对200家企业进行问卷调查，提出针对性建议。同年5月18—19日，视察全区省级园林城市创建、重点建设工程和水污染、大气污染防治工作，视察组结合听取工作汇报提出3点要求。2006年6月22日，视察新农村建设情况，视察组听取副区长刘继双关于全区社会主义新农村建设工作汇报。结合视察情况，提出建议意见。同年11月3日，区十六届人大常委会组成人员，视察全区安全生产和交通、公路工作。2007年3月19—29日，区十六届人大常委会组织部分代表，对金融部门支持中小企业发展情况进行专题调研，提出建议。同年5月11日、23日，视察全区新型农村合作医疗工作运行管理情况和全区环保工作。

2008年5月下旬，区十七届人大常委会组成人员，视察财税工作，提出意见和建议。同年7月29日，对全区城中村改造进行调研。8月21日，视察人口和计划生育工作。8月

图14-4：2013年12月3日，驻罗庄区省人大代表小组、市人大代表第二活动小组视察罗庄区人民检察院工作

26日，对高新技术产业发展和传统产业改造提升进行专题调研。9月18日，视察环境保护工作。向区政府和环保分局提出意见和建议。11月28日，视察全区教育工作。12月3日，视察全区工业重点项目建设及经济运行情况。2009年2月20日，区十七届人大常委会组织代表，对人武部工作进行视察。同年3月25日，对全区国家园林城市创建工作进行视察。10月16日、27日，先后对沂河路改造、陷泥河综治工程和特色农业发展情况进行视察。12月11日，视察全区供热管网建设工程。2010年1月6日，区十七届人大常委会组成人员，视察国土工作。3月15日，视察区人民检察院工作。同年8月12日，视察创建国家卫生城市工作、文化体育工作。11月24日、30日，先后视察全区供电工作、农业工作。2011年3月24日，区十七届人大常委会组成人员，视察黄山镇武河湿地建设工作。同年5月11日，区十七届人大常委会组织人员分5个组，视察全区国家卫生城市创建工作。11月7日，区十七届人大常委会组成人员，到区人武部听取兵役点执行情况汇报并视察征兵工作，提出相关意见和建议。

2012年5月17—18日，区十八届人大常委会组成人员和区政府有关部门负责人，对全区旅游业发展情况进行调研。实地察看罗庄、盛庄、沂堂等街道（镇）和武河湿地等处景区（点），听取区政府及有关镇、街道关于旅游业发展情况汇报，向区政府及有关单位提出建议。同年6月27日，视察代表议案建议办理工作情况，建议区政府和承办部门把办理代表议案、建议作为转变作风、提速增效的重要一环，同部署、同落实；分解落实承办任务和工作职责，确保建议办理件件有结果，事事有回音。11月28日，视察全区

饮水供应、水利工程建设。12月12—13日，区十八届人大常委会组织区教体局和镇、街道有关负责人，对全区教育均衡发展情况进行调研。通过实地调查、召开座谈会、听取区政府关于全区教育情况汇报，向区政府和教体局提出建议。2013年5月29日，区十八届人大常委会组成人员，视察全区环境保护工作。实地察看4家企业，听取区环保分局工作情况汇报，向区政府和区环保分局提出工作建议。同年12月11日，区十八届人大常委会组织部分市、区人大代表，视察全区金融工作。

图14-5：2013年5月29日，区人大常委会视察环境保护工作

专项工作评议

区人大常委会通过开展专项评议，综合运用多种监督手段，把对工作监督与对人的监督有机结合起来，把程序性监督与实质性监督有机结合起来，提高监督实效，进一步发挥地方国家权力机关监督职能作用。2000年7月27—28日，区人大常委会组织409名区、乡镇人大代表对区人民法院等7个执法部门工作情况进行评议，共收集代表建议、批评和意见94件。同年9月5日，区人大常委会召开会议，将94件代表建议、批评和意见向区政府及7个执法部门进行反馈和交办。2004年10月15日，区十六届人大常委会第十四次会议通过《临沂市罗庄区人大常委会对“一府两院”组成人员及市属分支机构行政执法部门行政正职进行述职评议的决议》。是年起，凡人大常委会任命的干部，分期分批向常委会述职报告，接受常委会的评议和监督。同年10月下旬至11月上旬，区人大常委会组织对区政府组成部门，法、检两院32个部门、35名行政正职进行述职评议。12月10日，根据述职评议结果，区十六届人大常委会第十五次会议作出关于授予柳洪武等13人为罗庄区“人民满意公务员”称号的决定。2005年7月14日—10月31日，区人大常委会组织开展对区人民法院、人民检察院、罗庄公安分局、交警大队59名工作人员进行述职评议活动。区人民法院3人被评为人民满意法官，区人民检察院3人被评为人民满意检察官，罗庄公安分局和交警大队各1人被评为人民满意警官。2010年8月6日，区人大常委会组织辖区各级人大代表196人，对罗庄公安分局工作进行无记名问卷调查评议。2010年10月下旬至11月下旬，区人大常委会组织驻罗庄区全国、省、市和区人大代表214人，对区人民法院、区人民检察院有关工作进行满意度问卷调查评议。2011年6月下旬，区人大常委会组织驻罗庄区全国、省、市和区人大代表222人，对国土资源分局等15个市属行政执法单位的工作进行满意度问卷调查评议。区人大常委会通过组织代表对“一府两院”有关专项工作进行评议，促进政府行政执法单位依法行政、司法部门公正司法。2011年6月29日，全市人大专项工作评议现场会在罗庄召开。2012年始，区人大常委会组成人员对每次常委会会议做报告的部门单位工作情况进行评议，实现人大代表监督被评议部门工作常态化。

第四节　代表工作

1995年6月12日，区十四届人大常委会第一次会议通过《临沂市罗庄区人大常委会关于联系区人民代表的办法》，1999年设立人事代表室（2013年11月改称人事代表工作委员会）负责代表联系工作。重视代表培训工作，以各镇、街道代表小组为单位组织开展多种形式学习培训；采用以会代培，集中举办专题讲座，邀请市人大有关领导和市委党校教授就如何发挥代表作用作辅导报告。常委会组成人员坚持定期到各镇、街道联系代表，听取和征询代表们的意见和建议，及时转交有关部门办理落实。组织代表开展闭会期间的活动，坚持邀请全国、省、市、区代表列席常委会会议和参加视察、调研、执法检查活动。

代表小组建设

1995年4月，区十四届人代会闭幕后，区人大常委会本着就近组织、有利工作、方便活动的原则，对辖区内省、市、区、乡镇人大代表统一编为50个代表活动小组，民主选举正、副组长，每季度开展1次小组活动。

1998年5月，区十五届人大换届后，把代表活动小组调整为15个，建立健全各项制度，为代表开展工作提供更多政策支持。2003年2月，区十六届人大换届后，对辖区内省、市、区人大代表统一混合编组划分为16个代表活动小组，制定走访代表、组织代表学习、视察和调研等制度，使联系代表工作有组织制度保证。2007年12月，区十七届人大换届后，将省、市、区、街道人大代表统一混合编组划分为18个活动小组。2008年8月14日，区十七届人大常委会第五次会议通过《关于加强人大代表小组建设、增强小组活动实效的意见》。2012年2月，区十八届人大换届后，将省、市、区、镇人大代表重新划分为1个省人大代表活动小组、3个市人大代表活动小组、14个区人大代表活动小组和6个镇人大代表活动小组。围绕加强代表与选民群众的联系，2013年7月，区人大常委会主任会议确定，此后每单月15日为代表接待选民群众活动日，7月15日是全区首个代表接待日，辖区各级人大代表到各代表接待站参加接待选民群众活动。2013年，区人大常委会结合市人大组织开展的“办实事、谋发展、促和谐”代表主题实践活动，对照街道、镇人大工作考核办法中规定人大代表活动小组“十有”（有标牌、有场所、有设施、有计划、有制度、有经费、有网站网页、有活动、有记载、有实效）标准，对辖区内省、市、区三级人大代表活动小组阵地建设进行全面改造提升，为代表小组活动开展提供场所保障。

图14-6：2012年6月5日，罗庄区召开人大代表小组建设现场会

联系人大代表

1995年起，区人大常委会组成人员定期不定期深入基层，采取走访、召开座谈会、直接到代表小组活动等方式，征求代表对“一府两院”和常委会工作的意见建议。每年人代会前，都组织各级人大代表进行会前视察和

调研。区人大办公室定期编发常委会公报发至每位代表，每年为全区各级人大代表订阅《人民权利报》《山东人大工作》等报刊。坚持邀请各级人大代表列席区人大常委会会议制度，针对常委会研究议题内容征求列席代表的意见建议。坚持代表向选民述职制度和评选“优秀人大代表”活动，每届区人大常委会都组织区人大代表在一届任期内向原选区选民述职1次。2005年12月6日，区十六届人大常委会第二十三次会议作出《关于对王廷江等区人大代表进行表彰的决定》，授予王廷江等30人“优秀人大代表”称号；2010年1月12日，区十七届人大常委会第十七次会议作出《关于表彰优秀区人大代表的决定》，授予李兴等20人“优秀人大代表”称号。2010—2012年，在代表中开展“科学发展、代表先行”主题活动，引导组织代表发挥自身优势，积极为全区重点工作和公益事业贡献力量。2013年3月，区人大常委会按照市人大常委会统一部署在全区各级人大代表中组织开展“办实事、谋发展、促和谐”主题实践活动。同年4月26日，区人大常委会制定《罗庄区人大代表接待站接待选民与群众工作规则》。至年底，全区建立人大代表活动中心、接待站、联络室40处。

代表议案建议办理

1995年始，历届区人大常委会都十分重视代表议案建议办理工作，对代表在人代会上和闭会期间提出的议案、建议，及时转交“一府两院”进行办理。同时，要求区政府按照“注重质量，力求实效”的原则，办理代表所提议案、建议。承办单位要在规定时限内书面答复代表，凡是应该解决而又有条件解决的，要抓紧解决；因客观条件所限暂时不能解决的，要积极创造条件逐步解决；确实不可行的，要实事求是地向代表说明情况，以取得代表理解。区人大常委会加强议案建议办理工作的跟踪监督，做到前期全面督办，中期重点督办，后期个别督办。对一些重点、难点、情况复杂、涉及面大的建议议案，主任、分管副主任重点督促有关部门认真办理。做好办理工作的答复反馈工作，区人大常委会会同承办单位及时向代表反馈办理情况，诚恳地听取代表的意见建议。各承办单位在办理人大代表建议过程中，把认真听取和采纳代表建议、批评和意见作为改进本部门工作的重要举措，抓落实、抓整改，为群众办实事、办好事。在代表建议基本办结后，各承办单位对办理工作进行总结，区人大常委会进行全面检查，保证代表建议办理质量。1995—2013年，共办理代表议案、建议833件，全部按规定期限办结，代表满意率98%以上。

第四章　基层人民代表大会

第一节　乡镇人民代表大会

罗庄区乡镇人民代表大会，2004年前每届任期3年，2004年后每届任期5年。2007年起，区、镇两级人民代表大会同步换届。乡镇人民代表大会代表由选民直接选举产生。每届乡镇人民代表大会换届选举时均成立选举委员会，由选举委员会按照区人大常委会下达的代表名额和比例分配到各选区，合理配置各界代表比例。乡镇人民代表大会以行政村为单位建立选区进行选举。各选区选出的代表，由选举委员会审查，确认代表资格有效。1995—2013 年，各乡镇每年都召开人民代表大会。各乡镇召开人民代表大会会议总体时间由区人大常委会审议决定，具体时间由各乡镇自主安排。会议由乡镇人大主席团主持，会议主要议程是听取和审议通过乡镇政府工作报告、人大主席团工作报告和财政预决算报告，审议决定重大事项，选举乡镇人大主席、副主席，选举乡镇长、副乡镇长。每次会议期间收到的人大代表建议、批评和意见，不能及时处理的会后由主席团转交有关部门办理，并在两个月内答复代表。

1995—2013 年，由于行政区划多次调整，各乡镇召开人民代表大会的届次不尽相同，至 2013 年年底，褚墩镇召开至第十五届人民代表大会，沂堂镇、黄山镇召开至第十一届人民代表大会。

代表大会闭会后，按照便于组织和开展活动的原则，组成代表活动小组，推选组长，并聘请代表小组联络员。主席团成员分工联系代表活动小组，代表分工联系选民。

第二节　乡镇街道人大工作机构

1995 年 3 月，乡镇人大工作办公室改称乡镇人大主席团，全区 6 个乡镇设立人大主席团，并配备专职主席 6 人、副主席 5 人。2000 年 5 月，撤销罗庄镇、傅庄镇、盛庄镇，设立罗庄、盛庄、傅庄街道，其 3 个镇人大主席团改称街道人大工作联络办公室。2002 年 2 月，撤销册山镇、西高都镇、罗西乡，设立册山、高都、罗西街道，其 3 个乡镇人大主席团改称街道人大工作联络办公室；同时，设立双月湖、汤庄街道人大工作联络办公室。2010 年 1 月，沂堂镇由苍山县划归罗庄区。2011 年 1 月，褚墩镇、黄山镇由郯城县划归罗庄区。2011 年 8 月，撤销双月湖街道、汤庄街道，2 个街道人大工作联络办公室随之撤销。至 2013 年，区人大下设 3 个镇人大主席团，6 个街道人大工作联络办公室（含罗西街道），全部配备镇人大主席团主席、街道人大工作联络办公室主任和工作人员。

第十五编　地方国家行政机关

Part 15: Local State Administration

罗庄区在广电大厦召开2008年度工作总结表彰大会（2009年1月　区政府办供稿）

武河湿地（2013 年 6 月　区摄协供稿）

1995年4月11—14日，罗庄区首次人民代表大会召开。选举产生政府区长和副区长，罗庄区人民政府正式成立。至2013年，历经5届，其中十四届任期3年，十七届任期4年2个月，其余每届任期5年。1995年，罗庄区人民政府设工作部门22个，镇人民政府4个，乡人民政府2个。经过5次党政机关机构改革和多次区划调整，至2013年，区人民政府设工作部门21个，镇人民政府3个，街道办事处6个。

罗庄区人民政府贯彻落实中共中央、国务院和省、市党委、政府各项改革、发展政策，围绕中共罗庄区委决策部署和区人民代表大会及其常委会有关决议、决定，实行依法治区、依法行政、科学施政，坚持以经济发展为中心，全面深化各项改革，围绕工贸强区、科教兴区、依法治区发展战略，重点发展工业，优化提高农业，繁荣第三产业，加快经济结构调整，加强城乡建设和环保治理，制定各项优惠政策，营商环境不断优化，政务效率不断提升，全区综合经济实力和持续发展能力不断增强，社会事业全面进步，人民生活持续改善，社会保障更加有力，社会大局和谐稳定，历届人民代表大会确定的全区经济和社会发展目标及各项任务指标全面完成。为今后发展奠定良好基础。

第一章　组织机构

第一节　区人民政府领导成员

1995年2月12日，中共临沂市委公布成立罗庄区筹建工作领导小组。李桂祥任组长、李先建任副组长，李俊修、山常青、李登仕、娄元臣、刘方均为成员；李先建、李登仕、杨以考、张灿建、刘剑利负责政府筹建工作。1995年4月—2013年12月，罗庄区共历五届政府，分别于1995年4月、1998年2月、2003年2月、2007年12月、2012年2月，由区第十四届、第十五届、第十六届、第十七届、第十八届人民代表大会选举产生，其中十四届任期3年，十七届任期4年2个月，其余每届任期5年。李先建、李峰、姜玉鹏、刘淑秀、丰程秀、赵晓晖、王丽云先后任政府区长。

1995—2013年罗庄区人民政府领导成员任职情况表

表15-1

届次	职务	姓名	籍贯	任职时间	备注
十四届（1995.04—1998.02）	区长	李先建	临沂市兰山区	1995.04—1998.02	
	副区长	李登仕	临沂市河东区	1995.04—1998.02	
		李玉洪	山东省沂南县	1995.04—1998.02	
		杨以考	江苏省连云港市	1995.04—1998.02	
		张灿建	临沂市兰山区	1995.04—1998.02	

续表 15-1

届次	职务	姓名	籍贯	任职时间	备注
十四届（1995.04—1998.02）	副区长	刘剑利（女）	山东省邹城市	1995.04—1998.02	
		宋　光	山东省文登市	1996.03—1998.02	
十五届（1998.02—2003.02）	区长	李先建	临沂市兰山区	1998.02—2001.03	
		李　峰	山东省博兴县	2001.03—2003.01	
		姜玉鹏	烟台市芝罘区	2003.01—2003.02	代理
	副区长	李玉洪	山东省沂南县	1998.02—2001.03	
		杨以考	江苏省连云港市	1998.02—2001.03	
		张灿建	临沂市兰山区	1998.02—2001.03	
		刘剑利（女）	山东省邹城市	1998.02—2003.02	
		宋　光	山东省文登市	1998.02—2003.02	
		颜廷湘	山东省郯城县	1998.02—2003.02	
		刘继双	山东省沂南县	1998.02—2003.02	
		刘善元	山东省沂南县	1998.08—2003.02	
		姚　明	山东省莒南县	2001.03—2003.01	
		魏九成	临沂市兰山区	2001.03—2003.02	
		王皓玉	山东省沂水县	2001.03—2003.01	
		武传成	山东省郯城县	2003.01—2003.02	
十六届（2003.02—2007.12）	区长	姜玉鹏	烟台市芝罘区	2003.02—2007.12	
	副区长	王奎玉	山东省龙口市	2003.02—2004.08	
		刘剑利（女）	山东省邹城市	2003.02—2005.10	
		宋　光	山东省文登市	2003.02—2006.01	
		颜廷湘	山东省郯城县	2003.02—2006.01	
		刘继双	山东省沂南县	2003.02—2007.01	
		魏九成	临沂市兰山区	2003.02—2004.08	
		孙福庆	河北省抚宁市	2003.06—2005.10	挂职
		武传成	山东省郯城县	2003.02—2007.01	
		甄仔文	吉林省松原市	2003.09—2007.12	
		吴汉林	山东省蒙阴县	2004.06—2006.02	挂职
		吴汉林	山东省蒙阴县	2006.02—2007.12	
		王皓玉	山东省沂水县	2004.08—2007.12	
		张洪龙	临沂市河东区	2004.08—2007.12	
		朱孔泉	山东省临沭县	2005.10—2006.01	
		王凤英	临沂市罗庄区	2006.02—2007.12	
		巩明文	临沂市河东区	2006.04—2007.01	挂职
		巩明文	临沂市河东区	2007.01—2007.12	
		吴昌力	山东省平邑县	2007.01—2007.12	

续表 15-1

届次	职务	姓名	籍贯	任职时间	备注
十七届（2007.12—2012.02）	区长	姜玉鹏	烟台市芝罘区	2007.12—2008.09	
		姜玉鹏	烟台市芝罘区	2008.09—2008.11	副厅级
		刘淑秀（女）	山东省莒县	2008.11—2009.01	代理
		刘淑秀（女）	山东省莒县	2009.01—2010.12	
		丰程秀（女）	临沂市河东区	2010.12—2011.01	代理
		丰程秀（女）	临沂市河东区	2011.01—2011.12	
		赵晓晖	山东省日照市	2011.12—2012.02	代理
	副区长	王皓玉	山东省沂水县	2007.12—2008.02	
		吴昌力	山东省平邑县	2007.12—2009.01	
		张洪龙	临沂市河东区	2007.12—2011.08	
		吴汉林	山东省蒙阴县	2007.12—2011.12	
		王凤英（女）	临沂市罗庄区	2007.12—2012.02	
		杨翠晓	山东省临沭县	2007.12—2012.02	
		魏九成	临沂市兰山区	2008.02—2011.02	
		钟呈春	临沂市河东区	2009.01—2010.01	
		吴兴华	临沂市罗庄区	2009.01—2011.02	
		李洪刚	山东省沂南县	2009.05—2010.05	挂职
		周开举	云南省永胜县	2009.12—2010.12	挂职
		张玉军	山东省沂水县	2010.01—2012.02	
		刘福军	临沂市兰山区	2011.02—2012.12	
		刘　晟	重庆市江津区	2011.06—2012.02	挂职
		王兆艳（女）	临沂市兰山区	2011.12—2012.12	
十八届（2012.02—　）	区长	赵晓晖	山东省日照市	2012.02—2013.09	
		王丽云（女）	山东省沂水县	2013.09—	代理
	副区长	魏泽来	临沂市兰山区	2012.02—	
		杨翠晓	山东省临沭县	2012.02—	
		张玉军	山东省沂水县	2012.02—	
		王兆艳（女）	临沂市兰山区	2012.02—	
		刘福军	临沂市兰山区	2012.02—	
		密长诚	临沂市罗庄区	2012.02—2013.05	
		刘　晟	重庆市江津区	2012.02—2012.09	挂职
		姚建涛（女）	山东省莒县	2012.09—2013.09	挂职
		王新端	江苏省赣榆县	2013.05—	

1998—2013年罗庄区人民政府区长助理、顾问、咨询任职情况表

表 15-2

届次	职务	姓名	籍贯	任职时间	备注
十五届（1998.02—2003.02）	区长助理	魏九成	临沂市兰山区	1998.02—2001.03	
		田可顺	临沂市罗在区	1998.12—2003.02	副县级
		张明辉	临沂市河东区	1999.09—2003.02	副县级
		胡玉清	山东省苍山县	2000.07—2003.01	
十六届（2003.02—2007.12）	区长助理	田可顺	临沂市罗庄区	2003.02—2007.12	副县级
		张明辉	临沂市河东区	2003.02—2004.04	副县级
		陈相明	临沂市河东区	2005.06—2007.01	
		陈相明	临沂市河东区	2007.01—2007.03	副县级
		孙建中	临沂市兰山区	2006.02—2006.07	
		孙建中	临沂市兰山区	2006.07—2007.12	副县级
		张洪龙	临沂市河东区	2003.03—2004.08	
		王孝龙	临沂市兰山区	2003.03—2005.06	
		柳洪武	临沂市兰山区	2005.06—2006.01	
		厉建仁	临沂市河东区	2005.06—2007.12	
十七届（2007.12—2012.02）	顾问	宋　光	山东省文登市	2008.01—2010.10	副县级
		甄仔文	吉林省松原市	2008.01—2012.12	副县级
	咨询	田可顺	临沂市罗庄区	2010.11—2012.12	副县级
	区长助理	田可顺	临沂市罗庄区	2007.12—2010.11	副县级
		孙建中	临沂市兰山区	2007.12—2009.01	副县级
		厉建仁	临沂市河东区	2007.12—2008.07	
		孙全文	山东省郯城县	2008.03—2010.10	
		陈之君	临沂市河东区	2008.03—2009.11	聘
十八届（2012.02—　）	顾问	甄仔文	吉林省松原市	2012.02—	副县级
	咨询	田可顺	临沂市罗庄区	2012.02—2013.04	副县级
		田可顺	临沂市罗庄区	2013.04—	正县级
		顾　彬	临沂市兰山区	2012.02—	副县级
		杨跃峰	临沂市罗庄区	2012.02—	副县级

第二节　区人民政府工作机构

1995年，罗庄区人民政府设工作机构22个：区政府办公室、计划委员会、经济委员会、对外经济贸易委员会、贸易局、教育委员会、科学技术委员会、监察局（与区纪律检查委员会合署，不计政府机构个数）、民政局、司法局、财政局、人事劳动局、水利水产局、农业局、林业局，农业办公室、文化

体育委员会、卫生局、计划生育委员会、审计局、统计局、地方税务局、建设委员会。

1997—2011年，区政府先后5次进行机构改革（参见第十二编“中共地方组织”第十章“其他工作”第四节机构编制）。至2013年，区政府设工作机构21个：区政府办公室、发展和改革局、经济和信息化局、教育体育局、科学技术局、监察局（与区纪委机关合署，不计政府机构个数）、民政局、司法局、财政局、人力资源和社会保障局、住房和城乡建设局、水务局、农业局（挂林业局牌子）、商务局、文化广电新闻出版局、文化市场管理执法局、卫生局、人口和计划生育局、审计局、统计局、安全生产监督管理局、政府法制办公室。

第三节　乡镇人民政府和派出机构

1995年，罗庄区设罗庄、傅庄、盛庄、册山4个镇人民政府和程庄、岑石2个乡人民政府。1996年10月9日，程庄、岑石乡人民政府，分别改称西高都、罗西乡人民政府。1997年1月14日，西高都撤乡改镇，设立西高都镇人民政府。1999年4月30日，设立双月湖街道办事处，为区政府派出机构。2000年5月11日，撤销罗庄、傅庄、盛庄镇人民政府。设立罗庄、傅庄、盛庄、汤庄4个街道办事处，为区政府派出机构。2002年2月1日，撤销册山、西高都镇和罗西乡人民政府，设立册山、高都、罗西3个街道办事处，为区政府派出机构。2008年3月，罗西街道办事处由临沂高新技术产业开发区管委会代管。2010年1月，增加沂堂镇人民政府。2011年1月，增加褚墩、黄山镇人民政府。同年8月，撤销双月湖、汤庄2个街道办事处。

2013年年底，全区设沂堂、褚墩和黄山镇人民政府，罗庄、傅庄、盛庄、册山、高都和西罗街道办事处，临沂高新技术开发区罗庄工业园管理委员会、临沂罗庄循环经济示范区管理办公室、临沂武河湿地公园管理委员会和临沂罗庄商城管理委员会。

附：市属单位驻罗庄区分支机构

1995年，市属单位驻罗庄区分支机构12个，分别是：市公安局罗庄分局、市公安局交通警察支队罗庄大队、市工商行政管理局罗庄分局、市土地管理局罗庄分局、市环境保护局罗庄分局、市技术监督局罗庄分局、罗庄区公路管理局、市交通委员会罗庄交通管理处、市粮食局罗庄分局、罗庄供电局、罗庄邮电局、罗庄区烟草专卖局（烟草公司）。

1996—2012年，市属分支机构多次变动。

2013年，市属单位驻罗庄区分支机构17个，分别是：市公安局罗庄分局、市公安局交通警察支队罗庄大队、市工商行政管理局罗庄分局、市国土资源局罗庄分局、市环境保护局罗庄分局、市交通运输局罗庄分局、市公路局罗庄公路管理局、市地方税务局罗庄分局、罗庄区国家税务局、市质量技术监督局罗庄分局、市规划局罗庄分局、市城市管理局罗庄分局、市食品药品管理局罗庄区分局、市邮政局罗庄分局、罗庄供电部、罗庄区烟草专卖局（山东临沂烟草有限公司罗庄营销部）、罗庄区盐务局（罗庄区盐业公司）。

第二章　区政府施政

第一节　施政方式

工作制度

区政府实行区长负责制和副区长分工负责制。区长主持区政府全面工作；副区长按照工作分工协助区长工作，并在自己职权范围内独立负责地履行职责，对区长负责。常务副区长协助区长主持区政府日常工作。区长外出期间，委托常务副区长主持区政府全面工作。

区政府工作部门和区政府派出机构在区政府统一领导下，实行行政首长负责制和个人分工负责制。行政首长负责本部门和本单位工作，对区政府负责。

请示报告制度

向市政府请示报告　主要事项：区划调整，重点建设项目，一个时段的政府工作，经济社会发展规划，重大灾害、事故，区政府工作部门的改革调整，贯彻落实市政府部署任务的情况等。

向区委请示报告　主要事项：贯彻执行党的路线、方针、政策中遇到的重大事项，国民经济和社会发展计划、财政预决算、城乡建设规划、重大产业结构调整和重大建设项目，政府工作部门、部门管理机构、事业单位设立、撤并，重大活动，市政府重要会议精神及贯彻落实意见，区政府一段时间内重要工作安排及执行情况等。

向区人民代表大会及其常委会报告　主要事项：一定时期或年度的政府工作、国民经济和社会发展计划、财政预算安排及决算执行情况，区人民代表大会及其常委会决议贯彻执行情况，国家法律、法规执行情况，需报区人大常委会决定的国家工作人员任免事项，区人民代表大会确定的议案和人大代表提出的建议、意见办理情况等。接受区人民代表大会及其常委会的监督。

区政府部门向区政府请示报告　区政府工作部门需要向区政府汇报的事项：首先向分管副区长汇报；确需向区长汇报的，必须事前征求分管副区长意见；区政府部门向区政府汇报工作，必须由主要负责人汇报；主要负责人因特殊情况不能汇报的，可以授权主持工作的副职汇报。

决策机制

区政府及各工作部门完善群众参与、专家咨询和政府相结合的决策机制，健全重大决策规则和程序，实行科学决策、民主决策、依法决策。各部门提请区政府讨论决定的重要事项，必须经过深入调查研究，并经过专家或研究、咨询机构等进行必要性、可行性和合法性论证；涉及有关部门的，要充分协商；涉及街道、乡镇的，要事先征求意见；涉及重大公共利益和人民群众切身利益的，要向社会公开征求意见，必要时举行听证会。

区政府及各工作部门按照法定权限和程序行使行政权力，强化法律意识和责任意识，加强依法行政统筹规划和组织领导，严格实行行政执法责任制和执法过错追究制，有法必依、违法必究，公正执法，文明执法，不断提高依法行政能力和水平。

会议制度

区政府全体会议　由区长、副区长、区长助理、区政府办公室主任和区政府序列部门主要负责人组成。必要时召开扩大会议，吸收区政府办公室副主任、区政府直属部门、派出机构主要负责人列席会议。视情况邀请区委有关部门、区人大和政协专门委员会以及民主党派、群众团体负责人列席。会议议题由区长确定，由区长或由区长委托常务副区长召集和主持。会议主要任务：讨论决定区政府工作中重大事项，总结和部署一个时期的重要工作，讨论需要由区政府全体会议决定的其他事项。区政府全体会议原则上每半年召开一次，必要时由区长决定随时召开。

区政府常务会议　由区长、副区长、区长助理和区政府办公室主任组成，区人民武装部部长、区监察局局长、区政府办公室副主任列席。区政府有关部门的主要负责人列席相关议题的讨论。根据会议内容，可邀请区人大、政协专门委员会负责人及有关专家列席。会议的主要任务：传达中央、省、市和中共罗庄区委重要指示、决定和会议精神，研究提出具体贯彻意见；讨论通过提请区人代会及其常委会审议的议案；讨论通过由区政府制定发布的政府规章和重大政策规定；研究全区国民经济和社会发展的长远规划、年度计划；讨论通过《政府工作报告》；讨论需要区政府常务会议决定的其他事项。区政府常务会议一般每月召开一次，必要时由区长决定随时召开。

区长办公会议　由区长、副区长组成，专职区长助理、区政府办公室主任、区监察局局长、区政府法制办公室主任并邀请区人民武装部部长固定列席；区政府办公室副主任及区政府有关部门主要负责人列席相关议题。区长办公会议由区长或区长委托常务副区长召集和主持。会议主要任务：研究决定街道办事处、乡镇政府和区政府工作部门重要请示、报告事项；研究需提交区政府全体会议或常务会议决定的重要问题；研究决定区政府日常工作中的重要事项；研究通过人事任免事项；研究区政府日常工作中的重要事项。一般每周召开一次，必要时由区长决定随时召开。

公文制发

公文制度　区政府对各镇政府、街道办事处、区政府各工作部门、直属事业单位和重点企业直接行文，并接受请示、报告。

公文内容　以区政府或区政府办公室名义制发的公文，其内容应属于关系全区经济和社会发展的重大改革方案、重要决定、政策措施、政府规章以及需要全区各级国家行政机关、企事业单位执行和周知的重要事项。

公文审批　区政府工作部门报区政府审批的公文，经区政府办公室审核后根据区政府领导分工呈送审批。

公文签发　凡以政府或区政府办公室名义制发的公文，均由区政府办公室负责审理送审、送签。区政府领导不直接签批未经区政府办公室审理的公文文稿。公文签发权限：以区政府名义向市政府请示、报告，以及涉及重大方针、政策的事项，由区长签发；以区政府名义报请区人大常委会审议的议案，区政府发布的规范性文件，由区长签发；区政府序列部门正职，行政、事业单位科级干部任免公文，由区长签发；以区政府名义制定的正式公文，报请分管副区长审签，区长签发；以区政府名义制发报送市政府部门等便函类公文，根据公文内容，由分管副区长签发；内容涉及数名副区长分管范围的，需请有关副区长会签，报请区长签发；以区政府办公室名义制发的公文，报请分管副区长审核后，由区政府办公室主任签发。

政务信息与督查

各乡镇人民政府、各街道办事处和区政府各部门开展政务信息工作，及时向区政府反映政府工作及经济社会发展中的重要情况，为政府领导科学、民主决策提供依据。

区政府办公室对区委、区政府重要决策和领导批示实行督查办理制度。重要决策督查工作按照立项通知、检查催办、及时办结、汇总报告程序进行。

各乡镇人民政府、各街道办事处和区政府各部门主要负责人对督查件办理落实负责。督查件涉及两个或两个以上承办单位的，由主办单位牵头办理，协办单位配合。办理结果报告由主办单位负责报送。

第二节 施政辑要

第十四届人民政府

罗庄区第十四届人民政府任期自1995年4月至1998年2月，任期3年。其间，按照区委确立的“工业强区、科教兴区、依法治区”指导思想，按照“重点发展工业，优化提高农业，繁荣第三产业，加快新区建设”总体思路，加大企业新上、技改力度，膨胀第三产业和民营经济，调整优化农业内部结构，加快对外开放步伐，全区政治安定，社会稳定，经济快速发展，事业全面进步。1997年，完成地区生产总值28.85亿元，比1995年增加6亿元，年均增长12.25%；地方财政收入实现5500万元，比1995年增加2400万元，年均增长37.84%；农民人均纯收入2215元，比1995年增加571元，年均增长16.07%；城镇居民年人均可支配收入4985元，比1995年增加994元，年均增长11.76%。三年累计建设总投资17.1亿元。任期内，罗庄区先后被国家科委命名为科学技术工作先进县（区），被省政府命名为水污染防治先进单位和教育“两基”工作先进单位。

农村经济协调发展。全区各级以奔小康为总抓手，以实施“五个一工程”和“445计划”为重点，依靠科技，加大投入，调整结构，大力发展特色农业，积极推进农业产业化，促进传统农业向现代化农业转变。3年累计投资1960万元实施农田水利建设，扩大水浇面积1333.33公顷。新增农机总动力2.3万千瓦，重点推广先进实用技术18项。1个镇和116个村达到小康标准。1997年，完成农业总产值6.79亿元，年均增长3.27%。

工业生产平稳增长。全区把加快发展工业作为全局性和战略性任务来抓，立足于推进两个根本性转变，以提高经济效益为中心，深入开展“改革、管理、增效”活动。3年累计投入13.84亿元，新上和技改项目166个，其中千万元以上项目23个。1997年，全区完成164家区属企业、乡镇企业改制，规模以上工业实现总产值26.2亿元，区乡企业完成利税1.7亿元。

个体私营经济发展迅速。制定完善一系列鼓励支持个人私营经济发展的优惠政策，放宽从业人员、经营范围、经营方式和税费政策，为个体私营经济搞好经营场地、信息、资金和人才等方面的综合服务。3年内新建和完善大型专业批发市场和农贸市场16处；新建民营工业园6处，入园经营户200家。1997年，注册个体工商户和私营企业2261家，注册资金9729万元，从业人员3.3万人。个体私营经济纳税1151.3万元，占全区财政收入10.9%。1997年，全区工业实现外贸出口创汇3050万美元。

城乡建设力度逐步加大。按照“高起点规划、高标准建设、高速度配套，高水平管理”的要求，突出“精、美、新”特色，完成区乡村整体规划编制，重点实施新城区开发、城乡道路和基础设施建设。3 年累计投资 1.8 亿元，修筑城乡道路 154 条 233 千米，硬化道路面积 272 万平方米。加快旧村改造步伐，建成 12 个小康住宅示范村，共建小康屋 15639 栋。1997 年，区行政办公大楼、人民广场等一批重点项目相继建成投入使用。

社会事业全面进步。坚持教育优先发展，1995 年 10 月，经省政府教育“两基”评估组评估验收，罗庄区基本实现九年义务教育和基本扫除青壮年文盲。3 年内共实施 151 项科技推广开发项目，有 76 项获市级以上科技成果奖。1997 年，科技进步贡献率达到 56%。大力推进乡镇卫生体制改革，推广和完善“乡村一体化”办医模式。加快土地管理和环保工作进程，3 年内共拆除小瓦（盆）窑等小污染源 466 家、大型烟囱 19 座，关停治理水污染企业 26 家。

第十五届人民政府

罗庄区第十五届人民政府任期自 1998 年 2 月至 2003 年 2 月，任期 5 年。其间，坚持“科教兴区、工贸强区、依法治区”工作方针，始终把工业发展作为全局性和战略性任务来抓，加大新上技改项目，积极推进企业技术进步，不断强化企业管理，全区工业经济总体效益明显提高。坚持以农民增收为中心，以农业科技为先导，以调整品种结构、发展特色农业、推进产业化经营为重点，不断提高农业综合效益。2002 年，全区完成地区生产总值 53.31 亿元，比 1997 年增加 24.46 亿元，年均增长 13.09%；地方财政收入实现 1.26 亿元，比 1997 年增加 0.67 亿元，年均增长 16.39%；农民人均纯收入 2876 元，比 1997 年增加 661 元，年均增长 5.36%；城镇居民年人均可支配收入 8043 元，比 1997 年增加 3058 元，年均增长 10.04%。任期内，先后被科技部命名为全国科学技术工作先进县（区），被国家林业局命名为全国造林先进单位，被省委、省政府命名为全省社会治安综合治理模范区、信访工作先进区、计划生育“三为主”合格区，被省教委命名为全省素质教育先进区，被省政府表彰为“全省矿业秩序整顿先进县（区）”“广播电视先进区”。

工业生产快速增长，经济效益显著提高。5 年累计新上技改投入 48 亿元。其中，投资过亿元项目 12 个，过千万元项目 106 个；新发展科技企业 56 家，共研制开发新产品 128 个，其中国家级新产品 3 个，6 家企业被认定为省级高新技术企业。累计投资 2.8 亿元，新建和完善工业园区 15 个，入园企业 180 家，园区经济总量占全区工业经济总量 40% 以上。培植壮大华盛、美华、宏达、盛能、新光 5 个企业集团。2002 年，规模以上工业企业总产值 54.13 亿元，比 1997 年增加 27.93 亿元，年均增长 15.62%。实现利税 3.9 亿元。

农业和农村经济协调发展，农民生活水平基本实现小康。5 年累计新增经济作物播种面积 7200 公顷，新建和补植完善农田林网 1.63 万公顷，造林 1020 公顷，植树 200 万余株；引进示范推广农业新品种及实用技术 152 项，粮经比 6.5：3.5，农机作业率 85% 以上；5 年累计投资 4024 万元，完成水利工程 164 项，治理水土流失面积 166.67 公顷，扩大和改善灌溉面积 8466.67 公顷；累计投资 3000 余万元，先后完成汤庄 666.67 公顷节水示范工程，傅庄、汤庄、罗庄、册山、高都黄淮海平原开发项目、盛泉大型沼气及污水处理工程；区农业高新技术示范园等综合开发和示范工程。2000 年，通过省政府小康区验收。2002 年，蔬菜、肉类总产量分别 10.8 万吨、2.2 万吨，分别比 1997 年增长 33.2%、50%；

奶牛存栏5538头，牛奶总产量1.85万吨。是年，农业总产值5.72亿元，比1997年减少1.07亿元。

第三产业发展迅速，产业结构进一步优化。2002年，注册私营企业和个体户分别累计490家、5196户，注册资金累计5.1亿元，从业人员10万人。5年累计投资1.7亿元，新建和扩建17处专业批发市场，建成各级各类集贸市场43处。2002年，实现社会消费品零售总额9.37亿元，比1997年增长54.2%。三次产业比重由1997年的10.75：69.15：20.10调整为5.63：70.90：23.47，经济结构进一步优化升级。

加强城乡基础设施建设，城市化进程进一步加快。编制完成罗庄区40平方千米的分区规划和10平方千米的中心区详细规划。5年累计投资16.7亿元，建成城乡道路400千米，原206国道拓宽改造，新206国道改线，沂河路通车。5年累计投资3.03亿元，开发建设经济适用房38.4万平方米。先后投资2400万元实施城区集中供热工程。投资1.43亿元改造城乡电网1688千米。新北区建设14平方千米的控制性详细规划通过省、市政府批准。

招商引资取得突破性进展，对外开放水平不断提高。5年全区共引进区外项目194个，引进区外资金37亿元，其中新批利用外资项目50个，利用外资1.5亿元；在国外设立生产企业2家。2002年，利用境外资金3388万美元，完成外贸进出口总额1.1亿元，其中自营出口创汇6059万美元。

社会各项事业全面进步。大力推进素质教育，巩固“普九”成果，教育质量不断提高，基本完成中小学布局调整和危房改造任务。5年共获得市级以上科技成果奖26个，共组织申报上级科技计划项目43项，科技在经济发展中的贡献率逐年提高。5年共治理改造污染企业380家，取缔小瓦盆窑、小造纸厂、小化工厂、小水泥厂等五小企业2000家。

第十六届人民政府

罗庄区第十六届人民政府任期自2003年2月至2007年12月，任期5年。2007年，完成地区生产总值148.89亿元，年均增长22.78%。地方财政收入实现4.17亿元，年均增长27.04%。农民人均纯收入4893元，年均增长11.21%。城镇居民人均可支配收入14565元，年均增长12.61%。5年累计完成固定资产投资190.57亿元，罗庄街道连续两年被命名为全国“千强乡镇”。

经济结构趋向优化，三次产业层次提升。三次产业比重由2002年的5.63：70.90：23.47调整到2.95：70.45：26.60。规模以上企业发展到267家，净增167家。华盛热电、华宇铝电、久泰化工、华盛中天、鲁南国际粮油城等投资过亿元项目相继竣工投产，逐步形成以新北区、江泉两大工业园为龙头的工业经济发展新格局。2007年，规模以上工业企业实现总产值392.26亿元，销售收入386亿元、利税41亿元、利润25亿元，分别是2002年的7.6倍、10.5倍和9.7倍。华盛江泉集团连续六年进入全国500强，位置持续上升。2007年，全区科研机构发展到63家，省级高新技术企业发展到23家，国家级高新技术企业2家，总量位居全市第一，科技进步对经济增长的贡献率56%。培育和壮大以陶瓷建材、汽车超市为代表的专业市场，建成全国单体面积最大的花卉市场——鲁南花卉城。2007年，实现三产增加值39.6亿元，是2002年的3倍；社会消费品零售总额28.32亿元，是2002年的3倍。

扩大对外开放，增强经济活力。5年累计

引进区外资金90.6亿元，引进区外项目362个，其中新批利用外资项目26个，利用外资4.9亿美元。与世界500强法国圣戈班公司、全国500强中铝集团成功合作，罗欣药业、久泰化工、烨华焦化3家企业先后在境外上市，全区上市公司达到5家，累计融资45亿元，上市公司数量和募集资金数量位居全市第一，境外上市公司个数全省第一。设立境外生产企业、贸易公司18家，累计40家，境外总投资超过5000万美元。2007年，完成进出口总额4.15亿美元、自营出口创汇2.5亿美元，分别是2002年的3.8倍和4.1倍，连续4年实现实际利用外资、自营出口创汇"双过亿"。2007年，受到市政府贺信嘉奖。

宜居城市规模膨胀，强化基础设施建设。5年间，实施"西扩、东进、北接、南展"战略。累计完成建设投资16亿元，北区工业园、沂河路汽车超市一条街等区域初具规模，美澳花园、观天下花园、清水湾花园、财税大厦、广电大楼、江泉大厦等一批工程陆续建成，城市化水平59%。累计改造、修建城乡道路350千米，修建滨河大道罗庄段，完成沂河路绿化整治、蒙山大道南段改造、陷泥河整治、污水处理厂及配套管网建设等20余项重点工程。新增绿化面积120万平方米，绿化覆盖率35.5%，人均公共绿地30.2平方米，双月湖公园被评为国家级城市湿地公园。大力开展环境污染综合整治，集中拆除土炼焦窑、石灰窑、小瓦盆窑和黏土砖窑等五小企业3000余处，治理整顿大气和水污染企业2000余家，通过国家环保模范城市检查验收。

健全民主法制，努力构建和谐社会。5年累计办理人大代表建议、政协委员提案500件，办结率100%。深入实施"依法治区"战略，完成"四五"普法任务，启动"五五"普法，加强社会治安综合治理和安全生产工作，开展"平安罗庄"创建活动，被省委、省政府命名为全省平安创建模范区和全省信访工作先进单位。

实施为民工程，逐步健全社会保障体系。5年累计新增就业、再就业岗位1.4万个，转移农村劳动力3.3万人。累计发放低保金、救助金1500万元，救济救助困难群众1.5万人次。2007年，企业基本养老保险、农村基本养老保险、基本医疗保险参保人数分别2.73万人、2.1万人和2.8万人。其间，积极实施百万农户致富、奶牛富民、村村通硬化路、村村通自来水、村村通有线电视、环城森林、富民生态家园计划等惠民工程，发放小麦直补、农资综合、小麦良种、农机购置等补贴资金2032万元，发放致富工程贴息贷款7100万元，建成丰产林4666.67公顷，被省政府命名为全省造林绿化先进单位。投资3亿元，新建、改造一批电力设施和农村低压电网，被命名为全国电气化建设先进县区。在全市率先取消农业税及附加。

经济社会协调发展，各项事业全面进步。5年间，加快"创新型罗庄"建设步伐，连续3次被科技部命名为全国科技进步先进县区。加强城市和农村社区建设和管理，被民政部确定为全国农村社区建设实验县区。2003年，开展创建"山东省教育示范区"活动，完成中小学布局调整和危房改造。人口自然增长率控制在6.1‰以内。2007年，分别被省政府命名为山东省教育工作示范区和山东省计划生育优质服务先进区。创建国家卫生城市初步通过省级验收，"新农合"村（社区）和农民参合率分别100%、95%。2007年，被省委、省政府、省军区命名为省双拥模范区。

第十七届人民政府

罗庄区第十七届人民政府任期自2007年

12月至2012年2月，任期4年2个月。其间，深入贯彻落实科学发展观，有效应对国际金融危机和结构调整的双重挑战，着力打造“一环两园三区”发展格局，先后开展“项目推进年”“投引资突破年”和“重点项目突破年”等主题活动，全方位、多层次、宽领域扩大对外开放，全力打造工商复合型经济。立足保障和改善民生，全面完成十七届人大历次会议确定的各项目标任务。2008—2011年，累计完成固定资产投资351.44亿元，年均增长13.02%。三次产业比重由2007年的2.95：70.45：26.6调整为2.28：63.82：33.90。2011年，完成地区生产总值260.43亿元，年均增长15.01%。地方财政收入实现12.85亿元，年均增长32.49%。农民人均纯收入8070元，年均增长13.33%。城镇居民人均可支配收入24232元，年均增长13.57。实现社会消费品零售总额74.54亿元。任期内，连续十年被科技部命名为全国科技进步先进区，获“新中国60年最具投资价值县区”“中国宜居宜业典范区”和“山东省最佳投资城市”称号。

工业经济转型加速。2011年，年销售收入2000万元以上规模企业发展到234家，完成总产值831.26亿元，年均增长20.65%。华盛江泉集团、沂州集团2家企业进入全国500强，三德特钢进入全国民营企业500强，11家企业进入全市工业企业50强。高新技术产业产值占规模以上工业总产值的比重达到27%，科技对经济增长的贡献率60%。提前2年完成“十一五”淘汰落后产能任务。新兴产业发展迅速，新光格兰德涤纶长丝项目被列为山东省百项战略新兴产业重点项目。

开放开发步伐加快。4年内，累计引进各类项目680个，利用市外资金169亿元。对外贸易平稳增长，进出口获权企业145家。2011年。完成进出口总额14.8亿美元，出口3.46亿美元，完成境外投资6769万美元。启动罗庄循环经济示范区建设，规划面积160平方千米，起步区一纵十横路网初步形成，进一步拓宽全区新型工业发展的空间。诸暨工业园项目完成投资8亿元，恒嘉能源200万吨塑料、上海泵阀工业园、金华丰亿模具园项目落户园区。罗庄工业园新上新光格兰德涤纶长丝、美鑫无缝钢管及市场二期、美尔吸塑包装、国宏经贸不锈钢等科技含量高、附加值高的项目。

现代商贸发展迅速。规划建设沂河路、通达南路、滨河路三条服务业经济带，入驻项目125个，总投资600余亿元。先后举办三届国际奇石盆景花卉根艺博览会、第十一届全国村长论坛。2011年，开工兴建临沂名嘉广场、沂蒙乐园、青啤文化广场、长途汽车南站、深莞城、工商贸博览城、展恒怡和国际等10个商业综合体，开发江泉国际、青啤家园、白鹭金岸等房地产项目，完成房地产开发面积46.1万平方米；引进浙商保险、紫金保险公司。罗庄区被列为山东省重点服务业城区，连续4年被市委、市政府评为服务业发展先进县区。

农村经济稳步增长。落实强农惠农政策，4年累计发放各类惠农补贴8482万元。2011年，粮食总产量16.47万吨，实现“八连增”。大力发展优质高效城郊型特色农业，建成高效农业示范基地29处，优质农产品基地5333.33公顷，注册农产品商标11个，“塘崖贡米”“沙沟芋头”通过国家地理标志认证。农业产业化经营加速推进，省、市级龙头企业发展到17家，农民专业合作社330户，市级标准化养殖小区增加到24处。完成小埠东灌区改造、高都农业综合开发等97项工程，改造中低产田3134公顷，新增、改善灌溉面积5666.7公顷。完成集体林权制度主体改革，累计完成造林4200公顷，森林覆盖率30.2%。

城乡环境持续优化。4年共投入20亿余元，修建改造沂河路、滨河大道、南环路、罗程路等城乡道路30条，完善六纵六横路网体系。加强供水、供暖、供气、污水管网等设施配套建设，完成岸堤水库引水工程，敷设供热管网11千米、燃气管网27千米、弱电管网42千米。启动傅庄、褚墩2个市区优先发展重点镇建设，完成36个中心村整体改造规划，累计建设农房2.5万户、改造危房3000户。以"一创六建"为抓手，深入开展城乡环境综合整治，建设生活垃圾收集站（点）2500处，211个行政村和社区达到"五化"标准，全区绿地率、绿化覆盖率分别47.9%、61.3%，人均公共绿地面积12.8平方米。投资7亿余元，完成15项"迎淮检查"工程，新增污水日处理能力8.5万吨。武河湿地被评为国家级湿地公园，成功承办全国饮用水源地保护环境应急管理工作现场会。

民生质量明显改善。4年累计用于民生和公共事业支出22.76亿元，占财政总支出的65%。优先发展教育事业，义务教育均衡发展，新建、改造校舍17.8万平方米，新建、改建公办幼儿园21所，70%以上的学校成为省、市规范化学校和教学示范学校。2009年12月，被省教育厅命名为山东省义务教育均衡发展工作先进县（市、区）。围绕创建国家卫生城市，加强疾病预防控制体系和医疗救治体系建设，新农合村（社区）参合率、农业人口参合率均100%。加强基层公共文化设施建设，建成村（社区）文化大院211个、农家书屋176个，区文化中心、罗庄展览馆等公共文化设施投入使用。扩大保险覆盖范围，逐步提高保障标准，城乡居民养老保险覆盖率85%，60岁以上老人每月领取55元基本养老金，城镇医疗保险覆盖率98.2%。发放低保金4325万元、救济款521万元，困难群众基本生活得到有效保障。全国、全省群众工作会议先后在罗庄区召开。

图15-1：罗庄区召开2008年度工作总结表彰大会（2009年1月16日　摄）

第十八届人民政府

罗庄区第十八届人民政府任期自2012年2月开始。2013年，牢牢把握"科学发展、跨越赶超"工作总基调，围绕"三园一环"（加快南部循环经济示范园区、罗庄工业园、江泉工业园和70千米的服务业发展"环形隆起带"建设）发展布局和"三个三"（培植"十大纳税过亿元企业"、打造"十大产业集群"、建设"十大商业综合体"；实现项目建设、新型城镇化"两个突破"和民生改善"一个提升"）工作思路，着力构建现代产业体系、现代城镇体系、民生保障体系。完成地区生产总值330.5亿元，实现地方财政收入18.28亿元，农民人均纯收入10380元，城镇居民人年均可支配收入30317元，固定资产投资166.05亿元，社会消费品零售总额102.2亿元。被命名为国家知识产权强县工程试点区、全国中小城市生态环境建设实验区和山东省知识产权示范区。

产业升级步伐加快。2013年，启动“4+3”现代产业发展计划，落实“五个一”工作推进责任制，突出抓好重点项目建设、产业招商两个关键。以“三个一批”38个重点项目为抓手，开展“百日会战”活动，推动项目快上、快建、快投产。华盛江泉特钢循环产业园、格兰德8万吨涤纶长丝、三德盘螺与煤气发电等重点项目投产运营，盛阳100万吨新型复合材料、恒昌化工三聚氰胺、久泰能源60万吨甲醇技改等工业项目加速建设，全球商品交易中心、国际汽车生活港、羲之文化产业园等现代服务业项目加快推进，经济结构的战略性调整实现质的提升和突破。加大产业招商力度，洽谈过亿元项目43个，18个项目开工建设，完成投资27亿元。

工业经济稳中向好。2013年，完成规模以上工业总产值1019.24亿元、主营业务收入1095.05亿元、利润总额47.64亿元、利税总额90.89亿元，分别比上年增长6%、12%、4.7%、12.4%。全区规模以上工业企业发展到298家，其中产值过亿元企业60家、过10亿元企业13家；43家企业利税过千万元；20家企业进入全市骨干企业；18家企业列入全市“双50”计划，入选数量居全市第一位。自主创新能力增强。罗欣药业、华盛中天获批国家火炬计划项目，博大生态园获批国家星火计划项目，38个项目列入全省技术创新项目计划，9家企业被认定为市级以上研发平台，获省科技进步二等奖1项、市科技发明一等奖2项；新增驰名商标2个、著名商标4个、名牌产品1个，授权发明专利75件，获中国专利优秀奖1项；江鑫钢铁与三德特钢联合重组，市场准入通过省级评审。实施技改项目100个，完成投资70亿元；23个项目列入市级以上重点技改项目，其中省级6个；沂州集团、恒昌集团余热综合利用项目获国家节能技改奖励，元生铸冶项目获“中欧中小企业节能减排国际科研合作”资金支持。完成进出口总额25.68亿美元，增长34.6%，对外投资7840万美元，实际利用外资1692万美元。华盛江泉集团与加纳签订合作备忘录，投资60亿美元建设江泉循环经济产业园。

服务业加速提升。2013年，第三产业市场主体达到1.9万户、注册资本金92.9亿元；办理“个转企”625户。沂州花卉市场建成运营，陶瓷博览城一期投入使用，鲁南国际粮油物流城交易额120亿元。“十大城市综合体”累计完成投资89亿元。临沂皮革城建成营业，全球商品交易中心投资12亿元，鲁南茶博城、鲁南国际工业品采购中心、名嘉广场、展恒怡和国际等节点高层全面建设。全区存贷款余额分别259.1亿元、223.3亿元，存贷比居全市第二位。新增股份制商业银行2家、民间融资服务公司4家。华盛江泉集团发行企业债券6亿元，恒昌聚材、效峰菌业在齐鲁股权成功挂牌。全区接待游客201万人次、实现旅游收入11亿元。

坚持规划与开发并举、建设与管理并重，大力改善城乡面貌和人居环境。2013年，城镇化水平59.9%。完成全区空间发展战略研究规划，编制2项概念性规划、7项控制性详规、1项地质稳定性分析，其中城区四片区与铁路南片区控制性详规通过专家评审。全年投入8亿元，新建改造城乡道路60千米，通达南路傅庄段、文化路、开元路等32

条主次干道竣工通车；新增调整公交线路12条，投放新能源公交车123辆；安装道路交通信号灯33套；敷设燃气管网81.5千米、污水管网8千米、供热管网8.1千米；湖北路东线供暖主管网、城区排水工程全面完成，有效解决城区冬季供暖和汛期积水问题。7个镇（街道）实现环卫保洁物业化，6个街道、镇实现生活垃圾清运市场化。全区211个村（社区）合并成119个社区，投资12.7亿元建设农房项目24个，其中万人社区16个。投资8.8亿元开展“环保专项整治攻坚战”和“改善城区空气质量百日集中行动”。新增绿化面积25万平方米，绿地率、绿化覆盖率、人均绿地面积分别42.7%、47.7%和12.1平方米，新增造林面积533.33公顷，林木覆盖率31.2%。

民生保障不断改善。2013年，民生支出10.2亿元，占财政总支出65.2%；城乡教育均衡发展，投资7100万元建设校舍6.1万平方米，新建公办幼儿园20处。新增城镇就业5429人，转移农村劳动力4890人。投资3800万元建设养老机构6家，发放老年人基础养老金、城乡低保资金及各类救灾款8232万元，城市低保标准提高到每月370元，农村低保标准提高到每年2000元。基本药物制度全面实施，减轻群众医疗负担1100万元。新农合报销1.6亿元，其中大病保险受益3800人次；“先诊疗后付费”模式全面推广，预付住院费用1884万元，受益群众6280人次。投资1300万元改造镇（街道）卫生院基础设施。建立居民健康档案44.9万份，与33.4万居民签订“家庭医生式服务”协议，免费为2.7万名65岁以上老年人健康查体。新建乡村大舞台5个、乡村文化广场6个，完善提升各类公共文体场所177处。举办全区首届全民运动会，罗庄区被全国体育总局命名为全国群众体育先进单位。落实惠农政策，发放惠农补贴资金6818万元。投资1511万元改造中低产田866.7公顷，投资3424万元实施农村饮水安全工程，惠及7.6万人。农村产权制度改革工作全面推开，累计流转土地2400公顷。新建“天网工程”二期、改建治安卡口24处、高清监控点176处，顺利通过省级验收。按时办结人大代表建议、政协委员提案192件。

第三章 行政审批 外事侨务 应急管理 机关事务管理

第一节 行政审批

1995—2006年，罗庄区行政审批事项由区政府各部门、市属分支机构负责。2006年6月，区政府在行政办公大楼一楼设立政务大厅，进驻部门16个，窗口工作人员29人。同时区政府政务大厅管理办公室成立，为正科级事业单位，负责对进驻大厅的窗口单位集中审批、收费事项的组织协调、监督管理和指导服务。2009年12月29日，区政务大厅迁至教育巷财税大厦，区政府公布进驻政务大厅27个部门，分别为区发改局、经贸局、民政局、人事局、劳动和社会保障局、建设局、水务局、外经贸局（招商局）、卫生局、人口和计划生育局、安监局、畜牧局、农机局、林业局、物价局、广电局、公安分局、消防大队、工商分局、国土分局、环保分局、规划分局、交通分局、住房公积金管理中心、质量技术监督分局、食品药品监督管理分局、盐务分局，168 项审批和政务服务类项目纳入政务大厅集中办理。同年，区政府印发《关于深入推进行政审批制度改革的实施意见》《窗口部门和窗口工作人员考核办法》《政务大厅管理办法》，规范行政审批行为。区政务大厅管理办公室以提高行政效率、简化审批手续、减少审批环节、规范收费项目和推动政府全面提速为宗旨，实行“一门受理、并联审批、一口收费、限时办结”的快捷服务模式。对审批（许可）事项实行“八公开”，即审批（许可）内容公开、工作流程公开、申报材料公开、审批（许可）依据公开、审批（许可）范围公开、审批（许可）条件公开、承诺时限公开、收费标准公开。内部管理实行周检查、月通报、季评比制度，对各窗口及工作人员综合量化考评、评先树优，并反馈给驻厅单位。2010 年 4 月，发布实施《罗庄区人民政府政务大厅并联审批办法》和《罗庄区投资项目审批代办协办工作办法》，组建代办服务工作小组。同年 8 月，开发网上行政审批系统和电子监察系统，建立行政审批服务网站，实施并联审批制、首问责任制、一次告知制、代理代办制、限时办结制等制度，形成新的、更加高效的工作流程。至 2011 年，先后 4 次梳理和调整行政审批事项并编制行政审批事项目录，27 个窗口单位共有 167 项行政审批事项，进驻区政务大厅。审批事项的平均精简率为 30%，审批时限压缩 1/3 以上。区级具有行政审批职能的部门基本实现行政审批集中办理、一个窗口对外服务。2013 年，区政务大厅共有区发改局、安监局、工商分局、国土分局、环保分局、计生局、住建局、交通分局、经信局、人社局、林业局、民政局、水务局、卫生局、物价局、消防大队、畜牧局、盐务局、住房公积金管理中心、新型农村合作医疗 20 个窗口单位，89 名窗口工作人员。2010—2013 年，区政务大厅累计办结各类政务服务事项 52.47 万件，按期办结率保持 100%。

2012 年 10 月，落实市政府《关于加强全市乡镇（街道）便民服务中心标准化建设的意见》，区政府成立街镇便民服务中心标准化建设领导小组，启动对各镇、街道便民服务中心统一规划、统一名称、统一标识、统一布局、统一办公设施、统一室内标牌“六统一”的规范提升建设工程。至 2013 年 12 月，全区 8 个镇、街道相继建成规范标准的便民服务中心和 53 个社区便民服务室，有 112 名代理人为基层群众提供代理服务。全区实现党员服务、社会保险、社会救助、新农合、居民医疗与劳动咨询等 20 个便民事项在便民服务中心一站式办理。2012 年、2013 年分别办结各类政务服务事项 14.68 万件、18.61 万件。

第二节 外事 侨务

1995—2007 年，罗庄区外事侨务工作由区政府办公室外事侨务科负责。2008 年 6 月 3 日，区政府贯彻落实《中共临沂市委、临沂市人民政府关于加强和改进新形势下外事工作的意见》，罗庄区人民政府外事与侨务办公室（简称区外侨办）成立，在区旅游局加挂罗庄区人民政府外事与侨务办公室牌子，与区旅游局一套班子，两块牌子。至 2013 年，机构无变动。

外事

2008 年 7 月 3 日，瑞典埃斯基尔斯图纳市市长汉尼·劳德格伦一行 9 人，到罗庄区华盛中天、久泰化工进行参观考察。2010年3月21日，中国华安国际与马来西亚安裕资源公司合作备忘录签字仪式举行。马来西亚东姑纳奎尤丁、驻华使馆公使林锐仁、驻华使馆参赞施志光、安裕钢铁公司执行董事主席拿督林建南、安裕钢铁公司总裁拿督林鸿泰出席签字仪式。

侨务

侨情调查和联络　2008年8月、2013年5月，区外事侨务办公室联合区政府办公室以及公安、教育等部门进行2次侨情调查。2013年，全区共有外资及港澳台资企业35家。其中，独资企业11家，合资企业24家。全区有外籍华人5人，华侨22人，侨眷121人。全区在外留学生11人，分布在美国、英国、加拿大、澳大利亚等国家。

为侨服务和侨眷合法权益保护　2008年12月，区外侨办建立罗庄区旅游外侨网，宣传国家外事侨务政策、法规和区外侨办职责范围，并设立涉侨权益保护电话，便于群众查阅和联系。区外侨办每年利用“12·4”法制宣传日，开展以《中华人民共和国归侨侨眷权益保护法》为主要内容的涉侨政策宣传活动。2013年6月18日，区外侨办组织工作人员开展《中华人民共和国归侨侨眷权益保护法》宣传活动。发放各类宣传资料100份，受理群众各类咨询20人次。每年元旦、春节期间，区外侨办都走访慰问困难侨眷、侨属。

第三节　应急管理

2007年12月17日，罗庄区人民政府应急管理办公室（简称区应急办）设立，是罗庄区突发事件应急管理委员会的办事机构，为正科级事业单位，隶属区政府办公室。2008—2013年，区应急办围绕“一案三制”（即建成覆盖各地区、各行业、各单位的应急预案体系；健全分类管理、分级负责、条块结合、属地为主的应急管理体制；构建统一指挥、反应灵敏、协调有序、运转高效的应急机制；完善应急管理法律法规）建设，组织开展应急管理工作。

2008年1月，区应急办在区行政办公楼三楼设置总值班室，区委办公室、区政府办公室印发《罗庄区突发事件应急管理委员会组织人员通知》。同年3月，区应急办制定《应急值守制度》《应急管理工作信息报送制度》，明确应急值守人员岗位职责，值班电话和值班人员手机24小时保持畅通；同时，要求各街道（镇）、部门（单位）、社区（村、居）认真落实24小时值班制度和应急信息及时上报制度。至2013年，健全完善各级、各部门应急值班体系和值班工作机制，严格领导带班、全员值班交接班和应急信息收集、编辑、报告、文电处理等工作制度，形成上下联动、协调一致、反应灵敏、紧张有序的应急管理体系。

2008—2012年，先后组织修订完善《罗庄区突发事件总体应急预案》以及自然灾害、事故灾害、公共卫生、社区安全等4大类42个专项预案，形成多层次、广覆盖的应急预案体系。组织开展较大规模应急演练52次，涉及消防、防汛、燃气安全、学校安全、防震等方面。至2013年，通过整合消防、医疗、安监、食药监等各类专业力量，成立应急管理专家组，完善专业应急救援体系，成立防震减灾、重大安全事故防范、防火防汛等9支专业应急分队。全区通过志愿者招募、社会团体、村级、企业组织等多种形式成立基层应急队伍16支，600人。

2013年，启动区级应急平台建设，区政

府投资120万元，在区行政办公楼罗庄厅建成罗庄区应急管理指挥中心，与市政府应急平台互联互通，建立省、市、区三级实时视频会议功能。

第四节　机关事务管理

1995年10月，区行政事务管理局（简称区行管局）设立，隶属区政府办公室。1997年1月，从区政府办公室析出，为区政府直属正科级事业单位。2013年，内设办公室、设备科、会务管理科、财务科、食管科、安保科、修缮科、节能科、仓管科、车管科10个科室。负责区级机关有关办公区的建设、管理、安保和生活保障服务工作。

设备管理

1997年2月，区行政办公大楼投入使用，其设备管理和维护由区行管局负责。同年10月，对机关食堂进行承包。2002年，对区行政办公大楼实施亮化工程，安装射灯450盏，新安装2部上海三菱电梯。2003年，对食堂整修改造，新贴地板砖、内墙砖5000平方米，吊顶3000平方米。2004年，实施“油改气”工程。2006年，清理风机盘管及过滤器320处，对冷却塔风扇及减速箱进行维修，更换荧光灯管及灯泡5000只。2008年，对行政办公大楼办公室全部进行粉刷装修。2010年，对行政办公大楼墙体进行粉刷。2013年，更换4个空调机房电机水泵底座。

安全保卫

1995年10月，区行管局设立保卫科，负责区行政办公大楼内安全保卫。2000年，保卫科被市公安局评为先进保卫科。翌年，保卫科在全市公安系统中荣立三等功1次。2004年，与特丽洁临沂佳诺物业公司签订安保服务合同，聘用16名保安负责行政办公大楼的安全保卫工作，安装楼内模拟监控。2011年，处置各类上访事件和群体性事件30次，接待外来人员2010人次，有效维护机关良好的工作秩序。2012年，新安装监控设备2套，投资10万元，在B层安装智能道闸停车场管理系统一套。2013年，投资23万元新增大楼外围数字高清监控16套，维修监控设备40次，对行政办公大楼重要部门、重点部位及人群密集场所，实行24小时实时监控。

后勤服务

1998年6月，设立机关服务部。同年11月，设立机关卫生所。2001年4月，进行机关食堂改制，由原来自主经营改为面向社会公开承包，每年节省人员工资、水、电、燃油等经费约10万余元。2004年11月，投资200万元，购置7辆中通飞燕车，解决区直机关交通工具老化问题。2009年，投资18万元，在办公大楼安装15台净水设备，解决大楼机关工作人员饮用水安全问题。2013年，区行政事务管理局入选山东省第一批节能型公共机构示范创建单位。

第十六编　政协地方组织

Part 16: Local CPPCC Organizations

政协第十二届临沂市罗庄区委员会第五次会议开幕式（2006年2月　区政协办供稿）

武河湿地（2013年6月　梁倩春摄）

1955 年 11 月中旬政协临沂市（县）委员会第一届委员会第一次会议召开，至 1994 年 12 月，共召开 9 届委员会会议。政协临沂市罗庄区委员会（简称区政协）届次按原县级临沂市会议届次顺延。1995 年 4 月 9—10 日，政协临沂市罗庄区第十届委员会第一次会议召开，选举产生中国人民政治协商会议山东省临沂市罗庄区第十届委员会。至 2013 年，共历 5 届，举行 21 次全体会议。其中，第十届任期 3 年，第十一届至第十四届每届任期 5 年（第十二届、第十三届提前换届）。

1995 年 4 月—2013 年 12 月，区政协在中共罗庄区委领导下，按照《中国人民政治协商会议章程》，联合社会各界人士，围绕中共罗庄区委和罗庄区人民政府中心工作，履行政治协商、民主监督、参政议政职能。通过各种会议，列席区人民代表大会，听取区政府工作报告、区国民经济和社会发展计划报告及区人民法院和区人民检察院工作报告，参与全区重大事项及重要人事任免协商。对人民群众关心的社会热点难点问题提出合理化建议，进行议政建言。共提出提案 1463 件，经审查立案 1169 件；组织开展各类调研、视察活动 174 次，为罗庄区经济建设和社会事业发展献计出力。

第一章　政协罗庄区委员会

1995 年 4 月，中国人民政治协商会议山东省临沂市罗庄区委员会成立。至 2013 年，共协商产生政协罗庄区委员会 5 届，召开全体会议 21 次，常委会议 89 次，主席会议 125 次，为全区改革开放和经济建设献计献策，充分发挥“政治协商、民主监督、参政议政”作用。

第一节　委员产生与界别构成

委员产生

每届区政协委员，均根据中共罗庄区委批准的方案，由区委专门会议进行部署，各乡镇、街道、区直部门根据方案，在本单位进行充分酝酿协商，广泛征求意见，集体研究决定，提出建议人选。区委组织部对中共党员委员建议人选进行考察，区委统战部对非中共党员委员建议人选进行考察，并征求纪委、监察、计划生育等部门的意见。经考察审定后，由区委统战部统一提交区政协常委会协商通过（第十届除外）。

委员界别构成

委员以界别代表身份参加政协。由中国共产党、民主党派、无党派、人民团体、少数民族、侨胞、台胞、经济、文化、科技、教育、卫生、农民、宗教、社会福利保障等各届代表以及特别邀请的人士组成。第十届区政协设置 16 个界别，共有委员 103 人。其中，中共党员委员 8 人，民主党派及非中共委员 95 人。第十一届区政协设置 16 个界别，共有委员 136 人。其中，中共党员委员 13 人，民主党派及非中共委员 123 人。第十二届区政协设置 17 个界别，共有委员 179 人。其中，中共党员委员 16 人，民主党派及非中共委员 163 人。第十三届区政协设置 10 个界别，共有委员 170

人。其中，中共党员委员 17 人，民主党派及非中共委员 153 人。第十四届区政协设置 10 个界别，共有委员 219 人。其中，中共党员委员 15 人，民主党派及非中共委员 204 人。

政协罗庄区委员会第十至十四届委员界别构成情况表

表 16-1　　单位：人

届别	第十届	第十一届	第十二届	第十三届	第十四届
	103	136	179	170	219
中国共产党	8	13	16	17	15
民主党派无党派人士	3	3	9	17	19
共青团	4	4	5	—	—
工会	4	6	7	—	—
妇女	4	5	10	—	—
工商	5	10	24	18	29
科技	5	6	9	—	—
工青妇科协	—	—	—	18	26
文体艺术	5	7	7	—	—
教育	8	9	10	—	—
科教文卫体	—	—	—	27	29
医药卫生	7	9	8	—	—
经济	18	27	24	27	31
农业	9	—	—	10	23
农林	—	11	13	—	—
社会保障	—	—	4	13	24
民族宗教	4	5	8	—	—
侨台属	6	5	6	—	—
民族宗教侨台属	—	—	—	13	10
社会政法	5	6	6	—	—
特邀	8	10	13	10	13

说明：每届政协委员在本届任职期间都有增补和因工作变动不再担任政协委员职务人员

第二节　全体委员会议

第十届委员会

第一次会议　1995 年 4 月 9—10 日，在双月湖宾馆举行，出席委员 103 人。中共罗庄区委副书记李俊修致开幕词；会议听取和讨论中共罗庄区委书记李桂祥的讲话；听取并审议刘方均作的《适应新形势新任务的要求，努力开创我区政协工作新局面》的报告；选举李俊修为政协罗庄区第十届委员会主席，刘方均、姜自慎、李安祁、武玉芹为副主席，常务委员 20 人；会议通过区政协十届一次会议决议。与会委员列席区十四届人大第一次会议，听取并讨论区政府工作报告及其他专项报告。

第二次会议　1996 年 3 月 24—25 日，在双月湖宾馆举行，出席委员 118 人。会议听取和讨论中共罗庄区委书记李桂祥的讲话；听取并审议区政协副主席刘方均作的常委会工作报告、副主席姜自慎作的关于十届一次会议以来提案工作情况报告；表彰 1995 年度优秀提案及提案承办先进单位；通过十届二次会议决议。与会委员列席区十四届人大第二次会议，听取并讨论区政府工作报告及其他专项报告。

第三次会议　1997 年 3 月 25 日，在区行政办公大楼会议室举行，出席委员 118 人。会议听取和讨论中共临沂市委常委、区委书记李桂祥的讲话；听取并审议区政协副主席刘方均作的常委会工作报告、副主席姜自慎作的关于十届二次会议以来提案工作情况报告；表彰 1996 年度优秀提案及提案承办先进单位；通过十届三次会议决议。与会委员列席区第十四届人大第三次会议，听取并讨论区政府工作报告及其他专项报告。

第十一届委员会

第一次会议　1998 年 2 月 8—10 日，在区行政办公大楼会议室举行，出席委员 136 人。会议听取和讨论中共临沂市委常委、区委书记李桂祥的讲话；听取并审议十届区政协主席李俊修作的常委会工作报告、副主席姜自慎作的关于十届三次会议以来提案办理情况的报告；选举李俊修为政协罗庄区第十一届委员会主席，刘方均、姜自慎、李安祁、管桂林为副主席，常务委员 24 人；通过十一届政协一次会议决议；表彰 1997 年度优秀提案及提案承办先进单位。与会委员列席区十五届人大第一次会议，听取并讨论区政府工作报告及其他专项报告。

第二次会议　1999 年 2 月 28 日—3 月 1 日，在区行政办公大楼会议室举行，出席委员 146 人。会议听取和讨论中共临沂市委常委、区委书记李桂祥的讲话；会议听取并审议区政协副主席刘方均作的常委会工作报告、副主席姜自慎作的关于十一届一次会议以来提案工作情况报告；表彰 1998 年度优秀提案及提案承办先进单位；通过十一届二次会议决议。与会委员列席区第十五届人大第二次会议，听取并讨论区政府工作报告及其他专项报告。

第三次会议　2000 年 1 月 13—14 日，在区行政办公大楼会议室举行，出席委员 152 人。会议听取和讨论中共临沂市委常委、区委书记李桂祥的讲话；听取并审议区政协副主席刘方均作的常委会工作报告、副主席姜自慎作的关于十一届二次会议以来提案工作情况报告；通过十一届三次会议决议；表彰 1999 年度优秀提案及提案承办先进单位。与会委员列席区第十五届人大第三次会议，听取并讨区政府工作报告及其他专项报告。

第四次会议　2001 年 3 月 20—22 日，在区行政办公大楼会议室举行，出席委员 159 人。会议听取和讨论中共罗庄区委书记李富山的讲话；听取并审议区政协副主席刘方均作的常委会工作报告、副主席姜自慎作的关于十一届三次会议以来提案工作情况报告；补选杨以考、王志伟为区政协副主席；通过十一届四次会议决议；表彰 2000 年度优秀提案及提案承办先进单位。与会委员列席区第十五届人大第四次会议，听取并讨论区政府工作报告及其他专项报告。

第五次会议　2002 年 3 月 12—13 日，在区行政办公大楼会议室举行，出席委员 172 人。会议听取和讨论中共罗庄区委书记李富山的讲话；听取并审议区政协副主席杨以考作的常委会工作报告、副主席刘方均作的关于十一届四次会议以来提案工作情况报告；表彰2001年度优秀提案及提案承办先进单位；通过十一届五次会议决议。与会委员列席区第十五届人大第五次会议，听取并讨论区政府工作报告及其他专项报告。

第十二届委员会

第一次会议　2003年2月9—11日，在区行政办公大楼会议室举行，出席委员179人。会议听取和讨论中共罗庄区委书记李峰的讲话；听取并审议十一届区政协副主席杨以考作的常委会工作报告、副主席刘方均作的提案工作情况报告；选举李俊修为政协罗庄区第十二届委员会主席，姜自慎、李安祁、王志伟、辛玲、刘福怀、刘树荣为副主席，常务委员32人；通过十二届政协一次会议决议；表彰2002年度优秀提案及提案承办先进单位。与会委员列席区第十六届人大第一次会议，听取并讨论区政府工作报告及其他专项报告。

第二次会议　2004年2月3—4日，在区行政办公大楼会议室举行，出席委员184人。会议听取和讨论中共罗庄区委书记李峰的讲话；听取并审议区政协副主席辛玲作的常委会工作报告、副主席刘福怀作的关于十二届一次会议以来提案工作情况报告；增选苗会田为区政协副主席；通过十二届二次会议决议；表彰2003年度优秀提案及提案承办先进单位。与会委员列席区第十六届人大第二次会议，听取并讨论区政府工作报告及其他专项报告。

第三次会议　2005年1月30—31日，在区行政办公大楼会议室举行，出席委员187人。会议听取和讨论中共罗庄区委书记李峰的讲话；听取并审议区政协副主席苗会田作的常委会工作报告、副主席刘福怀作的关于十二届二次会议以来提案工作情况报告；通过十二届三次会议决议；表彰2004年度优秀提案及提案承办先进单位。与会委员列席区第十六届人大第三次会议，听取并讨论区政府工作报告及其他专项报告。

第四次会议　2005年9月29日，在区行政办公大楼会议室举行，出席委员185人。会议增选刘剑利为区政协副主席。

第五次会议　2006年2月7—8日，在区行政办公大楼会议室举行，出席委员183人。会议听取和讨论中共罗庄区委书记李峰的讲话；听取并审议区政协副主席苗会田作的常委会工作报告、副主席刘福怀作的提案工作情况报告；补选高文堂为区政协主席，刘成银、李善农为副主席；通过十二届五次会议决议。与会委员列席区第十六届人大第四次会议，听取并讨论区政府工作报告及其他专项报告。

第六次会议　2007年1月29—30日，在区行政办公大楼会议室举行，出席委员183人。会议听取和讨论中共罗庄区委书记王行华的讲话；听取并审议区政协副主席苗会田作的常委会工作报告、副主席刘福怀作的关于十二届五次会议以来提案工作情况报告；增选刘继双为区政协副主席；表彰2006年度优秀提案及提案承办先进单位；通过十二届六次会议决议。与会委员列席区第十六届人大第五次会议，听取并讨论区政府工作报告及其他专项报告。

第十三届委员会

第一次会议　2007年12月10—12日，在区行政办公大楼会议室举行，出席委员159人。会议听取和讨论中共罗庄区委书记王行华的讲话；听取并审议第十二届区政协副主席苗会田作的十二届常委会工作报告、副主席刘继双作的提案工作情况报告；选举高文堂为政协罗庄区第十三届委员会主席，刘继双、王志伟、辛玲、刘树荣、苗会田、刘成银、李善农为副主席，常务委员33人；表彰2007年度优秀提案及提案承办先进单位；通过第十三届一次会议决议。与会委员列席区十七届人大第一次会议，听取并讨论区政府工作报告及其他专项报告。

第二次会议　2009年1月7—8日，在区行政办公大楼会议室举行，出席委员160人。会议听取和讨论中共罗庄区委书记王行华的讲话；听取并审议区政协主席高文堂作的常委会工作报告、副主席刘继双作的关于十三届一次会议以来提案工作情况报告；通过第十三届二次会议决议。与会委员列席区十七届人大第二次会议，听取并讨论区政府工作报告和其他专项报告。

图16-1：政协第十三届临沂市罗庄区委员会第二次会议开幕（2009年1月7日　摄）

第三次会议　2010年1月14—15日，在区行政办公大楼会议室举行，出席委员183人。会议听取和讨论中共罗庄区委书记王行华的讲话；听取并审议区政协副主席辛玲作的常委会工作报告、副主席刘继双作的关于十三届二次会议以来提案工作情况报告；通过十三届三次会议决议。与会委员列席区十七届人大第三次会议，听取并讨论区政府工作报告及其他专项报告。

第四次会议　2011年1月18—20日，在区行政办公大楼会议室举行，出席委员185人。会议听取和讨论中共罗庄区委书记王行华的讲话；听取并审议区政协主席高文堂作的常委会工作报告、副主席刘继双作的关于十三届三次会议以来提案工作情况报告；增选区政协常务委员6人；通过十三届三次会议决议。与会委员列席区十七届人大第四次会议，听取并讨论区政府工作报告及其他专项报告。

第五次会议　2011年2月10日，在区行政办公大楼会议室举行，出席委员184人。会议补选魏九成为区政协副主席。

第十四届委员会

第一次会议　2012年2月1—3日，在区行政办公大楼会议室举行，出席委员217人。会议听取和讨论中共罗庄区委书记王行华的讲话；听取并审议十三届区政协主席高文堂作的常委会工作报告、副主席刘继双作的提案工作情况报告；选举孙建中为政协罗庄区第十四届委员会主席，王志伟、辛玲、王凤英、刘成银、李善农、何雪为副主席，常务委员40人；表彰2011年度优秀提案及提案承办先进单位；通过十四届一次会议决议。与会委员列席区十八届人大第一次会议，听取并讨论区政府工作报告及其他专项报告。

第二次会议　2013年1月14—15日，在区行政办公大楼会议室举行，出席委员216人。会议听取和讨论中共罗庄区委书记王行华的讲话；听取并审议区政协主席孙建中作的常委会工作报告、副主席刘成银作的关于第十四届一次会议以来提案工作情况报告；补选陈一伟为区政协副主席；表彰2012年度优秀提案及提案承办先进单位；通过第十四届二次会议决议。与会委员列席区十八届人大第二次会议，听取并讨论区政府工作报告及其他专项报告。

第三节　政协常务委员会

1995年2月12日，中共临沂市委宣布成立罗庄区筹建工作领导小组。李桂祥任组长，李先建任副组长，李俊修、山常青、李登仕、娄元臣、刘方均为成员。李俊修、刘方均、姜自慎、李安祁、武玉芹负责区政协筹建工作。1995年4月—2013年12月，经区政协全体会议选举，分别产生第十届至十四届区政协常务委员会。李俊修、高文堂、孙建中先后任主席。

1995—2013年罗庄区政协第十至十四届主席、副主席任职情况表

表16-2

届次	职务	姓名	籍贯	党派	任职时间
十届（1995.04—1998.02）	主席	李俊修	临沂市河东区	中共	1995.04—1998.02
	副主席	刘方均	临沂市河东区	中共	1995.04—1998.02
		姜自慎	临沂市兰山区	无党派	1995.04—1998.02
		李安祁	临沂市兰山区	民进	1995.04—1998.02
		武玉芹（女）	山东省沂水县	九三学社	1995.04—1998.02
十一届（1998.02—2003.02）	主席	李俊修	临沂市河东区	中共	1998.02—2003.02
	副主席	刘方均	临沂市河东区	中共	1998.02—2003.02
		姜自慎	临沂市兰山区	无党派	1998.02—2003.22
		李安祁	临沂市兰山区	民进	1998.02—2003.02
		管桂林	临沂市河东区	中共	1998.02—2003.02
		杨以考	江苏省连云港市	中共	2001.03—2003.02
		王志伟	江苏省徐州市	民革	2001.03—2003.02
十二届（2003.02—2007.12）	主席	李俊修	临沂市河东区	中共	2003.02—2006.02
		高文堂	临沂市河东区	中共	2006.02—2007.12
	副主席	姜自慎	临沂市兰山区	无党派	2003.02—2006.02
		李安祁	临沂市兰山区	民进	2003.02—2006.02
		王志伟	江苏省徐州市	民革	2003.02—2007.12
		辛　玲（女）	临沂市河东区	中共	2003.02—2007.12
		刘福怀	临沂市罗庄区	中共	2003.02—2007.12
		刘树荣	临沂市河东区	中共	2003.02—2007.12
		苗会田	临沂市河东区	中共	2004.02—2007.12

续表 16-2

届次	职务	姓名	籍贯	党派	任职时间
十二届（2003.02—2007.12）	副主席	刘剑利（女）	山东省邹城市	中共	2005.09—2006.02
		刘成银	临沂市罗庄区	中共	2006.02—2007.12
		李善农	临沂市河东区	民盟	2006.02—2007.12
		刘继双	山东省沂南县	民盟	2007.01—2007.12
十三届（2007.12—2012.02）	主席	高文堂	临沂市河东区	中共	2007.12—2012.02
	副主席	刘继双	山东省沂南县	民盟	2007.12—2012.02
		王志伟	江苏省徐州市	民革	2007.12—2012.02
		辛　玲（女）	临沂市河东区	中共	2007.12—2012.02
		刘树荣	临沂市河东区	中共	2007.12—2012.02
		苗会田	临沂市河东区	中共	2007.12—2012.02
		刘成银	临沂市罗庄区	中共	2007.12—2012.02
		李善农	临沂市河东区	民盟	2007.12—2012.02
		魏九成	临沂市兰山区	中共	2011.02—2012.02
十四届（2012.02—　）	主席	孙建中	临沂市兰山区	中共	2012.02—
	副主席	王志伟	江苏省徐州市	民革	2012.02—
		辛　玲（女）	临沂市河东区	中共	2012.02—2013.01
		王凤英（女）	临沂市罗庄区	中共	2012.02—
		刘成银	临沂市罗庄区	中共	2012.02—
		李善农	临沂市河东区	民盟	2012.02—
		何　雪（女）	临沂市罗庄区	无党派	2012.02—
		陈一伟	山东省苍山县	中共	2013.01—

说明：李俊修，1995 年 4 月—2006 年 1 月任党组书记；高文堂，2006 年 1 月—2012 年 2 月任党组书记；魏九成，2011 年 1 月—2012 年 2 月任党组书记；孙建中，2012 年 2 月起任党组书记。

区政协常务委员会委员

第十届委员会常务委员　丁涛、文永泉（回族）、刘鲁、伍庆斌、孙学仁、李金城、汪子珏、张树臣、张春晓、林化勤、周启云、赵丽华（女）、奚玉芝（女）、徐守财、徐勤生、韩绍昌、韩跃增、管桂林、魏永珏、魏泽来

第十一届委员会常务委员　王卫军、王志伟、王志和、尤邦凤（女）、文庆萍（女、回族）、平现斌、朱崇军、伍庆斌、刘鲁、刘印方、孙义田、孙学仁、李善农、何雪（女）、陈芝田、陈相明、林化勤、周启云、胡振芳（女）、赵文华、洪锦进、夏传湛、徐维华、奚玉芝

增补人员：李继葆（2001.03—2003.02）、吴连峰（女）（2001.03—2003.02）、陈俊莲（女）（2001.03—2003.02）

第十二届委员会常务委员　马士勇、文庆萍（女，回族）、厉建仁、冯善述、伍庆斌、刘鲁、孙易、孙学仁、纪宪云、李奇、李继葆、李善农、吴连峰（女）、吴彦秋、何雪（女）、张玉华、张宗伦（回）、陈相明、陈洪

波、陈俊莲（女）、杨海滨、杨翠晓、林化勤、岳作山、周传吉、赵凤鸣、胡振芳（女）、秦伟、袁强、徐建军、高树伟、彭善辉

增补人员：陈芝田（2004.02—2007.12）、王平（2005.01—2007.12）、庄步璇（2005.01—2007.12）、杜宝珍（女）（2005.01—2007.12）、赵岩（女）（2005.01—2007.12）、薛馥香（女）（2005.01—2007.12）、郭士林（2006.02—2007.12）

第十三届委员会常务委员　马士勇、王淑华（女）、文庆萍（女，回族）、冯善述、庄步璇、孙易、孙涛、孙学仁、孙殿英（女）、杜宝珍（女）、杨国荣、李子祥、李兴国、李继葆、肖庆彪、吴连峰（女）、吴彦秋、何雪（女）、张玉华、张林夕（女）、张宗伦（回族）、张建顺、陈洪波、陈焕海、林化勤、苗会田、赵岩（女）、秦伟、徐珂、郭士林、崔兆敬、释惟方、薛馥香（女）

增补人员：宋家胜（2010.01—2012.02）、高燕飞（女）（2010.01—2012.02）、梁培方（2010.01—2012.02）、王生美（2010.01—2012.02）、石常胜（2011.01—2012.02）、刘光国（2011.01—2012.02）、李爱山（2011.01—2012.02）、张建涛（2011.01—2012.02）

第十四届委员会常务委员　马迎霞（女，回族）、王文民、王生美、王相恩、王淑华（女）、石常胜、叶永青（女）、朱清鹏、伊吉鹏、刘光国、问友科、孙丽（女）、孙涛、李晓（女）、李桂荣（女）、李蕴玉（女）、杨国荣、沈红霞（女）、宋连瑞、宋修友、张磊（女）、张玉华、张林夕、张建顺、张信国、陈学礼、郑兴国、赵东雷、赵建军、胡伟（女）、胡银玖、相吉爱（女）、袁书磊（女）、高燕飞（女）、郭士林、黄阿棠、寇荣利、释惟方、蔡明清（女）、薛馥香（女）

增补人员：林刚（2013.01—）、韩风生（2013.01—）、释妙心（2013.01—）

第四节　常务委员会会议

区政协常务委员会会议，是区人民政协全体会议闭会期间履行政治协商、民主监督、参政议政职能的主要形式之一。主要任务是由常委审议决定区政协重要事项，主持全体会议，专题听取区委、区政府关于涉及全区发展重要议题或重要工作的情况通报，协商讨论全区政治、经济、社会事业发展的重大决策以及人民群众关心的重大问题。

区政协常务委员会会议一般每季度举行一次，必要时可临时举行。会议由主席或由主席委托的副主席主持。第十届委员会共举行12次常委会会议，第十一届委员会共举行24次常委会会议，第十二届委员会共举行24次常委会会议，第十三届委员会共举行21次常委会会议。至2013年12月，第十四届委员会共举行8次常委会会议。

第五节　主席会议

区政协主席会议由主席、副主席、秘书长组成。主要任务是处理常委会日常工作；召集并主持常委会会议；根据常委会授权，履行常委会的部分职权。区政协主席会议一般每月举行1次，必要时临时召开。会议由主席主持，或由主席委托的副主席主持。主席会议根据工作需要吸收与议程有关人员列席会议。第十届委员会共举行15次主席会议，第十一届委员会共举行41次主席会议，第十二届委员会共举行40次主席会议，第十三届委员会共举行14次主席会议。至2013年12月，第十四届委员会共举行15次主席会议。

第六节　工作机构

专门委员会

区政协专门委员会是在常委会和主席会议领导下的工作机构，设主任 1 人、副主任若干人。区政协专门委员会根据常委会工作要点，组织政协委员开展学习、调研、视察、提案、信息、联谊等工作，发挥委员作用，履行委员职责。

1995 年 6 月，区政协设政法提案联络委员会、经济科技委员会、学习文教卫体文史资料委员会 3 个专门委员会，规格均为正科级单位。2002 年 12 月，撤销政法提案联络委员会、经济科技委员会、学习文教卫体文史资料委员会，设立提案委员会、经济委员会、科教文卫体委员会（加挂文史资料委员会牌子）、社会联络委员会。2012 年 12 月，增设人口资源环境委员会，社会联络委员会改称社会联络和法制委员会，规格均为正科级单位；撤销文史资料委员会。至 2013 年年底，区政协设提案委员会、经济委员会、科教文卫体委员会（文史资料委员会）、人口资源环境委员会、社会联络法制委员会 5 个专门委员会。

办事机构

1995 年 2 月，区政协设办公室，为正科级单位。1995 年 12 月，设立调研联络科（后撤科设委），为正科级单位。1999 年 4 月，设立区政协车队（2002 年 12 月撤销），为副科级单位。2002 年 12 月，成立研究室（与办公室合署）、区政协机关服务中心，分别为正科级单位、副科级单位。2004 年 11 月，设立老干科，为副科级单位（2008 年 6 月升格为正科级）。2005 年 6 月，设立委员活动室，为正科级单位。至 2013 年年底，区政协办事机构有办公室（研究室）、委员活动室、老干科、区政协机关服务中心 4 个科室。

基层政协工作机构

1995 年，罗庄区各乡镇设政协工作办公室，为正科级单位。2002 年 1 月，乡镇机构改革后，街道不再设立政协机构。2002 年 7 月，根据中共罗庄区委印发的《关于做好乡镇政协工作的通知》，街道政协工作由街道党工委分管党群工作的副书记负责联系，统筹协调街道政协工作开展和组织政协委员活动。2012 年 6 月，全区各镇（街道）配备政协工作室主任 1 名（正科级）。至 2013 年，工作机构未变动。

第二章　区政协主要工作

1995—2013 年，区政协按照《中国人民政治协商会议章程》赋予政协的政治协商、民主监督、参政议政主要职能，围绕区委、区政府中心工作，进行协商和研讨，提出意见和建议；以提交常委会建议案、主席会议建议案、调研报告以及召开专题议政会等形式，为罗庄区发展建言献策。区政协第十届至第十四届委员会共提交提案 1463 件，经审查立案 1169 件；组织开展各类调研、视察活动 174 次。区政协组织开展政协委员和各界人士学习活动，加强与各民主党派、有关人民团体的沟通交流。开展文史资料征集工作，编辑出版《罗庄文史》。

图 16-2：驻罗庄区市政协委员召开"岗位创优"活动座谈会（2013 年 8 月　摄）

推进生态文明建设、旅游开发、文化教育卫生事业发展等重要问题进行协商议政。

区政协主席、副主席按照区委分工包街道（镇）、包企业、包社区，协助包重点项目建设工作。1995 年 4 月—2013 年 12 月，五届区政协历次会议，委员们均以主人翁的责任感，就抓好政府工作报告的贯彻落实，不断推进全区改革开放、发展和社会稳定等重大问题提出意见和建议。

第一节　政治协商

政治协商主要形式有每年一次的全体会议、每季度一次的常委会议、每月一次的主席会议和不定期开展的政协委员调研、议政等。

政协全体会议主要围绕区政府工作报告等进行协商讨论，就国民经济发展计划、财政预算和社会事业中的热点问题建言献策，大部分建议被区委、区政府及其职能部门采纳。区政协主席列席中共罗庄区委常委会议，区政协副主席根据分工列席区长办公会议，政协全委会期间委员列席区人民代表大会。区政协领导通过列席区委常委会议、区长办公会议就全区发展中的重要问题、事务直接参与研究和决策；对全区经济发展的远景规划，城乡建设的重大规划，政治、经济、科技、教育、卫生等体制改革的重大决策，民主法制建设，精神文明建设方面的重大措施，机构改革和人事变动，统战政协方面的重大问题等进行协商讨论；围绕全区经济开发建设、大力发展工业和民营经济、优化发展环境、

第二节　民主监督

1995—2013 年，区政协将民主监督作为其主要职能之一，主要采取政协全委会议、委员提案、专题调研、民主评议、受邀担任监督员等监督方式，认真履职。通过政协全委会议向区委、区政府提出意见和建议，以常委会、主席会议名义向区委、区政府提出建议案，组织各专门委员会和各界别委员进行视察、调研并提出意见和建议，推荐政协委员担任行政执法部门的执法监督员等措施，多种形式民主监督国家宪法、法律和法规的实施，重大方针政策的贯彻执行，国家机关工作人员的工作推动以及社会主义民主政治和法制建设。第十届区政协重点民主监督社会治安综合治理、城乡建设、环境保护、减轻农民负担、企业改制。第十一届区政协重点民主监督企业所有制改革、招商引资、民营经济、计划生育、行政执法、中小学布局调整和危房改造。2000 年 6 月，组织政协委员对全区执法部门的服务承诺情况进行民主

评议。第十二届区政协重点民主监督社会主义新农村建设、校园文化建设和危房改造、“非典”防治、环境保护治理、农村新型合作医疗、平安建设等工作。2004年10月，组织推荐36位委员担任区直有关部门、机关作风建设监督员，4名委员为公安交警执法执纪监督员，6名委员为环境保护执法监督员。第十三届区政协围绕国家卫生城和全国文明城创建、滨河片区开发、南涑河治理等重点工作开展民主监督。2011年11月，组织驻镇（街道）的政协委员对减轻农民负担工作进行民主评议。第十四届区政协主要围绕区委、区政府重大决策贯彻落实、惩治腐败、循环经济园区建设、农村饮水安全工程等情况实施民主监督。

第三节 参政议政

视察调研

1995—2013年，区政协围绕区委、区政府中心工作和政协常委会会议主要议题，选择中共罗庄区委区人民政府重视、社会关注、委员关心、事关全区经济社会发展的针对性题目，共组织174次专题视察和调研。

第十届区政协先后围绕教育“两基”达标、社会治安综合治理、精神文明建设、环境保护工作等开展专题调研视察9次，形成调查、视察报告9篇，提出41条意见和建议。这些意见和建议受到区委、区政府和有关部门的重视，有些被采纳。关于对全区社会治安综合治理工作的视察报告引起区委有关领导高度重视，并由区委办公室转发区有关部门和乡镇。

第十一届区政协针对全区深化改革、扩大开放、加快经济社会发展的重点、难点热点问题，开展调研视察活动。先后就“三高农业”、工业生产、企业改制、民营经济、城市建设、财政税收、中小学布局调整及危房改造、医药卫生、计划生育、土地环保、农村剩余劳动力转移、行政执法、社会治安综合治理等，开展专题调研视察28次，形成调研视察报告28篇，提出97条意见和建议。2001年7月，对学校安全和中小学布局调整的调查中，提出资金不足制约危房改造和中小学布局调整的8个问题和8条建议，被区委、区政府采纳。2002年4月，围绕农村经济发展、农民增收缓慢进行专题调研，针对存在的问题及制约因素，提出意见和建议，区委专门召开常委会对调查报告提出的问题和建议进行研究，决定成立罗庄区劳务管理办公室，拨款30万元，用于劳力培训、管理和劳务输出工作。

第十二届区政协先后重点围绕工业、教育、卫生、计划生育、社会保障、平安建设、环境保护、安全生产、金融、财税等，共开展专题视察43次、调研10次，形成视察、调研报告53篇。2006年，区政协对全区中小学校设施配备、校园文化建设以及危房改造情况进行视察，提出意见和建议。区委、区政府对此高度重视，投入183万元用于中小学校建设，促进全区教育事业发展。

第十三届区政协先后就全区城建、环境保护、新农村建设、平安建设、安全生产、教育卫生、农业发展、食品安全、交通安全、国家卫生城市和全国文明城市创建、重点项目建设等工作，共开展视察和调研30次，提出意见和建议150条。组织政协委员深入全区12个新农合医疗定点单位、20个村，走访参合群众120人，提出工作建议，促进问题有效解决。

2012年，分别就全区重点项目推进工作、城乡路网基础设施建设、农业产业化发展、学前教育与校车安全等事关发展大局和群众意见集中的问题进行调研 18 次、视察 23 次，提出 30 条建设性的意见和建议，全部被有关部门采纳。2013 年，根据全年工作部署，精心选题，分别就新型城镇化建设、小微企业融资、推进义务教育均衡发展、平安建设等工作，组织专题视察 11 次、调研 2 次，提出 30 条合理化意见和建议。

图 16-3：区政协调研城区建设工作（2013 年 6 月　摄）

提案办理

1995—2013 年，区政协提案委员会共收到委员提案 1463 件，经审查立案 1169 件，其余 294 件作为来信处理。区政协每年都会同区委、区政府联合对优秀提案和承办先进单位进行表彰。

第十届区政协共收到提案 99 件，经审查立案 62 件，其余 37 件作为意见和建议转交有关部门作为来信处理。其中，环境保护方面 15 件，文教卫生方面 30 件，农村工作方面 14 件，精神文明建设方面 6 件，民族宗教方面 5 件，廉政建设方面 2 件，地方政策、乡规民约方面 4 件，科学技术方面 2 件，邮电通信方面 2 件，群众生活方面 2 件，经济建设方面 3 件，劳动人事方面 1 件，社会治安方面 5 件，城乡建设方面 8 件。届末，所有提案全部办复，办复率 100%。

第十一届区政协共收到提案 289 件，立案 193 件，提出提案的委员 496 人次。其中，经济建设方面 40 件，农业农村工作方面 34 件，文教卫生和计划生育方面 47 件，法制、民主政治建设方面 26 件，交通邮电 39 件，工商管理方面 10 件，环境保护方面 27 件，城建方面 32 件，社会治安和精神文明建设方面 22 件，其他 12 件。届末，所有提案全部办复，办复率 100%，委员满意率 95% 以上。

第十二届区政协共收到提案 421 件，立案 366 件。其中，科教文卫体工作方面 91 件，交通法制、治安方面 67 件，道路、城建工作方面 65 件，农村、农业工作方面 45 件，土地、环境保护方面 35 件，公共事业方面 32 件，经济建设方面 25 件，社会保障、工商、电力、计划生育、人事等方面 61 件。提案办复率 100%，委员满意率 96% 以上。

第十三届区政协期间，组织开展政协提案"回头看"等活动，对重点提案适时召开协商与督办跟踪会议，提高办案质量。共收到提案 416 件，立案 354 件。其中，经济建设方面 43 件，科教文卫体方面 106 件，城市建设、环境保护和交通方面 165 件，有关农村农业方面 47 件，社会保障方面 40 件，其他 15 件。提案办复率 100%，委员满意率 90%。

第十四届区政协第一次、第二次会议期间，共收到提案 238 件，立案 194 件。提案涉及经济建设、科教文卫、城建环保、社会法制和精神文明建设等多个方面。提案办复率100%，委员满意率96%以上。2012年11月，制定《罗庄区政协提案工作条例》《重点提案遴选与督办办法》，规范提案办理程序。关于切实治理农村垃圾的提案交办后，相关部门高度重视，加大末端治理力度，统一更换新型垃圾储运箱，清运及时、管护到位，农村生产生活环境得到明显改善。

图 16-4：区政协领导到册山街道办事处看望老党员（2012 年 6 月 摄）

第四节 文史资料征集研究

1995年4月，区政协委员会成立后，文史资料征集研究工作相继展开。区政协文史资料委员会，坚持广征博采和实事求是的原则，充分发挥文史资料“存史资政、团结育人”的作用，1995—2013年，先后出版八辑《罗庄文史》，共计130万字，集中体现全区科学发展、绿色崛起的辉煌成就和罗庄人民和谐文明的幸福生活。先后编纂出版《罗庄区政协志（1995—2005年卷）》《罗庄区政协志（2005—2015卷）》。

第五节 联谊交流

1995年9月8日，区政协举办罗庄区港澳台“三胞”眷属及各界知名人士中秋座谈会，宣传党和国家“和平统一、一国两制”的政策主张，介绍罗庄区资源优势、良好的投资环境和改革发展的成就，鼓励“三胞”眷属牵线搭桥，动员在外亲属回乡投资办企业。同年9月，接待内蒙古自治区锡林浩特市和额尔古纳市政协2个学习考察团，共28人，相互交流区情、市情和政协工作经验。1996年9月26日，区政协举办罗庄区各界人士中秋茶话会，中共罗庄区委，区人大和区政府有关领导及各界人士代表40余人出席会议。1997年6月，举办庆祝香港回归书画展，展出作品97幅。1999年9月22日，区政协召开“庆国庆迎澳门回归”暨中秋茶话会，“三胞”眷属及各界人士代表共50余人参加会议。2000—2005年，加强与省内外友好区县的交流，接待来自江苏省连云港市、安徽省淮北市、福建省厦门市、河北省衡水市和日照市、威海市等地方政协学习考察团18批361人次。2009年8月，区政协制定《关于纪念人民政协成立60周年系列活动实施方案》，召开由民主党派、无党派人士、人民团体、民族宗教和新型经济组织代表人士参加的座谈会，庆祝人民政协成立60周年。2010年，召开企业、工商界委员联谊会，交流经验，共话罗庄发展。2012年9月26日，区政协召开罗庄区社会各界人士中秋联谊会，有关部门负责人及各界人士代表30余人参加会议。2013年9月5日，区政协召开“比贡献、促发展”社会各界人士座谈会，中共罗庄区委，区人大和区政府有关领导及各界人士代表40余人参加会议。

第十七编　民主党派　人民团体

Part 17: Democratic Parties and Mass Organizations

永远跟党走（2013 年 11 月　董瑞芹摄）

武河湿地（2013年8月　区摄协供稿）

2001年8月起，民主党派相继在罗庄区成立地方组织。2001年8月20日，中国民主促进会临沂市委员会罗庄区支部委员会（简称民进罗庄支部）成立；2002年12月12日，中国民主同盟临沂市委员会罗庄区支部委员会（简称民盟罗庄支部）成立；2003年12月28日，中国民主建国会临沂市委员会罗庄区支部委员会（简称民建罗庄支部）成立；2004年4月12日，中国国民党革命委员会临沂市委员会罗庄区支部委员会（简称民革罗庄支部）成立;2004年6月19日，中国农工民主党临沂市委员会罗庄区支部委员会（简称农工党罗庄支部）成立；2006年3月21日，九三学社临沂市罗庄区支社（简称九三学社罗庄支社）成立；2012年4月，中国致公党临沂市委员会罗庄区直属小组（简称致公党罗庄小组）成立。至2013年，罗庄区有7个民主党派基层组织，成员119人。各民主党派贯彻执行《中共中央关于坚持和完善中国共产党领导的多党合作和政治协商制度的意见》，根据各自章程要求，制定完善相关制度，发挥各自优势，积极参与政治协商，认真履行参政议政、民主监督职能，围绕中共罗庄区委、区人民政府中心工作，在政治、经济、文化、教育、卫生医疗、科技等方面建言献策，建功立业。

1995年2月，临沂市罗庄区总工会（简称区总工会）、中国共产主义青年团罗庄区委员会（简称团区委）、临沂市罗庄区妇女联合会（简称区妇联）成立。1997年1月，临沂市罗庄区科学技术协会（简称区科协）成立；1997年3月，临沂市罗庄区工商业联合会（简称区工商联）成立。至2013年，人民团体有上述5个，各人民团体加强组织建设和队伍建设，按照各自章程创造性开展工作，发挥党和政府联系群众的桥梁纽带作用，积极推进罗庄区各项事业发展。

第一章　民主党派

第一节　中国国民党革命委员会地方组织

组织建设

2004年4月12日，民革罗庄支部成立，党员6人，王志伟任主任委员。2009年10月10日，选举产生由3人组成的民革罗庄支部第二届委员会，孙涛任主任委员。2012年，民革罗庄支部被民革中央表彰为先进基层组织。2013年年底，民革罗庄支部有党员17人。党员主要来自文化、科技、教育、法律、政府部门、企业界人士。

参政议政

2004—2013年，党员中当选区人大代表1人，担任市政协常委1人，市政协委员1人，区政协副主席1人，区政协常委3人，区政协委员3人。有10人被市、区纪检、监察、法院、税务等部门特邀（特约）为监督员、人民陪审员、行风政风评议代表。党员中的人大代表、政协委员在市、区两级召开的人代会、政协会、民主党派座谈会、情况通报会和各类专题调研和视察活动中，积极参政议政，坦诚建言献策。

2004—2009年，在区政协历次会议上提交提案30件。《关于我区大力发展物流业的对策及建议》《推进建设社会主义新农村的建议》《关于推进我区高耗能产业战略转移实现节能降耗的建议》《关于搞好我区“城中村”改造工作的几点建议》《农村“村村通”亟待管理养护》5件提案被区政协评为优秀提案。2010—2013年，在区政协历次会议上共提交提案27件。《实施“生态富民工程”促进农民增收致富的建议》《关于我区部分高耗能企业节电工作仍需加强的建议》《关于加强我区文化旅游业发展的建议》《关于进一步加快临沂罗庄循环经济示范园区建设的建议》4件提案被区政协评为优秀提案。

2006—2013年，民革罗庄支部发挥党派人才优势，与区有关部门合作，组织完成5个调研课题。其中《罗庄区现代物流业发展问题》《罗庄区陶瓷产业现状分析和今后出路》《罗庄区农业产业化调研报告》3个专题调研报告，通过区委统战部转交区政府，受到区政府及有关部门的重视。

社会服务

2009年，民革罗庄支部以民革山东省委在临沂召开“生态富民工程”现场会为契机，以民革罗庄支部册山街道有机草莓基地为平台，打造以推广秸秆生物反应堆技术为切入点的生态富民工程，促进农民增收致富。以京都有机草莓合作社、宇霖果品公司为基地，通过举办专题讲座、举办现场会、带领农户外出考察学习等形式，扶持农民合作组织走农业产业化发展的路子，为示范基地争取扶持资金100万元。至2013年，共建示范基地3家，新增有机草莓种植面积65公顷。

2010年，根据区委统战部的安排，在高都街道后后坦村建立支部帮扶联系基地，利用民革成员中建筑设计人才优势，帮助该村进行旧村改造。2011年，旧村改造一期完成，迁住居民360户1298人。《团结报》对民革罗庄支部的社会服务及帮扶工作进行专题报道。2012年，支部主委孙涛被民革中央表彰为社会服务先进个人。

第二节　中国民主同盟地方组织

组织建设

2002年12月12日，民盟罗庄支部成立，盟员9人，设主任委员1名、副主任委员1名，李善农任主任委员。2010年10月30日，罗庄区民盟盟员大会召开，24名盟员参加，选举产生由5人组成的中国民主同盟临沂市罗庄区基层委员会（简称民盟罗庄基层委员会），李善农任主任委员。2012年5月，民盟临沂市委员会对民盟罗庄基层委员会领导班子进行调整，李善农任民盟罗庄基层委员会主任委员。2013年12月，民盟罗庄基层委员会下设3个支部委员会，盟员30人。盟员主要来自文化教育、科学技术界中高级知识分子。

2006年，民盟罗庄基层委员会被中共山东省委统战部命名为山东省民主党派基层组织建设先进集体。2002—2013年，民盟罗庄区基层委员会先后4次被民盟山东省委、民盟临沂市委命名为优秀基层组织。

参政议政

2003—2013年，盟员中当选区人大代表2人、区政府副区长1人；担任省政协委员1人、市政协委员4人、市政协常委3人、市政协副主席1人；担任区政协委员10人、区政协常委3人、区政协副主席1人。其间，民盟罗庄基层委员会围绕中共罗庄区委、区政府的中心工作，就经济、文化、教育、环保、科技等方面问题开展调研，积极提交提案、建议。民盟罗庄基层委员会和盟员共向市、区两级政协会议提交提案178件。其中，向市政协全委会提交提案68件，向区政协全委会提交提案110件。向中共罗庄区委、区政府提交调研报告5篇，向市政协提交大会发言材料8篇。其中2005年《工业园区管理亟待规范》提案被山东省委统战部评为优秀提案，2006年《加大水源地环境保护力度，确保全市饮用水安全》等7件提案被市政协评为优秀提案，2007年《进一步规范社区管理，营造舒适安逸的居住环境》等16件提案被区政协评为优秀提案。

社会服务

2003—2008年，民盟罗庄基层委员会先后到罗庄街道、傅庄街道开展送文艺到企业、村9次；送卫生到乡村、敬老院8次；送文化到企业、社区6次；面向罗庄区部分企业职工、农民信息员举办3次技能培训会。2009年8月23日，组织盟员书画艺术工作者和市、区医院16位盟员医师到傅庄街道傅家庄西南村开展送文化下乡和医疗义诊活动，赠送价值5000元药品；盟员高庆荣、化黎华、张在军等临沂市著名书画艺术工作者为群众创作30幅书画作品。2013年10月27日，民盟罗庄基层委员会和临沂市民盟卫生总支联合到罗庄区沂堂镇麒麟山社区开展“送卫生下乡”活动，来自市中医院、市皮肤病医院、罗庄区人民医院的10名医师为300名居民义诊和答疑，赠送8000元药品，解疑50余例疑难杂症，受到当地群众赞誉。

图17-1：民盟罗庄区支部组织送温暖活动（2013年11月　摄）

第三节　中国民主建国会地方组织

组织建设

2003年12月28日，民建罗庄支部成立，会员7人，赵岩任主任委员。2008年6月6日，召开第二次会员大会，8名会员参加，选举产生民建罗庄支部第二届委员会，孙易任主任委员。2011年10月19日，召开第三次会员大会，12名会员参加，选举产生民建罗庄支部第三届委员会，孙易任主任委员。2013年年底，民建罗庄支部有会员17人。会员主要来自民营企业、政府部门、教育界人士。

参政议政

2004—2013年，会员中担任市政协委员6人次（其中市政协常委1人）、区政协委员8人次（其中区政协常委5人次）。当选山东省第十二届人大代表1人、市十六届人大代表1人、区第十三届人大代表1人。其间，民建罗庄支部围绕罗庄区经济、工业、城建、教育、食品药品安全等热点问题开展专题调研，积极提交提案、建议。

在市政协十三届历次会议上，提交提案10件。在市政协十四届历次会议上，提交提案32件，被市政协评为优秀提案2件，作为重点提案3件。在区政协十三届历次会议上，提交提案24件，被区政协评为优秀提案5件。其中《深化平安罗庄建设，营造安全和谐的社会环境》提案，受到区委、区政府高度重视，促进有关问题解决；《加强食品安全的监督管理》提案，由区政协组织相关部门对食品安全工作进行带案视察。在区政协十四届一次、二次会议上，共提交提案21件。《关于改善我区公共交通，带动我区商贸发展的建议》《关于加强公共场所体育健身设施维护管理的建议》被区政协评为优秀提案。其中《关于严查渣土车的建议》提案由区政协进行现场督办。2012年、2013年，会员沈红霞、赵丽华通过调研撰写13篇社情民意信息。在山东民建发表1篇，在临沂民建发表9篇。2012年，会员沈红霞被市委统战部表彰为临沂市统战信息先进个人。

2010年7月，配合民建省委到会员企业沂州集团、民建创业园和翔宇集团进行“中小企业发展”专题调研。2011年10月，民建临沂市委与民建罗庄支部到临沂天汇职业技术学校等民办学校就临沂市民办教育发展政策环境展开专题调研，形成《关于临沂市民办教育发展政策环境的调研报告》，受到市有关部门高度重视。

社会服务

2008年，经罗庄区委统战部同意，民建罗庄支部确定傅庄街道东店子村为帮扶点。同年8月22日，组织市、区医院医师15人，到该村开展送医下乡活动，筹集帮扶资金2万元，购买4700元药品，帮扶生活困难人员10人。2009年5月，协助引进武汉理工大学陶瓷研究所的窑炉余热综合利用技术，在临沂佳贝特建陶有限公司试用成功，此项技术使窑炉风机排出的热能回收利用率达到90%以上，为企业降低成本，提高经济效益。同年6月，会员张剑群出资80万元援建蒙阴县岱崮镇中心小学、平邑县地方镇向辉小学；民建罗庄支部筹资9万元捐建傅庄街道东店子村农家书屋3个、沂堂镇北大埠村农家书屋1个，赠送科技、种植类图书6100册。2010年4月，会员张剑群、杨国荣、张德正分别为青海省玉树藏族自治州玉树市地震救灾捐款30万元、2万元、5100元。2013年，民建罗庄支部筹资6.5万元，捐建柴口小学、李官镇玫瑰社区小学爱心厨房2处；会员共捐资13.2万元，资助9名贫困学生；会员杨国荣捐资4万元，帮助10名双孤、残疾儿童。

图17-2：民建罗庄支部在柴口小学举行捐建“爱心厨房”仪式（2013年9月　摄）

第四节　中国民主促进会地方组织

组织建设

2001年8月20日，民进罗庄支部成立，会员9人，李安祁任主任。2004年12月，选举产生第二届支部委员会，有会员12人，杜宝珍任主任委员。2007年12月21日，选举产生第三届支部委员会，有会员13人，杜宝珍任主任委员。2013年11月13日，第四次会员大会召开，选举产生总支部委员会，设主任委员1名，副主任委员4名，杜宝珍任主任委员。总支辖支部2个，会员22人。会员主要来自教育、文化界高中级知识分子，也有党政机关、企业界人士。2006—2013年，民进罗庄（总）支部先后3次被民进山东省委命名为优秀基层组织。

参政议政

2002—2013年，会员中当选省人大代表1人，区人大代表3人，区人大常委会副主任1人；担任市政协常委1人，市政协委员1人，区政协委员6人，区政协常委4人，区政协副主席1人。民进罗庄支部负责人和会员人大代表、政协委员出席中共罗庄区委、区人大、区政协召开的座谈会、情况通报会、民主协商会及各类专题调研和视察活动，坦诚建言献策。其间，在市政协、区政协历次全会上，共提交提案91件。2008年提交的《我区建筑企业职工养老保险工作亟待加强》提案，被区政协评为优秀提案，转交有关部门落实；2009年1月在市政协会议上提交的《加强新农村建设资金审计》提案被市政协评为优秀提案，在区政协会议上提交的《关于全面解决城区居民供暖问题的建议》被区政府采纳；2010年，在区政协会议上提交的《关于加强对文化路整治和路面提升、改造工作的建议》被区政府采纳，当年动工改造；2012年提交的《关于进一步加强社区管理和建设的几点建议》被区政协评为优秀提案，被有关部门采纳；2013年在区政协会议上提交的《关于扶持民办幼儿园健康发展的建议》被区政协评为优秀提案，在区人代会上提交的《关于我区城镇化建设中的几个建议》《关于对我区农村住房建设和危房改造工作的调研报告》得到区政府重视，促进有关问题解决。

社会服务

2004年，民进山东省委启动“西行助学行动”，民进罗庄支部牵线搭桥，促成临沂第二十中学与聊城市冠县元造户中学结成伙伴学校。支部成员先后两次率团到元造户中学进行考察调研，赠送50台电脑、1200册《新华词典》等教学用品，筹资10万元为元造户中学建起多媒体教室、安装教学软件，与学校制订“助学”实施方案，提高教育教学水平。2009年，按照中共罗庄区委统战部的安排和要求，民进罗庄支部帮扶双月湖街道杜三岗社区，建为会员社会服务活动基地。在实地调研基础上，协助杜三岗社区领导班子制定五年发展规划，帮助社区立足地域优势，大力开展招商引资活动，对部分困难群众进行帮扶。2010年，把临沂高都中学建为会员活动基地，与20名贫困学生结对帮扶。2013年，民进罗庄支部参与罗庄区中小学“自能高效课堂”课题研究，与临沂第二十中学教师共同完成“个性优质课堂”和“山东农村初中个性优质课堂建设研究”课题研究。同

图17-3：中国民主促进会罗庄总支组织爱心助学活动（2013年12月　摄）

年12月，民进罗庄区总支开展“同心彩虹•爱心助梦”进校园活动，向沂堂镇大兴屯小学捐赠3.5万元体育器材、书籍，开展民进会员送教活动。

第五节　中国农工民主党地方组织

组织建设

2004年6月19日，农工党罗庄支部成立，党员7人，设主任委员1名，副主任委员1名，薛馥香任主任委员。2009年12月17日，选举产生第二届支部委员会，党员13人，设主任委员1名，副主任委员2名，薛馥香任主任委员。2013年12月23日，选举产生第三届支部委员会，设主任委员1名，副主任委员2名，相吉爱任主任委员。2013年年底，有党员21人，其中具有中、高级职称的18人，占党员总数85.71%。党员主要来自医药卫生界，也有教育、企业界高级知识分子加入。是年，农工党罗庄支部被农工党山东省委表彰为优秀基层组织。

参政议政

2004—2013年，农工党罗庄支部围绕经济、医疗卫生、城建、环保、农业等方面开展专题调研，积极提交提案、建议。向区政协提交大会提案61件。其中，集体提案21件，个人提案40件。向市政协提交大会提案5件。

2004—2006年，党员中担任市政协委员1人，区政协委员1人。其间，向市政协提交个人提案5件，向区政协提交大会提案5件。

2007年，党员中担任市政协委员1人，区政协十三届委员5人，其中2人任区政协常委。在区政协十三届一次全会上，围绕罗庄区城市建设、社会发展提交提案4件。《发展慈善事业，构建和谐罗庄的建议》提案被区政协评为优秀提案。2008—2011年，农工党罗庄支部向区政协历次全会提交提案35件。2008年薛馥香提出的《关于我区发展循环经济的几点建议》被区政协评为优秀提案；2009年支部提交的《关于加强农民技能培训的建议》被区政协评为优秀提案；2010年相吉爱提出的《关于加强全区职业病防治工作，保护农民工身体健康的建议》被区政协评为优秀提案，被有关部门采纳；2011年支部提出的《关于医疗卫生体制改革向农村倾斜的建议》、相吉爱提交的《关于加强旧村改造小区物业管理的建议》被区政协评为优秀提案。

2012年，党员中担任市政协委员1人，区政协十四届委员5人，其中3人任区政协常委。在区政协十四届一次全会上提交提案9件。其中支部提交的《关于推行国家基本药物制度的建议》和相吉爱提出的《关于高度重视青少年体质下降的问题的建议》被区政协评为优秀提案，被有关部门采纳。2013年，区政协十四届二次全会上提交提案9件。年内，上报社情民意9篇，被市政协采用1篇，马雪梅撰写的《关于关爱失独家庭的建议》被省政协采用并转报全国政协。

社会服务

2006年，农工党罗庄支部到小太阳幼儿园举行庆“六一”献爱心活动，为全园70名幼儿免费健康查体。2007年6月20日，组织10名党员医疗技术人员到罗庄街道北老屯社区，为500名居民进行义诊。2011年6月2日，响应农工党山东省委关于搞好第四届“中国环境与健康宣传周”活动号召，组织开展以“人居环境与健康”为主题的免费健康查体义诊活动，20名市、区医院党员医师到册山街道尚阳村为600名村民进行义诊。2013年10月9日，支部采购6000元被褥赠送给册山街道敬老院老人，给所有老人进行健康查体。

第六节　中国致公党地方组织

组织建设

2012年4月，致公党罗庄小组成立，党员4人，叶永青为联络人。2013年，有党员4人。

参政议政

2013年，党员中担任区政协委员2人，其中区政协常委1人。2012年，致公党罗庄小组针对沂河路交通不畅等问题进行调研，形成《关于解决沂河路交通拥堵的建议》被区政协评为优秀提案。2013年，魏元科被致公党山东省委表彰为优秀党员。

社会服务

2012年4月始，致公党罗庄小组践行“致力为公”宗旨，通过捐资助困、开展“牵手关爱”行动等形式服务社会。同年12月，致公党罗庄小组到傅庄镇敬老院开展看望孤寡老人、送温暖活动，捐赠防寒羽绒服、米面油等生活用品。

第七节　九三学社地方组织

组织建设

2006年3月21日，九三学社罗庄支社成立，社员7人，武玉芹任主任委员。2013年12月22日，九三学社罗庄支社换届，选举出主任委员1名，委员2名，武玉芹任主任委员。2013年年底，九三学社罗庄支社有社员8人。其中，硕士研究生以上学历2人，大学专科以上学历4人，具有高级职称4人。社员主要以科技、卫生、文化、教育界高级知识分子为主，也有政府机关、经济界人士加入。

参政议政

2006—2013年，社员中担任市政协十四届委员2人、区政协委员2人、区政协常委2人；当选区十六届、十七届人大常委会副主任1人，区十七届人大代表1人。其间，围绕全区农民合作社规范化建设、土地流转和精准扶贫等工作进行调研，提交调研报告10篇；撰写社情民意信息6篇，其中《关于加强农民合作社监督管理的建议》提报全国政协。在历次区政协全会上提交提案、议案32篇。《关于加强载客三轮车运营管理的提案》《关于做大做强沂蒙优质农产品区域品牌，助推现代农业跨越发展的几点建议》等7篇提案，被市、区政协评为优秀提案。

社会服务

2010年始，九三学社罗庄支社发挥人才、技术优势，在罗庄区推广小麦宽幅精播技术，开展草莓、食用菌、小麦、玉米实用栽培技术培训。至2013年，推广小麦宽幅精播播种面积2666公顷，建成高产示范田2处，为农民增加经济收入1000余万元；聘请农艺师先后到册山、傅庄等街道，举办草莓、食用菌、小麦、玉米实用栽培技术培训班6期，发放科技书籍1000册，培训学员1500人。支社被社中央表彰为优秀基层组织，武玉芹被社省委表彰为社会服务先进个人。

2012年，九三学社罗庄支社联合鲁南眼科医院等单位，开展“同心行、助残亮康”行动，为罗庄区293人眼病患者进行诊断筛查，遴选出15人符合手术条件患者，实施免费白内障复明手术。同年，社员孙效峰被国务院表彰为全国创业就业优秀个人。

2013年，九三学社罗庄支社在高都街道和沂堂镇开展送温暖送健康进村活动。先后走访慰问20户困难老人，送去2.6万元棉被、牛奶、花生油等慰问品。同年，支社被社省委表彰为先进基层组织，张林夕被社省委表彰为社会服务先进个人。

第二章　人民团体

第一节　工会

组织建设

1995年2月，临沂市罗庄区总工会成立（简称区总工会），为正科级单位。1997年3月，区职工技术协作服务中心设立，为区总工会下辖事业单位。2013年，区总工会内设办公室、组织部、生产保障部、财务部、法工部、宣教部、女工部、民管部、经审办9个职能科室。行政编制4人，事业编制2人。

1995年，全区建有基层工会组织56个。其中，区直企业工会8个，乡镇企业工会42个，合资企业工会6个，会员1.8万人，专（兼）职工会干部112人。1996年起，逐步在区直部门、个体私营企业、村办企业建立工会组织。到1997年，全区工会组织发展到89个，会员2.35万人。1998年，根据区属企业、乡镇企业改制实际，区总工会重点加强改制企业中基层工会组织建设，探索企业改制后原工会组织恢复、完善、重建和新建新路子。至1999年，恢复工会组织58个，新建工会组织126个。2000年起，加强非公有制经济组织工会组建工作。2001年，开展“基层工会组织建设年”活动。至2002年，全区有基层工会组织862个，会员8.96万人。2004年，区总工会与区政府建立联席会议制度，贯彻落实省总工会《关于加强非公有制经济组织“党建带工建、党工共建”工作的意见》，开展“党工共建”工作，形成“党委领导、政府支持、工会主抓、各方配合、通力合作”工作格局。2008年8月，区总工会被山东省总工会命名为全省工会工作先进单位。2010年，区总工会制定《罗庄区关于加强基层工会规范化建设的意见》，按照“十有十好”（有牌子、有章子、有班子、有场所、有制度、有经费、有档案、有队伍、有活动、有法人；党委政府支持好、组织网络完善好、履行基本职责好、中心开展工作好、帮助指导基层好、服务职工群众好、基础工作扎实好、创新活动载体好、工会干部敬业精神好、工作特色亮点好）标准，大力实施“二次建会”工程，新建工会组织132个，新发展会员1.21万人。2013年7月，制定《全区企业班组建设实施方案》，启动班组建设工程，共评选出“五好班组”480个。

图17-4：全国总工会组织工作调研汇报会在罗庄区召开（2013年12月　摄）

至2013年年底，罗庄区有基层工会组织1184个，其中区域性和行业性工会联合会65家，会员11.07万人。基层工会规范化建设达标率100%。

主要工作和活动

劳动竞赛与技术革新 1995年始，区总工会把开展以“双增双节”（增产节约、增收节支）“四创四降”（创优、创先、创新、创最佳效益和降成本、降消耗、降积压、降亏损）和技术比武及技术革新为主要内容的社会主义劳动竞赛活动，作为一项经常性工作来抓，每年都进行考核评比。各基层工会组织把职工学习、技术练兵、技术比武、技术创新和合理化建议等纳入竞赛内容，每年考核评比1次，区总工会每两年举行1次全区职工技能大赛。至1996年，开展劳动竞赛45场次，参加职工1.3万人次，完成技改项目137个，推广应用新技术108项，增收节支16.7万元，增创效益12.2万元；提合理化建议125条，采纳86条，创经济效益27.6万元。

1997年，区总工会组织开展首届“安康杯”职工技能大赛57场次，增收节支27.5万元，增创效益36.5万元；提合理化建议315条，采纳270条，创经济效益29.8万元。2000年，围绕传帮带、强技能、提素质，组织全区124个基层工会4.61万名职工参与各种竞赛活动。2006年，围绕提质增效，开展全区职工创新技能大赛，组织全区835家基层工会7.12万名职工参与，开展多层面、多工种、多领域创新技能竞赛活动。2011年12月，区总工会被山东省总工会命名为全省职工技术协会先进集体。2012年，鼓励支持各级劳动模范成立创新团队，建设劳模创新工作室。2013年，建成区级劳模创新工作室2个，市级劳模创新工作室1个。

1995—2013年，全区共开展技术培训

图17-5：罗庄区焊接工人技能比赛现场（2008年9月27日 摄）

2.15万人次，技术创新2680项，技术攻关89项，创经济效益2.16亿元；提合理化建议6.32万条，创经济效益1.13亿元；开展各类职工技能大赛116场次，参加职工10.28万人次，评选出198名罗庄区“金牌工人”。

厂务公开与民主管理 1995年6月起，推行以职工代表大会为基本形式的职工民主管理制度。1997年，针对区属企业和乡镇企业改制实际，在公有制和以公有制为主体的企业，依法建立职工代表大会制度，公司制企业实行职代会、股东会并存，各自行使应有职权；股份合作制企业实行“两会”合一，职工依法参加企业董事会和监事会。至1998年，全区有35家企事业单位推行职工代表大会制度。1999年起，区总工会根据“突出重点，拓宽领域”工作思路，在全区机关事业单位全面推行政务公开、校务公开。贯彻落实中共临沂市纪委等九部门《关于在全市非公有制企业全面推广厂务公开民主管理制度的意见》，重点在非公有制企业开展厂务公开、民主管理集中建制活动。至2005年，全区先后有6家集体企业、140家规模以上非公有制企业、12家外商投资企业推行职代会和厂务公开制度，区直机关事业单位和21所中学、中心小学推行职代会和

政务、校务公开制度。全区非公有制企业厂务公开、民主管理建制率90%，满意率85%。有18家单位被评为市级职代会星。2013年，区总工会制定《关于规范厂务公开民主管理工作，创建劳动关系和谐企业的意见》《厂务公开民主管理工作考核实施细则》，组织对全区厂务公开、民主管理工作进行检查评估验收，有1390家企业事业单位实行厂务（政务）公开和民主管理制度，职代会落实率和厂务公开制度建制率分别93%、94.6%。同年2月，区总工会被省总工会命名为全省厂务公开民主管理工作先进单位。

选树劳动模范 劳动模范评选严格按照民主评议、推荐、审核、公示等程序进行。全国劳动模范每6年评选1次，省级劳动模范为每5年评选1次，市、区级劳动模范每4年评选1次。1995—2013年，区总工会组织推荐、评选全国劳动模范4人，省劳动模范8人，全国五一劳动奖章获得者2人，山东省富民兴鲁劳动奖章获得者13人，省部级先进工作者7人，临沂市劳动模范64人，振兴沂蒙劳动奖章获奖者37人，罗庄区劳动模范211人。区总工会每年“五一”节前，都评选表彰工会工作先进单位、先进个人和职业道德先进标兵。其中2011—2013年，全区评选表彰工会工作先进单位318家，先进个人426名，职业道德先进标兵98名。

送温暖工程 1995年起，各级工会组织积极开展“送温暖、献爱心”活动，走访慰问离退休和困难职工，对特困职工帮扶救助。1995—2004年，办理特困职工证120个，筹措慰问金24.87万元，救助特困户120户，慰问市级以上困难劳动模范和困难企业职工231人，资助14名特困职工子女上大学。2005—2013年，办理特困职工证322个，筹措慰问资金239万元，救助特困户316户，慰问市级以上困难劳动模范42人次、困难企业职工4218人次，资助272名特困职工子女上大学。

和谐企业创建 2006年，贯彻落实中华全国总工会《关于开展创建劳动关系和谐企业活动的意见》，区总工会制定《关于开展创建“劳动关系和谐企业”活动的实施意见》，把劳动关系和谐企业创建作为推动和谐社会建设的有效载体，将创建内容由单一的劳动关系和谐，发展到劳动关系、环境保护、社会建设三个方面，协调区人社局、经信局等部门参与推动劳动关系和谐企业创建活动。至2013年，全区和谐企业创建参与率85%。创建成省级劳动关系和谐企业1家、市级24家、区级113家。评选出罗庄区一星级劳动关系和谐企业15家、二星级10家。

第二节 共产主义青年团

代表大会

第十四次代表大会 1996年6月，共青团罗庄区第十四次（顺延共青团原县级临沂市代表大会届次）代表大会召开，大会听取和审议团区委工作报告。选举产生共青团罗庄区第十四届委员会委员21人，候补委员6人。在团区委第十四届一次全委会上，选举出团区委常委5人，书记、副书记各1人。陈晓梅当选书记。

第十五代表大会 2010年11月25日，共青团罗庄区第十五次代表大会召开，出席会议代表161人。大会听取和审议第十四届团区委《凝聚青年智慧，投身科学发展，为建设富强生态和谐新罗庄贡献青春力量》的工作报告。选举产生共青团罗庄区第十五届委员会委员35人、候补委员8人。在团区委第十五届一次全委会上，选举出团区委常委7

图 17-6：共青团罗庄区第十五次代表大会开幕式（2010 年 11 月 25 日　摄）

人，书记、副书记各 1 人。周杰当选书记。

第十六代表大会　2013 年 12 月 26-27 日，共青团罗庄区第十六次代表大会召开，出席会议代表 146 人。大会听取和审议第十五届团区委《坚定信念，锐意进取，为打造工商复合型经济强区贡献青春力量》的工作报告。选举产生共青团罗庄区第十六届委员会委员 35 人、候补委员 8 人。在团区委十六届一次全委会上，选举出团区委常委 7 人，书记、副书记各 1 人。刘晓辉当选书记。

组织建设

1995 年 2 月，中国共产主义青年团罗庄区委员会（简称团区委）成立，为正科级单位。2008 年 6 月，罗庄区青少年活动中心成立，为副科级事业单位，加挂罗庄区关心下一代工作委员会办公室牌子。2013 年 10 月，区关心下一代工作委员会办公室划转区委老干部局。是年末，团区委内设办公室、组织宣传部、工农青年部、学校少年部、社会和维护青少年权益部。行政编制 4 人，事业编制 3 人，工勤编制 1 人。

1995 年，罗庄区有基层团委 23 个，团总支 51 个，团支部 546 个，团员 1.2 万人，年内新发展团员 1238 人，团青比例 20%。是年，集中整顿农村松散瘫痪团支部 56 个；推行“三位一体”（村团支部书记、村委会科技副主任、村青年星火带头人）农村团干部配置，“三位一体”率 54%，187 名团支部书记进入村“两委”班子。1996 年起，团区委加强新经济组织和新社会组织（简称“两新”组织）团组织建设，创新组织设置形式、管理方式和工作运行机制，逐步扩大“两新”组织团组织覆盖面。同年，华盛江泉集团、新光集团成立二级团委。1999 年、2000 年，双月园学校、美澳国际学校（民办）先后建立二级团委。2002 年后，坚持“党建带团建”方针，依靠党建带团建，整合党团组织工作力量，实现基层党建与团建工作协调推进、共同提高。至 2006 年，共建立社区团组织 46 个。同年，罗庄区被团省委命名为全省团建先进县区。2007 年，团区委举办全区首期社区团干部培训班，培训社区团干部 30 人；区委组织部、区团委、区人事局联合下发《关于做好我区择优选拔“三支一扶”（支教、支农、支医、扶贫，支援农村建设）大学生兼任街道团工委副书记工作的通知》；团区委、区委组织部联合下发《关于在全区村“两委”换届选举工作中加强农村共青团工作的通知》，进一步健全村级团组织。2008 年，结合创建国家文明城市活动，在城区 3 个街道各社区整合成立党团活动室（中心），社区团员志愿者和党员志愿者一起开展志愿者“一助一”或“多助一”活动，使团建与党建在活动空间和活动内容上实现结合。2009 年 5 月，团区委被省团委授予“山东省五四红旗团委”称号。2010 年，开展“团的基层组织建设年”活动，区委组织部、团区委印发《关于建立健全区直部门和市属分支机构团组织的意见》，在区直部门和市属分支机构中开展团组织建设活动。2011年，团建工作纳入党建统一规划，区委组织部、团区委印发《关于进一步加强新形势下基层党建带团建工作的意见》《关于成立罗庄区党建带团建工作领导小组的通知》《关于建立党委领导党建带团建工作联系点的通知》《罗庄区党建带团建工作联席会议制度》。2012年，开展“五好”团支部创建活动，全区基层团组织要基本达到有一个好的领导班子、有一支能够发挥模范带头作用的团员队伍、有围绕中心工作开展适合团员青年特点的活动载体、有一套行之有效的团组织工作制度、有保证团组织正常开展工作的场所和经费等，全面提升基层团组织活力。2013年，团区委制定发出《关于做好镇、街道团委换届工作的通知》，采取公推直选方式，选举产生新一届镇、街道团（工）委领导班子。2013年年底，全区有直属团委19个，基层团工委5个，团总支5个，团支部699个，团员2.2万人。

主要工作和活动

青少年活动中心建设 2011年，通过整合社会资源，争取上级拨款40万元，投资160余万元，对区青少年活动中心进行改造提升，改造后总面积达到3000平方米。中心具有教育培训、文化娱乐和社会服务三大功能，常年向全区青少年开放钢琴室、民乐室等活动场所。2013年7月，青少年活动中心举行揭牌仪式，正式面向全区青少年开放。

青年志愿者行动 2007年，罗庄区青年志愿者协会成立，建立“青年志愿者服务队”46支，志愿者900人。制定《罗庄区青年志愿者协会章程》，规范管理全区青年志愿者队伍和青年志愿服务活动。2008年8月，开展“文明创建，人人参与”志愿服务活动，组织青年志愿者600人，围绕文明城市创建，开展环境卫生清洁、交通秩序整治、文明知识宣传、关爱留守儿童、敬老助残等志愿服务活动。2009年5月，组织青年志愿者志愿服务“全国汽车下乡万里行”启动仪式暨汽车下乡产品展示会。同年9月，组织青年志愿者志愿服务第三届中国当代著名花鸟画作品展。2010年4月，发动全区青年志愿者参与“一人一瓶水，一人一份爱”向云南旱区捐款活动，捐款52万元。2011年3月，开展“文明交通志愿服务月”活动，组织文明交通志愿者在城区重点路口协助交警引导市民遵守交通规则、文明出行。2012年3月，举行“学雷锋、红马甲志愿服务活动”启动仪式，为全区12支青年志愿服务队现场授旗。2013年12月，举办学雷锋志愿服务“赶大集”活动，组织区妇联、区科协等14个部门单位的志愿服务队伍开展志愿服务活动。

万人助学活动 2010年始，开展旨在动员社会力量救助贫困青少年继续完成学业、改善贫困地区办学条件的万人助学活动。是年，募集资金22.31万元，向68名贫困学生发放助学金，资助3名贫困大学生、34名中小学生。2011—2012年，募集资金100万元，向189名贫困学生发放助学金，资助7名贫困大学生、70名贫困中小学生；向黄山镇李官庄华盛江泉希望小学捐赠55万元校建资金。2013年，募集资金30.53万元，向84名贫困学生发放助学金，为青少年校外活动能力提升补助资金10万元。

少年先锋队

1995年5月，中国少年先锋队罗庄区工作委员会（简称区少工委）成立。同年6月始，区少工委在全区少先队员中开展“雏鹰争章”行动和“手拉手”互助活动。1997年2月，参与“全国少先队辅导员人才信息库”建设。同年5月，开展以爱国主义、集体主义和社会主义教育为内容的“手拉手”活动。1998—2001年，在全区少先队员中开展亲情教育、环保教育、弘扬和培育民族精神教育活动，组织开展“五好”小公民演讲比赛、少先队鼓号大赛和“小交警”韵律操比赛。至2002年，全区有236名少先队员成为市级“雏鹰奖章获得者”，120名少先队员被评为市级手拉手好少年，2名少先队员被评为临沂市“十佳少先队员”，1个少先大队被命名为省级雏鹰大队。2003年，区少工委和区教育局联合开展“十佳少先队员”、百名“五好”小公民、千名罗庄“小名士”评选活动。2004年，开展少先队工作规范化学校创建活动。在全区青少年中开展好习惯推广活动；举行讲道德、树形象演讲比赛和少儿书画大赛。2005年9月，组织开展“学《队章》，为红领巾增光添彩”活动。2006年5月，罗庄区第二实验小学（今临沂第六实验小学）获省级“少先队工作示范学校”称号。2007年5月，开展第二届“十佳少先队员”和千名罗庄“小名士”评选活动。2008年，开展“迎奥运展红领巾风采”大型主题活动。2009年3月17—29日，开展“邮寄爱心卡，学子手拉手”活动，帮助四川地震灾区儿童早日走出灾难的阴霾。2010年，开展感恩父母、亲情教育进校园和古诗文朗诵活动，弘扬优秀传统文化，教育广大青少年学会感恩父母和社会。2011年7月，选派6名辅导员参加团省委、省教育厅、省人力资源和社会保障厅、省少工委等部门联合主办的第四届山东省少先队辅导员技能大赛暨风采展示活动，获得2个单项二等奖、4个三等奖。2012年4月，组织参与临沂市第五次少代会筹备工作。其中临沂第五实验小学承担少代会期间市红领巾理事会主席竞选组织和主持工作，临沂第六实验小学承担“少先队员笑脸墙”布置工作。临沂第七实验小学少先队员姚若楠当选临沂市红领巾理事会主席。2013年3月，开展“学习雷锋　做美德少年”网上签名寄语活动。

图17-7：共青团罗庄区委联合罗庄区教体局举办罗庄区第一届青少年艺术节（2008年3月　摄）

第三节　妇女联合会

代表大会

第十次代表大会　2003年12月19日，临沂市罗庄区妇女联合会（简称区妇联）第十次（顺延原县级临沂市妇女代表大会届次）代表大会召开，出席会议代表138人。大会讨论通过区妇联工作报告。选举产生区妇联第十届执行委员会。在第十届执委会第一次全体会议上，选举出执委会常委11人，主席1人，副主席1人。闫秀玲当选主席。

第十一次代表大会 2013年11月29日，区妇联第十一次代表大会召开，出席会议代表160人，特邀代表30人。大会讨论通过区妇联第十届执行委员会主席作闫秀玲作的《凝心聚力，开拓创新，团结带领全区妇女为全面建设生态文明幸福罗庄再立新功》的工作报告。选举产生区妇联第十一届执行委员会委员27人。在十一届执委会第一次全体会议上，选举出执委会常委11人，主席1人，副主席1人，闫秀玲当选主席。

组织建设

1995年2月，区妇联成立，为正科级单位。2008年6月，罗庄区妇女儿童工作委员会办公室升格为副科级事业单位，加挂罗庄区妇女儿童活动中心的牌子，隶属区妇联。行政编制3人，事业编制3人，工勤编制1人。至2013年，机构未变动。

1995年，罗庄区有乡镇妇联6个，村妇代会226个。1996年，对89个农村妇代会进行充实、调整，有40家企业建立妇女组织，全区妇女组织发展到272个。1997年，26家区直单位、市属分支机构和35家企业建立妇女组织。1999年、2002年，结合村“两委”班子换届选举，推动村妇代会主任进“两委”和妇代会主任、计生主任“一人兼”工作。2003年，区妇联重点加强非公有制经济组织和社会组织建立妇女组织工作，有11家民营企业建立妇女组织。2005年，区妇联被省妇联命名为省“三八”红旗集体。2011年，结合村（社区）“两委”班子换届，进一步推动妇代会主任进村（社区）“两委”工作，妇代会主任进村“两委”比例100%。2013年，全区行政村、社区调整为119个社区，社区妇代会调整为119个。是年年底，全区有街道妇联5个，镇妇联3个，区直机关事业单位妇委会53个，社区妇代会119个；社区“妇女之家”建设实现全覆盖，建有妇女儿童家园2家。

主要工作和活动

“巾帼建功”竞赛活动 1995年6月起，区妇联在全区妇女中开展以“学文化、学技术、比成绩、比贡献”为主要内容的“双学双比”竞赛活动和以“四自”（自尊、自信、自立、自强）“五创”（创优质、创高产、创效益、创最佳服务、创一流工作水平）为主要内容的“巾帼建功”竞赛活动。至1999年，全区涌现出以种植、养殖为主的科技女状元36人。其中1人受到省妇联表彰，5人受到市妇联表彰。2000年始，开展绿色证书培训和巾帼创业、巾帼文明岗系列创建活动。2001年，实施巾帼科技致富工程。2002年，5户科技致富示范户和4户科技致富女状元受到市妇联表彰。2004年，响应市妇联号召，开展“百万农家女，争创致富户”活动和“百万妇女结对帮扶”活动。2007年，依托“阳光工程”对126名失地妇女进行就业培训。2010年，开展罗庄区“十大女企业家”评选活动；开展“岗村结对，推进城乡一体化”主题活动，全区20个巾帼文明岗分别与20个村妇代会结对，为结对村提供资金、信息、技术等方面服务。2011年，区妇联联合区财政局、区人力资源和社会保障局、区农业局、区农村信用合作联社下发《关于印发〈罗庄区促进妇女创业就业小额贷款实施细则〉的通知》，举行2011年度妇女创业就业小额贷款集中发放仪式暨妇女就业创业培训班。2013年，区妇联联合区人力资源和社会保障局、金剑桥职业培训学校，举办“全区妇代会主任素质提升暨妇女创业就业技能培训班”，为100名基层妇联干部和创业就业妇女，免费培训计算机基本应用、美容礼仪、月嫂家政服务等课程。同年 3 月 7 日，建立罗庄区沂蒙大姐创业就业服务中心，实行“中心 + 镇（街道）+ 社区”的培训模式，共举办 4 期家政技能培训班，免费培训学员 400 人，其中通过劳动部门考核获得职业资格证书的有 356 人，80% 的学员实现创业或就业。

2013 年年底，全区有巾帼科技示范园 19 家，示范点 300 个，妇女专业技术协会 8 个，专业合作社 12 个，妇女科技示范户 1000 户；巾帼文明岗 197 个。其中，国家级 2 个，省级 7 个，市级 28 个，区级 160 个。各级巾帼建功岗位标兵（明星）542 人。

“五好文明家庭”创建和“美在农家”活动　1995 年起，区妇联在全区开展以“五美”（村容村貌美、庭院美、居室美、仪表美、心灵美）“五化”（净化、绿化、美化、经济化、科学化）为主要内容，以改变农村脏、乱、差为突破口的“美在农家”活动。中共罗庄区委印发《美在农家实施意见》，推进“美在农家”活动开展。1996 年，区委将“美在农家”纳入全区精神文明建设系列规划。1999 年 2 月，区妇联在全区开展“五好家庭奉献月”活动。2001 年 5 月，全市“双美”活动现场会在罗庄区召开，推广罗庄区“双美”活动的经验。2002 年，开展“家庭美德实践年”活动，实施“小公民道德建设计划”。2003 年，结合“三项活动进家庭”和“家庭结对帮扶”活动，开展争创市级“美在农家”明星村、省级“美在农家”明星乡镇、“美在农家”示范县区活动。2004 年，开展以“爱心献老人、科学育子女”为重点的家庭美德实践活动和“好事做在婆家，光荣送给娘家”好媳妇系列评选表彰活动。2005—2007 年，在全区开展“五好文明家庭”创建活动。2008 年，深化“五好文明家庭”创建活动，开展平安家庭创建、节能减排家庭社区行动和罗庄区“十大杰出女性”评选活动。2009 年 7 月—2010 年 12 月，在全区开展“文明礼仪进家庭”活动。2011 年，开展“低碳家庭时尚生活”系列活动。2012—2013 年，继续开展“美在农家”活动。

1995—2013 年，罗庄区共评选出“五好”文明家庭 1.5 万户，“好媳妇”“好婆婆”5000 人次；创建各级“美在农家”示范村 73 个，示范户 1.1 万户。成立“巾帼健身队”“巾帼巡逻队”“巾帼调解队”“巾帼文明队”213 支，注册巾帼志愿者 8020 人。评选各级“三八红旗手”586 人，“三八红旗集体”128 个。2012 年，区妇联被省妇联命名为幸福进家活动先进单位。

图 17-8：罗庄区召开纪念“三八”国际劳动妇女节 96 周年暨表彰大会（2006 年 3 月　摄）

实施“两纲”工作　1996 年，区政府印发《罗庄妇女发展纲要（1996—2000）》《罗庄区儿童少年事业发展规划（1996—2000）》。1998 年，罗庄区妇女儿童纲要规划监测评估领导小组、评估检查组和监测统计组成立。组织“祝你幸福杯”《山东妇女发展纲要》和“益母草杯”《临沂妇女发展纲要》有奖知识竞赛。至2000年，经监测评估，全面完成妇女发展纲要和儿童少年事业发展规划所确定的目标。是年2002年，区政府颁布实施《罗庄妇女发展纲要（2001—2010）》《罗庄儿童发展纲要（2001—2010）》。2010年，经监测评估，妇女发展纲要和儿童发展纲要的可量化指标均达到终期目标要求。是年，罗庄区被省委、省政府命名为山东省妇女儿童工作先进集体。2012年11月，区委、区政府召开全区妇女儿童工作会议，表彰妇女儿童工作先进集体35个、先进个人55人，确定“十二五”期间为妇女儿童办好的10件实事，印发《罗庄区妇女儿童发展“十二五”规划目标责任分解》。2012年、2013年，协调推动妇女儿童工作委员会成员单位每年按时完成农村妇女“两癌”（宫颈癌、乳腺癌）免费检查。

维护妇女儿童合法权益 1995年始，区妇联开展《中华人民共和国婚姻法》《中华人民共和国妇女权益保障法》等法律、法规宣传和培训，每年4月都组织“妇女权益保障法法制宣传月”活动。2002年10月，区妇联与区司法局联合成立“罗庄区妇女儿童维权中心”，各街道司法所和妇联根据辖区实际情况，成立相应妇女、儿童维权机构。2003年3月7日，区妇联和区公安分局联合成立“110”反家庭暴力投诉中心，成立由区政法委、罗庄公安分局、区人民检察院、区人民法院、区司法局、区妇联等14个单位组成的“妇女儿童维权协调组”，组织各成员单位积极开展“优秀妇女维权岗”争创活动。2004年9月，承办全市妇联维权工作现场经验交流会。2006年，在全区广泛宣传新修订的《中华人民共和国妇女权益保障法》，开展“沂蒙妇女学法律，家家户户创平安”普法宣传月活动。2011年年底，全区各镇、街道都建立妇女维权工作站。2013年12月13日，全市维护妇女权益暨平安家庭创建工作推进会在罗庄区召开，推广罗庄区的经验做法。

1995—2013年，全区各级妇女组织与区司法局等部门联合举行“送法下乡”活动198次，举办培训班100期，培训普法骨干3000人次；受理来信来访1170件（起），处结1165件（起），处结率99.6%。2013年，区妇联被省妇联命名为山东省维护儿童权益先进集体。

儿童工作 1995年始，区妇联实施“春蕾计划”，在乡镇开展“巾帼先模一帮一”活动，在区直部门开展“扶贫扶志送温暖”活动。至1997年年底，全区共结成“一帮一”对子110对，提供救助基金2.5万元，资助家庭困难女童150人。1998年，开展“把知识送给家长”系列活动，有62名妇女被全国妇联表彰为“优秀年轻妈妈”，区妇联获全国妇联颁发的优秀组织奖。同年，区妇联制定《罗庄区家庭教育工作实施方案》，联合区教委在“六一”期间开展“‘中保人寿保险杯’写给爸爸妈妈的一封信”少儿演讲比赛。1999年，组织开展家庭“三优”知识竞赛与家教征文活动。2000年，“六一”期间开展“爱心献春蕾”和“沂蒙新苗”评选活动，评选出4名“沂蒙新苗”。2001年，“六一”期间在全区开展“好儿童与优秀家长”双评活动、“中保人寿保险杯”少儿演讲比赛和“面向21世纪我们如何做家长”征文比赛。同年，区妇联被省妇联表彰为家庭教育先进单位。2004年，区妇联与区教育局、广播电视局联合举办“我做合格小公民”演讲比赛。2005—2010年，实施“母亲教育工程”，组织万名母亲通过网上家长学校接受家教知识培训。2009年5月，举办“沂蒙非凡宝宝”

风采展示比赛。2010 年，先后开展“牵手贫困女童，爱心浇灌春蕾”“建设新农村　情系贫困生”活动，资助困难女童 399 人。

2012 年，在全区建设 9 家“留守流动儿童爱心家园”，组织“爱心妈妈”牵手困难儿童活动，共招募“爱心妈妈”396 人，采取“一对多”或“多对一”的形式结对帮扶留守孤困儿童 298 人。2013 年，邀请《祝你幸福》杂志社的高级编辑冯晓春，在临沂第七实验小学、临沂高都小学、临沂双月湖小学举办家庭教育巡回报告。

第四节　科学技术协会

组织建设

1997 年 1 月，罗庄区科学技术协会（简称区科协）成立，为副科级事业单位。1999 年 9 月，调整为正科级事业单位。2000 年，全区 5 个街道、3 个乡镇均成立科协组织。2005 年，建立农村专业技术协会（简称农技协）12 个。2006 年 6 月 23 日，罗庄区老科技工作者协会（简称老科协）、罗庄区反邪教协会成立，隶属区科协。至 2013 年，全区 5 个街道 3 个镇均建有科协，有专兼职科协工作人员 8 人，科普宣传员 285 人，科普志愿者 800 人；农技协 65 个，会员 3 万人；科普示范基地 6 个，会员 5600 人；企业科协 16 家，会员 2800 人。2008 年 4 月 27 日，全省老科协服务“三农”现场会在罗庄区效峰菌业老科协基地召开。2012 年，罗庄区有机蔬菜协会、册山沙沟芋头协会被省科协表彰为全省农村科普工作先进单位。

主要工作和活动

区科技馆建设　2008 年 6 月 26 日，罗庄区科技馆建立，为副科级事业单位，核定编制 6 人，设在双月园学校院内。2011 年 8 月 8 日，科技馆迁至罗庄区文化中心，位于通达南路与工业路交会处西北角，建筑面积 500 平方米，投资 50 万元装修布展。以“科技与生活”为主题，由影音互动、光电世界、数学天地、力学奇观、可持续发展、儿童乐园手工作坊等六大功能展厅组成。2012 年 3 月 13 日，举行“体验科学”中国流动科技馆巡展罗庄站启动暨罗庄区科技馆全省科普教育基地揭牌仪式。2012 年 10 月，区科技馆被中国科协办公厅命名为全国科普教育基地。

“一站一栏一员”建设　2006 年，区科协贯彻落实中国科协推进“一站、一栏、一员”建设进镇入村意见，制定《关于积极推进“一站、一栏、一员”建设工作的意见》《关于在全区农村开展“科普村村通”工程的实施意见》。2007 年年底，全区 8 个街道均建立科普活动站，每个村（社区）建有 1 处科普宣传栏，每个村有 1 名科普宣传员。至 2008 年年底，全区建成 32 个科普活动站，32 所科普学校，建成 285 个科普宣传栏（每年更换科普挂图 4 次），成立 54 支科普志愿者队伍，队员 482 人。双月湖街道林村社区科普活动站被省科协命名为山东省优秀社区科普活动站。2009 年 6 月 29 日，全市“站、栏、员”建设暨“科普社区通”工作现场会在罗庄区召开，推广罗庄区“站、栏、员”建设工作的做法和经验。2010 年 8 月，罗庄区被省科协命名为全省“站、栏、员”建设工作先进县（区）；罗庄街道湖南崖社区科普活动站、汤庄街道汤庄社区科普活动站被省科协表彰为山东省优秀社区科普活动站。2011—2013 年，罗庄街道湖南崖社区，双月湖街道林村社区和盛庄街道大埠东社区先后建成科普宣传一条街。

数字科普设施建设　2009 起，区科协推行“互联网 + 科普”模式，开辟数字科普新平台。2012年10月，区科协与同方知网（北京）技术有限公司签订CNKI“三农”网络书屋定制协议，为全区178个行政村（社区）农技协免费开通“三农科普网络书屋”，助推全区新型农村社会化服务体系、科技增产致富、农民创收和新农村建设发展；同时，实施“山东省数字科普村村通工程”。至2013年，全区共安装75台数字科普平台，主要安装在人群覆盖面广、社会显示度高、集成效果好的政务服务大厅和村（社区）服务站，为全区科技普及和新品种、新技术推广发挥作用。

科普宣传 1999年起，区科协常年开展科普讲座、科技展览、科技推广和科技下乡及科普赶集等科普宣教活动。2003年防治“非典”期间，区科协发出《关于广泛开展科普宣传教育活动的通知》，印发科普挂图5000套，设立防治“非典”宣传栏200个，制作展板20块在全区巡展。2003年始，每年6月29日（2005年后改为每年6月第三个公休日），在全区开展“全国科普日”宣传活动。

实施《全民科学素质行动计划纲要》 2006年，国务院制定实施《全民科学素质行动计划纲要(2006—2010—2020)》。2006年12月，罗庄区全民科学素质行动工作领导小组成立，区政府制定《关于贯彻全民科学素质行动计划纲要的实施意见》，组织实施未成年人、农民、城镇劳动人口、领导干部和公务员等四类人群科学素质行动。至2013年，先后举办各类培训班2150期21.2万人次；举办科技报告会150场，参加人数10.62万人次；举办展览320次，展出展板1500块，观众3.5万人；科普宣传770次，发放宣传挂图8万余份，明白纸24万张，宣传手册2万余册；科技咨询15次，咨询人数2300余人。

青少年科普活动 2000年始，区科协每年通过科普报告、夏令营、科普校园行等形式提高广大青少年学科学、爱科学、用科学积极性，提升青少年科学素质。2008年科技馆建立后，区科协联合科技馆、教育局每年组织开展青少年小发明、小制作、航模、机器人、“七巧板”等科技创新大赛和走进科技馆科普系列活动。至2013年，全区有32名青少年获临沂市青少年科技创新大赛一等奖，39名青少年获二等奖。4名青少年获山东省青少年科技创新大赛一等奖，6名青少年获二、三等奖。33名青少年获山东省“七巧科技”竞赛一等奖，26名青少年获全国“七巧科技”竞赛一等奖。临沂第五实验小学、第六实验小学、朱陈小学被山东省科协、教育厅命名为科普示范学校。临沂高都小学辅导员王克伟的教具制作项目获全国青少年科技创新大赛科技辅导员创新项目二等奖。

图17-9：山东省青少年科普报告百校行临沂分会场罗庄场（2010年9月15日 摄）

科技服务　2000年起，区科协每年组织科技下乡活动。至2013年，组织开展科技下乡活动1002次，受益农户1.9万户。举办实用技术培训64次，参加学习8.98万人次，推广实用技术22项。先后邀请山东农业大学、莱阳农学院、北京林业大学、浙江农业大学专家、教授到罗庄区作科技报告，培训各类技术人员1269人。

科普示范基地建设　2006年，区科协贯彻实施国家“科普惠农”行动计划，加强科普惠农示范基地建设。2007年，创意园林基地被省科协命名为山东省科普惠农工作示范基地。2010年5月，效峰菌业科普示范基地被中国科协、财政部命名为全国科普示范基地。2011年6月，罗庄区海棠协会被中国科协、财政部命名为全国科普惠农示范农技协。2013年4月，区委、区政府印发《关于进一步加强农村专业技术协会建设的实施意见》，区科协制定《罗庄区科学技术协会关于做好科普惠农兴村计划专项资金奖补工作的意见》，每年提供10万元科普惠农专项奖补资金。同年，全区建成科普示范基地4个。罗庄区有机蔬菜协会被中国科协、财政部命名为全国科普惠农基地。

第五节　工商业联合会

代表大会

第五次会员代表大会　1997年7月26日，临沂市罗庄区工商业联合会（简称区工商联）第五次（顺延原县级临沂市工商业联合会会员代理大会届次）会员代表大会召开，出席会议代表144人。会议审议通过区工商联工作报告，选举产生区工商联第五届执行委员会委员30人。在区工商联五届一次执委会上，选举产生常务委员10人，选举陈洪波为会长，副会长3人，名誉会长1人，名誉副会长3人。

第六次会员代表大会　2002年3月4日，区工商联第六次会员代表大会召开，出席会议代表172人。会议审议通过区工商联五届执行委员会工作报告，选举产生区工商联第六届执行委员会委员81人。在区工商联六届一次执委会上，选举产生常务委员29人，选举徐淑平为会长，副会长5人，秘书长1人。

第七次会员代表大会　2006年7月29日，区工商联第七次会员代表大会召开，出席会议代表212人。会议审议通过区工商联六届执行委员会工作报告，选举产生区工商联第七届执行委员会委员88人。在区工商联七届一次执委会上，选举产生常务委员54人，选举李兴为会长，副会长13人，秘书长1人。2007年11月，会长、副会长改称主席、副主席。

第八次会员代表大会　2012年4月10日，区工商联第八次会员代表大会召开，出席会议代表240人。会议审议通过七届执行委员会工作报告，选举产生区工商联第八届执行委员会委员215人，常务委员78人。在区工商联八届一次执委会上，选举李兴为主席，副主席17人，秘书长1人。

组织建设

1997年3月，区工商联成立，为副科级事业单位，与统战部合署办公。1999年6月，升格为正科级事业单位。2007年4月，改为正科级行政单位。同年12月，临沂市罗庄区光彩事业促进会成立。2008年6月，临沂市罗庄区工商业服务中心成立，为副科级事业单位，隶属区工商联。2013年，行政编制4人，行政工勤编制4人，事业编制8人。

1997年4月起，区工商联按照“积极引导、稳妥发展，坚持标准、确保质量，突出重点、优化结构，加强服务、动态管理”的方针，积极发展会员。同年12月，罗庄区6个乡镇均建立商会组织，有会员252人。2010年1月，区划调整后，增加沂堂镇商会。2011年1月，区划调整后，增加黄山镇、褚墩镇商会。2011年8月9日，区划调整后，汤庄街道、双月湖街道商会撤销，分别并入傅庄街道、盛庄街道商会。2013年年底，区工商联辖5个街道商会，3个镇商会，1个直属行业商会，1家直属社区商会，登记会员944个。其中，企业会员732个，团体会员10个，个人会员202个。2004年，区工商联被省工商联命名为全省工商联工作先进单位。

主要工作和活动

参政议政 1997—2013年，区工商联会员中当选市人大代表68人次，区第十四届至十八届人大代表201人次，其中当选区人大常委38人次；担任区第十届至十四届政协委员88人次，其中区政协常委19人。发挥工商联会员中人大代表、政协委员、特邀监察员作用，围绕罗庄区经济发展难点热点问题建言献策。2002年，结合产业结构调整，企业转型升级，针对企业科技含量低、发展不平衡、重复建设过多等问题，区工商联组织对全区56家企业进行走访调查。撰写《罗庄区非公有制经济的现状及解决办法》的专题报告，引起区委、区政府重视并采纳。2005年，针对环境投资、技术服务、信息指导、优化管理“四个创新”进行调查，区工商联在区政协会议上提交《工商企业发展的几点希望》提案，得到有关部门的重视。至2013年年底，会员在市、区人大、政协历次会议上提出议案、建议140件，其中有6件提案被区政协评为优秀提案。

服务社会 1997年起，区工商联开展以“致富思源，富而思进”为主题的“双思”教育活动，发动会员开展以项目、技术、信息、资金帮带为主要内容、体现光彩事业精神“帮带致富”活动。2004年4月、9月，邀请台湾经贸文化考察团32人次到罗庄参观考察，组织40家企业60个项目与台湾客商交流对接。至2006年，组织光彩事业会员民营企业209家，开展奉献社会、捐资助学、安置待业人员就业、修建思源路等活动，各类捐赠5100万元，修建思源路10条，为20所中小学校危房改造捐款，救助特困人员1200人。2007年，发动区工商联会员开展“企业帮村”活动，实施帮扶项目29个，投入帮扶资金245万元，捐赠福利公益事业65万元，为农村和农民办实事45件。2008年始，开展“携手光彩，共创和谐”活动，至2013年，会员企业项目扶贫和捐资共2850.4万元，安置富余劳动力就业1200人。

服务会员 2004年，创办《工商联信息》，为广大会员提供政策、市场、经贸、人才等方面信息。2005—2013年，先后组织80家企业到上海、青岛、济南、佛山、淄博等地学习考察；组织40余家企业参加省工商联在济南举办的科技新成果洽谈会，引进新技术10项；邀请省内外大专院校知名专家给会员作经济发展形势报告12次；通过加强与省、市人才交流中心联系与合作，为会员企业介绍和推荐专业技术人才18人；帮助企业融资5000余万元；为会员企业招聘法律顾问30人，协调代理民事诉讼案件160起，为580家会员企业提供法律培训。

第十八编　法治　军事

Part 18: Law and Military

平安罗庄建设大会（2008年2月　罗庄公安分局供稿）

武河野鸭（2013 年 8 月　区摄协供稿）

1995—2013 年，罗庄区围绕社会治安和稳定大局，加强政法队伍建设，组织开展“平安罗庄”“法治罗庄”创建活动，加强社会治安综合治理工作，落实严打整治、矛盾调解、治安防范、预防犯罪等工作措施，打防并举、标本兼治，为全区经济、社会发展创造稳定的治安环境。2000 年 2 月，罗庄区被省委、省政府授予“社会治安综合治理先进区”称号；2005—2012 年，罗庄区连续 8 年被省委、省政府授予“‘平安山东’建设先进区”称号。

罗庄区是鲁南军事重镇临沂城南大门，是连接临郯军事要地必经之道，清乾隆年间，沂州营一部驻防罗庄。1995—2013 年，罗庄区人民武装部建立健全基层武装组织，着力推进正规化建设，圆满完成上级下达新兵征集任务；突出民兵干部、专业技术分队和应急分队规范化训练，提高民兵和预备役官兵军事素质；开展全民国防教育活动，落实国防动员准备，在生产建设、抢险救灾、维护社会治安等工作中发挥模范和先锋队作用。罗庄区人民武装部先后受到省委、省政府和省军区的表彰，多次被省军区授予“全面建设达标先进单位”“抓基层先进‘一线指挥部’”“兴武建功先进单位”等称号。

第一章　政法

第一节　机构

1995 年 2 月，中共罗庄区委政法委员会（简称区委政法委）成立，为正科级行政单位。区委政法委与区社会治安综合治理委员会办公室（简称区综治办）合署办公，一个机构，两块牌子。2012 年，罗庄区社会治安综合治理委员会办公室更名为罗庄区社会管理综合治理委员会办公室，综治成员单位 86 家，辖 8 个街道、镇综治办和 119 个社区综治办。2013 年 12 月，行政编制 13 人，工勤编制 1 人。

图 18-1：2004 年 12 月，罗庄区被省委省政府表彰为平安山东建设先进区

第二节　政法队伍建设

1995 年，区委政法委坚持“政治强警、从严治警、从优待警”方针，协助区委组织部抓好政法领导班子考察和管理，配齐配强领导班子。围绕“权、财、酒、色、车、枪”等容易出问题环节，组织开展 2 次集中整顿活动，重点整顿“门难进、脸难看、话难说、事难办”现象。

1997 年，区政法各部门开展“严格执法、热情服务”为主要内容的职业道德教育。至 1999 年，组织不同形式、内容的教育培训活动17次，培训2100人次。

2000年，区委政法委结合“禁酒令”和《国家赔偿法》等法律法规的实施，开展执法规范化建设，规范执法行为，促进执法公正，维护司法权威。2001年6月，区委政法委制发《严肃执法和廉政建设目标管理责任制》，在辖区重点行业、部门聘请执法监督员150人，自觉接受人大、政协、媒体和社会监督。2006年4月，区委政法委创新推行执法档案规范化管理工作，对全区政法5个部门中53个科室、队、所、庭、处及274名政法干警和法律执业者建立执法（执业）档案。

2012—2013年，开展“四无三零”（“四无”政法单位：无因执法不当引发重大群体性事件、无涉法涉诉进京非正常上访案件、无因工作不到位引发民转刑案件、无干警违法违纪案件，“三零”政法干警：零错案、零上访、零违法违纪案件）创建活动，推进全区执法责任制和各项监督制约措施落实。

图18-2：罗庄区召开政法队伍建设动员会（2012年3月　摄）

第三节　维护社会稳定

1995—1996年，区委政法委组织公安机关开展“扫黄打非”专项行动，对辖区路边店、公共复杂场所开展集中清查行动。共组织集中清查行动26次，查处69处黄、赌、毒窝点，强化社会治安。1997年，规范整顿全区爆炸物品生产、管理、运输和使用，集中组织开展“治爆缉枪”行动，收缴各类猎枪、气枪等1.2万支，全部集中销毁。

1999—2000年，区委政法委开展“严打”集中行动56次，破获各类刑事案件1908起，抓获各类犯罪嫌疑人1112人，摧毁各类犯罪团伙105个。2001—2003年，开展“严打整治”行动46次，破获各类刑事犯罪案件1979起，抓获各类犯罪嫌疑人1412人，摧毁各类犯罪团伙101个。

2003年，区委政法委加强特殊人群管理，对全区706名社区矫正对象进行规范管理，组织3次集中教育活动。2004年，组织开展“建设平安罗庄、创建最安定地区”活动，开展不同形式、内容的严打集中行动21次。

2005年，开展以治安后进村（社区）、道路交通、矿山开采、建筑市场、安全生产和信访为主要内容的综合整治活动6次。同年，全区推行矛盾纠纷台账式管理，排查出的矛盾纠纷输入微机系统，实现市、区、街道联网应用。2007年，建立统揽全区的监外执行罪犯监管平台，通过专门服务器连接政府内网，规范监外执行罪犯管理。

2010年，持续开展娱乐场所集中整治活动。同年，区综治委印发《关于加强和规范基层治安巡逻工作的意见》，按照中心城区万分之十、重点镇万分之八和一般镇、街道万分之五的要求，配备治安巡逻人员360人，全区建立村级治安巡逻队（夕阳红）121个。

2011年，根据全市“社会治安基础建设

年”部署要求，组织开展以治安落后村居、突出犯罪问题、突出治安问题、道路交通秩序、消防安全为内容的“五项综合整治”行动。2012 年，组织开展基层矛盾纠纷集中排查化解活动，实行镇、街道党政干部挂帅，从信访、综治、司法、民政等部门抽调人员，组成工作组，分片承包工作区、村（社区），化解矛盾纠纷。

2013 年，组织开展以“打盗抢、保民安”为内容的惩处突出犯罪百日集中行动，从快从严惩处一批犯罪嫌疑人，有效遏制盗抢犯罪高发态势。

第四节　社会治安综合治理

1996 年，在全区实行村民义务站岗巡逻。由村负责组织全村 18 ～ 45 周岁村民，划分若干小组，轮流义务参与村夜间站岗巡逻。1997 年 3 月，推行义务与专职站岗巡逻相结合，组织村老党员、退休老干部组成“夕阳红”巡逻队，负责白天治安守望，夜间由专职人员（村干部）负责站岗巡逻。区综治委每月组织成员单位对村站岗巡逻情况进行抽查，镇、街道综治委、派出所每周组织 1 ～ 2 次督导检查。

2002 年 2 月，罗庄区被省委、省政府授予“社会治安综合治理先进区”称号。同年 6 月，区委政法委推行以“电子巡更”系统、矛盾纠纷排查调处台账式管理和治安防范承包责任制为内容的“三项改革”。全区 8 个街道、217 个村全部安装“电子巡更”系统，巡检点 472 个。矛盾纠纷排查调处台账式管理，做到组织网络化、排查经常化、管理规范化和落实制度化。矛盾纠纷总量较 2001 年下降 30.1%。治安防范承包工作在全区 210 个村推行，占全区行政村总数 95%，农村治安防范能力提高，刑事发案较 2001 年同期下降 32.6%。

图 18-3：2000 年 12 月，罗庄区被省委、省政府表彰为社会治安综合治理模范区

2007 年，区委、区政府推行“社区警务 + 治安保险”工作模式。在全区各村设立治安警务室，以村为主体，通过契约手段，约定治安联防和保险赔偿责任，形成以治安承包为基础、以保险理赔为补充群防群控工作机制。在投保形式上，以村委会为投保单位，由保险公司和村委会签订保险契约，每户每年交纳 35 元治安保险费，其中 10 元用于家庭财产保险，25 元用于联防工资。

2008 年 5 月，按照“政府主导、市场运作、科学施工、资源整合、社会参与、水平提升”工作思路，区政府投入 1500 万元，在全区重点部位和主要路口建设 7 个卡口、11 处报警点和 69 处监控点，形成以“天网工程”为构架，人防、物防、技防资源相辅助，党委政府领导和综治部门牵头，公安机关推动和相关部门配合，社会各界参与的治安动态监控系统。

2010 年，区综治委全面加强和完善镇、街道综治工作中心建设，实现综治工作中心多部门“一体化”运作，为群众提供“一站式”服务，使综治工作中心成为统筹落实基层社会治安综合治理、维护社会稳定和社会管理各项措施的平台，实现矛盾纠纷联调、社会治安联防、突出问题联治、重点工作联动、基层平安联创、社会管理联抓工作格局。2012年，区综治工作中心落实实体化办公，建成以综治、调解、治安和社会管理一体化工作中心。

2013年，根据市委、市政府统一部署，罗庄区推进视频监控全覆盖工程。在天网一期工程建设基础上，投资2800万元，完成二、三期工程，实现区、镇（街道）和重点部位，一、二、三级目标95%、100%、100%覆盖，形成天网、警网、民网和巡逻有机整合。

第五节　平安创建工作

2004年，根据省、市关于深入开展平安创建活动部署，罗庄区实施以“建立两个平台、密织三级网络、建设八大系统”为内容的“238”工程。两个平台，即构建以社会治安防范为内容的公安指挥平台和以道路交通管控为内容的交警指挥平台；三级网络，即密织区、街道、村级治安防控网络；八大系统，即闭路电视监控系统、卫星定位系统、金融报警系统、红外周界防越报警系统、楼寓可视对讲系统、自动化报警系统、电子巡更系统、矛盾纠纷排查调处管理系统。开展“平安街镇”“平安村庄（社区）”“平安家庭”“平安校园”“平安企业”“平安医院”创建活动，落实严打整治、治安防范、矛盾化解、管理教育和法制宣传各项措施，扎实推进平安创建工作。2007年，中央综治办主任陈冀平、国家保监会主席吴定富等中央和省、市领导到罗庄视察时，对罗庄区创新性开展治安承包、治安保险和天网工程，推动基层平安创建工作的做法给予肯定。2008年3月，在全省城区治安防范建设经验交流会上，罗庄区作典型发言，《人民日报》《光明日报》《大众日报》等新闻媒体进行报道。至2013年，全区90%以上社区达到平安示范社区标准。

2005—2012年，罗庄区连续8年被省委、省政府授予“‘平安山东’建设先进区”称号；2004—2013年，罗庄区连续10年被市委、市政府评为“平安临沂”建设先进区。

第六节　见义勇为表彰

2009年，罗庄区见义勇为协会在区民政局注册，隶属区委政法委，在区委政法委设立办公室。第一届协会选举会长1名、副会长3名、理事16名，募集见义勇为基金100万元。

2012年，罗庄区有12名见义勇为先进分子列入临沂市《英模谱》。至2013年，共有13名见义勇为积极分子受到省、市、区表彰。

1995—2013年罗庄区见义勇为积极分子情况表

表18-1

姓名	性别	籍贯	荣誉称号	授予单位	授予时间
田国栋	男	罗庄区傅庄街道王庄	区见义勇为先进分子、“蓝盾奖”	区委、区政府，罗庄公安分局	2000.01
王景生	男	罗庄区傅庄街道王庄	区见义勇为先进分子	区委、区政府	2000.01
孙成建	男	罗庄区盛庄街道林村社区	市见义勇为英雄、颁发二级英雄勋章	市人大常委会	2012.01

续表 18-1

姓名	性别	籍贯	荣誉称号	授予单位	授予时间
于金喜	男	罗庄区傅庄街道于家庄	区见义勇为先进分子、荣立个人三等功、优秀共产党员	区社会治安综合治理委员会，区委、区政府	2004.08
王树东	男	罗庄区双月湖街道八块石社区	省见义勇为先进分子、市见义勇为英雄、颁发二级英雄勋章	省综治委省见义勇为基金会、市人大常委会	2009.02 2010.12
孙兆义	男	罗庄区沂堂镇后井台村	省见义勇为先进分子、市见义勇为英雄、颁发一级英雄勋章	省综治委省见义勇为基金会、市人大常委会	2009.11 2010.12
张永恒	男	莒南县朱芦镇张茅墩村	市见义勇为先进分子	市社会治安综合治理委员会	2010.01
李铁成	男	沂水县院东头乡四角泉村	市见义勇为先进分子	市社会治安综合治理委员会	2010.01
孙建新	男	罗庄区沂堂镇南沂堂村	市见义勇为先进分子	市社会治安综合治理委员会、市见义勇为基金会	2010.12
赵帮友	男	罗庄区傅庄街道西三重村	市见义勇为先进分子	市社会治安综合治理委员会、市见义勇为基金会	2010.12
杨　勇	男	罗庄区盛庄街道双月社区	市见义勇为英雄、颁发二级英雄勋章	市人大常委会	2012.01
李春伟	女	罗庄区盛庄街道双月小区	市见义勇为英雄、颁发二级英雄勋章	市人大常委会	2012.01
孙成建	男	罗庄区盛庄街道林村社区	市见义勇为英雄、颁发二级英雄勋章	市人大常委会	2012.01
王玉芹	女	罗庄区褚墩镇锦程村	市见义勇为先进分子	市社会治安综合治理委员会	2012.12

第二章　法治政府建设

第一节　机构

1995 年 5 月，区政府办公室内设法制办公室，为股级单位。1999 年 6 月，区政府法制局设立，为正科级事业单位，隶属区政府办公室。2010 年 10 月，撤销区政府法制局，设立区政府法制办公室，正科级行政单位，为区政府主管政府法治工作的职能部门。2013 年，内设综合科、业务科、行政复议应诉科 3 个职能科室。编制 5 人。

第二节　规范性文件管理

1995 年 6 月，区政府办公室制定《关于规范性文件制定程序的规定》，规定未经法制机构审查把关的规范性文件不予发布。严格事前审查，杜绝不合法文件出台，杜绝部门利益、地方利益与法律法规相冲突。1996 年 10 月，贯彻实施《中华人民共和国行政处罚法》，对 1995 年 2 月—1996 年 9 月制定含有行政处罚内容的 12 个规范性文件进行清理。同年12月18日，区政府发布《关于公布现行规范性文件清理结果的通报》。1999年起，区政府法制局每年均全面检查全区规范性文件制定发布、备案审查、清理等情况，及时修改或废止不符合法律法规、内容相抵触、依据缺失或者不适应经济社会发展要求的规范性文件。2009年4月，区政府印发《罗庄区行政机关规范性文件备案办法》，进一步加强规范性文件管理。2012年6月，区政府制定《罗庄区人民政府规范性文件制定程序规定》，对规范性文件的计划、起草、审定、批准、发布及解释、修改和废止提出明确标准和要求，保证规范性文件质量，提高工作效率。同年，共审查区直各部门拟稿以区政府或区政府办公室名义印发的规范性文件4件。实施《山东省行政程序规定》，根据省、市政府要求，对1995—2011年区政府制发的130个规范性文件进行全面清理。其中，继续有效的规范性文件37件，废止56件，修改37件。2013年，区政府制定实施《罗庄区人民政府重大行政决策程序规定》，审查规范性文件及其他政府文件23件，备案规范性文件2个，审查经济合同及协议16件。

第三节　行政执法监督

1995年11月18日，区十四届人大常委会第五次会议作出《关于在国家机关中实行执法责任制的决议》，在全区行政机关中推行行政执法责任制。49个行政执法部门根据各自行政范围，制定具体执法行为规范，明确执法人员责任分工。2000年8月，区人大常委会组成人员与区政府法制局、区监察局相关人员组成检查组，对区人民法院、罗庄环保分局等7个部门执法责任制情况进行检查，并分别送发《关于执法责任制检查反馈意见的通知》。2005年7月，《国务院办公厅关于推行行政执法责任制的若干意见》发布。同年11月，区政府法制局对行政执法主体、行政执法依据、行政执法职权进行全面清理，对行政执法单位行政执法事项全部进行法制审核。2006年8月，区政府成立由区长任组长，分管副区长任副组长，各行政执法机关主要负责人为成员的罗庄区推行行政执法责任制工作领导小组，领导小组下设办公室，办公室主任由区政府法制局局长兼任。自此，每年都制定《罗庄区人民政府推动行政执法责任制工作实施意见》，严格行政执法主体和行政执法人员资格管理，梳理执法依据，依法界定执法职责，全面做好执法职权分解与执法标准、执法责任确定工作，强化依法行政各项工作的监督制约，规范执法行为，进一步健全行政执法责任制评议考核机制，并于2011年纳入区委、区政府年度科学发展综合考核。

第四节　规范案卷评查

2011年6月，区政府法制办公室制定实施《罗庄区人民政府规范行政处罚裁量权暂行规定》《罗庄区行政处罚、行政许可案卷评查办法》《罗庄区行政处罚案卷评查标准》《罗庄区行政许可案卷评查标准》。同年10月，会同区纪委（监察局）、区档案局等单位组织专人，对28个区直部门和16个市属有关执法单位的行政处罚、行政许可案卷进行评查。2012年，制定《罗庄区规范行政处罚自由裁量权工作实施方案》，全面梳理、规范各行政执法部门的行政处罚自由裁量权。

第五节 行政审批制度改革

2006年6月始，区级行政审批制度改革。2011年，对全区168个行政审批项目，通过清理规范，取消2项行政审批项目。2012年，联合相关部门对区级行政审批事项进行全面集中清理，共梳理行政审批事项229项。其中，确定保留行政审批事项212项，取消行政审批事项8项，暂停实施9项。在确定保留212项行政审批事项中，行政许可178项，其中委托1项，初审32项；非行政许可审批34项，其中备案6项，初审3项。进驻区政务大厅的有27个部门和单位，共168项行政审批事项。

第六节 规范执法证件管理

2010年，建立全区行政执法人员管理数据库，持IC卡行政执法证件853人，新办证72人，换发行政执法证件436人，对执法证件进行有效管理。2011年，有33人取得行政处罚听证主持人资格证，32人取得行政复议应诉人员资格证；换发行政执法证件196人；组织全区110人参加市政府法制办公室组织的新上岗行政执法人员培训，91人取得行政执法人员资格。2012年，有423人通过行政执法证件年检，追审执法证35人；清理过期执法证件175人；组织127人参加新申领行政执法证件培训考试，有91人考试合格取得执法证件。2013年，组织185名执法人员年审培训，110名人员参加新申领执法证培训，80人取得行政执法证件。

第七节 行政复议

1999年6月，区政府法制局代表区政府开始承担履行审理行政复议职责。2003年，罗庄区人民政府行政复议办公室设立，与区法制局合署办公，受政府委托具体办理行政复议事项。2005年5月，印发《罗庄区人民政府行政复议工作规则》，进一步规范行政复议案件审理，对案件受理、审理、决定、送达、归档均予以规范明确。1999—2009年，区政府共受理行政复议案件64起，用法律手段维护区政府和行政复议当事人的合法权益。2010—2011年，区政府行政复议办公室受理行政复议申请20件，审结18件。2012年，受理行政复议申请22件，审结21件，转市政府行政复议委员会1件。同年，成立罗庄区行政调解工作领导小组，具体负责全区行政调解工作的组织领导。2013年，积极推进全区行政复议委员会试点暨相对集中行政复议权工作，罗庄区行政复议委员会成立，内设行政复议委员会办公室，集中受理审理全区行政复议案件。年内，受理行政复议申请49件，其中作出复议决定39件，不予受理6件，调解1件。

第三章 公安

第一节 机构

1995年2月，临沂市公安局罗庄分局（简称罗庄公安分局）成立，为正科级行政单位。内设指挥中心、政工办公室、行政装备科、刑警大队（副科级）、政保科、保卫科、治安科、户政科、预审科、法制科；派驻罗庄、朱陈、沈泉庄、盛庄、程庄、傅庄、册山、岑石8个派出所。1997年11月，双月湖派出所、汤庄派出所设立。1998年4月，罗庄公安分局局长正式按副县级干部配备，督查室、宣传办公室（隶属指挥中心）设立。同年8月，治安拘留所、经济犯罪侦查队设立。1999年7月，计算机安全监察与通信科设立。2000年1月，撤销保卫科，经济犯罪侦查队改称经济犯罪侦查大队。同年10月，程庄派出所改称西高都派出所，岑石派出所改称罗西派出所。2001年8月，美澳派出所设立。2003年5月，政保科改称国内安全保卫大队。2004年10月，罗庄公安分局调整机构设置，内设指挥室、政工室、督查室；辖国内安全保卫侦察大队、治安警察大队、刑事侦查大队、经济犯罪侦查大队、巡逻防暴警察大队、治安拘留所6家单位；派驻罗庄、朱陈、沈泉庄、双月湖、盛庄、西高都、傅庄、册山、汤庄、美澳、罗西11个派出所。2007年6月，警务保障室设立，计算机安全监察与通信科改称公共信息网络安全监察大队，政工室改称政工监督室，法制科改称法制室，治安科改称治安管理大队。2008年，罗西派出所由临沂市公安局高新分局管理。2010年3月，区划调整时，苍山县公安局沂堂派出所划属罗庄公安分局。2011年1月，区划调整时，郯城县公安局黄山、褚墩派出所划属罗庄公安分局。2013年5月，法制室改称法制大队，巡警大队改称特巡警大队。同年6月，督察大队设立。至2013年12月，罗庄公安分局设政工监督室、警务保障室、指挥中心3个正科级科室。辖法制大队、国内安全保卫大队、经济犯罪侦查大队、治安管理大队、刑事侦查大队、网络安全保卫大队、特巡警大队、督察大队、禁毒大队9个正科级大队，1个正科级拘留所，罗庄、朱陈、沈泉庄、双月湖、盛庄、西高都、傅庄、册山、汤庄、美澳、沂堂、黄山、褚墩13个副科级派出所。编制247人。

1997年，罗庄公安分局傅庄派出所被省公安厅记二等功；1998年，傅庄派出所被省公安厅授予“全省优秀派出所”称号；2001年，西高都派出所被省公安厅授予“人民满意派出所”称号；2002年，罗庄公安分局经侦大队被省公安厅授予“全省先进经侦大队”称号；2003年，朱陈派出所被公安部授予“一级公安派出所”称号；罗西派出所被省公安厅记集体二等功；2007年，罗庄公安分局被省公安厅命名为全省治安防控工作优秀等次县级公安机关、全省第一批科技强警示范县（市区）建设工作先进集体、全省公安机关“三基”建设工作先进县级公安机关；2008年，罗庄公安分局被省公安厅命名为全省公安机关实施派出所消防监督管理工作先进公安局；

2010年、2011年，罗庄公安分局分别被省公安厅命名为社会治安防控体系建设工作优秀等次县级公安机关；2013年2月，罗庄公安分局被省公安厅命名为全省取保候审突出问题专项督查工作成绩突出集体；同年4月，被省公安厅命名为满意度增幅前10名的城市公安分局；2009—2013年，罗庄公安分局连续5年保持省精神文明建设委员会授予的“省级文明单位”称号。

第二节　治安管理

公共场所与特种行业管理

1995年，罗庄公安分局制定《罗庄区特种行业管理暂行办法》，开展公共场所专项治理，对辖区内50处录像厅、电子游戏室清理整顿，依法取缔传播淫秽录像点10家，算命摊点30处，处理违法人员56人。1998年，对全区145家特种行业和310家公共场所进行2次集中整顿，取缔2家无证经营业户，限期整改25家特种行业；破获各类案件147起（其中，刑事案件3起，刑事拘留4人，批捕3人）；治安处罚172人（其中，罚款处理107人，批评教育65人）。2000年7—9月，加强娱乐服务场所管理，严厉惩治黄、赌、毒社会丑恶现象，摸排各类场所161家。其中，歌舞娱乐场所3家，美容美发67家，电子游戏32家，录像放映场所40家，其他场所19家，被查场所中证照不全69家。2002年4月，推进全区旅馆业信息系统建设，78家旅馆全部安装旅馆业信息系统，实现旅馆业网络一体化。同年，开展公共娱乐服务场所专项整治，下发整改通知327份，责令停业整顿28家，依法取缔7家。

2006年，治安管理大队组织开展特种行业专项整治行动，重点整治治安复杂城区、集贸市场、交通路线、矿山及出租房屋、小旅馆、小洗浴、KTV包房、网吧等场所。2007年，对辖区113家公共复杂场所、272家特种行业、1746家“九小场所”（即小商店、小学校、小医院、小餐馆、小旅馆、小歌舞厅、小网吧、小美容店、小生产加工作坊）进行重新登记备案。对特种行业和“九小场所”实行分级分类管理，治安管理大队直接管理300家特种行业、网吧等场所。

2009年，辖区90家宾馆、旅社全部安装旅馆业治安管理信息系统，利用该系统抓获上网逃犯12人。年内，对全区废旧金属收购站点进行“拉网式”清理整顿。整顿生产性废旧金属收购站2家，非生产性废旧金属收购站点61家，停业整顿21家，整改21家。2011年，组织开展旅馆业清理整顿专项行动。整顿宾馆、旅社166家，依法停业26家，取缔非法经营旅馆3家，行政拘留非法经营业主3人，对11家存在安全隐患尚未整改完毕业户，责令停业整顿，处罚不规范登记住宿旅客信息业主37人，利用旅客登记系统抓获逃犯5人；备案娱乐、服务性场所27家，从业人员186人；严格开锁业管理，依法取缔4家无合法手续、不具备执业资格证书开锁公司，登记备案3家，对开锁从业人员采集指纹和DNA信息。2013年，取缔无证旅馆8家，行政拘留8人，治安处罚不按规定登记或上传旅客信息从业人员19人；利用旅馆业治安管理信息系统，抓获上网逃犯14人。认定管制刀具21把，鉴定淫秽物品360件。

枪支管理

治安管理大队管理的枪支，有非军事系统各类民用枪支和按规定配备的业务用枪两种类型。1995年，开展收缴非法枪支弹药和爆炸物品活动，收缴非法枪支1800支，子弹549发，手榴弹4枚，炸药2243千克，雷管1201个。1996年8月，罗庄公安分局召开销枪大会，对收缴的3100支枪支公开销毁。1999年，收缴的163支猎枪集中送市公安局统一销毁。

2000—2002年，收缴各类枪支371支，子弹2555发，手榴弹7枚，炸弹8枚。2003—2006年，开展治爆缉枪宣传4次，发放缉枪治爆宣传品4万余份，收缴各类枪支71支。其中，气枪12支、猎枪27支、发令枪2支、土枪5支、小口径步枪5支。销毁枪支1800支。收缴炸药15千克，雷管38枚。2009年，开展治爆缉枪专项行动，收缴猎枪12支、仿真枪34支、子弹1121发、导火索300米、烟花43万响，收缴管制刀具37把；查处涉枪案件3起、涉案人员9人，其中刑事拘留8人。2011年，加强涉枪单位监督检查，检查涉枪单位20家次，培训持枪资格民警，办理民警持枪证件101件、枪证108件，收缴枪支12支、子弹8发。2013年，对2家配枪金融单位枪库技术防范措施重点检查，对照台账逐一清查枪支、枪证、持枪证、弹药数量。

涉爆物品管理

1995—1997年，针对罗庄区工矿企业多，爆炸物品使用点多、面广、量大的情况，对爆炸物品生产、管理和使用单位开展检查活动36次，完善爆炸物品使用单位档案42件，签订责任书78件，查出各种隐患74条，下发隐患通知书33份，限期停业整顿6家，收缴炸药1500千克，雷管1100枚。1999年，全区共有爆炸物品使用单位36家。其中，国有3家，集体26家，个体7家。有民爆站6家，大型采石场5处，年使用炸药100万千克，雷管500万枚，导火索30万米。年内，收到群众举报线索20条，收缴炸药2350.5千克，雷管391枚，导火索1000米。2000年，收缴炸药2500千克，导火索1000米，雷管500枚；查破涉爆案件7起，处理涉爆嫌疑人11人；清查烟花爆竹销售网点300家，取缔不合法销售点11家，没收爆竹2万只。2001年，对爆炸物品实行购买、运输、储存、使用、清退“一条龙”管理服务。收缴导火索728.95米，雷管5144枚，炸药318千克。2002年，查破涉爆治安案件12起，治安拘留15人，收缴炸药334.85千克，雷管2256枚，导火索292.7米。

2004年，开展集中宣传2次，发放涉爆物品宣传品2万份，收缴炸药48.7千克，雷管242枚，导火索312米，鞭炮30万响，烟火药25千克，勘察临时爆破工地175家。2005年，开展专项整治安全大检查行动，检查涉爆单位170件，收缴烟花爆竹14万响，烟火药99千克；发现隐患195条，下发隐患整改通知书170件，与涉爆单位责任人签订责任书263件。2010年，加强剧毒危险品监管检查，落实“五双”（双人保管、双把锁、双本账、双人发货、双人领用）管理制度。检查涉爆单位90家次，剧毒化学品从业单位50家次，涉枪单位20家次。发现隐患30条，下发隐患整改通知书12份，收缴雷管120枚、烟花爆竹20万响，审查办理各类爆破手续26份，开具民用爆炸物品购买手续700件。2011年，监督指导11家涉爆单位（民爆站5家、煤矿6家）、17家采石场建立专门储存库房，培训涉爆从业人员140人。检查涉爆单位140家次，下达隐患整改通知书19件。2012年，治安管理大队先后检查涉枪涉爆和剧毒危险品单位230家次，下达隐患整改通知书28件，全部当场予以整改，收缴并销毁非法烟花爆竹10万响。2013年，对8家涉爆单位（其中民爆站3家、煤矿5家）、5家剧毒化学品生产使用单位和2家烟花爆竹经营公司及400家零售网点实施严格管理。检查涉爆单位140家次，下达隐患整改通知书17件，审查办理爆炸物品购买手续700件，办理各类爆破手续58件。

惩治黄赌毒

1998年，开展“扫黄打非”专项活动，查处具有赌博行为电子游戏室12家，没收电路板21块，销毁查缴的500张盗版、淫秽光盘和录像带。此后，对毒品、卖淫、嫖娼、赌博等社会丑恶现象，每年都多次开展专项惩治行动。

1999年，集中开展查处制传淫秽物品、非法出版物专项行动9次，收缴非法出版物2.7万册，盗版音像制品110盘，淫秽音像制品32盘，取缔无证经营印刷厂5家、停业整顿3家、下发整改通知书6件。查处涉黄、赌博案件25起，查处违法人员42人。2000年，开展扫除社会丑恶现象、清理整顿电子游戏经营场所专项活动，查获涉黄人员45人。打掉赌博团伙16个，抓获赌博人员71人。

2002年，开展公共娱乐服务场所专项整治行动，抓获违法犯罪嫌疑人42人。其中，治安拘留13人，治安罚款27人，刑事拘留2人。2004年，进行各种规模治安检查30次，开展大型惩治行动2次，打掉卖淫嫖娼团伙1个，赌博团伙2个，处理违法人员9人，取缔违法经营场所11家，鉴定查缴淫秽光盘310盘。

2007年，查处“黄赌毒”案件37起。同年5月31日，摧毁汤庄街道宏达宾馆特大赌博窝点，缴获赌资6万元及赌具一宗，治安拘留涉赌人员19人。2009年，组织开展娱乐场所治安检查，严厉惩治卖淫嫖娼、聚众赌博、制黄贩黄等社会丑恶现象，检查场所160家次，查处卖淫嫖娼案件7起，拘留卖淫嫖娼人员19人；查处吸毒案件3起，抓获吸毒人员9人；查处赌博案8起，治安处罚赌博人员37人。

2011年，惩处涉黄涉赌涉毒案件，查处治安案件78起，抓获违法犯罪嫌疑人128人。同年3月，罗庄公安分局治安管理大队被省公安厅记“集体二等功”。2013年，对辖区26家娱乐服务场所进行清查，并纳入等级化管理。开展打击利用游戏机赌博专项行动，查破涉黄、涉赌案件22起，处罚违法人员40人，收缴赌博机23台。

治安防控体系建设

1995年7月，巡警大队成立。设2个中队，配备巡逻车3台，摩托车5辆，与城区各派出所警务区相配合，对重点区域实行“动、静结合”巡逻防范模式，巡逻、防范、惩治并举，全区治安防控体系初步形成。1997年3月，巡警大队和各派出所相继组建“110”专业处警机动队。1999年5月，罗庄公安分局设立临时治安检查站。同年12月，巡警大队治安检查站设立。2001年5月1日，投资10万余元建成的沂州路与金九路、临西五路与金九路交会处2个治安岗亭竣工使用，同年6月，投资6万余元，在2个治安岗亭安装使用数字化自动监控系统。2002—2003年，加强治安防控体系“六化”（城区防范网格化、社会防范物业化、市场防范保安化、重点部位技防化、单位防范责任化、农村防范群众化）建设，形成以“110”为龙头的快速反应体系，以“网格化”巡防为形式的动态防范体系，以治安堵截点、警务工作站为依托的堵截查控体系，以治安承包和义务站岗为基础的农村防范体系，以保安队伍为骨干的内部防范体系，以监控、电子巡更等为手段的技术防范体系。2004年，初步建成以八大系统（闭路电视监控系统、GPS卫星定位系统、金融报警系统、红外周界防越报警及红外探测报警系统、楼寓可视对讲系统、电子警察报警求助系统、电子巡更系统、矛盾纠纷排查管理系统）、三级网络（区、街道、村庄三个层次安装技防措施）、一个平台（公安分局指挥中心总控平台）为载体的社会治安防控体系，全区刑事发案率同比下降4.5%。市委、市政府在罗庄区召开全市加强社会治安防控体系建设现场会，推广罗庄区经验做法。同年8月11日，省委副书记高新亭到罗庄区检查平安创建工作，对罗庄区治安防控体系建设工作给予充分肯定。

2008年9月，区委政法委、罗庄公安分局筹资1000余万元，建设“天网工程”一期项目。建设道路卡口9处，道路监控80处，指挥中心监控平台1处。2009年，推进治安防控体系和“三基”（基层建设、基础工作、基本功训练）建设，建设监控平台270套，探头8000余个。2010年，完善处突预案和准备工作，组建60人的防爆处突专业队，24小时值班备勤，随时做好应急处突准备。深入推进“三项重点工作”（社会矛盾化解、社会管理创新、公正廉洁执法），深化“四大建设”（基础信息化建设、警务实战化建设、执法规范化建设、队伍正规化建设），落实社会治安打、防、控体系建设各项要求，建成“点线面结合、人防物防技防结合、打防管控结合”的综合性打防控体系。2011年，区委政法委、罗庄公安分局筹资1800万元，建设“天网工程”二期项目。建设道路卡口16处、高清监控96处，无线车载图像上传系统14套。2013年10月，区委政法委、罗庄公安分局筹集资金1000万元，建设“天网工程”三期项目。建设道路卡口43处、高清监控83处。同年，利用“天网工程”破获刑事案件216起，治安案件227起，抓获违法犯罪嫌疑人521人，预防案（事）件1400起。“天网工程”建成使用，城区社会面治安防控能力有效提升，全区可防性案件同比下降11.2%。

第三节 惩治刑事犯罪

1995—1998年，共立各类刑事案件1893起，破案990起，其中重特大案件709起；破案698起，重大案件破案率98.45%，抓获犯罪嫌疑人1955人；打掉犯罪团伙245个，抓获犯罪嫌疑人725人。立查案件中，杀人案74起，强奸案152起，抢劫案136起，诈骗案110起，爆炸案10起，纵火案12起。

1999年，全国范围内开展严打专项斗争，罗庄公安分局利用网上追逃，破获积案662起，协助外地破案92起，抓获犯罪嫌疑人530人；打掉犯罪团伙72个，抓获犯罪嫌疑人232人；缴获赃款、赃物202万元。2000年，开展“网上打拐”专项行动，打掉拐卖人口犯罪团伙14个，解救被拐卖妇女95人。同年，刑警三中队被公安部命名为全国模范刑警中队。

2001—2006年，以“打黑除恶”斗争为重点，开展“两抢一盗”“严打整治”专项严打行动，破获各类刑事案件9563起，其中杀人案45起，打掉犯罪团伙368个，抓获各类刑事犯罪嫌疑人3164人。

2007—2010年，罗庄公安分局坚持一手抓破案，一手抓“三基”建设，破获刑事案件1.25万起，打掉犯罪团伙507个，抓获各类刑事犯罪嫌疑人3306人。

2011—2013年，随着刑侦专业化水平不断提高，侦查破案综合实力明显增强。破获各类刑事案件1.17万起，其中杀人案32起，打掉犯罪团伙436个，抓获各类刑事犯罪嫌疑人5081人。

1995—2013年罗庄区侦破案件情况表

表 18-2　　　　单位：件

年份	立案数	破案数	破案率（%）	年份	立案数	破案数	破案率（%）
1995	470	232	49.4	2005	4230	3002	71.0
1996	423	201	47.5	2006	4012	3561	88.8
1997	465	263	56.6	2007	4600	3121	67.8
1998	535	294	55.0	2008	4213	3325	78.9
1999	729	362	50.0	2009	3526	2852	80.9
2000	1095	808	73.8	2010	4623	3188	69.0
2001	1704	872	51.2	2011	4652	3725	80.1
2002	1491	970	65.1	2012	4558	3625	79.5
2003	1394	1011	72.5	2013	5322	4302	80.8
2004	4600	3200	69.6				

典型案例

罗庄“11·11”命案　2008年11月11日早6时许，犯罪嫌疑人王某、何某在罗庄区1家旅馆内因琐事与孟某发生争吵后，由何某看守房门，王某持匕首向孟某腹部、胸部连捅10余刀，致使孟某心脏破裂死亡。11月20日，罗庄公安分局经缜密侦查，将涉嫌故意杀人犯罪嫌疑人王某、何某抓获。

12·14持枪抢劫案　2011年12月14日1时许，犯罪嫌疑人崔某、陈某、王某、颜某、李某等人预谋后，驾驶两辆五菱之光面包车，窜至罗庄区化武路，持自制猎枪、洋镐把等作案工具，将临沂市某经贸公司驾驶员黄某、武某打致轻微伤，并持枪挟持驾驶员黄某，将黄某、武某驾驶的白色轻卡货车及车上重9吨的不锈钢板抢走，价值36万余元。2011年12月26日，罗庄公安分局成功抓获团伙主要成员崔某、陈某、王某、颜某、李某等人。

“5·1”故意杀人案　犯罪嫌疑人王某与汤庄街道彭庄村村民韩某某有矛盾。2012年5月1日21时许，犯罪嫌疑人王某为泄私愤，与其同学肖某预谋后，指使张某、谭某、韩某等人，事先谋划踩点，驾乘一辆白色吉利轿车，窜至韩某某在村南的养猪场，编造理由欺骗韩某某将院门打开后，犯罪嫌疑人张某和谭某持砍刀将韩某某右肘部位、右大腿、右小腿等多处砍伤，犯罪嫌疑人韩某持洋镐把击打韩某某头部，造成其颅脑损伤，致使韩某某当场死亡。经专案攻坚，2012年5月18日，“5•1”故意杀人案侦破，抓获故意杀人犯罪嫌疑人王某、肖某、张某、谭某、韩某等人。

马某某等人入室抢劫团伙案　2012年11月26日23时许，犯罪嫌疑人马某某、赵某乙伙同赵某甲戴黑色头套翻墙进入某小区，趁受害人王某回家打开房门之机，持刀胁持其进入房间，采取捆绑、恐吓等方式抢走白色瑞纳轿车1辆、黑色联想笔记本电脑1台和现金3000元，价值9万余元。2012年11月28日，罗庄公安分局将团伙成员犯罪嫌疑人马某某、赵某甲、赵某乙、平某某和杨某某5人抓获，并将被抢轿车等物品追缴退还受害人。经查，自2011年10月以来，赵某乙还伙同平某某、杨某某等人在罗庄区傅庄街道、褚墩镇、盛庄街道、罗庄街道等地，采用丝袜蒙头，持刀威胁、语言恐吓等方式，交叉结伙抢劫加油站3处、宾馆1处，抢劫电脑主机、现金等物品一宗，价值4000余元。

第四节　“110”报警服务

1996年12月，罗庄区“110”报警服务台成立。1997年3月，投资100余万元，配备18辆“110”处警车和警用装备，巡警大队和各派出所相继组建“110”专业处警机动队。2002年9月，“110”报警服务台被省妇联授予“巾帼建功文明示范岗”称号。

2004年，投资100万元，实现“110”“122”“119”三台合一，建成集“三台合一”、电视监控、GPS卫星定位、金融报警服务、信息综合查询五大系统于一体指挥系统，快速反应能力和整体作战水平大幅提高。

2007年，筹资160万元，购置11辆依维柯出警车，配发到11个派出所；筹资190万元，新建75个警务室，配齐盾牌、警棍、头盔等巡逻警用器材和社保队员服装，全区警务室达到108个；筹资60万元，购置200套单警装备、500辆警用巡逻自行车、15辆警用摩托车和一批防爆处突警用器材，配发基层一线单位，快速反应和打击能力提高。

2010—2012年，报警服务台共接各类警情6.66万起。2013年，罗庄公安分局投资136.5万元，建设“110”二级接处警平台，更换13台出警车。在“110”指挥中心指挥下，特巡警、派出所联动，最大限度增加巡逻频率和密度，挤压犯罪人员作案时间和空间，确保一旦发生突发事件，能够在第一时间调集警力，迅速、果断进行处置。同年，报警服务台共接各类警情3.23万起。其中，刑事警情4263起，治安警情7913起，纠纷2740起，交通警情1.33万起，火警111起，群众救助908起，举报线索2216起，其他警情867起。

第五节　户政管理

常住人口管理

1995年，罗庄公安分局按照《中华人民共和国户口登记条例》，常住人口管理以家庭和集体为单位登记，颁发户口簿，由所在地派出所直接管理。至1997年，办理户口迁移手续3540份，发放暂住证2.74万个。

1998年，按照公安部统一部署，启用新的常住人口登记表，换发居民户口簿，启用“公安派出所工作对象登记表”，实现户口资料微机化管理。

2001年，取消办理城镇户口增容配套费和计划指标限制，将城镇规划区内农村居民户口改登为城镇居民户口。2002年，“农业户口”和“非农业户口”称谓分别改为“农村居民户口”和“城镇居民户口”。2004年10月1日起，实行一元化户口登记制度，取消农业、非农业户口性质划分，统称居民户口。2005年起，实行户口迁移网上办理。由迁入地派出所审查符合迁移规定，直接办理户口迁入手续。2011年，根据《山东省人民政府办公厅关于贯彻国办发〔2011〕9号文件，积极稳妥推进户籍管理制度改革的通知》，放宽户口迁移政策，更新山东省临沂市人口信息管理系统。同年，罗庄公安分局开展第六次人口普查户口整顿工作，入户核对49.29万人，登记人户分离人员13.03万人，登记暂住人口9195人。

居民身份证管理

1984年4月6日，《中华人民共和国居民身份证试行条例》发布，居民身份证制度开始施行。1987年，境内开始使用第一代居民身份证。1995 年 7 月 1 日，启用新的防伪居民身份证，开始办理临时身份证。1997 年 3 月，落实国务院建立和实行公民身份证号码制度决定，明确公民身份号码采用居民身份证编码。1999 年 10 月 1 日，公民身份证号码由 15 位升至 18 位。2002 年，完成全区军人身份证号码编制。2005 年，换发第二代居民身份证。2008 年，换发军人二代身份证。2005—2013 年，全区办理二代居民身份证 41.5 万个。

流动人口、房屋出租管理

1995 年，罗庄区根据公安部《租赁房屋治安管理规定》《山东省暂住人口管理办法》，对全区暂住人口和出租房屋进行管理。1998—2010 年，开展暂住人口出租房屋清理整顿行动 13 次。2012 年 5 月 11 日，罗庄区执行《山东省流动人口服务管理办法》，取消暂住人口暂住登记和暂住证，流动人口服务管理实行居住登记和居住证制度。2013 年，落实省公安厅要求，推广应用流动人口服务管理综合信息系统。

第六节　出入境管理

1995—2002 年，罗庄区居民出入境相关审批业务由市公安局办理，日常管理和外国人在辖区内居留、旅行等有关管理职能由罗庄公安分局政保科负责。2003 年 5 月，罗庄公安分局外事科成立。同年 7 月，外事科改称出入境管理科。负责公民因私出入境管理，办理华侨回国定居和港澳台同胞回内地定居业务，查处非法移民活动，实施持普通护照外国人出入境、过境、居留、旅行等行政管理，依法查处外国人违规、违法活动，处理国籍问题等。2004 年，罗庄区报备国家工作人员 3527 人，法定不批准出境人员报备 269 人，全部纳入微机管理。2007 年，印发《罗庄公安分局清理“三非”外国人专项行动实施意见》，对辖区内“三非”（非法入境、非法居留、非法就业）外国人进行专项清理整治。查办各类涉外案事件 35 起。其中，非法入境 4 人，非法居留 9 人，不按规定申报住宿登记 15 人，骗取签证、停留居留证件 2 人，其他 5 人。同年，实现旅馆业信息系统与山东出入境管理信息系统对接，及时掌握宾馆入住境外人员情况。同年 11 月，罗庄公安分局机构调整时，撤销出入境管理科，并入治安管理大队。

2008 年，治安管理大队与全区 100 余家党政、金融证券等单位建立工作联系机制。2012 年，审核各类中国公民出国境证件申请材料 6633 件（次）。2013 年，辖区居民在旅游、就业、留学等方面出入境不断增多，全年审核各类出入境证件申请材料 8620 件（次），同比增长 29%。

第七节　监所管理

1998 年，区财政列支 5 万元，对册山镇山前村村西原部队营房进行改造，筹建罗庄公安分局治安拘留所、收容站（收容教育中心），建拘室 4 个（其中女拘室 1 个）5 间，办公室、伙房、干警餐厅、娱乐室、干警宿舍 15 间。同年 8 月，罗庄公安分局治安拘留所成立，为副科级行政单位。2003 年，拘留所迁到盛庄街道齐庄社区西邻，占地面积 1.33 万平方米，建筑面积 2300 平方米。其中，拘舍及办公用房 1800 平方米，附属设施 500 平方米，设计押容量 100 人，设有 16 个拘室、多功能室、集体教育室、矛盾化解室、提讯室、监控值班室、档案室、医务室、谈话教育室、餐厅、厨房等设施，2005 年 3 月建成使用。

2007年10月，拘留所行政级别升格为正科级，同年被评为公安部一级拘留所。2009年，通过对拘留人员谈话教育，举报各类犯罪线索17条，协助办案单位破获各类案件44起。拘留所被省公安厅记集体二等功。2010年7月8日，拘留所被省公安厅记集体二等功。2012年，罗庄公安分局治安拘留所更名为临沂市罗庄区拘留所。2013年6月，拘留所设所长、政治教导员各1人，内设综合科和一、二、三监管中队。有民警8人，工勤人员4人。主要承担罗庄公安分局、临沂高新技术产业开发区公安分局、罗庄区人民法院、临沂高新技术产业开发区人民法院裁定执行行政拘留、司法拘留拘押任务。至2013年年底，罗庄区拘留所连续16年实现拘所无事故，民警队伍无违法违纪现象。2013年，罗庄区拘留所被山东省公安厅命名为全省社会矛盾化解先进单位，2007—2013年，连续7年被评为公安部一级拘留所。

第八节　交通管理

机构

1995年2月，临沂市公安局交通警察支队罗庄大队（简称罗庄交警大队）成立，为正科级行政单位。下设办公室、城区中队、盛庄中队、车管分所、培训队、肇事处理科、宣传法制科。1999年12月，册山中队、汤庄中队设立。2005年3月，城区一中队、二中队、高速公路巡逻中队、特勤中队设立。2008年3月，马厂湖中队设立。2011年5月，开发区中队、滨河中队设立。至2013年，交警大队内设综合科、装备财务科、交通秩序科、交通肇事处理科、车辆管理分所、宣传科等6个科室，辖城区一中队、城区二中队、城区三中队、城区四中队、城区五中队、城区六中队、特勤中队、册山中队、汤庄中队、开发区中队、马厂湖中队、沂堂中队等12个基层单位。

2004年3月，罗庄交警大队被山东省公安厅记集体二等功；2005年12月、2008年2月，两次被省委政法委员会、省公安厅命名为公正执法先进单位；2008年5月，被省公安厅命名为2007年度全省优秀公安基层单位；2009年1月，被省公安厅命名为全省公安机关三基工程建设工作先进集体。

交通安全管理

1995年，罗庄交警大队负责各类交通特勤保卫任务60次，清理违章摊点410处，巡查道路里程17.86万千米；开展无牌无证摩托车、机动三轮车等“五小”车辆集中整治行动32次，查扣违章车辆895辆。1996—1997年，负责各类交通特勤保卫任务45次，开展交通专项治理活动49次，清理违章摊点884处，查处非法安装使用警灯、警报器、警用牌照等60件，巡查道路里程37.61万千米。1998—1999年，以创建“平安大道”活动为载体，实施道路交通治安秩序专项整治，开展区直部门、乡镇（街道）和村（社区）交通安全宣传“五进”活动。2000—2002年，组织民警参加全省“万名交警上路”活动，在主要路口安装闯红灯自动抓拍系统，交通违法行为得到有效遏制，路口交通事故明显下降。2002年7月，全省公安交警系统交通安全宣传“五进”活动现场会在红日小区召开。

2003年，交警大队设置“非典”车辆检查站，昼夜值班、严防死守，检查各类入境车辆5万余台次、入境人员15.37万人次，负责“非典”疑似病人堵截任务13次。2004—2005年，根据公安部交管局开展集中整治无牌无证报废车辆、接送学生及幼儿车辆、道路运输危险化学品安全行动部署，开展各类道路交通秩序专项治理活动25次，查处各类交通违法行为27.8万起，查扣交通违法车辆7250辆，报废违法车辆31辆，查处假牌假证513件，拘留43人。2006—2007年，根据省公安厅和市政府开展集中整治无牌无证、贴挂非法定标志、闯卡逃费、报废车辆上路行驶等行动部署，组织开展集中整治行动105次，查处各类交通违法行为28万起，查扣交通违法车辆1.29万辆。其中，无牌无证工程车1040辆，报废违法车辆30辆。查处假牌假证1343件，拘留167人，批捕13人。

图18-4：罗庄交警大队为湖南崖小学作交通安全报告（2012年10月25日朱孔钦摄）

2008年，根据公安部开展“保护生命、平安出行”“迎奥运、文明出行”主题活动部署，开展道路交通专项治理行动82次，查处各类交通违法行为9万起，查扣交通违法车辆7900辆，其中无牌无证工程车175辆，拘留7人。2009—2011年，根据公安部开展“平安全运百日攻坚战”“畅通安全行”主题活动部署，实行道路交通管理“承包责任制”，组织开展集中专项整治行动176次，查处各类交通违法行为30.2万起，查扣交通违法车辆1.82万辆，查处假牌假证640件，拘留135人。

2012年，围绕中共十八大安全保卫，开展道路交通安全百日督查专项整治行动29次，查处各类交通违法行为5.1万起，查扣交通违法车辆1500辆，刑事拘留7人。2013年，根据省公安厅开展道路交通“平安行·你我他”行动部署，开展校车、客车、危化品车、渣土工程车、超员超载、酒后驾驶治理等专项行动35次，查处各类交通违法行为2.24万起，酒后驾驶117起，醉酒驾驶18起，涉牌涉证357起，查扣各类交通违法车辆438辆；落实“定路段、定人员、定车辆、定时间、定责任、包安全畅通”路面责任制，中队和机关交警上路疏导，加大对交通违法行为管控力度，城区道路交通秩序和交通安全环境明显改善。

道路交通设施

1995—1997年，围绕城区道路交通设施落后状况，新划道路标线30千米，新建交通岗亭2处、各种交通标志牌17块，安装铁管护栏180米。2001年，在国、省道及城区安装交通标志24块，太阳黄闪灯4套，整屏分段显示计时信号灯4套。2004年，区财政拨专项资金40万元，在城区重点路口安装信号灯。2008年，在城区安装交通信号灯18套，交通安全标志50块，施划交通标线8.2万平方米。2009年，在342省道安装固定电子警察4套，配套大型交通标志12面；在滨河西路北段，安装行人过路警告标志42块，施划道路标线7500平方米；在新建路口，安装新式太阳能红绿灯2套，黄闪警告信号灯2套，校园警告标志20块；在罗四路沿线更新设置一体式多功能信号灯7套。2010年，增设交通信号灯6套，便携式流动电子警察3套，闯红灯违法抓拍电子警察13套。2012—2013年，区政府根据《临沂市人民政府办公室关于加强城区道路交通安全设施建设的意见》，拨专项资金600万元，在城区罗四路、沂河路、南外环路等重要路口、路段先后安装7处多功能交警执勤岗亭，安装新信号灯27套，高清监控9套，大货车禁行抓拍系统58套，道路中心护栏31千米，规划道路标线9万平方米。该交通设施与市公安局110指挥中心、社会治安防控系统相链接，实现全程“实时监视、联网布控、快速响应、科学高效、信息共享”的综合管理效能。

机动车辆管理

1995年，办理摩托车等“五小”（轻便摩托车、摩托车、三轮农用机动车、小四轮农用机动车、四轮农用机动车）车辆落户手续2775件，检审车辆2750台。1996年，办理车辆落户手续4017件，检审车辆1741台。1997年，办理车辆落户手续8844件，检审车辆8230台。1998—2004年，开展“五小”车辆注册登记、检验工作。2005年，建成机动车检测线，办理大型货车注册登记195辆，“五小”车辆注册登记5234辆，审验各类汽车8445辆、“五小”车辆8627辆，报废注销机动车879辆。2006—2008年，办理大型货车注册登记980辆，“五小”车辆注册登记13913辆，对变型拖拉机进行换牌、过户和修改数据790辆，审验各类汽车4.76万辆、“五小”车辆3.76万辆。2009年后，“五小”车辆大幅度减少，大型货车逐年增加。至2013年，办理大型货车注册登记1.65万辆，“五小”车辆注册登记76辆，审验各类机动车8.96万辆。

驾驶员管理

1995年，年审驾驶执照2800余件，培训驾驶员2816人。至1997年，年审驾驶证9457本，培训驾驶员1.23万人。1998年起，开展“五小”车辆驾驶员培训、考核工作。驾驶员培训由社会培训机构承办，学员经考核合格后，由交警管理部门发给驾驶证。至2008年，办理“五小”车辆驾驶员初学5812人、驾驶证5812本，小型汽车驾驶证换证6385人，驾驶员年度体检6.14万人。2009年后，“五小”车辆驾驶员大幅减少，汽车驾驶员逐年大幅度增加，至2013年，办理补换驾驶证4.79万人，驾驶证注销登记2452人，驾驶员年度体检5.66万人。

道路交通事故处理

1995—1997年，查纠各类交通违章28.99万次，勘察受理交通事故1606起，处理结案率92.5%以上。破获肇事逃逸案件21起，破案率85%，依法追究肇事驾驶员刑事责任5人，治安拘留11人。1998年后，交通事故呈多发趋势。至2002年，发生交通事故4282起，死亡322人、受伤2988人，直接经济损失578万元。2003年起，区政府不断加大城、乡道路交通设施建设力度，罗庄交警大队开展形式多样交通安全教育宣传活动，持续开展各类严重交通违法行为集中整治行动，交通安全形势逐年好转，交通事故呈逐年下降趋势。至2013年，发生交通事故1266起，死亡371人、受伤1058人，直接经济损失688万元。

1995—2013年罗庄区道路交通事故情况表

表18-3

年份	事故起数（起）	死亡人数（人）	受伤人数（人）	直接经济损失（万元）	年份	事故起数（起）	死亡人数（人）	受伤人数（人）	直接经济损失（万元）
1995	416	42	221	81	2005	209	46	160	113
1996	546	49	245	92	2006	169	41	174	42
1997	644	53	364	82	2007	111	35	76	46
1998	656	44	421	106	2008	63	26	53	24
1999	1015	83	659	121	2009	62	25	44	26
2000	971	64	756	113	2010	61	24	31	20
2001	819	63	581	121	2011	51	21	30	45
2002	821	68	571	117	2012	44	21	31	21
2003	238	58	247	211	2013	43	21	29	15
2004	215	53	183	125					

第九节　消防工作

消防组织

1995年，罗庄区公安消防大队隶属罗庄公安分局并在罗庄公安分局办公，工作人员3人，主要承担消防检查和建筑工程消防审核工作，火灾扑救任务由市消防支队和临沂高新技术产业开发区消防中队负责。1996年，罗庄区公安消防大队从罗庄公安分局析出，独立建制，改称临沂市公安消防支队罗庄区大队（简称区消防大队），隶属临沂市公安消防支队。2005年、2007年，区消防大队各征召消防文员4人。2010年8月，区消防大队迁至湖北路与湖东二路交会处。同年，临沂市公安消防支队罗庄区大队特勤中队设立，区消防大队正式承担罗庄区防火、灭火、抢险救援任务。至2013年，区消防大队有干部5人，消防文员13人。

2011年，区消防大队被省公安消防总队授予“全省公安消防部队先进大队”称号；2012年，区消防大队被公安部命名为全国“清剿火患”战役成绩突出大队；2013年，区消防大队特勤中队被省公安消防总队授予“全省公安消防部队标兵中队”称号。

消防管理

1995—1997年，全区29家消防重点单位建立健全防火档案；以企事业单位、宾馆、饭店、歌舞厅、高层建筑和易燃易爆物品仓库为重点，开展消防安全专项治理8次；对165个单位或部位进行消防安全大检查，发现火灾隐患1600处，下发重大隐患整改通知书26份，提出整改意见5000条；审核建筑工程项目47个，提出审核意见210条；在区报、区电视台设立“119”专版和消防专栏，组织消防知识竞赛，宣传消防安全知识，提高干部群众消防安全意识；对全区62名消防监督员、安全员进行消防技能培训，发放消防安全监督证。

2007年，区政府印发《关于印发〈罗庄区集中开展消防平安创建活动实施方案〉的通知》，把消防基础设施建设纳入街道总体规划和村（社区）建设规划，将消防安全布局、消防水源、消防通道、消防设施与村容村貌改造、乡村道路、人畜饮水工程等农村公共基础设施建设同步实施。落实《农村消防建设标准》，按照“六个一”要求，做到每村至少有一支义务消防队、一名专（兼）职消防安全员、一处消防水源、一套灭火器材设备、一处消防宣传栏、制定一份《村民防火公约》。开展夏季、冬季防火检查和人员密集场所、“三合一”（即生产、储存、经营与住宿设置在同一建筑物内）建筑、“九小场所”等消防安全专项治理。区消防大队联合公安派出所，下发责令限期改正通知书720份，整改火灾隐患1532处，处罚27家，责令停产、停业21家，罚款18.35万元，行政许可审批47家。

2008年，围绕奥运会保卫工作，先后开展公共娱乐场所、商场、超市、高层和地下建筑消防安全专项整治，易燃易爆场所、建设工地、幼儿园、养老院专项检查。检查单位4362家，发现隐患5163处，下发责令限期改正通知书100件，责令改正通知书620件，重大火灾隐患限期整改通知书1份，立案处罚64家，责令“三停”（即停止施工、停止使用、停产停业）20家，罚款28万元。2009年，组织开展“全警全力、平安全运”火灾隐患集中整治行动，检查单位4533家，发现隐患5000余处，下发责令限期改正通知书60件，责令改正通知书720件，重大火灾隐患限期整改通知书1份，立案处罚72家，责令“三停”21家，罚款34万元。

2010年，区消防大队开展建筑工地、幼儿园、建筑消防设施专项治理，加油（气）站和液化气站专项消防检查。检查单位406家，整改火灾隐患120起，下发法律文书42件，处罚案件10起，罚款17万元。2011年，对辖区291家人员密集场所、147家易燃易爆场所进行拉网式排查，整改“三合一”“多合一”场所176家，关停违章小网吧、小KTV包房、小足疗场所21家，整改消除火灾隐患752处，罚款42.5万元，取缔非法加油站8家，“三停”易燃易爆单位22家。全年，检查单位1256家次，发现火灾隐患和消防违法行为3611处，督促整改火灾隐患和违法行为3361件，下发责令改正通知书246件、行政处罚决定书177份、临时查封决定书67份，责令“三停”单位62家，罚款114.95万元，行政拘留35人。

2012年，推行消防安全“网格化”和“户籍化”管理，实施“全警消防多警联勤”执法，开展火灾隐患排查整治活动。检查单位1680家，发现隐患3592处，下发责令改正通知书707件，下发重大火灾隐患通知书11件，整改火灾隐患3398处，处罚单位240家，临时查封单位41家，责令“三停”单位91家，罚款35万元，行政拘留21人。2013年，开展人员密集场所设置障碍物和彩钢板专项整治行动。检查各类场所1258家次，督促整改火灾隐患1195处，下发责令改正通知书437件，办理行政处罚案件137起，责令“三停”单位54家，临时查封18家（处），行政拘留9人，刑事拘留1人，罚款26万元。同年5月，区消防大队印发《罗庄区消防进社区基本标准》。

抢险救援

1995—1997年，全区发生火灾68起，死亡3人，烧伤11人，直接经济损失84万元。罗庄消防大队抢险救援65次，挽回经济损失260万元。

2005年7月28日，站前商场徐某稀料储罐燃烧爆炸，导致14名消防官兵受伤。2008年1月2日，罗欣药业生产车间起火，烧毁生产车间及机器一宗。2009年11月9日，新光纺织有限公司成品仓库起火，烧毁成品一宗。2010年8月，临沂市公安消防支队罗庄区大队特勤中队成立后，配备21吨泡沫水罐消防车、A类泡沫消防车、8吨水罐消防车和5.5吨水罐消防车4辆。2011年、2012年，市公安消防支队分别为罗庄区大队特勤中队配备抢险救援消防车、53米登高平台消防车。2011年8月4日，罗七路与化武路交会处1个仓库起火，罗庄特助中队及时赶到火灾场抢险救援，大火成功扑灭。

图18-5：罗庄消防大队组织消防演练（2013年10月　摄）

第四章　检察

第一节　机构

1995年2月，临沂市罗庄区人民检察院成立（简称区人民检察院），为副县级单位，国家法律监督机关。同年11月，内设刑事检察一科、刑事检察二科、反贪污贿赂局（设侦查一科、侦查二科、侦查三科、打击假冒伪劣办公室、综合室）、法纪检察科、监所检察科、民事行政检察科、控告申诉检察科、刑事技术检察科、预防犯罪科、政工科、法律政策研究室、办公室、行政装备科。同月，设立罗庄、册山、盛庄3个检察室。1999年4月，裁撤法纪检察科，设立渎职犯罪侦查局。2002年，区人民检察院内设机构审定为办公室、政治处（设人事科、宣传教育科）、侦查监督科、公诉科、反贪污贿赂局（设综合科、职务犯罪预防科、侦查一科、侦查二科、侦查三科）、渎职侵权犯罪侦查局（设综合室、侦查一科、侦查二科）、监所检察科、民事行政检察科、控告申诉检察科、检察技术科、司法警察大队。同年7月31日，根据省人民检察院要求，撤销册山检察室和盛庄检察室，保留罗庄检察室。2003年7月，设立区人民检察院机关服务中心。2005年6月，区人民检察院渎职犯罪侦查局改称反渎职侵权局。2006年3月，区人民检察院驻临沂高新技术产业开发区检察室设立。2012年9月，罗庄区人民检察院傅庄检察室、盛庄检察室设立。2013年5月，高都检察室设立。至2013年年底，区人民检察院内设办公室、侦查监督科、公诉一科、公诉二科、人民监督员办公室、监所检察科、控告申诉检察科、民事行政检察科、检察技术科、司法警察大队、案件管理中心、检务督察办公室、纪检监察室、机关服务中心，辖政治处（设人事科、宣传教育科）、反贪污贿赂局（设综合科、职务犯罪预防科、侦查一科、侦查二科、侦查三科）、反渎职侵权局（设综合室、侦查一科、侦查二科）3个正科级单位；派驻罗庄、临沂高新技术产业开发区、傅庄、盛庄、高都5个检察室。编制96人。区第十四届、第十五届、第十六届、第十七届、第十八届人民代表大会选举产生区人民检察院检察长，配副检察长3～4人、纪检组长1人。

1997年，区人民检察院被山东省人民检察院表彰为统计工作先进单位；2000年，被省人民检察院表彰为五好检察院；2008年，区人民检察院被省人民检察院记集体二等功1次；2006年、2008年、2009年分别被省政法委、省人事厅表彰为公正执法先进单位；2008—2012年，连续5年被省文明委命名为省级文明单位。2013年，区人民检察院傅庄检察室、盛庄检察室分别被省检察院表彰为优秀派驻基层检察室。

第二节　刑事检察

侦查监督

1995年，区人民检察院履行批捕、起诉职责，坚持提前介入、引导侦查工作制度，依法从重从快严厉惩处各类刑事犯罪。同年，侦查监督科受理审查批捕案件186件289人。经审查批准逮捕191人，不捕38人，退查45人，公安撤回15人。1997年，受理审查批捕案件138件178人。经审查批准逮捕159人，不捕15人，公安撤回3人。1998年，区人民检察院会同公安、法院等部门，严厉惩处各类严重刑事犯罪，受理批捕案件169件241人。经审查批准逮捕146件193人，不捕17件36人，公安撤回5件8人。1999—2010年，受理各类审查批捕案件4367件6509人。经审查批准逮捕3396件4995人，不捕894件1387人。2011—2013年，从快从严审查逮捕危害社会贩卖毒品、故意杀人、抢劫、强奸等严重刑事犯罪案件，受理各类审查批捕案件1374件1894人。经审查批准逮捕926件1266人，不捕443件623人。

1995—2013年，区人民检察院受理各类审查批捕案件6476件9473人。经审查批准逮捕4798件7102人，不捕1354件2094人，立案监督169件226人，追捕158人。

1995—2013年罗庄区人民检察院批捕案件情况表

表18-4

年份	受案		批捕		不捕		立案监督		追捕
	件数（件）	人数（人）	件数（件）	人数（人）	件数（件）	人数（人）	件数（件）	人数（人）	人数（人）
1995	186	289	—	191	—	38	—	—	—
1996	242	362	205	298	—	21	—	—	—
1997	138	178	125	159	11	15	—	—	—
1998	169	241	146	193	6	10	—	—	—
1999	239	346	183	246	44	80	8	8	—
2000	224	306	157	204	44	67	40	53	—
2001	214	297	203	279	8	9	21	26	—
2002	232	323	215	300	5	5	11	21	1
2003	269	366	248	335	8	15	4	5	\

续表 18-4

年份	受案		批捕		不捕		立案监督		追捕
	件数（件）	人数（人）	件数（件）	人数（人）	件数（件）	人数（人）	件数（件）	人数（人）	人数（人）
2004	295	408	242	336	51	70	8	11	6
2005	416	631	323	484	92	141	8	9	6
2006	524	809	396	634	121	170	9	9	26
2007	457	744	335	540	118	189	5	6	19
2008	548	871	400	626	148	245	5	5	18
2009	486	747	366	555	120	192	7	16	18
2010	463	661	328	456	135	204	19	24	26
2011	477	648	319	432	152	208	5	6	12
2012	422	605	299	420	123	185	8	10	14
2013	475	641	308	414	168	230	11	17	12

公诉

1995 年，区人民检察院受理移送审查起诉案件 200 件 298 人，决定提起公诉 172 件 251 人，免诉 6 件 15 人，上呈市人民检察院重大刑事案件 10 件 13 人，办理 1994 年年底前积案 41 件。1996—2002 年，受理移送审查起诉案件 1369 件 1979 人。决定提起公诉 1229 件 1686 人，不诉或免诉 62 件 106 人。2003 年，区人民检察院公诉科加强侦查监督和审判监督力度。受理移送审查起诉各类刑事案件 372 件 515 人；经审查提起公诉 277 件 377 人，起诉判决率 100%。2007 年，受理移送审查起诉各类刑事案件 526 件 856 人，经审查提起公诉 477 件 752 人，上呈市人民检察院 21 件 70 人。同年，区人民检察院公诉科被山东省妇联授予“巾帼文明岗”称号。2012 年，受理审查起诉案件 780 件 1119 人，依法提起公诉 641 件 815 人。其中张某某、肖某某等特大制售“地沟油”案，涉案犯罪嫌疑人 32 人。2013 年，受理案件 600 件 817 人，经审查提起公诉 479 件 611 人，不诉或免诉 34 件 50 人。

1995—2013 年，区人民检察院受理审查起诉案件 7932 件 1.19 万人，提起公诉案件 6324 件 8901 人，不起诉或免诉 854 件 1445 人。

1995—2013 年罗庄区人民检察院起诉案件情况表

表 18-5

年份	受　理		起　诉		不诉或免诉	
	件数（件）	人数（人）	件数（件）	人数（人）	件数（件）	人数（人）
1995	200	298	172	251	6	15
1996	220	333	167	251	28	42
1997	145	193	133	175	6	7
1998	163	223	156	212	\	\

续表 18-5

年份	受理		起诉		不诉或免诉	
	件数（件）	人数（人）	件数（件）	人数（人）	件数（件）	人数（人）
1999	210	278	195	255	4	9
2000	171	232	149	198	5	14
2001	236	346	212	293	8	18
2002	251	374	217	302	11	16
2003	372	515	277	377	31	44
2004	341	513	301	423	50	86
2005	507	812	383	580	1	2
2006	611	1000	471	731	21	38
2007	526	856	477	752	56	107
2008	709	1155	476	740	89	138
2009	563	909	496	793	100	156
2010	642	965	444	551	92	172
2011	685	943	478	591	101	173
2012	780	1119	641	815	211	358
2013	600	817	479	611	34	50

第三节　反贪污贿赂检察

1995 年，区人民检察院反贪污贿赂局以惩处经济管理部门中经济犯罪为重点，受理经济案件线索 19 件，立案查处 11 件 12 人。其中，贪污贿赂案 4 件，挪用公款案 7 件，挽回经济损失 170 万元。2002 年，区人民检察院反贪污贿赂局加大贪污贿赂案件查处力度，全年立案侦查 22 件 22 人。其中，贪污 4 件 4 人，受贿 10 件 10 人，其他案件 8 件 8 人。2013 年，立案侦查 14 件 14 人。其中，贪污 4 件 4 人，受贿 6 件 6 人，挪用公款 6 件 6 人。

1995—2013 年，区人民检察院反贪污贿赂局立案查处各类贪污受贿等职务犯罪案件 256 件 274 人。其中，贪污案 102 件 114 人，受贿案 77 件 77 人，挪用公款案 60 件 66 人，行贿、单位行贿及其他案件 17 件 17 人，挽回经济损失 5010 万元。

1995—2013 年罗庄区人民检察院反贪污贿赂情况表

表 18-6

年份	立案侦查		贪污		受贿		挪用公款		其他	
	件数（件）	人数（人）	件数（件）	人数（人）	件数（件）	人数（人）	件数（件）	人数（人）	件数（件）	人数（人）
1995	11	12	4	5	\	\	7	7	\	\

续表 18-6

年份	立案侦查		贪污		受贿		挪用公款		其他	
	件数（件）	人数（人）	件数（件）	人数（人）	件数（件）	人数（人）	件数（件）	人数（人）	件数（件）	人数（人）
1996	12	13	4	4	\	\	6	7	2	2
1997	18	19	12	13	4	4	2	2	\	\
1998	18	18	12	12	4	4	2	2	\	\
1999	14	14	10	10	2	2	2	2	\	\
2000	19	19	9	9	\	\	10	10	\	\
2001	13	13	6	6	\	\	7	7	\	\
2002	22	22	4	4	10	10	\	\	8	8
2003	11	11	7	7	2	2	1	1	1	1
2004	8	8	7	7	\	\	1	1	\	\
2005	13	16	6	9	3	3	3	3	1	1
2006	10	14	2	4	1	1	6	8	1	1
2007	7	10	2	3	1	1	3	5	1	1
2008	13	13	3	3	9	9	\	\	1	1
2009	14	14	4	4	6	6	4	4	\	\
2010	14	15	2	2	7	7	4	5	1	1
2011	13	14	2	3	9	9	1	1	1	1
2012	12	14	2	4	10	10	\	\	\	\
2013	14	15	4	5	9	9	1	1	\	\
合计	256	274	102	114	77	77	60	66	17	17

典型案例

王某某等人涉嫌寻衅滋事、非法拘禁案　2007年8月17日，“全国打黑除恶专项斗争协调工作小组”办公室督办的王某某等人涉嫌寻衅滋事一案，经罗庄区人民检察院审查后，依法从快做出批准逮捕决定。

经审查：2003年6月，犯罪嫌疑人王某某为霸占神山镇东道庄1块宅基地，带领孙某某、张某某、姜某某窜至东道庄，对正在宅基地施工工人、东道庄村干部周某及附近1家羊肉馆经营人密某进行殴打。

2004年11月24日下午，王某某经营“沂蒙人”加油站的十几名男青年，持铁镐将路经此处的王某打伤，致使其右腿腓骨粉碎性骨折，右小臂被砍伤。被害人王某住院期间，犯罪嫌疑人王某某又到医院对其殴打、恐吓。

2005年3月30日23时许，村民王某被“沂蒙人”加油站保卫怀疑为小偷，在加油站保卫科内，被该加油站经理刘某某、职工王某某、保卫人员魏某某、宋某某（另案处理）等采用拳打脚踢、橡皮棍砸等手段进行殴打。王某某赶到后，又对王某进行殴打，同时指使宋某某用钳子将王某右手拇指、左脚第1、5脚趾指甲拔掉。次日7时，王某被放离开加油站。后经法医鉴定，王某左肾挫伤，构成轻伤。

2007年3月3日15时许，犯罪嫌疑人王某某在宏大商务酒店内和常某因相互碰撞发生争执，王某某遂纠集李某某、杨某某窜至该酒店内，采用拳打脚踢、菜刀拍等手段将常某、鞠某、井某、诸某、宋某、刑某等6人打伤，经法医鉴定，其中常某构成轻微伤。

2007年3月份，犯罪嫌疑人王某某在神山镇一饭店内，采用拳打脚踢、茶碗砸的手段，无故打伤汤庄街道计生委干部赵某。

罗庄区人民检察院在受理该案后，办案人员依法对犯罪嫌疑人王某某、李某某、宋某某进行讯问，听取其辩护律师相关意见，并依照其犯罪事实和法律规定，对犯罪嫌疑人王某某、李某某、宋某某作出批准逮捕决定。

周某贪污受贿案　2008年10月，周某利用其担任西三重村党支部书记兼村主任职务便利，在协助罗庄区傅庄街道计生委管理该村计划生育工作中，收取本村村民马某的社会抚养费47000元，上交30000元，余额17000元被其贪污。2009年5月，周某在协助傅庄街道办事处对老涑河清淤时，虚报清淤费45080元，并将该款贪污。2009年6月，采取虚报冒支的手段，套取国家支付的南涑河清淤工程树木赔偿款116696元，并于是年8月，以虚报实际赔偿数额的方式，贪污工程补偿款差额10000元。2006年至2010年间，其虚增粮食补贴共45056.01元，其个人实际占有42310.43元。周某还利用协助罗庄区傅庄街道办事处计生委管理该村计划生育工作的职务便利，共索要、收受有关超生人员贿赂21000元。

此案由罗庄区人民检察院立案侦查并提起公诉，经罗庄区人民法院审理，最终以贪污罪判处被告人周某有期徒刑10年零6个月，以受贿罪判处其有期徒刑1年零6个月，决定执行有期徒刑11年。

案件查处后，在当地反响强烈。该村曾参加过抗美援朝战争的82岁老人王之胜专门致信时任省人民检察院检察长国家森，对罗庄区人民检察院在办案中展现出的为民意识和民生情怀，表达由衷的感激之情。时任最高人民检察院检察长曹建明、省人民检察院检察长国家森分别作出批示。中央电视台、《检察日报》等媒体也对罗庄区人民检察院把群众工作贯穿于执法办案全过程的做法给予集中报道。

第四节　反渎职侵权检察

1995年，区人民检察院受理渎职侵权案件46件，立案查处5件13人。立案查处案件中，非法拘禁案3件10人，刑讯逼供案1件2人，重大责任事故案1件1人，挽回经济损失240万元。1996年，受理渎职侵权案件64件。其中，非法拘禁案46件，非法侵入他人住宅案9件，玩忽职守案2件，责任事故案3件，其他案件4件。立案查处7件14人。其中，非法拘禁案6件13人，非法侵入他人住宅1件1人，解救人质33人，挽回经济损失80万元。1997年，立案查处8件。其中，玩忽职守案1件，非法拘禁案6件，徇私舞弊案1件，挽回经济损失80万元。

2000—2002年，受理渎职侵权案件30件，立案查处17件17人。2008年，查办税务系统工作人员受贿、徇私舞弊、不征少征税款特大案件1件2人，挽回经济损失25.9万元。2009年，查办渎职侵权犯罪案件3件4人。其中，滥用职权案2件2人，环境监管失职案1件2人，挽回经济损失30.19万元。查办的周某、李某某涉嫌环境监管失职罪和

受贿罪一案，被最高人民检察院命名为全国十大典型案例之一。2010 年，查办渎职侵权案件 2 件 5 人。其中，公安人员滥用职权案 1 件 3 人，非法拘禁案 1 件 2 人。挽回经济损失 17 万元。

1995—2013 年，区人民检察院受理渎职侵权案件 222 件，立案查处 59 件 93 人。

1995—2013 年罗庄区人民检察院反渎职侵权案件立案侦查情况表

表 18-7

年份	案件件数（件）	查处人数（人）	年份	案件件数（件）	查处人数（人）	年份	案件件数（件）	查处人数（人）
1995	5	13	2002	8	8	2009	3	4
1996	7	14	2003	4	4	2010	2	5
1997	8	11	2004	2	4	2011	1	2
1998	0	0	2006	1	3	2012	2	5
1999	1	—	2006	1	3	2013	3	4
2000	4	4	2007	1	2	合计	59	93
2001	5	5	2008	1	2			

第五节　预防职务犯罪

2002 年 12 月，区人民检察院职务犯罪预防科设立。2003—2007 年，职务犯罪预防科在机关和企事业单位开设法制课 110 场次，举办警示教育座谈会、报告会 60 场次，开展预防咨询 260 次，撰写预防调查和案例剖析 60 件，发出检察建议 40 件，受教育 3 万余人。2008 年，区人民检察院建成罗庄区第一个反腐倡廉警示教育基地。2008—2012 年，300 家机关、企事业单位参观教育基地，受教育 4 万余人次。参加重点工程招投标监督 110 次，开展法制教育 100 场次，开展预防职务犯罪咨询 300 次，撰写预防职务犯罪调查和案例剖析 70 件，发出检察建议 50 件。2013 年，职务犯罪预防科依托警示教育基地，以“引进来”的方式开展警示教育活动 212 场次，以“走出去”的方式开展预防宣传 53 场次，受教育 9000 余人。完善和丰富预防文化内容、形式，形成集法治文化和廉政文化于一体，具有检察特色预防文化。积极推进预防海报廉政短片进机场、进车站等活动，张贴预防海报 197 张，推送廉政短片 619 次。充分发挥侦防一体化平台优势，积极介入部分重大案件侦查，从预防角度开展案例分析，撰写职务犯罪案例分析 19 件，提出检察建议 13 件，为发案单位提供预防咨询 6 次，部分检察建议及预防咨询答复已转化为相关单位的廉政制度内容。

第六节　民事行政检察

1995 年，区人民检察院受理民事行政申诉案件 4 件，立案审查 2 件，其中 1 件向区人民法院提出改判检察建议。1996—1997 年，受理民事行政申诉案件 14 件，立案审查 7 件。1998—2002 年，受理民事行政申诉案件 138 件，立案审查 65 件。提请市人民检察院或建议市人民检察院提请省人民检察院抗诉 62 件

62 人，法院改判 8 件 8 人，对 72 件无理申诉案件，进行息诉工作。2003—2004 年，受理民事行政申诉案件 58 件，立案审查 25 件。

2007 年，区人民检察院主动进社区、入村庄，解决人民群众告状难、申诉难问题。受理民事行政申诉案件 18 件，立案审查 15 件。其中办理提请抗诉 8 件，建议提请抗诉 3 件，建议区人民法院再审案件 1 件，当事人服判息诉 3 件，5 份检察建议被区人民法院采纳，7 起案件获改判。2012 年，受理民事申诉 47 件。其中，建议市人民检察院提请抗诉案件 8 件，建议区人民法院再审 3 件，提请市人民检察院抗诉 7 件，检察和解 3 件，调解监督 10 件，转交市人民检察院改变管辖 2 件，未结 3 件，息诉 11 件。办理执行监督 2 件，诉讼违法调查 23 件，行政执法监督 1 件。2013 年，受理申诉案件线索 21 件，立案 9 件。建议区人民法院再审 3 件，区人民法院改判 26 件，办理诉讼违法调查 8 件，行政执法监督 19 件，执行监督 14 件，督促起诉 1 件，刑事附带民事诉讼 1 件，检察和解 3 件。同年，区人民检察院与区人民法院会签《关于加强执行监督工作的实施意见》，与区水务局会签《关于共同防止国有水土资源收益流失建立工作协作机制的意见》。

第七节　控告申诉检察

1995 年，区人民检察院开展“举报宣传周”活动，把“打击、教育、治理、预防、服务”等环节融为一体，注重办案的政治效果和社会效果，以争创“文明接待室”活动为载体，加强和改善来信来访工作。1997 年，区人民检察院控告申诉检察科与区信访局联合办公，开展“举报宣传周”活动。全年接待来访人员 700 人次，处理来访信件 138 封，批转区纪委、法院、公安、信访等部门来访信件 92 封，配合反贪、法纪部门初查 52 件。协助信访部门查处各类案件 7 件，办结申诉案件 1 件。1999 年，控告申诉检察科受理举报案件 46 件，接待来访人员 150 人次，办理申诉案件 1 起。组织“举报宣传周”活动，印发宣传材料 5000 份，采用播放录音、悬挂标语、挂图等形式，展示反腐败成果，宣传举报制度。

2003 年，发挥控申举报的窗口作用，实行首办责任制，及时登记、分流和反馈群众来信来访。坚持检察长接待日制度，对接访案件，认真记录，及时落实。开展“举报宣传周”活动，提高公民举报积极性。建立健全严格、保密、有序、高效举报线索管理机制，线索管理走上制度化、规范化轨道。2010 年 3 月，区人民检察院根据控告申诉检察科受理的群众举报线索，依法立查傅庄街道西三重村党支部书记兼村主任周某贪污受贿案。查明周某利用职权贪污 20 万元，受贿 2 万元，冒领粮食补贴款 4.2 万元。2011 年 11 月，民生检察服务热线办公室设立，设置电话 1 部、电脑 3 台，简称“一线三网”。

2012 年，建筑面积 300 平方米的群众诉求服务中心建成投入使用。2013 年，控告申诉检察科受理群众来信来访 108 件（次）。其中，来信 25 件，来访 83 件 120 人。初核职务犯罪举报线索 6 件；奖励举报有功人员 2 人，现金 3000 元；立案复查举报职务犯罪线索不立案审查 2 件，均维持原决定；立案复查刑事申诉案件 9 件，其中立案复查不服检察机关原决定的刑事申诉案件 6 件，均维持原决定；立案复查不服法院刑事判决的刑事申诉案件 3 件，向区人民法院发出再审检察建议 3 件，区人民法院针对区人民检察院检察建议均做出再审决定。开展刑事被害人救助 26 件，救助金额 5.5 万元。

第八节　检察技术

1995 年始，检察技术科围绕检察工作重点，加强技术基础设施建设。运用视听技术、文证审查技术和司法会计技术，配合自侦、刑检等部门进行司法鉴定和固定证据工作。1997 年，受理各类技术案件 12 件，发现骗赔案 2 件，挽回经济损失 1.3 万元。1999 年，受理各类刑事鉴定案件 43 起，撰写检察技术论文 2 篇，其中 1 篇被省级报刊采用。2001 年，受理各类案件 96 件。其中，法医文证审查 48 件，现场勘验 2 件，检验鉴定 4 件，提供技术协助 42 件。2002 年，检察技术科对审讯室审讯设备进行改造，开通局域网络。2004 年，区人民检察院检察技术科获山东省人民检察院“技术卷宗优秀奖”。2006 年，检察技术科与刑检等部门配合，对案件中涉及伤害鉴定证据材料进行文证审查。配合自侦部门进行全程录音录像，审讯监控录音录像 28 人次。警务工作区指挥中心安装摄像机以及麦克风、调音台等设备，实现与市人民检察院指挥中心互联互通。2009 年，配合自侦部门进行 280 人次、1845 小时全程同步录音录像，配合自侦部门现场搜查录像 12 次，按照省人民检察院要求整理同步录音录像卷宗 14 份，刻录光盘 611 张。

2011 年，民生检察联络室设立，联合有关部门开展联动检查，查处违规套取新农合基金案件 11 件，追回被套取新农合基金 8 万元。2013 年，开展法医文证审查、法医鉴定、勘验及全程同步录音录像技术协助；办理文证审查案件 178 件，全程同步录音录像案件 17 件 48 人次，办理技术协助案件 28 件；配合公安部门进行 2 个刑事案件现场勘验检查，制作现场勘验笔录和卷宗。报送市人民检察院信息简报 10 篇，采用 8 篇，在省级以上报纸杂志发表信息及调研文章 5 篇。

第九节　监所检察

1995 年，区人民检察院监所检察科对维护监狱场所秩序、教育改造罪犯、防止重新犯罪、监督监管人员执法活动等进行监督，提出安全建议 13 次，安全防范措施 47 条，预防事故隐患 5 起，依法监督审查临沂监狱五大队提请减刑或假释 379 人犯人方案，对 115 人不符合减刑、假释条件犯人提出纠正建议。1996 年、1997 年，分别对不符合减刑、假释条件 69 人、65 人犯人提出不能减刑、假释检察建议，均被采纳。1999 年，加强刑罚执行监督。对 173 人不符合减刑或假释条件犯人依法提出不能减刑或假释检察建议，均被采纳；对狱内安全检查 48 次；提出纠正违法检察建议 14 次；规劝教育 98 次，提审教育 96 人；防止自杀事故 1 起，临沂监狱第五监区连续 15 年无服刑犯脱逃事故发生；积极预防重新犯罪，对 79 人外执犯进行两次考察，落实帮教措施，取得良好社会效果。

2001 年，强化执法监督，落实严打整治和安全防范措施。全年开展安全检查 58 次，对被羁押人进行法制教育 65 人次。提出减刑、假释、安全措施防范检察建议 3 条，均被监狱采纳。打击牢头、狱霸 5 人，对 38 人外执犯进行考察。2003 年，进行狱内安全检查 59 次，提出安全检察建议 15 条，对在押犯进行教育 65 人次。提出减刑、假释等检察建议 3 条，并被采纳。采取“一听二看三见面”（“一听”即每季度定期召集社区矫正人员所在村综治成员、群众代表，听取对纳入重点监督矫正人员管理情况。“二看”即检查社区矫正人员档案材料是否齐全，看是否存在脱管情况，看矫正力度是否到位。“三见面”即采取社区矫正检察官与社区矫正人员见面、与其亲属见面及与矫正小组成员见面）方法，加强对外执犯帮教工作。全年对43人外执犯进行两次考察和帮教，防止脱管、漏教现象发生，重新犯罪率控制在3%以下。

2007年3月，全市检察机关监所检察工作会议在罗庄区人民检察院召开，推广罗庄区人民检察院监所检察科监外犯罪动态管理信息库经验。同年4月，全市检察机关监外罪犯动态管理信息系统暨办公软件升级推广应用会在罗庄区人民检察院召开。会上监所科科长成霞介绍并演示区人民检察院自行开发的《监外罪犯动态管理信息系统》软件功能操作，得到市人民检察院领导和与会人员充分肯定。2010年，监所检察科利用“监外罪犯执行监督信息管理系统”平台，与有关部门协作，开展社区矫正工作，促使监外执行犯安心接受改造，监外执行罪犯重新犯罪率1%以内。

图18-6：2007年7月12日，省检察机关监外执行监督管理现场会暨监所工作座谈会在区人民检察院召开

2013年，市看守所收押区人民检察院监管在押人员累计793人，释放608人，发往监狱执行189人，在押309人。在押人员中处侦查阶段的129人，处审查起诉阶段的64人，处人民法院审判阶段的90人，待送监狱执行的20人，留所服刑人员6人。共有监外执行罪犯628人。其中，判处缓刑459人、假释163人、暂予监外执行1人、管制2人、剥夺政治权利3人。办理审查批准逮捕又犯罪案件5件10人，审查起诉又犯罪案件6件16人。

第十节　司法警务

1999年6月，司法警察大队成立。区人民检察院以思想政治立警、制度机制建警、业务技能强警，打造一支高素质司法警察队伍。2005年8月，区人民检察院办案工作区建成。2006年，根据最高人民检察院相关规定，对办案工作区进行升级改造，达到警务负责人带班巡查和电子监控巡查“双巡”要求，形成人防、物防相结合的办案安全立体防护网，实现信息传递网络化，远程指挥可视化，监控监督管理智能化。2009年，区人民检察院集中开展“大学习、大讨论”“社会主义法治理念教育”“纪律作风建设条规年”活动，打造过硬法警队伍。2010年，省人民检察院法警总队副总队长刘亮一行到罗庄调研，对区人民检察院司法警务工作给予高度评价。至2013年，司法警察大队参与执行传唤2041次，搜查1323次，协助执行拘留、逮捕617次，提解、押送605次，看管882次。

第五章　法院

第一节　机构

1995年2月，罗庄区人民法院成立（简称区人民法院），为副县级单位，国家审判机关。内设办公室、政工科、研究室、刑事审判庭、民事审判庭、经济审判庭、行政审判庭、执行庭、告诉申诉庭、法医室、法警中队11个职能部门，设立罗庄、盛庄、傅庄、册山、西高都、罗西6个派出人民法庭。1998年10月，贯彻落实中共中央《关于地方各级人民法院机构改革的意见》，增设法警大队，裁撤刑事审判第二庭、经济审判第二庭、督察室、行政办公室，内设机构由17个缩减为13个，裁撤罗庄、西高都、罗西3个派出人民法庭。2001年3月，区人民法院执行局设立，为正科级建制。2004年，经山东省高级法院批复，增设临沂高新技术产业开发区人民法庭。2011年1月，区划调整时，郯城县人民法院褚墩人民法庭划属罗庄区人民法院。至2013年12月，区人民法院内设办公室、政治处（组织人事科、教育培训科）、立案庭、监察室、刑事审判第一庭、刑事审判第二庭、民事审判第一庭、民事审判第二庭、行政审判庭、审判监督庭、执行局（执行一庭、执行二庭、执行三庭、技术室）、法警大队、研究室、审判管理办公室、机关服务中心15个职能部门，有盛庄、傅庄、册山、褚墩、临沂高新技术产业开发区5个派出人民法庭。编制94人。区第十四届、第十五届、第十六届、第十七届、第十八届人民代表大会，选举产生区人民法院院长，配副院长3人、纪检组长1人。

1995年，区人民法院被省高级人民法院表彰为严肃执法年活动先进单位；2006年，被省政法委、省高级人民法院命名为全省法院执行工作先进集体；2007年，先后被省高级人民法院表彰为全省零信访先进集体、全省法院思想宣传工作先进单位；2008年，被省政法委授予“平安建设先进单位”称号；2009年，被省高级人民法院记集体二等功；2012年，被全国妇联授予“全国维护妇女儿童权益先进集体”称号。

第二节　立案

1995年2月，区人民法院告诉申诉庭设立。全年立案登记3299件，信访接待392件，接待法律咨询886人。1998年3月，撤销告诉申诉庭，设立立案庭。2000年，区人民法院立案大厅设立，实行统一立案、排期开庭、跟踪监督和书记员独立管理等制度，在立案庭设置来信来访接待室和申诉听证合议庭。2001年，推行和完善“大立案”和审判流程管理制度改革，实行立审分离、审执分离、审监分离，法院有关业务庭统一到立案庭立案登记。2003年，推行首办负责制，实行审判流程管理，坚持坐班接访和提供法律咨询服务。2007年，实施院长接访日（每月20日）、案件调度会、案件督查催办、再审听证、考核通报、包案六项措施，完善信访工作机制。2012年，建立院长接访日、联合接访、定期定时接访、约谈等制度，开展定期约谈、多元化调解、构建信访防控网络、信访评估预防、信访通报、案件终结等工作。至2013年，立案登记9.61万件，信访接待1424件，接待法律咨询1.93万人。

1995—2013年罗庄区人民法院立案情况表

表18-8

年份	立案登记（件）	信访接待（件）	法律咨询（人）	年份	立案登记（件）	信访接待（件）	法律咨询（人）
1995	3299	392	886	2005	4117	111	226
1996	4304	181	798	2006	3992	30	1600
1997	2751	53	1116	2007	5636	62	1638
1998	3532	36	1120	2008	6238	31	1360
1999	3623	37	889	2009	7251	27	600
2000	4189	51	755	2010	7661	20	800
2001	3940	63	715	2011	8457	20	600
2002	3884	80	800	2012	7924	97	2400
2003	3614	40	1025	2013	7638	35	802
2004	4090	58	1200				

第三节　刑事审判

1995年，刑事审判注重对罪犯实施“判前、判中、判后”三个教育过程，促进罪犯知罪、认罪、悔罪。全年受理各类刑事案件235件，审结235件。1996年，开展“严打”斗争，快审快结各类刑事案件，对疑难重大案件提前介入。1997年，新《中华人民共和国刑法》颁布施行后，区人民法院在审判中充分遵循“罪行法定”的基本原则，根据修改后的刑诉法要求，重事实，重证据，对案件定性准确，量刑适当，既实现对犯罪分子的惩罚，又体现对公民权利的保护。1999年，未成年犯审判工作，坚持“打、教、管、帮”相结合工作思路，形成“三个见面、三个查清、三个做到”工作方法，即判刑前与未成年犯见面，与其监护人见面，与所在单位领导见面；查清犯罪事实，查清犯罪动机，查清犯罪原因；做到维护未成年犯合法权益，做到把法制教育贯彻审判始终，做到用刑合法、合情，利于重新做人。2002年，坚持把整顿和规范市场经济秩序工作与“严打”整治斗争统一部署，依法审结生产销售伪劣商品、金融诈骗、贩卖或使用假币等各类严重破坏市场经济秩序的刑事案件15件22人，挽回经济损失43万元。2009年，依法审结于某等被告人非法经营、投放危险物质等危害公共安全犯罪案件。2012年，创新未成年犯罪案件审判方式，对未成年罪犯实行圆桌审判，积极推行判后寄语，邀请妇联、共青团及学校有关人员对判处非监禁刑的未成年犯进行延伸帮教。2013年，参与综合治理，加强与司法部门、社区协调，注意与社区矫正工作衔接，对判处管制、剥夺政治权利、缓刑以及假释、保外就医的罪犯，进行不定期

回访考察。同年，依法审结原山东沂星电动汽车有限公司贾某某挪用、虚报注册资金案。

1995—2013 年，区人民法院受理各类刑事案件 6884 件，审结 6701 件。

1995—2013 年罗庄区人民法院刑事案件收、结案情况表

表 18-9　　　　单位：件

年份	收案													结案
	交通肇事	危险驾驶	故意伤害	盗窃	抢劫	诈骗	寻衅滋事	强奸	非法持有枪支	贩卖毒品	贪污受贿	其他	合计	
1995	32	—	44	45	13	8	43	11	1	0	11	27	235	235
1996	29	—	39	38	20	7	30	5	0	0	6	23	195	192
1997	25	—	33	27	21	9	23	6	0	0	22	19	184	182
1998	33	—	37	34	25	6	31	5	1	1	4	21	198	225
1999	31	—	30	28	23	7	25	9	0	1	7	22	178	172
2000	29	—	31	33	19	9	21	7	2	0	12	25	188	210
2001	44	—	42	38	29	14	43	13	1	1	16	35	268	275
2002	57	—	51	46	33	15	42	14	0	1	10	31	290	279
2003	33	—	57	42	43	9	14	8	1	0	10	68	285	256
2004	48	—	74	65	44	9	39	14	1	1	10	41	346	339
2005	38	—	83	90	36	5	37	12	3	0	8	72	384	380
2006	61	—	82	92	53	8	62	14	2	0	7	91	472	427
2007	77	—	78	121	59	11	61	13	6	0	7	100	533	521
2008	64	—	82	73	53	14	46	12	4	3	7	139	497	469
2009	67	—	70	62	56	13	51	12	4	4	15	140	494	485
2010	80	—	57	82	43	26	47	17	1	3	11	114	481	440
2011	135	—	63	52	48	19	42	7	3	1	11	94	475	440
2012	170	63	90	79	50	14	33	11	4	3	16	150	683	681
2013	158	37	76	41	21	11	39	13	2	3	15	82	498	493

说明：2012 年《中华人民共和国刑法修正案（八）》将危险驾驶罪入刑法

典型案例

于某非法经营、投放危险物质案　被告人于某，在未向农业行政主管部门申请兽药生产许可证，未经环保部门批准的情况下，于 2009 年 4 月开始生产阿散酸，至 7 月生产阿散酸 68.65 吨，非法经营额 194 万元，每吨获利 4500 元。

被告人于某在明知生产阿散酸产生高浓度含砷剧毒废水，随意排放可能产生严重后果的情况下，仍指使时任该公司生产厂长的被告人许某某和时任公司采购员的被告人于某某，于 2009 年 7 月 21 日、22 日凌晨，分两次将蓄水池内 700 余立方米有毒废水，以泵抽方式排至南涑河中，致使临沂高新技术产业开发区、罗庄区、郯城县区域的南涑河、老涑河、五里河等主要河流严重污染，造成重大经济损失。经临沂市价格认证中心认定，被告人于某、许某某、于某某投

放毒害性物质的行为，给国家造成经济损失3714.84万元。

罗庄区人民法院经审理认为，被告人于某，犯投放危险物质罪，判处有期徒刑11年；犯非法经营罪，判处有期徒刑5年，并处罚金人民币50万元；数罪并罚，决定执行有期徒刑15年，并处罚金50万元。被告人许某某犯投放危险物质罪，判处有期徒刑6年。被告人于某某犯投放危险物质罪，判处有期徒刑5年。被告人于某、许某某、于某某共同赔偿国家经济损失3714.84万元，于判决生效后10日内偿付。

贾某某挪用资金、虚报注册资本案　2009年11月5日，被告人贾某某取得沂星电动汽车有限公司（简称沂星公司）实际控制权。2010年5月—2011年3月，被告人贾某某利用其对沂星公司的实际控制权，多次指使被告人魏某及王某某（另案处理）挪用沂星公司资金。其中被告人贾某某参与挪用资金955.53万元，案发前归还100万元，余款855.53万元未归还；被告人魏某参与挪用资金926.87万元，案发前归还100万元，余款826.87万元未归还。挪用资金均被用于被告人贾某某个人及家庭开支，出借亲友或偿还被告人贾某某个人借款，为其他相关公司还借款及向与沂星公司无关人员发放钱款等。

2005年3月3日，被告人贾某某，作为内蒙古恒德公司发起人、股东，在内蒙古巴彦淖尔市农行新华街分理处办理公司注册资金出资业务时，伙同该分理处负责人邢某，伪造3000万元现金解款单2张，委托他人当日做出验资报告，向内蒙古巴彦淖尔市工商行政管理局申请登记注册。当日，工商机关颁发恒德公司企业法人营业执照，法定代表人为贾某某。

罗庄区人民法院于2013年11月26日判决，以被告人贾某某犯挪用资金罪，判处有期徒刑6年零6个月；犯虚报注册资本罪，判处有期徒刑1年，并处罚金90万元；数罪并罚，决定执行有期徒刑7年，并处罚金90万元。以被告人魏某犯挪用资金罪，判处有期徒刑3年。宣判后，被告人贾某某、魏某均提出上诉，二审法院经审理维持原判。

第四节　民商事审判

1995年，区人民法院培训农村基层人民调解员110人次，指导调处各类纠纷218件，案前调处简易纠纷300件，防止矛盾激化31件。1997年，区人民法院针对企业改制出现的新情况、新问题，提出司法建议21条，均被区委、区政府采纳。

1998—2001年，受理各类民商事案件8868件，审结9161件（含旧存案件），向企业派出法律服务队23个，运用诉讼和非诉讼手段为企业挽回损失2900万元，完善经济合同363份，提出司法建议237条。

2003年，推行案件繁简分类、强化调解、加强调度、审执衔接的审判管理办法。2007年，实行疑难复杂案件研讨汇报指导制度、上诉案件追踪制度和返回案件研究制度。2008年，区人民法院应对金融危机影响，认真审理借贷、保险、票据等金融案件，保障市场经济健康有序发展。2009年，加强与综治办和基层人民调解组织合作，提前介入辖区民事纠纷，促使矛盾化解在萌芽状态。

2010年2—4月，区人民法院审结罗湖房地产开发有限公司破产重整案。案件标的大，社会影响广泛，为临沂市首例企业破产重组民事案件。对此，区人民法院提出《罗湖公司破产重整案的审理思考》司法建议，临沂市中级人民法院院长李方民、罗庄区委书记王行华作出批示，被《临沂日报》编发内参。

2011 年，妇女儿童维权合议庭设立，实行优先送达、优先排期、优先开庭、优先督促履行，做到快速审理、快速结案、快速执行。2012 年 11 月，《山东法制报》以《胸怀五心竞须眉　巾帼建功展风采》为题，头版报道罗庄区人民法院妇女儿童维权工作经验。同年，区人民法院民一庭被省高级法院记集体二等功。2013 年，受理标的额 2000 万元山东广金经贸有限公司与佳木斯中天公司买卖合同纠纷案。案件最终以调解结案。《人民法院报》以《法官律师联袂调解　多年干戈终化玉帛》为题进行报道。同年，区人民法院承担全市法院“民营企业破产试点项目”课题，制定《罗庄区人民法院关于创新破产案件审判机制实施意见》。

1995—2013 年，区人民法院受理民商事案件 6.07 万件，审结 5.92 万件。

图 18-7：2012 年 2 月 27 日，省妇联主席翟黎明视察罗庄区人民法院妇女儿童维权工作

1995—2013 年罗庄区人民法院民商事案件收、结案情况表

表 18-10　　单位：件

年份	收案								结案
	婚姻家庭	损害赔偿	民间借贷	劳动争议	合同纠纷	企业破产	其他	合计	
1995	482	321	295	36	634	\	842	2610	2571
1996	584	437	341	52	1132	\	794	3340	3283
1997	362	215	167	46	725	\	335	1850	1598
1998	338	197	225	49	609	\	616	2034	2175
1999	416	209	248	37	817	\	549	2276	2409
2000	521	257	312	61	503	6	647	2307	2269
2001	396	343	240	37	753	2	480	2251	2308
2002	339	244	277	28	689	1	462	2040	1810
2003	371	138	160	14	769	1	596	2049	2081
2004	369	250	160	63	1024	\	706	2572	2469
2005	365	283	214	53	873	\	583	2361	2331
2006	377	312	340	31	825	2	439	2326	2488
2007	441	393	697	71	1157	1	678	3438	2596
2008	501	511	748	91	1335	\	547	3733	3600

续表 18-10

年份	收案								结案
	婚姻家庭	损害赔偿	民间借贷	劳动争议	合同纠纷	企业破产	其他	合计	
2009	588	782	504	229	1770	\	758	4631	4968
2010	719	1059	399	509	1815	1	437	4939	4820
2011	1036	994	459	452	1634	1	1142	5718	5565
2012	1191	1232	471	317	1253	1	924	5389	4840
2013	974	1124	445	236	1040	3	1043	4865	5025

典型案例

临沂市罗湖房地产开发有限公司破产重整案　2010 年 2 月 2 日，临沂市罗湖房地产开发有限公司（以下简称“罗湖公司”）以“无力偿还到期债务，且资产不足以清偿全部债务”为由，向罗庄区人民法院申请破产重整。2010 年 2 月 8 日，罗庄区人民法院以（2010）临罗破字第 1 号《民事裁定书》，宣告罗湖公司破产重整。通过股权拍卖，临沂泰豪房地产开发有限公司竞得罗湖公司的全部股权，成为新的投资人。

2010 年 4 月 28 日，召开第一次债权人会议，听取破产管理人执行职务和债权登记审查等情况，并核查债权，将罗湖公司巨额债务划分为职工债权、税款债权、工程款优先和银行抵押债权、普通债权 4 类，并对 4 类债权作不同处理。

罗庄区人民法院通过公开抽签形式选取债权人代表来选择评估机构，监督评估过程、参与评估工作。评估报告公布前，召集债权人代表、投资人代表对罗湖公司所有资产评估结果举行听证会，邀请评估机构工作人员接受债权人代表、债务人代表质疑。罗庄区人民法院多次召集投资人进行会谈，投资人同意对小额债权和教育储备金全额清偿，并尽快恢复罗湖公司经营，重整后在同等条件下，优先与原债权人进行合作，优先录用公司原有职工。

2010 年 7 月 10 日，罗庄区人民法院召开第二次债权人会议，对重整计划草案进行表决。职工债权组以该组出席会议人数的 99.35%，所代表债权金额 99.32% 通过重整计划；优先权组以该组出席人数的 89.1%，所代表债权金额 75.86% 通过重整计划；普通债权组以该组出席会议人数的 84.67%，所代表债权金额 95.1% 通过重整计划。

2010 年 7 月 26 日，罗庄区人民法院依法批准罗湖公司的重整计划草案。2013 年 1 月，重整方案全部执行完毕。

佳木斯中天公司与山东广金经贸有限公司合同纠纷案　2010 年 5 月 28 日，原告山东广金经贸有限公司因填海工程项目需要，以按揭贷款方式向被告佳木斯中天汽车销售公司订购“欧曼”自卸车 50 台，合同约定车辆单价为 41.66 万元，合同总金额 2083 万元，车辆上牌、保险手续由被告办理，车辆行驶证及运输证都登记在第三人佳木斯中天物流有限公司名下。合同签订后，原告支付首付款 600 万元，余款办理银行按揭贷款，被告交付了经黑龙江省佳木斯市公安局交警支队车辆管理所挂牌，并经佳木斯市道路运输管理处核发道路运输证的 50 辆欧曼自卸车。

原告在营运中，因被告提供的车辆被擅自改变外形，私自加高车辆大厢高度（内厢

登记高度1米，实际高度2米）多次受到交警部门处罚，致使车辆无法营运。为此，于2010年8月24日诉至罗庄区人民法院，要求判令被告办理车厢高度为2米的机动车行驶证和道路运输证并赔偿损失100万元，后变更诉请，要求解除买卖合同，判令返还已付购车款600万元并赔偿经济损失460万元等。

案件审理过程中，被告提出地域管辖和级别管辖异议，经一、二审法院驳回异议后，又以原告涉嫌合同诈骗罪为由，向佳木斯市公安局报案并致函法院，要求法院将案卷移送公安机关。由于被告的控告和公安机关立案，原告多次向上级机关直至中纪委、全国人大信访办进行信访和上访，双方矛盾不断升级，案件一度引起山东省高级人民法院直至最高人民法院、公安部等部门的重视。

罗庄区人民法院经审查认为：该案系一般买卖合同纠纷，属民事纠纷范畴，应继续审理，并于2012年7月16日做出一审判决，判令解除双方合同，原、被告相互返还各自交付的货款及车辆，并由被告赔偿原告其他损失31.3万元。宣判后，被告不服，提出上诉。二审中，双方当事人在法官的主持下达成调解协议，约定原告返还被告所购50辆“欧曼”自卸车，被告支付原告现金500万元，其他事项不再追究。

第五节　行政审判

1995年，开展《中华人民共和国行政诉讼法》宣传活动，举办专题讲座，推动《行政诉讼法》贯彻实施。1998年，依法支持临沂市土地管理局依法强拆临沂市罗庄区盛庄镇南营子村违法建筑一案，被省、市、区三级电视台报道。1999年，在监督和支持地方政府依法治理“三提五统”方面的做法，被山东省高级人民法院和临沂市中级人民法院转发。

2000年，区人民法院组成4个调研组，分别对12家企业和12个农村基层组织，就企业改制、劳动争议、农民土地延包等问题进行调研。2004年，区人民法院贯彻落实罗庄区人大常委会和罗庄区人民政府联合印发的《关于行政案件的行政部门主要负责人必须出庭参加诉讼的通知》，通报行政部门负责人出庭情况和案件审判结果，提出司法建议。2007年，行政庭被省高级法院记集体二等功。

2010年，受理盛庄街道后盛庄村民委员会诉临沂市政府、第三人山东临沂盛能集团股份有限公司土地使用权属一案。涉及村民10034人，党员及村民代表302人，部分党员、村民7次到全国人大常委会、国家信访局、省、市有关部门上访。区人民法院协调盛庄街道、后盛庄和盛能集团公司，做好党员、村民代表解释工作，最终达成协议，解决了土地权属及占用土地租赁费问题，化解了矛盾。

2013年，注重司法延伸服务。与计生、水务、国土等部门联合召开座谈会5次，解决行政执法中的难题。针对罗庄区重点项目建设开展调研，形成《关于征地拆迁行为引发纠纷的应对及处理的司法建议》，呈报临沂市中级人民法院和罗庄区委主要领导阅示，并报送罗庄区委、区政府、国土、建设等部门，相关部门采纳司法建议。

1995—2013年，审结行政诉讼案件1250件，执结行政非诉讼执行案件3463件。

1995—2013 年罗庄区人民法院行政诉讼结案情况表

表 18-11　　　　单位：件

年份	结案						执结行政非诉讼执行案件
		土地	治安	劳动保障	房产	其他	
1995	22	1	5	2	2	12	190
1996	54	2	3	1	1	47	189
1997	40	\	10	\	\	30	220
1998	65	6	7	\	\	52	200
1999	80	\	3	1	\	76	155
2000	54	\	1	\	\	53	264
2001	51	\	1	1	\	49	228
2002	34	1	3	3	1	26	247
2003	62	\	3	3	1	55	235
2004	45	3	2	5	1	34	85
2005	46	3	3	4	4	32	125
2006	50	3	4	12	6	25	115
2007	71	5	10	24	14	18	142
2008	53	11	6	4	3	29	377
2009	68	6	1	12	11	38	138
2010	108	24	7	4	5	68	232
2011	124	28	10	9	2	75	112
2012	95	37	6	11	3	38	68
2013	128	28	1	24	13	62	141

第六节　案件执行

1995—1997 年，区人民法院受理执行案件 1196 件，执结 1158 件，结案率 96.8%。1998 年 9—12 月，根据最高人民法院部署，开展为期 4 个月的集中清理执行积案行动。执结各类案件 1002 件，执结标的额 1800 万元。

2001 年，区人民法院执行局设立。重点开展涉金融案件集中清理活动，清理涉及金融积案 198 件，标的额 2200 万元。2004 年，罗庄区人大常委会作出决议，支持区人民法院执行积案清理工作。解决“执行难”问题，取得明显成效。山东省高级人民法院在全省法院系统推广。2006 年，区人民法院执行局被山东省高级人民法院命名为全省法院执行工作先进集体。

2008—2012 年，区人民法院清理执行积案，实现案件收执良性循环，受理各类执行案件 9653 件，执结 7734 件。

2013 年，贯彻最高人民法院《关于公布失信被执行人名单信息的若干规定》，把被执行人失信情况公之于众。加强与金融、公安、工商等部门对接，联合惩戒失信行为，迫使其主动履行义务。

1995—2013 年，区人民法院受理执行案件 2.41 万件，执结 2.42 万（含终结本次执行程序）件。

1995—2013 年罗庄区人民法院执行案件收结案情况表

表 18-12　　　　单位：件

年份	收案	结案	执结率（%）	年份	收案	结案	执结率（%）
1995	234	230	98.29	2005	1190	911	76.55
1996	518	485	93.63	2006	1020	1810	177.45
1997	444	443	99.77	2007	1420	1954	137.61
1998	1023	1002	97.95	2008	1657	1408	84.97
1999	915	666	72.79	2009	1872	1320	70.51
2000	1351	1094	80.98	2010	1898	1179	62.12
2001	1131	1274	112.64	2011	2254	2158	95.74
2002	1265	1079	85.30	2012	1972	1669	84.63
2003	967	948	98.04	2013	1969	3316	168.41
2004	1034	1250	120.89				

第七节　审判监督

1995 年 2 月，区人民法院告诉申诉庭设立，负责审判监督工作。区人民法院坚持实事求是，有错必纠的原则，以对事实、法律和人民高度负责的态度，依法纠正原判决确有错误的案件。1997 年，受理再审案件 23 件，审结 20 件。1998 年 3 月，撤销告诉申诉庭，设立立案庭和审判监督庭。2001 年，制定《罗庄区人民法院案件质量评查办法》。2003—2007 年，评卷 2.1 万件，受理再审案件 62 件，审结 53 件，再审后依法部分改判 8 件，其他案件通过调解和审理平息诉讼。2009 年，注重抓好“六个规范”，即规范审判监督庭内部案件流程管理制度，规范合议庭工作程序，规范开庭程序，规范再审裁判文书制作，规范上下级法院之间的请示汇报制度，规范完善再审案件考评体系。2011 年，落实案件立、审、执以及裁判文书送达前的动态监控，各审判庭将审结案件在归档前统一送交审判监督庭进行评查。同年，修订《罗庄区人民法院案件质量评查办法》。2013 年，开展全国法院“百万案件评查”活动。

1995—2013 年，区人民法院受理再审案件 278 件，审结 239 件。

第八节　司法鉴定

1995 年 12 月，罗庄区人民法院法医技术室设立，在临沂矿务局医院、罗庄区人民医院、盛庄医院、傅庄医院、岑石医院 5 家医院设立法医门诊。同年始，区人民法院在山东省县级公、检、法法医鉴定机构中，率先采用公开鉴定程序、公开鉴定内容、允许当事人对鉴定结论与鉴定人公开辩解方法，至 2005 年，出具法医鉴定书 10012 件。其中，轻重伤 1208 例，伤残 2521 例，轻微伤 6283

例，无1例人为错误。同年，罗庄区人民法院法医技术室取消法医鉴定职能，改称罗庄区人民法院技术室。

2012年，区人民法院在临沂市基层人民法院中率先设立具有全监控功能的拍卖大厅。同年2月12日，山东省高级人民法院副院长张盛昌到区人民法院调研，对区人民法院拍卖大厅司法拍卖工作给予肯定，并在全省法院系统推广。

2005—2013年，罗庄区人民法院技术室受理各类委托案件2413余例。其中，委托鉴定2007例（包括质量鉴定82件、文检138件、审计65件、法医637件、评估1085件），拍卖案件406例。

第九节　审判方式改革

1995年，围绕强化庭审功能、强化当事人举证、强化合议庭职能“三个强化”进行“控、辩、审”为主要内容的庭审方式改革。1998年，推行立案与审判分离、原审与再审公开制度，强化审判工作内部监督机制。2000年，按照最高人民法院《人民法院五年改革纲要》要求，推行三项改革，即严格执行公开审判制度；设立立案大厅，实行统一立案、排期开庭、跟踪监督和书记员独立管理；推行审判长、独任审判员选任制。同年，对具有审判职称的法官50人进行考核、评议、考试，评选出审判长21人，执行长2人。

2001年，推行和完善“大立案”制度。全院立案受理由立案庭统一受理，统一编号。审判流程管理实行立审分离、审执分离、审监分离。2003年，落实公开审判制度，推行审判和执行“阳光工程”，实行首办负责制，坚持案件谁承办谁负责。2009年，实行人民法庭预约立案、上门办案、节假日办案。

2011年，培育社区人民调解冠名工作室，形成“以法院为主导，以司法所、人民调解工作室为主体，以诉前调解、庭前调解为重心，以巡回指导调解为主要方式”多元联动纠纷化解机制。

2005年始，区人民法院依据全国人大常委会《关于完善人民陪审员制度的决定》和最高人民法院、司法部《关于人民陪审员选任、培训、考核工作的实施意见》，先后于2005年、2006年、2010年、2012年进行4次人民陪审员选任工作，经区人大常委会批准任命，选任人民陪审员32名。人民陪审员经过学习培训，着重发挥其诉前平息矛盾、审结案件回访、普法教育、审理案件等作用。对陪审员管理，采取政治处与业务庭双重管理方式，把陪审员相对固定到业务庭，由业务庭对陪审员执行职务情况进行考核。

2013年，建成以审判流程管理为核心的审判、政务、信息服务、电子档案等系统，实现上诉和调取案件材料网上传输，公文直接交换，司法统计自动生成和上报，案件流程在线监督等功能。

第十节　司法警察

1995—1997年，区人民法院法警大队安全押解人犯357次，656人次；实施拘传、拘留等强制措施186次，328人次。协助市中级人民法院刑事警务保障5次，出警27人次；参加上级调警16次，45人次；处置突发事件34次。警卫值班、安检1562次，3522人次；参与对判决裁定的财产查封、扣押、冻结、没收等执法活动156次；协助强制执行案件840件。

1999年，区人民法院法警大队开始接受执行死刑任务。1998—2002年，法警大队安全押解人犯647次，1169人次；实施拘传、拘留等强制措施356次，847人次。协助市中级人民法院刑事警务保障10次，出警58人次；参加上级调警22次，86人次；处置突发事件90次。警卫值班、安检2118次，9584人次；参与对判决裁定的财产查封、扣押、冻结、没收等执法活动286次；协助强制执行案件1450件；执行死刑犯18人。

2003—2007年，法警大队安全押解人犯853次，1469人次；实施拘传、拘留等强制措施466次，947人次。协助市中级人民法院刑事警务保障12次，出警78人次；参加上级调警23次，89人次；处置突发事件120次。警卫值班、安检3455次，10482人次；参与对判决裁定的财产查封、扣押、冻结、没收等执法活动246次；协助强制执行案件1656件；执行死刑犯10人。

2008—2012年，法警大队安全押解人犯1153次，1824人次；实施拘传、拘留等强制措施752次，1047人次。协助市中级人民法院刑事警务保障13次，出警88人次；参加上级调警11次，62人次；处置突发事件164次。警卫值班、安检178次，1456人次；参与对判决裁定的财产查封、扣押、冻结、没收等执法活动426次；协助强制执行案件1784件；执行死刑犯4人。

2013年，法警大队安全押解人犯304次，452人次；实施拘传、拘留等强制措施112次，245人次。协助市中级人民法院刑事警务保障4次，出警32人次；参加上级调警3次，24人次；处置突发事件26次。警卫值班、安检289次，3554人次；参与对判决裁定的财产查封、扣押、冻结、没收等执法活动156次；协助强制执行案件268件。

第六章　司法行政

第一节　机构

1995年2月，罗庄区司法局成立，为正科级行政单位。内设办公室、政工纪检科、宣传教育科、基层管理科4个科室，辖6个乡镇司法所。同年10月，罗庄区律师事务所、公证处设立，均为副科级事业单位。1997年1月，区全民普法依法治理工作领导小组办公室（简称区普法办公室）设立，与区司法局合署，为正科级事业单位。1998年，罗庄区公证处改称罗庄公证处。1999年1月，区“148”指挥中心设立。2000年11月，区法律援助中心设立，区律师事务所改制退出事业编制。2003年3月，区普法办公室调整为隶属区司法局管理。2010年12月，增设社区矫正帮教科。至2013年，区司法局内设办公室、政工科、法制宣传科、基层工作科、社区矫正帮教科5个科室。辖区普法办公室1个正科级事业单位，罗庄公证处1个副科级事业单位，区法律援助中心和区“148”指挥中心2个股级事业单位，8个镇（街道）司法所。政法专项编制24人、工勤编制4人、事业编制25人。

1996年8月，区司法局被省委、省人大、省政府命名为全省二五普法先进集体；2009年12月，被山东省司法厅授予“全省司法行政系统先进集体”称号；2014年12月，罗庄区被省委宣传部、省人社厅、省司法厅、省普法办授予“全省六五普法中期先进单位”和“全省法治创建先进县（市、区）”称号。

第二节 普法教育

“二五”普法（1991—1995）

1995年，根据“二五”普法规划，在全区公民中开展法制宣传教育。同年9月，区普法依法治理工作领导小组成立后，调整充实乡镇普法领导机构，加大普法宣传教育活动力度。经市“二五”普法验收组检查验收，全区6个乡镇，70个区直、市属部门，96%的行政村、98%的区直、乡镇企业和10所初中、高中学校达到市级“二五”普法考核标准。全区有15家单位和24名个人分别被省、市表彰为“二五”普法先进集体和先进个人。

“三五”普法（1996—2000年）

“三五”普法内容主要包括《中华人民共和国宪法》《中华人民共和国刑法》《中华人民共和国刑事诉讼法》《中华人民共和国行政处罚法》《中华人民共和国国家赔偿法》《中华人民共和国农业法》《中华人民共和国公司法》《中华人民共和国反不正当竞争法》《中华人民共和国合同法》《中华人民共和国劳动法》《中华人民共和国消费者权益保护法》《中华人民共和国妇女权益保障法》《中华人民共和国香港特别行政区基本法》《中华人民共和国澳门特别行政区基本法》《中华人民共和国村民委员会组织法》《中华人民共和国消防法》《中华人民共和国工会法》《中华人民共和国老年人权益保障法》《中华人民共和国保守国家秘密法》《中华人民共和国审计法》《中华人民共和国行政复议法》《中华人民共和国预防未成年人犯罪法》《社会主义法制建设基本知识》《国家公务员暂行条例》等。1996年6月，区普法办公室成立普法宣讲团，到各乡镇、部分企事业单位开展普法宣讲20场次，受教育人数1.5万人次。1997年4月，临沂市委决定将罗庄区作为开展基层民主法治建设试点单位。1998年3月，区人武部、区普法办联合成立军人军属法律服务咨询站。同年5月，举办罗庄区普法宣讲员培训班，学员45人，发放资料60份。2000年，区普法办公室被省普法依法治理领导小组授予“先进普法办公室”称号。1996—2000年，印发法制宣传材料17万份、普法试卷11万份，发放普法教材1.5万册，宣传法律常识278场次，受教育群众19万人次。全区225个行政村全部建成普法宣传一条街。2000年，罗庄区通过临沂市“三五”普法验收。

“四五”普法（2001—2005年）

2001年10月31日，区十五届人大常委会第二十八次会议作出《关于在全区公民中开展第四个五年法制宣传教育的决议》。“四五”普法的主要内容是以《中华人民共和国宪法》为基础的84部法律法规。2004年5月，区普法依法治理工作领导小组制定《全民普法依法治理工作领导小组及成员单位工作职责和工作联系制度》。2001—2005年，全区8个街道、54个社区、79个村委会、23所中小学设立普法办公室（普法站），设置常年宣传站8处，临时宣传站150处，组织大型法制宣传和咨询活动23次，发放宣传资料23万份，发放“四五”普法教材1万册，印制普法试卷64万份，过街联280幅，张贴标语8000条，出动宣传车380台次，接受法制教育的公民28万人次，占全区公民总数70%以上。2005年，罗庄区通过临沂市“四五”普法验收。同年8月，罗庄区被市委、市政府授予“‘四五’普法先进县区”称号。

“五五”普法（2006—2010年）

2006年10月13日，区十六届人大常委会第二十九次会议作出《关于在全区公民中开展第五个五年法制宣传教育的决议》。2006年12月26日，区委宣传部、区司法局、区普法办印发《关于开展“法律五进”活动的通知》，开展“法律五进”（法律进机关、进乡村、进学校、进企业、进社区）活动。2008年3月28日，区普法办公室印发《关于充实调整罗庄区“五五”普法讲师团的通知》，开展普法宣讲30场次，受教育人数2.6万人次。2006—2010年，开展宣传活动36次，培训750人次，受教育学生及群众5万余人，发放资料7万份。2010年6月，罗庄区通过临沂市“五五”普法验收。

“六五”普法（2011—2015年）

2011年8月10日，区十七届人大常委会第二十九次会议作出《关于在全区公民中开展第六个五年法制宣传教育的决议》。同年9月30日，区委、区政府转发《区委宣传部、区司法局关于在全区公民中开展法制宣传教育的第六个五年规划的通知》。

图18-8：罗庄区召开普法依法治理暨“12·4”法制宣传工作会议（2011年12月1日　摄）

2013年5月，罗庄区模拟法庭庭审活动分别被省、市电视台及其他新闻媒体报道。同年5月20日，区普法办公室印发《罗庄区“六五”普法依法治理总结验收实施方案》。7月31日，罗庄区通过临沂市“六五”普法中期验收。8月12日，罗庄区被作为全市司法行政及普法现场工作会议现场，各县区到罗庄区进行普法依法治理工作观摩交流。10月7日，区普法办制定《全区“基层法治创建”活动实施方案》。

第三节　人民调解

1995年，区委、区政府制定《关于进一步加强全区农村调解队伍建设的意见》，全区设立人民调解委员会（简称调委会）169个。其中，村调委会87个，社区调委会67个，乡镇调委会5个，企、事业单位调委会10个。有调解员449人（乡镇调解员16人，村级调解员238人，社区调解员167人，企、事业单位调解员28人）。调处民间纠纷793起。1996年8月，在全区范围内开展以防止矛盾激化、减少矛盾纠纷和犯罪为重点的“民间纠纷大排查、大调解”活动，调处民间纠纷2100起，防止民转刑12起，涉及13人。1997—1998年，调处民间纠纷1835起。1999年，利用法律手段为京沪高速公路“清障”，消除不安定因素，保障京沪高速公路罗庄段正常施工，调处民间纠纷179起，防止民转刑13起。2000年，区司法局印发《关于建立乡镇司法调解中心的实施意见》，调处民间纠纷113起。2001—2002年，调处民间纠纷1177起。2003年，罗庄区人民调解工作指导委员会成立。2003—2004年，调处民间纠纷1123起。2009年，全区各级调解组织完善“三调联动”（人民调解、司法调解、行政调解），建立“六调对接”（诉调、检调、公调、信调、医调、交调）工作机制，拓宽人民调解工作领域。2011年，区司法局印发《关于成立罗庄区人民调解、行政调解、司法调解“三调联动”工作领导小组的通知》，制定《罗庄区深化矛盾纠纷大调解机制建设实施办法》《关于建立刑事和解与人民调解对接的实施意见》《罗庄区道路交通事故纠纷人民调解工作实施办法》《关于进一步加强医患纠纷预防和调处工作的意见》《关于加强婚姻家庭矛盾纠纷人民调解工作的意见》《关于做好公安机关与矛盾纠纷“大调解”机制对接工作的实施意见》。同年7月11日，罗庄区人民调解员协会成立，有理事14人、常务理事7人、会员52人。2012年，以罗庄区人民调解员协会为依托，成立罗庄区人民调解委员会。2013年4月，区司法局制定《关于在全区开展人民调解委员会规范化建设活动的实施方案》，对全区各镇、街道人民调委会进行规范，要求做到“六个有”（有专门场所、有统一的调委会标识、有挂牌、有座牌、有印章、有统一的调解文书格式和卷宗）。同年8月，盛庄街道十里堡社区调委会被司法部授予“全国模范人民调解委员会”称号。2005—2013年，调处各类民间纠纷7320起，调解成功7174起，调解成功率98%。

第四节　安置帮教与社区矫正

安置帮教

1997年，罗庄区刑释解教人员安置帮教工作领导小组成立，6个乡（镇）均成立领导小组，225个行政村均设立安置帮教工作站，有具体的办事机构和工作人员。建立安置帮教工作制度，全区统一印制规范的档案袋和档案材料，统一编号，一人一档，刑释解教人员回归之后，各乡镇均及时落实帮教措施，确定帮教责任人；工商、税务、财政、银行、民政、司法等部门按照中央八部委“关于进一步做好刑满释放、解除劳教人员促进就业和社会保障工作的意见”要求，落实相关政策，刑释解教人员得到妥善安置和帮教。

坚持“教育、挽救、感化”工作方针，2000—2008年，按照“就地消化、妥善安置、给予出路、保障生活”原则，帮助刑释解教人员解决生产、就业、就学、社会保障等方面问题。2009年，区司法局转发《中央综治委刑释解教人员安置帮教工作领导小组及办公室成员单位职责》和《2009年刑释解教人员帮教安置工作要点》，进一步明确细化各有关部门职责与工作流程，完善相互衔接、相互配合、齐抓共管工作机制。2010年5月，罗庄区社会管理综合治理委员会办公室印发《关于进一步加强刑满释放、解除劳教人员安置帮教工作的意见》，把安置帮教工作纳入社会治安综合管理和“平安罗庄”建设。2011年，启动刑释解教人员信息管理系统，加强监所与安帮办、基层帮教组织信息沟通机制，实现与各安帮办各成员单位信息共享、对服刑在教人员和刑释解教人员的信息化管理。至2013年，全区接收刑满释放人员680人，帮教率100%，安置率98%，重新犯罪率控制在1%以下。

社区矫正

2003年7月，最高人民法院、最高人民检察院、公安部、司法部联合发布《关于开展社区矫正试点工作的通知》，提出要积极稳妥地开展社区矫正试点工作。2007 年 9 月 30 日，罗庄区被确定为临沂市社区矫正工作试点县区之一。区司法局印发《罗庄区社区矫正工作意见》，成立罗庄区社区矫正工作领导小组，设立办公室，制定社区矫正工作方案，建立社区矫正对象电子台账，社区矫正试点工作全面开展。2010 年 8 月，区司法局转发《山东省适用非监禁刑判前社会调查暂行办法》，组织 22 名社区矫正工作人员进行学习培训。同年 12 月，区司法局增设社区矫正帮教科，2011 一 2013 年，突出“教育、监管、帮扶”三个环节，着力加强管教结合、帮扶同施、奖惩并举工作运行机制建设和社区矫正信息化建设，对符合条件的 701 人社区矫正人员实行手机 GPS 定位。2007—2013 年，全区累计接收社区矫正人员 1616 人，解除矫正 952 人，尚有社区矫正人员 664 人，警告 130 人次，提请治安处罚 4 人次，撤销缓刑 2 人，无脱管、漏管现象，重新犯罪率控制在 1% 以内。

图 18-9：罗庄区举行“春风送暖”关爱女性社区矫正人员教育活动（2013 年 11 月　摄）

第五节　基层法律服务所

1995 年，罗庄区有罗庄、傅庄、盛庄、程庄、册山、岑石 6 家法律服务所，配法律服务人员 27 人，各乡（镇）法律服务所与司法所合署办公。至 1999 年，承办各类案件 2556 件。其中，刑事辩护 470 件，民事代理 1274 件，经济代理 812 件。代写法律文书 1000 件，接待群众咨询 4650 人次。2000 年，各乡镇、街道法律服务所与司法所析分，法律服务所成为“两不”（不占行政编制、不靠行政经费）、“四自”（自收自支、自负盈亏、自我约束、自我发展）单位。2000—2004 年，承办各类案件 2855 件。其中，刑事辩护 460 件，民事代理 1092 件，经济代理 251 件，非诉讼代理 1052 件。写法律文书 2803 件，解答群众咨询 11970 人次。2005—2007 年，承办各类案件 2069 件，解答群众咨询 2.86 万人次。2008 年，罗庄区法律服务所整合为高冠、恒业、新罗、双月、鲁东、罗东、盛大 7 家法律服务所，承办各类案件 618 件，解答群众咨询 9520 人次。2010 年 1 月，区划调整后，沂堂法律服务所划属罗庄区，全区法律服务所 8 家，2009—2011 年，承办各类案件 2332 件，解答群众咨询 33301 人次。2012 年，黄山镇、褚墩镇、傅庄街道分别新增罗正、万佳、铭萱 3 家法律服务所。2013 年，罗庄区有法律服务所 11 家，法律服务工作者 49 人，承办各类案件 814 件，解答群众咨询 9344 人次。

第六节　法律援助

法律援助中心

2000 年 11 月，罗庄区法律援助中心设立，为全额事业单位，编制 3 人。2004 年，罗庄区法律援助委员会设立，建立法律援助工作领导协调机构。同年年底，全区 8 个街道均建立起法律援助工作站。2009 年，在各行政村选配法律援助信息联络员 197 人，实现法律援助工作纵向联系。同年年底，罗庄区未成年人法律援助联络中心、罗庄区老年人法律援助联络中心、罗庄区困难职工法律援助联络中心、罗庄区残疾人法律援助联络中心、罗庄区妇女儿童法律援助联络中心、罗庄区军人军属法律援助联络中心6个特殊群体法律援助联络中心建立，实现法律援助工作横向联系。2012年，区法律援助中心与区人民检察院未检科和区人民法院刑事审判庭建立联络机制，检察官、法官需听取援助律师辩护意见，及时与律师沟通，确保未成年人和其他犯罪嫌疑人及被告人获得充分的刑事辩护，效果显著，刑事辩护率大幅提升。至2013年，共受理法律援助案件1717件，结案1792件，结案率104%。2009年，区法律援助中心被市司法局授予“优秀法律援助中心”称号。

图18-10：罗庄区司法局为群众提供法律咨询服务（2009年6月7日 摄）

“148”法律服务热线

1999年12月，罗庄区“148”指挥中心成立，为全额事业单位，核定编制3名。至2004年，共接听法律咨询电话、接待来访群众共计5320人次，提供上门服务560人次。2011年9月，开通“12348”法律服务热线，电话号码为8247148。2005—2013年，“12348”法律服务热线共接听法律咨询电话、接待来访群众共计1.2万人次，热线咨询处理率100%，群众满意率98%以上，其中解答青少年维权法律咨询916人次。

第七节 律师事务

1995年，罗庄区律师事务所成立，为区司法局辖副科级事业单位，配备主任1人，专职律师3人。开展法律顾问、经济与民事代理、刑事辩护、代写文书、法律咨询和参加调解与仲裁等业务。同年，代理各类案件79件，为企、事业单位及当事人挽回和避免经济损失2651万元。1999年，罗庄区律师事务所改称山东华罗律师事务所。2000年，山东华罗律师事务所实行脱钩改制，为合伙制律师事务所，全所有执业律师27人，辅助人员1人。2006年，山东华斌律师事务所设立，有执业律师4人。2011年，山东宇正律师事务所设立，为罗庄区首家个人律师事务所。2013年1月，山东融昂律师事务所设立。是年年末，全区有律师事务所4家。其中，合伙制律师事务所2家，个人所2家。有执业律师29人，辅助人员6人；代理刑事案件455件，民事案件1667件，行政案件25件，非诉讼事务346件，解答法律咨询5216人次。

第八节 公证

1995—1997年，罗庄区公证处办理各类公证3189件。其中，民事公证1199件，经济公证1936件，涉外公证54件。出具强制执行公证书63份，涉及标的额2.88亿元。配合企业改制，办理企业改制公证78件。其中，企业租赁13件，企业拍卖55件，企业兼并4件，股份制改造6件。1998—2004年，办理各类公证7891件。其中，民事公证5057件，经济公证2341件，涉外公证493件。2005—2013年，办理各类公证11017件。其中，民事公证7960件，经济公证870件，涉外公证2187件。

2013年，罗庄公证处有公证员4人（其中二级公证员1人，三级公证员3人），公证员助理10名。1995—2013年，办理各类公证2.21万件。其中，国内经济、民事类公证1.94万件，涉外公证2734件。收费1520万元。

第九节　司法鉴定

1995年，区人民法院法医门诊在临沂罗庄中心医院开展司法鉴定业务。2005年12月，临沂民信法医司法鉴定所注册成立，从事法医临床鉴定业务。2008年，山东省高级人民法院指定临沂民信法医司法鉴定所为临沂市三家复检鉴定机构之一。2006年，临沂民信法医司法鉴定所被临沂市司法局授予“行风建设工作先进单位”称号。2008年，罗庄中心医院医务科科长秦德富被司法部记个人二等功。2009年10月，临沂民信法医司法鉴定所被司法部授予“先进集体”称号。2010年，临沂民信法医司法鉴定所被临沂市司法局授予“优秀法医司法鉴定所”称号。至2013年，临沂民信法医司法鉴定所有专职司法鉴定人员8人，做鉴定8232例，其中公、检、法委托鉴定1033例。

第七章　军事

第一节　人民武装部

1995年4月，罗庄区人民武装部组建，归地方建制，为副县级单位。在4个镇、2个乡建立6个基层人民武装部。1996年4月1日起，收归军队建制，改称中国人民解放军山东省临沂市罗庄区人民武装部（简称区人武部），为正团级，中共罗庄区委书记兼任人民武装部党委第一书记，设军事科、政工科、后勤科。同年5月8日，临沂白瓷厂、临沂发电厂、临沂鲁光化工厂、临沂沂州水泥厂4家市属企业人民武装部划属区人武部管理。1997年3月，设民兵训练基地和民兵武器装备仓库2个地方副科级事业单位。同年9月20日，临沂市盛达企业集团总公司、临沂市宇光企业集团总公司、山东红日化工股份有限公司、山东将军烟草集团临沂烟叶复烤厂、山东华盛集团公司5家企业设立人民武装部。2010年2月，区划调整后，苍山县沂堂镇人民武装部划属区人武部管理。2011年2月，郯城县褚墩镇、黄山镇人民武装部划属区人武部管理。至2013年，区人武部内设军事科、政工科、后勤科3个正营级科室，辖民兵训练基地、民兵武器装备仓库2个地方副科级事业单位；设镇、街道和企业人民武装部19个。其中，镇4个（含马厂湖镇）、街道6个（含罗西街道）、企业单位9个。区人武部干部7人，职员20人；镇、街道人武部干部20人；企业人武部干部21人。

2005年，区人武部被省委、省人民政府和省军区表彰为先进人武部；2006年，被山东省军区表彰为先进人武部；2007年，被山东省军区命名为全面建设达标先进单位；

2011年，被山东省军区表彰为抓基层先进“一线指挥部”；2012年，被山东省军区命名为兴武建功先进单位。

第二节 驻军

中国人民解放军54890部队

1975年7月，中国人民解放军54890部队进驻罗庄人民公社驻地。赵景文、曹来乾、邓国文、袁绍忠、赵爱国、甄子文、薛焕银先后任部队长；安文福、魏祥发、刘永治、杨生、王忠焕、郭三德、万福民、庄肃华先后任政委。1998年9月，54890部队与河南某部合并、整编。一部分官兵移驻河南，大部分官兵分流到作战部队及省军区系统。

中国人民解放军54892部队

1975年7月，中国人民解放军54892部队进驻册山人民公社山前村，席科茹、陈玉生、靳兴远、沈殿业、李雅庭、褚华、王珍发先后任部队长；黄镇、刘兴舫、李贞、王春友、李春明、胡志杰、刘同福、丛虎珠、王传恒先后任政委。1989年9月移防日照市。67集团军步兵第136师教导队驻原54892部队营区，1998年9月该部随原部队移防河南。

第三节 兵役工作

兵员征集

1995年起，区政府每年都成立罗庄区征兵工作领导小组，由区政府常务副区长任组长、区人武部政委任副组长，办公室设在区人武部，具体负责征兵日常工作。同时成立政审、体检等专门小组，从区纪委、区委宣传部、区人武部、总工会、团区委、妇联、教育局、财政局、民政局、卫生局、人社局等有关部门抽调专门人员开展工作。各镇、街道相应组建5～7人征兵办事机构，由镇、街道武装部、派出所、卫生院和民政、宣传等部门组成，负责辖区内征兵工作。区人武部每年6月30日以前，组织基层单位对当年12月31日以前年满18岁的男性公民进行兵役登记，确定应征公民。乡镇、街道武装部向区征兵办公室推荐适龄青年为预征对象，由区征兵办公室进行审核。区人武部和镇（街道）武装部对预征对象进行管理教育，从预征对象中确定应征青年。征兵工作展开后，镇（街道）武装部对应征青年进行身体初检、政治初审，并将初检、初审结果上报区征兵办公室。区征兵办公室统一组织应征青年进行体格检查，对体检合格人员进行政治审查。根据体检、政审双合格人员情况，择优审批定兵，为新兵发放服装，做好新兵交接和起运工作。1997年，区征兵办被评为全市征兵工作先进单位，区人武部在全市兵役工作会议上作经验介绍。2006年，罗庄区人民政府征兵办公室被山东省人民政府征兵办公室命名为征兵工作先进单位。2008年，国防部征兵办公室开辟征兵“绿色通道”，优先征集高学历青年和高校应届毕业生入伍，优先征集在抗震救灾和灾后恢复重建工作中表现突出的青年入伍。2009年，调整征集对象和范围，鼓励高校应届毕业生应征入伍。2010年，征兵实行网上报名，全程公开征兵范围和对象。2012年冬季，取消全日制高等学校在校就读的学生可以缓征的规定，把在校大学生纳入征集范围，取消非农业户口青年征集比例。2013年后，征兵时间由冬季提前到夏季，每年8月1日开始征兵，9月1日批准入伍，9月5日起运新兵，9月30日征兵结束。

预备役管理

预备役是按照战时应急动员、平时预编起来的武装组织，是中国武装力量的重要组成部分。预备役人员分为士兵预备役和军官预备役。预备役士兵包括退出现役被确定服预备役的士兵和经过兵役登记、符合服现役条件未被征集服现役的公民；预备役军官包括退出现役转入预备役的军官和文职干部以及确定服军官预备役的士兵、高等院校毕业生、专职人民武装干部、民兵干部、非军事部门干部和专业技术人员。1997 年 4 月 29 日，预备役军官授衔仪式举行。1997 年后转业的部队军官，在批准转业地方工作的同时，办理转服预备役、改授预备役军官军衔手续。

第四节　民兵工作

组织建设

1995 年，罗庄区根据《民兵组织整顿实施办法》和《民兵工作条例》要求，按照“减少数量、合理布局、突出重点、分类建设”的原则开展民兵组织建设，突出基干民兵编组、基干民兵干部配备、应急分队建设和基干民兵集合点验 4 个重点，对全区民兵进行整组。调整后民兵数量有所减少，其中退伍军人占民兵总数 12.4%，高、初中文化程度占民兵总数 98.6%。1996 年、1997 年，贯彻落实《军队基层建设纲要》，按照中国人民解放军总参谋部、总政治部《关于深化民兵工作调整改革的意见》要求，压缩全区民兵数量，在区、乡（镇）两级建立民兵应急分队，调整专业技术分队和对口专业分队的编组。同年 1 月 4 日，临沂军分区司令员冯祥到罗庄区参加傅庄镇基干民兵点验大会，并给予高度评价。1999 年，按照“规模适当、布局合理、重点突出、可靠管用”的要求，压缩基干民兵规模，合理调整组织布局，扩大组建范围，改组编组方法，优化基干民兵组织结构，实行分类建设。

2000 年，民兵整组工作着眼于适应“战场”需要和“市场”要求，加大科技含量，以城镇为重点，合理调整编组，优化组织结构。2004 年，民兵组织按照扩大专业技术分队比例，控制应急分队规模，减少步兵分队数量的要求，在保持全区基干民兵现有规模的基础上，对步兵分队、应急分队、专业技术分队、对口专业分队构成比例进行调整。同时，调整基干民兵组织布局。2005 年，区人武部重点进行民兵应急分队拉动演练，围绕“参加地方抢险救灾”和“协助地方维护社会稳定”两个课题进行成建制检验性拉动。

2006 年，民兵组织按照“规模适度、结构合理、提高质量”的基本原则进行优化编组，加强和改进城市民兵工作，民兵组织进一步由农村向城市拓展。

2012—2013 年，加强民兵队伍建设，强化民兵训练，制定民兵训、管、用的“5 种能力、30 项指标”，在“分批训、定期考、随时拉、实战演”的常态化训练中提升应急能力素质和响应速度。

政治教育

1995 年，结合《中华人民共和国兵役法》实施 10 周年，对民兵进行国防教育，开展国防知识竞赛活动，发放材料 7500 份，5200 人参与竞赛活动。1996 年，强化民兵工作“三落实”（组织落实、政治落实、军事落实）。1997 年，结合香港回归和庆祝中国人民解放军建军 70 周年，对民兵进行爱党、爱军、爱社会主义祖国和形势战备等 12 个专题教育，基干民兵受教育面 90% 以上。1998 年 8 月 15 日，临沂发电厂代表队，在军分区组织的全市国防教育知识竞赛中获得第三名。1999 年，对民兵进行形势战备教育。2001年，罗庄区重点进行参训民兵政治思想教育。2004年，组织全区民兵预备役人员参与建设“平安罗庄”活动。2005年9月，区人武部被总参动员部、解放军报社、中国民兵杂志社评为刊授教育三等奖。是年，在民兵中进行保持共产党先进性教育。2010年，在民兵预备役中深入学习实践科学发展观，培养“忠诚于党、热爱人民、报效国家、献身使命、崇尚荣誉”的核心价值观教育。

1996—2013年，区委、区政府领导和有关部门负责人为广大民兵授课67次；印发国防知识小册子1.3万份，国防宣传材料6000份；先后组织全区8万中小学生和民兵预备役人员进行国防知识演讲比赛和国防知识竞赛活动。利用《中国国防报》《中国民兵》杂志进行民兵刊授教育。

军事训练

罗庄区根据《民兵规范化训练基本要求》，民兵训练由区人武部统一组织，训练内容主要有射击、投弹、队列、单兵战术等，各专业技术分队以本专业技术为主，兼顾队列等共同科目，应急分队主要训练队列基础动作、警棍盾牌操、防暴战术队形等。1995年，分5期组织民兵开展为期45天的军事训练。1997年8月21日，罗庄区民兵应急分队队员参加临沂市民兵应急分队军事大比武，获得射击、标靶投弹两个团体第一，6人取得全市民兵比武前三名。2000年8月22日，在全市反空袭战斗演习中，罗庄区表演的打击敌武装直升机的演练课题被评为最佳表演科目。2003年，罗庄区民兵应急分队、对口专业技术分队参加临沂市民兵教学与演练比武大会，所表演的消防课目获优秀课题奖。2012年，罗庄区女子民兵分队在临沂市民兵阅兵中获第一名。2013年，完成5期民兵训练。

1995—2013年，罗庄区民兵参训率98%，训练合格率100%，优秀率93%以上。

第五节　拥政爱民

1995年，罗庄区成立由区委副书记任组长、区人武部领导和区政府常务副区长任副组长、有关单位主要负责人为成员的双拥（拥军优属，拥政爱民）工作领导小组，下设办公室。号召全区人民“像红嫂那样热爱关怀子弟兵”“像支前那样关心支持部队建设”“把老区当故乡，视人民如父母，尽心竭力做奉献”。区人武部组织企业民兵开展争创“民兵号”活动，带头完成本职工作，支持企业改革和发展。组织农村民兵开展“扶贫帮困”活动，把“民兵之家”作为传播技术、发家致富的课堂，在罗庄镇和西高都镇建立扶贫点，帮助贫困村、户脱贫致富。1995—1997年，全

图18-11：罗庄驻军参加地方建设（1996年　摄）

区各行政村普遍建立民兵巡逻队，维护社会治安。1997 年，册山镇山前村积极维护社会治安，被市国防教育委员会评为精神文明建设示范先进单位。1998—2004 年，区人武部共确定帮扶村 8 个，采取“两推一选”“公开考选”、协调乡镇机关干部代职等办法，配齐配强村“两委”班子，为帮扶村筹集资金硬化道路、建扬水站、发展“高产、高质、高效”农业。成建制组织民兵参与防汛抗洪、扑灭山火、修筑乡村公路和小流域治理。

2008 年，出动民兵参与奥运火炬在临沂传递安保任务。2010 年，组织干部职工、民兵参加迎淮检查、争创全国文明城和全国“双拥”模范城等活动，出动民兵参加植树造林活动。2012 年，组织民兵圆满完成“4•29”蒙山救火行动，2013 年 3 月，组织民兵应急分队参与蒙山灭火任务。1995—2013 年，先后 8 次紧急调动民兵应急分队，扑灭山林火灾 8 次，参加抗洪抢险 6 次，民兵队伍在应对突发事件上发挥重要作用。

第六节　国防动员与教育

国防动员

1997 年 7 月，罗庄区国防动员委员会成立，下设区人民武装动员办公室、区经济动员办公室、区交通战备办公室、区国防动员委员会秘书组。区国防动员委员会与同级党委人民武装委员会为一个机构，两块牌子。其具体职责是：组织实施全区国防动员工作，制定全区国防动员工作规定和措施，编制全区国防动员规划、计划；监督检查国防动员法规实施和国防动员计划执行；协调全区军事、经济、社会等方面工作；组织领导全区人民武装动员、国民经济动员、国防交通动员。至 2013 年，其组成单位及职责未变动。

国防教育

1997 年，区人武部巩固和发展由宣传、武装、教育、民政、群团组成的“五位一体”的国防教育体制，组织各社会团体、驻地军事机关扎实抓好国防教育。是年 7 月，区人武部组织“强我国防、兴我中华”和“迎接香港回归、纪念建军 70 周年”国防知识竞赛，发放试卷 7500 份，4800 人参加活动。1998 年，开展纪念《中华人民共和国国防法》实施一周年宣传月活动，区、乡（镇）两级国防教育委员会成员单位设立《中华人民共和国国防法》宣传站 8 个，发放国防法规知识宣传单 5700 份，接受群众咨询 2300 人次，4 万人参加《中华人民共和国国防法》知识答题竞赛。1999 年 10 月，开展“迎国庆万校国防教育”活动，组织在校学生参加国防知识答题活动，回收答卷 4 万余份。2001 年，围绕宣传新颁布的《中华人民共和国国防教育法》，组织第一个“全民国防教育日”和开展“共筑新世纪长城”系列活动，召开 2 次国防教育工作会议，制定下发实施意见。2002 年，组织“全民国防教育日”活动，地方党政领导深入各街道宣传点进行国防知识宣传。2004 年，在民兵、预备役人员中开展“爱中华、奔小康、强国防”系列活动。2005 年，结合纪念抗日战争胜利 60 周年，组织国防知识竞赛和展览。2009 年，开展以“赞成就、话使命、做奉献”为主题庆国庆教育活动。2003—2013 年，罗庄区国防动员委员会每年评比表彰 1 次“关心国防建设十佳单位和十佳个人”。

1995—2013 年，为驻地中小学和高校军训学生 4.57 万人次，学生军事素质得到提高。

第十九编 民 政

Part 19: Civil Administration

人民广场（2013年10月 钟卫国摄）

沂花湾（2013年5月　陈甲庆摄）

1995 年始，罗庄区民政工作坚持“以民为本、为民解困”的方针，积极开展社会救助活动，保障人民群众基本生活权益。发扬革命老区拥军优属的光荣传统，每年在“八一”建军节、春节期间，各级领导走访慰问驻地部队，慰问烈军属、现役军人家属等优抚对象，落实优抚、救灾救济、退伍军人安置政策，发展慈善事业。加强村民自治建设和社区建设，推行村务公开、民主管理。1998 年始，全区年人均纯收入 600 元以下的农村村民实施最低生活保障制度，2001 年实施城市居民最低生活保障制度。至 2013 年，全区进行 6 次村民委员会换届选举，共建立社区居民委员会 119 个。其中，城市社区 39 个，农村社区 80 个。全区城、乡居民最低生活保障分别提高到每人每月 370 元、每人每年 2000 元；孤儿基本生活费标准提高到每人每月 720 元；五保老人集中和分散供养标准分别提高到每人每年 3600 元、2400 元；百岁老人高龄津贴提高到每人每月 350 元，社会保障体系不断完善。婚姻登记管理、社团和民办非企业单位登记管理、收养登记管理、殡葬管理、地名管理等社会事务管理工作逐步规范化、法治化。

2007 年 5 月，罗庄区被民政部命名为全国农村社区建设实验区，2007 年 2 月、2012 年 2 月分别被省委、省政府、省军区命名为双拥模范区；2012 年 6 月，区民政局被省人力资源和社会保障厅、省民政厅评为全省民政系统先进集体；同年 12 月，罗庄区被省民政厅命名为全省养老服务示范单位。

第一章　村民自治　社区建设

第一节　机构

1995 年 2 月，罗庄区民政局成立，为正科级行政单位。同年 10 月，罗庄区残疾人联合会设立，为正科级事业单位，隶属区民政局；罗庄区农村社会养老保险事业处设立，为副科级事业单位，隶属区民政局。1996 年 4 月 10 日，区民政局内设办公室、民政区划地名办公室、优抚安置办公室、社会企管科、基层政权科、财务科。1997 年 12 月 26 日，罗庄区婚姻登记管理处设立，为副科级事业单位。1998 年 3 月，罗庄区农村社会养老保险事业处由区民政局调整为隶属区人事劳动局管理。同年 11 月，罗庄区公墓事业管理处设立，为自收自支集体所有制副科级事业单位。2002 年 6 月，区残疾人联合会由区民政局析出，独立建制。2005 年 5 月，罗庄区慈善总会办公室设立，为副科级事业单位，隶属区民政局。2010 年 12 月，罗庄区双拥工作领导小组办公室设立，为区民政局内设机构。2013 年，区民政局内设办公室、优抚安置科（区双拥工作领导小组办公室与其合署）、救灾和社会救助科、社会管理科、基层政权和社区建设科（挂区划地名科牌子）5 个职能科室，辖罗庄区婚姻登记管理处、罗庄区公墓事业管理处、罗庄区慈善总会办公室 3 个副科级事业单位，低保管理科 1 个股级事业单位。行政编制 8 人，事业编制 15 人。

第二节　村民自治

民主选举

1983年10月12日，中共中央、国务院发出《关于实行政社分开，建立乡政府的通知》，对农村三级所有、队为基础的人民公社基层领导体制进行改革。1984年，原县级临沂市完成撤社建乡，并完成第一届村民委员会（简称村委会）选举工作。自此，每3年进行一次换届选举。至1994年，共进行4次村委会换届选举。1995—2013年，罗庄区共进行6次村委会换届选举。

村民委员会选举，贯彻实施1988年6月1日全国人大常委会颁布的《中华人民共和国村民委员会组织法（试行）》。自1999年第六届村委会换届选举开始，贯彻实施全国人大常委会1998年11月4日颁布的《中华人民共和国村民委员会组织法》，村民委员会由主任、副主任、委员3～7人组成，每届任期3年，由村民直接选举产生。

第五届村委会换届选举　1997年2—4月，举行第五届村委会换届选举。225个村，有209个村完成换届选举工作，占93%。登记选民18.26万人，参加投票17.04万人。选出村委会成员829人。

第六届村委会换届选举　1999年3月，举行第六届村委会换届选举。全区225个村委会完成换届选举工作。选出村委会主任220人，成员868人。

第七届村委会换届选举　2002年6月，举行第七届村委会换届选举。220个村，有214个村完成换届选举工作，占97.3%。选举出村委会成员850人，其中女委员42人。

第八届村委会换届选举　2005年3月，按照提高“两个比例”（村党组织书记、村委会主任“一肩挑”和“两委”会干部交叉任职比例）和建设“双高双强”（政治素质高、群众威信高、带头致富能力强、带领群众共同致富能力强）型村（社区）干部目标，举行第八届村（社区）委会换届选举和村（社区）党支部换届选举。全区有换届选举任务的133个村、社区（行政村79个，社区54个），完成131个，2个村（社区）延期换届。选出村（社区）“两委”成员553人，书记、主任“一人兼”比例82.7%，村（社区）“两委”交叉任职率74.3%；“两委”成员中党员417人，占75%；女性29人，占5%。

第九届村委会换届选举　2007年11月，举行第九届村（社区）委会换届选举。全区有换届选举任务的137个村、社区（村79个、社区58个），完成134个，占97.8%，延期换届3个。选出“两委”成员444人，“两委”成员交叉任职和书记、主任“一人兼”比例分别66%、72.2%。“两委”成员中“双高双强”型干部369人，占83.1%；45岁以下312人、占70.2%；高中以上文化程度294人，占66.2%；女性34人，占7.7%；连选连任率80.7%。

第十届村委会换届选举　2011年8月9日，举行第十届村（社区）委会换届选举。全区有换届选举任务的211个村、社区，完成208个，占98.6%。选出“两委”成员817人，“两委”成员交叉任职和书记、主任“一人兼”比例分别62.3%、85.6%；“三高三强”型（政治素质高、文化程度高、群众威信高和发展能力强、协调能力强、服务能力强）干部614人（村书记190人），占75.2%；45岁以下579人，占70.9%；高中以上文化程度554人，占67.8%；女性223人，占27.3%。

民主管理

1997年，全区推行村务、财务两公开和

村民代表议事会制度。推选出村民代表5010人，成立议事会200个，建立健全重大村务听证、民主监督制度，对群众最为关注的村务、财务上墙公开，建设村务公开栏，增强工作透明度。

2004年，区民政局加大村务公开、民主管理工作力度，在全区推广册山街道村务公开的内容、时间、程序、公开栏、管理“六规范”做法和经验。各村（社区）建立起科学规范的村务管理体系，保障村民知情权、决策权、参与权和监督权。2005年7月15日，全区村（社区）务公开民主管理工作现场会召开。与会人员参观学习盛庄街道陈白庄社区、白庄社区和册山街道后村、东册山村现场，进一步推广册山街道村务公开、民主管理经验做法。2008年，罗庄区获全市“村务公开品牌先进区”称号；2009年，双月湖街道、双月湖街道林村社区、盛庄街道后盛庄社区均获“山东省村务公开民主管理示范单位”称号。2010年6月11日，市委常委、组织部部长陈留泉到盛庄街道十里堡社区调研“四民主一考核”（民主选举、民主决策、民主管理、民主监督和综合考核）工作，对村级重大事项决策过程的监控工作提出明确要求。同年，在全市民政工作考核中，罗庄区村务公开民主管理工作获全市第一名。

2011年，区民政局印发《村级工作规范手册》，规范基层自治组织建设，提升村级组织建设规范化水平。

第三节　社区建设

2004年，罗庄区启动城市社区建设。同年9月20日，区政府印发《关于设立双月社区的决定》，在双月湖路以北、双月园北路以南、罗六路以东、湖东路以西设立双月社区，隶属双月湖街道。11月28日，区政府对全区217个行政村、1个居委会（龙潭居委会）、1个社区（双月社区）进行规模调整。调整后，全区辖133个行政村（社区）。其中，54个社区，79个行政村。

图19-1：双月社区揭牌暨社区建设现场会（2007年　摄）

2005年10月，区政府印发《关于社区共建的实施意见》《罗庄区社区建设示范标准（试行）》。2006年，盛庄街道、双月社区被山东省民政厅命名为全省和谐社区建设示范单位；罗庄街道湖南崖社区、盛庄街道白庄社区、双月湖街道张三岗社区被临沂市民政局命名为全市和谐社区建设示范单位。

2007年5月，罗庄区被确定为全国农村社区建设试验县区，启动农村社区建设试点工作。2008年4月24日，区政府批复傅庄街道傅庄东南村、傅庄西北村、通达新村、龙泉新村，册山街道山前村、册山村、后村、南头村，高都街道程庄新村、中坦村、车辋村，汤庄街道汤庄、东店子村、同兴村14个行政村撤村建农村社区。2008年，罗庄区城乡社区建设领导小组成立，区财政划拨资金20万元，社区集体自筹资金403万元，建成14个试点农村社区办公服务用房。对58个城市社区进行星级创建目标划分，其中“三星”10个、“四星”40个、“五星”8个。区财政划拨专项资金240万元，建成12个城市社区办公用房。2009年，罗庄区获“山东省农村社区建设示范县（市、区）”称号，罗庄街道湖南崖社区获“山东省城市示范社区”称号。

2010年6月，省民政厅厅长张国琛到罗庄区调研社区建设工作，对湖南崖社区服务中心、社区民政办公室、社区文化中心以及双拥工作站、慈善超市等服务设施建设及工作取得的成绩给予充分肯定和高度评价。2012年4月，民政部发布《关于做好“中国社区”标识启用工作的通知》，正式公布“中国社区”标识。同年8月2日，全市首个“中国社区”标识启用揭牌仪式在盛庄街道十里堡社区举行。2013年4月3日，区政府印发《罗庄区人民政府关于罗庄街道办事处等八个镇（街道）部分行政村规模调整改社区、村改社区的批复》，全区211个行政村（社区）调整为119个社区。其中，城市社区39个，农村社区80个。同年，区委、区政府制定《关于加快推进社区建设工作的实施方案》《罗庄区社区服务中心及相关配套服务设施建设工作指导方案》，13个社区综合服务设施主体建筑安装“中国社区”永久性标识。十里堡社区、沈泉庄社区被临沂市两型社会建设改革试点领导小组授予“资源节约型环境友好型示范单位”称号，林村社区、通达社区、山前社区被临沂市两型社会建设改革试点领导小组授予“资源节约型环境友好型先进单位”称号。

图19-2：2007年5月，罗庄区被民政部确定为全国农村社区建设试验区

第二章 拥军 优抚 安置

第一节 拥军优属

1995年起，每年元旦、春节、“八一”建军节期间，区委、区政府组织区直有关部门及各乡镇等走访慰问驻地部队和优抚对象，为其办实事、办好事、送温暖。同年，罗庄镇被省委、省政府、省军区命名为拥军优属先进单位。1997年7月，区委、区政府召开“八一”拥军座谈会。区委、区政府领导带领区人武部、民政局、人事劳动局、教委、粮食分局、文明办等单位主要负责人，走访驻地部队和区人武部。同年，区长办公会研究决定，解决驻军战备训练、生活、家属就业、子女入托上学等方面的困难。至1997年，区政府为部队办实事1680件，举办各类培训班36期，为部队培养专业人才1890人次，并一次性解决驻罗炮团的水、电、粮供应及营房维修等方面困难。

1999年，开展“爱心献功臣”活动，捐款30万元，为“三老”（老军烈属、老复退军人、老残疾军人）人员建房64间，修房4间，20名孤老单身“三老”人员住进敬老院光荣间；发放“三老”人员生活难、治病难补助 7.4 万元。2000 年 7 月，筹集资金 17 万元，对 178 人“三老”人员给予补助，解决“三老”人员医疗难问题。2001 年 9 月，走访抗美援朝老战士、烈属 126 人，发放慰问金 3.9 万元。2004 年，为“三老”人员新建房屋 96 间，修缮房屋 56 间。2005 年，筹集解“三难”（生活困难、医疗困难、住房困难）专项资金 100 万元，为 18 户住房特困户修缮、新建房屋 54 间，160 余户优抚对象治病难、生活难问题得以妥善解决。

2006 年，区委、区政府领导节日走访驻军，发放慰问品和慰问金折合人民币 80 万元。2007 年，发放解决“三难”资金 160 余万元。2008 年，区政府落实优抚医疗保障资金 256 万元，投入资金 120 万元，建设优抚医疗网点 190 个。其中村级卫生室 172 个、街道新农合办 7 个、街道卫生院 7 个、区级医院 4 个，建立起农村抚恤定补对象新农合报销网络系统，实现优抚医疗即时报销“一站式”服务，为 680 名农村优抚对象提供医疗保障。为 59 名城镇失业下岗优抚对象办理城镇职工基本医疗保险。2009 年 9 月 27 日，区委、区人大、区政府、区政协领导到各街道走访慰问新中国成立前参加革命工作的优抚对象，发放慰问金、慰问品折合人民币 10 万余元。同年，区委、区政府领导节日走访驻军，赠送慰问款、物折合人民币 30 余万元。

2010 年，为 121 人城镇失业下岗残疾军人和参战参试等优抚对象办理城镇职工基本医疗保险，为 67 名涉军城镇失业下岗人员办理养老保险，为参加新农合的优抚对象报销医疗费 8.6 万元。2010—2013 年，区委、区政府领导节日走访驻军，赠送慰问款、物折合人民币 153 万元。

第二节 优抚

优待

1995 年起，落实各项优抚政策。至 1997 年，发放优抚对象优待款 199.5 万元，户均 606 元，其中农村义务兵家属优待金每户每年 1000 元。1999 年 7 月，区政府拨款 13.5 万元，为全区 32 户孤老优抚对象建房 64 间；解决 7 户生活难、73 户治病难的“三老”优抚对象 8 万元困难救助金。

2002 年，区政府发出《关于印发〈罗庄区税费改革后优抚对象优待办法〉的通知》，义务兵家属优待金发放标准提高到每户每年 2200 元。同年 9 月，在全市率先实行优待金县级统筹。2004 年，发放义务兵家属优待金 351 万元。2005 年，筹集专款 40 万元，解决“三老”人员的“三难”问题。重点对全区 7 户住房特困“三老”人员房屋进行修缮，给予 98 户治病难“三老”优抚对象每户 600～10000 元不等的补助，给予全体“三老”对象每人 500 元生活补助。

2006 年，区政府拨款 24.5 万元，解决 817 人优抚对象生活难问题，保障重点优抚对象生活水平与当地群众同步提高；拨款 217.5 万元，解决优抚对象治病难问题；拨款 40 万元，新建、维修房屋 60 间，解决 50 人优抚对象住房难问题。2007 年，区政府落实《临沂市农村优抚对象优待办法》，现役义务兵家属优待金标准提高到每户每年不低于 2300 元。2008 年，义务兵家属优待金提高到每户每年不低于 2800 元。全年发放优待金 675 万元。

2010 年，落实市政府办公室《关于调整义务兵家庭优待金标准的通知》精神，义务兵家属优待金标准提高到每户每年 3000 元。2011 年，义务兵家属优待金发放标准提高到每户每年4000元，发放476万元；发放解决“三难”资金55万元。2011年9月始，为全区1860名60岁以上退伍军人办理老年生活补助。2012年，农村、城镇义务兵家庭优待金发放标准提高到每户每年7000元，发放501人优待金368.86万元。

2013年，义务兵家庭优待金发放标准每户每年由7000元提高到9162元，发放575人（含进藏6人、艰苦地区25人）优待金548万元；发放解决“三难”资金62万元。

图19-3：2013年，罗庄区召开征兵工作会议暨义务兵优待金发放仪式（2013年9月　摄）

抚恤

1995—1997年，对全区革命伤残军人、老复员军人和带病回乡退伍军人实行定期优待，使其生活收入水平不低于当地人均水平。1998—2001年，发放重点优抚对象优抚优待款405万元。2002年，“三属”（革命烈士家属、因公牺牲军人家属、病故军人家属）人员、老复员军人、残疾军人、带病回乡退伍军人优待金发放标准每人每年750元，发放优抚专款146万元；筹资20.6万元，妥善解决“三老”人员“治病难”问题。

2003年后，建立优抚对象定期抚恤补助标准自然增长机制，每年以10%左右的幅度提高抚恤补助标准。至2005年，共发放优抚专款546万元。2006年，“三属”人员、老复员军人优待金发放标准每人每年均不低于950元，残疾军人优待金发放标准每人每年不低于600元。发放残疾抚恤金90万元，在乡复员退伍军人定期定量补助148万元，“三属”人员定期抚恤金30万元，发放重点优抚对象抚恤补助金增长资金42.19万元。

2007年，“三属”人员、伤残军人、老复员军人等优待金发放标准每人每年1000元，参战、参试、带病回乡退伍军人优待金标准每人每年800元，发放抚恤金和优待金共计675万余元。2008年，全区抚恤定补优抚对象1056人。其中，1～6级残疾军人79人，城镇7～10级残疾军人118人，农村7～10级残疾军人68人，“三属”人员54人，在乡老复员军人450人，带病回乡退伍军人90人，参战涉核退役人员197人。

2010年，发放抚恤优待金682万余元，解决“三难”资金60余万元，落实优抚医疗保障资金265万元。为761人农村抚恤定补优抚对象办理新农合，为236人城镇企业下岗、生活困难优抚对象办理城镇居民医疗保险。对全区参战退役人员和参核退役人员进行摸底审查，确定参战人员197人；对带病回乡退伍人员按照新标准进行复核，确定带病回乡人员126人。2011年，发放定期抚恤金232.6万元；为1386名农村抚恤定补优抚对象办理新农合，报销医疗费53.27万元；为213名下岗6级以上残疾军人、参战参试等涉军人员办理城镇职工医疗保险；为87名城镇下岗6级以上残疾军人、参战参试等涉军人员补交城镇职工养老保险。2012年，“三属”人员、在乡残疾军人、老复员军人优待金发放标准每人每年提高到1100元，在乡参战涉核、带病回乡退伍军人优待金发放标准提高到800元，发放各类抚恤金562万余元。为农村1285名抚恤定补优抚对象办理新农合并加入优抚医疗系统，报销优抚医疗费用18.76万元；为81名下岗涉军人员办理养老保险；为215名城镇优抚对象和6级以上残疾军人办理医疗保险。2013年，发放各类抚恤定补金1350万元，报销1285人农村抚恤定补优抚对象医疗费30余万元，为81名下岗失业涉军人员缴纳养老保险，为215名城镇优抚对象和6级以上残疾军人缴纳医疗保险。

第三节　烈士褒扬

1995年，全区有烈士652人。其中，抗日战争时期254人，解放战争时期345人，社会主义建设时期53人。每年清明节期间，全区社会各界人士和中小学师生就近祭扫烈士墓，纪念革命先烈，进行革命传统教育。

2012年10月，区民政局贯彻省民政厅《关于加快推进零散烈士纪念设施集中管理保护工作的通知》精神，筹建罗庄区烈士陵园。陵园位于滨河西路与双月湖路交会处西800米处鑫圣园公墓内，占地面积1.33公顷，建筑面积1.33万平方米。同年，普查全区散葬烈士墓267座，与散葬烈士家属及村、社区签订迁移协议，完成迁移散葬烈士墓150座。2013年，罗庄区烈士陵园一期工程完成。修建烈士墓200座，迁入散葬烈士196位，初步完成园区内绿化和道路整修。二期工程计划提升修建纪念广场、纪念雕塑、纪念塔、纪念墙等纪念设施，增修烈士墓100座。同年，对散葬在山间、旷野无人管理的456座烈士墓进行集中管理。

1995—2013年，王世伟、张玉全、于金喜、董勇林4人被授予“革命烈士”称号。

第四节　退伍军人安置

1995年，罗庄区按照《中华人民共和国兵役法》《退伍义务兵安置条例》，遵循“双向选择”原则，接收安置退伍军人。至1997年，接收退伍军人559人，其中235人符合在城镇安置条件，全部安置，两用人才开发使用率98%以上。1998—2004年，接收退伍军人2358人。其中军地两用人才1280人，全部开发使用；符合在城镇安置条件的退伍军人1078人，全部安置。2004年，依据《山东省城镇退役士兵自谋职业办法》，办理城镇退役士兵自谋职业16人。2005—2007年，接收安置退役士兵688人，落实自谋职业和待就业期间的生活补助金。

2007年，进行退伍义务兵、复员士官、转业士官接收登记和档案整理。2008年，继续执行考试和考核相结合的阳光安置政策。接收符合在城镇安置条件的退伍士兵116人。其中，自谋职业70人，安置46人（8人被安置到事业单位），自谋职业率55%以上。2009—2010年，对263名符合在城镇安置条件的退役士兵和转业士官进行安置。其中，安置94人（事业单位19人），自谋职业169人。2011年，接收退伍士兵和转业士官422人，符合在城镇安置条件的123人，其中安置到事业单位11人。采取集中组织和分散培训等方式，对345名退役士兵进行专业技能培训。2012年，接收退伍士兵和转业士官357人。其中，回农村安置士兵246人，符合在城镇安置条件退伍士兵99人，转业士官12

人。自谋职业退役士兵、转业士官 52 人，发放自谋职业金 305.49 万元。发放退伍士兵自主就业金 292.05 万元。

2013 年，发放退役士兵自谋职业金、待安置期间生活补助金 284.27 万元，发放自主就业退役士兵一次性补助金 362.25 万元，组织 60 余名退役士兵参加全市退役士兵专场招聘会，对 216 名退役士兵开展 2 期计算机、电工、会计、驾驶等 6 个专业技能培训。

1995—2013 年罗庄区退伍军人安置情况表

表 19-1　　单位：人

年份	退伍军人总数	安置情况		自谋职业	年份	退伍军人总数	安置情况		自谋职业
		回农村安置	在城镇安置				回农村安置	在城镇安置	
1995	109	59	50	—	2005	202	129	51	22
1996	220	140	80	—	2006	195	126	30	39
1997	230	125	105	—	2007	291	152	107	32
1998	317	213	104	—	2008	222	106	46	70
1999	330	194	136	—	2009	241	90	55	96
2000	322	182	140	—	2010	261	149	39	73
2001	324	172	152	—	2011	422	299	59	64
2002	347	193	154	—	2012	357	246	59	52
2003	345	185	160	—	2013	259	240	13	6
2004	373	141	216	16					

第三章　社会救济

第一节　救灾

1998 年 7 月 20 日，罗西、罗庄、双月、傅庄 4 个乡镇（街道）遭受龙卷风和冰雹侵害，冰雹厚度达 5 厘米，冰雹时伴有 7 级以上大风。灾情发生后，区、乡（镇）各级干部立即赶赴灾区察看灾情，慰问受灾群众，组织抗灾自救。省、市有关领导及有关部门先后到灾区指导救灾工作。区政府下拨专项救灾款 30 万元。

2004 年 7 月 19 日，连降大雨，高都街道 40 间民房受到不同程度损坏，受灾群众 14 户 52 人。农作物成灾面积 117.4 公顷。其中，玉米 81.33 公顷，大豆 31.33 公顷，蔬菜 4.74 公顷。造成直接经济损失 145.49 万元。盛庄街道沿电厂河两岸 80 余公顷旱农作物被水淹没，几近绝产，经济损失 76.1 万元。灾情发生后，区委、区政府及街道领导赶灾区查看灾情，到受灾农户了解损失情况，及时部署救灾工作。

2007年6月20日至7月19日，罗庄区遭受两次暴风雨袭击，刮倒蔬菜大棚、鸭棚、鸡棚40间，被淹玉米、大豆478.67公顷，直接经济损失340万元。区政府拨付特大自然灾害补助费57万元，救助灾民1000余人，保障灾民基本生活。

2009年7月8日17时，双月湖街道东石埠村、孙家岑石村遭受龙卷风袭击，风力10级，造成2个村庄120户480人受灾，工厂厂房倒塌567间，居民住房倒塌627间，1940棵杨树被龙卷风折断，直接经济损失582万元。区民政局及时组织人员查灾、核灾、报灾，下拨自然灾害救济款5万元，解决灾民临时生活问题。

2010年5月，罗庄区减灾委员会成立。罗庄街道湖南崖社区被命名为全国综合减灾示范社区。2010年10月—2011年1月，全区遭遇严重旱灾，农作物受灾面积1.04万公顷，受灾人口1.79万人。区民政局开展冬令春荒灾民统计，春节前发放冬春救灾资金228万元，救助3750人次。

2012年，区财政下拨春荒资金15万元，救助群众900余人。同年7月8—10日，罗庄区普降中到大雨，局部暴雨，累计平均降雨量299.9毫米。受灾人口15.8万人，紧急转移安置4102人，农田受灾面积9366公顷。其中成灾4333公顷，绝产1167公顷。造成危房1280间，房屋倒塌253间，129家企业被淹。直接经济损失6721万元。罗庄、册山、高都3个街道受灾严重。区委、区政府迅速启动Ⅰ级响应机制，下拨救灾款、物折合人民币564万元，妥善安置灾民生活。

2013年，盛庄街道十里堡社区被山东省民政厅命名为山东省综合减灾示范社区。

第二节　救济　救助

1995—1996年，发放农村特困户救济款28.4万元，救济3400人次。1999年，发放特困户救济款25.4万元，救济2500人次。同年12月2日，民政部救灾救济司、省民政厅救灾救济处领导到罗庄考查贫困地区生活情况，对罗庄区社会保障工作给予高度评价。

2001年7月，筹集资金10万元，统一购买粮食发放到困难户家中解决缺粮户困难。2004年，区财政下拨临时救济款20万元，救助1600人次。2004年，区财政下拨临时救济款100余万元，救助困难群众4000余人次；为冬令期间1991户困难群众发放棉衣棉被2万余件；发放60户重病户、36户突发性灾害户、40户“三无”户临时救助款30万元。

2006年，在春夏交替季节，对全区困难户进行摸底，建立困难群众管理台账1876个困难户4236人，发放临时救济款30万余元。同年，通过慈善超市对部分低保对象救助6万元。2007年，发放临时救济款160万余元，救助各类困难居民4600余人。

2009年，开展春荒冬令救济活动，发放日常救济款90.2万元，救济春荒及冬令缺粮缺衣被人口1519人、2513人。2010年，下

图19-4：罗庄区举行2010年度全区贫困大学生资助仪式（2010年8月　摄）

拨春荒资金26万元，救济缺粮缺衣被人口1300余人；落实冬令资金50万元，救济困难群众2276人；拨付临时救济资金125万元，救助大病、住房等各类困难群众2800余人。

2011年，拨付资金102万元，救助大病群众496户。春节前发放冬春救灾资金228万元，救助3750人次。

2012年，下拨春荒资金15万元，救助群众900余人；拨款49万元，救助大病群众213人次。

2013年，下拨春荒救济金20万元，救助1000余人。发放医疗救助金114.2万元，救助病灾户571人次。同年，通过“一站式”结算系统支付低保户医疗救助金4.2万元，救助农村低保对象32人。

第三节　慈善事业

1996年8月，菏泽地区发生洪涝灾害，罗庄区捐款3.3万元。1998年8月20—30日，长江流域遭受特大洪涝灾害，全区累计捐款61.39万元，捐赠棉衣被4.47万件，及时运往灾区。1999年9月20日，开展捐赠棉衣被对口支援新疆活动。至10月27日，捐赠棉衣被6000件。

2005年5月16日，罗庄区慈善总会成立，选举产生会长1人、常务副会长1人、副会长8人、秘书长1人、常务理事35人、理事会成员64人、个人会员138人、团体会员29人，区慈善总会办公室设在区民政局。

2005—2007年，开展“慈心一日捐”活动，募集慈善资金545.55万元。拨付资金50.4万元，对贫困大学生81人、贫困中小学生520人、特困教师20人“慈善助学”；拨付资金39万余元，助养孤儿145人；拨付资金161.83万元，对因病因灾等原因致贫的城、乡困难户2200户、4600人进行“阳光救助”活动；拨付资金15.4万元，对400名五保老人开展“夕阳扶老”活动；拨付资金9万元，发放慈善救助购物证300件，救助困难群众1100余人；拨付资金3万元，为120余名困难群众提供法律援助。

2008年5月12日，四川省汶川县发生罕见的里氏7.8级大地震。全区党政机关、企事业单位及干部职工、社会各界人士积极向受灾地区捐款捐物，奉献爱心，向灾区捐款855万元。华盛江泉集团、久泰能源集团等单位直接捐赠救灾款1488万元，捐赠4000套双层单人床，毛毯5007床，单衣1330件。同年，华盛江泉集团有限公司获山东省“最具爱心慈善捐赠企业”称号，李兴、孙卫东、王鹏3人获山东省“最具爱心慈善捐赠个人”称号。

2009年，开展“慈心一日捐”活动，募集资金190万元，主要用于贫困大学生、困难群众救助和慈善超市运营等。同年，临沂宝丽置业有限公司定向捐赠60万元，用于临沂市第五实验小学教学楼建设。2009—2010年，黄如伦捐赠救助资金198.76万元，用于家庭困难中小学生55人、贫困孤寡老人62人救助和敬老院建设。2010年，全区向青海玉树地震灾区捐款113万余元。2011—2013年，开展“慈心一日捐”活动，共募集资金406.7万元，主要用于各镇、街道慈善事业、改善敬老院食堂、走访企业残疾职工、救助困难大学生、慈善超市运营、对全区敬老院327名五保老人实行蛋奶工程等。2012年，华盛江泉集团有限公司被山东省慈善总会、山东省文明办、大众报业集团、山东广播电影电视局命名为热心慈善事业先进单位。

第四章　社会福利

第一节　城乡低保

1998年4月1日，《罗庄区人民政府关于实行农村人口最低生活保障的暂行办法》发布，1998年1月1日起，实施年人均纯收入600元以下的农村居民最低生活保障制度。同年，有474户1331人享受农村最低生活保障，发放生活保障金28.86万元（区财政负担70%，乡镇财政负担30%）。

2003年，实施城镇居民最低生活保障制度。落实农村低保对象509户1337人，城市低保对象235户450人。2004年10月，城市低保标准由每人每月120元调整到160元。2005年，确定农村低保标准每年每人600元，城市低保每月补助标准从160元提高到180元，逐步实施低保资金社会化发放。同年，省、市属单位717户低保户移交属地管理。

2006年，实行低保对象动态管理，建立城乡低保补助标准自然增长机制，农村低保每年补助标准由600元提高到700元，城市低保每月补助标准由180元提高到200元。落实农村低保552户1293人、城市低保187户379人。

2007年，实施《罗庄区农村居民最低生活保障实施办法》，规定年人均纯收入低于800元的农村居民全部纳入农村居民低保体系，低保标准提高到每人每年800元。2008年，农村低保年补助标准提高到每人每年900元；城市低保标准提高到每人每月230元。发放省属单位城市低保对象物价补贴38万元、临时救助金13.4万元。2009年，发放省属、市直单位城市低保对象发放物价补贴136.6万元。

2011年，农村低保标准提高到每人每年1400元。同年4月，城市低保标准提高到每人每月300元。2012年，对城乡低保对象进行重新审批认定，取消城、乡低保87户、389户。

2013年，全区农村最低生活保障对象11792户、18734人，农村最低生活保障标准为每人每年2000元，发放生活保障资金2472.9万元；城市最低生活保障对象659户、1158人，城市最低生活保障标准为每人每月370元，发放生活保障资金325.9万元。

2000—2013年罗庄区最低生活保障资金发放情况表

表19-2

年度	农村				城市			
	户数（户）	人数（人）	每人每年标准（元）	总额（万元）	户数（户）	人数（人）	每人每月标准（元）	总额（万元）
2000	405	996	—	20.9	—	—	—	—
2001	412	1002	—	21.5	48	150	120	10.8

续表 19-2

年度	农村				城市			
	户数（户）	人数（人）	每人每年标准（元）	总额（万元）	户数（户）	人数（人）	每人每月标准（元）	总额（万元）
2002	406	998	—	20.4	96	209	120	9.5
2003	509	1337	—	30.0	235	450	120	27.2
2004	547	1295	—	31.0	128	337	160	33.7
2005	545	1291	600	30.9	187	379	180	53.7
2006	552	1293	700	31.5	187	379	200	51.6
2007	5331	7563	800	272.3	173	363	200	56.0
2008	4712	6592	900	316.4	173	367	230	65.6
2009	5041	6966	1000	419.0	173	367	230	111.7
2010	6169	8242	1200	692.4	173	367	260	79.6
2011	9286	11631	1400	1116.2	945	1839	300	385.0
2012	11497	13642	1800	1638.0	651	1105	340	234.2
2013	11792	18734	2000	2472.9	659	1158	370	325.9

第二节　养老服务

五保供养

1995年，全区有“五保”（保吃、保穿、保住、保医、保葬）供养对象859人。6所乡镇敬老院，集中供养五保老人320人。分散供养539人。分散供养人员费用由乡镇统筹，供养标准不低于当地村民生活一般水平。1997年1月，罗庄镇敬老院被省民政厅命名为省级模范敬老院。同年，全区6所乡镇敬老院，供养五保老人400人，占五保总数40%；兴办以副补院项目10个，增加收入60万元。2002年，全区集中供养五保老人400人，以副补院项目收入30万元。区政府走访慰问五保老人，发放慰问品及现金10万元。2003年，区政府扶持各街道敬老院资金45万元、电视机26台。同年，罗庄街道敬老院被省民政厅命名为省一级敬老院；册山街道、高都街道敬老院被市民政局命名为市二级敬老院。2004年，全区集中供养五保老人300人；区政府、街道分别拨款60万元、200万元，对敬老院进行改、扩建。

2005年后，实施《罗庄区敬老院建设三年规划》和敬老院标准化建设。当年，投资150余万元，对3所街道敬老院进行改扩建。改扩建后的敬老院全部达到省一级敬老院标准。同年，按照建设公共财政要求，农村五保供养对象全部由区财政供养，提高五保供养水平，集中供养标准每年人均2400元，分散供养标准每年人均1200元。2007年，全区五保供养934人。其中，集中供养318人，分散供养616人，集中供养率66%。同年，投资115万元，新建汤庄街道敬老院；投资157万余元，修缮傅庄、盛庄街道敬老院，扩建册山、罗西街道敬老院，改建罗庄、高都街道敬老院；投资50余万元，为7所街道敬老院配置360套衣橱、沙发、床、床上用品等。2008年，投入资金80万元，为7所敬老院配备跑步机、健骑机、按摩器等运动器材。

2010年，免费为1173名五保老人办理农村合作医疗；对五保老人实行等级护理，开展健康查体。投资61万元，添置敬老院文体设施，改善院民精神文化生活。

2012年起，全区敬老院五保老人每人每天赠送一包牛奶、一个鸡蛋。同年，拨付“蛋奶工程”资金31万元，修缮资金15万元。是年，再次提高五保供养对象生活标准，集中和分散供养对象生活标准每人每年3360元、1920元，全区有五保供养对象1137人。其中，集中供养348人，分散供养789人。年内，全区有7所敬老院达到省一级敬老院标准，1所达到省二级敬老院标准。

2013年，全区有镇、街道敬老院8所，有五保对象1059人。其中，集中供养253人，分散供养806人。五保供养对象集中和分散供养标准分别提高到每人每年3600元、2400元。全年投入蛋奶工程资金48万元，拨付敬老院修缮资金16万元，节日慰问金10万元。

社会化养老

1996年，《中华人民共和国老年人权益保障法》提出：“国家鼓励、扶持社会组织或者个人兴办老年福利院、敬老院、老年公寓、老年医疗康复中心和老年文化体育活动场所等设施”。随着全区老龄化社会进程加快，利用公共资源养老已不能满足居民养老需求，以政府为主导的社会化养老服务体系迅速发展。

1999年11月，沈泉庄老年公寓建成，占地面积1.67公顷，建筑面积3750平方米，设置床位180张，入住180人，办院经费由社区承担。2000年，落实国办发《关于加快实现社会福利社会化的意见》，引导社会力量积极参与社会福利事业。2008年，沈泉庄老年公寓供养标准每人每年6000元，同时，每位老人每月发放100元零用钱。

2011年1月，罗庄区美华老年公寓建成。占地面积3700平方米，建筑面积3500平方米，床位112张，入住80人，属社会福利性质村级老年公寓，办院经费由社区承担。

2012年11月，罗庄街道连泉庄老年公寓建成。占地面积2200平方米，建筑面积1650平方米，床位55张，入住50人，属社会福利性质村级老年公寓，办院经费由社区承担。

2013年10月，罗庄区褚墩镇永安堂养老院建成。占地面积1900平方米，建筑面积1800平方米，床位60张，入住37人，属民办养老机构，办院经费主要来源于入院老人个人缴费。同年11月，朱陈社区夕阳红老年公寓建成。占地面积4533.33平方米，建筑面积4000平方米，设置床位116张，入住100人，办院经费由社区承担。同月，韦姜屯社区老年公寓建成运营，占地面积4000平方米，建筑面积4500平方米，床位150张，入住86人，办院经费由社区承担。

2013年年底，全区有社区养老院5所，个人办养老院1所，床位673张，入住533人。

第三节　孤幼收养

1998年，区民政局开始办理收养登记，当年办理收养登记5件。

2002年，区民政局与香港爱德基金会接洽，对学龄期孤儿进行资助，每人每年1340元。至2004年，资助学龄期孤儿294人次。

2005年，区民政局与香港爱德基金会合作，开展“孤儿助养”项目，每人每年1580元。至2009年，救助620人次。2010年，区民政局与南京爱德基金会、香港基督教协进会合作孤儿助养项目，发放助养款12万元，助养在校孤儿62人。是年，落实国务院孤儿基本生活费保障政策，摸底统计孤儿117

人，对父母双亡的23名孤儿按每人每月600元发放基本生活费，为117名孤儿赠送羽绒服和棉被。2011年，区民政局与南京爱德基金会、香港基督教协进会合作助养孤儿51人（香港基督教协进会41人，爱德基金会10人），发放助养款10万余元。为45名孤儿发放孤儿基本生活费37万元。春节前，开展“送温暖、献爱心”活动，为215名孤儿送去价值5.5万元新羽绒服。移送安置市儿童福利院5名弃婴。2012年，与南京爱德基金会、女青年会和香港基督教协进会合作助养孤儿40人；将分散孤儿基本生活标准由每人每月600元提高到700元。

2013年，孤儿基本生活费标准由每人每月700元提高到720元，发放孤儿基本生活费和生活补助资金56.66万元，保障46名孤儿和141名事实无人抚养困境儿童生活。

1998—2013年，区民政局办理孤儿收养登记196件。

图19-5：志愿者与孤儿、留守儿童一起过生日（2012年2月　摄）

1998—2013年罗庄区孤儿收养情况表

表19-3　　单位：件

年份	收养登记	年份	收养登记	年份	收养登记	年份	收养登记
1998	5	2002	9	2006	17	2010	7
1999	12	2003	12	2007	18	2011	12
2000	9	2004	12	2008	14	2012	12
2001	6	2005	23	2009	19	2013	9

第四节　社会福利企业

1995年，罗庄区有17家社会福利企业，安置823名残疾（盲、聋、哑及肢体残疾）人员就业。完成产值1.1亿元，实现利税840万元。1996年，社会福利企业发展到23家，从业人员3900人，安置残疾人就业1636人。实现产值1.2亿元。同年，全区23家社会福利企业接受年检。其中，17家合格，4家限期整改，2家注销。

1998年，对22家福利企业进行年检。其中，14家年检合格，4家限期整改，4家被注销社会福利企业证书。2000年，20家福利企业总产值2.05亿元，利税1076万元，就业职工1957人，安置残疾人员1038人。2005

年，罗庄区按照国家规定，对安置残疾人就业达到一定比例的民政福利企业实行税收优惠政策。

2006—2007年，全区14家福利企业安置残疾职工794人（占生产人员的54%），实现销售收入4.8亿元，实退增值税2531万元，为342名残疾职工办理社会养老保险，占比43%。2008—2009年，全区福利企业销售收入5.3亿元，实现增值税3100万元，退增值税2038万元，安置残疾职工443人。2009年5月，对11家福利企业年检。其中，10家合格，1家被注销社会福利企业证书。

2011年4月，10家福利企业年检全部合格，福利企业职工总数1125人，其中残疾职工354人，占31.5%，平均工资每人每月1100元。2012年4月，对10家福利企业年检。其中，8家合格，1家限期整改，1家被注销社会福利企业证书。2013年，全区9家福利企业年检全部合格。9家福利企业职工1103人，其中残疾职工380人，占34.5%，残疾职工平均工资每人每月1150元。

第五章　社会事务管理

第一节　婚姻登记

1995年至1997年11月，婚姻登记由各乡镇人民政府办理，办理结婚登记1.18万对，离婚登记13对。1997年11月10日起，各乡镇人民政府停止办理婚姻登记。同年12月26日起，罗庄区婚姻登记处设立，负责全区婚姻登记。

2000年始，婚姻登记实现信息化管理。2001年4月起，执行新修订的《中华人民共和国婚姻法》。2003年10月1日起，执行国务院颁布的《婚姻登记条例》，办理结婚登记双方当事人户口所在地不再出具“婚姻状况证明”介绍信（不包括现役军人）。2008年，婚姻登记信息由人工录入改为身份证识别器自动录入。至2013年，办理结婚登记8.76万对，离婚登记5912对。

1995—2013年罗庄区婚姻登记情况表

表19-4　　　　单位：对

年份	结婚	离婚	年份	结婚	离婚
1995	3911	6	2001	3932	86
1996	3805	5	2002	3757	92
1997	4879	2	2003	4310	122
1998	5181	62	2004	3936	269
1999	3826	70	2005	2512	274
2000	3479	68	2006	3547	282

续表 19-4

年份	结婚	离婚	年份	结婚	离婚
2007	3147	318	2011	7462	671
2008	3449	379	2012	6876	946
2009	5753	455	2013	6469	1208
2010	7365	597			

第二节　殡葬管理

1995年起，推行殡葬改革，破除封建迷信习俗，提倡丧事从简，反对大操大办。2004年，制定实施《罗庄区殡葬管理办法》，加强殡葬管理，推进殡葬改革及丧事简办新风。2006—2007年，加强殡改政策宣传，印发《罗庄区集中开展殡葬管理专项治理工作的实施意见》，发放宣传单2万余份，制作宣传磁带100盘、宣传条幅100幅、粉刷标语口号120条，出动宣传车80余台次，对137个村（社区）进行殡改政策宣传；会同市殡葬执法大队，联合区公安、国土等部门，严厉打击乱埋乱葬，制止土葬行为50起，火化率98%以上。

2009年清明节前夕，集中开展殡葬改革宣传。出动宣传车49台次，悬挂横幅36幅，发放、张贴宣传材料1.5万余份。整治骨灰乱葬乱埋203例。2010年，在册山街道围梓村和尚家庄开展丧葬移风易俗试点。取消大棺材、白孝褂，青纱白花寄哀思，文明节简办丧事。2011年3月，区政府办公室发出《关于开展殡葬改革示范活动的通知》。各村（社区）成立5～7人红白理事会，由村（社区）委主任担任理事会理事长。设置专用场所，用于丧主办理丧事、开追悼会等。禁止使用吹鼓手、唱歌跳舞、穿大孝褂、泼汤行路祭等。遗体火化后骨灰一律安葬在各社区、村指定的公益性墓地或购置的合法公墓内。倡导不保留骨灰，有条件的村（社区）建设公益性骨灰安葬设施（骨灰堂、纪念堂等），免费供居民使用。此后，全区新一轮殡葬改革工作全面展开，各镇、街道建立健全组织，加大殡葬改革宣传和管理力度；各村（社区）民委员会成立红白理事会等组织，专门负责殡葬改革和处理丧葬事宜。至2013年，区政府出台的各项殡葬改革措施基本得到落实，殡葬管理工作走向规范化、制度化。

第三节　地名管理

1995年起，罗庄区依法开展与相邻县区边界勘定工作。至1997年，举行相邻县区勘界工作协调会25次，实地勘察4个县区20个乡镇148个村，勘定边界全长136.31千米，设置界桩15个，三角点4个。同年，完成辖区内64条主要道路和沈泉庄等4个村路、巷规划命名。

1998年8月21日，罗庄区与河东区双方完成勘界并签订协议书。边界全长11.73千米，竖立三面界桩5棵，边界线由双方共同维护。同年11月5日，罗庄区与兰山区双方完成勘界并签订协议书。边界全长38.7千米，竖立三面界桩3棵，两面界桩3棵，边界线由双方共同维护。

1999年7月27日，罗庄区与苍山县双方完成勘界并签订协议书。边界全长47.48

千米，竖立三面界桩2棵，两面界桩2棵。2001年7月23日，罗庄区与郯城县双方完成勘界并签订协议书。边界全长41.83千米，竖立三面界桩4棵，两面界桩3棵。

2011年9月，印制新版罗庄区政区地名图。12月，根据区划调整，重新勘定罗庄区与苍山县边界，测量边界线118.03千米。其中新增界线70.55千米，埋设界桩9棵（三面桩3棵，两面桩6棵）。同年，重新勘定罗庄区与郯城县边界，测量边界线31.63千米，埋设三面界桩5棵，两面界桩2棵。

2013年，完成《政区大典·山东卷》罗庄区部分编纂工作，实施“两图一责”（行政区域界限管理示意图、行政区域界限管理网络图、行政区域界限管理责任书）边界管理办法。

第四节　社会团体管理

1995年始，按照国务院《社会团体登记管理条例》规定，区民政局负责全区社会团体登记管理工作。至1997年，新登记社会组织26家。其中，社会团体10家，民办非企业16家。2000年，对15家社会团体进行年检和换证工作。2006年，新登记社会团体12家，民办非企业3家。至2006年年底，全区有社团80家、民办非企业44家。

2007年，加强对民间组织登记管理和年检工作，新登记社会团体10家，民办非企业3家，全区有社会团体90家，民办非企业47家。2009年，对全区各类社会团体进行清理整顿，注销社会团体11家，撤销民办非企业1家，变更民办非企业1家。新登记社会团体10家，民办非企业3家。

2010年，坚持登记与监管并重方针，依法取消33家社会团体、27家民办非企业单位，促使社会组织依法依章开展活动。同年，罗庄区积极发展蔬菜、种植等行业协会，促进农村经济发展，高都供销塘米加工协会和鲁南花卉市场营销协会被省民政厅命名为全省先进社会组织。

2011年，对104家社会团体、38家民办非企业单位进行年检，依法撤销社会组织71个，新登记社会团体4家、民办非企业单位8家。

2013年，坚持培育发展与监督管理并重，全年审批成立社会团体8家、民办非企业单位7家，办结率、准确率均100%。是年年底，全区有社会团体52家，民办非企业34家，涉及教育、文化、劳动、科技、体育、工商、农业等多个领域。

1995—2013年罗庄区社会团体情况表

表19-5

单位名称	业务主管部门	登记号码	登记时间	主要业务
临沂市罗庄区个体私营企业协会	罗庄区工商分局	社证字第鲁QC002	1995-11	向广大会员宣传国家政策、法律、法规，开展政治思想教育、法制教育和职业道德教育，引导诚信经营、文明服务；依法维护个体工商户和私营企业的合法权益，受理会员投诉，为会员提供法律咨询与服务
临沂市罗庄区消费者协会	罗庄区工商分局	社证字第鲁QC003	1996-12	宣传有关法律，处理消费者投诉

续表 19-5

单位名称	业务主管部门	登记号码	登记时间	主要业务
临沂市罗庄区基督教三自爱国会	罗庄区民宗局	社证字第鲁QC004	1997-05	基督教宣传
临沂市罗庄区基督教协会	罗庄区民宗局	社证字第鲁QC005	1997-05	基督教宣传
临沂市罗庄区作家协会	罗庄区文体局	社证字第鲁QC006	1997-07	推进文学交流，加强协会管理，倡导会员自律
临沂市罗庄区财政学会	罗庄区财政局	社证字第鲁QC012	1997-07	组织、推动会员和社会力量开展财政学术交流活动，探讨财政经济基本理论和国家财政重大方针政策
临沂市罗庄区珠算协会	罗庄区财政局	社证字第鲁QC013	1997-07	组织进行珠算心算理论研究和普及，开展学术交流
临沂市罗庄区会计学会	罗庄区财政局	社证字第鲁QC014	1997-07	开展会计理论研究和学术交流
临沂市罗庄区美术家协会	罗庄区文体局	社证字第鲁QC021	1999-12	美术研究与推广
临沂市罗庄区天主教爱国会	罗庄区民宗局	社证字第鲁QC020	2000-01-06	天主教宣传
临沂市罗庄区音乐家协会	罗庄区文体局	社证字第鲁QC022	2000-01-15	组织会员开展音乐创作、演出、交流，促进音乐事业发展与进步
临沂市罗庄区武术协会	罗庄区文体局	社证字第鲁QC025	2003-02-20	促进武术事业发展
临沂市罗庄区花卉协会	罗庄区林业局	社证字第鲁QC026	2003-09-13	调查研究花卉业发展趋势，向政府提出建议；组织会员参观交流，维护会员合法权益
临沂市罗庄区统计学会	罗庄区统计局	社证字第鲁QC027	2003-09-16	开展统计培训，发展统计事业等
临沂市罗庄区建筑业协会	罗庄区建设局	社证字第鲁QC032	2004-09-03	研究探讨全区建筑业改革理论和实践，落实行业规范等
临沂市罗庄区海棠协会	罗庄区林业局	社证字第鲁QC042	2005-02-20	研究海棠花发展趋势，收集、整理、发布各类花卉信息
临沂市罗庄区鲁南花卉市场营销协会	盛庄街道办事处	社证字第鲁QC043	2005-02-20	促进全区花卉行业发展
临沂市罗庄区新型墙材业协会	罗庄区建设局	社证字第鲁QC047	2006-03-02	遵守国家宪法、法律、法规，研究探讨新型墙体材料的开发和推广使用，促进墙体材料发展
临沂市罗庄区摄影家协会	罗庄区宣传部	社证字第鲁QC055	2006-05-08	开展摄影业务培训、摄影作品展览等活动
临沂市罗庄区诗联书画艺术家协会	罗庄区政协	社证字第鲁QC058	2006-07-25	搜集整理诗联书画文献资料，开展学术交流，运用其价值开展各种形式活动与服务
临沂市罗庄区基层法律工作者协会	罗庄区司法局	社证字第鲁QC060	2004-11-08	组织会员学习有关法律法规，向社会宣传法律常识，为群众提供法律服务等
临沂市罗庄区慈善总会	罗庄区民政局	社证字第鲁QC068	2005-05-10	募集慈善资金，开展慈善活动，扶助弱势群体，参与国内外慈善救助活动

续表 19-5

单位名称	业务主管部门	登记号码	登记时间	主要业务
临沂市罗庄区收藏家协会	罗庄区宣传部	社证字第鲁QC103	2007-07-03	积极发展收藏文化，为收藏爱好者传递信息，提供展示平台，交流收藏经验、信息等
临沂市罗庄区沙沟草莓协会	罗庄区农业局	社证字第鲁QC105	2007-04-30	预测行业发展趋势，为政府部门制定行业发展规划和政策提供决策依据
临沂市罗庄区建材营销协会	罗庄区经贸局	社证字第鲁QC106	2007-05-20	维护会员利益，建立行业自律机制，开展业务培训和职业教育
临沂市罗庄区书法家协会	罗庄区文体局	社证字第鲁QC108	2007-07-11	推进书法文化事业发展
临沂市罗庄区光彩事业促进会	罗庄区工商联	社证字第鲁QC110	2007-12-04	鼓励、引导大众投身光彩事业，提供服务，开展交流与合作
临沂市罗庄区青年志愿者协会	罗庄团区委	社证字第鲁QC128	2007-04-23	改善社会风气和人际关系，为发展社会主义市场经济创造良好的社会环境
临沂市罗庄区渔业协会	罗庄区农业局	社证字第鲁QC129	2008-10-07	渔业技术引进、研发，为会员提供市场信息，开展交流与合作
临沂市罗庄区乒乓球运动协会	罗庄区文体局	社证字第鲁QC130	2008-10-07	宣传普及乒乓球运动，协调、组织举办区域性比赛，维护本会会员的合法权益
临沂市罗庄区跆拳道协会	罗庄区文体局	社证字第鲁QC131	2008-11-08	宣传和推动群众性跆拳道运动的开展，发展跆拳道事业
临沂市罗庄区内部审计协会	罗庄区审计局	社证字第鲁QC133	2008-11-08	依据《中华人民共和国审计法》《审计署关于内部审计工作的规定》《中国内部审计协会章程》开展工作
临沂市罗庄区老年书画协会	罗庄区委老干部局	社证字第鲁QC141	2009-07-14	开展书画创作、展览、交流等。
临沂市罗庄区东星圆梦事业协会	罗庄团区委	社证字第鲁QC147	2010-04-05	宣传圆梦行动的重要意义，扩大圆梦行动的社会影响，形成人人关心教育，关爱贫困学生的良好氛围
临沂市罗庄区劳动模范协会	罗庄区总工会	社证字第鲁QC150	2010-12-06	宣传劳动模范事迹，帮助劳动模范解决实际问题
临沂市罗庄区册山沙沟芋头种植协会	罗庄区农业局	社证字第鲁QC152	2010-12-24	预测行业发展趋势，及时向政府部门提供行业发展规划和政策建议。
临沂市罗庄区陶瓷协会	罗庄区经信局	社证字第鲁QC153	2011-01-21	开展对行业基础资料的调查、收集、整理和统计，研究行业发展方向，进行技术培训，举办专业展览，向会员提供信息服务，推广科技成果等
临沂市罗庄区人民调解员协会	罗庄区司法局	社证字第鲁QC162	2011-07-11	宣传人民调解工作，组织开展人民调解业务培训、理论研究和工作交流
临沂市罗庄区文化产业协会	罗庄区文化产业办公室	社证字第鲁QC163	2011-08-23	遵守国家宪法、法律、法规和政策，弘扬社会道德风尚，依照协会章程和自身特点开展工作，为会员单位提供各项服务，负责规范行业竞争、反映基层诉求、进行行业自律等工作，为文化产业的繁荣做出积极贡献
临沂市罗庄区兰花协会	罗庄区林业局	社证字第鲁QC168	2011-12-13	普及兰花知识，提高兰艺水平，传播、推广、发展兰花培育，合理利用兰花资源

续表 19-5

单位名称	业务主管部门	登记号码	登记时间	主要业务
临沂市罗庄区志愿者协会	罗庄区委宣传部	社证字第鲁QC169	2012-06-13	适应社会主义市场经济发展需要，推动志愿者服务体系和多层次社会保障制度的建立和完善，培养志愿者公民意识、奉献精神和服务意识，培训志愿者等
临沂市罗庄区义工联合会	罗庄区民政局	社证字第鲁QC172	2012-05-18	义务助学助残，助老扶弱，扶贫济困；义务宣传环境保护；开展社区服务及其他社会公益性活动
临沂市罗庄区爱心书画协会	罗庄区文联	社证字第鲁QC173	2012-10-19	开展爱心公益活动
临沂市罗庄区民间文艺家协会	罗庄区文联	社证字第鲁QC175	2012-11-01	弘扬和发展民间文学、美术、音乐、舞蹈、戏艺、杂技和传统工艺
临沂市罗庄区见义勇为协会	罗庄区政法委	社证字第鲁QC188	2013-07-08	募集、管理和使用资金，辅助政府对见义勇为人员进行奖励、表彰和保护；弘扬见义勇为精神
临沂市罗庄区建材市场营销商会	罗庄区商务局	社证字第鲁QC190	2013-10-09	维护会员利益，建立行业自律机制，开展业务培训和职业教育
临沂市罗庄区散打功夫协会	罗庄区教育体育局	社证字第鲁QC191	2013-05-17	开展少林拳、跆拳道、散打、截拳道等拳术研究，培训武术教练员
临沂市罗庄区文化市场行业协会	罗庄区文化市场管理执法局	社证字第鲁QC192	2013-12-02	组织行业自律与服务，协助政府进行行业监管；进行调查研究、信息交流、业务培训等
临沂市罗庄区孝文化研究会	罗庄区文明办	社证字第鲁QC193	2013-11-15	研究中华孝文化的形成、发展、历史地位和社会价值，传承和弘扬孝文化优秀传统，丰富其时代内涵
临沂市罗庄区福勇渔业协会	罗庄区水务局	社证字第鲁QC194	2013-11-18	渔业技术引进、研发，为会员提供市场信息和服务，开展行业交流与合作
临沂市罗庄区署星种植协会	罗庄区农业局	社证字第鲁QC195	2013-11-18	发展草莓、花卉、红苹果、黑苹果、软粒石榴、黑花生种植，为会员产品销售提供服务，承办有关单位或个人委托的其他工作
临沂市罗庄区影视家协会	罗庄区文联	社证字第鲁QC196	2013-12-02	举办影视艺术评奖及优秀影视艺术工作者评选活动，进行信息咨询、业务交流、人才培训，组织参与节庆活动

说明：此表不包括已撤销社会团体

第六章　老龄工作

第一节　机构

1997 年 3 月，罗庄区老龄工作委员会办公室成立（简称区老龄办），为副科级事业单位，隶属区委组织部管理。2003 年 3 月，升格为正科级事业单位。2006 年 4 月，调整为区政府直属正科级事业单位，内设综合科。

2008年7月，批准参照《中华人民共和国公务员法》管理，编制5人。至2013年，机构未变动。

第二节 老年人权益保障

政策保障

1998年起，罗庄区实行农村家庭赡养协议制度，各级老龄机构与赡养人签订老年人赡养协议，把老年人赡养纳入法制化轨道，确保老年人“老有所养”。同年，落实山东省人民政府关于百岁老人高龄津贴政策，高龄津贴执行标准为每人每月100元。

2000年，全国第五次人口普查统计，罗庄区60岁及以上老年人3.9万人，占总人口的9.5%。2002年，区政府规定，全区年满55岁男性劳动力和年满45岁女性劳动力不承担义务工和积累工，60岁以上老年人不承担社会集资，70岁以上老年人免缴“三提五统”。2005年，共签订老年人赡养协议24581户，占应签户数的90%。2009年始，在全区实施以推广“老年人意外伤害组合保险”为内容的“银龄安康工程”，每人每次补助3元。

2010年，全国第六次人口普查统计，全区60岁及以上老年人6.5万人，占总人口的12.1%。同年，百岁老人高龄津贴提高到每人每月150元。2011年，对参加意外伤害组合保险60～80岁老年人，每人每次补助由3元提高到6元。

2013年，罗庄区有百岁老人24人，百岁老人高龄津贴提高到每人每月350元。全区共发放新版“山东省老年优待证”2.8万份。是年年底，全区60岁及以上老年人8.3万人，占总人口的15.2%，老年人数量逐年增加，步入老龄化县区行列。

2013年罗庄区百岁老人情况表

表19-6

姓名	性别	出生年月	家庭住址	姓名	性别	出生年月	家庭住址
于李氏	女	1902-05-11	罗庄街道于泉庄社区	路威氏	女	1913-03-16	册山街道南头村
高建立	男	1913-03-16	罗庄街道朱张桥东南村	宿王氏	女	1913-12-14	册山街道老沂庄
孙朱氏	男	1913-04-16	罗庄街道后官战湖村	尚王氏	女	1913-11-20	册山街道尚庄
胡请堂	男	1913-07-20	罗庄街道朱陈东村	赵王氏	女	1911-09-10	高都街道车辋村
翟陈氏	女	1912-06-02	傅庄街道劳模店子村	王赵氏	女	1911-06-02	高都街道常旺村
孙周氏	女	1913-02-12	傅庄街道杨家河湾村	官荣美	女	1912-03-04	高都街道常旺村
张　美	男	1913-04-15	傅庄街道张家旦子村	孙记兰	女	1913-09-13	沂堂镇东泉里堡村
赵树宝	男	1913-10-29	盛庄街道大菜园村	杨志英	女	1910-07-05	沂堂镇龙泉官庄
崔藏氏	女	1912-11-02	盛庄街道吴家白庄	廖徐氏	女	1909-07-17	褚墩镇廖屯村
郭时俊	男	1912-10-14	册山街道新桥村	廖吴氏	女	1907-02-10	褚墩镇廖屯村
席王氏	女	1910-04-24	册山街道五寺庄	将瑞英	女	1913-03-08	褚墩镇
郭王氏	女	1910-10-09	册山街道新桥村	李学思	男	1913-05-13	黄山镇李官庄

宣传和评先树优

1996年10月1日，《中华人民共和国老年人权益保障法》颁布实施，区老龄办积极组织宣传，发放宣传材料1万份。1998—

2013年，开展敬老爱老评先树优活动，先后有3个村获“山东省先进村居老工委”称号，7人被评为全省十大敬老楷模，8人被评为沂蒙十大孝星，6人被评为全省十大模范老人，1人被评为山东省十佳敬老企业家。

图19-6：罗庄区举办老干部体育比赛活动（2013年4月　摄）

第三节　文体活动

1995年起，罗庄区各级重视开展老年人文体活动，积极为老年人开展活动创造条件，真正让老年人“老有所乐”“老有所学”。组织老年文艺团队，参加市、区、镇（街道）、村（社区）组织的各项比赛和演出，每逢节日都组织老年文艺团队开展活动。2002年，区老龄办、老干局、文体局、罗庄老人戏曲协会共同举办“九九”老人节戏曲晚会。2005年始，每年10月，全区开展“敬老月”活动。活动期间，进行老年人权益保障宣传，走访慰问困难老人、空巢老人，开展孝亲敬老评选。

第七章　残疾人事业

第一节　机构

1995年10月，罗庄区残疾人联合会（简称区残联）成立，隶属区民政局。2000年，全区8个镇（街道）配备残联专兼职理事长。2002年6月14日，区残联从区民政局析出，成为独立的正科级事业单位。2003年，盲人协会、聋人协会、肢残协会及精神和智力残疾人亲友会成立，选出各协会主席及亲友会主席。2008年，在全区残疾人中公开招聘10名街道残疾人专职干事，全区211个行政村（社区）均成立村残协，配有1名村（社区）残协专（兼）职委员。是年，“沂蒙阳光”助残志愿者联络中心（2012年更名为助残服务联系站）成立，注册助残志愿者300人，建立起区、街镇、村（社区）助残志愿者队伍。2009年5月，区残联设立办公室、康复部、教就部、组联部、宣文部、维权部。2010年8月，区残疾人劳动就业服务中心成立，为副科级事业单位。至2013年，机构未变动。

第二节　残疾人代表大会

第四次代表大会

2003年12月10日，罗庄区第四次残疾人联合会代表大会召开，出席会议的代表97人。大会审议通过《创新理念，完善措施，促进残疾人事业全面发展》的工作报告，选举产生区残联第四届主席团。在区残联第四届一次主席团会议上，选举王奎玉为主席团主席；选举主席团执行理事会，梅敬伦当选理事会理事长；成立聋人协会、肢残人协会、盲人协会，并选举出各协会主席；成立精神和智力残疾人亲友会，选举出亲友会主席。

第五次代表大会

2007年9月20日，区残联第五次代表大会召开，出席会议的代表97人，各类残疾人及残疾人亲友代表50人。大会通过区残联第四届主席团《扎实工作，开拓进取，为我区残疾人事业持续发展而奋斗》的工作报告，选举区残联第五届主席团。在区残联第五届一次主席团会议上，选举王奎玉为主席团主席；选举主席团执行理事会，梅敬伦当选理事会理事长；选举出盲人协会、聋人协会、肢残协会主席及精神和智力残疾人亲友会主席。

第六次代表大会

2012年11月20日，区残联第六次代表大会召开，出席会议的代表95人。大会通过区残联第五届主席团《积极作为，务实创新，全力推动残疾人事业又好又快发展》的工作报告，选举区残联第六届主席团。在区残联第六届一次主席团会议上，选举张玉军为主席团主席；选举主席团执行理事会，王新华当选为理事会理事长；选举出盲人协会、聋人协会、肢残协会主席及精神和智力残疾人亲友会主席。讨论推选出参加市残联第六次代表大会候选人。

第三节 残疾人办证

1995年起，根据《中国残疾人评残标准》，核发残疾人证。1996年，区民政局、区残联联合对6个乡镇的残疾人调查登记、建卡归档，核发中华人民共和国残疾人证2100份。2007年，第二次全国残疾人状况抽样调查显示，全区有各类残疾人近2.7万人，占总人口的6.2%。2009年4月，开始办理第二代中华人民共和国残疾人证。至2013年年底，全区共有持证残疾人7954人，包括听力残疾411人、语言残疾175人、肢体残疾5506人、视力残疾712人、智力残疾677人、精神残疾388人和多重残疾85人。

第四节 残疾人康复

1995年起，残疾人康复工作以白内障复明、小儿麻痹矫正手术、聋儿语训为重点，随着残疾人康复要求的多样性，开展以实用、易行、受益广的康复工作，将现代康复技术与传统康复技术相结合，以康复机构为骨干、社区康复为基础、残疾人家庭康复为依托，为残疾人提供康复救助。2004年，区政府投资355万元，建成占地6700平方米、建筑面积3750平方米的罗庄区残疾人综合服务中心。是年5月，区残联与市眼科医院合作，投资30万元，建立罗庄区白内障复明中心。2012年，建成残疾人辅助器具服务中心，购置展示康复辅助器具200件。是年年底，建成罗庄区爱之旅儿童发展中心和博爱儿童康复中心，全区8个街道建立康复指导站10个，211个行政村（社区）建立起康复站。2013年6月，罗庄区启动0～6周岁残疾儿童免费抢救性康复救助工程，当年，全区60名残疾儿童在各级康复机构得到免费康复救助。至2013年年底，实现基层康复服务机构全覆盖。

1996—2013年，全区共有5913名残疾人得到不同程度的康复救助。其中，为2600名白内障患者实施免费复明手术，为172名听力残疾人免费佩戴助听器，为129名肢体残疾人免费安装大、小腿假肢，为520名肢体残疾人实施肢体康复训练，帮助50名聋儿进行语言训练，培训聋儿、智残家长300人次，系统培训弱智脑瘫儿童100人，小儿麻痹矫正手术6例，为0～6周岁以下残疾儿童进行抢救性康复训练120人次，为20名肢残儿童进行肢体矫治，免费发放轮椅、助行器等辅助用具1600件，免费为296名精神障碍患者提供免费服药和住院救助。2009年2月，罗庄区被省残联评为全省残疾人社区康复示范区和山东省白内障无障碍区。2010年12月，罗庄区被全国残疾人康复办公室评为全国白内障无障碍区。2013年，被评为山东省辅助器具服务工作示范区。

第五节　残疾人教育　就业

教育

1995—2013年，残疾人教育坚持普及与提高相结合，着重抓好义务教育、职业教育和教育扶贫工作。依法组织适龄聋、哑、盲儿童少年到临沂市特殊教育中心就读，其他残疾儿童少年在居住地义务教育学校随班就读。1995年，全区残疾适龄儿童少年入学率达80.5%。2004年9月，民办罗庄区特殊教育学校成立，为残疾儿童实施小学教育，当年招生50人。2009年，区残联制定《关于救助义务教育阶段残疾学生和考入大中专残疾学生的暂行办法》。是年，区残联发放助学金25万元，309名残疾学生得到救助。2013年6月，区残联制定《关于对学龄前入托残疾儿童实施救助的暂行办法》，同年，发放资金3万元，25名学龄前残疾儿童得到救助。到2013年年底，全区贫困残疾学生救助覆盖率达100%，适龄残疾儿童少年入学率达93.6%。

就业

1995年，全区有福利企业23家，就业残疾人1636人。至2013年年底，全区有8家标准化福利企业，集中安排残疾人就业389人。

1999年，贯彻省政府《关于分散按比例安置残疾人就业的规定》，全区企事业单位及其他经济组织按照不低于本单位在职职工总数1.5%的比例安排残疾人就业，对达不到比例的单位对其依法征收残疾人就业保障金。通过征收残疾人就业保障金促进了按比例就业，至2013年年底，共安排2986名残疾人就业。2010年，成立2个“沂蒙阳光”技师培训基地。至2013年年底，先后举办22期三车维修、盲人按摩、养殖种植等劳动技能培训班，为1100多名残疾人提供劳动技能培训服务，帮助700余名残疾人实现劳动就业。建起9处残疾人就业扶贫基地，600名残疾人依托基地致富。册山街道新桥养狐残疾人扶贫基地被评为山东省残疾人“共享阳光”就业扶贫优秀基地。

第六节　残疾人扶贫

1995年12月，在全区开展献爱心募捐活动，募捐2.6万元善款。2007年始，全区持证残疾人全部免费参加新农合。2011年始，重度残疾人免费参加新农保，区政府足额代缴重度残疾人应缴纳的最低部分，重度残疾人提前5年领取养老金。当年，有1740名重度残疾人参加了新农保，有196名残疾人提前5年领取养老金。2011年，区残联依托才华特校建立1所残疾人日间照料站。至2013年，有30余名残疾人在日间照料站生活学习，130名重度残疾人居家托养，累计发放托养补助费35万元。2012年始，实施为重度残疾人发放生活补贴政策，每人每月50元，并对未参加低保的重度残疾人每人每月发放50元生活救助。同时实施“阳光家园”工程，依托街道（镇）敬老院，对家庭困难或“三无”（无劳动能力、无生活来源、无法定抚养义务人）残疾人进行集中托养。累计发放托养补助金35万元。2004—2013年，实施“爱心助残、温馨安居”工程。累计投资123万元，为123户贫困残疾人家庭进行危房改造。

第七节　文体活动

区残联积极为残疾人文化体育活动搭建平台，至2013年12月，建成残疾人体育训练中心2个、盲人图书室1个，在全区8个街镇建立残疾人文化书屋，摆放《中国残疾人》《三月风》《山东残联》及古今中外名著和养殖种植及家电维修等方面的图书。残疾人依托农家书屋就近读书学习，丰富残疾人的精神生活。2012年12月，罗庄街道韦姜屯社区农家书屋被中国残疾人联合会命名为全国残疾人文化进社区试点单位。至2013年12月，罗庄区残疾人在参加省级体育运动会和文艺会演比赛中，获得省项目金牌6枚、银牌3枚、铜牌4枚、4人荣获省残运会脑瘫足球三等奖，获团体“体育道德风尚奖”。

第二十编　人力资源和社会保障

Part 20: Human Resources and Social Security

区政府驻地（2013年5月　区摄协供稿）

白鹭金岸（2013 年 11 月　区摄协供稿）

1995 年，罗庄区主要通过社会吸收、接收大中专毕业生、安置部队转业干部等渠道充实干部队伍，劳动用工开始推向市场。1996 年，推行国家公务员制度，全区 228 名机关工作人员按规定程序过渡为国家公务员。2002 年始，机关事业单位新进人员实行“凡进必考”制度，面向社会招录一定数量的国家公务员和事业单位工作人员，拓宽各类人才就业渠道。2004 年，设立劳动就业服务大厅、劳动保障大厅、劳动争议仲裁和劳动力市场 4 个劳动就业服务单位，促进就业服务工作。2005 年，实行生育保险社会统筹。2006 年 10 月，实施新型农村合作医疗。2009 年，实施城镇居民医疗保险。2013 年，全区机关、事业单位录用大中专毕业生 152 人，城镇职工新增就业 4386 人，转移农村劳动力 4699 人，养老、医疗、失业、工伤、生育等各项社会保障体系日臻完善。

第一章　人事管理

第一节　机构

1995 年 2 月，罗庄区人事劳动局成立，为正科级行政单位。内设办公室、录用调配科、计划工资科、职称专家科、毕业生分配办公室、劳动监察科、考核任免科 7 个科室，辖人才交流中心、工人技术考核办公室、劳动监察中队、劳动服务公司 4 个股级事业单位。同年 6 月，罗庄区机构编制委员会办公室、罗庄区社会保险事业处设立，均为副科级事业单位。1997 年 3 月，罗庄区安全生产委员会办公室、罗庄区劳动争议仲裁委员会办公室设立，均为副科级行政单位。1998 年 3 月，罗庄区人才交流服务中心升格为副科级事业单位。罗庄区人才市场、罗庄区医疗保险事业处、罗庄区农村养老保险事业处设立，均为副科级事业单位。1999 年 9 月，罗庄区人事劳动局析分为罗庄区人事局、罗庄区劳动和社会保障局，皆为正科级行政单位。2002 年 6 月，撤销罗庄区安全生产委员会办公室、区劳动争议仲裁委员会办公室。2003 年 4 月，罗庄区劳动服务公司改称罗庄区劳动就业办公室，为副科级事业单位，隶属区劳动和社会保障局。同年 7 月，区煤园管理服务处设立，为副科级事业单位。2007 年 12 月，罗庄区外国专家局设立，为副科级单位。2008 年 6 月，区人事争议仲裁委员会办公室成立。

2010 年 3 月，机构改革撤销区人事局、区劳动和社会保障局，组建区人力资源和社会保障局（简称区人社局），为正科级行政单位。区人事局和区劳动和社会保障局的职责整合，划属区人力资源和社会保障局。内设办公室、规划财务科、公务员管理办公室、就业促进与人员调配科、专业技术人员管理科、劳动关系科、工资福利与退休干部管理科等 7 个科室。辖罗庄区人力资源开发服务管理办公室、罗庄区社会保险事业管理中心 2 个正科级事业单位，罗庄区人事争议仲裁委员会办公室、罗庄区煤园管理服务处 2 个副科级事业单位。行政编制 11 名，事业编制 82 名。同年 6 月，撤销罗庄区人才交流服务中心、罗庄区人才市场、罗庄区社会保险事业处、罗庄区医疗保险事业处、罗庄区农村养老保险事业处、罗庄区外国专家局、罗庄区劳动服务公司7个副科级事业单位。至2013年，机构未变动。

第二节　干部来源

1995—2013年，罗庄区干部来源主要有社会吸收、接收大中专毕业生、安置部队转业干部、考试录用公务员4种渠道。

社会吸收

1995年起，罗庄区根据1988年5月省政府颁布的《全民所有制企业、事业单位补充干部实行聘用制暂行规定》和1991年10月中央组织部、人事部颁布的《全民所有制企业聘用制干部管理暂行规定》，从社会上吸收干部，主要有聘任制和农民合同制干部转干两条途径。1998年后，根据国家、省、市有关规定，进一步规范干部聘用制工作，将企业干部聘用制作为干部人事制度改革的重要内容和选拔干部的主要方式。聘用制干部在聘用期内，纳入干部统计和管理。用人单位按干部管理权限，依据合同要求，对聘用制干部进行定期考核，将考核结果报送区人事局备案，作为奖惩、晋升、续聘依据。聘用制干部在聘期内与所在单位录用制干部除身份不同，在工作、学习、奖惩、晋职升级、评定职称、工资，以及保险、福利等方面和正式干部享有同等权利。至2013年，全区有聘用制干部512人。

接收大中专毕业生

1995—1996年，全区接收大中专毕业生350人分配到事业单位工作。1997年，接收大中专毕业生就业安置工作由区计划委员会负责改为区人事部门负责。至2001年，全区接收安置1075人大中专毕业生进入事业单位工作。2006年始，根据省、市统一要求，罗庄区开展考选部分高校毕业生到农村支教、支医、支农和扶贫（简称“三支一扶”）工作，至2013年，共考选“三支一扶”人员241人。

1995—2013年，全区接收安置3470人大中专毕业生进入机关事业单位工作。其中，安置“三支一扶”人员156人。

安置军队转业干部

1995—1998年，全区接收安置军队转业干部11人，大部分人安置到机关事业单位，少部分人安置到效益较稳定的企业单位。

1999年始，实行考试与考核相结合、择优分配安置办法。2001年1月，中共中央、国务院、中央军委印发的《军队转业干部安置暂行办法》规定，对符合安置条件的军转干部，继续按照公开、公正、平等、竞争的原则，实行考试考核和根据安置计划自主选择单位的办法予以妥善安置。至2003年，经考试考核安置转业军官17人，通过计划安置转业军官17人，自主择业2人。2004—2013年，通过考试考核安置转业军官48人，通过计划安置转业军官44人，自主择业4人。

考试录用公务员

1996年，根据《国家公务员暂行条例》，罗庄区机关工作人员开始向国家公务员过渡。同年6月2日，组织参加市委组织部、市人事局统一组织的国家公务员过渡考试。全区首批参加考试的有各乡镇、区直机关干部436人。11月2日，区委、区政府印发《罗庄区国家公务员制度实施方案》，全面推行国家公务员制度。当年，全区第一批228名政府机关工作人员按规定程序过渡为国家公务员。1997年，罗庄区开始面向社会公开招考，202人报名参加考试，录用27人。2002年，罗庄区公开组织第二次公务员招考，经考试选拔录用3人。之后，每年考试录用公务员5～25人。2005年始，国家公务员考录采用网上报名、现场确认、网上公布成绩、网上公示录用结果等流程。2006年1月，《中华人民共和国公务员法》施行。2007年，依据中共中央组织部办公厅、人事部办公厅印发的《关于进一步做好公务员登记工作的通知》要求，开展公务员登记工作，国家公务员考录管理进一步规范。1997—2013年，全区考录189人充实到公务员队伍。

第三节　干部管理

任免调配

1995年至2010年3月，干部任免调配由区委组织部和区人事局按干部管理权限分别管理。其中，党群工作部门和机关事业单位副科级以上干部的管理由区委组织部负责，政府部门和其他机关事业单位一般干部的管理由区人事局负责。2010年4月，属原区人事局任免调配的干部划属区人社局管理。区政府工作部门、办事机构和事业单位股级干部任免，由主管部门负责，报区人社局备案。

区人社局负责调配的干部，主要为政府部门（包括区直行政部门、镇、街道、事业单位）内部及调出（调入）政府部门的干部。调配过程中，严格执行编制定员规定，凡超编、满编单位，原则上不再调入干部，特殊需要的采取“先进后出”的办法。遵循合理流向原则，服从罗庄区各项事业的发展，确保各项事业建设急需的高层次专业技术人员合理引进和选调提拔；遵循以工作需要为主原则，适当照顾干部实际困难，夫妻长期两地分居的，在条件允许情况下，尽量帮助解决；严格执行有关干部回避规定；见习期未满的、正在接受有关部门审查处理的及其他原因不能调动的，一概不予办理调动。1995—2013年，区人事部门按照管理权限和任免程序，办理任免干部589人次。其中，任职364人次，免职225人次。根据实际工作需要，调动干部338人次。其中，区内调动142人次，省内跨区调动183人，跨省调动13人。省内跨区和跨省调入97人次、调出99人次。

考核

1995年始，按照《国家公务员考核暂行规定》和《山东省国家公务员考核实施办法》，对全区党、政、群机关工作人员和实行国家行政机关工资制度的事业单位工作人员进行年度考核。机关工作人员考核等次分为优秀、称职、不称职，机关工勤人员和事业单位工作人员考核等次分为优秀、合格、不合格。考核内容包括德、能、勤、绩四个方面。依据被考核者所在岗位、应负职责和所承担工作任务，对其进行全面考核，重点考核工作实绩。考核结果作为职务升降、职称评聘、工资晋升、奖励惩戒、辞职辞退的重要依据。2000年，机关工作人员考核等次改为优秀、称职、基本称职、不称职，机关工勤人员和事业单位工作人员考核等次改为优秀、合格、基本合格、不合格。2005年，考核增加廉洁自律方面内容。至2013年，机关事业单位参加考核11.26万人次。其中考核结果为优秀等次1.36万人次，确定为不称职（不合格）52人次。

奖励与惩处

1995年起，按照人事部《国家公务员奖励暂行条例》《关于国家公务员纪律惩戒有关问题的通知》及省、市相关规定，根据年度考核结果，进一步规范机关事业单位工作人员奖惩工作。至2013年，受到国家、省级表彰的先进集体29个、先进个人38人，受到市级表彰的先进集体76个、先进个人289人，受到区级表彰的先进集体658个、先进个人2865人；接收组织处理或行政惩戒167人。其中，因违反计划生育政策受到处分65人，因贪污、受贿、失职等行为受到组织处理102人。

干部培训

1995年，举办公务员过渡骨干培训班，以《新编国家公务员制度教程》为主要培训内容，培训机关工作人员256人。2004年，对党政机关事业单位工作人员进行《中华人民共和国行政许可法》培训并考试考核，培训587人。2002—2013年，组织新录用的公务员到市、区党校或行政干部学校进行业务知识培训12期173人次。组织全区机关事业单位工作人员参加省、市、区组织的依法行政、职业道德素质提升、电子政务等培训学习113次1万余人次。1995—2013年，全区举办或组织参加各类培训班210期，培训机关事业单位工作人员2万余人次。

第四节　大中专毕业生就业

毕业生报到

1995—1996年，罗庄区每年毕业的大中专毕业生，由本人持毕业证、派遣证（报到证）等有效证件，按规定时间，非师范类毕业生到罗庄区大中专毕业生就业分配办公室报到（罗庄区大中专毕业生就业分配办公室设在区计划委员会），师范类毕业生到区教育委员会报到。1997年至1999年9月，非师范类毕业生改为到区人事劳动局报到。1999年10月—2010年3月，非师范类毕业生改为到区人事局报到。2002年1月，师范类毕业生改为到区教育局报到。2010年4月，非师范类毕业生改为到区人社局报到。1995—2013年，共有9428名大中专毕业生到罗庄区报到。其中，中专毕业生2052人，大专毕业生4701人，本科毕业生2476人，研究生199人。

1995—2013年罗庄区大中专毕业生报到情况表

表20-1　　单位：人

年份	毕业生报到人数			
	中专毕业生	大专毕业生	本科毕业生	研究生
1995	160	200	10	\
1996	195	253	8	\
1997	207	185	25	\
1998	204	181	15	\
1999	209	175	20	\
2000	197	215	38	\
2001	180	165	60	\
2002	150	190	45	\
2003	77	223	65	\
2004	60	200	72	\
2005	66	96	80	8
2006	97	119	101	2

续表 20-1

年份	毕业生报到人数			
	中专毕业生	大专毕业生	本科毕业生	研究生
2007	67	231	200	4
2008	66	344	180	9
2009	23	247	190	5
2010	32	408	291	35
2011	21	437	372	37
2012	18	430	419	54
2013	23	402	285	45

毕业生就业

1995—1997 年，大中专毕业生就业方式为指令性分配，其就业分配工作由区计划委员会和区教育委员会负责。其间，共分配大中专毕业生 621 人到事业单位工作。1997 年始，非师范类大中专毕业生就业安置工作改由区人事部门负责，师范类大中专毕业生就业安置由区教育委员会负责，毕业生就业方式逐步由指令性安置向双向选择、自主择业转变，开始探索通过公开招考方式安置非师范类大中专毕业生。2001 年，师范类本科毕业生直接安置就业，专科、中师毕业生统一进行专业考试后择优录用。2002 年始，师范类大中专毕业生就业实行考试择优选录制度。至 2006 年，安置大中专毕业生 1625 人到机关事业单位工作，其中机关单位 10 人。2007 年起，罗庄区贯彻执行人事部 2006 年颁布的《事业单位公开招聘人员暂行规定》，事业单位进人实行“凡进必考”，由人事部门负责辖区内人事考试工作。2007—2013 年，招聘 1224 名大中专毕业生到机关事业单位工作，其中机关单位 28 人。招聘人员平均年龄 27 岁，优化了机关事业单位工作人员队伍的年龄结构和学历层次，有效缓解机关事业单位人才匮乏问题。

1995—2013 年罗庄区机关事业单位录用大中专毕业生情况表

表 20-2　　单位：人

年份	录用人数		年份	录用人数	
	机关	事业		机关	事业
1995	\	189	2005	1	211
1996	\	161	2006	4	121
1997	\	271	2007	4	129
1998	\	267	2008	3	168
1999	\	174	2009	2	125
2000	\	149	2010	7	145
2001	\	214	2011	6	247
2002	1	146	2012	3	233
2003	2	146	2013	3	149
2004	2	187			

第五节　专业技术人员管理

职称评定

1995年，区人事劳动局职称专家科设立，负责专业技术人员职称评聘等管理工作。专业技术人员职称评定，根据单位实际工作需要和人员编制数额确定评定限额，按照高级、中级、初级专业技术职务不同任职条件和专业技术人员基本条件进行评定。事业单位工作人员参加中、高级专业技术职务评审，统一由市人事局下达评审计划。职称评审实行指标分配、单位推荐、评委会评审的办法。1998年，罗庄区专业技术职务系列设置22个。

1999年7月，事业单位专业技术职务评审实行评聘分开，竞争上岗。职称评定只设条件，不限名额。

2003年，卫生高级专业技术职务评审全部放开，只要符合评审条件，可以参加评审。同年始，评审专业技术职务除英语需要合格外，区直各单位和教育系统（小学除外）必须参加省人事厅组织的计算机应用能力考试，合格后方可参加评审。2004年，卫生中级专业技术职务评审全部放开。2005年，教育系统中、高级专业技术职务评审全部放开。2006年始，卫生专业技术职务不再评审，由国家统一组织考试确定。2013年，罗庄区专业技术职务设置科学研究、高等学校教师、中等学校教师、技工学校教师、中学教师和小学教师、实验技术、工程技术、农业技术、卫生技术、图书文博资料和群文、档案、律师、公证员、播音、体育、美术、工艺美术、海关、船舶技术、会计、审计、统计、经济、出版、翻译、国际商务、文学创作、新闻、艺术29个系列。

1995—2013年，全区有13470人取得专业技术职称。其中，正高级4人，副高级868人，中级3779人，助级6173人，员级2646人。

1995—2013年罗庄区专业技术职称评定情况表

表20-3　　单位：人

年份	高级		中级	初级		合计
	正高级	副高级		助级	员级	
1995	\	13	73	303	246	635
1996	\	12	72	313	275	672
1997	\	14	76	315	213	618
1998	\	15	72	276	245	608
1999	\	16	73	346	208	643
2000	\	15	68	298	195	576
2001	\	14	72	326	164	576
2002	\	16	79	325	175	595
2003	\	17	93	379	153	642
2004	\	19	106	312	123	560
2005	1	20	203	317	117	658

续表 20-3

年份	高级		中级	初级		合计
	正高级	副高级		助级	员级	
2006	\	49	216	356	98	719
2007	\	51	257	308	86	702
2008	\	53	246	345	76	720
2009	\	104	356	316	67	843
2010	\	108	397	331	65	901
2011	1	112	428	346	60	947
2012	1	107	456	326	46	936
2013	1	113	436	335	34	919

职称聘任

1995年，罗庄区实行专业技术职称“评聘合一”制度，取得职称后即聘任相应专业技术职务，与工资待遇挂钩。1998年，根据山东省人事厅《关于全面推行竞争聘任专业技术职务的通知》，在教育、卫生部门进行竞争聘任专业技术职务试点。

2000年8月，罗庄区根据《临沂市人民政府办公室转发市人事局〈关于在事业单位全面推行竞争聘任专业技术职务意见的报告〉的通知》要求，在全区事业单位全面推行竞争聘任专业技术职务。

2004年8月，区人事局制定《关于在全区开展竞争聘任专业技术职务的实施意见》，依据省、市规定的设岗意见及结构比例要求，按照“因事设岗、精减高效”原则，实行逐级竞争方式，组织专业技术人员竞争上岗。2009年5月，罗庄区执行《临沂市人事局关于事业单位工作人员竞聘上岗的指导意见》，所有实行专业技术职务评聘单位，实行评与聘分开、职务和职称分开、按需设岗、全员竞争、择优聘任制度。职务聘任按照省人事厅下达的聘任比例，达不到比例的，可适当加大聘任数额，达到或超过比例的，适当减少聘任数额。至2013年，全区有263家事业单位5723名专业技术人员参加专业技术职务竞争聘任。其中，641人竞争高级专业技术职务岗位，615人被聘任，聘任率95.9%，另有26人降低一级被聘任为中级专业技术岗位；2760人竞争中级专业技术职务岗位，聘任2585人，聘任率93.6%，另有175人被降低一级聘任为初级专业技术岗位；聘任初级专业技术职务岗位2322人。

继续教育

1999年始，罗庄区根据《临沂市专业技术人员继续教育暂行规定》，实施专业技术人员继续教育。同年，区人事局对申报的继续教育培训基地进行资格审查，设立区科学技术协会继续教育培训基地、区卫生局继续教育培训基地、区教委继续教育培训基地。其中区科学技术协会继续教育培训基地为区级培训基地。同时，实行专业技术人员继续教育学分考核证书登记和备案制度、质量评估制度、人员统计制度。1999—2013年，举办专业技术人员继续教育培训班15期，参加培训人数11.2万人次。审核登记学分材料13万人次，有1.3万余名专业技术人员具备每人一证一卡。

第六节　工资福利

工资调整

1995 年起，根据机关和各类事业单位特点，实行多种工资标准。其中，机关行政人员执行职级工资制，机关技术工人执行岗位技术等级工资制，机关普通工人执行岗位工资制。事业单位根据部门特点和经费来源不同，分为全额拨款、差额拨款、自收自支 3 类。事业单位管理人员执行职员职务等级工资制，专业技术人员执行各类专业技术职务工资制，技术工人执行技术等级工资制，普通工人执行岗位等级工资制。

自 1993 年国家第三次工资制度改革后，分别于 1997 年 7 月、1999 年 7 月、2001 年 1 月、2001 年 10 月和 2003 年 7 月先后 5 次调整机关事业单位工作人员工资标准。罗庄区根据国家、省及临沂市有关规定，及时为机关事业单位工作人员调整工资标准。

2006 年 7 月，国家进行第四次工资制度改革，主要实行统一的职务与级别相结合的公务员工资制度，建立科学正常的公务员工资增长机制，形成适应经济体制和干部管理体制要求的公务员工资管理体制。同时，同步推进机关事业单位收入分配制度改革，调整机关事业单位离退休人员待遇政策。罗庄区机关、事业单位工作人员执行国家新的工资制度。机关公务员和参照公务员法管理的工作人员执行职务级别工资制，其基本工资由职务工资、级别工资、基础工资、工龄工资 4 项构成简化为职务工资和级别工资 2 项构成。机关技术工人执行岗位技术等级工资制，其工资构成由技术等级（职务）工资、岗位工资、奖金 3 项简化为技术等级（职务）工资和岗位工资 2 项。机关普通工人执行岗位工资制，其工资由岗位工资、奖金 2 项构成简化为岗位工资 1 项。机关工作人员累计 2 年年度考核称职（合格）及以上等次，从次年 1 月起在所任级别对应工资标准内晋升一个工资档次。机关公务员累计 5 年年度考核称职及以上等次，晋升 1 个工资级别。事业单位实行岗位绩效工资制度，取消此前事业单位中全额拨款、差额拨款、自收自支分类，根据单位类型不同实行工资分类管理，各类事业单位基本工资执行国家统一标准，绩效工资实行不同管理办法。岗位绩效工资由岗位工资、薪级工资、绩效工资和津贴补贴 4 个部分构成，其中岗位工资、薪级工资为基本工资。事业单位工作人员年度考核称职（合格）及以上等次，从次年 1 月起增加 1 级薪级工资。借此次工资改革，罗庄区将机关事业单位工作人员档案全部进行审阅和理顺，把个人信息输入工资系统，实现人员个人信息规范化、电子化管理。

自 2006 年工资改革至 2013 年，罗庄区一直执行此工资制度。

福利待遇

津贴补贴　机关事业单位工作人员除基本工资外，根据省、市规定，还实行地方津贴补贴。1993 年第三次工资改革后，各项津贴补贴进行过 2 次归并。1998 年，根据省人事厅、财政厅《关于对我省机关事业单位现行津贴、补贴进行简化的通知》要求，罗庄区将机关事业单位工作人员津贴、补贴中的交通补贴、洗理费、粮油补贴、粮价补贴和午餐补贴 5 项补贴简化归并，归并后统一称为地方福利性补贴，标准为每人每月 125 元。简化归并后，罗庄区机关事业单位工作人员津贴补贴主要有职务补贴（1992 年 1 月、1992 年 12 月和 1995 年 10 月，山东省先后 3 次实施，统称职务补贴）、特岗津贴（罗庄区执行的特岗津贴主要有警衔津贴、检察官法官津贴、纪检监察办案津贴、教护龄津贴、司法助理员岗位津贴、安全生产监管监察岗位津贴、信访岗位津贴、审计人员工作补贴等10余项)。

2007年10月、2008年3月，2次对全区机关事业单位人员津贴补贴进行规范。调整后机关工作人员职务补贴、地方福利性补贴、岗位津贴统一归并为工作性津贴和生活性津贴。事业单位工作人员相应调整津贴补贴，调整的部分统一列入工作补贴。住房补贴、取暖补贴、独生子女父母奖励费、劳动模范津贴和国家规定的特岗津贴不纳入归并范围。机关事业单位工作人员津贴补贴归并调整后，人均月增津贴补贴200元。

2013年9月，提高机关工作人员工作性补贴和生活性补贴标准。事业单位工作人员津贴补贴取消原结构，统一更改为基础绩效补贴。

住房补贴　1998年6月始，机关事业单位实行住房补贴制度，发放标准为本人基本工资的25%。2005年7月，调整为本人基本工资的35%。2011年11月，调整为本人基本工资加津贴的35%。至2013年，罗庄区仍执行此标准。

住房公积金　1997年7月，罗庄区建立机关事业单位工作人员住房公积金制度，个人和单位分别缴纳本人工资总额的5%。2005年7月，调整为个人和单位分别缴纳本人基本工资的8%。2013年，调整住房公积金缴纳标准，个人和单位分别缴纳本人工资总额的12%。

年终一次性奖金　2006年，罗庄区按照人事部规定，机关事业单位实行年终一次性奖金制度。机关事业单位工作人员年度考核称职（合格）及以上等次的，享受年终一次性奖金，发放标准为本人当年12月份基本工资。公务员（含参照公务员法管理人员）为职务工资和级别工资之和，机关工勤人员为岗位工资和技术等级工资之和，事业单位工作人员为岗位工资和薪级工资之和，中小学教师、护士还包括基本工资标准提高10%部分，年度考核为基本称职、不称职（不合格）人员，不发放年终一次性奖金。至2013年，罗庄区一直执行此标准。

第七节　人才工作

1995年2月，罗庄区人才交流服务中心成立。至1998年，为区内企事业单位引进各类专业技术人才2533人。1999年，组织2家企业参加在北京举办的全国人才交流会，签订人才引进意向235人；组织4家企业参加在济南举办的高层次专业技术人才交流洽谈会，签订工作意向204人。其中，博士生1人，硕士研究生2人，本科生101人。同年，区政府制定《罗庄区实施人事代理暂行办法》，区人才服务中心正式开展人事代理业务。2001年，进入区人才市场常年招聘的单位15家，交流570人次，18家单位委托人事代理，代理人员1939人，管理流动人员档案22420份。

2000—2002年，引进外地人才169人，其中外国专家2人。组织参加省人事厅召开的大中专学校毕业生就业双选会，达成工作意向的研究生5人、本科生626人。2003—2004年，组织华盛江泉集团有限公司等10家企业参加省、市高校毕业生供需见面会，引进毕业生1420人。其中，研究生7人，双学士2人，本科生992人。组织3次大型人才交流会，有27家大中型民营企业参加人才招聘活动，招聘大中专毕业生和专业技术人员350人。2005—2009年，参加省、市和大专院校举办的大中专毕业生双向选择大会7次，引进专业人才1786人。其中，研究生11人，本科生1236人，专科生539人。通过日常型人才市场求职、求才登记，参加各类人才交流会，为求才单位引进各类在职专业技术人员和管理人员433人，其中外国专家11人。2010年，区人社局制定《“十二五”人才规划》，加大对人才尤其是高层次人才引进力度。同年，区人社局建立人才求职信息库和单位招聘信息库。人才求职信息库储备人才7600人，单位招聘信息库储备企业160家。2011年，投资30万元，更新改造区人才市场软硬件设施，改变区人才市场“有市无场”状况。

2010—2013年，组织有关企事业单位赴济南、北京、西安、深圳、广州等地，参加各类人才供需洽谈会，引进专业人才4959人。其中，研究生53人，本科生3564人，专科生1342人。通过商调、发布人才招聘信息等形式，为求才单位引进各类在职专业技术人员和管理人员876人，其中外国专家15人。

第八节　离退休及退职干部待遇

离休条件与人员

国家机关和企事业单位工作人员达到离职休养，享受离休待遇的范围包括：1949年9月30日前参加中国共产党所领导的军队干部，在解放区参加革命工作并脱产享受供给制待遇的干部，在敌占区从事党的地下革命工作的干部；1948年年底以前享受当地人民政府制定的薪金制待遇的干部；1949年9月21日前参加民主党派，以后一直拥护中国共产党，坚持革命的干部。

1995年，全区有离休干部128人。其中，党政机关52人，事业单位48人，企业28人。2013年，全区尚有离休干部68人。其中，党政机关26人，事业单位34人，企业8人。

退休条件与人员

20世纪80年代初期，按照国家相关规定，男性干部、工人60周岁，女性干部55周岁、工人50周岁，应当退休；对个别因公致残，经医院证明完全丧失工作能力的，可以办理退休；对个别男性满50周岁，女性满45周岁，参加工作年限满10年的，经医院证明完全丧失能力的，可以办理退休；国家公务员按照《国家公务员条例》规定，男性满55周岁、女性满50周岁且工作年限满20年的，或工作年限满30年的，本人提出要求，经任免机关批准，可以提前退休。

1995年，全区有退休人员1832人。2013年，全区有退休人员11831人。其中，党政机关549人，事业单位1310人，企业9972人。

退职条件与人员

按照1978年国务院《关于安置老弱病残干部的暂行办法》规定，对机关事业单位干部职工，因病残完全丧失劳动能力，但是年龄、工龄或个人缴费年限方面又不具备退休条件的，经医院证明并经区劳动鉴定委员会确认、组织批准后退出生产或工作岗位进行休养，并按国家有关规定给予一定的物资资助和补偿。1995年，罗庄区有退职人员23人。2013年，全区共有退职人员11人。此外，按照山东省《关于解决精简退职老职工生活困难补助费问题的通知》规定，重新落实政策的二十世纪五六十年代被裁减回家人员83人。

生活待遇

离退休费计发标准　1993年第三次工资制度改革后，机关离休人员的离休费按本人离休前基本工资全额计发，事业单位离休人员和机关工人离休人员，离休费按本人离休前职务（技术等级）工资与津贴之和全额计发；退休人员的退休费，基础工资和工龄工资按本人退休前标准全额计发，职务工资与级别工资两项之和根据工作年限满35年、满30年不满35年、满20年不满30年、满10年不满20年、不满10年，分别按88%、82%、75%、60%、40%计发。2006年7月起，机关离休人员的离休费按本人离休前职务工资和级别工资之和全额计发，事业单位离休人员和机关工人离休人员，离休费按本人离休前岗位工资与薪级工资之和全额计发；机关退休人员本人退休前职务工资与级别工资之和、事业单位退休人员本人退休前岗位工资与薪级工资之和，根据工作年限满35年、满30年不满35年、满20年不满30年、满10年不满20年、不满10年分别按90%、85%、80%、70%、50%计发。2007年7月、2008年3月、2013年9月均调整增发离退休（职）费。

离休干部护理费调整标准　1992年6月，离休干部护理费每人每月51元，此后经1998年、2000年、2003年、2007年数次调整，逐步提高到每人每月100元、200元、300元、600元。2013年，罗庄区抗日战争时期和解放战争时期参加革命的离休干部护理费标准提高到每人每月1300元。

第九节　干部福利

病假待遇标准

1995年，罗庄区机关和事业单位工作人员病假待遇，按照《山东省人民政府关于贯彻国务院〈国家机关工作人员病假期间生活待遇的规定〉的通知》执行。机关事业单位工作人员1年内病假累计2个月以内的发给原工资。超过2个月不超过6个月的，从第3个月始，工作年限不满10年的，发给本人工资的90%；工作年限满10年的，工资照发。工作人员1年内累计病假超过6个月的，从第7个月始，工作年限不满10年的，发本人工资的70%；工作年限满10年和10年以上的，发给本人工资的80%。获省政府和国务院各部门授予的劳动英雄、劳动模范称号且仍保持荣誉的，病假时间，不论长短，不扣发基本工资。

2008年，根据国家、省、市有关规定，工伤人员工伤治疗期间继续享受原机关事业单位的工资福利待遇，工龄连续计算；工伤治疗期满病情稳定后，其待遇按有关规定执行。事业单位工作人员1年内累计病假超过1个月的，超过1个月以外的病假期间，当前补贴项目中的考勤奖、目标奖、交通补贴、浮动工资、教护龄津贴、特殊岗位津贴不再发放，其他补贴项目继续发放。国家机关、参照《中华人民共和国公务员法》管理的单位，工作人员1年内累计病假超过1个月的，超过1个月以外的病假期间，按有关规定扣除相应津贴补贴。至2013年，罗庄区机关事业单位工作人员的病假待遇一直执行此标准。

丧葬费标准

1995年，罗庄区机关事业单位工作人员和离退休人员丧葬费标准为每人500元，包干使用。2003年，丧葬费标准提高到每人1000元。至2013年，仍沿用此标准。

一次性抚恤标准

1995年，机关事业单位工作人员或离退休人员死亡一次性抚恤金标准：病故按本人生前10个月的基本工资、因公牺牲按牺牲前本人20个月的基本工资发放一次性抚恤。2004年10月，机关事业单位工作人员或离退休人员死亡一次性抚恤标准调整为：烈士为本人生前80个月基本工资或基本离退休费，因公牺牲为本人生前40个月的基本工资或基本离退休费，病故为本人生前 20 个月的基本工资或基本离退休费。2011 年 8 月，罗庄区机关工作人员及离退休人员死亡一次性抚恤金标准调整为：烈士和因公牺牲的，为上一年度全国城镇居民人均可支配收入的 20 倍加本人生前 40 个月基本工资或基本离退休费；病故的，为上一年度全国城镇居民人均可支配收入的 2 倍加本人生前 40 个月基本工资或基本离退休费。事业单位工作人员及离退休人员死亡一次性抚恤标准调整为：因公牺牲为本人生前 40 个月基本工资或基本离退休费；病故的，为本人生前 20 个月基本工资或基本离退休费；烈士的一次性抚恤金按国家有关规定执行。

遗属补助标准

1986 年，省人事厅、财政厅下发《关于调整国家机关工作人员牺牲、病故后遗属生活困难补助标准的意见》，规定国家机关工作人员或离退休人员去世后遗属生活困难补助标准，并先后于 1990 年、1996 年、1999 年调整遗属补助标准。按照 1999 年标准，死亡人员遗属系非农业户口的，按本地城市居民最低生活保障线标准执行；系农业户口的每人每月补助标准按户口所在地政府公布的农村村民最低生活保障线标准的 150% 执行。死亡系因公牺牲并被授予烈士的，在上述标准的基础上提高 50%；中华人民共和国成立前参加工作的，在上述标准的基础上提高 30%；因公死亡以及孤独单身的遗属，在上述标准基础上提高 20%。罗庄区自 1999 年 1 月起执行 1999 年省定标准，并根据罗庄区农村、城市居民最低生活保障线标准的调整，逐年提高遗属生活困难补助标准。

2005 年 11 月，山东省遗属不再分农村居民和城镇居民。遗属生活困难补助标准均按城市居民最低生活保障线标准执行，其他不变。

2013 年 1 月 1 日起，罗庄区城市居民最低生活保障标准每人每月 370 元。死者系中华人民共和国成立前参加工作的，遗属补助按户籍所在地城市居民最低生活保障线标准的 180% 执行，每人每月补助 666 元；死者系中华人民共和国成立后参加工作的，遗属补助按户籍所在地城市居民最低生活保障线标准的 150% 执行，每人每月补助 555 元。

第二章　劳动管理

第一节　劳动就业

劳动用工制度改革

1995 年，罗庄区主要实行在国家统筹规划和指导下，劳动部门介绍就业、自愿组织起来就业和劳动者个人自谋职业“三结合”的劳动用工制度。同年，区内以企业改革为重点的综合配套改革方案颁布，劳动用工制度亦随之改革，劳动用工开始推向市场，企业有了用人自主权，除大中专毕业生分配、复员军人安置实行统包统配外，其他劳动者有择业自主权，仅对用工年龄、户籍等方面有严格控制。

1997 年 12 月，贯彻执行劳动部提出的一系列新的就业政策，由过去“三结合”的就业政策，转变为“以充分开发利用劳动力资源、统筹安排城乡劳动力为出发点，依靠社会各方面力量，拓宽就业门路，推进再就业工程，实行劳动者自主就业、市场调节就业、政府促进就业的政策”，逐步建立起劳动者和用人单位双向选择的就业方式，形成以市场为导向的新型劳动就业制度。1999 年，罗庄区全面实施劳动预备制度，组织新生劳动力和其他求职人员，在就业前接受职业培训和职业教育，使其取得相应的职业资格或掌握一定的职业技能后，在国家政策指导和帮助下，通过劳动力市场实现就业。2002 年，对用人单位招工条件予以放宽，但求职人员离法定退休年龄须 15 年以上，不能同时在两家以上单位就业，招工不再受年龄（童工除外）和户籍等因素限制。

就业服务

服务平台　1995 年 3 月，罗庄区劳动服务公司（正股级单位）设立，主要负责全区企业招工、就业培训、下岗职工待遇发放和安置就业等工作。1996 年，在巩固完善全员劳动合同制、开展劳动合同鉴证工作的基础上，开始推行集体合同制。1997 年 5 月，罗庄区劳动服务公司设立职工档案委托管理科，开展为自谋职业和失签鉴劳动合同失业人员代管档案、代收代缴社会保险、代办退休和出具档案记载相关证明材料等工作。1995—1997 年，续签和新签合同 7146 份，为 11 家企业签鉴集体劳动合同。1999 年，建立劳动合同台账制度和劳动合同专管员制度。2000 年，劳动合同鉴证 2719 份。2003 年 3 月，罗庄区在 8 个街道设立劳动保障事务所，为股级全额拨款事业单位，编制 2～3 人，隶属所在街道办事处，业务上接受区劳动和社会保障局指导。同年 4 月，罗庄区劳动服务公司更名为罗庄区劳动就业办公室，为副科级事业单位。同年，指导企业依法签订和鉴证劳动合同 2105 份。2004 年，租用楼房 1100 平方米，设立劳动就业服务大厅、劳动保障服务大厅、劳动争议仲裁和劳动力市场 4 个二级服务单位。

2010 年 6 月，整合区人才交流服务中心、区人才市场、区劳动就业办公室、区劳动就业培训中心，设立罗庄区人力资源开发服务管理办公室，为正科级事业单位。同年，以区人力资源市场为就业服务载体，开展送政策、送信息、送技能、送岗位、送服务活动，为就业创业提供全程服务。2013 年，全区实现城镇新增就业 4386 人，城镇下岗职工再就业 1638 人，新增转移农村劳动力 4699 人。

1995—2013 年，代管档案 1.02 万份。档案托管人员中，3900 人办理退休手续，300 人办理社会保险卡，1410 人办理职工流动手续，1.37 万人代收代缴社会保险 7845 万元。

1995—2013 年罗庄区人力资源市场就业情况表

表 20-4　　单位：人

年份	城镇职工新增就业	失业人员再就业	转移农村劳动力	提供就业岗位数	成功介绍就业人数
1995	262	36	563	932	247
1996	1428	124	3166	1626	933
1997	1703	133	4025	1903	1522
1998	2128	152	4356	1827	1460
1999	2596	177	4795	2035	1517

续表 20-4

年份	城镇职工新增就业	失业人员再就业	转移农村劳动力	提供就业岗位数	成功介绍就业人数
2000	2608	205	5113	3120	2155
2001	2831	233	5306	3008	2262
2002	3016	267	5763	3357	2113
2003	3260	285	6016	3741	2336
2004	3485	302	6377	3902	2507
2005	3755	361	6746	3522	2280
2006	3919	388	7033	3352	2308
2007	4126	425	7883	3677	2552
2008	4408	463	8225	2953	1608
2009	4880	582	11089	6154	2304
2010	8756	3484	16210	6326	2446
2011	9783	3777	20387	5953	3801
2012	11235	3194	11921	6406	3147
2013	4386	1638	4699	2597	1673

劳务输出与输入 1995—2000年，罗庄区充分发挥劳务市场的职能作用，组织农村劳动力输出1600人，组织区外人员到罗庄区就业1320人，为21家企业解决用工问题。2001—2013年，随着全区经济快速发展，城镇化步伐加快，农村劳动力已经实现就地转移就业，劳务输入成为主流，吸引2.6万名外来务工人员到罗庄区就业。

再就业服务 1995年，罗庄区落实下岗职工再就业政策，鼓励和支持辖区内企业优化组合兼并，规范完善破产程序，合理分流下岗职工，实现减员增效。区劳动部门及时完善下岗职工申报备案制度，向下岗职工发放下岗证并逐人登记、建档。

1995—1998年，临沂市轻工机械厂、临沂汽车配件厂、临沂制锹厂等企业先后改制、破产，分流安置下岗职工817人，发放失业金22万元，为80名下岗失业人员解决生活困难。2003—2011年，粮食、供销部门，临沂陶瓷一厂、临沂陶瓷二厂、临沂陶瓷三厂、临沂造纸厂、春萌水泥厂等单位改制，培训安置下岗职工1800人，发放失业金160万元，为1910名下岗失业人员解决生活困难。再就业创业给予免征3年税收优惠政策。

劳动就业服务企业 1992年2月，省政府《山东省实施〈劳动就业服务企业管理规定〉细则》规定，劳动服务企业主要承担安置城镇待业人员任务，符合这一任务要求的劳动服务企业，享受免征企业所得税3年，免税期满后，减半免征企业所得税2年（三免二减半政策）。1995年，引导全区社会办劳动服务企业在享受完企业所得税“三免二减半”优惠政策后自行脱钩。部分企业按照《中华人民共和国公司法》等有关法律法规进行规范性改制，组建起由内部职工持股的公司制企业，独立承担民事权利和义务。1996年，全区劳动服务企业发展到4家，安置失业人员48人。2013年，全区有劳动服务企业5家，安置失业人员 62 人。

1995—2003 年罗庄区劳动就业服务企业安置就业情况表

表 20-5

年份	劳服企业（家）	人员安置情况（人）	下岗失业（人）
1995	3	36	12
1996	4	48	16
1997	4	48	16
1998	4	48	18
1999	5	62	18
2000	5	62	18
2001	4	49	14
2002	4	49	14
2003	3	38	12

第二节　劳动工资

1995 年，罗庄区主要实行岗位技能工资制，其工资构成包括岗位工资、技能工资、年功工资、津贴和补贴 4 大项。随着劳动用工制度改革不断深化，企业分配自主权不断扩大，政府对企业工资逐步从微观管理为主过渡到宏观调控。逐步建立起以“市场机制调节，企业自主分配，职工民主参与，国家监控指导”的宏观控制新模式。1999 年始，企业工资增长，由政府发布工资增长指导线，规定工资增长的基准线、上线和下线，企业根据自身经济效益情况，在工资指导线范围内自主安排工资增长。区内企业根据各自行业特点，普遍实行以岗位工资为主的工资分配制度。工资分配形式灵活多样，主要以计时工资、计件工资为主。其他的工资形式有浮动工资、定额工资、奖金和津贴等。

2013 年，全区企业职工最低工资标准由 1995 年每人每月 160 元调整为每人每月 1220 元，小时最低工资标准 12.5 元 / 小时。

1995—2013 年罗庄区最低工资标准情况表

表 20-6　　单位：元

年份	每月最低工资标准	年份	每月最低工资标准
1995	160	2005	420
1996	200	2006	480
1997	200	2007	480
1998	200	2008	620
1999	290	2009	620
2000	290	2010	760
2001	340	2011	950
2002	380	2012	1100
2003	380	2013	1220
2004	380		

第三节　职业技能培训与鉴定

职业技能培训

在职职工培训　1995 年，罗庄区本着“按需施教”原则，在劳动部门统一指导下，通过企业设立职工教育机构，利用企业场地、师资等，对在职职工进行技术培训。1995—1997 年，配合企业培训在职职工 1810 人。1998—2004 年，举办培训班 42 期，培训在职

图 20-1：罗庄区建筑工人技能比赛现场（2013 年 4 月 2 日　摄）

职工 3760 人。2005—2013 年，举办培训班 62 期，培训在职职工 5621 人。

劳动预备培训　1999 年，根据国务院办公厅转发劳动和社会保障部等部门《关于积极推进劳动预备制度，加快提高劳动者素质的意见》，建立起以区劳动就业培训中心为龙头，以职业中专、技工学校为基地，以社会力量办学为补充的综合培训网络，全面实施劳动预备制度。2000 年，对城镇不能升入高一级学校学习的初、高中毕业生实行“双证”就业，要求就业前必须经过各类职业技能教育和技能培训，并取得毕（结）业证和技术等级证书，方可进入劳动市场。2003 年 10 月始，罗庄区在办理企业招工录用手续时，严格执行就业准入制度，属于国家规定实行就业准入控制的职业或工种，必须持有相应学历证书或职业培训合格证书并获得相应职业资格证书，未获得相应职业资格证书者不予办理就业录用手续。1999—2004 年，培训城镇劳动预备人员 700 人。2005—2013 年，依托定点培训机构，举办电工、焊工、钳工、餐饮、汽车维修、机械加工、服装加工等专业培训班 18 期，培训有就业创业意向的劳动者 1440 人。

图 20-2：罗庄区举办职工上岗培训活动（2013 年 4 月 18 日　摄）

农村劳动力培训　2003 年，罗庄区落实农业部、劳动和社会保障部等 6 个部门印发的《2003—2010 年全国农民工培训规划》，组织实施农村劳动力转移培训阳光工程，对有意愿到城镇就业的失地、无地农民，以及从事第二、第三产业的农民，开展多种形式的转岗就业前短期技能培训。同年，培训失地、无地农民 5000 人，转移农村劳动力 3000 人。2004 年，举办培训班 6 期，有序转移农村富余劳动力 9200 人。2005—2013 年，举办培训班 54 期，有序转移农村富余劳动力 1.65 万人。

下岗失业职工再就业培训　1995 年始，罗庄区贯彻 1992 年 7 月劳动部《关于加强待业职工专业训练工作的通知》和 1999 年 1 月国务院颁布《失业保险条例》，围绕解决失业职工再就业问题，开展失业职工在失业期间参加转业转岗培训，采取失业保险与就业培训相结合的方法，加大对失业职工再就业培训力度。至 1997 年，培训失业人员 736 人。2000 年起，根据失业人员在领取失业保险金期间，应当依法参加职业技能培训的要求，区劳动保障部门根据社会就业需求和失业人员意愿，组织失业人员参加专业培训。对培训合格的，将失业人员的职业培训补贴直接拨付给培训机构；不合格的，由职业培训机构负责继续培训。至 2013 年，培训下岗失业职工 2751 人。

职业技能鉴定

1996 年，罗庄区职业技能鉴定所成立，把以往对工人的技术考核改为技能鉴定，在职工中推行持证上岗和考核晋级制度。2004 年，罗庄区根据临沂市劳动和社会保障局《关于依法推行职业资格证书制度的通知》要求，本着“行业切入，重点突破”原则，在餐饮服务业、摄影业、交通运输业等行业开展职业技能鉴定。2006—2013 年，审批 12 家职业培训学校，设立华盛江泉集团、新光集团、久泰能源、红日化工股份有限公司4所职业技能鉴定站，批准鉴定的工种为计算机、电工、电焊工、中式烹调师、中式面点师、餐厅服务员、美容师、茶艺师、孕婴师等。至2013年，面向全区共组织培训24876人，进行职业技能鉴定并获得职业资格证书21532人。其中，首席技师20人，技师55人，高级工1115人，中级工3056人，初级工17286人。

2005—2013年罗庄区持职业资格证书人数情况表

表20-7 单位：人

年份	初级工	中级工	高级工	技师
2005	163	\	\	\
2006	206	\	\	\
2007	241	\	\	\
2008	325	\	\	\
2009	2310	\	\	\
2010	1685	\	\	\
2011	4512	1259	73	\
2012	3272	675	606	40
2013	4572	1122	436	35

第四节 劳动争议仲裁

1995年，罗庄区劳动争议仲裁委员会成立。1997年3月，区劳动争议仲裁委员会办公室设立。根据国务院颁布的《中华人民共和国企业劳动争议处理条例》开展劳动争议仲裁。1997年，区仲裁办公室受理劳动争议案件19起，结案19起。2001—2004年，随着企业规模扩大和企业数量增加，职工与企业矛盾点增多，区劳动和社会保障局加大劳动执法力度，提高劳动争议调解率，4年共受理各类劳动争议案件196起，结案191起，结案率96.95%，为企业和职工挽回经济损失727.82万元。2005—2013年，共受理各类劳动争议案件1676起，结案1669起，结案率99.6%，为企业和职工挽回经济损失6764.21万元。

1997—2013年罗庄区劳动争议案件受理情况表

表20-8

年份	受理案件数（件）	立案数（件）	结案数（件）	按期处结率（%）	涉及标的额（万元）
1997	19	19	19	100	73
1998	17	17	17	100	56
1999	32	32	32	100	103.2
2000	46	46	46	100	121.22

续表 20-8

年份	受理案件数（件）	立案数（件）	结案数（件）	按期处结率（%）	涉及标的额（万元）
2001	58	58	58	100	161.12
2002	43	43	40	93	150
2003	28	28	28	100	87
2004	67	67	65	97	329.7
2005	99	99	97	98	488.26
2006	92	92	90	97.8	310
2007	127	127	124	97.63	661.48
2008	293	293	293	100	1146
2009	236	236	236	100	643.74
2010	205	205	205	100	614.23
2011	217	217	217	100	970
2012	218	218	218	100	1020.50
2013	189	189	189	100	910

第五节　劳动保障监察

1995 年始，罗庄区每年对全区各类企业进行一次劳动保障年检，通报年检情况。对年检过程中发现的违反劳动保障法律法规行为，下达《劳动保障监察责令整改通知书》，限期整改。建立日常巡查和专项检查制度，对用人单位劳动合同签订及履行情况、最低工资规定及工资支付情况、社会保险参保缴费情况、未成年工及女职工特殊劳动保护情况等方面进行检查，发现违规违法问题，责令用人单位限期整改或依法予以行政处罚、处理。1996 年 3 月，开展《中华人民共和国劳动法》执行情况检查，抽查企业 165 家，涉及职工 1.78 万人，下达责令改正指令书 63 份，补签劳动合同 2800 份，补发工资 2.8 万元，补缴社会保险金 197 万元。1997 年 5 月，对区属企业使用农民工情况进行清理检查，补签劳动合同 50 份。同年 7 月，对全区 2178 家企业就企业加班加点、收取押金、不按时支付工资等情况进行检查。至 1997 年年底，先后组织 4 次《中华人民共和国劳动法》大型宣传活动，举办 2 期厂长（经理）《中华人民共和国劳动法》培训班，对 8 家区属企业和部分乡镇企业《中华人民共和国劳动法》执行情况进行年检，依法清理修正 16 家企业制定的厂规厂纪，发放整改通知书 19 份。

1998 年 3 月，对 320 家企业进行劳动保障年审工作，补签劳动合同 360 份，补缴社会保险金 188 万元。1998—2001 年，劳动保障年检单位 2186 家次，下达行政处罚通知书 325 份，查处案件 1099 起，追缴社会保障金 772 万元。2002—2004 年，开展民工权益保护专项检查和《中华人民共和国妇女权益保障法》《中华人民共和国劳动法》执行情况检查。检查用人单位 1726 家次，责令整改 27 家，清欠追缴社会保障费 589 万元，清理企业拖欠职工工资 816 万元。

2005—2013 年，全区劳动保障年检单位

6696 家次，下达行政处罚通知书 795 份，查处案件 2502 起，追缴社会保障金 1678 万元，清理企业拖欠职工工资 2551 万元。

1995—2013 年罗庄区劳动保障监察执行情况表

表 20-9

年份	年检单位（家）	下达整改（份）	下达行政处罚（份）	查处案件书（件）	补发工资追回押金（万元）	追缴社会保障金（万元）
1995	502	195	86	302	312	206
1996	513	181	88	279	298	197
1997	528	212	69	298	326	239
1998	535	176	76	261	256	188
1999	543	189	96	312	286	217
2000	551	215	82	291	275	199
2001	557	201	71	235	258	168
2002	562	166	85	265	231	201
2003	576	173	80	335	317	236
2004	588	189	92	301	268	152
2005	607	225	101	275	356	216
2006	638	205	124	337	265	198
2007	681	201	82	285	276	184
2008	702	189	76	261	256	175
2009	726	161	72	231	238	162
2010	762	206	96	287	301	189
2011	824	211	82	288	276	172
2012	861	199	77	271	286	194
2013	895	207	85	267	297	188

第三章　社会保障

第一节　养老保险

企业职工基本养老保险

1991 年 6 月，国务院颁布《关于企业职工养老保险制度改革的决定》，实行养老保险费用社会统筹，确定养老保险费用由国家、企业和职工三方共同筹资，职工个人按本人工资的 2% 缴纳养老保险费。1995 年，罗庄区贯彻国务院《关于深化企业职工养老保险制度改革的通知》精神，建立社会统筹与个人账户相结合的新机制，同年，全区企业职工养老保险参保人数9686人，征缴养老保险基金523万元，发放养老金421万元。1996年，罗庄区企业职工基本养老保险基金单位缴纳20%，个人缴纳3%。为参保企业职工建立个人账户，参保人员的档案由社会保险事业处统筹管理。同年12月，企业职工离退休费实行社会化发放。国有企业和区以上集体企业离退休人员养老金不再由企业自行发放，改为银行代发。

1997年起，根据国务院《关于建立统一的企业职工基本养老保险制度的决定》中关于“个人缴纳基本养老保险费的比例，1997年不得低于本人缴费工资的4%，1998年起，每两年提高1个百分点，最终达到本人缴费工资的8%”的规定，提高个人缴费比例。2003年，个人参保账户试行微机化管理。其中个人养老金征缴、离退休费发放、企业养老保险手册年审、欠费保险核校及养老保险关系转移等，均通过微机完成。2005年，罗庄区企业职工基本养老保险基金单位缴纳19%，个人缴纳8%。

2006年，罗庄区根据国务院《关于完善企业职工基本养老保险制度的决定》和省政府《山东省完善企业职工基本养老保险制度实施意见》，从改革基本养老金计发、规范统一城镇个体工商户和灵活就业人员参保政策、按缴费基数的8%逐步做实基本养老保险个人账户等方面，进一步完善企业职工养老保险制度。2007年，企业职工基本养老保险基金单位缴纳由19%调整为20%，个人缴纳8%。2008年，实施“金保工程”，实现省、市、区三级联网，同时启用全省统一的征缴票据，企业养老、失业、工伤、生育保险统一征缴。同年，系统录入参保人数2.82万人。

2011年1月始，企业职工基本养老保险基金单位缴纳由20%再次调整为19%，个人缴纳8%。同年，基本养老保险缴费人数3.82万人，征缴基本养老保险基金2.27亿元，养老保险金支出6033万元。2012年1月，企业职工基本养老保险基金单位缴纳由19%调整为18%，个人缴纳8%。同年3月，区劳动保险事业处、区医疗保险事业处、区农村养老保险事业处合并，成立罗庄区社会保险事业管理中心，为正科级事业单位，实现养老、医疗、失业、工伤、生育“五险合一”“一票征缴”。

2013年，企业职工基本养老保险缴费人数5.06万人，征缴基本养老保险基金2.37亿元，养老保险金支出1.4亿元。

图20-3：罗庄区开展居民基本养老保险宣传活动（2013年11月 摄）

1995—2013年罗庄区企业职工缴纳养老保险情况表

表20-10

年度	参保人数（人）	征缴金额（万元）	离退休人数（人）	发放养老金（万元）
1995	9686	523	831	421
1996	9529	514	864	440

续表 20-10

年度	参保人数（人）	征缴金额（万元）	离退休人数（人）	发放养老金（万元）
1997	9795	619	937	591
1998	9554	685	1025	711
1999	9464	778	1130	972
2000	10559	969	1256	1044
2001	10870	1179	1407	1447
2002	11026	1323	1588	1739
2003	11343	2505	1806	2085
2004	13601	3006	1867	1649
2005	16321	3608	2181	1979
2006	19585	4710	2457	2556
2007	23503	9253	2709	3157
2008	28204	10499	3250	3919
2009	33845	14857	3901	4715
2010	38232	22683	4109	6033
2011	46980	23572	4568	7331
2012	48410	24554	8621	10758
2013	50605	23714	9991	13928

农村社会养老保险

1992 年 1 月，民政部印发《县级农村社会养老保险基本方案（草案）》，确定以县为基本单位开展农村养老保险。规定：农村社会养老保险不以营利为目的，以保障老年人基本生活为宗旨，坚持以农民自我保障为主，自助与互济相结合，社会保险和个人储备及家庭养老相结合。

1995 年，县级临沂市管理的罗庄区辖区内农村社会养老保险业务划转至罗庄区民政局。同年，全区参保人数 4725 人，征缴养老保险基金 208 万元。

1999 年 9 月，罗庄区劳动和社会保障局成立，原由区民政局管理的农村养老保险业务划转至区劳动和社会保障局。罗庄区劳动和社会保障局农村养老保险事业处有专职农保人员 9 人，各乡镇人社所农保人员 35 人，各村代办员共约 240 人，形成多级工作网络和上下贯通的管理体系。凡农村户口，年龄在 25 ～ 60 周岁人员均可参保。缴费标准从每人每月 2 ～ 14 元，7 个档次，由参保人自由选择。参保人员自年满 60 周岁的下月起，按月或季度领取养老金。

2001 年 10 月，区农保处按市政府要求，开展农村养老保险投保缴费清查核对工作。共清查核对 541 人，换发“农村社会养老保险手册”4410 件，纠正错误编号、漏号、重号 202 人。

2002 年，农村养老保险业务划转劳动保障部门后，劳动保障部出台文件，临时暂停征缴原农村养老保险征缴业务，已办理领取养老保险业务的居民和适龄退休居民正常办理，不受影响。

2003年年底，罗庄区落实市政府《关于建立市辖三区被征地农民基本生活保障制度的意见》精神，制定《罗庄区被征地农民基本养老保险办法》，启动实施被征地农民基本养老保险工作，采取“个人缴一块，集体出一块，政府补一块”的方式筹措资金。

2011年9月，罗庄区贯彻落实国务院2009年9月发布的《关于开展新型农村社会养老保险试点的指导意见》，实施新型农村养老保险工作，把城镇居民纳入新型农村社会养老保险覆盖范围，执行统一政策，同步办理参保和待遇领取手续，农村养老保险改称居民养老保险。当年年满60岁的农村参保老人自2011年7月始统一领取待遇。同年，全区新型农村养老保险参保11.81万人，养老金发放5.93万人次，发放农村养老保险2113万元。

2013年，新型农村养老保险缴费人数12.05万人，个人缴费1837万元；农村养老保险发放6.61万人，发放金额4826万元。

1995—2013年罗庄区农村社会养老保险收支情况表

表20-11

年份	参保人数（人）	征缴金额（万元）	发放人数（人）	支出金额（万元）
1995	4752	208	289	117
1996	4622	198	362	122
1997	4451	203	465	126
1998	4022	186	488	131
1999	4011	—	544	138
2000	3980	—	589	147
2001	3966	—	621	146
2002	3897	—	633	152
2003	581	39	683	153
2004	1939	898	762	159
2005	2491	1709	778	169
2006	694	313	855	175
2007	1697	943	864	179
2008	327	117	887	181
2009	1460	398	916	177
2010	1325	1039	931	182
2011	118088	2522	59321	2113
2012	126818	2418	65211	4037
2013	120514	1837	66078	4826

机关事业单位养老保险

1995 年，罗庄区社会保险事业处成立，全区机关事业单位养老保险征缴工作启动。机关事业单位工作人员、劳动合同制工人、自收自支单位人员和乡镇招（选）聘干部按规定参加社会养老保险。基本养老保险金由单位缴纳和个人缴纳两部分构成，其中个人缴纳本人工资总额的 2%，单位缴纳职工工资总额的 19%。离退休人员不负担个人缴纳部分。1999 年 7 月，机关事业单位离退休人员养老金交付银行代发，实现社会化发放。2001 年 1 月起，调整机关单位基本养老保险费比例，其中单位缴纳 19%，个人缴费由 2% 调整为 4%。

2010 年，机关事业单位养老保险单位缴纳部分为 20%，个人缴纳部分为 2%。同年，全区机关事业单位养老保险缴费人员 7570 人，缴费 4568 万元，支付基本养老保险金 4153 万元，养老保险金支付全部实行社会化发放，发放率 100%。

2013 年，机关事业单位养老保险参保人员 9623 人，缴费 5948 万元；领取养老金人员 1904 人，发放 6342 万元。

1995—2013 年罗庄区机关事业单位养老保险情况表

表 20-12

年份	征缴养老保险金		支出养老金	
	参保人数（人）	征缴金额（万元）	离退休人数（人）	发放养老金（万元）
1995	1722	145	310	130
1996	1894	188	341	169
1997	2083	245	375	220
1998	2292	318	413	287
1999	2521	414	854	373
2000	2773	538	1001	485
2001	3051	701	1050	630
2002	3356	910	1064	820
2003	3691	1183	1125	1066
2004	4061	1539	1202	1386
2005	4873	1847	1218	1802
2006	5360	2446	1233	2197
2007	5896	3321	1203	2853
2008	6480	4150	1264	3580
2009	7135	5006	1280	3739
2010	7570	4568	1353	4153
2011	8340	5524	1754	5197
2012	9602	6044	1882	6024
2013	9623	5948	1904	6342

第二节　医疗保险

城镇职工医疗保险

医疗保险费交纳　1995年，罗庄区公费医疗管理委员会成立，下设公费医疗办公室，隶属区卫生局。同年，区政府制定《罗庄区公费医疗管理暂行办法》，规定职工公费医疗参保范围为全区行政机关及事业单位（含全额、差额、自收自支）人员及在乡二等乙级以上伤残军人；医疗经费实行定额包干，医疗费用超支部分，乡镇人员由乡镇解决，区直单位人员由区公费医疗办公室解决，大额费用每年报销一次。全区机关事业单位共有5726人享受公费医疗。1999年9月，公费医疗办公室由区卫生局析出，更名罗庄区医疗保险事业处，为副科级事业单位，隶属区劳动和社会保障局。

2000年1月，落实国务院《关于建立城镇职工基本医疗保险制度的决定》和市政府《临沂市城镇职工基本医疗保险暂行规定》，全区机关事业单位公费医疗改为城镇职工基本医疗保险，实行城镇职工医疗保险制度。基本医疗保险费由单位和个人共同缴纳，单位缴纳部分以所有参保人员工资总额为基数，按8%比例缴纳，个人缴纳部分按本人工资总额的2%缴纳，离退休人员个人不缴费。

2009年1月，根据《临沂市城镇灵活就业人员、个体工商户及自由职业者参加城镇基本医疗保险、企业养老保险实施办法的通知》，将城镇灵活就业人员、个体工商户及自由职业者纳入城镇职工基本医疗保险。2010年，将关闭破产国有、集体企业未参加城镇基本医疗保险的退休人员、国有和县以上集体特困企业未参加城镇基本医疗保险的退休人员全部纳入城镇基本医疗保险。至2013年，全区城镇职工医疗保险参保人数5.36万人。其中，机关事业单位1.02万人，企业4.34万人。

医疗保险费支付　2000年，规定统筹金支付住院费起付标准和最高限额：一、二、三级医院起付标准分别为500元、600元、700元，第二次住院的起付标准分别为300元、400元、500元，同年度第3次住院不再设起付标准，统筹金支付住院费的年度最高限额为3万元。住院费用在起付标准以上的，按“分段累计制”报销，0.5万元以内（含0.5万元），个人负担25%；0.5万元～1万元（含1万元），个人负担20%；1万元～3万元（含3万元），个人负担15%。

2006年，基本医疗保险统筹金支付最高限额提高到5万元。一、二、三级医院起付标准分别400元、600元、800元，第二次住院的起付标准分别200元、300元、400元，同年度第3次住院（第一次、第二次住院的起付标准付完后）不再设起付标准。住院医疗费用在起付标准以上，按分段累进制报销。0.5万元以内（含0.5万元），个人负担比例在一、二、三级医疗机构分别15%、20%、25%；0.5万元～1万元（含1万元），个人负担比例在一、二、三级医疗机构分别为10%、15%、20%；1万元～2万元（含2万元），个人负担15%；2万元～5万元（含5万元），个人负担10%，其余部分由统筹基金负担；5万元～20万元（含20万元），个人负担10%，大额医疗救助金负担90%。达到法定退休年龄人员超过起付标准以上部分的个人负担比例为在职职工的一半，起付标准和最高支付限额与在职职工相同。门诊慢性病补助起付标准为800元，符合基本医疗保险支付范围的医疗费起付标准以上至5万元部分，未达到法定退休年龄人员补助75%，达到法定退休年龄人员补助85%。

2008年，基本医疗保险统筹金支付的最高限额提高到6万元。大病医疗救助的最高支付限额提高到22万元。提高分段报销比例，1万元以内（含1万元）个人负担比例在一、二、三级医疗机构分别10%、15%、20%；1万元～2万元（含2万元），个人负担15%；2万元～6万元（含6万元），个人负担10%；6万元～22万元（含22万元），个人负担10%，其余部分由统筹基金负担。退休人员住院医疗费个人负担比例减半。提高门诊慢性病报销的比例。符合门诊慢性病报销范围的医疗费在起付标准（800元）以上至6万元部分报销的比例由75%提高到80%。

2011年，统筹基金支付最高限额提高到12万元，大额医疗救助最高支付限额提高到32万元。在职职工符合支付范围的住院费用3万元以内的（含3万元），个人负担比例在一、二、三级医疗机构分别10%、15%、20%；3万元～8万元（含8万元），个人负担15%；8万元～12万元（含12万元），个人负担10%；12万元～32万元（含32万元），个人负担10%，其余部分由统筹基金负担。门诊慢性病每年起付标准为600元，在职职工符合支付范围的门诊慢性病费用，3万元以内（含3万元），个人负担20%；3万元～8万元（含8万元），个人负担15%;8万元～12万元（含12万元），个人负担10%；12万元～32万元（含32万元），个人负担10%，其余部分由统筹基金负担。门诊慢性病费用和住院费用的医疗保险统筹基金支付限额合并计算。退休人员超过起付标准以上部分的个人负担比例为在职职工的一半，起付标准和最高支付限额与在职职工相同。

2013年，全区城镇职工医疗保险参保人数5.36万人，缴费8156.59万元，支付6579.49万元。

1995—2013年罗庄区城镇职工医疗保险参保人员及基金管理情况表

表20-13

年份	参保人数（人）		统筹基金（万元）		个人账户（万元）	
	机关事业单位	企业	收入	支出	收入	支出
1995	5726	0	—	—	—	—
1996	5912	0	—	—	—	—
1997	6001	0	—	—	—	—
1998	6134	0	—	—	—	—
1999	6238	0	—	—	—	—
2000	6327	398	200.73	24.96	201.86	—
2001	6415	691	121.51	23.29	127.61	10.09
2002	6529	1386	211.04	80.27	185.21	53.20
2003	6686	2329	485.52	108.72	167.19	76.44
2004	7146	9556	1015.61	261.01	156.67	153.97
2005	7783	10166	880.11	330.77	305.11	239.01
2006	7950	13094	1049.83	417.60	390.07	280.60

续表 20-13

年份	参保人数（人）		统筹基金（万元）		个人账户（万元）	
	机关事业单位	企业	收入	支出	收入	支出
2007	8083	14100	1026.16	472.09	949.14	334.17
2008	8225	21094	2096.07	616.48	1142.67	524.54
2009	8446	29580	1794.80	763.21	2026.58	3799.04
2010	8699	37601	2303.18	967.77	2349.36	903.88
2011	9736	38599	2436.13	1480.25	2973.84	1008.38
2012	9987	42588	3039.34	1985.75	3374.63	2650.39
2013	10220	43355	4056.40	2832.97	4100.19	3746.52

农村合作医疗

20 世纪 60 年代末，农村实行合作医疗。当时的办医形式是以大队为基础，合作医疗资金主要是从大队公益金中提取。进入 80 年代，随着农村家庭联产承包责任制的实施和人民公社体制的撤销，农村合作医疗基本停办。

2002 年 10 月，中共中央、国务院发布《关于进一步加强农村卫生工作的决定》，首次提出建立新型农村合作医疗（简称新农合）制度。2003 年，国务院办公厅转发卫生部、财政部等部门《关于建立新型农村合作医疗制度的意见》，进一步明确建立新型农村合作医疗制度的目标、原则、组织管理、筹资标准、资金管理、医疗服务管理、组织实施等各项政策措施。

新农合管理 2004 年，区政府成立罗庄区新型农村合作医疗管理委员会和新型农村合作医疗监督委员会。下设办公室，隶属区卫生局管理。各街道相应成立管理委员会、监督委员会及经办机构。2006 年 10 月，区政府制定《罗庄区新型农村合作医疗实施方案》，开始全面实施新型农村合作医疗。参加新农合的范围是具有罗庄区户籍的农民，以家庭为单位自愿参保。资金来源实行农民个人缴费、集体扶持、政府补助相结合的筹资机制。2007 年，修订《罗庄区新型农村合作医疗管理办法》。

定点医疗机构 2006 年，全区设置新型农村合作医疗定点医疗机构 76 处（含村卫生室）。全区第一批新农合定点医院 8 家。其中，区级机构有罗庄区人民医院、临沂罗庄中心医院、罗庄区结核病防治所 3 家；街道定点机构有罗庄卫生院、盛庄卫生院、双月湖卫生院、傅庄中心卫生院、册山中心卫生院 5 家。2007 年，区政府制定《罗庄区新型农村合作医疗定点医疗机构建设与管理暂行规定》。几经调整，至 2013 年，全区设置新型农村合作医疗定点医疗机构 265 处（含村、社区卫生室），

报销补偿标准 新农合参保人员在定点医疗机构门诊报销：村级定点医疗机构（社区服务点）就诊报销 100%，超出家庭账户部分费用自理。在定点医疗机构住院报销：在区内一级定点医疗机构就诊不设起付线，0.1 万元以下报销 40%，0.1 万元～0.5 万元报销 50%，0.5 万元～1 万元报销 60%，1 万元～2 万元报销 70%，2 万元以上报销 80%；在区内二级定点医疗机构就诊不设起付线，报销比例为一级医院的 80%；到区外及三级定点医疗

机构住院起付线2000元，报销比例为一级医院的50%；年度上限2万元。全年有82912人参加新农合，按每人每年个人缴费20元，各级政府补助12元，筹集资金270.31万元，支付177.10万元，结余151.84万元。

2007年，报销比例调整为：参合农民在本街道卫生院和村卫生室就诊，所发生的符合规定门诊费用，报销100%，家庭账户用完后由门诊统筹基金账户继续补偿，其他机构的门诊费用不报销；住院费用报销，在区内一级定点医疗机构就诊不设起付线，0.5万元以下报销50%，0.5万元～1万元报销60%，1万元～2万元报销70%，2万元以上报销80%；在区内二级定点医疗机构就诊起付线200元，200元～5000元报销40%，0.5万元～1万元报销50%，1万元～2万元报销50%，2万元以上部分报销60%；到区外及三级定点医疗机构住院起付线1000元，1万元～2万元部分报销50%，2万元以上部分报销60%；年度上限2.6万元。

2011年1月，再次调整新农合住院费用报销比例。在区内镇、街道级定点医院，150元以上部分报销70%。在区级定点医院：500元～10000元部分报销60%，1万元以上部分报销65%。在本市三级定点医院：500元～10000元报销40%，1万元～3万元报销50%，3万元以上部分报销60%。区外一级、二级及市外三级定点医院起付线以上部分，报销比例分别65%、50%、40%。

对恶性肿瘤放疗化疗、尿毒症透析、血友病和重性精神疾病四类重大特殊疾病，根据近期住院病历和医院诊断证明，经区经办机构批准后，在区级及以上定点医院发生的门诊费用执行同级住院报销政策。对患有先心病、白血病和单纯性唇裂三类疾病的参合患儿，在省内县级及以上定点医院（经市级以上卫生行政部门审批认定）发生的医疗费用，其住院报销比例统一提高到70%。

2013年，参合人数43.02万人，按每人每年个人缴费70元、各级政府补助280元的标准，筹集资金1.51亿元，支付1.51亿元，累计结余703.86万元。

2006—2013年罗庄区新型农村合作医疗基本情况表

表20-14

年份	参合人数（人）	个人缴费		上级拨付		支付（万元）	累计结余（万元）
		标准（元）	总额（万元）	标准（元）	总额（万元）		
2006	82912	20	165.82	12	104.49	177.10	151.84
2007	232060	20	464.12	45	1044.50	1082.96	590.06
2008	250722	20	582.35	75	1855.30	2127.39	921.68
2009	253965	20	507.93	100	2031.52	2820.16	669.75
2010	315344	20	546.04	110	3454.63	3831.85	867.70
2011	418394	50	1828.40	200	8382.36	9109.36	2105.14
2012	414389	60	2486.33	240	9933.90	14148.16	635.68
2013	430222	70	3011.62	280	12047.00	15107.16	703.86

城镇居民医疗保险

2009年1月1日始，罗庄区实施城镇居民基本医疗保险制度。城镇居民基本医疗保险参保范围，涵盖罗庄区行政区域内不属于城镇职工基本医疗保险制度覆盖范围，具有本区户籍的全部城镇居民。城镇居民医疗保险基金主要来源于个人参保缴费和政府补助。2009—2013年，个人参保缴费标准每人每年130元，政府补助标准每人每年280元。

参加城镇居民基本医疗保险住院费用报销比例，一、二、三级医院起付标准分别200元、300元、600元，报销比例分别85%、70%、55%，最高支付限额12万元。2013年，罗庄区城镇居民医疗保险参保人数3.3万人，个人缴纳115.7万元，政府补助922.34万元，支付373.45万元，累计结余2152.91万元。

2009—2013年罗庄区城镇居民医疗保险基金收支情况表

表20-15

年份	参保人数（万人）	收缴金额（万元）			支出金额（万元）	结余（万元）
		个人缴纳	政府补助	合计		
2008	—	11.91	—	11.91	—	11.91
2009	2.08	148.30	228.32	376.62	153.04	235.49
2010	2.92	97.40	99.98	197.38	168.23	264.64
2011	2.89	92.09	347.36	439.45	237.56	466.53
2012	4.50	167.09	1198.35	1365.44	343.65	1488.32
2013	3.30	115.70	922.34	1038.04	373.45	2152.91

第三节　失业保险

1995年，罗庄区建立企业失业保险制度，全民所有制企业按全部职工工资总额的1%缴纳；外商投资企业按中方全部职工实得工资总额的1%缴纳。失业保险保障对象按规定参加失业保险，履行缴费义务满1年并非本人意愿中断就业有再就业意向的失业职工。失业职工享受失业保险待遇标准每人每月110元。同年，全区共有失业保险参保人数4612人，征缴失业保险基金31.3万元，82人领取失业保险救济金，失业保险基金支出0.91万元。1999年1月，国务院颁布《失业保险条例》。失业保险征缴范围扩大到集体企业、私营企业和城镇事业单位职工。失业保险缴费比例调整为参保单位按职工工资总额2%缴纳，参保个人按职工本人工资总额1%缴纳。2000年始，罗庄区事业单位职工实施失业保险制度。2001年起，较大规模企业和机关事业单位逐步参加失业保险，参保人数增加。至2003年，参保人数达到5880人。

失业保险征缴比例随经济发展不断调整，失业保险费率逐年降低。2010年，单位按全部职工工资总额1.4%缴纳，个人按本人工资总额0.7%缴纳。领取失业保险金的条件为失业人员按照规定参加失业保险，所在单位和个人已按规定履行缴费义务满一年的，非本人意愿中断就业的，已办理失业登记并有求职要求的，经报送档案可领取失业保险金。失业人员领取失业保险金的期限根据失业人员失业前所在单位和本人累计缴费时间长短计算。累计缴费时间满 1 年不足 5 年的，领取失业保险金的期限最长 12 个月；累计缴费时间满 5 年不足 10 年的，领取失业保险金的期限最长 18 个月；累计缴费时间 10 年以上的，领取失业保险金的期限最长 24 个月。领取标准为当地最低工资标准的 75%。2010 年，每人每月领取失业保险金 620 元。

2013 年，失业参保人员 2.66 万人，年末待遇享受人员 328 人，征缴失业保险费 1135 万元，支付失业保险金 227 万元。

1995—2013 年罗庄区失业（待业）保险费收支情况表

表 20-16

年份	参保人数（人）	征缴金额（万元）	发放人数（人）	支出金额（万元）
1995	4612	31.3	82	0.91
1996	4556	33.2	74	0.88
1997	4668	35.8	85	0.96
1998	4881	36.5	87	0.99
1999	5203	37.2	156	1.31
2000	5668	38.8	136	1.01
2001	5321	44.2	101	1.22
2002	5766	50	131	2.6
2003	5880	55.8	88	1.17
2004	6214	131	214	20.0
2005	6555	100	166	14.7
2006	7721	300	210	21.6
2007	8081	392	255	109
2008	9887	569	234	93
2009	11089	608	225	94
2010	12102	489	322	144
2011	16976	839	1253	541
2012	21015	1174	801	323
2013	26551	1135	328	227

第四节　工伤保险

2004 年 1 月，罗庄区根据《临沂市贯彻〈工伤保险条例〉试行办法》，正式启动工伤保险工作。工伤保险实行属地管理，各单位参加驻地工伤保险统筹管理。工伤保险金由参保单位按时向社保处申报缴费基数并缴纳工伤保险金，职工个人不缴纳工伤保险金。缴费标准按参保单位职工工资总额：属于第一行业类别的，缴费比例 0.5%；属于第二行业类别的，根据参保单位性质不同分别 0.5%、0.8%、1.2%、1.5%；属于第三行业类别的，根据参保单位性质不同分别 1%、1.6%、2%。

根据用人单位工伤保险费征缴、支付以及工伤事故发生率等情况，在1—3年内缴费费率进行适当调整。具体调整办法按照《临沂市企业工伤保险费率调整与浮动办法（试行）》规定执行。

工伤认定由罗庄区劳动监察大队工伤认定科认定，根据认定结果享受分级工伤保险待遇。工伤保险待遇分为工伤治疗期间待遇、伤残待遇及工亡待遇等。治疗期间所需费用符合规定的，从工伤保险基金支付。工伤职工在停工留薪期内，原工资福利待遇不变，由所在单位按月支付。评定伤残等级后，按规定享受伤残待遇。

2013年，全区参加工伤保险人员5.79万人，征缴工伤保险费1002万元，处理案件121起，支付工伤保险待遇552万元，基金累计结余1610.8万元。

2004—2013年罗庄区工伤保险基金收支情况表

表20-17

年份	参保人数（人）	征缴金额（万元）	处理案件（起）	支出金额（万元）
2004	2551	27.8	18	6.0
2005	6889	78.3	12	5.7
2006	14124	146.9	21	91.6
2007	19121	218	42	148
2008	28991	371	38	146
2009	38899	569	51	199
2010	44330	638	35	133
2011	48901	739	68	216
2012	55618	882	104	434
2013	57881	1002	121	552

第五节　生育保险

2005年7月，罗庄区根据市政府《临沂市企业职工生育保险试行办法》，全区生育保险实行社会统筹。凡辖区内各类城镇企业，参加基本养老保险职工须同时参加生育保险社会统筹。生育保险费缴费基数和人员同参加基本养老保险的缴费基数和人员一致。生育保险缴费费率为参保人员工资总额的1%，用人单位与基本养老保险和工伤保险一票缴纳，职工个人不缴纳生育保险费。征收的生育保险费按规定存入财政部门在国有商业银行开设的社会保险基金财政专户，形成生育保险基金。

职工生育保险待遇主要包括生育津贴和生育医疗待遇两项内容。生育津贴用于保障女职工产假期间的基本生活需要，生育医疗待遇用于保障女职工怀孕、分娩期间以及实施节育手术时的基本医疗保健需要。

享受生育保险待遇人员，应符合国家计划生育政策，并到定点医院生产。女职工生育时所产生的检查费、接生费、手术费、住院费、药费等费用，从生育保险基金中支付。生育医疗费实行定额结算，顺产按上年度全市职工月平均工资1个月标准支付，难产按一个半月标准支付，流产医疗费按200元支付。生育津贴和生育医疗费在产假期满后，由企业持到期生育职工的结婚证、准生证、婴儿出生证明及本人《职工养老保险手册》到区社会保险事业处领取。女职工产假期间从生育保险基金中领取生育津贴。领取标准为本人上年度月平均缴费工资除以30天乘以产假天数。

2013年，全区参加生育保险人员4.09万人，征缴生育保险基金653万元；享受生育保险待遇586人，支付生育保险基金469万元。基金累计结余933.29万元。

2005—2013年罗庄区生育保险基金收支情况表

表20-18

年份	参保人数（人）	征缴金额（万元）	发放人数（人）	支出金额（万元）
2005	6621	23.5	—	—
2006	8115	79.2	32	21
2007	9577	90.6	46	27.5
2008	17015	163	126	84
2009	24539	251	134	86
2010	28743	327	174	148
2011	32725	423	321	282
2012	36236	447	304	383
2013	40938	653	586	469

第二十一编　科学技术

Part 21: Science and Technology

2011 年 3 月，全区科技工作会议召开（2011 年 3 月　区科技局供稿）

豪门铝业有限公司（2013 年 11 月　王伟摄）

1995年起，罗庄区大力推进“科教兴区”战略，通过完善科技管理，建立健全科技创新体系，优化科技发展环境，全区科技事业快速发展，依靠科技创新和技术进步的引领和支撑，增强经济竞争力。1996年，区十四届人大常委会第七次会议，审议通过《罗庄区科学技术进步实施办法》。1997年，区委、区政府发布实施《关于“科教兴区”战略的实施方案》《关于进一步加强科学技术工作的决定》《罗庄区科学技术进步奖励办法》，促进科技创新和发展。2004年，罗庄区保护知识产权工作领导小组成立，制定《罗庄区保护知识产权专项行动实施方案》。2006年，区政府将知识产权工作纳入经济社会发展考核体系。至2013年，先后编制“九五”“十五”“十一五”“十二五”科技规划；组织实施国家、省、市科技计划项目171项；拥有高新技术企业7家，拥有市级以上各类研发平台47个，获得市级以上科学技术奖115项，全区申请专利3056件，授权专利1880件。

1995年，罗庄区被国家科委授予“全国科学技术工作先进县区”称号；2003—2013年，罗庄区连续6届被科技部授予“全国科技进步先进县区”称号；2009年10月、2012年12月，罗庄区分别被山东省知识产权局命名为山东省知识产权示范区；2013年8月，罗庄区被国家知识产权局命名为国家知识产权强县工程试点区。

第一章　科技管理

第一节　机构

1995年2月，罗庄区科学技术委员会设立，为正科级行政单位。内设办公室、计划业务科、政策管理科、科技信息研究所4个科室，辖罗庄区地震办公室1个副科级事业单位。1999年4月，罗庄区专利管理局设立。1999年6月，罗庄区地震办公室更名为罗庄区地震局（2008年7月，被批准参照公务员法管理）。2002年6月，罗庄区科学技术委员会改称罗庄区科学技术局（简称区科技局）。2007年12月，罗庄区专利管理局改称罗庄区知识产权局。至2013年，区科技局内设办公室、财务人事科、政策法规科、发展计划科、高新技术产业科、农村与社会发展科、科技合作科、科技成果科、科技信息研究所、生产力促进中心等10个科室，辖罗庄区地震局、罗庄区知识产权局2个副科级事业单位。行政编制9人，事业编制25人。

第二节　科技规划管理

1995年，编制完成《罗庄区“九五”科技发展规划纲要》。1996年，区十四届人大常委会第七次会议，审议通过《罗庄区科学技术进步实施办法》。1997年，区委、区政府发布《关于“科教兴区”战略的实施方案》《关于进一步加强科学技术工作的决定》《罗庄区科学技术进步奖励办法》。2000年，编制完成《罗庄区科技发展“十五”规划纲要》。2006年，编制完成“十一五”科技规划和《罗庄区科学技术中长期规划发展纲要（2006—2020年）》。《纲要》提出，到2020年，全区自主创新能力和科技综合实力明显增强，区域核心竞争力明显提高，科技对经济社会发展的支撑引领能力显著提升，全区R&D（研究与开发）经费占GDP的比重达到2.5%以上，科技引领罗庄，在全市率先进入创新型县区，在全省率先基本实现现代化，争取进入全国百强县（区）行列。以此，结合全区科技发展形势，2010年编制完成《罗庄区"十二五"科技和高新技术产业发展规划》《罗庄区"十二五"产学研合作发展规划》《罗庄区创新型人才中长期培养发展规划（2010—2020年）》，提出"十二五"期间罗庄区高新技术产业发展、产学研合作、创新型人才引进等科技发展领域指导思想、任务目标和工作重点。

图21-1：2006年4月12日，全区科学技术大会在区行政办公大楼会议室召开

第二章　科技项目　研发机构

第一节　科技计划项目

1995—2013年，全区实施科技计划项目315项。其中，国家级21项，省级48项，市级102项，区级144项。

国家、省、市级计划项目

1995年始，罗庄区以科技创新为先导，以推进高新技术产业化为主要途径，实施科技强区战略。鼓励企业加强科技研发，在科技计划项目审批、计划立项、资金筹措等方面进行大力扶持，加速科技成果转化。至2013年，全区共承担国家级科技计划项目21个。其中，火炬计划项目8个，星火计划项目3个，重点新产品计划项目4个，科技型中小企业创新基金计划项目3个，其他计划项目4个，获批扶持资金1042万元。承担省级科技计划项目48个。其中，火炬计划项目3个，星火计划项目13个，重点新产品计划项目9个，科技发展计划项目6个，科技成果转化计划项目3个，科技发展计划政策引导类项目3个，科技型中小企业创新基金计划项目2个，其他计划项目9个，获批扶持资金2705万元。承担市级科技计划项目102项，获批扶持资金1241.4万元。

区级科技计划项目

1998年起，实施区级科技计划项目。至2000年，实施区级科技攻关计划项目24项，项目资金 71.6 万元。2001—2005 年，实施区级科技攻关计划项目 34 项，项目资金 140.5 万元。2006—2010 年，实施区级科技攻关计划项目 48 项，项目资金 290.3 万元。2011—2013 年，实施区级科技攻关计划项目 38 项，项目资金 320 万元。

1995—2013 年罗庄区实施国家级科技计划项目情况表

表 21-1　　　　　　　　　　　　　　　　　　　　　　　　　　单位：万元

年份	项目名称	承担单位	扶持资金	项目类别
1996	多元复相抗磨材料	临沂市特钢厂	—	国家火炬计划
2000	硅铝镁胶泥材料系列制品	新光纺织有限公司	—	国家星火计划
2003	液相法复合酸脱水催化生产二甲醚	临沂鲁明化工有限公司	—	国家火炬计划
2005	清洁能源汽车	山东久泰化工科技股份有限公司	60	国家十五末计划
	等静压成型高纯、致密氧化铬砖	临沂市耐火材料厂	—	国家火炬计划
2008	低排放二冲程汽油机	山东华盛农业药械有限公司	—	国家火炬计划
2009	高效节能减排循环流化床有机热载体锅炉	山东圣威新能源有限公司	100	国家科技型中小企业创新基金
2010	新型环保电动喷雾机关键技术研究与产品开发	山东华盛农业药械有限公司	30	国家科技型中小企业创新基金
	罗庄区有机塘贡米基地与深加工建设	临沂大源生物科技有限公司	—	国家星火计划一般项目
2011	节能减排二冲程汽油机（1E36F-2E）	山东华盛农业药械有限公司	30	国家重点新产品
	兰索拉唑及注射用兰索拉唑	山东罗欣药业股份有限公司	30	国家重点新产品
	新型非道路用四冲程汽油机关键技术合作与研究	山东华盛中天机械集团股份有限公司	450	国家级国际合作项目
	注射用盐酸氨溴索	山东罗欣药业股份有限公司	152	国家级科技项目（重大新药创制）
2012	氨曲南及注射用氨曲南	山东罗欣药业股份有限公司	—	国家火炬计划
	自走式高杆喷雾机	山东华盛农业药械有限公司	—	国家火炬计划
	年产 1 万吨碳氮共渗热处理彩管	山东元生铸冶有限公司	30	国家级中小企业科技创新基金
2013	头孢西酮钠及注射用头孢西酮钠	山东罗欣药业股份有限公司	—	国家重点新产品
	哌西替柳及哌西替柳干混悬剂	山东罗欣药业股份有限公司	—	国家火炬计划
	4JD-80 农作物拔杆机项目	山东华盛农业药械有限公司	—	国家火炬计划
	高炉煤气在高耐蚀复合材料生产中高效利用技术的研究与开发	山东元生铸冶有限公司	160	国家科技合作项目
	滑子菇优质高产种植示范与推广	临沂博大生态发展有限公司	—	国家星火计划

1995—2013年罗庄区实施省级科技计划项目情况表

表21-2 单位：万元

年份	项目名称	承担单位	扶持资金	项目类别
1999	系列远红外功能陶瓷制品	临沂云雀陶瓷有限公司	—	省星火计划
	高性能软磁铁氧体粉料	临沂市陶瓷企业总公司	—	省星火计划
	KCC-V汽车尾气净化器	临沂市工业搪瓷厂	—	省星火计划
2000	YMS-I型全密封负压无回收炼焦炉	蒙山焦化有限公司	—	省星火计划
2003	奶牛胚胎规模化移植及转基因克隆牛技术的研究与产业化开发	山东盛能奶牛胚胎工程有限公司	35	省农业良种产业化
	骨质瓷增强技术及系列产品开发	临沂美华集团	—	省享受财政专项资金扶持的新产品
	液相法复合酸脱水催化生产二甲醚	临沂鲁明化工有限公司	—	省享受财政专项资金扶持的新产品
	人造装饰薄木	临沂双月园林业有限公司	—	省享受财政专项资金扶持的新产品
2004	以煤为原料制取10万吨/年清洁燃料二甲醚	山东久泰化工科技股份有限公司	100	省科技发展计划
	奶牛胚胎规模化移植技术研究与产业化开发	山东盛能奶牛胚胎工程有限公司	20	省农业良种产业化
2006	应用细胞发酵工程生产紫草宁技术的研究	罗庄区城市绿化研究所	8	省科技发展计划
	利用基因（fat-1）构建乳腺生物反应器制造功能奶的研究	山东盛能奶牛胚胎工程有限公司	15	省科技发展计划
2008	烧结氧化铬骨料及此为原料的氧化铬耐火材料	山东君道高温材料有限公司	—	省火炬计划
	无烟节能旋流燃煤有机热载体锅炉	山东圣威新能源有限公司	—	省火炬计划
	杏鲍菇优质高产栽培技术与推广	临沂效峰菌业有限公司	—	省星火计划
	野生柳松菇品种驯化研究	临沂效峰菌业有限公司	20	省级农业良种工程
2009	罗庄区有机塘贡米基地及深加工建设	临沂市罗庄区大源生物科技有限公司	—	省星火计划
	高效节能减排循环流化床有机热载体锅炉	山东圣威新能源有限公司	10	省级优势企业培育
	金蝉优质高产养殖技术示范与推广	临沂市森罗生态发展有限公司	—	省星火计划
	应用秸秆生物反应堆技术栽培有机果蔬的示范与推广	临沂市东开蔬菜有限公司	—	省星火计划
	沙沟万亩草莓有机基地建设	临沂京都有机草莓有限公司	—	省星火计划
	无烟节能旋流燃煤有机热载体锅炉	山东圣威新能源有限公司	—	省级新产品
2010	循环流化床锅炉炉内脱硫减排技术	华盛江泉集团有限公司	300	省级自主创新成果转化重大专项
	盐酸头孢唑兰原料药及注射剂	山东罗欣药业股份有限公司	—	省科技发展计划
	“加替沙星”新药研制	山东罗欣药业股份有限公司	137	省级“重大新药创制”专项

续表 21-2

年份	项目名称	承担单位	扶持资金	项目类别
2010	“冻干粉针剂”新药研究	山东罗欣药业股份有限公司	95	省级“重大新药创制”专项
	优质草莓新品种选育及产业化开发	临沂京都果品开发有限公司	20	省级农业良种工程
	临沂森罗沂蒙雪莲藕种植与推广	临沂森罗生态发展有限公司	—	省星火计划
	褐色益生菌巴氏奶产品工业化	临沂盛能乳业有限公司	—	省级星火计划
2011	节能环保特种燃气发动机关键技术研究与开发	山东华盛农业药械有限公司	300	省级成果转化重大专项
	有机食用菌优质高效栽培技术的研究推广	临沂效峰菌业有限公司	60	省级富民强县
	抗耐药性治病药——比阿培南原料及制剂的研究开发	山东罗欣药业股份有限公司	50	省级科技发展计划（中药大平台）
2012	盐酸氨溴索原料及制剂	山东罗欣药业股份有限公司	—	省火炬计划
	盐酸法舒地尔及盐酸法舒地尔注射液的研究与开发	山东罗欣药业股份有限公司	—	省科技发展计划
	罗红霉素氨溴索片剂、干混悬剂的研究与开发	山东裕新药业有限公司	—	省科技发展计划
	分层扫气二冲程汽油机	山东华盛中天机械集团股份有限公司	—	省科技发展计划
	山东省优势企业培育项目	山东华盛农业药械有限公司	20	省级知识产权
	在线低辐射玻璃低成本制造及多功能复合关键技术研究	中玻蓝星（临沂）玻璃有限公司	345	省级“十二五”科技支撑计划
2013	以兰索拉唑为代表的 PPIs 系列药品冻干技术升级	山东罗欣药业股份有限公司	1000	省自主创新重大专项
	杏鲍菇安全生产及菌糠高效利用关键技术的集成研究与示范	临沂效峰菌业有限公司	20	省科技发展计划
	新一代 PPIs 药物雷贝拉唑钠冻干粉针剂的研究与开发	山东罗欣药业股份有限公司	50	省科技发展计划
	特种金属纤维混纺纱线及产品开发	山东来利来毛纺有限公司	30	省中小企业创新基金
	有机草莓大棚高产栽培配套技术集成与示范	临沂京都果品开发有限公司	20	省农业科技成果转化
	杏鲍菇周年安全高效栽培及菌糠再利用示范与推广	临沂效峰菌业有限公司	—	省星火计划
	蝴蝶兰种苗组培与研发	山东兰湾农业科技有限公司	—	省星火计划
	新品种桂花培植技术的示范与推广	罗庄区国钦花卉苗木种植专业合作社	—	省星火计划
	肉牛的高产养殖示范与推广	临沂博大生态发展有限公司	—	省星火计划
	新一代 PP 药物雷贝唑钠冻干粉针剂的研究	山东罗欣药业股份有限公司	50	省级工程技术中心

第二节　科技研发平台

1995年始，罗庄区科技局加强科技研发平台建设，引导有条件的企业争创国家、省、市工程技术研究中心及重点实验室平台。至2013年，全区拥有省级科技研发平台15家。其中，山东省院士工作站1家，山东省企业重点实验室2家，山东省工程技术研究中心2家，山东省国家综合性新药研发技术大平台“山东产业化示范企业”1家，山东省国际科技合作基地1家，山东省国际合作研究中心2家，山东省创新型企业6家。拥有市级科技研发平台32家。

图21-2：临沂效峰菌业有限公司科学养植杏鲍菇（2011年2月　摄）

1995—2013年罗庄区省级科技研发平台情况表

表21-3

平台名称	所属企业	认定时间
山东省冻干粉针剂药物工程技术研究中心	山东罗欣药业股份有限公司	2009年12月
山东省冻干粉针剂药物重点实验室	山东罗欣药业股份有限公司	2011年03月
山东省农业植保机械重点实验室	山东华盛农业药械有限公司	2010年04月
国家综合性新药研发技术大平台“山东产业化示范企业”	山东罗欣药业股份有限公司	2010年08月
山东省创新方法试点企业	山东罗欣药业股份有限公司	2011年09月
山东省创新方法试点企业	山东华盛农业药械有限公司	2011年09月
山东省罗欣药业院士工作站	山东罗欣药业股份有限公司	2011年12月
山东省农业植保机械工程技术研究中心	山东华盛中天机械集团有限公司	2011年12月
山东省创新型企业	山东罗欣药业股份有限公司	2012年03月
山东省创新型企业	山东华盛农业药械有限公司	2012年03月
山东省创新型试点企业	临沂效峰菌业有限公司	2012年03月
山东省国际科技合作基地	山东华盛中天机械集团有限公司	2012年09月
山东省中德农业植保机械技术合作研究中心	山东华盛中天机械集团有限公司	2012年09月
山东省中印（印尼）镍合金火法富集合作研究中心	山东山威集团有限公司	2012年09月
山东省创新型试点企业	山东圣威新能源有限公司	2013年04月

第三章　科技成果

1995—2013年，罗庄区完成成果鉴定137项，完成成果登记4项。全区有115项科技成果获市级以上科学技术进步奖。其中，国家级科技进步奖1项，省级以上科技成果奖励18项，市级科技奖励96项。

第一节　国家、省级科技成果奖

1995—2013年，全区获国家级科技成果奖1项，获省级科技成果奖18项，涉及生物制药、农业高新技术、机械制造、新能源、精细化工等领域。其中，国家科技进步二等奖1项，省技术发明二等奖1项，省科学技术进步奖13项（二等奖5项，三等奖8项），省科学技术星火奖4项（二等奖3项，三等奖1项）。

图21-3：2009年12月，罗庄区获“全国科技进步先进县（市）”称号

1995—2013年罗庄区获国家、省级科技成果奖项目情况表

表21-4

年份	项目名称	获奖单位	奖项等次
2001	新型背负式机动喷粉喷雾机研制开发	山东华盛农业药械有限公司	国家科技进步二等奖
1995	磷酸盐耐磨砖	临沂市耐火材料厂	省科学技术星火三等奖
	临沂煤田地质构造及其控煤规律的研究	临沂册山镇五四煤矿	省科技进步二等奖
	LD型热镀锌用多元合金添加剂的研究	临沂罗德玛钢有限公司	省科技进步二等奖
	高强度、高韧性Φ500毫米输送管的研究	临沂市工贸合营石材总公司五金厂	省科技进步三等奖
1997	稻茬麦单产600公斤高产研究与开发	罗庄区农业局	省科技进步三等奖
	花岗石瓷体砖	临沂伟光建陶公司	省科学技术星火二等奖
1998	自流灌区水稻控制灌溉技术开发研究	罗庄区水利水产局	省科技进步三等奖
	输电线路网管铁塔系列产品开发	临沂电力铁塔厂	省科学技术星火二等奖
	无汞高功率电池系列产品开发	临沂金锣电池总公司	省科学技术星火二等奖
1999	大断面、高产量、节能型热煤气烧成隧道窑	临沂华峰瓷厂	省科技进步二等奖
2000	消烟翻烧燃煤机—社区工业粉尘综合治理和大气污染控制技术	临沂市罗庄区科委 临沂云雀陶瓷有限公司	省科技进步三等奖
2001	万寿菊F1代制种杂交技术	罗庄区园林管理处	省科技进步三等奖
2003	液相法复合酸脱水催化生产二甲醚	鲁明化工有限公司	省科技进步二等奖

续表 21-4

年份	项目名称	获奖单位	奖项等次
2004	大型养殖场粪水处理及沼气生产技术研究与应用	临沂市罗庄区能源站	省科技进步三等奖
2005	注射用加替沙星	山东罗欣药业股份有限公司	省科技进步二等奖
	玉米纤维混纺牛仔布的开发	山东新光股份有限公司	省科技进步三等奖
2011	节能减排二冲程汽油机	山东华盛农业药械有限公司	省科技进步三等奖
	硫酸头孢匹罗	山东罗欣药业股份有限公司	省技术发明二等奖

第二节　市级科技成果奖

1995—2013 年，全区获市级科技成果奖励 96 项，涉及生物制药、农业高新技术、机械工程、新材料等领域。其中，获市科学技术进步奖 83 项（一等奖 9 项，二等奖 44 项，三等奖 30 项）、技术发明奖 8 项（一等奖 3 项、二等奖 3 项、三等奖 2 项）、市最高奖 1 项、市企业科技创新奖 1 项、市科学技术星火奖 3 项（一等奖 1 项，二等奖 2 项）。

1995—2013 年罗庄区获市级科技奖项情况表

表 21-5

年份	项目名称	获奖单位	奖项等次
1995	自流灌区水稻控制灌溉技术开发研究	罗庄区水利水产局	市科技进步一等奖
1996	稻茬麦单产 600 公斤高产研究与开发	罗庄区农业局	市科技进步二等奖
1997	地下水资源优化开发利用研究	罗庄区水资源管理办公室	市科技进步二等奖
	大断面、高产量、节能型煤气隧道窑花岗石瓷体砖	山东省临沂华峰瓷厂	市科技进步二等奖
	输电线路电力铁塔系列产品开发	临沂市电力铁塔厂	市科学技术星火一等奖
	无汞高功率电池系列产品开发	临沂金罗电池总公司	市科学技术星火二等奖
1998	地质构造分析找煤技术研究	临沂市西高都煤矿	市科技进步二等奖
	压煤预岩煤岩开采方法的研究实践	临沂市西高都煤矿	市科技进步二等奖
	AB 农膜防滴剂技术开发	罗庄区农业局	市科学技术星火二等奖
1999	旱稻的引种及栽培技术研究	罗庄区农业技术推广中心	市科技进步三等奖
	消烟反烧燃煤机——社区工业粉尘综合治理和大气污染控制技术	罗庄区科委	市科技进步三等奖
2000	万寿菊 F1 杂交制种及繁育技术的研究	罗庄区园林处	市科技进步二等奖
2002	液相法复合酸脱水催化生产二甲醚	山东鲁明化工有限公司	市科技进步一等奖
	微灌自动化控制系统研究	罗庄区水务局	市科技进步二等奖
	GA—1 数字化刑事技术管理系统	罗庄区公安分局	市科技进步二等奖

续表 21-5

年份	项目名称	获奖单位	奖项等次
2003	大型养殖场粪水处理及沼气生产技术研究与应用	罗庄区能源站	市科技进步二等奖
2004	布地奈德、沙美特罗、普济痔疮栓、鼻渊通窍颗粒及注射用头孢哌酮钠的研究	山东罗欣药业股份有限公司	市科技进步二等奖
	玉米纤维混纺牛仔布及大豆纤维高支纱系列产品开发	山东新光股份有限公司	市科技进步二等奖
	新沂蒙黑猪选育及口岸蝇类种群分布调查研究	临沂江泉原种猪场	市科技进步二等奖
	头孢匹胺原料、注射用头孢匹胺钠及注射用头孢他啶研究	山东罗欣药业股份有限公司	市科技进步三等奖
	纬编印花地毯、数脂整理牛仔面料、SeaCellreg、COOLBST、羊绒转杯混纺产品	山东新光股份有限公司	市科技进步三等奖
2005	普通山羊卵母细胞为受体体细胞克隆亚洲黄羊研究	山东盛能集团股份有限公司	市科技进步一等奖
	盐酸头孢吡肟及注射用盐酸头孢吡肟	山东罗欣药业股份有限公司	市科技进步二等奖
	工厂化流水养殖史氏鲟鱼技术试验	罗庄区水产事业办公室	市科技进步二等奖
	转染外源性转化生长因子（hTGF-β1）基因对兔髓核细胞凋亡相关蛋白 Bcl-xs 和 Bcl-xl 的影响	罗庄区人民医院	市科技进步二等奖
	葡萄糖酸依诺沙星及注射用葡萄糖酸依诺沙星	山东罗欣药业股份有限公司	市科技进步三等奖
	注射用盐酸氨溴索	山东罗欣药业股份有限公司	市科技进步三等奖
	注射用盐酸乌拉地尔	山东罗欣药业股份有限公司	市科技进步三等奖
	注射用头孢尼西钠	山东罗欣药业股份有限公司	市科技进步三等奖
2006	环保阻燃剂 DOPO 的研究与开发	山东铭杉精细化工有限公司	市技术发明二等奖
	高档阳离子涤纶拉舍尔毛毯	山东新光股份有限公司	市技术发明三等奖
	有机水稻标准化栽培技术研究与开发	临沂市大源生物科技有限公司	市科技进步二等奖
2007	中型载重汽车新型后置副箱变速箱	临沂罗塔特汽车齿轮有限公司	市科技进步三等奖
	利用抛光砖生产线废弃料生产高档内墙砖研究	临沂宏达瓷业有限公司	市科技进步三等奖
	纺织染废水处理及回用技术	山东新光股份有限公司	市科技进步二等奖
	性别控制奶牛试管胚胎移植生产应用研究	山东盛能奶牛胚胎有限公司	市科技进步二等奖
	头孢克肟	山东罗欣药业股份有限公司	市科技进步三等奖
	孟多酯钠	山东罗欣药业股份有限公司	市科技进步三等奖
	硫酸头孢匹罗	山东罗欣药业股份有限公司	市科技进步二等奖
	杏鲍菇优质高产栽培技术的研究	临沂效峰菌业有限公司	市科技进步三等奖
2008	盆景果树（小型果、苹果）良种选育与开发	临沂市新科果树研究所	市科技进步二等奖
	135MW 机组循环流化床锅炉炉内脱硫减排技术应用	山东江泉热电有限公司	市科技进步二等奖
	盐酸头孢他美酯分散片的研究	山东罗欣药业股份有限公司	市科技进步二等奖
	氨曲南原料及其制剂粉针剂的研究	山东罗欣药业股份有限公司	市科技进步三等奖
	盐酸多奈哌齐分散片的研究	山东罗欣药业股份有限公司	市科技进步三等奖
	硝酸咪康唑阴道泡腾片的研究	山东罗欣药业股份有限公司	市科技进步三等奖

续表 21-5

年份	项目名称	获奖单位	奖项等次
2008	头孢替唑钠原料及其制剂粉针剂的研究	山东罗欣药业股份有限公司	市科技进步二等奖
2009	李明华	山东罗欣药业股份有限公司	市科技进步最高奖
	巴洛沙星原料及其制剂、厄多司坦、二氟尼柳分散片的研究	山东罗欣药业股份有限公司	市科技进步二等奖
	那格列奈分散片、泛昔洛韦片、塞克硝唑胶囊的研究	山东罗欣药业股份有限公司	市科技进步三等奖
	节能减排二冲程汽油机项目	山东华盛农业药械有限公司	市科技进步一等奖
	无烟节能旋流燃煤有机热载体锅炉	山东圣威新能源有限公司	市科技进步二等奖
	新型涤纶超柔毛毯的开发	山东新光股份有限公司	市科技进步二等奖
2010	YXL-9300MA 型循环流化床有机热载体锅炉	山东圣威新能源有限公司	市科技进步二等奖
	兰索拉唑及注射用兰索拉唑、兰索拉唑片的研究与开发	山东罗欣药业股份有限公司	市技术发明一等奖
	硫普罗宁及注射用硫普罗宁的研究与开发	山东罗欣药业股份有限公司	市科技进步三等奖
	注射用奥美拉唑钠的研究与开发	山东罗欣药业股份有限公司	市技术发明三等奖
	呱西替柳及呱西替柳干混悬剂的研究及开发	山东罗欣药业股份有限公司	市科技进步二等奖
	氯雷他定及氯雷他定胶囊的研究与开发	山东罗欣药业股份有限公司	市科技进步三等奖
	头孢曲松钠及注射用头孢曲松钠新工艺的研究与开发	山东罗欣药业股份有限公司	市科技进步三等奖
	头孢呋辛钠及注射用头孢呋辛钠新工艺制备方法的研究	山东罗欣药业股份有限公司	市科技进步三等奖
	头孢克肟及头孢克肟片的研究与开发	山东罗欣药业股份有限公司	市科技进步二等奖
	注射用头孢美唑钠的研究与开发	山东罗欣药业股份有限公司	市科技进步二等奖
	3WP-300G 自走式高杆喷雾剂	山东华盛中天集团股份有限公司	市科技进步二等奖
	WS-18DZ 柱塞式电动喷雾器	山东华盛中天集团股份有限公司	市科技进步二等奖
2011	注射用头孢西丁钠的研究与开发泛酸钠及注射用水溶性维生素	山东罗欣药业股份有限公司	市科技进步二等奖
	注射用克林霉素磷酸酯的研究与开发	山东罗欣药业股份有限公司	市科技进步三等奖
	头孢地嗪钠及注射用头孢地嗪钠的研究与开发	山东罗欣药业股份有限公司	市技术发明二等奖
	注射用泮托拉唑钠及泮托拉唑钠肠溶片的研究与开发	山东罗欣药业股份有限公司	市技术发明二等奖
	普卢利沙星及其片剂、胶囊剂的研究与开发	山东罗欣药业股份有限公司	市科技进步一等奖
	三代低排放二冲程汽油机关键技术研究与开发	山东华盛中天集团股份有限公司	市科技进步一等奖
	4JD-80 烟草拔杆机	山东华盛中天集团股份有限公司	市科技进步二等奖
	YLW2.4-1.0/320/290-AⅡ型（生物燃料）有机热载体锅炉	山东圣威新能源有限公司	市科技进步一等奖
	乙型肝炎预防控制体系研究	罗庄区疾病预防控制中心	市科技进步三等奖
	野生柳松菇品种驯化研究	临沂效峰菌业有限公司	市科技进步二等奖
	奥美拉唑肠溶微丸及奥美拉唑钠肠溶胶囊	山东罗欣药业股份有限公司	市科技进步三等奖

续表 21-5

年份	项目名称	获奖单位	奖项等次
2012	头孢唑肟钠及注射用头孢肟钠和头孢地嗪钠及注射用头孢地嗪钠的研究与开发	山东罗欣药业股份有限公司	市技术发明二等奖
	普卢利沙星及其片剂、胶囊剂的研究与开发	山东罗欣药业股份有限公司	市科技进步一等奖
	三代低排放二冲程汽油及关键技术研究与开发	山东华盛农业药械有限公司	市科技进步一等奖
	4JD-80 农作物拔秆机及 WS-230 药剂注入式土壤消毒机	山东华盛农业药械有限公司	市科技进步二等奖
	泛酸钠及注射用水溶性维生素和注射用头孢西丁钠及聚维酮碘阴道泡腾片的研究与开发	山东罗欣药业股份有限公司	市科技进步二等奖
	野生柳松菇品种驯化研究	临沂效峰菌业有限公司	市科技进步二等奖
	肩锁关节脱位闭合穿针固定定位导向器的研制及重建感觉的指动脉背侧皮支血管链逆行皮瓣修复手指软组织缺损的临床研究	临沂市罗庄中心医院	市科技进步二等奖
	脐血次黄嘌呤判断新生儿窒息缺氧程度的临床研究	罗庄区人民医院	市科技进步二等奖
	奥美拉唑肠溶微丸及肠溶胶囊和注射用克林霉素磷酸酯的研究与开发	山东罗欣药业股份有限公司	市科技进步三等奖
	乙型肝炎预防控制体系研究	罗庄区疾病预防控制中心	市科技进步三等奖
2013	新型环保园林植保机械科技创新平台	山东华盛中天机械集团股份有限公司	市企业科技创新奖
	防电磁辐射抗静电混纺纱线及产品	山东来利来毛纺有限公司	市技术发明一等奖
	盐酸氨溴索及其制剂的研究与开发	山东罗欣药业股份有限公司	市技术发明一等奖
	光热光电一体式平板型太阳能热水系统	山东长红太阳能有限公司	市技术发明三等奖
	高支牦牛绒、驼绒、貂绒混纺纱线	山东来利来毛纺有限公司	市科技进步二等奖
	头孢哌酮钠、舒巴坦钠及其复方制剂的研究与开发	山东罗欣药业股份有限公司	市科技进步二等奖
	环孢素口服溶液及更更昔洛韦原料、片剂、注射剂的研究与开发	山东罗欣药业股份有限公司	市科技进步二等奖
	辛伐他汀片剂及注射用甲磺酸罗哌卡因的研究与开发	山东罗欣药业股份有限公司	市科技进步二等奖
	全天候太阳能直饮热水机及辅助电加热系统的开发	山东长红太阳能有限公司	市科技进步三等奖
	卡络磺钠及注射用卡络磺钠的研究与开发	山东罗欣药业股份有限公司	市科技进步三等奖

第三节　科技推广

1995—2000 年，区科学技术委员会开展“送科技下乡”活动，出动宣传车 26 台次，印发各类明白纸 2 万张，在全区巡回宣传、现场指导，举办全区科技知识电视竞赛，把科技送到田间地头，受到农民群众普遍欢迎。推广暖圈养猪、脱毒地瓜、家畜冷配、玉米良种等农业先进技术 164 项，全区农业技术覆盖面 92% 以上。2001 年，组织开展科技下乡活动 3 次，印发宣传材料 8000 余份，推广先进实用技术 40 项。2003 年“非典”期间，组织开展“依靠科学　战胜非典”为主题的科技活动周，印发《中华人民共和国传染病防治法》等宣传材料 1 万余份，在 8 个街道举办“非典”防治图片巡回展。2004—2013 年，先后举办科技下乡活动 60 次，推广科技成果和先进实用技术 300 余项，举办科技大集 60 场，举办科技培训班 40 期，发放各类科技资料 10 万份，送科技录像带 80 盘，培训农村科技人员 2.5 万人次。

图 21-4：全国流动科技馆到罗庄巡展（2012 年 3 月 13 日　摄）

第四章　知识产权管理

第一节　知识产权保护

1999 年 4 月，罗庄区专利管理局设立，为副科级事业单位，隶属区科学技术委员会。同年，罗庄区查处冒充专利行为领导小组成立。2004 年，罗庄区保护知识产权工作领导小组成立，制定《罗庄区保护知识产权专项行动实施方案》。同年，区专利管理局被山东省知识产权局命名为全省专利系统先进单位。

2001 年起，区专利管理局每年围绕知识产权重大事件、热点问题、典型案例和专利法律法规等宣传重点，在“4·26”世界知识产权日、“12·4”法制宣传日举办主题活动。至 2006 年，共举办知识产权培训班、研讨会 13 期，培训 2000 余人次，对区直单位、企业管理人员、专业技术人员普及知识产权知识，提高知识产权认知和重视程度。2007 年，联合区公安、司法、工商、文化等部门，组织开展“雷雨”“天网”知识产权执法专项行动。2008 年，建立区政府知识产权办公会议制度，强化知识产权工作的领导。2006—2008 年，区知识产权局连续 3 年被山东省知识产权局命名为全省知识产权管理系统先进单位。2009 年，罗庄工业园被山东省知识产权局确立为山东省知识产权园区。2010 年，在全区范围内开展打击侵犯知识产权和制售假冒伪劣商品专项行动。2012 年，罗庄区被山东省知识产权局命名为山东省知识产权示范区。2013 年，罗庄区被国家知识产权局命名为全国知识产权强县工程试点区。2011—2013 年，查处侵权专利 6 件，假冒专利商品 43 件。

至 2013 年，全区累计培育 1 家国家级知识产权规范化市场，1 家省级知识产权优势培育企业，8 家中国专利山东明星企业。获市级以上各类专利奖 152 项。其中，国家级 16 项，省级 39 项，市级 97 项。

第二节　专利申请与授权

1995—1997 年，全区有专利 10 件，接受专利咨询210人次。至2004年，全区专利申请量年增幅45%，申请专利136件。其中，发明专利18件，实用新型专利62件，外观设计专利56件。授权专利76件。全区拥有“中国专利·山东明星企业”4家，有10项专利实施产业化。同年5月，在青岛举办的“第二届中国国际专利与名牌博览会”上，山东久泰化工科技股份有限公司的“复合酸法脱水催化生产二甲醚”、临沂金锣电池有限公司的“无汞碱性锌锰干电池”和临沂恒鑫铸业有限公司的“单级搅拌挤砖机”技术，均获博览会金奖。山东久泰化工科技股份有限公司被命名为中国发明专利十佳企业，为山东省参展企业中唯一获此殊荣企业。2005年，全区专利持有量195件。

2006年，区政府把知识产权工作纳入经济社会发展考核体系。同年，全区专利申请量首次突破100件。2009年，制定《罗庄区专利补助和奖励办法》，设立专利专项发展资金30万元。对发明专利申请每件补助1000元，实用新型专利申请每件补助600元，外观设计专利申请每件补助400元，授权并形成产业化的国家发明专利每件奖励5万元，未形成产业化的每件奖励1万元，全区发明创造积极性提高。

1995—2013年，全区专利申请3056件，专利授权1880件。

1995—2013年罗庄区专利申请与授权情况表

表21-6　　　　单位：件

项目	1995—2005	2006	2007	2008	2009	2010	2011	2012	2013
申请量	195	188	120	203	212	337	510	458	833
授权量	90	60	77	102	175	226	346	385	419

第五章　地震测防

罗庄区位于中国东部规模最大、新构造活动最强的郯庐断裂带（山东省境内称沂沭断裂带）西侧，境内有多条较大规模的次级断裂分布，地震地质构造环境较为复杂。沂沭断裂带北起渤海莱州湾，南到江苏新沂一带，全程约350千米，南北纵贯临沂地区中部，是控制罗庄地震活动的主干断裂带，震情形势比较严峻。2001年，国家颁布的《中国地震动参数区划图》（GB18306-2015）显示，罗庄区处于地震动峰值加速度0.15g～0.20g（相当于地震烈度7度至8度）、反应谱特征周期0.40s区域。

第一节　地震监测

1995年10月，罗庄区地震办公室设立，为副科级事业单位。1999年6月，改称罗庄区地震局。区地震局按照《中华人民共和国防震减灾法》《山东省防震减灾条例》规定和要求，认真贯彻“预防为主、防御与救助相结合”防震减灾工作方针，建立健全地震监测预报、地震灾害预防和地震应急救援等防震减灾三大工作体系，为全区各类建设工程的抗震设防要求提供依据。

2002年10月，区政府投资10万元，建设罗庄区防震减灾信息节点。节点建成后，健全管理制度，专人管理，逐步对节点进行完善，确保节点正常运行，与省市台网联系畅通。

2004年7月，在临沂第二十九中学（原罗西一中）、册山街道白沙沟村建立2处宏观观测点。其中临沂第二十九中学观测井（37Q25）被市地震局确定为市级群测群防骨干点。观测井位于罗西街道（纬度35°01′32.0″，经度118°23′35.9″），采用手工测量方式观测水位、水温，每周一用电子邮件将观测资料报市地震局，观测资料存放于区地震局。

2006年，按照省、市地震局统一要求，组建地震“三网一员”（地震宏观异常测报网、地震灾情速报网、防震减灾科普宣传网和防震减灾助理员）工作队伍。防震减灾助理员由街道民政助理兼任，科普宣传员由街道办事处科协主任兼任，每年根据人员变动情况及时调整充实相关人员。以地震群测群防为基础，以“三网一员”建设为重点，逐步形成“横向到边、纵向到底”的防震减灾网络体系。

第二节　地震防御

1996年，区地震局制定《罗庄区破坏性地震应急预案》。2001年4月、2003年12月，两次调整充实罗庄区防震减灾工作领导小组成员。2004年2月，在地震部门内部制定《罗庄区地震局在无预报情况下的应急预案（≥5级）》。2001年、2004年和2007年，分别对《罗庄区破坏性地震应急预案》进行3次修订。

2010年，区地震局先后与区教育局、民政局、卫生局等联合印发《关于转发〈关于加强中小学校地震应急预案建设的意见〉的通知》《关于加强社区地震应急预案建设的意见》《关于加强医院地震应急预案建设的意见》，提高全区中小学校、医院、社区处置突发地震灾害事件的应急能力，加强地震应急预案体系建设。至2013年，制定地震应急预案24件。其中，学校6件，医疗机构10件，社区（村）8件。

第三节　地震应急救援

2004年，在区行政办公大楼前广场及部分学校体育场等场所，设立应急避难场所5处。对全区医药、粮食、电力、通信及救灾物资储备进行统计摸底，以备破坏性地震发生后，统一调用。

2006年，按照省、市地震局统一要求，全区8个街道配备防震减灾助理员，各行政村配备地震信息联系员。同年，区地震局对各机关、企事业单位的疏散场地、城区重要目标等数据进行采集统计。对各街道办事处驻地鸟瞰图、主要街道和典型房屋照片进行搜集整理。对区内生产、销售和使用的吊车、挖掘机、推土机等进行登记，掌握大型救援装备相关信息，摸清底数，建立地震应急数据库。

1995—2013年，每年利用“3·1”防震减灾法颁布实施日、“5·12”防震减灾日、“7·28”唐山地震纪念日等重要时间节点，组织指导学校、医院等人员密集场所进行地震应急避险和自救互救模拟演练。

第四节　地震知识普及

图 21-5：区地震局组织防震减灾宣传活动（2008 年 5 月　摄）

1995—1997 年，区地震局在《罗庄区报》开辟《地震知识》专栏，介绍宣传防震知识，增强全区人民防震减灾意识和能力；印发《地震知识读本》1 万份，进行地震咨询 5 次。

2003 年 8 月，罗庄区防震减灾宣传教育领导小组成立。区地震局会同区委宣传部、区教育局联合制发《关于加强罗庄区防震减灾宣传教育工作的意见》。2004 年，区地震局获全市防震减灾综合评比优秀奖和地震宣传单项奖；临沂第二十中学被山东省地震局、山东省教育厅、山东省科协命名为省级地震科普示范学校。1998—2004 年，利用《罗庄通讯》和《罗庄区防震减灾工作简报》，刊登防震减灾知识，发放防震减灾法律法规和防震减灾宣传知识手册 8000 份，落实地震异常 2 次。

2010 年，区地震局联合区教育局、区科协等有关单位，在全区中小学校开展形式多样的地震科普宣传教育活动。发放宣传材料 3000 份，设立科普宣传栏 3 处，播放专题片 1 次，悬挂宣传条幅 30 幅。2012 年，册山街道中心小学被山东省地震局、山东省教育厅、山东省科协命名为省级地震科普示范学校。至 2013 年，全区有省级地震科普示范学校 2 所，省级防震减灾宣教基地 1 家。

第二十二编　教育　体育

Part 22: Education and Sports

临沂第十九中学（2012 年 11 月　区教体局供稿）

素质教育活动（2013 年 10 月　区教体局供稿）

清末民初，罗庄一带乡村办学形式多为私塾。清宣统元年（1909）和宣统二年（1910），五寺庄、老沂庄和三重村先后办起3所初等小学堂，时称兰山县册山区乡立第一、第二、第三初等小学，境内始有国民小学。至1949年，小学发展到59所。

中华人民共和国成立后，教育事业逐渐发展。1956年春，山东省临沂第三中学在朱陈建立，境内始有初中教育学校。1958年，临沂第十中学在册山公社驻地建立。1968年，傅庄中学、白庄中学建立。1969年始，各公社的管理区先后办起联办初中；罗庄中学（原临沂三中）和各公社中学相继增办高中班。1970年，塘崖中学建立。1971年，朱隆中学建立。至1978年，境内有7所完全中学，12所联中招收高中班。1982年，临沂县进行中等教育改革，撤销薄弱联办初中和小学附设的戴帽初中班，压缩普通高中，各公社中学、联办初中陆续停止高中招生。1994年年底，境内有幼儿园123所，小学164所，乡镇中心初中6所，联中12所，普通高中2所。

1995年起，区委、区政府实施科教兴区战略，把教育放在优先发展的地位。同年10月，“两基”（基本普及九年义务教育和基本扫除青壮年文盲）工作通过省政府评估验收。1996年后，逐年加大教育投入，不断改善办学条件，巩固提高“普九”成果，全面推行素质教育，教育教学质量稳步提高。2001年8月，罗庄区被省政府表彰为“山东省两基工作先进单位”。2003年，区教育局确立“均衡、内涵、特色，办罗庄人民满意的教育、让每一位孩子享受优质教育”发展目标。2006年，改革完善义务教育管理体制，由“分级办学，分工管理”调整为“以区为主”的管理体制。2007年9月，罗庄区被省政府命名为山东省教育工作示范县（市、区）。至2013年，全区有幼儿园176所，在园幼儿2.75万人；公办小学59所，在校生4.75万人；公办初中14所（含九年一贯制学校6所），在校生1.57万人；高中3所（含民办高考补习学校1所），在校生8260人；职业中专（高中）学校4所，在校生2319人。公办中小学教职工4974人。有省“十佳”幼儿园1所，省示范幼儿园13所，市一、二类幼儿园56所；省、市和区级规范化中小学分别18所、27所、8所。区内有高等职业学院1所，技师学院2所。形成学前教育、普通教育、职业成人教育相互衔接，镇（街道）中学、小学、幼儿园相互配套，基础教育优质均衡发展的局面。

1995年起，实施《全民健身计划纲要》，随着体育活动场所和体育器材不断增加，群众性健身活动日趋活跃，以中老年人为主体的太极拳、广场舞、八段锦、门球等活动尤为普及；区直机关和企事业单位经常开展球类、棋类、田径等简易体育比赛活动；中小学田径运动会、球类比赛每年定期举行；体育课外活动丰富多彩，罗庄体育运动得到较大发展。2011年，罗庄区被省政府命名为山东省群众体育先进县区。2012年，罗庄区被国家体育总局授予“全国群众体育先进单位”称号。2013年，全区有体育活动场所503个。其中，室内场所52个，社区、厂区、广场、学校等室外体育活动场所和健身站点451个。经常性参加体育活动人数12万余人，占全区总人口的22.64%。是年，罗庄区被国家体育总局授予“农民体育健身工程建设先进县”称号。

第一章　基础教育

第一节　学前教育

办学规模

1995年，全区有幼儿园126所，教学班464个，在园幼儿13909人，学前一年幼儿入园率96%，学前三年入园率67%，教职工519人。1997年，罗庄区进行幼儿园办园体制改革，鼓励社会力量、公民个人举办幼儿园，乡镇财政、村集体不再承担办园经费。1997—2000年，罗庄街道、傅庄街道和册山镇中心幼儿园相继拍卖给个人，盛庄街道中心幼儿园和114个村集体幼儿园改制为民办幼儿园。至2002年，全区178所幼儿园中个人办园167所。2003年，区政府印发《关于进一步推进幼儿教育改革与发展的实施意见》，提出实行以公办幼儿园为示范，以社会力量办园为主体，公办与民办相结合的办园体制，规范社会力量办园行为，纠正改制过程中出现的随意办园、无证办园的现象，着力突出公办和普惠性民办幼儿园的主体地位。同年，对非法办园和不符合条件的园所下达停办或整改通知书。通过清理整顿，依法责令停办11所无证幼儿园。2007年，区政府制定《罗庄区2007—2010年学前教育发展实施意见》，按照“以街道为单位，分类推进，统一标准，加快普及，全面提高”的原则，统一规划，调整幼儿园布局。2008年，以创建临沂市普及学前三年教育县区为抓手，确立“突破中心园、发展公办园、规范民办园”的工作思路，重点推进街道中心幼儿园、学校和村集体幼儿园建设。同年，区政府投资410万元新建区直机关幼儿园，新建扩建幼儿园12所。同年12月，罗庄区通过临沂市普及学前三年教育验收。2009年，按省级示范幼儿园标准对7所街道中心幼儿园进行新建扩建，罗庄、傅庄、册山、高都、汤庄和双月湖6所街道中心幼儿园通过省Ⅰ级示范园验收。2011年，区政府印发《罗庄区学前教育三年行动计划（2011—2013）》，将学前教育发展思路调整为“突破公办园、提升中心园、规范民办园”，把大力推进公办幼儿园标准化建设作为发展学前教育的重中之重，提高公办幼儿园比例，整体提升幼教发展水平。至2013年，新建改扩建公办、集体幼儿园50所。其中投资360万元新建黄山镇中心幼儿园，投资320万元扩建册山街道中心幼儿园，投资550万元新建区教育实验幼儿园。同年末，全区有幼儿园176所，其中，区政府办幼儿园2所，镇、街道中心园8所，学校和集体办幼儿园56所，民办幼儿园110所。学前三年适龄儿童2.96万人，入园2.75万人，学前三年适龄儿童入园率93%。有教职工2560人，其中公办教师174人。有省“十佳”幼儿园1所，省示范幼儿园13所，临沂市一、二类幼儿园56所。

保育与教育

1995年始，全区幼儿园工作人员每年进行岗前健康查体，实行持证上岗。幼儿入园前，按照卫生部门制定的卫生健康制度进行体格检查。幼儿园贯彻保教结合制度，制定幼儿一日生活作息制度，每年组织幼儿体检，对幼儿身体健康状况定期分析、评价，建立卫生消毒、病儿隔离、计划免疫和疾病防治工作制度。1996 年起，全区各级各类幼儿园依据教育部颁布的《幼儿园教育纲要（试行草案）》，按小、中、大班次，精心设计在园幼儿生活卫生习惯、体育活动、思想品德、语言、常识、计算、音乐、美术等八个方面的教育教学内容。在教育教学上，采取观察、参观、讲述、演示、示范、谈话、游戏等方式，着力纠正上课轻游戏、轻活动，重学习拼音、重识字的倾向，努力防止幼儿教育小学化、成人化。1998 年，区教育局制定《罗庄区幼儿园一日生活常规要求》，开始推行幼儿素质教育。2002 年，贯彻落实教育部《幼儿园教育指导纲要（试行）》，把保育和教育结合起来，以游戏为基本活动，紧紧围绕健康、语言、社会、科学、艺术等 5 个领域，科学合理地组织安排一日活动，把各领域内容渗透到一日活动的各个环节，提高保育和教育质量。2004 年秋季起，罗庄区使用《山东省幼儿园教育活动教材》，以主题教育形式开展日常教育教学活动，注重开发和利用环境的教育作用，促进幼儿情感、态度、能力、知识、技能等方面共同发展。

1996 年，区幼教中心教研组及乡镇中心教研组先后成立，形成区、乡镇、幼儿园三级教研网络。加强保育员、幼儿教师专业指导培训，邀请南京师范大学、华东师范大学教育系的教授定期到罗庄培训师资。1998—2013 年，共举办幼儿教师培训班 40 期，参加学员 2.2 万人次。1998 年起，开展省、市、区幼儿教育骨干教师、教学能手和教学新秀推荐评选活动。至 2013 年，全区有省级教学能手 1 人、市级教学能手 10 人、市级教学新秀 2 人、区级教学能手 60 人、区级教学新秀 40 人、罗庄名师 3 人。

1995—2013 年罗庄区幼儿教育基本情况表

表 22-1

年份	幼儿园所（所）					学前三年			学前一年		教师数	
	中心幼儿园	学校办园	集体（企业）办园	个人办园	小计	班数（个）	在园人数（人）	入园率（%）	在园人数（人）	入园率（%）	公办（人）	代课（人）
1995	5	2	116	3	126	464	13909	67	6317	96	16	503
1996	6	2	117	3	128	437	13114	73	6909	96	22	497
1997	5	2	110	10	127	419	12567	69	5864	92	26	502
1998	5	2	101	11	119	415	12461	73	4967	92	26	535
1999	4	2	62	85	152	388	11633	67	4980	84	27	505
2000	3	2	42	129	176	415	12460	74	4249	84	28	534
2001	3	4	15	159	181	405	12149	75	5107	95	27	502
2002	3	5	3	167	178	372	11163	77	6222	95	25	508
2003	2	6	3	156	167	381	11430	80	4850	98	29	525
2004	3	7	8	109	127	394	11806	85	4644	99.5	31	551
2005	8	7	8	112	135	415	12436	93	4210	99.8	36	554
2006	8	8	10	72	98	406	12178	93	4319	99.8	35	637

续表 22-1

年份	幼儿园所（所）					学前三年			学前一年		教师数	
	中心幼儿园	学校办园	集体（企业）办园	个人办园	小计	班数（个）	在园人数（人）	入园率（%）	在园人数（人）	入园率（%）	公办（人）	代课（人）
2007	8	8	14	61	91	386	11575	93	4302	99.8	43	695
2008	8	9	6	80	103	458	13754	93	5102	97.9	56	760
2009	7	15	5	81	108	391	11724	95	4298	99.8	51	829
2010	7	17	2	96	103	411	12333	97	4630	99.9	40	955
2011	10	15	4	82	111	599	17982	93	7238	99.9	90	1116
2012	8	41	5	113	167	845	25342	93	7977	99.9	151	2015
2013	8	53	5	110	176	916	27487	93	9550	99.9	174	2386

幼儿园选介

罗庄区实验幼儿园 山东省十佳幼儿园。1990年3月，由华盛江泉集团投资兴建。2006年8月，投资3000万元重建。占地面积1.56万平方米，建筑面积6747平方米，绿化面积1900平方米。设有活动室、休息室、卫生间和多功能室、图书阅览室、科学发现室、卫生保健室、图书教具资料室、陶泥馆、木工坊、纸箱坊、美食坊、布艺坊、绘本馆。2013年，有教学班13个，在园幼儿410人，教职工52名，教师专业达标率100%。该园坚持“为孩子健全人格夯实亮丽底色”办园宗旨，践行“会感恩、会生活、会审美、会自护、会做事、会思考、会探究”教育理念，以“生活课程开发和艺术教育建构”为双翼，开发园本课程《生活实践课程》。2004—2013年，培养幼儿学习兴趣的方法与途径研究、以节日为主题的幼儿社会研究、科学与艺术的整合研究、让家庭成为幼儿科学教育的伙伴研究4项省级立项课题结题。2008年，被临沂市教育局确定为“临沂市家庭教育教研基地”“临沂市幼儿教师培训实践基地”。1994—2013年，获“山东省示范幼儿园”“山东省学前教育先进集体”“山东省十佳幼儿园”“山东省音乐教学十佳名校”等称号。

图 22-1：区实验幼儿园组织亲子教育活动（2013年5月　摄）

罗庄街道中心幼儿园 山东省省级示范幼儿园，位于罗庄区文化路132号。始建于1986年，1994年创建为市级一类幼儿园，2010年通过省级示范幼儿园验收。至2013年，幼儿园占地面积2502平方米，建筑面积3572平方米，有8个班，在园幼儿240人，教职工32人，专任教师学历达标率100%。设有科学发现室、图书阅览室、创想美术工作室、卫生保健室、大型建构室、儿童剧场等功能室；户外铺设人工草坪2000平方米，有30米直跑道、沙池、水池、大型滑梯等户外体育、游戏设施；有种植角和饲养角。坚持“一切为了孩子，为了一切孩子，为了孩子一切”的办园理念，积极创设优良的教学和生活环境，不断完善办园条件，改进教学方法，全力发展特色教育，让幼儿在丰富多彩的环境中体验温馨快乐的童年。

第二节　小学教育

1995年年初，罗庄区有小学164所（乡镇中心小学6所、村级小学158所），在校学生3.56万人，适龄儿童入学率、巩固率均100%。同年3月，区委、区政府作出决定，加快“两基”实施步伐，年内高标准实现“两基”，全区掀起“两基”达标热潮，各乡镇捐款集资，新建扩建小学、初中。至9月，新建罗庄区实验小学，迁建册山镇中心小学和9所村小，改扩建64所村小，撤销14所简易小学。10月，罗庄区通过省政府“两基”达标验收。至是年年底，全区有小学151所，教学班983个，在校学生4.40万人。

1996年后，小学教育工作重点由“普及”转向巩固提高，调整农村小学布局，扩建校舍，化解小学入学高峰。1999年5月，根据学龄儿童入学人口开始下降的趋势，区政府印发《关于进一步调整中小学布局的意见》，按照1万人口左右设1所小学、规模最低为12个教学班、走读半径2千米的原则，进一步调整小学布局，把学校布局调整与危房改造有机结合，统筹规划，科学实施。1999年8月，临沂矿务局塘崖煤矿职工子弟学校由西高都镇接收。2000年6月，临沂矿务局五寺庄煤矿职工子弟学校由册山镇接收后撤销。2002年6月，前崔庄、湖西崖一村、湖西崖二村小学划属临沂高新技术产业开发区管委会管理。2003年，临沂矿务局汤庄煤矿子弟小学由汤庄街道接收，大白衣庄、沙埠小学划属临沂高新技术产业开发区管理。2004年10月，临沂矿务局华建小学由罗庄街道接收后撤销。至2007年，全区小学撤并为46所，校均640人、教学班16个。

图22-2：2012年7月6日，黄山镇李官庄希望小学教学楼奠基

2008年开始，实施普通中小学标准化建设和校舍安全工程，推进义务教育优质均衡发展。2008年3月，罗西街道9所小学划属临沂高新技术产业开发区管委会管理。2010年2月，苍山县沂堂镇7所小学划属罗庄区。2011年2月，郯城县褚墩镇8所小学、黄山镇9所小学划属罗庄区。至2013年，新建改扩建小学53所。

2013年年底，全区有公办小学59所，教学班965个，在校学生4.75万人，入学率、巩固率均为100%。有省、市、区级规范化学校分别8所、24所、8所，占全区小学总数67.8%。

学制课程

1995—2000 年，罗庄区小学学制均为五年。2001 年秋季始，实施义务教育“五三”学制向“六三”学制过渡，至 2003 年，小学学制全部由五年制改为六年制。至 2013 年，学制未变。

1997 年始，小学实行 5 天工作制。

1995 年，小学课程开设思想品德、语文、数学、自然、音乐、美术、社会、体育、劳动 9 个学科和山东省确定的地方教材。2001 年起，在上述学科基础上，3 ～ 6 年级增设信息技术课和英语课。2003 年秋季始，按照《罗庄区基础教育课程改革实验工作方案》，小学开设语文、数学、英语（3 ～ 6 年级）、品德与生活（1 ～ 2 年级）、品德与社会（3 ～ 6 年级）、体育、音乐、美术、科学（3 ～ 6 年级）、信息技术（3 ～ 6 年级）、综合实践（3 ～ 6 年级）等地方与校本课程。至 2013 年，小学课程设置未变动。

1995—2013 年罗庄区小学基本情况表

表 22-2

学年度	学校数（所）	教学班数（个）	在校生数（人）	教职工数（人）	占地面积（平方米）	建筑面积（平方米）
1995—1996	151	983	44040	1796	703150	145645
1996—1997	151	1099	49617	2001	713386	162176
1997—1998	149	1160	54505	2179	796892	162610
1998—1999	142	1182	55368	2360	782000	170000
1999—2000	115	1028	48410	2262	760000	168000
2000—2001	101	914	40602	1749	638874	134625
2001—2002	96	862	35708	1880	803478	178641
2002—2003	68	802	32492	1908	714108	136573
2003—2004	60	771	31278	1908	714108	136573
2004—2005	59	745	28952	1941	678069	129314
2005—2006	55	706	27192	1941	642374	130652
2006—2007	51	736	29307	2032	785298	169398
2007—2008	46	737	29333	2237	767959.	175282.
2008—2009	53	847	34836	2503	640366	166533
2009—2010	45	670	28456	2158	606147	152248
2010—2011	53	757	33300	2353	717169	182446
2011—2012	54	781	43214	2658	883578	166266
2012—2013	59	932	45121	2471	858011	189442
2013—2014	59	965	47523	2427	1137325	253606

1995—2013 年罗庄区小学沿革情况表

表 22-3

隶属	1995 年校名	建校年份	沿革情况	2013 年校名
罗庄街道	罗庄中心小学	1985	2005 年 11 月更名罗庄区第二实验小学，2009 年 10 月更名临沂第六实验小学	临沂第六实验小学
	罗庄小学	1959	1999 年并入罗庄中心小学	
	临沂华建工程公司职工子弟学校	1985	2004 年 9 月移交罗庄街道后撤销	
	桥西头小学	1949	2002 年 5 月并入罗庄街道第六小学	临沂朱家地小学
	小山后小学	1962	2002 年 5 月并入罗庄街道第六小学	
	大山后小学	1954	2002 年 5 月并入罗庄街道第六小学	
	朱家地小学	1951	2002 年 5 月在朱家地村南新建，更名罗庄街道第六小学；2009 年 10 月更名临沂朱家地小学	
	湖南崖小学	1953	2002 年更名罗庄街道第一小学，2009 年 10 月更名临沂湖南崖小学	临沂湖南崖小学
	移茬窑小学	1965	1999 年并入湖南崖小学	
	朱陈二村小学	1963	2002 年 5 月并入罗庄街道第二小学	临沂朱陈小学
	朱陈三村小学	1962	2002 年 5 月并入罗庄街道第二小学	
	朱陈四村小学	1963	2002 年 5 月并入罗庄街道第二小学	
	朱陈学区小学	1963	2002 年 5 月在朱陈五村村北新建，更名罗庄街道第二小学；2009 年 10 月更名临沂朱陈小学	
	朱陈北村小学	1930	1999 年 8 月划属双月湖街道，2001 年 6 月在本村新建，2009 年 10 月更名临沂朱陈北村小学，2011 年 10 月划属罗庄街道	临沂朱陈北村小学
	河北小学	1970	1995 年在河北村村北新建，2002 年 5 月更名罗庄街道第三小学，2009 年 10 月更名临沂河北小学	临沂河北小学
	山南头小学	1952	1999 年并入河北小学	
	朱张桥东北村小学	1964	1999 年并入河北小学	
	沟东小学	1964	1998 年并入朱张桥东北村小学	
	赵家坝小学	1970	2001 年 9 月并入罗庄街道第三小学	
	朱张桥西北村小学	1964	2002 年 5 月并入罗庄街道第四小学	临沂朱张桥小学
	朱张桥东南村小学	1964	2002 年 5 月并入罗庄街道第四小学	
	后官战湖小学	1953	2002 年 5 月并入罗庄街道第四小学	
	焦沂庄小学	1958	2002 年 5 月并入罗庄街道第四小学	
	朱张桥西南村小学	1949	2002 年 5 月在朱张桥西南村村西新建，更名罗庄街道第四小学 2009 年 10 月更名临沂朱张桥小学	
	北老屯小学	1951	2001 年 9 月在老屯联中旧址新建，2002 年 5 月更名罗庄街道第五小学，2009 年 10 月更名临沂老屯小学	临沂老屯小学
	窑汪崖小学	1965	2001 年 9 月并入北老屯小学	

续表 22-3

隶属	1995 年校名	建校年份	沿革情况	2013 年校名
罗庄街道	山西头小学	1985	1997 年 9 月并入窑汪崖小学	临沂老屯小学
	罗庄镇实验小学	1995	2005 年 11 月更名罗庄区第四实验小学，2009 年 10 月更名临沂第八实验小学	临沂第八实验小学
	韦姜屯小学	1959	1998 年新建，1999 年并入罗庄镇实验小学	
	湖西崖一村小学	1935	1999 年 8 月划属双月湖街道，2002 年 6 月划属临沂高新技术产业开发区后撤销	
	湖西崖二村小学	1987	1999 年 8 月划属双月湖街道，2002 年 6 月划属临沂高新技术产业开发区后撤销	
	湖西崖三村小学	1989	1999 年撤销	
高都街道	程庄中心小学	1930	2003 年建新校，是年 9 月更名罗庄区高都街道中心小学，2009 年 10 月更名临沂高都小学	临沂高都小学
	东高都小学	1913	2003 年并入高都街道中心小学	
	沈牌子小学	1983	2003 年并入高都街道中心小学	
	西高都小学	1933	2003 年并入高都街道中心小学	
	张庄小学	1975	2001 年并入西高都小学	
	临沂矿务局塘崖煤矿职工子弟学校	1987	1999 年移交西高都镇，更名西高都镇第二初级中学。2006 年 8 月改为塘崖小学，2009 年 10 月更名临沂塘崖小学	临沂塘崖小学
	北茶棚小学	1972	1998 年并入薛庄小学	
	薛庄小学	1970	2003 年并入大塘崖小学	
	大塘崖小学	1913	2007 年并入塘崖小学	
	小李庄小学	1976	1999 年并入大塘崖小学	
	东墩小学	1975	2002 年并入大塘崖小学	
	小塘崖小学	1930	1999 年并入大塘崖小学	
	车辋小学	1930	2001 年并入中坦小学	临沂中坦小学
	中坦小学	1912	1999 年在原址改扩建，2009 年 10 月更名临沂中坦小学	
	后坦小学	1965	2000 年并入中坦小学	
	萧庄小学	1912	2007 年建新校更名滨河小学，2009 年 10 月更名临沂萧庄小学	临沂萧庄小学
	宋墩学点	1973	2001 年并入萧庄小学	
	盛口小学	1970	2003 年并入萧庄小学	
	常旺小学	1935	1995 年扩建，2009 年 10 月更名临沂常旺小学	临沂常旺小学
	冉庄小学	1970	2003 年并入常旺小学	
册山街道	册山中心小学	1913	1995 年异地新建，2009 年 10 月更名册山街道中心小学	册山街道中心小学
	册山小学	1926	1999 年并入册山中心小学	
	沙旦子小学	1965	1999 年并入册山中心小学	
	后村小学	1930	1999 年并入册山中心小学	

续表 22-3

隶属	1995 年校名	建校年份	沿革情况	2013 年校名
册山街道	山前小学	1928	1996 年异地新建 2009 年 10 月更名册山街道山前小学	册山街道山前小学
	良庄小学	1969	1996 年并入山前小学	
	潘何陆小学	1964	2000 年并入老沂庄小学	册山街道老沂庄小学
	老沂庄小学	1910	1996 年改建，2009 年 10 月更名册山街道老沂庄小学	
	五寺庄小学	1909	2001 年异地新建，2009 年 10 月更名册山街道五寺庄小学	册山街道五寺庄小学
	尚庄小学	1972	2000 年并入五寺庄小学	
	小庄子小学	1970	1999 年并入五寺庄小学	
	五寺庄矿校	1980	原为临沂矿务局五寺庄煤矿职工子弟学校，2000 年 6 月移交册山街道后撤销	
	黑虎墩小学	1982	2000 年并入新桥小学	册山街道新桥小学
	房岭屯小学	1983	2000 年并入新桥小学	
	新桥小学	1931	2005 年扩建，2009 年 10 月更名册山街道新桥小学	
	围梓学点	1984	2001 年并入新桥小学	
	沟角小学	1972	2006 年异地新建，更名尚阳小学	册山街道尚阳小学
	郑旺小学	1982	2007 年并入尚阳小学	
	堰头小学	1979	2007 年并入尚阳小学	
	同沂庄小学	1929	2006 年扩建，2009 年 10 月更名册山街道同沂庄小学	册山街道同沂庄小学
	石杭岭小学	1929	2001 年并入同沂庄小学	
	沙沟小学	1915	2004 年扩建，2009 年 10 月更名册山街道沙沟小学	册山街道沙沟小学
	白沙沟小学	1956	1999 年并入沙沟小学	
	义和村小学	1956	1999 年并入沙沟小学	
	顾沙沟小学	1956	1999 年并入沙沟小学	
	唐沙沟小学	1952	2002 年并入沙沟小学	
	刘沙沟小学	1968	1998 年并入唐沙沟小学	
盛庄街道	盛庄中心小学	1937	1993 年 9 月迁至现址，2000 年 5 月更名盛庄街道中心小学，2005 年 11 月更名罗庄区第三实验小学，2009 年 10 月更名临沂第七实验小学	临沂第七实验小学
	后盛庄小学	1927	2006 年并入罗庄区第三实验小学	
	前盛庄小学	1958	1999 年并入后盛庄小学	
	南营子小学	1958	1998 年并入后盛庄小学	
	吴白庄小学	1951	1999 年并入盛庄中心小学	
	回民学校	1953	1995 年异地新建，2009 年 10 月更名临沂花埠圈回民学校	临沂花埠圈回民学校
	王对河小学	1946	2000 年并入孙对河小学	临沂滨河明珠小学
	黄对河小学	1948	2000 年并入孙对河小学	
	寇对河小学	1982	1998 年并入孙对河小学	
	红土屯小学	1946	2000 年并入孙对河小学	

续表 22-3

隶属	1995 年校名	建校年份	沿革情况	2013 年校名
盛庄街道	孙对河小学	1947	2003 年异地新建，2009 年 10 月更名临沂滨河明珠小学	临沂滨河明珠小学
	崔王庄学点	1951	1998 年并入孙对河小学	
	大埠东小学	1952	1999 年并入十里堡小学	临沂光耀实验学校
	留邻庄小学	1953	2002 年并入十里堡小学	
	葛庄小学	1958	2002 年并入十里堡小学	
	店子小学	1958	2002 年并入十里堡小学	
	十里堡小学	1915	2001 年原地新、扩建；2009 年 10 月，更名临沂滨河花园小学；2011 年 9 月，并入临沂光耀实验学校，原校改为罗庄区中小学教育实践基地	
	八块石小学	1955	1998 年 8 月由罗庄镇划属双月湖街道，2000 年更名双月湖中心小学。2005 年 4 月扩建，是年 11 月更名罗庄区第一实验小学。2009 年 10 月更名临沂第五实验小学，2011 年 8 月划属盛庄街道	临沂第五实验小学
	孟元小学	1949	2002 年异地新建，2003 年划属双月湖街道，2009 年 10 月更名临沂孟园小学，2011 年 8 月划属盛庄街道	临沂孟园小学
	三岗店小学	1913	2002 年并入孟元小学	
	王三岗小学	1969	2002 年并入孟元小学	
	刘三岗小学	1914	2002 年并入孟元小学	
	杜三岗小学	1957	2002 年并入孟元小学	
	魏三岗小学	1962	2000 年并入孟元小学	
	大白衣庄小学	1952	1998 年 8 月由盛庄镇划属双月街道，2003 年 6 月划属临沂国家高新技术产业开发区后撤销	
傅庄街道	傅庄中心小学	1953	2009 年 10 月更名傅庄街道中心小学	傅庄街道中心小学
	前官战湖小学	1952	2001 年 8 月并入傅庄中心小学	
	傅庄西北村小学	1953	2002 年 8 月并入傅庄中心小学	
	傅庄东北村小学	1956	2000 年 8 月并入傅庄中心小学	
	劳模店小学	1935	2009 年 10 月更名傅庄街道劳模店小学	傅庄街道劳模店小学
	杨河湾小学	1935	2003 年 8 月并入劳模店小学	
	大河湾小学	1935	2000 年 8 月并入劳模店小学	
	小河湾小学	1957	1998 年 8 月并入劳模店小学	
	前屯小学	1952	2006 年 6 月并入劳模店小学	
	城子学点	1967	1999 年 8 月并入前屯小学	
	东三重小学	1910	1910 年 2 月设立三重初等小学，时称册山区乡立第三初等小学。1983 年更名东三重小学，2009 年 10 月更名傅庄街道东三重小学	傅庄街道东三重小学
	西三重小学	1935	2002 年 8 月并入东三重小学	
	张王李小学	1984	2002 年 8 月并入东三重小学	
	张旦子小学	1949	2007 年 6 月并入巨峰小学	傅庄街道巨峰小学

续表 22-3

隶属	1995 年校名	建校年份	沿革情况	2013 年校名
傅庄街道	殷旦子小学	1948	2007 年 6 月异地新建，更名巨峰小学	傅庄街道巨峰小学
	窑北头小学	1939	2009 年 10 月更名傅庄街道窑北头小学	傅庄街道窑北头小学
	义和庄学点	1959	2000 年 8 月并入窑北头小学	
	陈武庄小学	1955	2002 年 8 月并入窑北头小学	
	大丁庄联小	1967	1999 年 4 月划属汤庄街道，2011 年 12 月更名傅庄街道丁庄小学	傅庄街道丁庄小学
	大柱山小学	1945	1999 年 4 月划属汤庄街道，1999 年 7 月并入大丁庄联小	
	小丁庄小学	1951	1998 年 8 月并入大丁庄联小	
	东小车小学	1950	1999 年 4 月划属汤庄街道，2006 年 8 月并入大丁庄联小	
	西大车小学	1942	1999 年 4 月划属汤庄街道，2002 年 7 月，并入东小车小学	
	店子联小	1953	1999 年 4 月划属汤庄街道，2011 年 12 月更名傅庄街道店子小学	傅庄街道店子小学
	中店子学点	1964	1996 年 8 月并入店子联小	
	西店子学点	1956	1997 年 8 月并入店子联小	
	前站学点	1964	1998 年 8 月并入店子联小	
	后站小学	1950	1999 年 8 月并入店子联小	
	汤庄小学	1949	1999 年 4 月划属汤庄街道，2005 年 7 月并入汤庄中心小学	临沂汤庄实验学校
	赵庄小学	1945	1999 年 4 月划属汤庄街道，2005 年 7 月并入汤庄中心小学	
	花埠岭小学	1951	1997 年 7 月并入汤庄小学	
	临沂矿务局汤庄煤矿职工子弟学校	1976	2003 年移交汤庄街道后更名汤庄街道中心小学，2006 年 8 月撤销并入汤庄实验学校	
	东徐林小学	1962	1999 年 4 月划属汤庄街道，1999 年 7 月并入徐林联小	傅庄街道徐林小学
	北徐林小学	1970	1999 年 4 月划属汤庄街道，1999 年 7 月并入徐林联小	
	西徐林小学	1962	1999 年 4 月划属汤庄街道，1999 年 7 月并入徐林联小	
	彭庄小学	1949	1999 年 4 月划属汤庄街道，1999 年 7 月并入徐林联小	
	沂兴庄小学	1959	1999 年 4 月划属汤庄街道，1999 年 7 月并入徐林联小	
	徐林联小	1999	2011 年 12 月更名傅庄街道徐林小学	
褚墩镇	郯城县褚墩镇中心小学	1942	2011 年 2 月划属罗庄区，更名罗庄区褚墩镇中心小学	褚墩镇中心小学
	郯城县褚墩镇永安小学	1949	2011 年 2 月划属罗庄区，更名罗庄区褚墩镇永安小学	褚墩镇永安小学
	郯城县褚墩镇兰山小学	1980	2011 年 2 月划属罗庄区，更名罗庄区褚墩镇兰山小学	褚墩镇兰山小学
	郯城县褚墩镇碑住小学	1939	2011 年 2 月划属罗庄区，更名罗庄区褚墩镇碑住小学	褚墩镇碑住小学
	郯城县褚墩镇三岭小学	1962	2011 年 2 月划属罗庄区，更名罗庄区褚墩镇三岭小学	褚墩镇三岭小学

续表 22-3

隶属	1995 年校名	建校年份	沿革情况	2013 年校名
褚墩镇	临沂矿务局褚墩煤矿职工子弟学校	1985	2006 年 10 月移交郯城县教育局管理，更名郯城县第四实验小学；2011 年 2 月划属罗庄区，更名临沂褚墩育才小学	临沂褚墩育才小学
	郯城县褚墩镇朱庄小学	1950	2011 年 2 月划属罗庄区，更名罗庄区褚墩镇朱庄小学，2015 年 5 月原址建新校	褚墩镇朱庄小学
	郯城县褚墩镇前屯小学	1985	2011 年 2 月划属罗庄区，更名罗庄区褚墩镇前屯小学；2013 年 5 月原址建新校	褚墩镇前屯小学
黄山镇	郯城县黄山镇蒋史汪小学	1985	始为丁屯联小，1991 年更名蒋史汪小学，2011 年 2 月划属罗庄区，更名罗庄区黄山镇蒋史汪小学	黄山镇蒋史汪小学
	郯城县黄山镇丁屯小学	1936	2007 年并入蒋史汪小学	
	郯城县黄山镇李官庄小学	1945	2011 年 2 月划属罗庄区，2013 年 9 月更名罗庄区李官庄华盛江泉希望小学	黄山镇李官庄华盛江泉希望小学
	郯城县黄山镇安头小学	1943	前身为抗日小学，新中国成立后几经迁址，定名安头小学；2011 年 2 月，划属罗庄区，更名罗庄区黄山镇安头小学	黄山镇安头小学
	郯城县黄山镇木柞小学	1985	2011 年 2 月划属罗庄区，同年 9 月更名罗庄区黄山镇木柞小学	黄山镇木柞小学
	郯城县黄山镇峰山小学	1971	2011 年 2 月划属罗庄区，更名罗庄区黄山镇峰山小学	黄山镇峰山小学
	郯城县黄山镇谢官庄小学	1952	2011 年 2 月划属罗庄区，更名罗庄区黄山镇谢官庄小学	黄山镇谢官庄小学
	郯城县黄山镇蔡村小学	1985	2011 年 2 月划属罗庄区，更名罗庄区黄山镇蔡村小学	黄山镇蔡村小学
	郯城县黄山镇柴口小学	1949	1985 年迁现址，2011 年 2 月划属罗庄区。2012 年新建，更名罗庄区黄山镇柴口小学	黄山镇柴口小学
	郯城县黄山镇中心小学	1976	2011 年 2 月划属罗庄区，更名罗庄区黄山镇中心小学	黄山镇中心小学
沂堂镇	苍山县沂堂乡中心小学	1976	1998 年 9 月更名苍山县沂堂镇中心小学。2010 年 2 月划属罗庄区，更名罗庄区沂堂镇中心小学	沂堂镇中心小学
	苍山县沂堂乡大兴屯小学	1976	1998 年 9 月更名苍山县沂堂镇大兴屯小学。2010 年 2 月划属罗庄区，更名罗庄区沂堂镇大兴屯小学	沂堂镇大兴屯小学
	苍山县沂堂乡丰山小学	1944	1998 年 9 月更名苍山县沂堂镇丰山小学，2007 年 8 月异地新建，更名苍山县沂堂镇明德小学。2010 年 2 月划属罗庄区，更名罗庄区沂堂镇明德小学	沂堂镇明德小学
	苍山县沂堂乡迷龙小学	1946	1998 年 9 月更名苍山县沂堂镇迷龙小学。2010 年 2 月划属罗庄区，更名罗庄区沂堂镇迷龙小学	沂堂镇迷龙小学
	苍山县沂堂乡麒麟小学	1929	1998 年 9 月更名苍山县沂堂镇麒麟小学。2010 年 2 月划属罗庄区，更名罗庄区沂堂镇麒麟小学	沂堂镇麒麟小学
	苍山县沂堂乡前柳庄小学	1995	1998 年 9 月更名苍山县沂堂镇前柳庄小学。2010 年 2 月划属罗庄区，更名罗庄区沂堂镇柳庄小学	沂堂镇柳庄小学
	苍山县沂堂乡寨子小学	1968	1998 年 9 月更名苍山县沂堂镇寨子小学。2010 年 2 月划属罗庄区，更名罗庄区沂堂镇寨子小学	沂堂镇寨子小学

续表 22-3

隶属	1995 年校名	建校年份	沿革情况	2013 年校名
罗西街道	岑石中心小学	1940	前身为始建于 1940 年的石埠完小，1992 年秋在郭岑石村后建新校，1994 年 8 月投入使用，更名岑石中心小学；2002 年 2 月更名罗西街道中心小学。2006 年 11 月撤销，并入原罗西二中，2009 年 10 月更名临沂双月湖小学	临沂双月湖小学
	中石埠小学	1935	2005 年并入罗西街道中心小学	
	李庄小学	1953	2006 年并入罗西街道中心小学	
	贾庄小学	1953	2006 年并入罗西街道中心小学	
	齐庄小学	1949	2002 年并入罗西街道中心小学	
	西朱隆小学	1948	2001 年异地新建，2009 年 10 月更名临沂朱隆小学	临沂朱隆小学
	苑庄小学	1960	1999 年并入西朱隆小学	
	潘庄小学	1960	1999 年并入西朱隆小学	
	东朱隆小学	1960	1999 年并入西朱隆小学	
	高庄小学	1975	2000 年并入西朱隆小学	
	涧花埠小学	1975	2000 年并入西朱隆小学	
	高新区实验小学	2003	2003 年 9 月新建，2013 年 9 月迁入新校	临沂高新区实验小学
	沙埠庄小学	1972	2003 年 6 月并入高新区实验小学	
	满沟屯小学	1945	2009 年 10 月更名临沂满沟屯小学	临沂满沟屯小学
	陆庄小学	1980	2006 年并入满沟屯小学	
	后黄土堰小学	1951	1997 年异地新建，2009 年 10 月更名临沂黄堰小学	临沂黄堰小学
	前黄土堰小学	1962	2005 年 8 月并入后黄土堰小学	
	庙山小学	1956	2004 年 10 月异地新建，2014 年并入后黄堰小学	
	磊石小学	1946	1989 年异地新建，2009 年 10 月更名西磊石小学	临沂磊石小学
	东磊石小学	1971	2004 年并入磊石小学	
	坞南庄小学	1984	1999 年并入磊石小学	
	官庄小学	1954	2006 年 3 月异地新建，2009 年 10 月更名临沂官庄小学	临沂官庄小学
	白埠小学	1956	2000 年并入新望小学	
	新望小学	2000	2006 年并入官庄小学	
	涧头小学	1964	2009 年 10 月更名临沂涧头小学	临沂涧头小学
	土山洼小学	1967	1999 年 8 月并入涧头小学	
	涧沟崖小学	1950	2002 年异地新建，更名新胜小学	临沂新胜小学
	西石埠小学	1935	2003 年并入新胜小学	
	前崔庄小学	1958	1999 年 8 月划属双月湖街道，2002 年 6 月划属临沂高新技术产业开发区后撤销	
	后崔庄小学	1953	1999 年 8 月划属双月湖街道，2001 年 8 月并入前崔庄小学	

2013年罗庄区各小学基本情况表

表22-4

校名	建校年份	校址	班数（个）	学生数（人）	教职工数（人）	占地面积（平方米）	建筑面积（平方米）
临沂第六实验小学	1985	罗庄街道文化路1号	36	2321	144	19755	14740
临沂湖南崖小学	1953	罗庄街道工业街61号	30	2227	81	21462	4955
临沂朱陈小学	1963	罗庄街道工业路西段朱陈东社区	28	1675	71	23666	5033
临沂河北小学	1970	罗庄街道罗七路与双龙路交会处向南200米路东	8	397	21	6502	5115
临沂朱张桥小学	1949	罗庄街道朱张桥西南村	15	691	37	16900	1273
临沂老屯小学	1951	罗庄街道北老屯社区	9	370	22	19588	8647
临沂朱家地小学	1951	罗庄街道四海路朱家地社区驻地	7	255	19	16800	3114
临沂第八实验小学	1995	罗庄街道宝泉路中段85号	38	2613	104	25734	8096
临沂高都小学	1930	高都街道罗程路7号	24	1364	108	26000	9867
临沂塘崖小学	1987	高都街道南大路8号	12	394	40	17672	4234
临沂中坦小学	1912	高都街道中坦村	7	263	20	6800	2200
临沂萧庄小学	1912	高都街道萧庄村	8	261	24	16000	3669
临沂常旺小学	1935	高都街道常旺村	6	206	24	4342	2227
册山街道中心小学	1913	册山街道江傅路21号	28	1554	115	19998	7758
册山街道山前小学	1928	册山街道山前村	6	227	20	7969	2611
册山街道老沂庄小学	1910	册山街道老沂庄	6	182	19	17100	3907
册山街道五寺庄小学	1909	册山街道五寺庄	6	219	20	10005	2092
册山街道新桥小学	1931	册山街道新桥村	9	347	25	4464	1633
册山街道尚阳小学	1972	册山街道尚阳村育才路	6	266	20	14400	2848
册山街道同沂庄小学	1929	册山街道同沂庄	6	183	20	8308	2624
册山街道沙沟小学	1915	册山街道房沙沟村	10	429	34	9696	4900
傅庄街道中心小学	1985	傅庄街道商业街19号	25	1222	84	27466	6414
傅庄街道劳模店小学	1935	傅庄街道劳模店村南	13	530	32	16077	4466
傅庄街道东三重小学	1910	傅庄街道东三重村北	12	421	26	7966	1916
傅庄街道巨峰小学	1948	傅庄街道殷旦子村北	12	360	26	11772	2553
傅庄街道窑北头小学	1939	傅庄街道窑北头村南	10	328	25	13000	2800
临沂第七实验小学	1937	盛庄街道永盛路69号	48	2471	168	30471	12016
临沂花埠圈回民学校	1953	盛庄街道花埠圈村	14	507	32	16965	4316
临沂滨河明珠小学	1947	盛庄街道临册路与湖北路交会东500米路北	13	595	33	23840	3211
临沂第五实验小学	1955	盛庄街道聚金路102号	43	3040	147	38357	12519
临沂朱陈北村小学	1930	罗庄街道朱陈北村	6	230	14	10044	1364
临沂孟园小学	1949	盛庄街道化武路中段	26	1355	61	29034	7521
傅庄街道丁庄小学	1967	傅庄街道大丁庄	12	516	32	5935	3188

续表 22-4

校名	建校年份	校址	班数（个）	学生数（人）	教职工数（人）	占地面积（平方米）	建筑面积（平方米）
傅庄街道店子小学	1953	傅庄街道东店子村	11	476	24	19267	3178
傅庄街道徐林小学	1999	傅庄街道东徐林村	6	214	18	15594	4755
褚墩镇中心小学	1942	褚墩镇褚墩二村文化路	20	1007	77	32320	10220
褚墩镇永安小学	1949	褚墩镇西永安村	6	303	19	6624	1654
褚墩镇兰山小学	1980	褚墩镇兰山村	16	519	35	13220	4708
褚墩镇碑住小学	1939	褚墩镇向阳新村	9	320	20	8400	1290
褚墩镇三岭小学	1962	褚墩镇岭西村	6	212	16	8200	2750
临沂褚墩育才小学	1985	褚墩镇恒昌煤业社区	6	209	21	9266	1898
褚墩镇朱庄小学	1950	褚墩镇朱庄	6	106	8	6996	2664
褚墩镇前屯小学	1985	褚墩镇兰山前屯村	2	55	9	2085	1394
黄山镇蒋史汪小学	1985	黄山镇蒋史汪村	7	307	19	11000	1183
黄山镇李官庄华盛江泉希望小学	1945	黄山镇李官庄	2	65	4	4290	1274
黄山镇安头小学	1943	黄山镇安头村	6	173	15	7203	1236
黄山镇木柞小学	1985	黄山镇木柞二村	6	197	15	4900	1800
黄山镇峰山小学	1971	黄山镇峰山大圩子村	6	203	18	6880	1880
黄山镇谢官庄小学	1952	黄山镇谢官庄	6	197	14	5994	970
黄山镇蔡村小学	1985	黄山镇东蔡村	6	306	15	8330	2668
黄山镇中心小学	1976	黄山镇政府驻地	13	687	75	25346	6910
沂堂镇中心小学	1976	沂堂镇政府驻地	9	482	26	23566	8931
沂堂镇大兴屯小学	1976	沂堂镇大兴屯村	13	712	26	9850	5127
沂堂镇明德小学	1944	沂堂镇后峰山村	15	709	27	23111	3621
沂堂镇迷龙小学	1946	沂堂镇迷龙村	14	807	43	9600	1400
沂堂镇麒麟小学	2004	沂堂镇麒麟村	13	729	29	25905	4835
沂堂镇柳庄小学	1995	沂堂镇前柳庄	14	672	28	26445	3563
沂堂镇寨子小学	1968	沂堂镇寨子村	7	359	9	16506	2223
沂堂镇北沂堂小学	1963	沂堂镇北沂堂村	7	262	14	6300	567

小学选介

临沂第五实验小学　位于聚金路102号。前身为始建于1955年的八块石村小学。1979年，在村西划地6667平方米，新建校舍19间，有5个教学班，在校学生180人，教师7人。1995年，八块石村投资150万元，新建可容纳12个班的教学楼1座。2000年，更名为双月湖中心小学。2005年11月，更名为罗庄区第一实验小学。2009年10月，更名为临沂第五实验小学。2005年始，学校进行扩建。至2010年，累计投入1100万元，新建校舍面积1.25万平方米。2013年，学校占地面积

3.84万平方米，建筑面积1.25万平方米，建有塑胶操场、微机室、语音室、演播室、图书馆、实验室、多媒体教室及校园网等现代化教育教学设施，有43个教学班，在校学生3040人，教职工147人。2007年，学校被山东省教育厅命名为省级规范化学校。2012年，被省教育厅表彰为山东省中小学德育工作先进单位。2013年，被命名为山东省教学示范学校、山东省体育传统项目学校，被教育部命名为全国学校体育工作示范学校、全国足球特色学校。

图22-3：2005年4月24日，区实验小学教学楼奠基

临沂第七实验小学 位于盛庄街道永盛路69号，前身为1937年始建于李家白庄的官办盛庄学堂。1992年，盛庄镇投资120万元，征地3万平方米，筹建镇中心小学。1993年9月，新校建成，学校从李家白庄迁至后盛庄东。1995年，被临沂市教育局命名为临沂市规范化学校。2000年5月，更名为盛庄街道中心小学。2000年6月，学校新建南开、清华2座教学楼。2005年11月，更名为罗庄区第三实验小学。2008年，建成学校行政办公楼、综合楼和少年宫。2009年10月，更名为临沂第七实验小学。2011年2月，被山东省教育厅命名为省级规范化学校。2013年，学校占地面积3.05万平方米，建筑面积1.2万平方米，有教学楼、办公楼7幢，教学班48个、在校学生2471人、教职员工168人。创建为山东省创新教育重大课题实验基地、全国红十字模范学校、山东省素质教育示范学校、山东省学校文化建设示范学校、山东省体育传统项目学校、山东省语言文字规范化示范学校、山东省绿色学校。

第三节　初中教育

办学规模

1995年年初，罗庄区有乡镇中心初中6所，联办初中12所。同年8月，按照九年义务教育标准，新建盛庄镇、傅庄镇、岑石乡第二初级中学，改建扩建6所乡镇中心初中，撤销12所联办初中。10月，罗庄区通过省政府“两基”达标验收，全区普及九年义务教育。是年年底，全区有初中学校9所，教学班209个，在校生1.22万人，初中适龄人口入学率96.6%，巩固率98.7%。

1996年后，义务教育工作重点由实现“普九”向巩固提高“普九”成果转变。1998年9月，华盛实验学校初中部建立。1999年，塘崖煤矿子弟学校扩建成西高都镇第二初级中学，新建汤庄街道初级中学，化解初中入学高峰。2001年，华盛实验学校新建教学楼、实验楼2幢，实现九年一贯制教育。同年年底，全区初中学校增至12所，教学班454个、在校生2.99万人。2002年后，初中适龄儿童入学人数开始回落。2003年8月，傅庄街道第一初级中学撤销，并入傅庄街道第二初级中学，傅庄街道第二初级中学更名为傅庄中学。2004 年 10 月，临沂矿务局中学移交罗庄区管理，更名为罗庄区第三中学。2006 年，高都街道第二初级中学并入高都街道第一初级中学，高都街道第一初级中学更名为高都中学；罗西街道第二初级中学并入罗西街道第一初级中学，罗西街道第一初级中学更名为罗西中学。至 2007 年，全区初中学校调整为10所，教学班285个，在校学生1.31万人。2008 年，初中义务教育工作重点由巩固提高“普九”成果转向推进优质均衡发展，启动普通中小学标准化建设和校舍安全工程。同年 3 月，罗西中学划属临沂高新技术产业开发区管委会管理。2010 年 1 月，沂堂中学由苍山县划属罗庄区。2011 年 1 月，褚墩、黄山中学由郯城县划属罗庄区。同年 9 月，临沂光耀实验学校建成招生。2013 年 9 月，临沂高都中学新校建成使用，临沂第四十中学建成招生。是年年底，全区有初中学校 14 所（含九年一贯制学校 6 所），教学班 354 个，在校学生 1.57 万人。初中适龄人口入学率 100%，巩固率 99.8%。有省、市级规范化学校分别 8 所、3 所，占初中学校总数 78.6%；省、市级教学示范学校分别 1 所、6 所。

学制 课程

1995—2013 年，罗庄区初级中学统一学制为 3 年。

2006 年秋季始，实行 5 天工作制。

1995 年，初中课程开设思想政治、语文、数学、英语、历史、地理、物理、化学、生物、体育、音乐、美术、劳动技术 13 个学科。2003 年秋季始，按照《罗庄区基础教育课程改革实验工作方案》，初中开设思想品德、语文、数学、英语、历史、地理、生物、物理、化学、信息技术、体育与健康、音乐、美术、综合实践、地方与校本课程。至 2013 年，初中课程设置未变动。

1995—2013 年罗庄区初中基本情况表

表 22-5

学年度	学校数（所）	班数（个）	在校生数（人）	教职工数（人）	占地面积（平方米）	建筑面积（平方米）
1995—1996	9	209	12190	1022	254839	56324
1996—1997	9	224	12729	1082	439000	87000
1997—1998	9	234	14174	1081	466000	97000
1998—1999	10	270	17255	1111	475000	100000
1999—2000	11	346	22684	1192	492000	109000
2000—2001	12	434	28553	1376	542000	114000
2001—2002	12	454	29860	1471	797000	114000
2002—2003	12	440	26687	1615	602000	118000
2003—2004	11	369	20748	1510	543000	123000
2004—2005	12	369	20101	1533	672533	176308
2005—2006	12	330	17129	1529	522180	133588
2006—2007	10	324	15204	1559	618121	183204

续表 22—5

学年度	学校数（所）	班数（个）	在校生数（人）	教职工数（人）	占地面积（平方米）	建筑面积（平方米）
2007—2008	10	285	13143	1446	568914	182270
2008—2009	9	369	13733	1327	512206	176649
2009—2010	9	303	15251	1392	605398	201719
2010—2011	10	328	16884	1459	645361	215075
2011—2012	13	276	18122	1620	695939	214849
2012—2013	13	347	16496	2150	710819	232436
2013—2014	14	354	15719	2188	925169	267705

1995—2013 年罗庄区初中沿革情况表

表 22-6

1995 年校名	建校年份	沿革情况	2013 年校名
罗庄镇中心中学	1987	2005 年 11 月更名罗庄区第二中学，2009 年 10 月更名临沂第二十中学	临沂第二十中学
罗庄镇朱张桥联中	1971	1995 年 9 月并入罗庄镇中心中学	
程庄乡中心中学	1970	原名塘崖中学。1987 年更名程庄乡中心中学，2000 年 5 月更名西高都镇第一初级中学，2006 年 3 月更名罗庄区高都中学，2009 年 10 月更名临沂高都中学。2013 年 9 月由陷泥河东岸、罗程路北迁至高都街道车辋村西、罗程路北	临沂高都中学
临沂矿务局塘崖煤矿职工子弟学校	1987	1999 年 8 月学校移交西高都镇，2000 年 5 月改建为西高都镇第二初级中学，2006 年 3 月并入高都中学	
程庄乡塘崖联中	1970	1995 年 9 月并入程庄乡初级中学	
册山镇中心中学	1958	原名临沂市第十中学。1982 年更名临沂县第三农技中学，1988 年 4 月更名册山乡中学，1993 年 9 月更名册山镇中心中学，2002 年 2 月更名罗庄区册山街道初级中学，2009 年 10 月更名临沂册山中学	临沂册山中学
册山镇堰头联中	1970	1995 年 9 月并入册山镇中心中学	
傅庄镇中心中学	1968	原名傅庄镇中学。1987 年更名傅庄镇中心中学，1995 年 12 月改为傅庄镇第一初级中学。2003 年 8 月撤销并入傅庄镇第二初级中学	临沂傅庄中学
傅庄镇第二初级中学	1995	2003 年 8 月更名傅庄中学，2009 年 10 月更名临沂傅庄中学	
傅庄镇三重联中	1971	1995 年 9 月并入傅庄镇第二初级中学	
傅庄镇汤庄联中	1971	1995 年 9 月并入傅庄镇中心中学	
岑石乡中心中学	1971	原名朱隆中学。1987 年更名岑石中心中学，1995 年 12 月更名岑石乡第一初级中学，2006 年 11 月更名罗西街道初级中学，2008 年 3 月划属临沂高新技术产业开发区。2009 年 10 月更名临沂第二十九中学	临沂第二十九中学
岑石乡第二初级中学	1995	2006 年 11 月并入罗西街道初级中学	
岑石乡涧头联中	1971	1995 年 9 月并入岑石乡中心中学	

续表 22-6

1995 年校名	建校年份	沿革情况	2013 年校名
岑石乡朱隆联中	1972	1995 年 9 月并入岑石乡中心中学	临沂第二十九中学
岑石乡磊石联中	1973	1995 年 9 月并入岑石乡中心中学	
岑石乡中心中学分校	1973	1995 年 9 月并入岑石乡中心中学	
盛庄镇第一初级中学	1968	原名白庄中学。1995 年 12 月由盛庄镇中心中学更名盛庄镇第一初级中学，2005 年 11 月更名罗庄区第四中学。2009 年 10 月更名临沂第二十二中学	临沂第二十二中学
盛庄镇对河联中	1971	1995 年 9 月并入盛庄镇中心中学	
盛庄镇第二初级中学	1995	2005 年 11 月更名罗庄区实验中学分校，2009 年 10 月更名临沂第二十三中学	临沂第二十三中学
盛庄镇孟园联中	1970	1995 年 9 月并入盛庄镇第二初级中学	
盛庄镇盛庄联中	1972	1995 年 9 月并入盛庄镇第二初级中学	
临沂矿务局中学	1949	2004 年 10 月移交罗庄区，更名罗庄区第三中学。2009 年 10 月更名临沂第二十一中学	临沂第二十一中学
华盛实验学校	1951	原名沈泉庄小学。1994 年 8 月建新校，1998 年 9 月招收初中班。1999 年 2 月更名华盛教育中心，2009 年 10 月更名临沂华盛实验学校	临沂华盛实验学校
苍山县沂堂中学	1975	2010 年 1 月划属罗庄区，更名临沂沂堂中学	临沂沂堂中学
郯城县褚墩中学	1958	2011 年 1 月划属罗庄区，更名临沂褚墩中学	临沂褚墩中学
郯城县黄山中学	1972	2011 年 1 月划属罗庄区，更名临沂黄山中学	临沂黄山中学

2013 年罗庄区初中基本情况表

表 22-7

校名	建校年份	校址	班数（个）	在校生数（人）	教职工数（人）	占地面积（平方米）	建筑面积（平方米）
临沂第二十中学	1987	罗庄街道文化路 122 号	80	4398	351	44120	31914
临沂高都中学	1970	高都街道车辋村西	30	1039	176	133334	35745
临沂册山中学	1958	册山街道江傅路 26 号	36	1548	189	68300	33840
临沂傅庄中学	1995	傅庄街道傅册路 22 号	24	888	145	56601	13586
临沂褚墩中学	1958	褚墩镇政府驻地	20	730	114	65850	11744
临沂沂堂中学	1975	沂堂镇政府驻地	18	996	93	36036	15504
临沂黄山中学	1972	黄山镇政府驻地	22	761	100	63121	14086
临沂第二十二中学	1968	盛庄街道沂河路 60 号	19	682	119	28825	11862

2013年罗庄区九年一贯制学校基本情况表

表22-8

校名	建校年份	校址	班数（个）		在校生数（人）		教职工数（人）	占地面积（平方米）	建筑面积（平方米）
			小学	初中	小学	初中			
临沂第二十三中学	1995	盛庄街道清河南路86号	12	24	613	1157	130	43166	17044
临沂汤庄实验学校	1999	傅庄街道樱花路2号	25	13	1567	608	162	52014	17148
临沂第二十一中学	1949	罗庄街道商业街89号	31	21	1930	1181	170	37919	11701
临沂华盛实验学校	1951	罗庄街道沈泉庄村	26	18	971	914	154	72000	18983
临沂光耀实验学校	2006	盛庄街道清河南路与祝丘路交会处	18	12	902	303	94	40000	8557
临沂第四十中学	2013	盛庄街道湖东二路北段	4	4	171	177	31	102667	2600

初中选介

临沂第二十中学 位于罗庄街道文化路东段。建于1987年，初名临沂市罗庄镇中心初中。占地面积4.41万平方米，建有6幢二层教学楼。1995年12月，更名为罗庄区罗庄镇初级中学。2005年11月，更名为罗庄区第二中学。2009年10月，更名为临沂第二十中学。2003—2013年，累计投资3000余万元，新建校舍面积2.2万平方米。2013年年底，学校占地面积4.41万平方米，建筑面积3.19万平方米。有理化生实验室6个、微机室及特种教室20个、图书馆藏书18万余册，开通校园电视网、广播网、局域网和网站。有教学班80个，在校生4398人，教职工351人。1989年12月，国家教委主任李铁映到校视察，并题词“教育为人民，人民办教育”。2009年1月，教育部副部长、国家总督学陈小娅率团到校调研素质教育工作，对学校全面实施素质教育给予高度评价。学校为省级规范化学校、山东省现代科技示范学校、国家级外语实验学校、山东省首批初中教学示范学校、齐鲁文化名校、全国教育科研先进单位。

临沂册山中学 位于册山街道江傅路26号。建于1958年，时称临沂第十中学，占地3.47万平方米，建有18间苏式平房教室及部分教师办公室，有6个教学班、256名在校生、19名教职工。1982年，更名为临沂县第三农业技术中学。1988年4月，更名为册山乡中心中学。1993年9月，更名为册山镇中心中学。2002年2月，更名为罗庄区册山街道初级中学。2009年10月，更名为临沂册山中学。2003—2013年，累计投资4200万元，新建校舍面积1.5万平方米。2013年，有教学班36个，在校生1548人，教职工189名；占地面积6.83万平方米，建筑面积3.38万平方米，有理化生实验室6个、微机室及特种教室15个，图书馆藏书10万余册，并开通校园电视网、广播网、局域网和网站。学校秉承“开启智慧，润泽生命”办学理念，在“师生发展共同体”建设中提升教育质量，促进立德树人。2007年11月，创建为山东省规范化学校。2009年2月，被市教育局命名为临沂市初中教学工作先进学校。

第四节　高中教育

办学规模

公办高中 1995年，罗庄区有临沂市罗庄区高级中学、临沂矿务局中学2所公办高中，教学班25个，在校生1272人。1997年6月，罗庄区高级中学更名为罗庄区第一中学。2002年6月，依托罗庄区第一中学筹建罗庄区实验中学，为完全中学。2003年9月，罗庄区实验中学一期工程竣工，招收40个高中班、2240名学生。2004年，临沂矿务局中学移交罗庄区管理，停止高中招生。2005年，罗庄区实验中学按规划建成，投资7297.5万元，建筑面积7.64万平方米，停止初中招生。2009年10月，罗庄区第一中学、罗庄区实验中学分别更名为临沂第十八中学、临沂第十九中学。2011年8月15日，临沂第十九中学成为独立法人事业单位。2012年，创建为山东省规范化学校。

民办高中　1997年5月，临沂双月园学校建立，开设高中班。1999年5月，山东临沂美澳国际学校建立，开设高中班。2000年，临沂现代实验学校建立，开设高中班。2005年10月，临沂现代实验学校停办。2006年7月，临沂双月园学校、山东临沂美澳国际学校停办。2012年6月，临沂兴华学校举办罗庄高考补习学校。

2013年，全区有临沂第十八中学、临沂第十九中学2所公办普通高中学校，民办罗庄高考补习学校1所，有教学班134个、在校生8260人。

学制　课程

1995—2013年，普通高中统一学制为3年。

1995年，开设语文、数学、英语、物理、化学、生物、思想政治、历史、地理、体育与健康、艺术、信息技术12门学科。2004年秋季始，实施普通高中新课程实验，开设必修课和选修课。必修课开设语文、数学、英语、物理、化学、生物、思想政治、历史、地理、体育与健康、艺术、综合实践、通用技术、信息技术14门学科，选修课开设50门学科。至2013年，普通高中课程设置未变动。

1995—2013年罗庄区公办、民办普通高中基本情况表

表22-9

学年度	学校数（所）	班数（个）	在校生数（人）	毕业生数（人）	教职工总数（人）		占地面积（平方米）	建筑面积（平方米）
						教师数（人）		
1995—1996	2	25	1272	195	115	99	51948	9166.4
1996—1997	2	31	1317	202	140	120	51948	9166.4
1997—1998	3	41	1618	289	172	148	51948	14769.4
1998—1999	3	46	2043	496	204	175	80586	20965.4
1999—2000	4	57	2371	623	219	188	80586	23621.4
2000—2001	5	82	3253	951	243	209	80586	30300.4
2001—2002	5	119	3726	1061	278	239	80586	37262.4
2002—2003	6	166	4242	1120	341	293	80586	49790.4
2003—2004	6	199	5696	1775	456	392	109224	52226.4
2004—2005	5	231	6554	2037	521	448	109224	52226.4
2005—2006	4	196	7437	2648	587	505	109224	52226.4

续表 22-9

学年度	学校数（所）	班数（个）	在校生数（人）	毕业生数（人）	教职工总数（人）		占地面积（平方米）	建筑面积（平方米）
						教师数（人）		
2006—2007	2	135	8483	3274	615	529	109224	55733.4
2007—2008	2	136	8347	3828	613	527	109224	55733.4
2008—2009	2	112	6662	2388	576	495	109224	55733.4
2009—2010	2	112	6319	2138	573	445	109224	55733.4
2010—2011	2	114	6674	2159	586	437	109224	55733.4
2011—2012	2	116	6781	1677	602	435	109224	55733.4
2012—2013	3	124	7472	1602	606	448	199714	137214
2013—2014	3	134	8260	2222	619	458	199714	137214

学校选介

临沂第十八中学 位于罗庄区文化路东段。前身为1956年建于朱陈的山东省临沂第三中学，占地面积2.5万平方米。1969年春，学校开始招收高中班，成为完全中学。1972年，更名为临沂县朱陈中学。1977年11月，学校由朱陈迁到湖南崖村东南，遵从公社地名，改称临沂县罗庄中学。1983年11月，再由湖南崖迁至于泉庄南。1988年9月，取消初中，更名为临沂市罗庄高级中学。1992年7月，学校迁至现址。1995年2月，改称临沂市罗庄区高级中学。1997年6月，更名为罗庄区第一中学。2009年10月，更名为临沂第十八中学。至2013年，学校占地面积7.4万平方米，校舍建筑面积6.29万平方米，有塑胶操场1个，理化生实验室24个、通用技术实验室2个、多媒体教室22个，藏书19万余册。有教学班62个、在校生3744人、教职工317人。2002年1月，创建为山东省规范化学校。2006年11月，成为全省首届普通高中教学示范学校。2012年，被教育部命名为国民语文应用能力实验学校。

临沂第十九中学 位于罗庄区永盛路101号。创办于2002年6月，初名罗庄区实验中学，亦称罗庄一中北校区，为完全中学，2003年开始招生。2005年停止初中招生，为高级中学。2009年10月，更名为临沂第十九中学。2013年，学校占地面积12.87万平方米，建筑面积7.43万平方米，有理化生实验室21个、通用技术实验室3个、多媒体会议室3个、录播室1个、电子阅览室5个、机器人实验室1个、音乐专用教室3个、舞蹈教室2个、器乐排练室1个、专用琴房20间、美术教室6个、书法教室2个、图书馆藏书40万余册；有教学班72个、在校学生4326人、教职工302人。学校先后创建为中国教育学会教师发展基地和中学语文教学委员会“高效阅读”推广与实验学校、全国创新教育百强名校、山东省规范化学校、临沂市高中教学示范学校。

第二章　职业教育　成人教育

第一节　职业教育

境内职业教育始于20世纪60年代。1964年，册山公社房庄和五寺庄试办2所学制为一年的农业中学，实行半耕半读。1964年8月，五寺庄农业中学更名为临沂县农业职业学校。1982年，临沂县教育局将册山中学改为册山农业职业高中。同年，册山农业职业高中又更名为临沂县第三农业技术中学，在五寺庄的临沂县农业职业学校更名为册山农业技术学校。至1985年，2所学校共有教学班14个，在校学生773人。1988年，临沂市第三农业技术学校改建成临沂册山中心中学。1992年，册山农业技术学校改为册山镇成人教育中心校。

1988年，罗庄镇与青岛纺织轻工业学院联合举办委培专科班，设在罗庄镇中心初中，招收4个班（纺织班2个、经济贸易班2个），160人。1992年，临沂罗庄高级中学招收中专财会班2个106人；1993年，招收中专化工班2个98人；1994年，招收陶瓷班1个46人。

1995年，临沂罗庄高级中学停招职业中专班。同年，区内有技工学校1所，为隶属于临沂矿务局管理的山东省煤炭高级技工学校。1997年，罗庄区积极鼓励社会力量举办职业教育学校。同年5月6日，由临沂中自电脑有限责任公司承办的罗庄区职业教育中心开始筹建，占地面积6.67万平方米，建筑面积1.1万平方米，32个教学班，并于当年开始招生。1998年，罗庄区职业教育中心与山东沂蒙学院联合办学。2000年，经省教育厅批准，在罗庄区职业教育中心设立临沂师范学院双月湖校区，增加高等职业班。2002年，罗庄区职业教育中心停招高等职业班、职业中专班。之后，主要以中短期职业培训和成人教育为主。2002年6月，华盛江泉集团在华盛教育中心设立华盛中等职业技术学校，开设财务会计、计算机应用、幼儿师范等专业，至2007年停止招生。为企业培养专业技术人员2960人。

2002年9月，民办临沂鲁南武术学校、罗庄武校增设职业高中班。2002年11月，民办临沂市鲁豪职业中专学校成立。2004年，民办临沂市大地艺术职业中专学校成立。至2013年，区内有民办职业中专（高中）学校4所。教学班46个，在校生2319人，教职工178人。驻区职业院校3所，分别为临沂职业学院、鲁南技师学院、山东煤炭技师学院。

学制　专业设置

职业学校以初中毕业生为主要招生对象，学制三年。设有学前教育、音乐、舞蹈、运动训练、农业机械化与维修、生物制药、化工工艺、计算机网络应用、工业自动化、市场营销、陶瓷工艺、电子商务等专业。

招生就业

2003年前，区内职业学校均以自主招生为主。2003年始，区教育局每年都召开职业学校招生工作会议，印发《招生意见》，落实招生工作责任制，并通过报刊、广播、电视、分发宣传材料、召开招生推介会，举行学生家长座谈会等多种形式，宣传职教招生政策和职业学校专业设置、办学特色。通过实行一考多取、春秋两季招生、建立健全招生网络等措施，全区中等职业学校招生数量逐年增加。

1995—2013年，全区职业教育为社会培养各级各类技术人才2.19万人，有1280人升入高等职业技术院校。

区内各职业学校注重开拓就业渠道，每个职业学校都建立一支规范的就业安置队伍，1997—2013年，安置中等职业学校毕业生就业2.15万人，就业率98%以上。

第二节　驻区高等职业院校

临沂职业学院

位于罗庄区湖东路63号。2008年3月，经山东省人民政府批准成立，由山东省广播电视大学（临沂分校）、临沂市职业中专（含临沂市轻工业学校、临沂市旅游学校）、临沂经济学校、临沂商业学校合并组建而成，为公办全日制高等专科院校。隶属临沂市人民政府，为副厅级事业单位。学院占地面积34.07公顷，校舍建筑面积15.44万平方米。2013年，有教职工523人，全日制在校学生8980人，成人本专科教育学生7688人。设有会计金融学院、商贸物流学院、建筑工程学院、机电工程学院、信息工程学院、现代服务学院共6个二级学院。

图22-4：临沂职业学院（2013年6月　英成亮摄）

鲁南技师学院

位于罗庄区滨河西路与罗程路交会处。前身为临沂市技工学校，2005年2月、2008年12月，市委、市政府先后整合原市职业技能学校、市机械技工学校、市农业机械化学校、市轻工技工学校、市经济管理干部培训中心和市应用工程职业中等专业学校6所学校组建而成。2008年3月，经山东省人民政府批准，改称临沂市高级技工学校，隶属临沂市人民政府，为副厅级事业单位。2012年8月，经山东省人民政府批复，更名为鲁南技师学院，为国办全日制高等技工院校。学校占地面积42.07公顷，校舍建筑面积16万平方米。2013年，有教学班105个、在校生5000人、教职工275人，设有机械工程、轻工化工、电气工程、商务管理、信息工程和基础部6个教学系部20个专业，拥有数控加工、电梯、化工、汽修等各类培训中心74个。鲁南技师学院为国家重点技工学校、国家中等职业教育改革发展示范学校。

山东煤炭技师学院

位于罗庄区罗四路366号。1978年建立，初名山东省煤矿临沂技工学校。1980年5月，改称临沂矿务局技工学校，临沂矿务局主管。2000年，改称山东省煤炭高级技工学校。2010年11月，经山东省人民政府批准，更名为山东省煤炭技师学院。学院占地面积8.2万平方米，校舍建筑面积5万平方米。开设煤矿、非煤矿山生产，煤化工，机械加工类企业供电、电工电子、电气安装，医药生产，企业管理等30个专业，建有32个实训车间。2013年，有教职工230人，在校学生6000余人。

第三节　成人教育

1986年，乡镇成人教育中心校开始设立，由乡镇长或分管教育的副乡镇长担任校长，教育部门配备专职副校长和5～8人专、兼职教师，以扫除青壮年文盲和举行农村实用技术培训为重点，开展教学培训工作。根据1990年第四次全国人口普查统计，境内有青壮年文盲、半文盲人口13636人。至1994年，经过5年扫盲和巩固培训，共脱盲13513人，非盲率99.1%。

1995年初，罗庄区有乡镇成人教育中心校3所，分别为罗庄镇、册山镇、程庄乡成人教育中心校，其中册山镇成人教育中心校为省级示范乡镇成人教育中心校。盛庄镇、傅庄镇、岑石乡有成人教育机构无独立校舍。同年8月，按照实现“两基”标准，盛庄镇、傅庄镇、岑石乡新建成人教育中心校。各学校均按临沂市成人教育中心校配备标准，配备教学仪器设备、图书报纸杂志资料和种植实验基地，册山镇、罗庄镇成教中心建起卫星地面接收站。10月，罗庄区顺利通过省政府“两基”验收，全区基本扫除青壮年文盲。

1996年后，各乡镇成人教育中心校工作重点转向开展以种植、养殖、食品加工、良种推广、技术服务等方面的农村实用技术培训，年培训1.5万人次。各成教中心除利用省、市编印的教材进行教学外，同时和乡镇农技推广站联合自编校本教材、印发技术材料，利用电影、VCD以及卫星地面接收站等媒体进行直观教学，利用实习基地组织学员动手操作，掌握基本的农业生产技术要领。受乡镇成人教育中心校办学条件、规模、师资力量所限，2005年始，罗庄区农村劳动力转移培训阳光工程项目由罗庄区中等职业技术学校承担。2006—2000年，各街道成人教育中心校先后撤销。

第四节　成人高考与自学考试

罗庄区招生办公室（设在区教育体育局）承担成人高等教育、高等教育自学考试组织报名和资格审查工作。1986年始，国家教委对各类成人高等院校招生实行全国统一考试。至2003年，全国成人高校招生统一入学考试每年春季举行，秋季入学。2004年起，全国成人高校招生统一入学考试定于每年10月第三个周六、周日举行，录取的新生第二年春季入学。2007年始，成人高考实行网上报名，现场确认信息。2012年始，成人高考实行网上缴费。1995—2013年，罗庄区参加各类成人高等教育报名共2.92万人次，主要集中在教育、会计、经济、法学、医学和护理等专业。

山东省高等教育自学考试始于1984年，专业学科包括文、理科等，层次涵盖专、本科。专科招生对象不受学历限制，本科招生对象为具有专科学历者。自学考试毕业成绩均及格者，主考院校与省自考委向其颁发专科或本科毕业证书，国家承认学历，与普通高等教育毕业生享受同等待遇。1995—2013年，罗庄区高等教育自学考试报考人数共1.77万人。

2001年起，由于高校扩招，自学考试报考人数连年下降。2013年，全区有64人报名参加自学考试，3678 人报名参加成人高考。

第三章　民办教育

第一节　民办中小学

20 世纪 90 年代，随着经济快速发展和教育体制改革不断深化，社会资金投向教育，民办教育得到复兴和发展。1993 年 3 月，罗庄响马岭武术学校建立。同年 8 月，临沂鲁南武术学校建立，招收小学、初中学生，既学文又学武。1995 年 10 月，罗庄响马岭武术学校从响马岭迁至罗庄区湖东路 66 号，更名为罗庄武术学校。1995 年年底，全区有民办学校 2 所，在校学生 587 人，教职工 242 人。1997 年，区委、区政府贯彻国务院颁布的《社会力量办学条例》，提出“依靠外力，借助民力发展教育”的办学思路。同年 5 月，临沂双月园置业发展有限公司兴办临沂双月园学校，占地面积 37.33 公顷，投资 2 亿余元，校舍建筑面积 12 万平方米，规模 120 个教学班，实行从幼儿园到高中 15 年一贯制教育。9 月，临沂双月园学校一期工程竣工并开始招生。1999 年 3 月，区委、区政府印发《中共罗庄区委、罗庄区人民政府关于积极鼓励支持民办教育发展的若干意见》，全区兴起民办教育热潮。同年 5 月，北京美澳科技文化有限公司创办山东临沂美澳国际学校，投资 2.1 亿元，占地面积 10 万平方米，校舍建筑面积 13 万平方米，规模 120 个教学班。7 月，临沂兴华学校建立，办学层次为幼儿园、全日制小学、初中。2000 年 3 月，临沂现代实验学校建立，投资 4600 万元，占地面积 18.53 万平方米，校舍建筑面积 5.6 万平方米，实行从幼儿园到高中 15 年一贯制教育。同年 9 月，山东临沂美澳国际学校开始招生，实行从幼儿园到高中 15 年一贯制教育。2002 年，罗庄区才华特殊教育学校建立。2003 年，罗庄鲁鹏精武影视学校建立。至是年年底，罗庄区民办中小学校发展到 8 所，在校学生 9731 人，教职工 1572 人。

2004 年，教育部颁布实施《民办教育促进法实施条例》，省、市教育行政部门明确规定民办学校不得向学生及其家长收取建校费、学费预备款和教育储备金。临沂现代实验学校、临沂双月园学校、临沂美澳国际学校因收取数额较大的储备金，退还学生教育储备金出现困难，并一度出现部分学生家长上访现象，学校办学声誉受损，在校学生逐年减少。2005 年 10 月，临沂现代实验学校停办。2006 年 7 月，临沂双月园学校、山东临沂美澳国际学校停办。2010 年 5 月，苍山县沂堂英才学校划属罗庄区，更名为临沂英才学校。2012 年 6 月，民办罗庄高考补习学校成立。2013 年，全区有全日制民办中小学 5 所，在校学生 4287 人，教职工 383 人。

第二节　民办职业中专学校

1997 年 5 月，临沂中自电脑有限责任公司开始筹建罗庄区职业教育中心；同年 9 月，校建一期工程竣工并招生。1998 年 6 月，罗庄区职业教育中心与沂蒙学院联合办学，2002年停止招生。2002年9月，罗庄武校、临沂鲁南武校增设职业高中班。同年11月，临沂市鲁豪职业中专学校建立。2004年，临沂市大地艺术职业中专学校建立。2013年，全区有民办职业中专（高中）4所，在校生2319人，教职工178人。

第四章　教育教学研究

第一节　机构

1995年2月，罗庄区教学研究室（简称区教研室）设立，各乡镇中心小学成立教学研究室并设学科中心教研组，配专职教研员3～4人；各中学设教科室和学科教研组，以区教研室为龙头，建立起区、乡、校三级教研网络。1997年1月，区教研室升格为副科级事业单位，隶属罗庄区教育委员会，下设小学教研室、初中教研室、高中教研室和罗庄区教育科学研究室。至2013年，机构无变动。

1999年、2004年、2013年，区教研室先后3次被省教育厅命名为山东省教育科研先进单位。2001年，区教研室获“山东省教育厅重大课题创新教育实验与研究先进单位”称号。

第二节　教学研究

1995年，进行全面提高教学质量研究。加大落实中小学教学常规力度，着力推行“以教师为主导、学生为主体、思维训练为主线”的授课模式，推广单元集体先周备课制，重点在初中、小学段开展单元达标教学实验和研究。

1996年，开展教育质量年活动。小学推行语文学科低年级“识字三步走，阅读四层次”、中高年级“三段五步”和数学学科“五步程序”教学模式；中学主要推行“探索式学导结合”课堂教学模式。举行各种类型的公开课、观摩课等。

1997年，开展小学“等级+特长+评语”的考试评价机制改革实验和研究。制定罗庄区小学、初中、高中教学质量《评价方案》和《罗庄区教学成果奖励条例》。

1998—2000年，研究实施素质教育的课堂教学模式，面向全体促进学生全面发展。借鉴江苏省洋思中学“先学后教，当堂达标”课改经验，全区中小学进行“探索领先、学导结合、优化训练、当堂达标”课堂教学模式的实验和推广，开展中小学教师课堂教学达标活动。

2001年，进行基础教育课程改革，围绕《基础教育课程改革纲要》中提出的6项改革目标，积极探索研究适应新课改的教育教学方式，制定《罗庄区基础课程改革实验工作方案》。2003年，小学各年级和初中一年级新教材推广使用工作全面推开。2004年，高中课程改革全面启动。围绕课程改革，组织中小学各学科骨干教师参加省、市新课程培训，举行新课程改革通识培训班，在中小学广泛开展“校本培训”活动，通过集中培训、典型引路、相互交流等形式，帮助广大教师转变观念，掌握新的教学方法和技能，适应新课程改革需要。至2005年，新课程实施全部覆盖到小学、初中和高中。在实施过程中，建立健全新课程视导检查制度，完善新课程实施评估体系，推进新课程改革工作的系统化、制度化和规范化建设。

2007年，借鉴市教研室推广的“三五X”（“三”指三维目标，“五”指五个贯彻始终，“X”指课堂教学的主要环节）课堂教学模式，小学、初中和高中各学科结合实际制订和实施具有罗庄特色的课堂教学模式。其中，“高中语文整体教学改革三级分层达标实验”获教育部首届基础教育国家教学成果奖二等奖。

2008—2013年，全面推行“自能高效课堂”教学改革，建设高效课堂，提高教学质量。其间，临沂第五实验小学的“慧心灵动高效课堂”、临沂第六实验小学的“多维互动博雅课堂”、临沂第二十中学的“个性优质课堂”、临沂第二十一中学的“卓越课堂”、临沂第二十二中学的“活动式课堂”、临沂第二十三中学的“幸福课堂”、临沂第十八中学的“动感高效课堂”，临沂第十九中学的“学案导学高效课堂”实验和研究取得良好效果。

第三节　教育科学研究

1997年2月，罗庄区教育科学研究室成立，各中学、中心小学成立教育科学研究室。2006年，区教育科学研究室聘请5名兼职教科员。至此，全区形成以区教育科学研究室为龙头，以学校教导处（教研室）、教科室为主体，以学校教研组、备课组、课题组为基础的三级教科研网络。

1999年，区教育科学研究室承担山东省创新教育课题研究，围绕创新教育和素质教育开展区域性研究工作。同年12月，临沂市“素质教育与小学考试改革”研讨会在罗庄区召开。2000年10月，在全国创新教育研讨与实验学术研讨会上，罗庄区作创新教育典型经验介绍。2008年3月，区教育局提出“自能高效课堂建设研究”构想，作为提升课程实施水平的主抓手和着力点。自此，全区教育科研工作围绕该方案开展课题管理、校本研究、教师培训、特色创建等系列探索攻关行动，逐步建构起具有区域特色的教育科研管理体系。2011年4月7—8日，全国区域特色教育模式与典型经验调研暨临沂第二十中学“344”教学策略（三大规律，即心理规律、认知规律、学科规律；四项原则，即以学定教、独立思考、多维互动、展示评价；四个标准，即情感孕育、方法生成、知识建构、习惯培养）交流研讨会在罗庄召开。2013年11月，130万字的《自能高效课堂的区域推进》《自能高效课堂的学科范式构建》《自能高效课堂的教师探寻》区域自能高效课堂建设丛书由明天出版社出版发行。2013年初，围绕区域十大“重点攻关项目”，全面启动“重大教育教学问题项目攻关

图22-5：罗庄区中小学普及计算机教学（2013年10月　摄）

研究”，由区学科教研员牵头，吸纳学校优秀教师组建项目攻关团队，进行项目认领，编制项目解决计划，探索破解区域教育发展的瓶颈问题。

1995—2013 年，罗庄区承担国家级、省级、市级课题分别 3 项、81 项、420 项，获得省、市级各类教育科研优秀成果 98 项。

第五章　教师

第一节　教师队伍

1995 年年底，罗庄区有公办中小学教职工 2933 人，其中民办教职工 1124 人，占教职工总数 38.32%。至 2003 年 8 月，在职民办教师转为公办教师。2013 年年底，全区共有公办中小学教职工 4974 人。其中，高中教职工 619 人、初中教职工 1688 人、小学教职工 2667 人，教职工总数比 1995 年增加 2041 人。教师主要来源是每年招考师范类大中专毕业生。

年龄结构

1995 年，罗庄区 2933 名中小学教职工中，30 岁以下 618 人，31 ～ 40 岁 941 人，41 ～ 50 岁 787 人，50 岁以上 587 人，分别占教师总数 21.07%、32.08%、26.83% 和 20.01%，各年龄段教师所占比例基本合理。至 2013 年，全区 4974 名中小学教职工中，30 岁以下 919 人，31 ～ 40 岁 2013 人，41 ～ 50 岁 1103 人，50 岁以上 939 人，分别占教师总数 18.48%、40.47%、22.18% 和 18.87%。

学历结构

1995 年，全区小学有教职工 1796 人，其中专任教师 1378 人，具有中师（含相当于中师）学历的 1357 人，学历合格率 98.48%；初中教职工 1022 人，其中专任教师 657 人，具有大学专科以上学历的 605 人，学历合格率 92.09%；高中教职工 115 人，其中专任教师 99 人，具有大学本科学历的 35 人，学历合格率 35.35%。经过 19 年发展，至 2013 年，全区有公办教职工 4974 人，专任教师 4440 人。其中，小学 2441 人，初中 1561 人，高中 438 人。具有研究生学历的 34 人，大学本科学历的 3388 人，大学专科学历的 1214 人，中师及以下学历的 338 人，分别占教职工总数 0.68%、68.11%、24.41%、6.8%。小学、初中、高中教师学历合格率分别 100%、100% 和 98.9%。

职称结构

1995 年，罗庄区公办中小学 2933 名教职工中，当年评审聘任高级教师 9 人、中级教师 125 人、初级教师 241 人，分别占教职工总数 0.3%、4.3% 和 8.2%。至 2013 年年底，全区公办中小学 4974 名教职工中，正高级教师 1 人，高级教师 527 人，合计占教职工总数 10.62%；一级教师 2239 人，占教职工总数 45.01%；二、三级教师 1901 人，占教职工总数 38.22%；无职称 257 人，占教职工总数 5.17%；工勤人员 49 人，占教职工总数 0.99%。其中，高级工 16 人占工勤人员总人数 32.65%，中级工 13 人占工勤人员总人数 26.53%。

1995—2013年罗庄区中小学教职工基本情况表

表 22-10　　单位：人

年度	小学		初中		高中		合计	
	总人数	专任教师	总人数	专任教师	总人数	专任教师	总人数	专任教师
1995	1796	1378	1022	657	115	99	2933	2134
1996	1960	1764	1082	952	140	120	3182	2836
1997	1867	1680	1081	951	172	148	3120	2779
1998	1886	1697	1111	978	204	175	3201	2850
1999	1687	1518	1192	1049	219	188	3098	2755
2000	1540	1386	1376	1211	243	209	3159	2806
2001	1651	1486	1471	1294	278	239	3400	3019
2002	1789	1610	1615	1421	341	293	3745	3324
2003	1638	1474	1510	1329	456	392	3604	3195
2004	1632	1469	1533	1349	521	448	3686	3266
2005	1810	1629	1529	1346	587	505	3926	3480
2006	1873	1686	1559	1372	615	529	4047	3587
2007	2002	1802	1446	1272	613	527	4061	3601
2008	2183	1944	1477	1299	576	495	4233	3738
2009	2158	1917	1392	1232	573	445	4123	3594
2010	2353	2083	1559	1379	586	437	4498	3899
2011	2630	2432	1620	1406	602	435	4852	4273
2012	2617	2389	1650	1513	616	441	4883	4343
2013	2667	2441	1688	1561	619	438	4974	4440

第二节　教师管理

管理制度改革

1995—1998年，延续原县级临沂市实行的“校长负责制、教师聘任制和岗位责任制”管理制度。1999年8月，区政府转发区教委等4部门《关于进一步深化学校内部管理体制改革的报告》，在全区推行以进一步完善校长负责制、教职员工聘任制、岗位目标责任制和试行学校内部结构工资制为内容的“四制改革”。同年9月，区教委在罗庄一中、罗庄镇中学、罗庄镇中心小学和华盛实验学校进行“四制改革”试点。2000年起，全区中小学逐步推行“四制改革”。校长的选聘，根据任职条件，经个人申请、民主测评、组织考察后，由区教委聘任并行文公布；副校长和中层干部的聘任，根据任职条件，经个人申请、校长推荐、经民主测评、组织考核后，由校长聘任，区教委行文公布，聘期3年，聘期内每年度进行一次履行岗位目标责任情况考核。教职工聘任，实行全校教职工所有岗位全员聘任，聘期1年，根据岗位目标考核结果，发放绩效工资，落聘人员按相关规定安置。2002年3月，区教育局对“四制改革方案”中聘任程序、结构工资等进行调整完善。2007年11月，区政府办公室印发《关于罗庄区事业单位实行人员聘用制度实施办法》，同年12月，全区各学校聘用单位法人代表，与聘用人员签订聘用合同，聘期5年。至此，全区教育事业单位在编在职人员，全部实行聘用合同管理，实现人事管理由“身份管理”到“岗位管理”的转变。2013年，全区教育系统进行第2个5年聘期的合同签订。

教师招考

1995—2001年，义务教育阶段适龄人口入学处于高峰期，教师缺编。其间，师范类毕业生按国家政策全部分配就业。2002年起，师范类毕业生不再实行全部分配。新补充师资由区教育局根据区政府批准的选招人数，从持有教师资格证书的大中专毕业生中招考。自此，全区教师队伍更新机制开始健全。2012年始，教师招考工作由市委组织部、市人社局和市教育局统一组织，实行网上报名，网上资格审查，根据笔试、面试成绩及相应学科招聘人数由高到低依次录取、依次择岗。1995—2013年，全区分配与招录教师3082人。

职称评定

1988年，原县级临沂市教育局开始教师专业技术职称评聘工作。1989—1992年，终止申报评审工作。1993年始，教师职称每年评定1次。1993—1999年，职称评定实行定岗限额办法，即按照教职工人数比例，确定高级、中级、初级各类专业技术岗位名额。其间，评聘同步，评后即聘，当年兑现职务工资。1999年，在罗庄镇中、小学，实行职称评、聘分开试点。2000年，全区教师职称评定实行评、聘分开办法。之后，教职工凡符合条件均可申报参评，评审通过量较大，落聘人员逐年增加，出现评多聘少的现象。2012年起，全区教师职称体系由原中学和小学教师相互独立的职称（职务）制度体系过渡到统一的中小学职称（职务）制度体系，教师职务分为初级职务、中级职务和高级职务，初级职务名称为三级教师、二级教师，中级职务名称为一级教师，高级职务名称为高级教师、正高级教师。至2013年年底，全区聘任正高级教师1人，高级教师527人，一级教师2239人，二、三级教师1901人。

教师资格认定

1996年始，根据国家《教师资格条例》和省教委《关于全面实施教师资格制度的通知》要求，实施教师资格认定工作。1996—2001年，为教师资格过渡认定阶段，过渡认定对象为在编在职公办教师和民办教师。2001年6月底，教师资格过渡认定工作结束。其中，认定幼儿教师资格人员10人，小学教师资格人员1530人，初级中学教师资格人员1376人；市教育局认定罗庄区高级中学教师资格人员243人。同年8月，区教委制定《关于全面实施教师资格制度的通知》，开始面向社会开展教师资格认定。2013年，罗庄区依据教育部制发的教师资格考试标准、考试大纲和《山东省中小学教师资格考试及认定制度改革工作实施办法》，组织实施教师资格“国标、省考”。各级各类学校聘任的教育教学工作人员从具备相应的教师资格的人员中招聘。至是年年底，全区有263人通过教师笔试、面试和资格审查。其中，幼儿园51人，小学128人，中学81人，中等职业学校3人。

第三节　教师培训

学历达标培训

1995年，区教委制定《关于进一步加强中小学教师培训意见》，鼓励教师积极参加学历层次的学历补偿教育。同年起，区教委根据省教委统一安排，开展中学教师“三沟通”（高师函授、卫星电视教育、自学考试成绩互通）培训，录取中学教师“三沟通”培训大专学员342人、本科学员240人。经过3年培训学习，325名教师取得大专毕业证书，231名教师取得本科毕业证书。1998年，区教委组织496名教师参加市教育局开办的助学自考培训班，有320名教师取得大专毕业证书，136人取得本科毕业证书。2002年，368名教师通过山东省中小学教师自学考试入学考试，被录取为本、专科学员。至2005年，通过高师函授、高师音像、卫星电视、离职进修、中师函授、自学助考、中学教师“三沟通”培训等多种形式的学历教育，全区高中教师学历达标率为98%，初中教师、小学教师学历达标率均为100%。

教学基本功培训

1996—2001年，根据省、市教育行政部门部署，在普通中小学开展教师通用基本功和学科基本功考核训练活动。1996—1998年，开展小学教师通用基本功训练活动，大练“三字两话（画）”（三笔字、普通话、简笔画）。至1998年，2115名小学专任教师通过通用基本功考核达标，达标率96%。1999年，小学教师学科基本功和初中教师教学基本功考核训练活动启动。至2001年，1585名小学教师通过学科基本功考核达标，达标率94.8%；1266名初中教师通过教学基本功考核达标，达标率97.8%。2002—2004年，开展中小学教师“四机一幕”（电视机、投影仪、录像机、录音机、银幕）和计算机应用全员培训。2006年9月，区教育局制定《关于对全区中小学教师进行信息技术培训与考核的实施方案》。2007年，3499名中小学教师通过计算机上机操作考核。至2013年，全区中小学教师计算机应用能力考核合格率98.7%。

骨干教师培训

1995年起，区教委注重加强骨干教师培训工作，制定《关于全区中小学骨干教师培训工作的意见》，组织骨干教师参加国家和省、市级培训以及举办长短期培训班、专题研讨会，通过“走出去、请进来”等办法，培育骨干教师团队。2008年，区教育局制定《罗庄区中小学教师专业发展规划实施意见》，提出实施“三名”（名学校、名校长、名教师）培育工程，建立名校长、名师工作室，组建名师发展共同体。2011年，区教体局制定《罗庄区中小学教师专业发展行动计划（2011—2015）》，按照“研训教一体化”工作思路锻造名师团队。至2013年，全区有齐鲁名师1人、齐鲁名师建设工程人选2人、山东省特级教师6人、山东省教学能手13人、山东省教育创新人物2人、山东省教育创新人物提名奖1人。有沂蒙名师13人、临沂市教学能手123人、临沂市教学新秀61人。有罗庄区教学能手643人、教学新秀473人。

校长岗位培训

1997—2005年，罗庄区高中校长、初中校长分别14人次、52人次参加省教育学院和临沂师院举办的校长岗位培训、提高培训和高级研修班。区教育局举办小学校长培训班9期，培训校长80人次。至2005年，全区中小学学校长完成一轮培训。

2006年始，每年举行1～2次校长论坛。2010—2013年，区教育体育局先后组织高中校长、初中校长、小学骨干校长、幼儿园园长参加省、市教育行政部门举办的校长任职资格、提高培训及高级研修班，分别10人次、24人次、21人次、3人次。区教体局先后举办3期小学校长培训班，培训校长51人次。2013年，全区有“齐鲁名校长建设工程”人选1人，临沂市“十佳”校长3人、“科研型”校长14人。

第四节　教师待遇

民办教师转公办

1995—2002年，罗庄区根据中央制订的解决民办教师问题的“关、转、招、辞、退”五字方针，认真解决民办教师问题。通过1996年、1998年2次民办教师考试转正和每年师范院校选招民办教师，对因年龄超过省规定而不能转为公办教师的在编民办教师办理退养手续（其退养工资相当于同等职务在职公办教师的80%），至2002年年底，全区还有366名在编民办教师。2003年8月，贯彻落实市政府《关于解决我市民办教师问题的实施意见》，全区366名在编民办教师中363人转为公办教师，3人办理退养手续。至此，民办教师问题得到彻底解决，教师队伍中不再有民办教师。

工资　津贴

1995年，全区中小学公办教职工年人均工资6280元，月均523元；民办教师工资按上年当地农民人均纯收入的1.8倍标准发放，民办教师年人均工资2432元，月均286元。1996年后，严格执行国家和省增资政策，按标准执行教职工工资和离退休人员住房补贴，足额缴纳教职工住房公积金、养老保险、医疗保险、失业保险和工伤保险。2005年6月，全区教职工增发津贴，平均每人每月700元。2006年7月，进行工资制度改革，执行岗位和薪级工资。同年9月起，教师工资由之前的街道财政发放改为由区财政统筹，统一标准，统一时间发放。2013年，全区公办教职工年人均工资44751元，月均3729元。在保证教师工资足额及时发放的同时，罗庄区还注重解决教职工的住房和医疗问题。

第六章　教育行政

第一节　机构

1995年2月，罗庄区教育委员会（简称区教委）成立，为正科级行政单位。内设办公室、人事科、计财科、普教科、教学研究室、成教职教科、教育督导室、托幼办公室、招生办公室、勤工俭学办公室、电教仪器站11个职能科室。同年10月，区教学研究室升格为副科级事业单位。1999年9月，罗庄区人民政府教育督导室设立，为正科级事业单位，与区教委合署办公。2002年1月，罗庄区教育委员会改称罗庄区教育局。2010年10月，罗庄区教育局改称罗庄区教育体育局（简称区教体局），同时设立罗庄区体育中心，为

图22-6：1995年11月，国家教委授予罗庄区“普及九年义务教育和扫除青壮年文盲区”称号

正科级事业单位。2013年，区教体局内设办公室、基础教育科、职成教育科、学前教育科、电教科、仪器实验科、计划财务科、学生资助中心、学校后勤保障服务中心、图书代办站、工会、人事科、招生办公室、安全科、监察室、老干科16个职能科室，辖区教学研究室1个副科级事业单位、区体育中心1个正科级事业单位。

第二节 管理体制改革

1995年，罗庄区延续着原县级临沂市1988年实行的“分级办学、分工管理”的教育管理体制。区举办并主管普通高中、职业中专（高中）等区直学校；乡镇、街道举办并主管本行政区域内的初中、中心小学，中心幼儿园、成人教育中心校；农村小学村办或联办，乡镇、街道主管，村协助管理。驻区厂矿企业办学由举办单位管理，接受区教育行政部门业务指导和监督。乡镇、街道设立教育委员会，设主任、副主任、工会主席，财务会计等职。1995年12月，乡镇联办初中全部取消，傅庄镇、盛庄镇、岑石乡设2所初中，其他乡镇设1所初中。1999年2月，华盛实验学校划为区直学校。同年8月，临沂矿务局塘崖煤矿职工子弟学校转为区教委管理。2001年5月29日，国务院颁发《国务院关于基础教育改革与发展的决定》，提出进一步完善农村义务教育管理体制，实行“国务院领导下，由地方负责、分级管理、以县为主”的体制。2002年5月25日，区政府印发《罗庄区人民政府关于加快基础教育改革与发展的实施意见》，提出义务教育实行“以区为主”的管理体制，明确区、街道、村三级办学责任，将农村中小学纳入区统一管理。2003年7月，撤销街道教育委员会及小学“学区”，街道初中、中心小学、中心幼儿园，成人教育中心校由区教育局管理，村级小学由街道中心小学直接管理。同年，临沂矿务局汤庄煤矿职工子弟学校转为区教育局管理。2004年10月，临沂矿务局中学改为罗庄区第三中学。2005年，全区农村中小学教职工工资实现由区财政统一发放。至2013年，义务教育一直实行“以区为主”的管理体制。

第三节 教育督导

1995年2月，区教委设立教育督导室，为区教委内设科室。1999年9月，罗庄区人民政府教育督导室（简称区教育督导室）成立，为正科级事业单位，与区教委合署办公。2003年11月，区政府聘任第一届专（兼）职督学25人，任期3年。2008年6月，区政府聘任第二届专（兼）督学22人，任期3年。2011年5月，区政府聘任第三届专（兼）职督学22人，任期3年。教育督导基本形式为综合督导、专项督导和随访督导。2002年，区教育督导室被省政府表彰为教育督导工作先进单位。

综合督导

乡镇、街道教育工作综合评估 1995—2002年，区教育督导室每年组织一次对乡镇、街道“普九”成果巩固提高、教育投入、校舍建设、控制辍学和教师工资发放等重点工作进行综合督导。2003—2010年，根据《临沂市乡镇政府教育工作督导评估标准》，区教育督导室制订《罗庄区街道办事处教育工作考核评估方案》，将街道教育工作情况纳入街道党政领导政绩考核内容，考核评估分上半年、下半年2次进行，取其平均分作为街道年度教育工作考核评估得分，纳入区委、区政府对镇（街道）年终考核成绩。2011年起，

根据《罗庄区人民政府关于加强街道（镇）教育工作督导评估和考核的意见》，区教育督导室制定《罗庄区街道（镇）教育工作督导评估和考核细则》，考核结果分为优秀、良好、合格、不合格4个等级，考核优秀的给予表彰奖励，不合格的通报批评。

学校办学水平综合督导评估 1995—1996年，区教委组织、督导室牵头组成检查组，对各级各类学校的学校管理、义务教育普及程度、规范化学校建设、德育工作、办学条件等情况进行督导评估。1997年8月，制定《罗庄区小学办学水平考核评估标准》《罗庄区初中办学水平考核评估标准》《罗庄区幼儿园办园水平评估标准》《罗庄区成人教育考核评估标准》及职业教育学校、民办学校办学水平督导评估方案，开始对辖区内各类教育进行年度办学水平综合评估。通过定性、定量分析，把握各类教育发展动态和总体水平，总结经验，巩固扩大成果，促进各类教育持续协调发展。1998年，制定《罗庄区高中办学水平考核评估标准》。此后，督导评估方案根据年度工作重点每年修订一次，针对不同学校的发展情况设置发展性目标评价内容。实行专项督导与综合督导相结合，将平时的专项督导检查情况纳入年终综合督导评估成绩，使中小学办学水平综合督导评估成绩更加客观、真实、公正。综合督导评估每年年底进行，总成绩1000分，根据评估成绩认定学校的办学水平，分优、良、中、差4个等级。办学水平为优秀等级的单位，授予办学水平一等奖，其主要负责人授予“优秀校长”称号，予以通报表彰。办学水平为良好等级的单位，授予办学水平二等奖。对办学水平较差的单位进行通报批评，并限期一年改正；连续两年受通报批评的亮黄牌，其主要负责人不能提职、评优，并进行诫勉谈话。

专项督导

1995—2000年，区教育督导室重点对小学和初中控制辍学、课程开设、学生课业负担及学校收费进行专项督导检查。2001—2003年，重点对中小学危房改造、布局调整和学校德育工作进行专项督导。2004—2006年，重点对全区教育执法目标责任制落实情况、争创“山东省教育工作示范区”工作进行专项督导。2007年，重点对学校落实安全工作“一岗双责”和“平安校园”创建进行专项督导。2008—2009年，开展争创山东省推进义务教育均衡发展工作先进区工作督导评估。2010—2013年，开展创建全国义务教育发展基本均衡县（市、区）工作专项督导。

随访督导

1995—2013年，区教育督导室根据阶段性教育工作重点或学校规划实施情况，每学期对各学校进行1～2次随访督导。与综合督导、专项督导相比，随访督导具有时间短、见效快和监督、服务、指导、评价针对性强、实用性好的优势。1999—2013年，区教育督导室对各学校随访督导530余次。

建立督导责任区

2011年5月，区政府印发《关于在全区建立督学责任区制度的实施意见》，建立督导责任区5个。2013年12月，调整为8个，同年起，实行中小学校责任督学挂牌督导办法，责任直接到校，实现无缝覆盖。各责任区督学以规范办学行为、提高教育教学质量、促进内涵发展为主要工作，并将姓名、照片、个人联系电话、教育投诉电话等信息在学校门口明显位置统一张挂，方便群众进行咨询、监督和投诉。此后，全区督导责任区评价机制和督学考核机制逐步健全完善。

第四节　招生考试

义务教育学校招生考试

1995年，罗庄区按照《中华人民共和国义务教育法》规定，依法组织7周岁适龄儿童全部入学，接受八年义务教育（小学5年，初中3年）。2001年，小学学制改为六年，同年秋季起，依法组织6周岁适龄儿童入学，接受九年义务教育。

1995年始，小学、初中招生实行免试、划片、就近入学办法。外地务工子女入学，与本地学生享受同等待遇。至2013年，全区小学适龄儿童全部入学，无辍学；初中适龄人口入学率由1995年的96.6%提至2013年的100%，辍学率一直控制在2%以内。

小学、初中每学期举行期中、期末考试。1997年秋季始，小学学业评价推行“废除百分制，实行等级加特长加鼓励性评语”的做法。2006年起，实行初中学生学业考试，初中学业评价倡导定性评价与定量评价相结合，过程评价与终结评价相结合，书面测试与口头测试、动手测试相结合，学科测试与特长测试相结合。书面测试以语文、数学、英语、物理、化学、生物、政治、历史、地理为主；音乐、美术、体育、信息、理化生实验实行抽测，以口头测试、动手测试为主。

高中教育阶段学校招生考试

高中阶段招生包括普通中等专业学校、普通高中、职业中专和成人中专招生，统称中考招生。1997年前，普通中专、高中招生考试使用全省统一命题，县区组织报名、考试。普通中专招生录取由市招生办公室依据各县区招生指标划线录取；普通高中招生录取由市教委基教科统一评分划线录取。1998年，市教委实施中考改革，实行“一考多取”制，即通过一次考试，普通中专、普通高中、职业中专和招收初中毕业生的成人中专分别录取，并一直沿用。招生报名、考试由县区组织，命题、评分、录取由市教育主管部门统一组织。同年起，普通高中招生除文化课考试外，增加体育测试。1999年后，陆续增加物理、化学、生物实验操作考试和信息技术考试，成绩记入总分。2003年前，普通高中招生分计划内和计划外（择校生）两部分，计划外招收的学生需缴纳择校费就读，其收费标准各校不一。同年始，全省高中计划外招生实行“三限”（限人数、限分数、限钱数）政策。罗庄区根据市物价局、财政局、教育局制定的“三限”要求，以60人（含统招计划45人、择校生15人）的班额标准实施招生。其中，择校生按统招分数线下100分以内录取，执行省级规范化学校不超过8000元、市规范化学校不超过6000元、一般高中不超过4000元的择校收费标准。2014年，普通高中取消计划外招生，实行统一划线录取。

1995年，全区初中毕业生3642人，其中，升入普通中专学校202人、中等职业学校620人、普通高中学校818人，高中阶段教育入学率44.89%。随着普通高中、中等职业学校办学规模不断扩大，高中阶段入学人数逐年增加。2013年，全区初中毕业生5031人。其中，升入普通中专学校216人、中等职业学校1776人、普通高中学校2476人，普通高中阶段入学率88.81%。

普通高等学校招生考试

1977年恢复高考，高考由省命题。1978年起，高考由全国统一命题。20世纪80年代初开始，实行高考预选（1988年停止）。1983年，从高二年级开始文、理分科教学。至

1993 年，高考文科考语文、数学（文）、外语、政治、历史、地理 6 科，理科考语文、数学（理）、外语、政治、物理、化学、生物 7 科。1994 年，高考科目作较大调整。同年起，文科考语文、数学（文）、外语、政治、历史 5 科，理科考语文、数学（理）、外语、物理、化学 5 科。2002 年起，高考实行“3+X”方案，“3”为语文、数学、外语 3 科，外语听力记入总分（30 分），“X”为综合科目，分文科综合（包括政治、历史、地理）和理科综合（包括物理、化学、生物）。2007 起，实行“3+X+1”方案，即在原来“3+X”的基础上增加 1 科基本能力测试，以 60 分记入总分，综合科目由原来 300 分降为 240 分，总分值仍为 750 分。2012 年起，山东省实行春季和夏季两次考试。春季高考于每年 5 月举行，重点面向中等职业学校毕业生，同时招收普通高中毕业生，由山东省招生考试院统一命题，主要为高职院校选拔合格生源。夏季高考，即普通高等学校招生全国统一考试，重点面向普通高中毕业生，继续执行全国统一的招生考试政策。

2003—2006 年，高考时间由原来的每年 7 月 7—9 日改为 6 月 7—8 日；2007 年起，改为 6 月 7—9 日。高考报名资格审查、考场安排及电子监控设备配置，试卷保密室建设等由县区负责，考试组织、监考等由市招生办具体负责。1995—2013 年，罗庄区在组织全国普通高考中未发生一起因组织不力、涉考人员违反考风考纪的严重事故、事件。

2013 年，全区报考 3054 人，本、专科录取 2674 人，录取率 87.6%，其中本科录取 1588 人，录取率 52%。

1995—2013 年，罗庄区高考报考 47692 人，考取普通高等本科学生 17626 人，专科学生 15993 人。

1995—2013 年罗庄区普通高考情况表

表 22-11　　　　单位：人

年份	报考人数	录取人数		年份	报名人数	录取人数	
		本科	专科			本科	专科
1995	471	55	160	2005	4596	1322	1543
1996	368	33	81	2006	4897	1370	1679
1997	490	52	137	2007	4072	1473	1353
1998	703	63	168	2008	4757	1686	1424
1999	643	116	203	2009	3825	1381	1573
2000	933	293	298	2010	3210	1479	924
2001	1686	536	567	2011	2946	1531	1031
2002	2093	783	651	2012	2769	1439	969
2003	2654	1203	746	2013	3054	1588	1086
2004	3525	1223	1400				

第五节　教育经费

经费来源

1995—2013年，罗庄区落实教育优先发展战略，重视教育投入工作，随着区内社会、经济发展和教育投入体制不断完善，教育经费财政投入逐年增加，促进全区教育事业又好又快发展。教育经费来源，主要是区级财政性教育经费，另有中央及省教育转移支付经费、地方教育附加和非义务教育阶段学杂费收入及社会捐助等。

政府投入　1995年，全区教育财政总投入1828.9万元。2005年，全区教育财政总投入8959.3万元。其中，教育事业费拨款8049万元，各级政府征收用于教育的税费910.3万元。2013年，全区教育财政总投入4.84亿元。其中，教育事业费拨款4.47亿元，各级政府征收用于教育的税费0.37亿元。

学杂费收取　1995年，辖区义务教育阶段只收杂费，非义务教育阶段收取学费。杂费的收取标准：小学每生每学期城市18元、农村12元；初中每生每学期城市36元、农村24元；高中杂费每生每学期城市54元、农村36元，学费每生每学期城市40元、农村30元。1998年，杂费调整为每生每学期小学城镇40元、农村30元；初中每生每学期城镇65元、农村55元；高中杂费城镇54元、农村36元，学费城市40元、农村30元。2000年，省政府调整收费标准，杂费：每生每学期小学城镇55元、农村40元，初中每生每学期城镇90元、农村70元，普通高中每生每学期城镇500元、农村300元，省级重点高中（含省级规范化学校）每生每学期800元，职业高中每生每学期500元，职业中专每生每学期800元。2004年，国家推行义务教育阶段收费“一费制”，将全区义务教育阶段学校收取的杂费、课本费、作业本费全部纳入“一费制”范围。收费标准每生每学期：小学1～2年级城市100元、农村80元，3～6年级城市130元、农村105元，初中城市185元、农村150元。非义务阶段杂费收取标准仍按2000年收费标准执行。2007年春，罗庄区免除城乡义务教育杂费。

社会捐赠助学　1995年起，罗庄区先后实施“两基”、农村中小学危房改造工程，群众集资、区领导干部职工和社会各界踊跃捐资助学，助推教育事业发展。1995—2013年，全区教育集资、捐款3956万元。

经费管理

1995—2004年，区直学校教育经费由各校自行管理，各乡镇、街道教委统管所属初中、中心小学、成教中心、村小、幼儿园教育经费，乡镇、街道教委所属学校为报账单位。2005年12月，根据省、市教育行政部门和区政府要求，在区教育局设立罗庄区教育财务结算中心。2006年1月起，全区教育系统实行“校财局管，分校核算”管理体制，各街道中小学、区直学校不再属于会计单位，取消银行账户，改为报账单位，只设报账员，公办中小学账务一律归结算中心管理。2009年起，公办幼儿园财务也逐步纳入结算中心统管。至2013年，教育经费管理体制未变。

义务教育经费

1995—2002年，义务教育经费主要由乡镇、街道和农民承担，号召“人民教育人民办”，校舍建设经费、民办教师工资主要靠征收农村教育费附加、城市教育费附加、社会捐资和农民集资等渠道筹措。2002年后，罗庄区逐步落实“以县为主”的义务教育管理体制，实行税费改革，不再征收农村教育费附加。2006年始，教育经费全额纳入区财政预算。农村义务教育“以乡镇、街道投入为主”转向“以区为主”，农村义务教育投入总量不断增加。2007 年，全区实施农村义务教育经费保障机制改革。同年春季开始，免除城乡义务教育阶段学生杂费；秋季开始，实行免费教科书，并对家庭经济困难寄宿生发放生活补助。2009 年，义务教育阶段生均公用经费大幅提高，小学、初中生均公用经费分别由 2008 年的 155 元、290 元提高到 470 元、735 元。2013 年，小学、初中生均公用经费分别达到 810 元、1010 元。

资助政策

学前教育幼儿资助　2011 年秋季始，对普惠性幼儿园 3 ～ 5 岁在园幼儿实施家庭经济困难补助政策，资助比例为在园幼儿总数的 10%，资助标准为平均每生每年 1200 元。

义务教育阶段寄宿生生活补助　2007 年秋季始，小学寄宿生每生每年 500 元，初中寄宿生每生每年 750 元。2013 年秋季始，小学寄宿生每生每年由 500 元增加 1000 元，初中寄宿生由每生每年 750 元增加到 1250 元。资助比例为在校寄宿生的 15%。

普通高中学生资助　2007 年秋季始，对高中家庭困难学生实施国家助学金补助，资助标准每生每年 1000 元，资助比例为在校生的 8%。2010 年秋季始，资助标准由每生每年 1000 元提高到 1500 元，平均资助比例由在校生的 8% 提高到 10%。

普通中等职业学校学生资助　2007 年秋季始，对中职学校一、二年级所有农村户籍和城市家庭经济困难学生实施国家助学金补助，资助标准每生每年 1500 元。2009 年秋季起，对农村家庭经济困难学生免学费，比例为在校生的 5%，标准为每生每年 1900 元。2013 年秋季始，免学费范围扩大到所有在校生。

生源地助学贷款　2008 年始，对全日制普通高校、高等职业学院本专科学生以及硕士研究生和第二学士学位学生实施贷款，每人每年申请贷款额度不超过 6000 元。

大学毕业生应征入伍资助　2011 年秋季始，国家对应征入伍服义务兵役的全日制普通高等学校在校学生，实施相应的学费补偿和国家助学贷款代偿，每人每年最高不超过 6000 元。

1995—2013 年罗庄区教育经费投入、支出情况表

表 22-12　　　　单位：万元

年份	教育经费收入						教育经费支出			
	收入合计	财政性教育经费	社会捐赠经费	民办学校中举办者投入	事业收入	其他收入	支出合计	人员经费	公用经费	其他支出
1995	4350.5	1828.9	2254.6	\	188.1	78.9	1106.2	1059	37.2	10
1996	2526.6	2175.6	50.4	\	220.2	80.4	1482.1	1423.8	38.3	20
1997	3040.6	2622.2	84.3	\	239.5	94.6	1973.2	1877.4	95.8	\
1998	3533.3	2884.4	24.3	\	455.8	168.8	2356.8	2294.3	62.5	\
1999	4818.2	3542.4	321	\	863	91.8	2891.7	2843.6	48.1	\
2000	5013.1	3795.1	13.2	\	1110.7	94.1	3336.1	3267.2	68.9	\
2001	6067.1	4328.8	375.5	\	1267.9	94.9	3814.4	3645.5	163.9	5
2002	5924.5	4403.7	15.3	\	1333	172.5	4365.7	4250.2	115.5	\
2003	8244.5	6141.5	6.2	\	2024.7	72.1	6117.5	5827.1	245.4	45

续表 22-12

年份	教育经费收入						教育经费支出			
	收入合计	财政性教育经费	社会捐赠经费	民办学校中举办者投入	事业收入	其他收入	支出合计	人员经费	公用经费	其他支出
2004	8142.5	6567.2	292.7	\	1245.1	37.5	6077.7	5786.9	277.8	13
2005	12345.1	8959.3	351.4	\	1566	1468.4	8049	7538.3	510.7	\
2006	14859.6	11744.3	\	\	1556.7	1558.6	10135	9427.4	707.6	\
2007	19976.8	17713.8	2.8	\	1997	263.2	15337	13233.4	2103.6	\
2008	26146	21924.8	\	511	4150.3	19.8	26146	16996.3	9149.7	\
2009	24063.5	21611.4	100	249	2305.2	22	24063.5	16292.1	7541.4	230
2010	30359.4	25280.8	13.3	284	5029.6	7.3	30359.4	18898.9	11190.5	270
2011	41336.2	34135	\	883	7112.9	\	41336.2	26000	15336.2	\
2012	54796.8	47209	\	613	7491.5	35	54710.1	37079.6	17630.5	\
2013	57933.2	48401	51	1108	9320.3	50.1	57890.4	39664	18226.4	\
合计	333477.5	275269.2	3956	3648	49477.5	4410	301548	217405	83550	593

第六节　校舍建设

1995 年，全区实施“两基”，区、乡镇两级政府加大对义务教育投入，提倡“人民教育人民办”，全区人民群众踊跃集资、捐资助学。全年筹措资金 3170.58 万元，新建小学 11 所、初中学校 3 所，改扩建初中学校 6 所、小学 64 所；新建教学、办公、实验楼 28 座，平房 884 间，总建筑面积 6.5 万平方米。

1996—2000 年，实施校舍改扩建工程，巩固提高“普九”成果，化解小学、初中入学高峰，累计投资 4676.8 万元，新建教学楼房 21 座，增加 11.17 万平方米校舍。

2001—2007 年，实施中小学布局调整和危房改造工程。2001 年 6 月，区政府印发《罗庄区中小学布局调整及危房改造工程规划实施方案》，将学校布局调整与危房改造有机结合，累计投资 1.76 亿元，新（迁）建小学 17 所，建成汤庄街道初级中学、罗庄区实验中学，改扩建中小学 38 所，新增校舍 25.34 万平方米，基本完成中小学布局调整和危房改造任务。

2008—2013 年，实施校舍安全和学校标准化建设工程，累计投资 2.88 亿元，迁建临沂高都中学，新建临沂光耀实验学校、临沂第四十中学，改扩建中小学 41 所，新增校舍面积 27.9 万平方米。

2013 年年底，全区公办中小学学校占地面积 215 万平方米，校舍建筑面积 65.85 万平方米。其中，小学校舍建筑面积 25.36 万平方米，初中校舍建筑面积 26.77 万平方米，高中校舍建筑面积 13.72 万平方米。中小学校舍全部实现楼房化，校舍总量基本满足正常的教育教学需要。

第七节　教学设备配置

实验教学设备

1995 年，罗庄区按照实施“两基”标准，投资 224 万元，在 9 所乡镇初级中学、151 所小学建成实验室，配备专职实验室管理员。全区初级中学和乡镇中心小学达到国家一类配备标准，农村小学达到国家二类配备标准。1999年3月，启动“山东省中小学实验教学普及县（区）”工程（简称“普实”工程）。至2001年年底，全区共投资531.2万元，用于实验室建设和仪器设备配备。2002年1月，顺利通过省“普实”督导评估小组验收。2003—2006年，按照“山东省教育工作示范县（区）”标准，累计投资790万元，新建高标准实验室、科学探究室等各种功能室163个，添置价值75万元教学仪器，学校实验教学设备达到省定标准。2007年，启动“农村中小学教学仪器更新工程”。至2013年，累计投资415万元，全区所有中小学教学仪器全部进行更新。

电教设备

1995—2013年，罗庄区电教设备从“二（四）机一幕”（电视机、录音机、幻灯机、录像机、大屏幕）进课堂到现代多媒体和网络应用于教育教学，实现质的飞跃，传统教学手段逐步被现代化教学手段取代。

“两（四）机一幕”进课堂 1996年，罗庄镇初中、罗庄镇实验小学、华盛集团教育中心、盛庄镇中心小学创建成临沂市电化教育试点学校。1997年2月，全区普及“两机一幕”进课堂。至1998年年底，全区初中及乡镇中心小学均“四机一幕”进课堂。

普及信息技术教育 2003年8月，罗庄区中小学开始实施“实达电子教室工程”，首批购置学生微机1302台，新增学生微机室28个，中小学信息技术教育迈出一大步。至2007年，全区学生微机室86个，配备教师机2821台、学生机4160台，多媒体教室1940个，语音教室17口，城区内5所中小学所有教学班均实现多媒体化；有12所中小学建起机器人实验室，购进17套机器人实验设备。同年，全区中小学全部开设信息技术课，基本普及信息技术教育。

学校信息化建设与数字化校园建设 2008年，区教育局印发《罗庄区中小学信息化工程实施指导意见》。至2009年，区内新增多媒体教室71个，更新学生用计算机600台。2010年，区教育局制定《罗庄区中小学信息建设实施方案》。至2013年年底，全区中小学普通教室均实现多媒体教学，其中配备液晶一体机1112套、电子白板系统520套、普通投影机多媒体360套、学生用微机5815台、教师用微机4055台。全区建成教育城域网，所有学校均能使用宽带上网，中学、中心小学光纤接口带宽100兆，村级小学光纤接口带宽10兆；建立罗庄区中小学研训教网络平台和罗庄区办公OA系统，初步实现教育教学办公自动化。至2013年年底，全区中学、中心小学均达到临沂市数字化校园建设标准。

第七章 体育

第一节 机构

1995年2月，罗庄区文化体育委员会成立（简称区文体委）。为正科级行政单位。2002年1月，区文体委改称区文化体育局。2010年10月，改称区文化广电新闻出版局，其体育管理职能划属区教育体育局，在区教

图 22-7：2013 年 8 月，罗庄区被国家体育总局表彰为全国群众体育先进单位

体局设立罗庄区体育中心，为正科级事业单位，与区教育体育局合署，隶属区教体局。

2011 年，罗庄区被省政府命名为山东省群众体育先进县区，获山东省体彩销售贡献奖。2013 年，罗庄区被国家体育总局授予“全国群众体育先进单位”“农民体育健身工程建设先进县”称号。

第二节　群众体育

全民健身

1995 年，宣传《中华人民共和国体育法》，贯彻《全民健身计划纲要》，组织全民健身宣传周活动。1996 年，全区乡镇设立文体站，广泛开展群众性健身活动。1997 年 3 月，区老年体育协会成立，老年人体育比赛开始纳入政府和体育部门的议事日程，组织开展老年人太极拳、跑步、门球等多项运动。1998 年，开始实施国家社会体育指导员制度，举办首届社区指导员培训班。此后，城区、镇、街道群众自发性的健身舞、健身操、太极拳、太极剑、台球、门球等一些新兴体育健身形式悄然兴起，并逐步向农村延伸，成为广大群众喜闻乐见的体育项目。罗庄、傅庄、盛庄等镇的篮球、乒乓球，西高都、册山等镇的中国象棋，傅庄、盛庄等镇的武术等体育项目活动各具特色。1999—2004 年，成立区武术协会、三盟乒乓球协会和钓鱼协会，会员 256 人，有二级、三级社会体育指导员 498 人。2008—2010 年，盛庄街道十里堡社区、大埠东社区、营子社区、八块石社区，罗庄街道韦姜屯社区、焦沂庄社区、褚墩镇桥头社区等先后建起篮球场、羽毛球场、乒乓球室、游艺室等，利用节假日组织比赛活动。

图 22-8：2008 年 7 月 21 日，全国人大代表、华盛江泉集团董事长王廷江在临沂滨河大道传递奥运火炬

2011 年 5 月，举办罗庄区首届全民健身运动会（此后每年举办一届）。同年 10 月，举办中国体育彩票“助健身站点、做康乐明星”罗庄区中老年全民健身成果展演活动，共 12 支代表队、600 余人参赛。2013 年，举行罗庄区首届运动会，全部赛事从 3 月 14 日开始至 9 月 23 日结束，运动会分区直、镇（街道）两大组别。设田径（男、女）、男子篮球、乒乓球（男、女）、拔河、羽毛球（男、女）、象棋、多人跳长绳（四男四女）、双人单摇跳绳、30 米托球跑（男、女）、广场舞等 10 个大项 29 个小项的比赛，共 22 个代表

图 22-9：群众健身（2013 年 6 月　秦晓军摄）

团，1254 名运动员参赛。2013 年年底，全区以区体育中心为主体，以各镇、街道文体站为依托，建立起遍布全区的健身活动站点 398 个，经常参加体育活动的有 12 万余人。有区乒乓球、跆拳道、散打功夫等 7 个体育协会；有区海天武术馆、大唐武术馆、区佳盟篮球俱乐部等 5 个体育社会团体。有社会体育指导员 1167 人。其中，国家级 2 人，一级 8 人，二级 134 人，三级 1023 人。

职工体育

1995 年起，区直机关、厂矿企业职工体育活动日趋活跃，坚持面向生产、面向职工和“业余、小型、多样”的原则，因人、因时、因地制宜地开展广播操、篮球、羽毛球、乒乓球、太极拳、武术、中国象棋、田径等多种多样的体育活动，尤以篮球活动开展广泛，多数单位有篮球队、篮球场。部分单位定期举办职工运动会，多数单位经常利用休息日或重要节假日举行单项体育比赛。2011 年 5 月，举办全区“华盛江泉杯”职工运动会。至 2013 年年底，全区组织职工参加篮球、乒乓球、羽毛球、田径、太极拳、武术等运动比赛、竞赛和表演活动 41 次，参与人数 1.8 万余人。

第三节　学校体育

1995 年，全区中小学按照《学校体育工作条例》《国家体育锻炼标准》进行体育课教学和课外体育活动。各学校坚持开展“两操、两课、两活动”（坚持做广播操、眼保健操，每班每周两节体育课，每班每周两节课外体育活动），在各校推行体育达标活动。1997 年，各中小学建立起学校体育特色和业余训练队，由教练员负责带队训练，培养体育后备人才。1998 年，推广第八套中小学生广播体操。是年始，每年举行 1 次小学、初中广播操比赛。2000 年起，各初、高中学校在新生开学前举行 1 周军训活动。2003 年，深化体育教学改革，落实“健康第一”和“体育终身”的教学理念，提高体育教学质量。2004 年，推广中小学生韵律操。2007 年，中小学体育课每周课时数调整为：小学一至二年级 4 节，三至九年级 3 节，高中 2 节。是年始，在全区中小学开展校园集体舞和体育大课间活动，确保学生每天 1 小时体育活动时

图 22-10：罗庄区举办首届排舞比赛（2013 年 9 月 29 日　钟卫国摄）

图 22-11：罗庄区第十八届中小学生体育节开幕式（2012 年 4 月　摄）

间，每年举行 1 次大课间操评比活动。2010 年，优化中小学大课间活动，内容包括跑步、广播体操、自编自创活动项目等环节，时间不少于 30 分钟。2012 年，在全区中小学开展“体艺 2+1 项目”（通过学校的课外体育和艺术教育活动，让每个学生能够掌握 2 项运动技能和 1 项艺术技能）。全区每年举办一届中小学生田径运动会、1 次乒乓球比赛，每两年举办 1 次中学生篮球赛、排球赛。按《国家体育锻炼标准》，区教体局每年对全区中小学进行检查验收。1995—2001 年，参加体育达标检查学校 358 所，经达标抽测，适龄学生平均及格率 91.6%、良好率 54.8%、优秀率 19.3%。2002—2013 年，参加体育达标验收学校 493 所，经达标抽测，适龄学生平均及格率 93.1%、良好率 52.5%、优秀率 23.2%。到 2013 年，全区有 3 所学校被命名为省级体育传统项目学校，分别为临沂第五实验小学（跳绳）、临沂光耀实验学校（足球）、临沂汤庄实验学校（田径）。

第四节　传统体育

罗庄民间产生流传着多种多样的传统体育项目和儿童游戏。其活动方式多以露天、集体为主，而且多是非消费性质的，一片瓦、一条绳、一把泥巴，都能玩出许多花样。其组织形式基本上是自发的、自由的和即兴的，每个人根据爱好确定方式和内容。

20 世纪 80 年代后，随着人们物质生活水平不断提高，电视、电脑普及家庭，多式多样儿童玩具走向市场，新兴体育项目不断出现，许多传统体育项目和游戏参加的人越来越少，有的几乎绝迹。如安大六、大炮轰小鬼、捉迷藏、打拐、翻鞋牌、撞钱蹦、打翘、摔响等。

棋类

大六　俗称“大六”的棋，亦称“安大六”，是农村传统棋类的一种，在路边、地头、树下和室内外等都可玩这种游戏。在地上划出横竖各 6 条直线，形成 36 个交点，即为棋盘。双方使用的棋子，随手而定，就地取材。甲方用瓦片，乙方用草棒，抓到什么是什么，只要双方用的材料容易区别即可。下棋方法是，每人安 1 子，轮流进行，直到全部占满 36 个点为止。然后各拔掉对方 1 子，由后手安子者先走棋。走棋的规则是沿直线向相邻的无子的点上运动，先安子者接着走棋……只要一方将 4 个棋子走成一个方格（称为“上方”），便可吃掉对方 1 个子，若有 6 个子走成一条直线（称为“上六”），便可吃掉对方 2 个子。将“方”走成不是“方”的阵势称为“拉方”或“拽方”，然后可重新“上方”，再吃对方1个子；将“六”走成不是“六”的阵势称为“拉六”或“拽六”，然后可重新“上六”，再吃对方2个子。直到一方的棋子被吃光为止（通常一方只剩3个子时即可判负）；如果双方都不能再上“方”或上“六”时，走到一定步数，双方可商定和棋，然后重新开始。

下大六规定，着子过程中，如果安成“方”和“六”，分别用自己的棋子“压”对方1个子或2个子，全部安完后便不用拔子，拔除被压棋子即可开始走棋，除非先走一方无路可走；吃子时不能吃对方的“方”和“六”上的棋子。

和下大六类似的，还有“五虎”、安“四”或称“四厘”。五虎的走法跟大六差不多，棋盘只有横竖各五道线，共25个交点。先下的一方得13个子，对方先走。安“四”棋盘为横竖各四条线。有“上方”和“上四”吃子的规则。“五虎”和“安四”因棋子较少，下起来更便捷，输赢也比较快。

大炮轰小鬼　棋盘和下大六完全一致。“小鬼”一方在靠近自己一边的18个点上布子；“大炮”一方在自己一边第2条横线和中间两竖线的交点上布子2枚。走棋规则是“大炮”先行，“小鬼”后手。大炮采用“隔山打炮”的方法吃掉“小鬼”的棋子；“小鬼”不能吃大炮，但可设法围困“大炮”，直到其被“困死”为赢；相反，“大炮”吃掉“小鬼”棋子后，“小鬼”无法“困死”大炮，则“大炮”一方获胜。这种游戏没有合棋。“小鬼”走子的方式是向相邻无子的点上运动1步；“大炮”起子规则相同，但吃子时可以沿直线隔1个子吃掉对方的子（即隔山打炮），但“小鬼”在沿和“大炮”直线有2个子或2个子以上相连时，“大炮”不能打掉“小鬼”。

在农村，简易的传统棋类游戏还有砍秫黍、赶犄角、蹦等。这些传统棋类是罗庄人体育活动之组成部分，是人们最喜欢的对弈形式，男女老少都会，非常普及。

游戏

捉迷藏（藏蒙蒙）　儿童游戏，20世纪80年代较盛行，之后逐渐减少。游戏规则是：所有儿童按照人数对等的原则分为两伙，一伙为“藏”方，另一伙为“捉”方，然后指定一地点或物体为“家”（多为墙根、大树或大车等固定物体），“藏”方单独或共同把自己藏起来，让“捉”方找（捉）。“捉”方先安排一人“看”家，其他人开始捉人，“捉”方捉到全部（也有规定半数的）“藏”方人员为胜，然后交换角色继续游戏。“藏”方人员也可以避开“捉”方看“家”人员迅速奔至“家”里，喊一声“收家”，宣布成功（“收家”过程中，只要被看“家”人员碰到身体任何部位，则“收家”失败，视为被捉）；直到“藏”方人员全部（也有规定“藏”方人员半数）“收家”成功，则“藏”方获胜，游戏按原角色继续进行。游戏大多在晚饭后黄昏至上半夜进行。

打拐　一条腿站立，另一条腿弯曲，抱在怀里（女子是一条腿立着，另一条腿向后踢门弯起，用手提起脚脖）将膝盖作为武器，攻击同样动作的对方。此游戏可2人对战，也可多人进行淘汰赛。游戏时，小步跳跃，保持身体平衡，然后和对方相互攻击。攻击时可以撞击对方腰部以下任何部位，也可以挑和压，但不准用手推，直到将对方撞倒或迫使其双脚着地为赢，接着展开下一轮游戏。多人游戏时，失败者自动退出，等待下一轮游戏开始。此游戏多在冬季进行，既能锻炼身体，又能游戏取暖。

投皇上　也称打倒呆子抢皇上。游戏道具：四块砖头或石块分别代表皇上、呆子、推车的、办饭的。作为“皇上”的石块放在中间，“呆子”放在“皇上”的正前方，“推车的”和“办饭的”放在“皇上”的左前方和右前方（其中“呆子”尽量放置得不牢固，在外力作用下容易倒下），然后在距离“皇上”前方10米左右画一条横线。游戏人员一般以4人为宜。参与者手持石块（或砖头）轮流瞄准“皇上”投掷。如果有人失手打倒了“呆子”，大家就奋力跑向“皇上”，谁先坐在“皇上”位置谁就是皇上（这就是抢皇上）。抢不到“皇上”抢“办饭的”，因“推车的”是出力的，呆子又要受“惩罚”，所以谁也不愿抢，但每人必须抢1个，往往呆子是最后被抢到的一个。谁先投中“皇上”，谁就是“皇上”，其他3人开始抢其他3个角色；角色确定后，皇上可以发号施令。皇上吩咐：“把呆子背过来”，推车的就过去把呆子背到皇上跟前；皇上要是说：“把呆子推过来”，呆子就只好马上趴在地上，由推车的过去抬起双腿，呆子双手着地，由推车的推到皇上跟前。然后皇上告诉办饭的：“我想吃包子”，办饭的就在呆子的腮帮上猛刮一通；皇上要是说：“我想吃萝卜干”，办饭的就狠搓呆子的耳朵……处罚的名目还有不少，但皇上一般只“吃”一两种，防备对方当皇上时受到报复。此游戏简单易学，有一定的活动量和游戏压力，对于培养孩子的综合能力有好处。

翻鞋牌 夏天，孩子们在田间地头玩的游戏。一般是2个人一起玩。道具就是脚上穿的布鞋。双方将自己两只鞋子扣在地面上，猛地一掀，看谁能够将鞋子翻得跟当时扣的一样。如果都是底朝天，就是好鞋牌；如果1只朝天或2只都是面朝天，那就输了。赢方可以惩罚输方，用鞋底打对方的脚心。若双方结果一样，游戏重新开始。玩这个游戏新鞋较吃亏，因为鞋面硬不容易扣在地上，输的机会多一些，所以孩子们为了参加游戏，出门前都不大愿意穿新鞋。

撞钱蹦 又叫“甩钱蹦”。钱蹦为金属环状或圆形物体，如废旧的车辆配件和硬币等。2人或多人参加。游戏时找一青石墙角，或竖起1块坚硬的石头，依次对着石头用钱蹦撞击，力争让自己的钱蹦反弹出最远的距离，直至参与游戏者全部甩完。

玩法各地差别较大，主要有两种玩法。一种猪拱地：由钱蹦离青石最远的一个，站在钱蹦落地处，用自己的钱蹦瞄准第2名的钱蹦用力砸去。如果没有打中，则自动出局，由第2名砸第3名的钱蹦，规则如前，一直砸到最后一名的钱蹦；如果自己的钱蹦击中目标钱蹦，在自己的钱蹦落地并停稳后，被砸者就要趴在地上用嘴巴将对方钱蹦拱到自己的钱蹦处。然后游戏重新开始。本游戏惩罚性较强，因而具有强烈的刺激性，游戏者常玩得欲罢不能。第二种勾砸拃：由钱蹦距离石头最远的游戏者对距离最近者采取措施。勾：如果蹲在自己的钱蹦落地处，手持钱蹦能够接触到对方的钱蹦（为了尽量向前探身，一条腿可以伸向身体后方），称为“勾”了，则赢对方3分。砸：如果“勾”不了，可以立在原地用自己的钱蹦去砸对方的钱蹦。如果砸中，称为“砸”了，可赢对方2分。拃：在砸的过程中，如果没有砸中，但自己的钱蹦落在距对方钱蹦1拃以内的距离时，称为“拃”了，可赢对方1分。倒找，：如果没有砸中，且自己的钱蹦落在对方钱蹦一拃之外的地方，就要输给对方1分，称为“倒找”。然后游戏重新开始。

打翘 也叫打腊门。青少年做的游戏，多以男性为主。道具：翘（也叫腊门），是1根很短小的木棍（一般为直径2至3厘米，长约15厘米），两头削尖，放在地上两头翘着，所以叫翘。游戏时，先在地上画一条线，把翘放在线内地上，用木棍敲一下尖端，让翘跳起来，然后用棍子顺势用力一击，将翘打向远方。玩法有两种，喝酥：游戏一般 2 人参加。游戏时，先在地上划一个 1 米见方的“田”字，先手用棍敲打“田”字边缘的腊门前端，使之跳离地面，在空中用棍将腊门击向前方。对方将腊门扔回“田”内，如扔在空白处为对方赢。如腊门压在“田”字边缘线上，或压在“田”内的线上，或压在“田”内的两条线上，或压在“田”内“十”字正中，对方为输。先手要分别击打 3 次，或 6 次，或 12 次，或 24 次。输方要手持腊门，捏着鼻子，嘴里发着“啊啊”声快速跑向“田”字，这称为“喝酥”。先手在击打过程中，如有 1 次击不中，也为输，也要“喝酥”。要杆数：在地上画一条横线，将腊门放在横线后面。先手击打腊门，腊门落地后，估计距离要出“杆数”（腊门距离横线的距离，如 50 杆，如果杆长 60 厘米，这个距离就应该是 30 米左右）。如果对方认可，先手就赢得 50 杆；如果对方不认可，就说：“我告（复核）”，然后由后手亲自用击棍进行丈量。如果满足了杆数，认可对方要的杆数，如果不足对方要的杆数，后手可要出相应的杆数，先手认可后，后手可赢得相应杆数……然后游戏反复进行，赢的杆数可累加，游戏结束时，杆数多者为赢。

打磨勒 磨勒也叫磨勒牛，学名陀螺。大多自制。用一拳头大小的圆台形木块，削尖底部，嵌入一个钢珠，即为磨勒。用一木棍一端系上适当长度、粗细的布条，做成鞭子。用布条末端缠住磨勒，向内缠绕至棍头，放在地上猛拽（或用手甩出磨勒），使其旋转，然后用鞭子抽打，使之更加迅速平稳地旋转。比赛时，双方同时抽打磨勒，然后同时停止抽打，谁的磨勒最后倒地即为胜。比赛的花样还有在空中发磨勒，或打死磨勒（直接把磨勒放在地上用鞭子抽打，至其旋转）等。

老鹰捉小鸡 游戏时，一人为老鹰，其他人为小鸡。小鸡方几人到十几人均可，选出一人当老母鸡。老母鸡领头，其余小鸡排在老母鸡身后，各自抓住前面小鸡的衣襟或抱住前面的小鸡。老鹰的目标是抓住 1 只小鸡（不能用手抓老母鸡）；老母鸡则张开双臂阻止老鹰的企图。由于要抵挡老鹰，小鸡队伍往往会不断地左右摆动，这样就有可能将小鸡甩倒脱离队伍，被甩倒者就要退出本轮游戏。如果老鹰抓住 1 只小鸡，游戏重新开始，由被捉住的小鸡当老鹰；如果实在抓不着，老鹰宣布失败，采用抓阄或其他形式选出老鹰，游戏继续进行。

雉鸡翎扛大刀 玩此游戏者多是女孩。游戏者按人数平均分成两伙，双方各选队长 1 人。游戏开始时，双方队员面对面站成一排，左右互相拉住队友的一只手，队长在中间位置。挑战方队长进行挑战：“雉鸡翎，扛大刀，你的人马济（方言，有任凭的意思）俺挑！对方队长大声反问“挑谁？”挑战方队长会大声说出对方队员的名字。被叫到名字的队员必须离开自己队伍进行“闯关”，就是奋力冲向对方队伍，如果成功撞开对方 2 个队员拉在一起的手，即把这 2 名队员带回本队，成为自己的队员；如果未能撞破对方的防线，自己便被俘虏，成为人家的队员，然后由另一方挑战……游戏结束时，清点双方人数，人数多者为胜。

蹓手布 又称丢手绢。游戏时，参与游戏的孩子或蹲或坐围成一个圆圈，一个孩子手持手绢在圆圈外面或快或慢地走或跑，不经意间将手绢丢在一个孩子的身后，继续运动，直至下一圈再回到这个孩子身后，猛地抓住这个孩子，这个孩子就要受罚。整个游戏中，围成一圈的游戏者不准回头，但可以用手摸身后，如果发觉身后有手绢，就要捡起手绢立即起身追赶丢手绢者；若在一圈之内追上，丢手绢者就要受罚；若没能追上，而让丢手绢者占据自己的位置，自己就要挨罚。惩罚就是当众唱一首歌，然后游戏继续进行，这一轮由受罚者丢手绢。

翻棉单　玩此游戏者女孩居多。取一条1米长短的布条或毛线，两头打结。将线绳按一定规则套在两手的各3个手指上，通过变换手法组成丰富多样的造型。两个孩子一起游戏时，通过彼此配合和创意变化，造型更多、更优。

拾石子　游戏者多为女孩。道具为鸽子蛋大小的5个石子。一种玩法是：边唱边玩，先握住5个石子，将其中1个抛向空中，并翻手将手中的4个石子放在地上，随即翻手接住抛向空中那个石子，接着将手中的1个石子抛向空中，同时快速将地上4个石子一把抓起，再迅速翻手将空中的石子接在手里。从接一个抓4个，到接一个抓3个再抛一个抓剩下的一个，依次类推，多人玩时，玩全者为第一名。若抛向空中的石子抓不住、抓错了数目等，均算输。

图22-12：拾石子（2013年　摄）

玩泥巴摔响炮　游戏者多为男孩。两个人就能玩。每个参加游戏者拥有和好的大小相同的一块泥巴，将手中的泥巴捏成似小碗形状，碗底部中心较薄，然后开口向下，垂直往平滑的石板或水泥地上狠摔，“啪”的一声，小碗的底部就爆出了一个大窟窿，谁摔出的窟窿大，谁就是赢家。窟窿小的，就是输家。输家必须把自己手中的泥巴拽下来一块，补在赢家的那个窟窿上。最后，谁手里剩的泥巴最少，谁就输了。

另外，境内20世纪中上叶盛行的游戏还有骑大马、挤油渣（又叫挤粘糊）、弹杏（樱桃）核、跳方（也叫跳格子）、跳绳、拔河、丢沙包、踢毽子、打水漂、滚铁环、打沙包、弹玻璃球等。

第五节　竞技体育

1995—1997年，罗庄区向市级以上体育机构和院校输送34名体育人才，其中向北京体育大学输送12名跆拳道运动员。1997年，罗庄区代表队参加全市国际式摔跤比赛，获9金1银3铜。同年，罗庄代表队8名运动员参加全省首届武术锦标赛，获10金7银3铜，男子丙组第一名，团体总分第三名。同年12月，罗庄区代表队参加山东省少数民族武术比赛，获团体总分第二名。2004年，罗庄区代表队168名运动员参加临沂市第三届运动会，获金牌77枚、银牌39枚、铜牌20枚，总成绩居全市县区第四名。2011年8月，罗庄区华盛江泉男子篮球代表队参加山东省第三届百县篮球赛（临沂赛区），获县区组冠军。同年，罗庄区代表队参加临沂市第五届运动会，获散打团体第一名，武术套路团体第二名，摔跤团体第三名，柔道团体第五名，乒乓球男子团体第四名，乒乓球女子团体第三名，田径团体第九名。

2012年，罗庄区代表队参加临沂市第五

届运动会，获个人冠军17个（少儿组散打冠军6个、武术套路冠军5个、摔跤冠军4个、柔道冠军1个、乒乓球冠军1个），团体冠军3个（少儿组乒乓球女子乙组1个、普通组龙舟2个）。

2013年4月，在临沂市中小学田径运动会上，罗庄代表队获初中组总分第一名，团体总分第二名。

2001—2013年罗庄区小学生田径项目比赛纪录情况表

表22-13

项目	男子组					女子组				
	成绩	单位	姓名	时间	地点	成绩	单位	姓名	时间	地点
60米	7″6	傅庄小学	张迪	2008.04	二十中学	8″2	第六小学	陈自娟	2005.10	罗庄小学
100米	12″3	第六小学	程国宸	2009.04	傅庄小学	13″2	第六小学	陈自娟	2005.10	罗庄小学
200米	25″20	第六小学	程国宸	2009.04	傅庄小学	28″3	第二小学	伊 伊	2008.04	罗庄小学
400米	59″6	第七小学	张亚洲	2005.10	罗庄小学	1′ 05″	第六小学	伊 伊	2008.11	第三中学
800米	2′ 20″9	第六小学	钱立双	2004.10	罗庄小学	2′ 27″4	第六小学	官修聪	2003.10	傅庄小学
1500米	4′ 48″9	第六小学	钱胜源	2004.10	罗庄小学	5′ 12″29	第六小学	孙忠敬	2010.04	册山小学
3000米	10′ 21″6	第六小学	钱胜源	2004.10	罗庄小学	—	—	—	—	—
4×100米	51″10	第六小学		2006.10	罗庄小学	55″	第二小学	—	2008.04	罗庄小学
跳高	1.48米	第六小学	魏帅虎	2005.10	罗庄小学	1.28米	第三小学	魏陆萍	2006.10	罗庄小学
跳远	5.30米	罗庄小学	庄勇	2004.10	罗庄小学	4.48米	第七小学	徐淑会	2004.10	罗庄小学
铅球	14.16米	第七小学	陈汝杰	2004.10	罗庄小学	9.13米	华盛学校	姜海丹	2003.10	傅庄小学
垒球	64.30米	华盛学校	高玉成	2002.10	册山小学	55.60米	罗庄小学	孙兰晨	2001.10	西高都小学

1997—2013年罗庄区初中生田径项目比赛纪录情况表

表22-14

项目	男子组					女子组				
	成绩	单位	姓名	时间	地点	成绩	单位	姓名	时间	地点
100米	11″20	华盛学校	于凤雨	2006.10	罗庄初中	13″1	高都中学	徐欣欣	1999.10	罗庄初中
200米	23″7	华盛学校	于凤雨	2006.10	罗庄初中	26″5	二十中学	李聪聪	2002.04	费县
400米	53″1	高都一中	杨一巨	1999.10	罗庄初中	1′ 1″8	二十中学	李聪聪	2002.04	费县
800米	2′03″3	高都一中	杨一巨	2000.04	罗庄初中	2′ 25″7	二十二中学	姜良娟	1999.10	罗庄初中
1500米	4′19″5	双月园学校	孙 浩	2004.10	罗庄初中	4′ 54″	罗西二中	张西兰	1998.04	莒南
3000米	9′18	现代学校	宿建军	2002.04	费县	10′ 36″5	罗西二中	张西兰	1997.11	罗庄初中
5000米	16′15″4	现代学校	宿建军	2002.10	册山中学	—	—	—	—	—
100米栏	—	—	—	—	—	17″3	汤庄中学	张爱迪	2007.04	临沂
110米栏	16″50	二十中学	孙 磊	2004.10	罗庄初中	—	—	—	—	—
4×100米	47″13	华盛学校	—	2009.04	四十中学	52″6	区队	—	2002.04	费县

续表 22-14

项目	男子组					女子组				
	成绩	单位	姓名	时间	地点	成绩	单位	姓名	时间	地点
4×400 米	3′48″	二十中学	—	2004.10	四十中学	4′17″2	区队	—	2002.04	费县
跳高	1.75 米	二十中学	杨明峰	1998.04	四十中学	1.53 米	汤庄中学	姜磊磊	2007.10	罗庄区
跳远	6.09 米	傅庄中学	乔　龙	1996.11	四十中学	5.11 米	汤庄中学	孙笑笑	2005.04	兰山区
三级跳远	12.72 米	傅庄中学	李保国	1996.11	罗庄初中	10.35 m	汤庄中学	刘若慧	2008.04	罗庄区
铅球	12.96 米	华盛学校	杨硕	2010.04	册山中学	10.56 米	罗庄初中	李君	1998.04	莒南县
铁饼	40.52 米	汤庄中学	徐尚尚	2011.04	罗庄初中	31.18 米	傅庄中学	陈玉芳	1999.04	郯城县
标枪	46.74 米	双月园学校	刘伟	2001.10	四十中学	31.2 米	罗庄初中	李君	1997.11	罗庄区

2001—2013 年罗庄区高中生田径项目比赛纪录情况表

表 22-15

项目	男子组					女子组				
	成绩	单位	姓名	时间	地点	成绩	单位	姓名	时间	地点
100 米	10″9	双月园学校	徐勤飞	2000.04	罗庄一中	12″9	罗庄一中	刘艳	2002.04	费县
200 米	22″5	双月园学校	徐勤飞	2000.04	罗庄一中	26″00	美澳学校	徐欣	2005.04	兰山区
400 米	50″2	美澳学校	季本峰	2002.04	费县	59″50	双月园学校	董小宁	2001.04	沂南县
800 米	1″59″1	美澳学校	季本峰	2002.04	费县	2′20″60	双月园学校	董小宁	2001.04	沂南县
1500 米	4″07″7	美澳学校	李优洲	2005.04	兰山区	4′34″	罗庄一中	张西兰	1999.10	罗庄区
3000 米	9′04″8	罗庄一中	庄广宾	1999.10	罗庄一中	9′54″	罗庄一中	张西兰	1999.10	罗庄一中
5000 米	14′58″40	美澳学校	李优洲	2005.04	罗庄一中	—	—	—	—	—
100 米栏	—	—	—	—	—	18″	美澳学校	颜磊	2001.10	西高都中学
110 米栏	15″20	现代学校	刘芸廷	2004.10	罗庄区	—	—	—	—	—
4×100 米	43″9	区队	—	2000.04	罗庄区	51″1	区队	—	2005.04	兰山区
4×400 米	3′29″	区队	—	2002.04	费县	4′10″7	区队	—	2005.04	兰山区
跳高	1.84 米	罗庄一中	张宗阁	2005.10	罗庄区	1.43 米	罗庄一中	孙笑笑	2005.10	罗庄区
跳远	6.59 米	罗庄一中	田杰	2006.10	西高都中学	5.08 米	罗庄一中	官修婧	2005.10	罗庄区
三级跳远	14.14 米	现代学校	刘芸廷	2004.10	罗庄一中	11.07 米	罗庄一中	孙笑笑	2005.10	罗庄区
铅球	14.01 米	双月园学校	潘宏佳	2003.10	高都中学	12.99 米	罗庄一中	陈玉芳	2002.04	费县
铁饼	43.00 米	双月园学校	潘洪佳	2003.10	傅庄中学	35.70 米	罗庄一中	陈玉芳	2001.10	西高都中学
标枪	50.39 米	罗庄一中	张宗阁	2005.04	兰山区	40.59 米	罗庄一中	李君	2001.04	沂南县

第六节　体育设施

1995—2005 年，在全区机关、企事业单位、学校、居民小区建设配备一批体育设施，安装全民健身路径 12 条 149 件；组建群众晨、晚锻炼站点 38 个；罗庄区第一中学、区实验中学分别建成 400 米标准塑胶田径场。

2006—2013年，册山中学、黄山中学相继建成400米标准塑胶田径场，其他中小学分别建成200～300米塑胶田径场。至2013年年底，全区建有体育场地503个。其中，室内52个，室外451个。体育场地面积66.61万平方米；体育场馆建筑面积3.38万平方米；体育用地面积100.21万平方米，人均面积1.81平方米。全区体育场地建设投资总额1.58亿元。其中，财政拨款5529万元（含体育彩票265万元），单位自筹1.01亿元，社会捐赠82万元，其他15万元。

第七节　体育彩票

2004年，罗庄区在全省率先发行即开型体育彩票，设立电脑体育彩票销售网点11个，市场份额18.5%。2009年，罗庄区销售体育彩票2000万元。2011年，实现销量4613万元，获2011年山东省体彩销售贡献奖。2012年，实现总销量6076万元，全市排名第二，获2012年山东省体彩销售突出贡献奖。2013年，实现总销量7012万元，全市排名保持第二，获2013年山东省体育彩票突出贡献奖，成为临沂市体育彩票销售大区。

2008—2013年，连续6年出资资助家庭困难且品学兼优的大学生累计60人，为全区各乡镇、街道建设健身广场200个，配备体育健身器材、健身路径2000件。同时，以体育彩票冠名的体育活动136项，推动全区群众体育活动普及。

第二十三编　医疗　卫生

Part 23: Medical Care and Health

罗庄区结核病防治所（2013 年 9 月　区卫生局供稿）

宝泉寺清泉（2013年9月　王庆龙摄）

20 世纪 90 年代初期，罗庄区境内医疗、卫生防疫和妇幼保健体系形成，乡镇公立卫生院和村卫生室逐步完善，大都是公益性经营模式。此后，随着国家整体改革及市场经济的逐步形成，各医疗卫生单位由原来的公益性事业单位逐步过渡为自主经营、自负盈亏的企业化管理模式，民营医院、个体诊所大量涌现，村级卫生室由原来的村集体所有制变为个体经营。

1995 年，罗庄区有一级及以上医疗机构 8 家。其中，乡镇卫生院 6 家，临沂矿务局中心医院 1 家和临沂地区瓷厂医院 1 家。村级卫生室 191 家。1997 年 3 月始，推行乡镇卫生院产权制度和办医制度改革。至 2004 年，全区相继有 4 家乡镇卫生院改制成私营或承包经营。同时，一批民营医疗机构应运而生。2004 年 5 月，新型农村合作医疗保险启动。2009 年起，罗庄区逐步加大卫生事业投入，基层公共卫生得到高度重视，实施基本卫生服务项目，努力实现服务均等化。开展预防保健和爱国卫生运动，2011 年 11 月，创建为国家卫生城市。2013 年，罗庄区一级及以上医疗机构 20 家。其中，区级医疗机构 1 家，区级预防保健机构 3 家，镇、街道卫生院 10 家，民营医疗机构 4 家，市驻区医疗机构 2 家。全区医疗卫生人员 2365 人，其中执业医师及助理医师 687 人。村级卫生室（社区卫生服务站）248 家，具有执业资格乡村医生 930 人。全区各级医疗机构开设医疗床位 2941 张，万元以上医疗设备 2000 余台（套）。全区新型农村合作医疗保险参合率 100%。形成由综合医院、乡镇（街道）卫生院、村卫生室（社区卫生服务站）和卫生防疫、妇幼保健、红十字会等构成的医疗卫生体系。

第一章　医疗卫生体制改革

第一节　医疗体制改革

体制改革

20 世纪 90 年代，医疗卫生改革进入深化阶段。1997 年 3 月，根据中共临沂市委、临沂市人民政府《关于全市卫生改革与发展的实施意见》精神，罗庄区实施乡镇卫生院产权制度改革。同年 9 月 30 日，罗庄镇卫生院进行公开竞价出售。10 月 1 日，原罗庄镇政府将医院整体出售给李锡兰个人经营，售价 180 万元，改制后产权归购买者个人所有。11 月 3 日，区委办公室印发《中共罗庄区委、罗庄区人民政府关于〈罗庄区乡镇卫生院改制实施方案〉的通知》，启动全区乡镇卫生院改制。

1998 年 1 月 10 日，对西高都镇卫生院实施产权改制。原西高都镇政府将卫生院整体出售，以 30 万元的价格出售给原院长刘印科个人经营。同年 1 月 16 日，原罗西乡政府对罗西乡卫生院实施产权改制，以 21 万元的价格出售给临沂矿务局中心医院外科主任王文进个人经营。至此，罗庄、西高都、罗西 3 个乡镇卫生院的产权改为个人所有，转型为民营卫生院。2004 年，区卫生局联合盛庄街道办事处，对盛庄卫生院实行改制承包，承包期 20 年。至此，乡镇卫生院产权改革结束。

同时，罗庄区改革办医体制，鼓励支

持民营医疗机构发展，建立以公立医疗卫生机构为主体，社会办医为补充的办医体制。2001年3月，民营罗庄区人民医院成立；同年9月，民营双月湖卫生院成立；2002年8月至2013年，罗庄区相继成立汤庄卫生院、沂蒙中西医结合医院、博爱儿童康复中心、沂蒙肾病医院、文德骨科医院等民营医疗机构。

医疗保障

1995年10月，罗庄区公费医疗管理委员会成立，下设公费医疗管理办公室（办公地点在区卫生局）。是年，《罗庄区公费医疗管理暂行办法》发布实施，适应范围是党政机关和企事业单位职工，全区享受公费医疗人员5726人。医疗经费实行定额包干，医疗费用超支部分，乡镇人员由乡镇解决，区直单位人员由区公费医疗管理办公室解决，大额费用每年报销一次。1999年9月，区公费医疗管理委员会办公室划归原区劳动和社会保障局，更名为罗庄区医疗保险事业处。2000年3月10日，根据国务院《关于建立城镇职工基本医疗保险制度的决定》和临沂市人民政府《关于印发临沂市城镇职工基本医疗保险暂行规定》，区政府发布《罗庄区人民政府关于印发〈罗庄区城镇职工基本医疗保险暂行办法〉的通知》。全区机关企事业单位公费医疗改为城镇职工基本医疗保险，实行城镇职工基本医疗保险制度。参保范围包括企业（含私营企业）、机关、事业单位、社会团体等单位职工和离退休人员。基本医疗保险由单位和个人共同缴纳。2010年3月，区人事局、区劳动和社会保障局合并成立区人力资源和社会保障局（简称区人社局），城镇职工基本医疗保险由区人社局管理。至2013年，全区城镇职工基本医疗保险参保人员5.36万人（参见第二十二编“人力资源和社会保障”第三章“社会保障”第二节“医疗保险”）。

2003年，国务院办公厅转发卫生部、财政部等部门《关于建立新型农村合作医疗制度的意见》。2004年5月25日，区政府办公室发布《罗庄区人民政府关于印发〈罗庄区新型农村合作医疗试点工作的实施方案〉的通知》，成立罗庄区新型农村合作医疗（简称新农合）管理委员会和新型农村合作医疗监督委员会，管理委员会下设办公室，设在区卫生局。各街道也成立管理委员会、监督委员会和经办机构。并在双月湖街道进行试点，区新农合管理办公室先后制定《新农合实施方案》《新农合管理办法（试行）》《定点医疗机构管理办法》等规范性文件，后又扩展到罗庄、盛庄2个街道。3个街道累计筹资334万元，参合人口8.3万人，参合率98.4%。是年，3个街道均启动报销程序，报销总金额52万余元，受益2万余人，报销最高数额2万元（每人），报销1000元以上者68人。2006年，新型农村合作医疗在全区实施。2010年，罗庄区有31.53万农民参加新型农村合作医疗保险，村（社区）参合率100%，人口参和率99.96%。至2013年，全区新农和参保人员43.02万人（参见第二十二编“人力资源和社会保障”第三章“社会保障”第二节“医疗保险”）。

2009年1月1日，罗庄区实施城镇居民基本医疗保险，由人社局负责管理。城镇居民医疗保险范围，为具有罗庄区户籍未参加城镇职工基本医疗保险的城镇居民。至2013年，全区城镇居民基本医疗保险参保人员3.3万人（参见第二十二编“人力资源和社会保障”第三章“社会保障”第二节“医疗保险”）。

至2013年，罗庄区医疗保障有城镇职工基本医疗保险、城镇居民基本医疗保险和新型农村合作医疗保险，全区参保人员总计

51.86万人，参保率占全区人口96%，建立起全覆盖的医疗保障体系。

第二节　管理体制改革

1995年，罗庄区推行乡村卫生一体化管理，把村卫生室纳入乡镇卫生院管理范围，由乡镇卫生院对村级卫生室的人事、业务、财务、行政和药品购销等工作实行统一管理。同年12月21日，罗庄区成立乡村一体化管理工作监督队。至1997年年底，全区共有5家乡镇卫生院实施乡村卫生一体化管理，行政村覆盖率83.6%。

2000年1月，区卫生局、区人事局、区劳动和社会保障局联合下发《关于在全区乡镇卫生院试行全员劳动合同聘任制的实施意见》。同月起，在公立乡镇卫生院推行以院长负责制、全员劳动合同聘任制、岗位目标责任制和绩效工资制为主要内容的“四制”改革。区卫生局公开聘任院长，院长与职工依法签订合同，然后以卫生院为单位，试行分级负责，层层聘任。院长聘任副院长和中层干部，中层干部聘任职工，聘任实行双向选择，优化组合。对于上岗人员实行绩效工资制，打破“铁饭碗”和“大锅饭”。区卫生防疫站实施全员劳动合同聘任制。

2000年12月，依据卫生部等四部门《关于城镇医疗机构分类管理的实施意见》和省卫生厅、财政厅、计委发布的《关于印发〈关于城镇医疗机构分类管理的实施意见〉的通知》，结合罗庄区实际情况，对全区各类医疗机构的性质进行依法核定。核定为政府举办的非营利性医疗机构3家，分别为傅庄中心卫生院、册山中心卫生院、盛庄卫生院；其他非营利性医疗机构3家，分别为罗庄街道卫生院、西高都镇卫生院、罗西乡卫生院。

2001年，根据《山东省〈医疗机构管理条例〉实施细则》，依法对有关医院内部科室向社会人员承包的错误做法进行查处。

2009年起，罗庄区按照国务院颁发的《关于深化医药卫生体制改革的意见》，重点抓好四项改革，即推进基本医疗保障制度建设；初步建立国家基本药物制度；健全基层医疗卫生服务体系；促进基本公共卫生服务逐步均等化。

2010年12月，罗庄区在傅庄、册山中心卫生院和沂堂镇卫生院开始实施国家基本药物制度。至2013年，全区共有10家镇（街道）卫生院和248家村卫生室（社区卫生服务站）全部实施国家基本药物制度，实行基本药物统一配送，零差价销售。

2010年，实施基本公共卫生服务项目，推进服务均等化。是年，建立居民健康档案22.13万人份，对辖区内3.23万名65岁以上老年人、7491例慢性病病人进行登记管理。开展贫困人口白内障复明项目工作，共免费筛查病人2000余人，实施免费复明手术400例。2012年，全区建立居民健康档案31.48万人份，占全区总人口63.41%。开展家庭医生式服务，结合老年人查体、慢性病随访、妇幼项目查体等工作开展签约协议书工作，共签约协议书8.35万份。

2011年10月，罗庄区发布《关于印发〈罗庄区推行“先诊疗，后付费”服务模式实施方案〉的通知》。在全区推行“先诊疗、后付费”服务模式。至2013年年底，共有15家一级及以上医疗机构实行先诊疗后付费诊疗模式。

第二章 机构

第一节 管理机构

1995年2月，罗庄区卫生局成立，为正科级行政单位。内设人秘科、业务科、执法监督科和区卫生防疫站、妇幼保健站、爱国卫生运动委员会办公室、红十字会办公室、公费医疗管理委员会办公室及药品监督检验所。同年10月，区卫生防疫站、区妇幼保健站升格为副科级事业单位。1999年4月，区爱国卫生委员会办公室升格为副科级事业单位。同年9月，实施公费医疗改革时，区公费医疗管理委员会办公室由区卫生局划属区劳动和社会保障局。2000年11月，区妇幼保健站与区计划生育服务中心合并为区计划生育妇幼保健综合服务中心，隶属区人口和计划生育局，业务指导隶属区卫生局。同年12月，罗庄区红十字会成立。2007年12月，区卫生局卫生监督所成立，为副科级事业单位。同时，撤销区卫生防疫站，成立区疾病预防控制中心（加挂罗庄区卫生检测检验中心牌子），隶属区卫生局。2010年10月，区新型农村合作医疗管理办公室由股级升格为副科级事业单位。

2013年，区卫生局内设办公室、人事科、规划财务科、基层卫生与妇幼保健科、医政科、卫生应急办公室6个科室，辖区爱国卫生运动委员会办公室、新型农村合作医疗管理办公室、卫生局卫生监督所、疾病预防控制中心（区卫生检测检验中心）4个副科级事业单位和区结核病防治所。行政编制5人，事业编制57人。

第二节 预防保健机构

罗庄区疾病预防控制中心

1995年2月，罗庄区卫生防疫站成立，办公地点设在罗庄镇卫生院。由原县级临沂市卫生防疫站分流来的21人组成，其中专业技术人员20人（中级职称4人，初级职称16人）。设防疫科、监督科、检验科、财务科、体检科和办公室6个科室。同年10月，区卫生防疫站升格为副科级事业单位。1996年4月，增设计划免疫门诊。

1999年2月，区卫生防疫站新办公楼奠基仪式在双月园南路111号举行。2001年2月，区卫生防疫站办公楼竣工启用。占地面积6666平方米，建筑面积2262平方米。其中，实验用房500平方米，工作用房1762平方米。2002年5月，增设健康教育科。2004年10月，区卫生防疫站首次通过省质量技术监督局（简称省质监局）的计量认证检查验收，获“计量认证合格证书”。2007年12月，根据全市卫生体制改革的统一部署，按照疾病控制和卫生监督职能分离原则，撤销区卫生防疫站，分别组建区疾病预防控制中心（简称区疾控中心）和区卫生监督所。2011年10月，区疾控中心由财政差额拨款调整为区财政全额拨款。在编人员27人，其中专业技术人员26人（本科以上学历9人，专科学历15人，中专学历2人）；高级职称1人，中级职称10人。同年12月，把餐饮服务许可，餐饮服务环节食品安全监管和保健食品、化妆品卫生监督管理职能移交区食品药品监督管理分局。2012年6月，区疾控中心获省质监局颁发的“食品检验机构资质认定证书”和“资质认定计量认证证书”。

2012年12月，实验楼及办公楼开工建设，2013年6月竣工使用。占地面积6666平方米，建筑面积6000平方米。2013年年底，区疾控中心设有办公室、财务科、免疫规划科、检验科、防疫科、健康教育宣传科6个科室。固定资产543万元。医疗设备有原子吸收分光光度计、气相色谱仪、原子荧光光度计、离子色谱仪、紫外/可见分光光度计等8台万元以上大型仪器。主要开展包括食品、公共场所、水质、职业危害因素、消毒产品及卫生用品等类别的卫生标准项目的检测工作。

2009年，区疾控中心被省卫生厅命名为全省疾病控制工作先进集体。

罗庄区计划生育妇幼保健综合服务中心

1995年2月，罗庄区妇幼保健站成立，为正股级事业单位。同年10月，区妇幼保健站升格为副科级事业单位。2000年11月，区妇幼保健站与区计划生育服务中心合并，组建区计划生育妇幼保健综合服务中心，为副科级事业单位，实行全额预算管理。位于双月园南路113号。占地面积6660平方米，建有4层综合楼1幢，建筑面积3000平方米，配房建筑面积300平方米，医疗床位10张。在职职工14人，其中中级职称1人，初级职称12人。设有妇科、男性科、妇保科、B超室、化验室、药房、收款室。医疗设备有B超机、酶标读数仪、洗板机等。

2002年6月，获临沂市卫生局颁发的“医疗机构执业许可证”。同年7月，开展婚前医学健康查体工作。10月，有43人取得“计划生育技术服务人员合格证”。2004年6月，有20人取得“母婴保健技术考核合格证”，具备开展业务及承担民事责任的能力和资格。

2006年，投资100万元，对办公用房、病房进行改造装修；增设生殖保健服务中心、计划生育技术服务中心、不孕不育诊治中心和宣传培训中心4个特色服务中心；购进彩超机、无痛式可视流引产仪、肛肠治疗仪、全自动心电监护仪，配备流动式技术服务车1辆。2007年，联合区妇联，组织全区女职工2000人到中心健康查体，查治各种疾病900例。

2009年，根据区委、区政府《关于开展免费婚前医学检查工作的通知》，组建免费婚检门诊，投资140万元，购进酶标仪、全自动血液细胞分析仪等先进设备。2012年9月2日，区政府拨款110万元，配备全自动生化分析仪、高速离心机等医疗设备。

2013年年底，服务中心有在职职工55人。其中，卫生专业技术人员48人（副高职称1人，中级职称19人，初级职称14人，助级14人），工勤人员7人。病房设医疗床位10张。设有计划生育技术服务中心、辅助检查中心、体检中心、物品管理中心、后勤服务中心。医疗设备有血液分析仪、半自动生化分析仪、乳腺治疗仪、血铅分析仪、红外线乳透机、微波治疗仪、全自动心电监护仪、万能手术床、肛肠治疗仪、精液分析仪、全自动可视流产取环仪、彩超机共12台。主要开展计划生育技术服务、免费婚检健康查体、免费孕检健康查体、优生优育咨询、“两癌”早期筛查、妇科病诊治、中医诊疗等业务。

罗庄区结核病防治所

位于罗庄街道宝泉路109号。简称区结防所，是全区防治结核病的唯一专业机构。

2005年5月24日成立，为差额拨款事业单位，隶属区卫生局。地址在罗庄街道通达南路与工业路交会处南，建筑面积240平方米，职工8人。设门诊室、化验室、收款室、药房、注射室、社防科6个科室。主要负责肺结核病人、疑似肺结核病人的追踪工作；负责跨区域肺结核病人的管理工作；对在门诊治疗的流动人口肺结核病人实施DOT管理。对结核病人实施免费检查、诊断，提供免费抗结核药品。

2006年10月，区结防所迁至双月园路与通达南路交会处东，建筑面积700平方米，职工增至16人。2007年1月26日，全市FIDELIS结核病控制项目会议在罗庄区召开，并进行项目业务知识培训，项目于2008年1月完成。2007年8月9日，罗庄区开展国家结核病双向转诊项目工作。2009年2月19日，中国疾病预防控制中心结核病预防控制中心对项目进行检查验收。

2008年5月，罗庄区被确定为省级项目“影响流动人口结构病人发现、治疗因素”项目区，同年7月，项目完成。9月，区结防所又迁至区文化中心对过。10月1日，第五轮全球基金流动人口结核病控制项目在罗庄区启动，区政府成立领导小组，制定《罗庄区全球基金结核病项目（二期）流动人口结核病防治项目实施方案》，至2012年6月完成，4年为罗庄区争取国际资金45.8万元。2010年4月，罗庄区承担全省FDC（国家剂量复合剂）推广试点工作，为全省范围内全面推广使用FDC药品提供技术支持和保障。2010年11月，承担山东大学自然基金课题项目，至2012年10月，顺利完成。

2012年3月，区结防所迁至罗庄街道宝泉路109号，占地面积2000平方米，建有综合业务楼1幢，建筑面积1200平方米。2013年年底，在职职工19人，其中专业技术人员15人；副高职称1人，中级职称6人，初级职称8人；本科学历6人，专科12人，中专学历1人。设有结防门诊、治疗室、检验科、放射科、心电B超室、社防科、新农合、财务科、药房、办公室10个科室。医疗设备有CR机、彩色多普勒超声诊断仪、心电图机、全自动生化分析仪、全自动血细胞分析仪、尿液分析仪、进口血糖仪共7台大型设备和督导车1辆。2005—2013年，确诊、治疗肺结核患者2263例。

2007年，创建为省级结核病防治示范区。2012年，通过省级结核病防治规范区验收。

第三节　医疗机构

1995年，罗庄区有乡镇卫生院6家，村级卫生室191家。1996年起，医疗机构逐年增加，医疗条件逐步改善，医疗服务水平不断提高，形成覆盖全区城乡多种形式并存的医疗卫生体系。至2013年，全区有一级以上医疗机构15家。其中，区级医疗机构1家，镇（街道）卫生院10家，民营医疗机构4家。村卫生室（社区卫生服务站）248家，个体诊所15家，驻区市属医疗机构2家。

罗庄区人民医院

位于盛庄街道双月园路123号。为非政府办非营利性医疗机构。是临沂市、罗庄区职工医疗保险、工伤保险、城镇居民医疗保险和新农合保险定点医疗机构，承担罗庄区的医疗卫生、防疫保健工作。1999年11月8日，区人民医院按照二级甲等医院标准设计建造，投资4800万元，占地面积6.67万平方米，建筑面积3.6万平方米，2001年3月28日竣工开诊。设有内科、外科、妇产科、影像科、特检科、检验科、急诊科、门诊部、

图 23-1：罗庄区人民医院门诊楼（2013 年 9 月　摄）

五官科 9 个科室。2002 年 9 月 8 日，外科分设为骨科和普外科。2004 年 7 月 6 日，增设神经外科。2005 年，妇产科开展“经阴子宫切除术”“卵巢癌根治术”“子宫膜癌根治术”手术，麻醉科开展“锁骨下深静脉穿刺”“颈内静脉穿刺”手术。2006 年 7 月，肾内科病区设立；同年 12 月，血液透析室设立。2006 年 5 月—2008 年 4 月，投资 5000 万元，新建建筑面积 2.3 万平方米 12 层病房大楼。2008 年，增设儿科病区；妇产科开展“侵蚀性葡萄胎规范化化疗”。2009 年 5 月，医院被指定为甲型 H1N1 流感定点医院。同年 9 月，医院“120”急救分中心成立，纳入临沂市“120”急救指挥系统。2012 年 2 月 10 日，罗庄区校外未成年人心理健康组织机构在该院成立。同年 12 月 18 日，增设康复科。2013 年 1 月，增设皮肤科、男性科、痔瘘科。同年 11 月，增设内分泌科。

至 2013 年年底，医院业务用房面积 5.9 万平方米，医疗床位 520 张。有职工 577 人，其中本科以上学历 225 人，专科以上学历 176 人；正高级职称 1 人，副高级职称 25 人，中级职称 165 人，初级职称 386 人。设有急诊科、心血管内科、呼吸内科、肾病内科、骨科、神经外科、普外科、妇产科、儿科、新生儿科、康复科、中医科、五官科、口腔科、痔瘘科、皮肤科、麻醉科 17 个临床科室，设有医学影像科、超声科、病理科、检验科、药房、住院药房 6 个医技科室和办公室、医务科、人事科、护理部、感染办、财务科、住院部、供应室、维修科、车队 10 个职能部门。有磁共振、64 排螺旋 CT、DR、数字胃肠机、彩超（10 台）、大型生化仪、呼吸机（10 台）、血液透析机（25 台）、高压氧舱、碎石机、各种腔镜（10 台）及电子胃镜等大型设备 33 台；有血分析仪、尿分析仪、脑电分析仪、心电分析仪，全自动洗胃机及各种康复器材等万元以上设备 80 余台。年门诊 14.32 万人次，收治住院病人 1.84 万人次。

镇（街道）医疗机构

1995 年，罗庄区有罗庄、傅庄、盛庄、册山、程庄、岑石 6 个乡镇卫生院。1997—1998 年，罗庄镇、西高都镇、罗西乡 3 家卫生院改制出售给个人，转型为民营医疗机构。2001 年 9 月，双月湖街道设立双月湖卫生院（民营）。2002 年 8 月，汤庄街道设立汤庄卫生院（民营）。2008 年 3 月，罗西街道卫生院划归临沂高新技术产业开发区管委会管理。2010 年 1 月，区划调整时，沂堂镇卫生院自苍山县划归罗庄区。2011 年 1 月，区划调整时，褚墩中心卫生院、黄山镇卫生院自郯城县划归罗庄区。至2013年年底，全区镇（街道）卫生院总占地面积7.96万平方米，业务用房建筑面积5.12万平方米，开设医疗床位720张。有在职职工750人，其中副高级以上职称5人，中级职称97人。2013年度，接诊74.08万人次，收治住院病人1.47万人次。

傅庄中心卫生院　位于傅庄街道镇中路27号，傅家庄西南村。为全民所有制非营利性一级甲等医院。前身为成立于1951年的临沂县第十五区卫生所。1958年，更名为临沂县傅庄公社医院。1972年，更名为临沂县人民医院傅庄分院。1983年8月，更名为临沂市人民医院傅庄分院。1989年，投资30余万元，新建建筑面积1320平方米门诊楼。1994年，投资107万元，新建建筑面积1800平方米病房楼。1995年，更名为罗庄区傅庄医院。2000年，更名为罗庄区傅庄中心卫生院。2009年，投资147万元，新建建筑面积1440平方米职工工作用房1幢。2012年，投资365万元，新建建筑面积2970平方米综合业务楼1幢。

2013年年底，医院占地面积9504平方米，业务用房面积7537平方米，医疗床位60张。在职职工84人，其中高级职称2人，中级职称30人。设内科、外科、妇产科、中医科、预防保健科、儿科、口腔科、医学检验科、医学影像科9个科室。医疗设备有彩超、500MA遥控摇篮X光机、CR、进口全自动血液分析仪、尿液分析仪、血凝仪，胎心监护仪、自动分析心电图机、麻醉机、高频电刀、心电监护仪、呼吸机、脑电地形图机、脑彩超、微量元素分析仪15台。开展普外、骨外、妇产、泌尿外等手术。年门诊8.92万人次。

2009年，傅庄中心卫生院被临沂市卫生局命名为市级中医药特色乡镇卫生院。

册山中心卫生院　位于册山街道办事处驻地，江傅路22号。为全民所有制非营利性一级医院。前身为成立于1956年6月的册山区联合诊所，时有医务人员18人，下设5个诊所，为全民所有制医疗卫生单位。1958年，更名为临沂县册山公社卫生院。1984年4月，更名为临沂市册山乡卫生院。1993年9月，改称临沂市册山镇医院。1994年，册山镇政府筹资新建医院门诊楼。1995年，门诊楼启用。同年，更名为罗庄区册山中心卫生院。2008年，新建建筑面积2000平方米病房楼1幢。2013年，新建建筑面积1000平方米门面楼1幢。

2013年年底，医院占地面积7992平方米，业务用房面积4500平方米，医疗床位75张。在职职工71人，其中专业技术人员68人；高级职称1人，中级职称17人，初级职称51人；大专及以上学历58人，中专学历10人。设有内科、外科、妇产科、中医科、口腔科、手术室、治疗室、化验室、放射科、理疗科、公共卫生科、计划生育科、计划免疫科、彩超室、药房、药库共16个科室。医疗设备有彩超机、脑电图、脑彩超、心电图、血球分析仪、生化分析仪、尿常规、血凝仪、离心机、DR、麻醉机、电刀、微波治疗仪、阴道镜、臭氧治疗仪、电动吸引器、电动牵引床、高压消毒锅、心电监护仪（4台）、电频治疗仪（3台）、去疼仪（5台）、洗胃机（2台）共32台。年门诊7.8万人次，收治住院病人1600人次。固定资产650万元。

2013年，卫生院被山东省爱国运动委员会命名为省级卫生先进单位。

褚墩中心卫生院　位于褚墩镇政府驻地，健康路32号。为全民所有制非营利性一级医疗机构。前身为成立于1950年的褚墩区医联会，地址在褚墩区驻地东老屯。1951年，更名为苍山县第十二区卫生工作协会。1953年

5月8日，投资400元，在卫生工作协会基础上，建立苍山县第十二区联合诊所，由集体所有制转为全民所有制，位于褚墩区区公所院内。1958年，区划调整时，苍山县褚墩区划归郯城县，更名为郯城县褚墩区卫生院。1988年春，投资21万元，在现址建新院，占地面积9273.8平方米，建筑面积2114平方米，同年10月，迁至新院。2003年，投资104万元，新建建筑面积1648平方米门诊楼1幢。2007年，投资116万元，新建建筑面积1460平方米病房楼1幢，2009年启用。2011年1月，区划调整时，卫生院自郯城县划归罗庄区，更名为罗庄区褚墩中心卫生院。

2013年年底，卫生院业务用房面积4328平方米，医疗床位43张。在职职工64人，其中专业技术人员56人；本科学历18人，专科学历27人；副高级职称1人，中级职称9人，初级职称46人。设有内科、外科、妇产科、中医科、护理科、针灸科、康复科、检验科、放射科、B超科、手术室11个科室。医疗设备有四维超声诊断彩超、16排螺旋CT机、全自动生化分析仪等。年门诊6.05万人次，收治住院病人262人次。

1999年，李中和的《马钱子药理机制评述》论文，被首届世界创新医学大会专家组评为优秀论文二等奖。

沂堂镇卫生院　位于沂堂镇政府驻地。为全民所有制非营利性一级甲等卫生院。始建于1975年，时称苍山县迷龙公社卫生院，占地面积1.8万平方米，房屋44间，医疗床位10张。有职工18人。设有内科、外科、妇产科、防疫科、药房、收款室6个科室。年门诊8900人次，收治住院病人20人次。固定资产10.6万元。1984年4月，更名为苍山县沂堂乡卫生院。1998年12月，卫生院由沂堂乡政府驻地西侧迁至现址。1999年12月，更名为苍山县沂堂镇卫生院。2002年，更名为苍山县沂堂卫生院。2007年，在山东省卫生厅“360”（全省对360所乡镇卫生院改造升级）工程资助下，新建建筑面积1326平方米门诊综合楼1幢。增设中医科、手术室、检验科。2008年11月，设为沂堂镇慢性丝虫病人关怀照料点。同年12月，新建东、西3层病房楼2幢，建筑总面积2094平方米。2010年1月，区划调整时，卫生院自苍山县划归罗庄区，更名为罗庄区沂堂镇卫生院。2011年，增设公共卫生科。2013年，利用中央专款筹建综合病房楼1幢，建筑面积2934平方米。

2013年年底，卫生院占地面积6836平方米，业务用房面积6222平方米，医疗床位40张。在职职工54人，其中专业技术人员33人；大专及以上学历27人，中专14人；中级职称2人，初级职称35人。设有内科、外科、妇科、儿科、中医科、公共卫生科、检验科、彩超室、心电图室、放射科、计划免疫科、慢性病科、特色中医理疗科等临床医技科室。医疗设备有电子阴道镜、影像设备、微波治疗仪、臭氧治疗仪、全自动五分类血细胞分析仪、手术电钻、麻醉机、脑电地形图仪、全自动血液分析仪、心电图机、X射线机等11台。固定资产1068.4万元。年门诊3.47万人次，收治住院病人1300人次。

黄山镇卫生院　位于黄山镇政府驻地，文化路5号。为全民所有制非营利性一级综合卫生院。始建于1971年，时称郯城县黄山公社卫生院。1984年4月，更名为郯城县黄山乡卫生院。1997年，更名为郯城县黄山镇卫生院。2006年，卫生院一体化管理办公室成立，对全镇15个村庄卫生室统一管理。2008年7月，卫生院引进“1127”工程（全省对1127所乡镇卫生院改造升级）95万元和国家红十字会博爱卫生院20万元，建设病房楼1幢，2009年12月启用。2011年1月，区划调整时，卫生院自郯城县划归罗庄区。同年5月，增设公共卫生科。12月，职工家属院竣工。2013年5月，投资179万元，新建建筑面积1860平方米病房楼1幢。

2013年年底，卫生院占地面积1.07万平方米，业务用房面积3540平方米，医疗床位36张。在职职工42人，其中中级职称4人，初级职称35人。设有内科、外科、妇科、中医科、放射科、公共卫生科、防保科、B超室、化验室9个科室。医疗设备有彩超机、血球计数仪、心电监护仪、多功能心电图仪、胎心监护仪、黄疸测定仪、300MAX光机、CR机、全自动生化分析仪、微量元素检测仪、脑地形图仪、C反应蛋白、电子灸治疗仪、熏蒸床和煎药机等15台。年门诊3.49万人次，收治住院病人400人次。

2013年，卫生院被山东省爱国卫生运动委员会命名为省级先进单位；同年，被山东省中医管理局命名为山东省中医药先进单位。

罗庄街道卫生院（罗庄街道社区卫生服务中心） 位于宝泉路60号。始建于1972年7月1日，时称罗庄公社卫生院。业务用房为16间平房，职工宿舍、办公室6间平房，建筑总面积330平方米，有职工26人。1975年，设置制剂室，有10间平房，建筑面积150平方米，生产中成药、中药注射剂及输液用大液体。1984年4月，更名为罗庄镇卫生院。1989年，新建3层门诊楼，1991年启用。

1997年10月1日，罗庄镇政府把医院整体出售给个人，转型为民营医疗机构。同年，新建建筑面积600平方米2层住院楼1幢，购买罗庄镇计生办4层500平方米办公楼。2000年5月，更名为罗庄街道卫生院。2008年6月6日，加挂罗庄街道社区卫生服务中心牌子，所有制形式不变，承担罗庄街道社区公共卫生服务。2009年至2011年8月，投资3000万元，新建建筑面积1万平方米9层病房楼。

2013年年底，医院占地面积9783平方米，建筑面积1.5万平方米，其中业务用房1.2万平方米，医疗床位247张。有职工220人，其中副高级职称5人，中级职称30人。设有内科、外科、妇产科、儿科、急诊科、手术室、中医科、康复理疗科、五官科、口腔科、放射科、CT室、彩超室、检验科、预防保健科15个临床医技科室。有16排螺旋CT、630MA大型X光机、新华数字胃肠机、艾克发X30CR、AH480全自动生化分析仪、XS-800i五分类血球计数仪、XS-500i五分类血球计数仪各1台，E8煊光四维彩色多普勒超声仪2台，有万元以上设备9台。年门诊17.6万人次。

盛庄街道卫生院（盛庄街道社区卫生服务中心） 位于后盛庄社区东部，通达南路与清河南路交会处西清河南路路南300米处。为非政府办非营利性一级卫生院。前身为成立于1953年的临沂县白庄区大菜园联合诊所。1964年，迁至李家白庄，更名为白庄公社卫生院，占地面积5600平方米，房屋56间，建筑面积950平方米，医务人员30人，设内科、外科、中医、妇科等5个临床科室，医疗床位20张。1984年4月，更名为临沂市白庄乡卫生院。1989年1月1日，被评为一级甲等医院。1991年1月，更名为临沂市盛庄镇卫生院。当年，镇政府在后盛庄庄东建新院，投资40万元，建设门诊综合楼和平房共3000平方米。1992年，医院从李家白庄迁现址。1995年，更名为罗庄区盛庄镇卫生院。2000年5月，更名为罗庄区盛庄街道卫生院。2002年，因经营不善卫生院关门停诊。2004年，区卫生局和盛庄街道办事处对卫生院实行改制承包，承包期20年。2006年，增设防保站，承担盛庄街道预防接种、传染病防治等工作。2008年，加挂盛庄街道社区卫生服务中心牌子，所有制形式不变，承担盛庄街道社区公共卫生服务。同年，投资52万元，装修门诊楼，新建房屋380平方米。

2013年年底，医院占地面积4266.67平方米，业务用房面积3000平方米，医疗床位40张。在职职工65人，其中专业技术人员54人；大专以上学历35人，中专学历25人；中级职称2人，初级职称40人。设有内科、外科、妇产科、儿科、中医科、口腔科、检验科、影像科、护理科、公共卫生科、预防保健科、理疗科、心电图室、彩超室、观察室、治疗室等临床医技科室。医疗设备有脑电图、脑彩超、心电监护仪、臭氧机、全自动生化仪、幽门螺旋杆菌检测仪、CT设备各1台，彩超机2台共9台大型医疗器械，救护车1辆。年门诊5.05万人次，收治住院病人1288人次。

高都卫生院　位于高都街道南大路（祝丘路）与罗程路交会处。为非政府办非营利性一级医院。1968年，临沂县人民医院塘崖分院成立。1995年5月，更名为罗庄区程庄卫生院。1996年10月，改称西高都乡卫生院。1997年1月，改称西高都镇卫生院。1998年1月，西高都镇政府把医院整体出售给个人，转型为民营医疗机构。2002年2月，改称高都街道卫生院。2004年3月，新建建筑面积1872平方米4层病房楼。2013年2月，增设儿科门诊。

2013年年底，医院占地面积8446平方米，建有门诊楼1座、住院楼2座、儿科楼1座、职工宿舍楼1座，业务用房面积6194平方米，医疗床位99张。在职职工67人，其中卫生专业技术人员52人；中级职称2人，初级职称50人。设有内科、外科、疼痛科、妇产科、儿科、口腔科、中医科、影像科、检验科、手术室、公共卫生科、预防接种科等临床医技科室。有螺旋CT、动态DR、大型图文处理工作站、彩超2台、心电图机4台、脑电图机、血液细胞分析仪2台、大生化仪、电解质分析仪、离心机、尿液分析仪、C型臂、麻醉机等18台大型设备。年门诊10.28万人次，收治住院病人2079人次。

双月湖卫生院（双月湖社区卫生服务中心）　位于盛庄街道湖北路213号。为非政府办非营利性一级卫生院。始建于2001年9月，占地面积3335平方米，业务用房面积2330平方米，医疗床位20张。有职工23人，其中专业技术人员19人；大专以上学历6人，中专学历13人，均为初级职称。设有预防保健科、内科、外科、儿科、妇产科、中医科、医学检验科、医学影像科等临床医技科室。有微量元素分析仪、双目显微镜、多普勒超声诊断仪、数字脑电地形仪、数字心电地形仪、离心机、300X光机、尿常规分析仪、血凝仪、心电监护仪、麻醉机、全自动手术台、血球计数仪和中星治疗仪等医疗设备。2008年，加挂双月湖街道社区卫生服务中心牌子，所有制形式不变，承担双月湖街道社区公共卫生服务。2010年，在罗六路与清河南路交会处北路东200米处，筹建双月湖社区卫生服务中心新院。

2013年年底，医院有在职职工33人，其中卫生专业技术人员28人；大专以上学历18人，中专学历10人；中级职称1人，初级职称6人。增设公共卫生科，添置全自动生化血液分析仪1台。年门诊5.94万人次，收治住院病人466人次。

汤庄卫生院　位于傅庄街道办事处驻地，花埠岭村713号。为非政府办非营利性一级卫生院。筹建于2001年，2002年10月16日开诊。2013年年底。医院占地面积9447平方米，业务用房面积8574平方米，医疗床位60张。有职工50人，其中专业技术人员36人；大专以上学历6人，中专学历35人；高级职称1人，初级职称15人。设有骨伤科、内科、外科、妇科、儿科、中医科、公共卫生科、药剂科、影像科、理疗科、检验科、心电科室等临床医技科室。医疗设备有多层螺旋CT、500MA高频X光机、爱克发成像系统和进口全自动生化分析仪等。年门诊5.48万人次，收治住院病人547人次。

村卫生室（社区卫生服务站）

村卫生室（社区卫生服务站）管理 1995年，罗庄区有村级卫生室191家，其中甲级卫生室占50%。村卫生室的房屋由所在村提供或乡镇政府协调辖区村负责筹建，建筑面积不小于80平方米，科室设置、人员、设备等均达到《医疗机构管理条例》规定标准。原则上自然村服务半径小于1千米者只设1家，行政村人口少于500人、距外村医疗点小于1千米者不设村卫生室。1996年5月，区卫生局下发整顿规范医疗市场的通告，公安、工商协同配合实行拉网式检查，依法取缔不符合规定标准卫生室、牙科诊所12家。1998年，发放医疗机构执业许可证191件。2002年，全区有253家卫生室申领“医疗机构执业许可证”。2008年，根据山东省人民政府办公厅转发省卫生厅、省财政厅《关于加快提升村卫生室服务能力的意见》要求，全区规划设置92家村卫生室。2009年，区政府制定《关于全区医疗机构及周边秩序整治工作的实施方案》，对聘用非卫生技术人员的医疗机构，超范围执业的医疗机构下达监督意见书42件。2010年、2011年，苍山县沂堂镇，郯城县褚墩镇、黄山镇卫生院及47家村级卫生室划归罗庄区卫生局管理。2012年8月，罗庄区157家村卫生室通过省财政厅、卫生厅检查验收。至2013年，罗庄区共有村卫生室（社区卫生服务站）248家。村卫生室（社区服务站）主要以开展农村常见病、多发病及流行性疾病防治为主，同时承担农村预防接种及防病宣传任务。

乡村医生管理 2003年8月，国务院《乡村医生从业管理条例》发布，罗庄区共有乡村医生670人。2009年，有乡村医生890人，同年9月26日，罗庄区符合条件的乡村医生220人参加全省业务考试。2010年10月26日，省卫生厅对罗庄区乡村医生在岗培训情况进行督导检查。至年底，有乡村医生1137人。2011年8月1—16日，150名乡村医生在山东协和学院参加为期15天的全省乡村医生集中培训。2012年6月26—30日，根据省卫生厅统一安排，对乡村医生进行培训和考试。2013年，罗庄区有持证乡村医生930人。

民营医疗机构

1995年起，罗庄区根据国务院《医疗机构管理条例》，支持社会办医，民营医疗机构发展较快。至2013年，全区有民营医院8家，分别为区人民医院，罗庄街道卫生院、高都街道卫生院、盛庄街道卫生院、沂蒙中西药结合医院、沂蒙肾病医院、文德骨科医院、罗庄区博爱儿童康复中心（临沂圣博康复医院）；个体诊所15家。

罗庄沂蒙中西医结合医院 位于高都街道沈牌子村。为民营医疗机构。始建于1998年8月，时为西高都镇政府机关卫生所。2007年7月，经西高都镇政府同意，卫生所实施内部改革，由医师付洪光接管，更名为罗庄区医师付洪光诊所。2012年4月，经罗庄区卫生局批准，更名为罗庄沂蒙中西医结合医院。2013年年底，医院占地面积5200平方米，业务用房面积1660平方米，医疗床位20张。有职工32人，其中专业技术人员26人；本科学历3人，中专以上学历22人；高级职称2人，中级职称3人。设有内科、外科、中医科、妇产科、口腔科、中西医结合科，检验科、影像科、特检科、手术室等临床医技科室。医疗设备有放射机、B超、脑电图仪、全自动生化仪、全自动血球计数仪、麻醉机、心电监护仪7台，固定资产163万元。年门诊2.27万人次，收治住院病人497人次。

罗庄区博爱儿童康复中心（临沂圣博康复医院） 位于盛庄街道沂河路与沂州路交会处东沂河路路北。为民营医疗机构。始建于2007年7月，2011年3月，由兰山区迁至盛庄街道永盛路与中丘路交会处西200米处。2013年8月，迁现址，租赁建筑面积4950平方米6层楼1幢。有职工82人，其中专业技术人员75人；本科学历2人，专科学历60人，中专学历13人。设有儿童康复科，包括脑瘫儿童康复部、迟缓儿童早期干预部、自闭症儿童康复部、智力康复部4个康复部，设有运动治疗室、作业治疗室、言语治疗室、推拿理疗室、平衡治疗室、感统治疗室。购置PT、OT、ST康复训练所需的系列先进康复设备，有跑步机、站立架、楔形垫、滚筒、经颅磁、中频治疗仪等医疗器械。2013年度，门诊5.4万人次，承接市、县（区）残疾儿童救助项目，被誉为临沂市残疾人之家。

沂蒙肾病医院 位于盛庄街道双月园南路109号。为民营医疗机构。始建于2001年10月，投资1060万元，占地面积7326平方米，建有3800平方米5层综合楼1幢，开设医疗床位80张。2013年年底，医院有职工46人，其中卫生专业技术人员38人；本科学历10人，大专学历15人；副高级职称3人，中级职称5人，初级职称30人。设有肾内科、中医科、B超科、护理科、检验科、血液透析室、药房、收款室8个科室。医疗设备有透析机4台、彩色多普勒超声诊断仪1台、黑白B超声诊断仪3台、体外冲击波碎石机2台、自动煎药机2台、生化设备1套和心电图机2台。年门诊4395人次，收治住院病人2123人次。

罗庄文德骨科医院 位于通达南路与湖北路交会处北100米处。为民营医疗机构。始建于1995年，初名马站骨科门诊。2010年，在原址上重建，更名为罗庄文德骨科医院。占地面积1400平方米，楼房建筑面积2000平方米，其中业务用房面积1200平方米，医疗床位30张。2013年年底，有职工28人，其中专业技术人员24人；大专以上学历13人，中专学历15人；高级职称1人，中级职称5人，初级职称18人。设有骨伤科、内科、外科、中医科、医学影像、医学检验、现代化净化手术间，设有介入手术室。医疗设备有双排螺旋CT机、500MA高频X光机、爱克发成像系统、赫尔曼臭氧仪、关节镜和等离子射频仪共6台。固定资产900万元。年门诊6997人次，脊柱外科专业手术260例，收治住院病人407人次。

驻区市属医疗机构

临沂罗庄中心医院 位于罗庄街道通达南路442号。为二级甲等股份制综合性医院。前身为始建于1948年10月的临沂煤矿医务所。1954年，医务所迁往罗庄西山，新建房屋50间，设立内科、外科、手术室、化验室等科室，医疗床位20张，购置显微镜、手术台和小型救护车。1958年12月，改称临沂煤矿职工医院。1960年3月，更名为临沂矿务局职工医院。1960年8月，医院又迁至青风岭（又称东山医院）。1973年11月，迁至今址。原址改为传染病科。1994年，更名为临沂矿

图 23-2：罗庄中心医院门诊楼（2013 年 9 月　摄）

务局中心医院。2000 年，被罗庄区卫生局定为公费医疗定点医院；被临沂矿务局确定为劳保医疗定点医院。2002 年 1 月，医院实行产权改革，改为民营股份制医院，更名为临沂罗庄中心医院。

2013 年年底，医院占地面积 2.19 万平方米，建有 12 层门诊楼 1 幢，3 层急诊楼 1 幢，21 层病房楼 1 幢，7 层病房楼 1 幢，6 层宿舍楼 1 幢，业务用房面积 4.86 万平方米，医疗床位 661 张。有职工 607 人，其中专业技术人员 549 人；副高级以上职称 42 人，中级职称 140 人；硕士研究生 6 人，本科及以上学历 298 人，专科及中专学历 253 人。设有消化内科、内分泌内科、心血管内科、感染性疾病科、呼吸内科、神经内科、综合内科、骨外科、脊柱外科、普外科、心胸外科、泌尿外科、神经外科、手足外科、关节外科、妇科、产科、儿科、急诊科、重症医学科、口腔科、眼科、耳鼻喉科、精神心理科、中医科、针灸理疗科、皮肤科、介入肿瘤科和麻醉科 29 个临床科室。医技科室有影像科、检验科、特检科、病理科、药剂科、胃肠镜室、高压氧室、手术室、供应室 9 个科室。医疗设备有磁共振、C 型臂、螺旋 CT 机、全自动生化分析仪、全自动血液分析仪、全自动尿液分析仪、万倍显微镜、纤维胃镜、全身彩超、胃肠透视机、CR、遥测心电监护仪、眼科手术显微镜、电脑胎心监护仪、高压氧舱共 15 台。年门诊 20.45 万人次，收治住院病人 1.79 万人次。

临沂市妇幼保健院滨河院区　位于盛庄街道清河南路 1 号。为临沂市妇幼保健院 4 个院区之一，三级甲等综合性医院。2013 年 9 月开诊，占地面积 9.62 万平方米，建有 5 层门诊楼 1 幢，14 层病房楼 1 幢，10 层病房楼 1 幢，6 层产后康复中心楼 1 幢，7 层行政办公楼 1 幢，7 层职工活动中心楼 1 幢，总建筑面积 10.27 万平方米，；医疗床位 880 张。

2013 年年底，保健院有职工 1182 人，其中专业技术人员 1000 人；硕士学历 34 人，本科学历 373 人，大专及以下学历 593 人；高级职称 94 人，中级职称 165 人，初级职称 708 人。设有妇科、产科、儿科、新生儿科、儿童康复科、儿童保健科、内科、外科、眼科、妇女保健科、新生儿疾病筛查、生殖中心、乳腺外科、口腔科、耳鼻喉共 15 个科室。设有检验、超声、放射、CT 室、心脑电图、药剂科、供应室 7 个辅助科室。

第三章　医疗

第一节　医疗队伍

1995 年，辖区有卫生技术人员 485 人，其中临沂矿务局中心医院和临沂地区瓷厂医院 246 人。2004 年，罗庄区有注册执业护士 406 人、各类注册执业医师（助理）357 人。2009 年，有卫生专业技术人员 1926 人。其中，执业医师及执业助理医师 560 人，注册护士 630 人，其他人员 736 人。2013 年，辖区有卫生技术人员 2365 人。其中，执业医师及执业助理医师 675 人，主任医师、副主任医师 12 人，注册护士 1320 人，其他人员 358 人。

第二节　医疗技术

中医医疗技术

1995 年，区、乡镇医疗机构相继设置中医科，原部分老中医和大专院校培养的中医毕业生在各医院中医岗位上成为中医医疗骨干。1995 年 8 月，罗庄镇卫生院设立中医科门诊、中药房，开展中医门诊诊疗，主要设有中医内科、妇科等。1998 年 4 月，罗庄镇卫生院设立中医科病房，除开展原有的诊疗科目外，增设以“物理”治疗为主的综合性中医诊疗；除用中药汤剂、中成药外，兼施针灸、理疗、手法复位、中药薰蒸等，主要采用中药 + 西药 + 物理治疗为主的中西医结合方法，对颈腰椎间盘突出症、风湿类风湿性关节炎、强直性脊柱炎、慢性老年骨关节病、骨外伤后遗症和其他风湿类疾病进行系统治疗。2005 年，区人民医院中医科研制的“中药蒸腾疗包”获市级科技进步三等奖，该药物主要用于临床治疗颈、肩、腰、腿痛等慢性病康复治疗。

2012 年 6 月，根据临沂市卫生局印发的《临沂市基层医疗机构国医堂建设实施方案》要求，罗庄区各基层医疗机构进行国医堂建设。至 2013 年，有罗庄、盛庄、双月湖、高都、黄山、沂堂 6 家卫生院和傅庄、册山、褚墩 3 家中心卫生院分别建成中医堂。全区有中医中药人员 91 人。其中，高级职称 6 人，中级职称 46 人，初级职称 39 人。

西医医疗技术

1995 年后，各医疗卫生单位多方筹集资金加强基础设施建设，购置医疗器械设备，不断提高西医诊疗服务水平。2001 年 3 月，区人民医院建院初期设有 9 个科室，8 台大型医疗设备。至 2013 年，医院建有 17 个临床科室，6 个医技科室，有 80 余台大型医疗设备。外科可开展膝关节镜、椎间孔镜、脑室镜、神经内镜等各项微创手术；妇产科开展“经阴子宫切除术”“卵巢癌根治术”“子宫内膜癌根治术”等手术；麻醉科开展“锁骨下深静脉穿刺”“颈内静脉穿刺”等手术，西医医疗技术不断提高。

镇、街道卫生院主要开设急诊科、内科、外科、妇产科、小儿科、化验室、放射科、B 超室、心电图室、手术室等西医临床科室及医技科室。配备大型 X 光机（DR）、彩超机、心电图机、血球自动计数仪、全自动生化分析仪、大型光电显微镜等先进仪器及救护车辆，个别卫生院还配备CT。镇、街道卫生院的外科可开展阑尾、疝气、痔瘘、甲状腺、胃穿孔、肠套叠及骨科等手术；妇产科开展妇科常见病防治、接生、剖腹产、子宫肌瘤、妇科囊肿等手术。区内医疗机构的西医技术及设备可满足不同层次患者需求。

第三节　医疗事故处理

1995年，罗庄区人民政府根据国务院颁布实施的《医疗事故处理办法》，成立罗庄区医疗事故技术鉴定委员会。1995—2002年，全区发生医疗纠纷20起，其中一级医疗技术事故2起，三级医疗技术事故1起；鉴定为一级医疗责任事故的1起。对事故责任人，视情节轻重，由医院给予行政处分或经济处罚，构成刑事责任的，依法由司法部门处理。对医疗事故中的受害者，给予一次性经济赔偿，区卫生行政部门同时做好患者和家属的思想工作，防止因医疗事故而发生其他纠纷或上访事件。2002年，国务院《医疗事故处理条例》实施，医疗事故初次鉴定权上划临沂市医学会。

第四章　预防　保健

第一节　预防接种　计划免疫

接种免疫

1995年，儿童免疫规划疫苗有卡介苗、脊灰疫苗、百白破疫苗、麻疹疫苗和乙肝疫苗五种疫苗，预防七种疾病，“五苗”全程接种率86%。1996年1月13—20日，罗庄区经卫生部计划免疫检查验收团检查评估，全区以96.56%的“四苗”接种率、100%的卡疤率和建证建卡率，全部达到卫生部制定的计划免疫“第三个85%”的标准，顺利通过国家计划免疫检查验收。同年4月，开始实行以乡镇为单位的计划免疫集约式接种，区卫生防疫站设立计划免疫门诊。成立2个预防接种门诊，分别在盛庄、高都卫生院，配备冷藏包和接种器材。全区开展新生儿乙肝疫苗接种1098人，学龄前儿童乙肝接种3000人，有效控制肝炎发病率。是年，全区确诊肝炎患者127例。1997年，罗庄、西高都、盛庄、傅庄4家卫生院建立产科接种室，为新生儿接种疫苗。全区新生儿乙肝疫苗接种1500人，甲肝疫苗接种5000人，注射出血热疫苗500人。

1998年，确诊肝炎患者72例，通过流调和应急接种等方式，有效防止疫情暴发。全区新生儿乙肝疫苗接种9870人。2000年，“4•25”全国预防接种宣传日活动期间，区卫生防疫站与兰山区、河东区和市防疫站共同组织1次跨区大型计划免疫专题宣传活动。2001年，根据卫生部、财政部发出的《关于将乙肝疫苗纳入儿童计划免疫的通知》，罗庄区将乙肝疫苗纳入计划免疫管理，结合医疗体制改革、乡村卫生室一体化管理，进行预防接种门诊规范化管理。全区新生儿乙肝疫苗接种1.23万人。2002年，临沂罗庄中心医院、区人民医院建立产科接种室，为新生儿接种疫苗；罗庄、盛庄、傅庄、册山、双月湖5个卫生院配备规范化接种门诊用房，统一配备冰箱、文件橱。全区新生儿乙肝疫苗接种 1.13 万人，学龄前儿童集中注射乙肝疫苗接种 8246 人。

2005 年，罗庄区发生 2 例 AFP 病例，经省卫生防疫站监测结果均为阴性。是年，傅庄、双月湖街道接种门诊通过省级示范化门诊验收。2006 年，全区发生 15 岁以下乙肝发病 7 人，区卫生局成立区预防接种异常反应处置领导小组及诊断处置小组，全部按照方案要求进行个案调查。2007 年 7 月 18 日，罗庄、册山、盛庄接种门诊通过省级示范化门诊验收。2008 年，在全区范围内开展流感接种工作，接种流感疫苗 6000 人。2009 年 4 月，区防疫站对全区医疗单位的妇产科主任及负责接种人员进行培训。同年 10 月，成功处置第 1 例甲型 H1N1 流感病例，患者痊愈，疫情未扩散。全年全区累计报告 8 例甲型 H1N1 流感病例，应急接种甲型 H1N1 疫苗 2.43 万人。2010 年 3 月 5 日，区疾控中心召开甲型 H1N1 流感疫苗预防接种工作会。收到上级拨付的甲型 H1N1 流感疫苗 1.35 万支。2010 年，苍山县沂堂镇预防门诊纳入罗庄区免疫规划管理。2011 年，郯城县黄山镇、褚墩镇预防接种门诊纳入罗庄区免疫规划管理。

2012 年 1 月 1 日起，罗庄区开展新生儿预防接种个案信息录入、补录及报告工作，目标儿童管理率 100%。至 2012 年，所有承担新生儿卡介苗、首针乙肝疫苗预防接种工作的医疗机构、产科接种室，完成产科儿童预防接种信息管理系统客户端建设和应用，客户端覆盖率 100%，建证建卡率 100%。同年，儿童免疫增加 A 群流脑疫苗、乙脑疫苗和甲肝疫苗，“八苗”全程接种率 93%。2013 年，全区建有罗庄街道、盛庄街道、册山街道、高都街道、傅庄街道、双月湖、汤庄、沂堂镇、黄山镇、褚墩镇卫生院和临沂市妇女儿童医院 11 个预防接种门诊。有区人民医院、临沂罗庄中心医院、罗庄卫生院、临沂市妇幼保健医院滨河院区 4 个产科预防接种室。罗庄区儿童免疫规划疫苗有乙肝疫苗、卡介苗、脊灰灭活疫苗、脊灰减毒活疫苗、百白破疫苗、白破疫苗、麻风疫苗、麻腮风疫苗、乙脑减毒活疫苗、A 群流脑多糖疫苗、A 群 C 群流脑多糖、甲肝减毒活疫苗共 12 种疫苗，全程接种率 93%，执行《国家免疫规划疫苗儿童免疫程序表》。

第二节 疫情管理

1995 年，主要防控霍乱、病毒性肝炎、流行性出血热、疟疾、肺结核等传染病，主要防控措施是加强健康教育宣传，疫苗接种，四害消杀和日常监测。区、乡镇医疗机构针对霍乱的防治成立 2 号病门诊（腹泻门诊），固定专人、专桌，配备 SPA 快诊液，实现诊断、检验、治疗一条龙服务。

1996—1998 年，每年春秋两次开展灭鼠保粮、防病活动，开展新生儿乙肝疫苗接种和“三热”（临床诊断疟疾、疑似疟疾和不明原因发热）病人血检。鼠密度由之前的室内 6.10% 降至 0.6%，野外由之前的 8.8% 降至 1.03%。1996 年，报告出血热病患者 99 例，比 1995 年的 111 例下降 10.8%。1999 年，成立防治机动队，重新配齐 2 号病救助箱，各乡镇卫生院设立防治门诊。2003 年，围绕防治“非典”，成立指挥部、领导小组、流调队、消毒队。设置值班电话，24 小时值班，配备应急消毒药品过氧乙酸 4.5 吨、84 消毒液 1.8 吨，配齐一切抢救应急防护用品，做好应急准备。同时加强霍乱防治。2004 年初，全国部分省市发生 H5N1 亚型高致病性禽流感疫情。3 月中旬，区卫生防疫站举办禽流感预防控制知识培训班，培训各级各类医疗机构中在职卫生技术人员 680 人。对 12 例副伤寒进行个案调查和疑点处理，对市防疫站反馈给的 18 例副伤寒病例及时进行处理和治疗。2005年，防止霍乱的水型爆发，加强对城市自来水和农村集中供水的消毒检测，共采集水样100份。每月对全区重点行业的食品、饮用水水源和重点人群进行疫源检索。2006年，在区卫生防疫站和临沂罗庄中心医院建立艾滋病病毒抗体筛查实验室，并通过省卫生厅验收。2007年，成立艾滋病高危人群干预工作队；设置8家狂犬病暴露处置门诊；组织人员对全区130家托幼机构及小学的手足口病防治工作进行督导检查。2009年，累计报告8例甲型H1N1流感病例。其中，临沂高级技工学校5例，罗庄区一中2例，加拿大输入性病例1例，对加拿大输入性病例进行突发公共卫生事件报告，应急接种甲型H1N1疫苗2.43万人份。艾滋病筛查4239人。

2012年，区疾控中心印刷《手足口病防治知识》宣传单3万份，印发艾滋病宣传资料2万份。2013年，对10处狂犬病暴露处置门诊进行换证，对49名暴露处置门诊工作人员进行培训考核，颁发考核合格证书。至2013年年底，罗庄区发病数较多的法定传染病主要为乙类传染病中的病毒性肝炎（乙肝为主）、肺结核，丙类传染病中的手足口病、其他感染性腹泻和流行性腮腺炎，未出现大范围聚集性疫情和暴发疫情，属散发状态。

1995—2013年罗庄区传染病情况表

表 23-1 单位：例

年份	合计	艾滋病	肝炎总数	甲肝	乙肝	丙肝	戊肝	肝炎（未分型）	甲型H1N1流感	麻疹	出血热	乙脑	痢疾	肺结核	伤寒	副伤寒	流脑	百日咳	猩红热	布病	淋病	梅毒	流行性感冒	流行性腮腺炎	麻风病	风疹	斑疹伤寒	急性出血性结膜炎	其他感染性腹泻病	手足口病
1995	111	—	—	—	—	—	—	—	—	—	111	—	—	—	—	—	—	—	—	—	—	—	—	—	—	—	—	—	—	—
1996	345	—	127	52	75	—	—	—	—	2	99	—	117	—	—	—	—	—	—	—	—	—	—	—	—	—	—	—	—	—
1997	271	—	66	—	—	—	—	—	—	—	65	—	38	102	—	—	—	—	—	—	—	—	—	—	—	—	—	—	—	—
1998	241	—	72	9	59	1	—	3	—	—	37	—	48	84	—	—	—	—	—	—	—	—	—	—	—	—	—	—	—	—
1999	275	—	103	—	—	—	—	—	—	—	14	—	53	105	—	—	—	—	—	—	—	—	—	—	—	—	—	—	—	—
2000	284	—	73	—	—	—	—	—	—	—	7	—	73	131	—	—	—	—	—	—	—	—	—	—	—	—	—	—	—	—
2001	354	—	119	—	—	—	—	—	—	—	5	—	73	157	—	—	—	—	—	—	—	—	—	—	—	—	—	—	—	—
2002	326	—	148	—	—	—	—	—	—	—	1	—	61	116	—	—	—	—	—	—	—	—	—	—	—	—	—	—	—	—
2003	311	—	98	7	89	1	—	1	—	—	2	—	89	92	28	—	—	1	1	—	—	—	—	—	—	—	—	—	—	—
2004	203	—	42	1	39	2	—	—	—	—	—	—	45	98	—	12	—	5	1	—	—	—	—	—	—	—	—	—	—	—
2005	766	—	242	5	220	4	2	11	—	8	3	—	48	249	—	14	—	—	—	—	19	4	—	66	—	—	—	—	107	5
2006	670	—	218	6	194	2	2	14	—	14	2	—	46	219	—	18	1	1	1	—	7	3	—	15	—	—	—	—	130	5
2007	1045	—	222	2	201	3	4	12	—	6	1	—	37	211	—	4	—	—	8	—	6	22	—	23	—	3	—	—	130	372
2008	1344	—	168	1	143	2	1	21	—	100	4	—	46	228	1	3	—	—	2	—	4	17	—	40	—	2	1	—	76	652
2009	1424	—	166	4	141	5	2	14	16	10	—	—	33	204	—	—	—	1	2	—	2	10	16	100	—	—	—	—	47	817
2010	1878	—	131	1	102	5	2	21	—	1	3	—	33	213	1	—	1	—	4	—	13	15	5	46	—	—	—	8	62	1342
2011	1191	2	174	4	141	11	9	9	1	3	—	—	50	199	—	1	—	5	7	1	12	32	3	259	—	1	—	1	117	323
2012	1111	4	228	10	185	5	16	12	—	—	3	—	30	181	—	—	—	—	12	—	10	27	—	212	—	—	—	1	115	288
2013	1044	4	260	10	212	12	13	13	—	32	4	—	38	197	1	—	—	—	18	1	21	50	7	61	—	—	—	1	91	258

1995—2013年罗庄区传染病报告发病率情况表

表 23-2

年份	发病总数	发病率（/10 万）	乙类发病数	乙类发病率（/10 万）	丙类发病数	丙类发病率（/10 万）
1995	111	28.46	111	28.46	0	0.00
1996	345	88.46	345	88.46	0	0.00
1997	271	69.49	271	69.49	0	0.00
1998	241	61.79	241	61.79	0	0.00
1999	275	70.51	275	70.51	0	0.00
2000	284	72.82	284	72.82	0	0.00
2001	354	66.79	354	66.79	0	0.00
2002	326	61.51	326	61.51	0	0.00
2003	311	58.68	311	58.68	0	0.00
2004	203	38.30	203	38.30	0	0.00
2005	766	144.53	587	110.75	179	33.77
2006	670	126.42	520	98.11	150	28.30
2007	1045	197.17	517	97.55	528	99.62
2008	1344	253.58	573	108.11	771	145.47
2009	1424	268.68	444	83.77	980	184.91
2010	1878	354.34	415	78.30	1463	276.04
2011	1191	224.72	487	91.89	704	132.83
2012	1111	209.62	495	93.40	616	116.23
2013	1044	196.98	626	118.11	418	78.87

第三节　传染病防治

疫情监测

1995 年，区卫生防疫站根据《中华人民共和国传染病防治法》要求，结合罗庄区实际，制定疫情管理、通报、上报制度。1996 年，各种传染病全年监测数据分别为病毒性肝炎患者 127 例，细菌性痢疾患者 117 例，流行性出血热患者 99 例，麻疹患者 2 例，总计 345 例。2005 年，罗庄区发现第一例 HIV 病例。2006 年，根据疾病发生、流行规律和辖区内发病情况，设置疾病监测点 52 处，进行疾病监测。8 家街道卫生院和 3 家区级卫生单位均有专人负责疫情管理，均配备专用微机。2007 年，各医疗卫生单位建立 24 小时疫情值班、手足口病疫情日报及霍乱零病例报告制度，对疫情做到“早发现、早诊断、早报告、早隔离、早治疗”，严防疫情扩散和蔓延。2008 年，每日书面报告传染病疫情及突发公共卫生事件监测情况，设置 1 家医疗机构为症状监测点，每日上报症状监测情况。2009 年，固定专人每日对网络报告的疫情进行审核，发现疫情立即调查。是年，全区报告甲型 H1N1 突发公共卫生事件 1 起。2012 年 6 月 30 日，区卫生局卫生监督所、区疾病预防控制中心、区人民医院及各镇（街道）卫生院开展人感染高致病性禽流感应急处置演练，提高应对突发重大疫情、传染病暴发疫情的应急处置能力。

2013年，罗庄区各种传染病全年监测数据分别为病毒性肝炎患者260例，细菌性痢疾患者38例，流行性出血热患者4例，麻疹患者32例，肺结核患者197例，伤寒患者1例，猩红热患者18例，腮腺炎患者61例，HIV5例，总计850例。区疾控中心及时分析报告甲类传染病及按甲类管理的乙类传染病情况，高度关注辖区内聚集性病例、可能的传染病暴发疫情、不明原因病例或死亡病例等异常情况，对其分布特点、流行病学史及可能流行趋势进行分析与预测。1995—2013年，全区无重大疫情暴发和流行。

1996—2013年罗庄区传染病监测情况表

表23-3　　　　单位：例

年份	腹泻病人登记	腹泻病人SRA诊断	三热病人登记	三热病人血检	手足口病流调病例	艾滋病筛查
1996	564	542	3317	3312	—	—
1997	734	734	3382	3382	—	—
1998	673	564	5600	4500	—	—
1999	482	477	2440	2440	—	—
2000	741	741	1230	1230	—	—
2001	932	882	1269	1269	—	—
2002	1039	1039	1800	1700	—	—
2003	108	108	四热885	612	—	—
2004	841	841	四热976	976	—	—
2005	—	—	四热1658	1658	—	—
2006	694	胶体金检测200例	918	918	—	48
2007	575	575	—	—	372	150
2008	—	—	—	—	512	3649
2009	—	—	1054	1054	811	5047
2010	—	—	4131	4131	1200	5498
2011	720	410	4381	4381	323	7523
2012	—	—	4625	4625	288	10043
2013	—	—	3055	3055	258	12841

疾病防控

霍乱　1995年，各级医院成立2号病门诊，固定专人、专桌、专室，检验科配备SPA快诊液。对所有腹泻病病人一律登记，然后采便做SPA快诊，检测结果呈阳性者再进行细菌培养，做到“逢泻必登、逢疑必检”。实行24小时值班和零报告制度，严防疫情扩散、蔓延。1996年，全区2号病门诊登记腹泻病人564人次，SRA诊断542人次，均为阴性。2005年，区卫生防疫站每月对全区重点行业的食品、饮用水水源和重点人群进行疫源检索。共抽样监测样品5份，未发现呈阳性者。2006年，加强对城市自来水和农村集中式供水的消毒检测，共采集水样100份。全年登记腹泻病人694例，胶体金检测200例。2011年，登记腹泻就诊病人720人次，快检410人次，细菌培养110人次，未发现疑似病人。采集海水产品120份，熟肉制品18份，剩饭菜42份，饮用水18份，经检测未发现异常。1995—2013年，全区无霍乱病例发生。

病毒性肝炎　罗庄区流行的肝炎主要有甲肝、乙肝、丙肝和戊肝4种。1996年，全区上报病毒性肝炎患者127例。其中，甲肝52例，乙肝75例。1996年4月，根据省卫生厅、防疫站统一部署，开展以乡镇为单位的计划免疫集约式接种，各乡镇成立计划免疫门诊，把各村庄双月接种改为每月医院计免门诊接种。此后，每年进行新生儿和学龄前儿童乙肝接种，有效提高接种质量和疫苗利用率，提高儿童入保率，降低疫苗相关传染病发病率。2001年，乙肝疫苗纳入计划免疫管理。2013年，随着居民卫生习惯的提高和乙肝疫苗的普种，病毒性肝炎特别是乙肝发病得到一定程度控制。乙肝发病人群主要集中在20岁以上的年龄组，小年龄组的儿童、学生发病少见。是年，全区上报病毒性肝炎患者260例。其中，甲肝10例，乙肝212例，丙肝12例，戊肝13例，未分型肝炎13例。

细菌性痢疾　1996年，罗庄区上报细菌性痢疾患者117例。2005—2008年，全区平均患病率11/10万。2009—2011年，全区平均患病率9/10万。2012年、2013年，患病分别为30例、38例。1996—2013年，患病率虽有所波动，但呈现逐步下降趋势。主要防控措施是搞好饮食卫生，开展饮用水水源地管理，推广插管压水井，对井水实行漂白粉消毒，不饮用河、塘、库水，对粪便统一管理，对蝇滋生地用药物喷洒，拍捕杀蝇。

伤寒　副伤寒　1995—2002年，罗庄区未发现伤寒、副伤寒发病病例。2003年，伤寒发病28例。2004年，副伤寒发病12例。2004年4月，区防疫站召开全区伤寒、副伤寒防治会议。对病人采便培养，对12例病例进行个案调查和疫点处理，对市防疫站反馈的18个病例进行疫点处理和预防服药。2005年、2006年，分别发病14例、18例。2005年4月，对2004年所有病例进行采样，采样16份，经伤寒杆菌细菌学培养，均为阴性，在采样同时对病人及家庭成员进行预防性服药，服药50余人次。2007年副伤寒发病4例。2008年，伤寒发病1例，副伤寒发病3例。对2007年病例进行采样，采样4份，经伤寒杆菌细菌学培养，均为阴性。并对病人及家庭成员进行预防性服药，服药10余人次。对2008年报告的4例病人进行疫点处理、个案调查和预防服药。2010年、2011年和2013年，伤寒、副伤寒共发病3例。区疾控中心开展卫生健康教育，引导村（社区）居民注意食品卫生、饮用水卫生和个人卫生，改变不良生活习惯，疫情得到及时控制。

麻疹　1995—2004年，罗庄区麻疹防控主要是疫苗接种和健康教育宣传。2005—2007年，全区麻疹呈散发状态，平均发病率3/10万。2008年，发病100例，发病率22.77/10万。区疾控中心及时采取措施，对8月龄至6岁儿童实行麻疹疫苗强化免疫接种，接种率95%以上；开展疫点消毒处置和健康教育宣传工作，防治疫情扩散蔓延；联合教育部门加强对学校和托幼机构等重点场所的督导和监测力度，疫情逐渐得到控制。此后，麻疹发病又进入一个散发状态。2013年，全区麻疹发病32例，疫情出现小幅度上升。

非典型肺炎　2003年，国内发生传染性非典型性肺炎（简称非典）疫情。同年4月17日，区卫生防疫站组建15人的流动调查队和消毒队两支一线抗击“非典”队伍。实行

24小时值班制度，设置值班电话，配备车辆等。4月23日，区政府印发《罗庄区防治传染性非典型肺炎控制应急处理预案》。5月12日，区政府抗击“非典”指挥部成立，拨专款购买SARS专用车1辆，配备应急消毒药品过氧乙酸4.5吨，84消毒液1.8吨，配齐抢救应急防护用品。区卫生局派出14名卫生人员，在高速路口参加检查过往车辆，尤其是从疫区来的车辆，乘员必须先登记、测体温，车辆进行免费消毒，并上报区防非指挥部，严防死守堵住源头。流调成员对全区8个街道和高速公路口发热病人进行个案追踪调查。至全国“非典”疫情结束，全区无一例非典病例，实现“堵住源头不输入”的目标，抗击非典取得胜利。

人禽流感　2005年，罗庄区制定《罗庄区人感染高致病性禽流感疫情应急处理预案（试行）》。建立健全人禽流感防治领导小组和应急流调队等组织，建立疫情监测网络，加强疫情监测报告、零病例报告。至2013年，全区未发现疑似病例。

狂犬病　1995—2003年，全区无狂犬病病例报告。2004年，发病2例，死亡1例。2007年，全区设置8家狂犬病暴露处置门诊，规范伤口处理和疫苗接种。全年接种狂犬疫苗3000人。2005—2013年，全区无病例发生。至2013年，罗庄区共设10家狂犬病暴露处置门诊。狂犬病防治主要采取接种狂犬疫苗，狂犬疫苗由各预防接种门诊接种。

艾滋病　2005年，在区卫生防疫站、区人民医院和临沂罗庄中心医院设立3个艾滋病筛查实验室，通过省级验收。同年，罗庄区首例艾滋病病人在临沂罗庄中心医院诊治过程中发现。为加强艾滋病防治，区政府成立艾滋病防治工作领导小组，组建艾滋病高危人群干预工作队，开展对羁押人员检测，进行艾滋病防治健康教育宣传。对艾滋病感染者或病人进行随访、CD4监测和抗病毒治疗工作，有效减少艾滋病感染者和病人死亡率。

2008年，艾滋病实验室全年筛查3649人，上报艾滋病病毒感染者1例，随即建立档案，进行定期随访，并开展流行病学调查。2010年，艾滋病实验室全年筛查5498人。其中，术前检测4057人，孕产检查367人，监测咨询391人，受血前检测380人，拘留所人员56人，性病门诊检测9人，强制戒毒人员检测1人，其他就诊检测237人。全区共对重点场所及重点人群进行高危干预1200人次，发放宣传材料1800份。2012年，艾滋病实验室全年筛查1万人。举办大型宣传活动1次，发放宣传材料4455份，安全套4422只，设置固定宣传栏21处，高危干预3942人次。

2013年，艾滋病全年筛查1.28万人次，上报艾滋病病毒感染者5例，区疾控中心开展艾滋病抗病毒治疗33人，并定时开展随访。至2013年年底，全区建成艾滋病监测点10家并通过市级验收，开展扩大艾滋病病毒抗体筛查、艾滋病检测活动。

手足口病　2005—2006年，罗庄区手足口病呈散发状态。2007年，全区报告发病372例，手足口病疫情进入高发期。区政府成立手足口病防治工作领导小组和流动调查队，举办防治培训班。各街道防保站流调队对辖区内发生的手足口病病例全部进行流行病学调查，进行消毒处理指导，有效控制手足口病蔓延态势。2009年，全区报告流调病例811例。区疾控中心印刷4万份《罗庄区卫生局致5岁以下儿童家长一封信》，发放到5岁以下儿童家长手中，宣传手足口病的防治知识。2010年，手足口病处于高发期，全区报告流调病例1200例，疫点处理1200处，共采集95份便样。2012年，调查处置手足口病

288例。区疾控中心印制《手足口病防治知识》宣传单3万份、《预防手足口病公众信息提示》2万份、《中医药预防手足口病知识》1万份，发放到各医疗机构、村（社区）、学校、托幼机构，提高对手足口病预防工作的认识。2013年，全区共报告流动调查病例258例。手足口病病例有所下降，但始终处于较高流行状态，发病儿童多集中在3岁以下年龄组，以散居儿童为主，平均发病率100/10万。

麻风病　1995年，罗庄区共有麻风病愈后存活病人157例。现症病人7例，当年无新发病例。1996—2004年，先后新发病人4人，进行正规联合化疗后，联合化疗率及规范治疗率均100%，之后经检查，疗效较好。2010年，由山东省皮肤病性病防治研究所确诊1例麻风病例，进行规范治疗。同年，全国麻风病防治管理信息系统启用。2012年，罗庄区发布实施《罗庄区消除麻风病危害规划（2011—2020）》。每年1月的最后一个星期日在全区开展“世界防治麻风病日”宣传活动。同年，对愈后存活病人进行随访调查，并把随访结果录入全国麻风病防治管理信息系统。2013年，对14例密切接触者进行随访检查并录入系统，对4例现症病人进行治疗，对6例病人家属进行预防性服药，为2例愈后存活病人发放防护鞋。至2013年年底，全区共有愈后存活病人92例，现症病人3例，本年度无新发病例。

第四节　地方病防治

疟疾

1996年，罗庄区建立中心镜检站1个、乡镇镜检站6个。对专业技术人员进行技术培训。全年登记“三热”病人3317例，血检3312例，血检率99.8%，未发现阳性病人。1997—2001年，登记“三热”病人1.39万例，血检1.28万人，均未发现阳性病人。2004年，参加由枣庄市卫生防疫站牵头开展的鲁南五地市疟疾联防工作，同年5—10月，对全区923例“三热”病人进行疟原虫血检，无阳性病人。2005年，举办疟防培训班。各医疗单位对“三热”病人进行登记和血检，全年血检1658人，无一例阳性。2009年4月30日，培训各级专业人员40人。2010—2013年，分别对4131例、4381例、4625例、3055例“三热”病人进行年度血检，无一例阳性。2013年，全区建镜检站13个，分别为区疾控中心、区人民医院、罗庄中心医院和罗庄、盛庄、傅庄、册山、高都、双月湖、汤庄、黄山、褚墩、沂堂卫生院。全区无疟疾病例发生。

碘缺乏病

1996年，区卫生防疫站对299户居民食用盐、10家碘盐销售点的食用盐进行检测，碘盐浓度合格127户，不合格30户，不含碘72户，合格率55.04%，10家销售点销售的碘盐仅2家合格。全年进行全民服用碘油丸18万粒，对控制和降低碘缺乏病起到一定作用。1997—1998年，全民服用碘油丸6.87万人。1999年，区卫生防疫站继续开展以监测供应碘盐为主要措施的消除碘缺乏病工作，全年监测食用盐435份，合格率97.01%。对全区儿童碘缺乏病及相关疾病按常规开展调查，随机调查120名儿童，甲状腺肿大率4.17%。2004年，监测碘盐377份，合格率98%。对80名8～10岁儿童进行尿碘监测。在全区重点人群进行辅助补碘，共服碘油丸9.6万人次。2010年4月13—30日，开展居民户食用盐检测，按东、西、南、北、中5个方位，对罗庄区5个镇（街道）、20个行政村300户居民进行碘盐监测，收集居民碘盐样品300份，监测合格盐样298份，合格率99.3%。

2013 年，采集 300 份居民户食用盐进行检测，合格率 99%。同时，对全区饮用水碘含量进行摸底、监测，共采集饮用水水样 275 份，水碘监测结果中位数 7.4 毫克 / 千克，属于国家标准中低碘区域。

流行性出血热

1995 年，罗庄区出血热疫情报告 111 例。1996 年，出血热疫情报告 99 例。同年起，每年有针对性地开展灭鼠和疫苗接种，有效控制出血热病的发生。1999 年，出血热疫情报告 14 例。2001 年，采用溴敌隆配制毒饵灭鼠，灭鼠前监测鼠密度野外为 4.00%，室内为 5.00%；灭鼠后鼠密度野外降为 0.6%，室内降为 1.03%。流行性出血热疫情呈持续下降趋势。2002 年，全区出血热疫情报告 1 例。2004 年，对发生的 14 例病人进行个案调查、疫点处理。同时开展重点人群出血热疫苗接种，接种 1.2 万人份。2005 年，出血热疫情报告 3 例，低于全市发病水平。2012 年，出血热疫情报告 3 例。区卫生局召开全区出血热防治技术培训班，40 人参加学习。2013 年，区疾控中心继续落实防鼠灭鼠、健康教育、环境治理和重点人群免疫接种综合措施，以疫情管理、疫点处理为重点，开展各项防治工作。出血热疫情得到有效控制。年内无病例发生。

第五节　精神障碍　肿瘤病防治

精神障碍

2010 年后，开展精神障碍防治工作，制定罗庄区精神卫生工作意见，完善精神障碍防治工作机制，建立健全区、镇（街道）、村三级精神障碍防治网络。每年年初，摸底排查有肇事、肇祸倾向的精神障碍人员。按照基本公共卫生重性精神障碍管理项目要求，对辖区医疗单位重性精神障碍防治提供技术支持。邀请市精神障碍防治中心专家到罗庄区进行专题培训，开展多层次、全方位业务培训。每年利用 10 月 10 日“世界精神卫生日”开展宣传活动。至 2013 年，全区有 1043 人纳入重性精神障碍管理，肇事、肇祸倾向精神障碍 22 人。

肿瘤病

2010 年后，肿瘤病发病率呈上升趋势，35 岁以下年龄段人群发病较少，35 ～ 39 岁年龄组发病率增幅提高，75 ～ 79 岁年龄组发病率最高，80 岁以上年龄人群发病率逐步下降。2012 年 5 月，罗庄区正式开展肿瘤病防治工作，区慢性病防治领导小组成立，对辖区各医疗单位肿瘤监测业务，负责管理和提供技术支持，负责全区肿瘤报告卡的收集、审核、分析、上报、反馈、保存、归档、整理。对全区肿瘤监测工作进行督导和评估，定期组织开展肿瘤发病漏报调查和肿瘤病人结局随访。每年 4 月 15—21 日“全国肿瘤防治宣传周”均开展宣传活动，通过各种方式宣传肿瘤防治知识，提高全社会对肿瘤防治工作重要性的认识。至 2013 年，全区有 1671 人肿瘤患者纳入系统管理。

第六节　妇幼卫生保健

妇女保健

1995 年起，罗庄区妇幼保健工作坚持“以降低孕产妇、婴儿死亡率和出生缺陷，提高出生人口素质和妇女儿童健康水平”为目标，保障妇女儿童健康。1995—1997 年，为妇女查体 4.4 万人次。1997 年全区孕产妇系统管理率由 1995 年的 89.83% 提高至 97.93%。2000 年 11 月起，凡申请结婚登记的，先到区计划生育妇幼保健院综合服务中心查体，合格后再到婚姻登记处办理结婚登记手续。对直系血亲和三代以内的旁系血亲，以及患有医学上认为不适合结婚的疾病患者，不允许结婚。各镇、街道组织申请结婚的男女青年和申请生育的育龄妇女到人口学校参加培训，学习优生、优育和生殖保健知识。对已经领取结婚证的青年夫妇，指导其选择最佳生育年龄、最佳受孕期等。对持生育证的育龄妇女，及时组织到服务站查体。对怀孕 3 个月的，建立孕期保健档案，填写孕期保健卡和孕期保健手册，纳入孕期保健管理与服务。2001 年起，区计划生育妇幼保健综合服务中心增设孕前优生“四项监测”即风疹病毒、单纯疱疹病毒、巨细胞病毒、弓形体监测项目。开展病残儿家庭二胎优生监护，建立优生监护档案，实行跟踪监护治疗。

2002 年 7 月，根据《中华人民共和国母婴保健法》规定，开展婚前医学健康查体，当年查体 3472 人次，其中患病 358 人，根据病情做相应处理。2006 年，抽调全区妇幼保健技术骨干，组成服务小组到街道、村（社区）宣传生殖保健知识，免费查治妇女病，当年免费进行妇女查体 2.71 万人次。

2009 年起，根据山东省卫生厅《重大公共卫生妇幼服务项目实施方案》，启动农村妇女住院分娩每人补助 350 元项目。2010 年起，实施农村妇女增补叶酸预防神经管缺陷项目。2012 年起，全面推开免费孕前优生健康检查项目，建立村（社区）、镇（街道）、区分级负责的“信息摸底—健康教育—优生检查—评估建档—高风险人群随访”的出生缺陷干预模式。2013 年，对全区 3 个月内准备怀孕和怀孕 3 个月内的农村妇女免费增补叶酸。目标人群增补叶酸知识知晓率、叶酸服用率和叶酸服用依从率均在 90% 以上。全年农村妇女住院分娩率 99.8%，发放住院分娩补助 120.89 万元，共为 3354 名农村妇女免费发放叶酸 2.01 万瓶。

1995—2013 年，罗庄区无孕产妇死亡。

2010 年始，罗庄区开展 35 ～ 64 周岁农村妇女宫颈癌、乳腺癌免费筛查，检查方式采取入村检查和到医疗保健机构检查相结合的方法，每年查体率均在 85% 以上。2013 年，全区两癌筛查 1.5 万人。

儿童保健

1995 年，罗庄区儿童入保 2091 人，入保率 92.5%，完成疫苗接种 10.26 万人次，“四苗”接种率 89%，新生婴幼儿死亡率 21.9‰。1995—1997 年，全区儿童查体 3.76 万人次，幼儿教师健康查体 443 人次。全区儿童系统管理率由 1995 年的 93.25% 提高至 98.8%，婴幼儿死亡率由 1994 年的 24.74‰降至 19.32‰，下降 5.42‰，儿童身心健康水平得到提高。

2000 年，围绕降低新生儿发病率和减轻发病程度，对当年出生的新生儿分别于 7 天、14 天、28 天进行访视，定期为新生儿健康检查，宣传科学育儿知识，指导家长做好新生儿喂养、护理和疾病预防。全区儿童入保 3005 人，入保率 90%，完成疫苗接种 15.7 万人次，“四苗”接种率 95%，新生婴幼儿死亡率降至 13.86‰。2001 年，实行新生儿疾病筛查，对可造成儿童终身残疾的先天性甲状腺功能减低症、苯丙酮尿症、先天性肾上腺皮质增生症和葡萄糖 -6- 磷酸脱氢酶缺乏症 4 种新生儿代谢疾病进行筛查。2004 年，儿童入保 5272 人，入保率 98%，完成疫苗接种 15 万人次，“四苗”接种率 97%，新生婴幼儿死亡率降至 7.73‰。

2009 年起，实行基本公共卫生服务。将 0 ～ 6 岁儿童健康管理纳入基本公共卫生服务，在各街道卫生院成立儿童保健科，根据儿童特点，成立专门保健查体室，配备专职工作人员，利用接种疫苗的时机，对接种疫苗的0～36个月婴幼儿进行健康查体、建立健康档案。4～6岁儿童保健由卫生院到托儿所，全程进行健康查体、建立健康档案。2013年，罗庄区儿童入保8125人，入保率99%。新生婴幼儿死亡率降至5.45‰。

第五章　公共卫生　爱国卫生

第一节　公共卫生

公共场所卫生监督

1995年，罗庄区公共场所卫生监督执行国家颁布的《生活饮用水卫生监督管理办法》《化妆品卫生监督条例》《公共场所卫生管理条例》等法规。对全区生活饮用水生产经营单位、化妆品经营单位和公共场所采取日常巡回监督检查、重点突击检查、专项卫生监督检查等卫生监督检查。1996年，投资4万元，配备监测仪器。监督检测区内66家宾馆、理发店、浴池等公共场所，办理公共场所卫生许可证58件，办证率88%。对公共场所341名工作人员进行卫生培训和健康查体，查出并调离职业禁忌人员2人。

1997—2000年，监督检测280家理发店、美容店，办理公共场所卫生许可证279家，从业人员体检824人次。下达监督意见书280份，制作现场卫生监督笔录41份。采集空气和顾客用品样品68份，合格率83.7%。2003年，办理公共场所卫生许可证127件，对公共场所175名从业人员进行预防性健康查体。在非典防治期间，加大公共场所监督检查力度，下达监督意见书127份，责令改正通知书17份，取得有效监测数据187个，监测指标合格率92.4%。

2009年4月，在住宿业中，推行公共场所卫生监督量化分级管理制度，61家经营单位通过市级公共场所量化分级管理考核组认定。2家获A级单位称号，15家获B级单位称号，44家获C级单位称号。占住宿业61%。全年监督检查公共场所149家。2010年，监督检查公共场所352家，办理卫生许可证127家，督促公共场所从业人员450人进行健康检查及卫生知识培训，调离职业禁忌病3人，调离率100%；抽检公共用品326份，合格295份，合格率90%。至2013年，罗庄区每年开展签审“公共场所卫生许可证”、从业人员查体、假冒伪劣化妆品检查、住宿业推行量化分级管理制度等卫生监督工作。

食品卫生监督

1995—1999年，根据《中华人民共和国食品卫生法》，对全区食品加工、食品经营、餐饮业、餐饮具消毒等单位摸底，建立台账。建立健全食品安全监管工作制度，采取划片管理、抽样检测、重点突击等方法进行食品安全监督检查，共办理“食品卫生许可证”1200余件，累计查体1.3万人次。2000年，办理“食品卫生许可证”217件，健康查体3100人次，对全区320家单位进行食品安全监督检查，并建立食品安全监督检查档案。2001年，对2家违反《中华人民共和国食品卫生法》的单位进行行政处罚，取缔无证食品作坊1家。2002年，开展“食品安全进校园”“食品安全进社区”等食品安全宣传活动，开展食品安全专项整治活动，全年下达卫生监督意见书641份，提出整改意见39条。2003—2009年，加大食品安全行业监管力度，共立案查处食品安全案件6起，累计进行健康查体2.64万人次，共办理行政许可680件，全区未发生食品安全事故。2010年，根据《食品安全法》要求，食品安全行政职能划属工商、食品药监、质量技术监督等部门。

生活饮用水卫生监督

1995年始，贯彻《中华人民共和国传染病防治法》《生活饮用水卫生监督管理办法》等法规，每年对全区集中供水、二次供水、农村生活饮用水、涉水产品生产经营等单位进行监督检查，建立监管台账，建立健全卫生监督档案。至1999年，共办理卫生许可22件，从业人员查体178人次。2000年起，每年对全区供水单位按规定频次进行水质监测。至2009年，累计下达卫生监督意见书189份，共提出整改意见48条，办理行政许可51件，从业人员健康查体350人次。2010—2013年，每年开展全区涉水产品卫生监督专项整治，对全区3家涉水产品生产厂家、涉水产品销售单位及水质处理器、净水剂等进行全面摸底排查，共下达卫生监督意见书32份，监督覆盖率达100%。每年对3家市政集中供水单位、8家二次供水单位、110余家农村生活饮用水单位按照相关频次标准进行全面监督检测，并将检查结果进行公示，对涉水产品经营单位的卫生许可批件和检测报告进行检查，对存在的问题下达卫生监督意见书216份。

职业卫生监督

罗庄区内产生粉尘、高温、振动、噪声等职业危害的主要有水泥厂、地板砖厂等企业。1995年始，每年对全区职业病危害严重的企业，进行一次监督检查。至2000年，对362家次企业进行职业健康查体4424人次，建立健康监护档案，未发现职业病病例。2002年5月1日，实施《中华人民共和国职业病防治法》，对区内产生职业病危害的用人单位实施卫生监督，建立完善企业职业卫生监督档案，对违反职业卫生法律法规的案件组织调查、取证和处罚，保障劳动者健康权益。至2011年，对562家工业企业进行现场监督检查，职业健康查体9946人次，未发现职业病病例，未发现产生职业危害的企业。2011年12月，职业卫生监督工作由区卫生局划属区安监局。

放射卫生监督

1995—2000年，每年对全区14家有放射诊断设备的医疗单位进行监督监测，监测合格率100%，为监测合格单位换发“放射诊疗许可证”，每年组织放射人员进行健康查体。2001—2009年，每年联系省放射监测单位对全区14家有放射诊断设备的医疗单位进行放射监测，均合格。每年组织放射人员进行健康查体，查体合格率100%。2010—2013年，每年对全区42名放射人员开展健康查体，联系省放射监测单位对全区14家有放射诊断设备的医疗单位进行放射监测，监测合格率100%，为监测合格单位换发“放射诊疗许可证”。

学校卫生监督

1995年始，根据1990年国家颁布的《学校卫生工作条例》，采取日常巡回监督检查、重点突击检查、学校卫生监督专项检查等方式，对区内所有学校实施卫生监督检查，对查出的案件进行调查、取证和处罚。至2000年，对全区70所中小学校进行卫生监督检查，累计对5万名中小学生进行预防性健康查体。2003年，“非典”期间，联合区教育局2次对全区中小学校和托幼机构的食品卫生进行监督检查。对学校食堂进行食品卫生量化评分，对148名食堂从业人员进行预防性健康查体。

2001—2005 年，对全区所有中小学校进行卫生监督检查，对学生健康查体，建档率 95% 以上。2010 年 5 月，对全区 132 家学屋的食品安全进行监督检查，对发现问题的食品进行现场整改，对 165 名从业人员进行预防性健康查体。2012 年 8 月，根据临沂市卫生局《关于加强学校传染病防控监督检查工作的通知》要求，对全区 74 所中小学校的传染病防控、饮用水卫生、公共场所卫生、医疗机构管理、学生宿舍、浴室、厕所、垃圾及学习环境卫生等进行全面监督检查，下达卫生监督意见书 87 份，提出限期整改意见 36 条。2013 年，在全区范围内开展学校卫生综合监督检查，对学校生活饮用水、传染病防治等开展监督检查，下达卫生监督意见书 56 份。

医疗市场监督

1995 年始，根据《中华人民共和国传染病防治法》《消毒管理办法》等法律法规开展消毒管理工作。主要对全区医疗机构消毒管理组织、消毒程序、消毒器械、消毒设备、消毒效果等开展监督检查。2006 年，对全区各医疗卫生机构工作人员 576 人集中进行消毒卫生知识及相关法律法规培训。依法开展对医疗卫生单位的消毒与灭菌效果监督监测，初步掌握全区医疗卫生机构消毒与灭菌效果的基本情况。2009 年 8 月 13 日—9 月 3 日，在全区范围内开展打击非法行医专项整治行动。全年共监督检查 268 家医疗机构，取缔 18 家非法医疗机构，处理行风热线节目中群众反映的问题 2 起，查处非法医疗广告 1 起，关停 38 家非法医疗机构。2011 年，对区内无医疗机构执业许可证擅自开展执业活动，医疗机构擅自出租承包科室、扩大诊疗范围及使用非卫生技术人员等非法医疗行为进行检查，查处案件 137 起，取缔 74 家，关停 30 家。2012 年，接收医疗机构行政许可申请材料 121 件，其中，医疗机构设置审批申请 1 家，医疗机构变更申请 34 家，医疗机构校验申请 85 家，医疗机构注销申请 1 家。全年共查处非法行医案件 45 起。根据临沂市卫生局《关于在全市推行卫生监督机构参与新型农村合作医疗监督管理的意见》要求，对新农合工作开展预防性和经常性监督执法检查，全年监督检查定点医疗机构 50 家，处罚 16 家。2013 年，对罗庄区 356 家医疗机构开展监督检查，下达卫生监督意见书 356 份，下达整改意见 15 条，查出非法行医及使用非卫生技术人员 14 起。

第二节　爱国卫生

1997 年 3 月，罗庄区爱国卫生运动委员会（简称区爱卫会）成立。主要负责公共环境卫生、防病治病、病媒生物防制（除“四害”）和健康教育等工作。

病媒生物防制

贯彻落实《临沂市除四害管理办法》，坚持以环境卫生整治为主、药物消杀为辅的“四害”综合防治原则，彻底清理卫生死角，铲除“四害”滋生地。开展灭鼠工作，协调农业部门开展春秋两季集中灭鼠活动，按照“统一部署、统一时间、统一标准”的要求，每年 3 月中旬、11 月下旬开展集中灭鼠行动。组织开展蚊蝇消杀活动，每年 5 月中旬、8 月中旬组织城区各街道和部门、单位，在城区集中开展蚊蝇消杀活动。同时组织疾控部门开展“四害”密度监测，把四害密度控制在国家标准范围内。

健康教育

1995 年始，健全完善区、镇（街道）、村三级健康教育工作网络，发挥各级健康宣传员作用，以村（社区）为依托、以家庭为基

图 23-3：2006 年 6 月 14 日，罗庄区召开创建国家卫生城市工作动员会

础开展社会健康教育，重点对预防病媒传播疾病开展宣传，提高居民健康意识和防病能力。每年 4 月在全国爱国卫生月期间，区爱委会根据省、市爱委会工作部署和要求开展爱国卫生月宣传活动，同时，在世界卫生日、计划免疫日、世界无烟日、结核病日、《中华人民共和国食品卫生法》宣传日等各种宣传日开展健康宣传教育。2007 年起，开展健康教育“六进”（进学校、进工厂、进机关、进社区、进农村、进家庭）活动，在中小学校开设健康教育课，每周一节，中小学健康教育知识普及率 100%。2008 年，各医疗机构以宣传栏、黑板报、向病人发放宣传材料等形式，开展高血压、糖尿病等常见病防治及日常生活等方面的健康教育。至 2013 年，全民健康教育普及率 100%，居民健康教育知识知晓率 90% 以上。

农村改厕

2010 年，区爱国卫生组织负责农村改厕项目规划和实施，涉及傅庄、册山、汤庄 3 个街道 28 个村 3000 家农户。2012 年，农村改厕项目涉及傅庄、褚墩、黄山 3 个镇街道 16 个村 2000 家农户。同年，罗庄区被全国爱卫会命名为农村卫生厕所普及工作先进集体。2013 年，农村改厕项目共涉及傅庄、高都、黄山 3 个镇（街道）7 个村 2000 家农户。农村改厕项目的实施，带动罗庄区农村环境卫生综合整治，有效预防和减少相关疾病发生。

创建国家卫生城市

2005 年，临沂市创建国家卫生城市工作启动。区委、区政府按照市委、市政府的工作部署，坚持“条块结合、属地管理、以块为主、重点突破、全面推进、巩固提高、常抓不懈”的工作原则和“统一组织、各负其责、明确任务、突出重点”的指导方针组织落实，确保“创卫”工作有序开展。2010 年 7 月，全国爱卫会专家组对罗庄区“创卫”工作进行暗访。2011 年 5 月 25 日，全国爱卫会专家组到罗庄区进行技术评估，一次性顺利通过评估验收。同年 11 月 24 日临沂市被命名为国家卫生城市。罗庄区被市委、市政府表彰为创建国家卫生城市先进集体。

第三节　红十字会

组织建设

2000 年 12 月，罗庄区红十字会成立，隶属于区卫生局，负责全区红十字会工作。2000 年 12 月 25 日，罗庄区红十字会第一次会员代表大会召开，选举第一届理事会。2007 年 12 月 27 日，罗庄区红十字会第二次会员代表大会召开，选举第二届理事会。通过《罗庄区红十字会章程》。2008 年 7 月，区红十字会列为参照公务员法管理的事业单位。2010 年 10 月，列入群众团体序列，参照公务员法管理。区政府分管领导兼任会长，1 名常务副会长主持工作。2013 年 5 月，区红十字会机构单列，独立办公，内设综合科、业务一科、业务二科。

2000 年，全区有红十字会会员 500 人。2007 年，红十字会会员发展到 1600 人。2013 年，贯彻实施《罗庄区人民政府办公室关于加强全区红十字基层组织建设和团体会员单位发展工作的实施意见》，全区 5 个街道，3 个镇均建立基层红十字会组织。同年年底，有基层组织 8 个，团体会员单位 80 个，个人会员 2500 人。

主要工作和活动

救护 2001 年起，区红十字会组织来自医疗机构的志愿者深入社区、农村、学校等，开展救护知识普及培训，向群众普及心肺复苏、呼吸道梗阻急救、意外伤害包扎处理等急救知识。2013 年，结合文明城市创建工作，举办为期 2 天的应急救护师资培训班，对来自医疗机构的 40 名志愿者进行培训，将其纳入红十字志愿服务队，壮大充实救护培训师资队伍。

救灾 2008 年，汶川地震后收到社会各界救灾捐款 400 余万元。2009 年，台湾遭受“莫拉克”台风之后，共收到社会各界捐款 7 万多元。2013 年，为帮助四川雅安地震灾区人民，倡导各会员单位开展抗震救灾募捐活动，全区各会员单位共捐款 11 万余元。

救助 2001 年起，开展“博爱沂蒙”（慈心一日捐）募捐活动，在辖区内部分商场超市、银行、医院等场所设置募捐箱，接受社会捐助，捐款全部上缴财政专户，主要用于对重大疾病患者专项救助及其他相关援建、救助活动。2009 年，在黄山镇援建红十字博爱卫生院。2010 年，在沂堂镇援建“幸福天使博爱卫生站”。2012 年，在册山街道援建迈杰博爱卫生院。2013 年，争取中国红十字会总会事业发展中心支持，在罗庄街道敬老院捐建“曜阳”托老所，捐赠 10 台电视、20 辆轮椅、10 张护理床、20 套床上用品及价值 5 万元老年人用奶粉，惠及失能老人。

2009 年，开展“红色沂蒙光明行”特困白内障患者筛选推荐工作，帮助 10 余名白内障患者重见光明。2012 年，根据“博爱沂蒙—红十字阳光计划”项目要求，对 10 余名特困眼病患者实施救助。同年，开展癌症化疗患者专项救助，为符合条件的 50 余名癌症患者送去价值 2 万余元复方阿胶作为辅助治疗。自 2001 年始，每年都帮助白血病、先心病等疾病患儿申请专项救助。至 2013 年年底，已帮助 20 余名白血病患儿申请“小天使基金”救助，帮助 10 余名先心病患儿申请“天使基金”救助。

无偿献血和造血干细胞捐献 2013 年，区政府区无偿献血委员会成立，健全无偿献血组织机构。

2011 年始，联合相关部门开展造血干细胞捐献志愿者招募活动。至 2013 年年底，全区加入中华骨髓库志愿者 700 名，进行初步配型 50 名，高分辨检测 10 名，1 人次成功捐献。

遗体（器官）捐献 2001 年起，开展遗体、器官（角膜）捐献的宣传动员、报名登记、捐献见证、缅怀纪念、救助激励等工作。至 2013 年年底，全区自愿登记捐献遗体、器官志愿者 5 人。

第二十四编　文化　旅游

Part 24: Culture and Tourism

罗庄公园（2013年10月　区摄协供稿）

临沂思源乡村记忆博物馆（2013 年 9 月　区摄协供稿）

1995年起，罗庄区坚持把文化建设摆在突出位置，大力发展社会文化，深度开发传统文化资源，加强文化基础设施建设，完善公共文化服务网络，群众性文化活动广泛开展，文物保护科学有效，全面促进文化事业发展。先后注册成立音乐、文学、书法、美术、摄影、民间文艺、诗联书画、影视8个协会。2002年，罗庄区在全市率先实施有线电视“村村通”工程。2010年3月，罗庄区图书馆被命名为国家二级图书馆。2011年11月，罗庄区文化艺术馆被命名为国家一级文化馆。2012年12月，罗庄区档案馆晋升为国家一级综合档案馆。至2013年，共出版各种文学作品21部，编辑《罗庄区美术作品集》37册，出版《罗庄文史》8辑，每年举办各种形式的书法、绘画、摄影作品展和文艺演出，成立文化类民办非企业单位16家，其中庄户剧团9家。

境内旅游资源丰富，18千米沂河滨水景观、2处国家湿地公园风光秀美，黄山八景、麒麟山四大景观景色宜人；历史文化遗址（迹）众多。旅游业快速发展，文化旅游资源和人文资源得到合理开发。2013年，境内有国家AAA级旅游景区2家，AA级旅游景区2家，五星级旅游酒店1家，三星级旅游酒店2家，旅行社3家，全年接待游客201万人次，实现旅游综合收入11.21亿元。

第一章　机构与文化设施

第一节　机构

区文化广电新闻出版局

1995年2月，罗庄区文化体育委员会（简称区文体委）成立，为正科级行政单位。内设人秘科、文化市场管理办公室和文化艺术馆。2002年1月，区文体委改称罗庄区文化体育局（简称区文体局）。2010年10月，撤销区文体局、区广播电视局，组建区文化广电新闻出版局（简称区文广新局），把区文体局文化行政管理的职能、区广播电视局行政管理的职能、新闻出版行政管理的职能整合划属区文广新局。2013年，区文广新局内设办公室、文化科、广电科、新闻出版科、区文化艺术馆5个科室（馆），辖罗庄区广播电视台1个正科级事业单位，罗庄区图书馆、罗庄区文物管理办公室2个副科级事业单位。行政编制10人，事业编制101人。

区广播电视台

1995年11月，罗庄区广播电视局成立，为副科级事业单位，加挂区有线电视台牌子，隶属区委宣传部。1999年5月，升格为自收自支正科级事业单位，局、台合署。2009年5月，调整为局管台体制，区广播电视局为区政府直属正科级财政拨款事业单位。2010年10月，文化体制改革，局、台、网分离，更名为区广播电视台，划归区文广新局管理。内设办公室、总编室、财务部、新闻部、播音主持部、技术播出部等6个部室。至2013年，机构无变动。

区文化市场管理执法局

2009年5月，罗庄区文化市场管理执法局成立，为正科级行政单位。内设办公室、监督管理科、“扫黄打非”工作科（挂区“扫黄打非”工作办公室牌子），辖区文化市场管理办公室1个正股级事业单位。行政编制5人，事业编制8人。2010年6月，区文化市场管理办公室改称区文化市场执法稽查大队，升格为为副科级事业单位，隶属区文化市场管理执法局。至2013年，机构无变动。

区档案局（馆）

1995年11月，罗庄区档案局（馆）设立，为副科级事业单位，隶属区委办公室。1999年4月，升格为正科级事业单位。2002年6月，区档案局和区档案馆实行局、馆合署，一个机构，两块牌子，隶属区委办公室。2008年6月，区档案局（馆）设办公室、法规业务科、征集管理科、开发利用科、信息科技科5个科室。至2013年，机构无变动。

2008年，区档案馆晋升省一级综合档案馆；2009年，晋升省特级综合档案馆；2011年，晋升国家二级综合档案馆；2012年，晋升国家一级综合档案馆。

区史志办公室

1995年2月，罗庄区史志办公室设立，为区政办公室内设科室。1999年4月，升格为副科级事业单位。2010年8月，升格为正科级事业单位，隶属区政府办公室。至2013年，机构无变动。

区文化艺术界联合会

2008年3月，罗庄区文学艺术界联合会（简称区文联）成立，为正科级事业单位，隶属区委宣传部。2013年，下设区作家协会、书法家协会、美术家协会、摄影家协会、音乐家协会、民间文艺家协会、影视家协会、诗联书画艺术家协会8个协会，会员1032人，其中省级会员40人、国家级会员17人。2012年6月，区文联与区林业局、区老干局联合举办创国家园林城市书画展；8月，与区委宣传部、区教体局共同举办“我为创城添光彩”罗庄区少儿美术作品展；11月，与区纪委联合举办“喜迎十八大，清风罗庄颂”反腐倡廉书画展。是年，组织开展5次送文化下乡活动。2013年，举办首届全区少儿美术作品大赛、庆国庆摄影展和全国书画名家作品邀请展。组织成立罗庄区收藏家协会尚阳民俗园和褚墩镇书画中心。开展八一书画拥军活动。是年，开展7次送文化下乡（企业）活动。2012年8月，创办罗庄文艺网（www.lylzwy.com/），设有文艺动态、文联协会、沂蒙展览馆、文学天地、文联刊物、文艺名人、党建文艺等栏目。

区旅游局

2001年8月，罗庄区旅游局成立，为正科级事业单位。2008年6月，加挂罗庄区人民政府外事与侨务办公室牌子。同年7月，批准参照公务员法管理。编制7人。至2013年，机构无变动。

临沂武河湿地公园管理委员会

临沂武河湿地公园管理委员会原为郯城县武河湿地管理所，为正科级事业单位。2011年1月，区划调整时，划归罗庄区。2011年3月，武河湿地管理所更名为临沂武河湿地公园管理委员会，为区政府直属正科级事业单位。设办公室、财务科、管理服务科、水利科、动植物保护科、公安科等6个科室，干部职工21人。至2013年，机构无变动。

第二节　文化设施

区文化艺术馆

位于罗庄街道工业路51号。1995年5月，罗庄区文化艺术馆成立，为股级事业单位。2008年6月，由区行政办公大楼迁至区文化中心。设展览大厅，电子阅览室、美术展览部、书画室、青少年活动室、多功能厅、舞蹈厅、培训教室等，业务用房面积2580平方米。2011年11月，在第三次全国文化馆评估定级工作中，被评定为国家一级文化馆。

1995年起，区文化艺术馆坚持“百花齐放、百家争鸣”和“为人民服务、为社会主义服务”的方针，大力弘扬具有罗庄地方特色的先进文化，在文化下乡、文化进社区、文化惠民工程、大型节庆文艺演出、书画展等各类文化活动中，承担策划、创作、统筹、组织和辅导，先后开展一系列形式新、特色浓、品位高，深受广大群众欢迎的文化活动。2001年7月，承办临沂市首届广场文化艺术节罗庄区专场演出。2005年1月，承办罗庄区首届春节联欢晚会。2011年1月19日，承办罗庄区春节联欢晚会。2012年6月，主办罗庄区庆“七一”歌咏比赛；同年9月，承办山东省园艺博览会罗庄区专场演出；10月，承办临沂市第十二届广场艺术节罗庄区专场演出。至2013年，每年春节正月初八，在区行政办公大楼广场举办民间秧歌会；每年组织群众文化活动100余场。

区图书馆

位于罗庄街道工业路51号，区文化中心内。2008年6月，罗庄区图书馆建立，为副科级事业单位，隶属区文体局。设普通图书库、报纸期刊库、特藏图书库、图书借阅室、少儿阅览室、电子阅览室、多功能厅、地方文献阅览室、政府公开信息阅览室。2009年后，区政府每年投资8万元，用于图书资料更新和补充；每年投资7万元，用于文化信息资源共享工程、数字化资源建设和设备维护。2010年3月，在全国第二次公共图书馆评估定级工作中，被评定为国家二级图书馆。2013年，图书馆用房面积2780平方米，馆藏图书10万余册。开通馆内自动化办公系统，建成千兆主干、百兆到桌面局域网络，通过100MB光缆专线接入互联网，实现馆内业务数字化、智能化。

2009年起，每年定期组织开展“世界读书日”“读者服务宣传周”“全民读书月”等系列读书活动，开展送文化、送科技、送图书下乡活动。2013年，开展以“感受文字之美，尽享读书之乐”为主题的“4·23”世界读书日和读者服务宣传周活动及以“书香罗庄”为主题的全民读书月活动。拥有读者2万余人。

镇、街道综合文化站

1995年，全区6个乡镇均设有文化站。2010年后，各镇、街道先后设立综合文化站，负责辖区社会教育、图书阅览、文化共享工程建设与服务、文艺演出、非物质文化遗产保护、科普培训及青少年校外活动等，承担镇、街道文化事业规划、发展，开展公共文化服务。2013年，罗庄区建有镇、街道综合文化站（馆）9家。

农家书屋

2008年，区委宣传部新闻出版办公室负责实施农家书屋工程。2010年10月起，由区文广新局负责农家书屋建设和管理。农家书屋工程按照“政府组织建设、鼓励社会捐助、农民自主管理、创新机制发展”的思路，围绕“六站”（理论学习站、学习交流站、技术推广站、文化娱乐站、知识加油站、文明传播站）建设，从服务设施到读者服务全面推进，从本村“四老”（老党员、老干部、老先模、老教师）人员中选聘农家书屋管理员。2011年2月，罗庄街道湖南崖社区农家书屋被山东省乡村阅读工程、农家书屋建设协调小组授予“全省优秀农家书屋”称号。至2013年1月，罗庄区8个镇、街道119个社区均建有农家书屋。区文广新局被命名为全省农家书屋建设工作先进单位。

临沂思源乡村记忆博物馆

位于宝泉寺公园内。2013年，由山东省博物馆批准建立，由三盟集团投资4800万元兴建，建筑面积3335平方米，陈展面积2050平方米，展品3100件，设有勤于作、利于行、盛于陶、艺于瓷、信于衡、精于器、长于用、照于史8个展厅；另设2个展厅（雅于藏、游于墨）用于陈列收藏古今中外名人字画作品。博物馆从农业、交通、日用陶瓷器及历史遗存等方面展示罗庄区历史文化风貌，与千年古寺、万年古泉、亿年化石群遥相呼应，各具特色，成为保护历史文化、传承民俗文化和发展现代文化的教育基地及齐鲁传统文化旅游景点。

电影院

罗庄镇影剧院 1982年，由罗庄镇政府投资兴建，位于镇政府驻地。影院占地面积1.2万平方米、建筑面积3600平方米，观众厅2层，木板空心舞台，观众厅设铁脚九合板翻转靠椅1400个。2002年，罗庄镇影剧院抵押给个人（李殿军）使用，后出售给罗庄基督教“三自”（自治、自养、自传）爱国会，改为基督教堂——恩泉堂。

傅庄镇影剧院 又称傅庄镇人民文化宫，位于傅庄镇原镇政府驻地北侧。1993年5月，由镇政府投资兴建，影院占地面积1万平方米，建筑面积6600平方米，观众厅2层，木板空心舞台，观众厅设铁角九合板翻转椅2000个。1998年年底，出售给个人后拆除。

第二章 文学艺术与群众文化

第一节 文学艺术

诗文

1995年前，境内文学爱好者创作较多民间文学作品，广为流传的有《古老的朱张桥》《双月湖》《官战湖传说》《十八眼井的故事》《朱陈的由来》《蜈蚣三忌的传说》《井台会》《朱陈八大景》等。1995年后，区文化主管部门每年都制定文学创作计划和青年文学业余工作者培训计划，采取举办培训班、作品研讨会，邀请著名作家讲课等措施，培养一支过硬的文学创作队伍。1996年1月，岑石乡创办《岑石乡音》刊物，开辟《杏花村》文艺副刊，成为文学创作新平台，后更名《罗西乡音》《罗西报》，1997年年底停刊，共发行28期。1996年6月，区文学爱好者王玉萍、赵国任、于永常、王梅芳、李桂龙、吕金刚等人发起成立罗庄区双月文学社，创办《双月文学报》，共出版2期。1995—2002年，罗庄区出版的文学作品有诗集《一轮月，一片云》，新体诗歌集《红孩儿花》，诗联集《联话集锦》等。

2002年12月，罗庄区作家协会成立，区文体局、区作家协会不定期地举办一些文学创作和比赛活动，并会同有实力的企业以文会友，从一定程度上促进文学创作繁荣和发展，涌现出一批优秀作者和作品。2003年，周文举的散文诗获“纪念王羲之诞辰1700周年”全国散文大赛二等奖。2004年，李桂龙的《小说二题》获《沂蒙晚报》社“沂蒙老曲杯”文学作品大赛小说一等奖；何建新的

《山花》获散文优秀奖。2012 年 10 月，冉祥熙的散文《八月十四吃月饼》获庆祝中华人民共和国成立 63 周年精短文学作品征文大赛一等奖。至 2013 年，区作家协会有会员 140 人，其中省作家协会会员 8 人，市作家协会会员 47 人。出版文学作品 21 部。其中，诗歌 8 部，长篇小说 7 部，散文集 4 部和诗联集 2 部。出版《罗庄文史》8 辑。

1995—2013 年罗庄区文学作品出版情况表

表 24-1

出版年份	作者	作品名称	体裁	出版机构
1995	李桂龙	《一轮月，一片云》	诗歌集	国际文化出版公司
1998	王梅芳	《红孩儿花》	新体诗歌集	中国新体诗研究所
2002	周文举	《联话集锦》	诗联集	远方出版社
2004	王梅芳	《走过山坡的小木屋》	散文集	中国社会出版社
2004	薛馥香	《我知道我是谁》	散文集	中国社会出版社
2006	王梅芳	《岁月深处的小巷》	散文集	时代文艺出版社
2006	王梅芳	《雪落梅园》	诗集	时代文艺出版社
2009	汤友盛	《遐想岁月》	诗集	黄河出版社
2010	汤友盛	《五月山》	长篇小说	国际文化出版社
2011	孟胜昔	《不畏浮云遮望眼》	散文集	阳光出版社
2011	连德梓　王凌霄	《苍山星火》	长篇小说	山东画报出版社
2011	连德梓　王凌霄	《沂河怒涛》	长篇小说	山东画报出版社
2011	连德梓　王凌霄	《抱犊崮下的硝烟》	长篇小说	山东画报出版社
2011	刘锦柱	《在人间》	长篇小说	时代文艺出版社
2011	周文举	《古今中外楹联三曲》	诗联集	诗联文化出版社
2011	庄步璇	《橄榄树》	诗歌集	黄河出版社
2012	汤友盛	《秋风吟月》	诗集	大众文艺出版社
2012	杨传信	《现实与梦想》	诗集	山东画报出版社
2012	吕金梁	《月夜》	诗集	大众文艺出版社
2012	吕金梁	《血与火》	长篇小说	中国言实出版社
2012	孙利杰	《续札柒》	诗集	中国文联出版社
2013	冉祥熙	《水牛坟》	长篇小说	黄河出版社

楹联

楹联是贴在门旁或柱子上的对联，俗称“对子”。境内古时就有过年贴对子的传统习俗，写对联成为民间艺人的爱好和乐趣。楹联在境内寺院、碑坊、名胜古迹随处可见。

2004 年，中国楹联学会理事、临沂市楹联艺术家协会主席周文举妙对北宋宰相王安石出句的千古绝对“铁瓮城西，金玉银山三宝地”下联“画轩室内，史经子集四珍书”。2005 年，周文举又妙对江苏省苏州市南浩街万人码头之石牌坊联“三吴明清第一街，水陆两旺，驰誉五湖四海”的下联“八汇集散无双埠，批零全兴，繁荣万代千秋”，被多家楹联辞典收入。2006 年，罗庄区诗联书画艺术家协会成立，开展楹联创作活动。2007年，“盛源杯”全国有奖征联大奖赛在罗庄举办，周振创作的“天上出头，盛源无缝腾金马；心中合体，钢管有情飞玉龙”获大赛三等奖。2008年，王艳玲创作的“送犬迎猪耻荣须八戒；齐家治国贫富要三思”获临沂市第一届原创有奖征春联大赛三等奖。2009年，王艳玲创作的“锦年聚锦谋，竞锦标，夺锦旗，锦上添锦；牛岁集牛运，效牛力，鼓牛劲，牛中更牛”获临沂市第二届原创有奖征春联大赛一等奖。2011年，罗西街道双月湖小学建成楹联书法广场和100余米长的楹联书法檐廊。同年，张健创作的“凤凰城诚心诚意诚信天地，和谐美美景美事美满沂蒙”获临沂市第四届原创有奖征春联大赛三等奖等。

2013年，罗庄区诗联书画艺术家协会会员发展到200余人，其中中国楹联学会会员36人，山东省楹联艺术家协会会员62人，临沂市楹联艺术家协会会员106人。

书法

20世纪60年代前后，境内书法知名程度较高的有常旺村陈允升，三岗店子村赵元明、孙家对河村雷光裕，朱陈村孙兆溥等人。陈允升早年师从清末书法家王思衍，尤以隶书最佳，书法作品被广为收藏。雷光裕创作的书法《百福图》《百寿图》，被世人视为墨宝。赵元明书、画、印三品俱佳，特别擅长墨竹和行草，作品多次参加全国、省、市大型书画展并获奖。孙兆溥早年师从陈允升学书法、王小古学国画，皆有成就，为国家一级美术师。1989年春，孙兆溥创办中国当代农民王羲之、颜真卿书法研究会，被选为主席。曾3次接待日本书法界朋友到临沂书法交流，创立中日书法联谊会并出任会长。临沂矿务局王树民早年师从书法家孟庆甲，1969年开始学习手指书法，后又以手指创写隶书、篆书，在全国各类书法展中13次获奖，其手指书法艺术被列入区、市非物质文化遗产保护项目。1994年，朱子正作品获“兰亭书法节”全国职工书法展银奖。同年，张奎伟编写《中级书法教程》出版发行，并在全国近百所中专学校推广使用。1995年起，区文体委、区教委等单位经常组织书法展览活动，以及行业、个人举办一些书法笔会活动，促进书法艺术交流。1996年，罗西乡书画爱好者和习作者有1500余人，知名书法家欧阳中石为罗西乡题词——“书画之乡”。1998年，徐林作品入展西泠印社首届国际篆刻书法展；入展全国第四届篆刻展。2001年，徐林作品入展当代古典细朱文印邀请展。2005年，钱守宽作品获“三晋杯”全国首届公务员书法展三等奖，获纪念中国人民抗日战争暨全世界反法西斯战争胜利60周年“高恒杯”全国书法艺术展铜奖，获全国首届颜真卿书法赛一等奖。

2006年，区诗联书画艺术家协会成立。同年，张宗玉作品获“第四届特奥会”爱心满中华全国书画大赛银奖，入展“建党85周年”全国书法大赛。2007年7月，罗庄区书法家协会成立。同年，朱子正书法作品获“庆祝香港回归10周年”书画名家邀请赛书法一等奖、“为祖国骄傲、庆祝香港回归10周年”全国书画赛金奖、纪念毛泽东词《蝶恋花·答李淑一》发表50周年全国书画赛金奖。2008年3月，区书法家协会与中外名家书画院共同组织120余幅书画作品，先后在山东省美术馆、淄博市展览馆等地巡回展览；同年5月16—19日，会同中外名家书画院组织会员参与抗震救灾书画义卖，筹款1.6万元，捐献给汶川地震灾区。当年，钱守宽作品获“华鹏飞杯”中国书法电视大奖赛特等奖，入展全国第七届刻字艺术展。2009年6月，组织会员到韩国参加为期10天的“书圣、金生、王羲之后裔”书画交流活动。同年，刘铁作品获“庆祝河南省记协成立50周年”全国书法展优秀奖、山东省第五届书法篆刻展优秀奖。2010年5月，组织部分会员参加临沂市文化系统廉政书画创意展。

2011年，区书法家协会会员周钰顺、董晓光、卢钦军、张可之、李金城、张宗玉、尹启武、王玉亮、孙效乾、李德峰、孙广轩、程春生、陈建森、冉祥远、许钰洪15人，被山东省文化厅授予“山东省农村优秀文化人才”称号。张宗玉书法作品获“建党90周年”全国书画邀请展优秀奖；入展全国第三届西部书法篆刻展。姚锋书法作品获第二届“兰亭杯”书法大赛优秀奖。伊吉鹏书法作品入展第二届中日韩公务员书法赛、“古河州杯”全国书法大赛、全国第十届书法篆刻展。孙西旭作品获“红旗颂——庆祝中国共产党成立90周年”山东省书法精品展优秀奖、中国（芮城）永乐宫第四届国际书画艺术节书法百佳奖、首届“仓颉杯”全国书法赛三等奖、“天砚山杯”首届全国书法美术大展赛优秀奖。2012年，伊吉鹏作品入展“首届赵孟頫奖”全国书法作品展、全国第六届教师书法展。

2013年，张宗玉书法作品获首届“末名骏马创艺坛”全国书画赛骏马金质最高奖。张健作品获山东省书协举办的“大海杯”民营企业家与中国梦书画展一等奖，行草书《半闲堂信札》获第二届沂蒙文艺奖书法类三等奖。刘铁书法作品获第二届全国孝道文化书法展优秀奖、第三届中日议员公务员书法展优秀奖。李增辉书法作品入展首届“三苏奖”全国书法作品展；入展“江北水城杯”山东省第六届书法篆刻作品展。姚锋书法作品获山东省首届“牡丹奖”双年展三等奖。是年年底，区书法家协会有会员90人，其中中国书法家协会会员11人、省书法家协会会员5人、市书法家协会会员25人。

绘画

20世纪90年代，境内较有影响的绘画爱好者有田国卿、梁永、王寿石、李宗利、王长秋、李春现等。1991年，田国卿创作的《墨润天香》入选’91中国民族文化博览会艺术大展，《霜染沂蒙》入选’91全国第一届山水画邀请展。1994年，田国卿作品《沂水初雪》获’94中国青年国画家作品展二等奖。1996年，西高都镇农民绘画爱好者杨增汉创作的国画工笔月季《血染的风采》，在中国书画报、教育协会和书法协会举办的庆祝中国共产党成立75周年全国有奖征稿中获二等奖。1999年，王寿石作品获中国书协主办的中庆祝华人民共和国成立50周年书法展一等奖。2002年，王寿石作品获中国美协举办的“纪念毛泽东《在延安文艺座谈会上的讲话》发表60周年”书画展三等奖。

2009年，李春现作品《好时节》获第十一届全国美展山东展区创作奖。2011年，李春现作品《赶大集》入选全国第八届工笔画展。王寿石作品《爱莲》获第三届中国湘潭齐白石国际艺术节中国画作品展优秀奖，《天籁3》入展中国美协全国第八届工笔画展，《天籁》入展全国中国画作品展。2012年，田国卿美术作品《露华春晓》入选第三届全国群众文化美术书法集。梁永作品《江山之约》获“八荒通神”全国中国画双年展最高奖优秀奖，《雨泽太行，山花烂漫》入选“锦绣中原”全国中国画展，《月色太行》入选第七届西部大地情全国中国画展，《蒙山系列之龟蒙岭》《蒙山系列之山涧回响》入选山东省山水画晋京展。

2013年，梁永作品《沂蒙心象之山涧回响》入选全国中国画展，《岭南畅想》入选“墨韵岭南”全国中国画展，《沂蒙心象》入展“泰

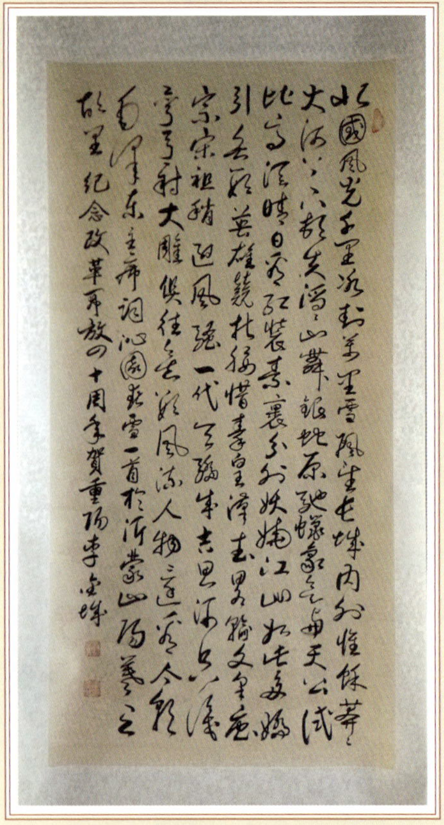

图 24-1：毛泽东《沁园春·雪》（作者 李金城）

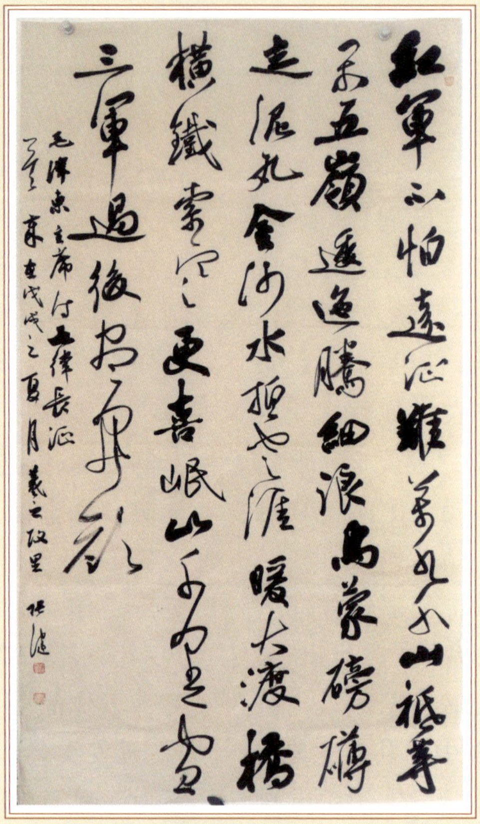

图 24-2：毛泽东《七律·长征》（作者 张健）

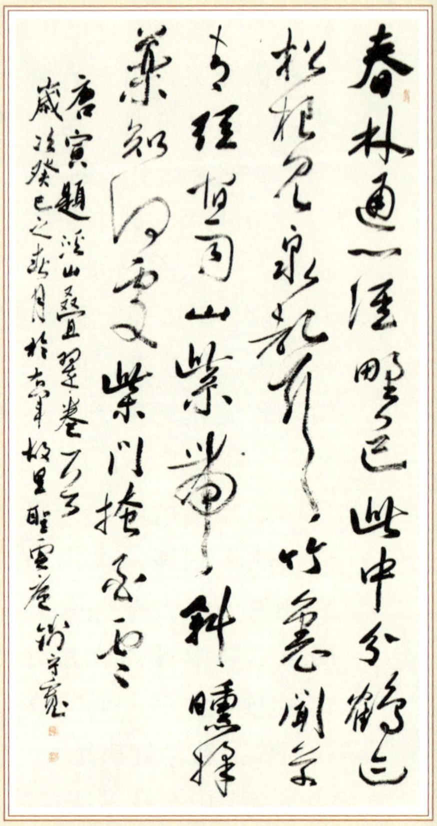

图 24-3：唐寅《题溪山叠翠卷》（作者 钱守宽）

图 24-4：杜甫《春夜喜雨》（作者 孙西旭）

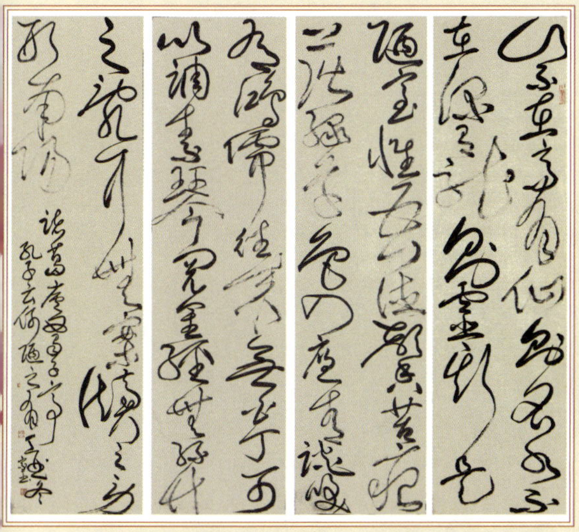

图 24-5：刘禹锡《陋室铭》（作者 张宗玉）

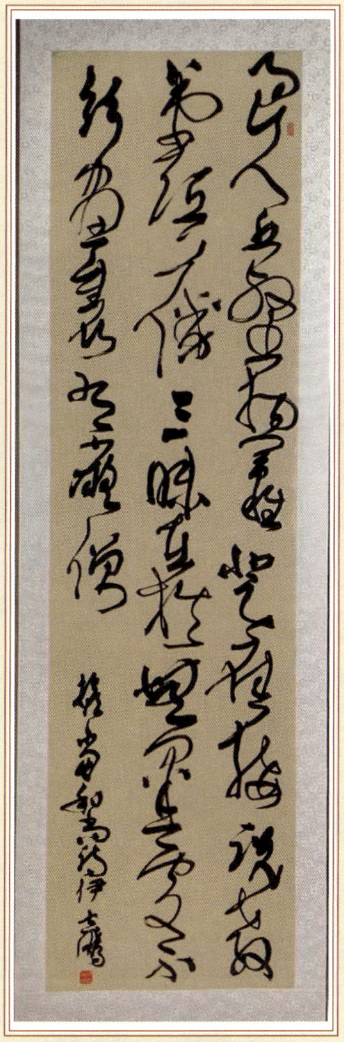

图 24-6：担当《送友人》（作者 伊吉鹏）

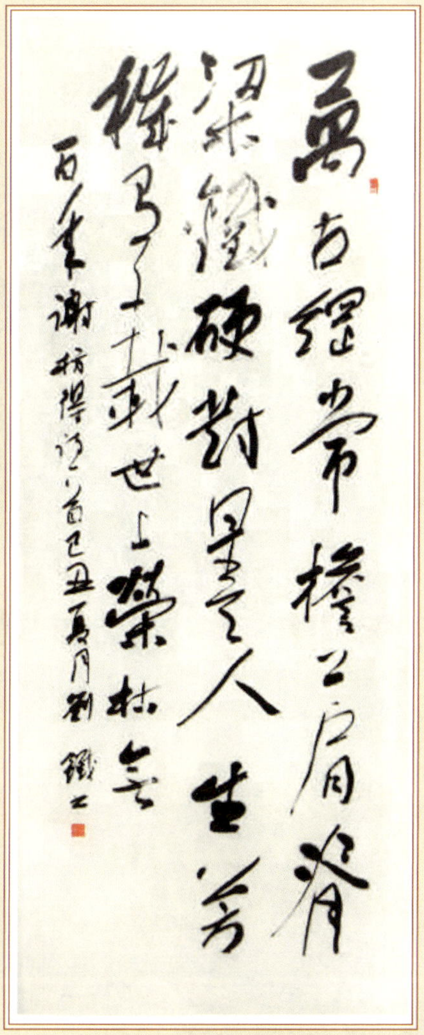

图 24-7：谢枋得《和曹东谷韵》（作者 刘铁）

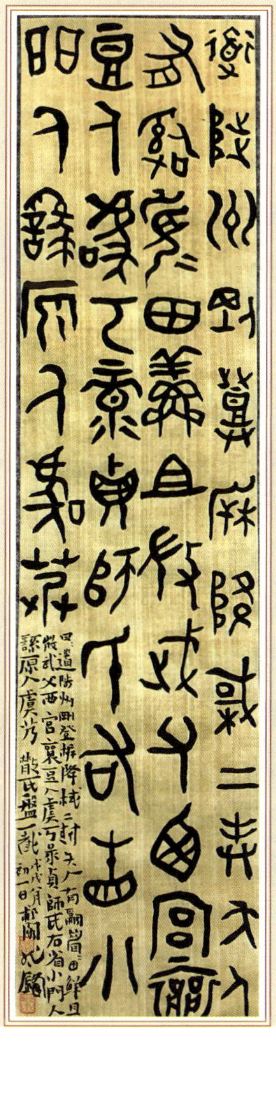

图 24-8：《临 散氏盘》（作者 姚锋）

图 24-9：孔子语《见贤思齐》（作者 李增辉）

图 24-10：国画《冬韵》（作者 李春现）

图 24-11：国画《沧浪亭抒怀》（作者 梁永）

图 24-12：国画《皓禄图》（作者 王寿石）

图 24-13：国画《花言草语》（作者 尹廷涛）

图 24-14：国画《和谐家园》（作者 田国卿）

图 24-15：国画《敦煌乐章》（作者 诸葛瑞波）

图 24-16：国画《苏州印象》（作者 李宗利）

山之尊”全国中国画作品展。尹廷涛作品入选第六届当代中国著名花鸟画家作品展。杨广强作品获山东省第六届“泰山文艺奖”三等奖。是年年底，区美术家协会有会员130人，其中中国美术家协会会员5人，山东省美术家协会会员5人，临沂市美术家协会会员56人。

剪纸

民间剪纸历史悠久，种类较多，主要有门笺、窗花、棚花、墙花及刺绣花样等。门笺多为民间艺人用色纸刻制而成，俗称挂钱、过门钱或花纸。一套5张，每张色彩各异。一般于除夕张贴在门楣上，以示喜庆。门笺都作长方形，由膛子、边框和穗子三部分构成。膛子分为两大类。一类由鱼虫鸟兽、花卉瓜果纹样组成，并具有主题内容，如“蝴蝶戏牡丹”等；一类由图案衬托着吉祥文字组成（或每张一句，或每字一张），多有寓意，如“双喜临门”“连年有鱼”等。制作工艺有单色和套色两种。套色门笺，又称挖补门笺，俗称换膛子。是把5张色纸叠刻出的膛子挖出拆开，重新组合拼贴，色彩张张不同，缤彩绚丽。产地以盛庄街道白庄、孙家对河等村为主。

窗花、棚花，多为红纸剪制，题材有花卉、动物及福、寿、喜等文字，于春节、婚嫁时张贴。刺绣花样，为绣花图案，题材略同窗花、棚花，多用于刺绣枕头顶、幼儿鞋饰、袜垫、车垫等，素为城乡妇女所喜爱。

中华人民共和国成立后，剪纸爱好者继承发扬民间传统艺术，不断推陈出新，创作出一些优秀作品。其中，以盛庄街道苗苗和罗西街道陆庄杨开英为代表。苗苗为苗氏剪纸艺术第五代传人。成名作品有《五百罗汉》（32米长卷）、《水浒人物》（26米长卷）及《汉画像石》《奥运生肖》《沂蒙小景》《沂蒙红嫂》《千手观音》《毛泽东·沁园春》《清明上河图》《八仙拜寿》《光辉历程》《十大元帅》《花开富贵》《二十四孝》《福禄寿喜》《梅兰竹菊》等。杨开英7岁随母学剪纸，10岁学会绣花，她的剪纸、绣花闻名十里八乡。能剪出200余种不同样式图案，如红鱼穿莲、鲤鱼跳龙门、鸳鸯戏竹、凤穿牡丹、喜鹊闹梅等，惟妙惟肖，栩栩如生。1992年3月，中央新闻电影纪录制片厂导演姜紫芬到她家采访，其剪纸作品被编入纪录片。1993年11月，岑石乡（今罗西街道）举办杨开英家庭剪纸绣花艺术展，100余幅（件）剪纸作品和绣花鞋帽受到观众赞赏。2002年春节期间，罗庄电视台记者到杨开英家采访，制作专题片《山乡巧手杨开英》，先后在罗庄电视台、临沂电视台播出。

图24-17：剪纸《江山如此多娇》（作者 苗苗）

音乐

1995年前，境内流传的传统音乐有《十三个月》《万年欢》《淮河调》《十样景》《小开门》《五只小船》等。1995年后，文艺爱好者每年都参加临沂市和罗庄区举办的文艺演出和一些庆典活动。1998年10月6日，罗庄区音乐家协会成立，区内一批声乐爱好者加入。1999 年 5 月，区音乐家协会在临沂矿务局职工俱乐部举办罗庄区第一期声乐培训班。同年 12 月，举办迎接澳门回归演唱会。2000 年 7 月，区音乐家协会与区总工会、区教育局、区计生委等部门联合举办全区宣传人口与计划生育文艺巡回演出。同年 9 月，在山东省煤矿歌手选拔赛中，张叶红获美声唱法二等奖，陈凌飞获通俗唱法二等奖。2001 年 4 月 20 日，区音乐家协会代表罗庄区参加全市职工“唱响新世纪主旋律”歌咏比赛，获优秀组织奖、优秀创作奖和演唱二等奖。同年 9 月，与临沂矿务局联合组队参加全省煤矿职工庆祝中国共产党建党八十周年文艺演出，获优秀组织奖，张叶红演唱的《我和我的祖国》获声乐二等奖，女声小合唱《我爱我的祖国》获声乐三等奖，大合唱《沂蒙矿工之歌》和汤庄煤矿贾凤仟演唱的《我属于你中国》获声乐优秀奖。

2004 年 10 月，全省职工青年歌手选拔赛在烟台市龙口举行，歌手秦鹏楠获美声唱法一等奖，李鑫淼获美声唱法二等奖，徐婷获通俗唱法二等奖，李保刚作词作曲的男生四重唱《唱起赞歌呀拉索》获优秀奖。2006 年，薛慧在山东省第二届“四进社区”文艺汇演中，演唱的《风采》获一等奖；《一生守护》获全省民歌大赛一等奖。同年 10 月，山东省国资委在淄博举办全省职工歌手大赛，李鑫淼获民族唱法一等奖，徐婷获通俗唱法二等奖；12 月，临沂市总工会举办全市职工歌手大赛，李鑫淼获民族唱法金奖，徐婷获通俗唱法金奖。2007 年 11 月，全省职工歌手大赛在烟台举行，李鑫淼获民族唱法一等奖，徐婷获通俗唱法一等奖，王英杰获通俗唱法二等奖，何雨获美声唱法三等奖，李保刚创作的四首歌曲均获优秀创作奖。2008 年 4 月，区委宣传部、团委联合举办“庆五一　迎奥运”职工歌手比赛，王瑞、马宗鹏分别获金奖和银奖。2009 年 5 月，李鑫淼获山东省青年“建设者之歌”歌手大赛民族唱法金奖。同年 9 月，区音乐家协会副主席崔学龄，组织百人合唱队，代表罗庄区参加临沂市第四届职工艺术节合唱比赛获金奖。

2010 年 5 月，山东省国企职工歌手大赛在烟台举行，李鑫淼、徐婷分别获通俗、民族唱法金奖。张晓燕（张艳惠）作词，莎光作曲的原创歌曲《油菜花儿黄又黄》在中央电视台国际频道“中国文艺晚会”播放。2012 年 2 月，张晓燕（张艳惠）作词，著名网络歌手何龙雨演唱的原创歌曲《爱到痛处就分手》在全国 KTV 上架。同年 9 月，李学思作词、李保刚作曲的原创歌曲《老父亲的话》，代表罗庄区纪委参加临沂市“沂蒙清风颂”反腐倡廉文艺展演。至 2013 年，罗庄区音乐家协会会员发展到 68 人。

舞蹈

境内传统舞蹈主要有龙灯舞、狮子舞、划旱船、踩高跷、扭秧歌、打腰鼓等，特别是狮子舞、踩高跷、扭秧歌，一直是农村广大群众在春节、庆典盛会、文艺演出中经常表演的民间舞蹈。罗庄街道朱陈村的《敲瓷碟》表演唱独具特色，由多名年轻女子手执瓷碗、盘、碟等，边敲边唱边舞，穿插变换队形，并按敲击人意愿变换曲调，清脆悦耳，优美圆畅，农村生活气息浓厚。高都街道后后坦村把踩高跷、跑旱船、扭秧歌融为一体，场上锣鼓喧天、彩衣飞舞、热闹非凡。罗庄街道湖南崖社区的民间舞蹈《扑蝴蝶》，在册山街道老沂庄几位老人传授的秧歌舞基础上，增加“竹马旱船”“轱辘挑”“扛鸟笼”“骑扁担”等艺术题材，推选出左手拿月铃、右手持伞的“领邦”，并将单一的“一扑一飞”演变为“双扑双飞”“插花四门扑”“群扑群飞”

等形式，在旦角身段变化上增加仰扑、卧扑、跳扑和戏扑等，由锣鼓等器乐伴奏，节奏和谐，舞姿优美，令人赏心悦目。高都街道小塘崖村的《蝴蝶舞》有上百年的历史。为群体舞，队伍阵容宏大，以锣鼓唢呐伴奏，既有艺术性，又有观赏性。

1995年起，每年春节期间区文化部门和各乡镇都组织舞狮子、踩高跷、扭秧歌等活动。1997年，罗庄区选送的舞蹈《弯弯的月亮》获山东省首届农民艺术节银奖。自2001年春节举办罗庄区第一届秧歌会，每年一届，各镇、街道及部分企业分别组队参加，表演龙灯舞、狮子舞、踩高跷、打腰鼓、扭秧歌等。随着各镇、街道、社区文化大院、文化广场的建成，交谊舞、拉丁舞、广场舞也普遍开展起来。区文化中心开设舞蹈班，聘请专业舞蹈教师教授交谊舞、拉丁舞、广场舞等。2009年，群舞《沂河小丫》获第五届山东国际大众艺术节儿童舞蹈大赛少儿组一等奖。青年舞蹈爱好者徐勤静创作的舞蹈《灿烂的阳光》《庆祝》《红湖水浪打浪》在2001年全省煤矿职工庆祝中国共产党建党八十周年文艺演出中获优秀奖，爵士舞《龙的传人》、歌舞《载歌载舞》、舞蹈《红红火火过大年》在2010年9月举办的山东省舞蹈大赛中获金奖。大型团体操《荷香韵润江泉》获2013年罗庄区首届全民运动会开幕式表演金奖。

曲艺

境内戏曲剧种主要为柳琴戏，曲艺主要有琴书、坠子、说花相、快板书、三句半等。柳琴戏形成于清代中叶，是以临沂、郯城、苍山三地民间小调为基础形成的肘股子，逐渐演变成拉魂腔，因其伴奏乐器主要是柳叶琴，故称柳琴戏。拉魂腔是一个土生土长的剧种，其艺术特点是：伴奏灵活，过门可长可短，演员不受伴奏的限制。男唱腔粗犷豪放，尾音下滑五度；女唱腔明快、活泼，尾音翻高八度，热烈、跳动、富于感情，再加上“叶里藏花”“弹舌”等花腔，具有拉人魂魄的魅力。拉魂之名，有因此之说。20世纪50年代十里堡村成立柳琴剧团，编排一些具有时代性和农村特色的剧目，利用春节和农闲时间到附近集市和村庄演出，远近闻名，演员多时50余人，配有布景，一直在境内流传。境内流行的说花相，是以双手打竹板的一种说唱形式，与流行的数来宝相似，具有地方特色。

1995年后，民间曲艺和传统剧目得以传承。2001年9月，小品《噩梦醒来》获山东省煤矿职工庆祝中国共产党成立八十周年文艺演出三等奖。2002年10月，李保刚编导，张叶红、张兴平、孙晓兰表演的小品《干杯》获山东省“济三杯”职工曲艺小品比赛二等奖，《家》《噩梦醒来》获三等奖。2004年11月，李保刚、张兴平、张叶红创作并演出的小品《家》获省国资委举办的“鲁信杯”国企风采表演一等奖。2012年11月，罗庄区民间文艺家协会成立，会员170人。协会以小品、快板、戏曲、歌舞为主要创作形式，参加各种文艺活动和比赛。2013年，许金川主创的小品《推荐》获第二届沂蒙文艺奖曲艺类三等奖。

影视

1996年，以罗庄改革开放为原型的电视剧《鲁氏兄弟》获中国电视剧飞天奖。1998年，电视剧本《书圣故里　翰墨飘香》获山东省精神文明建设“精品工程”奖，在中央电视台以新闻纪实的形式播放。1999年9月，李宝聚、陈宁等主创的电视散文《明眼爷爷》获临沂电视文艺奖一等奖。2001年12月，李宝聚、闫加昌、陈宁等主创的电视小说《称呼》获临沂电视文艺奖一等奖。2005年4月，李宝聚、陈宁等主创的电视专题片《一个女孩和十六位老人的故事》获山东广播电视新闻奖一等奖，陈宁、朱秀文等主创的电视专题片《人生三部曲》获山东广播电视学会奖一等奖。2006 年 9 月，由区广播电视局制作，李宝聚编导的《走江湖》获山东省第二届纪录片学术奖最佳编导奖和长片一等奖。2007 年 9 月，陈宁、李连渠等创作的电视专题片《蚂蚱大王》获山东省第三届纪录片学术奖短片二等奖。2011 年 9 月，临沂市广播电视台制作的 9 集电视纪录片《沂河》，李宝聚任摄像，获第四届山东省“泰山文艺奖”电视类二等奖。2013 年 12 月，区影视家协会成立，会员 60 人。同年，陈宁创作并编导拍摄的《茶馆》获第十七届中国行业电视节目展评专题类一等奖。

第二节　群众文化

文化建设

1998—2004 年，区政府投入 500 万元改造升级文化广场；盛能集团投入 1500 万元，在盛能游乐园兴建中国历史尺牍石刻艺术馆；全区建成 12 个图书馆，藏书 12 万册。2008 年，区政府通过政府采购方式，出资 660 万元购买一座长期闲置的楼盘，投入 650 万元将其改建成文化中心，内设文化馆、图书馆、档案馆、科技馆和青少年活动中心。2009 年，区政府投入 300 万元，在区文化中心原有馆设的基础上建设裙楼。

2013 年，罗庄区有各类文化协会 9 家，分别为区音乐家协会、区美术家协会、区作家协会、区书法家协会、区影视家协会、区诗联书画艺术家协会、区摄影家协会、区民间文艺家协会、区广场舞蹈协会。

艺术团队

1997 年，罗庄区开展农村文化大院建设活动，48 个村庄达到文化大院建设标准。1998—2004 年，区文化部门和各协会举办诗、书、画、印、琴艺、器乐培训班 12 次，培养文化艺术后备人才 920 人；选拔培养群众业余文化活动辅导员 126 人，组建业余文化活动团体 182 支；组织开展大型文化活动 36 次；参加省、市举办的舞蹈新作比赛、器乐大赛、地方民间小戏选拔及各艺术门类单项表演、展览、比赛活动 118 次。至 2013 年，区文化部门与镇、街道综合文化站联动，为每村选聘 1 名“村居文化能人”、1 名“村居文化干事”、1 名“村居文化顾问”、1 名“村居文化志愿者”。引导和扶持“文化能人”“民间艺人”开办文化类民办社会组织，成立文化类民办非企业单位 16 家，其中庄户剧团 9 家。区广场舞蹈协会设 26 个活动站点。

文化活动

1995 年，区文体委组织建区一周年书画展、全区普通话比赛、卡拉 OK 金曲赛和全区民间艺术调演。1996 年，开展“学廷江、颂罗庄”文艺演唱活动，编排创作文艺节目 360 个，演出 109 场。1999 年，承办山东省“沂州杯”青年歌手大奖赛暨书画邀请展。2000 年，配合中央电视台“心连心”艺术团、总政歌舞团到罗庄慰问演出，承办临沂市“双

图 24-18：扑蝴蝶（2012 年 1 月 29 日　摄）

月园杯”少儿才艺大赛。2002年，承办全国“罗庄杯”散文大赛，并在北京人民大会堂举行新闻发布会及颁奖仪式。2003年，承办全市民间秧歌现场会。2004年，举办纪念王羲之诞辰1700周年“盛能杯”书画摄影民间艺术展。1998—2004年，连续6年举办“民间秧歌会”及其系列活动，展示秧歌、高跷、竹马、旱船、舞龙、戏狮、歌曲、曲艺等民间艺术。2003—2013年，在宝泉寺连续11年举办元宵灯会。

第三章　文物古迹

第一节　古迹遗址

古迹遗址，也称不可移动文物。1995年，罗庄区登记不可移动文物点124处。2007年4月—2011年12月，罗庄区进行第三次野外文物普查，其中消失10处，新发掘16处，登记不可移动文物点130处。2008年3月，罗西街道境内28处不可移动文物移交临沂高新技术产业开发区管理保护。2010年1月，区划调整时，苍山县沂堂镇境内10处不可移动文物划归罗庄区管理保护。2011年1月，区划调整时，郯城县褚墩镇、黄山镇境内共21处不可移动文物划归罗庄区管理保护。至2013年，全区登记不可移动文物点133处。其中，古遗址96处，古墓葬30处，古建筑4处，近现代重要史迹及代表性建筑2处，朱陈化石点1处。有省级文物保护单位5处、市级文物保护单位6处、区级文物保护单位47处。

古遗址

王家三岗遗址　位于盛庄街道王家三岗村南200米处。属新石器时代、商、周至汉时期遗址。1977年发现，长、宽各400米。东部地势较高，向西逐渐低洼，上为耕土层，厚0.5～1.5米，下为文化层，文化堆积厚1.0～2.2米。1978年，先后发掘并清理4处古墓群，采集骨、石、陶器共62件。主要有红陶实足鬶、黑陶镂孔高柄杯、白陶壶、白陶空足鬶等。在第三次文物普查中，采集有龙山文化罐残片、鼎残片，商周时期罐残片、鬲残片，汉代罐、盆、壶、板瓦、筒瓦残片等。1992年，山东省人民政府公布为省级文物保护单位。

晏驾墩遗址　位于册山街道五寺庄西北1千米处。属新石器时代大汶口文化、龙山文化、岳石文化和商、周时时期及汉代遗存。东、南、西三面环（陷泥）河，北接平地的高台。东西长450米，南北宽430米，总面积19.35万平方米。中间突出的高台东西、南北各100米，高5米；台顶稍小，东西90米，南北70米，略呈椭圆形。1964年，在台前发掘龙山文化墓葬1处，出土有完整的黑陶觯、残陶鬶及蛋壳黑陶残片等。台基四周灰土层深厚，采集到大量的大汶口、龙山、岳石、商周时期的各种石、陶器残片等。有鼎足、钵口、石斧、石凿、灰陶纺轮、灰陶罐鼻、白陶鬶足、灰陶豆柄、黑陶侈口腹盆残片及各式鬲足等。1983年，临沂县人民政府公布为县级文物保护单位；2006年，山东省人民政府公布为省级文物保护单位。

1963年，在遗址东南1.5千米处，出土一批西周晚期至春秋早期的青铜器及石器。铜器有圆柱足鼎1件，马蹄式足鼎2件及盘、匜、罍、罍各1件；石器有单孔石斧、三孔石刀等。其中铜匜内心有铭文10余字，据其中“鼄”字，可定为邾国遗物。1965年，在遗址东北500米陷泥河东岸小庄子前，出土大汶口文化晚期的背壶、灰陶鼎、红陶壶、夹砂粗黑陶小杯及扁平穿孔石铲等。

图 24-19：宝泉寺之龟趺碑（中）

朱陈古瓷窑址　位于罗庄街道朱陈社区宝泉寺公园内。分布于南涑河两岸与鱼梁沟西岸，南北长400米，东西宽300米，总面积12万平方米。文化堆积跨北朝晚期、唐、宋。范围内散落着不同时期的瓷片和窑具。从河边和路沟断崖上，可见部分文化层堆积，有的厚1米左右，采集物以碗与罐为主，窑具有三叉支钉、圆柱形支具、垫饼、垫板等。通过对瓷器类型与窑具等的综合对比分析，推定该瓷窑址创烧于北朝晚期，延续至唐、宋或更晚仍然烧造器物。从采集的器物标本看，朱陈窑的烧造技术较前有进步，釉色比较纯正，釉面光洁晶莹，施釉薄而均匀，胎釉结合紧密，胎骨制作规整。胎色呈浅黄、白或肉红色，釉呈白、黑、绿色。从发现的器物类型看，器类简单，标本完整者不多，以碗和罐为主。沿河周围有亿万年前的笔角石、鱼等古生物化石。1989年，临沂市人民政府公布为县级文物保护单位；2006年12月，山东省人民政府公布为第三批省级文物保护单位。

宝泉寺遗址　位于罗庄街道朱陈社区西。南临南涑河，为河边台地，高于四周，面积1.4万平方米。文化堆积厚0.5米，遗址上现存元、明、清代重修碑10通，墓塔1座。始建于宋代，元、明、清重修；1989年重建（参见第二十五编“社会生活”第四章“民族宗教”第二节“宗教”）。2003年，临沂市人民政府公布为第一批市级文物保护单位。

图 24-20：宝泉寺之比丘不动定公灵骨宝塔

湖台遗址　位于盛庄街道护台小区南。1916年《临沂县志》载，“泥沱湖，城西南十八里，中有圆洲，水环如镜，俗称‘泥沱月色’即此”。所指圆洲，今称湖台，又称之护台、扈台。属新石器时代、夏、商、周时期文化遗址。南北长 420 米，东西宽 340 米，总面积 14.28 万平方米。中心隆起，四周低缓，呈龟盖形。其四周洼地均为黑土，唯湖台为以黄沙土为主的五色土堆积而成。1980 年、1983 年，考古人员对遗址进行抢救性清理，出土新石器时代、旧石器时代大量的石陶、器类等。有石琀、石扇琮、石指环、双孔石铲、石矛头、蛋壳陶、白陶鬶、高柄杯等。其中数件为国家一级保护文物，代表原始社会制陶工艺的最高水平。在第三次文物普查中，地表采集有罐残片、鼎足、周鬲残片、汉代盆残片等。2003 年 9 月，临沂市人民政府公布为第一批市级文物保护单位。

舜过城遗址　位于傅庄街道徐家林村西 500 米处。属东周至汉、东晋时期遗址。为南北走向丘陵地貌，面积 5 万平方米。遗址部分城墙犹存，高 1 ～ 2 米，宽 10 ～ 20 米。墙外原有 7 处烽火台，现仅有 2 处隐约可见，其长宽不一，在 20 ～ 80 米之间。从断面进行观察，城墙系用黄褐色粗砂黏土层层夯筑而成，夯土层厚 12 ～ 15 厘米，较为平整。地表采集有东周筒瓦、板瓦、盆、罐残片，汉代筒瓦、罐、盆口沿残片。现为临沂东山驾校驾驶训场。1983 年，临沂县人民政府公布为县级文物保护单位；2006 年，临沂市人民政府公布为第二批市级文物保护单位。

风渡口遗址　位于褚墩镇风渡口村北 200 米处的沙丘上，现为风渡口村苹果园。属新石器晚期遗址。中部隆起，形成龟盖形浅丘漫岗，西 200 米为老涑河故道，东约 1.5 千米为新涑河，整个遗址地理位置处在沂河、武河支流交错地带。南北长 200 米，东西宽 150 米，总面积 3 万平方米。从穿过遗址路两侧路沟断崖灰色沙土中可见文化堆积分布，采集有绳纹夹砂红陶陶片、泥质红陶钵口、汉代的夹砂灰陶瓦等残片。1988 年，文物普查时采集有大汶口文化时期夹砂红圆柱形鼎足、扁凿形鼎足、泥质红陶舌形鼎足、泥质红陶钵口沿、网坠等，兼有龙山文化时期鬶足、白陶壶底，扁形绳纹足及汉代筒瓦残片。1990 年，郯城县人民政府公布为县级文物保护单位。

后盛庄遗址　位于盛庄街道后盛庄西。属新石器时代至汉代遗址。地处平原，地势平缓。长、宽各 650 米，总面积 42.25 万平方米。文化堆积厚 0.5 米。1988 年，在第二次文物普查中采集到龙山文化灰陶筒瓦、板瓦、鸟啄形鼎足、红陶鬶黑陶壶底与盆沿等残片。在第三次文物普查中采集有汉代瓦、盆、罐残片。1989 年，临沂市人民政府公布为县级文物保护单位。

古墓群

吴白庄画像石墓　位于盛庄街道吴家白庄社区西北角，墓群面积 2600 平方米，所处地势较平坦，墓西侧有一条小路，路西是李家白庄，墓北邻傅家白庄，北 0.93 千米陷泥河自墓西北向东南斜向流过。系东汉画像石墓。原墓封土高大，站在封土堆上，可以俯视整个村子。由于当地群众多年在此取土，致使封土逐年减小。1972 年年底，墓葬西南部封土遭到严重破坏，墓室暴露，部分画像石被村民挖出搬走改作他用。为抢救文化古迹，临沂地区文物组组织专人进行抢救性清理。发掘工作自 1972 年 11 月 27 日开始，至 12 月 26 日结束，共清理画像石 39 块，从村里井台上找回 5 块，合计 44 块。发掘清理出的画像石和其他文物被运回临沂县文物收集组（临沂市博物馆前身），其余墓葬遗存原地封存。现堆筑封土高 3 米。墓地面起冢，原封土高于地面近 10 米。墓室为砖石合建，半地下建筑。墓室主体东西横宽 15 米，南北纵长 9 米，高 3.5 米，面积 135 平方米，由墓道、四墓门、前室及东西双耳室、中室及西耳室、西后室、东双后室和一组回廊组成。前室为长方形横堂式，由四个开间、两个进深构成，东西侧各设一个耳室；在前室西部与西后室前设有中室，由两个开间构成，西侧还设有一个耳室；中室北是西后室，由一个开间构成，其东侧是东后室，因前无中室，其位置较西后室前凸，室内由一道南北向石墙分割成东、西两间，由两个开间构成；回廊开口于东、西后室两侧，中通前室，围绕东、西后室，各墓室之前也均有门相通。

整个墓室以门槛石、立柱、门楣、过梁、扇形砖等先后顺序砌筑而成。砌筑线条横平竖直多采用直线，先在地面以条石铺设门槛石，再竖雕有精美画像的立柱、门扉、门楣等构成各室的主体框架，耳室、墓室等部分室壁用石板、长条石多层垒砌，石板和长条石朝向墓室一面均经过加工，雕凿成平面。各墓室主体框架之上以扇形砖发券成墓顶，各室墓顶为单独发券。全墓室地面除东西耳室用石板、石条铺地，前、中和后室地面均用长方形青砖“人”字形平铺而成。因多次被盗，仅收集到水晶兽1件、绿松石小兽3件和部分碎青瓷片，以及300余枚五铢及新莽大泉五十、减边五铢等，部分碎青瓷片复原成罐2件，洗、簋各1件。吴白庄汉画像石墓在全国汉画像石墓中占有突出的地位，具有鲜明的地方特点。1958年，公布为县级文物保护单位。2003年，临沂市人民政府公布为第一批市级文物保护单位。2006年12月，山东省人民政府公布为第三批省级文物保护单位。

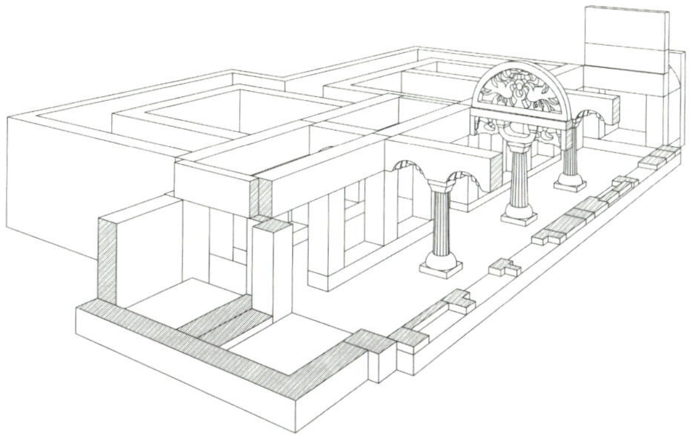

图 24-21：吴白庄汉画像石墓透视图

黄山墓群　位于黄山镇黄山、蝎子山南北相连一带，主要集中于黄山镇政府驻地西侧的黄山主峰及周围地区，黄山南坡较为集中。汉代墓群。墓群南北长4千米，东西宽1千米，总面积4平方千米。1988年文物普查时发现，由于生产活动致使一些墓葬暴露在外，主要是石椁墓和砖室墓，郯城县文管所收集了几十件文物，主要有各类铜镜、铜钱、陶器等。1990年，郯城县人民政府公布为县级文物保护单位；2006年，临沂市人民政府公布为第二批市级文物保护单位。

尚屯墓群　位于临沂第七实验小学校园内（盛庄街道尚屯社区）。2006年3月16日，在建筑施工时发现，通过实施保护性发掘，探明墓群面积200平方米，共7个墓室，均为圆形穹窿顶砖结构，直径2～3米不等，并建有椭圆形小龛，墓侧设窗。其墓道相通，上为蒙古包式圆顶。墓室形状独特，墓内出土有陶器、青铜器、瓷器、首饰等大宗物品，其建筑构造和随葬品均具有较高的考古价值。据专家考证，墓主人应与草原游牧民族有所联系，体现了唐代民族大融合。此墓对研究唐代葬俗以及当时的生活习俗有着重大的考古意义。部分文物现存临沂市文物局，墓室主体结构现已重新封土埋藏，得到较好的保护。2011年，临沂市人民政府公布为第三批市级文物保护单位。

黄山马王墓　位于黄山镇栗林村西1千米处高墩地上，东300米至武河堰堤，西侧和北部临武河，东南1.5千米至麻湖村。汉代墓葬。封土中心高4米，长、宽各120米，总面积 1.44 万平方米。据记载，该墓曾出土铜镜，古钱和带有车马人物造像的画像石及各种陶片。1979 年，郯城县人民政府公布为县级文物保护单位。

东大埠墓群　俗称“天子墓”“柞王墓”（缺考）。位于沂堂镇东大埠村西 350 米处。汉代墓葬。墓群多为石板墓，封土残留高 0.3 米，东西长 70 米，南北宽 50 米，总面积 3500 平方米。20 世纪 40 年代曾挖掘出石墓 1 座，墓石上刻有车马、人物图案等，出土石人 1 件，后运往郯城（原属郯城西北乡）。1979 年 2 月，苍山县人民政府公布为县级文物保护单位。

庆云山墓群　位于傅庄街道岳家旦子村东庆云山上，北 1 千米是山西头村。汉代墓葬。墓分布于庆云山上，南北长东西宽，面积 14 万平方米。属山丘地貌，部分墓葬遭破坏。1984 年 5 月，曾清理两座土坑竖穴石椁墓，石棺内壁凿刻阴线圆圈纹、谷壁纹、六博盘纹、人物画像等。出土有泥质黄陶鼎、盒、壶、灰陶罐、红陶女侍俑以及铁铲头、石饰件。1989 年，临沂市人民政府公布为县级文物保护单位

古建筑

沂堂牌坊　位于沂堂镇北沂堂村，南距沂堂镇政府驻地 1.5 千米。建于清嘉庆二十年（1815），为表彰武生侯振纲之妻王氏所建。牌坊为四立柱三间五层石刻牌坊，坐西向东，高 8 米，宽 7.4 米，东西长 2 米，占地面积 15 平方米。牌坊斗拱承托楼檐，歇山顶。两侧立有夹戗抱鼓石，主门柱两侧立有四尊石狮，四立柱上两侧刻文（对联），现牌坊横梁用铁箍加固。坊上有五层石刻，一层东西两面刻有二龙戏珠浮雕，二层两面楷书镌刻“嘉庆二十年旌表武生侯振纲之妻王氏节孝坊”19 个字，三层两侧有瑞云祥龙图，图两端皆为袈裟禅杖高僧浮雕，四层东西刻有“敕褒节孝”4 字，最上层歇山顶楼檐下嵌“圣旨”刻石，门梁两侧嵌石刻文，左侧是宋潢题诗，右侧王寿题诗，五层横梁两面皆为丹凤朝阳图，最上层是圣旨刻石。村内生产路从牌坊正中穿过。该牌坊为临沂市仅存有的 3 座牌坊之一，雕刻精美，对研究清代石刻建筑艺术提供了重要实物资料。2006 年 12 月，临沂市人民政府公布为为市级文物保护单位；2013 年，山东省人民政府公布为第四批省级文物保护单位。

西高都火神庙遗址　位于高都街道西高都社区东北。唐、宋时期遗址。面积 2650 平方米。原有大殿等建筑物，现仅存残墙等遗迹，面阔三间二层，砖石结构，灰瓦硬山顶。宽 11.1 米、进深 6 米、高 8.5 米。由于自然和人为因素，破坏较严重。2010 年 4 月，火神庙重修（参见第二十五编“社会生活”第四章“民族宗教”第二节“宗教”）。2011 年，临沂市人民政府公布为第三批市级文物保护单位。

朱张桥石桥　位于罗庄街道朱张桥社区内，南距南涑河 500 余米，北 400 米为南外环路。建于明、清时期。石桥东西横跨在南涑河支流上，长 20 米，宽 4.5 米，由石材建造而成。现存桥身八孔中北四孔为老桥，南四孔为后来新建桥，两侧雕刻都已毁坏掉。

东店子古宅　位于傅庄街道东店子村内。清代建筑。坐北朝南，东西长 16 米，南北宽 10 米，高 4.2 米，面积 160 平方米；主房为 3 开间，东西两侧各有 1 间耳房，外墙由灰砖砌成，内墙采用垛梁结构，门前两侧各有一根木质立柱，房顶由灰瓦铺盖。因建造年代较长，屋檐处略有破损，局部瓦件脱落。据考证，古宅建造于清朝乾隆年间，现今房屋整体结构保存较好。

近现代建筑

鲁南战役指挥所旧址 位于褚墩镇碑住村内。为解放战争时期鲁南战役指挥部临时居所，以原有司令部办公地点3间房屋为重点，东西长25米，南北宽30米，面积750平方米。旧址是中小学生革命传统教育基地。2001年，郯城县人民政府公布为县级文物保护单位。

罗庄工农兵俱乐部旧址 位于罗庄街道罗庄社区，南临罗程路。1953年，由当时罗庄煤矿建筑队历时1年建成，为两幢独立建筑，面积共1300平方米。两幢建筑东西相距20米，1号建筑物长50米，宽18米，高7米，面积900平方米；2号建筑物长40米，宽10米，高5米，面积400平方米，两栋建筑均为砖混结构，建筑物屋顶为木制天花板，造型别致。

图 24-22：罗庄工农兵俱乐部旧址（1998年 摄）

其他文物

朱陈化石点 位于罗庄街道朱陈社区宝泉寺山泉四周。东西长18米，南北宽11米，面积198平方米。东北部略高于西南部，化石点最南部一处泉眼，当地群众称之为“葡萄泉”．现裸露局部岩石上有保存较好亿万年前的笔角石、鱼等古生物化石，化石标本纹理清晰，形态各异，颜色不同，由于风蚀等自然因素导致一些化石标本逐渐脱落。1989年，临沂市人民政府公布为县级文物保护单位。

2013年罗庄区文物保护单位情况表

表 24-2

名称	类别	历史年代	位置	保护级别	公布年份
王家三岗遗址	古遗址	新石器时代、商周	盛庄街道王家三岗村南	省级	1992
晏驾墩遗址	古遗址	新石器时代	册山街道五寺庄村西北	省级	2006
朱陈古瓷窑址	古遗址	北朝、清	罗庄街道朱陈村宝泉寺公园内	省级	2006
吴白庄画像石墓	古墓葬	东汉	盛庄街道吴白庄村	省级	2006
沂堂牌坊	古建筑	清嘉庆二十年（1815）	沂堂镇北沂堂村内	省级	2013
宝泉寺遗址	古遗址	商周至明清	罗庄街道朱陈村西南部	市级	2003
湖台遗址	古遗址	新石器时代、夏商周、汉	盛庄街道护台小区南	市级	2003
舜过城	古遗址	东周、汉晋	傅庄街道徐家林村	市级	2006
黄山墓群	古墓葬	汉	黄山镇政府西邻	市级	2006
西高都火神庙遗址	古建筑	唐、宋	高都街道西高都村东邻	市级	2011
尚屯唐代古墓群	古墓葬	隋唐五代	盛庄街道临沂第七实验小学校园内	市级	2011

续表 24-2

名称	类别	历史年代	位置	保护级别	公布年份
三岗店子遗址	古遗址	新石器时代、商、周、汉	盛庄街道三岗店子村东南	区级	1983
店子遗址	古遗址	新石器时代、龙山文化	盛庄街道店子村西北	区级	1983
后盛庄遗址	古遗址	新石器时代、汉	盛庄街道后盛庄村西	区级	1983
陈家白庄遗址	古遗址	汉	盛庄街道陈白庄村西	区级	1983
孙家对河遗址	古遗址	商周、汉	盛庄街道孙对河村东	区级	1989
寇家对河遗址	古遗址	新石器时代、汉	盛庄街道寇对河村北	区级	1989
十里堡遗址	古遗址	汉	盛庄街道十里堡村北	区级	1989
吴家白庄遗址	古遗址	汉	盛庄街道吴家白庄村东	区级	1989
大埠东遗址	古遗址	汉	盛庄街道大埠东社区东	区级	1989
三岗店西南遗址	古遗址	汉	盛庄街道三岗店子村西南	区级	1989
朱家地遗址	古遗址	汉	罗庄街道朱家地村西南	区级	1989
罗庄遗址（罗庄墓群）	古遗址	汉	罗庄街道罗庄村正南	区级	1989
朱陈遗址	古遗址	商、周、汉、唐、宋	罗庄街道朱陈社区西北	区级	1989
朱陈西遗址	古遗址	商、周、汉	罗庄街道朱陈社区西	区级	1989
蟠龙山遗址（蟠龙山墓群）	古遗址	汉	罗庄街道朱陈村东南 300 米	区级	1989
东店子遗址	古遗址	汉	傅庄街道东店子村东	区级	1989
西店子遗址	古遗址	龙山、商周、汉	傅庄街道西店子村西	区级	1989
西店南遗址	古遗址	汉	傅庄街道西店子村南	区级	1989
前站遗址	古遗址	商、周、汉	傅庄街道前站村西	区级	1989
孟家庄遗址	古遗址	商、周、汉	傅庄街道孟家庄村东北台	区级	1989
王庄遗址	古遗址	东周、汉	傅庄街道王家庄村东	区级	1989
后焦邱遗址	古遗址	东周、汉	傅庄街道后焦邱村北	区级	1989
东三重遗址	古遗址	汉	傅庄街道东三重村	区级	1989
前龙泉屯遗址	古遗址	商、周、汉	傅庄街道前龙泉屯村北	区级	1989
大河湾遗址	古遗址	商、周、汉	傅庄街道大河湾村西南 500 米	区级	1989
彭庄遗址	古遗址	汉	傅庄街道彭庄村西北	区级	1989
西册山南遗址	古遗址	汉	册山街道西册山村	区级	1989
五寺庄遗址	古遗址	新石器时代、商、周、战国、汉	册山街道五寺庄村西南 5000 米	区级	1989
西册山西北遗址	古遗址	汉代	册山街道册山村西北	区级	1989
侯沂庄遗址	古遗址	商、周、汉	册山街道侯沂庄村西	区级	1989

续表 24-2

名称	类别	历史年代	位置	保护级别	公布年份
房岭屯遗址	古遗址	汉	册山街道房岭屯村	区级	1989
小塘崖遗址	古遗址	新石器时代、商、周、汉	高都街道小塘崖村南 150 米	区级	1989
西高都遗址	古遗址	汉	高都街道西高都村西北	区级	1989
萧庄遗址	古遗址	东周、汉	高都街道萧庄村南	区级	1989
南杨遗址	古遗址	汉	高都街道南杨庄村东	区级	1989
常旺遗址	古遗址	汉	高都街道常旺村西	区级	1989
风渡口遗址	古遗址	大汶口、龙山及汉	褚墩镇风渡口村北	区级	1990
廖屋遗址	古遗址	周、汉	褚墩镇廖屋村东	区级	1990
黄山马王墓	古墓葬	汉	黄山镇栗林村西	区级	1979
东大埠墓群	古墓葬	汉	沂堂镇东大埠村西	区级	1979
小山后墓群	古墓葬	汉	罗庄街道小山后村东南	区级	1983
孝山墓群	古墓葬	汉	傅庄街道孟家庄村西	区级	1989
庆云山墓群	古墓葬	汉	傅庄街道岳家旦子村东	区级	1989
东何庄墓群	古墓葬	汉	册山街道东何庄村西	区级	1989
前盛庄墓群	古墓葬	汉	盛庄街道前盛庄村南	区级	1989
朱陈化石点	其他	第三纪上新世	罗庄街道宝泉寺公园内	区级	1989
鲁南战役指挥所	现代史迹代表性建筑	现代	褚墩镇碑住一村内	区级	2001
薛庄遗址	古遗址	汉	高都街道薛家庄村	登记保护	-
北茶棚遗址	古遗址	汉	高都街道北茶棚村	登记保护	-
同沂庄遗址	古遗址	汉	册山街道同沂庄村北	登记保护	-
新桥遗址	古遗址	汉	册山街道新桥村	登记保护	-
沟角遗址	古遗址	汉	册山街道沟角村西	登记保护	-
老沂庄遗址	古遗址	春秋、战国、汉	册山街道老沂庄村	登记保护	-
房庄遗址	古遗址	汉	册山街道房庄村	登记保护	-
南张庄遗址	古遗址	汉、隋、唐、宋、元	傅庄街道南张庄村东	登记保护	-
于家庄遗址	古遗址	汉	傅庄街道于家庄村北	登记保护	-
西三重遗址	古遗址	汉	傅庄街道西三重村北	登记保护	-
杨家河湾遗址	古遗址	汉	傅庄街道杨家河湾村北	登记保护	-
傅家庄遗址	古遗址	商、周、汉	傅庄街道傅家庄村东	登记保护	-
后盛庄东遗址	古遗址	汉	盛庄街道后盛庄居委东	登记保护	-
尚屯遗址	古遗址	商、周、汉	盛庄街道尚屯村	登记保护	-

续表 24-2

名称	类别	历史年代	位置	保护级别	公布年份
孙家对河东遗址	古遗址	商、周、汉	罗庄街道罗庄社区南	登记保护	-
桥西头遗址	古遗址	汉	罗庄街道桥西头社区东北	登记保护	-
小丁庄遗址	古遗址	战国、汉	傅庄街道小丁庄西	登记保护	-
花埠岭遗址	古遗址	汉　、魏、晋	傅庄街道花埠岭村西	登记保护	-
东小车遗址	古遗址	汉	傅庄街道东小车庄东南	登记保护	-
西大车遗址	古遗址	汉、魏、晋、宋	傅庄街道西大车庄北	登记保护	-
东店遗址	古遗址	东周、汉、宋	傅庄街道东店子村北	登记保护	-
西店遗址	古遗址	汉、魏、晋	傅庄街道西店子村西北	登记保护	-
赵庄遗址	古遗址	新石器时代、东周、汉、元、明	傅庄街道赵庄村西北	登记保护	-
孟家园遗址	古遗址	汉	盛庄街道孟家园村西	登记保护	-
大河湾西南遗址	古遗址	商、周、汉	傅庄街道大河湾村西南	登记保护	-
北老屯遗址	古遗址	商、周	罗庄街道北老屯社区内	登记保护	-
大丁庄遗址	古遗址	东周、汉	傅庄街道大丁庄村东	登记保护	-
侯家三岗遗址	古遗址	汉	盛庄街道侯家三岗村南	登记保护	-
汤庄遗址	古遗址	汉	傅庄街道汤庄村南	登记保护	-
朱张桥遗址	古遗址	汉	罗庄街道朱张桥村西	登记保护	-
大柱山遗址	古遗址	汉	傅庄街道大柱山村	登记保护	-
徐家林遗址	古遗址	汉	傅庄街道西徐家林村西	登记保护	-
张家旦遗址	古遗址	汉、唐、宋	傅庄街道张家旦子村西	登记保护	-
上王庄遗址	古遗址	商、周、汉	傅庄街道上王庄村东	登记保护	-
下王庄遗址	古遗址	汉	傅庄街道下王庄村北	登记保护	-
朱家地南遗址	古遗址	汉	罗庄街道朱家地村南	登记保护	-
褚墩遗址	古遗址	周、汉	褚墩镇褚墩一村村西的高墩地周围	登记保护	-
风渡口西南遗址	古遗址	汉	褚墩镇风渡口村西南	登记保护	-
孙盛遗址	古遗址	新石器、汉	褚墩镇孙盛村北	登记保护	-
虎山后屯遗址	古遗址	汉	褚墩镇虎山后屯村西	登记保护	-
廖屯遗址	古遗址	汉	褚墩镇廖屯村西	登记保护	-
锦程遗址	古遗址	汉	褚墩镇锦城村东北	登记保护	-
凤凰庄南遗址	古遗址	汉	黄山镇凤凰庄村南	登记保护	-
峰山村遗址	古遗址	汉	黄山镇峰山村西南	登记保护	-
麻湖遗址	古遗址	汉	黄山镇麻湖村东	登记保护	-

续表 24-2

名称	类别	历史年代	位置	保护级别	公布年份
凤凰庄遗址	古遗址	汉	黄山镇凤凰庄村东北	登记保护	–
泉里堡遗址	古遗址	新石器时代、商、周、汉	沂堂镇泉里堡村东南、村南及村内	登记保护	–
大兴屯遗址	古遗址	新石器时代、商、周	沂堂镇大兴屯村东	登记保护	–
大槐树村遗址	古遗址	汉	沂堂镇大槐树村北，龙王堂村南	登记保护	–
西高都东遗址	古遗址	东周、汉、宋元	高都街道西高都村东邻	登记保护	–
后盛庄尼姑庵遗址	古遗址	汉	盛庄街道后盛庄居委东	登记保护	–
大埠东清泉庵遗址	古遗址	清	盛庄街道大埠东社区内	登记保护	–
木柞遗址	古遗址	汉	黄山镇木柞一村东沂河河床	登记保护	–
麒麟山村遗址	古遗址	东周、汉	沂堂镇麒麟山村东南	登记保护	–
十里堡汉墓	古墓葬	汉	盛庄街道十里堡	登记保护	–
小丁庄墓群	古墓葬	汉	傅庄街道小丁庄村东	登记保护	–
陈家白庄墓群	古墓葬	汉	盛庄街道陈家白庄村	登记保护	–
车辋墓地	古墓葬	汉	高都街道车辋村南	登记保护	–
宋家墩墓群	古墓葬	战国、汉、魏晋	高都街道宋家墩村	登记保护	–
新良庄墓群	古墓葬	汉	册山街道新良庄北	登记保护	–
顾沙沟墓群	古墓葬	汉	册山街道顾沙沟村东	登记保护	–
南山头墓群	古墓葬	汉	罗庄街道山南头社区东北	登记保护	–
青石塘墓群	古墓葬	汉	褚墩镇青石塘村西南	登记保护	–
前峰山墓群	古墓葬	汉	沂堂镇前峰山村东	登记保护	–
寨子墓群	古墓葬	汉	沂堂镇寨子村东	登记保护	–
尚屯村南墓群	古墓葬	汉	罗庄街道尚屯村南	登记保护	–
李官庄墓群	古墓葬	汉	黄山镇李官村南	登记保护	–
文曲山墓群	古墓葬	汉	黄山镇武村以西文曲山周围	登记保护	–
西山墓群	古墓葬	汉	黄山镇西山村东北西山周围	登记保护	–
于腾墓	古墓葬	清光绪十六年（1890）	沂堂镇寨子村南	登记保护	–
虎山山前村墓群	古墓葬	汉	褚墩镇虎山山前村西北	登记保护	–
麒麟山墓群	古墓葬	汉	沂堂镇麒麟山村东南	登记保护	–
东店子古宅	古建筑	清	傅庄街道东店子村内	登记保护	–
朱张桥石桥	古建筑	明、清	罗庄街道朱张桥社区内	登记保护	–
罗庄工农兵俱乐部旧址	现代史迹代表性建筑	1953 年	罗庄街道罗庄	登记保护	–

第二节　馆藏珍品文物选介

陶器

灰陶揹壶　新石器时代大汶口文化（距今五六千年）器物。1964年4月，临沂县册山人民公社（今罗庄区册山街道）五寺庄西晏驾墩遗址出土。灰陶。高21.5厘米，口径9.0厘米。侈口，束颈，圆肩，腹内收，平底。肩部饰两竖系，腹中有一堆饰。现藏临沂市博物馆。

图 24-23：灰陶揹壶

夹砂灰陶背壶　新石器时代大汶口文化（距今五六千年）器物。1981年4月，临沂县罗庄人民公社（今罗庄区盛庄街道）湖西崖村湖台遗址出土。夹砂灰陶。高13.0厘米，口径7.2厘米。侈口，束颈，斜鼓腹，最大径在下部，平底微凹，腹部饰两鼻，下部鸟喙形堆饰。腹一侧平整。现藏临沂市博物馆。

图 24-24：夹砂灰陶背壶

黑陶盖瓶　新石器时代大汶口文化（距今五六千年）器物。1978年2月，临沂县白庄人民公社（今罗庄区盛庄街道）王家三岗遗址出土。泥质黑陶。通高15.3厘米，口径5.6厘米。侈口，短束颈，丰肩，长腹，平底内凹。口径一对称鸟喙形饰。盖中空喇叭形。现藏临沂市博物馆。

图 24-25：黑陶盖瓶

黑陶蛋壳镂孔高柄盖杯　新石器时代晚期龙山文化（距今4000年前）器物。1980年

图 24-26：黑陶蛋壳镂孔高柄盖杯

4 月，临沂县罗庄人民公社（今罗庄区盛庄街道）湖西崖村湖台遗址出土。泥质黑陶。通高 19.4 厘米，口径 9.0 厘米，重 102.9 克。侈口，宽沿，深腹，腹壁较直，下部折收；腹部有明显的轮旋痕；下附高柄，柄为空心圆筒形，饰五层竖斜长条镂孔；杯柄相接处呈束腰状，下为矮圈足；覆豆形盖，盖上有圆孔。器壁厚 0.5 毫米，陶质细腻，乌黑光亮，精雕细镂，壁薄如蛋壳，人称“黑如漆、薄如壳、明如镜”。现藏临沂市博物馆。

黑陶杯　新石器时代晚期龙山文化（距今 4000 年前）器物。1977 年 10 月，临沂县白庄人民公社（今罗庄区盛庄街道）王家三岗遗址出土。泥质黑陶。高 7.0 厘米，口径 5.3 厘米。敞口，窄平沿，圆唇，筒形内孤腹，平底。现藏临沂市博物馆。

图 24-27：黑陶杯

釉陶壶　汉代（前 206—公元 220）器物。临沂白庄人民公社（今盛庄街道）王家三岗遗址出土。泥质红陶。通高 30.0 厘米，口经 12.4 厘米。侈口，束颈，圆鼓腹，圈足，肩附两铺首衔环状系，口沿外侧，颈部饰波浪纹，腹上部饰三组凸弦纹，施青釉，弧形盖，饰弦纹，上有一圆钮。现藏临沂市博物馆。

图 24-28：釉陶壶

釉陶罐　汉代（前 206—公元 220）器物。临沂县白庄人民公社（今罗庄区盛庄街道）王家三岗遗址出土。泥质红陶。高 27.0 厘米，口径 10.8 厘米。敛口，圆鼓腹，平底。腹上部饰三组凸弦纹，并饰二对称铺首衔环状系，施青釉至腹中部，有滴釉现象。现藏临沂市博物馆。

图 24-29：釉陶罐

青铜器

铜匜　春秋时期（公元前 770—公元前 476）器物。1963 年 10 月，临沂县册山人民公社（今罗庄区册山街道）五寺庄出土。长 30.4 厘米，高 14.9 厘米。器身为椭圆形，口微敛，深腹，圜底，四蹄形矮足。腹下部饰

图 24-30：铜匜

瓦棱纹，封盖式兽直流。附一兽形錾，兽口衔器沿，足跗壁，尾向上卷曲。腹内部有铭文“莫口口口所佳宝用郳邦宝宅其口”。现藏临沂市博物馆。

八瓣菱花纹铜镜 唐代（618—907）器物。1979 年 11 月，临沂县朱隆人民公社（今罗庄区罗西街道）朱隆村出土。直径 13.4 厘米，厚 0.6 厘米。八瓣菱花形。伏兽钮。钮外饰四花及间饰四草叶，八瓣菱花内饰四蝴蝶与四草叶。窄菱花纹。现藏临沂市博物馆。

图 24-31：八瓣菱花纹铜镜

四雁四翼兽纹铜镜 宋代（960—1279）器物。1967 年 5 月，临沂县朱隆人民公社（今罗庄区罗西街道）朱隆村出土。直径 14.7 厘米，厚 0.6 厘米。圆形。圆钮。钮外饰四朵祥云、四禽四翼兽、连珠纹。三角缘。现藏

图 24-32：四雁四翼兽纹铜镜

临沂市博物馆。

瓷器

青瓷辟邪水注 南北朝时期（420—479）器物。1983 年 1 月，临沂县罗庄人民公社（今盛庄街道）湖西崖村湖台遗址采集。长 16 厘米，高 11.7 厘米。瓷质。通体施青釉泛灰，胎为青色。体态丰腴健硕。直立状，龇牙咧嘴，双目圆睁，高鼻立耳，颌下须有一中线，尾卷毛宽垂，尾根部翘起，中有一孔，腹部以圆点与粗线状划纹表现双翼。背部有卷沿，上粗下细，筒状圆注孔，头部与背部毛发浓密，腿短健壮有力，以弧线表现肌肉线条，足分四趾。

图 24-33：青瓷辟邪水注

青瓷辟邪水注 南北朝时期（420—479）器物。1983 年 1 月，临沂县罗庄人民公社（今

盛庄街道）湖西崖村湖台遗址采集。长 12.5 厘米，高 8.8 厘米。瓷质。通体施青釉泛灰，胎为青色。体态健硕，四腿弯曲，半直立状，龇牙咧嘴，双目圆睁，宽鼻立耳，耳呈三角形，背部一圆筒形卷沿注孔，卷毛宽尾，脊有中线，鬃毛向两侧披分，头部毛发卷曲，颔下须有中线，腹部、腿部毛发卷曲，足有四趾。现藏临沂市博物馆。

图 24-34：青瓷辟邪水注

瓷罐　宋代（960—1279）器物。1992 年 4 月，临沂市罗庄镇（今罗庄区罗庄街道）罗庄出土。高 23.0 厘米，口径 17.4 厘米。瓷质。口微敛，圆唇，矮颈，圆肩，鼓腹下收，矮圈足，上施黄白釉，腹以下施酱釉。用赭色釉在颈部绘波浪纹和弦纹，肩部绘草叶纹。现藏临沂市博物馆。

图 24-35：瓷罐

玉石

双孔玉石铲　新石器时代晚期龙山文化（距今 4000 年前）器物。1980 年 9 月，临沂县罗庄人民公社（今罗庄区盛庄街道）湖西崖村湖台遗址出土。长 9.6 厘米，宽 6.0 厘米。玉石质。米黄色，通体磨光有光泽。体扁平近长方形，两边斜直，上下有刃，上为平齐刃，下为孤形刃，双面磨刃。上部两孔，大孔为单面管钻，小孔为双面管钻。带槽长条器淡黄色，后侧面有深 0.15 厘米的尖底凹槽直通两头，薄侧面的一头有一三角形小刻口。色泽温润，工艺精细。现藏临沂市博物馆。

图 24-36：双孔玉石铲

石扁琮　新石器时代晚期龙山文化（距今 4000 年前）器物。1980 年 4 月，临沂县罗庄人民公社（今罗庄区盛庄街道）湖西崖村湖台遗址出土。长 13.7 厘米，宽 13.7 厘米，厚 0.5 厘米。石质。豆青绿色大理石质，有黑色斑点。体正方形，扁平较薄，中有一圆

图 24-37：石扁琮

穿，径 6.5 厘米，四边中间各有长 1.2 厘米、宽 0.2 厘米的小凹槽。通体磨光，形制规整精细。现藏临沂市博物馆。

石扁琮　新石器时代晚期龙山文化（距今 4000 年前）器物。1980 年 9 月，临沂县罗庄人民公社（今罗庄区盛庄街道）湖西崖村湖台遗址出土。长 13.2 厘米，宽 12.5 厘米。石质。青色斑点与浅黄斑点相间。通体磨光，体近正方形，中有一圆穿，一对角为直角，一对角双面磨制近弧形。现藏临沂市博物馆。

图 24-38：石扁琮

石兽　汉代（前 206—公元 220）器物。1972 年 12 月，临沂县白庄人民公社（今罗庄区盛庄街道）吴白庄汉画像石墓出土。长 3.0 厘米，高 1.8 厘米。石质，铜锈绿色略泛白。兽作卧状，目视前方，一孔自腹两侧穿透，耳部有孔。刻画细腻，鬃毛毕现。现藏临沂市博物馆。

图 24-39：绿松石小兽侧视图

水晶卧兽　汉代（前 206—公元 220）器物。1972 年 12 月，临沂县白庄人民公社（今罗庄区盛庄街道）吴白庄汉画像石墓出土。长 4.0 厘米，高 2.3 厘米，重 28.5 克。水晶透明，圆雕小兽呈伏卧状，兽头试探前伸，缩颈拱背，四肢屈踞，竖耳，目微闭，腰部钻一小孔，系绳之用。神态闲舒，刀法简洁。现藏临沂市博物馆。

图 24-40：水晶卧兽

石镐　岳石文化（前 1900—前 1600）器物。1998 年 2 月，罗庄区西高都镇程庄出土。

图 24-41：石镐

长 27.7 厘米，宽 9.4 厘米，土黄色。通体磨光，上部亚腰一侧平，顶部略圆，刃部为圆锥形。现藏临沂市博物馆。

杂项

琅琊典书令印 晋代（265—420）器物。1991 年 3 月 1 日，临沂市罗庄镇（今罗庄区盛庄街道）湖西崖村湖台南坡出土。通高 2.0 厘米，边长 2.4 厘米。铜质。正方形，桥形钮，阴文篆书“琅琊典书令印”。现藏临沂市博物馆。

图 24-42：琅琊典书令印

龟砚 宋代（960—1279）器物。盛庄街道白庄出土。长 17.0 厘米，宽 11.0 厘米。泥质灰陶。砚体作龟形，昂头，双目圆凸，四足踞地，背部下凹作砚面，砚池研磨处偏于颈部，砚盖呈龟盖形。现藏临沂市博物馆。

图 24-43：龟砚

第三节 文物管理与保护

1995 年，区文体委负责文物保护工作。按照“保护为主、抢救第一、合理利用、加强管理”的文物管理方针，重点做好文物保护单位的保护工作，落实国家文物保护有保护范围、有保护标志、有记录档案、有保管机构“四有”工作要求。对野外不可移动文物划定保护范围和建设控制地带，建立保护标志和记录档案，建立区、镇（街道）、村（社区）和责任田户“三级一户”保护制度，并科学规划，采取切实可行措施，妥善处理文化遗产保护与经济发展和人民群众生活的关系，认真做好文物管理与合理利用工作。区文物保护部门采取扩大文物保护宣传、加强对文物保护单位的日常巡查、加大对大型基本建设工地的巡查、查处违法行为等措施，加大文物执法力度。2003 年 9 月，湖台遗址、宝泉寺遗址、吴家白庄画像石墓被市政府公布为第一批文物保护单位。2004 年 12 月 9 日，区文体局邀请国家、省、市文物专家到罗庄就“原址恢复吴白庄画像石墓原貌”工作进行考察论证。2006 年，舜过城遗址被市政府公布为第二批市级文物保护单位；晏驾墩遗址、朱陈瓷窑遗址、吴白庄画像石墓被省政府公布为第三批省级文物保护单位。同年 3 月 16 日，区文体局和临沂市文物局对临沂第七实验小学校园内建校施工中发现的尚屯唐代古墓群进行考古。2007 年 4 月—2011 年 11 月，根据国务院第三次全国不可移动文物普查的通知要求，开展全区文物普查工作，共实地调查文物点 140 处，其中复查文物点 124 处，新发现文物点 16 处。2010 年 6 月，区文物管理办公室设立，为副科级事业单位，隶属区文广新局，负责文物保护、开发和利用。

2011年4月11日，区政府办公室印发《关于进一步加强文物保护工作的通知》，明确文物保护工作职责和措施。区文化、发改、建设等管理部门对工程立项、选址和施工严格把关，做到未经文物保护行政管理部门出具论证意见的工程项目不予立案。区文化、公安等职能部门各负其责、密切配合，严厉惩治各类文物犯罪活动，对重点文物保护单位和文物犯罪多发区域加强治安巡逻，适时开展综合清查，及时消除文物安全隐患，有效遏制对文物资源的无序、过度、破坏性地开发和利用。同年，西高都火神庙遗址、尚屯唐代古墓群被市政府公布为第三批市级文物保护单位。2013年，沂堂牌坊被省政府公布为第四批省级文物保护单位。

第四章　非物质文化遗产

第一节　非物质文化遗产普查

2006年4月，罗庄区根据临沂市相关文件精神，开展非物质文化遗产（以下简称“非遗”）普查工作，成立由分管副区长任组长，区文体局、财政局、公安局、建设局等十几个部门负责人参加的罗庄区非遗普查工作领导小组，建立联席会议制度，统一领导全区非遗普查工作，印发《罗庄区非物质文化遗产普查工作实施方案》，同时，区文体局举办首届非遗普查培训班，明确普查工作的目的意义、时间、方法和具体要求。普查工作按照“深入调研，摸清家底；全面记录，突出重点；严格登记，合理分类；精心整理，图文并茂”的原则进行。

2007年8月16日，区政府公布第一批区级非遗名录。同时，罗庄区非遗保护中心成立，负责全区非遗普查、申报、传承与保护。编制文化遗产保护规划、各类别非遗保护规划、各级非遗名录代表性传承人保护规划及实施细则等。举办传承学习培训班，聘名师指导、培训传承人，并对传承人加以保护；举行学术研讨会、座谈会，加大宣传力度，扩大项目影响，使罗庄非遗保护工作家喻户晓，共同参与；对各种民间手工技艺项目，定期组织专家走访，举办手工技艺培训班，使这些民间手工技艺得以传承。2008年1月，经普查、筛选、论证，共搜集资源线索700余条，内容包括民间文学、民间音乐、民间戏曲、曲艺、传统体育、游戏与杂技、民间舞蹈、民间美术、民间手工技艺、传统医药、民俗、生产商贸习俗12个方面。经筛选、论证有价值和不重复线索252条，确立项目20个，收集实物96件。2009年6月5日，区政府公布第二批区级非遗名录。是年年底，整理出版《罗庄区非物质文化遗产汇编》，印发500册。至2013年年底，全区有非遗线索252项，区政府公布非遗项目20项，其中列入市级非遗保护名录2个项目，市级非遗传承人2人。

第二节　非物质文化遗产名录

2007年8月16日，罗庄区公布第一批区级非遗名录，共4个类别4项，分别为生产商贸习俗《罗庄民窑与陶瓷》、民间舞蹈《湖南崖社区扑蝴蝶》、民间美术《王树民手指书法艺术》、民间手工艺《杨开英剪纸及手绣艺术》。

2009 年 6 月 5 日，罗庄区公布第二批区级非遗名录，共 8 个类别 16 项，分别为民间文学类《双月湖的传说》《留邻庄的传说》《五户井的传说》《蜈蚣三忌的传说》《丁家汪里打响场的传说》《杨锡印的农民识字教学法》、传统医药类《朱陈孙氏膏药》、饮食习俗《傅庄名吃"糁"》、人生礼仪习俗《回族葬礼》、传统手工技艺类《傅庄铸造》《同沂庄盒子花》《粉皮制作工艺》《糖人制作》、传统音乐《朱陈十三个月歌》、传统舞蹈《高跷》、传统体育、游艺与杂技《武术》（醉拳等）。至 2013 年，罗庄区共公布区级非遗名录 20 项。

2013 年罗庄区各级非物质文化遗产名录情况表

表 24-3

项目名称	类别	级别	传承人	申报单位	公布时间
罗庄民窑与陶瓷	商贸习俗	市级	周士贤	区文广新局	2007-08-16
王树民手指书法	民间美术	市级	王树民	区文体局	2007-08-16
湖南崖社区扑蝴蝶	民间舞蹈	区级	-	罗庄街道	2007-08-16
杨开英剪纸及手绣艺术	民间手工技艺	区级	-	区文广新局	2007-08-16
双月湖的传说	民间文学	区级	-	盛庄街道	2009-06-05
朱陈孙氏膏药	传统医药	区级	-	罗庄街道	2009-06-05
朱陈十三个月歌	传统音乐	区级	-	罗庄街道	2009-06-05
傅庄名吃"糁"	民俗——饮食文化	区级	-	傅庄街道	2009-06-05
傅庄铸造传统	手工技艺	区级	-	傅庄街道	2009-06-05
武术（醉拳等）	传统体育、艺术与杂技	区级	-	区文广新局	2009-06-05
回族葬礼	民俗——人生礼仪	区级	-	盛庄街道	2009-06-05
留邻庄的传说	民间文学	区级	-	盛庄街道	2009-06-05
同沂庄盒子花	传统手工技艺	区级	-	册山街道	2009-06-05
五户井的传说	民间文学	区级	-	区文广新局	2009-06-05
高跷	传统舞蹈	区级	-	区文广新局	2009-06-05
杨锡印的农民识字教学法	民间文学	区级	-	高都街道	2009-06-05
蜈蚣三忌的传说	民间文学	区级	-	盛庄街道	2009-06-05
粉皮制作工艺	传统手工技艺	区级	-	区文广新局	2009-06-05
糖人制作	传统手工技艺	区级	-	区文广新局	2009-06-05
丁家汪里打响场的传说	民间文学	区级	-	区文广新局	2009-06-05

第五章 电视 电影 报纸

第一节 电视

设施建设

1992年，罗庄镇建立罗庄有线电视台。1995年11月，撤销罗庄镇罗庄有线电视台，设为罗庄区有线电视台。1996年1月26日，区广播电视局（台）投资730万元，在罗庄镇有线电视传输网基础上，建成罗庄区有线电视传输网。网干线采用星型光缆传输，镇村采用树枝型网络，设计频率750MHZ，覆盖用户6万户。架设主干线72千米，新入网村庄81个，安装3180户，并网5595户，罗庄区成为全省第二个开通乡乡镇镇有有线电视的县区。1997年，区广播电视局（台）投资80万元，把15兆瓦光发射机由原来1台增至2台，架设光缆干线11.8千米、电缆干线40千米，开通孟家园、三重、车庄3个光接点，开通光缆点10个，信号覆盖134个村庄，其中新开通村庄23个，安装、并网用户5500户，用户发展到1.8万户。建立3个样板工程，开通1套调频广播节目，实现广播电视共缆传播。按照“一城一网”的规定，年内完成5个村庄并网。1998—2001年，新架设光缆80千米，架设电缆219.5千米，开通10个光接头，新发展用户2.9万户，有线电视村庄覆盖率67%。

2002年，投资3300万元，敷设地下管线10.2千米、电缆井196个，敷设地下光缆11千米、电缆8千米，架设光缆线路230千米，电缆线路360千米，建成120千米光缆传输环型网，全区有线电视用户3.9万户。2003年，罗庄区在临沂市率先实施有线电视“村村通”工程。至2008年，投资80万元，敷设地下光缆218.2千米，电缆线路213.3千米，架设钢铰线路19.03千米，敷设地下管路1.6千米，新增光发设备19台，新开通有线电视光节点110个，新增有线电视用户2.5万户。2009年，新架设光缆78.1千米，电缆180千米，架钢绞线5千米，敷设地下光电缆45千米。完成有线电视1550纳米光传输技术升级改造。新增有线电视用户2975户。其中，模拟电视用户1900户，数字电视用户1075户。至2013年，全区有线电视用户5.2万户，其中数字电视用户2336户。

节目设置

1995年11月，罗庄区有线电视台开播，主要转播上级节目，自办时政栏目《罗庄新闻》，开设《每周一歌》《点歌台》《少儿节目》《星期日文艺》栏目。《罗庄新闻》固定每周播出两期，每期播放15分钟。2002—2005年，围绕庆祝罗庄区十周年，反映罗庄区巨变，开播《新罗庄》栏目。1999—2008年，增设《罗庄警视》《罗庄检察》《临沂各地》《计生之窗》《交警方园》专题节目。2005—2008年，设《文艺工作室》栏目。2008—2010年，设《生活》《平安罗庄》《民生罗庄》《乡村季风》《琅邪书画》栏目。2012—2013年，设《罗庄之声》《聚焦罗庄》《中国书画名人汇》《罗庄先锋》栏目。

节目制作

1996年，制作《沸腾的罗庄》《王廷江与沈泉庄》《前进中的临沂开发区（中英版）》

专题片3部。其中系列报道《今日王廷江》被市委宣传部评为《沂蒙先锋谱栏目》一等奖。1997年，制作《农村文化巡礼》《罗庄新貌》《沂蒙新城罗庄》3部电视专题片。其中《沂蒙新城罗庄》《罗庄新貌》在省有线新闻台黄金时段播出。同年4月，派出骨干记者赴临沂市8个县区异地采访，制成14集系列报告《异地采风》，播出后受到广泛好评。1999年，中央电视台新闻联播首次用稿《沂蒙农民　节日乘飞机空中看变化》。2005年，在《罗庄新闻》增设《树立科学发展观、实践“三个代表”》《突破2004》《对外开放看招商》栏目。2011年1月1日，开通广播《罗庄之声》，借助临沂广播电台经济文艺频道平台播出。2012年，在中央电视台《中央新闻联播》发稿9条。2013年，在新闻频道开播《罗庄新闻》《罗庄之声》《聚焦罗庄》《中国书画名人汇》《罗庄先锋》五档栏目。其中，《罗庄新闻》栏目全年共播出153期，播发新闻稿件1539条；《罗庄之声》栏目共播发稿件2920条；《聚焦罗庄》栏目共制作播出53期，先后对全区各镇、街道进行专访，并走到田间地头报道基层干部体恤民情的真实场景，起到很好的舆论引导作用；《中国书画名人汇》共制播15期，对王春堂、王纪岭、钱守宽、高军法等书画艺术爱好者进行专访，同时创建《中国书画名人汇》网站。同年，《罗庄先锋》栏目共制播26期，在临沂台《沂蒙先锋》播出4期。年内，以“上大台、上头条、上联播”为外宣工作目标，中央电视台《新闻联播》用稿7件，《山东新闻联播》用稿65件，《临沂新闻》用稿960件。

第二节　电影

20世纪90年代前，观看电影是群众文化生活的主要娱乐方式之一。90年代后期，随着电视、录像等多种娱乐形式的迅速发展，电影行业下滑，电影院或拆毁，或改作他用，各乡镇、村电影队逐渐停止放映活动。2003年，区广播电视局结合宣传《公民道德实施纲要》实施一周年，在农村播放电影225场次，制作幻灯片120张，分发宣传材料2.3万份。2008年11月8日，区文化体育局、区财政局印发《罗庄区农村公益电影放映工程实施管理暂行办法》，按照“企业经营、市场化运作、政府买服务”的思路，与临沂市新农村数字电影院线公司签订加盟协议，各街道选聘电影放映员，统一购买数字化放映设备，启动全区公益电影放映。2009年，实现“每村每月一场公益性数字化电影”的目标。2013年，有效对接群众文化需求，解决同幕同步放映、不张挂银幕放映、天色未黑放映等问题，对10套农村公益电影放映设备安装监管模块，与省、市监管平台对接，实现放映地点定位、放映信息采集、放映实时监控、放映现场回传、放映数据统计等监管功能。2008年3月—2013年12月，送电影下乡1.79万场次。

第三节　报纸

1995年5月28日，区委宣传部创办《罗庄通讯》，4开4版，黑白印刷，不定期出版，区内赠阅。同年8月，《罗庄通讯》由不定期出版改为每月三期，逢十发行，开设《双月新语》《七日谈》《乡镇企业天地》《党校园地》《科技之窗》《法治园地》《先锋谱》《双月文苑》等栏目。全年编发11期。1996年1月8日，《罗庄通讯》更名《罗庄区报》，初为旬报，后改周报。1997年1月1日，《罗庄区报》改为每周二、周五出版。由赠阅改为面向全区征订。

2003 年，根据上级治理整顿报刊发行的要求，《罗庄区报》停刊。2 个月后复刊，复称《罗庄通讯》，面向全区赠阅。2010 年 7 月，《罗庄通讯》改为对开版，彩色印刷，由每周两期改为每周一期。2011 年 3 月起，改为每周二、周五出版发行。《罗庄通讯》开设要闻、经济、政文、副刊四个版面。设有《时事政治》《校园直通车》《践行三严三实》《改进工作作风》《关心帮助残疾人》《实现美好中国梦》《计生专栏》《向大气污染宣战》《开展乡村文明行动　共建和谐富美家园》《建设全国文明城市　共筑幸福美好家园》《加强治安防范　共筑美好家园》等栏目。1995—2013 年，共编发《罗庄通讯》《罗庄区报》1779 期，每期印发 7000 份。

第六章　文化市场与管理

第一节　文化市场

1995 年起，罗庄区文化市场发展迅速，歌舞厅、电子游戏、网吧、台球、卡拉 OK 等新兴现代娱乐业发展较快，至 1997 年年底，全区有各类文化娱乐经营机构 303 家。其中，卡拉 OK 歌舞厅 23 家，网吧 14 家，电子游戏室 56 家，台球室 72 家，文艺演出场所 12 家，影剧院 1 家，音像制品经营门店和民营文化服务业户 36 家，印刷企业 39 家，书刊经营点 20 家，音像租赁点 30 家。从业人员 6200 人。2005 年后，罗庄区歌舞厅、卡拉 OK 厅、电子游戏室等游乐场所数量逐渐减少，但经营规模、质量有较大提升。至 2013 年年底，全区有文化市场经营户 167 家。其中，印刷企业 46 家，图书音像店 57 家，娱乐场所 4 家，电影院 2 家，网吧 58 家。从业人员 4220 人。

第二节　文化市场管理

1995 年，罗庄区文化市场由多个部门分口管理。区新闻出版管理办公室负责新闻出版执法监管；区文化体育局负责文化、文物执法监管；区广播电视局负责广播、电影、电视执法监管。区文化市场各管理职能部门坚持管理和繁荣两手抓，以管理促繁荣，以繁荣促发展，加强文化市场管理，开展“扫黄打非”活动，净化、规范罗庄区印刷品、出版物、音像制品等市场。1995—1997 年，组织 22 次集中检查，缴获不健康及非法出版物 17 种，其中激光视盘 110 张，电子游戏线路板 70 块，处罚违法经营户 7 家，取缔无证经营户 12 家。对全区 23 家有线电视地面接收站进行全面摸底调查登记。

1998—2004 年，受理群众举报 225 次，下达消防安全整改通知书、执法文书 1102 份。查处“黑网吧”、违规网吧 31 家，扣押电脑主机、集线器等主要经营设备 236 台（套）；查缴销毁非法音像制品 12.6 万张（盘），清理外来非法临时组台演出 79 场次，取缔电子游戏经营场所 64 家；清查印刷企业 39 家，书刊经营点 20 家，音像租赁点 30 家，收缴非法出版物 620 册；查处非法地面卫星接收设施 74 套，有线电视私接用户 572 户。

2009 年 5 月，区文化市场管理执法局成立后，开展以“版权保护助推经济转型”为主题的保护知识产权宣传周活动。制作宣传栏，张贴《中华人民共和国著作权法》《出版物市场管理暂行规定》等法律法规；在区广播电视台播放保护知识产权基础知识。开展印刷业专项整治行动，对印刷复制企业源头进行监管。先后开展打击侵犯知识产权和制售假冒伪劣商品、农村文化市场环境整治、暑期文化市场专项治理、校园周边环境整治等9次专项行动。查处违规经营书店4家，取缔游商地摊2个，收缴盗版书籍172册。检查文化经营单位230家次，对存在问题的5家经营单位进行处罚，责令限期整改。

2012年2—3月，分4批次举办文化市场经营单位法律法规知识培训班，邀请法律专家授课，参加集中学习210人，教育引导遵纪守法、文明经营。区文化市场执法稽查大队采取日常巡查和专项整治，定点与流动、定时与随机、明察与暗访、分片与集中相结合检查方式，开展专项整治行动9次、联合执法16次，立案处罚32起，查办（移交）大案2起，取缔未经备案演出活动6场。2012年6月，开展以打击各种非法印刷品、盗版光盘为重点的文化市场检查活动，收缴各类非法图书152册，盗版音像制品873张（盘），取缔无证照经营摊点4个，对违法违规经营单位做出相应处罚。同年12月，采取明察暗访、日巡查与突击检查相结合的方法，对村庄（社区）有重点地进行拉网式检查，收缴各类“小耳朵”（卫星电视地面接收设施）57套、接收器5套、高频头10个。

2013年，区文化市场管理执法局与242家文化市场经营单位签订文化市场经营单位安全生产工作承诺责任书，落实安全生产工作责任制，完善各项安全管理制度。开展校园周边文化市场整治、“扫黄打非”“秋风”“净网”等专项整治行动11次、联合执法12次，立案处罚43起，查处非法安装卫星地面接收设施1307套，收缴非法出版物2.15万册、非法音像制品7100张（盘），销毁非法光盘1万余张、非法图书800余册。同年12月11日，根据群众举报，对非法印刷《现代汉语词典》案立案调查。经查，2012年4月—2013年12月，当事人未经许可印刷《现代汉语词典》3.4万册，价值34万元。区文化市场管理执法局把该案移交公安机关。

第七章　档案　志鉴

第一节　档案

馆库建设

1995年，区档案馆设在区行政办公大楼14楼，库房面积60平方米。2008年8月，区档案馆迁至区文化中心，库房面积900平方米，配备密集架33列，政通档案软件系统1套，电子监控设备1套，防磁柜4个、高压消防栓3个、灭火器8只、除湿机4台、空调机7台、杀菌机3台、吸尘器1台，库房达到“九防”（防火、防盗、防潮、防虫、防尘、防污染、放高温、防鼠、防放光）要求。2011年，一楼档案库房安装智能化综合管理系统，具备动态视频监控管理、自动防火声光电话语音报警、自动灭火、温湿度自动测控除湿及自动排水功能。2012年，档案馆监控设备进行全方位提升，监控覆盖接待区、库房区、办公区。2013年，档案馆设有档案利用服务中心、政府公开信息查阅中心、展厅、档案整理中心及两个档案库房。

馆藏档案

1995—2007年，因库房紧张，档案仅接收区委办公室、部分撤并单位及破产企业的档案。至2007年12月，有馆藏5个全宗2069卷4520件，照片档案320幅。2008年，区委、区政府办公室印发《关于加强民生档案工作的意见》，陆续接收2003年以前文书档案、干部死亡档案、林权档案、农村税费改革档案、婚姻档案等共计103个全宗14个门类11万卷（件）。重新编纂不规范馆藏档案近万卷，全引目录135册、全宗卷103册。2010—2013年，采取“逐年接收”的原则，进行人员分组，安排时间表，由专人验收，严把质量关，接收各类档案6345卷4.07万件。2013年12月，区档案馆有馆藏106个全宗16个门类，档案2.9万卷、14.71万件，照片2132张，光盘501张，录像带78盘，磁带9盘，实物档案943件，陶瓷92件，书画109幅。同时依托政通档案管理平台，建立馆藏目录数据库，全馆机读目录总量32.32万条，建立馆藏重要档案全文数据库，馆藏档案数字化扫描累计9.6万件、43.75万页，实现目录数字化检索，重要档案全文数字化查询。馆藏档案有文书档案、婚姻档案、公证档案、林权档案、死亡干部档案、学籍档案、低保档案、破产企业档案、城建及拆迁档案、村镇私房所有权档案、声像档案、电子档案、印章档案、实物档案、书画档案等。馆藏资料主要包括罗庄区年鉴、统计年鉴、区直各部门史志、各类专题汇编、档案馆历年编研成果等。

基层档案管理

1995年，罗庄区有78家机关单位建立档案室，配有专兼职档案工作人员116人。区档案局先后帮助区委办公室、区人民检察院及各乡镇整理档案1256卷。1997年，有5家单位档案室晋升为省二级档案室，1家单位晋升为省档案一级单位。

1997年，区档案局印发《关于农村建档工作的实施意见》，开展农村档案定级、升级，推进农村档案规范化管理，完成225个行政村中华人民共和国成立以后的文书档案立卷，立卷5.5万余册。同年，有5家企业实现档案规范化、标准化。

1998年，区档案馆以档案达标管理、执法检查为载体，加强对各单位业务指导，围绕“资源丰富、设施齐全、管理规范、利用高效”管理目标，推进基层档案管理全面提升。2002年5月，对区直单位、企业、学校和卫生部门专、兼职档案员进行上岗培训，业务考核合格者颁发上岗证书，全区档案员均持证上岗。2003—2007年，按照国家档案局《归档文件整理规则》要求，指导83个机关团体、企事业单位年度归档，整理档案7.9万件（卷）。2008年，把1995—2002年罗庄区机关、企事业单位档案全部收交区档案馆管理。同时，按照“先抓点、抓亮点、逐渐推进”的工作思路，建成15个新农村建档示范点。2009年，建成24个新农村建档示范点。以临沂电厂、矿务局、新华印刷厂等省、市属企业为示范，组织结对帮促活动，每镇、街道创建5家企业档案示范点。同时，在全区开展“合格档案室（角）”创建活动。年内，有4个单位档案室晋升省特级档案室，16个单位档案室晋升省一级档案室，13个单位档案室晋升省二级档案室。2010年，新增省特级档案室1个，省一级档案室3个，省二级档案室7个。2013年，区档案局率先在全省开展农村产权制度改革档案试点。其间，国家、省、市档案局领导亲临调研，并在册山街道召开临沂市农村产权制度改革档案现场会。举办罗庄区农村产权制度改革档案培训会，推动罗庄区乃至临沂市农村产权制度改革档案规范化工作的开展。至2013年年底，全区8个单位档案室达到省特级标准、25个单位档案室达到省一级标准、32个单位档案室达到省二级标准。单位档案室合格率98%。

档案开发与利用

档案开发　1995年始，根据《中华人民共和国档案法》规定，区档案馆定期向社会开放满30年的现行机关档案。有计划地开展档案文化产品的开发和利用，先后编写《罗庄区档案馆指南》《档案工作实用知识汇编》《科学发展创先争优成果展专刊》《罗庄区机关单位文件归档范围及保管期限汇编》《罗庄区干部任免文件汇编》《2007—2009年罗庄区委、区委办公室文件汇编》。与区委党史研究室联合编辑《2005—2010年中国共产党罗庄区历史大事记》；与区总工会联合编写《罗庄区劳模大典》；与区委办公室联合编写《区委常委会议纪要汇编》《区委区政府文件汇编》；与区文联联合编辑《罗庄区美术作品集》等各类编研资料37册。2010年，开展数字化档案扫描，对所有进馆婚姻档案及部分区直重点单位档案进行全文扫描。至2013年，建立起馆藏目录数据库、馆藏重要档案全文数据库，实现目录数字化检索，重要档案全文数字化查询。全馆机读目录总量31.82万条，馆藏档案数字化扫描累计9.6万件，计43.75万页。

档案利用　2007年，区档案馆被区委、区政府批准为罗庄区爱国主义教育基地。2008年，重点进行检索工具编制，建立健全检索工具体系，建立馆藏资料总登记目录、分类登记目录及各类报刊登记目录等，馆藏档案资料皆达到文件级索引要求。同年，区档案馆现行文件服务中心正式向社会开展现行文件阅览服务，收集现行文件2963件，内容涉及政治、经济、社会、文化、生活等方面，直接为社会各界和广大群众提供资料查询、权益保护等信息公开查询服务。2009年，建立罗庄档案信息网，设立机构设置、现行文件、利用实例、在线展厅、珍档荟萃、学术园地、业内动态等18个板块。2011年，购买政通数字化档案系统及档案安全智能化管理系统，建立馆藏档案案卷和文件级机检目录，实现智能化检索和扫描。同时，按照国家档案局、国家保密局发布的《各级国家档案馆馆藏档案解密和划分控制使用范围的暂行规定》《各级国家档案馆开放档案办法》规定，适时开放全部应开放档案，编制文件级开放目录，并通过罗庄档案信息网开放。2009年起，先后3次向社会开放档案3个全宗178卷。至2013年底，共下载发布政府公开目录、开放档案信息目录3728条，接待参观人员1.07万人次。坚持利用每年的“6•9”国际档案日进行档案知识宣传，让更多公众了解档案馆、走进档案馆，共享档案文化资源。

1995—2013年，区档案馆接待利用档案人员4897人次，提供档案资料1.57万卷（件）次。

第二节　志鉴

志书编纂

2005年2月，《罗庄区政协志》开始编修，上限为1995年2月12日，下限为2005年7月31日。同年12月，由中国文化出版社出版发行，共53万字，正文分序言、凡例、概述、组织机构、履行职能、委员风采、文献资料、大事记、附录、后记10个部分。2005年4月

20日，《罗庄区人大志》开始编修，上起1995年4月，下迄2005年8月。同年12月，由中国文化出版社出版发行，共70万字，内容设选举、组织机构、履行职责、代表简介、重要文献、大事记等6编及序言、凡例、概述、后记。2004年3月，《罗庄区教育志（1995—2007）》开始编修。2008年12月，印刷发行，共33.5万字，全志凡12编33章56节，真实记述罗庄建区13年各类教育发展情况。

图24-44：罗庄区地方志书编纂部分成果

年鉴编辑

1999年1月，编辑印刷罗庄区第一部综合年鉴《罗庄区年鉴（1995—1997）》。全书共33万字，设概况、大事记、六大班子工作、法检群团工作、党委部门工作、政府日常工作、综合经济管理、农业、工业、商业贸易、财税金融、建设、交通、邮电、科教文卫、三大国策、公安、司法、乡镇（街道）、重点企业、先模人物、名胜古迹、重要文件选目。2006年12月，《罗庄年鉴（1998—2004）》由中国文化出版社出版发行，印数1500册，正文设概况、政治、政府日常管理、农业、工业经济、建设、环保、电业、交通、邮电通信、商贸、财税、金融、保险、科教文卫、政法、工业园区、乡镇（街道）、人物、文献、大事记。共45万字。

1995年始，罗庄区统计局开始编纂统计年鉴，每年1卷。年鉴使用新的国民经济指标，以特载、行政区划、综合、农业、工业、能源消费、建筑、固定资产投资、批零贸易、住宿餐饮业、服务业、从业人员和劳动报酬、财税、教育、外经外贸、卫生、科技的统计数据为内容，真实地记录每年全区经济建设和社会发展的重要成就。至2013年，编辑印刷《罗庄区统计年鉴》19卷。

1997年，区史志办会同区民政局、西高都镇，编写《民政局年鉴资料》《西高都镇年鉴资料》。

向省、市史志办提供资料

1995—1997年，共向《山东年鉴》《临沂年鉴》提供区情材料4万余字。1998—2013年，参与《山东年鉴》罗庄条目组稿、撰稿，每年提供2000字文稿。参与《临沂年鉴》罗庄条目编写，每年提供2000余字文稿。参与《临沂市志（1995—2010）》罗庄部分组稿、撰稿，共1万字。

方志馆建设

2008年6月，在区文化中心八楼设立区

图24-45：盛庄街道十里堡社区村史馆（2013年11月　摄）

方志馆，面积300平方米，征集、收藏、利用、开发、编辑地情资料，以便查阅。2008—2013年，向全国各地史志部门购买志书100册，购买其他资料丛书4000册。2013年年底，馆藏丛书5000余册。

2013年，盛庄街道十里堡社区村史馆落成，建筑面积1400平方米，是罗庄区乃至临沂市规模最大的村史馆之一。

第八章　旅游

第一节　概况

20世纪90年代后期，罗庄区旅游资源开发处于起步阶段，仅有盛能游乐园、宝泉寺公园、双月湖公园、罗动动物园等旅游景区、景点。2001年8月，罗庄区旅游局成立。自此，罗庄区把旅游业纳入国民经济发展规划，采取政府主导、社会参与、市场运作方式，多次制定鼓励政策和措施，推动旅游业快速发展。区旅游局结合实际先后开展旅游标准化建设年、旅游细微服务年、旅游质量服务提升年、诚信旅游单位创建、平安旅游创建等活动。推动全区旅游企业管理上水平、上档次。2005年，盛能农牧观光园旅游区获“山东省旅游细微服务年活动达标企业”称号；2009年，罗庄春秋旅行社被命名为省级消费者满意单位；2010年，罗庄区推进“好客山东贺年会”“好客山东休闲汇”等大型活动；区旅游局被省旅游局表彰为2009年全省旅游系统先进集体；沂州府商务会馆、罗庄春秋旅行社、临沂华夏旅行社、盛能游乐园等4家企业获“好客山东”服务示范岗位称号；2011年，罗庄区获“好客山东休闲汇组织奖”称号。至2013年，罗庄区有国家AAA级旅游景区2家、国家AA级旅游景区2家、旅行社3家、五星级旅游酒店1家、三星级旅游宾馆2家。2013年，全区接待游客201万人次，旅游收入11.21亿元。

第二节　旅游规划

2001年、2009年，区政府按照罗庄区国民经济和社会发展规划总体要求，围绕提高罗庄旅游格局，先后两次编制全区旅游规划。

罗庄区游旅发展总体规划

2001年3月，区政府聘请青岛大学旅游规划与设计课题组编制《临沂市罗庄区旅游发展总体规划暨“罗庄一日游”旅游产品策划方案》。规划以飞龙花卉、沈泉庄、人民广场、双月园、盛能游乐园、欧洲街等为主题，构建罗庄一日游。

罗庄区旅游产业发展总体规划

2009年10月，区政府聘请山东省旅游规划设计院制作《临沂市罗庄区旅游产业发展总体规划》。总体规划定位以“沂蒙明珠、活力罗庄”为罗庄旅游主题形象。结合罗庄区自然条件和资源特征，把罗庄整体旅游空间格局划分为“一心为核、三带展开、五区联动”的旅游产业发展总体空间布局。“一心”即城市旅游中心，“三带”即城市文化旅游带、滨水休闲产业带、传奇山水旅游带，“五区”即沂蒙明珠城市休闲游憩区、多彩罗庄花卉休闲娱乐区、须弥世界宗教文化体验区、绿色沂河都市农业休闲区、传奇沂堂山林生态旅游区。

第三节　旅游资源

罗庄区具有独特的地理和人文环境，东界为18千米的沂河滨水景观带，西界是20余千米连绵起伏的山峦，自然资源丰富。境内文化积淀深厚，人文资源众多。1995年起，以各级文物保护单位和名胜古迹为依托，本着保护与开发并重的方针，宝泉寺公园、湖台遗址、吴家白庄汉墓遗址等相继修复开放。2000年始，按照统一规划、合理布局、有序开发、可持续发展的原则，结合山地资源开发、农业产业化发展，提升老景区，开发新景区，重点开发建设武河国家湿地公园、双月湖国家城市湿地公园、麒麟山景区、黄山景区、沂蒙乐园、滨河景观等休闲生态旅游项目，使其逐渐发展成为旅游热点。至2013年，全区有30处旅游资源得到有效开发利用。

2013年罗庄区乡村旅游资源情况表

表24-4

主类	亚类	基本类型	资源实体名称
A 地文景观	AA 综合自然旅游地	AAA 山丘型旅游地	麒麟山、大苍山、荆山、卧牛山、转经山、大柱山、兰山、二龙山、黄山
		AAD 滩地型旅游地	沂河、武河滩地
		AAE 奇异自然现象	大柱山村神泉、麒麟山淋水坡
	AB 沉积与构造	ABA 断层景观	沂沭断裂带
		ABD 地层剖面	多处煤矿塌陷区、灰岩和瓷土采矿区地层剖面
		ABF 矿点矿脉与矿石积聚地	罗庄煤矿、陶瓷原料矿、铝矾土、石灰石、河沙等
		ABG 生物化石点	宝泉寺灰岩鱼贝类化石群
		ACE 奇特与象形山石	宝泉寺内卧虎石岩、叮响石、龟探河源等；麒麟山玉麒麟、玉石桌、菱落桥、神仙脚窝、饮马槽
		ACH 沟壑地	麒麟山龙沟
		ACL 岩石洞与岩穴	麒麟山朝阳洞
		ACM 沙丘地	沂河武河沿岸沙丘地
		ACN 岸滩	沂河与武河岸滩
		ADC 地震遗迹	沂沭河断裂带
		ADD 陷落地	煤矿塌陷区
	AE 岛礁	AEA 岛区	江风口南沂河与武河间3万亩岛区、武河湿地30余处人工岛
B 水域风光	BA 河段	BAA 观光游憩河段	沂河、武河、青龙河（小埠东灌渠）、南涑河、陷泥河、燕子河
		BAC 古河道段落	涑河古河道
	BB 天然湖泊与池沼	BBA 观光游憩湖区	双月湖

续表 24-4

主类	亚类	基本类型	资源实体名称
B 水域风光	BB　天然湖泊与池沼	BBB　沼泽与湿地	武河湿地、双月湖湿地
	BD　泉	BDA　冷泉	宝泉寺珍珠泉等泉群、东泉里堡冷泉
		BDB　地热与温泉	高都温泉
C 生物景观	CA　树木	CAA　林地	麒麟山、荆山等侧柏林；沂河滨河人工林、杞柳林
		CAC　独树	银杏树（大埠东村、官战湖、后盛庄、白沙沟、寨子村、东为儿桥村、麒麟山）、桂花（东高都、焦沂庄）、麻栎、厚壳（李官庄）、国槐（后焦邱）、皂荚树（小白衣庄）、黄连树、朴树（荆山）
	CB　草原与草地	CBA　草地	多处山丘、岸滩草地
		CBB　疏林草地	多处山丘、岸滩疏林草地
		CCB　林间花卉地	花博园（沂蒙乐园）月季、玫瑰、蔷薇、郁金香等
	CD　野生动物栖息地	CDA　水生动物栖息地	沂河、武河鱼类等水生动物栖息地、二龙山水塘桃花水母栖息地
		CDB　陆地动物栖息地	多处山林狐狸、野兔、刺猬等野生动物栖息地
		CDC　鸟类栖息地	武河湿地鸟类栖息地
		CDD　蝶类栖息地	多处苗木花卉基地蝶类栖息地
D 天象与气候景观	DA　光现象	DAA　日月星辰观察地	双月湖之“泥沱月色”
E 遗址遗迹	EA　史前人类活动场所	EAA　人类活动遗址	王三岗遗址
		EAB　文化层	褚墩镇风渡口文化遗址（大汶口文化）
		EAC　文物散落地	朱陈古瓷窑遗址、扈城台遗址
	EB　社会经济文化活动遗址遗迹	EBA　历史事件发生地	褚墩镇碑住村鲁南战役陈毅指挥部
		EBB　军事遗址与古战场	罗庄古战场、庆云山古寨遗址
		EBC　废弃寺庙	黄山镇菊花屯社区雹神庙，傅庄大柱山无粮殿、城隍庙、玉皇庙，麒麟山玄帝殿、关帝圣君庙、魁星阁，高都火神庙，二龙山玉皇庙
		EBD　废弃生产地	二龙山灰岩采矿区、煤矿矿井及巷道
		EBF　废城与聚落遗迹	湖台遗址、舜过城遗址、肖庄古县城治所遗址
F 建筑与设施	FA　综合人文旅游地	FAA　教学科研实验场所	临沂职业学院、鲁南技师学院、山东省交通技术学院

续表 24-4

主类	亚类	基本类型	资源实体名称
F建筑与设施	FA 综合人文旅游地	FAB 康体游乐休闲度假地	盛能游乐园、沂蒙乐园（贝斯特欢乐谷、花博园、水上乐园）、奥兰国际游艇俱乐部、效峰菌业、东开蔬菜、萧庄甜瓜与果桑采摘园、白沙沟草莓采摘基地、焦沂庄蓝莓园与桂花园、江泉生态农牧产业园
		FAC 宗教与祭祀活动场所	宝泉寺、花埠圈清真寺、玉虚观（麒麟山）、法源寺（褚墩梁村）、五禅寺（册山五寺庄）、常旺村基督教堂、汤庄基督教堂
		FAD 园林游憩区域	亿农现代农业产业园，富民农业科技示范园（兰花繁育）、博大生态园、焦沂庄桂花园、红枫园，大、小丁庄苗木花卉基地、千山苗木花卉基地、万里长青苗木基地、地佑晟苗木花卉基地
		FAE 文化活动场所	十里堡社区文化中心（村史馆、乡村记忆馆）、册山尚阳村民俗园
		FAF 建设工程与生产地	高都塘崖水稻生产区、盛能游乐园鸵鸟、梅花鹿、奶牛生态养殖场
		FAG 社会与商贸活动场所	鲁南花卉城、双月花卉苗木市场、苗木花卉博览城、九州水产市场、十里坊商业街、步行街（十里堡）、茶博城、万力皮革城、万城绿洲
		FAH 动物与植物展示地	盛能游乐园、焦沂庄“原农生态土猪”园、江泉生态农牧产业园、北方植物大观园（滨河西路与金九路交会处）、博大生态园、山东富民科技农业观光园
	FB 单体活动场馆	FBA 聚会接待厅堂（室）	华盛江泉城大酒店、沂州府商务酒店、三盟商务酒店、荆山向阳饭店、博大生态园、福安康老年公寓
		FBC 展示演示场馆	罗庄区展览馆
		FBD 体育健身馆场	庆华健身、华盛江泉城大酒店附设健身场所
		FBE 歌舞游乐场馆	时代大华影视城、QQ影视城、阿咪果等多家歌舞厅
		FCB 塔形建筑物	书圣碑塔
		FCC 楼阁	尺牍石刻艺术馆
		FCH 碑碣（林）	麒麟山元明清古碑、吴白庄画像石汉墓
		FCI 广场	青啤文化广场、罗庄人民广场
	FD 居住地与社区	FDA 传统与乡土建筑	沂堂节孝坊、罗庄村工农兵俱乐部、公社食堂、公社民居
		FDB 特色街巷	麒麟村仿古街、欧洲商业街
		FDC 特色社区	十里堡、沈泉庄、罗庄村、焦沂庄、朱陈社区、花埠圈回民村、尚阳村、凤凰墩村、黑虎墩村、贤孝庄
		FDE 书院	黄土埝村私塾
		FDF 会馆	华盛江泉城大酒店、沂州府商务酒店、三盟商务酒店
		FDG 特色店铺	湖南崖炒鸡店、傅庄糁、湖南崖小吃一条街
		FDH 特色市场	鲁南花卉苗木市场、双月花卉苗木市场、苗木花卉博览城、羲之文化城
	FE 归葬地	FEA 陵区陵园	高都鑫圣园
		FEB 墓（群）	西陵（凤凰陵）、东大埠汉墓群、五寺庄晏驾墩、吴白庄汉墓群、罗成坟、鲁南汉画像石墓、尚屯唐墓、黄山墓群
	FF 交通建筑	FFA 桥	罗湖大桥、罗程大桥、江风口大桥

续表 24-4

主类	亚类	基本类型	资源实体名称
F 建筑与设施	FF 交通建筑	FFB 车站	临沂汽车南站
		FFC 港口渡口与码头	沂河赛艇码头
	FG 水工建筑	FGA 水库观光游憩区段	刘家道口水利枢纽回水湖区
		FGB 水井	五户井
		FGC 运河与渠道段落	邳苍分洪道
		FGD 堤坝段落	刘家道口水利枢纽、江风口水利枢纽
		FGE 灌区	小埠东灌区
		FGF 提水设施	灌排泵站 90 余座
G 旅游商品	GA 地方旅游商品	GAA 菜品饮食	傅庄糁、羲之糁、黑虎墩驴肉
		GAB 农林畜产品与制品	塘崖贡米、册山大米、沙沟芋头、萧庄甜瓜、褚墩大蒜、效峰食用菌、江泉猪肉制品、东开蔬菜、沙沟草莓
		GAC 水产品与制品	沂河家鱼、大鲵、观赏鱼
		GAD 中草药材及制品	朱陈孙氏老膏药
		GAE 传统手工产品与工艺品	黄山柳编、湖西崖黑陶、盛庄套色门笺、傅庄铸造工艺、同沂庄盒子花、罗庄民窑与陶瓷、粉皮制作工艺、糖人制作工艺
		GAF 日用工业品	罗庄陶瓷、傅庄铸造
H 人文活动	HA 人事记录	HAA 人物	嫘祖、罗成、周忠、于腾、杨肇基、白汉光、孙克仁、王廷江、李华源、高树屏、陈允升、韩家树、宋德聚、吴树美、雷光裕、张文俊、赵元明
		HAB 事件	北伐军两攻临沂、朱陈激战日寇、麒麟山大战响马、苍山暴动、临郯青年救国团、日伪军火烧张家楼、新四军和华东军区文工团在陈家白庄、华东局和新四军在罗庄、山东省政府在册山、册山武工队
	HB 艺术	HBA 文艺团体	十里堡社区柳琴剧团
		HBB 文学艺术作品	王树民手指书法艺术、杨开英剪纸及手绣艺术
	HC 民间习俗	HCA 地方风俗与民间礼仪	生活、生产以及婚丧嫁娶、节庆等民俗礼仪、武术（醉拳等）、回族葬礼、留邻庄传说、五户井传说、蜈蚣三忌传说、杨锡印农民识字教学法、丁家汪里打响场传说
		HCB 民间节庆	春节、元宵节、二月二、清明节、端午节、中秋节、重阳节、腊八等、宝泉寺春节民俗庙会、民间郁金香节（沂蒙乐园）
		HCC 民间演艺	“十三个月歌”、民间舞蹈《扑蝴蝶》、传统舞蹈“高跷”
		HCD 民间健身活动与赛事	民间秋歌大赛
		HCE 宗教活动	花埠圈村伊斯兰教葬礼习俗、朱陈基督教会
		HCF 庙会与民间集会	黄山镇菊花屯庙会、盛能游乐园新春游园会、罗庄民俗文化庙会、丁屯四月初八古庙会、朱陈“夜猫子集”
		HCG 饮食习俗	鲁菜及其饮食礼仪特色突出
		HGH 特色服饰	典型的中原农耕文明服饰特色

续表 24-4

主类	亚类	基本类型	资源实体名称
H人文活动	HD 现代节庆	HDA 旅游节	盛能游乐园新春游园会、沂蒙乐园郁金香节
		HDB 文化节	宝泉寺春节文化庙会
		HDC 商贸农事节	中国临沂青岛啤酒节
		HDD 体育节	沂河文化体育旅游节

第四节　主要景区景点

临沂武河湿地公园

位于黄山镇，东临沂河，南至廖家屯节制闸，西靠滨河西路，北接蒋史汪橡胶坝。全长15千米，面积1333.33公顷，是目前国内最大的人工河流湿地、国家级湿地公园和省级水利风景区。

湿地内有原生态保育区1000公顷，从陷泥河入口至廖家屯节制闸，长10千米。保育区内建设2座景观桥、4座拦水坝、10座溢流坝、2处跌水池、39个生态岛、1座观鸟亭、1处木廊道、1座科普展览馆和总长1680米木栈道。共栽植苗木12.1万株，水生植物1046.9万株，地被植物20余万平方米。形成“一个一个滞流塘，一片一片莲藕汪，五颜六色水植物，一望无际芦苇荡”的美丽景观。

临沂武河湿地公园的建成有效解决陷泥河、南涑河城区尾水净化问题，维护了淮河流域水质安全，改善了周边生态环境，发挥了调节气候、涵养水源、科普宣教、旅游观光等作用。公园内生态系统结构完整，野生动植物资源丰富，一年四季风景如画。走进武河湿地公园，由北向南有“源远流长、沉鱼落雁、芦花飘雪、饮水思源、平湖秋月、荷塘月色”六大景区，处处飘逸着音乐之润的清爽，是久居城市的人们，亲近大自然，享受乡野风光的绝佳去处，成为临沂市生态旅游新亮点。风景区对市民免费开放，年接待游客20万人次。

图 24-46：武河湿地公园（2013年7月　摄）

宝泉寺公园

国家AA级旅游区。位于罗庄街道朱陈社区，占地面积33.33公顷，其中水域面积6公顷。是以名泉、古寺、化石有机组合为特色的佛教文化旅游区，国家AA级旅游区。有古寺、名泉、化石、南涑河、临沂思源乡村记忆博物馆五大景点。园内宝泉禅寺，为清代沂州府四大名寺之一。1989年，宝泉寺重修。2013年，接待游客50万人次（参见第二十五编“社会生活”第四章

图 24-47：宝泉公园（2013 年　沈迎九摄）

图 24-48：宝泉寺公园之龙头泉长廊（2009 年 12 月 16 日　李延龙摄）

“民族宗教”第二节“宗教”）。

麒麟山景区

位于沂堂镇政府驻地南 2 千米处，有着深厚的文化底蕴和美丽传说。山上存有始建于明朝永乐年间的古刹玉虚观、玄帝殿、关帝圣君庙、魁星阁，有元、明、清时期的古碑文，有“玉麒麟”“淋水坡”“朝阳洞”“玉石桌”景观，有菱落桥、神仙脚窝、龙沟、饮马槽等众多天然奇景。景区满目苍松，峰峦叠翠，奇洞怪石，环境优美。

图 24-49：麒麟山风景区（2013 年 9 月　摄）

黄山景区

位于黄山镇境内，地处罗庄区东南部，罗、郯、苍三县区交界处。有黄山、峰山、蝎子山等 8 座山头和“黄山如黛、玉盘托峰、长桥连虹、文曲双耸、涑河柳行”等“黄山八景”。

图 24-50：黄山公园（2013 年　英成亮摄）

盛能游乐园旅游区

位于盛庄街道华能临沂发电有限公司西侧。占地面积 133.33 公顷，是一家集休闲、娱乐、餐饮、种植、养殖、农业观光为一体的国家 AAA 级旅游景区，国家首批农业旅游示范点。1997 年 9 月，盛能集团在临沂电厂

图 24-51：盛能游乐园（2010 年 9 月　区摄协供稿）

西侧的低洼空地投资兴建，2000年竣工，投资2亿元。主要开发景点有动物园、百鸟园、百花园、生态园酒店、中国历代尺牍石刻艺术馆、采摘园、儿童乐园、水上乐园、垂钓园、花卉生产大棚、苗木繁育基地、梅花鹿养殖基础、鸵鸟养殖基地、农业旅游区等。2013年，接待游客60万人次。

鲁南花卉城

国家AAA级旅游景区。位于盛庄街道十里堡社区，沂州路与沂河路交会处东南。占地面积17.33公顷，是全国单体面积最大、集花卉销售、观光、旅游为一体的大型花卉专业市场，2005年3月，十里堡社区投资兴建，投资1.2亿元，建有钢结构连体温棚7万平方米。市场由花卉批发区、鲜切花批发区、高档精品花卉区、盆景奇石区、根雕红木家具区组成，附设热带鱼、虫鸟、宠物、园林机械、花盆区。有珍奇花卉蝴蝶兰、红掌、木本海棠、姜荷花、金正日花等几十个品种。

高都有机蔬菜观光采摘园

位于沂河西岸，高都街道金坦社区。2006年，高都街道中坦村李士超投资建设，是省级农业旅游示范点，国家AA级旅游景区。园区集观光、采摘、休闲、餐饮于一体，有全自动控温温室8座、半地下温室12座、钢结构春秋棚39座、有机藕池1个、有机葡萄长廊300米。采摘园依托自主发酵微生物菌肥，执行国家有机农产品生产标准。

罗庄展览馆

位于双月湖西岸，华盛江泉城北侧。占地面积1.92万平方米，建筑面积8043平方米。是罗庄区城市建设规划、城市整体形象和对外交流的重要平台。2011年4月22日开工，区政府和华盛江泉集团共同出资筹建，投资1.2亿元，2011年10月对外开放。展馆共分三层，一层、三层为罗庄区城市发展展厅，二层为沈泉庄展厅。整个展厅采用大量现代声光电技术，运用高科技手段，将四位一体数字沙盘、180度弧幕电影、VR自驾游、全息影像技术应用到展陈设计之中，集规划展示、科普教育、特色旅游、商务休闲等多功能于一体，集中展示罗庄的历史发展、现代面貌和未来规划。

第五节　旅游服务

宣传推介

2001年起，区旅游局结合实际，采取会议、节会、媒体宣传等多种方式宣传推介罗庄旅游资源。同年，向社会推出“罗庄改革开放一日游”旅游线路，通过召开新闻发布会、旅游大篷车巡游等形式向社会推介罗庄区盛能游乐园、飞龙花卉城、双月园、欧洲街、宝泉寺、沈泉庄等景区景点。2002年

图24-52：欧州商业街（2012年　区摄协供稿）

起，多次组团参加中国国内旅游交易会、中国北方旅游交易会等大型旅游宣传推介活动。2005年，盛能游乐园成功承办全国汽车场地越野锦标赛临沂站比赛。2006年，盛能游乐园成功承办金沂蒙杯2006中国汽车、摩托车场地越野赛；宝泉寺旅游区成功举办为期7天的水陆普度大斋盛会，这是山东省第三次举办大型“水陆法会”。2008年，鲁南花卉城举办“盛世之花，和谐临沂”临沂首届花卉博览会。2011—2013年，连续举办宝泉寺春节庙会。2011年、2012年连续两年举办“中国临沂青岛啤酒节”。

旅行社

2013年，全区有经营国内旅游业务旅行社3家，分别是罗庄春秋旅行社、临沂华夏旅行社、山东江泉国际旅行社；有旅行社分支机构和营业部4家。

临沂市春秋国际旅行社　位于罗庄街道通达南路中段。2001年6月成立。营业范围为会务服务、入境旅游、国内旅游及机票、酒店预订等旅游服务。先后获“山东最具成长力旅行社”称号，2010年被表彰为“山东省消费者满意单位”。

临沂华夏国际旅行社有限公司　2008年成立，营业范围为会务服务、入境旅游、国内旅游及机票、酒店预订等旅游服务。公司与全国各地旅行社、宾馆、酒店、车队等建立长期合作关系。

山东江泉国际旅行社　位于罗六路与双月湖路交会处。2013年成立，隶属华盛江泉集团，注册资金1000万元，是具有经营国内旅游业务和入境旅游业务的旅行社，主要承接国内旅游、入境旅游、出国商务、公务考察出国、代办出国护照及签证等业务；提供国际国内直拨长途电话、打字、复印；代办国内火车票、飞机票；承办团体考察、观光、学习及会议、疗养、夏令营、散客服务、零星委托及自驾游等特色旅游业务。

星级旅游宾馆

华盛江泉城大酒店　五星级旅游饭店。位于双月湖畔，罗六路与双月湖路交会处，2001年兴建，2009年10日1日营业。主楼是区内地标性建筑。酒店占地面积9万平方米，建筑面积12万平方米，主楼高度159米，集餐饮、住宿、商务会议、写字办公、休闲娱乐、展览、购物为一体，是一家豪华型综合性商务酒店。酒店拥有500余套客房，贵宾接见厅、学术报告厅等各类会议室40个，各类中式、西式豪华宴会厅63间，风味餐厅可供396人同时就餐，西餐厅可供366人同时就餐。设有高规格游泳池2个，拥有3500平方米洗浴中心及桑拿房、人工冲浪、夜总会、各类中高档KTV包房、健身房、模拟高尔夫球场等。

沂州府商务会馆　三星级旅游饭店。位于罗庄街道商业街99号。2002年由临沂矿务局招待所改制而成，是集住宿、餐饮、会务、洗浴、娱乐于一体的大型涉外旅游饭店。会馆占地面积2万平方米，建筑面积2万平方米，四合院式建筑布局，大小规模会议室可接纳20～600人的各类会议；餐厅设有豪华包间、零点大厅、大型宴会厅，可同时容纳600人就餐。

临沂三盟商务酒店　三星级旅游饭店，位于罗庄街道通达南路路中段。2004年10月18日开业。建筑面积1.5万平方米，是集餐饮、宴会、住宿、会议等为一体的大型综合性酒店。酒店有各类宴会包间20间，零点餐厅可同时容纳200人就餐；有贵宾套房、公寓套房、商务套房、豪华间和标准间80间（套）；会务中心有大、中、小会议室，可接待20～350人的会议服务。

第二十五编　社会生活

Part 25: Social Life

盛能游乐园（2010 年 9 月　区摄协供稿）

罗庄展览馆（2012 年 9 月　英成亮摄）

1995—2013年，罗庄区坚持精神文明和经济建设两手抓两手硬，结合实际，创新思路，创新方法，创新载体，大力加强公民思想道德建设，全面推进社会主义核心价值观体系建设，社会公德、职业道德、家庭美德、个人品德和民族精神得到进一步弘扬。深入开展群众性精神文明创建活动，创建成省级精神文明单位（村镇）33个。随着全区经济快速发展，城乡居民收入逐年提高，城镇居民人均可支配收入由3991元增至30317元，年均增长率11.93%；农民人均总收入由2436元增至12788元，年均增长率9.65%。人均住房面积大幅度提高，电视、冰箱、空调、电脑、家用轿车等进入寻常百姓家，衣、食、住、行、用从温饱实用到追求生活质量，低保、养老、医疗等社会保障体系健全。重视民族和宗教工作，保障各少数民族合法权益，尊重少数民族生活习俗。传统礼仪、习俗、节令、风俗人情、社会生活在发展中有所变革与进步，形成了尊老爱幼、助人为乐的良好社会氛围。

第一章　居民生活

第一节　农村居民生活

经济收入

1995年，农民人均纯收入1644元，农村居民收入主要来源于种植业、养殖业，部分农民从事个体工商业、运输业和服务业，青壮年到乡镇办、村办企业和民营企业务工。随着市场经济的建立，深化农村改革，增加对农业投入，农业机械化程度不断提高，调整产业结构，二、三产业逐步发展壮大，进入企业和服务业务工人员逐渐增多，农民创业方式越来越多样化，收入渠道更为广泛，农民人均纯收入稳步增长，至2001年，全区农民人均纯收入2736元。2002年后，罗庄区逐步取消乡镇统筹款、农村各项集资和劳动积累工及义务工。2004年，取消农业税，对种粮农民实行资金直接补贴，并增加购置农机补贴，农民人均纯收入出现较快增长。2013年，全区农民人均纯收入10380元，比1995年增长6.31倍，年均增长10.78%。

消费支出

1995年，罗庄区农村居民人均消费支出1857元。其中，人均生产性支出412元，人均生活消费支出1445元。随着农村经济收入的不断增加和农民消费水平的逐年提高，农民消费结构不断优化，食品消费支出比重下降，居住消费、家庭用品消费、文化娱乐消费占生活消费比重上升。农村居民食品消费趋向多样化，衣着消费趋向个性化，消费意识趋向城市化。2013年，全区农村居民人均消费支出7457元。其中，人均生产性支出1261元，人均生活费支出6196元。农村居民生活消费支出由1995年的1445元增至6196元，增长3.29倍，年均增长8.42%。

20世纪90年代中后期，农村居民消费主要以住房、食品、教育、衣着为主，其他消费所占比重较小。农民的食品消费由吃饱向吃好转变，食品消费结构发生变化，副食支出比例明显增加；衣着由手工制作向成衣化、款式化、时尚化和个性化转变，西装、夹克、皮衣、羊毛衫、连衣裙、风衣进入农民衣橱；住房由砖瓦房逐渐变为钢筋混凝土平房，变高、变宽，多为前出厦、铝合金玻璃门窗，少数富裕家庭盖起两层小楼；彩电、电冰箱、洗衣机、电风扇、摩托车开始进入农家。

进入21世纪，全区农村居民消费支出构成按比重依次为住房、交通通信、食品、衣着、医疗、教育、家庭设备、文教娱乐等。农村居民食品消费支出所占比重逐步下降，住房、交通通信、医疗支出不断增加。农村居民养老保险、医疗保险等保障性消费成为新的消费点。部分农村居民住进居民小区单元楼，轿车亦进入家庭。2013年，电话机、手机、彩电、洗衣机、冰箱、电动车、太阳能热水器等用品基本普及农村家庭。全区农村居民消费向“享乐型”迈进。

1995—2013年罗庄区农民人均收入支出情况表

表25-1　　　　单位：元

年份	人均总收入	人均纯收入	生产性支出	生活消费支出	年份	人均总收入	人均纯收入	生产性支出	生活消费支出
1995	2436	1644	412	1445	2005	4681	3695	754	3211
1996	2968	2049	477	1506	2006	5055	4218	608	2984
1997	3274	2215	560	1862	2007	5863	4893	831	3002
1998	3314	2390	464	1643	2008	6606	5452	837	3437
1999	3274	2476	454	1623	2009	6902	5961	532	3577
2000	3480	2597	473	1523	2010	7692	6825	451	4043
2001	3695	2736	435	2577	2011	9171	8070	746	4882
2002	3765	2876	346	2277	2012	11199	9162	1129	5522
2003	3842	3088	473	2322	2013	12788	10380	1261	6196
2004	4459	3417	848	3019					

耐用品消费

1995—2013年，全区农民生活消费支出额逐年增加，饮食、衣着支出平稳增长，教育、医疗、养老、住房及交通、通信、文体娱乐方面的支出大幅上升，其中用于购房、购车支出增速最快。

2013年罗庄区农村居民每百户拥有耐用消费品数量情况表

表25-2

名称	总计	名称	总计
洗衣机（台）	99	普通电话（部）	63
电冰箱（台）	98	移动电话（部）	185
空调机（台）	75	其中：接入互联网的（部）	16
抽油烟机（台）	60	彩色电视机（台）	89
吸尘器（台）	\	其中：接入有线电视网的（台）	67

续表 25-2

名称	总计	名称	总计
微波炉（台）	38	黑白电视机（台）	\
热水器（台）	96	其中：接入有线电视网的（台）	\
其中：太阳能热水器（台）	96	摄像机（台）	4
自行车（辆）	105	影碟机（台）	\
其中：电动自行车（辆）	66	照相机（台）	32
摩托车（辆）	51	家用电脑（台）	40
生活用汽车（辆）	32	其中：接入互联网的（台）	26

第二节　城镇居民生活

居民收入

城镇居民收入来源，以职工工资为主，其他有财产性收入，包括利息和红利收入、保险收益、其他投资收入、出租房屋等。1995—2013年，随着改革开放不断深入、城市化进程加快和经济快速发展，城镇居民人均收入逐年呈现增长趋势。罗庄区城镇居民人均可支配收入由1995年的3991元增至2013年的30317元，增长7.6倍，年均增长11.93%。

居民消费

1995年，罗庄区城镇居民人均消费支出3004元，消费支出依次为食品、衣着、家庭设施、交通工具。食品、衣着消费占比重较大。1998年，住房制度改革后，城镇居民住房由单位分配变为个人购买，居住消费支出比重增大。消费支出依次为居住、食品、文教娱乐、衣着、家用设备、交通通信等。2013年，城镇居民人均消费性支出14945元，是1995年的4.98倍，年均增长9.33%。消费支出依次为居住、食品、交通通信、衣着、医疗保健、教育、文体娱乐、家电设备等。随着住宅小区建设，95%以上居民住上楼房，人均住房面积40平方米，拥有多套房家庭增多，居室结构三室两厅居多，卧室、客厅、餐厅、洗漱间、厨卫齐全，暖气、天然气、信息网配套；饮食消费注重环保，品种不断丰富。膳食结构向注重营养、科学搭配、健康安全发展；轿车进入家庭，成为主要代步工具之一，拥有轿车家庭占80%，成为城镇居民新的消费点；家家有电脑，人人有手机，信息网络消费在居民

图25-1：华明园小区（2009年9月　摄）

消费中的比例增大；旅游成为人们休闲娱乐新追求；衣着花色款式多样化，穿着多为成品时装；家庭耐用品消费更新换代加快，彩电由平面到超平、高清，冰箱由单门到多门、环保，洗衣机由单缸到双缸、全自动，空调、淋浴热水器、家具式样和质量更加高档。

1995—2013 年罗庄区城镇居民人均收支情况表

表 25-3　　单位：元

年份	人均可支配收入	人均消费性支出	年份	人均可支配收入	人均消费性支出
1995	3991	3004	2005	10828	7502
1996	4089	3199	2006	12355	8795
1997	4985	3473	2007	14565	9822
1998	5135	3371	2008	17136	10926
1999	5678	4018	2009	18781	12034
2000	6420	4932	2010	21038	12325
2001	7325	5125	2011	24232	13881
2002	8043	5394	2012	27624	14525
2003	8568	5875	2013	30317	14945
2004	9309	6672			

第二章　精神文明建设

第一节　公民思想道德建设

1995—1999 年，全区开展领导干部学孔繁森、做人民公仆，人民群众学韩素云、做文明公民，基层干部学王廷江、做致富带头人“三学”“三做”活动。评选十佳服务单位、十佳个体工商户、十佳法官、十佳文明市民。在 24 个“窗口”单位开展“岗位学雷锋，行业树新风”“学用服务用语，杜绝服务忌语”等优质服务竞赛活动。全区掀起学习《邓小平文选》热潮，强化思想教育，增强党员干部改革开放意识。

2000—2003 年，开展“讲社会公德、讲职业道德、讲家庭美德，塑造罗庄新形象”道德实践活动。2001 年 9 月 20 日，国家颁布《公民道德建设实施纲要》，随即，罗庄区精神文明委员会办公室（简称区文明办）发出《关于认真学习宣传〈公民道德建设实施纲要〉的通知》，印发《公民道德建设实施纲要》宣传彩页 1 万份，在街道、企业、学校张贴，在区报、区有线电视台开辟《公民道德建设大家谈》专栏。翌年，先后举办“盛能乳业杯”全区公民道德建设电视知识竞赛、“双月园杯”全区青少年“学纲要、讲道德、树形象”演讲比赛，《公民道德建设实施纲要》深入人心。

2003 年 6 月，举行“诚信伴我行”演讲比赛，有 205 名选手参加。

2004 年 4 月，区文明委印发《关于进一步加强和改进未成年人思想道德建设的若干意见》。在全区中小学组织开展“青少年网络文明行”活动，聘请 20 名学生为“网络文明协助检查员”，引导青少年文明利用网络，文明上网，自觉抵制网络中不文明、不健康内容。2004 年 9 月，举办纪念《公民道德建设实施纲要》实施 3 周年文艺演出。在党员干部中开展创建诚信机关、诚信科室、诚信个人活动；在企业开展文明单位、诚信企业、诚信员工创建评选活动；在村（社区）组织开展道德评议、公德巡查、美德夸奖活动；在宗教界，对信教群众进行爱国守法、诚实守信教育，开展“文明宗教团体”“文明宗教活动场所”和“宗教界精神文明先进个人”评选活动。2006 年，开展全民共建和谐社会行动宣传。2007 年，以学习贯彻“八荣八耻”为重点，加强社会主义核心价值体系宣传教育。在中小学校开展“道德新风满校园”“文明行为伴我行”等道德实践活动，开展以“感恩父母”为主题的诗歌朗诵、征文、演讲、摄影和“尊老敬老”青少年志愿活动。同年 5 月 26 日，区文明办、区教育局、区环保分局等部门联合，在区第一实验小学开展全区青少年“拒绝白色污染，创建绿色家园”活动启动仪式，近千名学生参加。

2008—2009 年，开展“纳言、献策、汇智”大调研和“走进企业、应对危机、解决难题、服务发展”调研活动，形成调研报告 156 篇，分别在《当代沂蒙》《临沂工作》发表理论调研文章 4 篇。组织开展“送理论下基层”宣讲活动，举办各种宣讲会、报告会 30 余场次，受众 1.5 万余人次。

2009 年 2 月 24 日，全市“四德建设”工作会议在罗庄区召开，与会人员参观罗庄区文化中心、科技馆、湖南崖社区文化活动中心等未成年人校外活动场所，罗庄区在会上作题为《建立机制，多元投入，强化管理，把未成年人校外活动场所工作落到实处》的典型发言。

2010 年 4 月 22 日，全市农村未成年人活动场所建设现场会召开，与会人员参观罗庄区高都小学活动现场。同年，在领导干部中开展解放思想发展论坛和以“我为罗庄而自豪，罗庄因我而更好”为主题大型演讲比赛活动，把全区广大党员领导干部、群众思想和行动凝聚到建设“南工重地、魅力罗庄”科学发展实践中。

图 25-2：2010 年 1 月，罗庄区被表彰为全省未成年人思想道德建设工作先进区

2012 年，临沂市市民巡访团罗庄分团成立，建设道德讲堂 139 所，巡讲 400 余场。同年 3 月份，罗庄区志愿者协会成立，组织开展道德模范评选表彰和巡讲活动，整理出版《“身边的好人”道德讲堂材料汇编》，推选出山东好人、大义临沂人、身边好人 40 人，举办“道德模范专场报告会”12 场，受众 3 万人次。

2013 年，依托团委、妇联、工会等志愿者协会理事单位，组织开展保护母亲河、关注留守儿童等活动。开展中国好人推荐评选，重点推出韦守刚（爱心特许加盟为孩子圆梦）、程奎星（工厂里的青年评论家）、刘建慧（33个孩子的警花妈妈）、郭焕如（五次抉择挑重担，大爱大孝美名扬）等4个“身边好人”典型，引起社会积极反响。

第二节　文明创建活动

文明城市创建

1995—1997年，区文明办按照“重在建设，广泛参与”工作思路，在城乡实施环境整治工程，协同有关部门，以206国道沿线和各乡镇政府驻地为重点，对建设秩序、环境卫生秩序、交通秩序、市场秩序和广告宣传秩序进行整治，累计拆除违章建筑2010间，清理各类垃圾6300立方米，硬化人行道7.5万平方米，新置公共候车亭12个、垃圾箱450个。2005年9月，组织文体局、科技局、卫生局等相关部门，开展文化科技卫生“三下乡活动”。开展“三下乡”活动150余次，受惠群众5万余人次。有3家单位被市委、市政府评为“三下乡活动”先进集体，有6人被评为“三下乡活动”先进个人。

2006年5月，印发《罗庄区文明城市创建活动实施方案》，召开罗庄区创建文明城市动员大会，举行“文明罗庄从我做起”广场万人签名活动，向全区发出动员令。2007年5月，区文明办、教育局、环保分局等部门联合，在区第一实验小学举行全区青少年“拒绝白色污染，创建绿色家园”活动启动仪式，发出“拒绝白色污染，创建绿色家园”倡议书，参加启动仪式的学生，走向街头、社区，捡拾白色垃圾。同年，组织开展文明单位援助社区图书室活动，发动区内市级以上文明单位捐书1万册，市文明办捐赠图书2.5万册。同年，组织部分创城人员、城区街道宣传委员到张家港学习文明城市创建经验，随市文明城市考察团到青岛城阳区、厦门湖里区、上海卢湾区等地就文明城市、文明社区创建工作进行学习考察。2009年6月18—19日，省测评组从罗庄区上报的21个考察点中抽取区图书馆、区科技馆、区青少年活动中心、区法律援助中心、好怡嘉爱书人图书音像店、新地带网吧、湖南崖社区、区第一实验小学、沈泉庄幼儿园等9个考察点进行测评，省测评组给予好评。

图25-3：罗庄区召开迎接全国城市公共文明指数测评工作会议（2009年7月　摄）

2012年7月28日，在省测评组测评中，罗庄区以较好成绩顺利通过测评；8月26—28日全国城市文明程度指数测评中，罗庄区在未成年人思想道德建设测评和问卷调查中，顺利通过国家测评组测评。2013年，在省文明委组织的对全省96个文明县区测评检查中，罗庄区位列第28名，全市综合排名第2。

文明单位创建

2003 年 5 月，开展文明单位与村庄“联村共建”活动。从 31 个市级以上文明单位中选出 11 个单位，与 11 个村庄结成对子，定期给予扶持和指导，实现文明共建。

2007 年 10 月，区文明委、区纪委、区委组织部、区监察局、区文体局联合举办“反腐倡廉”书画展。组织开展送文化下乡活动，指导、协调 56 个村（社区）进一步改善文化活动场所建设。2008 年 4 月，69 个市直和区内文明单位与 54 个社区结对共建，实行“一对一”帮扶，向社区投资 20 万元，用以改善社区文化设施。2010 年 9 月，从氛围营造、档案整理、与业务工作结合等方面，加大对各级文明单位（机关、社区）指导力度，有 7 家单位被新评为省级文明单位（机关、社区、村镇），9 家单位被新评为市级文明单位（机关、社区、村镇）。

图 25-4：乡村文化建设（2013 年 7 月　摄）

文明村镇（街道）创建

1998 年 11 月，全市精神文明建设暨城乡社会主义教育工作会议在罗庄召开，区公安分局、册山镇文明办分别作经验介绍。2003 年 11 月 27 日，区文明委印发《关于进一步加强农村文明一条街建设的意见》，在傅庄街道召开全区农村精神文明建设工作现场会，推广学习傅庄街道党工委农村精神文明建设经验和傅庄街道建设“农村文明一条街”做法。

2004 年 4 月 15 日，全市精神文明建设工作会议在罗庄召开。同年 7 月，全省农村精神文明建设工作经验交流会在临沂召开，与会人员参观罗庄区现场。2005 年 6 月，全市文明社区建设工作现场会召开，与会人员参观罗庄区现场，双月社区、沈泉庄社区被市委、市政府授予“文明社区”称号。2007 年 8 月，全市文明社区建设工作现场会在罗庄区召开，与会人员参观罗庄区双月社区、湖南崖社区、韦姜屯社区，区委书记王行华在会上致辞，区委、区政府和湖南崖社区作会议交流。2010 年，围绕建设文明社区，开展文明村、文明家庭创建活动，不断优化社区人居环境。将社区服务纳入督查范围，各镇、街道成立社区工作督查小组，定期、不定期开展社区服务督查工作，对社区人员服务、值班和社区事务管理等工作进行督查，进行量化考核，考核结果与社区经费、干部使用、评先树优挂钩，增强社区为民服务责任感，调动为民服务积极性。2013 年 5 月，推进五大文化惠民工程，完善提升村（社区）文化大院 79 家，完善农家书屋 52 家，新建公共电子阅览室 66 个，每村每月放映一场公益电影，建成 1 处 3D 数字影院。同年，完善提升 8 个镇、街道综合文化站，建成 38 个全国文化信息资源共享工程基层服务点。

至2013年，全区有省级文明单位23个，文明社区6个，文明镇、街道4个；市级文明单位31个，文明村镇12个，文明社区6个；区级文明单位66个，文明村镇30个，文明社区4个。

第三节　文明新风

2000年7月，区委办公室、区政府办公室印发《关于进一步做好移风易俗工作的意见》。2003年9月，开展"改陋习、树新风"、科普宣传教育等系列活动，在全区形成讲文明、讲卫生、讲科学社会风尚。2007年，在全区开展"美化城乡环境，争当文明市民"活动，扶持秧歌队、高跷队、二胡队等社区业余文化队伍建设，建立社区文化辅导员队伍和社区志愿者服务队伍。2010年9月，以第八个"公民道德宣传日"为契机，扩大文明礼仪知识宣传，加大民族精神和时代精神宣教力度。2011年2月，开展"我们的节日"宣教实践活动，按照"政府引路、百姓过节"思路，利用春节、清明、端午、中秋等传统节日，因地制宜开展富有传统特色、地方特色的系列文化活动，引导群众认知传统、继承传统、弘扬传统。2012年3月，罗庄区志愿者协会成立。同年，开展文明志愿弘扬行动。推进社区志愿服务和谐行动和志愿者服务周活动，开展环保宣传、便民服务、扶贫济困、文明劝导等形式多样志愿服务活动，弘扬以"奉献、友爱、互助、进步"为主要内容的志愿精神。至2013年，有20支志愿服务工作队、58个志愿服务工作站、2.25万人志愿者队伍。

第三章　民俗

第一节　生活习俗

服饰

罗庄人对服饰看得很重。俗说："人靠衣裳马靠鞍"，但受地理环境、文化传统等影响及经济条件制约，不同时代、阶层、职业、性别之间在服饰上有较大差异。

服装　清末民初，民间多用自纺自织粗布（俗称土布）手工缝衣，衣式肥大。上衣主要有对襟式和右大襟式两种。男式多为直领对襟式，有5、7、9颗纽扣不等，纽扣用布条缝成，前襟两侧各缀一个口袋；女性一律穿右大襟式，只有一个口袋，缝在内襟上；青年女子衣服上多滚花边。裤子裆部肥大，俗称"大裆裤"。老年人和中青年女子都用带子扎住裤腿。服色多染青、蓝两种。一般男穿青女穿蓝，也有的穷人家染不起布穿白裤子。夏季，男子穿长及膝盖的裤衩，光上身，披一块搭肩布或蓑衣。女子则单褂长裤，穿着整齐，并要扎住裤腿脚。冬季，穿大襟式短袄，因弯腰时盖不住臀部，俗称"蹶腚袄"，又因不穿内衣，别称"筒子袄"，袄外腰间扎一条布腰带保暖。下身穿棉裤，也有穿"灯笼裤"（仅两腿有棉花的一种棉裤）。春秋季节，穿单裤单褂，天凉时加坎肩。富裕之家，衣料多为细布、绸缎，花色也多，春夏秋三季所穿衣服式样与一般百姓相似，冬天男子多穿大袄或皮袄，外套长袍、马褂。

20世纪30年代，花布、白洋布始见于乡村。官宦富绅之家女子中流行穿旗袍，公职人员、教师等穿中山装，学生穿制服。冬季，男子时兴穿棉大衣；夏季以穿衬衫、背心为时尚。50年代，中青年爱穿中山装、国防服，多灰蓝二色。60年代，手工织布逐步被机器织布代替，卡基、冲锋呢、线哔叽、蓝士林、华达呢、条绒等布料，摆上供销社的柜台，人们可以凭布票购买。"文化大革命"时期，青年男女以穿草绿色的国防服为荣。80年代，衣料品种日益增多，各类化纤和混纺面料取代了手工织棉布，麻、毛、裘皮、人造革等制作的中高档服装逐渐流行。衣服款式日趋新颖，更新换代节奏加快。男性喜欢外穿西服、运动服、夹克、面包服、羽绒服，内穿衬衣、毛衣、秋衣、绒衣等。女性则喜欢穿裙子、旗袍、毛衣等。老年人喜欢穿休闲装、夹克衫等宽松服装。手工缝制的服装被成品服装替代。进入21世纪，服装品类、样式越来越多，美观、舒适、逐渐成为人们消费趋向和追求。服装花样和潮流变化不定，更迭频繁。为展现女性的曲线美，时装新潮不断涌现。瘦、透、露成为时尚，紧身裤、蕾丝装、低腰裤、露脐装、冬半裤、透视装等广受青年女子的欢迎和喜爱。男性服装仍以西服、夹克为主，追求美观、休闲、时尚。

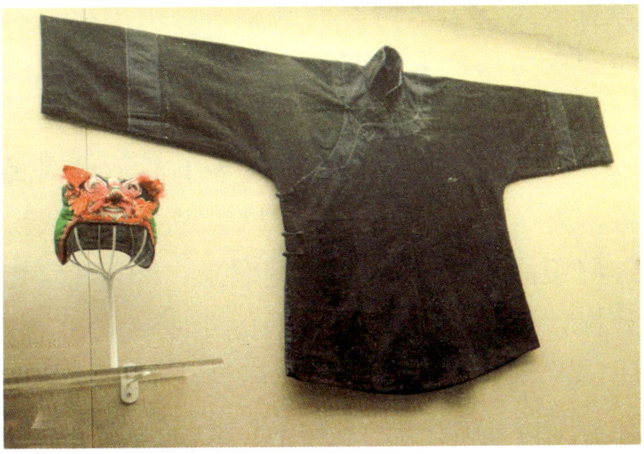

图25-5：清末大襟褂子与虎头帽

图25-6：70年代沂蒙凉鞋

鞋帽　旧时，男女老幼皆穿纳底圆口布鞋和白布袜子，青壮年男子多穿铲鞋（鞋的前面脸有弯钩），青壮年女子和儿童的鞋面绣花或割花。贫困者在冬季穿单布鞋或"笼烘"（以芦花、蒲草做成的一种草鞋）御寒，富裕人穿布棉鞋保暖。下雨天则穿木鞋或油鞋防水。男子戴黑色毡帽、瓜皮帽，女子戴头巾，儿童戴虎头帽。20世纪30年代，官僚士绅等社会上层人物时兴戴礼帽。60年代，机制线袜逐渐取代土布袜子，穿胶鞋、机制布鞋成为青年人追逐的时尚。春秋季节男青年多戴遮檐帽，冬季男子时兴布制或人造毛棉帽，俗称"三扇帽"，女青年戴花红头巾。夏天，青年男子穿塑料凉鞋，大部分穿用废弃的胶皮轮胎做的凉鞋，俗称"沂蒙凉鞋"。80年代，青年戴帽者人数日渐减少，代之以围脖和纱巾。中老年男性多戴鸭舌帽、长檐帽，穿各种布鞋、皮鞋、运动鞋、旅游鞋等，高跟、半高跟鞋在中青年女性中逐渐流行。90年代前，夏天城乡居民有戴斗笠之习。此后，戴斗笠者渐少，已不多见，多戴草帽、遮阳帽。2000年后，鞋的变化在不同年龄段凸显出来，青年女性流行穿高筒、半高筒皮鞋。各式运动鞋、旅游鞋、休闲鞋受到人们的喜爱，为不同年龄的居民所穿用。境内青年男女定亲，一直有女方给男方送鞋的习俗，俗称“扎根鞋”。

发型　民国初期，当局虽有剪辫子的政令，但仍有封建意识较强的男子留半发（俗称半毛）。女性在婚前扎辫子，婚后绾纂（鬏子）。20 世纪 50 年代后，大部分男子剃短发，少部分剃光头，姑娘扎一条辫子、短发（二道毛子）。60 年代女子开始扎两条辫子。2000 年后，女性发型多样化起来，有烫发、披肩发、染发、盘发等，男青年多留平头、分头、分背头，老年男性多为短发或光头。染发成为一种时尚，不少青年人将头发染成黄、棕红等各色，老年人则时兴将白发染黑。

饰物　旧时，女子饰物较多，有钗、环、项链、戒指、手镯、珠花、绒花等。儿童戴长命锁、长命牌等。饰物因家境贫富有金、银、铜和玉等质地之分。有的男子腰佩绣花烟荷包作为饰物。中华人民共和国成立后，女子经常参加户外劳动，佩戴首饰者渐少。“文化大革命”期间，青少年男女多以领袖纪念章为饰物。80 年代始，女子复以戴耳环、戒指、项链、手镯为美，戴者日多，多为金银材质。2000 年后，女性多了手链，少数男性也有戴戒指、项链的。男女青年订婚，项链、戒指、耳环（俗称三金）成为男方送给女方必不可少的信物。

饮食

境内民众有一日三餐的习惯。吃饭时间则因时而定。在农忙季节，多在早晨起床后，先下地干活，再回家吃早饭。主食中，视玉米、高粱、小米、荞麦、大豆、地瓜等杂粮为粗粮；视小麦、大米为细粮。旧时，居民多吃粗粮，伴以蔬菜。米面、鱼肉节日待客才用。早、晚吃煎饼、咸菜、喝糊饾，午饭有炒菜。煎饼是境内居民主食，由人力或畜力用石磨磨糊，用鏊子摊烙，有高粱煎饼、瓜干煎饼等。中华人民共和国成立前，主粮有玉米、高粱、小麦、大豆、荞麦、地瓜等。平时百姓的主食是各种杂粮制作的煎饼，遇上荒年，还要掺上树叶、秕谷、地瓜秧等，不少贫困农民吃糠咽菜，过着“半年糠菜半年粮”的生活。20 世纪 50 年代后，开始推广高产地瓜、种玉米、水稻，饮食结构有了显著变化，以玉米、瓜干煎饼为主食，百姓有了白面（小麦面）、大米吃。平日居民饮食口味以咸为主，辣味为辅，咸味多以咸菜为主，或炒食各种青菜，也以青菜、野菜加以大豆磨浆制做渣豆腐。平时如能煎饼、糊饾、渣豆腐三样见面，便为理想的庄户饭食。80 年代后期，城乡居民主食以细粮为主，旧时待客、节庆才能吃到的细粮食品，逐渐成为家常便饭，而杂粮食品、咸菜、渣豆腐成为调剂生活的小吃。进入 21 世纪后，人们追求健康饮食、绿色饮食、营养饮食。

副食通常有肉类、鱼类、蛋类、豆制品和蔬菜瓜果等。肉食品主要有猪、牛、羊、鸡、鸭、鹅等畜禽产品，鱼类以淡水鱼为主。中华人民共和国成立前，平民家庭饭桌上难见肉鱼，大多是咸菜当家，一般人家春天腌香椿、鸭蛋，做豆腐乳，夏天晒酱、酱豆子，秋天腌辣疙瘩，捂臭豆子拌萝卜或冬瓜等，冬有闷菜，年节待客时炒菜，力求丰盛：有四、六、八、十盘不等，若是贵客，要请人作陪。婚宴讲究“三大件”“八大碗”，菜目固定，以肘子、参头、鲤鱼为上品，讲究鲤鱼、鸡、丸子三菜齐全。20 世纪 80 年代后，人们饭桌上的副食品丰富起来。90 年代后，日常饮食与节日饮食之间的差距逐渐缩小。居民饮食开始讲究花样和质量，注意营养搭配、荤素协调，海鲜等摆上家庭餐桌。随着人们生活水平提高，主食减少，肉蛋蔬菜等副食品增加。蔬菜除原有的白菜、萝卜、茄子、黄瓜、冬瓜、南瓜、豆角、豆芽、苔菜、韭菜、胡萝卜、地豆子（土豆）、芹菜、芸豆、辣椒外，又增加了菜花、蘑菇、莴苣、油菜、西红柿等。瓜果由原来的西瓜、甜瓜、苹果、梨、枣、杏、桃、柿子、葡萄等，又增加了香蕉、橘子、椰子、柚子、菠萝、樱桃、草莓、无花果等。随着蔬菜大棚和冷藏业的发展，蔬菜、海产品、水果一年四季源源不断。

民间视生水为“凉水”，称担水为挑水。自古以来居民习惯在村内挖井挑水饮用。60年代前，每个村都有一眼或数眼水井，全村共有、村民共用；靠近河道居民也有饮用河水的习惯。各家院内（屋内）都有一个或多个水缸，把河水或井水挑到家里都倒进水缸里储用。70年代后，多数在自家庭院里打压水井，较前使用方便卫生。2006年后，农村实施村村通自来水，大部分村民都用上干净卫生的自来水。经过加工处理的纯净水、矿泉水开始进入百姓家庭。

酒作为文化，渗透到人们生活的方方面面。改革开放前，人们一般饮用白酒，祭有酒、节有酒、娱乐有酒、喜庆有酒、婚丧嫁娶亦有酒，日常生活更是离不开酒。旧时饮酒不计较菜肴，有的小菜几碟，甚至咸菜一块，便可美美喝上一壶。招待客人却讲究礼节。在座次上有上席和下席，面对门口的位置为“上席”，背对门口的位置为“下席”。在没有客人的家庭酒席上，尊长坐上席，其他按辈分、年龄安排座次。一般招待客人的酒席，贵客坐上席，其他客人依次排列，陪客者坐下席。斟酒循先客后主或先长后少之序，且要满杯，有“斟酒不满，薄人不浅”和“先喝为敬”之说。奉菜时先上凉菜，后上热菜，鱼头朝向东，鱼肚朝向上席，丸子最后上。每上一道菜，必须放在上席面前，让主宾先动第一筷。饮酒时间不限，何时结束取决于上席的贵客，否则是对客人不敬。酒席结束前，主人要跟大家共饮一杯酒，称“全家福”。改革开放后，人们开始饮用啤酒。90年代后，不少人喜欢饮用红葡萄酒。女性则以雪碧、果汁等饮料代酒。有些酒俗已改变，如有的喝酒不再用酒壶、小酒盅。酒席座次也有变化。酒店宴会上，主人坐首席，称主陪，客人坐主人两边，称主宾、副宾。下席位置是副陪，副陪两边是三宾、四宾；其他人按序坐。2000年后，人们逢喜事，朋友聚会，节庆假日，往往到酒店宴饮。

居民有饮茶习惯，特别是成年男子，不但自己喝，更是待客之礼，来了客人先敬茶。宴席上也是先茶后酒，酒茶兼饮。60年代前，除少数人有饮茶习惯外，多数家庭只有款待客人才饮茶，多饮茉莉花茶，一般群众平时只饮白开水，夏季防暑，喝石榴叶泡茶。90年代后，很多人喝绿茶。进入21世纪后，铁观音、大红袍、龙井、金骏眉、普洱等名茶开始进入家庭。居民不仅饮茶待客，饮茶也成为生活时尚。

境内的风味小吃较多，其中能代表罗庄特色的是傅庄糁（sá）。傅庄糁历史久远，制作工艺复杂，火候、时间、搅拌、用具都有讲究。有鸡肉糁、牛肉糁、羊肉糁三种。是用禽畜肉、麦米、葱、姜、盐、面粉、酱油、胡椒粉、五香粉、香油等多种配料熬制而成的肉羹，以其香嫩可口、肥而不腻、营养丰富为人们所称道。中华人民共和国成立后，傅庄的谢家糁馆享有盛誉。2000年后，傅庄形成一条“糁街”，并增加小炒和食品。另外还有吴家白庄的羊肉汤、湖南崖炒鸡也较有名气，备受人们青睐。

居住

境内村落相隔远近不一，村内左邻右舍

多接山连墙。在村庄布局上，大村习惯以棋盘形式，宽的道路叫街，窄的道路叫巷。民宅一般坐北朝南建堂屋3间，两明一暗，人口多的家庭也有建4间、5间正房的。堂屋两侧的房屋称东屋、西屋；靠近前院墙的房屋称南屋；南屋中间是通道，称为过道；过道两侧用墙隔开的房间，称耳屋。20世纪50年代前，居民以四世同堂为荣，儿孙满堂不析产，几代人同住一院。房子多是土木结构起脊草房。东部平原的草房砖石为基，土墙到顶，厚约半米，木梁，木檩、木制门窗。富裕之家，有的为瓦房，有的为青砖到顶砖木结构。西部丘陵地区的草房是石头砌的墙。新房盖好后拉起院墙，一般走南门、东南门、西南门，极少走北门。为防止风雨剥蚀大门，一般在门上建一简易建筑，称为门楼子。70年代，先后流行建带砖跺的“四角青”、房檐苫瓦的“四不露毛房”、砖木结构的“全砖瓦房”，并采用玻璃门窗，室内宽敞明亮。80年代起，农村对新建住房统一规划，统一标准，成排成行，居民住房条件有很大改善，釉瓦盖顶，砖木结构。木檩由5条、7条增至9条、13条、15条，人们高兴地说“住瓦屋，烧炉子，草刺没有”。90年代，随着人民生活水平的提高，多建钢筋砖混结构的平房，少数富裕农民陆续建起二层小楼。2000年后，进行旧村改造，建二、三层的楼房。昔日的木门窗被铝合金门窗代替。有的村庄还建起居民小区，住进楼房，过上城里人生活。

农村盖房是件大事，需请人看日子，择风水，选吉日破土动工。建筑材料根据家庭经济情况而定。旧时讲究枣木脊、榆树梁，杏木或核桃门（或银杏门），桃木窗。枣木表示早积累财产，银杏表示年久，榆木表示年年有余粮。上梁是建房中的重要程序，要举行仪式，上梁要在中午12点前开始，木梁上贴红纸写的“上梁大吉”，两个脊檩贴“鲁班问梁何日上，太公答曰此时吉”“立玉柱天长地久，架金梁人寿年丰”等对联，燃放鞭炮，主家设宴席喝上梁酒以求吉利。安门时，门框的上档贴红纸写的“安门大吉”。房子建成后，主家要摆酒款待工匠，俗称“喝结工酒”。

图25-7：清末民居影壁墙

出行

罗庄一带有句俗话：“在家千日好，出门一时难”。出门习惯“穷家富路”，首先把钱带足，以防遇到特殊情况“坐蜡”，其次是准备好换洗衣服、物品和食品。旧时，老百姓有“三六九，往外走”俗语，常选在农历每逢“三、六、九”的日子出门，并忌讳农历每月初一、十五出门。20世纪50年代后，这一习俗逐渐消失。

大车、地排车，独轮车（小胶车）是20世纪70年代前居民主要交通运输工具。步行是人们的主要出行方式，有自行车的人家很少。70年代后期，拖拉机、农用车作为现代交通运输工具，大队、生产队集体购买。自行车风靡一时，需凭票购买。当时能有一辆自行车是一件很有脸面的事情。80年代后期，自行车基本普及，流行品牌主要有“凤凰”“永久”“飞鸽”“大金鹿”，部分人骑上摩托车。2000年后，城乡时兴电动车、电动三轮车，骑自行车的人逐渐少了，除单位轿车外，城乡企业经理、富商多数配置档次不等的轿车。进入21世纪，先城镇后农村，家庭购买轿车的越来越多，公路上，公交车、出租车、私家车川流如梭，汽车、火车、高铁、飞机逐渐成为人们出行的主要交通工具。60岁以上的老人，在市区免费乘坐公交车。

器用

旧时，境内居民家庭设置，贫富有别。一般人家居室内正面摆有方桌、抽屉桌，偏侧放置柜橱，靠山墙安有木床以及饭桌板杌。贫者除床、饭桌，仅有锅、瓢、盆等用具。富裕之家有八仙桌、条几、太师椅、箱柜、顶子床等，质料多为楸木、香椿木等木材制作。婚嫁陪送，中等家庭不过橱、柜、抽屉桌、椅、大小杌“六件头”，贫者仅有柜、杌、桌等2～3件，富者则8件、10件，甚至更多。着色多为紫红色。居民家庭都有柴灶、风箱、铁锅、水瓢、木勺、粗瓷黑碗，多数还有鏊子。取暖用泥制火盆，烧柴草，垒煤炉烧煤饼，做饭取暖两用。20世纪80年代始，家庭用具出现变化，从城市波及乡村，大衣橱，组合橱、写字台、高低柜成为时尚家具。自行车、手表、缝纫机、收音机被称为“三转一响”。90年代，沙发、茶几、席梦思床，电视机、录音机、冰箱、洗衣机、高压锅、微波炉等器具不仅在城镇居民中广泛使用，农村居民使用者也日渐增多。传统的瓷制碗、碟、盘、盆、汤勺等餐具日益精致。进入21世纪，空调，冰箱、平板电视、电话机、照相机、电暖气、太阳能热水器、液化气灶等高档生活用品进入城乡居民家庭。农村居民做饭，不再烧柴草和作物秸秆，多数居民用液化气灶做饭，少数居民仍用蜂窝煤炉做饭、取暖。

图25-8：柜—20世纪30至60年代罗庄女性嫁妆之一

生产习俗

中华人民共和国成立前，境内农民重视农桑，崇尚勤劳耕作、节俭持家之风。农民一般遵循“日出而作，日落而息”的传统习惯。勤奋之家，一年四季“黎明即起”，谚语“若要富，鸡叫三遍离床铺”。农民家庭一般是男耕作，女理家，妇女在家中主要是“缝缝连连，看孩子做饭”。工业主要是私营煤矿、铸造、陶瓷、手工业等，商业主要是经营煤炭、窑货、铁锅、鏊子等，有店铺和摊贩两种经营形式。店铺主要集中在集镇。店面大的叫店，小的叫铺，俗称“小铺”。中华人民共和国成立后，随着农业生产体制的变革，妇女从家务劳动中解放出来，成为生产活动中的“半边天”。随着经济体制改革和商品经济发展，国有和集体工商业快速发展，居民思想逐步解放，务工经商者迅速增多。

中华人民共和国成立前，农业生产条件差，生产工具落后，农民劳动强度较大。种地用土杂肥，农民春节过后即忙于捣粪、运粪。素有“种地不上粪，等于瞎胡混”“庄稼一枝花，全靠肥当家”的说法，讲究精耕细作。耕地主要用牛拉犁耕或用镢刨锨剜。平整土地用耙，播种用耩子。“谷雨前后，种瓜种豆”，适时下种。随后便是以锄草、灭虫为主的田间管理。境内多春旱，几乎年年有，遇旱很少灌溉。有水的地方，要肩挑车拉才能运水到地头，有“人种天收”之说。农历五月麦收季节，多阵雨冰雹，故有抢收抢打的习惯。“麦熟一晌”“春争日，夏争时”“有钱难买五月旱”。一般是“八分熟，十分收”。收麦使用镰刀，抢收期间，往往天不亮下地，小半夜收工，午饭由儿童或妇女送到地里吃。麦收后抢墒下种，下种忌埋深，俗语“五月豆，半边露”。此后天气炎热，作物生长旺盛，农民忙于锄地除草，搞好田间管理。一般锄过三遍之后定苗，习惯上要追加一次农家肥。因此，割草积肥也多在这个季节。“立秋的草，棒打倒”，杂草生长变慢，于是有“立过秋，挂锄钩”之俗。秋收秋种是一年中最忙的季节，俗语“三春不如一秋忙”，既忙收又忙种，劳动强度极大。冬闲时节，有条件的农民搞些副业生产、打工等。中华人民共和国成立后，大搞农田水利基本建设，调整农业种植结构，推广科学技术，农业生产抗御自然灾害的能力增强，讲求科学种田，农业机械大量使用，机耕机播机收面积不断增加，农民生产劳动强度大大降低。耕作播种一般一年两季，即夏收夏播和秋收秋播。粮食种植以小麦、玉米、地瓜、水稻为主。80 年代后，化肥、农药、除草剂的使用量增加，割草积肥、锄地除草等传统的生产活动渐已不存。进入 21 世纪，全区农业现代化程度迅速提高，传统的农业生产方式不断改变。大型的拖拉机、播种机取代原来的犁和耩子，联合收割机取代原来的镰刀和碌碡。麦收、夏播、秋收秋种也不像原来那样忙累。

图 25-9：耩子—70 年代罗庄农用播种工具

第二节　礼仪习俗

婚嫁

境内婚嫁之俗，各地差异不大。旧时，男女婚姻遵从“父母之命，媒妁之言”，子女无自主权，结婚后才能谋面。议婚讲究门当户对，年命相合。男女联姻一般要经过提亲、合年命、定亲、下小柬、下大柬、下催妆衣、迎娶、婚礼、回门等过程，礼仪繁缛，富家尤甚。20 世纪 50 年代初期，提倡男女平等，反对父母包办和买卖婚姻。由于人们的思想观念受长期传统婚俗影响，一些旧的婚俗一时很难打破，在农村，其婚嫁多采取新旧结合的方式。可以自己谈恋爱、搞对象，婚事由自己作主。虽然一般也要听取父母意见，但决定权在自己手里。文明的父母不再干涉子女婚事。花轿不再是唯一娶亲工具，新娘不再是戴凤冠、蒙头红，着霞帔彩裙，而改为红裤、红褂。新郎由头戴礼帽，身着长袍马褂改为中山装。婚俗中的一些迷信色彩也明显淡化。60—70 年代，“破四旧”（旧思想、旧文化、旧风俗、旧习惯）立四新，传统的婚俗被彻底打破。提倡喜事新办、晚婚晚育、少生优生。结婚不再查日子、要彩礼，许多村庄由团支部组织敲锣打鼓扭秧歌送新娘。婚礼不再拜天地，新人入洞房后，分糖果、香烟，既热闹又节约。亲戚知己朋友送礼，也就是暖瓶、脸盆、床单、枕巾之类礼品。80 年代中后期又有礼仪回繁之势。2000 年后，随着社会发展和讲文明、树新风活动开展，婚嫁中的许多习俗被简化或不存，并逐渐融入一些新的理念和形式。随着经济条件的改善，重彩礼，讲排场，大宴宾朋大操大办铺张浪费之风较盛。

20世纪50年代至今，男女结婚主要经过提亲、定亲、定婚期、备喜、婚礼、回门等过程。

提亲　男女双方结亲一般有媒人介绍或自由恋爱相识两个途径。男女到了谈婚论嫁年龄，即有媒人提亲，或男女一方提请媒人，媒人提亲多以门当户对，男女般配为依据。提亲阶段，双方除听媒人介绍，还要通过各自亲友打听对方的性格、品行、身体、家庭状况及文化状况等。20世纪50—70年代，较注重家庭出身、政治面貌。80年代后，较重视学历、能力和经济状况。再经过找先生合年命，年命相合，双方如同意，即可见面相亲。相亲又叫“见面”，由媒人约定见面地点、时间，由男女双方家人陪伴见面。双方不当场表态，之后由媒人传递信息。男女双方如皆中意，由媒人联络择日定亲。自由恋爱，是男女双方在一起工作、生产、学习、交往产生感情，自由恋爱定终身。80年代后，不管是自己熟知还是经人介绍，都要经过谈恋爱阶段，了解对方，建立感情，确立恋爱关系，然后与双方父母见面。

定亲　定亲仪式旧时称“下小柬”，也称“过小红”，又叫“传小启”“递手布”。定亲礼物多为衣料鞋袜、首饰、化妆品和粉条粉皮、山药、点心、鸡、鲤鱼、猪肉等“六色礼”，也有“八色礼”或“十色礼”的，男方要给女方礼金，礼金多少根据男方经济条件而定，由媒人偕同男方送到女方家。女方家也要给少量几件礼品作为回礼，表示亲事已定。后逐渐演变为女方由亲属陪伴到男方家中看其家景，称“看家”，男方要设宴盛情款待，并赠送彩礼及“见面钱”，有1001元的（寓意千里挑一）、10001元的（寓意万里挑一）等多种规格，同时还要给三金（项链、戒指、耳环）。定亲后，双方的婚姻关系便得到社会公认，无论哪一方再悔婚，便被视为不道德；青年男女均改口，按对方的称呼来称呼对方父母及家人；男方在春节和中秋节向女方送节礼，女方也可到男方家走动。

定婚期　称送日子，也称“下大柬”或“传大启”，又称“过大红”。男方根据女方生辰属相，择吉日，书写年命帖，并备礼品一同送至女方家。80年代后，城镇青年结婚婚期多定在四大节（五一、国庆、元旦、春节），亦有旅游结婚者。

备喜　婚期确定之后，男女双方各自为儿女成婚大礼筹划备办。男方须布置新房和置办酒席，女方要忙着置办嫁妆，称“忙嫁”。80年代中期后，则由双方共同置办，通常是男方置房，嫁妆提前布置在新房，女方陪送家用电器。拍婚纱照成为时尚，制作成精美的影集、影框，有的刻成光盘作为永恒纪念。结婚前三天，由新郎弟和近亲兄（弟）二人带礼品、红棉袄、红棉裤等嫁衣送至女家，俗称“下催妆衣”，商定结婚有关事宜。并向亲朋报喜，亲朋则携礼品、礼金登门祝贺，谓之“封礼”。女方结婚前要到祖坟拜祭祖宗，谓之“上喜坟”。结婚前一天，男方要在新房支床、铺床，床的四条腿垫红纸包的红砖，每块砖上放一枚裹以红纸的铜钱，还要放些红枣、白果等。铺床的时候，褥子和被子要放些大枣、栗子、钱币以及染成红红绿绿的花生、白果等讨口彩的干果，亦有缝在被褥四角的，意为“早生贵子”，还要在红席上面铺些豆秸、麦穰和红草，铺好后，找一个小男孩在床上来回滚上几趟，谓之“滚床”。同日，还要贴喜联，凡与喜主血缘关系近的本族人家都贴喜联。结婚前一晚上女方的亲戚把带来的点心放在柜子、箱子、桌子的抽屉里，还要给出嫁的姑娘数量不等的压腰钱，谓之“装柜”，也称“添箱”。2000 年后，嫁妆多提前布置在新房，女方到男方家添箱。

图 25-10：盒启子

婚礼　婚日清早，新娘穿好嫁衣，梳洗打扮，然后由大娘或婶子给开脸、上头。2000 年后，新娘多穿婚纱，到美容店化妆、盘头。发嫁吉时一到，新娘拜别父母，由其兄弟用大椅子抬上花轿（车），同时要放鞭炮。要有男客女客数人陪送，本家族亲人或朋友、近邻抬送嫁妆，花轿（车）需按预定的方向、路线走，遇桥遇沟要贴“青龙”贴子、放鞭炮以避不吉。20 世纪 90 年代后，不再用地排车、拖拉机送亲，多用轿车，车队一般款式、颜色一致，讲究车辆档次，送亲的客人，也由过去的徒步、坐拖拉机，改为坐轿车或客车。花轿（车）至男家的村头或小区路口，男家鸣放鞭炮、乐队奏乐迎接，一直到家门口，新郎着盛装相迎，下轿鞭响起，新郎打开花轿（车）门，新娘由二位迎女客左右相扶踏“升”下轿（车），随新郎之后，脚踏红毡步入院中，谓之“倒毡”，行至门口，新娘要从门里准备好的火盆上迈过。新娘出轿（车）、过门时，由新郎的嫂子向新娘头上撒麦麸数把，麦麸中掺和栗子、红枣、铜钱之物，寓含新人婚后有福、有钱、早生贵子。新郎新娘走向院内天地桌前同拜天地，再拜高堂，夫妻对拜后将新人送入洞房。向院中撒糖果等，众人抢拾，极其热闹。入洞房后，新娘“坐床”（又称“坐帐”）压福，新郎、新娘同吃宽心面，咬红鸡蛋，喝交杯酒。入夜，不论男女老幼皆可入房看新娘，要喜糖，要喜烟逗引调笑，俗称“闹新房”。2000 年，婚礼由城镇逐步到乡村盛行在酒店举行，大多选择婚庆公司专业司仪主持，彩虹门、礼炮、气球、红地毯配套设施一应俱全，由主持人主持，主婚人、证婚人、来宾代表、家长致辞。礼毕，喜宴开始，喜主和新人敬酒、发红包。新婚次日早，新郎新娘要叩拜公婆及同宗长辈和同辈年长者等亲戚，分送喜点心、喜鞋等，谓之“磕喜头”，赠头者要给新婚夫妇“喜头钱”。磕完喜头后，再去上坟祭祖，坟头压红纸，俗称“上

图 25-11：剪纸——罗庄婚俗

喜坟”。有的地方中午前，女方娘家来人看望，称“瞧”，男方要设丰盛酒席款待。婚后第三天，男方携酒菜、点心到外祖父家磕喜头，上喜坟。

回门　回门日期在结婚当天由婆家和娘家协商而定，一般是“过对六”或“过对九”，即新婚后第6或第9天回娘家，娘家兄弟辈来叫，到娘家住6天或9天再送回婆家。也有的地方在结婚第三天，新娘的兄弟姐妹去瞧瞧；一个月后，娘家兄弟接新娘回娘家过满月。90年代后，过回门变化成结婚第三天，新郎陪同新娘回娘家，中午全家一起吃顿饭就返回，也不用新娘的哥哥或弟弟去接去送。

生育

得喜　生儿育女是家庭和亲族的大喜，故称怀孕为“得喜”，俗称“有喜了”，年轻媳妇悄悄话是“有了”。怀孕期间忌讳较多，如不能吃兔子肉、团（甲）鱼、狗肉、驴肉、泥鳅等动物，夜晚不能露天睡觉等等。进入21世纪后，妇女怀孕后时兴胎教。在胎儿发育成长阶段的各个时间段，科学地进行听觉、触觉等方面教育，如音乐、对话、拍打、抚摸等。

接生　妇女生孩子俗称“坐月子”，也叫“拾孩子”。旧时，妇女临盆时，如果婆婆有经验，即自己负责接生；若没有经验，就找本村“接生婆”接生。20世纪80年代后，孕妇大多到医院接生，接生条件大为改善。

挂红子　婴儿降生三日挂红（挑红子）报喜，即用一块一尺宽、一尺半长的红布（家有丧事未满三年者用蓝布），下面两角各钉一枚方孔圆郭铜钱，上沿缝一红高粱秸横梁，用红线系于横梁两端，男孩饰以一弓三箭蒜头和艾草，弓以栗树细枝做背，红绳做弦，箭则以红高粱秸制成；女孩则饰以蒜头和艾草，用一红高粱秸挑着，插在大门楼前沿正中，称“挂红子”，以表明这家生了孩子。红布显示喜庆，弓箭、蒜头则是希望男孩子将来“能打会算”、能文能武；女孩子将来精打细算理财掌家。同日，婴儿父亲到婴儿姥姥家报喜。若生男孩，首要的要有一个刮好的生猪头，并在猪耳朵上扎上红绸，在猪鼻孔各插一朵花以为装饰；生女孩没有猪头，但一束鲜花要放在显眼位置，让人一看便知婴儿性别。其余礼品诸如染红的熟鸡蛋、点心、糖果等可随分而定，六色八色皆可，这个习俗沿袭至今。

送米糖　也称铰头。女孩出生后第9天，男孩出生后第12天，其父母双方以及主要亲友带着米面、鸡蛋、红糖、童被、童衣童帽、玩具之类前往贺喜，邻居及朋友亦送钱送物祝贺，名曰“送米糖”，也叫“送粥米”。时至正午，婴儿奶奶抱持婴儿端坐正厅，由孩子舅舅执剪把小孩头发铰一剪子，同时许个心愿，如希望孩子将来有所作为、一举成名等；接着由小孩姑姑铰第二剪子，同时也许个心愿，如祝孩子长命百岁、健康平安等。然后孩子奶奶用布把剪下头发包好，悬挂在家中比较高的地方保存，寓意孩子长大后必有出息，高人一等。铰头后，小孩奶奶找个针线笸子或簸箕，铺上红纸，自己先装钱铺底，小孩舅先给见面钱，姑姨等众亲友依次将见面钱放入笸中，然后当面点计礼金，最后由婴儿爷爷添整。此款一般不动，储存以备孩子后用。仪式最后，主人将姥姥家带来的一对葱，栽到花盆中，浇上水，任其生长结子，寓意聪明多子，人口繁盛。当日，主家置办酒席宴请亲朋好友，饭后每人一份喜鸡蛋。鸡蛋数量为单数，称“喜不足”一般为7个或9个。喜鸡蛋染成红色，后不再染色，改为在鸡蛋上贴一个“喜”字，今改为送礼盒。

坐月子　婴儿降生一个月之内，产妇不得出家门，只躺在床上或坐在屋里休息。月子里产妇怕冷风、凉水，忌夜出，习惯用毛巾或线帽包头，裤腿用带子扎着免受风寒。饮食以补养为主，如小米粥、荷包蛋、馓子、红糖，还要吃些猪蹄、鸡汤、鲫鱼汤之类催奶和补养身体的食品。

过满月　婴儿降生一个月称为“满月”。“满月”对于产妇和婴儿来说，是一个重要日子。从这天开始，产妇和婴儿可以正式和外界接触。这天，产妇娘家人不仅前来祝贺，而且还要把婴儿母子接回娘家住几天，称为小孩“换尿窝子”。

留百岁毛　这是对婴儿的一种祝福。男孩出生百日时，父母请人理发（剃头），在脑后留一撮毛，俗称“百岁毛”。意为健康成长，长命百岁。另外，还有当娘的晚上用手抓住百岁毛睡觉，意为好养。如今婴儿已很少留百岁毛。

系长命锁　这是对儿童的一种祝福。人们在端阳节（农历五月初五）时，用红、黄、蓝、白、黑五色丝线编织而成，缠于儿童手脖上，代表东西南北中五方，认为有神奇力量，避邪除瘟，引申为可“锁”住生命，保护儿童健康。还有锁状的饰物中间刻上“长命富贵”等吉语。旧时周岁祝福礼，有脸面家庭父母至百家索要铜钱，以五色线编成锁形，挂于婴儿颈项（不是天天戴），直至20岁时方可不戴，但必须保存好。如今儿童已很少系长命锁。

穿虎头鞋　旧时，儿童还有穿虎头鞋的习俗。多是母亲、姑姑或小姨到集市上买。虎头鞋用五色线精制而成，以黄色为主，鞋头面绣一虎头，中间绣一“王”字，虎为百兽之王，表示吉祥，古代有“王位”之说，主要是为其壮胆、避邪，寓小孩长命百岁健康成长之意。今儿童穿虎头鞋的已很少。

谢花　婴儿出生满百天后，长辈就要操持着请“栽花先生”给孩子“栽花”（接种牛痘）。先生手执小刀，在孩子臂上划三道沟，把“痘浆”注入。一段时间后，留下椭圆形疤痕。孩子从此以后就不会得天花病，这时就要筹备着给孩子“谢花”。姥姥要用五颜六色的彩纸，做成一朵朵的花。姥爷或舅舅用干净的黄泥，掺和些清水调匀，做6个花盆，为的是“六六大顺”。快干时裹上彩纸，把扎好的纸花插在花盆里，每个花盆插5枝花，寓意“五朵金花”。送花，一般选离农历六月不远的双日子，事先蒸好一锅馒头，包好两包面果，做好二斤烧饼，再买上一挂爆竹。姥爷或舅舅挑着担子，一大家人去送花。客人到了，主人家一番接待，送的纸花，要暂时保存。如果孩子生在上半年，当年六月就可“谢”掉；如果孩子生在下半年，要一直保存到第二年六月。谢花一般选在农历六月初一或初六，由孩子奶奶主持，准备五碗菜，菜的原料是乡间常见的豆腐、金针、瓠子、鸡蛋、粉条等，摆在院子的石条上，焚化火纸，同时引燃收到的纸花，祈求孩子一生无病无灾平平安安。烧剩的花盆排放在自家墙头上，任由风吹雨淋——期待孩子远离“天花”。这个习俗沿袭至今，但形式和内容有些变化。

祝寿

清末民初，富家大户老人年过50岁即过生日，俗称“做寿”。逢十整岁要大庆，主人预先准备“寿桃”“寿面”和酒宴，届时，家中张灯结彩，儿女全家人和本家都来祝寿，献寿礼，诸如寿桃、寿联、寿帐之类。汉族老人过66岁生日，女儿一般要买块猪肉作为礼品，俗称“六十六，要吃闺女一刀肉”。寿仪开始，扶“寿星”坐于高堂，祝寿者依次向前跪拜祝贺。民国后，渐改跪拜为鞠躬礼。礼毕摆宴，第一杯酒必先敬寿星，称“寿酒”。用饭必吃寿面。中华人民共和国成立后，老人年满60岁始做寿，寿仪从简，一般只在生日这天，全家人欢聚一堂，儿女向老人敬献蛋糕、寿面等喜庆食品表示祝贺。80年代后，许多家庭不论孩子大人，遇有生日即全家为之庆贺，渐成新俗。

丧葬

境内丧葬礼俗一般经过上灵床、指路、报丧、入殓、服孝、送汤、送盘缠、出殡、圆坟等程序。旧时，老人丧亡实行木棺土葬，生前就要预先缝制寿衣，打制棺椁。以檀木、柏木为上品。民风以厚葬为孝，丧事越隆重，丧主越显孝顺；观者越多，主家越感体面。故丧葬礼仪颇繁琐，且封建迷信色彩浓厚。

病人垂危咽气之前移入正房明间简易“灵床”之上，称“上灵床子”。此后，儿女皆在床前守护，跪请长者伴守。咽气之前，男洗脚，女梳头、穿寿衣。停止呼吸（俗称“原气”）后，面部蒙黄草纸，曰“蒙脸纸”。烙制打狗饼，用线穿成串系于老人的两臂肘上，给老人手中放置硬币（以前放银圆）。随后晚辈将死者穿过的衣服一件，放谷草（稻草）扎的草驴上至门外大街行“指路”礼，俗称烧倒头驴。然后泼“倒头汤”。第二天，待亲属省容后，将死者抬入棺材，谓之“入殓”。同日，丧主请近支或庄邻人向亲朋通报死讯殡期，此为“报丧”，俗称“送信”，晚饭后举行辞灵仪式。

老人故亡后，子女及近亲都要穿戴孝服，俗称“戴孝”。每天早、中、晚3次，子女侄孙等要到土地庙“泼汤”，又称“送汤”。一般人家，人死到殡葬，多为3天，谓“三天送殡”。出殡，又称“发丧”，是日上午，亲朋前来吊丧，俗称“吊纸”，经“送盘缠”“行路祭”等仪式后到墓地下葬，俗称“出殡”。葬后第3天，子女到墓前重修墓茔，上三天坟，俗称“圆坟”。

中华人民共和国成立后，提倡厚养薄葬，破除迷信，实行丧葬改革，送花圈、戴黑纱，开悼会渐成新俗。1975年，推行火化，殡仪程序有了改变。80年代后期，厚葬为孝思想抬头，沿袭旧俗大办丧事者增多。90年代后，为故者立墓碑开始盛行。许多村成立“红白理事会”，一切事宜由理事会负责操办。2000年后，取消大棺材、白孝褂，提倡青纱白花寄哀思，文明节俭办丧事。灵车、灵棚、祭品、哀乐音响等实行全套服务。机关公职人员逝世改在殡仪厅举行遗体告别，悼词改为死者的生平简介。

第三节 节日习俗

传统节日

春节 农历正月初一为春节，民间称“过年”，自古即是最重要的节日。民国初年，全国推行阳历，称阳历年为元旦，旧历年为春节。进入腊月，家家户户就开始磨面、碾米。一般家景的普通人家，平时省吃俭用，而过年时则要蒸馒头、烙煎饼、蒸发团（年糕），做豆腐，还要杀鸡、割肉、买鱼、炸年货。家家做豆腐，求的是“都有福”；杀上几只鸡，求的是“大吉大利”；买上几条鱼，求的是“年年有余”；蒸上一锅糕，求的是“日子过得年年高”。年前还要制作和购置各种生活用具和过年用品，大人、小孩添新衣。筷子、碗即使不缺，年前也要买上些，“增添人口、人丁兴旺”，图个吉利。洒扫庭院、洗刷器皿，人人理发，以示辞旧迎新。出嫁女子还要回娘家给父母送年礼，朋友间互送年礼。

除夕 农历年三十（小月为二十九）为

腊月最后一天，白天叫“年除日”，晚上称除夕，又称“岁除”“年夜”。要早起接灶，在大门口，烧豆秸、麦穰、放鞭炮迎灶王爷，然后清扫街道、庭院。上午开始贴对联、过门签，在门口插桃树枝条，大门外贴“出门见喜”，院内贴“满园春光”，影壁墙上倒贴“福”字，大型家具贴“福”，磨眼内插青竹。天一黑，门口置“拦门棍”，即在大门内横放上一根木棍，一是拦住家中的财宝，不让外流，二是不让孤魂野鬼闯入家门，院内撒上芝麻秸、豆秸，说法是“撒上芝麻秸出大官，撒上豆秸出秀才”。晚饭摆上丰盛的酒菜，全家人围坐在一起，共饮年夜酒，共吃团圆饭，开始守岁。全家人坐在一起，守着炉子，吃着花生、糖果，喝着茶水，谈天说地，彻夜不眠。饭后，妇女把饺子或年糕放在锅里压锅；初一不动刀；把剪子用布条扎起来，初一不能看见剪口（减人口）。中华人民共和国成立后，传统的春节礼俗大为简化，大多数家庭以收看中央电视台主办的春节联欢晚会守岁，机关团体举行团拜，开展军民慰问活动。

图 25-12：对联与过门笺（2013 年 2 月　摄）

过年　子夜至农历正月初一凌晨，家家户户放鞭炮。天蒙蒙亮，大人小孩就早早起床，穿戴一新，煮素馅饺子、下汤圆，放鞭炮。桌子放在院中摆上饺子、水果，焚香烧纸，接着由长辈领着家人跪拜，俗称“敬天”。晚辈给长辈磕头拜年，长辈给晚辈压岁钱。然后全家围坐一起，喝酒、吃素饺子、汤圆。素饺子、汤圆寓意新的一年阖家素气、平安、团圆。包饺子时要包几个带硬币的饺子和糖饺子，吃到有硬币的饺子预示今年要发财，吃到糖饺子预示今年甜甜美美。吃饺子时不能吃光，要留下几个，寓意年年有余。相传，压岁钱可以压住邪祟，因“岁”与“祟”谐音，晚辈得到压岁钱就可以一年平平安安。初一这一天不扫地、不动针线剪子。

天亮后，大人小孩成群结队出门拜年，先拜近亲长辈，后拜同族长辈，再拜乡邻，长辈则准备一些糖果、葵花籽、花生、点心类的食品招待来拜年的晚辈，有的备着酒肴请拜年的人喝一杯。路上遇见互道“过年好”“恭喜发财”等吉祥祝福语，外族人抱拳行礼。十点钟以后，拜年的人逐渐变少。

初二是娘家叫姑娘的日子，也称归宁。正月初三一定要吃顿饺子。旧时生活困难，一年只有初一才能吃顿饺子，但初三要尽量吃顿饺子，俗语“初三捏一捏，打得粮食没处搁”，以期新年丰收。正月初五，也称“破五”，俗称“五末日”。

中华人民共和国成立后，国家规定春节为法定节假日，各行各业放假 7 天（含 2 个双休日），普天同庆。春节期间，党和政府开展拥军优属、拥政爱民、走访老干部、老党员、慰问困难群众等活动，村“两委”组织给现役军人、荣残军人、烈军属贴对联，挂光荣牌，送慰问品，组织舞龙灯，踩高跷等娱乐活动。传统习俗不断赋予新内容。农村中“发纸”、磕头、拜年等习俗还在不同程度沿袭着，但在城区，随着社会发展和进步，亲朋或打电话或微信互贺，辞旧迎新，逐渐成为时尚。

元宵节　农历正月十五为元宵节，俗称

“过十五”，受道教文化影响，又称上元节或灯节。是继春节之后的一个重大传统节日。“正月十五闹元宵”。家家户户吃汤圆，蒸灯，放烟花。蒸灯是旧时的一种习俗。方法是，用豆面和玉米面做成龙状蒸熟，放在粮囤里，意为保佑风调雨顺，丰衣足食。蒸灯，每月一个，共蒸十二个，几月的灯就捏几个鼻。放上豆油或花生油，用草棒缠棉絮插入油中做灯芯点燃。据传说哪月灯里水多，就预示着哪月雨水大。灯点着之后，照照门后，有祈求不招毒虫蝎子之意；照照树，寓意不生虫害；照照牙齿，寓意不害牙疼。灯点过之后，要看灯芯，传说灯芯花大，预示着年内棉花丰收；灯芯花小，预示着年内谷子高粱丰收。晚上要炒菜喝酒、吃汤圆（元宵）。饭后，各家各户带着自造或购买的各种烟花、爆竹凑到一起燃放，孩子们放“滴滴锦”，城区还举行大型焰火灯火晚会。70 年代前，境内傅庄翻砂业兴盛时期，当地还有“打铁花”的习俗，四乡闻名。80 年代龙潭公园的灯会，远近闻名。2000 年后，每年一届的宝泉寺灯会，成为元宵节佳景。

图 25-13：面灯（2013 年 2 月　摄）

二月二　农历二月初二，俗称“二月二，龙抬头”。龙为百虫之长，它的抬头也表示虫类苏醒，自此万物复苏，春雨将降，象征农事即将开始，应及时备耕备种。此日清晨未出太阳时，在院内、场间用草木灰撒圆圈，名为围仓囤。灰圈中心放上少许五谷杂粮，预示着当年五谷丰登、粮满仓。是日，户户用黄豆、玉米、高粱炒熟，其中以黄豆为主，全家食之，称为“炒虫”“吃虫”，寓意是把庄稼的害虫炒死，不再危害庄稼，保证全年粮食丰收。

清明节　此节为祭祀节。这天有家家户户煮鸡蛋、屋檐插柳的习俗，东部地区松、柳并插，意为“驱瘟辟邪”。人们带着供品，到祖坟烧纸祭奠，为坟墓添土圆坟，纪念故去亲人。此日，青少年多到田野、山上游玩，谓之“踏青”。旧时有“清明往外跑，百病都不找”的说法。由于清明节的前一天称为寒食节，把寒食节归并到清明节，这一天还有禁烟火，吃冷食的习俗。

中华人民共和国成立后，党政机关、学校、群众团体组织到烈士陵园或烈士墓地祭扫，缅怀革命烈士，接受爱国主义教育。

端午节　农历五月五日为端午节，又名端阳节，俗称“五月端午”。是古代爱国诗人屈原投江的日子。据说屈原投江之后，人们为了不让鱼类吃掉其尸体，故向江内投放粽子。习俗相沿，变成这天吃粽子。此日，家家户户在屋檐上插艾草、包粽子、煮鸡蛋，每年端午节时艾草药效成分最高，所以有将艾草插在门上杀虫祛病的习俗。还有用各色布料缝制香荷包的习俗，内装艾草，挂在孩子胸前，寓意驱恶避邪。也有用五色彩线（五丝）拧在一起系在儿童的手脖上、脚脖上，据说是象征龙须，祈求长命百岁、幸福平安。还有用核桃枝、艾叶、猫子眼（泽漆）等煮鸡蛋的习俗。90 年代始，乡间和城镇有不少平日卖粽子专业户。超市粽子的花样更加齐全。有“吃了端午粽，才把棉袄横（扔的意思）”的俗语，说明时过端午节，就没有大冷天。80年代后，戴“五丝”习俗基本消失。

过半年　农历六月初一，俗称“过半年”。境内有的地方也有过六月六的。这一天，家家户户晾晒衣服，用新打下的小麦磨面蒸馍馍（馒头）、包包子改善生活。家有小孩种痘的，有的这天举行“谢花”“退盘子”仪式，烧纸花，放鞭炮，祈祝孩子平安。还有接出嫁的女儿回娘家的习俗，俗语有“六月六，吃闺女家一刀肉”。

中元节　农历七月十五日为中元节。民间有“七月半，鬼乱窜”之说，故此节又称“鬼节”。此日，人们要给已故亲人祭祀亡魂。有的地方无此风俗。此俗今多废。

中秋节　农历八月十五为中秋节，又称团圆节，俗称“过八月十五”，是仅次于春节的第二大传统节日。因八月居三秋之中，为仲秋，八月十五居仲秋之中，故称中秋。此时旱涝已分，年景已定，民间有“七月十五定旱涝，八月十五定收成”之说。也有传节日源于元末起义之说。节前，亲友互赠节礼。晚间，设桌于庭院，摆酒肴，吃月饼，合家欢聚，赏月同酌，其乐融融。

重阳节　农历九月初九，为传统重阳节。《易经》中把“六”定为阴数，把“九”定为阳数，九月九日，日月并阳，两九相重，故而叫重阳。此节，古代文人名士比较注重，多于此日登高远眺，饮酒赏菊，抒发雅兴。而一般百姓多把此日视为“雨节”，遇旱年盼此节老天下雨解旱。有“重阳不（雨）下盼十三，十三不（雨）下一冬干”之说。相传东汉年间，汝南汝河（河南省南部）一带瘟疫流行，百姓苦不堪言。有一位叫桓景的人，为解救百姓疾苦，历尽艰险，入山求道，拜道士费长房为师，求驱瘟除邪之法。一天，师傅告诉桓景说：“今年九月初九，瘟疫又要流行，你速速下山，用我授之法搭救父老乡亲”。桓景急速下山，将师傅传授的解救之法告诉乡亲们，并在九月初九这天，率领亲人和众乡亲登上附近的山，将事先准备好的茱萸叶分给每人一片放在衣兜里，让每个人喝一口桂花酒，这样瘟疫就不能传染人了。于是每逢九月九，人们登高佩茱萸荷包饮桂花酒，以祈避瘟祛灾。久而久之相沿成俗。1989年，国家把农历九月初九定为“老人节”，传统文化与现代风尚巧妙结合，成为尊老、敬老、爱老、助老的老年人节日。大部分单位组织离退休人员秋游赏景，不少家庭的晚辈回家看望老人并为老人准备一些可口的食品，以尽孝心，也有知己老友相聚饮酒赏菊。

腊八　农历腊月初八称腊八。早晨家家用大米或小米熬粘粥，内掺核桃、栗子、大枣、银杏、红豆、花生米、莲籽等谓之“腊八粥”。腊八粥分荤、咸、甜几种。头两碗先敬神，然后恭奉尊长，以示孝意，族邻以粥互赠。“过了腊八就是年”，从这天开始，集市上摆售年货，家里也开始置办年货，春节气息渐浓。

辞灶　农历腊月二十三为辞灶日，又称“过小年”。旧时有“官辞三民辞四”之说。传说这天是灶王爷回天宫向玉皇大帝汇报工作的日子，关系一家人新一年的平安幸福。这一天，家家要将锅台、几案、锅碗瓢盆收拾得干干净净，准备设供祭灶。晚饭后祭灶时，首先将墙上的旧灶王爷像揭下来，在香炉前焚化，表示让灶王爷上天了；然后贴上新的灶王爷像，再在祭桌上摆麦芽糖、柿饼、糖瓜、点心之类的甜食供品，意思是用此粘住灶王爷的嘴，不让他上天说坏话，再让灶王爷嘴变甜，上天多说好话。设祭时，全家参加祭礼，由长者点香烧纸，送糖，送酒并为灶王爷的坐骑撒马料，最后，全家人给灶王爷磕头，请灶王爷“上天言好事，回宫降吉祥”。

社会节日

元旦　公历1月1日，为元旦，又称“新年”，俗称“阳历年”。为法定节假日，放假1天。城镇机关、团体、学校、企业等门前张挂“欢度新年”“庆祝元旦”等条横幅，举办各种娱乐活动。80年代起，渐兴寄贺年卡、发电子邮件或手机短信互相祝福之风。青年多在此日结婚。

妇女节　公历3月8日，为国际劳动妇女节，简称“三八节”。1949年12月，政务院规定，此日为中国妇女节日。妇女放假半天。组织各种健康有益的文化娱乐活动。

植树节　1915年，民国政府曾规定清明节为植树节。为纪念孙中山，1929年又改为3月12日为植树节。1979年2月，全国人大常委会作出决定，3月12日为植村节。是日，各单位都组织植树活动，绿化、美化环境。

劳动节　即“五一”国际劳动节。1949年12月，政务院决定5月1日为中国工人阶级和劳动人民的节日。法定节假日，放假1天。1999年，国务院制定新的法定休假制度，规定“国际劳动节”“国庆节”分别放假3天，调换2个双休日，可集中休息7天，被称五一旅游“黄金周”。不少人借此外出旅游，青年人多有选择此日结婚者，各机关、厂矿、学校挂彩旗，以示庆贺。2008年后，“国际劳动节”假期重新调整为1天。

青年节　1949年12月，中央人民政府发布政令，规定5月4日为中国青年节。是日，各级团组织大都组织庆祝活动，举行入团仪式或文娱联欢。

护士节　公历5月12日，为国际护士节。是为纪念现代护理学科的创始人—弗劳伦斯·南丁格尔，于1912年设立。是全世界护士的共同节日。节日期间，卫生部门举行纪念活动，表彰先进，组织文艺演出等。

儿童节　1949年12月，政务院规定“六一”国际儿童节为中国儿童节。是日，各小学少年先锋队举行队员入队仪式，各小学、幼儿园分别组织联欢、文艺演出活动等。各级党政部门、群众团体走访学校、幼儿园慰问少年儿童并赠送纪念品。

中国共产党成立纪念日　公历7月1日，为中国共产党成立纪念日，称“党的生日”或“七一”。各级党组织都举行各种形式的纪念活动，表彰优秀党组织和优秀共产党员，组织庆“七一”文艺演出，举行新党员入党宣誓，走访慰问老党员，对党员进行党性、党风、党纪教育。

中国人民解放建军节　公历8月1日，为中国人民解放军建军节，称“八一建军节”。是日，地方党政领导到部队慰问，开展拥军优属活动，部队开展拥政爱民活动。

教师节　1985年1月21日，第六届全国人大常委会第九次会议通过了国务院关于建立教师节的议案，确定1985年9月10日为中国第一个教师节。节日期间，各级党委、政府组织各种形式的庆祝活动，表彰优秀教师和尊师重教先进单位，慰问离退休教师，社会各界开展尊师重教活动。

国庆节　公历10月1日，为中华人民共和国国庆日。法定节假日，放假3天。各单位举行升国旗仪式，插彩旗，挂彩灯，鲜花簇拥，标语站牌摆立大门两旁，到处充满着喜庆欢乐的气氛。部分人借“黄金周”之际外出旅游，亦为结婚佳日。

第四节　交际习俗

境内民情朴厚，勤劳守节，性格耿直，

善于坚持公理，注重礼仪，讲求团结，仁义热情。民众十分重视待客之道。有客人来访，主人要出门相迎，让座、上茶、敬烟，重要客人要挽留招待酒饭，酒菜规格以尽心盛情为上。客人走，要表示挽留，留不住要出门相送。在社会交往中，重"礼尚往来"，亲朋常来，自己常往。凡打墙盖屋、红白喜事或遇到灾病者，亲朋总有帮助、探望之往来。不论农村还是机关交际往来中，邻里和睦重于亲近往来，有"远亲不如近邻，近邻不如对门"的俗语。亲友往来多了被视为关系密切，故又有"三年不上门，是亲也不亲"的说法。每逢喜事丧事、重要家事、传统节日等，都有互请互送的习惯。亲朋好友交往重义不重利，交友中助人为乐、舍己为人视为美德，贪图小利，忘记友情则被视为"不仁义""不够朋友"，多为人所指责。

在一般交往中，尊老爱幼，乐于助人，拾金不昧，帮助别人视为应为之事，见略大于父母的，称大爷、大娘（亦称大姨），略小于父母的称大叔、大婶。见到年龄相仿的，以兄、弟、姐、妹相称，见年龄小的多称小兄弟、小妹妹或姊妹。路遇长辈、平辈、晚辈，问"吃饭了吗？"。中华人民共和国成立后，同龄之间多称"同志"。90年代后，同志之称已不时兴，先生之称已普遍应用，师傅、女士、小姐或美女等称谓通行。别人帮了忙或办完事多用"谢谢"一类的话表达谢意，而对方也多以"不客气""应该的"表示回敬。遇有对不住对方的事，说声"对不起"以表歉意，对方则回一句"没什么""不碍事"，以示谅解。

中华人民共和国成立前，境内人们见面普遍行拱手礼，之后逐渐过渡到行握手礼。如系军人、少先队员则行军礼、队礼。遇有喜丧大事，仍行跪拜礼。

第五节　禁忌陋习

禁忌

旧时，境内衣、食、住、行方面禁忌颇多。

父母去世后，其子女在"穿白"期间不能穿色泽鲜艳的衣服，不能到办婚事的家中去。新婚的媳妇，着鲜艳装，不能穿素衣。早不借钱，晚不还钱。

新年初一，要早起五更，禁高声说话，忌往院里泼水，忌打骂训斥孩子或吵架，忌打碎生活用具，忌做针线活、扫地、倒垃圾，忌说破了、碎了、完了、烂了、坏了、断了等不吉利话，全说好话（过年话）。忌正月十三（杨公忌）出门办事，以后二月十一，四月初七以及每月杨公忌，都百事不宜，处处禁忌。凡打墙盖屋，必择黄道吉日。嫁娶婚事忌请孕妇、寡妇及穿孝者迎亲。老人忌言73岁、84岁、100岁。忌下午探望病人。

吃饭时，晚辈不能坐上席。小孩脱奶牙前不能吃葫芦种。未婚男子不能吃鸡头。小孩不能吃鸡爪、鸡血、鱼籽。男女老幼不能食猫肉。忌客来打扫卫生，客人会视为"扫地出门"。招待初次来客，要吃面条。待客的菜肴忌用单数，酒桌上客人不能翻盘中的鱼。盛饭时勺子不能外翻。吃饭前筷子不能敲空碗，一双筷子不能放在碗的两边。吃米饭忌把筷子竖插米饭上。借人水桶不能挑着空桶送还，应在进门之前将一只桶（罐）摘下用手提着送至主人家。借煎中药的砂壶忌送还（谁用谁取）。幼儿的妈妈或奶奶看男孩子在街头把屎尿时，忌对着只有女孩的妈妈或奶奶。

住宅忌大门口对着墙角、屋角、大街、胡同。建房时房檐不能低于邻居的房檐，院落忌"刀把"型、"棺材"型，偏房、耳房不能高于正房。石磨不能安在院东侧，水缸不能安在院西侧。住房“前不栽桑，后不植柳，桃树不冲大门口”，院内不栽松树、柏树。

中华人民共和国成立后，随着科学知识普及和社会的发展，言行举止不再被传统禁忌束缚手脚，有些禁忌已被摈弃，有些禁忌则被赋予科学释义，一些传统禁忌，除少数老年人仍奉行外，中青年人大都不再讲究；那些平安吉利的禁忌则延续下来。

陋习

中华人民共和国成立后，原有陋习基本绝迹。1980 年后，但个别恶习仍时有发生，如赌博、吸毒等。求神看病、抽帖算卦、批八字、测字、相面、看风水、查日子、叫魂等封建迷信活动在农村逐渐兴起。婚嫁、丧葬、盖房等方面有些复从旧俗，求神看病、抽帖算卦等活动仍然存在。一些人在城镇、集市道边摆摊设点，招揽生意，过路人时有光顾。遇有天灾人祸，也要占卜破解。看风水风气盛行，建厂、建房、乔迁等都请风水先生察看，并按风水先生旨意行事。定婚要让算命先生合八字。

第四章　民族宗教

第一节　机构

1995 年 6 月，罗庄区民族宗教事务管理局设立，为副科级行政单位，隶属区委统战部。2002 年 9 月，更名为罗庄区民族宗教事务局（简称区民宗局），升格为正科级。2006 年 6 月，调整为区政府直属正科级事业单位。2013 年，内设办公室、民族科、宗教科 3 个科室。编制 5 人。

第二节　民族工作

少数民族帮扶

主要帮扶回民聚居村——花埠圈村。1995 年，区委统战部争取国家及省、市发展基金 68 万元，帮助该村实施清真牛羊育肥项目，发展个体经济。2000 年，建成占地面积 17.33 公顷奶牛养殖基地，建牛舍 600 间，奶牛存栏 3600 头，年产鲜奶 1800 吨。投资 10 万元以上养殖大户发展到 32 家。2001 年，区政府贯彻市委、市政府《关于进一步做好新形势下民族工作的意见》，制定关于加快发展民族经济的政策和措施，在贷款、技术信息、人才等方面提供优惠条件，加大帮扶力度。至 2013 年，区民宗局共争取上级无偿资金 70 万元，穆斯林牛羊补助 35 万元，区政府划拨发展基金 500 万元，建成新型建材厂、欣盛瓷业有限公司 2 家民营企业，投资 100 万以上的民营企业 8 家，个体工商户由 1995 年的 32 家发展到 300 家，民营企业年总产值近 2 亿元。村庄道路全部硬化、亮化，村容村貌焕然一新。居民人均纯收入 10116 元，少数民族群众生活质量显著提高。

民族教育

罗庄区重视民族教育事业发展。2008 年 10 月，区政府投资 500 万元，对花埠圈回民学校进行改扩建，新建教学楼一座，建筑面积 4300 平方米，配备实验室、多媒体教室和现代化教学设备，2009 年 10 月投入使用。

2013年，花埠圈回民学校有33名教师，14个教学班，在校学生600余人。附属幼儿园1处，在园幼儿160人。适龄儿童少年义务教育入学率100%。被评为临沂市市级规范化学校和临沂市教学先进单位。

少数民族权益保障

2011年8月20日，投资600万元重建花埠圈清真寺，历时1年竣工。2012年起，为100户少数民族贫困户办理低保。2013年，有少数民族科级干部1人，副科级干部4人。对少数民族居民在就业、升学方面给予优先照顾，少数民族子女升普通高中总成绩加10分。1995—2013年，全区有少数民族9人次当选为区人大代表，3人次当选为市人大代表，15人次担任区政协委员，3人次担任市政协委员。

第三节　宗教

境内多种宗教并存，群众信仰多样。佛教于南北朝时传入，道教始于北魏年间，伊斯兰教于北宋建隆年间随回族迁入而传入境内，天主教、基督教于20世纪30—40年代传入。

1995年，全区有18处宗教活动场所。其中符合条件的教堂18处。信教群众1.66万人，其中基督教信徒1.12万人。信教群众多为中老年人、体弱多病者。2013年年底，区内有佛教、道教、伊斯兰教、天主教、基督教5大宗教。有天主教爱国会、基督教三自爱国运动委员会、基督教协会3个爱国团体。有61处宗教活动场所。其中，佛教3处，道教1处，伊斯兰教1处，天主教14处，基督教42处；有教职人员25人。其中，伊斯兰教3人，道教3人，佛教3人，基督教16人。信教群众4.1万人。其中，伊斯兰教5000人，道教1000人，佛教3000人，天主教5000人，基督教2.7万人。信教群众人数是1995年的2.47倍。

1995年起，罗庄区贯彻落实国务院《宗教事务条例》和《山东省宗教事务管理条例》，把宗教法规宣传和学习列入普法教育内容，在干部群众中开展宗教法规宣讲活动，组织宗教人士学法守法，树立法制观念。2003年，罗庄区宗教工作领导小组成立，明确各有关部门、镇（街道）及村管理宗教事务的职责，实行分级负责，责任到人，属地管理。广泛开展依法信教、科学信教活动。2005—2006年，根据国务院《宗教活动场所管理条例》和国家宗教事务局《宗教活动场所登记办法》，对全区宗教活动场所和宗教教职人员情况进行重新登记，建档立卷，统一发放宗教教职人员工作证，实行持证上岗；对宗教场所全部换发新证，完善管理活动制度，场所管理步入法治化、规范化轨道。2007年，集中开展治理乱建庙宇和露天宗教造像活动，依法清理基督教私设聚会点。2009—2010年，依法登记堂点7处，合并3处，取缔2处。2010年起，开展“和谐宗教活动场所”创建活动，实行区基督教“财务双代管”制度。2013年12月，区基督教中心堂被省宗教事务局命名为和谐宗教活动场所示范窗口。

佛教

佛教在境内的发展有着悠久的历史，据《宝泉禅寺简介》载：“宝泉寺始建于南北朝之际，盛于唐迄于宋元明清。”罗庄一带的佛教应在此时传入。该寺位于朱陈社区西南，系沂州四大古寺之一。五禅寺位于册山街道五寺庄西北，建院时间无考，明万历年间修建一次，后毁废。2008年恢复重建。五鼓寺建于庆云山西麓，始建于东汉时期，后因战乱遭到毁坏，2010年重建。毗卢寺、大觉寺位于沂堂镇丰山村，建于清康熙年间。释迦寺位于黄山镇西屯村，创建年代无考。玄堂寺位于黄山镇安头村，创建年代无考。观音庵位于褚墩镇二村，创建年代无考。

1995年，区内有佛教寺院1处，信教群众200余人。至2013年，区内有3处佛教寺院，僧侣3人，信教群众3000余人。

宝泉寺 位于罗庄街道朱陈社区西南，占地面积6.9万平方米，建筑面积3600平方米，系清代沂州府四大名寺之一。1935年《续修临沂县志》记载："宝泉寺，距县城西南三十五里，有朱陈村。寺在村西南百余步，以泉得名也。寺建于宋代，松柏森郁，东西怪石嶙峋，争为奇状者约里余。寺前多化石，鱼蟹蚌蛤之属，维妙维肖，足供玩赏。前临涑水故渎，泉水出焉，左曰珍珠，曰竹叶；前曰葡萄，喷浪翻花，均以形似得名；右曰甘泉，味为诸泉之冠；西曰石岩，曰茂泉。又西有天然石桥，通南北两岸。水流激宕有声，遥闻里余，名红石澎。其北偏泉之大者曰滚波。浪花翻腾如沸，不亚趵突。最西为冷岩泉，自此蜿蜒东下三里许，大小泉约百数，或由石穴涌出，或由岸旁喷溢，抵寺之东南桥口，汇为武河之源。每临流眺望，清凉沁心，垒块顿消，恐苏门百泉未必有是胜概也"。

图25-14：宝泉寺之大雄宝殿（2013年6月 摄）

《宝泉禅寺简介》记述，宝泉寺始建于南北朝，梁大宝元年（550年）由开山祖师善慧法师创建。建寺后，历经各代增修，寺庙恢宏，香火鼎盛，游人香客如织。随着唐朝盛世的到来，宝泉寺的发展达到古代历史上的鼎盛时期。南宋末年，战火连绵，寺庙残废。元延祐五年（1318），住持僧净月、净明重修宝泉寺。后又数次重修扩建。1938年4月5日，日本侵略军侵占朱陈，部分庙宇毁于战火。"文化大革命"期间佛教活动停止。

1989年，罗庄镇政府将宝泉寺及周围辟为公园，朱陈农工商联合公司集资重建宝泉寺公园，重修宝泉寺大雄宝殿。1999年，公园由美华公司购得。同年冬，公司聘请惟方法师管理住持宝泉寺。2007年，由山东三盟集团接管，聘请山东省旅游规划设计研究院进行系统规划设计，总投资3.8亿元，建成省内著名的佛教文化旅游景区。2013年，宝泉寺教职人员1人，信教群众1400余人。

五禅寺 位于册山街道五寺庄西北1千米处。创建年代无考，据《临沂县志》记载，明万历年间修复一次，清嘉庆三年（1798）又重新修复一次，当时僧侣众多，香火鼎盛。后战争年代毁坏，时间无考。2008年6月，通普法师住持恢复重建，历时八年重建竣工的五禅寺，建有大雄宝殿、天王殿、地藏殿、圆通殿、东西偏殿、斋堂、寮房等，殿堂建筑面积1600平方米，占地面积1.33万平方米，教职人员1

人。每逢农历初一、十五敬香礼佛的有600余人，每逢大年初一敬香者多达2万余人。

五鼓寺　位于庆云山（古称莲花庆云山）西麓，始建于后汉时期，寺院分山顶及山下两院，为当地最大佛教道场，昔日古庙苍柏掩映，银杏成林，殿堂巍峨，香火鼎兴，朝拜如缕。后历经朝代更迭，几遭战火摧残，毁坏殆尽，只留下石碑、石鼓、石佛像等。2010年，少林寺第三十一代弟子释德萃（俗名管士忠），出资重建五鼓寺。2013年竣工，重建后的五鼓寺，建有山门、天王殿、大雄宝殿、观音殿、祖师殿、三圣殿、地藏殿、钟楼、鼓楼、藏经楼、龙王殿、财神殿、僧寮房、斋堂和舍利塔，占地面积7.99万平方米。2013年，有教职人员1人，信教群众1000余人。

图25-15：五鼓寺（2013年7月　摄）

道教

境内出现道教活动，大约在北魏时期。2013年，区内有道教活动场所1处，道士3人，信教群众1000人。

玉皇庙　火神庙　位于高都街道西高都村东北，始建于北魏年间，迄今已有1600余年历史，旧址的玉皇庙与火神庙相距8米。从隶属关系上界定，玉皇庙为上，火神庙为下。火神庙于清同治十二年（1873）重修，殿内供奉着火神（火德真君），童男童女及四位侍者仙官；修真堂供奉为道教的道祖太上老君。占地面积735平方米。1912年，临沂城里的王久德出资加以修缮。中华人民共和国成立前，玉皇庙、火神庙的香火旺盛。1952年，玉皇庙被拆除，庙内的13块石碑被毁坏。火神庙因靠近临册路，天气不好时，常有路人到庙中躲避风雪，故未拆除，仅留下清同治十二年的小半截石碑。1952年后，曾有无房村民搬来居住过，也曾做过学校。2010年4月23日，火神庙首次对外开放，举行道教活动。同年4月，河北省清河县道士孙高德开始主持玉皇庙、火神庙的重建、重修工程，至2012年12月竣工。新建成的玉皇庙规模扩大、建筑雄伟，建有大殿、东西殿、钟楼、鼓楼、广场。供奉有玉皇大帝，左边为太白金星，右边为托塔天王；山门供奉的是护法神将王灵官；东殿供奉的是财神爷、车神、轩辕黄帝；西殿供奉的是斗姥元君、泰山奶奶、送子观音。占地面积825平方米。与火神庙一墙之隔，有两门相通，火神庙重修后保留原有的建筑风格。2011年1月26日，由区民宗局颁发宗教活动场所登记证，成立高都火神庙管理委员会，管理玉皇庙和火神庙。同年，农历正月初七传统庙会期间举行火神庙开光大典。

伊斯兰教

北宋建隆年间，部分回民从古琅琊（今临沂城）迁入城南10千米处的青峰岭（今花埠圈村）定居，伊斯兰教从此传入境内。境内回民全部信仰伊斯兰教，主要聚居在花埠圈村，该村是罗庄区唯一回民聚居村，也是鲁南苏北回民聚居人数最多的村庄。1995年，信教群众4000余人。2013年，信教群众5000余人。罗庄区有1处伊斯兰教活动场所，即花埠圈清真寺。

花埠圈清真寺　创建年代无考。据碑文记载，清光绪二十年（1894）由阿訇张允主持重修，民族英雄左宝贵重金资助，并题书门匾“圣教常昭”。时建大殿三间，讲堂五间，水房三间，寺门楼一座，占地一亩七分。此后多年失修，“文化大革命”期间遭到毁坏。1972年，又遭火灾。此后，历任村负责人张玉乾、肖彦彬、沙自灵，阿訇文延彬、文永泉等主持先后数次修缮。至1992年，形成大殿五间，讲堂十间，水房六间，门楼一座，占地二亩七分。1998年6月，村负责人肖自立主持修建清真寺。2009年，聘请杨毅任职清真寺阿訇。2011年，村委会筹资重建花埠圈清真寺。2012年竣工，寺院占地面积2366平方米，主楼建筑面积2769平方米，其他配房建筑面积528平方米。同年，成立寺管会，设主任1人，副主任2人，委员6人。

天主教

1892年，德国天主教圣言会教士白德明由兖州到临沂，于城西北隅建天主教堂。20世纪30年代，罗庄地方有些人从小在临沂天主教堂接受教育、学圣经、唱诗篇，成年后回到本地成为境内最早教徒。1945年，神父们出资买下李家白庄一座天主教堂，为境内第一座天主教堂。“文化大革命”期间教堂遭破坏，被占用，宗教活动停止。1993年，李家白庄天主教堂房产得以落实，其房屋破损严重。当地人吴景新、赵宗英、李佐云、徐庆玲组成教堂翻新小组，申请获市民宗局批准后，筹资备料，1994年2月动工修缮。同年3月，吴彦秋进教领洗。11月，由临沂教区房兴耀主持，祝圣新教堂启用。此后，孙家对河教堂、车辋教堂、三岗店子教堂、崔王庄教堂、西高都教堂、东高都教堂、小毛坦教堂、毛墩教堂、王家对河教堂、汤庄大教堂、后盛庄教堂、赵庄教堂、闫泉庄教堂等14处教堂先后建成，1996年4月，统一颁发登记证书。还有家庭堂15处和黄山、褚墩两镇许多家庭聚会处。2001年，李家白庄天主教堂被省宗教事务局命名为全省文明宗教活动场所，2008年，被市宗教事务局评为“临沂市文明宗教活动场所”。

天主教爱国会　1999年1月，罗庄区天主教爱国会、天主教协会在李家白庄教堂成立，吴彦秋任爱国会主任。“两会”制定各项管理规章制度，开展爱国主义和社会主义荣辱观教育，服务社会。

基督教

1935年，耶稣教由泰安马庄传入临沂，先在城西建立梨杭家庭，后又陆续建立大山家庭、黄土堰家庭、湖南崖家庭等，自此基督教传入境内。1937年，南京远东宣教会派孟召珍、崔进荣来临沂传教，之后郎益明、王新元又来传教。先在城南傅庄一带传教，后迁到朱陈。1958年，临沂县只留朱陈教堂。“文化大革命”期间，教堂被占用，教徒停止活动。1981年5月，朱陈教堂活动开始恢复。1997年5月，罗庄区基督教协会、区基督教三自爱国会在傅庄教堂成立。制定《罗庄区基督教两会财务管理制度》《罗庄区基督教两会教牧人员退休制度》《年终考核制度》。同年起，区基督教两会拓展牧养工作，每年举办义工培训班。至2013年，共向各神学院输送10名新生。其中，研究生2人，本科生8人。2013年，区内有基督教堂42处，信教群众2.7万人。有教职人员16人。其中，牧师7位，长老3位，传道员6位。

第五章　方言

第一节　方言语音

从广义角度看，罗庄方言属于北方方言区中的华北—东北次方言区；从狭义角度看，罗庄方言属于山东方言区中的西鲁区，区内方言存有一定的差异性，北部乡镇如盛庄街道的发音接近兰山区方言，南部傅庄、黄山等镇、街道的发音则与郯城类似。具体而言，罗庄方言在声母、韵母及声调等方面都有自己的特点。

这里采用宽式国际音标记音，国际音标用 [] 表示，送气符号用‘表示，鼻化音用～表示，零声母用 ø 表示。

声母

罗庄方言在语音方面比较有特点，存有尖团分开的情况，罗庄方言声母原有 23 个，比普通话多了一个 ɭ 声母，即儿、贰等的声母。但随着时代的发展，普通话的普及和其他外来因素的影响，ɭ 逐渐在罗庄方言中消失，转为零声母。罗庄方言声母系统如下：

b[p] 波播搏　p[p‘] 破婆朴

m[m] 马忙名　f[f] 佛放份

d[t] 对第等　t[t‘] 他同天

n[n] 能念虐　l[l] 里乱累

g[k] 给故该　k[k‘] 看考困

h[x] 和话号　j[tɕ] 即卷据

q[tɕ‘] 其区去　x[ɕ] 写学行

zh[tʂ]　中者张　ch[tʂ‘] 吃穿产

sh[ʂ] 说傻上　r[ʒ] 然日润

z[ts] 在怎久　c[ts‘] 错却强

s[s] 塞事些　[ɭ] 儿二耳　ø 屋义肉

说明：

z[ts]、c[ts‘]、s[s] 在罗庄方言中有两种发音方法，一种是与洪音韵母相拼时，与普通话发音相同，即发舌尖前音 z[ts]、c[ts‘]、s[s]，此时舌尖轻轻接触上齿龈，如在、错、塞等；一种是与细音韵母相拼，此时发齿间音 z[tθ]、c[tθ‘]、s[θ]，舌尖放于上下齿之间，如强、精、久等。

罗庄方言中有 [ŋ] 声母，如“煎”“虐”等，只出现在齐齿呼、撮口呼之前，不起区别意义的作用，故与 [n] 划为同一个音位。

罗庄方言中，舌尖后音 zh[tʂ]、ch[tʂ‘]、sh[ʂ] 的发音部位比较靠前，接近舌尖前音 z[ts]、c[ts‘]、s[s] 的发音部位。

罗庄方言像普通话一样，也有零声母音节 er 音，如儿、二、而。但其具体发音与普通话不一样，相较普通话而言，其开口度小、卷舌色彩不明显。由原有的零声母变为浊边音声母 ɭ，因其发音比较有地域特色，故将其单列一个声母。

声母 z、c、s 和韵母 e 配合时，其发音分别为 zh、ch、sh，其音节实际发音为 zhei、chei、shei，如泽、册、色。这种发音情况主要在口语中存在，对于一些书面语色彩较浓的词语如啧、厕、瑟等，则其声母、韵母与普通话一致。充分显示出，罗庄方言在实际运用中的灵活性。

零声母在开口呼前发舌根浊擦音 [ɣ]，如恶，其发音为 [ɣə]。

罗庄方言中声母 r 音为舌叶浊擦音 [ʒ]，

如肉，其发音为 [ʒocu]。

综上所述，罗庄方言在声母方面虽然有着自己的特点，但其声母系统构成、大体发音情况与普通话基本一致。并且，随着社会经济的发展、罗庄区人民文化水平的提高和普通话的普及，其声母中与普通话不同的要素也在逐渐消失。

韵母

普通话有 39 个韵母，包括单元音韵母、复合元音韵母、鼻音韵母等。罗庄方言也有 39 个韵母，同样包括单元音韵母、复合元音韵母、鼻音韵母等。具体如下：

单元音韵母　单元音韵母指的是由一个元音构成的韵母，该韵母充当韵腹，罗庄方言中单韵母有 10 个，具体如下：

[i] 鸡皮里　[u] 不土苦　[y] 女俗绿

[A] 啊嘎咖　[ʅ] 知吃是日　[ɿ] 自次死

[ɤ] 恶歌波　[ɛ] 来孩败　[ɔ] 靠刀跑

[ə] 破佛摸

复合元音韵母　复合元音韵母指的是由两个或三个元音构成的韵母，由两个元音构成的叫二合元音韵母，罗庄方言中有 11 个；三个元音构成的叫三合元音韵母，罗庄方言中有 1 个，具体如下：

[iA]　牙下掐　[uA]　挖夸瓜

[uə]　锅觉做　[iɔ]　焦飘挑

[iæ]　崖街鞋　[yɛ]　乐脚缺

[ei]　白麦客　[ue]　队辉贵

[ocu]　偶头斗　[uɛ]　摔歪怪

[iə]　夜写且　[iocu]　肉求酒

鼻音韵母　鼻音韵母指的是以前鼻音和后鼻音结尾的韵母，在罗庄方言中也包括鼻音化的韵母，共有 17 个，具体如下：

[əŋ] 能冷坑　[yŋ] 松熊穷

[uaŋ] 狂王双　[an] 俺谈占

[yan] 权悬远　[uan] 关宽钻

[ian] 见钱骗　[en] 很肯真

[iẽ] 心林隐　[yen] 均损晕

[uen] 论文昆　[uŋ] 红动同

[yŋ] 琼用凶　[yən] 行赢并

[iŋ] 硬冰庆　[in] 银勤今

[aŋ]　昂刚藏

说明：

罗庄方言中 [uə] 韵母，包括 uo、iao 两种韵母。

e[ɤ] 韵母在罗庄方言中，当其出现在声母 z、c、s 后时，发音为 [ei]，如择、册、色。

罗庄方言中，韵母 e[ɤ] 有两读的情况，一是读 e[ɤ]，如河、个；二是读 a[A]，如喝。但其读 a[A] 的情况比较少，故不将其单列为一个韵母。

零声母 uo，在罗庄方言中，其实际发音会带有齿唇浊擦辅音声母 [v]。

罗庄方言的韵母有普通话没有的 iai，如街、鞋、崖等，实际上是将部分 ie、ia 韵母的字发为 iai。但在某些具有同样韵母的字如姐、牙等，则与普通话发音一样。这种语音现象是由于古蟹韵中开口呼中的二等韵在演变时，其中的影母、溪母、疑母、匣母成为 iai 音。这个发音特点，在临沂其他地域方言中也大多存在。

罗庄方言中，白、百等字其韵母为 ei，是古陌韵、麦韵开口呼中二等字的发音特点一种表现。

据上文所述，罗庄方言韵母与普通话韵母差别较大。

调值

罗庄方言与普通话调类一致，分为阴平、阳平、上声、去声，也就是普通话所说的一声、二声、三声、四声。但具体调值不同，用五度标记法的话，罗庄方言的声调可分为阴平（213）、阳平（53）、上声（44）、去声

（312），可见罗庄方言声调的调值与普通话调值差别很大。

调值类型

阴平　213　天风参

阳平　53　羊层云

上声　44　酒好种

去声　312　已利奉

罗庄方言调值与其相邻地域方言的调值基本一致。

音变现象　与普通话一样，罗庄方言中也有语流音变的现象，调值相同或不同的字连读时，具有各自的音变规律，整体而言，具有一定的规律性。在罗庄方言中，主要是阴平（213）和去声（312）进入语流时，其调值才会发生变化。

一个阴平字与其他声调的字连读时，其调值均变为23，如“搬家”中“搬”“锅炉”中的“锅”“结果”中的“结”“木料”中的“木”。

一个去声字与其他声调的字连读时，其调值均变为31，如“定亲”中的“定”，“酱油”中的“酱”，“犯法”中的“犯”，“对象”中的“对”。

阳平（53）进入语流时，除出现在轻声前，调值变为55外，在其他调值前，保持原调。上声（44）在阴平、去声之前保持原调，在上声之前，其调值变为53或保持不变，如“小米”中的“小”其调值变为“53”，“打扫”中的“打”调值不变，仍为44。

除以上由语流音变带来的音变现象外，罗庄方言中也有轻声的音变现象。具体为：

阴平（213）+轻声，其调值为21+0，如“高粱”“京剧”“鞭子”等。

阳平（53）+轻声，调值为55+0，如“朋友”“城市”“劳动”等。

上声（44）+轻声，调值变为21+0，如“稿子”“老鼠”“哑巴”等。

去声（312）+轻声，调值变为31+0，如“道士”“豆腐”“快乐”等。

声韵配合关系

除普通话没有的声母tθ、tθ‘、θ之外，罗庄方言声韵配合关系与普通话的基本一致，具体配合关系见下表：

韵母 配合情况 声母	开口呼	齐齿呼	合口呼	撮口呼
p　p‘m	+	+	+	—
f	+	—	+	—
V	+	+	+	—
t　t‘	+	+	+	—
n　ʅ	+	+	+	+
tç　tç‘ç	—	+	—	+
k　k‘　x	+	—	+	—
tʂ　tʂ‘　ʂ‘ʒ	+	+	+	—
Ø	+	+	+	—
tθ　tθ‘θ	+	+	+	+

说明：本表参照《临沂市志》中声韵表格制作方式。表中“+”表示声母和韵母能够相拼，“-”表示声母和韵母不能相拼。开口呼指的是以a、o开头的韵母；齐齿呼指的是以舌面音i开头的韵母；合口呼指的是以高元音u开头的韵母；撮口呼指的是以高元音ü开头的韵母。

第二节　方言

本章所收集的罗庄方言，与普通话读音有差异的字和罗庄方言中的生僻字，均是先写汉字，后标注宽式国际音标。罗庄方言中，有8个有音无字的字是造字，分别为：垮 枳 撕 蛭 衶 瓢 呀 煰

罗庄方言与普通话的词汇差异

罗庄方言有大量的词语和普通话的词语相同，但仍有一些流行的罗庄方言词语，富有罗庄地方色彩，与普通话词语存在差异，

这主要表现在“词义相同，词形有别”和“词形相同，词义有别”这两个方面。

词义相同，词形有别

1. 词素不同。

例如：

罗庄方言	普通话
秫秫	高粱
麻缨	玉米
臭油	沥青
胰子	肥皂
家什	工具
得为 [teI213 weI2]	故意
大皮	轮胎
佮 [kA213] 伙	合作

2. 部分词素不同。

例如

罗庄方言	普通话
宽快	宽畅
过逾	过分
下晚 [tɕiɛ53 waIr213]	傍晚
当街	大街
褒贬	贬低
气磅	气筒
头年	年前
怪好	很好
夜天 [jɛ312 lji213]	昨天

3. 词素比普通话少。

例如：

罗庄方言	普通话
儿 [er312]	儿子
土	土壤
许	许愿
神	神奇
价	价格
客 [k‘eI213]	客人
查	检查

续表 25-7

4. 词素比普通话多。

例如：

罗庄方言	普通话
巴棍子	棍子
木头头子	木头（剩余的一小段）
清起来	清晨
腮帮子	腮帮
秃溜滑	光滑
鬼心眼子	坏心眼
云彩	云
煞白 [beI53]	白

5. 词素完全不同。

①通过对事物现象、特征描写说明而形成的方言词，

例如：

罗庄方言	普通话
长脖子	鹅
豁	兔子
扁嘴	鸭子
带把的	男孩
做买卖的	经商
扛锄的	农民

②通过对模拟事物声音而形成的方言词。

例如：

罗庄方言	普通话
咕咕	斑鸠
光棍	布谷鸟
咣咣叉	大镲
呜喽哇	唢呐
汪汪	狗

续表

罗庄方言	普通话
勾勾喽	公鸡
咯咯哒	母鸡

③通过对事物的比喻、借代等修辞方法而形成的方言词。

例如：

罗庄方言	普通话
窟窿菜	莲藕
识字班	青年妇女
鬼子个	中等身材
苍蝇屎	雀斑
道士帽	单向斜面的房子

6. 词素顺序不同。

例如：

罗庄方言	普通话
理整	整理
斗枕	枕头
共总	总共
色 [ʂeI213] 气	气色、颜色

词形相同，词义有别

1. 词义扩大。

例如："两个人"在罗庄方言中还兼指夫妻。如"前几年他俩还是同学，现在毕业成为两个人了"。

"湖"原指被陆地包围的大片积水。在罗庄方言中延伸为田地。如"到地里干活"，说成"下湖"。

"外甥"指姐姐或妹妹的儿子。罗庄方言还兼指外孙。

"生"（[kA44]）指人的脾气。罗庄方言还兼指人的境遇。如"你还不生嘛，三年挣上二百万。""这孩子生了，考上了名牌大学。"

"火"，罗庄方言还有"忘乎所以"的意思。如"这孩子火得连吃饭都忘了。"

2. 词义的缩小。

例如：

"风流"，普通话有八义。罗庄方言只有一义，即轻浮放荡，多指女性。

"调皮"，普通话有三义。罗庄方言只含一义，即顽皮，多指小男孩。

"可怜"，普通话有四义。罗庄方言只含一义，即怜悯，指处境困难值得怜悯。

"小样"，普通话有三义。罗庄方言只含一义，蔑视、贬低人的长相或行为。罗庄人习惯上也说成"死样""死调"。

3. 词义转移。

例如：

"打食"原指鸟兽到窝外寻找食物。罗庄方言中有"收获"的意思。如"今年我种了二亩秋葵，可打食了"，意思是赚了很多钱。

"皮锤"原指拳头。罗庄方言有"武力"意思。如"你就量仗着皮锤大"。

"甩子"原指道士的拂尘。罗庄方言指不务正业的人，多指男性青年。

词缀和形容词重叠

罗庄方言与普通话的词缀差异主要表现在词缀、形容词的重叠形式方面。其中词缀又分为名词后缀、动词后缀、形容词后缀。

词缀

1. 名词后缀。

①"子"。罗庄方言中，以"子"作为名词后缀的比普通话多。普通话中的儿化韵词，在罗庄方言中，有一些演变为以"子"作为后缀；普通话中有的不带后缀的，罗庄方言"子"作为后缀，后缀"子"前面实语素与普通话相同格式。例如：

罗庄方言	普通话
侄女子	侄女儿

续表

罗庄方言	普通话
肚脐眼子	肚脐儿
后脑勺子	后脑勺儿
锅盖顶子	锅盖儿
小兔子	小兔儿
蚕蛹子	蚕蛹
鼻孔眼子	鼻孔
豆角子	豆角

②“头”。罗庄方言中，以“头”为后缀构成的名词，一般指人的品行、行为，多含有贬义。例如：

罗庄方言	普通话
醉汉头	酗酒的人
离巴头	外行人
肘子头犟汉头	性格固执的人
绝户头	没有子女的人
回头	再婚妇女
刺儿头	难打交道的人

2. 动词后缀。

①在罗庄方言中，“悠、拺、歪、楞、登、赤”等词缀在单音节动词后，表示的意义与单音节动词大体相同。意义上有强调的意思，格式上可以重叠，由原来的“AB”（A 为动词，B 为后缀）式变为“ABAB”式。

例如：

罗庄方言	普通话
悠：搓悠搓悠	搓搓
抟悠抟悠	揉成团
逛悠逛悠	闲逛
拺：摘拺　摘拺	摘摘
撕拺　撕拺撕拺	撕撕
洗拺　洗拺洗拺	洗洗
歪：蹬歪	蹬蹬
吱歪	说话（不合时宜的说话）
挣歪	挣扎

续表

罗庄方言	普通话
楞：划楞	划划
搅楞	搅搅
拌楞	拌拌
登：翻登	翻翻
搬登	搬搬
打登	打扫
赤：刮赤	刮刮
捣赤	装扮
抠赤	抠抠

②在罗庄方言中，“得慌（哄）、点个”等词缀用在单音节动词后，起到表示程度高低的作用。

例如：

罗庄方言	普通话
得慌（哄）：气得慌（哄）	很生气
饿得慌（哄）	很饿
点个：拿点个	拿一点
吃点个	吃一点
有点个	有一点

3. 形容词后缀。

在罗庄方言中，“不叽的、不拉查、不拉叽的、不楞登的、不溜秋的、儿咣当”等后缀在单音节形容词后的多有加重程度的作用，“点个”表示略微的意思。

例如：

罗庄方言	普通话
酸不叽的	酸酸的
凶不拉查	很凶
脏不拉叽的	脏脏的
傻不愣登的	傻傻的
黑不溜秋的	黑黑的
邪儿咣当的	不端正

续表

罗庄方言	普通话
酸点个	有点酸

形容词重叠

在罗庄方言中，单音节形容词前面加上修饰语，使形容词的程度加深构成比较级。通常有四种表现形式，下列举例用“A”表示形容词，“B”表示副词。

1. BA式。

例如：

罗庄方言	普通话
焦黄	很黄
煞白	很白
楞粗	很粗
黢黑	很黑
挺硬	很硬
溜窄	很窄
喷香	很香
风快	很快

2. BAA式。

例如：

罗庄方言	普通话
通红红	很红
稀甜甜	很甜
须绿绿	很绿
须蓝蓝	很蓝
酸溜溜	很酸
楞远远	很远
滚热热	很热

3. BABA式。

例如：

罗庄方言	普通话
稀脏稀脏的	特别脏
齁咸齁咸的	咸咸的

续表

罗庄方言	普通话
怪好怪好的	特别好
老长老长的	长长得
溜薄溜薄的	特别薄
须紫须紫的	特别紫

4. 大AA、多AA和精AA式，前者多表示积极意义，后者多表示消极意义。

例如：

罗庄方言	普通话
大早早	很早
多宽宽	很宽
多高高	很高
精矮矮 [jɛI213][jɛI2]	很矮
精浅浅	很浅
精窄窄	很窄

常用方言

本节收入的是罗庄常用或较有特点的词汇，按照词汇的意义大体分为四大类，分别为名词、动词、形容词和数量词。其中名词又分八类。下列举例中，罗庄方言读音与普通话存在差异的或生僻字都加注音。

名词词汇

1. 自然现象、物体的词汇。

例如：

罗庄方言	普通话
虹 [tɕiaŋ213]	彩虹
泉风	旋风
雾露毛子	细雨
扒眼了	天将放晴
琉琉簪	冰锥
霹雷和闪的	又打雷又打闪
冷子	冰雹
冻冻	冰
盐粒子	冻雨

续表

罗庄方言	普通话
龙挂	特大暴雨的前兆，有柱形的乌云连接大地
黄风流沫	小型沙尘暴
黑云头	乌云
沙窝地	沙土地
老土	常年耕种的地
土娄堆	土堆
坟子	坟墓
黑土湖	低洼、粘而黑的田地
坷垃	土块
瓦碴子	瓦砾
[pu213] 土	干而细的土
山半肋	山腰
山尖顶	山顶
树行子	树林
河崖 [jɛ53]	河堰

2. 村名、处所、时令、时间词汇。

例如：

罗庄方言	普通话
湖南崖 [jɛ53]	村名
湖西崖 [jɛ53]	村名
塘崖 [jɛ53]	村名
册 [tʂ‘eI53] 山	村名
门首 [ʂocu213]	门口
当天井	院子
当街	大街
当门	屋里的地面
地幅 [fu53]	地方
那亥 [nA213　xaI213]	那地方
这亥 [xaI213]	这地方
当央里	中间
夹道子	小巷
那闪 [ʂan53] 年	比较久远的从前
每闪 [meIr53　ʂan213]	以前
头二 [ɐr53] 年	过去，不确定哪年

续表

罗庄方言	普通话
头年里	年前
春上	春天
六天里	夏天
秋里	秋天
寒天	冬天
原先	从前
以先	过去不长的时间
麦 [meI53] 口里	割麦的时节
个把 [pAr213] 月	一个多月
改日 [kaI213　zʅeI53]	延迟，并不确定的时间
一集把	五天左右
一服时	一天一夜
今每 [tɕi213　meIr213]	今天
一儿俩 [liaŋ213]，俩 [liaŋ213] 儿仨	无期限
成天家 [tɕi213]	天天、经常
鸡卜早的 [ti]	较早
一早一晚	早上、晚上
五更 [tɕiŋ213]	天亮前
一宿 [ɕiocu213]	一夜
见天	天天
多咱	什么时候
大饭时	多数人吃饭的时候
晌午 [wən44] 头	中午
头晌	上午
下晌	下午
上黑影	天黑不久
一刹刹	刹那间
一沾 [tʂan44]	一会
将忙 [maŋr53]	刚才
一盼子 [p'an53]	经常

3. 植物词汇。

例如：

罗庄方言	普通话
地蛋	马铃薯

续表

罗庄方言	普通话
米豆	芸豆
棒子、麻缨	玉米
洋柿子	番茄
转转 [tʂan312][tʂan312] 葵	向日葵
便母 [mu312] 子	蓖麻
糖球	山楂
蒌蒌芽	小蓟
槐了豆	槐树籽
黏糊 [niɛn53][xu]	棉花
葶子	高粱秆连接穗头的部分
稻个毛	收获后的干稻根

4. 动物词汇。

例如：

罗庄方言	普通话
小炕鸡	雏鸡
小奶拱 [kuŋ53]	小猪
壳娄 [k'ɣ53　locu53]	长膘的猪
爬 [p'A213] 蛋	种公猪
劁 [tɕiao53] 豚	阉割的猪
牙狗	公狗
老处 [ts'u44]	老鼠
老鸹 [ku44]	乌鸦
夜 [jɛ213] 猫子	猫头鹰
喳啦 [tʂA'213　lA213] 子	灰喜鹊
参 [ts'an213] 头木子	啄木鸟
蛤蟆 [mu53] 科蹄子	蝌蚪
小鱼将 [tɕiaŋ213]	小鱼
泥 [mI53] 狗	泥鳅
蛤 [kɣ44] 蝼	蚌
血 [ɕiɛ53] 鳝	鳝鱼
白 [peI53] 了鱼	白鳞鱼
咯吱唉 [jɛ213]	长刺的鲇鱼
[waI213] 子	青蛙
癞 [lan53] 蛤蟆	蟾蜍
长蠢 [tʂ'uən53]	蛇
蚂个敌 [t'i213]	蚂蟥
马莲蜓蜓 [tɕ'iŋ213] [tɕ'iŋ2]	蜻蜓

续表

罗庄方言	普通话
蚂蚱 [tʂA213]	蝗虫
叫乖子	蝈蝈
土蛰子	蛐蛐
檐壁虎子	蝙蝠
蝥虎子	壁虎
乌娄牛子	蜗牛
蛇出粒子	蜥蜴

5. 人体部位词汇。

例如：

罗庄方言	普通话
头芯子	百会穴
头肤 [fu213]	头发
额儿 [ɣ213][lə] 盖	额头
眼支毛	睫毛
腮帮子	脸颊
鼻子水	鼻涕
鼻孔眼子	鼻孔
下巴颏子	下骸
脖了梗	脖颈
牙花子	牙龈
囤 [tuən53] 子	嗓子
胸脯梁子	胸脯
卜齐眼子	肚脐
胳了拜子	膝盖
胳膊 [beI213] 曲子	胳膊肘
肋叉	肋骨
胳了直	腋窝
脊梁骨	腰椎
腚	屁股
手指盖子	手指甲
脚 [tɕyɛ213] 趾头	脚趾
腿 [tɕyɛ213] 肚子	膝盖以下部分的肌肉
脚 [tɕyɛ213] 脖子	脚踝
大门脚 [tɕyɛ213] 趾头	脚拇指
脚 [tɕyɛ213] 趾盖子	脚趾甲
脚 [tɕyɛ213] 后跟	脚跟

续表

罗庄方言	普通话
脚 [tɕyɛ213] 底板子	脚掌
腚门子	肛门

6. 人品性格词汇。

例如：

罗庄方言	普通话
[k¡ ¯ocu213]	刁蛮（多指女性）
馕敦 [naŋ213tuənr213]	憨厚
吃鼻子窝脓	逆来顺受，能吃气
搿不呆	不被重视的人
窝囊废	怯懦无能的人
三脚 [p¡ ¯aI312] 不出屁来	憨厚老实、不善言谈
硬头鳖	性格倔强，不听劝告的人
闷头相 [ɕiaŋr53]	嘴上不说，得便宜的人
死犟筋	固执，不会变通的人
老奶奶哼	懦弱、说话做事拖拖拉拉
㑇 [tʂocu213] 子头	固执，不配合，不灵活的人
二半吊子	半吊子
栅子头	不讲道理的人
打溜猴	不愿出力，到处找工作的人
滑子	懒惰不务正业耍嘴皮子的人
毛猴子	脾气暴躁，点火就着的人
二把刀	技术不精的人
带犊子	孩子随母亲改嫁到别人家的人
二流子	游手好闲，不务正业的人
三只手	小偷
碎嘴子	说起话来没完没了
愣头青	性格莽撞的年轻人
鬼捣粘 [niɛnr53]	自言自语
几几鬼子	非常吝啬、小气的人
水淡	在女性面前言语轻浮不正经的人
鬼不缠	精明、自私、不好打交道的人
五不拉六不拉	言行不可靠的人

续表

罗庄方言	普通话
讹斯赖	以微小、不正当的理由向别人敲诈
泼了王八孙	乱七八糟的一伙人
尖头怪	爱赚便宜的人
傻（憨）儿吧唧	心眼实诚的人，智力不健全的人
食大肚	饭量大的人
没退奶黄子	不懂事的小孩
蝎子毒 [tur53]	手段、心计很恶毒的人
不肠子不肚子	沉默、不表态的人

7. 亲属称谓。

例如：

罗庄方言	普通话
老嬷嬷	老太太
大大 [tA312][tA312]	父亲
贵客 [k'eI44]	女婿
老大伯 [peI44]	丈夫的哥哥
两来拽	连襟
家的　办饭的	妻子
月白爹	继父

8. 农业生产和生活资料的词汇。

例如：

罗庄方言	普通话
熟粪	经过发酵的人畜粪便
上粪	施肥
小胶车	手推独轮车
篼子	用柳条编成的圆形器皿
洋镐	镐头
橛子	带尖的木桩
粮食栅 [tʂA213] 子	粮囤
汤耙子	锄稻田杂草的工具
钩担	扁担，两头有铁制环勾，方便钩挂东西
要 [jao312] 子	用草或作物秸秆拧成绳子
劈刀	劈骨头的刀

续表

罗庄方言	普通话
洋油	煤油
锅屋	厨房
饭帚 [tʂ‘u312]	炊帚
筲	水桶
磨溜	陀螺
鞋筐子	存放针线的圆形器皿
束腰带子	腰带
褯子	尿布
褄褵	破烂布条
布溜子	布条
裤扎 [tʂA312] 子	短裤
泥 [mi53] 鞋	雨靴
嗨嗨 [ɕaI213][ɕaI2]	衣兜
手布子	手方手帕
横 [xuən312][tuən312] 子	婴儿穿的兜兜
粗果子	面粉炸制的一类甜点
果子	花生
果子米	花生仁
糊嘟	稀饭
糖圆子	元宵
馍馍	馒头
家宁 [ŋiA312　niŋ213]	煎饼

动词词汇

例如：

罗庄方言	普通话
揞 [an312]	捂
偪 [pi213]	躲藏
掮拉	用手拨弄
干哕 [ч ɛ312]	呕吐
步撵 [niɛnr53]	步行
喳咕	小声嘀咕
溜沟子	巴结拍马屁
侃空	说假话

续表

罗庄方言	普通话
抻 [tʂ‘ən312] 量	试探着
沺 [tʂ‘ocu213] 衣服	洗衣服时的最后一次洗涤
施为	修理
扎固	打扮、维修、治疗
欻 [tʂ‘u312]	很快地抓取
搋面	用力捣塞面团
心思	寻思、想想
课谋	全方位权衡
摐 [ʂuaŋ312] 齐	向下用力磕，使之整齐
呲巴 [pu213]	斥责
掠人	用手指或指甲用力抓人
打滴溜	手抓住固定物体， 身体悬空
打澎澎 [p'əŋ213][p¡¯əŋ2]	狗刨式的游泳
撧 [tɕ‘yɛ312] 断	折断
顾跩 [tʂuaI312]	动作缓慢
哄怂 [suŋ213]	好言相劝
喉喽	带痰声的哮喘
鞔裤腰	折叠裤腰
[taI213]	大口吃
讻人	训斥人
噘 [tɕyɛ53] 人	骂人
拢人	骗人
打嘚嘚 [teI312][deI312]	发抖的样子
挣歪	挣脱
揭挑	说别人短处
顾拥 [ku312][yŋ312]	小动作不断、不老实
抓挠	连抓带挠，另有劳作后收获的意思
搰 [xu213] 耳光子	打带响的耳光
吱歪	小声说，令人厌烦
核 [xA53] 斯	把物品抖开、 公开别人隐私
挤鼻子弄眼	向对方传情示意
逼力	压制逼迫
溻湿	湿透
告诵	告状

续表

罗庄方言	普通话
嫌乎	责备
俚戏	开玩笑
家走	回家
就着	吃菜
觉摸着	感觉着
短路	拦路抢劫
捣鼓	摆弄
捩 [liɛ213] 仗	打仗
管及	爱护（物品）
攮 [naŋ213]	刺、扎
攮 [naŋ213]　熊话	说难听的话
段 [tuan312] 上	追上
唉 [jɛ312]	呻吟
[p'aI44]	用脚踢
耳势	理睬
拉佫 [kɤ213]	闲聊
[aŋ213]	烧
烀身	贴身
揳 [ɕiɛ213]	用力捶砸
烀 [xu213]	用大火煮
骨搐 [tɕ'y312]	蜷缩的样子
[xəŋ312]	扔
擢 [xuoc213] 水	泼水
嗷啦一声	连喊带叫
度劲	运足劲，使肌肉绷紧的样子
铆 [mao213] 你	打你
扤 [k¡ˉuaI44] 痒	用手抓挠痒痒
刡 [luoc312]	用手抓住上端割、砍下端
转筋	抽筋、肌肉痉挛

形容词词汇

例如：

罗庄方言	普通话
跌亵 [ɕiɛ44] 着脸	心情不好，阴沉着脸
瘪鼓	手脚冻僵

续表

罗庄方言	普通话
嘘呼	虚张声势
粗开	说话不文明，下流
促该	恰巧
恣 [tseIr53]	舒服，愉快
烧得不轻	骂人不知天高地厚
瞎巴 [pu213]	说话、做事令人尴尬
勤利	勤快
论堆了	不思上进的人
耍快	干净利落
恶瘿 [iŋ44]	肮脏，厌恶
瘚 [tɕiocu312] 劲	习惯难改
识好	容易满足
灵泛	性格随和
喋 [tiɛ312] 了	撒娇
窝周 [tʂocu213]	圆满，舒适
蒲包嘴	不善言辞的人
白 [peI312] 瞎	质量差，无能
冰炸凉	冰凉的感觉
不离	挺好，不错（长辈夸奖小辈）
不攮 [ʐaŋ312]	不孬，不简单
闯势	胆大，不拘谨
跌歪	精神状态差、故意、显摆、撒娇
嗢 [wA44] 屈	委屈
快嘴卜拉 [lɣ213] 舌	众人面前抢着说话
八万脸	阴沉着脸
抹抹丢丢	害羞，不好意思
胡儿 [lɣ213] 绵缠	不讲道理，没完没了
巧腚门子	嘴甜、巧言善辩、会说的人（贬义）
贫嘴呱嗒舌	油腔滑调
烧包	挥霍浪费或趾高气扬
处上处	孤注一掷，不计后果
甜欢 [xuan213] 人	长相好，说话、做事令人满意
怵头	害羞、害怕、胆怯

续表

罗庄方言	普通话
蔑些 [ɕiɛ312]	说话、做事不果断
丝淖 [nao53]	食物变味发馊，又指人小气
黢黑	很黑
暖 [naŋ44] 乎	暖和
红腚猴子	脸很红
污目糟眼 [jɛnr44]	脏旧，颜色暗淡
突热	很热
新崭的	崭新
四齐	整齐
蔫悠不带	枯萎
稀嫩 [luən312]	鲜嫩
稀甜	很甜
崩硬	很硬
稀苦	很苦
须绿	很绿
糊头燎耳	食物等烧烀后的样子

数量词词汇

例如：

撮——板。如“做了一撮 [tsuoc213] 子豆腐”。

僻 [p'ir213]——长方形的一块。如“把肉劈成三僻”。

掐——拇指中指合拢的周长。如“一掐菜”。

派 [p'aIr312]——一会儿。如“干一派就收工”。

哥娄——圈。如“每人跑三哥娄”。

起 [tɕ‘ir312]——层。如“二起楼”。

熟语

成语　罗庄方言中，有一些语素结合已形成固定形式，表示一个有概括性的，不可分割的完整意义。例如：

隔 [keI213] 皮猜瓜　水净滑白　七老八十　伸头露角 213]　这事那包　突嘴烫牙　面不辞人　愣头八脑　人五人六　奸喜曹笑　伏高就低　吆二喝三　多嘴了舌　坑三骗四　轻来抹去　穷争饿吵　撇家舍业　诳诞血拉　五把全搂　癔愣无怔　离个拉个　胡儿绵缠　鬼迷熟人　虚火燎神　翻嘴调舌　恶央八带　无理霸道　贼头模像　心多烂肺　吃草倒料　斤斤引引　生气燎风　留上搁下　照钱吃面　手拿把掐　胡嘛乱 [lan312] 骂　抠耳挖腮　可卯可榫　滴拉巴挂　粘吃 [tʂ‘ʅ53] 糊拉　爬天溜地。

惯用语

例如：

卜了头——一般的。如“别挑了，卜了头就行”。

卜愣头——对别人的意见持否定态度。如“让你干点活，你就卜愣头”。

什么黄子——对事物或结果的否定。

没退奶黄子——指年龄小、资历浅的人。

二五眼——指这个人不可靠或做事没把握。

不懂糸 [kA53]——不懂

忙不迭 [tiɛr312]——指时间紧急，不等了。

遛门子——串门

攲 [tɕiɛ44] 息——身体侧躺下

偎不上凑——靠不上边

撑不住劲——承受不了

面糊子耳朵 [tocu]——没有主见，谁的话都听

不翘边——不开窍

劈斜枝子——没事找事（贬义）

猫盖屎 [ʂʅr44]——做事应付

死不觉——做错事，还不悔改

没腚眼子——不易满足

稀来易——很容易

倒是瞧——退步

撩不上 [tʂʻʅr213]——喻指骂人，放肆

扒豁子——挑拨的意思

有打无的事——事很小，东西少，不经意

不沾闲——不行、没本事。

一头沉——男婚女嫁，一切开支男方承担。

语法

罗庄方言除一些独立成分外，“把”字句、“被”字句在语法上基本与普通话一致。

句子的独立成分　普通话中的独立成分是不跟别的成分发生结构关系，其位置灵活，有提醒按注作用。罗庄方言中也有独立成分。

1. 在罗庄方言中，双方对话时，往往带有一些“开头语”，意在表示说话的环境，对听话人的提醒、指导。

例如：①咱在这亥说了（表示对话双方的范围、地点）

②咱这又说话啦呱了（表示把眼前的事与以前的事联系起来）

③论起来（表示按道理应该怎么办，带有理论性的指导或具体操作方法）

④上论了（表示说话人引经据典，进行评论）

⑤我说（表示引起对方注意）

⑥哎热（口头语，罗庄方言也叫“嘴股巴”，詈言，是对对方的不尊重）

2. 语气助语（哈）。在罗庄方言中，常用“哈”表示多种语气。

①西瓜贱了哈。（陈述句）

②到学校听老师的话哈。（祈使句）

③你吃了哈。（疑问句）

④那可是哈。（感叹句）

句式特点

1. “把”字句。

“把”字句是普通话中较为常用的一种句式，罗庄方言也经常用“把”字句，即“把+动词涉及对象+动词”。这是普通话“把”字句与罗庄方言“把”字句的共同形式。除此之外罗庄方言“把”字句还有自己的特点：

①罗庄方言有时把“把”说成“满”或“逮”，特别表现在口语中。

②罗庄方言在受事宾语的动词前加“给”，就形成“把+动词涉及对象+给+动词”的形式。

例如：

罗庄方言	普通话
把（满、逮）衣服给洗洗。	把衣服洗洗。
把（满、逮）屋子给收拾干净。	把屋子收拾干净。
把（满、逮）书给放在桌子上。	把书放在桌子上。
你把（满、逮）信给带着。	你把信带着。

2. “被”动句。

①在普通话中，为了强调主语是受事者，通过介词“被”引进施事者，或将“被”直接附在动词前表示被动。在罗庄方言中，“被”字句一般不用“被”字，多用“叫、让、给”表示。

例如：

罗庄方言	普通话
我叫他感动了	我被他感动了
他叫上级调走了	他被上级调走了
书让老鼠咬坏了	书被老鼠咬坏了
夜空叫灯火照得光彩夺目	夜空被灯火照得光彩夺目

②普通话中的主语是受事者，主语是谓语所表示动作的承受者。在罗庄方言中，如果强调施事主语时，则会把受事主语放在动词谓语后。这种形式必须是介词“被”后边，用于有完整意义的动词性短语。

例如：

罗庄方言	普通话
叫老师批评了他一顿	他被老师批评了一顿

续表

罗庄方言	普通话
叫对方抓住了他的把柄	他被对方抓住了把柄
叫领导表扬了他一番	他被领导表扬了一番
那天让他逗得我哈哈大笑	那天我被他逗得哈哈大笑

③普通话中的被动句能跟“给”配合使用，但句中的“给”不能带宾语。在罗庄方言中，如果为了强调动作所涉及的人时，往往在“给”后面带上宾语。

例如：

罗庄方言	普通话
我的发型被他给我搞乱了	我的发型被他给搞乱了
他的书被同学给他拿去了	他的书被同学给拿去了
他的电脑被叔叔给他修好了	他的电脑被叔叔给修好了
他的抽屉被人给他翻过了	他的抽屉被人给翻过了

④普通话中，被动句有“被……所”式。而罗庄方言则用“被……着”式。

例如：

罗庄方言	普通话
我时时被英雄精神感动着	我时时被英雄精神所感动
不应该被不利环境困扰着	人不应该被不利环境所困扰

3. 疑问句。普通话疑问句中的反复问，也是一种选择问句，它选择的项目是一件事情的肯定和否定，结构特点是在谓语中用并列形式提问。而罗庄方言则用肯定 + 否定形式的句式。

例如：

罗庄方言	普通话
他肯来不肯	他肯不肯来
你有功夫没有	你有没有功夫
他会打乒乓球不会	他会不会打乒乓球
你想干不想	你想不想干

第三节　谚语

例如：揍（做）不瞎，学不会。

身上有疤，阴天就痒痒。

脚正不怕鞋歪。

早起的鸟有食 [ʂʅr44] 吃。

自己的闺女不调神。

烧香引逗鬼。

睡不着觉怨床歪。

捆绑不是夫妻。

羊毛出在羊身上。

靠锅的先烀。

拾把柴火剜把菜，这个日子还不碍。

一人一路，莫要犯恶（Wù）。

刮风下雨随它去。

鲜虾精贱不贩鱼 [y312]。

小声说话聒死人。

好鞋不踩 [tʂA44] 臭屎。

不蒸馒头争这口气。

灰热是火，酱咸是盐。

一人不可治，众人治得圆圆的。

人望人好，自己好。

在一不再二，再三无意思。

借的人，由着人。

鹰赖不吃 [waI213] 子。

不是客吃了，而是客费了。

两好佮 [kA213] 一好。

要想好，大敬小。

肩膀齐是兄弟。

出水才见两腿泥。

人是敬怕的，不是打怕的。

家有三样宝，丑妻、薄地、破棉袄。

人心要实，火心要虚。

骑驴不知步撵 [niɛnr53] 的。

一推六二五，三一三剩一。

人行好事，莫问前程。

筛子大，眼子粗。

种地不上粪，等于瞎胡混。

捞鱼摸虾，耽误 [wen44] 庄稼。

拨了萝卜栽上篮，不叫眼子闲一闲。

一亩园（跟）三亩田。

五月豆，半边露。

有钱难买五月旱，六月连阴吃饱饭。

有钱买种，无钱买苗。

麦怕胎里旱。

春雾黄风夏雾雨，秋雾连阴不晴天。

春刮东南夏刮北，秋刮西南不天黑。

秋不秋，六月二十头。

月亮平三平，打得粮食没 [mu312] 处盛。

麦 [meI312] 打月黑头。

年前麦盖三床被，来年枕着馍馍睡。

立秋十八天，河里无澡洗。

白露早，寒露迟，秋分种麦正当时。

孩子不读书，不如喂窝猪。

家有千金斗，不如学艺在身手。

不读圣人书，不知周礼仪。

从小偷个铅笔头，长大偷个老黄牛。

一等人用眼教，二等人用话教，三等人用棍教。

站有站样，坐有坐相。

鸭子的儿子会凫水。

狗养的狗疼，猫养的猫疼。

中间无人不成事。

人越老越小。

人老腿先老。

看把式不打人。

第四节　歇后语

罗庄方言的歇后语生动形象，富有感情色彩，它近似谜底、谜面两部分组成的俏皮话。

喻义的

例如：老鼠 [tʂ‘u44] 给猫捋胡子 —— 破上命的巴结

程咬金 [tɕinr213] 的斧子 —— 猛三撮

东大河里漂碌碡 [tʂueI44]—— 侃血空

二发他哥 —— 大发

蒜薹开了叉 —— 二杆子

银杏树结苹果 —— 根本不对

鸭子过河 —— 随大流

瞎子害眼 —— 没 [mu312] 治

谐音的

例如：绱鞋不用锥子 —— 针（真）好

被窝里放屁 —— 能闻（文）能捂（武）

裁缝掉了剪子 —— 光剩尺（吃）了

打破砂锅 —— 璺（问）到底

豆虫尾巴 —— 自蹶（觉）着

康熙字典 —— 老书（输）

买个篼子没系 [ɕi312]—— 袢（盼）着

老和尚的家 —— 庙（妙）

捋胡子过河 —— 牵须（谦虚）过渡（度）

老鼠（chu）偷秤砣 —— 盗铁（倒贴）

册（拆）山到峰（缝）山 —— 来回一样远

第二十六编 街道 镇

Part 26: Blocks and Towns

傅庄街道办事处办公楼（2013 年　梁倩春摄）

黄山镇柳编（2013 年 7 月　秦晓军摄）

第一章　街道

第一节　罗庄街道

位置境域

罗庄街道位于区境中部，以原镇政府驻地罗庄得名。东邻高都街道，南连傅庄街道、册山街道，西靠沂堂镇、罗西街道，北接盛庄街道。辖区东西最大横距9.65千米，南北最大纵距7.82千米，面积49.4平方千米。地势北高南低，属半丘陵、半平原。东南与傅庄街道、册山街道交界处有庆云山，西部有蟠龙山，北部有响马岭。南涑河流经西部。通达南路、206国道纵贯南北，罗程路、南外环路横穿东西。街道办事处驻开元路19号，距区政府驻地1.7千米。

建置沿革

1969年1月20日，傅庄区析为傅庄、罗庄2个人民公社。罗庄人民公社管委会驻罗庄。1970年4月7日，罗庄人民公社改称罗庄区，同年6月8日，傅庄、罗庄2区合并为傅庄区。1971年3月24日，属傅庄人民公社。1972年4月7日，傅庄人民公社重划为傅庄、罗庄2个人民公社。1984年4月，人民公社改为乡镇建制，置罗庄镇。1994年12月17日，隶属罗庄区。1997年7月，朱张桥西河北村与朱张桥河北村合并为朱张桥河北村。1997年1月21日，朱陈北村、八块石村、湖西崖北村、湖西崖西村、湖西崖东村5个村划归双月湖街道。1999年10月，镇政府从罗庄迁开元路19号（龙潭社区）。2000年5月11日，撤销罗庄镇置罗庄街道。2004年12月，由32个行政村合并为27个社区。2011年8月，朱陈北村社区划回罗庄街道。2013年4月，由28个社区调整为22个城市社区。是年年底，辖22个社区（24个自然村）17322户，10.06万人。

1986年6月3日，省委书记梁步庭视察罗庄镇镇办企业时，称赞罗庄是“山东第一镇”。1988年，罗庄镇产值、利税、外贸出口额均居全省乡镇企业首位，被誉为“山东第一镇”。1990年，被命名为全国明星乡镇。1993年7月，被列为国家社会发展综合实验区。1995年6月，被国务院十一部委批准为全国小城镇综合改革试点镇；同年11月，在全国村民自治工作经验交流会暨城乡基层先进集体和先进个人表彰会上被命名为中国乡镇之星。2006年3月，被国家统计局评为中国最具投资潜力乡镇100强。

图26-1：1992年2月13日，罗庄镇召开庆祝建镇20周年大会

自然资源

罗庄街道土壤主要有潮土、水稻土、砂姜黑土。煤、石灰石、陶土、焦宝石等矿产

丰富。其中，煤、陶土蕴藏量居全区之首。以罗庄、朱陈等地为中心，有大青矸、焦宝石、紫土、石英粉、瓷土、大青土、黄矸、黄药土等制陶原料，均已开采利用。2013年，全街道耕地面积861.8公顷，林地面积169.44公顷。

经济概况

1995年，全镇完成地区生产总值6.9亿元，工农业总产值34.3亿元。其中，工业总产值34.1亿元，农业总产值2012万元。财政收入1985万元，农民人均纯收入1846元。2004年，全街道完成地区生产总值23亿元，工农业总产值86.1亿元，财政总收入2.06亿元，农民人均纯收入4210元。2013年，全街道完成固定资产投资54亿元，利用境外资金1558万美元，规模以上工业总产值419.63亿元，利税48.2亿元，实现财政总收入10.8亿元，地方财政收入4.97亿元，居民人均纯收入1.63万元。

农业　主要粮油作物有小麦、玉米、水稻、地瓜、花生、大豆等。1995年，粮食总产1604万千克，年均亩产596千克，农业总产值2012万元。1996年后，加大科技投入，不断调整农业产业结构，扩大经济作物种植面积，大力发展特色农业和养殖业。1998年，建起朱家地、朱张桥2个农田保护区，共66.7公顷；建成华盛养猪场、朱张桥西北村养殖基地；兴建江泉肉制品厂、江泉乳品厂、新丰食品厂等8家“农字号”企业。全镇年纯收入超过5万元种植、养殖大户15户，年收入2万元～5万元种植、养殖户26户。1999年，投资240万元，实施666.67公顷（1万亩）中低产田改造项目工程，建设防渗渠道8千米，开挖排水沟34千米，修建各类田间建筑物145座，整修田间道路31千米，植树5万棵。2000年3月，建设临沂博大生态发展有限公司（位于后官战湖村）。园区规划面积100公顷，其中名贵花卉苗木基地52.33公顷，培育各类珍贵苗木20类30万株。2004年始，实施“奶牛富民工程”“百万农户致富工程”，大力发展奶牛、生猪等养殖业。至2013年，全街道农作物总播种面积1149.87公顷。其中，粮食作物播种面积1139.87公顷、总产529.28万千克，种植花生4.67公顷、总产量1.4万千克，种植蔬菜5.33公顷、总产量46万千克。完成农业总产值1.53亿元。拥有各种农用机械4300台，农作物种植、收割、运输实现机械化。

工业　罗庄一带陶瓷业历史悠久，明、清时，湖西崖、朱陈已成为远近闻名的陶瓷制作中心，所产缸、碗、盆、罐等黑釉粗瓷产品享誉鲁南、苏北、皖北等地，为临沂四大传统名牌产品之一。1975年前，仅有农机、采矿、制瓦3个社办厂。中共十一届三中全会后，罗庄公社充分利用当地资源优势，采取“社（镇）办、村办、联户办企业，重点抓村办”的措施，以采矿、建材和陶瓷为突破口，大力发展乡镇企业。1995年，有华盛集团公司、工业搪瓷股份有限公司、建筑陶瓷有限公司、东方陶瓷有限公司、新光纺织有限公司、联合毛纺染织有限公司、罗德玛钢有限公司、沂德冶炼有限公司、金锣电池总公司、建筑公司、煤炭公司、食品公司等镇、村办工业企业174家。其中，镇办集体企业30家，村办集体企业144家，从业人员1.18万人。完成工业总产值34.1亿元，纳税1.2亿元。形成医药、陶瓷、纺织、热电、焦化、电解铝、化工、机械等八大支柱产业。1997年8月，镇政府采取出售、拍卖、股份合作制等形式，对30家镇办集体企业进行改制，全部转型为民营企业。1998年，对所有村办集体企业改制。同年始，加强对改制企

图 26-2：华盛江泉城大酒店（2013 年 2 月　英成亮摄）

业宏观管理，引导企业建立现代化企业管理制度。同时，实施“工业强镇”战略，把招商引资和发展民营经济作为经济工作重中之重，制定优惠政策和奖励措施，为民营经济创造宽松发展环境。改造提升传统优势产业，重点引进科技含量高、附加值高、资源消耗低的项目；不断调整工业产业结构和产品结构，推进企业转型升级。2002 年 7 月，山东华盛集团总公司更名为华盛江泉集团，被国家工商总局核准为国家级集团。同年 8 月，华盛江泉集团入选首届“中国企业 500 强”。2003 年 12 月，江泉热电厂、江泰电解铝厂建成投产。2004 年，建成江泉工业园和新光纺织工业园。同年 7 月，江鑫钢铁厂正式投产。2006 年，山东罗欣药业集团入选“中国制药工业百强”。2013 年，全街道有规模以上工业企业 56 家，从业人员 3.9 万人，完成规模以上工业产值 419.63 亿元，主营业务收入 484.04 亿元，利润总额 16.46 亿元，利税总额 48.2 亿元。华盛江泉集团连续 12 年入选“中国企业 500 强”，山东罗欣药业集团连续 8 年入选“中国制药工业百强”。山东能源临沂矿业集团有限责任公司、山东银凤股份有限公司驻境内。

商贸服务业　1995 年，镇内有朱陈、朱张桥河北村、窑汪崖、朱家地 4 处固定集贸市场，交易有日用百货、服饰布匹、五金土杂、农副产品、建材、牲畜等，年交易额 2100 万元。有商贸服务业户 1970 家，有镇供销社、矿区商店、万泉农贸市场、罗庄陶瓷批发商城等大中型综合市场和专业批发市场 6 家，从业人员 5600 人。1997 年，投资 3600 万元，改扩建罗庄陶瓷批发商城、万泉农贸市场，新建新型建材市场 4 家。2001 年，投资 3 亿元的朱陈建材市场建成营业，占地面积 56 万平方米，营业面积 26 万平方米，拥有经营摊位 1180 个。2006 年始，华盛江泉集团投资建设华盛江泉城大酒店，占地面积 9 万平方米，建筑面积 12 万平方米，主体楼高 159 米，2009 年 10 月正式营业，2011 年 10 月 18 日，正式挂牌为五星级酒店。2012 年，沂州花卉市场建成营业，拥有摊位 200 个。至 2013 年，辖区有固定集贸市场 6 处，商贸服务业户 3890 家，大中型综合商场 8 家，专业批发市场 4 家，形成通达南路、开元路、龙潭路 3 条商业街。从业人员 2.83 万人。完成社会消费品零售总额 2.97 亿元，第三产业产值 41.2 亿元。

基础设施建设

1995—1997 年，全镇投资 8500 万元，拓宽硬化罗程、罗岑公路。1997 年，镇政府投资 1100 万元，扩建镇自来水厂，全镇 70% 居民用上自来水；开通 1.5 万门程控电话。1998 年始，按照“规划高起点、建设高标准”原则和“统一规划、合理布局、综合开发、配套建设”要求，实施旧村改造和小康示范村建设工程。至2013年，先后建成朱张桥北村、闫泉庄、小山后3个小康示范村，完成北老屯、朱陈西南村、罗庄、韦姜屯、朱家地、湖南崖等村旧村改造，建起沈泉庄社区、龙潭馨城居民住宅小区。新建、拓宽改造罗一路、罗三路、罗四路（通达南路）、罗五路（开元路）、罗六路、罗七路（湖西路）、罗八路（科技大道）、宝山路、罗九路（火炬路）、罗十路和双月湖路、工业北路、工业路、建设街、龙潭路、龙泉路、文化路、文化南路、双龙路、南外环路，道路总长123千米，全街道形成十纵十横交通网络，主要道路实现绿化、美化、亮化。全街道村村通柏油（水泥）路、公交车，户户通自来水、有线电视。

图 26-3：沈泉庄新貌（2013年5月　郑现峰摄）

教科文卫

1995年，全镇投资780万元，新建罗庄镇实验小学、河北小学，撤销朱张桥联中，合并小学5所，改扩建罗庄镇中心中学和30所村级小学。同年10月，“两基”通过省政府达标评估验收。1995年年底，有幼儿园32所，在园幼儿1900人，教师200人；小学32所，在校学生7453人，教职工318人；初中1所，在校学生2768人，教职工180人。2002年，完成小学布局调整工作，小学由1995年的32所调整为8所。2003年，改建罗庄初级中学。2005年，扩建罗庄镇实验小学。2012年，改扩建临沂第六实验小学。2013年，有幼儿园70所（其中公办幼儿园10所），在园幼儿7280人，教师620人（其中公办教师16人）；小学8所，在校学生1.05万人，教职工351人；初中1所，在校学生4398人，教职工351人。小学适龄儿童入学率、巩固率均100%；初中适龄少年入学率100%，在校学生巩固率99.8%。有省级规范化学校3所。临沂第十八中学、临沂第二十一中学、临沂华盛实验学校3所区直学校和民办临沂兴华学校驻境内。

1995年，有科技机构8个，科技人员21人，农民技术员39人。年培训农村实用技术人员6800人次。2007年，在街道办事处驻地建立科普活动站，各社区均建立科普宣传栏，配备1名科普宣传员，每年更换科普挂图4次。至2013年，有科技服务机构17个，科技人员220人。

1995年，罗庄镇建有有线电视台、龙潭公园、动物园、影剧院、体育场，跑马场、书店等文化体育设施。每年春节、元宵节期间，镇、村都组织开展舞狮子、踩高跷、跑旱船、灯会、文艺汇演等群众文化活动。1997年，镇影剧院（后改建为基督教堂）、龙潭公园、动物园改制为民营。2000年，设立镇文化站。2006年，设为街道文化综合站，有工作人员3人。每年开展送文艺进社区18

场，每月公益放映电影1场。2013年，街道办事处驻地、社区共建有各类文体小广场22个，文化大院27家，安装室外健身器材236套，设立农家书屋16个、社区图书室19个。22个社区均建有综合文化服务中心，注册登记庄户剧团6个。

图26-4：龙潭公园（1995年　刘宝峰摄）

2013年，有街道社区卫生服务中心（卫生院）1家，医务人员179人，医疗床位247张，设有内科、外科、妇产科、儿科等15个科室。年门诊住院17.6万人次。农村合作医疗定点社区（村）卫生室32家，乡村医生218人。临沂罗庄中心医院驻境内。

人民生活

1995年，农村住房多为砖石结构或钢筋混凝土结构，部分村建有二层居民楼，村民人均住房面积36.5平方米。2002年，全镇实现有线电视、柏油（水泥）路、自来水村村通、户户通。2005年始，实行新型农村合作医疗，参加新型农村合作医疗6.16万人，参合率100%。2013年，彩电、冰箱、洗衣机等家用电器基本普及家庭；居民人均住房面积45平方米，30%居民住进楼房；每百户居民拥有轿车28辆；参加城乡居民养老保险1.11万人，每月发放65元基础养老金；享受农村低保2873户3143人，城镇低保368户425人。

历史文化

罗庄街道历史文化底蕴深厚，名胜古迹众多，境内宝泉寺为临沂四大古寺之一，宝泉寺公园为国家AA级旅游景区。朱陈古窑遗址为省级文物保护单位，宝泉寺遗址为市级文物保护单位，罗庄、朱陈、朱陈西、朱家地、蟠龙山、小山后遗址和小山后墓群及朱陈化石点为区级文物保护单位。

2013年罗庄街道社区基本情况表

表26-1

社区	所辖自然村名	自然村基本情况
罗庄	罗庄	为原罗庄镇政府驻地。位于通达南路东侧。产煤、铝矾土、陶瓷。明永乐年间罗姓在此立村，因居地多泉，遂名罗家泉庄，后称罗家庄，简称罗庄。2004年12月，改称罗庄社区。2013年年底，面积137.53公顷，其中耕地面积15.92公顷，有535户1878人

续表 26-1

社区	所辖自然村名	自然村基本情况
沈泉庄	沈泉庄	位于罗庄街道办事处驻地东南 2.0 千米，通达南路东侧。明永乐年间建村，名泉子庄，因地面土薄泉多而得名。后因人户增多，遂按姓分居 5 处，各自独立成村（罗泉庄、沈泉庄、连泉庄、于泉庄、闫泉庄，习称此 5 村为五泉庄），此村沈姓居多，故名沈家泉庄，简称沈泉庄。2004 年 12 月，改称沈泉庄社区。2013 年年底，面积 198.76 公顷，其中耕地面积 17.98 公顷，有 589 户 2230 人
鑫华	韦姜屯	位于罗庄街道办事处驻地南偏西 1.90 千米。元末明初韦姓、姜姓到此立村，故名韦姜屯，今村中韦姓已无。2004 年 12 月，与王家庄合并为韦姜屯社区。2013 年 4 月，与连泉庄社区合并为鑫华社区。2013 年年底，面积 142.83 公顷，无耕地，有 732 户 2519 人
	连泉庄	位于罗庄街道办事处驻地南偏东 1.50 千米，通达南路西侧。明永乐年间连姓居此立村，遂名连家泉庄，简称连泉庄。2004 年 12 月，改称连泉庄社区。2013 年 4 月，与韦姜屯社区合并为鑫华社区。2013 年，面积 84.24 公顷，无耕地，有 310 户 1241 人
	王家庄	位于罗庄街道办事处驻地西南 2.10 千米，罗七路两侧。清乾隆四十五年（1780）因开挖煤矿，王姓迁居落户，后渐成村落，名王家庄。1981 年以地处蟠龙山北麓，更名为蟠龙庄。2004 年 4 月，复称王家庄。2004 年 12 月，并入韦姜屯社区。2013 年 4 月，与连泉庄社区合并为鑫华社区。2013 年年底，面积 57.54 公顷，无耕地，有 230 户 840 人
龙潭	龙潭居委会	位于罗庄街道办事处驻地南偏西 0.29 千米。东起通达南路，南至宝泉路，西至罗六路，北起工业路。1991 年 10 月 18 日，建立龙潭居民委员会。2004 年 12 月，改称龙潭社区。2009 年 3 月，实施旧村改造，建成龙潭馨城。2013 年年底，面积 90 公顷，无耕地，户籍人口 3.76 万人，空挂户 2.66 万人，常住人口 1.1 万人
湖南崖	湖南崖	位于罗庄街道办事处驻地东北 0.97 千米，通达南路西侧。产黄矸、石灰石。北宋初建村，原名看沂庄，后称南移官庄，明代以地处泥沱湖南而更村名湖南崖。2004 年 12 月，与穇茬窑村合并为湖南崖社区。2013 年年底，面积 363.58 公顷，无耕地，有 1650 户 5070 人
	穇茬窑	位于罗庄街道办事处驻地东 1.70 千米，通达南路东侧。产陶土。清光绪年间在此开采煤矿，因炭井设于穇茬地内，故习称之“穇茬窑”，后煤窑撤除，在此谋生的人家落户成村，遂命村名为穇茬窑。1909 年《山东省地图》标名穇查窑。2004 年 12 月，与湖南崖村合并为湖南崖社区。2013 年年底，占地面 80.1 公顷，无耕地，有 303 户 1006 人
闫泉庄	闫泉庄	位于罗庄街道办事处驻地东南 1.66 千米，通达南路东侧。明永乐年间闫姓居此立村，遂名闫家泉庄，今简称闫泉庄。2004 年 12 月，改称闫泉庄社区。2013 年年底，面积 134.33 公顷，无耕地，有 573 户 1520 人
于泉庄	于泉庄	位于罗庄街道办事处驻地东南 1.36 千米，通达南路东侧。明永乐年间于姓居此立村，遂名于家泉庄，今简称于泉庄。2004 年 12 月，改称于泉庄社区。2013 年年底，面积 101.77 公顷，无耕地，有 873 户 1873 人
鑫园	桥西头	位于罗庄街道办事处驻地东偏南 4.62 千米。清康熙年间杨、张两姓到此落户，成村后名雨淋官庄，后更名临沂官庄。清宣统初年因村东修建石桥，更名桥西头。1909 年《山东省地图》标注桥角头。2004 年 12 月，改称桥西头社区。2013 年 4 月，与朱家地社区合并为鑫园社区，面积 199.43 公顷，其中耕地面积 77.28 公顷，村民擅扎彩，有 680 户 2010 人
	朱家地	位于罗庄街道办事处驻地东南 4.95 千米。红炉业为传统工艺。北宋时徐姓到此立村，名徐公地。后徐姓渐泯，朱姓兴旺，遂更名朱家地村。2004 年 12 月，改称朱家地社区。2013 年 4 月，与桥西头社区合并为鑫园社区。2013 年年底，面积 153.19 公顷，其中耕地面积 66.15 公顷，有 510 户 1860 人

续表 26-1

社区	所辖自然村名	自然村基本情况
焦沂庄	焦沂庄	位于罗庄街道办事处驻地西南 4.64 千米。产煤。清康熙年间焦姓居此立村，名焦家庄。后因临沂城南近郊有同名村，遂演作焦沂庄。2004 年 12 月，改称焦沂庄社区。2013 年年底，面积 241.06 公顷，其中耕地面积 134.82 公顷，有 700 户 2368 人
后官战湖	后官战湖	位于罗庄街道办事处驻地西南 5.57 千米。产石料。传说隋末建村。原名怀义庄，后因村南有村名官战湖而更名后官战湖。2004 年 12 月，改称后官战湖社区。2013 年年底，面积 360.12 公顷，其中耕地面积 96.82 公顷，有 705 户 2679 人
涑河	朱张桥西北村	朱张桥西北村、朱张桥东北村、朱张桥西南村、朱张桥东南村、朱张桥沟东、朱张河北、朱张桥西河北，统称朱张桥，位于罗庄街道办事处驻地西南 4.08 千米。前 5 村居南涑河南岸，后 2 村居河北岸。据清康熙《沂州志》载：春秋时朱张（人名，春秋时隐士。孔子论逸民，排其名在柳下惠之前）居此村。在涑河之阳。有一石桥，精工坚固，历古如新。断碑可验，其庄因以为名（朱张桥）。1945 年因人口不断增多，析成 6 村。居河北岸的一村初名河北，后更名朱张桥河北；1986 年析该村东部另成一村，以所处方位定名朱张桥西河北。居河南岸的 5 村中其 4 村以所处方位分别定名朱张桥东北村、西北村、西南村、东南村；另一村为原朱张桥村中从大桥向南的大路以东部分，习称“沟东”，遂定名朱张桥沟东。 1997 年 7 月，朱张桥西河北村并入朱张桥河北村。2004 年 12 月，朱张桥西北村改称朱张桥西北社区。2013 年 4 月，与朱张桥西南社区、朱张桥东南社区合并为涑河社区。2013 年年底，面积 105.25 公顷，其中耕地面积 28.47 公顷，有 456 户 1587 人
	朱张桥西南村	位于罗庄街道办事处驻地西南 4.27 千米。村名由来见朱张桥西北村。2004 年 12 月，改称朱张桥西南社区。2013 年 4 月，与朱张桥西北社区、朱张桥东南社区合并为涑河社区。2013 年年底，面积 74.48 公顷，其中耕地面积 22.12 公顷，有 272 户 956 人
	朱张桥东南村	位于罗庄街道办事处驻地西南 4.33 千米。村名由来见朱张桥西北村。2004 年 12 月，改称朱张桥东南社区。2013 年 4 月，与朱张桥西北社区、朱张桥西南社区合并为涑河社区。2013 年年底，面积 124.43 公顷，其中耕地面积 57.44 公顷，有 568 户 2027 人
小山后	小山后	位于罗庄街道办事处驻地东南 5.5 千米。东临沂蒙南路，南环路横穿村前，西靠江泉工业园，北邻朱家地社区。南有二龙山，中部庙山，东部凤凰岭，北部清水河。明洪武三年（1370）临沂城北几户商家为避战乱迁凤凰岭北麓落户，因凤凰岭较庆云山小，故命村名小山后。1964 年，称小山后大队。1984 年，复称小山后。2004 年 12 月，改称小山后社区。2009 年，建成双龙山花园小区，居民皆入住楼房。2013 年年底，面积 135.21 公顷，其中耕地面积 46.35 公顷，有 383 户 1276 人
鑫城	大山后	位于罗庄街道办事处驻地东南 4.76 千米。产石料。出土的元朝石碑标其为大山后村，因地处庆云山北麓而得名。2004 年 12 月，改称大山后社区。2013 年 4 月，与窑汪崖社区、北老屯社区合并为鑫城社区。2013 年年底，面积 217.88 公顷，其中耕地面积 20.83 公顷，有 615 户 2400 人
	窑汪崖	位于罗庄街道办事处驻地东南 4.08 千米。产煤炭、陶土。清光绪年间建村，名义合村。后村旁挖煤出现窑汪，习称“窑汪崖”，遂成村名。2004 年 12 月，改称窑汪崖社区。2013 年 4 月，与大山后社区、北老屯社区合并为鑫城社区。2013 年年底，面积 139.42 公顷，无耕地，有 610 户 1680 人
	北老屯	位于罗庄街道办事处驻地东南 3.09 千米，通达南路东侧。产煤炭。明永乐年间由山西洪洞县老鹳窝移民至此屯田，命村名老屯。后因村南有同名村，遂更北老屯。2004 年 12 月，改称北老屯社区。2013 年 4 月，与大山后社区、窑汪崖社区合并为鑫城社区。2013 年年底，面积 313.02 公顷，其中耕地面积 10.82 公顷，有 1396 户 4100 人

续表 26-1

社区	所辖自然村名	自然村基本情况
山西头	山西头	位于罗庄街道办事处驻地东南 4.61 千米。产煤。明万历年间成村，因地处庆云山西麓而得名。2004 年 12 月，改称山西头社区。2013 年年底，面积 211.92 公顷，其中耕地面积 45 公顷，有 786 户 2382 人
朱陈北	朱陈北村	朱陈北村、朱陈西村，朱陈东村、朱陈西南村、朱陈东南村，统称朱陈，位于罗庄街道办事处驻地西 2.82 千米，南涑河北岸。产煤炭、陶瓷、耐火材料。农历二月初十、七月二十逢会。相传春秋时建村，名诸陈，以姓氏命名村，继更名朱陈。朱陈在新中国成立前为朱陈镇，当时，共分为 5 条街，即十字街、棋盘街、胜泉街、东胜街、德胜街。1956 年以所处方位析成上述 5 村。 1960 年，朱陈北村改称朱陈一大队。1984 年 12 月，称朱陈一村。1997 年 4 月，复称朱陈北村，划属双月湖街道。2004 年 12 月，改称朱陈北社区。2011 年 8 月，复归罗庄街道。2013 年年底，面积 140.26 公顷，其中耕地面积 7.6 公顷，有 750 户 2416 人
朱陈西	朱陈西村	位于罗庄街道办事处驻地西偏南 2.87 千米。村名由来见朱陈北村。2004 年 12 月，改称朱陈西社区。2013 年年底，面积 141.44 公顷，其中耕地面积 55.16 公顷，有 750 户 3000 人
朱陈	朱陈西南村	位于罗庄街道办事处驻地西南 3.02 千米。村名由来，见朱陈北村。2004 年 12 月，与西山村合并为朱陈社区。2013 年年底，面积 192.57 公顷，其中耕地面积 16.93 公顷，有 800 户 3200 人
	西山村	位于罗庄街道办事处驻地西南 4.01 千米，南涑河南岸。产煤。清乾隆年间此处开煤窑，季姓先到此落户成村，名季家宅子。继李、张、孙等姓迁来，以村址处朱陈西小岭上更为西山村。2004 年 12 月，与朱陈西南村合并为朱陈社区。2013 年年底，面积 55.27 公顷，其中耕地面积 5.76 公顷，有 208 户 620 人
朱陈东南	朱陈东南村	位于罗庄街道办事处驻地西南 2.06 千米。村名由来见朱陈北村。2004 年 12 月，改称朱陈东南社区。2013 年年底，面积 212.82 公顷，其中耕地面积 7.95 公顷，有 610 户 2020 人
朱陈东	朱陈东村	位于罗庄街道办事处驻地西 2.08 千米。村名由来见朱陈北村。2004 年 12 月，改称朱陈东社区。2013 年年底，面积 199.17 公顷，无耕地，有 1220 户 4208 人
朱张桥	朱张桥河北村	位于罗庄街道办事处驻地西南 3.48 千米。村名由来见朱张桥西北村。2004 年 12 月，与朱张桥沟东村、朱张桥东北村合并为朱张桥社区。2013 年年底，面积 135.16 公顷，其中耕地面积 25.08 公顷，有 502 户 1610 人
	朱张桥东北村	位于罗庄街道办事处驻地南偏西 3.37 千米。村名由来见朱张桥西北村。2004 年 12 月，与朱张桥河北村、朱张桥沟东村合并为朱张桥社区。2013 年年底，面积 49.8 公顷，其中耕地 10.93 公顷，有 270 户人 960 人
	朱张桥沟东村	位于罗庄街道办事处驻地南偏西 3.77 千米。村名由来见朱张桥西北村。2004 年 12 月，与朱张桥东北村、朱张桥河北村合并为朱张桥社区。2013 年年底，面积 70.09 公顷，其中耕地面积 7.68 公顷，有 320 户 1030 人
赵家坝	赵家坝	位于罗庄街道办事处驻地南 3.69 千米，通达南路西侧，南涑河北岸。明崇祯年间北老屯村人在此处涑河中筑坝拦水灌田，由赵姓人在此看管，成村后遂命名赵家坝。1909 年《山东省地图》标名赵家伯。2004 年 12 月，改称赵家坝社区。2013 年年底，面积 106.24 公顷，其中耕地面积 9.02 公顷，有 682 户 2090 人
山南头	山南头	位于罗庄街道办事处驻地西南 2.80 千米，蟠龙山南麓。产陶土、紫矸、焦宝石、煤炭。清乾隆年间此处开采煤炭，张、赵、陈、庞等姓遂落户成村，因地处蟠龙山南麓而得名。2004 年 12 月，改称山南头社区。2013 年年底，面积 79.71 公顷，其中耕地面积 18.91 公顷，有 359 户 1008 人

第二节　傅庄街道

位置境域

傅庄街道位于区境中南部，以原街道办事处驻地傅家庄得名。东邻册山街道，西靠沂堂镇和苍山县神山镇，南连褚墩镇、黄山镇，北接罗庄街道。辖区东西最大横距9.85千米，南北最大纵距11.32千米，面积77.63平方千米。地势西高东低，西部为丘陵，东部为平原。东北部有庆云山、孝山，西部有凤凰岭。老涑河、南涑河、黑河、小埠东自流灌溉渠纵贯东部。江傅路横穿东西，通达南路、206国道、京沪高速公路纵贯南北。街道办事处驻樱花路1号，北距区政府驻地15千米。

建置沿革

清宣统三年（1911），属兰山县册山区。1930年，属临沂县第二区。1945年9月11日，临沂城解放临沂县政府成立，属朱陈区。1951年3月28日，改为临沂县第七区。1952年3月30日，析临沂县第七区南境，置临沂县第十五区。1955年10月1日，改称罗庄区。1958年2月，撤区并乡，改为罗庄乡。同年8月，改为工农联盟人民公社。1959年3月18日，改为罗庄人民公社。1961年1月26日，为使公社名称与驻地名称相符，罗庄人民公社改为傅庄人民公社。1962年8月16日，改为傅庄区。1969年1月20日，傅庄区划分为傅庄、罗庄2个人民公社。1970年4月7日，改为傅庄区。1970年6月8日，傅庄、罗庄2区合并为傅庄区。1971年3月24日，改为傅庄人民公社。1972年4月7日，傅庄人民公社重新划为傅庄、罗庄2个人民公社。1984年4月14日，人民公社改为乡镇建制，改为傅庄镇。1995年，隶属罗庄区。2000年5月11日，撤销傅庄镇，设为傅庄、汤庄2个街道。2011年8月9日，撤销汤庄街道，整建制并入傅庄街道，傅庄街道办事处由傅家庄迁原汤庄街道办事处驻地樱花路1号。2013年，辖10个社区（55个自然村），2.24万户，8.01万人。

自然资源

境域系临郯苍冲积平原一部，土层深厚，土质肥沃，土壤以褐土、砂姜黑土、潮土、水稻土为主。煤、焦宝石、石灰石、铁矿石、铝矾土、黏土等矿产资源储量丰富，其中煤炭、焦宝石探明储量分别100万吨、10万吨，均开采利用。2013年，全街道耕地面积3036.54公顷，林地面积678.4公顷。

经济概况

1995年，全镇完成地区生产总值5.07亿元，农业总产值9000万元，工业总产值15.6亿元；实现财政收入2162万元，农民人均纯收入1783元。2004年，全街道完成工业总产值36.6亿元，财政收入3250万元，农民人均纯收入3200元。2013年，全街道完成规模以上工业总产值246.64亿元，地方财政收入2.8亿元，社会消费品零售总额10013万元，居民人均纯收1.13万元。

先后获“首届中国投资环境100强乡镇”“全国计划生育先进集体”省级“星火示范乡镇”“安全文明镇”“山东省镇村建设新型乡镇”“山东省二十佳最具投资潜力街道”等称号。

农业　东部平原，主要种植小麦、水稻、蔬菜等，西部丘陵主要种植小麦、玉米、地瓜、花生、大豆等，畜牧业以养殖猪、牛、家禽为主。产果品。1995年，粮食总产2484万千克，年均亩产534千克，农业总产值9000万元。1996年始，加大科技投入，改造中低产田，建设道路林网，不断调整种植业结构，扩大经济作物种植面积，建设冬暖式蔬菜大棚，大力发展生态农业、养殖业。实施“百万农户致富”工程，实施“合作社（协会）+基地+农户”经营方式，推进农业产业化经营。2012年，在南涑河两侧，建设1333.33公顷（2万亩）“一河四区”高效特色农业示范区：“一河”即南涑河湿地公园，“四区”即食用菌产业发展区，花卉苗圃生产示范区，良种繁育基地和特色养殖示范区。2013年，农作物总播种面积4780.53公顷，总产2478.31万千克；种植花生181.73公顷，总产96.22万千克；种植棉花0.8公顷，总产1140千克；种植蔬菜278.94公顷，总产1347.15万千克。桃园面积20公顷，产桃75万千克。农业总产值1.35亿元。全街道拥有各种农业机械3500台，农作物种植、收割、运输基本实现机械化。

工业 傅庄铸造业历史悠久，距今已1300余年，素有“翻砂铸造之乡”之美誉，所产锅、鏊子为临沂四大传统名牌产品之一。1995年，全镇形成建材、煤炭、机械、化工四大支柱行业。有耐火材料厂、墙体材料厂、瓷厂、水泥厂、煤炭、铸造公司、造纸化工厂、发电厂、建筑公司、锅炉辅件厂等镇办集体企业21家，村办集体企业176家，从业人员5500人。完成工业产值15.6亿元。至1997年7月，乡镇企业发展到33家。同年8月，镇政府采取出售、拍卖、租赁、破产、股份制改造等形式对20家镇办集体企业进行改制，转型为民营企业。1998年，借鉴镇办企业改制经验，对村办集体企业进行改制，全部转型为民营企业。1999年后，大力实施“工业兴镇”“科技兴镇”战略，本着“发挥优势、突出特色、扩大总量、形成规模、做大做强”原则，把招商引资和发展民营企业作为经济工作重中之重，制定优惠政策和奖励措施，强化服务功能，为民营企业创造软硬良好发展环境。开发建设占地200公顷（3000亩）民营工业园，累计投资5620万元，建成园内四纵四横硬化道路，新装6台变压器1275千伏安，新上11万千伏变电站，完善光缆通讯工程。2004年，建设由福建林氏投资3.2亿元三德钢铁集团公司。2008年，建设投资1.6亿元盛阳集团公司。2009年，以“投引资突破年”和“生态区建设年”活动为契机，坚持走“强工富民、统筹协调、和谐发展”路子，加大招商引资力度。同年，成立投资1.2亿元中玻蓝星集团公司。至2013年，傅庄街道形成耐火材料、机械铸造、高档建陶、特钢、煤化工等五大支柱产业。有各类工业企业125家，从业人员1.26万人，其中规模以上工业企业56家，规模以上工业总产值246.64亿元，主营业务收入240.66亿元，利润总额16.22亿元、利税总额20.5亿元。沂州集团有限公司、汤庄煤矿驻境内。

商贸服务业 1995年，全镇有商贸服务业户480家，从业人员4080人；有固定集贸市场8处，年成交额3100万元。到1997年年底，商贸服务业户发展至1560家，建成建陶批发市场、钢材批发市场各1家，农资批发市场4家。1998年，傅庄东南村投资在傅庄老集市基础上扩建成境内最大农贸市场。2004年，商贸服务业户发展到2970家，农资批发市场5家。2013年，有集贸市场12处，年交易额15.6亿元；商贸服务业户3970家，从业人员1.87万人，社会消费品零售总额10013万元，完成第三产业产值10.1亿元。辖区有宏达商务宾馆、东方宾馆2家，金融机构6家，保险业办事机构3家，代办网点81个。

基础设施建设

1995年，农村房屋建设主要以砖木混合结构为主，房屋多为平房，饮用水主要以居民家庭压水井取水为主，生活基础设施尚不完善。辖区道路建设较为落后，镇村道路多为沙石混合路面。至1997年，镇政府累计投资1500万元，硬化旦子至三重路、三重至丁庄路、电厂路及20个村庄道路42.5千米。1998年，编制镇政府驻地11.2平方千米建设总体规划。同年始，按照“规划高起点、建设高标准”原则和“统一规划、合理布局、综合开发、配套建设”要求，加大镇村基础设施建设力度，实施小康示范村建设工程。至2004年，投资7296万元，建设小康楼912栋，投资1286万元，完成通达南路、傅册路、傅窑路等镇村道路改造，硬化道路25.2万平方米。同年始，实施旧村改造，至2010年，先后对殷家旦子、傅庄东南村、窑南头、傅庄西南村、陈岭5个村进行旧村改造，拆除450户旧房屋，面积4.9万平方米，新建楼房560户，面积7.63万平方米。完成罗七路和西部路网提升改造工程。2012年，开工建设居民楼90栋。2013年，开工建设居民楼80栋。其中，通达社区33栋，徐林社区21栋，老年公寓5栋，窑岭社区12栋，店子社区9栋。是年年底，全街道形成通达南路、罗七路和镇中路至义和庄路、双宝路、陶二路、陈岭路、耐一路“两纵”五横交通网络。建成投资600余万元“饮水入傅”工程，全长17千米，惠及傅庄、徐林、旦子、何庄4个管理区，21个村庄2万余人；“气化”傅庄工程管道燃气覆盖整个工业园区和206国道、通达南路沿线社区（村），接入通达、窑岭、徐林、旦子、傅庄等5个住宅小区，惠及人口2.5万人；建成垃圾中转站2个，设回收点59个、新式垃圾箱240个，垃圾无害化处理率100%。

科教文卫

1995年初，全镇有幼儿园19所（其中镇中心幼儿园1所），在园幼儿2100人，教职工126人；小学33所，初中1所，在校学生6600人，教职工182人。同年，投资600万元，在小河湾南新建傅庄二中。新建改建7所小学。同年10月，“两基”通过省政府达标评估验收。2003年8月，撤销傅庄一中，并入傅庄二中，傅庄二中改称傅庄中学。2013年，全街道有公办幼儿园9所，民办幼儿园31所，在园幼儿2680人，教职工293人；小学8所，在校学生5634人，教职工267人；初中1所，九年一贯制学校1所，初中在校学生1496人，教职工307人。

1995年，全镇有科技机构7个，科技人员16人，农民技术员36人。年培训实用技术人员6200人次。2004年，建成电化远程教育播放站59个，利用网络和远程教育对党员干部、农民进行技术培训。2007年，在街道办事处驻地建立科普活动站，每村均建有科普宣传栏，配备1名科普宣传员，每年更换科普挂图4次。2013年，全街道有科技服务机构15个，科技人员320人；有农业科技协会10个，农民技术员560人。

2013年，街道办事处设有综合文化站1个，社区综合文化服务中心10个，村文化大院和农家书屋12个，图书馆1个，藏书1.5万册。有民间艺术剧团3个，广场舞表演队17支830人。

2013年，有傅庄中心卫生院、汤庄卫生院（民营医疗机构）2家卫生医疗机构，共有医务人员134人，医疗床位120张，年门诊14.4万人次。有村级卫生室79家，乡村医生180人。全街道疫苗接种率100%。

人民生活

1995年，农村居民人均住房面积24平方米。每百户拥有自行车90辆，摩托车15辆，电视机27台，电冰箱4台。2013年，居民年人均生活费支出6600元。农村居民人均住房面积36平方米，部分居民住进楼房。户户通上自来水，彩电、冰箱、洗衣机家庭拥有率81%。自行车、电动自行车、农用三轮车普及家庭，私家车拥有率35%，宽带入户率25%。有敬老院1家，集中供养老人20人。参加新型农村合作医疗6.99万人，参合率98%；参加农村社会养老保险1.92万人，享受居民最低生活保障385人。

历史文化

傅庄街道历史悠久，文化古迹众多。境内舜过城古遗址为市级文物保护单位，东店子、西店子、西店南、前站、王庄、东三重、前龙泉屯、大河湾、彭庄、后焦邱、孟家庄遗址和孝山、庆云山古墓群为区级文物保护单位。

有劳模店、殷家旦子抗日战争遗址和大丁庄临郯青年救国团团部旧址。大丁庄被临沂市人民政府公布为临沂市第一批重点抗日战争遗址。劳模店村在解放战争期间积极配合鲁南军区兵工厂生产武器，并在各项工作中起到模范带头作用，被评为劳动模范村。

2009年6月5日，傅庄铸造传统手工技艺被区政府公布为第二批区级非物质文化遗产名录。明朝武将杨肇基系傅庄街道城子村人，引领当地习武之风，其长拳、少林拳、螳螂拳、太极拳、醉拳等门派颇具影响力。2013年4月，以武术文化为特色，傅庄街道被山东省文化厅命名为第四批山东民间艺术之乡。

2013年傅庄街道社区基本情况表

表26-2

社区	所辖自然村	自然村基本情况
通达	傅庄西南村	傅庄东北村、傅庄西北村、傅庄东南村、傅庄西南村，统称傅家庄。位于傅庄街道办事处驻地北7.67千米，庆云山之西，通达南路东侧，南涑河自村中穿过。曾出土炉碴等物，相传系唐代炼铁遗址，因而成村。原名傅杨庄，继更名傅家庄，简称傅庄。1909年《山东省地图》标名付家庄。因人口众多，1959年分设5个生产大队；1984年，以所处方位改为傅庄东北村、东南村、西南村、西北村。1958至2011年10月，为傅庄区、傅庄公社、傅庄镇政府、傅庄街道办事处驻地。产耐火材料。翻砂业、陶瓷业为传统工艺。 2004年11月，傅庄西南村与毛家墩村合并称通达新村，因新建通达居民社区而得名。2008年4月，改称通达新村社区。2013年4月，通达新村社区与朱家岭、前官战湖村合并成立通达社区。傅庄西南村面积164.05公顷，其中耕地面积14.15公顷，有736户2684人
	朱家岭	位于傅庄街道办事处驻地北6.43千米，通达南路西侧。清嘉庆年间朱姓于岭上盆地处定居，名朱家洼，后更名朱家岭。2013年4月，划属通达社区。同年年底，面积112.53公顷，其中耕地面积5.93公顷，有320户1300人
	毛家墩	位于傅庄街道办事处驻地北8.23千米，通达南路西侧，南涑河西岸。产石磨。相传隋唐时毛姓来此高墩处落户，故名毛家墩，简称毛墩。1909年《山东省地图》标名西北官庄。2004年11月，与傅庄西南村合并为通达新村。2013年4月，划属通达社区。同年年底，面积39.82公顷，无耕地，有136户345人
	前官战湖	位于傅庄街道办事处驻地北7.18千米。产石料。相传唐李世民收服“响马”首领史大奈时，在此作过战，故取村名为官战湖。后因近有同名村，此在南，故名前官战湖。2004年11月，与义和庄合并为官义庄。2013年4月，撤销官义庄，划属通达社区。同年年底，面积149.25公顷，其中耕地面积15.26公顷，有300户977人

续表 26-2

社区	所辖自然村	自然村基本情况
傅庄	傅庄东北村	位于傅庄街道办事处驻地东北 7.62 千米。村名由来见傅庄西南村。南涑河自村中穿过。1959 年，该村称傅庄第二生产大队。1965 年 12 月，第一生产大队合并到第二生产大队。1984 年，复称傅庄东北村。2013 年 4 月，傅庄东北村、傅庄西北社区、傅庄东南社区、劳模新村（劳模店、小河湾）合并成立傅庄社区。同年年底，面积 164.72 公顷，其中耕地面积 63.69 公顷，有 928 户 3162 人
	傅庄西北村	位于傅庄街道办事处驻地东北 7.86 千米。村名由来见傅庄西南村。南涑河自村中穿过。1959 年，该村称傅庄第三生产大队。1984 年，复称傅庄西北村。2008 年 4 月，改称傅庄西北社区。2013 年 4 月，划属傅庄社区。同年年底，面积 109.97 公顷，其中耕地面积 1.67 公顷，有 590 户 2300 人
	傅庄东南村	位于傅庄街道办事处驻地北偏东 7.16 千米。村名由来见傅庄西南村。1959 年，该村称傅庄第五生产大队。1984 年，复称傅庄东南村。2008 年 4 月，改为傅庄东南社区。2013 年 4 月，划属傅庄社区。同年年底，面积 154.56 公顷，其中耕地面积 21.82 公顷，有 510 户 2223 人
	小河湾	位于傅庄街道办事处驻地东北 7.06 千米，老涑河以东。因地处老涑河弯曲处，且与大河湾村南北遥对，故名小河湾。2004 年 11 月，与劳模店村合并称劳模新村。2013 年 4 月，划属傅庄社区。同年年底，面积 51.09 公顷，其中耕地面积 23.66 公顷，有 229 户 909 人
	劳模店	位于傅庄街道办事处驻地东北 6.62 千米，老涑河西岸。红炉锻铁及翻砂铸造为该村传统工艺，较为著名。当地人认为建村早于傅庄，系隋唐时古村。原名老母殿子，因村中建有“老母殿”庙（据庙碑记载，老母殿庙建于元朝）得名。后讹“殿”为“店”，简称老母店。1946 年鲁南军区兵工厂曾驻于此，该村在武器制造及其他各项工作中积极配合，被评为劳动模范村，《鲁中南报》予以报道，自此更名劳模店。1909 年《山东省地图》标名为老母店子。2004 年 11 月，与小河湾村合并为劳模新村。2013 年 4 月，撤销劳模新村，划属傅庄社区。同年年底，面积 206.63 公顷，其中耕地面积 56.73 公顷，有 944 户 3535 人
龙泉	何家庄	位于傅庄街道办事处驻地东北 5.66 千米，南涑河西岸。清康熙年间何姓居此立村。2011 年 3 月，划属河湾新村。2013 年 4 月，划属龙泉社区。同年年底，面积 63.86 公顷，其中耕地面积 23.08 公顷，有 205 户 801 人
	杨家河湾	位于傅庄街道办事处驻地东北 4.01 千米，老涑河西岸。相传宋末元初（1280 年前后）孔姓到此立村，继谢姓、孙姓迁来，因谢姓势重，故命村名谢家庄。后谢姓衰落，杨姓渐兴，成为村中主要户族，又因村址处涑河弯曲处，1917 年更村名为杨家河湾。2004 年 11 月，与大河湾村合并称河湾新村。2013 年 4 月，撤销河湾新村，划属龙泉社区。同年年底，面积 202.35 公顷，其中耕地面积 110.36 公顷，有 480 户 1782 人
	前龙泉屯 后龙泉屯 后官庄 城子	位于傅庄街道办事处驻地北 5.4 千米左右，通达南路东，原为一个自然村，称龙泉屯。据传隋末唐初（618 年前后）建村，因龙泉得名。明代析成 4 个村，南为前屯和城子，北为官庄和后屯。即前龙泉屯（简称前屯）、后龙泉屯（简称后屯）、城子（原为明太傅杨肇基故宅，因筑有城堡，故名城子）、官家屯（以姓氏命村名）。其中官家屯后改称官庄，1981 年更名为后官庄。2004 年 11 月，后屯、后官庄和何家庄合并称龙泉新村；前屯、城子村合并称泉城新村。2008 年 4 月，龙泉新村改称龙泉新村社区。2013 年 4 月，龙泉新村社区、泉城新村和河湾新村合并成立龙泉社区。 前屯：2013 年，面积 336.98 公顷，其中耕地面积 67.17 公顷，有 598 户 1832 人 后屯：2013 年，面积 50.27 公顷，其中耕地面积 16 公顷，有 182 户 692 人 后官庄：2013 年，面积 74.18 公顷，其中耕地面积 1.81 公顷，有 180 户 672 人 城子：2013 年，面积 46.17 公顷，其中耕地面积 26.23 公顷，有 145 户 596 人

续表 26-2

社区	所辖自然村	自然村基本情况
龙泉	大河湾	位于傅庄街道办事处驻地东北 5.27 千米，南涑河东岸。爆竹制作为该村传统工艺。元末明初建村于涑河弯曲处，因北有小河湾村，故名大河湾。2004 年 11 月，与杨家河湾村合并称河湾新村。2013 年 4 月，撤销河湾新村，划属龙泉社区。同年年底，面积 164.37 公顷，其中耕地面积 87.41 公顷，有 564 户 1912 人
窑岭	窑北头	位于傅庄街道办事处驻地西北 5.38 千米。产煤。清康熙年间此处即有村，名落鹏汪。后因村南煤窑较出名，遂更村名为窑北头。2004 年 11 月，与窑南头和陈岭村合并称窑岭新村。2013 年 4 月，窑岭新村、四合村和官义庄合并成立窑岭社区。同年年底，面积 183.95 公顷，其中耕地面积 34.97 公顷，有 361 户 1286 人
	窑南头	位于傅庄街道办事处驻地西北 4.18 千米。因地处窑南而得名。产煤。2004 年 11 月，与窑北头和陈岭村合并成立窑岭新村。2013 年 4 月，划属窑岭社区。同年年底，面积 129.57 公顷，其中耕地面积 46.96 公顷，有 370 户 1070 人
	陈岭	位于傅庄街道办事处驻地北偏西 5.0 千米。明万历年间陈姓到此岭上立村，名陈岭。1909 年《山东省地图》标名陈家井。产石料。2010 年因诸暨工业园占地拆迁，搬至陈岭新社区。2004 年 11 月，与窑北头、窑南头村合并成立窑岭新村。2013 年 4 月，划属窑岭社区。同年年底，面积 88.8 公顷，其中耕地面积 25.63 公顷，有 200 户 780 人
	义和庄	位于傅庄街道办事处驻地西北 7.01 千米。明洪武年间孟姓在此立村，因村前有一水泉，故取村名孟家泉。1914 年更名义和庄。2004 年 11 月，与前官战湖合并成立官义庄。2013 年 4 月，划属窑岭社区。同年年底，面积 141.49 公顷，其中耕地面积 41.95 公顷，有 232 户 720 人
	上王家庄 下王家庄	位于傅庄街道办事处驻地西北 5.2 千米。清乾隆年间王姓兄弟两户到此立村，名聚泉官庄。一家住东岭，种岭地；一家住岭西，种湖地。后因人口增多，分为二村，统称王家庄。1981 年，以村居岭上、岭下分别定名为上王家庄、下王家庄。2004 年 11 月，与蔡家庄、陈武庄合并成立四合村。2013 年 4 月，划属窑岭社区。面积分别为 30.29 公顷、90.13 公顷，其中耕地面积分别为 15.34 公顷、35.08 公顷，分别有 105 户 417 人、176 户 625 人
	蔡家庄	位于傅庄街道办事处驻地西北 4.67 千米。元初蔡姓到此立村，名为蔡家庄，简称蔡庄。2004 年 11 月，与上王家庄、下王家庄和陈武庄合并成立四合村。2013 年 4 月，划属窑岭社区。同年年底，面积 96.62 公顷，其中耕地面积 46.76 公顷，有 157 户 591 人
	陈武庄	位于傅庄街道办事处驻地西北 6.59 千米。明永乐年间成村，名赵德官庄。产陶瓷。据传一大雾弥空之夜，土匪经此，误雾为水，未行抢劫。脱险后，村民认为是神灵保佑，遂更名神雾庄，后演作陈武庄。2004 年 11 月，与上王庄、下王庄和蔡庄合并成立四合村。2013 年 4 月，划属窑岭社区。同年年底，面积 160.4 公顷，其中耕地面积 53.17 公顷，有 468 户 1364 人
汤庄	汤庄	位于傅庄街道办事处驻地南 1.27 千米。产煤。相传唐代建村，以姓氏命名汤家庄，简称汤庄。2008 年 4 月，改为汤庄社区。2013 年 4 月，与赵庄、东店子社区、花埠岭合并成立汤庄社区。同年年底，面积 444.27 公顷，其中耕地面积 134.03 公顷，有 1022 户 3742 人
	赵庄	位于傅庄街道办事处驻地东南 2.83 千米，老涑河东岸。元末明初赵姓到此立村。2013 年 4 月，划属汤庄社区。同年年底，面积 287.77 公顷，其中耕地面积 144.25 公顷，有 836 户 3286 人
	花埠岭	位于傅庄街道办事处驻地北 0.2 千米。相传唐代建村，因南有花埠岭，故名。1997 年为汤庄街道办事处驻地。2011 年 10 月起为傅庄街道办事处驻地。2013 年 4 月，划属汤庄社区。同年年底，面积 238.77 公顷，其中耕地面积 87.91 公顷，有 620 户 2030 人

续表 26-2

社区	所辖自然村	自然村基本情况
汤庄	东店子	位于傅庄街道办事处驻地西北 1.61 千米。因居中店子村东，故名东店子，村名由来见中店子。2008 年 4 月，改称东店子社区。2013 年 4 月，划属汤庄社区。同年年底，面积 221.33 公顷，其中耕地面积 68.91 公顷，有 420 户 1620 人
旦子	殷家旦子	位于傅庄街道办事处驻地东北 6.67 千米，南涑河东岸。明洪武年间孟、殷两姓由山西洪洞县迁来，孟姓居北老屯，殷姓在此定居，取名殷家坦，后演化为殷家旦子。1909 年《山东省地图》标名殷家旦。2004 年 11 月，与杜家旦子合并成立巨峰新村。2013 年 4 月，焦邱新村、庆云新村、巨峰新村、永泰新村合并成立旦子社区。同年年底，面积 132.08 公顷，其中耕地面积 42.31 公顷，有 630 户 2172 人
	张家旦子	位于傅庄街道办事处驻地东北 7.42 千米，南涑河以东。产筛子等竹编。相传该村与邱家旦子原为一个自然村，称张邱坦。后析置为两个村，此村名张家旦子。该村人常习武。1909 年《山东省地图》标名张家旦。2004 年 11 月，与岳旦子、邱旦子合并成立庆云新村。2013 年 4 月，划属旦子社区。同年年底，面积 58.51 公顷，其中耕地面积 28.81 公顷，有 250 户 820 人
	杜家旦子	位于傅庄街道办事处驻地东北 7.05 千米，南涑河以东。明成化年间杜姓在此立村，名杜家旦子。1909 年《山东省地图》标名杜家旦。2004 年 11 月，与殷旦子合并成立巨峰新村。2013 年 4 月，划属旦子社区。同年年底，面积 25.4 公顷，其中耕地面积 10.94 公顷，有 135 户 435 人
	邱家旦子	位于傅庄街道办事处驻地东北 7.88 千米，南涑河以东。产石灰。明洪武年间邱姓由山西洪洞县老鹳窝移民到此立村，因地势平坦，遂取“坦”字并结合姓氏命村名邱家坦，后演作邱家旦子。1909 年《山东省地图》标名邱家旦。2004 年 11 月，与岳家旦子、张家旦子合并成立庆云新村。2013 年 4 月，划属旦子社区。同年年底，面积 64.47 公顷，其中耕地面积 37.31 公顷，有 213 户 806 人
	岳家旦子	位于傅庄街道办事处驻地东北 8.89 千米，南涑河东岸。明成化年间岳姓到此立村，因居住地平坦宽广，遂取“坦”字并结合姓氏命村名岳家坦，后演作岳家旦子。1909 年《山东省地图》标名岳家旦。2004 年 11 月，与邱家旦子、张家旦子合并成立庆云新村。2013 年 4 月，划属旦子社区。同年年底，面积 126.56 公顷，其中耕地面积 57.62 公顷，有 570 户 1773 人
	孟家庄	位于傅庄街道办事处驻地东北 8.62 千米，庆云山南。明初孟姓等 3 户人家由山西洪洞县迁来定居，故名孟家庄。2004 年 11 月，与土山屯村合并为永泰新村。2013 年 4 月，划属旦子社区。同年年底，面积 68.69 公顷，其中耕地面积 31.59 公顷，有 350 户 850 人
	土山屯	位于傅庄街道办事处驻地东北 7.41 千米，庆云山以南。明代建村，因地处土山之麓而得名。2004 年 11 月，与孟家庄合并为永泰新村。2013 年 4 月，划属旦子社区。同年年底，面积 115.2 公顷，其中耕地面积 36.43 公顷，有 480 户 1500 人
	前焦邱 后焦邱	南涑河西岸，分别位于傅庄街道办事处驻地东北 6.96 千米、7.34 千米。建村下限不晚于唐朝。明、清时系“焦邱社”驻地。村名来历：相传一焦姓的将军在此阵亡后，葬有坟丘，遂取村名焦丘，后演作焦邱；另说一焦姓幼女为了给寡母治病，哭求援助，终于治好母病，后人为了教孝，遂取村名焦求，后演化焦邱；又说焦姓到此村建村，以姓氏命村名，后因犯法被抄，村人外迁，村庄遂逐渐衰落。在此处形成两个小村，居南者名前焦邱，居北者名后焦邱。2004 年 11 月，两村合并为焦邱新村。2013 年 4 月，焦邱新村划属旦子社区。 前焦邱：2013 年年底，面积 33.89 公顷，其中耕地面积 15.42 公顷，有 120 户 448 人 后焦邱：2013 年年底，面积 39.41 公顷，其中耕地面积 14 公顷，有 210 户 678 人

续表 26-2

社区	所辖自然村	自然村基本情况
三重	东三重	位于傅庄街道办事处驻地东北 4.97 千米，南涑河东岸。唐后期建村。相传，当初此处有个三家店，离此 3 里有个村，村中大户犯法被抄后，剩有 3 户人家来此聚居，取名三重，因该村逢集，习称三重街。北宋开宝年间，村西出现了“西三重”，仍称“三重”。1956 年合作化后，为区别于村西的西三重，始冠以方位词定名为东三重。2004 年 11 月，与西三重合并为三重新村。2013 年 4 月，三重新村和恒达村合并为三重社区。同年年底，面积 300.83 公顷，其中耕地面积 187.06 公顷，有 966 户 3163 人
	西三重	位于傅庄街道办事处驻地东北 4.31 千米，南涑河西岸。北宋开宝年间成村，因东有三重村，故名西三重。2004 年 11 月，与东三重合并为三重新村。2013 年 4 月，划属三重社区。同年年底，面积 199.53 公顷，其中耕地面积 109.29 公顷，有 650 户 2216 人
	南张庄	位于傅庄街道办事处驻地东北 5.84 千米，南涑河东岸。原名孙家庄，不知何时建村。清代张姓由丁庄迁居，后人口日增，而孙姓逐渐衰落，遂更名为张家庄。1981 年，因与程庄公社张家庄重名，更名南张庄。2004 年 11 月，与王家庄、西小李庄、于家庄合并为恒达新村。2013 年 4 月，划属三重社区。同年年底，面积 48.65 公顷，其中耕地面积 34.28 公顷，有 145 户 598 人
	王家庄	位于傅庄街道办事处驻地东北 5.67 千米。相传宋初王姓兄弟两家由诸城到此开荒落户，继而众姓陆续迁来，后遂成村落，因村民以王姓为主，故名王家庄。2004 年 11 月，与南张庄、西小李庄、于家庄合并为恒达新村。2013 年 4 月，划属三重社区。同年年底，面积 164.72 公顷，其中耕地面积 112.78 公顷，有 331 户 1428 人
	西小李庄	位于傅庄街道办事处驻地东北 5.30 千米，南涑河东岸。相传，北宋中期李姓叔侄俩到此开荒，继而侯、彭、孙、张、王、宋等姓迁来，形成小村后，因李姓先来，人口多，故名小李庄。1909 年《山东省地图》标名李家庄。1981 年，因与兰山街道小李庄重名，更名为西小李庄。2004 年 11 月，与王家庄、南张庄、于家庄合并为恒达新村。2013 年 4 月，划属三重社区。同年，面积 120.49 公顷，其中耕地面积 74.39 公顷，有 410 户 1150 人
	于家庄	位于傅庄街道办事处驻地东北 5.80 千米，南涑河东岸。明初于姓由山西洪洞县老鹳窝到三重“西南圈”开荒种地，后因人口渐多，遂迁此处建村。2004 年 11 月，与王家庄、南张庄、西小李庄合并为恒达新村。2013 年 4 月，划属三重社区。同年年底，面积 80.32 公顷，其中耕地面积 39.52 公顷，有 275 户 900 人
丁庄	大丁庄 小丁庄	分别位于傅庄街道办事处驻地东 2.94 千米、3.39 千米。明崇祯年间丁姓一户来此落户，不久孙兴 4 兄弟与其父从诸城县相州村迁来，孙兴与其父在此居住，其余 3 兄弟分别在西大车庄、东大车庄、沙河村居住。因丁姓有首创之功，故名丁家庄，简称丁庄。后析置出小丁庄，原村遂名大丁庄。2004 年 11 月，小丁庄与大柱山合并为同兴村。2008 年 4 月，同兴村改称同兴社区。2013 年 4 月，大丁庄、同兴社区、大车庄村、小车庄村合并为丁庄社区。 大丁庄：2013 年年底，面积 255.26 公顷，其中耕地面积 131.11 公顷，有 733 户 2540 人 小丁庄：2013 年年底，面积 95.99 公顷，其中耕地面积 44.05 公顷，有 239 户 865 人
	西大车庄 西小车庄 东大车庄 东小车庄	分别位于傅庄街道办事驻东北 2.04 千米、东 1.51 千米、东北 2.81 千米、东 1.96 千米，老涑河故道两岸。原系一自然村，总称车庄。相传元末明初战乱时，几户人家各自推着一辆小车的家当辗转来此落户开荒，在未有房屋之前，他们以车为家，成村后遂名车庄；继以涑河为界，分为东、西两村；之后两个村又各自析出一小村，遂成今 4 个村。2004 年 11 月，东大车庄、西大车庄合并为大车庄；东小车庄、西小车庄合并为小车庄。2013 年 4 月，划属丁庄社区。 西大车庄：2013 年年底，面积 182.06 公顷，其中耕地面积 111.39 公顷，有 427 户 1427 人 西小车庄：2013 年年底，面积 76.66 公顷，其中耕地面积 44.81 公顷，有 180 户 560 人 东大车庄：2013 年年底，面积 47.97 公顷，其中耕地面积 22.47 公顷，有 170 户 572 人 东小车庄：2013 年年底，面积 109.66 公顷，其中耕地面积 49.76 公顷，有 340 户 1230 人

续表 26-2

社区	所辖自然村	自然村基本情况
丁庄	大柱山	位于傅庄街道办事处驻地东 4.45 千米，南涑河东岸，大柱山南麓。据家谱及碑文记载，明初由山西洪洞县老鹳窝迁来朱天佑、朱天佐，随之而来的有刘圭玉、安国兴、安国泰、韩某某 4 户约 30 人在山前定居，先以朱姓为主，遂取村名和山名为大朱山。后演作为大柱山。1909 年《山东省地图》标名大褚山庄。2004 年 11 月，与小丁庄合并为同兴村。2008 年 4 月，改称同兴社区。2013 年 4 月，划属丁庄社区。同年年底，面积 153.29 公顷，其中耕地面积 74.4 公顷，有 350 户 1119 人
凤凰居	东徐家林 西徐家林 北徐家林	分别位于傅庄街道办事处驻地北 2.78 千米、2.55 千米、3.35 千米。相传，清初郯城县池口和徐围子的徐姓财主在此处岭上购地葬祖，故习称此地为徐家林，成村后遂为村名。后析成 3 个村，以方位分别名为北徐家林（简称北徐林）、西徐家林（简称西徐林）、东徐家林。2004 年 11 月，3 个村合并为徐家林村。2013 年 4 月，与彭沂兴村合并成立凤凰居社区。 东徐家林：2013 年年底，面积 53.58 公顷，其中耕地面积 29.89 公顷，有 168 户 667 人 西徐家林：2013 年年底，面积 86.7 公顷，其中耕地面积 25.88 公顷，有 107 户 413 人 北徐家林：2013 年年底，面积 89.25 公顷，其中耕地面积 32.66 公顷，有 228 户 720 人
	彭庄	位于傅庄街道办事处驻地东北 2.57 千米。相传明万历年间彭姓官员在此地落户，故名彭庄。2004 年 11 月，与沂兴庄合并为彭沂兴村。2013 年，划属凤凰居社区。同年年底，面积 199.64 公顷，其中耕地面积 104.3 公顷，有 512 户 1710 人
	沂兴庄	位于傅庄街道办事处驻地东北 3.47 千米。清康熙年间建村，名沂兴官庄，后称沂兴庄，俗称半里庄或半庄。2004 年 11 月，与彭庄合并为彭沂兴村。2013 年 4 月，划属凤凰居社区。同年年底，面积 112.04 公顷，其中耕地面积 52.71 公顷，有 314 户 1045 人
店子	中店子	位于傅庄街道办事处驻地西北 1.68 千米。相传唐朝时此地开有几家坊店，后逐渐成村，因属道庄堡辖区，故名道庄店子。后以地处东、西店子二村之间，遂更名中店子。2013 年 4 月，与前后站村、西店子合并为店子社区。同年年底，面积 87.75 公顷，其中耕地面积 14.89 公顷，有 270 户 1004 人
	西店子	位于傅庄街道办事驻西偏北 2.05 千米。因居中店子村西，故名西店子。2013 年 4 月，与前后站村、中店子村合并为店子社区。同年年底，面积 112.21 公顷，其中耕地面积 47.14 公顷，有 290 户 1100 人
	前站村 后站村	位于傅庄街道办事处驻地西北 3.1 千米左右。清雍正年间即有人在此落户。相传乾隆下江南时曾在此休憩，人们迷信帝王停顿之地必然吉祥，于是在此聚居成村，以“站”为名。居南者称前站村，居北者称后站村。2004 年 11 月，2 村合并为前后站村。2013 年 4 月，与中店子村、西店子村合并为店子社区。 前站：2013 年年底，面积 91.83 公顷，其中耕地面积 29.02 公顷，有 280 户 1046 人 后站：2013 年年底，面积 226.15 公顷，其中耕地面积 103.28 公顷，有 560 户 1704 人

第三节　盛庄街道

位置境域

盛庄街道位于区境北部，以原街道办事处驻地后盛庄得名。东临沂河，与河东区芝麻墩街道隔河相望，南连罗庄街道、高都街道，西靠罗西街道，北与兰山区金雀山街道、银雀山街道交界。辖区东西最大横距 16.5 千米，南北最大纵距 8.44 千米，面积 68.35 平方千米。地势西高东低，属平原。沂河流经东界，陷泥河流经东部，与电厂河纵横交叉成“七”字形。兖石铁路从北部穿过，清河南路、永盛路、沂河路、双月园路、湖北路横穿东西，滨河西路、祝丘路、沂州路、临册路、电厂路、通达南路、沂蒙（江泉）高架桥、琅邪王路、206国道纵贯南北。街道办事处驻永盛路109号，南距区政府驻地2.9千米。

建置沿革

1952年3月30日，析临沂县第七区东境和八区北境，置临沂县第十六区，区政府驻李家白庄。1955年10月1日，区改以地名命名，更名白庄区。1958年2月，撤区置白庄乡。同年8月，撤乡置先锋人民公社。翌年3月18日，改称白庄人民公社。1960年8月18日，白庄人民公社并入城关人民公社。1964年5月10日，恢复白庄区建制。1969年1月20日，复称白庄人民公社。翌年4月7日，改称白庄区。1971年3月24日，改称白庄人民公社。1984年4月，人民公社改为乡镇建制，改为临沂市白庄乡。1991年1月14日，撤乡置盛庄镇，镇政府从李家白庄迁后盛庄东。1994年12月17日，隶属罗庄区。2000年5月11日，撤镇置盛庄街道。2011年8月9日，撤销双月湖街道，整建制并入盛庄街道，街道办事处从后盛庄迁原双月湖街道办事处驻地永盛路109号。2013年年底，辖24个社区（其中城市社区17个），38个自然村，2.88万户，9.94万人。花埠圈社区为鲁南苏北回民聚居人数最多的村级社区，有回民5602人。

自然资源

境域系临郯苍冲积平原一部，土质肥沃，水资源丰富。土壤以潮土、水稻土、砂姜黑土为主。矿产资源丰富，已探明并开采利用有煤、铝矾土、焦宝石、矸土等。2013年，全街道耕地面积690.61公顷，林地面积148.41公顷。

经济概况

1995年，全镇完成地区生产总值3.02亿元，农业总产值1.25亿元，工业总产值10.6亿元；实现地方财政收入519万元，农民年人均纯收入1724元。2004年，完成地区生产总值7.54亿元，农业总产值9300万元，工业总产值32.5亿元；实现财政收入2769万元，农民人均收入3500元。2013年，完成固定资产投资52亿元，农业总产值1.2亿元，规模以上工业总产值91.32亿元；实现地方财政收入5.2亿元，社会消费品零售总额95.51亿元，居民人均纯收入1.16万元。

2012年，被山东省经济学会、山东省镇域经济文化年会组委会命名为山东省产业集群品牌建设十大示范镇。2012年、2013年，连续两年被市委、市政府表彰为“全市镇域经济发展一等奖”。

农业 主要种植小麦、水稻、玉米、大豆、花生等粮油作物和蔬菜、花卉苗木等经济作物。1995年，农业产值1.25亿元，粮食总产1440万千克，年均亩产640千克。1996年后，不断推进农业产业化结构调整，优化种植、养殖模式，发展城郊型、生态型特色农业，依托盛能乳业公司拉动，实施“奶牛富民工程”。到2004年，建起以十里堡为龙头千亩蔬菜基地、花埠圈牛羊养殖基地、大白衣庄万头猪养殖基地、后盛庄狐狸养殖基地、三岗店子渔业养殖基地。孙家对河、王家对河花卉栽培面积133.33公顷，十里堡、店子无公害蔬菜种植面积200公顷。全街道奶牛存栏5900头，狐狸存栏5万余只，梅花鹿、鸵鸟存栏3000余只。孙家对河海棠栽培基地被市科协命名为市级科普示范基地。盛能乳业公司生产的“益膳房”保鲜奶、高钙奶、酸奶、果奶及优酸乳制品被评为山东省名牌产品。2009年起，随着城镇化建设步伐加快和对城区畜牧养殖污染治理，辖区内畜禽养殖被逐步取缔，部分蔬菜、花卉苗木、海棠种植规模逐渐缩小。2013年，农作物总播种面积1408.53公顷。其中，粮食作物播种面积1352.47公顷，总产645.83万千克；种植蔬菜56.06公顷，总产225.37万千克。果园面积20公顷，总产75万千克。花卉苗木基地86.67公顷。有孙家对河村浤源鲟鱼、福勇鲟鱼养殖专业合作社2家，养殖规模4.07公顷。完成农业总产值1.2亿元。全街道拥有农业机械6500台，农作物种植、收割、运输基本实现机械化。

工业　1995年，全镇有镇办、村办集体企业和个人办企业162家，工业产值10.6亿，从业人员6615人。形成电力、建筑、安装、塑胶、轻工、化工、建材、金属等8个行业。1997年10月，镇政府采取拍卖、破产、股份合作等形式，对13家镇办集体企业依法实施改制。其中，金盛水泥有限公司破产，盛庄发电厂、临沂市安装公司、华冠建筑公司3家企业改为股份合作制，临沂电力铁塔厂、华盛塑胶工业公司、临沂华兴塑胶有限公司等9家企业拍卖改制为私营企业。1998年起，制定优惠政策，加大招商引资力度，鼓励支持民营企业发展。至2004年，民营企业发展到268家，其中规模以上工业企业25家，实现工业产值8.2亿元。2005年后，进一步完善招商引资工作机制，以推进转方式调结构为主线，以发展高科技型项目企业为重点，以工商复合型经济建设为主体，促进新型工业化发展。2008年，盛源无缝钢管有限公司投资1.3亿元，新上219热轧管项目，年新增219无缝钢管生产能力15万吨。2012年，华能临沂发电有限公司新上2台350兆瓦发电机组。2013年，华盛中天机械集团与日本久保田集团合作投资1.5亿元，新上久保田新型高速插秧机项目；山东兴泰机械装备工程有限责任公司投资3亿元，新建重型装备制造项目。是年年底，全街道有各类工业企业1627家，从业人员2.25万人，其中规模以上工业企业76家，完成规模以上工业产值91.32亿元、主营业务收入88.86亿元、利税总额4.39亿元、利润总额2.77亿元。

商贸服务业　1995年，辖区有后盛庄、孟家园、三岗店子、孙对河固定集贸市场4个，有商贸服务业户821家，从业人员3890人。1998—2004年，依托沂河路和通达南路沿线发展商贸物流业，实现招商引资8.2亿元，形成以汽车贸易、仓储物流为主的20千米商业长廊，引进一汽通用、上海大众、广州本田等汽车4S专卖店14家。2005年起，加大商业市场开发力度，商贸物流服务业持续快速发展。到2013年，先后建起鲁南花卉城、鲁南粮油城、双月花卉市场、沂河路汽车城、临沂豪德光彩贸易广场，鲁南国际工业品采购中心、五金城、昌晟水果市场等10个专业批发市场，集群化发展第三产业。是年年底，辖区有商贸服务业户9682家，从业人员2.90万人，完成社会消费品零售总额95.55亿元、第三产业产值213.68亿元。

2013年，辖区设有银行分支机构和网点26个，居民储蓄余额96亿元，居民贷款余额105亿元。

基础设施建设

1995年起，盛庄镇围绕完善城镇服务功能和改善投资环境，加强镇村建设规划管理和综合开发。至1998年，完成镇政府驻地3平方千米建设总体规划；投资1300万元，开通程控电话3000门；投资1100万元，建成日供水5万立方米的自来水厂，解决群众生活饮用水被陷泥河污染问题。2000年起，抓住临沂城南扩有利时机，加快新型城镇化建设，以旧村改造、社区建设为重点，实施滨河大道沿线商住区开发建设。2003年8月，规划建设滨河花园，占地面积74公顷，建筑总面积35万平方米，设有住宅楼和学校、医疗、购物中心、中心广场等配套设施。2004—2011年，以街道办事处驻地和沂河沿岸为重点，实施城中村改造，大埠东、十里堡、前盛庄、后盛庄、尚屯、陈家白庄、吴家白庄、李家白庄、大菜园、许家冲、花埠圈、红土屯等12个社区相继实施旧村改造，先后拆除旧宅2900座，面积55万平方米，腾空土地546公顷，共建还建楼260栋9123户，总建筑面积110万平方米，其中十里堡社区拆迁民房1903座，建成临沂滨河花园还建楼88栋，建筑面积36万平方米，2000余户居民迁入新居。2012年起，启动滨河、火车站、西部三大片区开发建设。到2013年年底，共拆除房屋900余座，企业92家，迁坟1730座，拆迁总面积53万平方米，腾空土地210公顷。

1995年，辖区道路建设较为落后，境内公路总长18.7千米。其中，206国道、县道共12.3千米，镇村道路6.4千米。镇村道路多为沙石混合路面。1995—1997年，全镇投资1300万元，硬化南大路、化武路、罗程路盛庄段和清河南路等镇村道路30千米。1998—2005年，先后建成沂河路、留红路、蒙山大道立交桥，完成通达南路景观改建和天源油城拆迁改造等工程，完成“村村通”硬化道路51千米。2006年，实现村村户户通自来水。2007—2009年，先后完成蒙山大道、通达南路北段、沂河路东段、湖北路中段、罗程路花埠圈段道路拓宽改造工程，打通清河南路由沂州路至蒙山大道段共4.2千米，同时实现电厂路和祝丘路全线贯通。2012年，投资1600余万元，建设花埠圈、齐庄、孟家园、张家三岗、崔王庄、郭家岑石等8个社区道路15条，全长20千米。2013年年底，辖区内公路里程232千米。同年10月，投资1.8亿元的临沂汽车客运南站开始运营。

教科文卫

1995年，围绕当年实现“两基”，盛庄镇采取镇政府、村集体投资和村民集资及社会捐资等措施，筹资617万元，新建盛庄第二初级中学，改扩建盛庄第一初级中学和小学19所，撤销孟家园、盛庄、对河3所联中。同年10月，“两基”通过市政府、省政府达标评估验收。是年年底，全镇有幼儿园28所，在园幼儿3402人；小学23所，在校学生6823人；初级中学2所，在校学生1675人；成人教育中心校1所；共有教职工434人。1999年起，实施小学布局调整和危房改造，先后新建孟园、明珠、花埠圈回民小学，扩建十里堡小学。至2002年，小学由1995年的23所调整为5所。2007年，筹建临沂光耀实验学校。2009年，扩建临沂第七实验小学。2010年，扩建临沂第二十二中学（盛庄一中）、临沂第二十三中学（盛庄二中）、临沂第七实验小学、花埠圈回民学校。2013年，新建临沂第四十中学、扩建孟园小学。是年年底，全街道有幼儿园47所，在园幼儿7404人，教

图26-5：十里堡孔子文化广场（2013年3月 摄）

职工 493 人；小学 5 所，在校学生 7930 人，教职工 441 人；九年制义务教育学校 4 所，在校学生 4005 人，教职工 374 人。小学适龄儿童入学率、巩固率均 100%；初中适龄少年入学率 100%，在校学生巩固率 99.3%。有省级规范化学校 4 所。临沂职业学院、临沂第十九中学、民办临沂兴华学校中学部驻境内。

2007 年，在街道办事处驻地建立街道科普活动站 1 个，每个村（社区）建有 1 个科普宣传栏、配备 1 名科普宣传员。2013 年，有助理农艺师 4 人、农业技术指导员 8 人。有科学技术协会、农村专业技术协会 4 家，推广农业科技项目 11 项，企业协会 8 家。

1995 年，有镇文化站 1 个，文化活动以民间自发组织为主，形式较为单一，主要为秧歌队表演。随着经济发展以及居民对文化生活需求的提升，文化活动越来越丰富多彩。2013 年，有街道文化站 1 个，社区文体活动场所 25 处，面积 5.3 万平方米。其中十里堡、后盛庄、大埠东、八块石、林家村 5 个社区建起大型社区文化活动中心。有十里堡柳琴剧团、三岗乡村艺友团、陈白庄老年艺术团、后盛庄秧歌队、花埠圈秧歌队、十里堡秧歌队、三岗店子社区秧歌队等 7 个群众自发性文艺团队。同年，街道举办送戏下乡文艺演出 11 场，放映公益电影 423 场。

2013 年，有盛庄医院（街道社区卫生服务中心）、双月湖医院（民营医疗机构）2 家卫生医疗机构。盛庄卫生院有医务人员 65 人，医疗床位 40 张、观察床位 6 张，年诊疗 5.05 万人次，住院 1288 人次；双月湖卫生院有医务人员 33 人，医疗床位 20 张，年诊疗 5.94 万人次，住院 466 人次。有新农合定点村级卫生室 38 家，乡村医生 124 人。临沂市妇幼保健院滨河院区、罗庄区人民医院驻境内。

人民生活

1995 年，农村居民人均住房面积 30.1 平方米；每百户拥有自行车 87 辆，摩托车 21 辆、电视机 52 台，电冰箱 28 台、家庭电话 13 部。1997 年，盛庄镇劳动保障所成立。1998 年，实施低保户救助政策。2002 年 12 月，村村通有线电视。2006 年始，实行新型农村合作医疗。2011 年 7 月，开展城乡居民基本养老保险工作。2013 年，17 个社区（村）建起居民楼，27% 居民住进楼房，人均住房面积 45.5 平方米。彩电、冰箱等家用电器基本普及家庭，私家车拥有率 56%。参加新农合 7.82 万人，参合率 100%；参加城乡居民养老保险人数 2.78 万人，60 岁以上老人每人每月发放基础养老金 65 元。享受城镇最低生活保障户 993 户 1426 人。有敬老院 1 家，集中供养老人 23 人。

历史文化

盛庄街道历史文化底蕴深厚，文化古迹众多，境内王家三岗新石器时代遗址、吴白庄东汉画像石墓为省级文物保护单位，湖台新石器时代遗址、尚屯唐代古墓群为市级文物保护单位，三岗店子、店子、后盛庄、陈白庄、孙对河、寇对河、十里堡、吴白庄、大埠东、三岗店西南遗址和前盛庄墓群均为区级文物保护单位。

临沂盛能游乐园为国家 AAA 级旅游景区，双月湖公园为国家湿地公园。留邻庄、十里堡、大埠东等村柳编历史悠久，产品坚固耐用、样式美观；白庄、对河一带村庄制作的套色门笺（俗称“过门钱子”）久负盛名，尤以孙家对河民间艺人孙炳业制作的最为上乘，曾被山东电视台《美在民间》专题第 13 集采播。有留邻庄“张笆接枣，锯树留邻”和双月湖的传说。

2013年盛庄街道社区基本情况表

表26-3

社区	所辖自然村	自然村基本情况
后盛庄	后盛庄	位于盛庄街道办事处驻地东4.4千米，通达南路西侧，陷泥河南。南宋时期建村，名同意庄。清同治年间因免遭战祸更村名剩庄，后演作盛庄。析成两村后，此村居北，定名后盛庄。1909年《山东省地图》标名后盛家庄。2004年12月，改称后盛庄社区。2013年年底，面积348.88公顷，其中耕地面积5.03公顷，有2054户7124人
白庄	吴家白庄	位于盛庄街道办事处驻地东6.6千米。明洪武年间吴姓到此立村。2004年12月，与傅家白庄合并为白庄社区。2013年4月，白庄社区与陈家白庄社区合并仍称白庄社区。同年年底，面积144.69公顷，其中耕地面积4.18公顷，有800户2600人，皆为汉族
	陈家白庄	位于盛庄街道办事处驻地东北5.3千米。清顺治年间，陈姓由傅家庄分支到此立村，因村前有一片白色盐碱地，遂结合陈姓命村名陈家白庄。2004年12月，改称陈家白庄社区。2013年12月，划属白庄社区。同年年底，面积137.35公顷，无耕地，有551户1800人
	傅家白庄	位于盛庄街道办事处驻地东北5.9千米，陷泥河南岸。明洪武年间傅姓建村。因当时这里是一片白色盐碱地，故称“傅家白庄”。2004年12月，与吴家白庄合并为白庄社区。2013年12月，白庄社区与陈家白庄社区合并仍称白庄社区。同年年底，面积21公顷，其中耕地面积0.85公顷，有92户292人
八块石	八块石	位于盛庄街道办事处驻地东南4.3千米，通达南路西侧。明万历年间即有村庄，名举沂庄，后因村北有8块大石而更名八块石村。1997年1月，从罗庄镇划属双月湖街道。2011年8月，撤销双月湖街道后随之并入盛庄街道。2004年12月，改称八块石社区。2013年4月，与双月社区（2004年9月设立）合并仍称八块石社区。同年年底，面积215.48公顷，无耕地，有931户3072人，皆为汉族
大埠东	大埠东	位于盛庄街道办事处驻地东北9.3千米，沂河西岸。明永乐年间韩姓从山西洪洞县老鹳窝迁此立村，因村西北有一大土墩，故名大埠东。2004年12月，改称大埠东社区。2013年年底，面积257.79公顷，无耕地，有710户2084人
前盛庄	前盛庄	位于盛庄街道办事处驻地东3.8千米。村名由来见后盛庄。2004年12月，改称前盛庄社区。2013年年底，面积184.82公顷，无耕地，有970户3537人
花埠圈	花埠圈	位于盛庄街道办事处驻地东南9千米。产陶瓷土、焦宝石、铝矾土。北宋建隆年间建村，因村北、西两面山丘相连成半圆圈，春夏之际，野花遍布山坡，故命村名花埠圈。该村系临沂市回民聚居人数最多的村庄。2013年4月，改称花埠圈社区。同年年底，占地面积400公顷，其中耕地面积100公顷，有1552户5660人
十里堡	十里堡	位于盛庄街道办事处驻地东北8.9千米，东临沂河。明建文元年（1399）建村，以地处沂州城南10里而得名。后因人口繁衍较快，先后析置成后楼、任家围子、徐家围子、孙家围子、吕家围子5个自然村，统称十里堡。2004年12月，改称十里堡社区。2006年始旧村改造，在原村址北（沂河路北），建居民楼88幢，总建筑面积36万平方米，命名滨河花园，居民皆迁此居住。2013年年底，面积368.73公顷，其中耕地面积122.39公顷，有1979户7972人
林村	林家村	位于盛庄街道办事处驻地东北2千米。明初林姓从山西洪洞县迁此立村，故名林家村。2004年12月，改称林村社区。2013年年底，面积134.35公顷，其中耕地面积18.77公顷，有660户2360人
营子	南营子	位于盛庄街道办事处驻地东1.5千米，沂河路两侧。清康熙年间建村，名营子，因此地原系营盘而得名。1981年，因与义堂镇营子村重名，据方位更名南营子。2004年12月，改称营子社区。2013年年底，面积166.01公顷，其中耕地面积3.41公顷，有636户1852人，皆为汉族

续表 26-3

社区	所辖自然村	自然村基本情况
尚屯	尚屯	位于盛庄街道办事处驻地东北 3.6 千米，通达南路东侧。明天顺六年（1462）由桃花店、尚屯 2 个村合并而成，以尚姓人居多，定名尚屯。1909 年《山东省地图》标名上屯。2004 年 12 月，改称尚屯社区。2013 年年底，面积 214.84 公顷，无耕地，有 1060 户 3510 人
红土屯	红土屯	位于盛庄街道办事处驻地东南 5.9 千米，通达南路东侧。产铁矿石、陶瓷土。明成化年间建村。初名石汪沟屯，继因村址坐落在红土岭上更名红土屯。后析成前红土屯、后红土屯 2 个自然村。2004 年 12 月，改称红土屯社区。2013 年年底，面积 247.79 公顷，无耕地，有 878 户 2856 人
魏三岗	魏家三岗	位于盛庄街道办事处驻地东北 4.7 千米。明万历年间魏姓到此立村，因此处有三条土岗，故名魏家三岗。1909 年《山东省地图》标名黄家三岗。2004 年 12 月，改称魏三岗社区。2013 年年底，面积 76.05 公顷，其中耕地面积 1.63 公顷，有 431 户 1461 人
杜三岗	杜家三岗	位于盛庄街道办事处驻地东北 2.69 千米。明洪武年间赵姓到此立村，因村后有三条土岗，名赵家三岗。后杜姓迁来，户大丁多，遂更名杜家三岗。2004 年 12 月，改称杜三岗社区。2013 年年底，面积 158.12 公顷，其中耕地面积 51 公顷，有 960 户 2960 人，皆为汉族
三岗店子	三岗店子	位于盛庄街道办事处驻地北 2.9 千米。南宋淳熙年间为各自独立的 3 个小屯子，明万历年间合成一村，名三合村。后更名老店子。清朝时更为三岗店子。2004 年 12 月，改称三岗店子社区。2013 年年底，面积 253.11 公顷，其中耕地面积 10.48 公顷，有 1520 户 4520 人，皆为汉族
齐庄	齐家庄	位于盛庄街道办事处驻地西北 3.7 千米。明后期建村，名马家官庄。明末清初，战乱及灾荒频繁，村民逃荒在外，村舍为墟。不久齐姓到此落户立村，遂更名齐家庄。2004年12月，改称齐庄社区。2008年3月，从罗西街道划属双月湖街道。2011年8月，撤销双月湖街道随之并入盛庄街道。2013 年年底，面积 125.82 公顷，其中耕地面积 21.64 公顷，有 602 户 1905 人
三岗	孟家园	位于盛庄街道办事处驻地东北 1 千米。原产粉条。清康熙年间由东王家三岗、肖家庵等组成村落。一说因孟姓居多而得名，另说因孟姓初在此种园而得名。2004 年 12 月，改称孟家园社区。2013 年 4 月，划属三岗社区。同年年底，面积 115.42 公顷，其中耕地面积 9.55 公顷，有 490 户 1650 人，皆为汉族
	小白衣庄	位于盛庄街道办事处驻地南 500 米。相传唐朝广明元年（880）建村。初名白衣庄，因庄西北角有白衣奶奶庙，而得名。后因近有同名村，此村小，故更名小白衣庄村。1909 年《山东省地图》标名东白衣庄。2004 年 12 月，改称小白衣庄社区。2013 年 4 月，划属三岗社区。同年年底，面积 133.4 公顷，其中耕地面积 3.39 公顷，有 550 户 1500 人，皆为汉族
	张家三岗	位于盛庄街道办事处驻地北 500 米。清康熙年间张姓到此立村，因此处有 3 条小土岗，故名张家三岗村。2004 年 12 月，改称张家三岗社区。2013 年 4 月，划属三岗社区。同年年底，面积 25.87 公顷，其中耕地面积 2.53 公顷，有 240 户 750 人，皆为汉族
	王家三岗	位于盛庄街道办事处驻地北 500 米。原产粉皮、粉条。明崇祯年间王姓到此立村，因此处有 3 条土岗，故名王家三岗。2004 年 12 月，改称王家三岗社区。2013 年 4 月，划属三岗社区。同年年底，面积 103 公顷，其中耕地面积 1.75 公顷，有 520 户 1580 人，皆为汉族
	刘家三岗	位于盛庄街道办事处驻地西北 2.5 千米。清康熙年间刘姓到此立村，因此处有 3 条土岗，故名刘家三岗。2004 年 12 月，改称刘家三岗社区。2013 年 4 月，行政村规模调整时，划属三岗社区。同年年底，面积 178.75 公顷，其中耕地面积 5.08 公顷，有 720 户 2180 人

续表 26-3

社区	所辖自然村	自然村基本情况
三岗	侯家三岗	位于盛庄街道办事处驻地北 2.5 千米。原产粉条。明成化年间侯姓到此立村，因此处有 3 条土岗，故名侯家三岗。2004 年 12 月，改称侯家三岗社区。2013 年 4 月，划属三岗社区。同年年底，面积 40.64 公顷，有 410 户 1260 人，皆为汉族
电厂	大菜园	位于盛庄街道办事处驻地东南 5.4 千米。清嘉庆年间建村，因位于李家白庄南，故名前李家白庄。后村民多种菜，于民国二十年（1931）更名大菜园。2004 年 12 月，与李家白庄、许冲村合并成立电厂社区。2013 年年底，面积 78.23 公顷，其中耕地面积 1.58 公顷，有 226 户 695 人
	李家白庄	位于盛庄街道办事处驻地东 6.9 千米。明洪武年间李姓到此立村，因地处白色盐碱地而得名；另说该村初以姓氏命名焦家牌子，后李姓人口居首，遂更名李家白庄。2004 年 12 月，与大菜园、许冲村合并成立电厂社区。2013 年年底，面积 77.87 公顷，其中耕地面积 0.5 公顷，有 390 户 1534 人
	许家冲	位于盛庄街道办事处驻地东南 7.9 千米。清嘉庆年间许姓到此地立村，因村东南有俗称“大洼”的一片洼地，故名许家冲。2004 年 12 月，与大菜园、李家白庄合并成立电厂社区。2013 年年底，面积 57.34 公顷，其中耕地面积 14.05 公顷，有 386 户 1326 人
沂滨	黄家对河	位于盛庄街道办事处驻地东南 5.8 千米。相传隋朝钱姓到此立村，因靠近陷泥河支流，故名钱家对河；后黄姓人口居全村之首，更名黄家对河。2004 年 12 月，与王家对河、寇家对河合并为对河社区。2013 年 4 月，对河社区、沂滨社区、盛丰社区合并称沂滨社区。面积 153.3 公顷，其中耕地面积 43.3 公顷，有 850 户 2251 人
	王家对河	位于盛庄街道办事处驻地东南 6.1 千米。相传南北朝时期王姓在此立村，名王庄。后根据村前 1 条小河，几村相对，故更名王家对河。2004 年 12 月，与黄家对河、寇家对河合并为对河社区。2013 年 4 月，划属沂滨社区。同年年底，面积 134.65 公顷，其中耕地面积 26.91 公顷，有 840 户 2600 人
	寇家对河	位于盛庄街道办事处驻地东南 8 千米。相传西汉末乔姓迁居建村，因与邻村隔河相对，故名乔家对河，后更名李家对河，终因寇姓人众，更名寇家对河。2004 年 12 月，与黄家对河、王家对河合并为对河社区。2013 年 4 月，划属沂滨社区。同年年底，面积 100.58 公顷，其中耕地面积 34.86 公顷，有 495 户 1450 人
	葛家庄	位于盛庄街道办事处驻地东南 9.4 千米，沂河西岸。明崇祯年间诸葛姓迁此立村，故名葛家庄。1909 年《山东省地图》标名葛家店。2004 年 12 月，与店子、留邻庄合并为沂滨社区。2013 年年底，面积 205.53 公顷，其中耕地面积 24.17 公顷，有 560 户 1650 人
	留邻庄	位于盛庄街道办事处驻地东南 12 千米，沂河西岸。明崇祯年间建村。据传，以前李、刘两姓在此处东、西为邻，刘家院中有棵枣树，枣熟时，每遇大风，枣子常落入李家，李家便在院中结一大笆接枣，将枣子如数还给刘家，但馋嘴的孩子总要吃几个。李家唯恐伤了两家和气，便决定搬家。刘家得知后，为留住邻居，遂将枣树锯掉。此即民间传颂的“张笆接枣，锯树留邻”，村名由此而来。2004 年 12 月，与葛家庄、店子村合并为沂滨社区。2013 年年底，面积 336.06 公顷，其中耕地面积 48.01 公顷，有 615 户 2028 人
	店子	位于盛庄街道办事处驻地东南 9.9 千米。明崇祯年间建村。因村边设有店房，曾名半边店子、菊花店，后简称店子。2004 年 12 月，与葛家庄、留邻庄合并为沂滨社区。2013 年年底，面积 111.46 公顷，其中耕地面积 48.36 公顷，有 420 户 1420 人，皆为汉族

续表 26-3

社区	所辖自然村	自然村基本情况
沂滨	孙家对河	位于盛庄街道办事处驻地东南 9 千米。产红炉铁制品，种植花卉和特种养殖。明成化年间孙姓到此立村，因隔陷泥河支流与寇、王对河遥遥相对，故名孙家对河。2004 年 12 月，与崔王庄合并为盛丰社区。2013 年 4 月，盛丰社区、对河社区和沂滨社区合并仍称沂滨社区。同年年底，面积 263.86 公顷，其中耕地面积 103.73 公顷，有 1265 户 3674 人
	崔王庄	位于盛庄街道办事处驻地东南 9.1 千米。制作灯管、水泥管。该村系 1955 年由王家庄、崔家庄 2 村合并而成，定名崔王庄。2004 年 12 月，与孙家对河合并为盛丰社区。2013 年 4 月，盛丰社区、对河社区和沂滨社区合并仍称沂滨社区。同年年底，面积 98.28 公顷，其中耕地面积 34.47 公顷，有 464 户 1431 人
湖西崖东	湖西崖东村	湖西崖北村、湖西崖南村、湖西崖东村统称湖西崖村。位于盛庄街道办事处驻地南 3.4 千米处。产陶瓷、铁矿石。北宋初高、巩、韩、李、殷、尹、密 7 户人家迁居建村，名七姓官庄。明朝因村居泥沱湖西，更村名湖西崖。1979 年，因村庄较大析置成三个生产大队，称湖西崖第一生产大队、湖西崖第二生产大队、湖西崖第三生产大队。1984 年，以所处方位称湖西崖北村、湖西崖西村、湖西崖东村。1997 年 1 月，由罗庄镇划归双月湖街道。2005 年 3 月，改为湖西崖东社区。2011 年 8 月，划归盛庄街道。2013 年，面积 165.57 公顷，有 737 户 2377 人
湖西崖西	湖西崖西村	历史沿革同湖西崖东村，位于盛庄街道办事处驻地西南 3 千米处。2005 年 3 月，改为湖西崖西社区。2013 年，面积 120.19 公顷，有 620 户 2123 人
湖西崖北	湖西崖北村	历史沿革同湖西崖西村，位于盛庄街道办事处驻地西南 2.4 千米处。2005 年 3 月，改为湖西崖北社区。2013 年，面积 212.61 公顷，，有 848 户 2761 人
后崔庄	后崔庄	位于盛庄街道办事处驻地西南 3.5 千米处。东邻 206 国道，南靠双月园路，西邻潘庄社区，北邻双月园北路。原名崔冢，因村西北有相传为崔氏的大型封土古墓而得名，后因村民嫌其不雅，以村中崔姓族大丁繁，更名崔家庄。之后因近有同名村，此村居北，故名后崔家庄，简称后崔庄。1909 年《山东省地图》标名后全家庄。1997 年 1 月，由罗西乡划归双月湖街道。2006 年，改称后崔庄社区。2011 年 8 月，划归盛庄街道。2013 年，面积 149.77 公顷，其中耕地面积 10.23 公顷，有 705 户 2150 人
前崔庄	前崔庄	位于盛庄街道办事处驻地西南 3.4 千米处，南涑河故道以东。宋元丰年间建村，名崔家庄，后因村北有同名村，遂定名前崔家庄，简称前崔庄。1997 年 1 月，由罗西乡划归双月湖街道。2011 年 8 月，划归盛庄街道。2013 年，面积 173.06 公顷，有 724 户 2370 人
大白衣庄	大白衣庄	位于盛庄街道办事处驻地南 700 米处。东靠小白衣庄社区，南邻湖西崖社区，西连后崔庄社区，北依张三岗社区。明成化年间建村，村内有座“白衣奶奶”庙，初名“白衣庄”，因同名村两个，此村大改称大白衣庄。1997 年 1 月，由盛庄镇划归双月湖街道。1997 年 1 月，由盛庄镇划归双月湖街道。2004 年 12 月，改为大白衣庄社区。2011 年 8 月，划归盛庄街道。2013 年，面积 246.99 公顷，其中耕地面积 2.7 公顷，有 980 户 2600 人

说明：湖西崖东、湖西崖西、湖西崖北、后崔庄、前崔庄、大白衣庄由临沂高新技术产业开发区代管。

第四节　册山街道

位置境域

册山街道位于区境东南部，以辖区册山得名。东隔沂河、武河与郯城县李庄镇隔河相望，南连黄山镇，西邻傅庄街道，北接高都街道、罗庄街道。辖区东西最大横距 9.11 千米，南北最大纵距 9.07 千米，面积 52.27 平方千米。地势北高南低，除西北与罗庄街道、傅庄街道交界处有庆云山（原名册山）外，余皆属平原。沂河流经东界，陷泥河纵贯中部流入武河。江傅路、南外环路横穿东西，滨河西路、南大路、临册公路纵贯南北。街道办事处驻东册山村，西距区政府驻地10.6千米。

建置沿革

清宣统三年（1911），置临沂县册山区。1930年，属临沂县第二区（原城前、册山2区）。1945年9月13日，临沂县政府成立，置册山区。1951年3月28日，区改以序数命名，改称临沂县第八区。1955年10月1日，区改以地名命名，复称册山区。1958年2月，撤区置册山乡，同年8月，撤乡置燎原人民公社。翌年3月18日，改称册山人民公社。1962年8月16日，改称册山区。1969年1月20日，复称册山人民公社。1970年4月7日，改称册山区。1971年3月24日，改称册山人民公社。1984年4月14日，人民公社改为乡镇建制，称册山乡。1993年9月8日，撤乡置册山镇。1994年12月，隶属罗庄区。2002年2月1日，撤镇置册山街道。2013年4月，行政村规模调整村改社区，调整为15个农村社区。是年年底，辖15个社区（32个自然村），1.96万户，6.21万人。

2000年，册山镇被省政府命名为第一批中心镇。

自然资源

册山街道地处沂河冲积平原，土质肥沃，水资源丰富。土壤以水稻土、潮土为主。矿产石灰石、煤储量丰富，石灰石储量超亿吨，煤炭储量860万吨，均开采利用。2013年，全街道耕地面积2488.99公顷，林地面积424.52公顷。

经济概况

1995年，全镇完成地区生产总值2.87亿元，农业总产值1.4亿元，工业总产值11.2亿元；实现财政收入426.3万元，农民人均纯收入1760元。2004年，全街道完成地区生产总值8亿元，农业总产值9012万元，工业总产值25.2亿元；实现财政收入2346万元，农民人均纯收入3157元。2013年，完成财政收入1.52亿元，社会消费品零售总额1.17亿元，居民人均纯收入1.35万元。

农业 主要粮油作物有水稻、小麦、玉米、大豆等。盛产蔬菜、西瓜、草莓、白柳条。特产“沙沟芋头”，体大、肉嫩、味美。沙沟芋头、白沙沟草莓、册山大米和葡萄为册山街道四大传统农产品。1995年，全镇粮食总产2187万千克，年均亩产810千克。1996年后，不断调整农业产业结构，优化种植、养殖结构，发展高产、高质、高经济效益“三高”特色农业，促进农业增产、农民增收、农业增效。2000年，沙沟片区引进“全明星”草莓品种，提高草莓质量。2005—2006年，投资629万元，对100公顷中低产田进行改造，建成优质水稻生产基地10公顷、牛蒡种植基地10公顷。2007年，投资836万元，对130公顷中低产田进行改造。2008年，投资300万元，对50公顷中低产田进行改造，建成高标准有机水稻示范基地2公顷。同时，引进“章姬”“红颜”草莓品种，增强市场竞争力。同年，沙沟草莓种植面积200公顷。实施绿色家园工程，推广农村“一池三改”（沼气池建造与改圈、改厕、改厨同步进行）。2011年，沙沟片区成立“爱利种植合作社”，沙沟芋头由分散种植转为合作种植，同年7月，沙沟芋头注册为国家地理标志商标。2012年4月，沙沟草莓通过国家有机食品认证。至2013年，建起沙沟片210公顷草莓、堰头片12公顷牛蒡、册山片1公顷花卉特色农业生产示范基地；建立唐沙沟养鸡、郑旺养猪和尚庄养狐3个养殖专业村；实施“奶牛富民工程”和“百万农户致富”工程，发展科技示范带头户1500家。是年，全街道农作物总播种面积3652公顷。其中，粮食作物播种面积3393.33公顷、总产2100.78万千克，花生播种面积20公顷、总产量6.6万千克，种植蔬菜138.67公顷、总产量669.76万千克，种植草莓100公顷、总产量300万千克。园林果树38.67公顷，总产量75万千克。生猪存栏2.4万头，能繁殖母猪存栏2486头，奶牛存栏1689头，家禽存栏38.69万只，特种动物养殖专业户35家，特种动物存栏2.3万只、出栏9.6万只。实现农业总产值1.12亿元。

工业　1995年，全镇以煤矿、建材、机械、食品行业为主，有煤矿、水泥厂、农机厂、齿轮厂、球墨铸造厂、轧管厂、饮料厂、食品公司、建筑公司等16家企业，代表性企业有：春萌水泥厂、庆云山水泥厂、小庄子煤矿、凤凰岭煤矿等，完成工业总产值11.2亿元。1996年起，坚持“新上与技改并举，管理与提高并重”原则，围绕骨干企业，加快新上技改步伐。至1997年7月，累计投资1.08亿，完成10个项目和30个技改工程，镇办企业发展到23家。同年8月，镇政府依法对23家镇办企业进行改制。其中，出售17家、无偿划转6家。镇办集体企业均转型为民营企业。1998年起，鼓励支持个体私营企业发展，建立招商引资机制，扶持骨干企业转型升级。2004年，临沂豪门铝业有限公司投资108万元，新上2条年产2000万吨铝型材挤压生产线。是年年底，全街道各类企业发展到200家，其中规模以上工业企业21家，完成工业总产值25.2亿元。2006年，山东鹏程铝业有限公司投资500万元，新上年产3000万吨铝型材生产线2条。2008年，开展“项目建设推进年”活动。2009年，开展“投引资突破年”活动，加大招商引资力度，引进高科型项目。同年，临沂金利瓷业有限公司投资1000万元，新上年产1000万件日用瓷生产线2条，带动就业400人。2010年后，以推进转方式调结构为主线，促进新型工业经济发展。至2013年年底，全街道各类工业企业发展到238家，从业人员2126人，其中规模以上工业企业36家，规模以上工业总产值58.92亿元，主营业务收入57.43亿元，利税总额3.37亿元，利润总额1.78亿元。形成煤炭、铝型材、焦化、机械铸造、建陶、冶炼、化工为主导产业体系，主要骨干企业有富中机械、金利瓷业、豪门铝业、瑞高铝业、鹏程铝业、华罗铝业等。

商贸服务业　1995年，全镇有固定集贸市场8处，个体商贸服务业户1220家，从业人员4460人，完成社会消费品零售总额521万元。1998年，建成东册山综合贸易市场、镇政府驻地饮食服务一条街。2009年，全街道有固定集贸市场16处，超市2家。2012年，金果超市在东册山村开业，带动就业106人。2013年，除街道办事处驻地沿街商户外，各村居都设有以日用品、农药、化肥等为主的超市、商铺。是年年底，全街道有固定集贸市场7处，超市4家，个体商贸服务业户2126家，从业人员6213人。完成社会消费品零售总额1.17亿元、第三产业产值26.3亿元。有农业银行、农村信用社、临商银行等分支机构4个，代办网点4个。

基础设施建设

1995年，农村房屋建设主要以砖木混合结构为主，生活基础设施尚不完善。饮用水靠居民家庭压水井取水。1996年，编制镇政府驻地11.5平方千米总体规划和3.2平方千米建设详规。至1997年，新建村民住宅楼218户，建设东册山、南头2个住宅示范村。2003年，山前、南头、五寺庄、唐沙沟4个小康示范村建成小康楼200户。同年，南头村旧村改造新建6层住宅楼10栋480户。2008年，后村旧村改造一期工程建成住宅楼7栋336户。2011年，后村二期工程建成住宅楼8栋384户。2012年，推行“统一保洁、统一收集、统一清运、集中处理”城乡环卫一体化管理。2013年，全街道实现环卫保洁物业化，村村配备保洁员。

1995年，境内主要公路有临册路、江傅路、南大路，公路总里程18千米；镇村道路总里程328千米，多为沙石混合路面，基础设施建设薄弱。1996—1997年，投资1318万元，完成南大路、堰新路、中学路、江东路等10条道路拓宽。1999年，投资230万元，扩建堰新路。2004年，投资325万元铺设南环路柏油路面。2005年，修建滨河西路。2009年，提升改造临册路、江傅路册山段，安装路灯。2012年，绿化江傅、临册路，总长13.9千米。同年9月，郑旺路开工修建，长4.69千米。2013年，对江傅路、临册路沿线16个村进行墙体粉刷，共23.1万平方米；临册路加装路灯180盏。

科教文卫

1995年，全镇有幼儿园25所，在园幼儿2500人，幼儿教师150人；小学27所，在校学生5400人，教职工280人；初级中学1所，在校学生2000人，教职工140人；成人教育中心校1所，教职工8人。同年，投资300万元，扩建镇中心中学，撤销堰头联中，迁建镇中心小学，新建镇中心幼儿园，改扩建25所村级小学。同年10月，“两基”通过省政府达标评估验收。1999年起，先后实施小学布局调整、危房改造和中小学标准化建设工程。新建山前、五寺庄、尚阳、沙沟4所小学，改扩建册山、老沂庄、新桥、同沂庄4所小学。至2007年，小学由1995年的27所调整为8所。2008—2012年，投资4000余万元，新建册山中学教学楼、办公实验楼，新增校舍面积1.5万平方米。2013年，全街道有幼儿园25所（其中公办7所），在园幼儿2200人，教师160人；小学8所，在校学生3407人，教职工273人；初中1所，在校学生1548人，教职工189人。有省级规范化学校2所、市级规范化学校2所，省级示范幼儿园1所。

2013年，街道办事处驻地建有科普活动站1个，每个社区均设立科普宣传栏，配备科普宣传员1人，每年更换科普挂图4次。有科技人员11人，农民技术员45人，年培训农村实用技术人员4800人次。

1995年，有镇文化站1个，工作人员1人，有村业余文艺团队3个。每年春节、元宵节期间，镇、村都开展舞狮子、踩高跷、划旱船等群众文化活动。2003年始，建设农村文化大院，有秧歌队6支，分别为山前秧歌队、石杭岭秧歌队、新桥秧歌队、唐沙沟秧歌队、南头秧歌队、堰头秧歌队。2008年，有广场舞表演队8个，其中代表性的有南头广场舞队、爱尚广场舞队、新桥广场舞队。至2013年，有街道文化站1个，山前、南头社区文化活动中心2个，村综合文化服务中心31个；有秧歌队6支，广场舞表演队8支。

1995年，有册山中心卫生院1家，医务人员26人，医疗床位26张；有村卫生室16个，乡村医生79人。2008年，中心医院新建病房楼1栋，建筑面积2000平方米。2013年，兴建门面楼一栋，建筑面积1000平方米。是年年底，中心医院有医疗设备18台，医疗床位75张，医务人员68人，设有内科、外科、妇产科、手术室、治疗室、化验室、放射科、口腔科、中医科等16个科室，年门诊7.8万人次，住院医疗1600人次。设立新农合定点村级卫生室30家，乡村医生140人。

人民生活

1995年，全镇农民人均纯收入1760元；农村住房多为砖木混合结构，居民人均住房面积26平方米。2002年12月，村村通有线电视。2005年，村村通硬化道路。2006年，开始实行新型农村合作医疗。同年，户户通自来水。2013年，全街道居民人均纯收入1.35万元元。6%居民住进楼房，人均住房面积36平方米。有线电视、冰箱、洗衣机等家用电器基本普及家庭，每百户拥有私家车24辆。参加新型农村合作医疗5.1万人，参合率100%。参加城乡居民养老保险2.80万人，参保率65%。60岁以上老人每人每月发放65元基础养老金。城镇最低生活保障户1800户2300人。有敬老院1家，占地面积3000平方米，建筑面积2000平方米。设有电视室、娱乐室、台球室、健身活动室。集中供养老人43人。

历史文化

册山街道历史悠久，文化古迹众多，晏驾墩新石器时代遗址，为省级文物保护单位；西册山南、五寺庄、西册山西、房岭屯、侯沂庄遗址及东何庄墓群为区级文物保护单位。

沙沟芋头。产于白沙沟、房沙沟、唐沙沟等周边村庄，自明朝至今有400余年种植历史，体大、肉嫩、味美，方圆百里享有盛誉。五寺庄的礼花制造、黑虎墩村河汉水产养殖远近闻名。

1946年，解放战争时期，山东省政府机关曾驻册山区后村。

2013年册山街道社区基本情况表

表26-4

社区	所辖自然村	自然村基本情况
册山	东册山	册山街道办事处驻地。位于陷泥河西岸。相传为唐朝马力镇旧址。后因村西有一村并立，且西北向有册山，故名东册山。1909年《山东省地图》标名册山。2004年11月，与西册山合并为册山村。2008年4月，改称册山社区。2013年年底，面积129.24公顷，其中耕地面积47.33公顷，有760户2098人
	西册山	位于东册山西100米，庆云山以南，产石灰。明万历年间赵姓迁居建村，因当佃户，故名佃西村。后马、段、陈、奚等姓相继迁居，更名西佃村。后因居东册山西，更名西册山。2004年11月，与东册山合并为册山村。2008年4月，改称册山社区。2013年，面积137.82公顷，其中耕地面积66.73公顷，有480户1270人
龙山	老沂庄	位于东册山北2.5千米，庆云山以东。明崇祯十三年（1640）前在今址东成村。清初沂河决口将村庄淹没，迁至今址。2004年11月，与潘家庄、东何庄、南陆庄、房庄合并成立龙山村。2008年4月，改称龙山社区。同年年底，面积212.94公顷，其中耕地面积100.17公顷，有930户3252人
	房庄	位于东册山北2.5千米，庆云山东麓。明崇祯年间房姓由房家沙沟村迁此立村。1909年《山东省地图》标名房家庄。2004年11月，与老沂庄、潘家庄、东何庄、南陆庄合并成立龙山村。2013年4月，改称龙山社区。同年年底，面积60公顷，其中耕地面积18.83公顷，有230户726人
	潘家庄	潘家庄、东何庄、南陆庄位于东册山北2.5千米，庆云山东麓。原系一自然村，名五户井。1958年析成3个村，分别以姓氏命村名潘家庄、何家庄（简称何庄）、陆家庄（简称陆庄）。1981年，何家庄、陆家庄分别更名为东何庄、南陆庄。2004年11月，与老沂庄、东何庄、南陆庄、房庄合并成立龙山村。2013年4月，改称龙山社区。同年年底，面积73.64公顷，其中耕地面积6.4公顷，有128户464人

续表 26-4

社区	所辖自然村	自然村基本情况
龙山	东何庄	村名由来见潘家庄。2004 年 11 月，与老沂庄、潘家庄、南陆庄、房庄合并成立龙山村。2013 年 4 月，改称龙山社区。同年年底，面积 16.83 公顷，其中耕地面积 1.53 公顷，有 86 户 263 人
	南陆庄	村名由来见潘家庄。2004 年 11 月，与老沂庄、潘家庄、东何庄、房庄合并成立龙山村。2013 年 4 月，改称龙山社区。同年年底，面积 107.29 公顷，其中耕地面积 21.77 公顷，有 235 户 785 人
山前	山前	位于东册山西北 1.5 千米，庆云山南。明末清初建村，名沂崖官庄。后因地处庆云山南，习称山前，遂成村名。1909 年《山东省地图》标名大山前。2004 年 11 月，与新良庄合并为山前村。2008 年 4 月，山前村与石杭岭合并成立山前社区。2013 年年底，面积 283.38 公顷，其中耕地面积 73.06 公顷，有 693 户 2630 人
	新良庄	位于东册山西 2 千米。1967 年，蒙阴县修岸堤水库，迁蒙阴县良庄至此，故名新良庄。2004 年 11 月，与山前村合并为山前村。2008 年 4 月，山前村与石杭岭合并成立山前社区。2013 年年底，面积 32.5 公顷，其中耕地面积 15.19 公顷，有 166 户 480 人
	石杭岭	位于东册山西南 2.5 千米，庆云山南。清乾隆年间建村，因村北有石岭得名。1909 年《山东省地图》标名石河岭。2013 年 4 月，与山前村合并成立山前社区。同年年底，面积 138.61 公顷，其中耕地面积 73.94 公顷，有 453 户 1207 人
后村	后村	位于东册山东北 1 千米，陷泥河西岸。产草纸。明中期建村。时此处系两个前后相连的小村，前者名前村，后者名后村，后两村渐成一村，遂以后村为村名。2008 年 4 月，改称后村社区。2013 年年底，面积 196.78 公顷，其中耕地面积 93.6 公顷，有 660 户 2348 人
五寺	五寺庄	位于东册山东北 2.5 千米，陷泥河东岸。产煤。明初由山西省洪洞县老鹳窝迁民至此立村，名五寺庄，因村中建有 5 座佛寺而得名。2013 年 4 月，与尚沂庄合并为五寺社区。同年年底，面积 344.19 公顷，其中耕地面积 145.42 公顷，有 1476 户 4680 人
	尚家庄	位于东册山东北 3 千米，陷泥河东岸。由五寺庄析成，以姓氏命名。2004 年 11 月，与小庄子合并为尚沂庄。2013 年 4 月，与五寺庄合并成立五寺社区。同年年底。面积 52.83 公顷，其中耕地面积 21.7 公顷，有 180 户 730 人
	小庄子	位于东册山东北 3.5 千米，陷泥河西岸。产煤。清乾隆年间建村，名沂贡庄，因仅有 8 家外来户，又俗称八户庄。后更名小庄子。2004 年 11 月，与尚家庄合并为尚沂庄。2013 年 4 月，与五寺庄合并成立五寺社区。同年年底，面积 125.65 公顷，其中耕地面积 47.17 公顷，有 490 户 1530 人
新沙沟	刘家沙沟	位于东册山东 5.5 千米，沂河西岸。明洪武年间凌姓迁居建村，因附近多沙沟，故名凌家沙沟。后因刘姓兴旺更为今名。2004 年 11 月，与唐家沙沟合并为新沙沟村。2013 年 4 月，改称新沙沟社区。同年年底，面积 111.71 公顷，其中耕地面积 55.61 公顷，有 325 户 998 人
	唐家沙沟	位于东册山东 5 千米，沂河西岸。明末清初唐姓在此沙沟立村，故名唐家沙沟。2004 年 11 月，与刘沙沟合并为新沙沟村。2013 年 4 月，改称新沙沟社区。同年年底，面积 255.52 公顷，其中耕地面积 120.8 公顷，有 901 户 2989 人
沙旦子	沙旦子	位于东册山东南 2 千米，陷泥河东岸。明天启年间建村，因村西有冲积沙层，俗称“沙旦子”，遂为村名。后尚姓迁来，更名尚移官庄，继复用原名。1909 年《山东省地图》标名沙丹子。2013 年 4 月，改称沙旦子社区。同年年底，面积 147.65 公顷，其中耕地面积 59.91 公顷，有 620 户 1800 人

续表 26-4

社区	所辖自然村	自然村基本情况
南头	南头	位于东册山东南 1.5 千米，陷泥河西岸。产煤、柳编。明初建村，因在唐朝马力镇遗址南，故名南头。2008 年 4 月，改称南头社区。2013 年年底，面积 488.78 公顷，其中耕地面积 222.89 公顷，有 2250 户 5770 人
沙沟	房家沙沟	位于东册山东南 5.5 千米，沂河西岸。由大沙沟析成。大沙沟始建于明朝，后析成 6 个村，此村为其一，以姓氏命名。后将小沙沟（亦名胜利村）并入该村。2004 年 11 月，与白家沙沟合并为沙沟村。2013 年，与大沙沟村合成立沙沟社区。同年年底，面积 232.76 公顷，其中耕地面积 137.63 公顷，有 778 户 2718 人
	白家沙沟	位于东册山东南 5 千米，沂河西岸。明末清初建村，因白姓定居于沙沟近侧，故名。清宣统元年标名大沙沟。2004 年 11 月，与房家沙沟合并为沙沟村。2013 年 4 月，与大沙沟村合并成立沙沟社区。同年年底，面积 195.58 公顷，其中耕地面积 126.76 公顷，有 500 户 1480 人
	义和村	位于东册山东南 5.5 千米。明末清初建村，原系大沙沟的村外部分，民国年间改称陆家沙沟，1948 年解放后更为今名。2004 年 11 月，与顾家沙沟合并为大沙沟村。2013 年 4 月，与沙沟村合并为沙沟社区。同年年底，面积 119.18 公顷，其中耕地面积 58.76 公顷，有 660 户 2060 人，
	顾家沙沟	位于东册山东南 5.5 千米，沂河西岸。明朝顾大来随军到此落户建村，因地处沙沟而得名。1909 年《山东省地图》标名大沙沟。2004 年 11 月，与义和村合并为大沙沟村。2013 年 4 月，与沙沟村合并为沙沟社区。同年年底，面积 70.69 公顷，其中耕地面积 12.84 公顷，有 528 户 1650 人
同沂	侯沂庄	位于东册山西南 3 千米。明成化年间侯姓由外地迁沂州至此立村，故名侯沂庄。2004 年 11 月，与同沂庄合并为同沂新村。2013 年 4 月，改称同沂社区。同年年底，面积 145.43 公顷，其中耕地面积 87.59 公顷，有 430 户 1441 人
	同沂庄	位于东册山西南 2.5 千米。明初在现址西北约 1 千米处建村。后因遭洪水，经村中 8 大姓（苏、苗、马、赵、李、裴、王、白）同意迁村今址，命名同移庄。后演作同沂庄。2004 年 11 月，与侯沂庄合并为同沂新村。2013 年 4 月，改称同沂社区。同年年底，面积 236.42 公顷，其中耕地面积 111.08 公顷，有 860 户 2600 人
郑旺	郑旺	位于东册山东南 3 千米，陷泥河东岸。明初郑姓先来立村，名郑旺（寓郑氏兴旺之意）。2013 年 4 月，改称郑旺社区。同年年底，面积 249.66 公顷，其中耕地面积 152.41 公顷，有 1013 户 3215 人
尚阳	沟角	位于东册山东南 4.5 千米。相传唐末宋初建村，因地处武河与陷泥河三角地带而得名。另说，初仅诸姓一家来此隐居，名沟家；后因当地方言“家”“角”谐音，遂演作为沟角。1909 年《山东省地图》标名大沟角。后将小沟角并入该村。2004 年 11 月，与黄墩村合并，更名尚阳村。2013 年 4 月，改称尚阳社区。同年年底，面积 163 公顷，其中耕地面积 50.27 公顷，有 863 户 2830 人
	黄墩	位于东册山东南 6 千米，陷泥河入武河处。清咸丰十年（1860），王希贤兄弟二人由小唐庄（今属郯城县）迁此落户，因地处武河北岸高墩之上，取名凤凰墩。后村中黄姓居多，“凰”“黄”同音，遂更名黄墩。2004 年 11 月，与沟角村合并，更名尚阳村。2013 年 4 月，改称尚阳社区。同年年底，面积 48.8 公顷，其中耕地面积 14.88 公顷，有 170 户 560 人
堰头	堰头	位于东册山东南 5 千米，沂河西岸，武河北岸。民国《临沂县志》载：清乾隆十五年（1750），修武河堤时该村建立不久，因地处河堤起点，故名堰头。1909 年《山东省地图》标名晏头。2013 年 4 月，改称堰头社区。同年年底，面积 223.67 公顷，其中耕地面积 141.65 公顷，有 1095 户 3026 人

续表 26-4

社区	所辖自然村	自然村基本情况
新隆岭	房岭屯	位于东册山南 4.5 千米。明代房姓迁此地沙岭前定居，成村后遂名房岭屯。1909 年《山东省地图》标名芳岭屯。2004 年 11 月，与新桥村合并，更名为新隆岭村。2013 年 4 月，改称新隆岭社区。同年年底，面积 241.12 公顷，其中耕地面积 161.01 公顷，有 586 户 1836 人
	新桥	位于东册山南 4 千米。明初建村，名呈沂庄。后因庄后石桥多年失修，破烂不堪，成为该庄的特殊标志，远近行人多以“破石桥”称之，遂成村名。1977 年，重修石桥后更村名新桥。2004 年 11 月，与房岭屯合并，更名为新隆岭村。2013 年 4 月，改称新隆岭社区。同年年底，面积 146.58 公顷，其中耕地面积 70.45 公顷，有 437 户 1630 人
凤凰岭	黑虎墩	位于东册山东南 3.5 千米，陷泥河西岸。产苇编。明嘉靖年间，庄、马、曹、齐、季、李、郭、王、祝等姓在黑虎岭南麓立村，故名黑虎墩。2004 年 11 月，与围梓村合并，更名为凤凰岭村。2013 年 4 月，改称凤凰岭社区。同年年底，面积 146.08 公顷，其中耕地面积 86.98 公顷，有 511 户 1711 人
	围梓	位于东册山东南 4.5 千米，陷泥河西岸。织席为传统工艺。明崇祯年间明姓至此立村，名明家围子。继王、刘等姓氏相继至此，遂称围子。后演作围梓。2004 年 11 月，与黑虎墩合并，更名为凤凰岭村，2013 年 4 月，改称凤凰岭社区。同年年底，面积 60.28 公顷，其中耕地面积 37.13 公顷，有 227 户 711 人

第五节　高都街道

位置境域

高都街道位于区境东部，以街道办事处驻地西高都村得名。东临沂河，与河东区芝麻墩街道、梅埠街道隔河相望，南连册山街道，西邻罗庄街道，北接盛庄街道。辖区东西最大横距 9.72 千米，南北最大纵距 8.99 千米，面积 48.2 平方千米。地势北高南低，属平原。沂河流经东界，东部小埠东灌区东分干南北贯穿，北部有小埠东灌区主干，由东向西至沈牌子村东南分两条支渠，向册山、傅庄延伸，陷泥河纵贯中部。罗程路、南环路横穿东西，滨河西路、祝丘路、南大路、临册路纵贯南北。街道办事处驻罗程路 9 号，西距区政府驻地 7.1 千米。

建置沿革

1969 年 1 月 20 日，析临沂县册山区北境，置塘崖人民公社，公社管委会驻程家庄。1981 年 12 月 14 日，改称程庄人民公社。1984 年 4 月，人民公社改为乡镇建制，改称程庄乡。1994 年 12 月 17 日，隶属罗庄区。1996 年 10 月 9 日，更名西高都乡。是年，乡政府由程家庄迁乡计生服务站内办公（位于西高都村东）。1997 年 1 月 14 日，撤乡置西高都镇。2002 年 2 月 1 日，撤镇置高都街道。2005 年，街道办事处迁罗程路 9 号。2013 年 4 月，行政村规模调整村改社区，由 30 个行政村调整为 12 个农村社区。是年年底，全街道辖 12 个社区（30 个自然村），1.79 万户，5.3 万人。

2011 年 12 月，高都街道被山东省精神文明委员会授予“省级文明镇”称号。

自然资源

境域系临郯苍冲积平原一部，土质肥沃，水资源丰富。土壤主要有水稻土、潮土。矿产煤、石灰石、黏土储量丰富，均开采利用。2013 年，全街道耕地面积 1825.59 公顷，林地面积 291.74 公顷。

经济概况

1995年，全乡完成地区生产总值1.52亿元，农业总产值1.3亿元，工业总产值5.02亿元；实现地方财政收入350万元，农民人均纯收入1750元。2004年，完成地区生产总值4.5亿元，社会固定资产投资1.6亿元，财政收入930万元，工业总产值11.3亿元；实现外贸出口交货额172万美元，自营出口122万美元，农民人均纯收入3200元。2013年，全街道完成规模以上工业总产值64.4亿元，规模以上固定资产投资26.53亿元，地方财政收入8362万元，社会消费品零售总额4921万元，居民人均纯收入1.23万元。

农业　粮油经济作物主要有水稻、小麦、玉米、花生、大豆、西红柿、油菜、土豆等。水稻种植为高都街道传统优势产业，为罗庄区主要水稻产区之一。特产塘米，盛产苹果、板栗、银杏等果品。1995年，粮食总产2147.9万千克，年均亩产804千克。同年，开发种植银杏50公顷180万株；建设大中小蔬菜棚200个100公顷；优质果园20公顷。1998年始，不断调整农业产业结构，优化种植、养殖模式，大力发展特色农业。突出抓好东部经济林、丰产林生产、南部药材种植、西部无公害大棚蔬菜基地建设。实施“奶牛富民工程”“百万农户致富工程”，发展科技示范基地。在调整农业产业结构同时，实施农业综合开发土地治理项目工程。2001年、2004年、2009年分别投资267万元、314万元、425万元，对1333.34公顷中低产田进行改造，新增和改善灌溉面积1600公顷，新增粮食生产能力200万千克，土壤肥力状况得到改善，土地利用率和农田复种指数都有较大提高。2006年8月，临沂效峰菌业有限公司成立，占地面积40公顷，固定资产投资1.2亿元，年产各类菌菇1万吨，销售收入7000万元，被山东省工商协会授予“山东农业产业化十佳企业”称号。2008年12月，罗庄区东开种植、养殖专业合作社成立，面积46.7公顷，有社员122户。2009年，临沂市亿农农业发展有限公司成立，投资2000万元，通过土地流转方式租赁土地73.33公顷，建成以蔬菜种植加工和苗木花卉栽植为主的现代农业产业园，实行“企业＋基地＋农户”经营模式，与2600户农户建立协作关系，年产绿色蔬菜80万千克，实现销售收入455万元，辐射带动罗庄区发展绿色蔬菜基地400公顷，吸纳260名农民就业。同时，发展观光农业，年接待游客6万人次。2013年，全街道农作物总播种面积3793.4公顷。其中，粮食作物播种面积3435.4公顷、总产2213.90万千克，种植花生46公顷、总产22.77万千克，种植蔬菜298.67公顷、总产1185万千克，种植甜瓜、草莓13.34公顷、总产53.2万千克，种植花卉、药材18.67公顷，果园13.34公顷、总产45万千克。奶牛存栏1800头。农业机械总动力2万千瓦，农作物种植、收割、运输实现机械化。

图26-6：山东效峰生物科技股份有限公司（2013年10月　摄）

工业　1995年，全乡有水泥厂、玛钢厂、工业硅厂、塑胶厂、煤矿、建筑公司等8家乡办企业，从业人员1350人，完成工业总产值5.02亿元。1995—1997年，累计投资6000余万元，新建镇办企业3家，发展个体私营企业72家，关闭1家无治污设备村办造纸厂。1997年8月，镇政府对11家镇办集体企业进行改制。其中，出售5家、整体划转3家、拍卖1家、风险承包1家、破产1家。镇办集体企业均转型为民营企业。1998年起，西高都镇把招商引资和发展民营经济作为经济发展的重中之重，制定优惠政策和奖励措施，建立招商引资工作机制，扶持壮大龙头骨干企业。至2004年，形成建材、化工、冶金、建安、民用家具、纺织、生化制品为主导七大产业体系，规模以上工业企业发展到14家。投资过千万元项目9个、过亿元项目1个；培植利税过3000万元企业3家、过500万元企业5家。2005年后，进一步加大招商引资工作力度，先后开展“项目推进年”“投引资突破年”和“工业经济提升年”活动，优化产业结构，工业总量不断增加，工业经济快速发展。2013年，有各类民营工业企业65家，从业人员6237人。其中规模以上工业企业28家，完成规模以上工业总产值64.40亿元，主营业务收入64.09亿元，利税3.40亿元，利润总额2.44亿元。山东红日阿康化工有限公司，临沂市西高都煤矿、临沂矿务局塘崖煤矿驻境内。

商贸服务业 1995年，有固定集贸市场7个，供销社网点22个，农贸批发市场1家，个体商贸服务业户454家，从业人员1309人。1996年后，实施“政策驱动、典型带动、服务推动”战略，商贸服务业得到快速发展。2004年，新建供销社超市，规范和整顿集贸市场6个。2010年，山东九洲商业集团投资在后后坦村开工建设罗东农产品批发市场，市场经营面积6万平方米，进驻经营户600余家。2013年，全街道有农贸批发市场4家，常年经营户310家；商贸服务企业37家，个体商贸服务业户967家，从业人员3297人。完成社会消费品零售总额4921万元，第三产业产值12.6亿元。

基础设施建设

1995年，辖区基础设施建设较为落后，有临册公路、罗程路、南环路、南大路、祝丘路5条公路，总里程30.7千米。乡村道路多为土石或沙土路面。1996—1997年，累计投资2315万元，硬化南大路、罗程路、程沈路等镇村道路31.7千米，开通千门程控电话。1998—2004年，投资5200万元，先后完成南大路整修、程沈路拓宽改造及村村通柏油（水泥）路工程，总里程98千米。投资2610万元，实施临册路、南大路、镇驻地道路增绿工程，绿化面积9万平方米，主要道路实现绿化、美化、亮化。2006—2013年，有10个村庄实施旧村改造，总投资3.01亿元，建成居民楼85栋，建筑面积36万平方米。

教科文卫

1995年，有幼儿园9所，在园幼儿579人，教师51人；小学20所，在校学生4750人，教职工177人；初级中学1所，在校学生1823人，教职工127人；成教中心校1所，教师6人。同年，全乡投资391万元，新建程庄中心中学教学楼2座，改扩建中心小学和17所村级小学，完成实验室、仪器室、图书阅览室等内部配备。同年10月，通过省政府“两基”达标评估验收。1999年始，先后实施小学布局调整、危房改造和中小学标准化建设工程。2002年，新建高都小学、萧庄小学，扩建中坦小学。2004年4月，把临沂矿务局塘崖煤矿子弟学校改建成高都第二初级中学。2006年3月，高都第一初级中学和高都第二初级中学合并为高都中学，高都第二初级中学改建为塘崖小学。2013年，有幼儿园18所，在园幼儿2242人，学前三年幼儿入园率93.6%，教师152人；小学5所，在校学生2488人，教职工216人；初中1所，在校学生1039人，教职工176人。小学适龄儿童入学率、巩固率均100%；初中适龄少年入学率100%，在校学生巩固率99.2%。鲁南技师学院、山东交通技师学院驻境内。

2013年，有科技人员18人，农民技术员38人。年培训农村实用技术人才3700人次。有街道科普活动站1个，每个村（社区）都设立科普宣传栏，配备科普宣传员1人，定期更换科普知识图片。

1995年，有乡文化站1个，工作人员2人。有群众业余文艺团队6个。每年春节、元宵节期间，镇村都组织开展舞狮子、踩高跷、划旱船、民间艺术汇演等群众文化活动。2013年，有街道综合文化站1个，占地面积2000平方米，设有乒乓球室、阅览室、篮球场、健身广场等。有社区文体活动服务中心11个，藏书5.2万册，常年开展文体活动。有广场舞表演队25支，参加健身活动居民5600余人。街道办事处全年送戏下乡11场，放映公益电影280场。

2013年，有高都卫生院、沂蒙中西医结合医院2家，设有街道妇幼保健站、疾病预防控制办公室。高都卫生院（1998年1月改制为民营医疗机构），设有内科、外科、妇产科、儿科、中医科、口腔科、化验科、公共卫生科等12个科室，有有医务人员52人，医疗床位99张，年门诊10.28万人次，收治住院病人2079人次。沂蒙中西医结合医院，为民营医疗机构，有医务人员32人，医疗床位20张，设有内科、外科、中医科、妇产科等10个科室。年门珍2.27万人次，收治住院病人497人次。有社区（村）卫生室30家，乡村医生86人。

人民生活

1995年，农村住房多为砖木混合结构，居民人均住房面积30平方米。每百户拥有自行车86辆，摩托车2辆、缝纫机28台、电视机18台、电冰箱20台。2002年，村村通有线电视。2006年8月，村村通硬化路，户户用上自来水。2011年7月始，开展城乡居民基本养老保险工作，60岁以上老人每人每月发放55元基础养老金。2013年，20%居民住进楼房，人均住房面积40平方米。彩电、冰箱、洗衣机等家用电器基本普及家庭，私家车拥有率18%。享受城镇最低生活保障1400人；参加新型农村合作医疗农民4.41万人，参合率100%。参加城乡居民养老保险人数1.3万人，养老保险参保率26%，征缴保费420万元。有敬老院1家，集中供养老人16人。

历史文化

境内有文物保护单位11家。其中西高都火神遗址为市级文物保护单位；小塘崖、西高都、萧庄、南杨、常旺古遗址为区级文物保护单位。

“塘米”久负盛名，产于大塘崖村，有1000余年栽种历史，粒大、色美、质优、味香，素有“一家煮饭香四邻，四邻煮饭香满庄”之美誉，唐代被官府封为贡米。2013年，“塘崖贡米”地理标志商标在国家工商总局商标局注册并取得使用权。

2013年高都街道社区基本情况表

表 26-5

社区	所辖自然村	自然村基本情况
西高都	西高都	高都街道办事处驻地。陷泥河西岸。产煤。元末明初宋姓一家在此落户，继徐姓、胡姓先后从山西省高都县（今晋城市）迁来，并与徐姓联姻，成村后遂名高都。后因村东有同名村，遂定名为西高都。2013 年 4 月，改称西高都社区。同年年底，面积 154.05 公顷，其中耕地面积 63.41 公顷，有 580 户 1930 人
塘崖	大塘崖	位于高都街道办事处驻地东南 4.3 千米。唐初建村，名兹沂官庄。继更名紫花塘，因村后有百余亩的池塘而得名。清朝时因村址居池塘南岸，更名塘崖。后因南有同名村，此村较大，遂定名“大塘崖”。盛产“塘鱼”“塘米”。2004 年 11 月，与东小李庄、北茶棚村合并为塘崖村。2013 年 4 月，改称塘崖社区。同年年底，面积 253.48 公顷，其中耕地面积 111.83 公顷，有 980 户 3528 人
	东小李庄	位于高都街道办事处驻地东南 3.7 千米。清顺治年间建村，时仅有戚姓一户，无村名。继李姓由中坦迁来后，人丁渐旺，戚姓又迁往东潘墩，遂名小李庄。1981 年，定名东小李庄。2004 年 11 月，与大塘崖村、北茶棚村合并为塘崖村。2013 年 4 月，改称塘崖社区。同年年底，面积 96.64 公顷，其中耕地面积 56.12 公顷，有 437 户 1138 人
	北茶棚	位于高都街道办事处驻地东南 4 千米。原村址在沂河岸边，清初顺治年间为防河沙侵袭迁至今址，时此处为南北通衢，村民设棚卖茶，赖以谋生，来往行旅，多以“茶棚”呼之，遂成村名。后因南有同名村，此村居北，遂定名北茶棚。2004 年 11 月，与大塘崖村、东小李庄合并为塘崖村。2013 年 4 月，改称塘崖社区。同年年底，面积 94.13 公顷，其中耕地面积 50.99 公顷，有 356 户 1090 人
薛庄	薛家庄	位于高都街道办事处驻地东南 4.6 千米。清初薛姓到此立村。2013 年 4 月，改称薛庄社区。同年年底，面积 500.08 公顷，其中耕地面积 178.71 公顷，有 1901 户 4245 人
新和	南茶棚	位于高都街道办事处驻地东南 6 千米。清初顺治年间建村。村名由来见北茶棚村。2004 年 11 月，与东潘墩、西潘墩、红胜新村合并为潘茶盛村，是年年底，更名新合村。2013 年 4 月，新合村与小塘崖村合并为新合社区。同年年底，面积 79.56 公顷，其中耕地面积 18.01 公顷，有 256 户 846 人
	东潘墩	位于高都街道办事处驻地东南 6.5 千米。原与西潘墩系一村，成村于清乾隆年间，因村南有沙沟村，村东有烽火墩，故名沙沟墩。后因潘姓先来落户，且人丁兴旺，习称村“潘家墩”，遂成村名。清末析村西部成一村，名小新庄，又称潘家墩。后以所处方位分别定名东潘墩、西潘墩。2004 年 11 月，与南茶棚、西潘墩、红胜新村合并为潘茶盛村，是年年底，更名新合村。2013 年 4 月，新和村与小塘崖村合并为新和社区。同年年底，面积 85.78 公顷，其中耕地面积 48.69 公顷，有 368 户 1080 人
	西潘墩	位于高都街道办事处驻地东南 6 千米。村名由来见东潘墩。2004 年 11 月，与南茶棚，东潘墩、红胜新村合并为潘茶盛村，是年年底，更名新合村。2013 年 4 月，新合村与小塘崖村合并为新和社区。同年年底，面积 48.22 公顷，其中耕地面积 31.93 公顷，有 243 户 703 人
	红胜新村	位于高都街道办事处驻地东南 5.8 千米。1967 年 5 月修岸堤水库时迁蒙阴县旧寨村移民至此建村，命村名红胜新村。2004 年 11 月，与南茶棚、东潘墩、西潘墩合并为潘茶盛村，是年年底，更名新合村。2013 年 4 月，新合村与小塘崖村合并为新和社区。同年年底，面积 18.63 公顷，耕地 9.24 公顷，有 146 户 446 人
	小塘崖	位于高都街道办事处驻地东南 5.4 千米。原名塘崖，后更名小塘崖。村名由来见大塘崖。2013 年 4 月，与新合村合并为新和社区。同年年底，面积 185.44 公顷，其中耕地面积 118.89 公顷，有 460 户 1612 人

续表 26-5

社区	所辖自然村	自然村基本情况
东高都	东高都	位于高都街道办事处驻地东北 2.3 千米。陷泥河东岸。产煤。明初石姓到此建村，名石家庄。后更名高都，继因村西有村同名，此居东，遂定名东高都。2013 年 4 月，改称东高都社区。同年年底，面积 421.95 公顷，其中耕地面积 211.78 公顷，有 1820 户 5710 人
红日	南杨庄	位于高都街道办事处驻地西北 1.5 千米，陷泥河西岸。明初杨姓从山西迁居建村，名杨家庄。1981 年，因与九曲公社杨家庄重名，更名南杨庄。2004 年 11 月，与张家庄、铁匠庄合并为红日新村。2013 年 4 月，改称红日社区。同年年底，面积 29.42 公顷，其中耕地面积 12.94 公顷，有 105 户 315 人
	张家庄	位于高都街道办事处驻地西 2.6 千米。明末清初建村，名郝杨官庄，以姓氏命名。继于、张、乔等姓相继迁入，更名于家庄。后张姓兴旺，遂更今名。2004 年 11 月，与南杨庄、铁匠庄合并为红日新村。2013 年 4 月，改称红日社区。同年年底，面积 78.84 公顷，其中耕地面积 10.98 公顷，有 225 户 780 人
	铁匠庄	位于高都街道办事处驻地西北 2.8 千米。明后期建村，名赵杨官庄。后因该村以打铁著称，遂更名铁匠庄。2004 年 11 月，与南杨庄、张家庄合并为红日新村。2013 年 4 月，改称红日社区。同年年底，面积 37.11 公顷，其中耕地面积 20.29 公顷，有 238 户 715 人
沈牌子	沈牌子	位于高都街道办事处驻地西 1.2 千米。清乾隆年间沈姓到此落户，成村后名沈家排。后演作沈牌子。2013 年 4 月，改称沈牌子社区。同年年底，面积 187.6 公顷，其中耕地面积 55.64 公顷，有 723 户 2421 人
常旺	常旺	位于高都街道办事处驻地西南 2.7 千米。产煤炭、石灰。明初该村已相当繁荣。原名长汪，因村中有长方形大汪而得名。后取谐音“常旺”（寓“常常兴旺”之意）为村名。2004 年 11 月，与冉庄、沂蒙新村合并为常旺村。2013 年 4 月，改称常旺社区。同年年底，面积 360.89 公顷，其中耕地面积 110.23 公顷，有 1847 户 5360 人
	沂蒙新村	位于高都街道办事处驻地西 2.5 千米。1967 年修岸堤水库时迁蒙阴县旧寨村来此建村，命村名沂蒙新村。2004 年 11 月，并入常旺村。2013 年 4 月，属常旺社区。同年年底，面积 10.69 公顷，其中耕地面积 2.79 公顷，有 111 户 330 人
	冉家庄	位于高都街道办事处驻地西南 2.1 千米。清康熙年间冉姓由城北冉屯村迁居建村。2004 年 11 月，并入常旺村。2013 年 4 月，属常旺社区。同年年底，面积 59.09 公顷，其中耕地面积 12.39 公顷，有 278 户 868 人
金坦	前后坦	位于高都街道办事处驻地东北 5 千米，沂河西岸。原与后后坦系一自然村，名后坦。1909 年《山东省地图》标名后町。1946 年，以村中间路沟为界析成两村，居沟南者名前后坦，居沟北者名后后坦。2004 年 11 月，前后坦、后后坦合并为双坦村。2013 年 4 月，与中坦社区合并，更名为金坦社区。同年年底，面积 124.01 公顷，其中耕地面积 13.69 公顷，有 326 户 1020 人
	后后坦	村名由来见前后坦。2004 年 11 月，与前后坦合并为双坦村。2013 年 4 月，与中坦社区合并为金坦社区。同年年底，面积 280.96 公顷，其中耕地面积 64.93 公顷，有 520 户 1546 人
	中坦	位于高都街道办事处驻地东北 4 千米，沂河西岸。特产花生、西瓜。元朝建村，因居地平坦，且附近数村均以“坦”名村，此村居中，故名中坦。1909 年《山东省地图》标名中町。2004 年 11 月，改称中坦社区，2013 年 4 月，与双坦村合并为金坦社区。同年年底，面积 298.51 公顷，其中耕地面积 108.07 公顷，有 1460 户 3790 人

续表 26-5

社区	所辖自然村	自然村基本情况
车辋	车辋	位于高都街道办事处驻地东 3.2 千米，沂河西岸。原名南楼头，清雍正八年（1730）村毁于大水，遂移至今址，因环村多沟，状如车辋，故名。2013 年 4 月，改称车辋社区。同年年底，面积 283.52 公顷，其中耕地面积 109.62 公顷，有 709 户 2864 人
程庄	大毛坦	位于高都街道办事处驻地东 2.2 千米。清嘉庆二年（1797）建村，名大新庄。继因此地茅草旺盛，形似地毯，习称之“茅毯子”，后演作“毛坦”为村名。清道光四年（1824）以此村较大，定名大毛坦。2004 年 11 月，与小毛坦村、程庄村、彭坡村合并为程庄新村。2008 年 4 月，改称程庄新村社区。2013 年 4 月，改称程庄社区。同年年底，面积 114.86 公顷，其中耕地面积 67.6 公顷，有 600 户 1731 人
	小毛坦	位于高都街道办事处驻地东 2.4 千米。原名小新庄，后更今名。“毛坦”由来见大毛坦。2004 年 11 月，与大毛坦村、程庄村、彭坡村合并为程庄新村，2008 年 4 月，改称程庄新村社区。2013 年 4 月，改称程庄社区。同年年底，面积 29.28 公顷，其中耕地面积 14.17 公顷，有 156 户 546 人
	彭家坡	位于高都街道办事处驻地东 1.8 千米，陷泥河东岸。明末清初彭姓至此立村。2004 年 11 月，与大毛坦村、小毛坦村、程庄村合并为程庄新村。2008 年 4 月，改称程庄新村社区。2013 年 4 月，改称程庄社区。同年年底，面积 74.75 公顷，其中耕地面积 29.41 公顷，有 220 户 845 人
	程家庄	位于高都街道办事处驻地东 2.2 千米。相传宋仁宗时一程姓官吏在此落户立村，名程家庄。简称程庄。2004 年 11 月，与大毛坦村、小毛坦村、彭坡村合并为程庄新村，2008 年 4 月，改称程庄新村社区。2013 年 4 月，改称程庄社区。同年年底，面积 50.61 公顷，其中耕地面积 16.847 公顷，有 176 户 608 人
滨河	萧庄	位于高都街道办事处驻地东南 8 千米，沂河西岸。建村至今已有千余年。初由萧姓迁居建村，故名。2004 年 11 月，与盛家口、萧家杭、宋家墩合并，更名为滨河新村。2013 年 4 月，改称滨河社区。同年年底，面积 451.94 公顷，其中耕地面积 198.32 公顷，有 1312 户 4732 人
	盛家口	位于高都街道办事处驻地东南 8.5 千米，沂河西岸。明万历年间建村，因地处沂河渡口且盛姓居多而得名。2004 年 11 月，与萧庄、萧家杭、宋家墩合并，更名为滨河新村。2013 年 4 月，改称滨河社区。同年年底，面积 212.33 公顷，其中耕地面积 35 公顷，有 560 户 1704 人
	萧家杭	位于高都街道办事处驻地东南 9 千米，沂河西岸。明代成化年间萧姓来此落户之后，沿河植树，蔚然成行，故习称之“萧家树行”，成村后遂定名萧家行，后演作今名。2004 年 11 月，与萧庄、盛家口、宋家墩合并，更名为滨河新村。2013 年 4 月，改称滨河社区。同年年底，面积 61.71 公顷，其中耕地面积 10.13 公顷，有 265 户 736 人
	宋家墩	位于高都街道办事处驻地东南 6.9 千米，沂河西岸。条编为传统工艺。清康熙中期宋姓到今村北立村，后受水灾威胁迁今址。2004 年 11 月，与萧庄、萧家杭、盛家口合并，更名为滨河新村。2013 年 4 月，改称滨河社区。同年年底，面积 144.84 公顷，其中耕地面积 42.95 公顷，有 318 户 889 人

第六节　罗西街道

位置境域

罗西街道位于区境西部，因地处区境西部而得名。东邻罗庄街道、盛庄街道，南与沂堂镇接壤，西界苍山县大仲村镇，北与兰山区马厂湖镇毗连。辖区东西最大横距 12.8 千米，南北最大纵距 11.59 千米，面积 78.77 平方千米。地势西高东低，西部为山地丘陵，东部为平原。有大小山岭19座，寨山最高，海拔272米，为区境最高峰。南涑河自北向南流经东部，燕子河发源涧头村西驴脖子山东麓，由西向东流经官庄，向南入沂堂镇后柳庄。化武路、沂河路、湖北路横穿东西，京沪高速公路、俄黄路，206国道纵贯南北。街道办事处驻湖北路满沟屯段北侧，东距区政府驻地4千米。

建置沿革

1955年10月1日，置朱隆区。1958年2月，改称朱隆乡，同年8月18日，撤乡置共产主义人民公社。翌年3月18日，改称朱隆人民公社。1962年8月16日，复称朱隆区。1969年1月20日，又称朱隆人民公社。1970年4月7日，再称朱隆区。1971年3月24日，又称朱隆人民公社。1981年12月14日，更名岑石人民公社。1984年4月，人民公社改为乡镇建制，置岑石乡。1994年12月17日，隶属罗庄区，1996年10月9日，更名罗西乡，乡政府驻地由孙家岑石村迁至满沟屯村。1997年1月，前崔家庄、后崔家庄划归双月湖街道。2002年2月1日，撤乡置罗西街道。2008年3月，由临沂高新技术产业开发区管委会代管。同时，郭家岑石、孙家岑石、张家岑石、蜈蚣三忌、东石埠、齐庄6个村庄划归双月湖街道。2013年7月，郭家岑石、孙家岑石、张家岑石、蜈蚣三忌、东石埠5个村庄划回罗西街道，是年年底，辖16个农村社区，5个行政村（共32个自然村），1.8万户，6.4万人。

罗西街道先后被评为市级明星乡镇、省级信访工作先进乡镇和综合治理先进单位。

自然资源

境域东部平原土层深厚，土质肥沃，水资源丰富。土壤以褐土、潮土、砂姜黑土为主。矿产资源丰富，已探明40余种，石灰石、瓷石、釉土、大理石、焦宝石、矸石储量较大，均开采利用。2013年，全街道耕地面积3410.49公顷，林地面积796.34公顷。

经济概况

1995年，全乡完成地区生产总值1.2亿元，农业总产值1.6亿元，工业总产值2.6亿元，实现财政收入200万元，农民人均纯收入1350元。2004年，完成地区生产总值6.3亿元，农业总产值1.6亿元，工业总产值22.89亿元，招商引资1.72亿元，财政收入1710万元，农民人均纯收入3123元。2013年，全街道完成固定资产投资66亿元，农业总产值2.5亿元，工业总产值58.33亿元，财政收入4431万元，社会消费品零售总额2.14亿元，居民人均纯收入1.06万元。

农业　主要粮油作物有小麦、玉米、地瓜、水稻、大豆、花生、谷子等。经济作物主要有黄烟、蔬菜、花卉苗木等。桂花栽培为罗西街道优势产业，形成规模经济和地方特色。1995年，粮食总产3420万千克，年均亩产664千克，农业总产值1.6亿元。1996年起，在稳定粮食生产基础上，调整农业内部结构，扩大经济作物种植面积，大力发展高产、高质、高经济效益“三高”农业。至1998年，发展大棚蔬菜401.33公顷，建成养殖场56家，水产养殖面积120公顷，黄烟种植面积200公顷，高产稳产田发展到200公顷，连片经济田166.67公顷，建成农机、农技、良种、蔬菜、林果等五大示范基地。年纯收入超过5万元种植、养殖大户132户。1999—2007年，优化种植、养殖模式，协调落实助农资金1500万元，实施“百万农户致富”和“奶牛富民”工程，发展奶牛养殖和桂花种植两大特色产业，成立奶牛协会、桂花协会和绿色农产品协会。建成西石埠、南石埠2个奶牛养殖基地，奶牛存栏5000头。

西石埠桂花种植基地66.7公顷，培育桂花系列20个品种，栽培300余万株，其他花卉10余种100余万株。2002年，投资270万元，实施666.67公顷中低产田改造项目，建设防渗渠道8千米，开挖排水沟34千米，修建各类田间建筑物145座，整修田间道路31千米，植树5万余棵。2013年，粮食作物播种面积5985.7公顷，总产2512.1万千克；油料作物播种面积621.3公顷，总产246.4万千克；蔬菜种植面积650.28公顷，总产389.34万千克。完成农业总产值2.5亿元。

工业　1995年，有各类工业企业101家。其中，乡办企业12家，村办、私营企业89家，有建材、轻工、建筑安装、铸造、食品加工、酿酒6个产业。完成工业总产值2.6亿元。1997年，乡政府对12家乡办企业进行改制，拍卖3家、出售7家、破产2家。乡办集体企业均转型为民营企业。同年，关停20家环境污染村办造纸厂和硫黄窑。1998年起，按照“优化环境、加快招商、提升民营、壮大经济”工作思路，把招商引资和发展民营经济作为经济工作的重中之重，制定优惠政策和奖励措施，鼓励扶持民营企业发展。到2007年，先后引进资金5.1亿元、项目10个，其中5000万元以上项目2个。培植起陶瓷、木业、化工、饲料四大支柱产业。2008年后，进一步完善招商引资工作机制，引进高科技型项目，加大骨干企业培育力度。同时，不断调整工业产业结构和产品结构，引导企业转型升级，推进新型工业化发展。2013年，全街道完成固定资产投资66亿元。有规模以上工业企业47家，完成规模以上工业总产值58.33亿元，利税5.2亿元。企业技工贸总收入100亿元，进出口总额320万美元。

商贸服务业　1995年，有固定集贸市场5个，年交易额3500万元。2007年，有固定集贸市场8个，个体商贸服务业户350家，从业人员1258人；完成社会消费品零售总额1.78亿元，第三产业产值5.09亿元。2013年，有固定集贸市场9个，个体私营商贸服务业户720家，大中型综合超市2家，从业人员2678。形成湖北路商业街。完成社会消费品零售总额2.14亿元，第三产业产值9.27亿元。辖区有临商银行、农村信用社分支机构2家。

基础设施建设

1995—1996年，编制乡政府驻地4平方千米建设规划。乡政府投资150万元，安装程控电话700门；建成东朱隆小康住宅示范村。1997年，投资600万元，建设乡政府办公楼及附属设施，建筑面积4100平方米；投资3200万元，开通硬化湖北路西段、化武路、工业路、罗岑路等乡村道路40千米。1998年起，按照“高起点规划、高效能设计、高标准建设、高水平管理”原则，以实施村村通柏油路为契机，进一步优化城镇环境。至2007年，共投资8800万元，拓宽改造湖北路、黄官路、化武路、沂河路和俄黄路、郭苑路、泉重路等路段，全街道形成“四纵四横”交通网络。是年年底，全街道公路通车里程59千米，实现村村通硬化路。2008—2013年，完成双月园路西延、金山路、银山路等道路建设及绿化；实施苑庄旧村拆迁，金山社区拆迁，完成兴隆社区建设；永福御景城城市综合体8万平方米项目动工建设，投资9000万建筑面积2万平方米的博大兴城高档住宅一期开盘。

教科文卫

1995年，新建岑石乡第二初级中学、沙埠庄小学，改扩建23所小学；撤销涧头、朱隆、磊石联中和岑石中学分校4所联办初中，合并2所小学。同年10月，“两基”通过省政府达标评估验收。是年年底，全乡有幼儿园33所，在园幼儿1360人，教职工83人；小学26所，在校学生4789人，教职工186人；初中2所，在校学生1425人，教职工132人；成人教育中心校1所，教职工3人。1999年起，调整中小学布局，实施校舍安全工程和学校标准化建设，推进义务教育均衡发展。到2006年，全街道完成中小学布局调整任务，新建小学4所，改扩建小学5所，小学由1995年的26所调整为9所。罗西第二初级中学并入罗西第一初级中学，罗西中心小学迁至罗西第二初级中学。2013年，有幼儿园25所（其中公办3所），在园幼儿2759人，教职工147人（其中公办教师6人）；小学7所，在校学生4981人，教职工301人；初中1所，在校学生1408人，教职工148人。小学适龄儿童入学率、巩固率均100%；初中适龄儿童少年入学率100%，在校学生巩固率99%。

2013年，有科技机构1个，助理农艺师6人，农业技术指导员1人。有街道科学技术协会，农村专业技术协会3个，企业协会2个，推广农业科技项目4个、工业科技项目3个。街道设有科普活动站，每个社区（村）均设立科普宣传栏，配备科普宣传员1人。

2013年，有街道文化站1个。各村建有文化大院、文化活动室，有民间业余文艺团队6个，有书画艺术工作（爱好）者1500人。建成文明示范村6个、文明示范街道36条，评选“十星级文明户”2000户。

2013年，有罗西街道卫生服务中心1家，占地面积7181平方米，建筑面积1400平方米，有医护人员44人，医疗床位40张，设有内科、外科、化验、放射等14个科室。年门诊、住院治疗3.6万人次。有农村合作医疗定点社区（村）卫生室30个，乡村医生122人。有个体门诊所5个。

人民生活

1995年，农村住房多为砖木或干打垒结构，居民人均住房面积18平方米。随着农村经济发展，农民生活水平不断提高，膳食结构不断改善，禽蛋鱼肉比重有所增加，衣着面料、样式不断向中高档发展。2007年，农村住房多为砖石或钢筋混凝土结构，旧房翻新率60%，部分村建起二层居民楼，居民人均住房面积35平方米。实现村村通硬化路、有线电视，户户用上自来水，小型轿车、面包车开始进入寻常百姓家。参加新型农村合作医疗4.22万人，参合率73%；参加城乡居民养老保险1460人；享受城镇最低生活保障户520户1166人。2013年，农村住房多为钢筋混凝土结构，大部分社区（村）建起二层居民楼，部分居民住进小区楼房，居民人均住房面积40平方米；彩电、冰箱、洗衣机等家用电器基本普及家庭；每百户居民拥有轿车20辆。

历史文化

境内有崔家汉墓，汉代涧头墓群、东朱隆墓群、西石埠墓群、黄土堰墓群，汉代孙岑石遗址、黄土堰磁窑遗址。黄土堰磁窑遗址为市级文物保护单位。

罗西书画活动渊源流长，民国初期习字作画已蔚然成风，在鲁南一带颇有影响，随着人民生活水平不断提高，逐渐形成群众性书画热，呈现祖孙三代同案挥毫，夫妻二人共绘丹青局面。现有书画艺术爱好者1500余人。全国著名书法家欧阳中石、王学仲、李铎、邹德忠、齐良迟等都曾来讲学、题词。

罗西人民素有光荣的革命传统。1938年7月，中共临沂县委在西石埠成立。

2013年罗西街道社区基本情况表

表 26-6

社区、行政村	所辖自然村	自然村基本情况
满沟屯社区	满沟屯	位于罗西街道办事处驻地西南1千米，俄黄路南北穿村而过，南涑河故道西岸。据庙碑记载：该村系明初所设的“军屯”，屯中有大汪四个、长沟一条，因村民每年都在汪内沟内沤麻沤苘，故名麻汪沟屯。由于沟汪众多，自然将全屯分隔成数片，各片又在围子之前冠以姓氏命名，有于家围子、孙家围子、李家围子等，并修围墙以自保，后围墙拆除，于姓家族大人多，认为于（鱼）在麻汪中不宜生存，遂更名为满沟屯。2004年，改称满沟屯社区。2013年，面积314.08公顷，其中耕地面积99.24公顷，有985户3958人
朱隆社区	西朱隆	位于罗西街道办事处驻地北1.3千米，南涑河故道西岸。相传唐文宗大和八年(834)，朱姓迁居建村，取村名朱隆（寓意朱氏兴隆之意）。后因村东建村小朱隆，该村庄大人多，故称大朱隆。后以方位定名西朱隆。2005年，东朱隆、西朱隆、苑庄3个村合并为朱隆社区。2013年，面积186.22公顷，其中耕地面积19.36公顷，有650户2355人
	东朱隆	位于罗西街道办事处驻地东北1.8千米，南涑河故道西岸。明洪武年间崔姓从江苏无锡县到朱隆村东落户立村，因西有朱隆村，该村新建，村小人少，故名小朱隆。后以方位定名东朱隆，2005年，东朱隆、西朱隆、苑庄3个村合并为朱隆社区。2013年，面积169.59公顷，其中耕地面积5.51公顷，有357户1256人
	苑庄	位于罗西街道办事处驻地东700米。相传明万历年间为大户放羊的花园，名小花庄。清同治年间更名苑庄。1909年《山东省地图》标名阮庄。2005年，东朱隆、西朱隆、苑庄3个村合并为朱隆社区。2013年，面积69.3公顷，其中耕地面积12.11公顷，有296户1096人
东石埠村	东石埠	位于罗西街道办事处驻地西北3.5千米，南涑河南岸，与中石埠村以半米宽石砌水沟为界。相传很久前此处即有村落，为传说中“一溜十八杏花村”之一，元末明初毁于兵燹。明洪武年间重建，名石埠。后因近有同名村，此居东，遂定名东石埠。2013年，面积246.3公顷，其中耕地面积100.48公顷，有760户3020人
郭岑石村	郭家岑石	位于罗西街道办事处驻地北3千米，南与张家岑石村相接。相传很久前此处即有村落，为传说中“一溜十八杏花村”之一，元末明初毁于兵燹，明洪武年间山西洪洞县老鹳窝移民迁居重建村庄，因东有小山（《说文解字》载：“山小而高谓之岑”）且多石，故名岑石。后析成5个村，各村冠以姓氏定名。后郭家岑石、李家岑石合并，郭姓人多故名郭家岑石。2013年，面积198.83公顷，其中耕地面积73.42公顷，有850户3010人
张岑石村	张家岑石	位于罗西街道办事处驻地北2.5千米，南涑河南岸，北面与郭家岑石村相接。相传很久以前此处即有村落，为传说中“一溜十八杏花村”之一，元末明初毁于兵燹，明洪武年间山西洪洞县老鹳窝移民迁居重建村庄，因东有小山（《说文解字》载:“山小而高谓之岑”）且多石，故名岑石。后析成5个村，各村冠以姓氏定名，取名张家岑石。2013年，面积30.41公顷，其中耕地面积7.34公顷，有280户970人

续表 26-6

社区、行政村	所辖自然村	自然村基本情况
蜈蚣三忌村	蜈蚣三忌	位于罗西街道办事处驻地北 2.5 千米。北宋末已成村。原名聂家岑石。因地处临沂至苍山、郯城至费县的四路通衢，亦为沂州进京（宋都汴梁）的必经之地。自朱陈、湖西崖等村陶瓷业兴起后，该村成为过往商贩休息、食宿之所。一日，一推窑货人在村头树下乘凉休息，见草丛中一蛇正缠住蛤蟆要吞食，忽有一蜈蚣爬上蛇头，蛇急忙摆脱蜈蚣逃走，蛤蟆脱险后，却张口吞噬了蜈蚣。推车人见状大为不平，拿起顶车棍将蛇及蛤蟆打死，车子却因失去支撑而车倒货碎。推车人慨叹之余，在树下大石上画出此情景，后有好事者又雕刻成图。于是村人聚议，认为此故事大有“螳螂捕蝉，黄雀在后”的深刻寓意，遂更村名蜈蚣三忌。2013 年，面积 52.42 公顷，其中耕地面积 9.33 公顷，有 105 户 365 人
涧头社区	涧头	位于罗西街道办事处驻地西北 7 千米。产西瓜。相传南北朝时有人到此避难落户，处燕子河源头，据地形取村名涧头。1909 年《山东省地图》标名西涧头。2004 年 12 月，改称涧头社区。2013 年，面积 1078.26 公顷，其中耕地面积 566.83 公顷，有 1402 户 4812 人
涧沟崖社区	涧沟崖	位于罗西街道办事处驻地西北 5 千米，西与涧头村毗邻。北宋前期即有村落，因地处源于涧头村的燕子河河边而得名。2004 年 12 月，改称涧沟崖社区。2013 年，面积 670.73 公顷，其中耕地面积 422.75 公顷，有 1220 户 4416 人
金山社区	土山洼	位于罗西街道办事处驻地西 6 千米。清初期建村，因地处土山（涧头东山）南之盆地而得名。2004 年 12 月，土山洼、坞南庄 2 个村合并为金山社区。2013 年，面积 181.58 公顷，其中耕地面积 92.4 公顷，有 242 户 864 人
	坞南庄	位于罗西街道办事处驻地西 5 千米处。清康熙年间建村。因地处坞（周围高中间凹的地方称为坞）南而得名。2004 年 12 月，土山洼、坞南庄两个村合并为金山社区。2013 年，面积 199.02 公顷，其中耕地面积 121.38 公顷，有 403 户 1200 人
磊石社区	东磊石 西磊石	位于罗西街道办事处驻地西 3.5 千米。相传西磊石于唐后时期建村。东磊石建村略晚。二村所处之地为低丘陵，不但多石，且或自然或人工堆垒如丘，名村磊石，恰得其宜。居西者称为西磊石、居东者为东磊石。现已东西连亘，似为一村。2015 年，东磊石、西磊石 2 个村合并为磊石社区。2013 年，东磊石面积 309.2 公顷，其中耕地面积 111.56 公顷，有 679 户 2248 人，西磊石面积 230.49 公顷，其中耕地面积 90.66 公顷，有 510 户 1600 人
庙山社区	庙山	位于罗西街道办事处驻地西南 3 千米。原名沂州官庄，后因村西北之山有庙，习称庙山，遂成村名。2004 年 12 月，改称庙山社区。2013 年，面积 431.17 公顷，其中耕地面积 229.71 公顷，有 895 户 3067 人
新城社区	北白埠子 南白埠子	位于罗西街道办事处驻地西南 5 千米，二村同处白埠子岭南坡，相距 100 余米，南北相望，以地名及方位取名。据传北白埠子村北宋中期立村。2004 年 12 月，北石埠子、南白埠子、毕家庄、官庄 4 个村合并为新城社区。2013 年，北白埠子面积 235.86 公顷，其中耕地面积 160.1 公顷，有 360 户 1256 人，南白埠子面积 179.48 公顷，其中耕地面积 96.6 公顷，有 310 户 1012 人
	毕家庄	位于罗西街道办事处驻地西南 4 千米。明代毕姓在此立村，名毕家庄。2004 年 12 月，北石埠子、南白埠子、毕家庄、官庄 4 个村合并为新城社区。2013 年，面积 89.01 公顷，其中耕地面积 54.19 公顷，有 146 户 516 人
	官庄	位于罗西街道办事处驻地西南 5 千米，燕子河东岸。产大蒜。明万历年间季姓到此立村，自称季姓官庄。后李、王、徐等姓陆续至此，遂直称官庄。2004 年 12 月，北石埠子、南白埠子、毕家庄、官庄 4 个村合并为新城社区。2013 年，面积 310.15 公顷，其中耕地面积 140.69 公顷，有 566 户 1986 人

续表 26-6

社区、行政村	所辖自然村	自然村基本情况
后黄堰社区	后黄土堰	位于罗西街道办事处驻地南 3 千米，南涑河南岸。明成化年间建村，名黄梅岩。清乾隆《沂州府志·巡幸》中记载："清乾隆十六年（1757）皇上南巡，正月三十驻跸蒙阴县桃墟，二月初一驻跸兰山县黄梅岩"即此。后演作为黄土堰（渊）。继因近有同名村，此村较大，故习称大黄土堰，后以该村居北，定名后黄土堰。2004 年，改称后黄土堰社区。2013 年，面积 344.42 公顷，其中耕地面积 154.61 公顷，有 980 户 2823 人
前黄堰社区	前黄土堰	位于罗西街道办事处驻地南 3.5 千米，南涑河故道南岸。产陶瓷。明后期建村，名黄土堰，继因建村晚且较小，自称小黄土堰。后以村居大黄土堰之南，定名为前黄土堰。1909 年《山东省地图》标名小黄土渊。2004 年，改称前黄土堰社区。2013 年，面积 404.58 公顷，其中耕地面积 144.12 公顷，有 1400 户 4800 人
潘庄社区	潘庄	位于罗西街道办事处驻地东 2 千米处，南涑河故道东岸。明万历年间潘姓从南方迁此立村，以潘姓命名"潘庄"。2005 年，改称潘庄社区。2013 年，面积 79.36 公顷，其中耕地面积 5.28 公顷，有 576 户 1296 人
沙埠庄社区	沙埠庄	位于罗西街道办事处驻地南 1.5 千米，南涑河故道东岸。经考证：明万历十年（1582），郭、仁两姓从山西洪同（现大同周边）迁徙至此定居。因村南前有一沙墩，称"沙埠子"，遂定名沙埠庄。2006 年，改称沙埠庄社区。2013 年，面积 120.56 公顷，其中耕地面积 20.58 公顷，有 618 户 2160 人
中石埠村	中石埠	位于罗西街道办事处驻地西北 3.6 千米。村名由来见东石埠。1923 年由（东）石埠析成，因居东、西石埠之间，故名中石埠。2013 年，面积 284.37 公顷，其中耕地面积 106.28 公顷，有 800 户 2670 人
西石埠村	西石埠	位于罗西街道办事处驻地西北 4.5 千米处。村名由来见东石埠。原名石埠，后因近有同名村，此居西，遂定名西石埠。2013 年，面积 570.23 公顷，其中耕地面积 296.05 公顷，有 1033 户 3035 人
孙岑石村	孙家岑石	位于罗西街道办事处驻地北 2.5 千米。相传很久前此处即有村落，为传说中"一溜十八杏花村"之一，元末明初毁于兵燹，明洪武年间山西洪洞县老鹳窝移民迁居重建村庄，因东有小山（《说文解字》载："山小而高谓之岑"）且多石，故名岑石。后析成 5 个村，各村冠以姓氏定名，取名孙家岑石，20 世纪 60—70 年代曾用名西岑石，1909 年《山东省地图》标名王家岑石。2013 年，面积 137.79 公顷，其中耕地面积 32.96 公顷，有 600 户 2160 人
红山村	高家庄	位于罗西街道办事处驻地西北 1 千米，南涑河东岸。明崇祯年间高姓人来此立村，以姓名村。2015 年，高家庄、西陆庄、涧花埠 3 个村合并为红山村。2013 年，面积 70.05 公顷，其中耕地面积 16.88 公顷，有 360 户 1138 人。
	西陆庄	位于罗西街道办事处驻地西 1.5 千米。南宋时陆姓在此建村，名陆家庄。1909 年《山东省地图》标名陆庄。1981 年更名西陆庄。2015 年，高家庄、西陆庄、涧花埠 3 个村合并为红山村。2013 年，面积 177.22 公顷，其中耕地面积 48.82 公顷，有 459 户 1976 人
	涧花埠	位于罗西街道办事处驻地西北 1 千米，俄黄路西侧。清乾隆《沂州府志》名其"渐黄埠"，继土地庙石刻名其"荣花大官庄"。后因地处山涧边，春夏繁花似锦，遂更名涧花埠。2015 年，高家庄、西陆庄、涧花埠 3 个村合并为红山村。2013 年，面积 124.49 公顷，其中耕地面积 46.98 公顷，有 465 户 1412 人

续表 26-6

社区、行政村	所辖自然村	自然村基本情况
新河村	张小庄 李小庄	张小庄、李小庄二村东西毗连，位于罗西街道办事处驻地西北 1.9 千米，南涑河东岸。清雍正九年（1731）张姓从临沂西关石坝子迁此处落户。继冯、李相继迁此，遂成小村，名小庄子。后因东有一同名村，各冠姓氏。该村系张姓首创，遂定名张家小庄子，今简称张小庄 明万历年间李氏 3 兄弟由泰安迁沂州，其二支到此落户后渐成小村，名小庄子，后因西有张家小庄子，遂以姓定名李家小庄子，今简称李小庄。1909 年《山东省地图》标名小庄子。2005 年，张小庄、李小庄、贾家庄 3 个村合并为新河村。2013 年，张小庄面积 81.14 公顷，其中耕地面积 23.2 公顷，有 300 户 1010 人。李小庄面积 48.22 公顷，其中耕地面积 10.94 公顷，有 218 户 660 人
新河村	贾家庄	位于罗西街道办事处驻地西北 2.5 千米，南涑河西岸。明洪武年间贾姓人来此建村，后遂以姓名之。2005 年，张小庄、李小庄、贾家庄 3 个村合并为新河村。2013 年，面积 252.57 公顷，其中耕地面积 89.13 公顷，有 840 户 2603 人

第二章　镇

第一节　沂堂镇

位置境域

沂堂镇位于区境西部，以镇政府驻地南沂堂得名。东邻罗庄街道、傅庄街道，南与苍山县卞庄街道、神山镇交界，西界苍山县大仲村镇，北接罗西街道。辖区东西最大横距 11.89 千米，南北最大纵距 11.27 千米，面积 75.86 平方千米。地势西北高，东南低，西北为低山丘陵区，东南为平原。境内有尖山、卧牛山、峰山等大小山头 30 座，卧牛山最高，海拔 224 米。燕子河、迷龙河自北向南流经东部，其中燕子河境内流程 8.6 千米。有塘坝 4 座，台井水库（小（一）型）1 座，最大库容量 114 万立方米。沂王公路、岚曹高速、临枣铁路横穿东西，沂磨公路、俄黄公路、京沪高速公路纵贯南北。镇政府驻南沂堂村，距区政府驻地 11.6 千米。

建置沿革

1950 年，属苍山县神山区。1958 年初，置迷龙乡，是年秋迷龙乡并入神山人民公社。1975 年，析神山人民公社北境，置迷龙人民公社，公社管委会驻南沂堂。1984 年，迷龙人民公社改称沂堂乡。1999 年 12 月，撤乡置沂堂镇。2010 年 1 月，由苍山县划归罗庄区。2013 年 4 月，行政村规模调整村改社区，由 32 个行政村合并为 16 个农村社区。是年年底，全镇辖 16 个社区（29 个自然村），1.4 万户，4.88 万人。

自然资源

沂堂镇有省级公益林 286.7 公顷、荒山 207 公顷。土壤以棕壤土、褐土、砂姜黑土为主。地下水资源丰富，地下水位 4 米左右。已探明并开采利用矿产资源有石灰石、铝矾土、石英砂、页岩、瓷石等。2013 年，全镇耕地面积 4798.27 公顷，林地面积 312.61 公顷。

经济概况

2010 年，完成地区生产总值 6.5 亿元，农业总产值2.2亿元，工业总产值5.2亿元，财政收入1210万元。2013年，完成地区生产总值8.6亿元，农业总产值3.4亿元，规模以上工业总产值5.69亿元，实现地方财政收入3418万元，社会固定资产投资4.16亿元，社会消费品零售总额1724万元，居民人均纯收入1.05万元。

农业　主要种植小麦、玉米、谷子、地瓜等粮食作物和大蒜、花生、棉花、黄烟等经济作物。大蒜种植为沂堂镇优势产业，年均种植面积550公顷左右。畜牧业为沂堂镇农业经济特色产业。2011—2012年，投资1296万元，实施866.67公顷中低产田改造项目，修建拦河坝4座，新打机电井59眼，浅井80眼，修建各种桥涵等渠系建筑物294座、机耕路41.9千米，改良土壤193.33公顷；栽植绿化苗木2.83万棵。2013年，全镇农作物总播种面积6889.8公顷。其中，粮食作物播种面积4100.06公顷，总产2438.26万千克；花生种植面积1712.8公顷，总产844.85万千克；棉花种植面积75.73公顷，总产7.95万千克；蔬菜种植面积997.87公顷，总产量2147.92万千克（其中大蒜种植面积979.2公顷，蒜头总产量1292.54万千克）。苗木种植面积160公顷，林地总面积733.33公顷。肉类总产7502吨，蛋类总产215吨。有养殖专业村5个，养殖基地1家，六和养殖场年出栏肉鸡6万余只。农业总产值3.4亿元。农机总动力5.13万千瓦，农作物种植、收割、运输基本实现机械化。

图26-7：志强陶瓷生产车间（2013年10月　摄）

工业　2010年，全镇有各类工业企业26家，从业人员3200人，有5家企业获自营进出口经营权，8家企业通过ISO质量认证。建有东部工业园，占地面积100公顷。2010—2013年，调整工业产业结构，加大招商引资工作力度，治理污染企业，通过转型升级，培育以陶瓷、建材、冶金、蔬菜加工为主导产业的工业体系。2013年，全镇有各类工业企业35家，从业人员3600人，其中规模以上工业企业9家，完成工业产值5.69亿元，主营业务收入5.48亿元，利润总额3937万元，利税7169万元。拥有年产2亿件日用陶瓷、800万平方米内墙砖、2亿块页岩砖、2000万平方米石膏板、400吨硫酸软骨素、3万平方米集装箱木底板、6万吨还原铅生产能力和6000吨蔬菜加工冷藏能力。

商贸服务业　2013年，全镇有固定集贸市场6个，年交易额3500万元；个体商贸服务业户141家，从业人员2430人；有大蒜低温库16家，年交易量1.8万吨；有营运拖拉机1400辆，货运汽车2000辆，全年完成客运量1.2万人，货运量2万吨；社会消费品零售总额1724万元，第三产业产值2.8亿元；辖区有银行分支机构2家。

镇村建设

2010年，镇政府驻地、东部工业园建有35千伏变电站各1座，振兴大道路南建有西气东输减压站1座。镇政府驻地规划建设面积4平方千米，镇村道路基本形成两纵七横交通网络，实现村村通硬化路，自来水入村率75%，小城镇建设初具规模。2013年，投资2.3亿元，完成大兴社区23幢912户居民楼和3.6万平方米商业配套主体建设工程；镇村公路全部联网，4个社区（村）路面全硬化，实现村村通公路，通车里程95千米，通车率100%；新增绿化面积20万平方米；液化气用户9759户；新发展有线电视用户1500户。

教科文卫

2010年，投资270万元，建成沂堂中学餐厅、宿舍楼，建筑面积2500平方米。2011年，投资244.3万元，新建沂堂中学图书办公楼，建筑面积2283平方米；投资260万元，新建镇中心小学教学楼，建筑面积3779平方米。2012年，投资532万元，新建沂堂中学教学楼，建筑面积5560平方米；投资499万元，建成柳庄小学、大兴屯小学所属幼儿园教学楼、餐厅，总建筑面积4155平方米；投资266万元，新建镇中心小学图书实验楼，建筑面积2616平方米；投资295万元，新建明德小学师生餐厅楼，建筑面积1200平方米。2013年，投资367万元，新建寨子、麒麟小学教学楼，总建筑面积4346平方米。同年12月，撤销北沂堂小学并入镇中心小学。是年年底，全镇有幼儿园24所（公办幼儿园1所），在园幼儿2165人，学前三年幼儿入园率89.6%，教师87人（其中公办教师3人）；小学8所，在校学生4732人，教职工186人；初中1所，在校学生996人，教职工93人。小学适龄儿童入学率、巩固率均100%；初中入学率100%，在校学生巩固率98.8%。

2013年，有科技人员（助理农艺师）1人，农业技术员3人。镇设有科普活动站，村村配备科普宣传员1人，设立科普宣传栏，定期更换科普宣传图片。推广农业、科技项目2项，推广企业革新项目4项。

2010年，建成5000平方米社区文化广场。2013年，有镇文化站1个，文艺团体1个，秧歌队4个，广场舞健身队10个，参加文化、健身居民6900人；建有文化活动中心1个，20个村共有文化活动场所和综合文化服务中心25个，总面积6100平方米；购置安装文体活动器材310件（台）。

2013年，有黄山镇卫生院1家，有医护人员33人，医疗床位40张，设有20个科室，年诊疗3.47万人次。有村级卫生室20家，乡村医生67人。全镇疫苗接种率100%。

人民生活

2013年，全镇农村住房多为砖石混合结构或钢筋混凝土结构，人均住房面积45平方米，部分居民住进楼房。每百户家庭拥有彩电90台、电冰箱12台、洗衣机80台、家用电脑10台、移动电话200部、私家车20辆。互联网入户率5%。自行车、电动自行车、农用三轮车普及家庭。参加新型农村合作医疗3.86万人，参合率79%；参加农村社会养老保险1.35万人，参保率27%。享受居民最低生活保障1544人，五保户156人，实现精准脱贫400户1150人。有敬老院1所，集中供养老人23人。60岁以上老人每人每月发放70元基础养老金。

历史文化

麒麟山为罗庄区著名旅游景区，位于镇驻地南2千米，山上存有玉虚观，建于明朝永乐年间。玉虚观的对面有相传乾隆下江南时路过此地搭建的戏台。山上有石麒麟、淋水坡、朝阳洞、玉石桌。明朝火烧麒麟山、清代响马大战麒麟山的传说流传至今。

境内有文物保护单位8处，其中沂堂牌坊为省级文物保护单位；东大埠汉墓为区级文物保护单位，大兴屯遗址为新石器时代商、周时期文化遗址，麒麟山村遗址为东周至汉代文化遗址。

1939年5月，东为儿桥村民自卫组织“红旗会”和全体村民与前来“扫荡”的日伪军进行一场殊死决战，打死日伪军13人，打伤20多人。由于寡不敌众，11名会员英勇牺牲、36名村民被残酷杀害。

2013年沂堂镇社区基本情况表

表 26-7

社区	所辖自然村	自然村基本情况
沂堂	南沂堂	沂堂镇政府驻地。《苍山县地名志》载，清乾隆年间建村，相传乾隆皇帝南巡至此地迷路，南一趟、北一趟地来回走，于是，人们便把南、北两个聚落村庄称为南一趟、北一趟。后谐音演绎书写为南、北沂堂。1976年1月—1984年4月，为迷龙公社驻地。1984年4月—2013年12月，为沂堂乡、镇政府驻地。2013年4月，与北沂堂、沂西岭村合并为沂堂社区，面积517.99公顷，其中耕地面积333.25公顷，有830户2960人
	北沂堂	位于镇政府驻地北1.5千米。村名由来见南沂堂。2013年4月，与南沂堂、沂西岭合并为沂堂社区，面积423.48公顷，其中耕地面积250.8公顷，有964户3102人
	沂西岭	位于镇政府驻地偏西北1.6千米。1930年，由北沂堂析出，因聚落处沂堂村西岭上，故名沂西岭，简称西岭。2013年4月，与南、北沂堂合并为沂堂社区，面积99.14公顷，其中耕地面积60.45公顷，有185户697人
寨子	寨子	位于南沂堂北2.5千米。《苍山县地名志》载，据庙碑记，北宋靖康元年（1126）建村，原名净兴村。清乾隆十八年（1753）三月，因古时曾在此安营扎寨，易为寨子。2013年4月，改称寨子社区，面积718.44公顷，其中耕地面积424.97公顷，有970户3036人
台井	前台井	位于南沂堂北3.5千米。《苍山县地名志》载，相传西汉末年建村，原名卧牛村。后传说乾隆皇帝南巡，在一汪边迷路后，至此方觉清醒，遂将村名易为抬头醒；后演变为台井。新中国成立后，聚落分前、后两处，称前台井、后台井。2013年4月，与后台井合并为台井社区，面积166.51公顷，其中耕地面积91.94公顷，有293户1123人
	后台井	位于镇政府驻地西北3千米处。村名由来见前台井。2013年4月，与前台井合并为台井社区，面积253.77公顷，其中耕地面积155.08公顷，有270户1050人
丰山	前峰山	位于南沂堂西2千米。《苍山县地名志》载，据碑碣记，宋朝末年建村，原名杏花村，因村东、西两面有山，常遭北风侵袭，俗称风山。清朝末年，因处峰山东麓，易名峰山；聚落分成前、后两处，称前峰山、后峰山。2013年4月，与后峰山村合并为丰山社区，面积364.53公顷，其中耕地面积232.05公顷，有899户2702人
	后峰山	位于南沂堂西2千米。村名由来见前峰山。2013年4月，与前峰山村合并为丰山社区，面积185.7公顷，其中耕地面积136.6公顷，有247户946人
泉里堡	东泉里堡	位于南沂堂西北4千米。据《王氏家谱》载，明永乐三年（1405）建村，因聚落有一泉，故名泉里堡，因建有二村，该村居东称东泉里堡。2013年4月，与西泉里堡合并为泉里堡社区，面积308.76公顷，其中耕地面积182.89公顷，有540户1800人
	西泉里堡	位于南沂堂西北5千米，村名由来见东泉里堡。2013年4月，与东泉里堡合并为泉里堡社区，面积93.18公顷，其中耕地面积55.5公顷，有210户760人
贤孝庄	贤孝庄	位于南沂堂西北5千米。《苍山县地名志》载，相传明崇祯年间袁姓迁居建村，故名袁家庄；后因袁小拉耙的传说，易名贤孝庄。2013年4月，改称贤孝庄社区，面积249.6公顷，其中耕地面积118.99公顷，有226户870人
迷龙	东迷龙	位于南沂堂西南3千米。《苍山县地名志》载，清雍正年间建村，始无村名，后传说乾隆皇帝南巡至聚落中的汪边迷路，古人称皇帝为“龙”，故取村名迷龙汪。后划分东、西、前、后4个生产大队，各自简称为东迷龙、西迷龙、前迷龙、后迷龙。2013年4月，东、西、前、后迷龙村合并为迷龙社区，面积295.4公顷，其中耕地面积219.03公顷，有500户1586人

续表 26-7

社区	所辖自然村	自然村基本情况
迷龙	西迷龙	位于南沂堂西南 2.5 千米。村名由来见东迷龙。2013 年，面积 249.43 公顷，其中耕地面积 180.54 公顷，有 587 户 2360 人
	前迷龙	位于镇政府驻地西南 3 千米处。村名由来见东迷龙。2013 年，面积 150.73 公顷，其中耕地面积 117.64 公顷，有 316 户 1188 人
	后迷龙	位于镇政府驻地西南 4 千米处。村名由来见东迷龙。2013 年，面积 115.39 公顷，其中耕地面积 80.53 公顷，有 298 户 1086 人
杏山湖	东杏山湖	位于南沂堂西南 5 千米，杏山东麓。据《赵氏家谱》载，清雍正年间赵姓迁居建村，故名赵庄。1940 年，易名杏山湖。新中国成立后，聚落分成东、西两处，称东杏山湖、西杏山湖。2013 年 4 月，东、西杏山湖合并为杏山湖社区，面积 77.76 公顷，其中耕地面积 56.59 公顷，有 120 户 430 人
	西杏山湖	位于南沂堂西南 5.5 千米。村名由来见东杏山湖村，2013 年，面积 88.2 公顷，其中耕地面积 51.44 公顷，有 123 户 445 人
向阳	冷水沟	位于南沂堂西南 6 千米。《苍山县地名志》载，相传元朝末年冷姓迁居建村，因村庄地处两山之间的山沟里故名。2013 年 4 月，与北大埠合并为向阳社区；面积 192.35 公顷，其中耕地面积 124.66 公顷，有 313 户 1030 人
	北大埠	位于南沂堂西南 4.5 千米。《苍山县地名志》载，相传乾隆皇帝南巡，在几个聚落处迷路，便北一大步，西一大步，东一大步地来回走，故后人把村庄称为大步，后书写为大埠；因聚落有北、东、西 3 处，遂称北大埠、东大埠、西大埠（现属苍山县卞庄街道）。东大埠又分为前、后 2 个行政村，分别称前大埠、后大埠。2013 年 4 月，与冷水沟合并为向阳社区；面积 122.89 公顷，其中耕地面积 85.17 公顷，有 237 户 1010 人
荆山	荊山	位于南沂堂南 4 千米。《苍山县地名志》记载，相传明朝初年建村，因村庄处荊山东麓，以山名村。2013 年 4 月，撤村改称荆山社区，面积 446.24 公顷，其中耕地面积 276.03 公顷，有 750 户 2921 人
麒麟	麒麟山	位于南沂堂南 3 千米。据《钟氏家谱》记载，明万历三年（1575）建村，因村落处麒麟山东侧，以山名村。2013 年 4 月，改称麒麟社区，面积 448.41 公顷，其中耕地面积 305.14 公顷，有 712 户 2857 人
东大埠	前大埠	位于镇政府驻地南部 3.8 千米。村名由来见北大埠。2013 年 4 月，与后大埠合并为东大埠社区；面积 129.83 公顷，其中耕地面积 84.17 公顷，有 185 户 730 人
	后大埠	位于镇政府地驻地南部 4.5 千米处。村名由来见北大埠。2013 年 4 月，与前大埠合并为东大埠社区，面积 218.22 公顷，其中耕地面积 148.92 公顷，有 460 户 1720 人
大兴	大兴屯	位于南沂堂南 4.5 千米。据《刘氏家谱》记载，明万历三年（1575）建村，原名前沙屯。1950 年，易名大兴屯。2013 年 4 月，改称大兴社区，面积 260.8 公顷，其中耕地面积 163.43 公顷，有 632 户 2614 人
为儿桥	东为儿桥	位于南沂堂东南 4 千米，燕子河上游。《苍山县地名志》记载，据明代墓碑记，元至正年间（1341—1368）建村，燕子河从聚落中流过，为方便儿女上学，人们便在河上修建 1 座石桥，桥头碑刻有劝学扬善的各种图案及文字，取名为儿桥；村庄遂以桥名之；河西称西为儿桥，河东称东为儿桥。2013 年 4 月，两村合并为儿桥社区，面积 141.33 公顷，其中耕地面积 93 公顷，有 381 户 1410 人
	西为儿桥	位于镇政府驻地东南 3.7 千米。村名由来见东为儿桥。2013 年，面积 311.13 公顷，其中耕地面积 220.61 公顷，有 768 户 2816 人

续表 26-7

社区	所辖自然村	自然村基本情况
龙兴	龙泉官庄	位于南沂堂东 6 千米。据《张氏家谱》记载，明洪武九年（1376）建村，原名官庄，后因村后有 1 眼形似龙的泉，易名龙泉官庄。2013 年 4 月，与龙王堂、兴路口和大槐树村合并为龙兴社区，面积 200.63 公顷，其中耕地面积 82.06 公顷，有 480 户 1266 人
	龙王堂	位于南沂堂东 5.5 千米。据庙碑记，清顺治年间建村，因村落处有一座龙王庙，以庙名村龙王堂。2013 年 4 月，与龙泉官庄、兴路口和大槐树村合并为龙兴社区；面积 40.5 公顷，其中耕地面积 16.59 公顷，有 219 户 680 人
	兴路口	位于南沂堂东 5.8 千米。《苍山县地名志》记载，相传明朝末年建村，因聚落中有十字路口，取村名岔路口。1980 年地名普查时，因与县内村庄重名，更名兴路口。2013 年 4 月，与龙泉官庄、龙王堂和大槐树村合并为龙兴社区，面积 135.82 公顷，其中耕地面积 63.1 公顷，有 273 户 997 人
	大槐树	位于南沂堂东南 4.5 千米。据庙碑记，隋朝末年建村，因村落处有棵大槐树故名。2013 年 4 月，与龙泉官庄、龙王堂和兴路口村合并为龙兴社区，面积 67.31 公顷，其中耕地面积 32.12 公顷，有 210 户 730 人
柳庄	前柳庄	位于南沂堂东 4 千米。《苍山县地名志》记载，据庙碑记，明洪武年间建村，因聚落中有棵大柳树故名；后析成两村，该村居南称前柳庄。2013 年 4 月，与后柳庄合并为柳庄社区，面积 294.23 公顷，其中耕地面积 184.03 公顷，有 698 户 2980 人
	后柳庄	位于南沂堂东 4.2 千米。村名由来见前柳庄。2013 年 4 月，与前柳庄合并为柳庄社区，面积 218.24 公顷，其中耕地面积 134.43 公顷，有 516 户 1700 人

第二节　褚墩镇

位置境域

褚墩镇位于区境南部，以镇政府驻地褚墩村得名。东邻黄山镇，南、西与苍山县庄坞镇、神山镇、磨山镇交界，北接傅庄街道。辖区东西最大横距 9.69 千米，南北最大纵距 10.94 千米，面积 64.78 平方千米。地势西高东低，东部、南部、中部为平原，占总面积 90%；西部为低山丘陵，占总面积 10%。西南有兰山，西有虎山，兰山最高，海拔 138.1 米。五里河、南涑河、邳苍分洪道流纵贯东部，京沪高速、232 省道纵贯南北，永碑路、和谐路、恒昌大道、恒青路横穿东西。距京沪高速公路出口 2 千米。镇政府驻褚墩一村，距区政府驻地 20 千米。

建置沿革

清宣统三年（1911），属兰山县庄坞区兰山保。1930 年，属临沂县第二区兰山乡。1940 年 4 月，临沂县抗日民主政府成立，属庄坞区。1945 年，置赵博县褚墩区。1950 年 5 月，改为苍山县褚墩区。1958 年初，改称苍山县褚墩乡。1959 年初，由苍山县划归郯城县，改称褚墩人民公社。1962 年 5 月，复称褚墩区。1971 年 5 月，复称褚墩人民公社。1984 年 4 月，人民公社改为乡镇建制，置褚墩镇。2011 年 1 月，由郯城县划归罗庄区。2013 年 4 月，行政村规模调整村改社区，由 33 个行政村合并为 14 个农村社区。是年年底，辖 14 个社区（28 个自然村），1.65 万户，5.82 万人。

2000 年，被省政府批准为省级中心镇。2006 年，被省环保局命名为省级环境优美乡镇。2013 年，被省政府确定为“省级百强示范镇”。

自然资源

境域系沂河、武河冲积平原，土质肥沃。土壤以褐土、潮土为主。有煤、陶瓷黏土、焦宝石、石灰石等矿产资源，其中煤、陶瓷黏土储量丰富，煤炭储量2000余万吨，均开采利用。2013年，全镇耕地面积4122.02公顷，林地面积290.73公顷。

经济概况

2011年，实现地区生产总值15.3亿元，完成规模以上工业总产值30.51亿元，实现地方财政收入5610万元，农民人均纯收入7810元。2013年，完成地区生产总值16.9亿元，规模以上工业总产值47.26亿元；实现地方财政收入7045.6万元，社会消费品零售总额7181万元，居民年人均纯收入1.01万元。

农业 主要粮油作物有小麦、玉米、花生、大豆等，经济作物主要有蔬菜、山牛蒡等。蔬菜种植是褚墩镇优势产业，形成规模经济和地方特色，山牛蒡、大蒜、大白菜年均种植面积700余公顷，与苍山县构成鲁南“粮仓”和山东南“菜园”。不断调整农业内部产业结构，优化种植、养殖模式。实施东菜、西粮和“龙头企业+基地+农户”发展模式。2013年，新建枫红日丽农业产业园、阳光雨露草莓基地、三力源大棚蔬菜种植基地、金桥食品种植基地、嘉盛农场等6家现代化农业产业园，有农民专业合作社33家。是年，全镇粮食作物播种面积5768.07公顷，总产3541.78万千克；花生种植面积58.87公顷，总产22.42万千克；蔬菜种植面积875.13公顷，总产2732.25万千克；果园（梨、桃）面积29.33公顷，总产96.24万千克。完成农业总产值6367.06万元。投资935万元，实施533.3公顷中低产田改造项目。新打深井1眼、浅井96眼并配套水泵及射频器等，输变电线路配套7.1千米，开挖疏浚渠道排水沟23.6千米，衬砌渠道1.6千米，整修机耕路32.1千米，栽植绿化苗木1.2万棵。

工业 2011年，有各类工业企业13家，从业人员1.06万人。其中规模以上工业企业10家，规模以上工业总产值38.4亿元，利润1.5亿元。2011—2013年，通过招商引资、扶优培强，晟泰高分子、三聚氰胺、艾思朗宇脱硫废液、卓航新能源等项目建成投产，新世纪陶瓷、恒联食品2家骨干企业规模扩大，内生动力持续增强。2013年，有各类工业企业16家，从业人员1.32万人。其中规模以上工业企业12家，总产值47.26亿元，主营业务收入39.82亿元，利税总额4.15亿元，利润总额2.55亿元。辖区有临沂矿务局褚墩煤矿，2012年因煤源枯竭，闭井停产。

商贸服务业 2013年，有固定集贸市场7个，大中型超市和专业批发市场6家，个体商贸服务业户2300家，从业人员1.25万人。完成社会消费品零售总额7181万元，第三产业产值3.6亿元；境内有银行分支机构2家。

镇村建设

2011年，镇政府驻地有22千伏和35千伏变电站各1座，大型污水处理厂2座。2010—2011年，投资900万元，完成卜庄社区住宅小区一期工程，建成住宅楼6幢，建筑面积9000平方米。2011年，投资300万元，建设褚墩镇派出所办公楼，主楼面积2000平方米，配房面积350平方米；投资300万元，对褚黄路锦城段、汤褚路桥头段进行绿化提升，栽植月季、雪松，安装灯箱广告、跨路广告、单柱广告。2012年，投资1300万元完成桥头社区住宅小区一期工程，建成住宅楼6幢120户，建筑面积1.3万平方米。2013年，投资6000万元，完成东卜庄社区一期工程和桥头社区二期工程，共建成12幢居民楼380户，总建筑面积5.08万平方米；投资230万元，完成永碑路第一标段建设；投资600万元，完成村庄道路硬化，对镇政府驻地主干道两侧和商住区进行绿化、美化和亮化。境内国道、省道、县道公路里程100千米。

教科文卫

2012年，实施中小学标准化建设，投资260万元，建成三岭小学教学楼，建筑面积2600平方米；投资302万元，建成褚墩中学师生餐厅楼，建筑面积2468平方米。2013年，投资665万元，建成褚墩中学教学楼，建筑面积6250平方米；投资616万元，建成褚墩中心小学教学楼、师生餐厅楼，总建筑面积6316平方米；投资130万元，建成兰山小学教学楼，建筑面积1000平方米。投资560万元，建成梁庄、前屯、王庄、青石4所公办幼儿园。是年年底，全镇有幼儿园26所，在园幼儿2670人，教职工134人，学前三年幼儿入园率91.8%。小学7所，在校学生2288人，教职工167人；初中1所，在校学生730人，教职工114人。小学适龄儿童入学率、巩固率均100%；初中适龄少年入学率100%，在校学生巩固率98.8%。

2013年，有科技人员11人，农民技术员45人，年培训农村技术人员1600人次。有镇科普活动站1个，每个社区均配备科普宣传员1人，设立科普宣传栏，经常更换科普宣传图片。

2011—2013年，投资8万元，建成社区文化活动中心3个；投资4万元，新增社区文化活动场所4个，总面积2000余平方米；购置安装文化活动器材50件（台）。每年春节、元宵节期间，镇村都组织开展舞狮子、踩高跷、文艺汇演等群众文化活动。2013年，有镇文化站、电影院、新华书店各1家。各社区、村均建有文化活动服务中心、文化活动室，有廖屋、锦程、北官庄等民间文艺团体7个，经常组织文化艺术活动。

2012年，投资140万元，对镇中心医院门诊楼进行改造。2013年，有镇中心卫生院1家，医护人员56人，其中高、中级专业技术人员11人。设内、外、妇产、小儿、中医、五官、肛肠、急诊等8个科室，设医疗床位43张。年诊疗6.05万人次。有村级卫生室18家，乡村医生90人，全部实行聘任制。

人民生活

2011年，农村住房多为砖石混合结构或钢筋混凝土结构。2013年，5%居民入住楼房，居民人均居住面积38平方米。全镇实现村村通有线电视、硬化路，户户用上自来水。彩电、冰箱、洗衣机等家用电器基本普及家庭，私家车拥有率30%。全镇居民人均纯收入1.1万元，人均消费支出7900元。参加新型农村合作医疗4.77万人，参合率100%。参加城乡居民养老保险2.15万人，60岁以上老人每人每月发放65元基础养老金。享受城镇最低生活保障户1890户1959人。有敬老院1所，面积5152平方米，建筑面积1260平方米，供养老人24人。

历史文化

2013年，境内有文化保护单位11处，其中风渡口遗址、廖屋遗址、鲁南战役指挥所为区级文物保护单位。兰山县县衙旧址。位于褚墩镇兰山屯，西汉时期已成村落，唐武德四年（621），临沂县析置兰山、临沭、昌乐3个县，兰山县治所设兰山屯。唐武德六年（623）兰山县并入临沂县。

2013 年褚墩镇社区基本情况表

表 26-8

名称	所辖自然村	自然村基本情况
褚墩一	褚墩一	褚墩镇人民政府驻地。相传唐朝初期建村，因此处土墩较多，原称诸墩，后演称褚墩。2013 年 4 月，褚墩一村改称褚墩一社区。面积 225.64 公顷，其中耕地面积 143.86 公顷，有 660 户 2450 人
褚墩二	褚墩二	位于镇政府驻地东南 0.6 千米。村名由来见褚墩村。2013 年 4 月，褚墩二村改称褚墩二社区。面积 214.12 公顷，其中耕地面积 154.69 公顷，有 679 户 2160 人
褚墩三	褚墩三	位于镇政府驻地南 0.6 千米。村名由来见褚墩村。2013 年 4 月，褚墩三村改称褚墩三社区。面积 180.57 公顷，其中耕地面积 101.77 公顷，有 498 户 1810 人
桥头	桥头	位于镇政府驻地西北 1.43 千米。村碑载："明万历十年（1582），桥头立村"。因村位于兴隆桥北头，得名桥头。2013 年 4 月，与五里桥、青石塘、锦程村合并为桥头社区。面积 382.04 公顷，其中耕地面积 174.03 公顷，有 896 户 3166 人
	五里桥	位于镇政府驻地西北 0.87 千米。1967 年，蒙阴县修岸堤水库，迁旧寨乡郭家上峪部分村民至此建村，取名卫东村。1982 年，因重名，经郯城县人民政府批准，以村处五里河的石桥旁，更名为五里桥。2013 年 4 月，与桥头、青石塘、锦程村合并为桥头社区。面积 73.04 公顷，其中耕地面积 29.97 公顷，有 57 户 184 人
	青石塘	位于镇政府驻地北 2.56 千米。清雍正年间李姓由汤庄迁居建村，以采石为业，时称兴隆庄。后因采石年久成塘，故改称青石塘。2013 年 4 月，与桥头、五里桥、锦程村合并为桥头社区。面积 209.05 公顷，其中耕地面积 96.42 公顷，有 554 户 2021 人
	锦程	位于镇政府驻地东偏北 1.18 千米。清乾隆年间焦、耿二姓迁居建村，取村名湖里。1982 年，因与郯城镇、杨集镇等乡镇的湖里重名，经郯城县人民政府批准更名锦程。2013 年 4 月，与桥头、五里桥、青石塘合并为桥头社区。面积 109.21 公顷，其中耕地面积 76.75 公顷，有 327 户 1202 人
三岭	虎山岭东	位于镇政府驻地西 3.0 千米。相传唐末建村，称新安庄。后因村处虎山山后小岭东，故改称虎山岭东。2004 年 12 月，与虎山岭西、虎山后屯合并为三岭村。2013 年 4 月，改称三岭社区。面积 85.74 公顷，其中耕地面积 60.65 公顷，有 135 户 510 人
	虎山岭西	位于镇政府驻地西 3.58 千米。《杨氏支谱》载："五世祖清康熙八年自庄坞迁此定居。"因村处虎山山后小岭西，故名虎山岭西。2004 年 12 月，与虎山岭东、虎山后屯合并为三岭村。2013 年 4 月，改称三岭社区。面积 206.79 公顷，其中耕地面积 146.28 公顷，有 320 户 1230 人
	虎山后屯	位于镇政府驻地西 2.92 千米。据村内出土唐铜剑、陶坛等物鉴定，该村建于唐代，因村处虎山后，故名虎山后屯。2004 年 12 月，与虎山岭东、虎山岭西村合并为三岭村。2013 年 4 月，改称三岭社区。面积 170.81 公顷，其中耕地面积 120.85 公顷，有 274 户 1016 人
兰山	兰山	位于镇政府驻地西南 5.04 千米。唐武德四年（612），曾为兰山县治所，村以山名。2013 年 4 月，与朱庄村合并为兰山社区。面积 514.57 公顷，其中耕地面积 303.96 公顷，有 1428 户 4860 人
	朱庄	位于镇政府驻地西南 5.6 千米。据传元朝建村。因邻兰山村，始名小兰山子。朱氏墓碑记："清乾隆已丑（1769）拔贡……授予平府……"。故以朱姓更名朱庄。2013 年 4 月，与兰山村合并为兰山社区。面积 267.36 公顷，其中耕地面积 176.45 公顷，有 620 户 2430 人

续表 26-8

名称	所辖自然村	自然村基本情况
碑住	碑住一	位于镇政府驻地西南 4.54 千米。《梁氏宗谱》载："碑住梁氏，明初自东平来郯"。梁氏始祖墓碑载："梁氏始祖也，前明永乐五年，偕北荐来郯定居"。因村靠含珠山，山坡上有一突起长方形弧石，状如石碑，石体前倾，似从山顶下来在此停住，故名碑住。清末，其邻近之新庄、陈官庄并入此村，统称碑住。2004 年 12 月，与虎山山前村合并为向阳新村。2013 年 4 月，向阳新村与碑住二村、碑住三村、碑住四村合并成立碑住社区。面积 248.66 公顷，其中耕地面积 155.15 公顷，有 571 户 2004 人
	虎山山前	位于镇政府驻地西偏南 3.92 千米。《蒋氏宗谱》载："二世祖讳失纪，自沙埠来居"据此，该村约建于元代，因村处虎山前得名。2004 年 12 月，与碑住一村合并为向阳新村。2013 年 4 月，划属碑住社区。面积 77.93 公顷，其中耕地面积 48.62 公顷，有 132 户 628 人
	碑住二	位于镇政府驻地西南 5.18 千米。村名由来见碑住一村。2013 年 4 月，划属碑住社区。面积 237.07 公顷，其中耕地面积 138.78 公顷，有 464 户 1720 人
	碑住三	位于镇政府驻地西南 5.57 千米。村名由来见碑住一村。2013 年 4 月。划属碑住社区。面积 220.58 公顷，其中耕地面积 156.81 公顷，有 489 户 1823 人
	碑住四	位于镇政府驻地西南 4.62 千米。村名由来见碑住一村。2013 年 4 月，划属碑住社区。面积 124.59 公顷，其中耕地面积 77.96 公顷，有 299 户 1131 人
廖屯	廖屯	位于镇政府驻地东南 2.12 千米。相传明洪武年间徐姓建村，称徐元埠。《廖氏族谱》载："廖氏系南都旺族，自永乐迁都燕京，随驾北上至沂郡兰邑徐元埠，垦种田土，遂居焉"。墓碑载："始祖廖邦宁初居南都应天府，自明三世永乐建都燕京，随驾北上至沂郡南七十里徐元埠，垦种田土，而安居乐业，称为功业军人"。以此改名廖家屯，简称廖屯。2013 年 4 月，与廖屋村合并为廖屯社区。面积 294.57 公顷，其中耕地面积 203.94 公顷，有 780 户 2680 人
	廖屋	位于镇政府驻地东南 1.52 千米。据《廖氏宗谱》载，廖氏十三世自廖屯迁居，现已传至二十五世。据此，该村约建于清乾隆年间。因此处原是廖姓谷场，并筑有场屋，故得村名廖家屋，简称廖屋。2013 年 4 月，与廖屯村合并为廖屯社区。面积 54.32 公顷，其中耕地面积 34.41 公顷，有 206 户 719 人
孙盛庄	孙盛庄	位于镇政府驻地西北 4.61 千米。清朝初期建村，以姓氏得名孙庄。1982 年，因与郯城县泉源乡孙庄重名，经郯城县人民政府批准，更名孙盛庄。2013 年 4 月，与北官庄、北王庄合并为孙盛庄社区。面积 167.76 公顷，其中耕地面积 122.75 公顷，有 270 户 1166 人
	北官庄	位于镇政府驻地西偏北 4.59 千米。清康熙年间盛姓建村，称盛家庄；后因管姓兴旺，改名管庄，演称官庄。1982 年，因与郯城县港上镇、归义乡、花园乡等乡镇的官庄重名，经郯城县人民政府批准，以方位更名北官庄。2013 年 4 月，与孙盛庄、北王庄合并为孙盛庄社区。面积 145.46 公顷，其中耕地面积 116.98 公顷，有 266 户 873 人
	北王庄	位于镇政府驻地西 4.71 千米。相传王姓于明末由薛庄迁居建村。以村中双槐始名双槐树村，后以姓氏改称王庄。有村碑"王庄……清乾隆十年立"。1982 年，因与县内高峰头镇、郯城镇、红花乡等乡镇的王庄重名，经郯城县人民政府批准，更名北王庄。2013 年 4 月，与孙盛庄、北官庄合并为孙盛庄社区。面积 112.35 公顷，其中耕地面积 85.46 公顷，有 196 户 746 人

续表 26-8

名称	所辖自然村	自然村基本情况
西永安	西永安	位于镇政府驻地南 3.32 千米。相传南宋末期建村，因居有 1 座永安寺，现仍存有明万历三年重修永安寺碑，村以寺名。后因村庄扩大，以沟为界，分为东西两村，此村位西，改称西永安。2013 年 4 月，与小山子村合并为西永安社区。面积 386.61 公顷，其中耕地面积 265.036 公顷，有 1066 户 4636 人
	小山子	位于镇政府驻地南偏西 4.87 千米。清乾隆年间傅姓由涌泉迁居建村，因西靠小山，故名小山子。2013 年 4 月，与西永安村合并为西永安社区。面积 96.39 公顷，其中耕地面积 50.25 公顷，有 360 户 1100 人
东永安	东永安	位于镇政府驻地南偏东 2.56 千米。村名由来见西永安村。因此村居东，故名东永安。2013 年 4 月，改称东永安社区。面积 225.98 公顷，其中耕地面积 132.22 公顷，有 846 户 2693 人
梁庄	梁庄	位于镇政府驻地西南 2.87 千米。相传明成化年间赵姓迁居建村，始称赵义官庄。《梁氏族谱》载:“明嘉靖年间，六世祖由碑住迁居赵义官庄”。后以梁姓兴旺改名梁家庄，简称梁庄。2013 年 4 月，改称梁庄社区。面积 464.92 公顷，其中耕地面积 287.89 公顷，有 1211 户 4121 人
卜庄	东卜庄	位于镇政府驻地东北 2.1 千米。相传隋末卜氏携二子由山西省避乱到此定居，称卜家庄。唐贞观年间，姜、刘、丁三姓相继迁居。明代以方位改名为东卜庄。2013 年 4 月，与西卜庄、黄金店、风渡口村合并为卜庄社区。面积 323.45 公顷，其中耕地面积 206.34 公顷，有 920 户 32.96 人
	西卜庄	位于镇政府驻地东北 2.27 千米。相传明万历年间刘姓由卜庄（今东卜庄）迁居，因村居西，故名西卜庄。2013 年 4 月，与东卜庄、黄金店、风渡口合并为卜庄社区。面积 142.14 公顷，其中耕地面积 91.46 公顷，有 385 户 1178 人
	黄金店	位于镇政府驻地东北 3.62 千米。清乾隆年间黄姓迁居开店，称黄金店，后简称黄店。2013 年 4 月，与东卜庄、西卜庄、风渡口合并为卜庄社区。面积 85.52 公顷，其中耕地面积 62.79 公顷，有 206 户 763 人
	风渡口村	位于镇政府驻地东 2.74 千米。村后风渡岭上原有载“大唐盛世”的唐碑，据此，该村建于唐贞观年间，因北依风渡岭，南靠涑河渡口，故名风渡口。2013 年 4 月，与东卜庄、西卜庄黄金店合并为卜庄社区。面积 78.38 公顷，其中耕地面积 50.57 公顷，有 235 户 789 人
三屯	兰山前屯	位于镇政府驻地东南 6.04 千米。据传明初建村，因村处兰山中屯南，故名兰山前屯。2013 年 4 月，与兰山后屯和兰山中屯村合并为三屯社区。面积 120.88 公顷，其中耕地面积 84.6 公顷，有 324 户 1320 人
	兰山后屯	位于镇政府驻地东南 5.66 千米。据传明初建村，因靠兰山，故名兰山屯。因村处兰山北，故名兰山后屯。2013 年 4 月，与兰山前屯和兰山中屯合并为三屯社区。面积 107.24 公顷，其中耕地面积 64.91 公顷，有 389 户 1720 人
	兰山中屯	位于镇政府驻地东南 5.88 千米。据传明初建村，因村处兰山中，故名兰山中屯。2013 年 4 月，与兰山前屯和兰山后屯合并为三屯社区。面积 124.73 公顷，其中耕地面积 99.42 公顷，有 216 户 804 人

第三节　黄山镇

位置境域

黄山镇位于区境东南部，地处罗（罗庄区）、郯（郯城县）、苍（苍山县）三县区交会处，以辖区黄山得名。东临沂河与郯城县李庄镇隔河相望，南与郯城县庙山镇、苍山县庄坞镇交界，西连褚墩镇，北接册山、傅庄街道。辖区东西最大横距8.9千米，南北最大纵距10.91千米，面积53.29平方千米。地势西北高东南低，西部为山地丘陵，东部为平原，平原占总面积65%。有黄山、峰山、文曲山、文昌山、菊花山、蝎子山等8座山岭，黄山最高，海拔142.4米。沂河流经东界，武河流经东部，五里河、南涑河、邳苍行洪道纵贯南北。褚黄路横穿东西，232省道、临册路、滨河西路纵贯南北。镇政府驻前黄山村，距区政府驻地19千米。

建置沿革

1971年5月，析郯城县褚墩人民公社东境，置黄山人民公社。1984年4月，人民公社改为乡镇建制，改为黄山乡。1994年，撤乡置黄山镇。2011年1月，由郯城县划归罗庄区。2013年4月，行政村规模调整村改社区，由31个行政村划为12个农村社区。是年年底，辖12个社区（25个自然村），1.5万户，5.03万人。

2006年，被省政府命名为山东省百强特色产业镇。被中共临沂市委、市人民政府命名为临沂市民营经济明星乡镇。2007年，被山东省人民政府命名为山东省敬老院规范化建设先进乡镇。

自然资源

境域东部系沂河、武河冲积平原，土质肥沃。土壤以潮土为主。武河湿地，面积867公顷。有煤、石灰石、白云岩、页岩、矸子土、黄沙等矿产资源，均开采利用。2013年，全镇耕地面积2774.08公顷，林地面积296.99公顷。

经济发展

2011年，全镇完成地区生产总值3.02亿元，规模以上工业总产值5.34亿元，利税9100万元，农业总产值1.25亿元，实现地方财政收入519万元。2012年起，进一步加大招商引资工作力度，调整工业产业结构，扶持企业转型升级。2013年，全镇完成规模以上工业总产值10.19亿元，利税总额1.21亿元，地方财政收入2300万元，出口总额2600万美元，社会消费零售总额1267万元，居民人均纯收入9202元。

农业　粮油作物主要有小麦、水稻、玉米、花生、地瓜、大豆等，经济作物主要有白柳条、草莓、花卉等，白柳条栽植是黄山镇传统优势产业，有133.4公顷白柳条生产

图26-8：黄山镇柳编（2013年7月　摄）

基地，年产值450万元。柳编是黄山镇传统工艺生产项目，具有300多年历史，素称“杞柳之乡”，蒋史汪一带柳编颇有名气。主要产品有篼子、柳筐、藤筐、仿古筐、圣诞筐、宠物筐、水果筐（篮）等200余种工艺产品、2000多个花色，远销美国、加拿大、中国香港等10多个国家和地区，年创汇2600万美元。2011—2013年，不断调整农业产业结构，促进规模化经营，实施“公司＋合作社＋基地＋农户”经营方式，推动农业与二、三产业深度融化。至2013年，柳编企业发展到11家，有从业人员1605人；建成临沂市方舟农业生态科技有限公司、山东宇霖果品有限公司、山东地佑晟苗木基地、罗庄区原上青农场等4家高效农业生态基地和观光旅游基地。是年，全镇粮食作物播种面积3410公顷，总产2087.02万千克；花生种植面积193.73公顷，总产68.04万千克；蔬菜种植面积30.33公顷，总产102.06万千克；桃园面积3.34公顷，总产12.5万千克。完成农业总产值1.32亿元。

工业　2011—2013年，加大招商引资力度，调整产业结构，推动工业转型升级。建成临沂市凯凯钉业有限公司、临沂鲁恒建材有限公司、临沂市罗庄区润利油脂化工有限公司。2013年年底，全镇有各类工业企业121家，从业人员4445人。其中规模以上工业企业25家，规模以上工业总产值10.19亿元，主营业务收入8.64亿元，利润总额1.08亿元，利税总额1.21亿元。

商贸服务业　2011年，有固定集贸市场6处，个体商贸服务业户83家，从业人员820人。2013年，有黄山、蒋史汪、安头、菊花屯、峰山、凤凰庄、李官庄、西蔡村、木柞、栗林固定集贸市场10处，交易种类有日用百货、服饰、农副产品等。有大中型超市6家，个体商贸服务业户109家，从业人员1105人。实现社会消费品零售总额1267万元，完成第三产业产值1.37亿元元。有银行分支机构2个。

图26-9：黄山镇菊花屯社区休闲广场（2013年10月　摄）

镇村建设

2011年，前黄山村纳入镇政府驻地统一规划建设，建设荣华社区，占地面积12万平方米，总投资1.05亿元，分两期建楼房35栋，总建筑面积13.65万平方米，安置居民1050户；投资100万元，建成菊花屯社区服务楼；投资1200万元，建成4栋120户居民楼，建筑面积1.5万平方米。完成原武河煤矿4.06公顷土地复垦。投资50万元，对镇12个农村社区进行总体规划。2013年，凤凰屯社区一期工程投资3000万元，建成居民楼6栋216户，建筑面积2.8万平方米。镇政府驻地建有110千伏变电站1个，小型给水厂1家，垃圾站1个。设有镇电信局，容量8000门。全镇公路里程50.8千米。其中，国道、省道、县道总长19.5千米，镇村公路31.3千米，均为柏油或水泥硬化路面。

教科文卫

2011年，投资468万元，建成蔡村、木柞、峰山小学教学楼3座，总建筑面积5066平方米。2012年，投资320万元，建成镇中心小学餐厅楼、幼儿园综合楼，总建筑面积

3200平方米；投资172万元，建成李官庄、柴口小学教学楼2座，总建筑面积1720平方米；投资290万元，建成黄山中学学生餐厅楼，建筑面积2468平方米。2013年，投资389万元，建成镇中心小学教学楼，建筑面积3792平方米。是年年底，全镇有幼儿园9所（其中公办幼儿园1所），在园幼儿920人，学前三年幼儿入园率90.3%，教职工50人（其中公办教师7人）；小学8所，在校学生2135人，教职工178人；初级中学1所，在校学生761人，教职工100人。小学适龄儿童入学率、巩固率均100%；初中适龄少年入学率100%，在校学生巩固率98.6%。

2013年，有科技人员36人，农民技术员60人。年培训农村实用技术人员1200人次。有镇科技服务站、科普活动站各1个，每个村均建有科普宣传栏，配备科普宣传员1人。

2013年，有镇文化中心站1个，工作人员2人。老屯村、安头社区建有文化活动室和健身广场，其他社区（村）均建有文化活动中心、活动室。春节、元宵节期间，镇、社区（村）都组织舞狮子、耍龙灯、划旱船、文艺汇演等群众性文体活动。建成善行义举“四德”榜26个，开展以“讲黄山故事”为主题的群众文化活动，组织群众编排各种喜闻乐见文艺节目，举办广场舞比赛，丰富群众文化生活。推广殡葬改革和移风易俗经验，各社区将移风易俗新规写入村规民约。

2013年，有镇卫生院1家，建有门诊楼、病房楼各1座，有医务人员40人，设有15个科室，医疗床位20张，年诊疗3.86万人次。有村级卫生室15家，乡村医生60人。

人民生活

2011年7月，开展城乡居民基本养老保险工作，60岁以上老人每人每月发放55元基础养老金。2013年，全镇居民人均纯收入9202元；2个村庄建成小区居民楼，全镇15%村民住进楼房，居民人均住房面积35平方米。全镇实现村村通有线电视、硬化路。有14个村庄户户用上自来水。参加新型农村合作医疗4.1万人，参保率100%；参加农村社会养老保险2.3万人，享受居民最低生活保障1832户2048人，发放各类优抚优待资金32万元。有敬老院1家，占地1500平方米，建筑面积700平方米，集中供养老人16人。

历史文化

2013年，境内有文物保护单位10处，其中黄山墓群、黄山马王墓分别为市级、区级文物保护单位。

黄山自然风光优美，文化底蕴深厚。有黄山八景、土龙盘亘、雹泉庙、观音庵、玄堂寺等历史名胜，均开发为旅游景点。白马山、二郎神挑山、土龙等十余个古老神话传说，代代流传。

武河湿地公园，东临沂河，北接蒋史汪

图26-10：武河湿地（2013年　区摄协供稿）

橡胶坝、南至廖家屯闸，全长 15 千米，总面积 867 公顷。2011 年 12 月 12 日，被命名为国家湿地公园，为著名旅游风景区。

2013 年黄山镇社区基本情况表

表 26-9

社区	所辖自然村	自然村基本情况
黄山	前黄山	黄山镇政府驻地。清乾隆年间，徐、朱、陈三姓在此建村，因靠黄山，以方位得名前黄山。1971 年后历为公社、乡、镇政府驻地。2013 年 4 月，与后黄山村合并为黄山社区。面积 183 公顷，其中耕地面积 76 公顷，有 520 户 1820 人
	后黄山	位于前黄山北部 1 千米。清乾隆年间建村，因村处前黄山后，得名后黄山。2013 年 4 月，与前黄山村合并为黄山社区。面积 206.37 公顷，其中耕地面积 124.83 公顷，有 669 户 2295 人
菊花屯	菊花屯	位于前黄山东北 5 千米。相传唐朝末期建村，原称菊花屯，后因丁姓居多，改名丁家屯，简称丁屯。后分为 3 个村，为丁西村、丁南村和丁东村。2011 年 3 月，三村合并为菊花屯社区。2013 年 4 月，北桃园村并入菊花屯社区。面积 297.16 公顷，其中耕地面积 193.1 公顷，有 820 户 3165 人
	北桃园	位于前黄山东北 6 千米。清乾隆年间建村，此处原为木柞村李姓桃园，故得名桃园。因与庙山镇的桃园重名，1982 年，经郯城县人民政府批准，以方位更名为北桃园。2013 年 4 月，与菊花屯社区合并为菊花屯社区。面积 50.86 公顷，其中耕地面积 29.01 公顷，有 204 户 686 人
蒋史汪	蒋史汪一	位于前黄山东北 5 千米。据传明洪武年间建村，因蒋、史二姓居此，得名蒋史庄；后因村中有大汪，改称蒋史汪，后分为两部分，其一为蒋史汪一村，简称蒋一村。2013 年 4 月，与蒋史汪二、柳行村合并为蒋史汪社区。面积 153.4 公顷，其中耕地面积 74.59 公顷，有 640 户 2890 人
	蒋史汪二	位于前黄山东北 5 千米。村名由来见蒋史汪一村。2013 年 4 月，与蒋史汪一、柳行村合并为蒋史汪社区。面积 281.85 公顷，其中耕地面积 172.82 公顷，有 1047 户 3474 人
	柳行	位于前黄山东北 4 千米。清光绪年间建村，因居处一片柳树行，许姓由王店子迁居建村，故得村名柳行。2013 年 4 月，与蒋史汪一、蒋史汪二村合并为蒋史汪社区。面积 11.46 公顷，其中耕地面积 0.26 公顷，有 230 户 751 人
峰山	峰山大圩子	位于前黄山北 3 千米。据传唐初建村，因靠峰山而得名峰山村，后分峰山大圩子、峰山上圩子、峰山后圩子 3 个村。峰山大圩子村简称峰大村。2004 年 12 月，3 个村合并为峰山村。2013 年 4 月，改称峰山社区。面积 258.87 公顷，其中耕地面积 167.68 公顷，有 678 户 2400 人
	峰山上圩子	位于前黄山北 3 千米。村名由来见峰山大圩子村。2004 年 12 月，3 个村合并为峰山村。2013 年 4 月，改称峰山社区。面积 97.48 公顷，其中耕地面积 63.15 公顷，有 223 户 854 人
	峰山后圩子	位于前黄山北 3 千米。村名由来见峰山大圩子村。2004 年 12 月，3 个村合并为峰山村。2013 年 4 月，改称峰山社区。面积 128.42 公顷，其中耕地面积 83.18 公顷，有 284 户 1125 人
大安	安头	位于前黄山东北 4 千米。据唐贞观年间重修灵源寺碑记，此村建于隋朝，因村处河岸边，得名岸头，后演称安头。《杜姓宗谱》记载：“杜氏前明由汉口镇迁来大安村”。以此，该村曾称大安村，后复称安头。2013 年 4 月，行政村规模调整后，称大安社区。面积 322.79 公顷，其中耕地面积 148.74 公顷，有 1236 户 3830 人

续表 26-9

社区	所辖自然村	自然村基本情况
凤凰	栗林	位于前黄山东南 3 千米。相传元末薛、何二姓到此耕种官田，称官庄。清乾隆十五年（1750），杜姓由柴口迁居，遂以村后大片栗树林改名栗林。2013 年 4 月，与柴口村合并为凤凰社区。面积 211.9 公顷，其中耕地面积 68.38 公顷，有 598 户 2086 人
	柴口	位于前黄山东 4 千米。据传金时，薛、何、宋三姓迁居，原以地处沂河河汊处，得名汊口镇。杜氏宗谱记载："杜氏始族明初自山西洪洞鹊里黄土崖来郯，后族众日繁，分居新汪、唐桥、重沟三支，至九世祖成谏迁至汊口镇"。清雍正年间，该村杜姓与附近安头村闻姓，因土地纠纷，杜姓砸毁闻姓墓碑，被闻姓告发，判杜姓抄家之罪。官兵误将临沂县之汊口镇杜姓抄家，该村遂改名为柴口镇，简称柴口。2013 年 4 月，与栗林村合并为凤凰社区。面积 342.76 公顷，其中耕地面积 107.8 公顷，有 655 户 2345 人
蔡村	山崖	位于前黄山南 3 千米。据传明朝中期，山西省洪洞县移民迁居，以村处文曲、文昌二山之间故名山圠（Yā）。因"圠"字冷僻，1982 年，经郯城县人民政府批准，更名山崖。2002 年 12 月，与山前村和中蔡村合并为文曲山村。2013 年 4 月，文曲山村，东蔡村、西蔡村和山西村合并为蔡村社区。面积 110.83 公顷，其中耕地面积 55.77 公顷，有 449 户 1143 人
	山前	位于前黄山南 3 千米。据传乾隆初年，王姓由蔡村迁于文曲山、文昌山南侧建村，故名山前。2002 年 12 月，与山崖村和中蔡村合并为文曲山村。2013 年 4 月，行政村规模调整后，属蔡村社区。面积 22.3 公顷，其中耕地面积 11.22 公顷，有 60 户 230 人
	中蔡	位于前黄山南 5 千米。清光绪十三年（1887）建村，原为西蔡村的东场园，因处东、西蔡村之间，故得名中蔡村。2013 年 4 月，行政村规模调整后，属蔡村社区，面积 32.58 公顷，其中耕地面积 16.39 公顷，有 150 户 336 人
	东蔡	位于前黄山南 4 千米。相传明朝中期建村，原以武姓居住于此，称武家村。清乾隆十五年（1750）重修前土地祠碑记载："武家村土地祠，历年未曾塑像……"。后武姓多数外迁，以村处蔡村（今西蔡村）东，改称东蔡村。2013 年 4 月，与文曲山村、西蔡村和山西村合并成立蔡村社区。面积 172.01 公顷，其中耕地面积 42.76 公顷，有 311 户 1036 人
	西蔡	位于前黄山南 5 千米。王氏宗谱记载："王氏始祖明洪武初由山西洪洞鹊里来居于此"，时因此处野草丛生，得名蔡村。清乾隆年间，以方位改称西蔡村。2013 年 4 月，与文曲山村、东蔡村和山西村合并为蔡村社区。面积 221.13 公顷，其中耕地面积 79.93 公顷，有 583 户 1728 人
	山西	位于前黄山南 4 千米。王氏宗谱记载："王氏始祖明代洪武初年卜居此处"，以村处文曲山西侧，得名西山。因与郯城县庙山镇的西山重名，经郯城县人民政府郯政发（1982）号文件公布，更名为山西。2013 年 4 月，与文曲山村、东蔡村和西蔡村合并为蔡村社区。面积 141.71 公顷，其中耕地面积 84.7 公顷，有 583 户 1728 人
双合	麻湖	位于前黄山东南 2 千米。据传明成化年间，刘姓因原籍武家口毁于洪水，迁此立村。时因此处湖坡大蔴丛生，得名蔴湖，后演化成麻湖。2004 年 12 月，与武村合并为双合村。2013 年 4 月，改称双合社区。面积 203.63 公顷，其中耕地面积 123.22 公顷，有 480 户 1652 人
	武村	位于前黄山南 3 千米。相传乾隆年间，武姓自东蔡村迁居，故得名武家村，简称武村。2004 年 12 月，与麻湖村合并为双合村。2013 年 4 月，改称双合社区。面积 34.52 公顷，其中耕地面积 20.89 公顷，有 80 户 280 人
官山	蝎子山	位于前黄山西南 2 千米。谢氏宗谱记载："清乾隆间五世祖自郯南红花埠来蝎子山定居"。以靠蝎子山得名。2013 年 4 月，与谢家官庄村合并成立官山社区。面积 201.29 公顷，其中耕地面积 90.76 公顷，有 550 户 1685 人

续表 26-9

社区	所辖自然村	自然村基本情况
官山	谢家官庄	位于前黄山西南 2 千米。据传明万历年间，谢姓自郯城红花埠到此耕种官田，故名谢家官庄，简称谢官庄。2013 年 4 月，与蝎子山村合并成立官山社区。面积 359.93 公顷，其中耕地面积 178.25 公顷，有 820 户 2980 人
凤凰屯	凤凰庄	位于前黄山西北 5 千米。相传唐永贞元年（805），苗姓建村，称苗儿庄。清康熙七年（1668）郯城大地震毁村，后在原址村北重建，因许姓居多，故改名许家庄，习称许庄。因与郯城县郯城、高峰头镇的许庄重名，1982 年，经郯城县人民政府批准，以吉祥嘉言更名为凤凰庄。2013 年 4 月，与老屯村合并为凤凰屯社区。面积 269.4 公顷，其中耕地面积 165.31 公顷，有 698 户 2632 人
	老屯	位于前黄山西 4 千米。据传明末建村，始称屯里，后因该村较大，建村年代早于附近小村，故习称老屯。2013 年 4 月，与凤凰村合并为凤凰屯社区。面积 172.09 公顷，其中耕地面积 111.58 公顷，有 540 户 1703 人
木柞	木柞一	位于前黄山东北 8 千米。相传明嘉靖年间葛姓从山西洪洞县迁此居住，因村民多从事木业，故名木作，后演化为木柞。后来分为 4 个村（木柞一村、木柞二村、木柞三村、木柞四村），木柞一村，简称木一村。2013 年 4 月，木柞一村、二村、三村、四村合并为木柞社区。面积 95.14 公顷，其中耕地面积 48.91 公顷，有 420 户 1230 人
	木柞二	位于前黄山东北 7 千米，村名由来见木柞一村。2013 年 4 月，与木柞二村、三村、四村合并为木柞社区。面积 86.45 公顷，其中耕地面积 44.75 公顷，有 520 户 1372 人
	木柞三	位于前黄山东北 7 千米。村名由来见木柞一村。2013 年 4 月，与木柞一村、二村、四村合并为木柞社区。面积 78.61 公顷，其中耕地面积 52.72 公顷，有 389 户 1221 人
	木柞四	位于前黄山东北 7 千米。村名由来见木柞一村。2013 年 4 月，与木柞一村、二村、三村合并为木柞社区。面积 85.25 公顷，其中耕地面积 36.19 公顷，有 362 户 1190 人
官庄	李官庄	位于前黄山西南 7 千米。据传建于唐朝。因村邻官庄（今舒官庄），亦称官庄。明朝中期，以李姓居多，改称李家官庄，简称李官庄。2013 年 4 月，与舒官庄合并为官庄社区。面积 426.72 公顷，其中耕地面积 267.2 公顷，有 846 户 2950 人
	舒官庄	位于前黄山西南 7 千米。相传唐朝建村，因此处原为官田，始称官庄，后以方位改名北官庄。据清光绪二十六年（1900）立舒氏祖墓碑载："舒氏祖明代迁此"。后又改称舒家官庄，简称舒官庄。2013 年 4 月，与李官庄合并为官庄社区。面积 70.36 公顷，其中耕地面积 40.77 公顷，有 236 户 906 人

第三章　撤并街道

第一节　双月湖街道

位置境域

双月湖街道位于区境中部，以辖区双月湖得名，为区政府驻地。东靠盛庄街道，南连罗庄街道，西邻罗西街道，北接兰山区银雀山街道。辖区面积 36 平方千米。地势西高东低，属平原。通达南路、206 国道、罗六路、罗七路、湖东一路、湖东二路和临西七路纵贯南北，双月湖路、湖北路、规划路、沂河路、清河南路、永盛路、金八路和化武路横穿东西。街道办事处驻永盛路109号，距区政府驻地4.1千米。

建置沿革

1997年1月21日，开始筹建双月湖街道，析罗庄镇朱陈北村、八块石村、湖西崖北村、湖西崖西村、湖西崖东村，盛庄镇大白衣庄、小衣庄和罗西乡前崔家庄、后崔家庄置双月湖街道，辖9个行政村，3793户，1.38万人。1999年4月30日，经省政府批准，正式成立双月湖街道。1998—2008年，经3次区划调整，到2010年年底，辖区面积36平方千米，辖19个社区，1.11万户，3.56万人。2011年8月9日，经省政府批准，撤销双月湖街道，整建制并入盛庄街道。

自然资源

境域为平原，土地肥沃，水源丰富，林木覆盖率15%。土壤以潮土、水稻土、砂姜黑土为主。有石灰岩、铁矿、铝矿等矿产资源，均开采利用。1997年，土地总面积1498公顷，其中耕地面积30公顷。2013年，土地总面积3600公顷，其中耕地面积418.2公顷。

经济概况

1997年，全街道完成地区生产总值4060万元，农业总产值500万元，工业总产值8976元，财政收入245万元，农民人均纯收入2100元。2004年，完成地区生产总值17亿元，工业总产值11亿元，实现税收入库1863万元，农民人均纯收入3300元。2010年，完成规模以上工业总产值48.33亿元，地方财政收入3683万元，居民人均纯收入7300元。

农业 主要粮油作物有小麦、玉米、小米、花生、大豆等。1997年，粮食总产234万千克，平均亩产520千克，完成农业总产值500万元。1998年起，调整农业产业结构，加大农业投入力度，推进以高产、优质、高效为重点的农业综合开发，实施“奶牛富民工程”“百万农户致富工程”。2010年，农作物总播种面积860.06公顷。其中，粮食作物播种面积836.2公顷、总产364.05万千克，蔬菜种植面积23.86公顷、总产141.8万千克。

工业商贸 1997年，有陶瓷、食品、建材等9家民营企业，新增个体工商户62家，新建水果超市1家。1998年起，依托区位优势，建立招商引资机制，实施优惠政策，扶持个体私营企业和个体工商户发展。2010年，有规模以上工业企业11家，完成规横以上工业总产值48.33亿元，主营业务收入53.71亿元，利税总额5.32亿元。

基础设施建设

1997年，全街道城市建设投资1700万元，规划实施人民广场、护台公园和湖北路一条街绿化。投资80万元，改造35千伏供电线路2条、220千伏供电线路1条。投资2300万元建设双月园住宅小区。1998年后，进一步完善基础设施建设，坚持建管并重，实施城市化发展战略，加大城市建设、环境治理工作力度。至2010年，全街道实现村村通柏油（水泥）路、自来水、公交车。扩建化武路，硬化路面4.37万平方米。

教科文卫

2010年，有幼儿园10所，在园幼儿1609人，教师203人；小学3所，在校学生3277人，教职工207人。小学适龄儿童入学率、巩固率均100%；初中适龄儿童少年入学率100%，在校学生巩固率99.2%。2010年，有科技机构1个，助理农艺师5人，农业技术指导员1人。有街道科学技术协会1家、科普活动站1个，每个社区均设立科普宣传栏配备科普宣传员1人。

2010年，有公园1处，文化娱乐场所10家，每个社区均建有文化活动中心。有双月湖卫生院1家（民营医疗机构），占地面积8667平方米，建筑面积4230平方米，有卫生专业技术人员28人，设内科、外科、妇产科、小儿科、中医科、化验科、公共卫生科、社会卫生科、口腔科、预防接种等10个科室，医疗床位20张。年门诊5.62万人次，收治住院病人450人次。有社区卫生室17家，乡村医生96人。

第二节　汤庄街道

位置境域

汤庄街道位于区境南部，以辖区汤庄得名。东北部与册山街道相邻，东部与黄山镇接壤，南连褚墩镇，西界苍山县神山镇，北接傅庄街道。辖区面积28.5平方千米。老涑河流经东部，五里河流经西部。大柱山海拔75.7米，有花埠岭、凤凰岭2座丘陵。街道办事处驻樱花路1号，距区政府驻地18千米。

建制沿革

1997年1月21日，开始筹建汤庄街道，析傅庄镇南境置汤庄街道。2000年5月11日，经省政府批准，正式成立汤庄街道，辖20个行政村，3.1万人。2011年8月9日，经省政府批准，撤销汤庄街道，整建制并入傅庄街道。

自然资源

境域系临郯苍冲积平原一部，土层深厚，土质肥沃。土壤以褐土、潮土、水稻土为主。已探明并开采利用矿产资源有煤、铁矿石、焦宝石、软硬质铝等30余种。林木覆盖率18.%。2010年，全街道土地面积2850公顷，其中耕地面积1232公顷。

经济概况

1997年，全街道完成地区生产总值1.94亿元，农业总产值5900万元，工业总产值4.2亿元，农民人均纯收入2160元。2004年，完成地区生产总值3.4亿元，工业总产值9.02亿元。2010年，完成地区生产总值3.9亿元，财政收入5785.5万元。

农业　主要粮油作物有小麦、水稻、玉米、大豆、地瓜、花生等。1997年，粮食总产899.4万千克，年均亩产480千克。农业总产值5900万元。1998年，投资200万元，对1000公顷中低产田改造，开挖排水沟102千米，打机电井2眼，建桥涵闸72座，整修田间道路59千米，植树4万余棵，扩大和改善农田灌溉面积866.7公顷。1999年后，围绕农业增效、农民增收，调整种植结构，走“兴办一个龙头，带动一个企业，建立一片基地，覆盖一批农户”富民之路，先后建成人和、万倍、隆泰3家绿色食品加工企业和1家乳品加工厂，发展种植、养殖大户33户。2010年，农作物总播种面积2596.67公顷。其中，粮食作物种植面积2350公顷、总产1110.15万千克，油料作物种植面积126.67公顷、总产66.6万千克，蔬菜种植面积120公顷、总产629.19万千克。

工业商贸　1997年初，有煤炭、建安、蔬菜加工、冷藏、燃气等7家街道办企业，个体商贸服务业户214家，从业人员3632人。同年8月，街道办事处对5家街道办集体企业进行改制，均出售给个人，转型为民营企业。是年，完成工业总产值4.2亿元。1998年，开始建设汤庄工业园，占地面积334公顷。2001年，汤庄工业园被评为“市级工业园”。2002年，被命名为省级民营经济示范区。2010年，全街道有规模以上工业企业17家，完成规模以上工业总产值17.60亿元，主营业务收入 17.05 亿元，利税 1.01 亿元。建成金三角商场，拥有营业摊位 260 个，为罗庄区南部重要商品集散地。

基础设施建设

1997 年，投资 600 万元硬化汤郯路、汤神路和办事处驻地道路 10 千米，制定街道办事处驻地和 20 个村庄建设发展规划，建设汤庄、东小车、东大车和大丁庄 4 个住宅示范村。1998 年后，坚持“高起点、高标准、高水平、超前性”原则，大力推进城镇化进程，加强基础设施建设。编制完成街道办事处驻地 5.6 平方千米道路网络、分区布局、给水排水、电力通讯、供气供暖等控制性详细规划。投资 1260 万元，建设办事处行政办公楼。至 2010 年，硬化道路 50 万平方米，实现村村通硬化路、自来水。铺设自动喷灌式草坪 1 万平方米，建有观赏雪枣园 20 万平方米、石榴园 6.7 万平方米，栽植棕榈、樱花、木芙蓉、黑松等花木 20 种。主要道路实现绿色、美华、亮华。

教科文卫

1999 年，投资 500 万元，建设汤庄中学，2004 年，投资 280 万元，建设汤庄中学教学实验办公楼。2006 年，完成小学布局调整和危房改造工作，全街道小学调整合并为 3 所。2010 年，全街道有幼儿园 14 所，在园幼儿 1221 人，幼儿教师 125 人；小学 3 所，在校学生 1203 人，教职工 74 人；九年制义务教育学校 1 所，小学在校生 1560 人，初中在校生 596 人，教职工 158 人。小学适龄儿童入学率、巩固率均 100%；初中适龄少年入学率 100%，在校学生巩固率 98.8%。2010 年，有科技机构 1 个，助理农艺师 5 人，农业技术指导员 2 人，每年对农民进行科技致富培训。有街道科学技术协会 1 家，科普活动站 1 个，每个社区均设立科普宣传栏，配备科普宣传员 1 人。有街道文化站 1 个，各村建有文化活动服务中心、文化室。有汤庄卫生院（民营医疗机构）1 家，卫生专业技术人员 36 人，设骨伤科、内科、外科、儿科、妇科、中医科、公共卫生科等 12 个科室，设有医疗床位 30 张。年门诊 5.36 万人次，收治住院治疗病人 540 人次。有村级卫生室 19 家，乡村医生 63 人。

第二十七编　人　物

Part 27: Figures

人与自然（2013年6月　胡加水摄于武河湿地公园）

静谧双月湖（2012 年 12 月　马冰摄）

人物传略

杨肇基（1581—1631）　字太初，号开平。明末将军、太傅。明朝沂州城南城子村（今罗庄区傅庄街道城子村）人，土家族。祖籍系湖广石门（今湖南省石门县）。其先祖杨秀，于明初洪武年间以武功起家，以军功累官至左副总兵，逝世后被诰赠怀远将军，封爵世袭卫指挥同知。杨秀之三子杨茂袭父爵，由扬州卫指挥同知累官江南提督府总兵。杨茂之长子杨瑄于宣德九年（1434）调任沂州卫指挥同知，并举家迁到此地。自始世袭七代至杨肇基。

杨肇基成年后，由世职中式三科武举袭沂州卫指挥同知，经屡次提升，任大同总兵，后军都督同知，后因病回家休养。

天启二年（1622），山东巨野人徐鸿儒和王好贤以白莲教聚众造反，称帝改元。攻下郓城和邹、滕、峄等县城，进而聚众数万，围攻曲阜、兖州和郯城。驻守沂州的山东监军兖东副使徐从治请示山东巡抚赵彦，起用杨肇基为山东总兵官，挂印征战。经大小数十战，终于平定叛乱，立下大功。不久，杨肇基应朝廷任命镇守登（州）莱（州），月余，又改镇明九镇之一的延绥（今陕西省榆林市）。适逢河套一带有敌军进犯边塞，杨肇基在除夕之夜，乘敌不备，率精锐骑兵直捣敌营，大获全胜。崇祯初年，清兵进攻关内，逼近京都，皇帝召见并命他镇守蓟西。杨肇基率兵收复三营屯，因功加官锦衣卫千户，庇荫太子太师。由于积劳成疾，于明崇祯四年（1631）二月九日病逝于蓟镇军中。追赠为太傅，谥号“武襄”。

杨御蕃（1605—1644）　字翰城，明末将领，杨肇基之三子。天启二年（1622），随父镇压白莲教叛乱，俘获首领夏太师，以功授沂州卫镇抚。翌年，因军功升任曹州守备，适逢骁匪黄步云率众劫掠财物，杨御蕃率骑兵20余骑，斩杀匪徒百余人，并活捉黄步云，因屡建战功，升至北通州副总兵。

明天启五年（1625）春，登州参将孔有德举兵反叛，夺取登州后，继而向莱州进发。朝廷任命杨御蕃代理山东总兵，与山东巡抚谢琏分兵守城。叛军假意投降，诱捕巡抚谢琏和莱州知府朱万年等。杨御蕃率兵突击，打退叛军，解莱州之围，以功加官都督同知、总兵，镇守登莱二州。

崇祯十五年（1642），李自成起义军打到凤、湘一带。杨御蕃移兵护陵，打败李自成的先锋部队；又移兵镇守临清，打败李自成部将史二、姚三，招抚李青山。不久，杨御蕃奉朝廷之命，会同左都督刘泽清攻打曹濮一带起义军。因事，惹怒刘泽清，刘泽清制造流言蜚语陷害杨御蕃，因此获罪，削职回家。崇祯十七年（1644），李自成起义军攻占北京，明兵部尚书史可法在南京立福王，封杨御蕃为江南提督总兵。不久，病逝于军中。

于　腾（1832—1890）　字飞卿，清郯城县寨子村（今罗庄区沂堂镇寨子村）人，文物收藏家，官至代理成都知府。幼时家贫，给人放猪，每经村塾，总喜欢在窗外听先生讲课，久之，能成诵。塾师董继志一向爱惜人才，见于腾聪敏好学，便让其免费参加学习，还时常给以资助。从此，他发愤读书。清咸丰二年（1852）考取举人，清同治元年（1862）中进士。先后任四川宜宾、铜梁县知县。清光绪十五年（1889），代理成都知府。他政事之余喜鉴定和收藏文物，所得官银大都购买书画，并逐件详加考释。所藏书画以宋画册页最为珍贵，如《碧桃图》、马远《海棠蛱蝶图》《梅石溪凫图》《白蔷薇图》、林椿《梅竹寒禽图》，赵佶《腊梅双禽图》等。这些名画，现分别收藏在全国几家大博物馆，并且编入《宋人画册》或《两宋名画册》中。他除收藏和鉴定古画册外，还喜欢整理编印古籍。在成都时，他亲自主持刻印《盛宋文选》《昭明文选》《皮之文薮》等书籍。

于腾任四川铜梁县知县时，元配孟氏去世，娶铜梁王氏为续室。清光绪十六年（1890），于腾病逝于成都，王氏扶柩回籍安葬，并把于腾一生的珍贵藏品及《盛宋文选》的木版运回。此后定居兰山县城内（今临沂城）。时堂邑武训兴办义学，受到清廷表彰，山东不少地方也相继兴办。王氏想到其丈夫幼时读书不易，因此对办义学颇为赞赏，于是献出金镯一对和土地百亩，借琅邪书院办起义学1所。此事被地方官吏奏报朝廷，慈禧太后降旨，赐金凤冠一顶，并封她为“一品夫人”。山东巡抚杨士骧赠匾一块，亲书“撤环兴学”4字，以示褒扬。一时王氏的事迹广为流传，人们称她为“女武训”。

钱凤鸣　生卒年不详，字桐轩，清末将领，清兰山县磊石村（今罗庄区罗西街道磊石村）人。早年从军，以军功升任守备、游击。清光绪五年（1879），从征新疆，俘获陕甘回变的回军首领白彦虎之子，以功由兵部记名，简放总兵。清光绪十二年（1886），山东巡抚张曜奏请朝廷，留钱凤鸣在本省委用。甲午战争期间，随黑龙江将军依克唐阿征战，屡次立下战功。《马关条约》签订后，遂告老还家。

谢兴邦（1906—1938）　郯城县官庄（今罗庄区褚墩镇北官庄）人，抗日烈士。毕业于临沂山东省立第五中学，1930年前后，加入中国共产党。1933年7月，参加“苍山暴动”，并献出自家步枪2支。1938年5月，加入临郯青年救国团，并参加第一期抗日武装骨干训练班。同年10月20日，带领本村青救团团员申布坤、王麦和、王清环和王善贵，参加山东农民抗日自卫团总团在老屯村举办的第二期训练班。11月6日凌晨，临沂城日本侵略军突袭老屯村，正在出操的学员，边打边撤，谢兴邦被日本侵略军追赶到一条河边围住，将其抓捕捆绑押上汽车，他奋力挣扎反抗，跳下汽车，日本侵略兵用枪托砸伤他的腿部，架上汽车；片刻，他乘看守的日本侵略兵不备，再次跳车逃跑，被日本侵略兵砍断头颅，壮烈牺牲。申布坤、王麦和也在战斗中牺牲。

高树屏（1885—1941）　又名高廷翰，临沂县东三重村（今罗庄区傅庄街道东三重村）人，革命烈士。出身于富裕农民家庭，早年去傅家庄中药店学徒，后返回故里创办私塾，招收村民子女读书。他边教边刻苦自学，不久考入济南山东省立模范蚕业讲习所。1920年，毕业回乡任塾师，并在周围村庄劝农种桑养蚕，义务提供技术指导。1922年，山东省教育厅委任他为临沂县乙种农业学校校长。翌年1月，省检定委员会核准为临沂县乙种实业学校蚕科教员。1925年8月，改任临沂县职业学校校长。之后，历任临沂县农场主任、临沂县政府第四科（建设科）技术员、临沂山东省立第三乡村师范农室主任。其间，他潜心桑树苗木优良品种的培育研究，在桑树的育种、栽培、嫁接及桑蚕的饲养等方面，积累总结出一套成功经验，并走门串户，传授技术，指导生产。在他的努力下，临沂县蚕业有了很大发展。全县蚕茧产量从1923年的不足3.5万千克提高到1930年的40万千克。

抗日战争爆发后，1938年4月，他带领一批青年学生响应中国共产党领导的临沂县民众总动员委员会的号召，投入抗日工作。同年8月，当选为临沂县第二届民众总动员委员会主任委员。1940年3月，任临沂县抗日民主政府秘书主任，同时被选为临沂县第三届民众动员委员会常务委员。他工作勤苦，日无暇晷，以致积劳成疾，于1941年1月26日在临沂城南破石桥村（今册山街道新桥村）逝世。当时，中共临沂县委书记刘子见等44人成立"高树屏先生逝世善后委员会"，处理高树屏逝世后的善后事宜。委员会发文对高村屏在临沂县政府任职期间的工作，作了如下的表述："政府草创，百端待理。先生辅佐县长对推行庶政多所建树。府内事无巨细，躬必体察。至今县府之有端绪，事务有条理，先生细心擘画之功居多。至其待人接物、道德修养，清慎廉介，操持谨严，则更为一般工作同志所矜式。如先生者，是因全县人士所爱戴，而能表率群伦、廉贪立懦者也。"

张准亭（1896—1941） 原名善则，临沂县东三重村（今罗庄区傅庄街道东三重村）人，革命烈士。1920年，济南师范二部毕业后回村，与高树屏等拆掉庙里神像，创办三重小学，既是老师又是校长。1923—1937年，先后任临沂县督学，县立发展街小学校长等职，在教育界和民众中极有威望。抗日战争爆发后回村，拿出资财支援抗日，动员胞弟张善问将1支步枪献给抗日组织。并参与组建临沂县第一届民众总动员委员会和临郯青年救国团县团部。1940年3月14日，临沂县抗日民主政府成立，任教育科长。同年4月10日，临沂县第三届民众抗日总动员委员会成立，被选为主任委员。8月17日，临沂县参议会在庄坞成立，当选为县参议会副参议长。1941年10月18日，在庄坞对日本侵略军作战中，左肩部中弹牺牲。

孙克仁（1920—1942） 字寿山，临沂县大丁庄（今罗庄区傅庄街道大丁庄）人，革命烈士。1938年，他在册山南头小学读书时，正值日本侵略军大举南侵，临沂随之沦陷。临郯人民在中国共产党领导下，掀起抗日救国高潮。孙克仁弃学回村，与同学张文刚（后任沈阳军区空军司令员）一起组织抗日团体，宣传和发动群众开展抗日救国斗争。1938年5月，临郯青年救国团县团部在丁庄小学成立，他带头参加临郯青年救国团第一分团，并参加在南头村举办的临郯青年救国抗日武装骨干训练班。1939年10月，加入中国共产党，在临沂县县长丁梦孙领导的青抗团工作，任苍山12区区委指导员，与区长姚锡贞带领战士转战于庄坞、涌泉、苍山西北山里一带。1942年6月，在迷龙汪对日本侵略军作战中牺牲。后被民政部批准为革命烈士。

孙 哲（1910—1943） 原名廷哲，临沂县大丁庄（今罗庄区傅庄街道大丁庄）人，革命烈士。毕业于临沂山东省立第三乡村师范学校（简称临沂三乡师）。1935年6月，加入中国共产党。1937年8月，他与临沂三乡师几位同学结伴奔赴延安参加革命，改名孙哲，被分配到中国人民抗日军事政治大学学习。1938年5月，孙哲被派遣随东进沂蒙山区干部队从延安回到家乡，开展抗日救国宣传和发动工作，不久到山东抗日军政学校（又称岸堤干校）任教员。同年11月，回到中共临郯中心县委，参与八路军临郯独立团组建。11月23日，临郯青年救国团县团部组织各青救分团的自卫武装力量，在兰山村（今褚墩镇）举行誓师大会，正式宣布成立八路军临郯独立团，薛浩任团长，唐涛任政治委员、孙哲任政治部主任。在任期间，深入部队及鲁南各抗日团体，宣传党的抗日政策，深得尊重和好评。只回过一次家，第二天便离开，此后再无音讯。后认定为失踪，被民政部追认为革命烈士。

说明：据《游击烈火沂蒙魂（上）》记载，1943年8月21日，孙哲带领泰山军分区十二团二营四连的60名战士执行任务时，被日伪军包围于常旺庄。次日，日伪军发动多次进攻，均被击退。为保存力量，孙哲命令战士突围，他率领20名战士断后掩护，不幸身中数弹，英勇牺牲。

张国柱（1921—1944） 郯城县台井村（今罗庄区沂堂镇前台井村）人，革命烈士。1938年，参加临郯青年救国团，1939年，加入中国共产党，1940年2月，张国柱在家乡拉起抗日武工队，配合临郯青年救国团开展抗日武装斗争。1943年夏，带领武工队员化装成日军，闯进沂堂伪乡公所，打死伪乡长王文西等2人，俘虏伪军20人。同年秋，带领武工队拔掉多个日伪据点。1944年7月下旬，张国柱（时任庙山乡乡长）带领武工队到朱陈一带执行任务。同年8月4日，在黄土堰村被日伪军包围，战斗中腹部中弹后，爬到一村民家牛槽底下藏身，被日伪军顺着血迹抓住，押到村中的一片空地上，四周站满被驱赶来的村民，日伪军头目要他说出人群中的共产党员，遭到张国柱的痛骂，并挣扎着双臂高呼“打倒日本帝国主义”“打倒汉奸走狗”“共产党员视死如归”等口号。伪兵砍掉他的胳膊，他仍然昂首高呼革命口号，被伪兵用刀肢解，把他的头颅悬挂在村东门上，时年仅23岁。1960年10月，张国柱被山东省人民政府追认为革命烈士。

平永安（1896—1944） 革命烈士。临沂县蟠龙庄（今罗庄区罗庄街道蟠龙庄）人，出身手工业者家庭。少年时读过几年私塾，成年后被推选为村长。1940年10月，加入八路军115师教导2旅684团，任连队司务长。1941年春，调到团供给处负责粮秣股的工作。同年3月22日，在青口镇战役中，受到部队首长表扬：“兵马未动，粮草先行，平永安同志工作非常出色”。1943年冬，部队实行“一面打仗，一面生产”，在东海滩上晒盐。平永安深入群众向盐农学习，很快掌握晒盐技术，组织修泥基、打格子、蓄海水、筑外堤，使荒凉的海滩变成平整的盐田。1944年10月，奉命和几个同志到郯城执行任务，与日本侵略军遭遇，寡不敌众，被日本侵略军俘虏。在押期间，他组织越狱被发觉，敌人将他们在郯城城外的一处庙宇后面活埋。中华人民共和国成立后，被山东省人民政府追认为革命烈士。

刘雁川（1916—1945） 又名书贞，革命烈士。临沂县刘家三岗村（今罗庄区盛庄街道刘家三岗村）人，毕业于临沂山东省立第三乡村师范学校。1938年2月，加入中国共产党，同年8月，刘家三岗村党支部成立，刘雁川任书记。1939年冬，中共临郯县委派刘雁川到王洪九部开展地下工作。期间，他几次想将王洪九部部分武装拉出，均未能如愿。1945年9月，临沂城解放后，八路军对王洪九部盘踞在临沂城西北的据点发起攻击，刘雁川在内部策应。11月22日晚，刘雁川趁王部突围逃窜之际，策划率部脱离，不料事发，途中遭追击负伤，不久因伤口感染医治无效牺牲。1990年4月13日，山东省人民政府追认其为革命烈士。

朱达章（1913—1946） 姓熊名绍琮，笔名司徒华，化名朱达章，广西省（今广西壮族自治区）桂林人，中共山东大学委员会原书记。旧时，父亲曾在政界任职。1932年，朱达章毕业于广州智用中学，相继做过硫酸厂的练习生、书店店员、小学和中学教师，后到广西大学图书馆、广西省立图书馆任馆员。1936年春，在桂林书社任编辑。夏季，在驻桂林的第四集团军政训处任宣传部主任，创作《我们的卢沟桥》《纪念五卅》等诗歌，宣传抗日救国。1937年年底，到武汉以司徒华笔名出版诗集《秦琵》。1938年春，由中共党员洪雪邨引荐，到八路军驻武汉办事处要求去延安参加抗日救亡。办事处推荐他到国民革命军第7军171师工作。在171师，朱达章任师政训处少校组织科长。他利用父亲的社会关系和自己所担任的职务之便，在社会人士中广泛宣传共产党的抗日救国主张，并通过给集训队讲课，帮助师宣队组织演出活动，激发广大官兵的抗战热情。1939春，朱达章被171师中共地下组织秘密吸收为中共党员。

1940年初，朱达章奉命同其他中共地下党员和一批进步青年撤出171师，进入淮南抗日根据地。翌年3月，被任命为安徽省滁县抗日民主政府秘书兼政府党团书记。秋季，调入新四军，先后任江北指挥部政治部秘书、第二师政治部宣传部副部长，同时负责第二师文委会工作。1943年春，到津浦路东参加华中局统一组织的对根据地调查研究。1944年秋，朱达章调中共华中局政研室任研究员，重点研究民兵问题。

1945年春，朱达章调入设于淮阴的华中建设大学，先后任教授兼教育系副主任、预科部主任兼党支部书记。1946年2月，他奉命率华中建大600多名师生北迁山东临沂，经过10天的长途跋涉，华中建大师生安全到达目的地，被安排在临沂城东的田家黑墩等村庄。同年4月，华中建大与山东大学（1945年8月由山东省人民政府委员会决定创办）合并，仍称山东大学。朱达章任党委书记兼教务长，并为管委会成员。5月4日，学校正式开学，设政治、经济、文艺（包括文学、艺术、英语、新闻专业）、教育、医学等系及代办的财经、文化、邮政等训练班。教职员工及学生2000余人。1946年夏，国民党军进攻山东解放区，山东大学撤至莒南县汀水、坪上等村。同年7月15日，朱达章到临沂县册山区后村，向驻在那里的山东省政府汇报工作。22日晚9时左右，他向省政府汇报工作后，只身返回村东头省政府招待所，途中被3名国民党特务从背后用绳子勒住脖子，气绝身亡。8月，中共华东局，山东省政府，在省政府驻地，召开追悼大会，沉痛悼念朱达章烈士，陈毅出席致悼词。华东局、省政府还分别向朱达章夫人——山东大学助教杨素发出唁函，省政府拨付奠义费1万元。杨素将这笔款子交给山东人民，支援解放战争。朱达章遗体原葬于后村，1958年迁葬于临沂茶山烈士陵园。

1986年7月，在纪念朱达章牺牲40周年的日子里，鞍钢党校副校长杨素老人，携其子女前来临沂，中共临沂市委、市人民政府、民政局负责人，陪同杨素老人，到茶山陵园扫墓。

吕宝兰（1924—1947）　女，革命烈士，沂蒙红嫂。临沂县湖西崖村（今罗庄区盛庄街道湖西崖村）人，佃农家庭出身。父亲吕其太，靠租种地主土地，维持6口人的生计。1941年，他承租的田地有8亩遭受龙卷风灾害，颗粒无收。地主张霸天仍带人将他家的口粮全部运走。冬季，吕其太被迫带领妻儿外出逃荒，后定居于沭水县兴云区杨家三义口村（今属莒南县）。三义口村属共产党领导的滨海区抗日根据地，吕宝兰参加了妇救会、识字班，并担任识字班长，因工作出色，于1944年加入中国共产党，并担任兴云区妇救会代理会长。同时，长兄吕宝秀参加八路军，父亲吕其太参加中国共产党，担任村农救会的干部。

1945年9月11日，临沂城解放。吕宝兰被调到临沂城附近的新解放区工作，担任中共临沂县朱陈区委员会委员。同时，组织上还动员她的全家，迁回原籍，由其父吕其太负责村农会工作。同年12月开始，吕宝兰在分工负责的湖西崖乡，发动群众，开展反奸、反霸、减租减息及土地改革运动，都取得了很好的成绩。尤其在动员参军工作中，她组织起秧歌队、高跷队，到各村巡回演出，宣传当前形势，鼓励有志青年报名参军，保卫胜利果实。她曾自编自唱抗战小调，其中有这样的唱词：“一扭二扭使劲扭，一直扭到十八九。爹娘不给说婆家，俺就跟着八路走……”由于中共朱陈区委的深入思想发动和吕宝兰的广泛宣传，朱陈区很快掀起参军热潮，仅湖西崖村，就有30多人报名参军。

1947年2月15日，根据战略需要和华东野战军前委的决定，华东和山东党政机关，主动撤出临沂城。原土顽王洪九部跟随国民党军队卷土重来。为此，吕宝兰和区委的几位同志，转移到湖西崖以西10余千米处一个山岭上隐蔽，秘密进行工作。同年2月22日，吕宝兰按事先约定，带领20余人秘密到湖西崖村收取群众为解放军做的军鞋。地主张霸天得知此事，悄悄到城里向敌人告密。王洪九立即派100多名还乡团丁，将湖西崖村包围。吕宝兰率领大家凭借一处旧屋墙进行抵抗。由于寡不敌众，全部被捕。在监狱中，敌人对吕宝兰施以各种酷刑，逼她说出共产党的组织情况和机密，吕宝兰严词拒绝，并正告敌人：所犯罪行，终究会受到人民的正义惩罚。

1947年5月27日，是湖西崖农历四月初八逢小集的日子，王洪九下令将吕宝兰等20余名共产党员和革命群众杀害。杀害前对吕宝兰实施了极其残忍、卑劣、无耻的酷刑。吕宝兰就义前，强忍疼痛，依然高呼革命口号。她的父亲吕其太和弟弟吕宝荣同时遇害。1948年9月19日，吕宝兰被临沂县政府追认为革命烈士；2010年，山东省政府、省妇联授予吕宝兰“70年山东妇女杰出人物”称号，被誉为“刘胡兰式的女英雄”。

管振明（1921—1947） 原名建，郯城县孙庄（今罗庄区褚墩镇孙庄）人。1938年，在老屯（今苍山县神山镇）参加农民抗日自卫团，同年加入中国共产党。1940年年底，自卫队编入鲁南军区沂河支队，任指导员。1942年后，任沂河支队后勤处处长。连续4年，在抱犊崮山区带领三厂（被服厂、鞋厂、兵工厂）及各军工单位400余名干部、工人，克服交通不便、原材料匮乏等困难，按时完成军需生产任务。同时成立巡逻队、运输队，加强安全生产、产品供应和军事训练。1946年，被调到前线部队任营教导员。1947年10月，在岔河（今江苏省邳州市）指挥作战中被敌人炮弹炸伤。在送往医院途中，于苍山县后杨官寺牺牲。

尚梅兰（1909—1947） 女，沂蒙红嫂，革命烈士。临沂县尚庄（今罗庄区册山街道尚庄）人。出身于贫苦农民家庭，青年时期嫁与郯城县李庄的王亭仁。1944年秋，王亭仁任李庄三村党支部书记，她被选为村妇救会会长。带领全村妇女群众，积极参加碾米磨面、做军鞋、送军粮、抬担架等各种支前工作，多次受到党组织和部队机关的表扬。她经常通过编唱歌谣，向妇女群众宣传。比如在做军鞋时，带领大家同唱：“妇救会，姐妹团，我们忙着来支前。你纳底儿我做帮，做起新鞋送前方。送给前方的八路军，穿着新鞋杀敌人。”1946年夏，在动员参军运动中，她带头送丈夫参军。在她的带领下，全村有20余人参军，其中6人是已婚青年。送行时，她和6名新兵的媳妇一起，边舞边唱自编的《送别小调》：“正月里来是新春，我送俺郎去参军，叫声郎哥你慢慢走，小妹送你在后头。希望郎哥你上前线，英勇杀敌跑在前。”同年秋，加入中国共产党。她拥护党的“土改”政策，曾以摆事实，讲道理，对地主进行说理斗争。

1947年，国民党军大举进攻山东解放区。尚梅兰被还乡团抓捕，在押往李庄伪乡公所的路上，敌人用枪托子把她打倒在地，逼她爬着走，每爬一步，敌人就用枪托子捣一下，到了伪乡公所，她已被打得皮开肉绽。伪保长恶狠狠地问道：“谁叫你跟共产党干的！”她坚定地说：“因为我们是穷人，共产党是我们的救命恩人，我们穷人就得跟共产党干！”敌人对她进行严刑拷打，她坚贞不屈。伪保长又把她押送到临沂城国民党监狱。敌人施以各种酷刑，她坚强不屈，严守党的秘密，英勇就义。中华人民共和国成立后，尚梅兰被追认为革命烈士、沂蒙红嫂。

陆兆坤（1916—1949）　临沂县湖西崖村（今罗庄区盛庄街道湖西崖村）人，革命烈士。从小随父在碗窑帮工，抗日战争爆发后，积极投身抗日工作，1943年，加入中国共产党。1946年，任临沂县朱陈区武装部部长。1949年5月，随临沂南下干部工作团到达浙江省兰溪县，任万坛区区长。同年7月7日晚，陆兆坤率领区武工队围剿土匪时，被击中腹部。他左手捂着伤口，右手举枪射击，继续追敌70多米，因伤重不支倒地，次日晨牺牲。7月21日，中共兰溪县委和县政府为他召开追悼大会，遗体安葬在兰溪城东大云山麓，立碑纪念。

丁梦孙（1911.07—1956）　原名惟一，号愚樵。济南人，祖籍日照市。济南模范小学毕业后，考入济南军事学校工兵班学习。1929年，进入山东省建设厅工作。1934年夏，与丁适存、孙雯东等人在济南成立“众鸣文艺社”，宣传抗日救国。1936年1月，又成立“抗日反蒋大同盟”，盟员40余人，宣传抗日救亡思想和开展募捐活动。在“五一”前夕的一次反日宣传时，丁梦孙等16人被国民党警特逮捕关押。9月1日，丁梦孙获保释，回省建设厅工作。1937年9月，加入中国共产党。同年11月，丁梦孙受中共山东省委派遣，以国民党第五战区民众总动员委员会特派员的名义与妻子郑仃云一起到临沂开展抗日救国宣传发动工作，组织成立临沂县民众总动员委员会，任副主任。随后，通过与东三重村张稼轩的同学关系住进该村。不久，成立中共临沂特别支部，韩去非为书记，李华航、丁梦孙为委员。1938年5月，中共临沂特别支部扩建为中共临郯县委，丁梦孙任青年部部长和统战部部长。其后，中共临郯县委在丁庄小学召开全县青救团员代表大会，宣布正式成立临郯青年救国团县团部，公推丁梦孙为县团部执行委员会常务（后称主任），下设26个分团，共有团员7000余人。1940年3月14日，临沂县各界民众代表大会在庄坞召开，选举产生临沂县抗日民主政府，丁梦孙被选举为县长。同年5月，临沂游击总队建立，丁梦孙兼任总队长。1943年6月，任滨海地区专署秘书长。此后，先后任滨海地区第三行署主任、第三专署专员、滨海建国学院院长、山东大学（在临沂）秘书长、党委书记等。1948年9月，济南解放后，任济南市敌产清理委员会副主任。中华人民共和国成立后，历任济南市民政局局长、中共济南市委委员、统战部部长，济南市政协副主席，济南市副市长等职务。1956年5月，任山东省城市建设局局长，同年7月22日，因触电事故于济南去世。

邵素莲（1888—1958） 郯城县万松山山西村（今苍山县磨山镇）人，女。1910年，嫁与郯城县北官庄（今罗庄区褚墩镇北官庄）谢玉皆。她为人和善，乐于助人，有一手编苇席的好手艺，人们尊称谢大娘。1938年11月6日，侄子谢兴邦在“老屯惨案”中被日本侵略军砍断头颅，她含泪将其头颅用针线缝接安葬。1939年初，加入中国共产党，其丈夫和3个女儿也在1939年先后加入中国共产党。谢玉皆任村农救会长。1940年起，她担任村党支部组织委员、村妇救会会长。谢玉皆任村农救会长，长女谢兴英出嫁后任张庄党支部书记，次女谢兆兰出嫁后任兰山屯村妇救会长，三女谢兆英（化名赵英）参加革命后任党组织干部，儿子谢兴堂11岁当上村儿童团团长。1941年11月17日，伪军到北官庄巡逻搜查，邵素莲闻讯后，立即让正在向县委书记傅展如汇报工作的临沂县妇救会会长方景淑、孙贞、谢芝（谢兴英）等人藏入堂屋的夹壁墙内，然后坐在大门口缝补衣服，负责警卫。当伪兵搜查到她家时，屋内屋外搜了个遍也没有发现夹壁墙，帮助方景淑、孙贞、谢芝等人躲过危险。1942年春的一个晚上，中共临沂县委6名主要领导在邵素莲家开会，日伪军突然从村南扑进来，她发现后，立即通知傅展如等人从村西门吊桥分散突围。1943年春，县委书记傅展如和县公安局局长侯季武带领一个排的公安武装驻扎在北官庄。4月5日拂晓，日伪军从东、西、北三面突袭，接到邵素莲紧急报告后，侯季武一面命令警卫队掩护县委领导突围，一面命令一班守住村北和村东，三班守住村西，阻击敌人，待邵素莲和村里党员引导县委、区委领导突围后，战士们边打边撤，突出包围。1948年，在土改复查时，邵素莲家被划为地主成分，她和丈夫谢玉皆被清除出党。1985年4月15日，中共郯城县纪律检查委员会印发《关于谢玉皆、邵素莲同志党籍复议意见》，指出：“根据当时谢家的经济状况及政治面貌，划为地主成分及清除出党是不对的。按照党的政策，经研究决定：恢复邵素莲、谢玉皆二位同志的党籍，并恢复其名誉。”

杨贯吾（1903—1964） 原名关五，革命烈士。清郯城县柳庄乡迷龙村（今罗庄区沂堂镇东迷龙村）人。1919年，考入临沂山东省立第五中学，毕业后，先后在横山、夏庄、西疃、安庄、尚岩等小学任教。在安庄小学任教时，带领学生搞勤工俭学开荒种地10余亩，植树3000余棵，自制石板、石笔、砚台等。1924年，投笔从戎，在国民革命军直系第3军总司令冯玉祥部当兵。1928年，离开部队回乡继续教书。

1932年秋，加入中国共产党。1933年7月，参加临郯县委组织的“苍山暴动”，任宣传委员。暴动失败后，转移到济南、开封等地，化名王其五。1934年秋，杨贯吾回到家乡，任台头井、埠东、盘石沟小学教员。执教期间，经常以抗日救国教育学生和周围群众。1938年，恢复党的组织关系后，历任临沂县抗日青救会常委、苍山抗日大队文书，苍山办事处民教股长、临沂县文教股长、临西办事处文教助理、鲁南第一抗属小学校长、赵镈县卞庄完小校长、赵镈县高级民校（干校）教育主任。中华人民共和国成立后历任苍山县文教科科员、副科长、科长、文教局副局长等职。作风艰苦朴素，工作深入扎实。1964年病逝后，被山东省民政厅批准为革命烈士。

亓廷梅（1919—1964）　又名守振。革命烈士。临沂县窑北头村（今罗庄区傅庄街道窑北头村）人。1939年5月，参加革命。1945年，加入中国共产党，曾在鲁南军区任作战参谋等职。1947年10月，受中共鲁南区委派遣，任临西县大队副大队长。1949年8月，任鲁中南军区特务团副团长。1950年，任东海舰队某部团政委。1960年，转业到山东省商务厅任商务处处长。1964年8月，在泰安病故。同年11月，被山东省人民政府批准为革命烈士。

刘兆雨（1913—1969）　山东省劳动模范。临沂县沈牌子村（今罗庄区高都街道沈牌子村）人。出身于贫困农民家庭，幼时跟父母讨饭为生。1946年，加入中国共产党。1948年，任沈牌子村党支部书记，积极带领群众开展土改运动。1953年，组织本村农民办起互助组、初级社，后发展为高级社，并担任社长。1961年，带领群众整治涝洼地，改良土壤，疏通水道，挖沟修渠5千余米，将66.67公顷涝洼地变成旱涝保收的良田，小麦亩产由原来的50多千克提高到200多千克。1962年，改进水稻种植方法，当年向国家交售粮食31万千克（超任务10万千克）。1963年，出席山东省农业生产先进积极分子代表大会，被评为省劳动模范。

陈允升（1892—1977）　原名际楷，字逢吉，号蒙阳居士。临沂县常旺村（今罗庄区高都街道常旺村）人。生于农家，自幼读村塾，20岁后以教学为生。他擅长书法，以楷体为主，兼习各体。后被致仕回家隐居的书法名家王思衍聘为家塾教师，陈允升不要报酬，只求跟王思衍学习书法。此后，他的书法大有长进，在临沂一带享有盛誉。1935年，《续修临沂县志》成书时，陈允升由王思衍推荐，为志书封面题字。1938年4月，日本侵略军侵占临沂城后，汉奸齐华亭请他进城参加新民会，为日本侵略军写字宣传，陈允升当即严词拒绝。抗日战争胜利后，应临沂县参议会的邀请，参加临沂烈士纪念塔的修建工作，为烈士塔书写题词、篆刻碑文。1947年，国民党军占据临沂城期间，他隐居乡间，国民党临沂专员兼保安司令王洪九两次派人登门，请他书写门匾均遭拒绝。1948年，临沂再次解放后，陈允升旋即返城居住，翌年，投身于临沂烈士陵园的修建工作，留下多处书迹。中华人民共和国成立后，被推选为政协临沂县第一届委员，并被安置在文化馆居住。陈允升在晚年依然潜心研究书法，培养了一批书法艺术人才。

危益民（1899—1983）　原名相谦，郯城县褚墩村（今罗庄区褚墩镇褚墩村）人。出身贫苦农民家庭。1928年，加入中国共产党。在褚墩先后发展何茂、郑彦帮等15人加入中国共产党，并成立党支部，任党支部书记。1932年5月，任中共郯城县四哨区委委员兼褚桥乡党支部书记。1938年年底，参加八路军，历任临郯独立团连指导员，陇海南进支队3大队独立6营营长兼政委。1940年5月，危益民转地方工作，先后任中共鲁南三地委社会科科长、鲁南三行署公安局局长兼临沂县公安局局长。1941年农历八月廿二，在日本侵略军对中共临沂县委驻地涌泉村（今苍山县庄坞镇）的扫荡中，带领公安人员掩护县委机关突围，其妻子和3岁的女儿被日本侵略军炸弹炸死，未满周岁的儿子在母亲怀抱中幸免于难，被一村民发现收养（直到1951年，危益民才得知儿子被救）。1941年11月，任邳县公安局局长。1942年5月，任马陵办事处公安局局长。同年6月18日（端午节），率20余名公安人员，化装成伪军，长途奔袭插入敌战区，将曾杀害抗日军民和无辜群众200余人的国民党临郯情报站站长刘月亭抓获，交人民政府审判后枪决。同年6月底，危益民带领40余名公安武装人员，化装成农民，埋伏在临沂城南庄稼地里，当临郯地区伪宪兵队头目在临沂开完会路过之机，发起突袭，一举将临、郯、邳3县伪宪兵队队长及随员10余人全部击毙。解放战争时期，历任邳县、苍山县公安局局长，鲁中南行署公安局刑讯科科长，徐州市公安局一处处长。1950年5月，任徐州市人民法院副院长。1951年春，任徐州市人民检察院检察长。1961年，离职休养。

赵　英（1922.07—1986）　女，原名兆英。郯城县北官庄（今罗庄区褚墩镇北官庄）人。邵素莲之女。1939年，加入中国共产党。抗日战争时期，化名赵英，历任鲁南纺织局组织员，麓水县二区、三区、七区妇救会会长，带领和组织妇女宣传抗日救国，动员青年参军，建立妇救会组织，开展生产自救，掩护党的地下工作者，协助建立地方政权和根据地建设。解放战争时期，任滕县妇联主任，带领和组织妇女支前劳军，救治伤员。1949年4月，她与丈夫霍建华（时任中共滕县县委副书记）一起随军渡江南下，历任上海华生电器厂党总支委员，上海第七机床厂人事科科长、党支部书记，上海跃进电机厂冲剪车间、模具车间和政工党支部书记等职。

赵国瑞（1929—1990）　华东区、山东省劳动模范。临沂县车辋村（今罗庄区高都街道车辋村）人。1951年，任本村村长。1953年，加入中国共产党。1955年始，先后任初级农业社和高级农业社社长。1960年，接任村党支部书记后，带领群众疏浚长2千米、宽30米的陷泥河河道，开挖3条排水干沟和98条排水支沟，形成村域完整的排涝系统，并修筑台田46.67公顷，在24公顷黏土地里压沙，改良土壤结构，使黑黏土变成良田。接着兴修引沂河水入陷泥河的灌溉工程，建起支渠、斗渠长100余千米，使200公顷农田变成水浇田。1963年，带领全村种植水稻162.67公顷，当年粮食亩产280千克，比1956年提高2倍。同时，全村营造速生林140公顷，防风固沙，并发展19种副业生产项目，壮大集体经济，社员生活水平明显提高。1962年和1963年，赵国瑞先后被评为华东区劳动模范和山东省劳动模范。1970年后，历任塘崖公社朱张桥煤矿矿长兼党支部书记、塘崖公社建筑公司经理。

宋文卿（1895—1995）　名献龄，字文卿。临沂县人。民国初年，在临沂城仁和药栈行医。1938年4月，日本侵略军侵占临沂城，他“跑反”到苑庄（今罗西街道），开办同聚药房。当时罗庄一带流行天花、黑热病等传染病，夺走多人生命。最好的预防办法是接种牛痘疫苗，但牛痘疫苗紧缺。宋文卿就到广州、上海托人购进牛痘疫苗，给群众（主要是儿童）接种。他还从广州、上海购进德国进口的“斯锑黑克”，治疗黑热病，使患者得到治疗。他研究收集一些中草药偏方验方，用很少的钱、甚至不花钱就能治大病。贫苦人家治病没钱，可以记账，时间久了，账本一摞摞排了几十本，仅朱陈村就有9本，累计共欠大洋3900多块。后来，宋文卿把所有账本一把火烧掉，所欠钱粮一笔勾销。抗日战争后期，中共庙山区委书记张国柱常派人请他给八路军伤病员看病和治疗，尤以手术最多，他多方筹集麻药，尽量保证伤病员治疗。中华人民共和国成立后，全行业公私合营，他把全部药铺家当入公，参加联合诊所工作。后在马厂湖医院退休。

王世伟（1968—1995）　革命烈士。罗庄区册山街道黑虎墩村人。1987年，考入中国空军第一飞行学院，在军校各科学习成绩优秀，加入中国共产党。1991年毕业后，被分配到中国人民解放军空军某部飞行大队。多次受到部队嘉奖，荣获二等功1次、三等功2次，在同一批飞行学员中，第一个飞满1000小时，成为“全天候飞行员”。1994年，晋升为空军中尉。1995年2月10日，王世伟执行飞行任务时，飞机刚起飞升空就出现线路起火故障，无法排除，飞机下方是人口密集居住区。眼看机舱内浓烟弥漫，飞机即将失控坠毁的危急关头，王世伟没有弃机跳伞，而是仔细分辨村庄的位置，努力控制着飞机的方向，飞机最终坠毁在距村庄百米之外的麦田里，献出自己年轻的生命，保护了人民群众的生命和财产安全。中国人民解放军总政治部批准王世伟为革命烈士，并号召全军向王世伟烈士学习。王世伟烈士骨灰安葬在华东革命烈士陵园烈士纪念堂内。

杨　非（1918—1995）　原名方绪，又名革非。西安公路学院（今长安大学）原院长、党委书记。罗庄区傅庄街道城子村人。自幼聪颖敏学，考入临沂山东省立第五中学。抗日战争爆发后，立志精忠报国，改名革非。1938年8月，奔赴延安参加革命，经八路军西安办事处送抵延安，进陕北公学（中国人民大学前身）学习。同年11月，在陕北公学加入中国共产党。1939年1月—1940年7月，先后在陕北吴堡青年干部训练班、延安中央党校学习。1940年8月后，历任西北青年救国会秘书，延长县青年救国会主席兼工青妇联合救国会主任、县委秘书、陕甘宁边区政府民政厅干部科秘书等职。1947年5月，参加西北野战军随军工作队。1948年2月，在第一野战军正式参军任政治部民运部干事。1949年7月，任陕甘宁边区政府卫生署秘书室主任。1950年3月—1970年3月，先后任西安医学院办公室主任、党委副书记兼副院长。1970年3月—1977年4月，任陕西中医学院党委副书记兼副院长。1977年4月，任西安公路学院（今长安大学）党的核心小组副组长。1978年9月—1981年12月，任西安公路学院院长兼党委副书记。1981年12月，任西安公路学院党委书记。1983年10月，离职休养。

张　垣（1918—1996）　原名文俊。罗庄区高都街道东高都村人。1934年夏，考入临沂山东省立简易乡村师范学校。1940年6月，在小岭村（今苍山县）参加抗日游击队。1941年11月，加入中国共产党。1943年后，历任临沭县司法科科长、临沭县委秘书、临沂县司法科科长、民政科科长、滨海专署民政科科长、山东省人民法院临沂分院副院长、临沂地区专署计划统计科科长等职。1958年7月，调到中共山东省纪律检查委员会，先后担任副处长、计划局局长。1960年1月，任华东局纪律检查委员会综合局劳工局处长。1970年12月，任莱芜钢铁厂张家洼工程指挥部副总指挥。1983年，离职休养。

杨锡印（1935—2001）　罗庄区高都街道中坦村人。1952年，任册山乡中坦村农民夜校教员。在扫盲教学活动中，创造出“单元复式速成识字教学法”，采用学拼音助识字的办法，把学拼音、识汉字和常用的词语进行整合，先教拼音，再给教材上的汉字注音，然后让学员自己用拼音识汉字，加快识字速度；又把教材分成若干个单元，把每个单元的生字摘取出来，提前集中学习，既巩固拼音，又学会汉字，强化学员印象、提高识字效率，并结合农业生产，将某些字意用简笔画画出来，用45天教完《农民识字课本》第一册。针对扫盲要求，制定每天学习10个汉字的计划，一年下来就能读报、写信，收到良好效果；其经验做法在临沂县推广，并在全国部分地区推广。1955年9月，被评为全国青年社会主义建设积极分子，代表临沂县赴京参加第一次全国青年社会主义建设积极分子大会，受到毛泽东、周恩来等党和国家领导人的接见。1956年，山东人民出版社总结杨锡印的教学法，由刘树墉编写《杨锡印和他的单元复式教学法》出版发行。60年代至80年代，历任临沂县八区文教助理、农场场长、白庄管理区总支书记、册山区委书记、临沂市化工总厂书记、临沂县化工局局长等职。

刘树桐（1930—2001） 沂南县张庄镇薛家圈村人。1930年11月，出生于青岛。抗日战争前夕，随父迁回原籍。1947年，加入中国共产党。此后，历任本村小学教员、村团支部书记、张庄区公所财粮助理、沂南县财政所会计、沂南县政府文书、中共临沂县李官区委秘书、临沂县委办公室办事员、县报社记者等职。

1958年11月，调任临沂第一钢铁厂任党委秘书。1962年6月—1972年3月，先后任临沂市（县）民政局秘书、临沂县傅庄区区委秘书、窑南头公社（管理区）党总支书记、傅庄区委常委、副书记、傅庄公社党委副书记。1972年4月，任罗庄公社党委书记后，带领干部群众奋战6个冬春，用“深挖沟、高抬田”的方法，改造三大片万亩涝洼地；用“剥皮抽筋、筑路排水”的办法，整治庆云山和2处丘陵；用“7井汇流、南水北调”的办法，修建万米石渠、19处桥涵拦河闸、14眼大口井，扩大水浇面积1066.67公顷，排除夏季内涝土地面积1266.67公顷，使全社86%的耕地得到改造。1978年年底，罗庄公社粮食平均单产由1972年的128千克增加到274千克，粮食总产由1972年的524.5万千克增加到1115万千克，人均分配粮食由1972年的118.5千克增加到225.5千克。同时，利用当地资源优势和传统工业条件，大胆探索发展社办工业，在全县率先成立公社工业组。先后建起搪瓷厂、磷肥厂、药厂、床单厂、铸钢件厂、电池厂、水泥厂、砖瓦厂、面粉厂、农机厂和王庄煤矿、铝矾土矿、焦宝石矿，成立汽车队、拖拉机站和农场等16家社办企业。至1980年年底，罗庄公社工业产值超过农业产值，被称为“半壁江山”。1978—1980年，罗庄公社每年用于农田基本建设资金都在30万元以上。农业总产值平均每年增长21%，农民人均收入从86元增长至120元。工农业总产值居临沂市各公社前列。1980年9月，被选送中国政法干校学习。1980年9月，当选为临沂县人民法院院长。1984年9月，任临沂市人民法院调研员、审判委员会委员。1991年6月，离职休养。

朱光天（1913—2002） 曾用名朱树庸，罗庄区册山街道后村人。1931年，临沂山东省立第五中学毕业后考入天津北洋大学矿业系。1936年2月，参加红军。1937年6月，加入中国共产党。历任晋绥区矿产局公务员，晋西北新军二支队中队长、政治指导员，中共中央财政部自然科学院调查研究员，中央党校学监，中共中央组织部干事，中央冀东、热东地委组织部部长，冀察热辽行政区工矿局局长，天津军管会财经接管部办公室主任，长沙军管会工矿处处长，湖南省煤矿总局局长，湖南省工业厅厅长，中南煤矿工业局副局长，中央燃料化学工业部、中央煤炭工业部设计管理总局局长等职。1982年12月，离职休养。1984年经中共中央组织部批准享受副部长级住房医疗待遇。2002年6月21日，因病在郑州逝世。

郑　林（1944—2003） 罗庄区册山街道沟角村人。1964年7月，临沂农业学校毕业后，选调为临沂县社会主义教育工作队队员，分派到烟台市海阳县东村公社开展社会主义教育运动。1965年6月，任安丘县许营公社党委宣传干事。1966年4月，加入中国共产党。1972年2月—1976年7月，历任临沂县委组织部干事、傅庄公社党委组织干事。1976年8月—1984年5月，先后任临沂县王桥公社、梅埠公社、芝麻墩公社党委副书记。1984年5月—1986年6月，任临沂市芝麻墩乡党委书记。1986年7月—1989年，任临沂市南坊乡党委书记。1989年至1995年2月，任临沂市水利局局长。1995年2月，任罗庄区水利水产局局长。同年6月，任罗庄区财政局局长。1998年2月，当选为罗庄区人大常委会副主任。2003年2月，因年龄原因不再担任区人大常委会副主任。同年4月20日，因交通事故去世。

张季夫（1925—2005） 罗庄区傅庄街道东三重村人。7岁在三重初级小学读书，后转入临沂县第一高级小学就读。1937年“七七”事变后，因学校停办而休学。抗日战争初期，共产党组织在他家乡一带开展抗日救亡运动，他受到教育，激发了抗日救亡的热情。1939年7月，张季夫到八路军南进支队后方训练班学习。同年8月结束，分配到临沂县册山区青救团工作。10月，加入中国共产党。1940年1月，入鲁南四地委党训班学习；同年2月，调鲁南四地委组织部任统计干事；7月，参加鲁南区党委组织部学习统计业务；10月，调鲁南行署任统计干事。1942年2月，调鲁南区党委任机要秘书；同年6月，调任鲁南区党委组织部统计干事。1946年9月，调腾县八区任区委书记。1947年3月，国民党军重点进攻山东解放区，他带领部分区、村干部坚持游击斗争。后因形势恶化，撤至滨海地区。同年7月，从滨海区返回腾东，先后任中共孤山区区委书记兼区长、桑村区区委书记等职，带领武工队机动灵活地打击敌人，领导人民群众开展反奸诉苦、减租减息、参军、支前等运动。1949年1月，任中共腾县县委委员、组织部部长；同年3月，调鲁中南区党委组织部干部科任干事。1950年1月，任鲁中南区党委直属机关党委书记；同年6月，调任中共平邑县委副书记兼县长。1952年6月，任中共平邑县委书记，领导全县人民开展土地改革、抗美援朝和“三反”运动，医治战争创伤，发展生产。1953年6月，任中共腾县地委宣传部副部长；同年7月，腾县地委迁济宁后，历任中共济宁地委宣传部副部长、济宁地委委员兼宣传部长、济宁地委秘书长。1956年6月，任济宁地委常委。1957年3月至10月，兼任中共金乡县委第一书记；同年10月，继任中共济宁地委秘书长。1958年5月，任中共济宁地委组织部部长兼地委机关党委书记。1959年11月，任中共济宁地委农村工作部部长。1962年9月，任中共济宁地委监察委员会（监察组）书记。“文化大革命”初期受到冲击，被下放到邹县农村劳动。1970年4月，恢复工作，任济宁地革委常委、政治部负责人。1971年6月，在济宁地区第一次党代表大会上，当选为济宁地委委员；同年11月，任地委秘书长。1973年6月，任济宁地委常委、秘书长。1975年6月，调任中共德州地委常委、地革委副主任。1976年6月，任中共德州地委副书记。1983年10月，任中共德州地委顾问、省纪委委员。1990年，离职休养后，担任德州地区老龄委主任、老年体协主席等职。

高擎洲（1920—2006） 罗庄区册山街道石杭岭村人。教授、著名文学史家。1936年，考入山东省立临沂简易乡村师范学校。1937年，抗日战争爆发后，随学校流亡到四川，考入国立第六中读书。其间，加入中华民族解放先锋队，投身民族抗日救亡活动。1943年，考入东北大学（当时设在四川省三台县）中文系，积极参加学生民主运动。1945年6月，参加组建东北大学民主青年同盟，后成为主要领导成员。1947年，大学毕业，到辽宁省黑山中学等学校任教，后调入辽宁省文教厅工作。1953年起，先后在东北教育学院、沈阳师范学院、辽宁大学任教。1960年，晋升为副教授。1980年，晋升为教授。享受国务院批准的政府特殊津贴。曾任第七、八届全国政协委员，第六、七届辽宁省政协副主席，辽宁省人大第六、七届常务委员，民盟中央常务委员和民盟辽宁省主任委员，民盟辽宁省委名誉主任委员，辽宁大学民主同盟组织第一、二届主委，辽宁大学文化传播学院教授。历任辽宁大学校务委员会、学术委员会和学位委员会委员。高擎洲长期从事中国现代文学史教学和研究，曾任中国现代文学研究会第一至第四届理事、辽宁省现代文学研究会会长等职。主要著作有《中国现代文学》《现代派文学在中国》《现代台湾文学史》《二十世纪中国两岸文学史》《大学语文选读》等；主要译著《英文典大全》；主要论文有《中国现代文学史上的丰碑——略论李大钊对五四文学革命的历史功绩》《鲁迅祖父的官职考订》《罗烽的生平与创作》等。

谢兆兰（1916—2004） 女，罗庄区褚墩镇兰山前屯人。1939年10月，加入中国共产党，任中共郯城县委地下交通员，积极投身抗日救亡工作。抗日战争时期，夜间经常撒传单、张贴标语宣传抗日救国，给县委党组织送情报。1941年秋，日本侵略军对临郯地区进行“双十”大扫荡，谢兆兰遵照县委指示，通知各党支部隐藏文件，发动群众支援反扫荡，避免党组织遭受更大的破坏。日本侵略军占领涌泉及周边村庄后，临郯县委人员被打散。上级决定由谢兆兰等人寻找失散人员。在险恶环境中，谢兆兰把自身安危置之度外，完成组织分派的任务。1942年春，在一次鲁南反扫荡战争中，八路军战士王英传在战斗中受重伤，上级决定把他交给谢兆兰护理。谢兆兰让丈夫在夜间把奄奄一息的王英传背到芦洼崖场园屋里，全家人一起悉心照料，并设法找到治枪伤的药。谢兆兰每天给王英传煎汤熬药、端水喂饭、擦洗伤口，直到三个月后王英传痊愈返回部队。1947年，谢兆兰参加建立兰山前屯党支部。解放战争时期，组织带领姑娘和媳妇们做军鞋、碾压米面，支援前线，为解放战争的胜利积极工作，做出贡献。

季超群（1928—2006） 罗庄区罗庄街道朱陈西村人。自幼家贫，12岁时进陶瓷厂当学徒工。1944年，参加八路军，在鲁南军区司令部当勤务员，后任新训团班长、副排长。1947年1月，编入华东野战军后，在某部7连先后任班长、副排长，参加益林战斗、济南战役、南麻战斗、临朐攻坚战、陈官庄攻坚战、登步岛攻坚战等战役战斗，荣立二等功2次、三等功6次，并获“优秀射手”称号。1950年后，先后任中国人民解放军第三野战军某部排长、副连长、连指导员、速成学校一班副主任。1953年，参加中国人民志愿军，先后任某部营教导员、21军速成学校干部科助理员。1954年12月，任解放军某部速成学校组织助理员。1960年起，先后担任解放军21军某部教导员、炮兵124团政治部副主任、46团政治处主任。1963年，被国防部授予少校军衔。1967年，任陕西省支左委员会办公室协理员。1969年，任国家建委第五工程局革委会副主任。1970年，任解放军21军某高炮团副政委。1988年，离职休养。

张文俊（1918—2008） 中国著名山水画家，南京艺术学院教授，新金陵画派创始人之一。罗庄区傅庄街道傅家庄西北村人。1934年暑期，考入费县师范讲习所。1936年暑期，考入临沂山东省立第三乡村师范学校。1937年11月，日本侵略军侵占济南后，随亲戚去徐州，参加国民党第五战区抗敌青年团。1938年3月，到河南息县从事抗日宣传活动。同年5月，参加民族解放先锋队，8月，到湖北均县湖北中学读书，10月，随校到四川梓潼国立六中一分校读书。1939年5月，在校加入中国共产党。1941年8月，由中共地下党组织介绍到四川洪雅中山乡小学教书。1942年1月15日，在洪雅被国民党特务逮捕，先后被囚禁于成都、重庆歇马场五云山集中营。1944年夏，被中共地下党组织营救后，考入重庆国立艺术专科学校，学习中国画。先后师从李可染、郑午昌、潘韶、诸乐三老师。1946年，随校迁至杭州。1947年秋，毕业后在南方从事共产党的地下工作。1948年3月，到南京邮汇子弟学校教书。1949年4月，任南京文工团美术组组长。同年6月下旬，出席在北京怀仁堂召开的中华全国文学艺术工作者代表大会。10月起，历任南京军管会文艺处美术供应社副主任、秘书处副处长、江苏文化局美术创作组副组长、江苏美术工作室副主任、江苏省文化局艺术处副处长，负责筹办江苏省国画院。1958年，任江苏省国画院办公室主任。50年代与钱松岩合作，为人民大会堂作国画《太湖新貌》。1962年，任江苏美协副秘书长、省文联委员。1977年秋，调入南京艺术学院任教。1979年，任该院美术系副主任。同年，创作《钟山雄姿》参加江苏省庆祝中华人民共和国成立30周年美展，被收入《当代中国画》画集；《山高水长》参加庆祝中国共产党成立60周年全国美展，由江苏省美术馆收藏。1980年5月，应文化部中国画创作组邀请，创作国画《海上生明月》，参加中国画研究画展，并收入《中国画研究院作品选》。1984年，作品《江山旭日》参加全国六届美展获优秀奖，由中国美术馆收藏。1986年晋升为教授。1991年，为中南海创作国画《海上生明月》《峡江秋光》。1992年，作品《山高水长》被毛主席纪念堂收藏，作品《东海扬波》被选入九年制义务教育美术教材。出版有《张文俊山水画集》《忆可染师》《抱石先生》等专著。曾应聘为临沂画院名誉院长、临沂市经济顾问等社会兼职。

孙兆义（1931—2008） 见义勇为英雄。罗庄区沂堂镇后台井村人。中共党员。历任后台井村民兵连长、村党支部副书记、支部书记。

2008年8月6日13时30分，后台井村8岁女孩苗苗和10岁姐姐珍珍在村西北角石塘洗澡时，珍珍不慎跌进3米深水里。正在家中干活的孙兆义听到呼救声，跑向石塘。看见苗苗正站在浅水里大声地哭喊着救命，落入深水的珍珍不停地扑打水面，拼命挣扎。年近八旬的孙兆义顾不及脱掉衣服跳进水里，经过近30分钟的救护，将珍珍拖到岸边，珍珍得救，而孙兆义却体力不支，晕倒在地，心力衰竭，在送往褚墩镇医院途中不幸辞世。

2009年11月，被山东省社会治安综合治理委员会、省见义勇为基金会追授为山东省见义勇为先进分子。2010年12月，被临沂市人大常委会追授为临沂市见义勇为英雄，并荣获见义勇为一级英雄勋章。中共罗庄区委、区人民政府号召全区人民向孙兆义学习。

刘　琦（1921—2011） 原名荣玉。罗庄区册山街道南头村人。1935年7月，小学毕业后与哥哥等一起到窑南头煤炭拉磨车。1936年中秋，其父把他送到郯城县马头镇一药店学徒。翌年11月，药店为应付官方抽壮丁，让他参加壮丁训练班，学得一些军事知识、拳击和枪械使用技能。1938年秋，参加临郯青年救国团，任地下交通员。1939年3月，被选派到鲁南抗日自卫团干部训练班学习，同年6月加入中国共产党。训练班结业后，先后任八路军临郯独立团独立1营2连1排排长，中共鲁南区委三地委社会部文书、中共鲁南区委社会部保卫干事。1940年1月后，历任中共邹县县委机关指导员兼党支部书记，邹县公安局审讯股股长兼政治保卫队指导员。1944年11月，任温河县（今费县）公安局局长。解放战争时期，先后任费县县大队大队长兼公安局局长，赵镈县公安局局长，邹县县委委员、公安局局长。1949年4月，随军渡江南下，任中国人民解放军杭州军管会代表，接管杭州江干区伪警察局。同年6月，任中共杭州市下城区委委员、公安局局长。中华人民共和国成立后，历任杭州市公安局办公室主任，中共杭州市江干区区委委员、公安局局长、中共杭州市江干区委书记，中共杭州市上城区委书记兼区长，中共杭州市委候补委员、杭州市工业部副部长、市委组织部副部长，中共杭州市委委员、杭州市轻工业局局长兼党组书记，中共杭州市委委员、市人民政府副秘书长，杭州机械工业局党委副书记兼杭州机床厂党委书记，杭州市计划委员会副主任、党组副书记，浙江省革命委员会委员、轻工局局长兼党组书记，浙江省轻工厅厅长兼党组书记，浙江省经济委员会副主任、党组副书记，浙江省食品工业协会会长等职。1990年12月，离职休养。

露　雨（1921—2012）　原名步皋，罗庄区册山街道南头村人，女。1934年8月，考入临沂山东省立简易乡村师范学校。1937年12月初，抗日战争爆发提前毕业，与弟弟路步斗及20余名同学奔赴延安参加革命，到达西安八路军办事处，被介绍到延安吴堡青年训练班学生大队学习（时化名露雨）。1938年5月，转入中国人民抗日军事政治大学学习。同年7月，在校加入中国共产党。1939年1月，随八路军东进支队战士剧社赴前线部队慰问演出，任分队长。1940年1月，被选送到东进支队司令部报务训练班学习无线电知识。结业后，先后在八路军115师政治宣传部新闻台（驻鲁南）、115师通讯营战报台、115师教导2旅电台、115师教导5旅电台担任报务员。1943年1月，调任大众报社新闻台报务员，后任报务主任。1948年5月，调到山东分局通信局石肠电料厂工作。同年9月，济南解放后，调到山东分局军政招待处负责政治工作。中华人民共和国成立后，调任山东省民政厅任党总支组织干事。1952年6月后，历任沂水地区专署人事科科员、沂水地区专署干校教导处副主任。1953年9月，到山东省行政学院学习6个月。结业后，任山东省商业厅干部训练班副股长。同年8月，调任淄博市医药公司人事秘书股股长。1954年12月，调任山东省药材公司任科员。1957年，反右运动时，被认为有右倾思想，受到党内警告处分。“文化大革命”时期，她再次受到审查，身心受到严重伤害，致使精神失常。1984年，露雨得到落实政策，撤销1957年的党内警告处分。1985年1月，批准离职休养，享受处（县）级政治、生活待遇。

管兆修（1918—2012）　罗庄区褚墩镇北官庄人。1938年5月，参加临郯青年救国团第一分团，同年8月，加入中国共产党。先后担任临郯青年救国团宣传队队员、中共临郯县委政治交通员。1941年初，调任山东分局组织部交通科政治交通员，负责山东分局到鲁南区党委的政治交通工作。1942年12月，受山东战邮总局派遣，第三次开辟山东分局直达中央（延安）的交通干线（前两次中途失败）。19日，从山东分局（驻莒南县十字路）出发，长途跋涉，突破敌人几道封锁线，往返历时8个多月，打通山东分局通往延安的交通干线。1943年，受山东战邮总局委派，在鲁南建立干线站（亦称鲁南总站）。下半年，鲁南交通总站撤销，建立鲁南战邮局。官兆修先后任滕县战时邮局代局长、临城县邮政局局长等职。1948年7月，任鲁中南邮电管理分局副局长。济南解放后，历任济南邮局副局长、山东邮电管理局党总支书记、山东省邮电工会主席、山东省电信局政治部副主任、山东省电信局副政委、山东省邮电管理局副局长等职。1984年10月，离职修养。1992年8月，经中共山东省委组织部批准享受正厅级待遇。

路星源（1923—2013）　原名步斗，曾用名星元。罗庄区册山街道南头村人。1933年夏，考入临沂山东省立第三乡村师范学校。1937年12月初，与姐姐路步皋携同学奔赴延安参加革命（时改名路星源），被分配到陕北公学学习。1938年加入中国共产党。1939年，转入中央军委无线电通信学校学习，毕业后被分配到中央政治局电台任发报员，并担任党支部书记。1944年秋，受党组织委派回到临沂，开展党的地下工作。1945年7月，调至新华社华东分社（在临沂城，后迁老沂庄）工作。济南解放后，新华社山东分社迁至济南，负责接管国民党留下的电台。淮海战役未结束，路星源接到命令，带1人1车前往南京，接管南京电台（后更名为南京人民广播电台），任副台长。1949年5月，上海解放后，调任华东局上海人民广播电台，先后任器材科科长、工务室主任。1952年，在上海“三反”运动中，受到开除党籍，开除公职处理，回原籍劳动。后经复议决定，给予恢复公职，为一般干部，党籍、职务未恢复。1958年10月，任宁夏回族自治区工业局第一建筑公司安装队干部，负责青铜峡造纸厂建设施工。1959年12月16日，路星源由青铜峡返银川途中将造纸厂全部施工图纸丢失，以渎职罪被判有期徒刑3年，缓期执行。1962年，宁夏回族自治区银川地区中级人民法院对路星源一案进行复审，并于8月18日作出裁定，“撤销原刑事判决，对路星源予以释放。”1962年9月，路星源响应政府号召，退职举家回原籍支援农村建设。1976年2月6日，经原单位复查，宁夏回族自治区银川市革命委员会决定予以平反，恢复名誉，按干部退休办理。1984年8月16日，中共宁夏回族自治区第一建筑公司委员会决定，参照行政15级改办离休。

人物表

1938—2013年罗庄区革命烈士名录

表 27-1

姓名	性别	出生时间	籍贯	参加革命时间	牺牲时所在单位	牺牲时职务	牺牲时间地点	备注
张全美	男	1928.08	朱张桥二村	1946.09	3野2纵	战士	1947.01 江苏省涟水战役	
张佐义	男	1921.04	朱张桥二村	1946.09	3野2纵	战士	1947.06 临朐战斗	
张振岭	男	1925.04	朱张桥二村	1947.03	临沂县县大队	战士	1948.03 在临沂城被敌人杀害	
徐步堂	男	1923.10	朱张桥二村	1941.02	115师教2旅4团	战士	1941.07 天宝山战斗	
周文全	男	1930.09	朱张桥四村	1946.10	21军61师183团3营机枪连	卫生员	1950.10 舟山群岛战斗	
高　彬	男	1927.02	朱张桥沟东村	1945.09	3野3纵8师22团炮兵连	班长	1948.09 济南战役	
刘洪德	男	1920.05	朱张桥沟东村	1945.09	鲁中8师22团1营3连	战士	1946.08 苍山县青竹战斗	
赵德友	男	1920.05	朱张桥沟东村	1942.07	鲁南8师22团3营5连	战士	1947.04 抱犊崮战斗	
刘德风	男	1924.10	后官战湖村	1946.03	鲁中17团1营3连	战士	1947.11 苍山县卞庄战斗	
翟清法	男	1915.05	后官战湖村	1942.03	3野3纵7师21团3营5连	战士	1947.01 枣庄战斗	
徐清松	男	1918.01	后官战湖村	1947.03	临沂县县大队	战士	1948.07 枣庄战斗	
刘金玉	男	1911.10	后官战湖村	1943.02	鲁中12团3营1连	战士	1949.05 上海战役	
董克信	男	1926.11	朱陈四村	1949.03	华东7兵团	战士	1949.07 陕西省岚县战斗	
王秀深	男	1906.04	朱陈四村	1946.09	山东军区2师4团1营3连	战士	1948.10 临沂县石埠战斗	
李洪恩	男	1920.02	朱陈五村	1945.07	4野1纵2师4团1营3连	战士	1948.03 四平战斗	

续表 27-1

姓名	性别	出生时间	籍贯	参加革命时间	牺牲时所在单位	牺牲时职务	牺牲时间地点	备注
孙兰奎	男	1918.12	朱陈五村	1943.03	临沂县册山区区中队	战士	1943.05 临沂县朱石埠战斗	
王立奎	男	1928.10	朱陈五村	1946.02	鲁中 5 团 2 营 5 连	战士	1947.05 孟良崮战役	
周洪才	男	1930.09	朱陈二村	1946.01	21 军 61 师 183 团 1 营 2 连	战士	1949.11 舟山群岛战斗	
李纪安	男	1923.09	朱陈二村	1942.03	原鲁中 17 团 3 营 1 连	战士	1948.11 淮海战役	
郑玉和	男	1920.10	朱陈二村	1942.02	志愿军 20 军侦察营战斗组	组长	1951.06 朝鲜	
李方奎	男	1923.05	朱陈二村	1939.09	沂河支队 3 营 2 连	指导员	1948.11 费县九女山战斗	
孙兰堂	男	1923.10	朱陈三村	1945.02	山东军区特务团 2 营 3 连 2 排	班长	1947.02 莱芜战役	
佐景堂	男	1907.02	朱陈三村	1945.09	临沂县朱陈镇镇公所	镇长	1947.08 在临沂县朱陈镇被敌捕杀	
胡建汉	男	1928.09	朱陈三村	1946.03	华东军区司令部通信连	战士	1947.12 华东军区病故	
刘金田	男	1925.08	朱陈一村	1944.09	滨海军区 3 团 2 营机炮连	战士	1947.03 江苏省新浦河口战斗	
李宝矩	男	1917.10	西山村	1944.08	3 野 2 纵 4 师 11 团 1 营 2 连	战士	1948.09 济南战役	
张学生	男	1923.02	王庄村	1946.11	—	战士	1947.04 郯城战斗	
平永胜	男	1930.08	王庄村	1947.03	入朝前在海南贵州支队 3 营 1 连	战士	1950.10 朝鲜	
平永安	男	1896.01	王庄村	1943.05	沂河支队 2 营 3 连	司务长	1944.10 郯城战斗	有传
田志德	男	1925.10	湖西崖村	1946.03	临沂县独立团 1 营 1 连 1 排	战士	1947.09 临沭县中华山战斗	
郑宝均	男	1920.08	湖西崖村	1945.02	临沂县独立团 1 营机枪连	战士	1947.08 在滨海医院二所病故	
阚清德	男	1928.10	湖西崖村	1945.03	鲁南第 3 军区特务营 3 连 1 排	战士	1947.09 苍山县文峰山战斗	
陈树启	男	1924.05	湖西崖村	1946.10	3 野 2 纵 4 师 12 团 1 营 1 连 2 排	战士	1947.05 孟良崮战役	
陆兆坤	男	1916	湖西崖村	—	浙江省兰溪县万坛区	区长	1949.07 在围剿土匪时牺牲	有传
王继申	男	1927.08	八块石村	1946.10	3 野 3 纵 8 师 23 团 2 营 3 连	战士	1947.05 孟良崮战役	

续表 27-1

姓名	性别	出生时间	籍贯	参加革命时间	牺牲时所在单位	牺牲时职务	牺牲时间地点	备注
徐永德	男	1925.09	湖西崖村	1946.02	临沂县独立团2营3连	班长	1947.08在郯城县李庄被敌人杀害	
刘景玉	男	1921.04	沈泉庄村	1944.03	沂河支队1营3连	战士	1945.08临沂县石行岭战斗	
何向坤	男	1918.02	沈泉庄村	1942.09	新四军21师	战士	1942.10沂南县垛庄战斗	
张孟友	男	1917.11	沈泉庄村	1941.02	新四军8师	战士	1942.09沂南县垛庄战斗	
刘夫年	男	1919.12	沈泉庄村	1945.03	泰安警备旅炮兵连	排长	1947.01苍山县卞庄战斗	
侯　干	男	1923.11	罗庄村	1940.09	鲁南军区独立团3营5连	副指导员	1947.09安丘县夏坡战斗	
上官凤山	男	1923.04	小山后村	1942.09	滨海军区3团2营机炮连	战士	1944.01苍山县卞庄战	
李洪星	男	1919.02	大山后村	1945.12	北海警备旅33团3营9连	战士	1947.10辽宁省义县战斗	
杨德胜	男	1924.08	桥西头村	1939.08	3野7纵20师58团2营6连	战士	1949.04南京战斗	
阎景亮	男	1926.08	朱家地村	1945.03	3野7纵21师	战士	1948.11淮海战役	三等功1次
阎景德	男	1920.10	朱家地村	1944.01	原3野2纵4师11团1营2连	排长	1949.04南京战斗	
张广丰	男	1923.10	窑汪崖村	1947.01	浙江省金华县粮站	副站长	1949.07浙江省金华县被敌人杀害	
艾学村	男	1926.08	窑汪崖村	1946.08	鲁南8师22团1营3连	排长	1947.03抱犊崮战斗	
孟凡太	男	1912.07	北老屯村	1946.08	鲁南军区后勤部	战士	1947.02在临沭县被敌人杀害	
叶树资	男	1921.10	北老屯村	1944.03	4野1纵2师4团3营1连	战士	1948.03四平战斗	
牛德亮	男	1930.10	北老屯村	1945.05	鲁南军区军直特务营3连机枪班	班长	1947.01枣庄市台儿庄战斗	
赵学生	男	1924.08	赵家坝村	1945.02	3野3纵8师22团1营3连	连长	1948.09济南战役	
赵天强	男	1928.02	赵家坝村	1946.03	新四军1师3团1营1连	战士	1947.05孟良崮战役	
赵玉春	男	1921.10	赵家坝村	1944.09	3野3纵8师22团1营3连	连长	1948.09济南战役	

续表 27-1

姓名	性别	出生时间	籍贯	参加革命时间	牺牲时所在单位	牺牲时职务	牺牲时间地点	备注
陈开泰	男	1920.03	焦沂庄村	1940.02	东进支队 2 营 3 连	指导员	1944.03 在临沂城被日军杀害	
孙秉钧	男	1914.03	朱陈东南村	1947.03	临西县大队	情报员	1947.12 于临沂牺牲	
孙东君	男	—	朱陈村	—	临西县县大队	情报员	1947.12 临沂战斗	
周文全	男	1930.09	朱张桥四村	1946.10	21 军 61 师 183 团 3 营	机枪连卫生员	1950.10 舟山群岛战斗	
吴成星	男	1921	罗庄区	1941	沂河支队	副班长	1943.05 苍山边龙汪战斗	
李友其	男	1921	罗庄区	1940	沂河支队	战士	1941.08 苍山老屯战斗	
李长诗	男	1926	兰山区大岭乡全家红埠寺村	1949.03	21 军	战士	1952 解放战争	
张玉全	男	1978.06.04	费县城北乡同安庄村	1996.09.01	临沂东亚建材工业有限公司	保卫人员	1996.12.06 在追捕绑架人质的歹徒中，为保护人质，奋不顾身地抢夺歹徒已点燃的炸药包，不幸壮烈牺牲	
陈俊峰	男	1920.06	窑北头村	1946.07	苍沂武工队	队员	1947.07 临沂县窑北头战斗	
汪德顺	男	1918.07	窑北头村	1938.06	沂河支队 1 中队	战士	1942.08 临沂县窑北头战斗	
孙庆全	男	1919.04	窑北头村	1947.09	鲁南军区 19 团 1 营 3 连	战士	1948.03 苍山县为二桥战斗	
亓廷梅	男	1919.08	窑北头村	1939.05	鲁中南军区特务团	副团长	1964.08 在泰山疗养院病故	有传
焦凤明	男	1921.03	窑南头村	1939.02	临沂县县大队	勤务员	1941.08 郯城县庄坞战斗	
王金叶	男	1918.03	下王庄村	1938.08	临沂支队 3 连	战士	1944.09 在临沂县窑南头被敌人杀害	
王金玉	男	1922.06	下王庄村	1942.09	沂河支队 3 中队	战士	1943.10 苍山县万松山战斗	
王文喜	男	1921.02	下王庄村	1940.07	临沂县县大队	战士	1942.03 苍山县杨官庄战斗	
韩殿坤	男	1925.01	陈武庄村	1939.05	鲁南 8 师 23 团	战士	1945.07 苍山县红圈村战斗	

续表 27-1

姓名	性别	出生时间	籍贯	参加革命时间	牺牲时所在单位	牺牲时职务	牺牲时间地点	备注
孙士全	男	1910.03	张旦子村	1935	临沂县张旦子村民兵队	副队长	1945.05 临沂县张旦子村战斗	
主硕寅	男	1907.04	张旦子村	1936	临沂县张旦子村民兵队	队长	1945.05 临沂县张旦子村战斗	
邱学祥	男	1923.02	岳旦子村	1946.11	临沂县册山区区中队	战士	1947.08 郯城县丰山战斗	
岳凤山	男	1895.01	岳旦子村	—	临沂县岳旦子村民兵队	民兵	1945.05 临沂县岳旦子村战斗	
岳西珍	男	1920.04	岳旦子村	—	临沂县岳旦子村民兵队	队长	1945.05 临沂县岳旦子村战斗	
徐　银	男	1921.02	殷旦子村	1948.03	临沂县册山区区中队	战士	1948.07 临沂县常旺战斗	
寇洪明	男	1919.05	孟家庄村	1948.06	志愿军	战士	1950.12 朝鲜	
刘福元	男	1921.06	东徐家林村	1940.03	沂河支队	排长	1946.12 峄县战斗	
张永林	男	1920.05	北徐家林村	1942.03	3 野 3 纵 7 师 21 团团部	排长	1948.07 济宁战斗	
密常兴	男	1921.05	北徐家林村	1939.05	鲁南 5 团 7 连	战士	1945.09 临沂战役	
吴成良	男	1921.06	龙泉屯村	1938.08	沂河支队	战士	1943.05 沂南县河阳战斗	
全　兵	男	1926.05	龙泉屯村	1942.05	沂河支队	战士	1943.12 苍山县迷龙汪战斗	
杨万秋	男	1925.07	龙泉屯村	1940.06	八路军 115 师 684 团	连长	1944.02 峄县战斗	
李文东	男	1919.06	龙泉屯村	1941.07	沂河支队	班长	1942 宿迁县老虎山战斗	
于振远	男	1924.02	龙泉屯村	1938.03	沂河支队	警卫员	1941.04 江苏省邳县战斗	
刘贯祥	男	1926.09	龙泉屯村	1943.02	3 野 4 纵 10 师 30 团 3 营 12 连	排长	1946.12 淮安战斗	
王自连	男	1922.10	中店子村	—	临沂县中店子村民兵队	民兵	1948 临沂县中店子村战斗	
王自廷	男	1923	中店子村	1938.09	115 师 685 团 2 营 7 连	班长	1941.10 邳县铁佛寺战斗	
李友吉	男	1920	中店子村	1941	沂河支队 9 连	班长	1943 郯城战斗	
王启明	男	1915.05	东店子村	—	沂河支队 2 连	指导员	1940.08 苍山县老屯战斗	

续表 27-1

姓名	性别	出生时间	籍贯	参加革命时间	牺牲时所在单位	牺牲时职务	牺牲时间地点	备注
徐洪训	男	1925	东店子村	—	临沂县傅庄区支前民工队	民工	1948.12 淮海战役	
王传合	男	1926	东店子村	1945	临沂县东店子村	村长	1948 在临沂县东店子村	
王树臣	男	1917.07	东店子村	1938.08	沂河支队	战士	1944 郯城县车头门战斗	
姬献功	男	1916.04	东店子村	1939.09	鲁南 5 团	班长	1940.10 邳县铁佛寺战斗	
孙学恩	男	1928.06	东店子村	1945.07	鲁南 5 团	卫生员	1948.12 淮海战役	
王　沂	男	1917.03	东店子村	1937.08	滨海 4 团	连长	1943 枣庄战斗	
李春胜	男	1919.02	后站村	1937.10	沂河支队 1 连	战士	1941 郯城县码头战斗	
赵善迎	男	1921	后站村	1945	志愿军	副排长	1950 朝鲜	
赵善杰	男	1929	后站村	1948	志愿军运输连	司机	1951 朝鲜	
韩凤延	男	1924	后站村	1944	鲁南军区特务营	战士	1947.10 因执行任务在后站牺牲	
钱德成	男	1917	后站村	1939.11	沂河支队	炊事员	1941 聂家官庄战斗	
李志刚	男	1914	后站村	1935	中共临沂县委	副书记	1941.08 郯城县庄坞战斗	
陈克相	男	1924	彭庄村	1938.04	沂河支队	战士	1941.10 苍山县西哨战斗	
刘加桂	男	1921	何家庄村	1946	3 野 2 纵 4 师 11 团 2 营 6 连	战士	1947.02 莱芜战役	
李克俭	男	1923.06	沂兴庄村	1943.05	警卫旅 2 团 3 营 1 连	战士	1949.01 江苏省连云港病故	
杨启康	男	1916.06	杨家河湾村	1938.05	山东抗大学校	战士	1939.11 郯城战斗	
杨启相	男	1917.08	杨家河湾村	1939.05	临沂县县大队	干事	1940.08 苍山战斗	
李振民	男	1909.02	杨家河湾村	1935	临沂县杨河湾村民兵队	民兵	1948.06 郯城县桥头战斗	
杨焕七	男	1931.10	杨家河湾村	1947	临沂县杨河湾村民兵队	民兵	1948.06 郯城县桥头战斗	
刘焕廷	男	1927.08	大河湾村	1946.07	临沂县册山区武工队	队员	1947.04 苍山县兰陵战斗	
平树永	男	1907.10	大河湾村	1946.08	志愿军	战士	1951.09 朝鲜	

续表 27-1

姓名	性别	出生时间	籍贯	参加革命时间	牺牲时所在单位	牺牲时职务	牺牲时间地点	备注
刘玉才	男	1902.03	大河湾村	1937.06	沂河支队 6 连	连长	1941.08 郯城县庄坞战斗	
张星明	男	1906.08	大河湾村	1946.09	3 野 2 纵 4 师 11 团 2 营 6 连	战士	1946.01 涟水战役	
许邦仁	男	1931	西大车庄村	—	临沂县西大车村民工队	民工	1947.04 费县兆林战斗	
徐德茂	男	1911.05	花埠岭村	1940	中共临沂县 12 区区委	指导员	1945.08 在临沂城被敌人杀害	
刘　克	男	1925.10	花埠岭村	1946.0	临沂县 12 区区中队	战士	1947.06 郯城县沙墩战斗	
徐　治	男	1928	花埠岭村	1944	临沂县 7 区区中队	指导员	1947.01 枣庄战斗	
申庆祥	男	1925	花埠岭村	1948.08	志愿军 20 军 58 师 173 团	战士	1951.05 朝鲜	
张德茂	男	1914	花埠岭村	1943	临沂县 12 区	指导员	1945.06 郯城县沙墩战斗	
密学城	男	1925.11	赵庄村	1948.02	临沂县埠庄乡支前民工队	支前民工	1948.11 淮海战役	
密士文	男	1921.11	赵庄村	1945.07	临沂赵庄村	公安员	1947.02 临沂县汤庄战斗	
郑友道	男	1921	赵庄村	1942	沂河支队	班长	1943.05 苍山县官庄战斗	
密广西	男	1921.11	赵庄村	1945	峄县 10 区区公所	公安员	1947.11 峄县老牛山战斗	
密希胜	男	1920.10	赵庄村	1941.02	沂河支队	排长	1943 郯城战斗	
汤友才	男	1902.03	汤庄村	1938	沂河支队	战士	1944.04 苍山县矿坑战斗	
石立成	男	1926.02	汤庄村	1944.11	鲁南 5 团	战士	1945.08 江苏省贾汪战斗	
汤岩兴	男	1924.08	汤庄村	1944.11	鲁南 5 团	战士	1945.08 江苏省贾汪战斗	
李从善	男	1924	小丁庄村	—	临沂县小丁庄民兵队	民兵	1948.04 临沂县西三冲战斗	
李　栋	男	1918.03	小丁庄村	1941.01	鲁南军区青年营	战士	1941.08 郯城县庄坞战斗	
张大玉	男	1919.02	小丁庄村	1942	志愿军 38 军 113 师 337 团 1 营	连长	1950.12 朝鲜	
孙丰祥	男	1920.02	东小车庄村	1945	3 野 3 纵 8 师 23 团 3 营 9 连	排长	1947.08 济宁战斗	

续表 27-1

姓名	性别	出生时间	籍贯	参加革命时间	牺牲时所在单位	牺牲时职务	牺牲时间地点	备注
刘广德	男	1920.04	东小车庄村	1945	苍山县县大队	班长	1945.08 江苏省贾汪战斗	
李可平	男	1907.02	东小车庄村	—	临沂县东小车村支部	指导员	1947.04 在临沂城被敌人杀害	
李善元	男	1903.10	东小车庄村	1945	3 野 3 纵 7 师 21 团供给处	战士	1948.06 开封战役	
陈兴荣	男	1919.07	东小车庄村	1937.09	沂河支队	班长	1940.11 苍山县蒋桥战斗	
李相如	男	1920.01	东小车庄村	1945.08	3 野 3 纵 7 师后勤部	战士	1947.02 回村探家被敌人杀害	
李彦胜	男	1923.04	东小车庄村	1945.02	山东军区特务团	代排长	1948.02 江苏省青口战斗	
李荣昌	男	1922.08	东小车庄村	—	临沂县东小车村民兵队	民兵	1947.02 临沂县赵庄战斗	
邓宝路	男	1924.06	东小车庄村	1946.03	—	战士	1947.03 苍山县双桥战斗	
赵　杰	男	1920.06	大柱山村	1942.04	教导 2 旅 6 团	战士	1942.07 赣榆县柘汪战斗	
孙克仁	男	1920.03	大丁庄村	1939.10	苍山县 12 区区委	指导员	1941.06 苍山县迷龙汪战斗	有传
孙廷哲	男	1910.05	大丁庄村	1937.08	鲁南军区政治部	—	1958.12	有传
孙秀经	男	1916.10	大丁庄村	1944.07	3 野 3 纵 8 师 23 团 2 营 5 连	战士	1948.07 兖州战斗	
孙汉玉	男	1923.01	大丁庄村	1941.06	鲁南军区青年营	战士	1941.08 郯城县庄坞战斗	
孙汉朝	男	1915.02	大丁庄村	1944.03	新四军 5 旅 13 团炮连	副连长	1946	
张准亭	男	1896	东三重村	1940.03	临沂县民众抗日总动员委员会	主任委员	1941.10 郯城县庄坞战斗	有传
赵春祥	男	1921	东三重村	1945.03	鲁南 5 团 3 营 12 连	战士	1945.08 苍山县官桥战斗	
陈文彬	男	1931	东三重村	1950.03	临沂县新兵营	战士	1950.04 在临沂城病故	
孙思明	男	1904	南张庄村	1936	临沂县东三冲村联防队	队员	1947.06 临沂县岳旦子战斗	
张新村	男	1921	南张庄村	1943	3 野 3 纵 7 师 20 团 3 营 12 连	排长	1947.06 临沂县岳旦子战斗	

续表 27-1

姓名	性别	出生时间	籍贯	参加革命时间	牺牲时所在单位	牺牲时职务	牺牲时间地点	备注
于金生	男	1916	于家庄村	1945	3野3纵7师21团团部	战士	1947.07 苍山县兰陵战斗	
于济文	男	1918	于家庄村	1943	3野3纵7师21团团部	班长	1947.01 苍山卞庄战斗	
贾洪友	男	1923	王家庄村	1945	—	战士	1947.01 苍山卞庄战斗	
王西城	男	1921	王家庄村	1945	—	战士	1947.06 苍山卞庄战斗	
李士永	男	1919	前站村	1938	临沂县公安局	战士	1942.04 苍山县南官庄战斗	
李丙成	男	1919	前站村	1941.10	铁道游击队	侦察员	1946.12 枣庄市新庄战斗	
李志善	男	1916	前站村	1938	沂河支队1营1连	战士	1942 苍山县南哨战斗	
周永德	男	1921.06	西三重村	1942.04	鲁南军区18团3营10连	战士	1946.01 在临沂县岗头病故	
李效忠	男	1916.05	西三重村	1936.03	沂河支队2连	战士	1941.08 郯城县庄坞战斗	
冯文章	男	1925.04	西三重村	1943.05	3野2纵4师10团2营5连	战士	1949.08 江苏省田家坎战斗	
周凤田	男	1904	西三重村	1939.11	临沂县西三冲民兵队	民兵	1944.08 郯城桥头战斗	
周　怀	男	1924.03	西三重村	1943.07	3野3纵7师21团3营1连	班长	1946.01 枣庄战斗	
周二芳	男	1930.02	西三重村	1946	临沂县西三冲民兵队	民兵	1947.08 在临沂城被敌人杀害	
周凤江	男	1901.09	西三重村	1943	西三冲农会	会长	1947.04 被敌捕杀	
陈保金	男	1929.07	傅庄村	1946.05	鲁南军区19团	战士	1947.05 孟良崮战役	
司敬田	男	1921.06	傅庄村	1945	鲁南军区19团	战士	1947.05 孟良崮战役	
丁永胜	男	1901	傅庄村	1946.02	3野2纵4师14团担架连	副班长	1947.11 肖县战斗	
陈成勋	男	1901.10	傅庄村	1945.03	临沂县傅庄区傅庄镇	战士	1946.04 苍山县荆山战斗	
张廷元	男	1922	傅庄村	1945	3野3纵8师23团3营7连	战士	1947.05 孟良崮战役	

续表 27-1

姓名	性别	出生时间	籍贯	参加革命时间	牺牲时所在单位	牺牲时职务	牺牲时间地点	备注
韩守德	男	1917	傅庄三村	1944.08	空3军周水子基地指挥所	副所长	1976.11在临沂“一四六”医院病故	
周腾云	男	1920	劳模店村	1946.06	3野3纵8师23团2营	战士	1948.07兖州战斗	
杨　时	男	1916	劳模店村	1938.06	沂河支队3中队	班长	1941.06苍山县西封山战斗	
路开宽	男	1911	劳模店村	1941.10	临沂县独立团	排长	1947.02苍山县大兴屯战斗	
唐玉平	男	1927	劳模店村	1946.02	鲁南18团1连	战士	1948.04苍山县荆山战斗	
杨自立	男	1923.03	劳模店村	1946.10	3野2纵	战士	1947.01江苏涟水战役	
杨火英	男	1923.07	劳模店村	1946.10	3野2纵	战士	1947.05孟良崮战役	
主硕章	男	1911	小河湾村	1939	临沂县游击总队第2大队	侦察参谋	1941.08郯城县庄坞战斗	
唐玉真	男	1923	后焦邱村	1946.08	3野2纵4师11团2营4连	战士	1947.05孟良崮战役	
陈建三	男	1914	朱家岭村	1942.05	鲁南军区17团1营1连	副连长	1946.12临城战斗	
庄明兰	男	1926	朱家岭村	1946.07	志愿军	战士	1950朝鲜	
马玉山	男	1919	朱家岭村	1943	沂河支队	排长	1947.07郯城县庄坞战斗	
王宗方	男	1920	朱家岭村	1938.07	沂河支队	战士	1940.08苍山县西哨战斗	
于鸿濂	男	1914	于家庄村	1938.02	山西运城地区武装工作队	战士	1938.08在运城地区失踪	
徐春英	女	1950.10	何庄村	—	傅庄镇何庄村	村民	1987.08在本村抢救落水儿童	
王凤鸣	男	1913	西三冲村	1939.04	沂河支队	排长	1944.07汤庄战斗中负伤后去世	
高树屏	男	1885	东三重村	1940.10	临沂县抗日民主政府	秘书	1941.01在临沂城南破石桥	有传
李丙武	男	1926	西店子村	1938.02	鲁南军区68军侦查2股	侦察员	1944.12河南金山寺战役牺牲	
李玉琢	男	1919.05	东小车庄村	1937.09	沂河支队	战士	1939.08郯城县官庄战斗	

续表 27-1

姓名	性别	出生时间	籍贯	参加革命时间	牺牲时所在单位	牺牲时职务	牺牲时间地点	备注
李宪瑞	男	1920.07	大柱山村	1941.05	鲁南军区3分区侦察连	侦察员	1947.09 临沂县傅庄战斗	
于金喜	男	1979.06	于庄村	1997.12	罗庄区公安局	协警	2005.09 追捕罪犯时被害	
徐德成	男	1909.06	花埠岭村	1938	青年救国团团长	团长	1944.09 庄坞战斗	
汤琏兴	男	1924.08	汤庄村	1944	鲁南5团机枪班	班长	1945.08	
田瑞轩	男	1923	汤庄村	—	鲁南8师23团	排长	1945	
李士勇	男	1916	前站村	1940	八路军老4团	战士	1942 褚墩镇王庄战斗牺牲	
董勇林	男	1988.11	东三重村	2006.11	青岛市公安消防支队第13中队	消防员	2007.09.18 在执行“三警联勤”巡逻任务时为保护民警李军平牺牲	
徐祗琦	男	1944.07	郯城县大尚庄曹庄村	1965.12	临沂地区水泥厂	厂长兼党委书记	1991.12.19 在水泥厂第三条生产线点火时，因突发一氧化碳中毒事故，为抢救遇险的同志牺牲	厂址属傅庄街道
邵立奎	男	1928	许家冲村	1946.02	临沂县册山区武工队	队员	1947.02 苍山涌泉战斗	
王思敬	男	1921	南营子村	1946	3野2纵4师10团1营1连	副班长	1947.06 沂源县南麻战斗	
王学章	男	1924	南营子村	1946.09	3野2纵4师12团1营1连	战士	1948.12 淮海战役碾庄战斗	
孙守志	男	1928	南营子村	1946.09	3野2纵4师12团2营2连	战士	1948.12 淮海战役碾庄战斗	
沈景堂	男	1929	大白衣庄村	1944.04	38军113师337团炮2连	战士	1949.04 渡江战役	
魏永立	男	1926	大白衣庄村	1946.10	3野2纵4师10团3营机炮连	战士	1947.07 沂南县鼻子山战斗	
韩兆珍	男	1926	后盛庄村	1946.10	3野2纵4师后勤留守处	战士	1948.12 淮海战役睢宁战斗	
王振强	男	1920	后盛庄村	1946.10	3野2纵4师12团1营2连	战士	1947.06 沂源县南麻战斗	
韩选胜	男	1931	后盛庄村	1946.10	3野2纵4师12团1营1连	战士	1947.02 东海县白塔埠战斗	
王廷照	男	1922	后盛庄村	1946.10	3野2纵4师12团1营2连	通信员	1946.12 南京浦口战斗	

续表 27-1

姓名	性别	出生时间	籍贯	参加革命时间	牺牲时所在单位	牺牲时职务	牺牲时间地点	备注
王振武	男	1922	后盛庄村	1946.10	3 野 2 纵 5 师 13 团 2 营 4 连	战士	1947.06 沂南县河阳战斗	
孟现振	男	1916	前盛庄村	1946.10	3 野 2 纵 4 师 12 团 1 营 2 连	战士	1948.02 东海县白塔埠战斗	
孟凡德	男	1948	前盛庄村	1966.10	济南军区 6154 部队	副班长	1969.03 在日照县秦楼因公牺牲	
孟祥启	男	1921	前盛庄村	1945.10	3 野 3 纵 9 师 25 团 3 营 8 连	战士	1948.04 洛阳战斗	
张守仁	男	1923	前盛庄村	1946.10	3 野 2 纵 5 师 13 团 1 营 3 连	战士	1947.03 乌兰子村战斗	
石立和	男	1923	前盛庄村	1946.10	3 野 2 纵 4 师 11 团	卫生员	1947.04 诸城战斗	
张兴军	男	1926	红土屯村	1945.02	3 野 3 纵 9 师	卫生员	1947.02 临沂战役	
尚炳华	男	1927	红土屯村	1948.06	志愿军 24 军 72 师 215 团侦察连	副班长	1953.03 朝鲜战斗	三等功 4 次
张玉忠	男	1905	花埠圈村	1943	滨海军区海防警备团 1 营 1 连	班长	1946.03 日照石臼	
王启胜	男	1922	崔王庄村	1946.09	3 野 3 纵 9 师 25 团 2 营 4 连	班长	1947 潼关战斗	
孙吉年	男	1919	黄家对河村	1944	滨海军区 4 团 3 营 8 连	连长	1945.09 临沂战役	
寇洪明	男	1951.05	寇家对河村	1967	北京军区 4186 部队	副班长	1971.09 在张家口因公牺牲	
朱永财	男	1928	寇家对河村	1946.09	3 野 3 纵 9 师 25 团	战士	1947.06 济宁战斗	
陈德可	男	1924	陈家白庄村	1947.09	3 野 3 纵 9 师 25 团 3 营 8 连	班长	1948.04 洛阳战斗	
王守义	男	1925	尚屯村	1946.11	3 野 2 纵 4 师 11 团 3 营 8 连	战士	1948.11 淮海战役睢宁战斗	
胡照祥	男	1925	尚屯村	1946.08	3 野 2 纵 4 师 10 团 1 营 1 连	战士	1947.06 沂源县南麻战斗	
孟凡启	男	1927	杜家三岗村	1946.03	警备 24 团 2 营 6 连	战士	1947.09 临沂县朱潘战斗	
尤文财	男	1946	魏家三岗村	1964.11	济南军区 2736 部队	战士	1966 在江苏省新浦因公牺牲	
李冠勋	男	1925	孟家园村	1946.08	3 野 2 纵 4 师 12 团 1 营 2 连	战士	1947.02 东海县白塔埠战斗	
侯怀贤	男	1919	候家三岗村	1948.02	临沂县武工队	队员	1964.08 因伤口复发病故	

续表 27-1

姓名	性别	出生时间	籍贯	参加革命时间	牺牲时所在单位	牺牲时职务	牺牲时间地点	备注
郭相田	男	1929	三岗店子村	1946	3 野 2 纵 4 师 10 团 3 营机炮连	战士	1947.06 沂源县南麻战斗	
王德明	男	1923	店子村	1946	3 野 3 纵 9 师 25 团 3 营 9 连	班长	1948.04 洛阳战斗	
官兴邦	男	1922	店子村	1944	3 野 2 纵 7 师 19 团 2 营 5 连	排长	1947.11 费县汪沟战斗	
刘勤汉	男	1929	葛庄村	1949	志愿军 24 军 72 师 216 团 3 营 1 连	战士	1951 朝鲜战斗	
韩士堂	男	1911	大埠东村	1943	滨海军区沂河情报站	侦察员	1947.04 在临沂城被敌人捕杀	
单常青	男	1956.07	十里堡村	1975.11	山东省军区 5568 部队	战士	1976.07 在淄博张店因公牺牲	
吕宗太	男	1932	十里堡村	1946	22 军 66 师 197 团 2 营 4 连	班长	1948.06 浙江奉化战斗	有传
刘雁川	男	1916	刘家三岗村	1937.10	临沂武工队	书记	1945.11 临沂战斗	
王金刚	男	1975.07	杜家三岗村	—	杜家三岗村	村民	1992.08 因抢救落水儿童牺牲	
曾友才	男	1904	江苏省泗阳县	1945	联络站	联络员	1947.04 淮泗县南新集田圩被敌杀害	
李店员	男	1898	孙对河村	1939.07	特务连	战士	1944.06 临沂战斗	
朱　宣	男	1918	临沂县芝麻墩公社李石河大队	1939.07	淄博市周村银行	行长	1950.10 革命工作中病故	
韩庆平	男	1923	大埠东村		独立营	战士	1947 解放战争	
郭振生	男	1920.09	新桥村	1939.03	江苏省东海县工商管理局	办事员	1945.02 在徐州被敌杀害	
郭　志	男	1909.06	新桥村	1939.03	沂河支队	班长	1940.08 郯城县老屯战斗	
马桂范	男	1915.02	新桥村	1945.09	3 野 3 纵 8 师 23 团通讯连	战士	1947.02 鲁南战役枣庄战斗	
郭洪顺	男	1918.08	新桥村	1947.08	原 3 纵 8 师 23 团机枪连	战士	1949.04 南下渡江作战失踪	
周德祥	男	1922.07	新桥村	1946.09	3 野 3 纵 9 师 25 团 3 营	战士	1947.01 苍山县新镇战斗	
赵文生	男	1924.04	新桥村	1946.09	3 野 3 纵 9 师 25 团	战士	1947.02 鲁南战役	
郭德欣	男	1923.06	新桥村	1949.01	山东军区通讯处架线大队	班长	1950.08 在济南病故	

续表 27-1

姓名	性别	出生时间	籍贯	参加革命时间	牺牲时所在单位	牺牲时职务	牺牲时间地点	备注
朱保林	男	1916.09	后村	1946.09	3 野 3 纵 9 师 25 团	通讯员	1947.12 在河南省失踪	
杨伯祥	男	1920.05	后村	1945.05	鲁南 8 师 22 团 3 营 9 连	战士	1946.12 峄县战斗	
桑玉德	男	1908.03	东册山村	1946.09	3 野 3 纵 8 师	副班长	1947.01 苍山县陈桥战斗	
殷德胜	男	1928.07	山前村	1945.12	—	战士	1948.12 天津战役	
郭玉恒	男	1924.08	新桥村	—	临沂县册山区武工队	队员	1947.09 在郯城县李庄被敌杀害	
郭英奎	男	1917.02	新桥村	1939.03	沂河支队	战士	1939.09 郯城县码头战斗	
郭文范	男	1926.07	新桥村	1941.08	沂河支队	班长	1942.04 苍山县徐桥战斗	
王思连	男	1921.09	黑虎墩村	1942.09	鲁南 5 团 3 营 7 连	连长	1945.09 枣庄龙头战斗	
何京成	男	1923.07	黑虎墩村	1946.09	3 野 3 纵 9 师 25 团 2 营	战士	1948.09 济南战役	
孙庆和	男	1921.03	黑虎墩村	1948.09	志愿军 38 军 113 师 337 团	战士	1951.09 朝鲜失踪	
王胜友	男	1926.02	围梓村	1941.06	3 野 3 纵 9 师 26 团 2 营 5 连 1 排	排长	1947.06 周村战斗	
李友兰	男	1911.03	房岭屯村	1946.09	3 野 3 纵 9 师 25 团	战士	1947.01 苍山县陈桥战斗	
李复全	男	1923.06	郑旺村	1946.09	山东军区警备旅	排长	1948.09 济南战役	
季兰生	男	1927.04	郑旺村	1944.06	3 野 3 纵 8 师 23 团	战士	1947.01 薛庄战斗	
顾孝于	男	1902.09	义和村	1944.02	沂河支队	情报员	1944.12 在临沂县义和村被日伪军杀害	
顾洪可	男	1956.07	顾沙沟村	1977.02	济南军区 55351 部队 52 分队	战士	1978.09 徐州因公牺牲	
刘春和	男	1928.02	刘沙沟村	1946.09	3 野 3 纵 9 师师部特务连	战士	1948.03 洛阳战斗	
张纪云	男	1922.05	五寺庄	1939.04	滨海军区 4 团	副班长	1946.03 抚顺战斗	
杜成杨	男	1920.02	五寺庄	1945.09	22 军 65 师 193 团	排长	1949.03 在兖州病故	
周金堂	男	1933.08	五寺庄	1956.01	68 军 202 师工兵营 3 中队	战士	1957.11 在沈阳国防施工牺牲	
许保作	男	1918.02	小庄子村	1944.09	鲁南 17 团	班长	1946.11 枣庄战斗	

续表 27-1

姓名	性别	出生时间	籍贯	参加革命时间	牺牲时所在单位	牺牲时职务	牺牲时间地点	备注
张士德	男	1920	小庄子村	1939.06	沂河大队	战士	1944.05 郯城县李庄战斗	
傅德喜	男	1927	沙旦子村	1946.09	3 野 3 纵 8 师	战士	1947.01 枣庄战斗	
傅克树	男	1923	南头村	1945.03	鲁中军区 25 团	战士	1946.12 枣庄战斗	
杨永平	男	1928	南头村	1946.09	3 野 3 纵 9 师 25 团 3 营通讯班	战士	1948.02 在河南省金刚寺战斗失踪	
刘俊智	男	1917	南头村	1945.08	志愿军 38 军 113 师 337 团	战士	1951.09 在朝鲜失踪	
路永亮	男	1916	南头村	1944.08	沂河支队	战士	1946.11 枣庄战斗	
路永安	男	1928	南头村	1946.09	3 野 3 纵 9 师 25 团 3 营 8 连 2 排	战士	1947.01 苍山县卞庄战斗	
殷伯秀	男	1923	南头村	1945.08	滨海军区 4 团	战士	1946.11 在吉林省怀德县失踪	
马子盈	男	1918	南头村	1945.12	3 野 3 纵 8 师 23 团	战士	1947.11 江苏省沭阳战斗	
徐如修	男	1924	南头村	1945.08	3 野 3 纵 8 师 23 团	战士	1947.01 峄县战斗	
徐万杰	男	1924	南头村	1945.08	3 野 3 纵 8 师 23 团机枪连	排长	1947.01 峄县战斗	
顾灯雪	男	1927	南头村	1946.09	3 野 3 纵 9 师 25 团 3 营 7 连	班长	1948.11 淮海战斗	
高凤台	男	1921	南头村	1945.08	临沂县册山区南头村三等乙级残废军人	战士	1947.02 在南头村被敌杀害	
赵守忠	男	1922	同沂庄	1942.09	鲁南 18 团 3 营 12 连	战士	1946.11 枣庄战斗	
裴秀华	男	1927	同沂庄	1941.06	3 野 3 纵 8 师	排长	1948.08 在齐河县渡河失踪	
焦怀仁	男	1923	同沂庄	1942.08	鲁南 18 团 3 营 12 连	战士	1946.11 枣庄市关地战斗	
侯如钦	男	1929	侯沂庄	—	鲁南 8 师担架连支前	民工	1947.01 苍山县兰陵战斗	
高永太	男	1924	石杭岭村	1943.02	鲁南 17 团 3 营侦察排	排长	1948.07 济宁战斗	
颜士坤	男	1927	石杭岭村	1946.09	3 野 3 纵 9 师 25 团 3 营卫生队	卫生员	1947.12 河南省确山战斗	
颜士黄	男	1905	石杭岭村	1942.04	3 野 3 纵 8 师	司务长	1947.05 孟良崮战役	
颜士合	男	1922	石杭岭村	1946.9	3 野 3 纵 9 师 25 团	战士	1947.01 苍山县卞庄战斗	

续表 27-1

姓名	性别	出生时间	籍贯	参加革命时间	牺牲时所在单位	牺牲时职务	牺牲时间地点	备注
孙怀志	男	1925	石杭岭村	1946.09	3 野 3 纵 9 师 25 团 3 营 9 连	战士	1948.05 泰安战斗	
姜　沛	男	1926	石杭岭村	1946.09	3 野 3 纵 9 师 25 团 3 营 8 连	战士	1948.07 济宁战斗	
刘凤传	男	1920.02	义和村村	1941.04	山东 2 军分区老 4 团侦察排	战士	1943.10 被捕于郯城李庄杀害	
王世伟	男	1968.06	黑虎墩村	1986.06	空军航空兵第 12 师 35 团	正连职飞行员	1995.02.10 在飞行训练中，为保护人民的生命财产安全操纵飞机避开村庄后牺牲	有传
庄焕荣	男	1925.05	盛口村	1943.04	滨海军区 4 团	连长	1945.04 赣榆县马鞍山战斗	
丁玉起	男	1925.05	大塘崖村	1943.04	26 军 76 师 226 团 2 营 4 连	战士	1949.08 广州市飞机场战斗	
李开锋	男	1915.06	大塘崖村	1947.02	临沂县册山区武工队	队员	1948.06 临沂县黄土堰战斗	
郑梦兰	男	1909.09	大塘崖村	1942.09	临沂县沂西大队	战士	1945.07 临沂县东高都战斗	
潘西乡	男	1922.05	东潘墩村	1945.08	3 野 8 纵 23 师 67 团 3 营 9 连	班长	1948.12 淮海战役	二等战斗模范
潘秀峰	男	1925.07	东潘墩村	1945.09	22 军 66 师	战士	1949 南下失踪	
潘勇信	男	1914.04	东潘墩村	1938.08	—	连长	1940.08 莒县石桥子战斗	
丁子明	男	1924.06	南茶棚村	1946.08	22 军 66 师 197 团英雄连	副班长	1949.09 浙江省金塘岛战斗	
王凤明	男	1924.06	薛庄	1944.08	临沂县沂西大队	战士	1945.07 临沂县东高都战斗	
陈忠信	男	1915.05	薛庄	1944.07	滨海警备旅 21 团	战士	1947.02 朱城县泊里战斗	
杨西九	男	1925.09	薛庄	1942.06	滨海军区 6 团 1 营 2 连	战士	1943.04 临沭县岌山战斗	
陈善卿	男	1927.06	薛庄	1944.09	滨海军区 4 团	战士	1946.03 在东北失踪	1962.09 追烈
尚子善	男	1927.06	东小李庄	1945.01	志愿军炮兵 11 团 1 营 1 连	副排长	1951.04 朝鲜 5 次战役	立三等功 3 次
王目森	男	1924.06	北茶棚村	1949.02	志愿军	战士	1951.03 在朝鲜失踪	1961.11 追烈

续表 27-1

姓名	性别	出生时间	籍贯	参加革命时间	牺牲时所在单位	牺牲时职务	牺牲时间地点	备注
徐学良	男	1919.08	东高都村	1946.08	3 野 3 纵 9 师 25 团 2 营 4 连	班长	1948.11 淮海战役	
徐贵友	男	1924.07	东高都村	1945.10	滨海军区 4 团	战士	1949.01 南下失踪	1950 追烈
徐荣和	男	1920.07	东高都村	1943.04	山东军区特务团	班长	1945.01 临沂县曹家王庄战斗	
马士生	男	1924.06	东高都村	1946.11	3 野 3 纵 9 师 25 团 2 营 4 连	战士	1947.01 苍山县卞庄战斗	
肖葵云	男	1924.07	东高都村	1946.11	3 野 3 纵 9 师 25 团 2 营 4 连	战士	1947.01 苍山县卞庄战斗	
肖树明	男	1929.04	东高都村	1946.11	3 野 3 纵 9 师 25 团 2 营 4 连	战士	1947.04 泗水县太平集战斗	
尚振铎	男	1925.12	东高都村	1947.08	志愿军 1 师 1 团高炮营	班长	1952.05 守卫中朝大桥被敌机轰炸牺牲	
田顺义	男	1906.07	东高都村	1943.07	步兵 99 师炮兵 23 团 1 营 1 连	战士	1944.12 在连云港市医院病故	
张金全	男	1922.04	东高都村	1943.05	临沂县县大队	分队长	1947.06 临沂县东高都战斗	
张映沉	男	1923.03	东高都村	1942.05	滨海军区 4 团炮兵连	连长	1942.08 莒南县甲子山战役	
杨玉白	男	1925.11	后后坦村	1943.09	滨海军区 4 团	战士	1945.10 赴东北海上战斗牺牲	
杨玉柱	男	1919.05	后后坦村	1943.09	滨海军区 4 团	战士	1945.10 赴东北海上战斗牺牲	
王景三	男	1913.07	后后坦村	1946.09	3 野 3 纵 9 师 25 团	战士	1949.01 淮海战役	
孙本法	男	1920.05	彭坡村	1943.11	3 野 3 纵 9 师 25 团 2 营 4 连	战士	1947.01 苍山县卞庄战斗	
程文法	男	1928.05	程庄村	1947.08	3 野 3 纵 9 师 25 团	战士	1949.01 淮海战役	
尚玉珍	男	1923.06	小毛坦村	1944.10	沂山大队 3 营 8 连	排长	1949.04 南下失踪	
边景德	男	1924.05	常旺村	1944.09	志愿军 38 军 113 师 337 团 1 连	战士	1951.12 朝鲜发里峰战斗	
王兴良	男	1926.05	常旺村	1945.11	3 野 3 纵 9 师 25 团 1 营 1 连	战士	1948.07 济宁战斗	
王兴礼	男	1911.09	常旺村	1945.11	3 野 3 纵 9 师 25 团 1 营 2 连	班长	1947.08 曹县王老虎战斗	
朱庆路	男	1924.06	常旺村	1945.11	3 野 3 纵 9 师 25 团 2 营 6 连	副班长	1948.07 济宁战斗	

续表 27-1

姓名	性别	出生时间	籍贯	参加革命时间	牺牲时所在单位	牺牲时职务	牺牲时间地点	备注
李宗明	男	1912.09	西高都村	1946.11	3 野 3 纵 9 师 25 团 1 营 1 连	战士	1947.01 苍山县卞庄战斗	
仝可义	男	1924.04	西高都村	1945.10	山东军区特务团	副班长	1949.01 淮海战役	
奚春明	男	1921.04	张庄	1949.08	志愿军 20 军 58 师 174 团	班长	1951 朝鲜	
李实起	男	1924.06	萧庄	1946.09	3 野 3 纵 9 师 25 团 3 营 2 连	战士	1947.01 苍山县卞庄战斗	
赵金刚	男	1926.10	萧庄村	1943.01	临沂县沂滨大队	战士	1943.03 郯城县李庄战斗	
李印环	男	1927.08	萧庄村	1942.08	志愿军高射炮团 2 营	副班长	1951.07 朝鲜渔波车站战斗	三等功 1 次
张举仁	男	1930.06	车辋村	1946.02	3 野 3 纵 9 师 25 团 3 营 9 连	班长	1948.09 济南战役	
赵玉厚	男	1905.05	车辋村	1946.09	临沂县册山区武工队	队员	1947.09 在临沂被敌捕杀	
赵国璧	男	1918.04	车辋村	1943.11	22 军 66 师 197 团 1 营	司务长	1949.11 浙江定海县战斗	
李玉了	男	1926.04	宋墩村	1946.10	3 野 3 纵 9 师 25 团 1 营	战士	1947.01 苍山县卞庄战斗	
李子亮	男	1901	萧庄村	1939.10	八路军南进独立 5 大队肖庄情报站	站长	1941.05.11 被敌捕杀	
姜茂孝	男	1916	坞南庄	1945	3 野 2 纵 4 师 10 团 2 营 2 连	—	1947.02	
王增启	男	1915	坞南庄	1944	临沂县朱陈区区中队	战士	1947	
贾慕苓	男	1921	贾家庄	1947	临沂县大队	战士	1947.05	
赵尔英	男	1924	贾家庄	1945	3 野 3 纵 8 师 24 团 3 营 9 连	班长	1948	
赵尔珍	男	1925	贾家庄	1945.09	志愿军 25 军 74 师 230 团	营长	1952.01	
贾凤军	男	1923	贾家庄	1945	皖北行政公署	战士	1947.07	
韩玉林	男	1932.12	贾家庄	1951.02	昆明军区 2575 部队飞行团	副参谋长	1971.12	
王家才	男	1928	西石埠	1945.08	山东军区司令部	警卫员	1947.08	
司京昌	男	1913	前黄土堰	1941	3 野 8 纵 4 师 10 团 2 营	排长	1949.01	
司京田	男	1917.01	前黄土堰	1946	3 野 2 纵 4 师 10 团	战士	1947.02	

续表 27-1

姓名	性别	出生时间	籍贯	参加革命时间	牺牲时所在单位	牺牲时职务	牺牲时间地点	备注
崔凤同	男	1949	涧沟崖	1965.05	云南军区交通厅工程 8 团	支边民工	1966.12	
邱　贵	男	1930	涧沟崖	1946	—	—	—	1952 年失踪
李士保	男	1896	北白埠	1941	—	炊事员	—	1946 年失踪
侯宗云	男	1913	北白埠子	1946.07	临沂县朱陈区区中队	司务长	1947	
王志田	男	1915	北白埠子	—	临沂县北白埠村民兵队	民兵	1944.06	
姜应祥	男	1920	庙山	1946	临沂县独立团	班长	1647.01	
刘清堂	男	1911	庙山	1943	临沂县朱陈区区中队	战士	1948	
宋敏厚	男	1929	庙山	1946.05	临沂县大队	战士	1944	
李传远	男	1928.02	庙山	1942	临沂县朱陈区区中队	战士	1944	
刁祥太	男	1925.06	庙山	1944.05	临沂县大队	战士	1948.11	
陆秀胜	男	1925	庙山	1941	临沂县大队	班长	1948	
刘胜全	男	1914.02	庙山	1943	临沂县大队	—	1944	
刘海全	男	1922	庙山	1946	临沂县朱陈区区中队	战士	1948	
刘贞言	男	1921	涧头	1946	苍山县大队	战士	1948	
王占喜	男	1924	涧头	1945	山东军区司令部	卫生员	1948.12	
陆兰堂	男	1928	涧头	—	临沂县涧头村农会	支前民工	1948	
姚开斗	男	1919	土山洼	1946.03	3 野 2 纵 10 团 2 营 2 连	排长	1947.02	
王文献	男	1918	官庄	1943.01	临沂县大队	战士	1945.03	
李德荣	男	1929	官庄	1946.01	3 野 2 纵	战士	1948.09	
王文轩	男	1923	官庄	1943.01	临沂县独立团	战士	1947.01	
杨峪厚	男	1926.05	后黄土堰	1942	4 野 1 纵 2 师 4 团	连指导员	1948.03	
宋玉祥	男	1913.06	后黄土堰	1940.06	八路军东进支队	战士	1941.05	
徐耀明	男	1929	后黄土堰	1945.05	—	—	—	1951.1 失踪
刘玉廷	男	1923	高家庄	1946.10	3 野 2 纵 4 师 11 团 2 营 5 连	通信员	1947	
岳洪庆	男	1925	高家庄	1946.10	3 野 2 纵 4 师 10 团	战士	1947.02	
钱树德	男	1927	西磊石	1942	临沂县大队	战士	1945.11	
陆明阶	男	1923	西陆庄	1946.05	临沂县朱陈区区中队	文书	1947.05	

续表 27-1

姓名	性别	出生时间	籍贯	参加革命时间	牺牲时所在单位	牺牲时职务	牺牲时间地点	备注
钱如存	男	1928	涧花埠	1948	2 纵 4 师 12 团卫生队	通信员	1949	
杜可昌	男	1916	潘庄	1946.02	临沂县朱陈区区中队	战士	1947.08	
刘福元	男	1917	后崔家庄	1945	快速纵队工兵团 1 营 1 连	班长	1948	
郑德胜	男	1926	满沟屯	1942	鲁中 9 师 25 团 2 营	通信员	1946.09	
孙德胜	男	1928	满沟屯	1946.05	3 野 2 纵 4 师 10 团 1 营 2 连	战士	1947	
朱炳镇	男	1928	中石埠	1948	华东公安 17 师	战士	1950.05	
郭玉廷	男	1921.09	郭家岑石	1943.07	3 野 3 纵 8 师 23 团 3 营 9 连	副指导员	1947.12	
郭宗师	男	1932	郭家岑石	1950.03	志愿军 60 军 180 师 539 团	战士	1953.06	
宋玉印	男	1923	郭家岑石	1946.07	3 野 2 纵 4 师 12 团侦察连	战士	1948.12	
邢顺成	男	1920	东磊石	1942	入伍时在鲁南军区 3 团	副连长	1947	
张敬山	男	1919	东磊石	1942	—	—	—	1947 失踪
张景兰	男	1925.07	西朱隆	1946.12	3 野 2 纵 4 师	战士	1947.02	
崔效法	男	1911	东朱隆	1945.11	—	战士	—	1948.01 病故
陆德圣	男	1925	庙山	1941	11 纵	战士	—	1950 失踪
钟士祥	男	1916	麒麟山村	1938	赵镈县独立营	排长	1946　毕庄战斗	
钟家珠	男	1930	麒麟山村	1945	22 军 65 师 195 团	战士	1949　渡江战役	
杨庆芬	女	1933	后柳庄村	1944	济南纺织厂	卫生员	1951　济南	1960.10 追烈
朱照明	男	1918	后柳庄村	1943	原新四军 2 师	副营长	1946　大埠子战斗	
邵士庆	男	1923	前柳庄村	1944	鲁南军区司令部	战士	1945　藤县战斗	
亓守业	男	1929	前柳庄村	1943	8 师	副营长	1946　宿迁战斗	
王廷俊	男	1927	前柳庄村	1946	原新四军 2 师	战士	1946　大埠子战斗	
王永昌	男	1920	兴路口村	1939	赵镈县庙山区武工队	队员	1946　老庄战斗	
秦永茂	男	1921	东大埠村	1942	10 师 18 团	副连长	1947　抱犊崮战斗	

续表 27-1

姓名	性别	出生时间	籍贯	参加革命时间	牺牲时所在单位	牺牲时职务	牺牲时间地点	备注
秦玉恩	男	1920	东大埠村	1942	10 师	连长	1947.02 抱犊崮战斗	
张　拴	男	1928	龙泉官庄村	1943	沂河支队	战士	1946 乜官庄战斗	曾用名张明祥
王善修	男	1923	南沂堂村	1942	临沂县大队	战士	1945.01 毕庄战斗	
刁秀云	男	1920	南沂堂村	1944	老 5 团	战士	1945 枣庄战斗	曾用名刁亮
孙学美	男	1925	南沂堂村	1942	老 5 团	战士	1945 枣庄战斗	
胡印堂	男	1925	南沂堂村	1944	8 师	战士	1946.07 泗州战斗	
孙学谦	男	1927	南沂堂村	1944	8 师 23 团 2 营	卫生员	1946 枣庄战斗	
方庆东	男	1923	南沂堂村	1944	8 师 23 团	战士	1946 枣庄战斗	
陈希贤	男	1901	南沂堂村	1942	8 师 23 团 2 营	战士	1947 兖州战斗	
王连昌	男	1919	南沂堂村	1947	赵镈县大队	战士	1947 道庄战斗	
钟家仁	男	1926	麒麟山村	1944	沂河支队	战士	1945 抱犊崮战斗	曾用名钟家银
张学文	男	1921	前台井村	—	13 区台井联防队	民兵	1947 台井战斗	
李德昌	男	1922	前台井村	1940	8 师 23 团	排长	1948.11 淮海战役	
张成玉	女	1932	前台井村	1945	原 8 师	护士长	1950 济宁病故	
孙兆才	男	1925	后台井村	1947	志愿军	排长	1951 朝鲜	
祝文坡	男	1916	后台井村	—	13 区台井联防队	民兵	1947 迷龙战斗	
吴福敬	男	1912	北大埠村	—	13 区大埠联防队	民兵	1946 北大埠战斗	
李佃友	男	—	北大埠村	—	鲁南 3 军区后勤	班长	1947 鱼骨庙战斗	
李佃业	男	1923	北大埠村	1944	10 师 19 团 2 营 7 连	排长	1946 鱼骨庙战斗	
杨士林	男	1898	龙泉官庄村	1940	沂河支队	战士	1940 庄坞战斗	
杨桂花	男	1921	龙泉官庄村	1939	沂河支队	战士	1946 刘宅子战斗	
黄金玉	男	1914	大兴屯村	1939	滨海公安局	局长	1942 马陵山	
危志学	男	1919	大兴屯村	1942	赵镈县邮电局	邮递员	1945 西庄	
危志胜	男	1923	大兴屯村	1943	临沂县大队	战士	1945 芦汪子战斗	
刘　更	男	1926	大兴屯村	1946	新四军	战士	1946 失踪	1960.10 追烈

续表 27-1

姓名	性别	出生时间	籍贯	参加革命时间	牺牲时所在单位	牺牲时职务	牺牲时间地点	备注
危可俭	男	1927	大兴屯村	1946	新四军	战士	1947.05 孟良崮战役	
张　锅	男	1916	大兴屯村	1944	临郯独立团	战士	1945　黑山贺窑战斗	
方德启	男	1900	大兴屯村	1940	东进支队	战士	1947　沭阳战斗	
孙　东	男	1930	大兴屯村	1946	志愿军	战士	1950　朝鲜	
张国柱	男	1916	前台井村	1938	苍山县 13 区	区长	1944　白埠子	有传
冯玉玺	男	1924	前台井村	1940	10 团	电话员	1946　临沂战斗	
王洪申	男	1902	前峰山村	—	13 区台井联防队	民兵	1947　马庄	
张德明	男	1924	贤孝庄村	1940	山东军区司令部	通讯员	1944　七里河战斗	
宋德柱	男	1920	贤孝庄村	1939.03	17 团	连长	1945 枣庄小官地战斗	
耿清雨	男	1921	荆山村	1941	老 5 团	战士	1941　卧牛山战斗	
宋明良	男	1923	荆山村	—	13 区荆山抗日自卫团	民兵	1945　荆山战斗	
李学德	男	1918	荆山村	1943	13 区荆山抗日自卫团	民兵	1945　荆山战斗	
李学文	男	1928	荆山村	—	13 区大兴联防队	民兵	1948　石埠战斗	
李月贵	男	1920	荆山村	1939.03	赵镈县独立营	连长	1949.04　渡江战斗	
相会敬	男	1926	荆山村	—	13 区大兴联防队	民兵	1948　荆山战斗	
相会干	男	1930	荆山村	1947	27 军	战士	1950　朝鲜	
姜生帮	男	1914	东为儿桥村	1939	东进支队	排长	1942　红圈	
王善光	男	1919	北沂堂村	1944	赵镈县大队	战士	1944　贤孝庄战斗	
刘德明	男	1924	北沂堂村	1940	赵镈县大队	战士	1944　涧村战斗	
刘长业	男	1924	北沂堂村	1945	7 师 2 营	战士	1946　白庄战斗	
刘贵业	男	1918	北沂堂村	1939	赵镈县大队	战士	1946　孙庄战斗	
代西富	男	1921	北沂堂村	1942	沂河大队	战士	1949　东北	
张义先	男	1922	前峰山村	1940	老 4 团	排长	1944　马山战斗	
王洪德	男	1907	前峰山村	1944	老 5 团	班长	1945.06　官桥战斗	
王宣起	男	1927	前峰山村	1944	17 团	战士	1945.08 枣庄小官地战斗	
王善军	男	1924	前峰山村	1943	原 4 团	排长	1946　四平	曾用名王善举

续表 27-1

姓名	性别	出生时间	籍贯	参加革命时间	牺牲时所在单位	牺牲时职务	牺牲时间地点	备注
邓万生	男	1916	后大埠村	1940	沂河大队	战士	1944.03 大池头战斗	
王景才	男	1920	龙王堂村	1939	沂河大队	战士	1944.03 大池头战斗	
王景胜	男	1924	龙王堂村	1940	老5团	战士	1945 万村战斗	
颜士介	男	1929	龙王堂村	1946	苍山县13区武工队	战士	1947 晒钱埠	
孙俊起	男	1921	西为儿桥村	1940	赵镈县大队	战士	1944 贾庄战斗	
王　钦	男	1907	西为儿桥村	1940	陇海支队3大队	战士	1941.01 廖家屯战斗	
亓永昌	男	1922	西为儿桥村	1942	8师3营	连长	1948.06 开封战役	
王梅英	男	1920	西为儿桥村	1940	原4团	战士	1946 东北	
张希勤	男	1927	西为儿桥村	1944	鲁南军区司令部	战士	1947 抱犊崮战斗	
王梅修	男	1928	西为儿桥村	1947	志愿军	战士	1950 朝鲜	
王洪飞	男	1920	寨子村	1939	赵镈县独立营	副连长	1945 毕家庄战斗	
王文其	男	1927	寨子村	1945	8师	战士	1947 鲁西战斗	曾用名王庄
顾学增	男	1926	寨子村	1942	8师	看护长	1947 济宁战斗	曾用名顾尚
顾祥友	男	1915	寨子村	1933	13区沂堂联防队	民兵	1947 寨子战斗	
赵振田	男	1923	东杏山湖村	1943	5团机枪连	战士	1943 老母店战斗	
邱　四	男	1911	东杏山湖村	1944	苍山县大队	战士	1946 孔庄	
邱广田	男	1917	东杏山湖村	1940	8师23团	排长	1947 宿迁战斗	
康克兰	男	1918	西杏山湖村	1940	8师23团	班长	1946 红庄战斗	
池永太	男	1922	前大埠村	1940	赵镈县大队	战士	1944.01 毕庄战斗	
周凤荣	男	1921	前大埠村	1941	8师23团	班长	1946.12.06 宿迁战斗	
李明扬	男	1920	西迷龙村	1940	苍山大队	战士	1941.06 济南	

续表 27-1

姓名	性别	出生时间	籍贯	参加革命时间	牺牲时所在单位	牺牲时职务	牺牲时间地点	备注
王丙贸	男	1917	西迷龙村	1940	苍山大队	战士	1941.06　济南	
刘福俭	男	1921.02	西迷龙村	1945	8 师	班长	1948.03　洛阳战役	
冷成德	男	1920	西迷龙村	1940	7 师 19 团	排长	1947.08　沙土集战斗	
刘二斗	男	1922	西迷龙村	1940	山东警卫团	战士	1948　新沂战斗	
刘福吉	男	1919	西迷龙村	1945	8 师 23 团	战士	1946.12　韩庄战斗	
朱良臣	男	1910	东迷龙村	1938	鲁南抗日第 1 总队沂河支队	供给员	1938　南哨战斗	
马建东	男	1914	东迷龙村	—	13 区迷龙联防队	民兵	1947　苍山战斗	
马俊祥	男	1923	东迷龙村	1944.02	8 师 21 团 1 营机枪连	战士	1946.12　平山战斗	
贾凤台	男	1921	寨子村	1941	赵镈县大队	战士	1944　病故	
张玉章	男	1912	前迷龙村	1939	洳河抗日独立大队	战士	1940　苍山战斗	
张荣	男	1871	前迷龙村	1940	老 5 团	炊事员	1940　苇湖战斗	
李俊才	男	1920	前迷龙村	1938	鲁南军区司令部	战士	1941　古县	
张福立	男	1925	前迷龙村	—	13 区迷龙联防队	民兵	1947　苍山战斗	
张连成	男	1927	前迷龙村	1944	新四军 1 师	通讯员	1949　曹八集战斗	曾用名张连起
杨贯吾	男	1913	后迷龙村	1938	苍山县教育局	副局长	1964.02　苍山县	有传
郑金相	男	1917	后迷龙村	—	13 区迷龙联防队	民兵	1947　西迷龙战斗	
张开友	男	1903	后迷龙村	—	赵镈县邮局	邮递员	1947　磨山战斗	
赵连成	男	1918	后迷龙村	—	13 区迷龙联防队	民兵	1947.09　迷龙战斗	
刘俊起	男	1922	后迷龙村	1940.02	原苍山大队	班长	1944.11　西庄战斗	
胡玉明	男	1921	东大埠村	1946	10 师	排长	1947　兖州战斗	
秦玉连	男	1923	东大埠村	1946	赵镈县 13 区武工队	队员	1947.01 为儿桥战斗	
左秀荣	男	1929	东泉里堡村	1945	8 师 23 团	战士	1948.06　贾汪战斗	
王　权	男	1928	东泉里堡村	1944	8 师 23 团	战士	1946.07　泗州战斗	
江同富	男	1928	西泉里堡村	1944	8 师 23 团	战士	1946.07　泗州战斗	曾用名姜同福

续表 27-1

姓名	性别	出生时间	籍贯	参加革命时间	牺牲时所在单位	牺牲时职务	牺牲时间地点	备注
许荣恒	男	—	东迷龙汪村	1946	8 师 23 团	战士	1948.03　洛阳战役	
姜保德	男	1912	冷水沟村	1944	8 师	战士	1948　淮海战役	
张国干	男	—	前台井村	1940	八路军支队	中队队长	1940.07	
张国祯	男	—	前台井村	1940	八路军东进支队三大队	—	1940.07	
解建民	男	1923.05	湖里村	1938.08	华野 3 纵 8 师 30 团 3 营 12 连	连长	1946.03　枣庄市马山	立特等功 2 次
徐孝廷	男	1920.07	湖里村	1937.03	邳县县大队 2 连 2 排	排长	1944.01　邳县双庙	立二等功 1 次
廖广举	男	1919.05	廖屯村	1941.06	临沂县公安局	战士	1943.07　褚墩官庄	
廖俊东	男	1923.03	廖屯村	1945.04	华野 3 纵 8 师 5 团	战士	1946.05　江苏泗阳	
韩文俊	男	1911.08	廖屯村	1941.09	庄坞杨团自卫队	战士	1942.09　庄坞杨团	
杜　四	男	1915.09	桥头村	1940.10	沂河支队 4 大队	战士	1941.11　苍山县层山	
杜兆德	男	1918.05	桥头村	1938.02	庄坞杨团自卫大队	班长	1941.04 庄坞北黄土洼	
王经传	男	1909.02	桥头村	1941.04	褚墩区中队	排长	1944.06 苍山神山西河头	
张爱俊	男	1922.10	桥头村	1938.03	赵博县大队	战士	1941.03 苍山县层山	
李成彬	男	1913.06	桥头村	1938.07	东进支队	战士	1941.04 苍山县层山	
尹洪田	男	1933.04	桥头村	1948.04	原华野后勤部司令部特务连	战士	1954.02 杭州	
徐高训	男	1920.08	桥头村	1945.06	鲁南 8 师 23 团 1 营机枪连	战士	1947.06 洛阳	立一等功 1 次
张乃久	男	1915.02	桥头村	1948.03	志愿军	战士	朝鲜	
韩永成	男	1920.09	桥头村	1938.02	苏鲁支队	战士	1939.03 藤县	
王春光	男	1922.11	桥头村	1938.02	八路军 115 师教导 5 旅	战士	1944.02 日照	
亓永干	男	1925.03	桥头村	1939.06	八路军 115 师教导 5 旅	排长	1946.01 四平	
舒廷玉	男	1910.07	褚墩一村	1938.08	东进支队 3 营 9 连	连长	1939.01 临沭曹庄	

续表 27-1

姓名	性别	出生时间	籍贯	参加革命时间	牺牲时所在单位	牺牲时职务	牺牲时间地点	备注
舒自新	男	1910.08	褚墩一村	1941.10	华野 3 纵 8 师 23 团机枪连	连长	1948.08 济宁	
韩友成	男	1920.04	褚墩一村	1937.07	苏鲁支队 2 营 3 连 2 排 4 班	战士	1938.02 苍山岱路	
薛宝林	男	1917.07	褚墩一村	1938.10	八路军 115 师教导 5 旅 1 排	排长	1939.11 江苏邳县	
李振德	男	1918.05	褚墩一村	1938.03	八路军 115 师教导 5 旅	政治干事	1939.11 江苏邳县	
张宝德	男	1921.03	褚墩一村	1938.03	八路军 115 师教导 5 旅	战士	1939.11 江苏邳县	
姜守华	男	1919.03	褚墩一村	1939.08	江苏邳县大队	连长	1941.11 邳县官湖	
赵家信	男	1919.02	褚墩一村	1939.08	江苏邳县公安局	战士	1944.07 枣庄市台儿庄	
舒 能	男	1928.05	褚墩一村	1947.03	郯城县褚墩	民工	1947.05 山东费县	
高 路	男	1928.07	褚墩一村	1944.06	八路军 19 团 9 连	战士	1945.08 枣庄市	
郑石头	男	1921.05	褚墩一村	1944.08	八路军 19 团 9 连	战士	1945.08 枣庄市	
张守信	男	1909.03	褚墩一村	1943.02	临沂县公安局	战士	1943.08 褚墩官庄	
王潍俊	男	1908.07	褚墩一村	1939.09	临沂行署公安局	战士	1941.08 苍山菜子湖	
危茂堂	男	1917.03	褚墩一村	1939.08	临沂县大队	营部管理员	1941.08 苍山菜子湖	
舒廷彩	男	1918.01	褚墩一村	1939.08	八路军 115 师教导 5 旅 13 团	战士	1940.11 邳县运河	
周茂忠	男	1921.04	褚墩一村	1942.04	临沂县公安局	战士	1947.08 苍山皇路	
危相义	男	1906.02	褚墩一村	1939.02	青抗先锋队	队长	1939.08 褚墩官庄	
周茂胜	男	1918.08	褚墩一村	1938.08	苏鲁支队	战士	1939.08 藤县	
吴丕杰	男	1924.05	褚墩一村	1939.09	教导 2 旅	排长	1943.06 郯城战役	
刘秀锋	男	1919.06	褚墩一村	1941.07	沂河支队	队员	1941.08 苍山菜子湖	
韩永茂	男	1922.09	褚墩一村	1940.06	八路军 115 师教导旅 13 团	战士	1944.08 甲子山战役	
张敬法	男	1922.02	褚墩二村	1940.09	华野 3 纵 10 师 21 团 2 营 8 连	连长	1946.08 赵博县平山	
邵泽起	男	1924.09	褚墩二村	1944.02	华野 3 纵 10 师 21 团 2 营 8 连 3 排	战士	1946.10 徐州	
杨信士	男	1925.07	褚墩二村	1944.02	华野 3 纵 10 师 21 团 8 连 3 排 8 班	战士	1947.11 赵博县	

续表 27-1

姓名	性别	出生时间	籍贯	参加革命时间	牺牲时所在单位	牺牲时职务	牺牲时间地点	备注
赵宗常	男	1919.04	褚墩二村	1938.04	郯城县公安局	秘书	1940.06 袁马庄清水涟	
孙廷义	男	1929.07	褚墩二村	1944.06	临沂公安局	战士	1945.03 峄县	
徐怀明	男	1912.08	褚墩二村	1939.02	八路军 115 师教导 5 旅	战士	1941.09 甲子山	
邵士则	男	1910.09	褚墩三村	1940.03	沂河支队第 3 支队	战士	1942.07 甲子山	
邵常瑞	男	1922.01	褚墩三村	1939.04	赵博县地方工作组	宣传干事	1947.06 苍山县尚庄	
刘善训	男	1910.10	西永安村	1938.03	临沂公安局	秘书	1941.08 苍山县小傅庄	
刘景荣	男	1917.06	西永安村	1938.04	临沂县 1 区	文书	1941.11 苍山县北营子	
伍绍棠	男	1920.03	西永安村	1938.09	南进支队	战士	1939.04 郯城县马头	
刘景平	男	1919.06	西永安村	1937.10	华野 3 纵 7 师 17 团	连长	1946.04 枣庄	立一等功 1 次
张自兴	男	1922.04	西永安村	1946.06	华野 3 纵 8 师 23 团 2 营 8 连	通讯员	1946.09 枣庄	
张公成	男	1914.07	西永安村	1938.04	东北野战军 2 师	战士	1946.04 东北四平街	
张公远	男	1923.09	西永安村	1942.02	华东野战军第 4 纵队	战士	1947.09 藤县	
刘善志	男	1923.08	西永安村	1941.02	华野 3 纵 8 师 23 团 2 营 8 连	突击排长	1947.06 济宁	
陈丙文	男	1905.08	西永安村	1947.10	第 3 野战军	连队司务长	1949.12 福建	
张自训	男	1918.05	西永安村	1940.07	华野 3 纵 8 师 23 团 2 营 8 连	炊事班长	1947.02 菏泽	
朱景亮	男	1923.02	良庄村	1940.03	老 4 团	排长	1942.04 江苏赣榆	
梁家合	男	1914.03	良庄村	1941.02	八路军 115 师教导 5 旅 14 团 1 营 2 连	机枪组长	1942.03 莒县周庄	
孙秀田	男	1925.08	良庄村	1944.08	地方武装民兵	民兵连长	1947.09 苍山县长城	
高增武	男	1920.04	良庄村	1947.07	担架队	民工	1947.08 郯城县尚庄	
田秀美	男	1940.03	东永安村	1940.08	老 4 团	战士	1940.08 郯城县新村	

续表 27-1

姓名	性别	出生时间	籍贯	参加革命时间	牺牲时所在单位	牺牲时职务	牺牲时间地点	备注
田秀仓	男	1907.07	东永安村	1940.06	临沂公安局	战士	1941.08 郯城县新村	
付学友	男	1918.09	小山子村	1947.01	鲁南 3 军分区 19 团 3 营 4 连 2 排	战士	1948.03 苍山县中成子	
刘鸣君	男	1923.03	黄金店村	1939.10	八路军教导 5 旅 13 团	战士	1944.08 东北	
孙庆仁	男	1923.11	东埠庄村	1950.03	原华野 1 纵	战士	1952.08 朝鲜	
唐振太	男	1924.09	东埠庄村	1941.09	东进支队 2 大队 1 团 2 营	战士	1942.09 苍山县灌村	
李德姓	那	1927.06	东埠庄村	1941.08	华野 3 纵 8 师 22 团 2 营 7 连	副连长	1948.08 河南开封	
张奉凯	男	1921.08	东埠庄村	1941.08	东进支队 2 大队	战士	1941.08 苍山县菜子湖	
邵泽勇	男	1928.10	褚墩二村	1943.03	老 4 团卫生部	卫生员	1945.07 海头	
李奎元	男	1921.09	青石塘村	1939.02	东进支队 3 大队	战士	1942 郯城王塘子	
李奎圣	男	1920.08	青石塘村	1939.03	东进支队 3 大队	战士	1940.10 江苏邳县	
李　四	男	1917.09	青石塘村	1939.03	东进支队 3 大队	战士	1940.10 江苏邳县	
耿德圣	男	1920.05	东埠庄村	1940.04	华野 3 纵 8 师	战士	1945 枣庄小官地	
付高廷	男	1914.03	兰山村	1939.08	东进支队教导 5 旅 13 团	班长	1941 江苏沭阳	
郁自谦	男	1917.02	兰山村	1945.09	华野 3 纵 8 师 23 团 2 营 6 连	战士	1947 济宁	
彭洪恩	男	1922.12	兰山村	1939.02	沂河支队 3 连	战士	1941.08 苍山县菜子湖	
杨进山	男	1913.09	兰山村	1939.03	八路军 115 师教导 5 旅 14 团 2 营 4 连 1 排	战士	1941.06 江苏沭阳	
化玉廷	男	1917.08	兰山村	1939.01	原八路军 1 师 13 团 1 营 3 连	司务长	1946.08 四平街	
彭利华	男	1952.10	兰山村	1973.01	解放军 6173 部 68 分队	战士	1973.08 嘉祥县	
彭安礼	男	1909	兰山村	1939	沂河支队 4 连 1 排 1 班	战士	1941.08 苍山县菜子湖	
张文法	男	1914	兰山村	1944.03	八路军新编 17 团	战士	1945.08 枣庄市小官地	
张含吉	男	1924	兰山村	1939.01	滨海制药厂	班长	1945 滨海制药厂	

续表 27-1

姓名	性别	出生时间	籍贯	参加革命时间	牺牲时所在单位	牺牲时职务	牺牲时间地点	备注
张作启	男	1925	兰山村	1944.10	华野 3 纵 8 师 23 团 2 营 8 连 1 排 1 班	副班长	1946.10 邳县	
李全更	男	1929	兰山村	1944.10	华野 3 纵 8 师 23 团 2 营 8 连 2 排 6 班	战士	1946.10 新沂县小店子	
郑克光	男	1919.11	兰山村	1938.02	沂河支队 4 连	通讯员	1941.08 苍山菜子湖	
刘俊昌	男	1921.08	兰山村	1940.02	沂河支队 4 连 1 排 2 班	战士	1941 苍山菜子湖	
胡元福	男	1919	兰山后屯村	1940.07	鲁南军区司令部警卫连	战士	1943.07 滕县冯县孟村	
胡维生	男	1915	兰山后屯村	1940	沂河支队 3 连	战士	1941.08 苍山菜子湖	
方隆昌	男	1919	兰山中屯村	1939.01	八路军 115 师教导 5 旅 13 团 1 营 2 连	战士	1942.09 沭阳县陈道口	
廖君昌	男	1917	兰山中屯村	1940.08	苍山磨山大队	战士	1941.07 苍山县傅庄大含珠山	
赵保真	男	1889	兰山前屯村	1939.09	临沂县大队	谍报员	1942.10 临沂	
王喜伦	男	1920.03	王庄村	1939.08	东进支队	战士	1940 临沂	
王夫秀	男	1900	王庄村	1941	临沂公安局	炊事员	1943.08 虎山营庄	
许桂江	男	1916.04	孙庄村	1938	沂河支队	班长	1940.08 褚墩兰山	
管振明	男	1910	孙庄村	1934	鲁南军区 3 军分区后勤部	政委	1947 苍山县后官杨寺	有传
杜守申	男	1902	孙庄村	1938	鲁南军区 3 军分区后勤部供给处	主任	1947.01 蒙阴	
杜成芳	男	1923	孙庄村	1945.08	华野 3 纵 8 师 23 团 2 营 4 连 1 排	副排长	1947.12 河南开封	
王文生	男	1924	孙庄村	1944	华野 3 纵 8 师 3 团特务连	通讯员	1944.11 江苏铜山全岩	
付生义	男	1922	虎山岭东村	1939	八路军 115 师教导 5 旅 13 团 3 营	营部通讯员	1941.01 江苏铜山全岩	
付怀礼	男	1915	虎山岭东村	1938	东进支队 3 大队	战士	1939 江苏铜山全岩	
付庆志	男	1902	虎山岭村	1938	滨海后勤部	战士	1947 临沭县平山	
郝玉文	男	1909	虎山岭东村	1939.04	苍山县神山区中队	中队副	1944.08 苍山神山西河头	

续表 27-1

姓名	性别	出生时间	籍贯	参加革命时间	牺牲时所在单位	牺牲时职务	牺牲时间地点	备注
王玉绪	男	1915	虎山岭东村	1939	八路军 115 师教导 5 旅 13 团 3 营 8 连 9 班	副班长	1944 甲子山	
郐朝江	男	1922	虎山岭东村	1943.02	华野 3 纵 8 师 21 团 2 营 7 连	连长	1947 河南开封	
张学进	男	1923	虎山岭东村	1942	滨海后勤部	战士	1944 临沭崖下	
曹德兴	男	1922	虎山岭西村	1938	临沂县政府区中队	战士	1942 褚墩兰山	
杨现功	男	1929	虎山岭西村	1948	磨山区中队	通讯员	1948 淮海战役	
桑建义	男	1911	虎山后屯村	1942	独立中队	战士	1944.10 淮海战役	
徐德发	男	1922	虎山官庄村	1940	八路军 115 师教导旅 13 团 2 营 4 连 2 排	战士	1941.10 淮海战役	
杨伯传	男	1923	虎山官庄村	1942.09	沂河支队 3 中队	战士	1943 江苏铁佛寺	
杨丛吉	男	1920.09	虎山官庄村	1938	运河武工队	队员	1946.07 运河万新闸	
胡佩祥	男	1920	虎山官庄村	1938.10	八路军 115 师教导旅 13 团 1 营 1 连 3 班	班长	1943.01 诸城县王吝顺水岭	
张万全	男	1922	碑住一村	1941	华野 3 纵 8 师 23 团 2 营 8 连机枪班	班长	1947 麒麟山	
张桂爱	男	1920	碑住四村	1939	南进支队 3 大队 3 营 9 连 2 排	战士	1941.01 江苏桃林	
邵金桂	男	1921	碑住一村	1942	志愿军	连长	1953 朝鲜	
杨新平	男	1915	碑住三村	1938	华野 3 纵 8 师	战士	1947 大别山	
付永岭	男	1922	碑住一村	1939	八路军 115 师教导 5 旅	战士	1941 江苏红草湖	
张继锋	男	1918	碑住山前村	1939	八路军 115 师教导 5 旅 13 团 1 营 1 连 3 排	战士	1942 江苏沭阳	
蒋洪俭	男	1911	碑住山前村	1938	郯城县褚墩区	战士	1940 褚墩碑住山前	
梁加伦	男	1919	碑住二村	1939	八路军 115 师教导 5 旅 2 部电台	连指导员	1944 甲子山	

续表 27-1

姓名	性别	出生时间	籍贯	参加革命时间	牺牲时所在单位	牺牲时职务	牺牲时间地点	备注
陶景玉	男	1924	碑住二村	1942	华野 3 纵 8 师 23 团 2 营 5 连	排长	1947.06 济宁	
胡友进	男	1920	兰山后屯村	1947.07	支前担架队	民工	1947.07 尚庄西沂河	
范希志	男	1925	朱庄村	1944.06	华野 3 纵 10 师 4 团	排长	1948.09 洛阳	
施保玉	男	1913	碑住一村	1938	苍山县大队	连长	1945.07 苍山县芙蓉	
王玉林	男	1916	朱庄村	1949.01	支前担架队	民工	1949.05 枣庄山下口	
张京叶	男	1920	虎山后屯村	1943	八路军 10 师 3 团 2 营 7 连 2 排 4 班	班长	1945.10 枣庄	
郝进德	男	1900	虎山后屯村	1938	东进支队 3 大队	战士	1939 江苏赣榆县	
刘　锋	男	1924	虎山后屯村	1940	警卫 8 旅 16 团 1 营 3 连 1 排	排长	1946 滕县石庄子	
梁本勤	男	1919	碑住三村	1938.10	鲁南军区后方司令部	通讯员	1939 苍山县层山战斗	
颜廷奎	男	1912	碑住一村	1938.10	枣庄峄县 10 区	区委书记	1947.02 峄县固家营战斗	
李贞亮	男	1887	碑住二村	1941	郯城褚墩碑住	指导员	1947.08 沂河东战斗	
李桂白	男	1924	碑住一村	1939	八路军 115 师教导 5 旅 1 团 1 营 1 连 3 排	排长	1944 甲子山	
梁本桂	男	1911	碑住三村	1938	鲁南军区司令部骑兵排	排长	1941 苍山长城芦汪战斗	
梁本双	男	1925	碑住三村	1943	华野 3 纵	战士	1947.06 济宁战斗	
陈友梅	男	1908	碑住一村	1939	临沂县政府	科长	1941.08 苍山县庄坞战斗	
王春喜	男	1921	碑住一村	1939	八路军 115 师教导 5 旅旅部炮兵连	战士	1944 甲子山战斗	
孙龙胜	男	1921	碑住一村	1942	八路军老 5 团 2 营 8 连 3 排 7 班	战士	1944 惠民三叉店战斗	
杨立荣	男	1911	碑住三村	1939	八路军 115 师教导 5 旅 13 团 2 营	战士	1941 江苏沭阳战斗	
梁传肆	男	1919	碑住三村	1939	东进支队 14 团	战士	1941 江苏邳县战斗	

续表 27-1

姓名	性别	出生时间	籍贯	参加革命时间	牺牲时所在单位	牺牲时职务	牺牲时间地点	备注
刘喜问	男	1919	碑住一村	1938	八路军 115 师教导 5 旅	战士	江苏红草湖战斗	
蒋怀超	男	1920	碑住一村	1939.03	邳县县大队	排长	1945.06 江苏邳县战斗	
刘纪选	男	1922.08	兰山村	1939.03	八路军 1 师 13 团电话排	战士	1944.12 甲子山	
刘春和	男	1923	青石塘村	1942	临沂县公安局	战士	1947.06 青石塘	
徐贞明	男	1919	东埠庄村	1941	东进支队 3 大队	班长	1941.08 苍山县菜子湖	
刘邦玉	男	1923	东埠庄村	1941	8 师 21 团	战士	1942 江苏邳县	
韦汝义	男	1920	东埠庄村	1939	东埠庄乡公所	基层干部	1943 东埠庄乡公所	
周兰田	男	1919	东埠庄村	1941	临沂公安局	战士	1943.08 褚墩西官庄	
刘启瑞	男	1911	东埠庄村	1945	原老 4 团	战士	1948 潍县	
韦汝连	男	1923	东埠庄村	1941	临沂公安局	班长	1943.08 郯城褚墩	
周德光	男	1923	东埠庄村	1941	临沂武工队	战士	1945.08 枣庄小官地	
孙怀俊	男	1917	青石塘村	1942	临沂公安局	战士	1949 青石塘	
姜保坤	男	1918	青石塘村	1940	东进支队 3 大队	战士	1947.08 苍山县齐庄	
郭启友	男	1928.05	木柞村	1944.02	苍山抗日游击队	战士	1945.04 苍山伏龙山	
诸葛从则	男	1925.03	木柞村	1944.04	解放军 8 师	班长	1948.02	
李久学	男	1948.02	木柞村	1968.02	4905 部队	班长	1969.08 内蒙古杨县	
李洪芬	男	1924.06	木柞村	1941.03	老 4 团 2 营 6 连	战士	1946.06	
郭振京	男	1917.03	安头村	1942.03	华野 3 纵 10 师	连长	1943.08 苍山北官庄	
张佃秀	男	1920.02	安头村	1942.02	华野 3 纵 10 师特务连	班长	1946.08 苍山白山	
乔廷章	男	1908.02	安头村	1938.04	临沂县委	科长	1940.08 苍山层山	
乔廷卓	男	1920.04	安头村	1938.03	八路军老 4 团	战士	1942.07 江苏赣榆县	
李景华	男	1921.05	凤凰庄	1944.12	苍山县公安局	侦查员	1945.03 郯城褚墩	
孙保珍	男	1929.06	峰山大圩子村	1944.10	22 团 2 营 9 连	班长	1948.08 山东曹县	

续表 27-1

姓名	性别	出生时间	籍贯	参加革命时间	牺牲时所在单位	牺牲时职务	牺牲时间地点	备注
徐洪祯	男	1911.05	峰山大圩子村	1941.06	鲁南军区后勤部	交通局长	1948.07 山东临沂	
宋洪锡	男	1920.02	蒋史汪二村	1948.06	27 军 27 团特务连	战士	朝鲜	
张庆云	男	1912.03	丁屯东村	1939.07	南进支队第 5 大队	班长	1945.08 郯城房庄刘宅子	
刘广才	男	1916.07	丁屯东村	1940.06	—	副连长	1944.09 吉林长春	
王景聚	男	1922.09	丁屯西村	1940.06	八路军教导 5 旅	警卫员	1943.07 山东甲子山	
王格勋	男	1897.04	丁屯西村	1939.11	沂河支队	司务长	1942.11 苍山庄坞	
鞠兴茂	男	1925.05	丁屯西村	1944.05	华野 3 纵 8 师 17 团 3 连	班长	1946.08 枣庄西北毛山	
许士国	男	1921.08	柳行村	1942.06	苍山县武工队	班长	1944.09 山东临沂	
许士荣	男	1900.03	柳行村	1942.03	东海县桃林区中队	排长	1945.06 江苏桃林	
许士谦	男	1921.09	柳行村	1943.07	老 4 团钢 8 连	副班长	1944.07 临沂	
李方圆	男	1920	李官庄村	1941.03	鲁南第 3 专署公安局	文书	1941.10 苍山涌泉	
舒永贤	男	1923.08	李官庄村	1944.03	华野 3 纵 8 师 23 团	战士	1947.07 山东泰安	
李春发	男	1921.09	李官庄村	1938.02	新四军 5 旅 1 团 3 连	排长	1942.03 山东甲子山	
郭应彩	男	1927.04	李官庄村	1945.08	华野 3 纵 8 师 23 团	卫生员	1948.05 河南开封	
杜善玉	男	1915.07	李官庄村	1939.03	八路军老 4 团	班长	1944.08 江苏邳县	
李学思	男	1911.02	李官庄村	1944.03	苍山县武工队	民兵	1947.04 郯城尚庄	
席自法	男	1928.03	西蔡村	1944.05	华野 3 纵 8 师 23 团	排长	1947.02 江苏泗阳	
王　喜	男	1921.05	西蔡村	1944.06	华野 3 纵 8 师 23 团	战士	1947.09 江苏宿迁	
王锡范	男	1920.02	山崖村	1938.07	沂河支队	班长	1940.04 苍山县	
王保善	男	1921.08	山崖村	1938.05	沂河支队党委	秘书	1940.07 苍山县庄坞	
刘继瑞	男	1943.06	山崖村	1964.01	解放军昆字 902 部队	卫生员	1966.05 越南	
王帮信	男	1917.06	中蔡村	1938.09	115 师 23 团	班长	1942.09 山东甲子山	
周兰田	男	1917.05	东蔡村	1940.02	原八路军老 4 团	炮长	1947.04 四平街	模范共产党员立大功 2 次

续表 27-1

姓名	性别	出生时间	籍贯	参加革命时间	牺牲时所在单位	牺牲时职务	牺牲时间地点	备注
王继敏	男	1911.07	东蔡村	1945.03	华野 3 纵 8 师 23 连特务连	战士	1946.05 滕县	
姜保玉	男	1923.03	麻湖村	1941.06	八路军老 4 团	战士	1942.06 江苏东海县	
王绪昌	男	1922.02	山前村	1941.02	郯城县大队	排长	1944.03 江苏新沂县战斗	
刘占彪	男	1921.06	麻湖村	1941.05	华野 3 纵 8 师 23 团	班长	1944.05 江苏东海平山	
刘广玉	男	1918.02	麻湖村	1943.03	八路军老 5 团	战士		
刘金国	男	1942.03	麻湖村	1963.02	解放军 6174 部队	班长	1965.06 徐州	
孙庆田	男	1920.05	栗林村	1938.03	沂河支队	连长	1942.05 郯城碑住	
武可勋	男	1915.03	武村	1944.05	华野 3 纵 8 师 23 团	炊事员	1947.04 泗阳县牛山	
陈德怀	男	1922.01	老屯村	1939.02	第 4 野战军 38 军	副连长	1945.03 天津	
王秀连	男	1919.01	老屯村	1939.02	滨海军区 13 团 2 营 6 连	班长	1944.02 日照黄墩	
陈保德	男	1915.04	老屯村	1939.02	独立旅 4 团 3 营 9 连	战士	1942.05 江苏涟水县	
杜会卿	男	1927.03	后黄山村	1944.03	华野 3 纵 8 师 23 团 3 营 9 连	班长	1946.12 河南许昌	
杨　军	男	1918.01	谢官庄村	1939.02	滨海军区 14 团 2 营 6 连	班长	1943.12 日照县刘家东山	
公德友	男	1923.01	谢官庄村	1940.5	八路军 10 师	班长	1945.06 峄县	
杨　顺	男	1917.01	谢官庄村	1938.02	沂河支队	战士	1939.10 苍山南哨	
杜士信	男	1925.08	柴口村	1943.01	沂河支队	战士	1943.05 江苏邳县	
杜继全	男	1927.04	柴口村	1944.08	华野 3 纵 8 师 23 团	班长	1946.12 江苏涟水	
杜继广	男	1925.07	柴口村	1944.08	华野 3 纵 8 师 23 团	班长	1946.06 江苏涟水	
王立志	男	1926.03	峰山上圩子村	1945.05	华野 3 纵 8 师 23 团 3 营 7 连	战士	1946.09 江苏泗州城	
房二成	男	1920.03	峰山后圩子村	1940.06	八路军老 4 团	战士	1941.02 江苏沭阳	
徐洪恂	男	1921.09	前黄山村	1938.01	山东省农抗团	战士	1938.11 老屯村	
徐洪贵	男	1919.08	前黄山村	1938.01	山东省农抗团	战士	1938.11 老屯村	
丁德祥	男	1920.03	丁屯南村	1940.06	东进支队	战士	1940.06 苍山南桥	
李　珖	男	—	李官庄村	1941.12	地下情报站	站长	1942.12 李官庄	
王自义	男	1964.06	西蔡村	1984.11	35293 部队特务连	战士	1985.05 对越反击战	二等功

1995—2013年罗庄区全国劳动模范、五一劳动奖章人物表

表 27-2

姓名	性别	出生年月	工作单位	荣誉称号	授予单位	授予时间
王廷江	男	1951.10	华盛江泉集团有限公司	全国劳动模范	国务院	1995.04
密长明	男	1946.04	原临沂市汤庄煤矿	全国劳动模范	国务院	1995.04
杜明勤	男	1964.12	临沂市矿务局褚墩煤矿	五一劳动奖章	中华全国总工会	1998.04
杜明勤	男	1964.12	临沂恒昌煤业有限责任公司	全国劳动模范	国务院	2000.04
刘希常	男	1967.01	临沂恒昌煤业有限责任公司	五一劳动奖章	中华全国总工会	2004.04
刘保起	男	1961.11	山东罗欣药业集团有限公司	五一劳动奖章	中华全国总工会	2009.04
李义文	男	1952.04	临沂矿业集团有限责任公司	全国劳动模范	国务院	2010.04

1995—2013年罗庄区山东省劳动模范人物表

表 27-3

姓名	性别	出生年月	工作单位	荣誉称号	授予单位	授予时间
田可新	男	1947.10	朱张桥西北村	山东省劳动模范	山东省人民政府	1995.04
肖自立	男	1962.08	罗庄区民宗局	山东省劳动模范	山东省人民政府	1998.04
徐信堂	男	1970.05	朱张桥西北村	山东省劳动模范	山东省人民政府	1998.04
王振营	男	1955.02	山东美华瓷业集团股份有限公司	山东省劳动模范	山东省人民政府	2003.04
张广聚	男	1954.04	临沂宏达集团有限公司	山东省劳动模范	山东省人民政府	2003.04
孙广东	男	1964.07	罗庄区罗庄街道	山东省劳动模范	山东省人民政府	2008.04
郭金山	男	1967.03	临沂安泰能源有限责任公司	山东省劳动模范	山东省人民政府	2008.04
赵启祥	男	1949.10	册山街道山前村	山东省劳动模范	山东省人民政府	2008.04
王文涛	男	1976.07	华盛江泉集团有限公司	山东省劳动模范	山东省人民政府	2013.04
韩宗峰	男	1971.01	罗庄街道焦沂庄社区	山东省劳动模范	山东省人民政府	2013.04
黄进前	男	1951.02	临沂恒昌煤业有限责任公司	山东省劳动模范	山东省人民政府	2013.04
宋良伟	女	1980.11	罗欣药业集团股份有限公司	山东省劳动模范	山东省人民政府	2013.04
钱春生	男	1964.12	山东新光实业集团有限公司	山东省劳动模范	山东省人民政府	2013.04

1995—2013年罗庄区富民兴鲁劳动奖章人物表

表 27-4

姓名	性别	出生年月	工作单位	荣誉称号	授予单位	授予时间
李　勇	男	1973.03	临沂市公安局罗庄分局	富民兴鲁劳动奖章	山东省总工会	1996.06
胡兆恩	男	1952.06	盛能集团有限公司	富民兴鲁劳动奖章	山东省总工会	1999.04
李庆春	男	1962.09	临沂兴元投资发展集团有限公司	富民兴鲁劳动奖章	山东省总工会	2000.04
平自国	男	1962.10	临沂市造纸厂	富民兴鲁劳动奖章	山东省总工会	2000.04
王德全	男	1950.10	临沂福兴包装有限公司	富民兴鲁劳动奖章	山东省总工会	2001.04
滕向华	男	1975.01	罗庄区国税局	富民兴鲁劳动奖章	山东省总工会	2004.04

续表 27-4

姓名	性别	出生年月	工作单位	荣誉称号	授予单位	授予时间
刘仰玉	男	1962.11	临沂安泰能源有限责任公司	富民兴鲁劳动奖章	山东省总工会	2004.04
马士国	男	1971.01	华盛江泉集团有限公司	富民兴鲁劳动奖章	山东省总工会	2005.03
李步明	男	1960.01	临沂安泰能源有限责任公司	富民兴鲁劳动奖章	山东省总工会	2005.04
王行华	男	1961.11	中共罗庄区委	富民兴鲁劳动奖章	山东省总工会	2008.04
段宝兴	男	1965.11	临沂恒昌焦化股份有限公司	富民兴鲁劳动奖章	山东省总工会	2009.04
黄进前	男	1951.02	临沂恒昌焦化股份有限公司	富民兴鲁劳动奖章	山东省总工会	2010.04
沈庆荣	男	1962.10	罗庄区民政局	富民兴鲁劳动奖章	山东省总工会	2010.04
闫维娟	男	1956.11	罗庄中心医院	富民兴鲁劳动奖章	山东省总工会	2011.04
杨建勇	男	1959.09	罗庄区农村信用合作联社	富民兴鲁劳动奖章	山东省总工会	2011.05

1995—2013 年罗庄区省部级先进工作者人物表

表 27-5

姓名	性别	出生年月	工作单位	荣誉称号	授予单位	授予时间
奚玉芝	女	1955.12	临沂第七实验小学	全国优秀教师	国家教育委员会、人事部	1995.09
吴乐滨	男	1958.05	罗庄区教体局	全国优秀教师	国家教育委员会、人事部	1995.09
周春彩	男	1950.03	临沂第十八中学	山东省优秀教育工作者	山东省人民政府	1995.09
李桂芝	女	1953.11	傅庄街道中心小学	山东省优秀教师	山东省人民政府	1995.09
庄新华	男	1957.07	临沂市公安局罗庄分局	二等功奖章	山东省人民政府	1996.04
王树香	女	1965.02	临沂第六实验小学	山东省优秀教师	山东省人民政府	1997.09
邱玉山	男	1959.04	沂堂镇杏山湖小学	第一届“烛光奖”	教育部、中华慈善总会	1999.09
范海燕	女	1977.04	临沂第六实验小学	全国艺术教育先进个人	教育部	2000.01
王延娟	女	1954.12	山东银凤陶瓷集团有限公司	全国轻工系统劳动模范	人事部、轻工业局	2000.09
武庆永	男	1963.03	临沂第十八中学	山东省中小学德育先进个人	山东省人民政府	2000.09
李继葆	男	1967.02	罗庄区经信局	全国婚育新风进万家活动先进个人	中央宣传部、国家计划生育委员会	2001.10
张士健	男	1953.04	罗庄区教育体育局	全国“两基”工作先进个人	国务院	2001.06
陈炳伟	男	1967.08	临沂第十八中学	全国优秀教师	教育部	2001.09
吴成花	女	1969.01	盛庄街道中心小学	山东省特级教师	山东省人民政府	2002.09
田洪省	男	1969.03	临沂第六实验小学	2002—2003 年度中国少年儿童手拉手地球村奖“优秀辅导员奖”	中国文化扶贫委员会、全国少工委、环保总局、中国少年儿童新闻出版总社	2003.03

续表 27-5

姓名	性别	出生年月	工作单位	荣誉称号	授予单位	授予时间
密长诚	男	1970.03	罗庄区人民政府办公室	山东省先进工作者	山东省人民政府	2003.04
王凤玉	女	1972.11	罗庄街道办事处	全省防治非典型肺炎工作三等功	山东省人民政府	2003.07
主父冠芬	女	1965.10	临沂第二十中学	全国优秀教师	教育部	2004.09
孙志坤	男	1973.01	罗庄一中	山东省优秀教师	山东省人民政府	2004.09
卞传宝	男	1971.01	罗庄区档案局	2001—2005 全国婚育新风进万家活动先进个人	中宣部、中央文明办、国家计生委、全国总工会、共青团中央、全国妇联	2005.11
张宗伦	男	1957.08	罗庄区计划生育局	全国计划生育协会先进志愿者	中国计划生育协会	2005.12
郑福建	男	1955.11	罗庄区教体局	山东省优秀共产党员	中共山东省委	2006.06
张宗伦	男	1957.08	罗庄区计划生育局	全国人口和计划生育科技工作先进个人	国家人口和计划生育委员会	2006.06
朱文宏	男	1974.12	临沂第十八中学	山东省特级教师	山东省人民政府	2006.09
李吉宝	男	1962.12	盛庄街道办事处	全省优秀乡镇（街道）党（工）委书记	中共山东省委	2007.06
段淑君	女	1969.11	临沂第十八中学	全国模范教师	人事部、教育部	2007.09
王春英	女	1974.05	临沂第七实验中学	全国优秀教师	教育部	2007.09
王升仲	男	1966.05	临沂第十八中学	山东省优秀教师	山东省人民政府	2007.09
段淑君	女	1969.11	临沂第十八中学	全国教育系统巾帼建功标兵	教育部、全国妇女联合会	2007.09
闫平海	男	1958.05	罗庄区工商局	全国无偿献血奉献奖铜奖	卫生部	2008
李明玉	女	1973.02	高都街道办事处	国家计划生育先进个人	国家计生委	2008
李　兴	男	1969.01	山东金汇集团有限公司	山东省先进工作者	山东省人民政府	2008.04
段淑君	女	1969.11	临沂第十八中学	山东省先进工作者	山东省人民政府	2008.04
张学刚	男	1964.09	盛庄街道林村社区	山东省道德模范先进个人	山东省人民政府	2009.03
赵桂梅	女	1973.09	临沂高都中学	全国模范教师	人力资源和社会保障部、教育部	2009.09
段淑君	女	1969.11	临沂第十八中学	山东省特级教师	山东省人民政府	2010.10
申红伟	男	1972.10	临沂市公安局罗庄分局	全国无偿献血奉献奖铜奖	卫生部	2010.12
张　兵	男	1976.12	罗西街道办事处	第一次全国污染源普查工作先进个人	环保部、农业部	2010.03

续表 27-5

姓名	性别	出生年月	工作单位	荣誉称号	授予单位	授予时间
王新华	男	1967.08	罗庄区残疾人联合会	全国残疾人康复工作先进个人	中国残疾人联合会	2011.09
傅沂庆	男	1981.07	罗庄国土分局	全国地质灾害优秀群测群防监测员	国土部	2011.12
任玉勇	男	1972.01	盛庄街道十里堡社区	山东省优秀共产党员	中共山东省委	2011.04
王新华	男	1967.08	罗庄区委老干部局	“十一五”全国残疾人康复工作先进个人	中国残疾人联合会	2011.09
邵照学	男	1979.05	罗庄区人民法院	全国办案标兵	最高人民法院	2012.12
张　波	男	1976.07	临沂新光毛毯有限公司	全国纺织工业劳动模范	人力资源和社会保障部、中国纺织工业协会	2012.12
凌海云	女	1977.02	罗庄区统计局	全国企业“一套表”联网直报先进个人	国家统计局	2012.12
张建兴	男	1956.02	傅庄街道办事处	全国人民调解能手	司法部	2012.08
周广军	男	1963.10	罗庄区政协	全国“两基”工作先进个人	国务院	2012.09
沈庆荣	男	1962.10	罗庄区民政局	全国工会系统先进工作者	人力资源和社会保障部、中华全国总工会	2013.04
胡艳芝	女	1974.09	临沂第六实验小学	山东省特级教师	山东省人民政府	2013.11

1995—2013 年罗庄区正高级专业技术人员一览表

表 27-6

姓名	性别	出生年月	籍贯	工作单位	从事专业	聘任时间
董玉霞	女	1964.12	辽宁省	山东罗欣药业集团股份有限公司	药学	1998
齐瑗晶	女	1957.09	山东省	山东罗欣药业集团股份有限公司	药学	2002
宋爱刚	男	1965.07	山东省	山东罗欣药业集团股份有限公司	药学	2005
李明华	女	1965.10	黑龙江省	山东罗欣药业集团股份有限公司	药物	2012
董雪菊	女	1969.11	山东省	山东罗欣药业集团股份有限公司	药学	2013

罗庄籍正县职以上领导干部、专家、教授一览表

表 27-7

姓名	性别	出生年月	籍贯	所任职务	备注
孟凡利	男	1965.09	罗庄街道朱家地村	青岛市人民政府　市长	
房建成	男	1965.09	罗庄街道朱陈北村	北京航空航天大学　副校长	
张凤华	男	1958.08	罗庄街道朱家地村	中部战区陆军信息保障站物环境保障队高级工程师、技术五级（副军级）	大校军衔
吴绍民	男	1971.10	罗庄街道北老屯村	中国人民解放军战略支援信息工程大学　高级工程师、编辑部主任	副师级

续表 27-7

姓名	性别	出生年月	籍贯	所任职务	备注
李建鹏	男	—	罗庄区	淄博市电业局　局长	
邵泽太	男	1954.06	罗庄区	宁波市政法委　正团级	已退休
乔利杰	男	1957.07	傅庄街道劳模店村	中国科技大学　教授、博士生导师	
颜炳罡	男	1960.01	傅庄街道蔡庄村	山东大学儒学高等研究院　教授、博士生导师、副院长	
岳建如	男	1975.08	傅庄街道岳旦子村	山东省发改委服务业办规划处　处长	
杨贞振	男	1948	傅庄街道劳模店村	山东大学　教授，山东省立医院医学影像科主任	
黄炳荣	男	1952.07	盛庄街道黄对河村	南京军区司令部　师职干部	
侯孝富	男	1963.02	盛庄街道侯三岗村	北海舰队后勤部　高级工程师	正师级
王树栋	男	1963.02	盛庄街道八块石村	临沂市畜牧局　党组成员、总兽医师	
韩继霞	女	1951.07	盛庄街道大埠东村	河东区政协　原主席、党组书记	
刘文起	男	1965.11	盛庄街道红土屯村	中国人民解放军 94936 部队　部队长	少将
雷焕亭	男	1970.07	盛庄街道孙对河村	北部战区大连接待处　处长	
李瑞义	男	1954.07	盛庄街道孙对河村	兰山区人民政府　原副区长	
李瑞欣	男	1970.09	盛庄街道孙对河村	临沂市检察委员会　副书记	
王震江	男	1965.01	盛庄街道崔王庄村	临沂市纪委执法室　主任	
李英国	男	1966.08	盛庄街道齐庄村	河东区人民政府　常务副区长	
陈乃成	男	1966.06	盛庄街道陈白庄村	河南省新乡市空军部队　副师级	
陈志东	男	1975.03	盛庄街道陈白庄村	徐州市建筑艺术学院　院长	
陈润田	男	1928.12	盛庄街道陈白庄村	南京师范大学　教授	县级待遇
陈珂田	男	1933.01	盛庄街道陈白庄村	福州军区 31 军 93 师　正团级	离休
孙书启	男	1953	盛庄街道十里堡村	武警总部后勤部接待处　处长，正师职	
李宗华	男	1962.01	盛庄街道十里堡村	武汉市国土资源规划局　副局长	
吕全明	男	1969.09	盛庄街道十里堡村	临沂市发改委　党组副书记	
王士力	男	1965.08	册山街道黑虎墩村	山东省民政厅　副处长	
徐如海	男	1973.08	册山街道南头村	浙江省农业科学院畜牧所　副研究员	
孙庆州	男	1967.12	册山街道埝头村	太原卫星发射中心卫生处　副处长	
尚金瑞	男	1964.01	册山街道尚庄村	日照市港务局　局长	
白林泉	男	1971.08	册山街道白沙沟村	上海交通大学　系副主任	
王文远	男	1942	册山街道凤凰墩村	北京军区总医院　教授	
肖鸿章	男	1930.01	高都街道东高都村	北京卫戍区　正团	退休
王传华	男	—	罗西街道后黄土堰村	中央军委总装备部航天中心　政委	
黄玉法	男	1923.01	罗西街道孙岑石村	原陕西武警技术学院　政委	
孙庆聚	男	1949.07	罗西街道孙岑石村	中共中央党校　原副校长	

续表 27-7

姓名	性别	出生年月	籍贯	所任职务	备注
贾永苓	男	1958.06	罗西街道贾庄村	北京市海淀区 61046 部队　师长	
赵启民	男	1954.10	罗西街道贾庄村	济南市档案局　局长	
朱茂勤	男	1958.07	罗西街道中石埠村	湖北某军团	
赵国青	男	1966.05	罗西街道中石埠村	省委党史研究室　主任	
杜昌伟	男	1962.01	罗西街道涧头村	中共聊城市委　常委、组织部部长	
顾宗杰	男	1969.11	罗西街道东朱隆村	四川省南充市武警独立师政治部　主任	
魏永强	男	1963	罗西街道东石埠村	广州军区　师级	
魏永堂	男	1965.10	罗西街道东石埠村	烟台干部疗养院　院长	
冷成金	男	1962.01	沂堂镇荆山村	中国人民大学　博士生导师	
杨立东	男	1966.02	沂堂镇龙泉官庄	兰州市铁路学院交通大学　教授	
张　勇	男	—	沂堂镇龙泉官庄	北京农学院林学院　党委书记	
王思平	男	1967.01	沂堂镇前峰山	北京解放军 301 医院　副主治医师	
袁清胜	男	—	沂堂镇前峰山	齐齐哈尔空军　大校	副师级
亓春红	男	1964.11	沂堂镇前柳	山东省武警总队后勤部　部长	
亓富永	男	1967.02	沂堂镇前柳	黑龙江省黑河市军分区保障部　部长	
亓春照	男	1975.07	沂堂镇前柳	山东省聊城市武警支队　团级干部	
邵长桥	男	1970.11	沂堂镇前柳	北京工业大学　教授	
陈学民	男	1956.05	沂堂镇前迷龙	成都部队空军飞行大队　副师长	退休
马西兰	女	1977.11	沂堂镇前迷龙	北京理工大学　副教授、硕士生导师	
王学清	男	1975	沂堂镇寨子	总政后勤部　主任	
王思军	男	1983.05	沂堂镇北沂堂	北京总参部　正团级	
许丽华	男	—	沂堂镇后柳	四川军区　团职	
张化瑞	男	1970.01	沂堂镇前台井	北京大学　教授	
陆士连	男	1955.11	褚墩镇兰山村	南海舰队　政委	航空
杨保杰	男	1970.09	褚墩镇兰山村	枣庄市检察院　调研员	法学
陆兆光	男	1955.07	褚墩镇东埠庄村	北京军区司令部国防工程建设办公室　主任	
刘保学	男	1957.10	褚墩镇东埠庄村	济南市天桥区工商局　调研员	
陈敬如	男	1954	褚墩镇东埠庄村	青岛红日宾馆集团公司　董事长	
付　军	男	1960.06	褚墩镇小山子村	广西柳州市计生委　纪检书记	
梁恕明	男	1967.01	褚墩镇桥头村	全国政协办公厅　正处	
高晓东	男	1962.11	褚墩镇东永安村	中国农业银行深圳分行　纪委副书记	
王书昌	男	1927.01	褚墩镇东永安村	桂林航天大学　党委副书记	
陈敏田	男	1962	黄山镇老屯村	沈阳军区司令部情报部	正师级
陈乃利	男	1963.09	黄山镇老屯村	河南安阳 162 师　参谋长	师级
崔长松	男	1965.06	黄山镇丰大村	中国二炮　正师	洛阳

续表 27-7

姓名	性别	出生年月	籍贯	所任职务	备注
杜景臣	男	1969.12	黄山镇柴口村	中国人民海军　副司令员	
孙秀锦	男	1963.10	黄山镇栗林村	中科院物理研究所　处长	
徐兰飞	男	1979.01	黄山镇栗林村	中央机构编制委员会办公室综合司　处长	
周佰利	男	1965.05	黄山镇谢官庄村	深圳市公安局人事处　处长	
冯昭伟	男	1973.04	黄山镇安头村	有研亿金新材料股份有限公司　高级工程师	
梁树献	男	1974.06	黄山镇桃园村	水利部淮委水文局　高级工程师	
杜建春	男	1970.03	黄山镇安头村	青岛市骨科医院　外科主任	
乔文超	男	1984.01	黄山镇安头村	山东大学　副教授	
董　琦	男	1969.12	黄山镇丰大村	北大青鸟有限公司　副总裁，北京大学副校长	
董新民	男	1963.10	黄山镇丰大村	空军工程大学工程学院　教授	正军、少将
李志勇	男	1970.08	黄山镇李官庄村	四川大学旅游学院　副院长	

附 录

Appendix

罗庄烟花（2011 年 2 月　毛立民摄）

武河湿地落水坝（2010 年 8 月　田洪刚摄）

重要文件辑录

国务院关于同意山东省撤销临沂地区设立地级临沂市的批复

国函〔1994〕131号

山东省人民政府：

你省《关于撤销临沂地区及其驻地县级临沂市组建地级临沂市实行市领导县体制的请求》（鲁政发〔1994〕44号）和有关的补充报告收悉。现批复如下：

一、同意撤销临沂地区和县级临沂市，设立地级临沂市，市人民政府驻原临沂地区行署驻地。

二、临沂市设立兰山区、罗庄区和河东区。

兰山区辖兰山、金雀山、银雀山3个街道办事处和白沙埠镇、义堂镇、大岭镇、李官乡、半程乡、枣沟头乡、南坊乡、朱保乡、马厂湖乡，区人民政府驻原县级临沂市人民政府驻地。

罗庄区辖罗庄镇、傅庄镇、盛庄镇、册山镇、程庄乡、岑石乡，区人民政府驻罗庄镇。

河东区辖九曲镇、相公镇、汤头镇、芝麻墩乡、梅埠乡、重沟乡、黑墩乡、汤河乡、郑旺乡、太平乡、八湖乡、刘店子乡，区人民政府驻九曲镇。

临沂市辖原临沂地区的沂南县、郯城县、沂水县、苍山县、费县、平邑县、莒南县、蒙阴县、临沭县和新设立的兰山区、罗庄区、河东区。

中华人民共和国国务院（章）

一九九四年十二月十七日

主题词：民政　行政区划　山东　批复

抄　送：中央办公厅、中央政法委员会、人民日报社、外交部、国家计委、国家经贸局、国家体改委、国家科委、国家民委、公安部、民政部、财政部、人事部、劳动部、地矿部、建设部、铁道部、交通部、邮电部、水利部、农业部、内贸部、外经贸部、文化部、卫生部、新华社、统计局、法制局、测绘局，中央军委办公厅、总参谋部。人大常委会办公厅。全国政协办公厅，高法院，高检院。

山东省人民政府关于撤销临沂地区和县级临沂市设立地级临沂市的通知

鲁政字〔1994〕248号

临沂地区行署、临沂市人民政府：

1994年12月17日，国务院以国函〔1994〕131号文批复我省，同意撤销临沂地区和县级临沂市。现将有关事项通知如下：

一、撤销临沂地区和县级临沂市，设立地级临沂市，市人民政府驻原临沂地区行署驻地。

二、设立临沂市兰山区、罗庄区和河东区。

兰山区辖兰山、金雀山、银雀山3个街道办事处和白沙埠镇、义堂镇、大岭镇、李官乡、半程镇、枣沟头镇、南坊镇、朱保乡、马厂湖乡，区人民政府驻原县级临沂市人民政府驻地。

罗庄区辖罗庄镇、傅庄镇、盛庄镇、册山镇、程庄乡、岑石乡，区人民政府驻罗庄镇。

河东区辖九曲镇、相公镇、汤头镇、芝麻墩镇、梅埠镇、重沟镇、黑墩乡、汤河乡、郑旺乡、太平乡、八湖乡、刘店子乡，区人民政府驻九曲镇。

1994年12月30日

中共罗庄区委　罗庄区人民政府关于深化企业改革的实施意见

罗发〔1997〕3号

按照党的十四届五中全会提出的实现两个根本性转变的要求和省市关于企业改革的部署，为全面提高企业的经济运行质量和效益，现就全区的企业改革工作提出如下意见。

一、指导思想、主要任务和基本原则

（一）指导思想：以建设现代企业制度为目标，以“三个有利于”为标准，以优化资产配置、盘活存量资产为重点，把握“产权清晰、权责明确、管理科学”的改革方向，坚持改革、改组、改造和管理并举，做到因企制宜、采取多种形式的改制，使企业真正成为自主经营、自负盈亏、自我约束、自我发展的市场经营主体，促进全区经济持续、快速、健康发展。

（二）主要任务：区直企业和乡镇企业在搞好资产评估、产权界定的基础上，7月31日前符合条件的企业全部进行改制，确保一步到位，改得深透、彻底。

（三）基本原则：坚持以集体经济为主多种经济成分共同发展的原则，切实解放思想，放手发展个体私营经济，允许公有民营，允许个人购买集体企业。坚持集体资产保值增值的原则。强化集体资产管理，把好资产重组审批关，资产清理、产权界定、评估审计关，资产依法有偿、公平转让拍卖关，资产转让、拍卖收入管理关，绝不允许借企业改革之机，任意平调或侵吞区、镇集体资产；明确所有权和经营权，明确经营主体，实行自主经营，提高经济效益。坚持大胆探索、敢闯敢冒的原则。冲破传统的思想观念，以“三个有利于”为根本标准，大胆实践。坚持实事求是、形式多样的原则。一切从实际出发，因地制宜，因企制宜，分步实施，不搞一刀切，不搞一个模式。

二、主要形式和基本标准

（一）主要形式。在企业改革中，可采取出售、拍卖、租售结合、股份合作制、股份制、无偿划转、兼并、联合、破产、组建企业集团等改制形式，以出售、拍卖、租售结合、股份合作制的改制形式为主。

1、出售。对经济效益好、资产在1000万元以下的企业，可以公开向社会出售。

2、拍卖。对一些规模小、资产总量不大的微利或亏损企业，可以实行一次性拍卖产权的方法，将企业转移到个人手中。

3、租售结合。对一些资产较大，负债较重，个人一时无力全部购买的企业，可以采用先租赁后出售的形式，通过签订承租合同，使租赁经营者分期逐步购买产权，集体逐步收回投资，最终实现国有、集体资产的全部出让。租赁经营者要按照使用集体资产的多少交纳一定比例的风险抵押金。

4、股份合作制。就是将企业总资产评估确认后，扣掉总负债，将所有者权益中生产经营性资产折股出售给企业内部全体职工，把原来的国有（集体）企业改造成内部职工持股的股份合作制企业。公司职工通过劳动合作和资金合作，形成利益共同体。

5、股份制。对经营管理好，资金利润率高，需要新增投资的大型企业或集团公司，可争取政策，将部分存量资产或新增投资采用社会募集的方式，公开向社会发行股票（包括向企业内部职工招股），把企业改组为向社会公开发行股票的股份有限公司；或者企业将新增投资或存量资产折股出售，向企业内部职工发行股权证，组建为股份制企业。

6、无偿划转。对市场前景好，但需投入大、技术要求高，靠自身力量难以加快发展的企业，或长期亏损、近期无力搞好的企业，可以实行产权无偿整体划转，交给大企业或大集团经营管理。

7、兼并、联合。支持和鼓励区内外的优势企业跨行业、跨区域、跨所有制兼并劣势企业。债务较大的企业可以先租赁经营，待债务清偿后再实施兼并；对特别困难的企业经批准，可以采取先破产后兼并或者承担债务、折价入股的形式。鼓励和支持企业积极挂靠区内外的大企业或大集团，推动强强联合、强弱联合。

8、破产。在坚持多兼并、多联合、少破产的前提下，对个别长期亏损、资不抵债、挽救无望的困难企业，依法实施破产。

9、组建企业集团。具备条件的大中型骨干企业，要打破行业、所有制、隶属关系等界限，组建以资产为联结纽带，以名牌产品为龙头，以母子公司体制为主要形式，以资产运行为主要经营方式，能够适应国内外市场竞争环境的大型企业集团。要通过兼并、联合、控股、参股、收购等多种形式，推动企业资产流动与重组，使骨干企业迅速膨胀，形成规模优势，提高市场竞争能力。

（二）应把握的标准。在企业改革中要把握以下“六个标准”。一是看产权关系是否清晰，政企关系是否分开。二是看企业资产是增值还是流失；三是看企业资产经营机制转换没有、广大职工的积极性是更高还是降低；四是看企业的结构调整、技术改造和内部管理是加强还是削弱；五是看生产和效益是发展、提高还是倒退、降低；六是看企业对国家的贡献和职工的收入是提高还是降低。

三、实施步骤

全区的企业改革分四个阶段进行。

（一）宣传发动、准备阶段（1997 年 1 月—2 月 11 日）。主要任务：一是邀请国家体改委和诸城等地有关领导和专家举行企业改革专题辅导讲座，并安排有关人员到企业改革的先进县区进一步参观学习。二是分级组织人员对现有区属、乡镇办企业进行调查摸底，分类排队，提报改革方案。区属企业由区经委负责；乡镇办企业由各乡镇负责。三是拟定全区企业改革方案，确定每个企业的改革形式，制定工作计划配档表。四是召开动员大会，区乡层层召开动员大会，宣传企业改革的重要意义。

（二）资产评估、产权界定阶段（2 月 12 日—4 月 11 日）。主要任务：搞好资产评估，由区企业主管部门和乡镇政府组织力量，分别对区属、乡镇办所有企业进行全面清产核资，按类别搞好财产登记，对债权、债务进行清理，提出资产划分和产权归属的初步意见。进行产权界定，由资产评估机构进行核实鉴定，予以评定估算，搞好产权界定，出具报告书，经企业主管部门或乡镇政府审阅同意后，报区国有资产管理局验证确认。组织改革试点，在资产评估、产权界定的基础上，同时组织企业改革试点工作。

（三）全面推进阶段（4 月 12 日—6 月 11 日）。主要任务：在清产核资、产权界定并取得试点经验的基础上，按照对区属、乡镇办每个企业所确定的改制形式和计划安排，全面推进企业改革。

（四）总结完善阶段（6 月 12 日—7 月 31 日）。主要任务：对所有改制企业进行检查验收。按照《公司法》的要求和上级的有关政策规定，对所有改制企业进行规范完善，抓好新机制的运作及配套改革。召开总结大会。

四、应注意的几个问题

（一）深入宣传发动，在全区上下形成企业改革的浓厚气氛。要通过摆事实、讲道理，让广大干部群众认清不搞改革，企业就没有出路；只有改革，才能实现集体资产的保值增值，才能保护企业和职工的根本利益。各级各部门特别是新闻宣传单位要开辟专题栏目，广泛宣传关于建立现代企业制度的一系列方针、政策和中央关于“三改一加强”（企业改革、企业改组、技术改造和加强企业管理）的工作部署，介绍外地企业改革的先进经验和做法，及时报道我区已涌现出的企业改革的先进典型，通过强有力的宣传发动，使广大干部职工都来关心改革、支持改革、投身改革，在全区形成企业改革的浓厚气氛。

（二）搞好资产评估，避免出现国有、集体资产流失的现象。资产评估工作是影响企业产权改革快慢的关键环节。各级在企业改革中对改制企业既要把握好清产核资、企业遗留历史问题的处理、价格评估和争议资产的归属等重要环节，确保国有、集体资产不受损失，又要尽可能地帮助企业处理好历史遗留问题和非生产性资产，不能人为地加重企业和职工的负担。要根据企业改革的需要，以国资、财政、审计等部门为主体，适当借调和聘用熟悉资产评估工作的骨干力量，组成能够适应企业改革要求的资产评估队伍，搞好企业资产评估工作，加快企业改革的进程。

（三）落实配套政策，建立科学、严谨的企业改革工作规程。在企业改革中，坚持以政企职责分开、产权关系明晰、制约机制健全、各项负担合理为原则，对企业改制中和改制后可能出现的共性问题，制定配套相关的政策。比如企业产权的界定，有形资产和无形资产的评估，土地拍卖、入股还是出租，企业历史积累的债务问题的处理，企业办社会中形成的固定资产和福利设施的处置，集体资产监管和营运体系的建设，改制后企业劳资关系的确立，社会保障体系的建立，党、团、工会等组织的设置，等等。中央、省、市已有政策规定的，要严格按照有关政策规定办理，没有明确政策规定的，可以学习借鉴外地的经验，结合罗庄实际，在实践中不断探索、完善，逐步形成符合企业特点的健全配套、科学严谨的工作规程。

（四）强化主人翁意识，依法维护企业广大职工的合法权益。企业改制中和改制后，各级特别是企业干部要在政治上保证职工的主人翁地位，充分调动职工的积极性和创造性，增强企业的凝聚力和向心力。要加强民主管理，听取群众意见，在制度上保证职工了解和参与企业的经营管理，实现广大职工对企业领导的有效监督。要加强企业职工队伍建设，提高职工整体素质，用建设有中国特色的社会主义理论和社会主义市场经济知识武装广大职工，努力培养和造就一支“四有”职工队伍。要依法保护企业职工的合法权益，不断改善生产环境和条件，关心职工的生活和福利。对破产、拍卖、租赁承包企业的职工，要在工作安置、工资、医疗保健等方面给予特殊照顾。

（五）配好领导班子，帮助企业建立强有力的组织领导体系。各级党委、政府在企业改制过程中要以认真负责的态度，帮助企业选配好领导班子，特别是选配好企业法人代表。拍卖给个人的企业，其法人代表的产生由资产所有者指定，改造成股份制或股份合作制的企业，要严格按《公司法》规定的程序，设置好股东会、董事会、监事会和企业的经营班子。在选举中，各级政府不能横加干预，但也不能撒手不管，要放管有序，适度为宜，帮助和引导广大股东把那些德才兼备、懂经营、会管理的优秀人才选进领导班子，企业改制后要划清股东会、董事会、监事会、经营班子的责权范围，形成相与促进、相与制衡、协调运行的约束机制。对采取其他改制形式的企业，党委、政府也要区别情况，因势利导，帮助企业建好内部组织领导体系，确保企业改革的健康顺利开展。

五、组织领导

（一）建立组织领导机构。成立罗庄区企业改革工作领导小组。由区政府主要负责同志任组长，区委、区政府有关领导同志任副组长，有关区直部门和市属分局的同志为成员。领导小组下设办公室，办公室设在区体改委。为保证全区企业改革的顺利进行，从区直有关部门抽调28

名领导干部和财务人员，集中培训后，分成七个指导组赴乡镇和区属企业进行现场指导。各乡镇要参照区里的做法，建立相应的组织领导和工作机构，选调精兵强将，在区指导组的指导下，开展具体工作。

（二）落实一把手负责制。改革是一项系统工程，涉及方方面面的利益关系的调整，事关全区改革、发展、稳定的大局，各级党政一把手要切实负起责任，亲自靠上抓，强化指挥调度，及时发现并妥善解决改革中发现的新矛盾、新问题，用改革的精神、改革的方法，解决企业改革中遇到的实际困难和问题。要坚持解放思想、实事求是、大胆干的原则，用改革的实践统一人们的思想，不断把企业改革引向深入，担负起企业改革第一责任人的职责。

（三）实行分级负责制。区直企业的改革由区经委协调有关部门抓好组织实施；乡镇企业的改革由各乡镇组织实施。全区的企业改革在区、乡企业改革领导小组的领导下开展工作。

（四）加强多方协调配合。各乡镇和区直有关部门要紧紧围绕区委、区政府的工作部署，牢固树立全区"一盘棋"的思想，密切配合，搞好协调，服从服务于改革这一工作重点，各负其责，各司其职，做到不推诿、不扯皮，多协调、多配合。发现重大问题，要及时向区委、区政府汇报，不能因处置不当而延误改革进程。

1997 年 1 月 7 日

主题词：企业改革　实施意见

中共罗庄区委办公室　1997 年 1 月 7 日印发

中共罗庄区委　罗庄区人民政府
关于切实做好农民负担监督管理工作的实施意见

罗发〔2002〕23 号

为巩固和维护农村税费改革成果，切实减轻农民负担，促进农村经济发展和社会稳定，根据中央、省、市各级有关减轻农民负担政策规定，结合我区实际，就进一步加强农民负担监督管理工作提出以下意见。

一、坚决落实好减轻农民负担的各项政策规定

（一）严格界定合理负担的范围。农村税费改革后，农民的合理负担包括：农业税、农业特产税和两税附加；承担村内"一事一议"筹资筹劳；部分不承包土地或承包土地明显少于当地人均水平的农村居民缴纳乡村公益事业金；3 年内继续承担逐步取消的劳动积累工和义务工。这些合理的负担均明确在"一证一卡"上，农民按"证卡"上规定的数额缴纳，不承担"证卡"规定以外的任何负担。

（二）坚决取消向农民收取的一切行政事业性收费、基金、集资和达标升级项目。省、市和

我区公布取消的面向农民的行政事业性收费、政府性基金、集资项目，取消的由农民出资、出劳、出物的各种达标升级活动，各街道办事处、村居要严格贯彻执行，任何部门和单位不准再向农民乱收费、乱集资、乱摊派，不准借口校舍危房改造进行教育集资，坚决杜绝已取消的税费仍然继续收取的现象发生。

（三）认真贯彻落实农业税等有关减免政策。要严格按减免政策规定的范围、标准、工作程序，做好农村中的烈属、残废军人、老复员军人、特困户、丧失劳动能力的残疾人和70岁以上老人的减免工作，做到“公平、公正、合法、合情、合理”，群众没意见，体现党和政府对农村困难群众、弱势群体的关心、关怀。

（四）严格规范农业税征收行为。工作中要坚决做到“八个严禁”：严禁农业税和农业特产税重复交叉征收，严禁农业特产税按人头或地亩平摊，严禁乡村干部代征和以任何形式组织小分队和利用司法、警力助征，严禁到农民家中扒粮、牵牲口、搬家具，严禁收税不开票据打白条，严禁随意扩大农业税征收范围，严禁生产费用与农业税混征，严禁违反政策的一切乱征。

（五）加强农业两税附加和乡村公益事业金的管理。要严格按照《罗庄区农业税附加、农业特产税附加征收管理使用办法（试行）》和《罗庄区乡村公益事业金征收管理办法（试行）》，做好两税附加和公益金的管理使用。农业两税附加属村集体资金，专项用于村内干部报酬、五保户供养、办公经费，不能挪作他用。乡村公益事业金属村集体资金，街道办事处可适当集中一部分，最高不超过50%。乡村公益事业金主要用于乡村道路、人畜吃水设施、敬老院、植树造林等村集体公益事业的建设和维护。农业两税附加和乡村公益事业金实行乡管村用，资金纳入街道办事处财政专户储存核算。每年分夏、秋两季拨付到街道办事处经管站，按罗庄区农村财务“三监管”的规定监督村级使用。严禁违反政策规定乱支、乱用。

（六）规范村级“一事一议”筹资筹劳的管理。要严格按《罗庄区村级举办集体公益事业筹资筹劳管理办法（试行）》，做好村级“一事一议”筹资筹劳的监督管理工作。一是严格“一事一议”范围和标准。“一事一议”只限于与本村村民生活和生产密切相关的，必须由村集体统一组织举办的公益性事业，一年内每个村民承担的“一事一议”资金不超过15元，村里有集体经营收入的，应首先从集体经营收入中列支，不足部分再由村民分担。“一事一议”所需劳务，按男性18～55岁、女性18～45岁的劳动力分担，每个劳动力负担的劳务不超过10个。符合筹资筹劳减免照顾的人员严格按规定执行，落实到户到人。二是严格“一事一议”程序。实行民主决策、民主管理，做到量力而行、群众受益、事前预算、上限控制、村民大会或村民代表大会通过，报街道办事处审批，上报区农民负担监督管理部门审核备案。三是加强“一事一议”的监督管理。“一事一议”资金属村集体资金，由村委会负责收取，街道办事处经管站监管，收取使用情况要张榜公布、专项公开。对负有劳务的村民，严禁强行以资代劳。

二、进一步加强农村税费改革后农村财务管理工作

农村税费改革后，村级收入有不同程度的减少，保证村级组织正常运转，必须实行增收节支和开源节流的方针，进一步加强和规范农村财务管理，要严格坚持执行农村财务“三监管”各项规章制度。一是严格执行账款、合同监管制度。各村会计账据要齐全，村内各项收入必须在实现5日内上交经管站监管，承包合同要严格执行“六步工作程序”，严格监督合同的兑现，

把好集体承包项目收入关，坚决杜绝坐收坐支、小金库、账外账、公款私存、借支挪用等问题的发生。二是严格执行“四字一章”制度。坚持每月底前必须进行民主理财；每月 5 日前到经管站分批集体会账；每月 10 日前进行财务“双向公开”。三是坚决压缩减少非生产性开支，最大限度地减少工资和补贴及乱发奖金，取消村级招待费，控制农村报刊征订费用，严格执行每村每年一般不得超过 800 元的规定。四是要按照《山东省农村集体经济审计条例》的要求，依法强化农村集体经济审计监督，搞好农村财务收支、承包经营、农民负担、干部离任审计等审计工作，及时查处违反农村财务管理规定的行为。五是要认真贯彻《山东省农村集体资产管理条例》，切实加强农村集体资产管理。健全集体资产管理制度，完善集体资产登记台账，搞好产权登记发证，规范资产运营和流转，防止集体资产流失，实现资产增值。要积极探索化解不良债务的有效途径，坚决制止新的不良债务的增加。六是积极推行和完善农村会计职业化和财务电算化管理，建立和完善农村会计选人用人机制、监督约束机制的考核奖惩机制。要结合农村税费改革后农村财务管理新情况，对新选聘的农村职业会计加强业务培训，提高素质。同时，继续推行和规范村级财务电算化，改进农村财务管理手段，提高农村财务管理水平。

三、进一步建立完善农民负担监督机制

主要是“加强一个体系建设”“开展一次专项治理”“落实一个责任制”和“建立健全五个制度”。

（一）加强一个体系建设。加强农民负担监督管理体系建设。要进一步调整充实农民负担监督管理领导小组，加强农民负担监督管理机构队伍建设，特别是区、街道办事处农经队伍建设，要健全机构，充实人员，保障工作经费，确保减轻农民负担工作有人抓，有人管。

（二）开展一次专项治理。对基层和群众反映强烈的农村中小学收费、农村用水用电收费、报刊摊派，各种要农民出钱出物出工的达标升级活动等进行重点整治。对涉农税收、收费、价格进行公示，接受群众监督，坚决堵住加重农民负担的源头。

（三）落实一个责任制。各级党政一把手亲自抓、负总责，一级抓一级，一级对一级负责。要保证在本辖区内，不违反中央和省、市、区的政策规定，出台加重农民负担的项目；不出现因增加农民负担方面引起的集体上访事件；不发生因农民负担引发的严重事件和死人伤人的恶性案件。要实行一票否决制度，出现上述情况，取消被否决单位当年的一切评先树优资格；取消被否决单位党政领导、分管领导和直接责任人当年评比先进、晋职晋级、提拔重用的资格。对违反规定增加农民税费负担和擅自出台加重农民负担项目的单位和地方主要负责人，给予党纪政纪处分，直至撤职查办。

（四）建立健全五个制度。一是认真落实农民负担卡制度。要及时将农民应承担的税费、“两工”及各类负担总额填入省农民负担监督管理部门统一监制的农民负担卡，负担卡要务于每年 5 月份前发放到农民手中，让农民明白哪些是合理负担，哪些是不合理负担，自觉履行义务，抵制不合理负担。二是坚持农民负担专项审计制度。区农民负担监督管理部门对街道办事处两税附加和乡村公益金的征收、管理和使用情况进行定期和不定期的专项审计和抽查审计。每年全区范围内专项审计不少于两次。三是健全完善农民负担信访和举报制度。对涉及农民负担信访的接待、处理等要责任到人，不得推诿扯皮。区、街道办事处要向社会公布监督举报电话，并

要及时受理举报内容。四是实行定期联席会议制度。纪检监察、信访、财政、计划、农业等部门要定期召开减轻农民负担联席会议，及时研究处理群众反映的农民负担问题，加大案件查处力度。五是坚持农民负担监督检查制度。区里将组织有关单位对减轻农民负担工作进行定期和不定期的检查，全面检查每年不少于两次。对违反政策加重农民负担的，坚决按照山东省《关于对加重农民负担行为给予党纪、政纪处分的暂行办法》进行查处，追究责任。同时区人大、政协继续加强对减轻农民负担工作的视察、检查和监督；区法院要认真受理农民负担诉讼案件；纪检监察、组织、宣传、计划、财政、农业、法制等部门要搞好协调配合，齐心协力做好减轻农民负担工作。

主题词：农村工作　减轻农民负担　监督管理　实施意见

中共罗庄区委办公室　　2002 年 10 月 31 日印发

中共罗庄区委　罗庄区人民政府
关于推动新型工业化发展的意见

罗发〔2006〕11 号

为推动全区工业经济又好又快发展，走新型工业化道路，再造罗庄工业发展的新优势，特制定本意见。

一、指导思想

全面深入贯彻落实科学发展观，紧紧围绕全区经济和社会发展总目标，深入实施“工业强区”战略，按照走新型工业化道路的要求，以提高自主创新能力为核心，以结构调整为主线，以改革和技术进步为动力，突出“三抓、三促、三提高”的工业发展思路，进一步夯实工业发展的基础，全面提升工业经济发展的质量和竞争力。

二、目标任务

通过调整改造、扶优扶强、技术进步、内涵外延并重，努力壮大一批支柱产业，发展一批企业集团，培育一批知名品牌，全面优化工业经济结构，促进经济增长方式的快速转变，力争到 2010 年，全区工业总产值达到 680 亿元，增加值达到 150 亿元，年均分别递增 20% 以上，工业利税达到 45 亿元以上，经济效益综合指数达到 180%，新上和技术改造投入累计达到 260 亿元。

三、工作措施

（一）抓好三项任务，夯实工业发展基础

1. 抓创新和改造。一是以开发机构建设为重点，提高自主创新能力，加大投入、完善机制、引进人才，建立一批区级开发中心，组织耐火材料厂、罗欣药业、宏达集团等一批企业认定为市级开发中心，重点培植华盛中天、久泰化工、云雀陶瓷等企业申报省级开发中心，力争华盛江泉和新光集团等企业进入全省重点支持的100家开发中心行列，形成省、市、区级开发、创新梯队，提高产业的核心竞争力。二是以产学研联合为重点，提高集成创新能力，引导和推动企业加强与大专院校、科研单位的产学研联合，力争1家规模以上企业至少与1家院所联合，行业内重点企业要与3～5家院所合作，建立“产研分工、优势互补、利益共享、风险共担”的合作机制，走创新发展之路。三是以解决技术难题为重点，提高消化吸收再创新能力。抓住国内外产业资本转移带来的新机遇，广泛吸纳资本化的科技资源，把引进的重心真正转移到消化吸收再创新上来，引进技术进行改造型再创新，提高在合资合作中的技术参与度，提高再创新投资在技术投资中的比重，提高消化吸收再创新的能力。四是以传统产业为重点，加快技术提升，加强对陶瓷、铸造、纺织等传统企业的改造升级，特别是对高能耗、低产能和不符合环保的设备进行更新和改造。陶瓷行业重点改造烧成结构，提高技术装备水平。钢铁和铸造行业重点拓宽现有产品品种，形成规模优势。纺织行业要进一步向面料和服装生产延伸，靠搞深精加工提高附加值。

2. 抓名牌和骨干企业。一是培育名牌。通过持续的质量改造，从根本上提高我区主导产业的整体素质、重点企业的质量管理水平和市场竞争力，在机械、铸造、医药化工、陶瓷、食品、纺织等主导产业、支柱行业发展名牌产品，力争到2010年，大圣耐火材料、天地瓷砖、兴达陶瓷、久泰二甲醚、新光毛毯等争创中国名牌产品，争创8～10个省级名牌产品。建立名牌产品培育库制度，把基础条件好、有争创名牌潜力和有争创积极性的企业列入名牌产品培育库，动态管理，择优推荐。制定相应的名牌产品奖励政策，对名牌产品的生产企业给予一定的优惠和奖励。二是培育骨干。围绕重点产业培育一批大型企业集团和产业集群，通过“改革推动、政策调动、项目带动、人才拉动”等一系列措施，推动骨干企业和优势产业迅速发展壮大，着力培育“工业20强”和行业排头兵，力争到2010年，全区规模以上企业达到400家，其中销售收入过300亿元的1家，过100亿元的2家，过50亿元的5家，过10亿元的企业10家，过亿元的30家。

3. 抓改革和管理。通过必要的行政激励和约束手段，引导企业追求管理的规范化、科学化和现代化。一是推进现代企业制度建设。深入落实《公司法》，加大企业股份制改造力度，引导具备条件的企业建立现代企业制度，推动所有权经营权、股权产权“两权”分离，争取更多的企业发展成为产权明晰、权责分明、政企分开、管理科学的现代企业。加大企业上市力度，久泰能源、华盛中天、烨华焦化、海宇、新光等企业3～5年内上市，全区上市企业在原来3家的基础上达到8家。二是引导企业加强管理。推广ISO 9001质量管理体系、ISO 14001环境管理体系、OHSAS18001职业健康安全、TS16949、HACCP等管理体系认证工作，加强企业管理培训，全面提高企业管理水平，提升企业形象。推广有关企业的做法，引进国内外高水平的中介服务机构，帮助企业确定发展战略目标及规划，改进和加强管理，完善管理机制。充分发挥各类企业家协会、行业管理协会作用，开展行业自律活动。三是培养一支高素质的企业经营者和专业技术人才队伍。建立政府主管部门牵头、社会教育培训力量承办与企业自主培训相结合的机制，鼓励企业家积极参加国内高水平的经济管理和企业管理培训，并通过适应性培训、专题研讨会、考察交流等多种形式，使企业经营者掌握现代企业管理知识。加强“本土”型技能人才培训和企业后备人才队伍建设，解决企业管理和专业技术人才资源不足的问题。四是推广典型管理经验。树立行业管理标兵企业和典型企业，明确在省、市以及国家同行业中所处的位置和差距，向先进企业学习并赶超，全面提升全区企业管理的水平。

另外，扎实解决好原区直企业和镇办企业改革中遗留的问题，特别是妥善解决好企业劳资纠纷、职工劳动保障等方面的问题，为企业和职工解除后顾之忧。

（二）实施三个促进，提升经济发展质量

1. 促进结构优化。一是科学规划布局。本着“科学规划、合理布局、突出特色”的原则，把全区作为一个大工业园区统筹布局，以北区工业园、江泉工业园和街道现有的工业小区为基础，按照产业的集聚程度和关联度，在全区范围内统筹项目发展，做到同类产业的项目尽量在同一区域集约发展。实行项目招商街道和项目落地街道利益分成制度，促进项目有序发展，缓解土地矛盾。二是培育产业集群。通过专业化的分工，增强配套能力，拉长产业链，重点培育机械铸造、陶瓷、化工、纺织等优势产业集群，力争使二甲醚、植保机械、高性能陶瓷等成为在国内外领先地位的特色产业。三是加强招商引资。创新招商引资形式，进一步拓展招商引资渠道和领域，充分利用两种资源、两个市场，全方位、多层次开展招商引资工作，引导国内外的企业向我区重点发展产业投资。为企业创造机会，参与国内外企业间的交流，参与国内外资本市场的运作，引进更多资金、技术、人才、产品和管理经验，提升现有企业档次，切实做好与法国圣戈班等跨国公司和国内大公司的合资合作，扩大引资规模。

2. 促进产业升级。按照“抓头、去尾、提升中间”的思路，着力规范新上项目，突出投资结构的导向性，严格按照宏观调控政策和产业政策发展项目，防止盲目投资和低水平重复建设。有关部门要各司其职，严格把关，重大项目需报区工业工作联席会议研究。着力淘汰落后工艺和项目，对目前工艺设备落后、污染重、耗能高、产出低的项目，坚决予以淘汰。着力提升优化潜力项目，对目前运行质量和效益一般，但符合国家产业政策的项目，通过提升改造，提高产品的质量和档次，促进做大做强。

3. 促进规模膨胀。注重有效投入，围绕主导产业和产业延伸加大投入力度，加快推进一批有规模、有质量、有效益、有前景的工业项目建设。注重运用存量土地，整合现有优势资源优先发展投资规模大、投资回报率高和科技含量高的项目。注重招商引资项目的规模、质量，通过各种渠道广泛收集信息，盯住大项目、好项目，从项目的洽谈、签约、立项、建设、生产等各个环节上跟踪服务，以大项目的引进膨胀经济规模。

（三）实现三个提高，增强区域竞争实力

1. 提高资源综合利用率。坚持节约发展、清洁发展、安全发展、可持续发展，积极推广资源节约、替代和循环利用技术，大力发展资源消耗低、环境污染少、经济效益好的产业和企业，提高资源综合利用率。开展节能降耗试点工作，建立相应的效益评价体系和成本、物资管理制度，全面降低能耗、水耗、物耗指标。实施节能降耗重点项目，在区级重点项目的安排和申报国债项目工作中，确定重点企业，对能够达到节能降耗目标、具有明显成效的节能降耗项目，给予优惠支持和申报。建立节能降耗统计报表制度，按照国家有关部门建立 GDP 能耗指标公报的要求，建立规模以上工业企业万元工业增加值能耗指标报表制度，定期分析能源使用情况，找出问题，做好测算，提出应对措施。

2. 提高创新能力。注重产业的聚集和产业链的延伸，以高新技术企业发展为突破点，认真落实科技型企业税收优惠政策，落实企业技术研发资金扶持的相关政策，加大科研开发活动的支持力度，引导和鼓励企业创新发展。在加大区内硬件设施建设的同时，注重人才的培养和引进，建立相应的人才培养、引进和使用机制。制定和完善有关政策措施，积极引进科技成果评估、技术产权交易、创业辅导等中介服务机构，加强科技自主创新服务体系建设，为科技自主创新提供周全高效的服务。

3. 提高经济运行质量。鼓励利税大户增产增盈，制定对纳税大户的支持和奖励政策，鼓励纳税大户采取得力措施，加快生产，增加效益。实施亏损企业的扭亏增盈措施，找准亏损企业的症结，有针对性地采取措施，强化协调服务，帮助企业改善经营状况，尽快减亏止亏，扭亏为盈。加强改革创新，提高内部管理水平，减少跑冒滴漏，引导广大企业走降本增效之路。

四、保障措施

（一）认真落实激励政策。按照国家、省、市、区有关文件规定，严格兑现在技术创新、科技进步、固定资产投资、外经外贸、招商引资等方面的鼓励扶持政策。

（二）完善工业领导、工作机制。调整充实全区工业、外经外贸和招商引资工作领导小组，并从有关职能部门抽调部分业务骨干担任领导小组办公室成员，加强综合协调。实行工业联席会议制度，定期或不定期召开会议，通报全区工业发展情况，协调解决发展中存在的问题。

（三）实行领导联系骨干企业制度。对区内市属以上企业和全区重点企业进行分类分组，分别由工业领导小组成员联系，帮助企业理清发展思路，对企业运行中的苗头性、倾向性以及突发性问题，及时予以协调，提出对策建议，化解矛盾，搞好服务。

（四）实行大项目跟踪服务制度。继续实施区级领导和部门负责人联系重大项目责任制，在经济职能部门建立首问负责、承诺服务、跟踪问效、责任追究等制度，为投资者营造良好发展环境。

（五）建立经济运行分析预警机制。及时召开工业经济运行分析会，定期发布工业经济运行动态，研究解决工业经济运行中存在的突出矛盾和问题，组织力量对重点企业进行重点帮扶。

（六）建立经济发展专项资金。列入财政预算，重点支持引导特色产业提升档次，增加产业竞争力，以后根据发展需要逐年增加财政投入。

中共罗庄区委办公室

2006 年 5 月 26 日印发

中共罗庄区委 罗庄区人民政府
关于印发《罗庄区招商引资外经外贸奖惩办法（试行）》的通知

罗委〔2007〕50号

各街道党工委、办事处，区直各部门，市属各分支机构：

《罗庄区招商引资外经外贸奖惩办法（试行）》，已经区委、区政府研究同意，现印发给你们，望结合实际，认真贯彻落实。

中共罗庄区委
罗庄区人民政府
2007年7月12日

罗庄区招商引资外经外贸奖惩办法（试行）

为进一步扩大对外开放，提高招商引资成效，促进外经外贸工作，加快开放型经济建设步伐，增强罗庄发展后劲，根据国家和省、市有关精神，经合区委、区政府1、2号文件，制定本奖惩办法。

一、指导思想

本着激励投资，扩大出口，再创罗庄工业强区新优势的目标，坚持突出重点、培植龙头、讲求实效、实事求是、易于操作原则，突出重点企业带动，大项目、高科技项目拉动，政策激励措施促动，以街道、企业为奖励主体，奖惩并举，全力推进罗庄区经济又好又快发展。

二、奖惩政策

（一）招商引资奖励

1. 加大财政扶持。区政府设立财政奖励专项资金，对新办工业企业、三产类项目，固定资产投资1000万元人民币以上（外资企业按美元折算）的，按实际固定资产投资额排出前6位，分别一次性奖励人民币6万元、5万元、4万元、3万元、2万元、1万元。

2. 对投资额1超过亿元人民币（外资企业按美元折算）且对区内地方财政贡献较大的项目，采取“一事一议”的办法，确定其所享受优惠政策及奖励，并给予项目法人相当的荣誉称号或名誉职务。

3. 对固定资产投资超过1000万元（美元折算）项目，区政府积极协调解决用地、行政事业性收费等。凡建设用地在我区的新建项目，根据项目行业特点和生产规模，界定用地限额，在用地限额内，按国家规定最低标准收取土地出让金，凡项目在我区规划区范围内的行政事业性收费，属上缴市级以上的，按最低标准收取。

（二）引资中介人奖励

1. 凡引进注册为区级纳税企业，形成固定资产达 1000 万元人民币（外资项目按美元折算）及以上的项目，按实际引资额排序，经严格审核，奖前 5 名，分别奖励人民币 10 万元、8 万元、6 万元、4 万元、2 万元。投资额 5000 万元人民币（外资项目按美元折算）及以上的项目，采取一事一议，对中介人进行特别奖励。

2. 引进房地产开发项目及旅游开发、农业开发等三产服务项目固定资产超过 2000 万元人民币的，按一个年度内实缴税金区级地方所得的 10 倍折算投资额。

3. 引进世界 500 强企业或实际引进市外资金形成固定资产 1 亿元以上的项目、省及省以上高新技术项目、境外投资 500 万美元以上的项目，在市政府奖励的基础上，区里仍按本办法进行奖励。

4. 中介人的认定：

（1）中介人是指引荐外来投资者来我区投资发挥媒介作用的国内外各类机构和具有民事能力的自然人。

（2）一个项目的中介人为两个以上的，必须且只能明确一个为第一中介人。第一中介人必须由外来投资者和合作单位认可并出具证明。其他中介人的资格由第一中介人确认。中介人一经确认，未经同意不能随便增减或更换。

（3）区属有关单位和个人为落实中介人引荐的项目所做相关工作，不能作为中介人予以认定，可由区委、区政府特殊表彰。

（三）外经外贸奖励

培植新的出口增长点。年内新开展自营出口业务且出口额达到 100 万元美元以上的企业，奖励 1 万元人民币，颁发鼓励奖。

（四）对街道的奖励

1. 对完成招商引资任务的街道，以完成区下达重点项目（指分配的过亿元和过 5000 万元的项目）为前提，按实际招商引资数额，排出前 3 名，对第一名授予“招商引资一等奖”荣誉称号，奖励人民币 3 万元；对 2 ～ 3 名，授予“招商引资二等奖”荣誉称号，分别奖励人民币 2 万元和 1 万元，对招商引资增幅超过 50% 的街道，授予“招商引资突出进步奖”，奖励人民币 1 万元。

2. 完成区下达重点招商引资项目任务（指分配的过亿元和过 5000 万元的项目）且当年重点项目投资额排名前三位的，对街道党工委、办事处主要负责人授予“招商引资功勋奖”，并颁发金质奖杯（或奖章）。

3. 对完成区下达外贸进出口任务且自营出口超额完成任务的街道，按自营出口实际完成额排出前 3 位，对第 1 名授予“外贸工作一等奖”荣誉称号，奖励人民币 3 万元；对 2 ～ 3 名授予“外贸工作二等奖”荣誉称号，分别奖励人民币 2 万元和 1 万元。对自营出口增幅超过 50% 的街道，授予“外贸工作突出进步奖”，奖励人民币 1 万元。

4. 以上各项奖励资金的30%，兑现给街道党工委书记、办事处主任和分管负责人。

5. 对完不成招商引资任务的街道，按实际完成额倒排后两名，其主要负责人要向区委、区政府写出书面检查，说明原因且拿出下年工作的措施保证。连续两年完不成任务的，区委、区政府通报批评。连续三年完不成任务的，区委、区政府对其实行“一票否决”，取消年度评先树优资格。

6. 罗庄北区工业园管委会，华盛江泉集团与街道一并考核和奖惩。

（五）对部门的奖励

对完成招商引资任务且按实际完成数额排名前6位的区直部门及市属分支机构，区委、区政府授予招商引资先进单位，各奖励人民币1万元。

三、兑现办法

（一）凡符合规定，应享受奖励政策的街道、企业，需填写申报表并附有关证明材料，经区外贸局和招商局审查核实，报区政府批准，持批准文件办理相关政策落实手续。

（二）招商引资政策的兑现：财政奖励政策的兑现，由街道、企业纳税人申报，区招商局会同有关部门审核认定，由区财政部门具体办理；土地政策的兑现，由区招商局出具证明，区财政、土地管理部门负责办理；收费政策的兑现，由区招商局出具证明，区财政、物价管理部门负责办理。

（三）引资中介人奖励政策的兑现，由引资中介人申请，所属企业出具证明，并提供充分的资金到位证明，经区招商局牵头，区财政局、审计局、统计局联合审核确认，报区政府批准后由区财政部门具体办理。

（四）外经贸政策的兑现，由街道和企业持相关证明和手续，经区外经贸局会同区财政局、审计局审核认定后，由区外经贸局出具审核证明，报区政府批准后由区财政部门具体办理。

（五）街道奖惩的兑现和区直部门及市属分支机构的考核奖励，由区工业、外经外贸、招商引资重点项目推进领导小组审核认定并组织实施。

本办法由区委、区政府责成区外经贸局、招商局负责解释，以前制定的外经贸招商引资奖惩政策与本政策相抵触的，以本办法为准。本办法自2007年1月1日起施行。

主题词：对外经济贸易　招商引资△　奖励制度　通知

中共罗庄区委办公室　2007年7月12日　印发（共印160份）

新闻报道辑录

三任书记一条计　更新观念创大业

1972—1992 年，中共罗庄镇（公社）委一共三任书记，依次是刘树桐、李荣强、李桂祥。

20 年来，三任书记一条计，振兴罗庄一个心。

所谓一条计，就是立足当地，扬长避短，大力发展乡镇企业。为什么要用这条计？他们认为：如果没有乡镇企业的存在和发展，有三个问题在罗庄得不到解决。

一是农业生产要发展，资金从哪里来？三任书记生在农村，长在农村，知道粮食为宝中之宝，也曾牢牢地记住毛主席“农业的根本出路在于机械化”这一伟大教导。1972 年从傅庄公社分出时有地 3180.33 公顷，农业机械拥有量 1850 马力，平均每亩 0.04 马力。如果实现每亩一个马力，新增加 45855 马力，按当时每马力 90 元计算，需 413 万元。这么多钱哪里来？地方财政有困难拿不出，农业自身积蓄行不行呢？ 1972 年农林牧渔四业产值 173.9 万元，平均每亩 36.45 元，不吃不分不去成本需 2.47 年增加一马力；1978 年四业产值 231.6 万元，平均每亩 51.13 元；1984 平均每亩 179.01 元，1990 年为 436.43 元。20 年累计完成农林牧渔产值 11215 万元，平均每亩每年 152.75 元。即使农民不吃、不去成本，又能拿出多少钱呢？何况 1980 年以后实行家庭联产承包责任制，农业利润分布在千家万户，又用什么办法集中起来呢？即使能集中起来，符合上级关于减轻农民负担的政策吗？由此看来，农业自身发展依靠自身积累此路不通。所以，三任书记认为农业生产所需资金只能以副养农，以工补农，靠发展乡镇企业，特别是靠发展集体乡镇企业解决。他们的体会是：过去没有农业就没有乡镇企业，现在没有乡镇企业就没有农业的发展。

二是农村有大量剩余劳动力，到哪里去？ 1972 年，全镇劳力人均耕地 0.18 公顷，1978 年为 0.16 公顷，1984 年为 0.14 公顷，1992 年为 0.09 公顷。短短的 20 年，劳力人均占有耕地减少一半。劳力由 17335 个增加到 27000 个，农用机械由 1850 马力增加到 3.9 万马力。“两增一减少”的现象，使农村劳力出现了“两个月忙年，四个月种田，六个月缺事干”的现象。即使如此，还有很多的剩余劳动时间。剩余劳力如不安置，既是极大的财富浪费，又增加了社会不安定的因素。这里有句土话叫“闲心出恶意”。意思是说人没有事干了，就会想坏点子办坏事，这样社会就不安定了。这么多的剩余劳力到哪里去呢？农业用不了，考学考不上，国家安置不了那么多。因此，只能通过发展乡镇企业就地安置，这是唯一的路子。到 1984 年，剩余劳力全部得到安置，到 1992 年底，外地来罗庄务工的劳力超过万人。

三是农民要富裕起来，致富的门路到哪里找？自 1972 年从傅庄分社分出后，以刘树桐为首的罗庄公社党委、政府一直在探索、谋求农民富裕的路子，然而在众所周知的条件下，靠农业单打一是难以实现的。经过几年的探索和实践，以副养农，发展社队企业，是农村致富的可行之路。到党的十一届三中全会召开，党的工作重点转移到经济、政治方面的重大决策，罗庄已经完成了第一次农村变革，走在全省、全国的前列。

党的十二大提出到20世纪末人均收入1000美元（1980年折合人民币1500元）。靠什么实现这一目标呢？这一重任落到了第二任党委书记李荣强的身上。为了坚定发展乡镇企业的信心和决心，李荣强算了两笔账：一是农业翻两番折成粮食计算，从1980年到2000年的20年中，不管遇到多大的自然灾害，粮食亩产必须每年增加59.75公斤，连续增加20年，达到1485公斤，这是根本办不到的。即使办到了，按每公斤0.6元钱计算为831元，人均七分地，占有623元，扣除40%成本，人均净收入374.22无，只能算低水平的温饱；二是按1978年到1980年抓农业人均收入年增长18元计算，达到1500元需77.5年，就是说抓农业需到2057年才能实现人均收入1500元，比中央规定的时间晚了57.5年。账算清楚了，干群认识提高了，于是制定80%的收入来自乡镇企业，80%的精力用于乡镇企业，80%的劳力投入到乡镇企业的措施。

所谓一个心，就是坚持发展集体经济，坚定走社会主义道路的信心和决心。这是因为：

1. 如果没有集体经济为后盾，社会主义道路不好走。他们认为：贫穷不是社会主义，少数人富，多数人穷，也不是社会主义。社会主义制度的基本特征是共同富裕，只能在共同富裕的前提下允许一部分人先富起来，一部分人先富起来的目的，还是先富带后富，大家一起富。如果抛弃了共同富裕这个前提只强调一部分人先富起来，社会主义就变味了。所以，20多年来三任书记坚持发展集体经济，走社会主义道路的信心和决心始终没有动摇。其基本做法是："发展集体、鼓励个人"。1972—1978年，集体固定资产由268万元增加到551万元，增长1.05倍；1978—1992年，由551万元增加29838万元，增长153.1倍。1978年到1992年累计完成工农业总产值56.3亿元，其中镇村完成40.4亿元，占71.7%。在分配上提出"当年收入可以出现万元户，但不准出现困难户"的口号。人人富裕了，就说社会主义好，共产党好，热爱共产党，支持社会主义。

2. 发展集体经济，有利于增强和提高党对群众的凝聚力、吸引力、号召力。罗庄人认为：任何改革都必须有利于保护和发展生产力，有利于共同富裕，否则就不叫改革。改革之初，刘树桐、李荣强二位书记有自己的见解，正确处理统与分的关系，采取保留集体财产，土地实行家庭联产承包责任制。这种既统又分的办法，形成了多种经济成分同步发展。两个积极性得以充分发挥。集体经济发展了，农民负担减轻，干群关系融洽。1985年始，镇政府不再向农民集资提留。连农村主要干部的工资也由镇政府发放，农民合同内交售的农副产品，一律补助到高于当时自由市场的价格。如每公斤小麦补0.5元，每公斤皮棉1.1元。农民负担减轻，上下相互信任，相互支持，相互体贴。凡是党委、政府答应给群众办的事没有一次不按时兑现，而要求群众的事没有一次落空。

3. 发展集体经济，有利于增强对农业的投入，强化自我服务功能。农业基础的改善，自我服务功能的提高，靠农业自身积累实为杯水车薪，靠一家一户更难以实现。只有发展壮大集体经济，才能保证农业机械化和水利化。

4. 发展集体经济，有利于公共福利事业的发展，促进精神文明建设。农民要看戏、要看电影、要逛公园、要走路、要坐车、要看病，他们的孩子要上学、要入托……所有这些，上级要求办好，因财政有困难不给或者很少给钱，农民希望办好，靠集资负担过重，所有只能靠发展集体经济解决。1978—1992 年，全镇向文教、卫生、通信、广播、影院、图书馆、公园、动物园、自来水、发电厂、道路、路灯、绿化及其他公共福利事业投资近亿元。所有这些，靠集资、靠提留、靠上级财政都是难以实现的。

实践证明，发展集体经济，有利于增强党对群众的凝聚力、吸引力、号召力；有利于加强对农业的投入，强化自我服务功能；有利于调整产业结构，促进商品生产的发展；有利于完善管理体制，发挥自我管理的职能；有利于共同富裕，促进精神文明建设。

罗庄镇党委、政府认为：坚持发展集体经济，无疑是正确的，但如何处理好与个体经济之间的关系，既是一个理论问题，又是一个政策问题，也是一个实践中的新课题。

从罗庄镇实际情况看，个体经济在很多领域有存在的必要和可能，原单一的农业结构演变为“农林牧副渔、工商运建服”。生产领域的急剧拓宽，客观上为个体经济的存在提供广阔的天地，关键是如何处理好与个体经济的关系。为了相互促进，协调发展，以达共同前进之目的，加快富裕步伐，罗庄镇党委、政府采取了三条措施：

一是产品回避，不和“小弟”争饭吃。1985 年后，镇规定砖瓦、石灰、粗陶瓷、采石、石子、短途运输、小饭店、小被服、修表、理发、家电维修、商店服务业、饮食业等集体不再上新的，已经上的逐渐转包，让个体户搞。

二是避免在同一个档次上摩擦碰撞。发展之初，镇党委就提出“大的抓住上水平，小的分散进家庭”的措施。对镇村企业提出“四上两创一提高”的要求，就是上规模，上档次，上管理，上水平，创优创汇，提高经济效益。所有这些，个体企业是无法比拟的。

三是市场回避。对镇村企业，要求先外后内（就是先外销，后内销），对个体企业要求为当地服务。

由于正确处理了集体与个体经济的关系，所有集体与个体经济没有出现此消彼长的现象。从而加快了农民致富的步伐。1984—1992 年，个体企业产值由 526 万元增加到 47689 万元，增长 14.8 倍。镇村企业由 7001 万元增加到 108411 万元，增加 14.5 倍。

三任书记的一条计靠什么实现的呢？

靠敢于冲破“左”的束缚，善求索，不断更新观念。

20 年中，三任书记完成了三次变革。

刘树桐，第一任书记，完成了第一次变革：由重点抓农业转变为重点抓工副业。

1972 年从傅庄公社分出时，只有 18 个人，两平车的家当，借了临沂矿务局俱乐部的后台既当办公室又当宿舍，开始了创业生涯。那时，农村工作讲的是“以粮为纲”“强调车马归队，劳力归田，割资本主义尾巴”。好干部、好党委的标准是“劲使在农业，汗淌在农业，心操在农业，有限的资金用于农业”。结果那个“穷”字像生了根一样长在人们的屁股上拔不掉，甩不开。1972—1975 年，人均收入由 60 元增加到 65 元，口粮由 158.5 公斤减少到 156.5 公斤。看着群众受穷，以刘树桐为首的党委、政府一班人心急火燎，走坐不安。罗庄的出路在哪里呢？为了寻找出路，他带领一班人走遍了全镇角角落落，旮旮旯旯。每座山头，每一个村庄，每片土地，无不留下他们的足迹，无不洒下他们辛勤的汗水。调查发现，在当时37个村庄中，有工副业生产的四个村粮食产量高些，人们的日子好过些。这一事实启发了他们：罗庄镇地下资源丰富，有传统的采矿、铸造、制陶技术，要想改变罗庄的面貌，必须立足当地优势兴办工业，以工促农。于是在农村工作会议精神的启发下，在刘树桐、朱正江的倡导下，完成了第一次变革：由重点抓农业，转变为重点抓工副业。然而，在“以粮为纲”“车马归队，劳力归田，大割资本主义尾巴”的年代里，要变革谈何容易。有个村建了个石灰厂，烟囱上写着“工业学大庆”。上级来人看见了说：“以粮为纲嘛！”无奈，刘树桐只好指示人改成“农业学大寨，以粮为纲。”那时青年人结婚需持结婚证才能到商店买个“洋瓷盘”。于是党委组织人七下南京，九赴邹县，在有关部门的帮助下，办起了全国乡镇级第一家搪瓷厂，利用大企业的边角料，生产出了沂蒙山区的第一批搪瓷盘，尽管质量低劣，花色单调，但不用拿结婚证购买了，深受群众欢迎。投产后扎了彩车，敲锣打鼓，向上级有关部门三次报喜，但无人敢接。听到的回答是:“一种二养三加工嘛，怎么搞这个，路子偏了。”路子偏了的项目当然没有人敢支持。刘树桐没有顾及这些。为了少惹是非，他采取了双管齐下的办法：一方面“大批资本主义”，到处张贴农业学大寨的标语。在仅有的企业里，“工业学大庆”的标语特别引人注目。还在显眼的地方办起了一个农场，一个养兔场。上级来人，就让看这些路子对、方向正的项目。另一方面狠抓市场急需而本地又能生产的产品，采取本地生产、外地销售。对这种双管齐下的做法，有的说是“两面派”“弄虚作假”。好心人暗暗为他们着急，怕犯错误，但更多的人是支持帮助。就这样，罗庄的乡镇企业于无声处悄悄地发展着。到1980年，乡镇企业产值达到1203.4万元，占工农业总产值的76.4%，比变革前的1975年增长2.56倍。工业生产的发展，开始了有限度地支援农业生产。1980年，农业产值达到281.1万元，比1972年增长61.7%，比1975年增长42.4%。这一年，粮食单产达290公斤，总产1069.25万公斤，分别比1975年增长35.8%和20.1%。人均占有粮食由213.5公斤增加到247公斤，增长15.6%。初步尝到了发展乡镇企业的甜头，奠定了腾飞的思想基础。

李荣强，第二任党委书记，完成了第二次变革：由围绕农业办工业，办好工业促农业，转变为围绕市场办工业，办好工业促农业。

第一次变革，应该说是以刘树桐为首的党委一班人在思想上一次大的飞跃。但在几千年以农为本思想的束缚下，加之当时总的形势的影响和制约，不可能使罗庄镇这些农民出身的干部完全跳出“农”字这个圈圈，所以，除了少数项目外，大都是不带“农”字的产品不搞，不带“农”字的项目不上。农机厂今天是犁钩子、耙齿，明天是锄、镰、锨、镢。1977年人均分配小麦28公斤，也办起了一个年产100万公斤的面粉加工厂，这些小麦用蒜臼子掐着吃都不够，还要面粉加工厂干什么？所以投产之日就是关门之时。为了办合作医疗，建起了制药厂，还在一无硫酸，二无磷矿粉的情况下办起了磷肥厂。这种脱离现实、背离市场的作法，收获甚微。

党的十一届三中全会指定的路线、方针、政策，如久旱的甘霖，滋润着罗庄人的心田，像明灯，照亮了航向，前途更加光明。李荣强出了个题目让大家讨论：乡镇企业生产农机、化肥、农药给农民是不是支援农业生产呢？得到的回答是肯定的。于是在李荣强的倡导下，完成了第二次变革：由围绕农业办工业，办好工业促农业转变为围绕市场办工业，办好工业促农业。这种围绕市场办工业的提法，现在看起来很平常，但这对于当时从上到下围绕农业办工业的提法是背道而驰的，不能说没有政治风险。为了党和人民的事业，李荣强没有顾及这些。于是提出了产品围着市场转，目标对着城乡干，价格随着行情变的口号。改产了农机厂，停办了面粉厂、磷肥厂，先后办起了床单厂、电池厂、羽绒厂等十几家企业。这样一来，罗庄的乡镇企业路子越走越正，步子越迈越大，效益越来越好，作用越来越明显。到1984年，乡镇企业发展到1527处，从业人员11709人，占农村劳力的82.4%，完成产值7001万元，占工农业总产值的84.2%，比二次变革前的1979年增长6.8倍，其中镇办企业完成产值4504万元，获利润640万元。这一年，粮食总产达到2062.8万公斤，增长88.4%，人均收入514元，增长5倍。工农业总产值8314万元，增长6倍。这一年，在全省乡镇企业工作会议上，省委、省政府向全省发出号召："乡镇学两罗"，其中的"一罗"就是罗庄镇。

第二次变革一帆风顺吗？非也。其间既有喜悦，又有辛酸。既有来自各行各业的大力支持帮助，又有来自上下左右的非议。1982年，正当罗庄人借第二次变革的东风决心大干一场的时候，有一位领导人在全地区工业会议上对正在作大会经验介绍的罗庄镇党委副书记李桂祥说："你别光谈好听的，你把送了人家18台电视机、两台录音机的事说清楚。"这种道听途说，子虚乌有的指责，一时在沂蒙大地传说纷纷，使罗庄的好多人抬不起头来。更多的则感到冤枉、感到气愤、感到改革如何这样难。此波未平，另波又起。上级业务部门的一位办事员来罗庄出发，因这天外地来人多，大多数人又不认识这位上级部门的"要员"，没有接待好。这位"要员"便写一封人民来信，说罗庄偷漏国税300万元。面对这些栽赃陷害，李荣强没有倒下，党委、政府一班人没有倒下，人人憋了一口气，非干出个样子给这些官僚主义者和一时达不到个人私利而进行诽谤者看看不行。这一年乡镇企业完成产值3324.8万元，比上年增长101.4%，其中镇办企业完成产值2242.6万元，获利润501万元，分别比上年增长102.6%和79%，事后，一位省级领导说："罗庄人个个是硬汉子，要是换了别人早就撂挑子不干了。"

经省、地、市三级派员联合调查，不但认定以上两件事纯属子虚乌有，而且还肯定了罗庄乡镇企业发展的基本经验。1984年初，中共临沂地委以一号文件的形式发出号召，学习罗庄经验。同年7月，省委、省政府向全省发出号召："乡镇学两罗"。罗庄人笑了，说："到底邪不压正"。这一年，第二任党委书记李荣强走马上任，当了临沂地区乡镇企业局局长。

李桂祥，第三任党委书记，完成了第三次变革：企业由独家自办，转变为跨行业、跨地区、跨国界的联合经营。

1984年，李桂祥担任罗庄镇党委书记时，正值省委、省政府号召全省学两罗之时。省委、省政府的号召，既是对罗庄前几年工作的肯定，又对今后的发展提出了更高的要求，担子不轻。为了不辜负领导和群众的期望，李桂祥组织党委一班人冷静地总结过去，冷静地思索未来，他上任后从上到下广泛地开展了"全省学两罗，罗庄怎么办？"的大讨论，从而提高和加深了四个方面的认识：

一是一致认为：乡镇企业前几年发展之所以快，是因为农村改革松绑早于城市，那时实力强大的国有、集体、军工企业尚未改革，仍在吃着大锅饭，端着铁饭碗，未来得及在改革上和"小字辈"的乡镇企业同上一条船。这种城市和农村改革的时间差，使乡镇企业的优势得以充分发挥，劣势被掩盖。随着改革的不断深化，国有、军工、个体企业将以竞争的姿态参与市场，乡镇企业的优势国有企业通过改革可以获取，而国有企业的优势乡镇企业短时间内无法获得。这无疑是对乡镇企业的严重威胁和挑战。要想持续、稳定、协调、健康的发展，必须抓住改革时间差的机遇，另辟蹊径，另走新路。

二是乡镇企业大都存有管理水平低，产品质量低，档次低，消耗高的“三低一高”现象，致使竞争力弱。要想在竞争中站稳脚跟，获取一席之地，就必须做到“四上两创一提高”，即上管理、上质量、上水平、上档次、创优创汇，提高经济效益。

三是乡镇企业还没有完全冲出“三就地”（就地取材，就地加工，就地销售）的束缚。随着改革的不断深化，多层次、多成分、多渠道、大规模、大范围的商品经济时代已经到来。乡镇企业如果再以小农经济的经营思想，自给自足的生产方式，“三就地”的管理方法，显然已经不适应新的发展形势。

四是社会化大生产必然导致社会各部门、各行业、各地区之间的纵横联系，“各人自扫门前雪”的时代已经过去，乡镇企业如果不采取新的措施，就要落伍。认识提高了，人们的视野更加开阔，精神更加振奋，信心倍增。于是，在维护原有改革成果的基础上，完成了第三次变革：企业由独家自办，转变为跨行业、跨地区、跨国界的经济技术联合。提出“借梯子上楼、借脑袋发财、借鸡生蛋、借水行舟”的“四借”措施和“广结天下良缘，以天下之长补罗庄之短、以罗庄之长取天下之利”的口号。这件事说起来容易做起来难。办工业，对刚刚告别镰刀锄头的农民来说，无疑是个崭新的课题，而发展外向型经济，更是新课题中的新题目。早在1983年，镇党委根据临沂地区盛产兔毛的现实，便产生了和外商搞兔毛纺纱的意向。李荣强走了，担子落在了李桂祥身上。经外经、外贸部门的牵线搭桥，在省、地、市委的领导下，和日本国一家客商进行联系，开始洽谈。那是没有经验，认为洽谈开始就是大功告成。于是一边组织人洽谈，一边筹集资金建厂房，历时一年半，投资200万元的厂房盖完了，而洽谈却告吹了。这时，社会上说风凉话的有，讽刺挖苦的有，骂娘的也有。为了统一思想，镇党委连续开了好几天的座谈会。认为搞外向型经济在罗庄是开天辟地第一次，谁也没有经验，世界上只有成功没有失败的事是没有的，成功与失败，都是对共产党员的锻炼和考验。即使失败了，花200万元交个学费，买个教训，对罗庄及其他兄弟单位今后经济的发展也是有益的。话是这么说，理是这样讲，但能让这200万元轻而易举地付诸东流吗？李桂祥说：“东方不亮西方亮，黑了南方有北方，你日本不干，我们再找别人。”后来在上级领导和业务部门的支持帮助下，和香港永新企业有限公司取得联系。经广泛的接触，慎重的洽谈，在相互了解、信任的基础上，达成了协议：由香港永新企业有限公司、土畜产进出口公司山东分公司、罗庄镇三方合办兔毛纺纱厂。1984年12月21日在省城南郊宾馆由省长梁步庭主持签字仪式，副省长马世忠任名誉董事长。成为山东省内地首家和港商合资经营的企业，成为纺织系统山东省第一家中港合资经营的企业。三年来，跑了多少路，说了多少话，挨了多少白眼，犯了多少难，度过了多少个不眠之夜，磨破了多少自行车、汽车轮胎，又有谁能说得清楚呢？在关键的1984年9月，从司机出车记录上了解到，李桂祥曾7次往返于北京、济南、青岛、临沂之间，真可谓费尽了千言万语，历尽了千辛万苦，想尽了千方百计，跑遍了千山万水。不管有多少千、多少万，企业总是办成了，它既给罗庄带来了光明灿烂的希望，又给今后的发展培养了人才，锻炼了队伍，提供了经验。省纺织厅的一位领导说：“办企业就要像罗庄人一样，千言万语动人心，千方百计上水平，千山万水求支持，千辛万苦为事业。”

（摘自新华出版社出版的《罗庄一路走来》）

好支书王廷江

在山东省沂蒙山区，有一位受到农民群众交口称赞的艰苦创业带头人。他曾是一个穷汉子，凭着勤劳奋斗，成了“百万富翁”，可他却把600万元个人资产无偿献给村集体，带着全村1600口人苦干实干，在短短的六年间，使全村人均年收入从300元增加到6000元。他的名字叫王廷江，是临沂市罗庄镇沈泉庄村党支部书记。

1992年7月28日，江泽民总书记到沂蒙山区考察，在临沂亲切会见了28名战争年代的英雄和新时期的劳动模范，其中就有王廷江。在与王廷江交谈时，总书记三次竖起大拇指夸奖王廷江：“不简单！”“了不起！”“好样的！”

奉献之举“不简单！”

那一天，江泽民总书记全神贯注地听着罗庄镇党委书记李桂祥讲述王廷江的事迹。王廷江原来是一个文盲穷汉子，但在党的改革开放政策的鼓舞下，他苦干致富，成为沂蒙山的一个“百万富翁”。虽然他当时还不是共产党员，但他信党爱党，想着穷乡亲，他把自己拥有420万元固定资产和180万元流动资金的白瓷厂捐献给村集体，带领群众走共同富裕之路，把一个贫穷落后的沈泉庄建设成了沂蒙山区出名的富裕村。

总书记问王廷江：“你为什么要这样做？”已是村支书的王廷江，第一次面对面地回答总书记的问话，又激动又紧张，他毫无掩饰地掏出自己的心里话：“俺靠党的富民政策富了，要知党情，报党恩，一人富了不算富，共同富裕才幸福。俺琢磨着，钱这东西，生不带来，死不带去，人不能只为钱活着，重要的是要干一番有益于人民和社会的事业，所以俺就献了厂子。”

“不简单！”江总书记竖起大拇指，称赞王廷江：“你思想好，有本事，又有追求，对钱没有看得那么重，这样将两个文明结合起来，太好了。”

总书记接着对在座的人说，只要我们发扬无私奉献和艰苦创业的精神，沂蒙山区就大有希望，我们的国家就大有希望。

王廷江确实不简单！

沂蒙山区，是光荣的土地，也曾是贫困的土地。它岱崮相连，河流纵横，历史上灾害频繁，直到本世纪80年代，这里仍是全国18个连片贫困地区之一。

因为贫穷，王廷江小时只进过一天小学。他讨过饭，捡过煤渣，14岁开始干整劳力的农活。1968年，他刚满18岁就拉起地排车四处奔波卖陶瓷挣脚钱，结婚以后，王廷江驾辕，妻子拉套。他干了整整10年拉地排车的苦力活。

党的十一届三中全会，给沂蒙山区吹来了脱贫致富的春风。1980 年，王廷江与别人一起承包了村里的代销店，走南闯北运销陶瓷，一年多下来，靠辛勤劳动挣到近万元钱。接着他又先后买拖拉机、买汽车搞起运输队，到 1986 年他积攒下 30 万元家产。一些亲朋好友劝他："钱挣得不少了，吃利息也够了，该享享清福啦。""树大招风，万一政策变了，还不知道怎么样呢。"于是，王廷江变卖了汽车和货底子，把 30 万元存进银行。

罗庄镇党委书记李桂祥上门推心置腹地说："你才 36 岁，就想享清福，是不是早了点？"憨厚质朴的王廷江不好意思地点点头。李桂祥语重心长地说："党的富民政策变不了，你勤劳致富挣钱，政策允许，法律保护，钱挣得越多越好。"这话激起了王廷江再创大业的雄心。

他决定用 30 万元存款，再贷款 60 万元，开工兴建一座白瓷厂。当王廷江在工地上没白没黑苦干的时候，父亲被检查出晚期肺癌。兄弟姐妹轮流守护父亲，王廷江却抽不出身。工厂建成了，他跪在父亲坟前大哭："爹，儿子不孝，俺没能床前伺候，现在工厂建好了，俺为群众办了件好事，您老人家该原谅儿子了吧！"

白瓷厂试车投产那天，王廷江经历了一场生死考验。产品快出窑了，30 台窑车因轮轴受高温膨胀影响，全部卡死在窑内，眼看价值几十万元的财产就要付之东流。王廷江披上两床湿被子，奋不顾身钻进炉火通红的窑里，冒死拉出了第一辆窑车。他披的被子烧着了，脸上烤得红一块紫一块，手、肩上都烫出血泡。他和工人们连续奋战 7 小时，终于拉出了全部窑车。让人惊喜的是，第一批产品全部合格。

王廷江的白瓷厂越发展越大，到 1989 年，已拥有固定资产 420 万元，流动资金 180 万元，并且还清了全部贷款，形成年产日用瓷 1000 万件的生产能力，每天盈利近万元。

王廷江富了，但沈泉庄的大多数人依然受穷。几年了，现实使他产生了深深的困惑：自己先富了，父老乡亲仍在穷窝窝里打滚，全村有 13 个老光棍娶不上媳妇；村东头王自俭一家五口住一间破土房，下雨天，屋里只有锅台那块不漏雨，只好把孩子放在锅台上睡觉……

王廷江萌生了把白瓷厂献给村集体、自己与大伙一起共同致富的念头："党的富民政策让俺先富起来了，俺要知党情，报党恩，一人富了不算富，大家富了才算数。"镇上组织村干部和企业负责人到胶东参观，王廷江被许多村走上共同富裕路的业绩所感染。在参观返乡的路上，他向镇领导袒露了自己献厂子给村集体的想法。镇党委书记愣怔地说："廷江，党允许一部分人先富起来的政策没变，共同富裕也不是平调，你献哪份厂子啊？""党的政策是没变，但政策里不是还有先富带后富、最终共同富吗？"镇党委书记说："几百万元来之不易呀，是你的血汗钱，还是回到家商量商量再说吧。"

当王廷江把自己的想法征询亲友们的意见时，许多人不理解，有的说他太傻。王廷江坦然地说："人活着没钱不行，光为钱活着也不行，钱这东西，生不带来，死不带去，赤条条来去无牵挂。"与王廷江同甘共苦的妻子陆振云，最理解丈夫的心思，最清楚丈夫的为人，她坚决支持丈夫的打算。她对丈夫说："咱不忍心看着乡亲们受穷。"

镇党委了解到王廷江是真心实意献厂子，就召开专门会议研究，同意王廷江把厂子献给沈泉庄村。1989 年 9 月 29 日，王廷江带着自己苦心经营多年、拥有 420 万元固定资产和 180 万元流动资金的白瓷厂，回到沈泉庄村。王廷江献厂行动深深地印在沈泉庄村乡亲们的心里，人们夸奖他，感激他。可是王廷江觉得自己为乡亲们干好事，才开个头，后面的路还长着呢！不久，他站在党旗下庄严宣誓：随时准备为人民的利益献出自己的一切。

江总书记的话鞭策着王廷江。他不断干出“不简单”的事。村里的会计做过一个统计，按镇上规定，这些年王廷江的工资和超额奖应不下100万元，可他实际上只领了很少一部分，不少钱给村上和社会办了好事。70多岁的于登之老人，瘫痪在病床上多年了，王廷江经常抽空去看望他，逢年过节自己掏腰包送上三五百元。1993年，苍山县芦柞乡遭受特大水灾。王廷江作为全国人大代表前去考察，看到当地老百姓吃粮困难，就拿出自己的5万元钱，买了5万公斤小麦，叫人送到灾民手中。

王廷江对集体、对需要帮助的人，慷慨大方，对自己却十分“抠门”。他出差很少在宾馆吃饭，总是找个小饭店吃碗面条或是吃几个包子。即使出国，他也总是带些煎饼、咸菜和方便面。许多人对此不理解，王廷江却认准一个囫囵理：“人一馋就容易变懒，一懒就容易变坏，这样的人是不会为大伙做事的。”

艰苦奋斗“了不起！”

“沈泉庄办起了10家企业，人均年收入达到4500元，比俺三年前回村时增长了10多倍，人家说俺们是沂蒙山区首富村。”江总书记又一次竖起大拇指：“了不起！人就是要有这么一种精神。”

时光倒流到1989年腊月二十八，那天晚上，刚刚被乡亲们全票选为村委会主任的王廷江，主持召开了沈泉庄新一届村委会第一次会议。

屋外寒风凛冽，屋内人们闷头一言不发。谁都明白：沈泉庄要脱贫致富谈何容易！全村1600口人，每人不到一亩薄地，平均亩产粮食200来公斤，勉强能填饱肚子，上一年的工农业总收入只有90万元，人均收入300元，在罗庄镇38个村中倒数第二。村里的集体经济是个空壳子，账面上仅剩428元钱，欠外债13万元。这几年，村委会换了十届，党支部换了四届，像走马灯，领导无力，人心涣散。人们担心：王廷江能收拾这个乱摊子吗？

“咱沈泉庄不是能不能富，而是想不想富”，王廷江激动的话语打破了沉寂：“咱村人多地少，单靠土里刨食富不了，但咱在矿区，周围净是煤、矸土、焦宝石、石灰石，发展陶瓷工业谁也比不了，再有俺那白瓷厂打底，还愁不富？‘人要闯，马要放’，咱沂蒙山人过去跟着党英勇奋斗打天下，眼下只有英勇奋斗才能挖穷根。只要大家都豁出去，一定能闯出一番大事业来！”

会场活跃了，大家争先恐后发表“高见”。最后村委会制定了一年脱贫、二年致富、三年实现农业机械化、水利化、良种化，村民住房楼房化，工业年产值过一亿元，争当江北陶瓷第一村的发展规划。后来，村里有人把这次会称为“沈泉庄的三中全会”，是它吹响了沈泉庄向贫穷宣战的号角。

说干就干。阴历大年初六，沈泉庄同时开工上马了第二白瓷厂、瓷釉厂、氧化锌厂三个项目，总投资1250万元。当时许多国营大厂正忙于搞“高、精、尖”产品，大众日用瓷市场出现部分空白，沈泉庄铆足了劲要抓住战机，用最快的速度，拿下这三个项目。

整个沈泉庄都动员起来，村干部带着全村人兵分五路：一路筹集资金，一路施工，一路采购原材料，一路招收管理人员和职工，一路搞技术培训。身为总指挥的王廷江，夹着铺盖卷住进了工地临时搭起的板棚，带领几百人打地基、建厂房。地冻得梆硬，一镐一个白点，王廷江就让人买来柴油，泼在荒地上，用火烧开冻土，一边烘一边挖。没日没夜地干，身体一向结实的王廷江也顶不住了。一天中午，他一头晕倒在工地上，被送到医院。一打完吊针，他又出现在工地上。只用了 110 天，三个项目就全部建成投产，当年实现产值 4300 万元，创利税 486 万元。

此后，沈泉庄发展工业，每年都上三四个项目。村办企业上项目，最愁的是缺资金、少技术。为解难，王廷江跑临沂，到济南，进北京，下南京。一次去唐山融资和建立销售网点，在返回途中，出了车祸，王廷江身负重伤。他在医院苏醒过来便急切地说："快给俺村打个电话，俺从唐山跑回一笔资金，村里正急等用呢。"闻讯赶来的村干部感动得落下泪珠。

1992 年底，三年时间到了，沈泉庄围绕陶瓷办起了 10 个工厂，实现工业产值 1.6 亿元，利税 1750 万元，全村人均收入由 300 元猛增到 4500 元。村里还建立了农场，买了 45 台农机具、20 台自动喷灌机，实现了农业机械化、水利化、良种化。近 300 座别墅式楼房拔地而起，村民住房基本实现了楼房化。

沈泉庄大干快上的这几年，正是国内外陶瓷市场不太景气的时候，国内许多陶瓷企业亏损，有的甚至倒闭。但沈泉庄办的陶瓷厂效益一个比一个好：产品合格率 99.5%、产品销售率 96%、产品利润率 20%、资金周转天数仅 120 天。华盛集团总公司先后荣获"全国最佳效益乡镇企业"和"全国最高利税总额乡镇企业"等桂冠。这一切得益于沈泉庄人强烈的市场意识、成本意识和他们永不满足的进取精神。

沈泉庄家大业大，大小企业 28 家，固定资产 4 亿多元，但王廷江却很"抠门"，连办公室招待用茶，一包沏多少杯，都做了规定。在他眼里，降低管理成本，就是要从小处做起。沈泉庄的企业共有 7100 多名职工，管理和后勤人员只占 7%，而且这 500 人还要承担原材料和产品的装卸任务，直到如今，沈泉庄还没有专职的装卸工。

王廷江十分重视科技这个"第一生产力"的作用。几年来，沈泉庄从全国各地引进各类人才 246 名，其中高级工程师有 12 名。王廷江视他们为沈泉庄发达的"村宝"。在沈泉庄，最好的楼房是科技人员的，待遇最高的是科技人员，最受人尊重的也是科技人员。

到 1993 年初，乡亲们日子好过了，村民们和有些干部想歇口气，王廷江说："冲市场竞争的激烈劲儿，一歇就别想再站起来。"他提出办合资企业，"借水行船"，到国际市场上闯一闯，尽快赶上国际陶瓷业的发展潮流，让自己的产品上档次。

沈泉庄与香港一家公司合资 960 万美元，建起了沂蒙山区第一家村办中外合资企业——临沂东方陶瓷有限公司。1995 年，沈泉庄又投资 960 万美元，同意大利公司合资，生产国际上仅少数几个国家能生产的高档内墙彩印砖。他们从意大利引进 90 年代最先进的电脑自控设备，从西班牙进口了釉子等主要原料，终于在今年初生产出了合格产品。经国家技术检测中心检测认定，达到国际一流标准。现在，产品已打入国际市场。

一心为民"好样的！"

还是王廷江与江总书记那次难忘的见面。王廷江告诉江总书记，自己从个体户当了村支部书记，图的不是个人名利，图的是让老百姓过上好日子，他说："俺当沈泉庄的家，就要体现社会主义制度的优越性，就要让老百姓打心眼里说共产党好。”

江总书记第三次竖起大拇指，连声称赞：“好样的！”

全心全意为人民服务——中国共产党的根本宗旨，王廷江正是这一崇高宗旨的模范执行者和实践者。

1989 年 11 月，王廷江成了党的人。他横下一条心，做党的人，就要做党的事，就要一心一意为乡亲们谋幸福。不久，他当了沈泉庄村委会主任，后来又担任村党支部书记。王廷江的信念越来越坚定。他常说：“村这一级干部直接与老百姓打交道，在群众眼里，代表着共产党的形象。当村支书，甭看官不大，管的事却不少。这些事，从小处讲，是村里的事；从大处讲，就是国家的事、就是党的事，管好了，大伙就说共产党好。”

王廷江让全村群众折服的第一个举动是，他敢于冲破农村旧的家族意识的束缚，用人办事不徇私情。农村宗族的习惯势力根深蒂固，有些亲戚本家看王廷江掌了权，就议论，这下有靠山了。王廷江知道，闯不过这一关，就干不好村委会主任。他上任后，就请来了王姓本家所有的长辈，他在每位长辈面前放了 1000 元钱，说：“这钱是俺干个体户时挣的，算是对各位长辈尽一点孝心。从今往后，俺就是村干部了，恳请各位长辈支持俺的工作。在家族中咱是爷们，论公事咱是上下级，丑话说在前头，谁要是违反了村规厂法，侵害了集体的利益，是本家的严加一等处理，到时候别说俺六亲不认。”

王廷江的三弟在厂里当司务长，过八月十五，厂里规定免费给职工供应一顿午餐，三弟没按规定办，不仅收了钱，饭菜还给的不够，当职工提意见时，他醉醺醺地与人家动了拳脚。王廷江火了，当即下令：“按制度办事，限他一小时之内卷起铺盖走人！”老母亲知道后数落他说：“一揸没有四指近，砸断骨头连着筋，那可是你亲弟弟呀，你就忍心砸了他的饭碗？”王廷江对母亲说：“兄弟归兄弟，工厂是工厂，没钱俺可以给他三千、五千的，但违反厂规谁也不行！”

王廷江用人不搞家天下，唯才是举，任人唯贤。现在沈泉庄村 28 个企业的厂长、经理中，22 人是外地的，并且没有一个是王廷江的兄弟子侄。他的大哥一开始在纸箱厂当厂长，后来因迟到早退被他免职。管住自家人，凝聚全村心。

王廷江回村后办的第一件征服人心的好事是：改造旧村，让村民普遍得实惠。沈泉庄地处黄泥滩，过去“远看像村庄，近看泥汪汪，全村破草房，风吹尘土扬。”王廷江把自己办工厂时攒下的 180 万元流动资金拿出来，铺道路、通大街，并宣布：村里不管谁家盖楼房，都给补贴 1 万元。

王廷江领着村委成员丈量大街、规划楼房，不少村民转着看热闹。有的还说风凉话：“1972 年，咱村就搞规划，20 年了，量来量去这是第七回了，还不是老样子。”王廷江一边放着皮尺，一边提高嗓门：“今天，俺敢对全村老少爷们下个保证，咱庄保证不会再量第八回！”

旧房子拆了，王廷江一家四口搬到白瓷一厂两间办公室里住。家里人吵吵嚷嚷早一点盖自己的楼房，王廷江却说：“村里大多数人还没住上小楼，咱们当干部的先造起来住进去像什么话！”就这样一住就是三年。

等到本村里 250 多户村民住上了别墅式住宅楼，村里大小几条街道也大部分得到拓宽，王廷江才开始筹建自家的楼房。当第 256 座楼房的主人王廷江乔迁新居的那天，不少人家自发放起了鞭炮。本村村民王兴元挥笔写下一副对联，上联是“补贴万元盖楼房”，下联是“多亏书记王廷江”，横批是“共产党好”。

江总书记的鼓励，成了王廷江为人民服务不停步的动力。他的追求也更高了。

“再紧不能紧了老人，再缺不能缺着孩子，在他们身上最应该体现党的温暖。”王廷江这么说，更是这么做的。现在，全村180多位老人，每人每月补助40元生活费，雷打不动及时发放。在村里连续上项目、资金十分紧张的情况下，王廷江毅然决定投资1000万元建山东一流的幼儿园和实验小学，从全省聘教师。现在，沈泉庄的幼儿园里，有专门聘来的营养师安排孩子们的食谱，每餐“四菜一汤三样饭”，早中晚各加一次水果和点心。他说：“二十年后的沈泉庄村就看他们的了。”

四年来，在济南，在北京，在上海，在中央机关的会议上，在我驻外使馆，江泽民总书记多次谈起王廷江，他说：人是要有强烈的事业心和献身精神的，没有这些就会一事无成。每个人都追求美好的未来，但是，如果没有艰苦奋斗的今天，就不会有生活幸福的明天。沂蒙山区的王廷江大字不识几个，却悟出了许多做人的道理。一个农民有这样的精神境界，干出了那样的成绩，是令人感动的，我们应当提倡这种精神。这种精神，实质上就是不忘国家，不忘党的事业，不忘我们党全心全意为人民服务的宗旨。

江总书记的每一次鼓励，王廷江都铭记在心，他带领群众艰苦创业的劲头越来越大，沈泉庄发展的步子也越来越大。去年，沈泉庄组成了华盛集团总公司，拥有28家企业、4.2亿元固定资产、7100名职工、年产日用瓷1.3亿件、建筑用瓷550万平方米。去年全村实现销售收入4.9亿元，利税4719万元。如今的沈泉庄，近300幢村民楼鳞次栉比，全村百姓过上了幸福美满的新生活。

有人这样问王廷江：“你无偿献厂子，没白没黑干，究竟图个啥？”王廷江回答得朴朴实实：“在革命战争年代，数不清的先烈牺牲在沂蒙山，光留下姓名的就有6万多。为了咱们的今天，他们连命都搭上了，俺献个厂子，为群众致富出点力又算得了啥！”

这就是王廷江——一个沂蒙山区村支书的宽广胸怀。

（新华社记者 张荣大 刘广军 人民日报记者 贾建舟 刘磊 原载1996年8月13日《人民日报》）

人民日报
RENMIN RIBAO
百市运管部门百家出租汽车企业倡议学习石家庄经验
争做文明使者 共建文明“窗口”
好支书王廷江
姜春云受江泽民总书记李鹏总理委托
慰问河北灾区抗洪救灾军民

1996年8月13日，《人民日报》刊发《好支书王廷江》一文

经济日报
ECONOMIC DAILY
希望连续作战夺取抗洪全面胜利
情系山村的沂蒙赤子
——记新时期农村艰苦创业带头人王廷江

1996年8月13日，《经济日报》刊发《情系山村的沂蒙赤子——记新时期农村艰苦创业带头人王廷江》一文

诗文选

泥泊湖白莲

官栋

芙蕖的砾斗清妍，冰雪亭亭倚绿烟。
越女乍妆临宝镜，杨妃初浴出温泉。
鱼惊振鹭窥芳渚，人讶轻鸥狎画船。
况是华峰香十丈，坐令毛骨可升天。

说明：官栋　明朝，沂州诗人

泥沱月色

舒祥

夜半银蟾印碧流，澄澄波底一轮秋。
分明水府开金镜，仿佛天河浸斗牛。
宿雁不惊矶上客，潜鱼还避渚边鸥。
渔郎隔岸相呼语，尽是芦花暗钓舟。

说明：舒祥　明朝，河南新安人

同诸友游宝泉寺

孟海

巑岏深处梵王宫，迴隔人寰有路通。
古碣暗藏山色里，疏钟遥落水声中。
参天老柏摩云翠，绣地繁华映日红。
抚景放怀拚共醉，狂饮未许去匆匆。

说明：孟海，字涵伯，号阳坡。明代沂州人，系吉安、汉阳司理孟良弼之孙。为孟子61代孙

十三个月歌

编前：1938年4月5日（农历三月初五），日本侵略军侵占朱陈，制造了朱陈血案。村民葛昌（已故）追忆当年惨案发生的情景，编排整理了“十三个月歌”。因当年农历闰七月，所以有十三段歌词。这首民歌以真挚的情感，朴素的语言描述了朱陈人民对日本侵略军的仇视，传唱至今。朱陈三村村委会为了让村民记住这段历史，对原歌词进行重新收集整理，记录如下：

正月里，正月正，朱陈公所抬伤兵。

扎软床，穿苘绳，扣榫上，铁条子拧，副官压路快如风。

崔家庄西路修平，搬运伤兵南北冲。

看伤兵，真苦情，带重伤，唉哼哼，抬到刘庄转回程。

二月里，风扬天，庄长、圩长很作难。

要小米，和鸡蛋，黑黄豆，供白面，还要麸草牲口餐。

鸡蛋米面全要完，明天又要公饷钱。

使升斗，按铺栏[1]，捧算盘，把账算，不够升合使秤盘[2]。

三月初五是清明，朱陈破坏真苦情。

下三点，来飞艇，燃烧弹，往下扔，东北圩里一片红，炸死民人几十名，各家痛哭放悲声。保安团，将令行，快救火，莫放松，捉拿汉奸紧把四门封。

钱乡长，把心横，拿短枪，站街中，高叫亲邻快逃生，车重牛笨不能行，舍粮米，撇丝绒，哭爹娘，唤弟兄，分文没带两手空。

侥幸的难民逃了生，无其所奈奔亲朋，说软话，把腰弓，求衣米，济残生，若要不死报恩情。

穷人跑反真万难，寻茶讨饭真可怜。

看家狗，将人嫌，恶狠狠地把人拦。

未曾开口心先酸，日本占领朱陈村，财产物品化灰烬。

杀树木，关围门，埋炸弹，暗伤人，又把秫秸撒在围墙根[3]。

日本烧庄火连天，庞军驻守蟠龙山[4]。

十三师，骑兵团，五十九军守北边，御敌护民美名传。

全庄内外血成滩，军民共死一千三。

村民回村第二天，检查死尸堆成堆，臭气熏人难近前。

老百姓，扛镢锨，照着死尸把土添。

这也是救国救民好汉子坚。

这场大祸非等闲，家家户户不周全，不是妻离就是子散！

哭爹娘，肝肠断，死者九泉泪不干。

日军打进沂州城，风止雨息天又晴。

忙回家，看门庭，一片房屋烧成坑！

四月里，四月八，七圩里报告吃二馍的拿[5]！

钱乡长，动刑罚，爬二梁子压杠压[6]。

若要善办把钱罚。

无耻的二，就该动刑罚[7]！

漏网的鬼，把财发，猪羊肉，天天割，请宾朋，把酒哈，冬穿皮袄夏穿纱，闲来无事到家下，招徕亲邻把呱拉，进运费，自诩夸，说是培养了根本要发芽，还说他和日本大佐有接洽[8]！

五月里，簸麦忙，家家户户打麦场。

王副官，想银洋，南门里头要开枪。

人民听说心里慌，都说这事太荒唐。
叫副官，先别忙，先让人民打完场，下次来了家你当！
六月里，天更热，日本来往过汽车。
老百姓，心胆虚，挑子挑，牲口驮，一家老小下了湖坡[9]。
湖坡里，天更热，又是饿来又是渴。
日本鬼子赛泥坨[10]，照着百姓直吆喝，还说日本人的心也差不多！
七月里，大水来，专员抗战涑河崖。
宝泉寺，垒炮台，扒后门，通往来，巧打日本记心怀。
苑庄河圈有大灾，打死民人更伤怀[11]。
钱乡长，有将才，得洋马，笑颜开，他说这次发了洋财[12]。
后七月初七雨纷纷，专员抗战朱陈村。
宝泉寺，扒后门，南门里头埋伏下咱们的人。
谁知道日本鬼子早留心，大炮打起来似雷沉。
机关枪，点不分，保安逃跑出了北门，一口气跑到石埠村。
八月初二中秋天，专员抗战涑河湾。
大淋汤，冒沙泉[13]，朱陈街上好地盘。
南来的鬼子到了河南，北来的鬼子到了宝山，大炮弹，似连环，
机关枪，赛火鞭，保安逃跑水里钻。
九月里，天气寒，鬼子又来第二番。
插木寨，挂钢圈，洋铁桶，挂上边[14]，真叫庄长难上难。
周怀臣，掌大权，维持全庄免祸端，他又担心把个汉奸名字把身缠！
十月里，立了冬，朱陈鬼子要回城。
大队长，下命令，周怀臣，你是听，快上汽车莫消停。
拆南桥，怕挨轰，巧使计，用火攻，半夜三更撤了铁条子绳。
十一月里来三九天，汽车往来连又连。
又是雪地和冰天，树木齐鸣透风寒。
逃难的兄弟千千万，穷人财主不一般。
财主说，等两天，穷人说，不占弦[15]，
钱粮俱绝衣服单，难民一见泪涟涟。
既少吃，又缺穿，房子被烧没有钱，
不如一死万事完！
十二个月，一整年，汽车道路修理完。
走东股，换换肩，再住一会谢谢天。
朱陈为何到这般？因为庄有大机关，
靠路线，交通便，中心地，聚财源，
本基辽阔熬数然[16]。

口述：乔瑞祥

整理：朱陈三村村委诸葛昌、杨善景、周温堂

注释：

注 [1] 按照牲口的存栏数征收钱粮。

注 [2] 合，音“格”，十合为一升。

注 [3] 秫秸即高粱秆，鬼子要用其火烧村庄。

注 [4] 庞军指国民党第五十九军，军长为庞守典，又名庞炳勋。

注 [5] 鬼子走后进村祸害百姓的坏人。

注 [6] 吊在房梁上叫拉二梁子。

注 [7] 二，贬义。

注 [8] 说汉奸得意、无耻。

注 [9] 湖坡，方言指庄稼地。

注 [10] 鬼子全身是泥，好像庙里的泥胎子。

注 [11] 指苑庄、河圈二村发生的惨案。

注 [12] 钱乡长和八路军缴获日本鬼子两匹军马。

注 [13] 朱陈地名。

注 [14] 日军对宿营地加强防范。

注 [15] 不占弦就是撑不下去了。

注 [16] 本段分析朱陈地理优势，既是日军争夺此处的原因，也是中国军民战胜日本鬼子的有利条件。

（摘自王兆军著《朱陈》）

蒙山抒情

庄步璇

——龟蒙顶·你平坦的包容是我仰止的偶像

几千座山峰，组成折叠起伏的沂蒙山山脉。在这岁月古老的山脉，有著名的“七十二崮”名山，而龟蒙顶，它雄踞千山之首，为蒙山山脉的主峰，以其独特风范享誉“岱宗之亚”尊位，又名“东山”“东蒙”，意谓在泰山之东，因气势庄重非凡而领袖群山。诗经云：“奄有龟蒙，遂荒大东”。孟子曰：“孔子登东山而小鲁……”。龟蒙顶，它挺拔险峻、峭壁如削、惊险大气、高耸雄伟、亲切包容，矗跃顶端，戛然而止，形成宽阔平坦的峰顶，与其他众峰众崮相生相爱，遥相呼应，构成山的族群中独树一帜的奇迹。这种虚怀坦荡的风度，正是沂蒙人诚实敦厚的标本，是我崇拜仰止的偶像……

——题记

岱宗之亚，龟蒙仰止，
武略恢弘，文慧庄重。
亿万年苦恋荒原开悟，
五千年文明梦醒昨天；
一部勤劳的经书读熟了岁月，
万轮风雨洗涤苦涩的黎明。
你人格的高度，鼎立群山之林……
她爱你，春宵时刻的阳刚潇洒，
他爱你，冬日白雪飘练的凝重；
她爱你，浪漫的夏夜，月光缠绵，
我只爱你，巍峨的气度，
将寂寞化作高耸的欢乐，以及，
秋天的果实，满山松翠与红叶的柔情……

苍天易老，蒙山不老，
信仰涤荡，梦想蒸腾。
你的高度，抵达蓝天张挂的彩虹，
痴心偏爱，空中万壑流云，
欢呼云霞明灭，
将每一个历史的节点，镌刻惊喜，
伤感与骄傲，千折百回，
让支撑生命的信仰，历经困苦；
站在风的巅峰，呼啸聚合又激扬的云霞，
舒展矫健的翅膀，像一只雄鹰，
在空中翱翔，奋斗执着，
艰苦的信仰，生命的坚强与无私，
奉献爱的包容，以及青春与梦舞的火花……

层层叠叠，直抵云端，
敦厚刚直，情怀涌浪。
在刻满经文的苍穹，
看日出辉映佛光普照，
耀洒八百里沂蒙，八百里紫气，
盘绕在山峦，瑞气亲吻；
吉祥的风火，以爱聚发的热量，
献给你脚下，万顷田野，千里碧波；

岁月积淀的抒情，
敞开阳刚热烈，激情的双臂，
拥抱河流奔涌，热辣的目光俯视，
守护儿女情长，以博大情怀，陶醉明月千山……
“奄有龟蒙，遂荒大东”

作者简介：庄步璇，1958年生，山东临沂人。中国散文协会会员，山东省作家协会会员，现任临沂市作家协会副主席。著有诗歌集《橄榄树》，庄步璇诗歌选《自由之殇》。

贺中央电视台“心连心”艺术团罗庄演出

朱宝义

舞浪歌潮庆盛今，艺术团至“心连心”；
东风化雨润老区，花山人海颂党恩。
歌舞相声与小品，主持倪萍和朱军，
情深盛夏明星聚，百剧醉倒沂蒙人。

百姓生活

朱宝义

百姓住楼房，万家灯辉煌。
昔日是梦幻，如今忒平常。
手机随身带，交流通话忙。
电脑洗衣机，电视电冰箱。
各种家电器，越来越高档。
燃气厨房送，自来水通畅。
丰衣又足食，餐饮科学讲。
医疗入保险，健康有保障。
出行去远游，乘车飞机上。
少儿有所教，老年有所养。
娱乐去公园，健身奔广场。
国泰民安定，生活达“小康”。
建国百年时，中华更富强。

作者简介：朱宝义，1944年生，罗庄区册山街道后村人，罗庄区人大常委会原副主任、党组副书记。

新四军文工团和陈家白庄

邓友梅

1945年9月日本投降，陈毅同志北上以新四军代军长兼任山东军区司令的身份，率军部进驻到省府所在地临沂。这时国民党军队大部分还没从大后方调出来，全国人民要和平要民主的呼声高涨。蒋介石故作和平姿态，国共谈判，签订停战协议，召开政协会议，一片和平景象。军文工团（正式名称是“新四军、山东军区文工团”）这一时也忙于接待以马歇尔打头的“军调执行小组”。当时我们住考场夹道北头东侧一个大院。进入1946年，蒋介石调兵遣将就绪，丢开政协决议，筹备召开伪“国民代表大会”，局势紧张起来，住在临沂城里的机关、部队开始向四乡疏散。文工团先迁到城北俄庄，不久又转移到临沂城南陈家白庄。因为新四军领导机关都驻扎在罗庄一带。

陈家白庄的老乡对文工团热情欢迎。队伍还没到，各家房东就把房子腾空，打扫得干干净净。到达时村干部们把铺草都给预备好了。全村群众都到村前夹道欢迎。我们班住在村中间偏西一个夹道北头，有三间正房、三间西屋、两间东屋。房东大娘和他儿子住正房，我们全班住三间西屋，东屋住的是两位刚从滨海调到我团写剧本的老同志。其中一位就是后来成了上影著名导演的傅超武。房东只有老大娘和儿子两人，大娘年岁已大，重劳动活都是儿子一人干，院子里原来比较脏乱。我们住进后，按传统把挑水扫院子的零活全包了下来。正房檐下挂了木箱，养了不少鸽子，原来正房窗台上下鸽子粪成堆，我们来后每天给扫得干干净净，还把鸽子粪给堆到一块替房东积肥，大娘高兴得合不上嘴。赶上星期天，我们改善生活，领回面、肉来包饺子，她都抢着为我们帮忙。平时我们在院中活动，老大娘就坐到门槛上看。我们练歌她当听众，我们聊天她捡笑。

新四军文工团可算是山东根据地最高文艺团体之一，其成员既有参加过抗日战争的老革命，也有来自上海、北京、济南的专家名人。原团长陆万美曾担任过“抗演六队”队长，后来接替他的张望同志是老新四军。著名的作曲家李淦（水金）是我们的教导员，副团长黄灿出身于元老级话剧团体：“南国社”。下边的人也不弱，以戏剧股来说，股长白文原是上海苦干剧团的台柱之一，和石挥、张伐是老搭档；丁世贤（就是建国后担任过文化部广电部副部长的丁峤）演雷雨中的鲁贵，红遍苏中、苏北根据地；郑重是40年代红遍南北的电影明星，布加里是闻名鲁中鲁南根据地的革命艺术家……在他们指导、带动下，一批年轻同志经过努力学习和工作中的锻炼，已显露出艺术才能。其中不少人在建国后成了各自领域的名家。如画家彭彬，诗人顾工，音乐界名指挥胡德枫，女高音歌唱家马旋，书法家姜东舒，电影女导演董克娜，电影演员铁牛、李玲君、孙永平……

文工团在陈家白庄这段时期，做了几件令人难忘的工作：一是到城东相公庄迎接东江纵队。1946年夏季，中国共产党顾全大局，执行国共两党和平协议，把在广东敌后抗战八年的东江纵队调遣到山东来。山东军民做了充分的欢迎准备。文工团在陈家白庄排演了《最后的命令》《抗属真光荣》。东江纵队由美国军舰送到烟台后，由胶东又转移到临沂来。文工团奉命在东江纵队的必经之路城东相公庄守候，舞台就搭在大路边，连续几天为经过那里的东江纵队演出。东江部队成员都是广东人，骤然离开家乡，来到生活习惯不同，连语言都是不通的北方，本来有种背井离乡的苦恼感，没料到行军受到这样亲切热情的欢迎，他们极受鼓舞，坚定了跟山东人民并肩战斗的决心。二是在陈家白庄排演了不少优秀节目，为满足部队文艺生活做了贡献。如多幕秧歌剧《改邪归正》，多幕话剧《气壮山河》《占鸡岗》，独幕话剧《最后的命令》《志愿兵》。已经演出过又重新复排的戏有《抗属真光荣》《夫妻识字》《兄妹开荒》……我们是在这里初次接到从延安传来的《白毛女》剧本，已经准备排演，可是解放战争打响了，文工团一部分人开往了前线，一时没有演大型戏剧的条件了，这才停止了排演。三是在和平气氛还较强的时期，文工团为减轻人民负担，改善生活，开展了生产运动。有两种生产方式：一是用小车到罗庄附近小煤矿装煤往城里送，两个人推一车，推一车煤可挣几元钱北海票；二是从有关商店领来毛线，替他们打成毛袜子，打一双几毛钱。我当时年纪小，推煤人家不用我，只好打毛线。打了半个月，才打了两双。因为我打出的袜子一只长一只短，人家勉强收下，却要少给工钱，所以只挣了不到两元北海票。钱虽挣得不多，但那种为减少人民负担、努力劳动的艰苦精神却使我终生受益。

陈家白庄的乡亲把文工团当自己家人，文工团也把陈家白庄看作自己的家。文工团过节、庆功会餐一定要请上村干部，村里减租减息取得胜利，文工团也开会祝贺。文工团排了新戏，照例先演给乡亲们看一场，听取大家意见，然后才正式到部队演出。乡亲们在看文工团节目中也提高了觉悟，所以当年秋天，政府动员翻身群众参军保卫胜利果实时，陈家白庄一次就有十来名青年报名参军。村里给参军的青年披红戴花，骑上扎了红绸带的马；文工团同志组成乐队秧歌队敲锣打鼓吹拉弹唱，从陈家白庄出发往南往西到罗庄一带游行一圈，出村时参军青年从各人家中由乡亲鼓着掌送出来。回村时文工团早布置好会场，下了马老团员先帮新同志换上军装，然后陪他们参加欢迎大会。欢迎会结束又举行宴会，宴会请新同志家属和陈家白庄村干部一起参加，那天全村从早到晚都沉醉在热气腾腾、欢欢喜喜的气氛中。因为陈家白庄这批青年参加的是文艺团体，所以其中有好几位后来都成了上海、北京电影厂的音乐家和电影工作者。也有在战场上立下过战功甚至光荣负伤落下残疾后转业还乡的，他们回乡后又在家乡经济建设中做出突出贡献，如我的老战友陈进田、陈宝田，如今健在，而且仍在为建设中国特色社会主义做出新的成绩。

前几年我和老战友顾工一起回陈家白庄看了一下，回北京后丁娇、马旋、彭彬都向我打听老乡们的情况。转眼过了半个多世纪了，但只要一息尚存，我们都不会忘记和罗庄人民血肉相连的情义。

作者简介：邓友梅，1931 年 3 月 1 日生，笔名右枚、方文、锦直等。祖籍山东省平原县邓庄村，出生于天津。中国作协名誉副主席、著名作家。主要作品有《我们的军长》《三个追赶队伍的女兵》《那五》《烟壶》等。

罗庄赋

李桂龙

罗庄区辖，新城旧国。扈台遗址，夏代城郭。西陵嫘祖，桑植蚕箩。西壤兰陵，南邻郯城，北靠兰山，东望沂河。底蕴丰厚，古迹众多：白庄汉墓，石画伦绝。褚墩兰山，唐朝县设。庆云蟠龙，樵夫对歌。青风响马，情如妹姐。塘崖贡米，香飘朝野。沙沟芋头，乾隆赞可。罗成墓冢，七十二座。尉迟敬德，打窑造戈。太傅肇基，军中殉国。日寇求墨，云鹏拒写；文名籍甚，开馆授学。蒙阳居士，高才厚德。太湖新貌，文俊杰作。

鲁苏交通枢纽，地理位置优越。南北国道纵贯，兖石铁路横卧。锦鸾栖于扈台，沂水风漾涟波。百灵千回啁啾，黄鹂百转啼歌。近观临沂机场，银燕入云；遥听日岚连港，涛声浪遏。山清水秀，峰峦交错。广畴千里，平川马跃。稻花沃野，麦浪涌波。风抚垂柳，水笼烟萝。曲径通幽，泛舟揽月。五变四会，清浊相和。风瑞四季，云祥昼夜。

罗庄陶瓷，四千余载。黑陶高柄，龙山传代。造型灵巧，细腻质胎。漆黑光亮，"蛋壳"冠戴。唐宋兴盛，明清广盖。鲁南瓷都，饮誉海外。

于腾幼贫，塾外偷学。盛宋文选，呕心沥血。续室王氏，扫盲有责。巡抚赠匾：撤环兴学。一品夫人，武训女杰。皇恩重命，凤冠镌刻。

宝泉禅寺，鲁南古刹，始南北朝，盛于唐宋。涑河横贯，清泉密布，奇石嶙峋，景观天成。三叶化石，亿年沧桑，古寺名泉，蔚然胜景。

双月湖水，蟾印轮波。天降陨石，金盆飘落。鬼斧神工，天造泥沱。水到渠成，积流成泊。舒祥赋诗，泥沱月色。琅琊八景，湖生双月。

沂蒙乐园，滨河依傍。文韵悠悠，长水汤汤。千花百卉，竞相芬芳。月季翩舞，霞光万丈。丹桂香飘，金风徜徉。莲荷相偎，水接天光。

武河湿地，中运河括。源鱼鳞山，古五丈河。汇陷泥水，融南涑波。芦花飞絮，白鹭起落。春随鹤舞，秋闻雁过。冬赏红枫，夏观莲荷。

麒麟山麓，神秘传说。麒麟送子，白鹿解劫。淋水坡奇，旱涝不歇。朝阳洞深，白鹿泪竭；驾鹤归西，变玉石桌。玉虚玄武，龟蛇为祸。

玉皇火神，两庙邻睦。始建北魏，道教庙宇。晨钟暮鼓，千年槐树。烟缭雾绕，香客进出。正月初七，祈佑求福。先民遗址，历久谜古。

一九三八，全民抗倭；临沂县委，诞于烽火；统一战线，抗日救国。救国青年，丁庄竿揭；转移三重，人增马扩；兰山暴动，波澜壮阔。鲁南战役，陈粟联合；指挥总部，住碑村落。一九四八，临西县撤。

千年沧桑话巨变，谈古论今放眼量：植物大观园，筑巢引凤；农业观光区，生态走廊。盛能游乐园，鸟语花香；青岛啤酒节，浅斟低唱。鲁南花卉城，琪花瑶草；北方植物园，葳蕤琳琅。

一心三带五区，产业格局新创。旅游兴市，发展在望。十大商业综合体，十城四园一长廊。工业农业旅游，花卉城市观光。湿地生态拓展，红色文化弘扬。历史景点发掘，佛教文化源长。

仁浸乡风，爱润民情。荒岭绿染，废沼楼耸。灵修之地，物阜民丰。群水交汇，众山姿雄。才俊尚礼，贤圣美名。华章新谱，百业欣盛。

圣哉！上苍钟灵毓秀，罗庄泥沱月色。壮哉！宝地嘉惠千秋，罗庄地灵人杰。美哉！日月春华秋实，罗庄安乐祥和。伟哉！山川景观壮丽，罗庄大地飞歌。

作者简介：李桂龙，又名李秉联，男，1964 年生，罗庄区傅庄街道人。系中华辞赋家联合会会员、临沂市罗庄区作家协会主席。《罗庄赋》被收入《临沂文学典藏》。著有诗集《一轮月一片云》（获第二届临沂文学奖最佳诗歌奖）、散文集《敲响季节之门》、辞赋集《山花人世集》获第七届沂蒙文学奖。

罗庄公园

王美雨

来罗庄 15 年，经过罗庄公园门口 15 年，但从未进去。其实，我有很多次想进去的，但是每次看到门口的清冷，又想到一座闹市中的公园能有什么可看的，尽管，我每次都能看到大门里娇翠的藕叶、汩汩的小喷泉……

原来，我也只不过是一个俗人，对于自己身边的景色从不用心去看、去聆听，却总爱将目光投诸远方，失去了属于自己的景色。好在，今日在闺女的要求下，我终于走进罗庄公园。竟然，走进了一方幽静的世界。

两扇不算厚的门，却像两个世界的墙，隔开的不只是门内外的人，还有门内外的景色。沿着崚嶒、凹凸、窄仄的小路，拾级而上，不时有调皮的树叶、小花用轻灵的抚摸，柔化我久对电脑的僵硬，莫名的，心突然就通透起来。一扇门内外俩世界，一条路亦是一世界。这条路不管谁来，路边的花草也不管你是否喜欢，只要你来，它们就倾心相待。虽不能言，随风而动，情意多少，端看路上的人心境如何！如此，人生又怎能不是一条路呢？世间没有一条笔直的路，也没有永远镜面式的路。就算有，走起来怕也是索然无味。那么，挫折就是我人生之路上必须有的调味品和景色了。而能在人生这条路上看到多少景色，体味多少情意，靠的是一颗积极、乐观、不屈服的心！

拾级而上，又蜿蜒而下，自然景色未变，路已没有起伏，多的只是路边不时出现的各种动物的家。松鼠、貉子、梅花鹿、东北虎、野猪、棕熊、孔雀、天鹅、狐狸、骆驼、四角羊、火鸡……它们的家各有特色：温顺的，待在篱笆围成的院子里，静候你的到来；暴躁的，待在铁丝网围成的院子里，懒懒地不理你。似乎无论是温顺还是暴躁，在罗庄公园的幽静里，都蕴成一种意蕴：禅意。

何为禅意？禅意即禅心，“溪花与禅意，相对亦忘言”，不止人，其实世间其他生物或者说万物，莫不因境而生。生有形体，亦生无形体，有形体即为外形；无形体即为心境。在幽雅、恬静的氛围下，心境如何能不安宁？罗庄公园里的植物、动物，乃至身处其中的我，想必心境都是恬静的！

但一处好地方，它不会仅仅只给你一种心境，因为世间之道，莫过于一动一静相宜而行。流动的水，欢乐的鱼儿；玩滑索的儿童，过吊桥的少年。就像静态水墨画中的精灵，挥舞着魔棒，点燃了园中那些成人的激情，似乎一瞬间，他们遗忘的单纯快乐也翩翩而来。听雨轩中，体禅味意、聆欢听乐，“飘飘乎如遗世独立”，无酒自醉也！

动静中安得禅意？惟有沧桑古老为引。古老的脚踏水车，沧桑的水击翻水车；溪中的磨盘路，高台之上的碾子和手推车……见证了多少风雨、多少人来人往，然而风雨可来来回回，人来却不回。无言问沧桑古老，却知我亦是来而不回之人。可叹却不可悲，正如赫拉克利特所言“人生不可能两次踏进同一次河流”，同样，我今日所见之景、所感之情，亦不可复制！直到我化身为这沧桑古老中的一份子，方能深谙这不可回。

身处罗庄公园，虽无“采菊东篱下”之举，但有“悠然见南山”之情。如此，也不枉15年的错过！

作者简介：王美雨，1978年2月生，山东莒南人，文学博士，临沂大学文学院副教授。系临沂市作家协会文学理论与批评委员会副秘书长，临沂齐鲁文化促进会理事，山东民俗学会会员，罗庄作协网络文学创作与评论委员会主任。著有学术专著《语言文化视域下的子弟书研究》《车王府藏子弟书方，言词语及满语词研究》《车王府藏子弟书叠词研究》《<海浮山堂词稿>校注》。

黄山八景

杨振步

万亩湿地碧波秀，
八山三水杞柳声。
沧桑岁月马王墓，
悬堂寺前听春风。
——秀美黄山

罗庄区黄山镇位于罗庄区东南部，罗（庄区）、郯（城县）、苍（山县）三县区交会处，东临205国道，西至京沪高速8公里，北距临沂市区20公里，地理优越，交通便利。这里物华天宝，人杰地灵，湖光山色，山明水秀。黄山如黛、玉盘托峰、长桥连虹、生态湿地、文曲双耸……景点点缀，为人间仙境。

黄山如黛

黄山，位于罗庄区黄山镇驻地，南北走向，山体西陡东斜，顶部南北近百米为长台状，系石灰岩，因表面为黄土覆盖，故名黄山。建国前荒山秃岭，后进行绿化，多植松柏。民国时属临沂县，民国五年（1916年）《临沂县志》载：“黄柱山，又名黄山崮，山脉自抱犊崮东来，至寨山入县境，又东起此山，群山四围，中有清泉，泉水聚处名山井汪，深数丈，与崖壑松柏相映照，颇称胜地。”

黄山如黛是黄山镇主要的景观之一，名列八景之首。

一抹斜阳，挂在了西方的天空，千丝万缕普照着苍茫大地。仰视黄山，漫山苍葱翠柏，云雾缭绕，如临大海之滨，但见云卷云舒，波起峰涌。远山如黛，泼墨般若隐若现，青松翠绿，微风和煦，偶尔苍黛变幻间露出的一抹粉红，朦朦胧胧。

黄山如黛，蜿蜒起伏，偶有断裂的黄褐色岩石，突兀裸露，无声地诉说着岁月的沧桑，有些许悲壮，让人的心自然而然地生出一些疼惜。偶有风吹过，苍茫中，鸟鸣清晰，倏而远逝，山峦中飘浮的云雾偶被隐藏，转瞬又跳跃出来，飘散在黛色里。

玉盘托峰

峰山为黄山镇第二高山，坐落在黄山镇峰山村，南临黄山，西邻涑河。

峰山孤峰兀立，山上树木繁茂，松树成荫，山壁陡峭。仰望峰山，只见嵯峨黛绿，满山蓊郁荫翳的树木与湛蓝辽阔的天空，缥缈的几缕浮云恰好构成了一幅雅趣盎然的淡墨山水画。

据史料记载，峰山唐初建村，当时山下有一大圆形清水池，方圆 4 亩余，水质清冽甘甜，波光粼粼，清可见底，像一巨大玉盘镶嵌在无边的绿色中，又像一个睡意未醒的仙女，披着蝉翼般的薄纱，脉脉含情，凝眸不语。阳光下，峰山就像水洗过一样，青翠欲滴，历历在目，山下的清水池水天一色，碧波荡漾，清澈的河水看上去好像离峰山近了许多。有山有水，山水相映，山水环绕，玉盘托峰，显得分外壮丽，好像一幅美丽的图画。

时过境迁，岁月更迭。现在，清水池已不复存在，仅留下一汪水塘默默地躺在峰山脚下。一股细泉日夜不停，四季喷涌，“汩汩”地自峰山之腹流入水塘，让人感觉峰山像是在回馈着清水池过去的恩泽。

文曲双耸

文曲山地处黄山镇南一公里处，因一山二头，故有“文曲双耸”之称。

据史料记载，60 年代初期，文曲山山势陡峭，苍葱翠柏，植被遍生，景色优美，并非一山二头。60 年代中期，周围的村民大量采石建房，尤其是 80 年代中期，山下建一水泥厂，石料厂也如雨后春笋，大量的无节制地开采，不仅破坏了山上的植被，山体也被破坏得遍体鳞伤，文曲山从中间被斧劈般断裂，形成了一山二头的样子。此时的文曲山，荒草萋萋，满目皆凉，山体的伤痕似乎在诉说着内心的苦痛。

如今的文曲山，绿色环绕，风景迷人，别有一番风韵。早晨，大山初醒，乳白色的云纱飘游在山腰，像仙女在轻轻起舞。傍晚，夕阳映照山峦，霞光消退，在暮色降临时，山顶聚着一片彩霞，经久不灭。

站在文曲山上，北望黄山，东观湿地，看四周唯美风光，感悟历史的厚重，说不尽的惬意和感慨。

长桥连虹

黄山武河大桥建于 1982 年，桥长 600 米、宽 15 米，位于罗庄区黄山镇驻地南，是罗庄南部、郯城北部和苍山东部诸多乡镇，以及国道 206 方向来车奔国道 205 必经之路。罗庄是鲁南著名的建材城，黄山武河大桥紧连沂河大桥直通国道 205，是建材运往郯城和苏北的必经之路，是黄山镇对外交通的主要枢纽。

武河大桥横跨国家级人工湿地——武河湿地公园，是武河湿地的标志性景观。武河湿地是国家级湿地公园，位于罗庄区黄山镇境内，总面积1099公顷，是国内最大的人工河流湿地，集湿地生态、湿地净化、湿地旅游三大功能为一体，是未来区域的“城市之肾”，是临沂水文化建设的又一亮点，更是一张新的城市名片。

一条水泥观光路穿长桥桥洞崎岖南行，走在路上，观湿地垂柳依依，苇荡起伏，白鹭翩翩，红荷点点。或仰望桥洞拱起的筋骨，错落有致，气势恢宏；或登黄山之巅，远眺大桥像一条巨龙蜿蜒前行，消失在无尽的绿色中，长桥连虹的感觉油然而生。

涑河柳行

黄山镇，中国杞柳之乡。

杞柳，俗称白柳条，又称条子。黄山白柳条白润光亮，白中含亮，亮而映白，有柔、韧、坚的特点。该镇种杞柳、编柳已有300多年的发展历史。目前，全镇拥有杞柳种植面积0.5万亩，柳编专业村12个，柳编企业13家，其中年创产值500万元以上的企业10家，所产的杞柳工艺品远销美国、日本、韩国、加拿大等。

南涑河为涑河南流之故道，流经罗庄区黄山镇注入武河。“涝洼湿地可发芽，青枝绿叶不奢华”，涑河两岸是满眼绿色的杞柳，郁郁葱葱，拥拥挤挤。晨光里，涑河悠闲、宁静、祥和，两岸的杞柳一方方一片片沾满露珠，微风吹拂，绿色波浪此起彼伏，吹出沙沙的声响，像弹奏一曲委婉的春之圆舞曲。此时的杞柳像是正值豆蔻年华的乡间少女。柳叶的眉，柔软的腰，叶片上晶莹的露珠，就是杞柳清澈明亮的眼睛。

生态涑河，秀美柳行。走在涑河堤岸，一面感受着河水的灵动，一面享受着柳行闪亮的绿色，犹如走进一幅绝妙的江南水乡画卷。

芦荡鸟鸣

黄山武河原名鹅堵河，因其河道狭窄，即使一只鹅游过也会阻流，故得此名。历史上，由于上游的陷泥河、南涑河尾水注入，每遇汛期，三河汇集，潮涨潮落，水花拍岸，便会导致水灾频发，给两岸百姓带来无尽的灾难。清朝康熙年间，进行治理后改称武河。为了实现自然生态和人文景观的和谐统一，达到生态效益与经济效益的双赢，出于保护淮河流域生态环境的考虑，自2009年始，临沂市政府投入近2亿元，实施了人工湿地建设工程，建设所利用的全部是废弃的河道和河两岸的滩涂地。

湿地内现有各类苗木29种5225棵，水生植物106种64.69万株，芦蒲27.7万株，地被植物27种面积10万平方米，形成了“一个一个滞流塘，一片一片莲藕汪，五颜六色水植物，一望无际芦苇荡”的美丽景观。武河湿地公园内有中央公园、鸟类公园、湿地植物园、湿地探索园、湿地生产园、湿地休闲度假区和沂河休闲度假区各1处，各类建筑物总建筑面积1.5万平方米。栽植乔木3.87万棵，灌木5万平方米，水生植物33.37万平方米。

万亩芦荡成为鸟儿的天堂，在这里常年生活着灰鹳、白鹭、野鸭、水鸡等几十种鸟类，惬意地游弋，自由地飞翔，繁衍生息。走进湿地，但见飞鸟成群、野禽嬉戏，水面轻风、波光粼粼，水柳新芽、野果飘香，鱼翔浅底、百花齐放，好一处令人心驰神往、充满诗情画意的地方。

马王迷踪

马王墓坐落在美丽的沂河、武河湿地之间，黄山镇栗林村西，是一座闻名遐迩的汉墓遗址，墓长 120 米、宽 100 米、高 15 米，占地 30 余亩。马王墓南 600 米处就是著名的汉代马王城遗址，两段平行相距 250 米的残墙并列于此。墙基东起自沂河，西至一南北走向土路，现两墙已夷为平地。在武河两岸水中曾发掘出大量整齐的条石、砖石、房屋地基和大量的汉代绳纹陶片，亦毁尽，故马王城具体情况无法考证。

据《沂州府志》载，马王墓清朝曾被盗掘，1999 年 4 月 11 日再次被盗掘，从盗洞观察，该墓为砖室墓，未见其他文物，现盗洞已填平。关于马王城，续修《临沂县志》卷四“六区沂河两岸，有故城址，俗名马王城，为汉襄贲县，附近立（栗）林村西有高阜，名马王墓，近左旁塌出石墓中，有石刻车马人物数方，古拙近汉画，又有汉铜镜及古钱等，惟未详何代。”

时过境迁，沧海桑田，历尽岁月风雨，马王墓遗址犹在。来到武河大桥东岸西行，一条小道弯弯曲曲通向马王墓。站在高大的墓前，看墓身凄凄荒草，感受岁月更迭的痕迹，不仅神情凝重，心潮荡漾。

土龙盘亘

黄山镇谢官庄村西，一条南北走向长约 4 公里的丘陵，头枕峰山，脚落老屯村，形似长龙，土质殷红，植被茂盛，气势壮观，被当地人称为土龙。

相传，有一巨龙被玉帝贬到人间。巨龙来到谢官庄村西，见此处两面临山，两面临水，风光绮丽，是个风水宝地，就落脚于此。后来，一南方地理先生路经此地，一眼就发觉有一条巨龙横卧此地，便心生妒忌，想把巨龙赶到自己的家乡。于是他想出了一个坏主意，欺骗老屯村的村民，说这座丘陵脚踏你村，对后人极为不利，应该趁早除去，又给村民一个除去丘陵的办法，让村民晚上在什么时辰，什么地方，用铁锨把它拦腰斩断，丘陵便没有了灵气。是时，一群村民手持铁锨根据地理先生的指点开挖起来。一直挖到天微亮，一条深沟挖开了，地理先生一看，还差一点，就问村民中谁属大龙，让这人顺着自己的指点再挖三锨，属大龙的按他的要求挖了三锨，第三锨刚收起，就见土里“汩汩”地冒出鲜血，一道红光冲天而去，吓得众村民落荒而逃。天亮后，几个大胆的村民前去观看，只见原本灰色的丘陵变成殷红的了，丘陵上的数千棵核桃树也枯萎了，那个地理先生也不知去向，此时村民们方知受骗了。据后人讲，此龙离开谢官庄村后到了南方某地落脚，这个地方先后出了很多大官贵人，而谢官庄附近村庄没有出过贵人，横亘的丘陵至今一到下雨天就流红水。

晨光中，远处的丘陵高低有致，起伏连绵，在缥缈的云烟中忽远忽近、若即若离。漫步丘陵，踏着晶莹的露珠，呼吸着新鲜的空气，看到茫茫绿色中，点缀着的一簇簇一片片一丛丛的各色小花，让人心旷神怡。尤其是来到丘陵的几处断裂带，古木盘根错节，沟壑粗犷神奇，让人不禁感叹大自然的鬼斧神工，一种岁月的厚重感油然而生。

作者简介：杨振步，笔名辰芷，1967 年 10 月生，临沂市罗庄人，现在黄山镇中心小学任教，罗庄作家协会理事。著有长篇小说《太阳底下》并获罗庄文艺奖。

索 引

Index

双月湖春色（2013 年 4 月　英成亮摄）

双月湖冬景（2012 年 12 月　钟卫国摄）

说明：

一、本索引采用主题分析索引法，共设要目索引、人物索引、表格索引和图片索引四部分。

二、索引词从正文中提取，要目索引和人物索引以词题的首字汉语拼音字母（同音字按生调、同调字按笔画）顺序排列；表格索引和图片索引按页码顺序排列；概述、大事记内容不作索引。

三、相同词题的索引按页码先后顺序集中排列于其下，索引名称后的阿拉伯数字为内容所在页码。

一、要目索引

C

D

E

F

G

H

J

K

L

M

N

O

P

Q

R

S

T

W

X

Y

Z

二、人物索引

三、表格索引

四、图片索引

《罗庄区志（1995—2013）》主要供稿单位人员情况表

供稿单位	供稿人	供稿单位	供稿人	供稿单位	供稿人
区委办公室	岳　峰　张志伟	区农业局	赵敬美　苏　圆　狄　雷	区公路局	孙　旻
区纪委	宋洪浩	区商务局	董西飞　杨　慧	区国税局	徐　伟
区信访局	史　莹	区文广新局	胡庆科	区地税分局	马斯锐
区档案局	艾燕燕	区广播电视台	张　月	区规划分局	杨元美
区组织部	王国栋	区文化市场管理执法局	翟晓洁	区烟草专卖局	张　扬
区委党校	宋开元	区卫计局	孙电智　吕学军	区盐务局	宋允宇　王　洋
区编委办	张家伟	区审计局	王淑华	区消防大队	郑　超
区宣传部	聂林涛	区统计局	孙玉清	中国人寿保险公司	姜　华
区党史办公室	吴丽娜	区安监局	高维龙	中国财产保险公司	王兆运
区统战部	解党生　汲　祥	区工商局	郭晓慧	区供电部	王晓洁　胡绍芳
区工商联	张晓伟	区质监局	张　娜	区农工办	孔繁华
区政法委	彭晋明	区食品药品监督局	周世洋　李蕴玉	区总工会	程奎星
区人大常委会	朱晓华　王昶沣	区法制办	袁小雅	区妇联	张　敬　盛中玲
区政协	吕金梁	区机关事务管理局	许　辉	区残联	郑　璐
区人武部	葛　飞	区供销社	李　强	区科协	李晓慧
区人民法院	杜宁宁	区老龄办	秦　伟	区红十字会	杜留霞
区人民检察院	王　建	区民族宗教事务局	张　利	区文联	顾海山
区机要局	李嘉鹏	区农开办	李　群	民革	孙　涛
区老干局	徐　健	区粮食局	候福礼　王振华　王廷胜	区团委	马　斌　徐　菲　唐晓萌
区机关工委	孙　剑	区畜牧局	陈振兴　李　宁	民盟	李善农
区对台办	刘孝伟	区农机局	张　涛	民建	孙　易
区政府	杜家利	区物价局	郭英红　尚晓东　李　伟　李静静	民进	王广东
区外事侨务办公室	李凤东	区林业局	刘鲁伟	农工党	相吉爱
区史志办	刘　玮	区政务大厅管理办公室	孙明明	九三学社	张林夕
区政府应急办	武晓辉	区节能办	田西亮　袁　磊	致公党	魏元科
区发改局	孙广慧	区金融办	明广智	邮电局	李　斌
区经信局	顾昭峰　孙　慧　马建伟　王蓓蓓　郭槛菲　朱丽梅　李　艳	区旅游局	李静静　李凤东　能涵涵　英　红　尚晓东　李　伟	江泉工业园	郑现峰

续表

供稿单位	供稿人	供稿单位	供稿人	供稿单位	供稿人
区教体局	刘　军　张烽忠	区招商局	陈　伟	罗庄街道	高永娜　徐金豆
区体育中心	蒋圣平	区循环经济示范区管理办公室	张　昊　杜夏丽	傅庄街道	季洪明
区科技局	郑　理　刘　峰	区商城管理委员会	万修丽	盛庄街道	高盼盼
区民政局	邓文文　陆美峰	区城市管理局	宋丽丽	册山街道	李述涛　高圣岩
区司法局	蒋炜炜	区公安分局	宋荣兰	高都街道	李闪闪
区财政局	张栋梁	区交警大队	蒋云清	沂堂镇	康　颖
区人社局	李国军	区国土分局	刘元慧	褚墩镇	赵高飞
区住建局	王　强　王　涛	区环保分局	蒋云霞	黄山镇	刘　庆
区水务局	王艳洪　张学英 黄金蓉　董王芳	区交通分局	杜　晖　刘福余	罗西街道	刘恩豪
临矿集团	李宪寅	移动罗庄通信公司	孙善言	罗庄联通分公司	王晓燕　李林青
罗庄电信分公司	田　雨				

编后记

《罗庄区志（1995—2013）》是罗庄区第一部社会主义新方志。全书除序、凡例、概述、大事记、附录外，共设27编、126章、537节，计170万字。编纂工作始于2015年6月，至2018年12月付印，编纂过程大致经历了五个阶段。

筹备启动阶段（2015.06—2015.09）

根据省、市统一部署，2015年6月，区政府决定启动区志编修工作。区史志办按照省、市专家的意见，借鉴外地已出版的优秀志书，结合罗庄实际，对篇目设置进行反复修订和完善。9月15日，召开《罗庄区志（1995—2013）》编修工作动员大会，向各有关单位下发区委办公室、区政府办公室《关于印发〈罗庄区志〉编修方案的通知》，对篇目设置和供稿分工提出具体要求。

培训供稿阶段（2015.10—2017.04）

动员会议结束后，各承编单位成立由主要负责人任组长的编修领导小组，确定2～3名有一定写作能力、责任心强、比较了解本单位（行业）情况的人员承担撰稿工作。为确保供稿质量，区史志办邀请省、市史志办专家对全区所有供稿单位的撰稿人进行培训，编印下发《罗庄区志（1995—2013）》编纂业务手册，重点对区志的篇目设计、文风、体例、资料的搜集整理、随文插图的使用及编纂过程中需要注意的问题进行讲解和要求，为做好区志初稿撰写奠定基础。至2017年4月，全区109个供稿单位有45个完成供稿任务。

初稿撰写阶段（2017.05—2018.05）

根据区志初稿编写进度，2017年5月，区史志办聘请6位编辑人员，重新组成区志编纂班子，将任务层层分解落实到各编辑人员。同月15日，区政府召开《罗庄区志》编纂工作推进会，明确志稿撰写工作进度和交稿时间，强力推进区志编纂工作。要求各单位撰稿人员通力合作，对资料进行认真筛选，去粗取精，去伪存真，反复修改，形成初稿。区史志办全体编辑人员始终以饱满的工作热情和精益求精的工作态度，放弃星期天和节假日，全力以赴，潜心编修，对各单位供稿进行精心加工修改，提出修改意见和补充材料，有的编章由编辑人员帮助撰写，编辑修改后将文稿发至各单位确认。至2018年5月底，初稿编辑基本完成。

统编总纂阶段（2018.05—2018.08）

全体编纂人员，按照主编要求和分工，从志书的体例到谋篇布局，从所记事物的时间、地点、人物到文字、数据、标点，对志稿进行深加工。几经调篇目、剔重复、补漏缺、增特色，并由主编审阅、修改、统纂，于2018年8月中旬形成《罗庄区志（1995—2013）》评审稿。

志稿评审、修正阶段（2018.09—2018.12）

2018年9月10日，《罗庄区志（1995—2013）》志稿评审会在蓝海宾馆召开，省政府办公厅党组成员、省史志办主任刘爱军，副主任李刚，市县基层志编纂指导处二级调研员杜泉、李天程，人事秘书处副处长王芬（女）、一级主任科员张永省，助理编辑魏振华；省修志专家咨询组专家李天程、段祥泰、郭能勇、王光辉，市政府副市长张玉兰、副秘书长徐峰，市史志办主任刘志强，副主任唐少清、于芹，副调研员王卫东，市志科科长肖功江；临沂市各县区史志办主任等 50 余人参加评审会。中共罗庄区委副书记、区政府区长彭波致开幕辞，副区长王平汇报志书编修情况。通过评审，省史志办领导及史志专家给予充分肯定和认可，一致认为“该志稿观点正确、体例严谨、结构合理、层次分明、文字朴实清新，是一部质量较高的评议稿”。9 月中旬，区史志办全体编辑人员根据专家们提出的一系列修改意见，制定精修方案，采取通审、互审的方式对志稿进行字斟句酌、精心打磨、反复考证、查漏补缺，之后由主编严格把关，统稿后形成《罗庄区志（1995—2013）》修订稿。修订稿报送区委、区政府主要领导审阅后，报市地方史志编纂委员会终审。并分别呈送离退休老干部和社会各界知名人士，下发编委会成员单位，广泛征求意见。根据市史志办领导提出的修改意见和建议，结合社会各界的反馈情况，区史志办进行认真梳理，再次对修订稿进行了修改，完成统编总纂，报送区委、区政府主要领导阅审后终得定稿，遂报方志出版社审核修改后，交付出版印刷。

《罗庄区志（1995—2013）》的编纂成书，得益于区委、区政府的正确领导和高度重视。中共罗庄区委书记高永胜，区委副书记、区长彭波多次调度志稿编纂工作情况，听取区史志办工作汇报，解决编纂工作中遇到的困难和问题。区政府副区长王平、办公室主任彭长强多次亲临工作现场指导工作，在人力、物力、财力等方面为编纂工作提供了有力保障。得益于省、市领导和专家们的悉心指导和热情鼓励。2018 年 8 月 8 日，省史志办副主任李刚、市县基层志编纂指导处二级调研员杜泉、人事秘书处副处长王芬（女）到罗庄指导编纂工作。市史志办主任刘志强、副主任唐少清、副调研员王卫东、市志科科长肖功江先后 4 次到罗庄指导工作。得益于各部门、街镇的大力支持和撰稿人员的通力合作，密切配合。区志启动之初，全玉玮参与了初期篇目的设置，隋树屏对部分志稿进行了修改。同时，特邀临沂大学王美雨教授撰写了第二十五编第四章方言中的语音部分，区摄影家协会提供了部分图片资料。《罗庄区志（1995—2013）》得益于全体编修人员敬业奉献、废寝忘食的工作热情和凝心聚力、潜心编修、笔耕不辍的工作态度而终成卷宗。

“众手成志”。《罗庄区志（1995—2013）》从编纂到出版，凝聚了无数人的心血和汗水，值此本志付梓之际，谨向所有关心支持罗庄修志工作的领导、专家和社会各界人士表示衷心地感谢！

编修区志，横陈百科，浩繁复杂，工作量大，专业性强，加之我们经验不足，学识浅薄，水平有限，资料缺失，虽编修启动较早，但由于人员变动等原因，真正编纂时间不足两年，书中纰漏之处在所难免，敬请读者批评指正。

编者

2018 年 12 月